国家出版基金项目
NATIONAL PUBLICATION FOUNDATION

陝西出版資金資助項目

「十二五」國家重點圖書出版規劃項目

**關學文庫·關學文獻整理系列**

總主編 劉學智 方光華

# 賀瑞麟集（上册）

[清]賀瑞麟 著
王長坤 劉峰 點校整理



西北大學出版社

清·賀瑞麟像

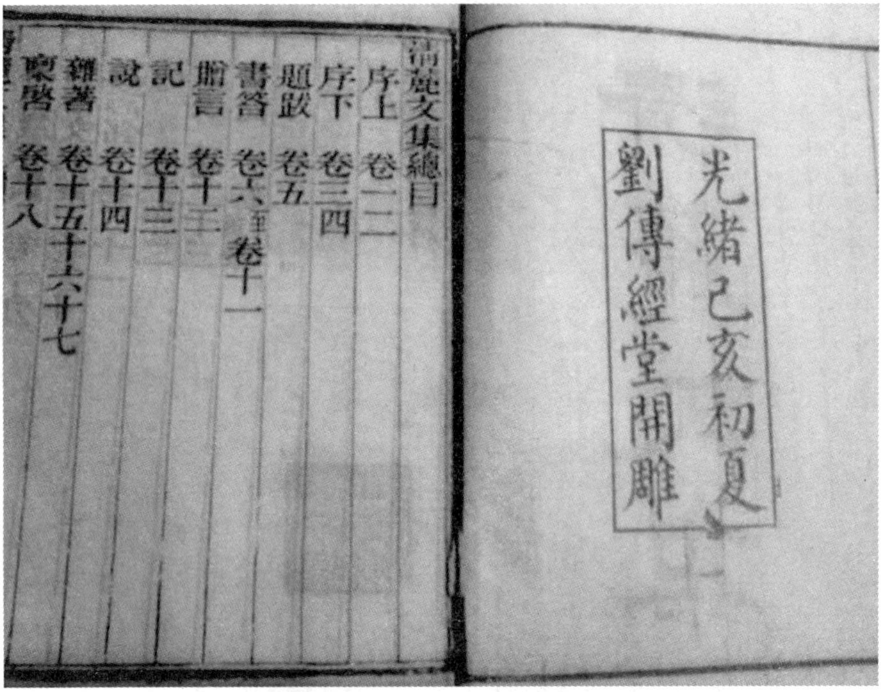


《清麓文集》清光緒二十五年劉氏傳經堂刻本

# 總序

張載（一〇二〇—一〇七七），字子厚，宋鳳翔府郿縣（今陝西眉縣）人，祖籍大梁，宋仁宗嘉祐二年（一〇五七）進士。張載出身於官宦之家。祖父張復在宋真宗時官至給事中、集賢院學士，死後贈司空。父親張迪在宋仁宗時官至殿中丞、知涪州事，贈尚書都官郎中。張迪死後，張載與全家遂僑居於鳳翔府郿縣橫渠鎮之南。因他曾在此聚徒講學，世稱「橫渠先生」。他的學術思想在學術史上被稱爲「橫渠之學」，他所代表的學派被後人稱爲「關學」。張載與程顥、程頤同爲北宋理學的創始人。可以說，關學是由張載創立并於宋元明清以至民國初年，一直在關中地區傳衍的地域性理學學派，亦稱「關中理學」。

關學基本文獻整理與相關研究不僅是中國思想學術史的重要課題，也是體現中國思想文化傳承與創新的重要舉措。關學文庫關學文獻整理系列以繼承、弘揚和創新中華文化爲宗旨，以文獻整理的系統性、全面性爲特點，是我國第一部對上起於北宋、下迄於清末民初，綿延八百餘年的關中理學的基本文獻資料進行整理的大型叢書。這項重點文化工程的完成，對於完整呈現關學的歷史面貌、發展脈絡和鮮明特色，彰顯關學精神，推動傳統文化創造性轉化、創新性發展無疑具有重要意義。因爲文庫關學文獻整理系列的各部分均有整理者具體的前言介紹和點校說明，我這裏僅就關學、關學與程朱理學的關係、關學的思想特質、關學文庫關學文獻整理系列的整體構成與學術價值等談幾點意見，以供讀者參考。

## 一、作爲理學重要構成部分的關學

衆所周知，宋明理學是中國儒學發展的新形態與新階段，一般被稱爲新儒學。但在新儒學中，構成較爲複雜。比較典型的則是程朱理學與陸王心學。南宋學者呂本中較早提到「關學」這一概念。南宋朱熹、呂祖謙編選的近思録較早地梳理了北宋理學發展的統緒，關學是作爲理學的重要一支來作介紹的。朱熹在伊洛淵源録中，將張載的「關學」與周敦頤的「濂學」、二程（程顥、程頤）的「洛學」并列加以考察。明初宋濂、王禕等人纂修元史，將宋代理學概括爲「濂洛關閩」四大派别，其中雖有地域文化的特色，但它們的思想内涵及其影響并不限於某個地域，而成爲中國思想文化史上重要的一頁，即宋代理學。

根據洛學代表人物程顥、程頤以及閩學代表人物朱熹對張載關學思想的理解、評價和吸收，張載創始的關學本質上當是理學，而且是影響全國的思想文化學派。過去，我們在編寫中國思想通史第四卷、宋明理學史上册的時候，在關學學術旨歸和歷史作用上曾作過探討，但是也不能不顧及古代學術史考鏡源流的基本看法。

需要注意的是，張載後學，如藍田吕氏等，在張載去世後多歸二程門下，如果拘泥門户之見，似乎張載關學發展有所中斷，但學術思想的傳承往往較學者的理解和判斷複雜得多。關學，如同其他學術形態一樣，也是一個源遠流長、不斷推陳出新的形態。關學没有中斷過，它不斷與程朱理學、陸王心學融合。明清時期以至民初，關學的學術基本是朱子學、陽明學的傳入及與張載關學的融會過程。因此，由宋至清末民初的關學，實際是中國理學的重要組成部分，它是一個動態的且具有包容性和創新性的概念，它開啓了清初王船山學術的先河。

關學文庫關學文獻整理系列所遴選的作品，結合學術史已有研究成果，如宋元學案、明儒學案、關學編及關學續編、關學宗傳等，均是關中理學的典型代表，上起北宋張載，下至晚清的劉光蕡、民國初期的牛兆濂，能够反映關中理學的發展源流及其學術内容的豐富性、深刻性。與歷史上的關中叢書相比，這套文庫文獻整理更加豐富醇純，是對前賢整理文獻思想與實踐的進一步繼承與發展，其學術意義不言而喻。

## 二、張載關學與程朱理學的關係

佛教傳入中土後，有所謂「三教合一」說，主張儒、道、釋融合滲透，或稱三教「會通」。唐朝初期可以看到三教并舉的文化現象。當歷史演進到北宋時期，由於書院建立，學術思想有了更多自由交流的場所，從而促進了學人的獨立思考，使他們對儒家經學箋注主義提出了懷疑，呼喚新思想的出現，於是理學應時而生。理學主體是儒學，兼采佛、道思想，研究如何將它們融合爲一個整體，這是一個重要的課題。從理學產生時起，不同時代有不同的理學學派。譬如，在「三教融合」過程中，如何理解「氣」與「理」（「理」的問題是迴避不開的，華嚴宗的「理事説」早在唐代就有很大影響）的關係？理學如何捍衛儒學早期關於人性善惡的基本觀點，又不致只在「善」與「惡」的對立中打圈子？如何理解宇宙？宇宙與社會及個人有何關係？君子、士大夫怎麼做才能維護自身的價值和尊嚴，又能堅持修齊治平的準則？這些都是中國思想史中宇宙觀與人生觀的大問題。對這些問題的研究和認識，不可能一開始就有一個統一的看法，需要在思想文化演進的歷史進程中逐步加以解決。宋代理學的產生及不同學派的存在，就是上述思想文化發展歷史的寫照，因而理學在實質上是中國思想文化的傳承創新，具有重要的歷史意義。

張載關學、二程洛學、南宋時朱熹閩學各有自己的特色。作爲理學的創建者之一，張載胸懷「爲天地立心，爲生民立命，爲往聖繼絶學，爲萬世開太平」的學術抱負，在對儒學學説進行傳承發展中做出了重要的理論貢獻。北宋時期，學者們重視對易的研究。易富於哲理性，張載通過對易的解説，闡述對宇宙和人生的見解，積極發揮禮記、論語、孟子等書中的義理，并融合佛、道，將儒家的思想提升到一個新的高度。

張載與洛學的代表人物程顥、程頤等人曾有過密切的學術交往，彼此或多或少在學術思想上相互產生過一定的影響。宋仁宗嘉祐元年（一〇五六），張載來到京師汴京，講授易學，曾與程顥一起終日切磋學術，探討學問（參見二程集河南程氏遺書卷二上）。張載是二程之父程珦的表弟，爲二程表叔，二程對張載的人品和學術非常敬重。通過與二程的切磋與交流，張載對自成一家之言的學術思想充滿自信：「吾道自足，何事旁求！」（呂大臨横渠先生行狀）

因爲張載與程顥、程頤之間爲親屬關係，在學術上有密切的交往，關學後傳不拘門户，如呂氏三兄弟呂大忠、呂大鈞、呂大臨，蘇昞、范育、薛昌朝以及种師道、游師雄、潘拯、李復、田腴、邵彦明、張舜民等，在張載去世後一些人投到二程門下，繼續研究學術，也因此關學的學術地位在學術史上常常有意無意地受到貶低甚至質疑（包括程門弟子的貶低和質疑）。事實上，在理學發展史上，張載以其關學卓然成家，具有鮮明的特點和理論建樹，這是不能否定的。反過來，張載的一些觀點和思想也影響了二程的思想體系，對後來的程朱學說及閩學的形成也有重要的啓迪意義，這也是客觀的事實。

張載依據易建立自己的思想體系，但是，在基本點上和易的原有内容并不完全相同。他提出「太虚即氣」的觀點，認爲沒有超越「氣」之上的「太極」或「理」世界，換言之，「氣」不是被人創造出的産物。又由此推論出天下萬物由「氣」聚而成；物毁氣散，復歸於虚空（或「太虚」）。在氣聚、氣散即物成物毁的運行過程中，纔顯示出事物的條理性。張載說：「太虚不能無氣，氣不能不聚而爲萬物，萬物不能不散而爲太虚，循是出入，是皆不得已而然也。」（正蒙卷一）他用這個觀點去看萬物的成毁。這些觀點極大地影響了清初大思想家王船山。

張載在西銘中說：「乾稱父，坤稱母。予兹藐焉，乃混然中處。故天地之塞，吾其體；天地之帥，吾其性。民，吾同胞；物，吾與也。」天地是萬物和人的父母，人是天地間藐小的一物。天、地、人三者共處於宇宙之中。由於三者都是氣聚之物，天地之性就是人之性，所以人類是我的同胞，萬物是我的朋友，歸根到底，萬物與人類的本性是一致的。進而認爲，人們「尊高年，所以長其長；慈孤弱，所以幼其幼。聖，其合德；賢，其秀也。凡天下疲癃殘疾、煢獨鰥寡，皆吾兄弟之顛連而無告者也」。這裏所表述的是一種高尚的人道主義精神境界。

二程思想與張載有別，他們通過對張載氣本論的取捨和改造，又吸收佛教的有關思想，建構了「萬理歸於一理」的理論體系。在人性論方面，二程在張載人性論的基礎上進一步深化了孟子的性善論。二程贊同張載將人性分爲「天地之性」和「氣質之性」。但二程認爲「天地之性」是天理在人性中的體現，未受任何損害和扭曲，因而是至善無瑕的；「氣質之性」是氣化而生的，也叫「才」，它由氣禀決定，禀清氣則爲善，禀濁氣則爲惡，正因爲氣質之性不可避免地受到了「氣」的侵蝕而出現「氣之偏」，因而具有惡的因素。在二程看來，善與惡的對立，實際上是「天理」與「人欲」的對立。

朱熹將張載氣本論進行改造，把有關「氣」的學說納入他的天理論體系中。朱熹接受「氣」生萬物的思想，但與張載的縱橫於渭北各縣，一時難民流離，餓殍遍野，賀瑞麟毅然聯絡親友、商賈、士紳，籌款施粥，夜以繼日約半載之久，全活甚衆，善名久播。

同治九年（一八七〇），在門生劉東初的協助下，賀瑞麟於魯橋北門外購置清涼山坡地數十畝，建窑洞十余孔，收授生徒，並命名「清麓精舍」。同治十三年（一八七四），陝西學政吳大澂上疏薦舉，因其堅辭，詔給「國子監學正」銜。光緒七年（一八八一），縣令焦雲龍助其重修擴建清麓精舍，並常以學子身份前去聽講。另設（木板）印刷局、藏書洞三處。書院一改重功名之沿習，以董仲舒「正其誼不謀其利，明其道不計其功」（漢書董仲舒傳）的理念爲辦學宗旨，由撫軍譚鍾麟命名爲「正誼書院」。正誼書院成就斐然，名播關中，爲關中四大書院之一。

關於爲學，賀瑞麟強調：「爲學亦無他法。第一要路脈真，第二要功夫密。」（贈馬養之，清麓文集卷十二）因此格外重視讀書次第，其教育生徒，先以自編養蒙書授之，次小學、近思録，再及四子，而後漸次以至六經。他認爲，小學、近思録當與四子並，而尤加親切，「學者如能篤信並謹守之，則一生受用必多」（行狀）。最後，又教以其所輯朱子五書、信好録等。賀瑞麟訓迪諸生，誨人不倦，執掌書院期間所制定的管理制度異常嚴格，「關中自横渠以來未之有」（行狀）。正是這種爲學求道的執著與堅韌而吸引了衆多四方來學之士，其學術雖未開風氣之先，但在清末理學已陷低沉的情況下，頗有重振之功。光緒十九年（一八九三），賀瑞麟卒於家中，享年七十歲。

## 二、賀瑞麟的學術思想及特徵

賀瑞麟針對清道光至光緒年間，學術思想上雖然仍以程朱理學爲主，但是因爲科舉之風所襲，時人津津於辭章利祿之學，功利之心泛濫，世道人心不古的思想態勢和學術之弊，以變末俗、正人心爲追求，形成了以尊程朱而斥陸王、護正學而辟佛老、承繼弘揚程朱理學爲主體的學術思想。

# 前言

賀瑞麟（一八二四——一八九三）是清末繼李元春之後關學的重要代表，他恪守程朱之學，力辟陸王，盡力闡發濂、洛、關、閩宗旨，更著力躬行實踐。

## 一、賀瑞麟生平簡述

賀瑞麟，名均，字角生，號復齋，清末西安府三原縣人。其曾祖賀應祥，善畫工指筆。其父賀含章，一生且醫且商。賀瑞麟幼而岐嶷，自少便熟讀四書五經，勵志聖學。二十歲應鄉試，一舉奪魁，名播鄉里。道光二十七年（一八四七），二十三歲的賀瑞麟拜朝邑（今大荔縣）名儒李元春爲師，自此「於周、程、張、朱書無不悉心究極，益憤志聖賢之學」（張驥關學宗傳卷五四）。

咸豐三年（一八五三），年届而立的賀瑞麟已爲飽學之士。然幾次科考，屢舉不售，於是築麻廬於父墓之側，名其「有懷草堂」，正式走上亦讀亦教的治學生涯。咸豐十一年（一八六一），劉映菁、劉映莑等名流賢士聯名舉薦其爲孝廉方正，他上書堅辭，以明自己「無復仕宦之志」（賀復齋先生行狀，以下簡稱行狀）。

同治元年（一八六二）五月，陝西回變，賀瑞麟舉家避亂山西絳州。行至永豐鎮，因貌似回人，遭嚴格盤查。幸有渭南進士李應選解圍，賀瑞麟笑言：「貌似陽虎，孔聖且見圍焉，況吾輩乎？」（清麓年譜）即使在逆境中也不曾廢學，常與楊損齋朝夕相聚，談論學問之道。此外，還與楊損齋校正小學、近思録。同治三年（一八六四），賀瑞麟歸陝，助知縣余賡陽亂後重建，重修邑志，清丈土地，殫精竭慮。有鑒於此，邑侯鄉紳再以孝廉方正舉薦，但賀瑞麟均上書力辭。

同治四年（一八六五），賀瑞麟主講學古書院。同治七年（一八六八年），馬正和率回民義軍至三原，與崔偉所部匯合，作在編輯出版委員會領導下進行，日常工作由陝西省人民政府參事室（陝西省文史研究館）和西北大學出版社負責。本文庫歷時五年編纂完成，凝結着全體參與者的智慧和心血。總主編劉學智、方光華教授，項目總負責徐曄、馬來同志統籌全書，精心組織，陝西師範大學、西北大學、西北政法大學、中國人民大學、華東師範大學、鄭州大學等十餘所院校的數十位專家學者協力攻關，精益求精，體現出深沉厚重的歷史使命感和復興民族文化的責任感；他們孜孜矻矻，持之以恒，任勞任怨，樂於奉獻，以古人爲己之學相互勉勵，在整理研究古代文獻的同時，不斷錘煉學識，砥礪德行，努力追求樸實的學風和嚴謹的學術品格。出版社組織專業編輯、外審專家通力合作，希望盡最大可能提高本文庫的學術品質。作爲文庫編輯出版委員會主任，我謹向大家卓有成效的工作表示衷心的感謝。由於時間緊迫、經驗不足等原因，文獻整理中存在的疏漏差錯難以完全避免。希望讀者朋友們在閱讀使用時加以批評指正，以便日後進一步修訂，努力使文庫文獻整理更加完善。

張豈之

二〇一五年一月八日

于西北大學中國思想文化研究所

藍田呂氏集、李復集、元代關學三家集、王恕集、薛敬之張舜典集、馬理集、呂柟集涇野經學文集、呂柟集涇野子内篇、呂柟集涇野先生文集、韓邦奇集、南大吉集、楊爵集、馮從吾集、王徵集、王建常集、王弘撰集、李顒集、李柏集、李因篤集、王心敬集、李元春集、賀瑞麟集、劉光蕡集、牛兆濂集以及關學史文獻輯校等。其中的韓邦奇集、南大吉集、李柏集、李因篤集、牛兆濂集屬于搶救性整理；李復、王恕、薛敬之、呂柟、馬理、楊爵、王建常、王弘撰、王心敬、李元春、賀瑞麟等學人文獻屬于首次系統整理出版；張子全書、藍田呂氏集、李顒集、劉光蕡集、關學史文獻輯校是在進一步輯佚完善的基礎上整理出版的。總之，關學文獻整理的系統性和全面性得到了體現。

關學文庫文獻整理力圖突出全面性、系統性和深度整理的特點。就全面性和系統性而言，就是保證關學史上重要學人的文獻資料不被遺漏，這裏所選的二十九位學人，都是關學史上較爲重要的和代表了關學發展某一環節的學人。其中如張載、藍田「三呂」、馬理、呂柟、楊爵、馮從吾、王弘撰、李顒、李柏等人的著作集，是迄今文獻收集最爲齊全的。同時對於有關關學史的文獻也進行了全面系統的搜集和整理，如關學史文獻輯校，不僅重新點校整理了馮從吾的關學編，收録和點校整理了王心敬、李元春、賀瑞麟以及由劉光蕡、柏景偉重加整理校勘的關學續編，還首次點校整理了清末民初張驥的關學宗傳，并從諸多史書中輯録了一些零散的關學史資料，使之成爲目前能全面反映關學史面貌的文獻輯校本。關學文庫關學文獻整理系列，以豐富的關學史文獻，證明了「關學之源流初終，條貫秩然」，關學有其自身發展演變的歷史。就深度整理來說，關學文獻整理系列遵循古籍整理的傳統做法，采用繁體字、竪排版，標點、校勘，并對專用名詞做下劃綫處理。其目的不僅在於使整理與編纂者在文獻整理中提高自身的學術素養，同時也爲以後文獻研究者提供方便，推動關學研究深入開展，這也是關學文庫關學文獻整理系列圖書出版的重要目的。

關學文庫係「十二五」國家重點圖書出版規劃項目、國家出版基金項目、陝西出版資金資助項目，得到了中共陝西省委、陝西省人民政府、國家新聞出版廣電總局以及陝西省新聞出版廣電局的大力支持。文庫的組織、編輯、審定和出版氣本論不同，朱熹不再將「理」看成是「氣」的屬性，而是「氣」的本原。天理與萬事萬物是一種怎樣的關係？朱熹關於「理一分殊」的理論回答了這一問題。他認爲：「太極只是個極好至善的道理。人人有一太極，物物有一太極。」又說：「太極非是別爲一物，即陰陽而在陰陽，即五行而在五行，即萬物而在萬物，只是一個理而已。」（朱子語類卷九四）「理一分殊」理論包括一理攝萬理與萬理歸一理兩個方面，這與張載思想有別。

總之，宋明理學反映出儒、道、釋三者融合所達到的理論高度。這一思想的融合完成於兩宋時期。張載開創的關學爲此做出了重要的學術貢獻。正如清初思想家王船山所說：「張子之學，上承孔孟之志，下救來茲之失，如皎日麗天，無幽不燭，聖人復起，未有能易焉者也。」（張子正蒙注序論）船山之學繼承發揚了張載學說，又有新的創造。

## 三、關學的特色

關學既有深邃的理論，又重視經世致用。這可以概括爲以下幾個方面：

首先，學風篤實，注重踐履。黃宗羲指出：「關學世有淵源，皆以躬行禮教爲本。」（明儒學案師說）躬行禮教、學風樸質是關學的顯著特徵。受張載的影響，其弟子藍田「三呂」也「務爲實踐之學，取古禮，繹其義，陳其數，而力行之」（宋元學案呂范諸儒學案），特別是呂大臨。明代呂柟其行亦「一準之以禮」（關學編）。清代的關學學者王心敬、李元春、賀瑞麟等人，依然守禮不輟。

其次，崇尚氣節，敦善厚行。關學學者大都注意砥礪操行，敦厚士風，具有不阿權貴、不苟於世的特點。張載曾兩次被薦入京，但當發現自己的政治理想難以實現時，毅然辭官，回歸鄉里，教授弟子。明代楊爵、呂柟、馮從吾等均敢於仗義執言，即使觸犯龍顔，被判入獄，依舊不改初衷，體現了大義凛然的獨立人格和卓異的精神風貌。清代關學大儒李顒，在皇權面前錚錚鐵骨，操志高潔。這些關學學者「窮則獨善其身，達則兼善天下」，體現出「富貴不能淫，貧賤不能移，威武不能屈」的「大丈夫」氣節。

最後，求真求實，開放會通。關學學者大多不主一家，具有比較寬廣的學術胸懷。張載善於吸收新的自然科學成果，不斷充實豐富自己的儒學理論。他注意對物理、氣象、生物等自然現象做客觀的觀察和合理的解釋，具有科學精神。後世關學學者韓邦奇、王徵等都重視自然科學。三原學派的代表人物王恕以治易入仕，晚年精研儒家經典，強調用心求學，用心考證，求疏通之解，形成了有獨立主見的治國理政觀念。關學學者堅持傳統，但并不拘泥於傳統，能够因時而化，不斷地融合會通學術思想，具有鮮明的開放性和包容性特徵。由張載到「三呂」、呂柟、馮從吾、李顒等，這種融會貫通的學術精神得到不斷承傳和弘揚。

## 四、關學文庫關學文獻整理系列的整體構成與學術價值

關學文獻遺存豐厚，但是長期以來沒有得到應有的保護和整理，除少量著作如正蒙、涇野先生五經説、少墟集、元儒考略等在清代收入四庫全書之外，大量的著作仍以綫裝書或手抄本的形式散存於陝西、北京、上海等地的圖書館或民間，其中有的已成孤本（如韓邦奇的禹貢詳略、李因篤的受祺堂文集家藏抄本），有的已殘缺不全（如南大吉集收入的瑞泉集殘本，現重慶圖書館存有原書，國家圖書館僅存膠片；收入的南大吉詩文，搜自西北大學圖書館藏周雅續）。即使晚近的劉光蕡、牛兆濂等人的著述，其流傳亦稀世罕見。二十世紀七十年代以來，中華書局出版了張載集，并將藍田呂氏遺著輯校、關學編、正蒙合校集釋、涇野子内篇、二曲集等收入理學叢書陸續出版，這些僅是關學文獻的很少一部分。全方位系統梳理關學學術文獻仍係空白。

關學典籍的收集與整理，是關學學術研究的重要基礎。這次關學文庫文獻的整理與編纂者在全國范圍的圖書館和民間廣泛搜集資料，一是搶救性發掘整理了一批關學文獻，二是對一些文獻以新發現的版本進行比對校勘、輯佚補充，從而使關學文庫關學文獻整理系列成爲目前最能反映關學學術史面貌，對關學研究具有基礎性作用的文獻集成。關學文獻整理系列圖書共涉及關學重要學人二十九人，編訂文獻二十六部，計一千八百六十餘萬字。這些文獻分別是：張子全書、

（一）尊程朱而辟陸王

賀瑞麟年二十四時，已「謹守程朱主敬窮理之訓」（行狀）十餘年，此後益發不可改易，「一惟程朱是守」（上劉霞仙中丞書，清麓文集卷七）。他考察了明代以來學術思想的發展概況，強調明朱子之道的必要性。指出明初尚朱子學，故人心正而風俗厚。以後異說泛濫，於是國運日衰。到清初，雖然朱子學重興，但時人並未掌握其精髓，故聖賢之道不彰。所以他認爲，要不雜空虛偏謬之說，必須守孔孟之心法；要做到「以蕩檢踰閑爲可恥，乞墦登壟爲可羞」（程朱二先生行狀序，清麓文集卷一），則必須深明朱子之道。賀瑞麟給朱子之學以極高的地位。他認爲朱子的著作是爲「千古學孔子者立之標準」，故「蓋求孔子必自求朱子始」（朱子行狀總論簡注序，清麓文集卷二）。又指出，朱子學是孔、孟、程、朱之道的嫡傳，其學要義「明誠敬義」正是初學入德之門。進一步，他堅定地認爲，尊崇朱子之道，才是學術的真正之道：「竊謂千古學術孔、孟、程、朱已立定鐵案，吾輩只隨他腳下盤旋，方不錯走了路。」（答蔣少園書，清麓文集卷七）。可見，賀瑞麟是一位堅定的朱子學者，因此對陸王之心學辟之不遺餘力。

（二）護正學而辟佛老

賀瑞麟繼承了張載關學力辟佛老的傳統，賀瑞麟說：「人事之修在於講明正學。」而「所謂正學者，亦不外四書六經之旨，孔、孟、程、朱之言。」（答張清寰書，清麓文集卷一一）相反，「若外此而講學，夾雜二氏之說，則惑世誣民充塞仁義，更有甚於楊墨」。在他看來，「僞教者，二氏之說也」。既然是僞教，那麼程朱辟佛老與孟子辟楊墨，其意義就是相同的，都是爲了救世。賀瑞麟認爲佛教是「邪說」，其中之一就是講「地獄之說」。他指出，此說其實是爲恐嚇「下根之人」而令其爲善的說教而已，並不具有真理性。他強調對此絕不可相信，且要「掃除浄盡」，否則讓其存留於心中，會引誘人「眼邪口歪」，故「甚可怕也」。（與寇允臣書，清麓文集卷六）其二就是他似乎意識到「地獄說」的理論基礎是靈魂說，所以他進一步批判佛教的靈魂說。他說：「近世邪教只養個虛靈之心，謂之靈魂，卻說有天堂死後須歸去，都是誑人語也。」（答人問虛靈不昧死後歸於何處，清麓文集卷八）至於有沒有靈魂一說，他認爲，「氣雖有聚散而其理不隨死而亡，蓋性者萬物之所同得，非有我之得私也。此理亦仍歸之於天耳」，但「非如佛氏所云，猶有精靈不亡者在也」。（答人問虛靈不昧死後歸於何處，清麓文集卷八）因爲「虛靈不昧只是理與氣合，惟聖人能全之」，聖人能做到「理與氣合」，就一般衆人而言，因受「氣拘物蔽」，所以「早失了虛靈不昧之全體」，是不可能靈魂不滅的。由此，他贊成二程所說的應該禁斷佛寺，并說：「昔程子云『去寺觀則天下治』。方今兵燹之余，世道民風蠹壞已極，如此快舉，亦天下復治之一大機括也。」（復呂曼叔觀察書，清麓文集卷七）

（三）哲學思想：理氣、動靜與敬、心性之辨

首先，關於理氣關係，賀瑞麟指出：天地間聚散育化，雖然都表現爲氣的運動變化，但其中貫穿的「所以然者」則是「理」。如果僅僅看到氣之聚散變化而不能意會其間的「生生不息之妙」即理，那就可能墮入「釋氏所謂一大輪回」（答林宗洛書，清麓文集卷六）的誤區。基於此，他對張載所說的「太虛不能無氣，氣不能不聚而爲萬物，萬物不能不散而爲太虛」（正蒙太和）提出異議，他說：「蓋聚則生散則盡，物理之自然。豈又散去爲太虛？太虛亦不待萬物散而爲也。而形潰反原之說，程子早不取焉。」（答林宗洛書，清麓文集卷六）又引朱子所說「大鈞播物一去便休，豈有散而復聚之說」（朱子語類卷一）來反駁。其實，張載是從本原（形而上）與物之具體形態（形而下）的關係上說的。賀瑞麟與程朱都是從形而下的角度理解太虛與氣的關係。他們認爲有一個真正絕對的東西，這只能是「理」。可見，在理氣關係上，賀瑞麟堅守程朱的立場。

此外，賀瑞麟堅持並發揮了朱熹「理一分殊」的觀點，他說：「張子西銘道理與墨氏兼愛絕不同，惟明辨深察而本乎天理之公，無一毫人欲之私，則天德王道全矣。」（清麓日記卷二）同時，賀瑞麟特別強調「理一」與「分殊」二者不可偏廢，他舉例說：「仁是理一，義是分殊。忠是理一，恕是分殊」，「中，理一也；和，分殊也」（清麓日記卷三）。此外，他把理學的一些重要概念加以整合，認爲所謂太極、誠、仁義、中正、天地之帥等，都是「理一」，其中體現的根本的道德原則就是仁義。「仁之所以爲體，物來而順應者；義之所以爲用，理一而分殊。」仁體義用，義是分殊之理。認爲理學家的太極圖說、通

書、西銘、定性書、好學論等，都是在講「理一分殊」的道理，故「分之則各足，合之則相成，理一源而並包」。他認爲這些正是學者的「入德之門，造道之域」（參見朱子五書又序，清麓文集卷二）。

其次，關於靜與敬關係，賀瑞麟認爲「主敬先本於靜」而「敬貫動靜，靜又動之根。不可逐動而忘靜」。他的思路是：從辨「吾儒之靜」與禪家之靜的區別入手，認爲就「吾儒之靜」說，人性是天之所授，「源頭處本無事」，天生來本靜。但性必發爲情，情則不能不動，動而中節，即動也「要合著源頭」即靜。如此，出於道德本性的敬也就本於靜了。但這種靜不同於禪家的靜，因爲「情感而動」是否中節，是通過人心的活動實現的，他說：「蓋人心是活的物，心統性情。性眞而靜，情感而動，靜處是心，動處亦是心。然心既載性，則性亦不是死的靜。」所以「吾儒」所說靜是「靜而常動」，這是人性本源上的靜，而不是過程中的靜。他還舉例說：「譬之晝夜，晝是動，夜是靜。人之寤寐亦然，人於日間固常寤矣，即夜寢亦未有長寐而不寤者。統晝夜計之，則寤多而寐少，但聖人心體湛然，當寤而寤，當寐而寐，寐得安然便是靜。」「晝是動，夜是靜」是從過程上說的，「心體湛然」是從本源上說的。賀瑞麟特別指出：「敬之要，朱子所謂提醒此心動靜皆有。」而禪家所說的靜是「要死守此心，便是死靜，便是死性」。這就把二者的界限儼然區別開來了（參見與楊仁甫書，清麓文集卷六）。

就動靜關係而言，賀瑞麟認爲：「且靜時做工夫與否，亦只在動處驗。若自心術性情以至言動，卻全無檢點，總靜時做工夫做得甚？」所以說「聖人主靜，君子慎動，靜時固不可無工夫。今且就居處恭數端實下工夫，靜亦在其中矣」。又說：「人無論動靜只心常在腔子裏便是敬也。」總之，「爲學莫先於求仁，而求仁莫要于居敬。敬貫動靜，靜又動之根。不可逐動而忘靜，亦不可惡動而貪靜。」故主敬就是主靜，敬貫動靜，但以靜爲本，這就是賀瑞麟的動靜、靜敬觀。不過，賀瑞麟反復強調主敬即是主靜，並不是直接將敬說成靜，「此蓋一味破禪家主靜之說」，是爲了破禪家離開敬的靜。他指出，如果把敬說成靜，又「恐敬之流入於禪也」（參閱辨松陽鈔存疑義，清麓文集卷八）。總之，他認爲朱子講主敬即主靜，是有特指的，否則就可能把敬混同於禪靜了。

再次，關於心與理、心與性的關係，賀瑞麟堅定地恪守程朱以理爲本的思想，而對心學有儼然的戒備，儘管他承認心是人身之主宰，但是理則更高更實，他没有接受「心即理」的觀念。他說：「心非理而爲理之總會，心亦氣而爲氣之精英。」（清麓日記卷三）是說心不同於理，可是心爲理之總匯，但心本身並不是理。人心是理與氣的結合，可以說「心載理」。理可以用來指導心，那麼心纔具理。但他明確說這不同於心學所謂「心即理」，他說：「心具理謂心即理則不可，理非氣亦無承載處，認氣爲理則不是。」（清麓日記卷三）他多次談及心與理的關係，如說「吾心之主宰只有一個義理，所謂道心爲主也」。又說：「心之主宰者，以其具是理而已，所謂本然之心是也，則即以理爲心之主宰亦可。」（清麓日記卷三）他認爲的道德是本於理而不是本於心。

於是，在心性論上，賀瑞麟就主張「心載性」，同時贊成張載「心統性情」的說法。他說：「蓋人心是活的物，心統性情。性真而靜，感而動；靜處是心，動處亦是心。然心既載性，則性亦不是死的靜。」（書答，清麓文集卷一）這與朱子所說「性是體，情是用，性情皆出於心，故心能統之」（朱子語類卷九八）是一致的，這其實與張載思想不大相同。不過，朱子所說「心統性情」又有與張載相通的一面，他說：「心主於身，其所以爲體者，性也；所以爲用者，情也，是以貫乎動靜而無不在焉。」（答何叔京二十九，朱文公文集四十）主張性是心之體，情是心之用，心又總括體用。這其實是張載提出而未加發揮的思想，賀瑞麟的心性觀正與之相通。

## 三、賀瑞麟的著作及影響

賀瑞麟認爲：「世道人心，端由學術，世之非毀正學者，未見其書也。風氣轉移，必刻正學書，以程朱爲宗。」（行狀）爲此，他極力宣導、支持刊刻正學之書，「俾讀者耳目爲之一擴，潛心遜志，而有得焉」（行狀）。在他的宣導和支持下，劉映菁、劉升之父子先後刻養蒙書、居業録、朱子語類、朱子文集、朱子遺書、儀禮經傳通解、名臣言行録、小學、近思録、四書、周、程、張之全書，以及先儒絕學孤本，不下四十餘種。此外，劉質慧刻朱子綱目、復齋録、四忠集；岐山武文炳刻朱子家禮、朱子行狀總論簡注、箴銘輯要；乾州王夢棠刻朱子大學或問；涇陽柏森刻大學衍義、松陽講義、三魚堂文集、翰苑集、唐鑒、損齋文集、讀書録；鳳翔周宗釗刻朱許年譜；富平強濟川刻賀瑞麟所輯誨兒編。「雖及門校正，要皆先生鑒定而爲之序」（行狀）。如周子全書序，堪爲畫龍點睛之作。賀瑞麟主講正誼書院二十年，編輯刊刻清麓叢書一百七十八種，七百一十六冊，除供書院生徒學習之外，並廣爲發行，澤及四方。

除編刻正學書籍外，賀瑞麟也著述頗豐，其著作據賀復齋先生傳有清麓文集二十三卷、清麓日記五卷、清麓遺語四卷、清麓答問四卷、三原新志、三水新志、原獻文詩録、原故文詩録等。

賀瑞麟一生以研理弘道爲任，以授徒解惑爲業，「上承洙泗，下啓洛閩，綿聖傳於不墜，振道統於中興」（清麓年譜），因其講學甚久，故造就尤眾。清末陝西著名大學者藍田牛兆廉、興平張元勳、馬鑒源、蒲城米岩、山東淄川大學者孫迺琨等皆出其門，其創辦的正誼書院在當時名聲遠揚，外來求學者絡繹不絕，所教省內外弟子數以萬計，當之無愧堪稱一代理學之大師。

本書的校勘整理自開始至完成，一直都是在陝西師範大學劉學智教授的大力支持與悉心指導下進行的，其中有關賀瑞麟的學術思想及特徵部分參閱了其關學思想史的相關章節，在此特表謝意！西北大學出版社陳芳編輯和陝西人民出版社郭文鎬編審先後對書稿進行了認真審閱與細緻校改，且提出了許多寶貴意見和建議，在此誠表謝意！碩士研究生李彤、張穎、王軍麗、祁韻涵幫助做了部分文字録入與核對工作，寶雞文理學院張波副教授提供了清麓答問、清麓遺語的圖片資料，在此一併致謝！由於點校者水平有限，書中定有錯誤之處，其責任自由點校者承擔，同時也懇請諸位方家不吝斧正。

點校者

二〇一四年十月

# 點校説明

本書收入賀瑞麟的著作有清麓文集(光緒二十五年劉氏傳經堂刻本)、清麓答問(光緒三十一年正誼書院刻本)、清麓遺語(光緒三十一年正誼書院刻本)、清麓日記(光緒二十五年劉氏傳經堂刻本)。爲便於讀者瞭解賀瑞麟生平及其學術思想,還收入清馬鑒源的賀複齋先生行狀(清光緒二十三年劉氏傳經堂刻本)、清張元勳的清麓年譜(民國十一年刻本)、張驥的賀復齋先生(關學宗傳卷五十四,民國十年陝西教育圖書社鉛印本)、清孫迺琨的賀清麓先生年譜(民國十六年刻本)、趙振燦的賀復齋先生傳(民國三十三年敬義堂石印本)、牛兆濂的賀復齋先生墓表(藍川文鈔續卷四,民國十三年芸閣學舍排印本)等作爲附録。

在點校整理過程中,對原書底本的訛、脱、衍、倒文字,除常見形誤混用者(如己、已、巳等)徑改不出校外,皆改正且酌情出校。對引用前人著述文字而有明顯出入且影響文意者,也皆改正并出校説明。原底本中的古今字、通假字、異體字、俗體字等不作改動。附録中年譜部分,凡涉及賀氏與友人書答條目,與文集篇目一致者按篇名處理,其餘則視爲省約簡括之文。爲盡可能地保持文獻原貌,年譜中引用賀氏文集個別文字而稍有異同者,凡非訛、脱、衍、倒之類,不改正,不出校;問答部分個別條目無「問」字,不依例補「問」字; 文集中原底本以「○」代闕字、同一地名用字不一者,一仍其舊。凡字跡漶漫不清且無法查補者,用「□」標示。

# 目録

## 上册



## 清麓文集

補遺



# 清麓文集卷第三……七八

序下一

## 清麓文集卷第四……一〇三

## 清麓文集卷第五



### 題跋

## 清麓文集卷第六

書答二

## 清麓文集卷第八 …… 二五一

書答三

## 清麓文集卷第九……二八七

書答四

## 清麓文集卷第十……三一六

## 清麓文集卷第十一 

書答六

清麓文集卷第十二……四〇二

贈言

## 清麓文集卷第十三……四三六

記

## 清麓文集卷第十四 …… 四五六

說



## 清麓文集卷第十五 …… 四七六

雜著上

## 清麓文集卷第十六

下册

## 清麓文集卷第十九……五七九

詩

賦



箴



銘

贊



## 清麓文集卷第二十……六三九

祭告文 哀辭

## 清麓文集卷第二十三……七三七

墓表

## 清麓答問



### 清麓答問卷第一……七六六



### 清麓答問卷第二……七九六

清麓答問卷第三……八二三

清麓答問卷第四……八五〇


## 清麓遺語


清麓遺語卷第一……八八七

## 清麓日記

附録

# 清麓文集

# 清麓文集卷第一　自咸豐甲寅至光緒辛巳

三原賀瑞麟角生著
同里劉嗣曾孝堂校刊

## 序上一　書後摘合

### 重刻朱子小學書後序　甲寅

天下之正學將日興，今天子嗣位，即崇濂、洛、關、閩，命以性理取士。而吾邑余侯復刊朱子小學書，小學書則又性理之要，而尤切於學之始基。學者苟不汲汲於利祿、詞章，則有以正其心術而威儀不失，以至衣服飲食皆不聽命於人心。由是而父子、君臣、夫婦、長幼、朋友之倫各盡其道，且多識乎古人之言行而德無不畜。使小學之教實明於世，更進而近思録，而四書，而六經，而我朝之性理精義，又何正學不興，而人才之不古？若哉是，則吾侯之所甚望，亦即所以報聖天子者。竊願與吾邑士共勉之。咸豐甲寅閏秋，賀瑞麟謹書。

### 書養蒙書九種總目後　癸亥

聖賢因時立教，去古曰遠而益加親切。朱子特地輯小學一書，非以聖賢典訓猶有不足，蓋所以收其放心而養其德性者，更示以從入之途，非此則亦無所用心矣。今去朱子六七百年而小學之教復不明，利欲紛拏，異言喧豗益甚於前。蓋自其入學之初即教以鄙俚不經之語、虚誕無實之文，蔽聰明而壞心志，雖以小學示之，竟不知其爲何事。古人蒙以養正，不可不慎也，程子所謂「知思未有所主，便當以格言至論日陳於前。雖未曉知，且當薰聒使盈耳充腹，久自安習。若固有之，雖以他言惑之，不能入也」。開取古人教童子諸書而擇其極純正者，得九種，竊謂益加親切，眞可以導小學之先路。苟由此而進之，亦駸駸乎入聖賢之域不難矣，豈徒革世俗之獘已哉？嘗以授從遊諸生，而諸生願鋟之木，爲之説如此。同治癸亥重陽，三原賀瑞麟復齋甫謹書。

# 又

嘗謂童蒙天性未漓，而聰明漸啓，易成亦易壞。父兄師長苟非使之循循於規矩準繩之中，而開之以義理之趣，則良知良能得其養者蓋寡矣。家無孝弟，國鮮忠良，有由然也，此余養蒙書所以不容已於輯也。諸生既刻板絳州，而吾鄉劉君季昭又欲刻於成都，雖不敢自以爲是，然皆先儒成書，正恐未能家傳而户曉也，遂亦不辭。天道循環，無往不復，聖學將昌，人心可正，區區是書亦未必無補於世道之萬一云。

# 又 甲子

是書山西任生道泰刻於絳州，吾鄉劉季昭質慧刻於成都，而劉君毓英今又刻於吾鄉。夫天理民彝之在人心，豈嘗有一日之間哉？世道污隆實由學術，而學術邪正端在童稚，以此立教，聖賢之塗轍具矣。爲孝子、爲忠臣、爲純儒、爲正士，胥基於是，信從果衆而設誠致行，亦氣運將復之機也。劉君此舉豈小補哉？甲子九月既望。

## 書弟子規後

此書舊相傳爲絳州李子潛先生作，同治初元避亂來絳，因求先生諸書，得見所謂訓蒙文者，其義例語意卽此書所本，而視此特詳，則又竊疑是書或先生晚年修改。既得徐州刊本，乃知浮山賈存仁木齋重爲删訂如此。賈之重訂固不能没先生之實，但其明白簡要較便初學，蓋爲有功於先生者。而其改今名亦切事實，正童稚之腳跟，開聖賢之途轍，殆與原書無異旨也。舊嘗刻於關中，今復刻於先生之鄉，且著其始末。俾讀是書者，因木齋不忘先生。而有力者更能取訓蒙文而並刻之，卽於世道人心亦有賴焉。此又余之重有望也。先生名毓秀，字采三，康熙間人，講程朱之學，著述皆甚正。

## 又

右弟子規絳州李子潛先生毓秀著，原名訓蒙文，浮山賈木齋存仁卽其原書修删之，改今名。嘗疑「見人善」以下二十四句皆親仁事，而誤入「謹信」條內。絳州刻板時，朝邑楊仁甫移置「色不媚」下，細按卽續「百事壞」後，與本文上下語意庶不阻礙。又移「道人善」八句入「謹信」條，恐當時傳寫之差，未免惑誤後學，故略訂正。然皆據訓蒙文原書，非敢僭妄，識者詳之。

## 書訓蒙詩後

右訓蒙詩百首，朱子大全集不載，國朝先生裔孫玉重編文集乃附入焉。元程畏齋讀書日程所謂性理吟絕句百首當卽此詩。明高忠憲刻性理吟不曰訓蒙，想亦兩名之耳。獨忠憲所刻絕句止九十四首，而又有七律四十九首。七律中語多可疑，絕不類朱子手筆，忠憲豈未之詳耶？今不復論。但絕句如曾點、克己、困學、仰思六首，皆已見文集。又析困學之次爲困心衡慮，恐亦非朱子之舊，特後人附益以足百首耳，忠憲刻時或又削此六首耶！今依玉本仍全刻之，板字缺訛輒僭改正，語或難曉謹用闕疑，至其詩之開豁透暢有數百言不能了者，而數十字中乃使義藴無餘，自非朱子理明義精，獨得竅要，何以有此？且其勉人爲學之意，一編之中三致意焉。學者苟能沉潛反復，優柔厭飫而切己以體焉，必將有發其意趣，而精神滋味忽浹洽於不自覺者矣。

## 書性理字訓朱楓林書後之後

右朱楓林升性理字訓書後。楓林嘗輯小四書，字訓其一也。書後一篇最得讀書之法，並附刻之蒙齋書，世多不見。然爲朱子所稱，亦此書之嚆矢也。列之卷首，且略著二先生行實，俾讀者可以知人論世云。

## 題養蒙書續編　乙丑

同治初元，李君勉之有刊布正學諸書之舉，而感興詩蔡注本乃借渭南趙君元中，書甫成而遭賊火，惟此本僅存，今復續刻於養蒙書之後。原書並附櫂歌注，亦仍之。雖其所注不敢謂盡有當於朱子之意，然由此而求之，亦庶乎其不遠矣。乙丑十月。

## 書楊仁甫手録胡敬齋集後

胡敬齋先生眞所謂振古之豪傑也，崛起韋布，卒祀廟廷，嗚呼卓已！顧其生平用功所在，一本居敬窮理，而尤得力於「敬」之一言。明學術則除異端之虛寂，談治道則復三代之規模，其讀書必以小學、近思録爲入手，且曰：「小學、近思録、四書熟此而有得焉，雖他書不治無憾也。」此其謹嚴親切，實有得於千載聖傳之緒，而爲後學之蓍蔡也。所著居業録及文集世不多見，間有居業録率非先生原本，昔年曾得明李楨本爲較正，李勉之刊板，甫就而燬於賊，此本乃顔氏綸本，皆先生手筆之書。文集又當時先生門人余祐所編，均可寶重。朝邑楊君仁甫并繕寫成帙，愛之如飢於食、寒於衣，一日不釋也。許魯齋於小學敬如神明，信如父母，仁甫於是書甚似之，則其深造而有得也奚疑？仁甫與余論主敬功夫，輒以先生相勖，余雖駑鈍，願時鞭策之，或終不至偃蹇不前，至望有力者鋟以公世，余與仁甫蓋有同心也。三原賀瑞麟謹識，乙丑十月二十二日。

## 又

余既書先生書後，竊又記羅整菴謂先生乃一「敬」字做成，但窮理似乎欠透；章楓山又謂先生不適於用。二公所見非後學所敢私議，然竊意先生之窮理乃程朱之窮理，整菴極執理氣不可分之説，早疑程朱立論之未一，其謂先生欠透固宜矣。觀其論辟文清公讀書録，説理氣未融亦可見也。則恐整菴有所未透，何乃以是而議先生哉？天德王道，體用一原，先生論治，必法三代，有先生之體，自有先生之用。程伊川先生方嚴高峻以古道自居，故所措置必欲力復先王，而不有一毫世俗苟且之爲，先生亦然。叔季波靡乃皆先生所不屑意，所以率多不合，而謂其不適於用，特不適後世之用耳。先生豈肯貶道以求適用哉？是章公亦未爲知先生者。鄙見如是，並書附此而求正於仁甫，以爲如何也？麟又書。

# 重印小學書序　丁卯

小學一書子朱子所輯，以教小子之法也，千古學術於是備矣。孔子雅言惟首詩書，而曾子、子思、孟子所引詩書特多。秦漢以來論語獨著，孟子雜諸子中，大學、中庸皆屬禮記，自程子取之以並論、孟爲四書，而其教人則先大學次論孟，而後及中庸。夫大學爲入德之門，必由是而學焉，決乎其不差者也。顧放心未收德性弗養，則又以何者爲致知力行之地而至其極哉？程子蓋欲以「敬」字補之，其説至矣。然古者小學教人之方迄無成書，學者猶莫知所以從事也。是書之輯，朱子抑亦有不得已者，綱領之要而節目之詳，殆與大學同符。朱子而後，凡所謂正學純儒未有不本於尊信此書而能成者也。苟爲不然，雖其資稟之高，學力之勤，不入於異、流於雜者，蓋寡焉。嗚呼！聖賢所以著書垂訓隨時立教，以正千古之學術者，豈不備哉？學者不先是書而他學，竊恐日讀四子書亦不知所以用力，何有詩書？嘗謂小學、近思録後當與四子書並列學宫，並垂天壤，聖人復起必從吾言。朱子曰：「大學傳文雜引經傳，若無統紀。然文理接續，血脈貫通，深淺始終，至爲精密，熟讀詳味久自見之。」余謂小學亦然，必也字求其訓，句索其解，尋其取去之意，玩其先後之序，晝誦而味之，中夜而思之，體之於身，施之於事，然後條緒分明，義理通暢，而意味亦浹洽貫轍於無窮，然尤必以立志爲先務。蓋知立教之則天明遵聖法，明倫之稽聖經訂賢傳，敬身之仰聖模景賢範。益信蒙以養正，洵作聖之實功，而學必如聖人而後已，雖童稚之初亦不可不以此自期，待至後世之所謂學，蓋有不足言者矣。咸豐甲寅，監利余公來莅吾邑，余以是書請公刊行，公卽慨然從之，并印多部分給里塾，板存書院。同治丁卯，余主講事，日與諸生無大小皆以是書爲切劘，劉秀才昇之又欲刷布以公學者，而復爲之説，且序所以讀是書之法如此。四月六日，賀瑞麟角生父書於學古書院之傳心堂。

# 鈔胡敬齋居業録書後

右居業録凡四卷，明胡敬齋先生著。麟已繕寫訖，爲訂二册。竊見先生學術純正，工夫精密，程朱後罕有其儔，其時惟辥文清可繼程朱，而先生實並肩文清無愧也。此在諸儒均能言之，顧先生與文清致道雖同，而造德少異。閒私揣之，文清天資高明，氣象廣大，體道極熟，目中所見，無一時而非斯理之流行，無一處而非斯理之充塞，故雖晦盲否塞，終不能有害於全體，時有與上下天地同流萬物各得其所之妙，所以讀書一録每多形容道體之言，而天德著矣。先生稟賦剛毅，志意精嚴，認道極眞，胸次所存，欲人人必爲聖賢，欲事事必法帝王，務要整頓洗剔，一歸於義理之本然。明天理正人心，辨諸儒之得失，闢異端之訛謬，有甄陶一世壁立萬仞之概。所以此録每多主持道統之意，而王道明矣。文清似好仁者，先生則似惡不仁者。文清似顔子、明道，先生則似孟子、伊川。然其致力則皆一敬爲主，固得千聖相傳之心法而無不同者矣。至於出處隱顯亦時焉，爾非所論也。獨先生語語精確，言言簡該。羅整菴謂其窮理欠透，章楓山謂其不適於用，余已嘗辨之矣。說者猶以文天祥才疎，司馬溫公之誠爲己私，謂先生立論過高。夫文山當日情事非可妄擬，然史稱文山平日自奉豪侈，勤王詔至乃始貶損，及與吳堅如元，軍使伯顔疑有異志，卒被執律。以聖賢立身之法，與吾夫子「臨事而懼，好謀而成」之訓，則似有未合者。以子路之果行，夫子猶戒其詐，而程朱當時亦以溫公致知工夫未至不明而誠，誠其有當乎此？亦何疑於先生耶？後世儒者於道不知所向，固不足以知先生；於學不知所至，又惡足以知先生之言爲不易也哉！因書先生録後，復論及此，使讀者知先生與文清同無遺憾，而幸潛心於其書，未可以輕議也。同治丁卯五月五日，賀瑞麟謹識。

## 鈔胡敬齋文集書後

敬齋先生居業録予既鈔而記之矣，文集一册仍繕寫分爲三卷。蓋先生書世罕知者，閒有傳本多非原書。咸豐辛酉，李勉之刻正學諸書，得顔氏綸本缺一卷，乃以予所借張氏家藏李楨本及張儀封所刊文集本並付梓人。予皆校對完好，將印以行，回亂被燬。壬戌避難絳陽，復借朝邑楊仁甫本重録，如此居業録乃顔本與李本同皆原書。文集爲楊氏綸本與儀封本，特篇次先後異耳。然楊本較得，即此是也。噫！予始絶意科舉，人皆疑且怪，予亦未嘗不心動，及讀先生書乃自信先生當俗學馳騖之日，挺然以身任斯道之重。晚歲兩主白鹿洞講席，斥去時文之課，獨開聖學門庭，以崇道德明仁義。當時諸公亦皆翕然有振興之意，厥後小人用事，辭病而歸。雖志不獲伸，然其高風凜然亦足破末世之頹俗，而興豪傑之士。麟也淺劣無能，望先生萬一，獨此一端，竊用慕效閒亦忝主講事，懇懇爲諸生言其所以爲己之學，詞章利禄絶口弗道，謗言日興，初不少改。顧德弗類無以薰蒸感化，而舊習沈錮鮮有可與共學直講義理者，至或率意徑情不復循循雅飭，益令人意思不佳，然且遲遲。吾行尚此濡滯，是則不能不深有愧於先生者也。讀先生文而有感，遂書以志過，俾學者亦知有警云。復齋麟又題。

## 程朱二先生行狀序

朱子之道，孔孟以來相傳之道也。明初崇尚朱學，人心正而風俗厚，厥後異説浸淫薰染，而國運隨之亦衰。我朝正學復明，朱子之書滿天下，讀者往往不惟其實之求，則誠哉知德者鮮而聖賢之道不著也。然則上焉守孔孟之心法，不雜以空虚偏謬之説，而下焉深以蕩檢踰閑爲可恥，乞墦登壟爲可羞，則莫若明朱子之道。明朱子之道莫若知朱子之人，行狀之作豈得已哉？今之傳行狀也，亦豈得已哉？予久欲蒐刻此書而未能，朝邑楊生泉清得趙氏板，屬吾鄉劉秀才昇之購而廣布之，以公學者，道之明也有日矣。胡敬齋先生之言曰「朱子行狀學問道理本末精粗詳盡，吾每令初學讀之。明道行狀形容明道廣大精密，然渾化純全，非工夫積累久地位高者領會不得。吾每欲學者先讀朱子行狀，有規模格局方好讀明道行狀，是則明道行狀亦不可不讀。昇之又能補刻以並是書，尤斯道之幸也。若夫辥敬軒、許魯齋兩先生年譜，往思刪附程朱行狀共爲四篇，亦以爲學者讀書當先知人，端其途而趨焉，無不達矣。然尚未暇，且竢諸異日。同治丁卯五月壬申，三原賀瑞麟謹書。

## 書關學編後　戊辰

右馮少墟先生關學編，國朝朝邑趙氏重刻之。劉學博得炯卽續少墟及王復齋二人，而桐閣先生增訂，又補七人續十二人，於是趙本爲不完而未能廣行。朝邑楊生玉清有志關學者也，同治戊辰教授吾邑張君宜堂家，因言趙氏此書並所刻王復齋小學句讀記、大學直解、太極圖集解三書板，其後人皆欲售。人且恐諸書失所主，宜堂遂言於劉君毓英，以百二十金俱購以歸，將欲刷印以公同志，而仍嫌趙本爲未完。余乃取桐閣補續各人，並依原書爲補刻，而更以桐閣先生續焉，以求是正於當世之爲此學者。至以諸賢望吾關中人士，使見諸賢之心而因以自見其心，不好名亦不避好名之謗，爲所當爲於以振興關學，延斯道於勿墜，則有少墟、桐閣兩先生之序在。九月朔旦，三原賀瑞麟復齋甫謹書。

## 小學句讀記序

小學書注者多矣，惟明陳恭愍句讀，其行世最廣且久。蓋其訓義質實明曉，亦爲有裨初學。國初朝邑王仲復先生以句讀問有未盡，益加是正，且發其義意名曰句讀記，精密詳核非但有功陳氏而已也，顧獨於朱子編輯次第亦略焉。夫小學本皆類聚成書，朱子初不自爲一語，與大學、中庸體例猶異。苟非疏其先後淺深之序，則條理之密，意味之深，亦惡從而知之。近世好學深思之士，固嘗有略指其歸趣之所存者，而學者往往習聞其說不務實曉，粗知每章每篇之大意，便謂已足，而無復求之訓詁文義之間。及問其本語何解，反茫然莫應。朱子所謂「逐句逐字皆有著落方好商量」，程子所謂「未有文義不曉而解意者」。如此，則所謂大意亦豈能眞識？而實體於身但流於口語而已，此今日讀書之大病也。然則先生是書，正學者不可不亟爲講求者也。板舊藏朝邑某家，吾鄉劉君毓英映菁購得之，欲廣印以公同志，故爲之說。俾讀者遍考詳究，反復潛玩而不爲苟且簡便之計，其於大意亦當久自得之。此朱子於大學文理之接續，血脈之貫通，所以不盡釋也。或曰，此書解似深微又苦繁多，非童蒙所宜。是說也已見於先生答或人之問矣，不復及。同治戊辰小陽丙寅，三原賀瑞麟。

## 松陽鈔存後序

右松陽鈔存二卷，國朝稼書陸先生著，楊惕齋爲編次，而乾隆中山西太平趙氏熟典重刻以傳者也。先生所著書，如纂輯四書大全、困勉録、講義、文集世尚多有，至此書則不易獲也。麟舊借鈔一本，以亂遭燬，壬戌避地絳州乃見此版，喜極而又惜其無力致之也。顧心念之不能忘，劉東初昇之適刊胡敬齋集，己巳復遊絳，遂爲之購而歸之，俾廣印以公學者。竊惟先生當明季學術淆亂之會，毅然以斯道爲己任，生平用力主敬窮理，一守考亭家法，嘗曰：「朱子之學雖百世守之可也，學者但患其不行，不患其不明。但當求入其堂奧，不當又自闢門戶。」嗚呼！至矣！故於一時陽儒陰釋之學闢之，一毫不肯假借。蓋先生以朱子之學爲學，自以朱子之心爲心。世或疑其過甚，是未嘗以天下萬世爲量而於聖賢不得已之心有所不知，又何怪哉！然則學者讀是編，亦可知先生之所以爲學，而有志於道者，亦庶乎其不迷於所趨矣。惕齋又欲掇先生要語別爲一書，使天下學者共見其全，不知果有焉否也。尚期必得之爲快。同治庚午季春戊辰，三原賀瑞麟謹識。

## 書居業録卷目後 庚午

是録乃國朝顔氏綸本，余借鈔友人者。傳經堂劉氏將鋟板，因取舊藏明李氏楨寫本，益加是正，刻成覆校仍有闕誤，復爲之削補。如此先生之書傳者甚少，而是書原本尤少，學者往往轉相傳寫，茲刻也非厚幸與？夫先生之道之學，前輩固多論者，往與二三同志亦嘗考其梗槩。學者苟獲此而玩心焉，且將有以自得之，又何俟贅爲？顧惟南軒先生於二程遺書之刻以爲傳之之廣，得之之易，則又懼。夫有玩習之患，要當以篤信爲本，謂聖賢之道由是可以學而至，味而求之，存而體之，涵泳敦篤，斯須不舍，以終其身而後已。斯言也，非即今日所以讀是録之要語哉？如徒誦習其説而已，文定胡公所爲愀然不可以言程氏之學者，尤不可不深自警也。抑余又有説焉，先生是録體用本末兼該並舉，不可以一端求，而文詞利禄之害屢痛言之。今世士習方顛冥於科舉俗學之中，波蕩風靡，決性命之情以饕富貴，雖良才美質亦不免爲其驅誘，人欲横流，天理幾滅，而世或莫之悟也。得先生之説一洗膏肓之錮疾，有以振起其卑陋，曉然知邪正是非之分，輕重取舍之宜，而卓然不迷於所趨。人心庶幾可正，聖學庶幾可明，則是録誠今日所宜先讀者也。嗚呼！茲刻眞厚幸已。同治庚午九月望日，三原賀瑞麟謹識。

## 書敬齋集目録後

此所謂敬齋集也，先生門人余祐所序詳矣。舊與居業録各行，無合刻者，而集更罕見。讀先生之録，固可察言以求先生之心矣。集亦言也，而跡在焉，考其跡以觀其用，學者於此尤不可不盡心也。此楊氏綸本，今並校鋟木，附録以傳，俾世見其全云。

## 篤志録序 壬申

立志以定其本，居敬以持其志，窮理以致其知，反身以踐其實，此四者朱子爲學之大綱也。凡其生平自言與其所以教人而見之文章議論者，莫不本是以出。顧文集且百餘卷，學者苟或不得其要，則汪洋浩瀚，莫知津筏，終無由而濟矣。大荔扈仲榮森暇録，其發明四者之篇若干首，分類編之，訂爲三冊以自課，雖有未盡，大概具矣。夫擇之精、守之約，然非熟讀深思而實體之，將亦不免程子對搭説相輪之誚，而何以爲己物哉？果於此而有得焉，其於讀全書亦庶乎其不難矣。同治壬申亥月。

## 又

同治壬申，大荔扈仲榮森，吾邑段子絅舒錦皆聚清麓，切劘之樂甚不易得。然四書五經之外，非周、程、張、朱之言則不以出諸口，而二君者又信之深，惟朱子尤所篤好，而文尤多。閒録其所嘗講論有切於今日用功之實者若干篇，仲榮先，而子絅繼仲榮之編既略言之矣。子絅之編又豈可無説哉？輒復條其所以然，而沉潛反覆以期得之心措之，身見諸事業則固不殊於爲仲榮言者，此吾黨相與有成之素志也。子絅其知之矣。

性道之本，學問之綱領也。蓋如射者之的，行者之歸，固學者立志之初所當知者，故以太極説至已發未發説六篇爲第一。

有本然之義理，必有當然之工夫。工夫首在存養，敬者聖學之所以成始而成終也。中庸言道不可離，而必以戒懼慎獨爲始，答何叔京至張欽夫四篇皆言敬之事，爲第二。

「涵養須用敬，進學則在致知」。致知莫大於讀書，讀書次序要已然。俗學、異學、曲學、雜學皆足以害學也。以徽州藏書記以下十九篇繼之，而所以格致者精矣，爲第三。論利祿者四，論文章者一，論著述者一，闢禪學者三，闢蘇學者四，闢王學者一，闢事功者四，闢史學者一。

涵養雖深，窮格雖至，而措諸躬者有未實焉，則亦不能有之於己，故踐履不可以不講也。蓋必知其至近易至急切，而無一刻之可緩。是以敬義之功體之甚力，義利之界守之極嚴，至於得時行道而所以審乎出處之間者尤不敢苟，故其進而告於君者，亦惟公私理欲之辨爲諄諄，則正君格心。於是乎至不幸而危急，又必竭力弭亂而百折不回。其陽德剛明之氣，凛然不奪之節見於事業文章者，一皆本是以出苟合矣，且必爲之延訪人才以共成事功。如其不合則不敢一日安乎其位，而必不至有所愛而不肯爲，有所畏而不敢爲。蓋古之人臨大事決大策，規模措畫早定胸中，應變之際敏妙神速，決不泄泄而沓沓，此其所以自處，與其所以告人胥準乎是。蓋如是而始爲能行所學，亦始爲不負所學矣。乃以陳廉夫以下十三篇者終焉，爲第四。

性道之本一，存養之功二，格致之方三，踐履之實四。

## 朱子五書序

太極圖，道學之綱領也。通書四十章又以發圖之所未盡。然太極詳於性命之原，而略於進爲之目，而西銘則因事親之誠以明事天之道。太極天人一理，西銘盡人合天，義雖有異功實相資。此三書者朱子注之，其於周、張精微嚴密之旨，固已闡無餘蘊。學者由是而熟翫焉，亦庶幾聖學之淵源矣。然其所以入德之要，莫切於定性，致力之端，莫詳於好學。朱子亦嘗爲之説而並謂其可以終身者，斯又三書之門庭戶牖也。暇嘗繕輯三書並注，而繼以二篇。顔以朱子五書以爲朝夕誦習之編，四書而後如五書者，未嘗有也。朱子既注四書以幸萬世，是五書者亦自朱子發之，即以爲朱子之書也可。瑞麟不敏，竊願服膺弗失死而後已，未知終能有聞焉否也。同治壬申仲冬，賀瑞麟謹識。

## 合刻諸葛宗岳史四公文集總序 癸酉

人必有眞實懇惻强毅堅貞而不容已之故，而後能盡乎職之所當爲，力之所能爲，與夫理之所必爲，故其見諸事業歷變履險而不易矢爲節義。雖殺生捐軀而不以爲悔，而其發於文章又皆忠謀讜論、詞嚴義正、英光浩氣、慷慨淋漓，可誦可法、可泣可歌，而足以激發乎後世之人。心若是者，何也？曰：「誠而已矣」。吾以是求之於古，於漢得諸葛忠武侯，於宋得宗忠簡公、岳忠武王，於明得史忠正公。蓋嘗考於其事而有感矣。夫四公之忠義，人人能知之，人人能言之，然其所以至此者，豈無所本而然哉？觀其成敗利鈍，非所逆睹，鞠躬盡瘁，死而後已；連呼過河者三，無一語及家事；皇天后土可表此心，盡忠報國深入膚理；吾恐上負朝廷，下負吾師，死葬高皇帝孝陵之側，求鑒此心。蓋其鬱積磅礴，所以爲討賊興漢，迎還二聖，恢復中原，報讐雪恥之志，非一日矣，終始以之，死生以之，謂非誠之所爲乎？顧至誠感神，誠能動物，五丈星隕，天意謂何？汪黄沮之、秦檜害之、馬士英忌之，其阨於人又如此。論者幾疑理之無憑，而不知四公之所能爲者，其可知者也；其所不能爲者，其不可知者也。卒之天與人能制四公之命，而不能制四公之所以爲命者。且四公一不以天人之困爲意，而各自靖獻，惟較然不欺其生平而已。卽區區文字亦皆精神命脈之所存，至性至情今古無異，又何其識見之同、計謀之類，而心術學問之相符也？出師二表一，回鑾之二十四疏畫守營田一，渭濱之雜耕請進取請討賊一，乞出師之奏劄論人才、行徵辟保舉諸疏一。四事之條畫正議，一復攝政王之書，答李嚴不受九錫，一辭少保之功績，有成祇承休命辭加銜之勉，樹尺寸再承寵命。蓋所謂誠者無殊趨，故形於文者若一揆，況「出師未捷身先死，長使英雄淚滿襟」。宗公已自爲孔明，而奇岳侯之智勇才藝，以爲古良將不能過閫部之遇，又獨值其難。人比之信，國則亦未有不可爲。三公者，息息相通，不約而契，是以雖皆絀於當時，而不能不並伸於後世。三綱五常非誠莫立，君臣大倫天經地義，風頹俗敝廉恥道喪，依阿洩滔以苟富貴，當其平居無事，類多誕謾骫骳，略無剛正之氣敦篤之風，一旦有故，又安望其忠肝義膽報効朝廷？讀四公書而愛君憂國之忱，有不禁油然生奮然起者，雖天性之良不可澌滅，抑以其誠之感人者深也。扶靡振衰，廉頑立懦，世道臣節，端有甚賴，嗚呼！豈偶然哉？劉季昭秀才厚重好義，喜談古忠節事，適得四公集，屬其重刻，慨然從之，因校其書而爲總序之，如此俾覽者，以爲千古之一快也夫。同治昭陽作噩之歲橘月，三原賀瑞麟復齋甫。

## 書諸葛忠武侯集目録後　代劉質慧下三篇同

諸葛忠武侯集據陳壽進表凡二十四篇，今不可考，而世傳本亦不一，然往往失之。明李空同辨其多非侯作，雖不盡然，要亦有可疑者。近武威張氏本較他本搜侯文爲獨備，因重刻之，至便宜十六策、將苑五十篇誠不免如空同所辨，但相傳已久，亦不敢遽削，其附録後人議論獨不及宋儒。張氏學博雜，顧於此亦不足於宋儒歟！爲據諸家本擇其精要者補入焉。張本有者間不復載，恐無益於侯而徒爲重複，且眩後學也。又有故事五卷，雖足資博覽，今亦不暇及。特別取張南軒所爲侯本傳列之卷首，此皆異於張本者。予蓋商之復齋，云：「世有知者，亦爲然否？」

## 書宗忠簡公集目録後

忠簡公集卷首載本傳年譜，卷一至卷四皆公文，補遺一卷。遺事分上下兩卷，附録列遺事後。據前序，公集凡八刻，版類遭燬。茲大略本明熊人霖所刻，刻將竣，復搜得國朝公裔文燦本，較熊刻編次稍異而多文九篇、詩八首，今補遺是也。惟公孤忠大節照耀千古，獨集中如滿心寺鐘樓、景德禪院藏殿諸記，及語録序、瘦佛贊諸偈之類，凡十二篇，皆佛氏之説。雖不足爲公損，然刻先賢遺書將以垂教也，佛氏之説可以爲教乎？復齋之説亦嘗如此。既敬削之，而不敢不記其實於目録之後，亦朱子謂南軒諸葛武侯傳「不當不載以管、樂自許事」之意也。蓋使讀者有考焉。

## 書岳忠武王集目録後

岳忠武王集八卷，併卷首卷末凡十卷，乾隆中彰德守黄邦甯彙次刻於湯陰精忠廟者，王文舊多不傳，至王之孫珂搜集成帙，其目見於經進家集序，而行世亦罕。茲編蓋據家集益以金陀、桯史諸書，重加釐定，其功勤矣。顧王以忠義至性流溢簡冊，義理在人，後之讀者亦將有感歎欷歔於王之志事，而奮然激發其天良，以無負君國者乎！是不可不亟重刊之，以爲世勸云。

## 書史忠正公集目録後

右史忠正公集凡五卷，卷首恭録宸翰及攝政王書，餘皆公文詩，附録即編卷四後，不別列卷。按乾隆甲辰，公元孫開純始刻公集於家。道光己酉，羅文謙復增數篇，而重刻於醴陵，恐遭亂板燬。今所見者仍醴陵本，乃同治七年刊者，然亦不多覯。余既刻葛、岳兩忠武及宗忠簡三公集，而又喜得公集，亟合刻之。原文一仍其舊，惟羅本題咏甚多，不能盡載，爲録其要，如此以見梗概。至公之忠義，讀其文者當自得之。刻竣復見羅本，卷末紀公曾有親書楹帖云：「斗酒縱横廿一史，爐香靜對十三經。」又論存雲壑賞欲洗夢魂清祠中。謝蘊山啓昆刻公降筆聯云：「一代興亡歸氣數，千秋祠墓傍江山。」又有醴陵陳大受題公祠聯云：「守社稷祇江北孤臣歎當年，剩水殘山尚留得風中勁草；問衣冠惟淮南抔土想此日，冰心鐵骨應伴取嶺土寒梅。」燕山紀縉云：「酬三百年養士之恩，揚子城邊毅魄遥依鐘阜土；教千萬世爲臣之道，梅花嶺上芳聲常逐廣陵濤。」蔣心餘士銓墓聯云：「讀生前正氣之歌廢書而嘆，結再世孤忠之局過墓興哀。」又：「心痛鼎湖龍，一寸江山雙血淚；魂歸華表鶴，二分明月萬梅花。」皆可誦，宜併録云。

## 書陸桴亭志學録後　甲戌

右書二冊，爲明太倉陸桴亭先生崇貞十四年辛巳日記，名志學録，而今學使吴縣吴公清卿先生手録本也。桴亭生平爲學皆有日記，獨此尚存。其記一日言行應接，及讀書有得與夫夢寐之得失皆所不遺。至於一旬，則又以大學八條目立格而統結之。且書其敬怠之日數，以自警省。卜子夏以「日知其所亡，月無忘其所能」謂之好學，如桴亭者，非好學之至烏能有是？按桴亭卒於康熙壬子，年六十一，其辛巳則僅二十九歲，而用功已精嚴如此，宜其爲一代眞儒。麟之不肖，歲月逾邁，衰晚無聞，見道不明，用心不剛，讀是録，愧無地以自容矣。清卿先生蓋嘗以此致力，故其溫粹宏毅，望而知其有得，好賢樂善造士愛人，出於中心之誠，而發於情之不容已。又聞試士之暇，輒手一編朝夕咿唔，是必精察詳考，益求所以窮理正心修己治人之道。且有以爲異時正君定國之本，則其所至，當不止爲桴亭而已。顧麟嘗讀桴亭思辨録矣，志意高遠，才識卓超，每多造道之言，誠非後儒所易及。亦似以朱子爲依歸，而嘗謂其説之不可闢。然其於心性理氣之別，人心道心之分，未發已發之界，以致知之致，謂矯其氣稟之偏，去其物欲之蔽；謂象山心明則理無不照，與伊川格物之訓相通貫；謂陽明於致知中增一良字，極有功於後學，所謂聖學下手第一義者，多與朱子之論不合，其他紕漏差舛亦非一端，擇焉不精，惑誤後學。及究其所以然者，則以陸、湛、陳、王與程、朱、辥、胡皆所謂入門工夫，皆可以至於道。而其所自以爲入門者，則又不由朱子小學，以爲近於大學窮理之事，多與四書五經重複類引，古禮不諧，今俗且多難字。然則桴亭蓋未能於朱子之學信之篤而好之深，其於朱子之書亦恐未嘗潛心遜志服膺以終身，而乘其高才博學又輒以著書立説爲己任，輯詩鑑書鑑擬之續經。初不以王仲淹之已事爲可戒，此所以卒有出入而多所牴牾者歟！夫以桴亭思之精、辨之明，猶不免有此失，如吾徒者又當何如其警厲，可不深玩熟講眞知實踐，而徒以訾議先儒爲耶！蓋亦思辨之意云爾，是書所記實多紀思辨録者。蓄疑既久，輒復有感，又不敢隱於有道之前，敬書冊後而並就正於清卿先生，以爲有當否？同治甲戌孟秋朔日，三原賀瑞麟謹識。

## 信好録序 乙亥

朱子行狀有曰：「先生自少厲志聖賢之學，及考其所以用力，則窮理以致其知，反躬以踐其實，而又以居敬爲成始成終。」然則後之學朱子者，亦豈有以易此哉？余讀朱子書數十年，毫無一得，竊見朱子本其自得以立教，率諄諄於是獨嗜之，若飢渴之飲食，寒暑之裘葛，不可一日離。暇日録其文之及於四者都爲一冊，因并取夫子之意名之曰信好録，用以自勉，終吾身而已。有同志者亦以此示焉，以爲舍此則去吾朱子遠矣，去聖賢遠矣。光緒元年四月既望，三原賀瑞麟謹識。

孔子曰「志於道」，又曰「吾十有五而志於學」。孟子曰「尚志」，曰「仁義而已矣」。程子亦曰「言學便以道爲志，言人便以聖爲志，天下事未有志不立而能有成者也。況於學聖人之道乎」。述立志第一，凡十篇。

胡五峰先生曰：「立志以定其本，居敬以持其志，敬者聖學之所以成始而成終者也，非敬又何以爲致知力行之地哉？」述居敬第二，凡十一篇。

程子曰：「涵養須用敬，進學則在致知。」中庸「尊德性而道問學」，卽此意也。不明乎善，不誠乎身，有交修無偏廢。述窮理第三，凡十九篇。

朱子曰：「論先後則知爲先，論輕重則行爲重。」涵養之深，格致之精，皆所以爲踐履之實也。不能反躬，天理滅矣。雖有志，奚足恃哉？述反身第四，凡十一篇。

## 書眞文忠公心政經目録後

宋眞文忠公嘗撰大學衍義一編，論者謂爲內聖外王之書，後之人君有志於聖賢之學、帝王之治，固不可舍是而他求。即儒者修己治人之方，亦豈有以易此哉？顧其爲書廣大淵密，包涵無遺，初學之士恐未可以驟語。求其精約簡要，而有裨於存察施爲之實者，則又有先生之心政二經。蓋「心」不外乎明德，「政」即所以新民，此亦本之大學而與衍義正相發者。然世之言心者，記誦詞章已耳，虛無寂滅已耳，俗儒之溺其心，異端之空其心也；世之言政者，刑名法數已耳，功利權謀已耳，曲學之私其政，霸術之僞其政也。是豈有當於大學之明新而止於至善者乎？苟於此書深味實體而有得焉，則全體大用皆備於我，天德王道一以貫之，純儒循吏更無歧趨，由是益進以大學衍義，孔、曾、程、朱之淵源，胥是乎在！一旦得時行道，以平日之性情經濟明心，法敷政理，使其君爲堯舜之君，使其治爲文武之治，不難矣。豈不偉哉！或謂心經有贊而政經無贊，疑政經非先生所著，非也。政經蓋成於再守溫陵之日，先生門人王邁言之矣。政績亦門人所坿。惟心經周子以下，政經子產以下，似皆宜作傳而不可以經名者，不知先生何以不分？抑或後人刊本失之，今亦不敢輒改。政績先生文集所載，亦不止是，不揣冒昧僭爲補遺四篇，其說見後以就正於當世知道君子，以爲有當否也？光緒元年仲夏庚申，三原賀瑞麟復齋甫識。

## 書心政經補遺後

右文四篇，麟考文忠公文集録以補遺，原書所附政績大概已具。然惟勸農兩篇，藹然仁義之言出以韻語，尤易使人歌誦，而諭士勸學隨事誨以義理之正，且就功令之中發其聖學源流路脈之所在，以端其趨而不使終誤於卑陋，則又見愛人之誠有不容已者。蓋科舉既不可廢，猶當由本及末，開聖賢門庭作將來種子，因以不負國家取士之初意，抑以即公所以爲政之本，故其遺風餘韻益令百世之下讀者不禁慨然神往於其際也。嗚呼！大儒之爲政，眞超出尋常數等哉！輒僭登之，以爲後世有作養人材之責者知所以爲教云，麟識。

## 書專刻大學或問目録後

大學一書，四書羣經之綱領也。朱子自謂平生精力盡在是書，分經傳補格致，有章句，有或問。章句、或問久雖成書，至六十歲始與中庸章句、或問序而傳之，蓋其慎也。然中庸及論、孟或問大抵多辨諸家之說，論、孟或問又未及修改，與集註前後不相應，故不出以示人。而中庸或問亦自謂有未滿意處。惟於大學則曰須先讀本文，次將章句來解本文，又將或問來參章句。又曰大學本文未詳者，某於或問中詳之，看章句有疑處，方去看或問。然則大學或問正不可不讀，不讀或問恐未必眞明章句，而本文亦難遽曉也。竊嘗謂章句精確而或問則明暢，章句順文解意而或問則闡發盡致。且居敬窮理，朱子所以得千古之聖傳者，凡其自治教人，無不散見於所著各書，而此書經之首段引程、謝、尹氏之說，以明敬之始終，傳之五章言格致之當先，與其用力之次第工程，及涵養本原之功，可謂反覆詳備。而諸說之無當於是者，又有以推究其所以不然之故，使聖傳之要昭然若揭。大學爲入德之門，則或問爲入章句以入大學之門。世之學者雖讀章句，亦止爲課試作文之具，而或並不知有或問也。無怪乎大學之道知者終鮮，而朱子居敬窮理之學不見於世也。可勝慨哉！是書舊與中庸、語、孟或問並行，無專本。余教生徒讀大學章句畢，必讀或問。久欲刊布，乾州王生夢棠取以鋟板並請序言，而爲之說如此。光緒元年乙亥月朔，三原賀瑞麟謹書。

## 重刻周易本義書後

右周易本義十二卷，依乾隆中寶應劉氏本重刻者，顧劉氏雖本御纂周易折中、御纂周易述義篇次以復朱子之舊，然實未見朱子原書。宋咸淳閒吳革所刊本義篇次固亦不異，而前載九圖、後附筮儀恐亦非朱子原書所有，劉氏謹遵折中去之是矣。但卷末又録五贊，謂括啓蒙之旨。竊按朱子既作本義，復懼學者未明厥旨，乃著啓蒙四篇，則學者讀本義又不可不讀啓蒙。語類六十七卷「問時舉（略）〔一〕看易啓蒙警學篇」云云，文集問答卷十九答呂子約云「向於啓蒙後載所述四言數章」，說得似已分明，則五贊正在啓蒙之後。劉氏不刻啓蒙而僅附五贊於本義之末，考之亦未精矣。今既刻本義並刻啓蒙，改附五贊於啓蒙後，而不失朱子之意，庶使讀者有以知象數卜筮之實，用以爲觀玩之法，且於本義亦易究其所以然也。據朱子書臨漳所刊易後云音訓「别見篇後」，今仍劉氏刻之簡端以便觀者。惟劉本錯訛實多，既已校定，刻成復取折中及吳革本、通志堂元董眞卿周易會通本與及門諸子細加是正，仍多互異，此是彼非，此非彼是，此有彼無，此無彼有，或改或否，但詳其文理意義之長，不復識別，音訓舛譌尤甚。近金華所刊古周易音訓本自謂從通志堂經解中録出，而與會通本又有不同，顯誤，不能不改。以板成未便多易，閒有無害者亦仍其舊，至於「何以守位曰人」，「人」字此本及諸家本皆作「仁」，惟吳革本作「人」，與朱子本注語義甚合，若作「仁」則謬戾而不可通矣。注云呂氏從古益見朱子本義，用東萊本爲無疑也。今依吳本改「仁」爲「人」，識者幸有以諒其非僭云。光緒乙亥六月六日，三原賀瑞麟謹識。

〔一〕點校者加，後同此不再出校。

## 女詩經序

詩之爲教，本於性情，其爲言既易知，而抑揚吟詠有自然之音響節族，其感人爲最深。此古人十三誦詩，閭巷童稚皆習聞其説。十五國風亦多婦人女子之作，婦人妊子所以令瞽誦詩，二南之音又以用之閨門鄉黨，以化天下者也。後世教學不明，爲士者已不知興於詩，則所謂修身齊家無以爲之本，刑于無聞，面牆貽譏，身不行道，不行於妻子，復何責之婦人女子哉？曾子固所謂「苟於自恕，顧利冒恥而不知反己，往往以家自累」，其亦久矣。果知造端之重以身作則，而其室家自相化於順從。不爲驕淫悍妒之習，又能講論古人之書，則薰蒸涵濡開心性而範禮儀。雖昔之賢媛淑女，未必不復見於今日也。然求其書之言易知，而感最深誠莫如毛詩。扈仲榮暇日録二南及風、雅、頌有關婦女者，正變並存勸戒互益，發善心懲逸志，傳語亦間附本篇之下。有教家之責者，必先謹察於好惡愛憎之間，嚴辨乎公私義利之分，有物有恆，正位乎外。然後訓誡婦女，俾朝夕諷誦此編，爲之解説意義，久之將有幽閒貞靜端莊純一之德，以事其夫子，奉祭宜家，和嫡庶，仁子姓，嚴非禮之防，堅不貳之節。安貧賤則饁南畝而依媚，遭狂惑則悼終風而噎懷。牆茨雖君母羞稱，漢廣則遊女可敬。爲絺綌而知其所以興，休蠶織而知其所以衰。其所以明是非、審取舍、正化原而成内助者，庶幾二南之遺風焉，豈不美哉！是在端本誠身之君子。

## 書復齋録卷目後　丙子

國朝自稼書陸先生以程朱之學倡明東南，而明季陽儒陰釋之説始不足以惑世。然當時非無名儒鉅公，要多不脱姚江之藩籬，獨其卓識定力辨明守固。如稼書者，桐鄉有楊園張先生，朝邑則有仲復王先生，兩先生與稼書雖其出處之異，南北之隔不及一見，而道無或殊。楊園歿後，稼書讀其遺書乃歎爲篤實正大，足救俗學之弊，則書已著而知者多，近且從祀孔廟。若先生弢迹渭濱閉戶不出，閒或重其眞隱高蹈，而其學之精醇蓋未有眞知之者。聖學不明，卑者既沒溺於淺陋固滯，而其高者又薰灼於詖淫邪遁，視先生不啻逕庭，無怪乎先生之著述曰「以湮晦而後生晚進或並其名姓而莫之傳也」，豈先生之不幸哉！抑士習大都可知矣。先生歿近百年，而澄城張蘿谷先生知先生者也，謂先生之學在明三百年敬軒、敬齋後無其倫比，其復齋録較之讀書、居業二録何多讓焉？又曰「敬軒集中多述朱子成説，然有德之言自然溫厚和平，意味深長，其大節尤在不爲勢屈，雖臨死而不撓，非所守者固所養者深能如是乎？仲復集中亦多述先儒成説，然有德之言自然研究詳明，切近平實，其大節尤在，隱不求名，雖老死而不悔，非所見者定所居者安能如是乎？」嗚呼！知言哉！關中大儒盩厔李二曲與先生並時，其學以陽明爲宗，名至爲九重所知，而先師桐閣先生獨謂先生純正在二曲之上。先生著書甚多，復齋録尤先生爲學之旨要，存焉。板已失在，劉秀才季昭復鋟以公同志，其異於今之士歟？予服膺先生久，謂先生之功尤在尊程朱以斥陸王閒。啓告今學使吳縣清卿吳公，宜以先生奏請從祀如稼書、楊園例，極蒙嘉諾，行見先生之學顯明於世，是録之刻並使天下學者有以知先生之從祀爲非誣也。校訖附著其説如此。光緒二年二月既望，賀瑞麟謹識。

## 書開知録卷目後

曩予年二十四，登先師桐閣先生之門，讀所輯正學文要，有澄城張蘿谷先生文數篇，愛之甚，因求先生所著書，幾三十年矣。訪之東郡人士，亦多罕覯，或並不知有張先生者。同治癸酉，澄書賈攜其邑孝廉連雪峰所刻先生四書集疏附正、論語緒言，亟購之。詢先生諸書尚十餘種，藏之家，未梓也，卽屬請其子孫觀焉。越數月，先生元孫某果負以來，先生生平精力盡在四書集疏，四十卷，其附正、緒言乃纂集疏時精思妙契以發餘意者也。讀書之暇，又著有所謂開知録者，先生子南雅謂依近思録例編次爲十四卷，其於性道之體統、學問之淵源、異端之偏邪、政治之綱要，以及天地鬼神之變、人倫日用之常，靡有或遺。予讀之竊嘆先生當弱冠後即絶意科舉，學無專師，於書無所不讀，自明季姚江之學盈天下，而二曲、豐川陰用其説，以倡導後進，關中學者靡然從之。雖恪守程朱如朝邑王復齋，秦士或莫之知，先生獨信好之，孤處一隅，挺然特立，精研洛閩，排斥異説，躬行實踐，不求聞達信，可謂振古之豪傑矣。而其才識高明，議論開闢，正大切實，嚴密精詳如茲録者，則又吾道之干城，斯世之龜鑑也。

獨論讀書，先小學，次論孟，次禮經，次學庸、六經，似若與朱子爲學次第有未合者，然亦先生自得力處，猶是聖門下學上達之旨。其謂邵子於易泥象數，遺人事功之首罪之魁，經世書易之麼〔一〕障，讀者頗駭之。胡敬齋嘗謂朱子調息箴、參同、陰符注皆可不作，先生蓋與敬齋皆所謂「禹之慮民也深」，而或亦不可不存此論於天壤。先生又疑敬齋、復齋偏主涵養，稍輕窮理，是矣。而顧謂「於發皆中節，之後而驗未發之中」，其無所偏倚，可知教人只於發時用功，未發時無工夫，又未免稍偏於動。既云致中，豈全無工夫者？程子不云涵養於未發之前乎？先察識而後存養，朱子亦嘗以是箴南軒矣，性情體用各當致力。先生之言殆矯弊而然與！至十四卷之編，謂依近思録例，今考其書，殊非其序，不知何故？末學淺陋亦不敢輒加更定，夫以先生之學之純不愧復齋，而知復齋者先生，知先生者何人？桐閣知之，而未睹其全。則先生之書久而不傳，非先生之不幸，而斯文之不幸也！然先生嘗論復齋之書，謂豐城劍氣光騰霄漢，千百世下必有張茂先其人，不可謂今無其人，而他日終無知言之士也。茲録既出，則四書集疏以及他書必將相繼刊布，不終埋沒，以俟後之知先生者，而區區晚出得與校讎，是又生平一大幸也夫。光緒丙子五月望日，三原賀瑞麟謹書。

〔一〕「麼」：疑作「魔」。

## 治平大略序

孔門言學，莫詳於大學，言治亦莫詳於大學。而程子嘗曰：「先王之世，以道治天下，後世只是以法把持天下。」又曰：「三代之治，決可復。不以三代爲治者，終苟道也。」夫惟以法把持天下，而其治可知，其學可知。卽先王所以公天下而無一毫人欲之私，之大經大法亦弁髦棄之，遂如草衣鮮食之決不可復，則亦相率於苟焉而已。澄城蘿谷張先生恪守程朱，卽以孔門之學爲學，治平大略原本大學，其大意決欲復三代之治。嘗自言曰「封建、井田、學校，治天下三大綱；鄉舉里選、鄉飲酒禮、歲時讀法，治天下三大目」，可謂得其要矣。而說者謂世無三代之君，則封建先不可行，況其他乎？先生曰：「安知後世不有聖王作哉？且以是書自立志以至齊家，則皆大學之學。有大學之學自不難爲三代之君，而其治亦必爲大學之治。惟無『公天下而無一毫人欲之私之心』，而徒欲以法把持天下。」聞先生之說，亦未有不駭且疑者矣。伊川云：「某接人治經綸道者甚多，肯言及治體者誠未有如子厚。」先生亦謂「敬齋論治，純是天理作用，非見得此理卓然，其言必有滲漏處」，余論先生亦然。光緒二年六月既望，三原賀瑞麟謹識。

## 書重刻擊壤集目録後　丁丑

右擊壤集二十卷，宋伊川邵康節先生所作詩也。先生之詩其自序詳矣，後學烏能贊一辭。顧先生天挺人豪，而世徒知先生之數，不復知先生之道，因以不知先生之詩。故先生之書行世既希，而是集亦或以爲詩家別傳而莫之讀。光緒乙亥，爲劉季昭明經購得此本，季昭讀而愛之甚，亟鋟板以公學者，可謂不私其有矣。時季昭方刻朱子通鑑綱目，原本其族叔東初秀才刻朱子文集、語類，清麓諸子同任校事，因取予舊藏邵子全書本令其細加是正，考誤訂訛參互讎勘，或此本所闕並爲補遺。至丙子冬板就，未及摹印而季昭亡矣。今編次目録爲記其始末如此，惜季昭之不及見也。學者幸得是集而讀之，則知先生之詩皆先生之道爲之，而數固不足以盡先生。卽聖門風浴詠歸之趣，或得之楮墨之閒，而簞瓢陋巷之樂，亦由此可致其力。然則是書果不虛刻，季昭之心其亦有以自慰也夫。丁丑三月甲子，賀瑞麟謹識。

## 重刻小學近思録序

許魯齋先生於小學敬之如父母。其爲教悉棄章句之習，使無大小必自小學入。陳北溪得林宗臣授以近思録，遂絶舉子之業。張楊園初從蕺山，及讀近思録乃一意程朱，然則二書固有斬關奪隘之力、正本清源之功，豈數子不素讀四書六經哉？蓋四書六經義理宏闊，造道之極，小學、近思語意親切，入德之階，不先二書眞知而實好之，其有得於四書六經，難矣！二書自朱子後，明初及國初人知崇尚朱學，一二大儒倡之於前，無不始於尊信二書，其時人才風俗篤實滀樸。逮明中葉，「良知」之説盈天下，而國朝乾嘉閒漢學者興，往往以字學爲小學，反非程朱之説理。例皆以小學、近思録爲無取，而二書遂束高閣矣，然其人才風俗其效可覩。又兼以俗學薰灼腸胃，聾聵耳目，若非功令所在，且將並四書六經而不讀，尚望其於二書眞知而實好之哉？亦可嘅已！近歲四方小學刊佈漸多，而近思録尚未廣，適得呂氏合刻本，傳經堂劉氏正欲梓行，而蕭季萬時爲劉氏刻朱子語類、文集諸書，乃先取以影刻焉。閒有舛誤，清麓諸子亦樂爲之校。蓋冀其流傳之盛，而眞知實好者之多也。世豈無魯齋、北溪、楊園其人哉？人才風俗亦何遂不古？若耶，天運循環，無往不復，吾將爲斯人斯世幸。光緒三年夏五二日。

## 重刻朱子家禮原本書後　己卯

家禮一書，朱子後儒者每多遵用，而元武林應氏乃以爲非朱子所編。明邱瓊山辨之，謂「家禮爲朱子未成之書，雖成而未盡用，則可直以爲無此書，可乎？」且謂「序文決非朱子不能作」，其言可謂明著。至國朝白田王氏號爲確守朱子者，其於是書尤痛斥之，以爲朱子文集、語類除序文外，並無一語及家禮。家禮首重宗法，序中絕不一及，遂作家禮非朱子書。考其疑有四，又有祠堂考誤四則，冠禮、昏禮考誤各五則，以自伸其非鑿空妄言之比。余讀王氏諸考誤，誠有可取者，而於家禮非朱子之書，竊不敢遽信其說。李果齋、黄勉齋皆朱子高弟，其作年譜、行狀皆載此書，不應漫無所據。近夏心伯炘考朱子答汪尚書、張欽夫、蔡季通諸書，及葉賀孫、陳安卿各録，麟又考得輔漢卿並賀孫録，雖未明言家禮而卽皆指家禮之書，則文集、語類又何嘗無一語及家禮？王氏之論殆亦未免於空妄之失也。要之，家禮實朱子之書，但朱子成於居母喪時，被竊久亡。勉齋所謂其後多所損益未及更定。朱子沒而書始出，故於晚歲之論不合。然其通變舉要，折衷大綱，切實正當，固有家者斷「不可一日而不講且習」，如序所言是已。閒有未備，更加參酌以適於宜，亦朱子所望於後之君子，豈遂以是而謂非朱子之書哉？正學堙晦，禮教衰微，世之學者不知辭讓恭敬悉本性生，儀文度數皆存天則，立身制行每自放於規矩準繩之外，故其行於家者亦皆滅裂。苟且幸而知禮之可貴，而又多攘〔一〕於惰與羞縮之病。偶有一二行禮者，或詆毁、非笑，羣驚怪之，以爲矯拂。蓋家禮一書世不多行，學士亦往往不肯求觀，而坊閒所刊率皆俗本。邱氏儀節尚難其得，是以無以正其是非，閥閲閭閻終惟習俗之徇，與異端之從而已。可勝慨哉！余舊讀明性理大全中家禮一卷，擬取朱子正文刻之，有年所矣，而未就。既乃得陝州梁君殿象此本，乃喜得見朱子之舊，周氏又爲附録，甚得體例，亟屬岐山武生文炳刊以公世，並附

〔一〕「攘」：原作「壤」，形誤徑改，以下不再出校。

論。如此有志於禮者，庶有以信其爲朱子之書無疑，而無惑於王氏之説。推本是書，更究朱子平日之言與其所著儀禮經傳通解可行於今者，以不失古意，亦世道人心之大助，豈獨一家之幸而已哉！光緒己卯十二月朔，三原賀瑞麟。

## 女小學序

天之生人，無不予之以仁義禮智之性。而人或拘於氣，蔽於欲，至失其性，而不知復此，聖人修道之教所由設也。三代之盛，無人不教，即無人不學。故其時人篤倫常、崇禮讓，而其婦人女子亦往往涵濡薰蒸，有端莊孝敬勤儉和平之行。遐想古昔，未嘗不歎其化行俗美而非後世之所能及也。教衰學絶，人心之攘莫先士類，則閨門之政尚奚問哉！蓋爲之父兄丈夫者，既不能端本善則，以發其柔順貞静之德，而其習聞熟見又皆世俗之陋，是故愚者日益長其驕淫悍妒，無復廉恥，而質美者或不免食齋誦經惑於異端邪説而不可回。規範之不講，義理之不明，豈婦女之性果眞難化歟？亦未有以教之故也。朱子嘗謂「女子亦當有教，孝經之外，論語取其面前明白者教之，而益以曹氏女誡、溫公家範諸書」，又謂「女誡其言有未備及鄙淺處，欲别集古語如小學之狀爲數篇正静、卑弱、孝愛、和睦、勤謹、儉質、寬惠、講學」，而卒未就，予讀之每以爲憾。暇日因取小學書言婦女者，分爲五類編成一書，名女小學以教吾家婦女。竊謂小學一書，固無人不當讀，而此編尤於婦人爲要切，或亦不遠朱子之意。往劉季昭取而刻之蜀中，今岐山武生文炳既刻朱子家禮，原本又欲鐫此，并嘗所編次女小兒語及本朱子正静云云，略爲發明大意，題曰教女八綱，均坿於後，予不得而匿也。然則世之君子欲修身而正於家，必讀小學。又取是編使婦女讀之，爲之講明其義而有以修婦順焉，或於世道亦不爲無補也。光緒五年己卯。

## 原獻文詩録序　庚辰

國朝黄梨洲明儒學案云：「關中之學大抵宗辥氏文清，而三原又其別派。其門下多以氣節事功著，風土之厚，而又加之問學，故端毅、康僖、忠憲爲三原之學。」夫學求至乎道者也，豈語言文字之是務乎？然學明而道純，則其見於語言文字者，莫不由是以出，而非徒聲音采色詭異浮靡，以惑世而悞人也。如三先生者，古文詩具在，一皆雄直古樸，不事雕飾。忠憲之文且名傳海外，是豈無本而然哉？自三先生後，吾原文風益盛，雖不知於三先生之學之道爲何如，而所謂風土之厚又加之問學，若來、焦、韓、溫以及豹人大略可見，至九畹之窮經好古，亦庶幾古之立言者。勉齋學雖可議而文自足傳，惜乎先獻箸述多有不存，而麟見聞孤陋，無全集者，閒從諸家選本搜輯之詩，或止登一二首，聊存其人而已。噫！是録雖未備，亦可以觀矣。雖然余不能無慨焉，以吾原人文之美且多，而後之繼者寥寥，豈聰明才智獨不如昔歟？溺於今不悅乎古，麗於辭弗志乎善，人欲肆而天理滅，悉顛冥於頹風陋俗而莫之悟。或幷不知古文詩爲何物，況能知所以爲古文詩之本者而用力乎？惟有志者相與講明乎端毅、康僖、忠憲三先生之存心行己，如所謂三原之學者，更進而求三先生之所嘗師法洙、泗、洛、閩之淵源，使聖人之道入耳存心，藴爲德行。行爲事業義理極其精，性情極其正，如是，即不爲古文詩亦自無憾。有德有言仁義之人，其言藹如古文也，詩也當有不愧三先生者，不又爲吾原生色哉！麟老矣，竊願與邑人士共勉焉。光緒庚辰秋七月丙子，賀瑞麟復齋。

## 原故文録序

邑志載藝文，所以徵文也，然略則遺，泛則雜，吾秦前明諸名志無之。此義也，麟竊取之矣，其不可闕者見志本事，餘則別輯焉，此原獻文詩之所以録也。顧猶有關於邑故而可資考證者，復爲之編次。顔曰原故文録，亦使後之人得以詳覽云。

## 箴銘輯要類編序

光緒乙亥之春，吾友長安寇君廣文允臣先生過予清麓精舍，相與講論數日，因出其所輯箴銘録要一書，甚歎其用心之厪，當時略言去取之意。越二年，君復以是書抵予，則裒然前後二編，且辱是正，並謂麟不可以無言。夫箴銘之作，語約而意長，義切而感速，諷誦之餘固有興發儆警於不自覺者。湯銘盤，武王盤盂、几杖亦皆有銘，衛武公九十猶作抑戒以自箴。然則禔躬勵學，箴銘不尤爲有益耶？顧非切實爲己，又何能深味其言而惕之心、責之身哉？學者讀此惟亟亟焉！眞有求醫自治之志與刻骨不忘之誠，日蘄至於大賢君子之域，斯爲不負纂集是書之旨。夫取善宜廣，造德貴純，前後之云已非無意於其閒，而精以求精且本朱子爲學四綱而類分之，益歸於有倫有要。張子所謂編書須理會，有所歸著，則理可該貫，義無重複，守約施博。此又足以見吾友學術之精密，拳拳爲人深切之意，豈尋常之輯録哉？岐山武生文炳嘗從君遊，深愛此書有益學者，取而刻之以公同志，亦可謂好學者矣。庚辰九月朔，三原賀瑞麟書。

## 朱子年譜序

朱子之道，孔子之道也；朱子之學，孔子之學也。欲知孔子之道與學，當明朱子之道與學。欲明朱子之道與學，當考朱子之人與世，則行狀、年譜二者其要也。行狀爲門人黄勉齋榦所著，年譜爲門人李果齋方子所著。而行狀余已屬門下劉昇之與明道行狀合刻。吾邑果齋初止輯朱子言行，未名年譜，魏文靖序言之。然其名傳之已久，其書終不可得，於是後之爲朱子年譜者，紛然各出，人自爲說。雖朱子之道學昭如日星，而其生平之詳卒未大著明於天下。後世惟乾隆中寶應白田王氏所撰朱子年譜，又爲之考異，世稱善本。吳清卿先生視學吾秦，曾以是書見贈，讀之誠歎其精嚴詳核，高出諸家，而北方之學者實未易數數覯也。光緒己卯，余遊鳳翔，謁張子祠，遂至府學司訓吾友長安寇允臣所，晤郡人鄭治亭先生後嗣，余聞先生爲朱子之學也久，因求著述，乃得朱子年譜及許魯齋年譜鈔本。歸而心惓惓，謂何無人鋟以公世？已乃屬寇君轉語郡士周宗釗士甫。士甫慨諾，樂善重道，其志洵可尚已。余與諸生讎校之餘，竊見先生所見徽譜即白田本，建譜即福建祠堂本。祠堂本自有誤，而先生此本與白田本亦多有異同。白田獨不信家禮爲朱子作，年譜削而不載，先生亦沿其說不能傳疑。朱子年二十四師事延平，白田則載於三十一歲爲受學之始，先生改從二十九歲。雖據趙師夏跋延平答問「領簿同安，始棄所學而師事之」語，而不知朱子三十四歲而延平卒。祭延平文有曰「從遊十年，誘掖諄至」，則白田失之而先生亦未見，其爲必然也。至於五十五歲辨浙學、五十六歲辨陸學之非，辨陳學之非，先生一皆去之，獨未提綱，或恐開後人攻擊之端歟！此皆朱譜大關鍵，雖非舊譜所有，亦當大書特書，況白田固已引證明確，乃猶有議其爲妄加者。夫朱子一生極力所明辨，而今反爲之回護，不惟聖賢衛道苦心指示親切之處黮闇不明，且使有志於學者亦將混淆兩可，道術因以蔽晦，甚或誣吾朱子，可不爲之大懼耶？然亦不敢輒爲增補，以俟讀者得見其眞而審察焉。又如歸劉氏田之在三十四歲，通書解亦成於四十四歲，陳同甫來訪之在五十三歲，楚辭集注、後語、辨證成之在七十歲，白田本皆與此未能如一，此亦所當參互訂者也。要之，先生此書於徽建兩譜各有折衷，閒復補助簡要切實，誠有益於學者，即此以求吾朱子之全，其於造道入德之方、進禮退義之節、忠君愛民之誠、著書立教之旨，本末體用亦略可見。由是益進，而文集、語類諸書熟讀精思，虛心切己，本果齋原譜總論所謂「居敬窮理反躬聖學功夫」，與行狀如出一詞者，而實用力焉，則一切空虛功利、馳騖博雜與夫陽儒陰釋、顚倒中晚、始異終同之說，舉不足惑其胸中。然後孔子以來博文約禮兩造其極者可得而信，而孔子集羣聖之大成，朱子集諸儒之大成，學術道統淵源有歸，即以此爲吾儒之指南。麟雖淺陋無聞，竊願與吾黨士共證焉。嗚呼！是刻豈小補哉？庚辰九月丙戌，三原賀瑞麟復齋甫序。

## 許魯齋先生年譜序

鄭治亭先生既爲朱子年譜，復爲許魯齋年譜，兼附心法約編。魯齋之學，先儒言之詳矣。是譜是編之輯，先生亦言之詳矣。獨魯齋仕元與學者治生爲先之言，世多議之。惟張楊園謂魯齋雖生金地，而當時尚未見伊雒之書，無賢師友，既應試中選後自不能不仕。及學益進，義益明，固知仕元之非，臨終悔其生平爲名所累，竟不能辭官，其志可見。蓋以魯齋之賢而仕元，以仕元而蒙譏，爲魯齋之不幸且曰「吾於魯齋敬其人，而未嘗不悲其遇」，此語最爲持平。至於治生之言，亦程子「士有養方定志於學」之意，然治生不過務農或商賈之不失義理者。若教學作官規圖生計，非古人之意。魯齋固自言之，楊園亦甚取其說，而不爲非，蓋亦時爲之也。又有謂魯齋可比朱子，夫兩賢所至之境，非後學所敢私議。然魯齋於小學、四書敬信如神明，教諸生無大小悉自小學入。薛文清謂其繼朱子之統者魯齋也，此亦斷無可疑。熊還川學統獨不載魯齋，未免瓊山之見，非至公之論。豈足服天下後世人之心哉？予嘗欲刻魯齋遺書而未果，學者讀是書，尤可得其綱要而識其所從入之門矣。周士甫既刻朱譜并此鋟板，豈獨有功治亭先生已哉？庚辰季冬乙巳，賀瑞麟復齋甫序。

## 重刻朱子語類序

子朱子平生所著述，如小學、近思録、四書章句集註、詩易傳義諸書固已昭垂萬世，如日月經天，江河行地矣。文集、語類卷帙浩繁，見者往往生畏，不能卒業。顧文集猶或寓目，且尚有傳布。至語類當時三録二類，搜刻非一，厥後一百四十卷始編定於黎氏，而元、明以來重刻者絕少。無論購求匪易，世士率未之覩或并不知有此書，幸而有意於學，亦多以門人記録，不能無失而置之。薛文清深得朱子之學者也，乃謂讀朱子語録斷不若讀其手筆之書。而陳剩夫亦云語類皆門人退録，豈盡得朱子之心？是皆以語類尚有差謬，恐學者不知決擇，亦可謂慮之深矣。是意也，原序多詳言之，然以此而謂語類遂不可讀，則大不然。朱子當日不刻程子遺書乎？不更刻外書乎？夫朱子之學固以程子爲宗，然竊意其得力所自亦未必不在於遺書、外書，如此又何疑於語類？但朱子所謂主敬立本窮理致知者，讀程書之法，即讀語類之法，是在學者立志何如耳？果於朱學深嗜而篤好之，既以小學、近思録、章句集注、傳義諸書熟讀精思而體之於身，亦斷未有不求語類者，遍參互證益見發揮，久之亦將默契乎精微嚴密之旨，而明辨乎淺深疑信之閒，其於朱子之心亦庶乎有以得之。蓋語類既無所不有，又多門人晚年所聞，或經朱子親手删定，其言義理工夫尤爲透切明暢、意味無窮，較之文集閒有少壯之作者尚不同。陸清獻所謂傳注損益之妙，往往見於文集、語類，手筆之書有得語類而益明者，豈不信然乎哉？熊愚齋直詆爲駁雜汗漫之書，則有激之論亦見其或未嘗潛心遜志於斯也。是書國朝惟呂氏有刊本，然好者既少，故書肆罕見。近友朋聞[二]知好之矣，仍難其得，且不可以不廣傳也。乃屬門下劉昇之東初并文集刻於吾邑，而是書先成。其閒譌字已改，與疑字而不敢遽改者，别爲正譌記疑兩卷，附刻於後，以俟後之君子。所改顯誤，更不記。司校諸子朝邑楊鳳詔信甫，閿鄉韓止敬惺臣，華陰王守恭遜卿、李蔚坤匪莪，大荔扈森仲榮，興平馬鑒原養之，澄城連春魁梅軒，三原靳浩子直、曹如壎子伯；監刻張怡繩宜堂、王守模小泉、劉懷璽爾玉，宜堂子濬、汝、深，皆三原人，例得並書。光緒庚辰十二月既望，清麓賀瑞麟謹序。

## 附考

語類導江黎靖德理宗三十九年景定癸亥刻，蓋合三録二類參校，又附建安別録本，共一百四十卷。三録者，池録、饒續録、饒後録也。二類者，蜀語類、徽續類也。池録最先成，凡三十有三家，李道傳貫之刻而黃勉齋序之，時在寧宗嘉定八年

〔二〕「聞」：原作「閒」，依文意改。

乙亥；饒續録則道傳弟性傳搜訪，凡四十有一家，初刻之番昜，又取池録所餘以附其末刻之。饒爲理宗嘉熙戊戌，距嘉定乙亥二十四年也。池録合續增張洽録一卷爲四十四卷，饒續録四十六卷。末三卷爲吴壽昌、楊長孺、吴琮，李公亦自謂三家，非柢本而疑之。若饒後録二十六卷後，戊戌十一年爲理宗湻祐九年己酉，而蔡抗刻之者也。至建安別録，吴堅刻於度宗咸湻元年乙丑，凡二十卷，尤爲後出，不在三録之列。尚在黎書之後。蜀類一百四十卷，乃黄士毅子洪編，而史廉叔刻於眉州，子洪之序只云己卯，考其歲月的爲嘉定十二年無疑，則蜀類後池録僅四年，而在饒續録二十年之前可知矣。度周卿嘉定中刊魏鶴山本於青衣，亦在饒録之前。魏鶴山序作於嘉定十三年，乃己卯之次年也。至湻祐十二年壬子，王佖所粹四十卷刻於徽，是爲語續類。是年蔡杭亦以蜀語類刻於徽之紫陽書堂。但魏序謂蜀類百五十卷，而王序謂百三十八卷，皆與原卷不合，或有誤字，抑別增削耶？至王云黄子洪見池本、饒本閒見錯出，乃復分類成編，則大不然，宜黎氏辨之。今以黎書爲定編，然景定癸亥後七年是爲咸淳庚午，總目別録所謂新附入者，疑癸亥但言是書參校之意，至庚午乃附吴氏別録而始刻之歟？池，今安徽池州府。徽，徽州府。饒，江西饒州府。

## 書張振之所録朱子文編後

朱子之學其用功之大要有四：立志也，居敬也，窮理也，反身也。芮城仁齋薛先生蓋嘗以是爲學，而即以是教學者。然其所以必如此者，其理原於太極，學之而至，亦期全乎是理而已。朱子平日發明經傳及散見文集者，無非此旨，而其精約如此編。仁齋每諄諄及之門人耳熟焉，遂相傳録以資講習。靈寶張林翰振之尤守其師說甚謹，偶出眎余，并求記數語。予惟答陳器之以下四篇，其於四者之意可謂備矣，而首以太極說，終以朱子行狀，總論豈無說哉？蓋四者之標準歸宿也，太極一理也，行狀一當理也。朱子於此四者，固已以身立極，而陸稼書亦曰朱子行狀直是一篇太極圖，亦此意也。仁齋之教固非斷斷此數篇，而循是以求，亦庶幾朱學之路脈，然後讀其全書，則當愈覺完密暢達而無所遺矣。

## 重刻涇野内篇序　辛巳

咸豐甲寅，涇野先生裔孫生員呂士龍以友人補刻内篇，予既序之矣。壬戌之亂，板火於賊，至是邑人士重鋟木焉，書成復求序言。夫先生資稟溫粹，涵養深醇，學問淹通，踐履篤實，有曹月川、吳康齋之誠確而業則廣，有陳白沙、王陽明之高明而見不偏，有明儒者辟、胡而外當首屈一指，此學者所共知也。蓋先生之道不可謂非濂、洛、關、閩之道，先生之學不可謂非濂、洛、關、閩之學，宋四子書先生嘗鈔釋之矣。顧嘗讀先生諸書及是篇，竊見於朱子每多微詞，此固非後學所能深知。昔有以此問張楊園先生者，楊園曰：「想其時亦未嘗潛心遜志於朱子之書。」予謂或其格致之功偶未精透。然吾恐後之讀先生書者，或以先生議朱子，遂妄議朱子。且以先生議朱子，乃轉議先生不知朱子之道之學昭如日星。先生之議朱子固無損於朱子，先生之深契於朱子者，何限卽議朱子，亦正無害於先生之大醇也。學者於此但當細察其得失離合之故，以爲窮理反身之實，而毋輕置一辭焉。其必有得於先生矣。予序是篇而發此論，未知世果以爲不僭否也。光緒辛巳孟秋庚申，三原賀瑞麟謹序。

## 豫養編序

咸豐初元，予始見仁齋先生於芮之南溝求仁精舍。土室八九窟，學子二十餘，朝夕習禮，其中几案整齊，庭除明潔，意肅如也。既讀所輯豫養編一書，蓋教其子薦時隨手條書粘置壁閒，使之覩記，積久成帙。乃復本朱子生平爲學之要，所謂立志、居敬、窮理、反身四者立綱，而一綱之中又有四目，精確詳備。至於居敬，通論悉取朱子語，反覆發明以盡曲折，益得用力根本所在。蓋其平昔所嘗自爲體玩，名以日日必有。事編晚出以示及門，故次於此卷之末，其用意尤爲親切。然則是編，程子所謂「大學之法以豫爲先，格言至論且當薰聒，後雖他言惑之不能入也」。卽此可窺先生所存之正，所守之嚴，教法之謹且密，而晚年純熟亦不能有外於是焉。猶憶予向偶問是書先儒説尚未備，先生謂彼時實未見魯齋、敬齋諸書，後亦不復補耳。茲門生華陰王遜卿倡衆鐫板，以公同好，庶使有志於學者，有以得塗轍之正，而不迷於所趨，是則先生拳拳爲人之意也。先生全書遜卿已裒録成編，將謀刊行，洵可謂好學者已。光緒辛巳初秋，三原賀瑞麟復齋甫謹識。

## 辥仁齋先生年譜序

國朝講學最純者，首推稼書陸先生，所謂恪守朱子之傳者也。然當時一二鉅公懲明季「心學」之弊，崇尚經術相習之久，至乾嘉閒益以訓詁考證爲能，名曰「漢學」。甚至掊擊程朱言理爲非，妒惑詆誣顛倒是非，生心害政，風俗波靡而禍卒中於國家。當此而不爲風氣所囿，力趨正學，以小學爲根柢，以爲己爲趨向，以不自求進爲嚴出處，以立志、居敬、窮理、反身爲用功之準，以熟讀精思爲讀書之法，以守正崇禮爲變俗之本，以不言舉業爲教學之則，如芮城辥仁齋先生者，豈不誠難矣哉？先生不爲世用，韋布終身，閒有著述，亦多門人所輯録，其生平造詣所至，不知視稼書爲何？如在稼書所處之時，雖未可概論，顧終始教人猶不廢科舉。先生乃獨守許白雲、辥文清之説，登高一呼，俾斯世有志之士，毅然知聖學之有眞匪，惟漢學有不屑爲，卽心學俗學亦未嘗明斥顯辨，而一以斯道爲己任，底柱屹立。所謂「障百川而東之，迴狂瀾於既倒」，先生有焉。然則年譜之作誠不可少，及門王遜卿守恭蒐輯成此，則先生識之高、志之剛、心之純、力之勇、工夫之勤苦、學問之篤實，亦大略可覩矣。屬予訂正，既畢爲之歎曰：「世復有斯人也哉！」因敘簡端，使讀書論世者有考焉。光緒辛巳七月己巳。

清麓文集卷第一終

# 清麓文集卷第二　自壬午至癸巳

三原賀瑞麟角生著
同里劉嗣曾孝堂校刊

## 序上二　書後摘合

### 豫敎三書序　壬午

後世鄉塾少規矩，閨門失訓誨，是以家庭無禮法。惰逸成性，驕妒日生，乖爭陵犯，習爲固然。子女幼小相沿敎壞，又安望他日男正外、女正内，父父子子、兄兄弟弟、夫夫婦婦而家道正耶？家不正而天下之人心風俗不可言矣！然欲正家必自教子女始，昔朱子答吕東萊云：「弟子職、女誡，以温公居家雜儀係之（略），可付書肆摹刻，以廣其傳，亦深有補於世教。」然則此三書者，豈非教子女、正家之最要者歟？暇日取諸本授楊信甫鳳詔校正而刊行之。有正家之責者使得三書而教其子女家人，端本作則期於實踐，俾童稚束髮就傅，已循循灑掃應對進退之節、勤謹之行，而其女子明女婦之大義，黜辱遠而室家宜。一家之中倫理以正，恩誼以篤，太和釀於門内，義風流於後世。由是而尊君事上，涖官牧民胥基於此，非世道之厚幸哉？

## 尹和靖先生集序

和靖先生之在程門也，猶曾子之在孔門。曾子在孔門，夫子嘗謂「參也魯」。和靖讀論語至此句叉手起曰：「某平生亦得一個魯力，然曾子卒聞一貫之傳。究其平日所以用功，則在『忠恕』、『忠信』而已。」程子嘗曰：「我死而不失其正者，尹氏子乎？」蓋和靖亦得程子之傳，則其平日用功止在一敬。朱子亦云：「和靖直是十分鈍，被他就一個敬做工夫，終做得成。」又曰：「和靖只是篤實」。而和靖告學者亦謂進德須忠信。然則曾子、和靖之學蓋有不約而合者，和靖稱曾子之才魯，故其學也確。今觀和靖之學，亦無一不出於確至。其註論語有曰：「學在己知，不知在人，學者少讀聖人之書，老而不知一言爲可用，不幾於侮聖言者乎？」尤足警省學者。況余之魯較和靖更加倍蓰而學不確，則又和靖之罪人，尚何望曾子之萬一。舊藏和靖集鈔本，愛之甚，欲公之人。曾屬故友李勉之刻焉，未竣而勉之殁。劉生昇之復購以補成，將摹問序，余愧不足以發明和靖之學，久不能落筆。今老矣，讀之愈覺親切有味，而不忍舍也。勉力服膺，不知於和靖誠敬之學，將來有幾微肖似否？光緒壬午重九，三原賀瑞麟謹書。

## 書陳北溪先生文集目録後 癸未

余年二十餘讀北溪字義一書，並所謂嚴陵講義四篇者而玩心焉。愛其義理精切，詞旨明暢，眞造道入德之趨。而講義提綱挈領，抽關啓鑰，尤爲學之綜要所在。此所以爲朱門之的派，而與勉齋黄氏並稱也歟？顧益思見先生文集，求之屢年不可得，乃借張清恪公正誼堂本及勉齋集，皆選十之二三，於是日夜各鈔録成帙，甚加寶重。遭亂悉失，每用悵然。同治辛未幸得北溪集，亦張本也。李君勉之取以重刻，未竣而勉之殁。時門下劉昇之方刻朱子語類、文集，復屬購版爲補成之。

夫先生爲朱子晚年所得，屬望甚至，其見於語類，先生所録及文集、答問，訓誡諄切，且喜其會問，又曰「南來爲吾道得人」。先生亦自謂：「文公寢疾之日，猶告以『當大作下學之功，毋遽求上達之見。當如曾子專從事於所貫，毋遽求曾子之所一；當如顔子專從事於博約，毋遽求顔子之卓爾』。」其後語學者亦曰：「妙道精義，須從千條萬緒中串過，無一不周帀，然後爲聖門之實學，不然則不免落空。」蓋聞文公之誨，積久有得致力，成就已可見矣。而白田王氏乃謂，安卿所録，有未得朱子之意者。猶是祈嚮到此地位，而後施下學之功，文公蓋未期以傳付之任也。不知語類但記一時問答之實，先生後來用功恪守師說，卒至大純。蔡文勤且謂，其下語親切有勝於勉齋處。至辨陸學之徒，明白痛快，不少假借，益得文公心事。今其文集具在，讀者當自得之。原書不載嚴陵講義，茲爲補刻卷末，則又余之食美而甘，願以餉之吾黨者。光緒九年癸未五月丁未，賀瑞麟謹識。

## 重刻小學韻語序

咸豐間，粤寇起，湖南諸公奉命練勇堵剿。湘鄉羅忠節公以諸生提兵破賊，轉戰數省，屢建奇勳，卒至捐軀殉國，大節偉然。予向見其箸述恪守程朱，姚江學辨一編眞足爲吾道干城，而小學韻語尤其生平持己教人根本所在。軍中亦往往投戈講習，故門下高弟多一時名將。中興以來以純儒精兵略，公一人而已，洵不媿有用道學也。涇陽柏子餘中翰取寇允臣廣文所借余本重刻之。子餘蓋深嗜此書者，廣文又屬書數語，因略述公之爲人，俾讀者有以信此書爲已試之効，而無疑於講學者之果迂而無當也。

# 重刻朱子通鑑綱目原本後序　甲申

春秋作，而二百四十二年之世教明、人心正；綱目作，而千三百六十二年之世教明、人心正。春秋遏人欲於横流，存天理於既滅，綱目亦然。蓋綱目仿春秋而作也。春秋有左氏傳，有公羊氏傳，有穀梁氏傳，有胡氏傳。後之言春秋者且不一，雖亦足發揮春秋之義，而要未必眞得宣聖之心。綱目有尹氏之發明，有劉氏之書法，有汪氏之考異，有王氏之集覽，而徐氏考證、陳氏集覽正誤、馮氏質實又日出，雖不無裨補綱目之功，而亦未必盡識紫陽之意。自明以來坊本類以諸書刻於綱目之後，而未齋黄氏又爲重刊改附綱目本條之下，以便觀者。夫發明、書法二書，誠有資於綱目，餘或不免鑿襲駁舛。顧參之正文之中，徒使讀者誦諸家之論説，不復更求當日筆削之旨。是猶春秋一書往往讀傳，而甚或不知經文爲何語，則聖人作經之志於是乎荒矣！竊嘗欲得朱子綱目原本讀之而未能也，咸豐間獲明趙府居敬堂本，乃原本式也，遭亂失存。光緒初元，明經劉質慧季昭復購是書，爲亟屬付梓公世。未一年季昭殁，又歲饑中止。越數載乃更招集諸生，歷三寒暑始克校畢而竣工焉。昔杜預分左氏傳於經，後人猶譏之。周易經傳各别，自費直、王弼分經合傳大亂古文，朱子本義始更正以復孔子之舊。其後作韓文考異本自專行，楚辭音考亦欲别爲一卷，列之書後，不攙入正文。蓋恐礙人眼目，妨人吟諷，後之刻者多失之。然則一篇之中紛紜淆雜、前後間隔，又安望其能玩心於本書而得其用意之所在哉！是刻也，庶幾學者得以專精一慮而不妄致其思歟？况綱目凡例皆朱子手筆，不比春秋之例作於後人。果先於此而熟復焉，其於是書如春秋大義數十者，必自得之，即微辭隱義所謂存天理、遏人欲，亦當會之言、意之表。而其間與凡例不相應者，或當時門人未及整頓之處，與夫後人傳刻之誤，皆不難辨，其於諸家亦非遽紬絶之也。然後取而詳考，又識其異同得失之所以，然而更有以闕其疑焉，則於是書爲不負矣。是本字多錯訛，謹據通鑑略加改正，而仍存原文以備考，通爲一卷，别附書後云。光緒甲申夏五，三原清麓賀瑞麟謹序。

## 重刻孟子要略序

往嘗讀朱子語類，知朱子所編有孟子要略一書。又讀眞西山集序，是書時已刊行，而惜其不復傳於後世也。及見曾文正公求闕齋文，乃言漢陽劉氏曾從金仁山孟子考證録出。亟求考證，亦鈔一册，莊誦之餘，意味愈益親切。但不知與劉氏所録合否？又惜劉氏之書不可得而見也。光緒癸未秋，訪掌院柏君子俊於味經書院，出曾公全書，要略在焉，爲之喜甚。是曾公不負亡友爲之重刻集中，又爲疏明每卷大指，而其辨正金氏之説如完廩章，竊幸與鄙意略同。其第五卷首尾當入知人論世與見知聞知二章，未知於朱子當日編輯之意如何，其論自不爲無見。至首卷末章「不仁者可與言哉」，則以「不仁之人（略）」，失其本心（略）」，禍福之來皆其自取」，非性善之本。然朱子録之，其所以警之者深矣，亦未見其不類而闌入也，而曾公疑焉。淺見薄識，莫窺意旨，獨未得質之曾公爲可恨耳！此書雖存曾公集中，而北方學者亦多未見，特依曾本重刻，以公吾黨有志之士，讀孟子全書後更得要略而熟玩之，則次第條理愈覺分明，庶幾有統，不至費力而有以自得，如朱子所云矣。甲申閏月朔，三原賀瑞麟序。

## 儀小經序

人之大倫有五，君臣當別論，若父子、兄弟、夫婦、朋友及夫三黨所類推，皆無一日而不相接。而其見於言語行事之間，亦無一人而不各有其當然之則。儀禮、家禮、小學諸書備矣，而求其通俗常行宜於人人而不乖乎當然之則，則富平李天生先生儀小經一書又不可不講且習焉者也。蓋亦曰，準乎天理，達乎人情而已矣！夫準乎天理，達乎人情之謂經。今士大夫於古人之書既不讀，雖讀亦如不讀，故於倫常相接之人本已不立，文何以行？如此書所云：「固未能中節，而亦不求其所以然，又何責之常人哉！」此禮教不明而風俗所以日偷也，天生先生其深有感於此乎？先生文學品概不可一世，生平著述甚富。此書雖皆微文瑣義，亦無非天理人情之常，不知當時曾否刊行？吾得草本屬劉東初刻以公世，庶人知日用之際皆有一定之程，而不爲鄙野背謬之行，其於風化所助，亦豈尠哉！光緒甲申閏月望日，三原賀瑞麟序。

## 書朱子大全文集總目後

道之顯者謂之文，道統之傳自堯、舜、禹、湯、文、武、周公、孔子以至孟子，孟子歿不得其傳。宋周、程、張子出，道統復續，逮朱子而堯舜以來相傳之道乃益大明於天下。文亦然，堯曰文思，舜曰文明，禹曰文命，湯武革命順天應人，所謂「文明以說，虎變文炳」之大人。文王之文、周公之文、孔子之斯文在茲。孟子願學孔子，其文卽孔子之文。濂溪、橫渠之文，剖幽宿光。二程倡明絕學，亦以興起斯文爲己任。而朱子者，體道之全，踐道之實，其所著經注史編與夫纂録各書，則又删定贊修之功，眞天地之大文至文。醇乎其醇，開後學於無窮，質先聖而一揆。蓋文之所在，卽道之所在也。及其易名謚文，卽非韓子之所謂文者可擬。而楊億、王安石之文，又奚足云哉！至於文集百卷、續集五卷、別集七卷，凡夫天命之微，人心之奧，造道入德之方，修己治人之術，辨諸儒之得失，闢異端之訛謬，體用顯微，精粗本末，至粹至密，至詳至備，亦莫不與傳注相表裏。而光輝發越之盛，尤覺融透明暢。金精而玉潤，日光而月潔，是固百氏之不敢爭衡，而萬世之賴有定準者也！其於斯文爲何如哉？

及門劉東初秀才昇之雅慕斯道，嘗屬刻儒先諸正學書。而朱子尤吾儒所當瓣香私淑，既刻語類一百四十卷，文集之刻又烏容已旨哉？朱止泉澤澐之言曰「文、語二書有此有彼無者，有此無彼有者，有此詳彼略者，有此略彼詳者」，如己丑之悟、中和舊說序、與湖南諸公書等篇，文集所有，語類所無。如語類「陳北溪窮究根原來處」、「識許多規模大體」等篇，語類所有，文集所無。如近思録、周程張子遺書之解，語類所詳，文集所略。如「封事奏劄以告君」、「時事出處以告朋友」之詞，文集所詳，語類所略。然則此二書者不可缺一，蓋皆道之所在，卽皆文之所在。且朱子之道，前聖之道；朱子之文，前聖之文也。文與語豈有異哉？矧文集又其手著者乎，此所以爲朱子之文，此朱子之所以爲文也！文集在宋有公季子在本、王潛齋遂本。國朝有臧介子眉錫本，有賢裔朱石中玉本，所謂祠堂本。近有徐壽蘅樹銘本，所謂新本。臧本雖未盡善，然意其猶近宋本。至祠堂本頗有增補，新本多從之，而蒙齋、敬義齋二銘則眞西山作也。於此尚不能有所是正，其餘非朱子作而竄入者，亦安可盡據？今以二本及諸家本參校臧書，別爲正譌記疑兩卷，坿刻集後，使讀者考焉。若夫臧書答袁機仲書中之圖，蓍卦考誤之次第，點畫多有舛訛。其他書中或本一條而裂分，或本數條而混倂，恐皆傳寫之失，俱詳文意僭爲釐正，并以質諸後之君子。朱子嘗曰：「自少讀程張兩家之文四十餘年，但見其義之精、旨之深，而後世紛紛所謂議論文章者，殆不足復過眼。」嗚呼！是豈徒以文也哉！抑豈不以文也哉！吾於朱子文亦云然。光緒十年甲申九月晦日，三原賀瑞麟謹識。

## 書桐閣文鈔卷目後

瑞麟年二十四，始登桐閣先生之門，從遊幾十年。先生年八十六而歿，每進謁先生，時坐小椅，憑矮方几，就日光或著書，作細楷不起草，或講論經義和而莊、嚴而泰，貌樸而言厲，往往移時。如侍漢伏生、鄭高密，又如坐風立雪聆委曲，反覆告戒於程朱側也。自先生倡明關學，以興起斯文爲己任，恪守洛閩，躬行實踐，所著述不下數十種，其文集亦纍然尺許。然先生生平斥漢學之僻，辨心學之偏，嘗曰「理學考據古文時文，吾皆爲之而一衷於道」，故選輯關中兩朝文鈔及七種古文選，皆以張子釋要、諸先生語要、正學文要爲歸宿。然則先生之爲文，其亦可知已。瑞麟無似荒廢日甚，於先生之遠者大者不能稍有發明仔肩，深負期許，大懼貽羞師門，卽先生之文亦未有以窺其高深。竊嘗略觀大旨，則翼經傳也，明學術也，郭倫紀也，扶世敎也，恤民隱也，道人善也，無一非闡明斯道。而其所以爲文者，亦莫不本於德行事業之實。至其懇懇望人以聖賢之學，一編之中又未嘗不三致意焉！蓋皆出於中心之誠，然而有不能自已者。當時知言君子，固嘗尊其人、重其文，亦既有定論矣！

學使吴公且奏請宣付史館，纂入儒林傳。後世讀先生之文必將自有懸衡，而非瑞麟之敢阿私也！壬戌秦亂，版片遭燬，昔嘗與故友楊君仁甫約共鈔録重鋟公傳，而吾友旋亡，今十年矣！其弟信甫屢以爲言，瑞麟重念衰年漸迫、同志益孤，用敢不揣固陋，乃取舊藏先生諸集，分類編次，並語録爲十二卷，僅三之一。適先生之邑同義文會首事馬君伯源及諸君謀付剞劂，則是先生之道、之文終不可得而湮沒。惜不獲與吾友互相討論，未敢信其果能不謬，而先生有知，亦未審有當於先生之意否。嗚呼！先生往矣！有不與之俱往者。學者苟即斯編，想見先生篤實博大、磊落光明之氣概，與夫精微嚴密、深醇剛毅之功夫，而以身任道之意，亦庶乎有以識之。心先生之心，學先生之學。志在求仁而功歸立誠，使見於文者亦皆由是以出，則關學將復爲之一振也歟！仁甫名樹椿，嘗受業先生，伯子東莊而問學於先生。光緒甲申冬十一月癸亥，三原門人賀瑞麟謹識。

## 朱子五書又序　乙酉

天以性命於人，而無一之非實，卽無一之不周。人當盡性以事天，而無一之可遺，實無一之或閒。然盡性之要，必先定性，性不定則鑿其性、梏其性而已。性者何？太極也，誠也；仁義也，中正也；天地之帥也，理也；眞而靜也，一也。而仁義其大綱也。苟非致明誠之功，則不能養性，而仁義不失擴然而大公者。仁之所以爲體，物來而順應者；義之所以爲用，理一而分殊。仁立而義行焉。中者，仁之著；正者，義之藏。故曰：「立人之道，曰仁與義。」仁義得而陰陽剛柔統之矣，性不於是而全乎？然則太極圖説也，通書也，西銘也，定性書也，好學論也，分之則各足，合之則相成，理一源而並包，功遞説而益切。入德之門，造道之域，又何俟乎他求哉？朱子之注解者至矣、盡矣，其未注解者亦可得而推矣。學者欲復性，其不由此乎？諸生取以鋟木公諸同志，而復爲之說如此。光緒乙酉春二月庚辰，麟又識。

## 重刻小學近思録序　丙戌

六經古無有也，而成於孔子。四書古無有也，而成於朱子。六經四書而後求其可繼，此二者莫切於小學，莫精於近思録，而亦皆成於朱子。蓋所謂傳授聖賢心法，以適於六經四書者也。學者不學聖賢則已，欲學聖賢而不由斯二書，是猶立數仞之牆而浮埃聚沫以爲基，航斷港絶潢以望至於海也。必不可得矣！自朱子以來，前哲尊信此二書，其效灼然可覩。或疑信相半，或疑而不信，且訾議者其所得淺深得失、偏正純駁，豈待問而知哉？人心風俗之本，學術治理之原，皆於此係焉！二書近多刊行，然眞知而篤好之者，果有其人乎？諸家註本亦不無可取要，未有如朱子傳義、章句、集註其人者，爲可惜耳！茲依某氏家塾本爲之重刻，讀者能於此二書深究入德之門、造道之方，則聖賢途轍可循而入，不至誤落坑塹。而六經四書之旨，亦庶乎其不難盡得之矣！書此以質天下有志之士。光緒丙戌九秋，三原賀瑞麟識於正誼書院。

## 聖人家門喻補編序

自聖學失傳，百家之說興而門戶之見日甚。道非亡也，病不得其門耳。求入其門，不由於書乎！魏庸齋先生卽作聖人家門喻，可謂切而要矣。而吾友寇允臣又爲增補一編，其於入德之門愈益詳備，固孔氏之家法也。由是經紀其家事，支撑其門風，飲食此家門，寢興此家門，内外曲折，周歷遍詣，久之升堂入室，亦惟意之欲而不吾阻矣。不然途徑一差，則數仞宮牆茫然莫覩。且不識東家某爲何人，抑或託身異域，望門投止，無家可歸，縱謂自成一家，不過牽蘿覆茅，曾何語於宗廟之美、百官之富，亦終爲門外漢而已，豈不哀哉？讀是編者，但當祖述象賢爲克家之令器，甚毋過門不入，爲聖人所不憾之人斯可矣！光緒丙戌重陽，三原賀瑞麟。

## 書朱子遺書重刻合編目録後

朱子生平著述甚多，四書、易、詩各注，皆列學宫，天下後世學者所共見。文集、語類、通鑑綱目諸巨帙而外，尚十餘種未易盡得，此遺書之刻所以爲有功也。惟原書有初刻、二刻，或非一時所搜。然其次第似有意義，茲爲合編。而以論孟精義、中庸輯略爲先，論孟或問次之。大學、中庸或問本非原編，所有亦據後人刊本增入。易啓蒙、詩序辨又次之。蓋論孟或問，朱子雖不欲存，而正多於集注相發，即初年未定之説，亦不可不互相參考。而精義、輯略又諸説之所自出，不先讀之且茫然不知朱子所以斟酌去取之意，即不知章句、集注之精確而不可易，至啓蒙、序辨，尤朱子獨得之奥。讀而不知乎此，其於易、詩亦無以得其旨歸，而朱子之苦心泯矣！故列原目書首，而志其合編之意如此。若夫近思録以下悉仍其舊，更無他義，例云，抑學者果於近思録熟讀而有得焉，其於此書前後諸篇讀之自有權衡，或亦原書之意，亦不可不知也。光緒丙戌冬，三原賀瑞麟謹識。

## 書許文正公遺書目録後　丁亥

右魯齋先生集十二卷，首末各一卷，此乾隆中祠堂本也，較明本爲備。然語録中間有脱句，並遺六條，今補入，其餘原文闕誤悉仍其舊。惟首末兩卷搜録雖詳而意或重複，亦未能發明先生之道，謹削去之，但存其要者而已。前歲刻鄭冶亭所編先生年譜，序引楊園張氏謂，先生臨終悔其生平爲虚名所累，不能辭官，戒勿請謚立碑，是以仕元爲不幸。雖敬其人而未嘗不悲其遇。今讀純皇帝御論，乃知先生仕元本無可疑，臨終之言未足爲據。然竊謂即先生實有悔語，亦斷非仕元之故。

蓋自古聖賢之仕，將以行道，道之不行，或行矣而不得遂其志，其心必有大不樂者。孔子之未嘗終三年淹、孟子辭萬鍾之養、程朱之辭職致仕，亦審於進退之義而已。先生當世祖時仕不受祿，人以爲高，先生喟然嘆曰：「甚矣！予之不幸而有是名也。仕豈有不受祿者哉？食求無忝而已。」先生去官，世祖賜之勅書，先生懸梁上不以示人，及卒，發視之乃勅書也。嗚呼！即此可以知先生臨終之言之意矣！先生以孔、孟、程、朱爲法者也，學者即以孔、孟、程、朱論先生可矣！光緒丁亥秋八月戊申，賀瑞麟謹識。

## 訓蒙千文書後

丹谿先生此書，唐鏡海太常序及先生自序言之詳矣。吾嘗讀曾文正公先生殉難記，見先生所遭之不時、死事之慘，而忠節之奇烈，未嘗不欷歔而嘆也。顧當時猶有議者亦可怪已。吳竹如方伯有言：「何丹谿天資高邁，制行誠篤，能見其大，確守程朱，辨陸王尤嚴，獨以學問結主知，志存轉移風化，有以天下爲己任之概。乃用違所長，適遭其阸，惜哉！」又曰：「文宗登極一月中，丹谿奏凡二十上，惟以君德人才爲先務，績成朱子大學講義並大學衍義芻言，先後手録以進，上深倚重之」。方伯講明正學，其言當可信。然則此書蓋非無本而作，讀其書當知其人，余故節録方伯語於簡末，庶有以信先生之爲人而毋輕視也。此書解州已刊板，然注語與此頗異，當是甲辰初刻本，茲據庚戌改本付梓。丁生樹銘集貲友人共成此舉，亦可謂能好義矣！光緒丁亥秋八月，三原賀瑞麟識。

## 重刻小學集解後序

朱子小學一書，後世大儒巨卿尊信表章，代不乏人。而國朝陸清獻公稼書先生爲理學之冠，每處處勸人讀小學，其後孝先張清恪公且爲集解以行於世。榕門陳文恭公當時或尚未見其書，莅官所至輒刊布明陳恭愍注本，使學者誦習焉。關中所刻至今尚有存者，然則三公者何其於小學之書勤懇若是？今方伯菊圃先生蓋以三公爲師法者也，往署黔撫，時嘗刻清恪公集解以教學者。兹復刻於關中，卽以黔中原序冠於首，亦文恭之志而處處勸讀，又不異於清獻矣！蓋先生純德清操，雅近三公，而亦卽與三公同以小學爲根柢，平生所學於此，可見成己兼欲成物。竊願並告吾關中學者，斷勿以小學爲迂而不之學。三公蓋皆拳拳於小學者也，理學如三公可謂純矣！德行事功如三公亦可謂無憾矣！然則方伯是刻其意，豈可負哉？光緒丁亥冬月，三原賀瑞麟謹序。

## 小學淺解序

芮城辥仁齋先生爲學恪守程朱，於書以熟讀爲主，自少服膺朱子小學，而「內三篇」尤限讀萬遍，其勤如此。咸豐初，予交先生，距先生殁幾三十年。當時無歲不見，每見無不以小學相講切。朱子謂：「大學凡傳文雜引經傳，若無統紀。然文理接續，血脈貫通，深淺始終，至爲精密，熟讀詳味，久當見之。」余嘗僭謂朱子小學亦然。及見先生所爲章旨，於每篇接續貫通之處，標揭最爲明析，覺於朱子當日用意所在無不一一梳剔而出，則熟讀詳味之久之功也。晚年爲蒙童講說，又成此解。或有疑其淺者，先生曰：「吾正恐其不能淺也。」夫淺則清，清則不雜；淺則顯，顯則易明。而求深者，或反以穿鑿支離失之。」昔朱子說易喻以籠燭障明，蓋欲其淺之謂也。先生之意亦如是而已矣！然其詞語意味明白樸直，親切簡要，亦何病其爲淺哉？朱子之論語訓蒙口義，許魯齋之大學、中庸直解亦猶是耳！雖然誦習之熟，將由淺而入深，涵泳之久，亦無淺之非深，學者正無以其淺而忽之也。先生所解止「內三篇」，章旨並附於後，餘則但存章旨而已。蓋先生亦非有意於著書也。方伯菊圃李公亦素交先生者，時先生門人王遜卿守恭方客署中，方伯因命之校字而刻之，可謂知先生者矣！光緒丁亥冬月，三原賀瑞麟謹序。

# 周子全書序

孔孟而後千有餘年，聖人之道不傳。道非不傳也，以無傳道之人耳！漢四百年得一董子，唐三百年得一韓子，皆不足與傳斯道。至宋周子出而始績其統，後世無異詞焉。顧當時知其人、知其學者實罕。惟程大中知之，使二程受學，而其書亦未顯也。其後雖有刊本，往往附太極圖於通書之後，又有妄增圖說，首句作「自無極而爲太極」。或且以太極圖出於希夷，而疑其近於老子之說。自子朱子大加是正，其所編定有長沙本、建安本、南康本，最後有延平本。删去重複，益求精審，而後周子之書之眞乃得而見。歷年久遠，無復宋本爲可惜。曩睹濂溪志，純雜互載，頗嫌煩蕪。而張清恪公所刻全書，附録雖多，發明亦半出於朱子之作。「無極太極」之辨，「祠堂書堂」之記，自有文集可考，是刻大抵不失朱子之舊，而附以注解。文、詩依清恪本增多數篇，年譜、本傳皆不可少，餘亦不敢泛引。讀者苟專力於是書，或有以得周子精要之所在。而上承洙泗，下啓洛閩，綿聖傳於不墜，振道統於中興，所謂不由師傅再闢渾淪者，於此亦可知矣！光緒丁亥冬月，三原賀瑞麟謹識。

# 重刻大學衍義序

學與治無二道也。大學明新至善，内聖外王之規，一以貫之矣！孔子没千有餘年，而朱子作章句、或問以發明之，平生所學祇此「誠意正心」四字。出而仕也，封事奏劄以及經筵講義皆莫不以是爲説，然後大學之教復明於世。西山眞先生學朱子之學，卽心朱子之心，且以大學爲君天下者之律令格例，復爲衍義獻之時君。大學有綱有目，而是編目之中又有綱焉、有目焉，本末法戒粲然畢具。昔司馬温公進資治通鑑，蘇文忠公進陸贄奏議，所謂監前世之興衰，考當今之得失；聚古今之精英，實治亂之龜鑑。固已有功於治道，然視此書之美大純備，則有不侔者矣！惜未遇大有爲之君，而使大學學治之極則卒不獲再見於後世也。夫君者，出治者也；臣者，輔君以出治者也。要皆不可以不學，使爲君者本是書以求臣，爲臣者本是書以致君，則學爲有用之學，治爲有本之治。下有責難陳善之臣，上卽有建極綏猷之君，明良一德，治臻隆古，猗歟休哉！何其盛也！苟或舍是而他學，則將爲俗儒之記誦詞章，老佛之清淨寂滅，管商之權謀功利，百家衆技之支離偏曲，惑世誣民，充塞仁義，邪說横流，世變愈下，其弊更有甚於朱子當日之所嘆者！然則是書之所係顧不重哉！涇陽柏中翰子餘素愛是書，重取付梓以公同志，學者果亦以是書爲律令格例、天德王道，如是書所云，一一熟講力行，必體明而用達。異日立朝，不貶道以求售，不隨俗以苟安，不遷惑於衆口，不狃滯於近規，竭誠盡愼，贊襄啓沃，必使吾君以是書爲心法，卽以是書爲治法，而純儒之學純王之治皆有實效可徵。斯亦世道之一大轉機也歟！光緒丁亥中冬晦前一日，三原賀瑞麟謹序。

## 題三魚堂集鈔本

陸清獻公稼書先生之學，大要尊朱子而闢陽明。論者或疑其少過，豈足知先生之心哉？學者不知深求斯道，烏能爲之明辨？不能實體斯道，烏知明辨之必不可已？先生嘗曰，今之爲世道計者，必自羞乞墦賤壟、斷闢佛老、黜陽儒陰釋之學始。孟子在戰國破言利之風，於楊、墨、告子等辨之極嚴，而曰「予不得已也」。若無孟子知言養氣工夫，亦自不能距詖息邪。卽距之、息之，又誰從而信之？孟子之罪人也，亦卽先生之罪人也。讀先生書，其知此意也。夫扈仲榮素愛先生三魚堂集，小字細書録爲八卷，坿録一卷。余知其能篤志先生之書也，爲喜而識之。

## 題湯子遺書摘鈔

潛菴湯文正公爲潼關監司，歸，猶從學夏峰孫先生之門，此一事最爲可法。雖其學微雜陽明，然眞實心地，歷官中外，處處從慎獨工夫做出。清獻陸公上書辨明學術，而公直陳己見，不肯少徇。清獻且謂己是好辨章意，公是反經章意，不能屈也。卽此可以知公之學矣。遺書傳本甚少，扈仲榮摘鈔二帙，潛玩之久，當益得其深且大者，學者慎毋輕講。

## 重刻宋名臣言行録五集總序　戊子

此書有明張采本，國朝林雲銘本，又有一本無刻者姓名。惟近洪瑩本以爲得之宋本，乃命諸生合校而刻之。諸本各有訛誤，互爲讎勘，取其義長悉加改正，無考者闕疑而已。顧朱子前、後二集成於孝宗隆興八年壬辰，朱子年四十三歲。呂東萊謂其當考訂處頗多，而朱子亦自謂「當時草草爲之，自知尚多謬誤，編次亦無法，初不成文字」。雖亦自謙之辭，如前録首列趙則平之類，亦可見其未及修削，比之論、孟或問者也。近世夏氏炘又謂朱子自序深病諸家紀載散出無紀，而又汩於虛浮怪誕之說，録中乃載：范公家傳謂純甫是鄧禹後身，聞見録謂希夷爲种明逸卜葬地，安穴稍低，世世當出名將云云。或爲後人附益，非朱子原本，是言也亦不可不使學者知之。若紀氏以朱子進安石黜安世去取不解，包氏固已辨之，不知紀氏所見何本？竟不考安世亦在録中。蓋以安世不喜伊川，謂朱子有意削之，是何其以私意窺朱子也！其亦可怪也已。

竊嘗謂朱子編書各有義例，伊洛淵源録論學之書也，規模謹嚴；名臣言行録論治之書也，意思宏大。學與治豈有二道？然學必立一宗，以趨於聖賢之域，治則見之用，以別其才能之選。立之宗者不可夾雜，見之用者無妨博收。此則朱子識之高、量之廣、心之平，與人爲善之意。使當大任，隨材器使，必無不盡其才之虞。世之君子苟有致君澤民之責者，幸取是書而熟玩焉！其於正色立朝之概、直言敢諫之風、憂國勤政之規、行師用兵之法，一皆體之於身，而見諸行事，豈獨爲宋一代名臣而已，則皋、夔、伊、周之事業於是乎在矣！卽學者兼采並取以爲格致之助，擴充其聰明才力，蘊蓄其規模經綸亦可取足於此，而又必先之以淵源録以爲定準，則權衡在我，折中集成，有以知所會歸而爲有本之學、有本之治也。若李氏外集亦卽淵源録之意歟！諸本舊序亦多發明，悉載卷首備覽觀云。光緒十有四年戊子長至後二日，復齋賀瑞麟序。

## 書重刊松陽講義目録後

朱子傳聖道之統，發明孔、曾、思、孟之宏綱奥旨，首在四書。而朱子於四書有中庸輯略、論孟精義，有或問，有語類，有章句集註。輯略、精義則蒐録程子及諸儒之説，或問自以爲未及修改，語類又多門人所記，惟章句集註則朱子手定之書也。稼書陸先生傳聖道之統，發明朱子以及孔、曾、思、孟之宏綱奥旨，亦首在四書。而先生於四書有點定大全，有困、勉二録，有講義遺編，有松陽講義。點定大全自謂未見程朱全書，去取未能盡當，困勉二録欲用學問思辨，行五例而未果。講義遺編門人成於歿後，惟松陽講義則先生手定之書也。夫惟有輯略、精義、或問、語類而章句集註益精矣。有點定大全、困勉二録、講義遺編而松陽講義益精矣。蓋道莫大於四書，自有四書求如朱子之章句集註無有也，自有章句集註求如先生之松陽講義無有也。有章句集註而四書之道尊，有松陽講義而章句集註之道尊，卽四書之道尊。雖然有本焉孔、曾、思、孟，而後博約工夫兩極其至者，朱子也。朱子而後博約工夫兩極其至者，先生也。先生生平服膺朱子，如朱子服膺孔、曾、思、孟，得朱子之心卽得孔、曾、思、孟之心。雖松陽講義未能如章句集註之全，然其大要則一本朱子，推原章句集註之精藴，使異説不得假借，而其嚴密詳到亦如朱子之於章句集註，其尤喫緊。爲人則每篇必以學者讀此章書，爲説使之身體力行，不徒爲空言，書自書，我自我。如先生所云所謂親切指示，令人言下有省，與朱子章句集註中「讀者不可以近而忽」、「學者可不盡心」、「所當潛心勉學」、「服膺勿失」之語同一警發，苟能深信實踐，其於世道學術、士習人心所裨豈渺小哉？則先生之有功於朱子，亦即朱子之有功於四子。而章句集註後得先生此書庶乎有定說，凡外乎此者或不足以講四書矣。余嘗篤好先生之書，欲刻數種俾北方學者，讀先生之書以上溯洛閩、洙泗，則途轍不差，近而可循。而涇陽柏君子餘先得我心，即取是書公之同志。若讀者徒視爲舉業之資，則豈柏君今日所以刊行之意哉！光緒戊子季夏，三原賀瑞麟謹識。

## 辥仁齋先生文集序

芮城仁齋辥先生歿之五年壬午，國史館奏請飭山西巡撫即其家取履歷行實著述，將纂入儒林傳。於是其仲子莊哀録先生遺文，並及門王遜卿守恭所藏稿來清麓求編訂，已繕寫上呈。越甲申，遜卿遊於燕，有欲鋟板者復以書索序。余乃言曰：嗚呼！道術之弊，學術害之也！學術壞而心術治術隨之矣！自士騖俗學，天下顛冥於科舉之途，務詞章取利祿，雖異端虛無之教與夫陽儒陰釋之說，其害道最深，而終不勝其利欲之沉溺滔滔，皆是淪肌浹髓。人欲肆而天理滅，高才明智亦皆膠於見聞而莫之覺，其病伏於隱微念慮之深，而其禍及於天下國家之大。生心害政，遺親後君，道之不明，亦可慨已！先生自少厲志爲己，專力小學，無所師承，挺然特立，爲聖學於舉世不爲之日。辨義利之分，嚴出處之節，科舉之說絕口不談，自治治人，惟以熟讀實體聖道是趨。力矯流俗之陋，獨開風氣之先，眞可謂截斷眾流、壁立千仞者矣！蓋其志識之高邁、工力之勤專、義理之精純、意趣之脫灑，求之近世儒者，殆未易言。而其爲文一以闡明斯道爲主，大而天地民物之懷，遠而帝王聖賢之量，切而身心性情之要，推而家鄉治教之規，無不曲折懇摯、精密周徧。即時覺其意重詞複而發揮盡致，流露充溢亦不自知，大抵本先儒立志居敬窮理反身之說，以自寫其所得有不可以常體論、常格拘者，是則先生之所以爲文也。先生生平不尚著述，每有作亦不存稿，多散在生徒。憶咸豐間與先生相交，東西往來，每歲必見，或一歲而再見，講論數日，或浹旬乃別，固無多書信。其後偶問訊，雖寥寥數語，無非道義切劘，今集中皆不見，則其所遺佚亦不少矣。先生之文明理而已，不屑屑計工拙，或近俚俗者有之，然言之無文、行而不遠，以故不著。教小童嘗爲歌詞，其意爲歆動鼓舞，往往雜以方言土語。且小童傳誦已多，亦有刊行者，以故亦不著。獨其純正精粹之篇胥萃於此，後世知道君子其必有以深信於斯者矣！序既成，卒不果刻，迄今春夏，縣柴秀才應奎聚五慨任斯役。蓋未及納贄，而獨篤慕先生之學，亦有志之士也。光緒十有四年歲次戊子秋八月，三原賀瑞麟謹序。

## 書訓子語後

薛文清公讀朱子與子受之書，「念之，念之，夙夜無忝所生」之言，不勝感發興起，中心惻然，必欲不爲一事之惡以忝先人。予每讀楊園先生訓子語，蓋亦不能無此意也。此書切實詳盡，皆人人心中應有之話，實人人分中當盡之職，兹刻誨兒編，并此附刻，讀者其亦有感焉否也？

## 養晦堂集書後

劉霞仙中丞蓋爲程朱之學者也，自少卽潛心經籍，不屑爲世俗速化之術。年三十餘讀陸桴亭思辨録，有不合者卽著疑義一册，識者已知其所造之深。旋爲友朋牽率入庠，軍興又以保奏立功戎行，驟躋大位巡撫吾陝，尤有德惠。同治初，曾見論學，特舉制科，欲邀麟一出，既歸數年卒。文集出，秦中未能多睹，扈仲榮借友人本手鈔二帙，公之經濟文章於是益見，而吾以爲皆有所本。中興以來湖南人才最盛，然以講學著者首推忠節羅公，霞仙則忠節契友，而其學術亦無不同，集中與忠節諸書又似精密過之，書此示仲榮以爲如何？

# 書晉儒備考後

吾友永濟楊君石公，志堅而力果，學博而識精。其年老其心愈虛，其業勤其工益密，嘗秉鐸潞安而非其欲，數月去任。光緒己丑夏五，不憚十舍，辱訪山齋，並出所著晉儒備考一書幾尺許。蓋積數十年搜羅論定而猶不敢自足，非其好學不倦烏能如是？是書就晉論晉，而統曰儒者不敢有所遺也。然其是非純駁必一一辨正，不爲含糊之詞，較范彪西廣理學備考不分甲乙。陸稼書先生所謂辥、胡、王、陳並收，使學者混淆誤入荊棘，誠大有異，此君之所以不得已也。夫取善宜廣，論學宜嚴，某久持是說，以吾夫子心之平、量之大，而於管仲仁其功而小其器，卽列國名卿大夫猶多有所不足，豈好議論人哉？爲懼害道也。故孟子亦曰「吾爲此懼，閑先聖之道」，所以息邪距詖，不恤好辨之譏。而朱子生平極力爭辯江西頓悟、永嘉事功者，亦以明道也。近世論學例以不分門戶，爲說攪金銀銅鐵爲一器，是程朱亦是陸王，而實陰主陸王且或並不知陸王也。世道人心之憂，何時而已乎？石公此書不避世忌，表章先哲之中而時示正途之趣，其用意可謂深矣。使稼書見之，其爲嘉嘆當如何？石公著述甚多，而此尤其所惓惓者，其中猶有一二當釐正處，自必筆削以終此身，千秋大業在是矣。某衰老，學不加進，友朋零落，吾道日孤，得與吾石公暢論兼旬，有觸夙懷，覺此心耿耿不能自已，書此還以質之石公，且以諗後世之讀是書者。

# 重刻三魚塘文集序　己丑

涇陽柏君子餘既刻清獻陸公稼書先生松陽講義，復欲刻其文集以幸北方學者。余喜甚，因出舊所藏本付剞劂。工將竣，又屬予序其篇端。余何足以序先生之書，然欲廣傳先生之書，使讀者知正學有宗，奮然興起，以共明斯道，固余之夙心也。然則余亦烏能已於言哉！道之在天下未嘗亡，而其明晦絶續之交或並世，或數年數十年，或百數十年數百年數千年，天必生一人焉，以維持補救於不敝，而道統於是有屬。堯傳舜，舜傳禹，禹傳湯，湯傳文、武、周公，文、武、周公傳之孔子，孔子傳之孟子。孟子時楊、墨交作，聖人之道不明，孟子懼焉，息邪距詖，大聲疾呼，辭而闢之。向使世無孟子，幾何而不爲禽獸也？自是以後，火於秦，黄老於漢，佛於魏、晉、隋、唐，則所謂彌近理而大亂眞者又甚。周、張、二程子出，而異說頓息，厥功偉矣！然高者流虚無，下者溺卑陋，頓悟功利之習浸淫於人心者，猶未有以摧陷而廓清之也。子朱子挺生南服，卓然以先知先覺之資爲孔、孟、周、程之嫡嗣，闡聖學之門庭，立後儒之標的。道統之傳，眞不啻撥雲霧而見青天，雖百世守之可也。乃明中葉，陽明王氏復創爲良知之說，簧鼓天下，陽儒而陰釋。一時學者靡然從風，蕩棄禮法，蔑視倫常，詖淫邪遁，變幻百出，學術壞而國運隨之，其爲害道可勝言哉？天運循環，無往不復，國朝理學昌明，大儒繼起，有稼書陸先生者傳朱子之道，以傳堯、舜、禹、湯、文、武、孔、孟、周、程之道者也，嘗曰：「學者於朱子之道不患其不明，但患其不行。但當求入其堂奥，不當另自闢門户。」蓋其見道之明、體道之實、守道之固、衛道之嚴，用心密一如朱子之主敬，析理精一如朱子之致知，嘉定、靈壽之政一南康、漳州之設施也，論奮情、議捐納保舉、陳時務六款一封事、奏劄之讜直也。而學術辨三篇，痛斥王氏遺禍之烈，受病之原，流弊之極，尤爲不少假借。則又朱子一生拳拳聖道，自謂於江西、永嘉若不極力爭辨，則此道何由得明？不得已之苦心也，今皆見於文集，可考而知。竊嘗謂學者欲求堯、舜、孔、孟以來相傳之道，必自朱子始。欲求朱子之道，必自先生始。朱子之後，若西山、魯齋、敬軒、敬齋皆所謂紫陽一脈，而先生崇正闢邪之功，純粹精實、公平正大，有規矩準繩之可循，是亦朱子而已矣。文集之刻，豈偶然哉？世有讀先生之書者，亦如先生之於朱子，道豈患其終不明哉？道豈患其終不傳哉？光緒十五年季夏望後，賀瑞麟復齋甫謹識。

## 書陸清獻公年譜後

文集刻既竣，卽以余舊藏年譜寫本另繕上板。及見今刻府石泉楊公所刻全集內年譜無一字異，或卽吳光酉所編定本之初本歟！此本雖校定本未爲詳備，然知人論世亦足得其大略矣。惟寫本缺上諭及本傳、像贊，又閒遺附註數條，兹並補刻卷首，而以附註見於後云。麟又識。

## 重刻文廟通考序

自孔子以「祖述堯舜，憲章文武」，立萬世道學之極，後世始知道之有統，學之有宗。此歷代從祀之典，所以至爲嚴重也。顧去聖益遠而道學不明，或以道爲高遠難行，以學爲扞格不勝，遂日安於無道，不學不以爲怪，背馳之久，轉相排斥，謂道不足信，謂學不足爲，於是道其所道，學其所學，而道學且爲天下詬。一則自棄，一則自暴，匪惟昏愚無知之徒懵然不知道學爲何事，卽學士大夫例以此二字爲大忌，不敢出諸其口。噫！此豈世道人心之幸哉？夫道固人所自得，而學亦人所當勉，雖有生知安行、學知利行、困知勉行之不同，然及其知之成功而一。苟能好學力行知恥，己百己千而弗措焉，愚必明、柔必强矣！聖人之言豈欺我哉？然則廟廷從祀諸賢儒，固皆學聖人之學，有功斯道，可傳可法，此心此理之同千古不易，必謂非後人所可幾及亦誣已。吾友寇允臣先生以龐繼軒廣文重刻文廟通考一書，屬序於余。廣文此舉洵有意於聖人之教，而以道學望人者歟！昔文文山少見其鄉學宮祀歐陽、楊、胡三公像，卽欣然慕曰：「殁不俎豆其閒，非夫也。」人特患無志耳，有其志矣而莫知決擇，則雖同一學道，猶未免異同離合之未一，將有誤入歧趨而莫覺者矣。孟子以夷惠爲百世師，蓋其風誡有可興起者。至其平生祈嚮，則不屑夷惠而願學孔子。程子謂：「孟子才高，學之無可依據，學者當學顏子入聖人爲近，有用力處。」又曰：「學者要學得不錯，須是學顔子。」程子又豈以孟子爲不足學乎？程朱、陸王皆學聖人之道者也，然先儒辨之不啻詳矣。況陸王又非可以孟子例比，蓋學稍有偏卽道有未純。程朱以後自當以程朱爲斷，精察明辨，舍短取長，興起之中惟致其願學之心期於不錯。此又吾黨所當知者，不然皆列宫牆而敢爲是區别哉？因序是編，僭及此説，世之有志於道學者，不知果不以爲罪否？

## 重刻小學韻語序　庚寅

朱子小學一書内外六篇，内篇者十三經之要義，外篇者二十一史之精華，眞可傳之萬世而無弊。顧國朝大儒如桴亭陸氏、二曲李氏皆謂内篇類引四書五經之語未免重複，古禮難字不便童蒙。然則信如神明，尊如父母，若許魯齋先生未易言也。湘鄉羅忠節公羅山先生崛起道光、咸豐間，獨本小學爲教，但苦初學小生艱於記誦，反令是書讀者寥寥，作爲韻語二千九百餘字，視原書十之一焉。且句短音諧，最便歌諷，又爲之註解，使之知其梗概，欲小學人人可讀，以求實效。其功甚勤，而其心亦可謂苦矣！豈陸、李之云哉？朱子嘗謂：「每疑曲禮『衣毋撥，足毋蹶，將上堂，聲必揚，將入户，視必下』等叶韻處，皆古人初教小兒語。」先生蓋卽此意也。夫但引事間有非小學本文所有者，要亦無礙於大體，此書凡數刻。先生爲人，余於柏中翰所刻序中已言之。兹傳經堂重刻，復求數語，爲述先生所以作韻語之故，如此。光緒庚寅閏月甲子賀瑞麟。

## 水仙百咏小引

子潛先生學本程朱，其所著述類皆純正篤實，水仙百咏又借以明持身處世、崇正黜邪之意，卽以此爲先生講學之書也可。向寓絳陽訪求未獲，光緒戊子，友人姚琴南紹虞以此本寄予，丁生樹銘愛之甚，醵金鐫板，庶學者知先生所學精深，與世之流連一草一木者迥異，豈尋常之吟諷哉？ 庚寅春三月朔，三原賀瑞麟。

## 學規七種序

孟子曰：「大匠誨人，必以規矩，學者亦必以規矩。」朱子曰：「曲藝且然，況聖人之道乎？」然則學之有規，亦斷乎不可少者矣。夫大學聖經綱領，條目粲然具備，固萬世之法程，而論語「弟子」一章則小學之教。雅言詩書、執禮四教、文行忠信，以及凡論爲學之類無非造道之方，入德之門。學者苟由是而學焉，亦可得其所以爲規而非後世之所謂規也。方今學術日雜，人各以其意之所便爲學，其所謂規能不悖於聖人之旨者，蓋亦鮮矣！如此，編者深切著明，且皆本之躬行，心得之實，而非有外乎日用彝倫之常，志業必誠而功力無閒。早歲以來竊嘗讀而愛之，用以自勉，衰老無聞，愧無以教諸生也。鈔輯成録以詔吾黨有志之士，而强君仁舫取付手民，使諸子潛心焉。并公斯世或有聞而興起者，不陷於虚無，不流於功利，不矜於博雜僻怪，不炫於文采詞華，豈非斯學之厚幸歟！ 光緒庚寅長至日，復齋賀瑞麟。

## 張子全書序

横渠先生書世或多有，而全書惟關中有數本：有郿縣本、有鳳翔本、有臨潼本。至高安朱氏本亦文端公軾視學關中時所刊者也，此本較諸本爲善，惜公載板以去，而關中亦不見是本。余舊從高安十三種中得見此書，購而藏之久矣。因命諸生詳加讎校，使傳經堂重鋟，諸木譌字悉已改正，其中重複頗多，不能盡去。蓋此書惟正蒙成書，餘皆非先生手定，門人記録或各據所見，且有程子語而誤入者，不知何故？然以此猶得見張子之全。刻既訖，諸生請序，余曰：「余始知學即讀是書。今老矣，卒無所得，撫衷自省，事親事天之誠有如西銘所云乎？慎言慎動之切有如東銘所云乎？其立志有如

『爲天地立心，爲生民立道，爲去聖繼絕學，爲萬世開太平』者乎！其居敬有如『言有教，動有法，晝有爲，宵有得，息有養，瞬有存』者乎！窮理能精義入神乎！反身能正己感人乎！出而仕，果有爲治必法三代之意乎！處而教，果有使之知禮成性，變化氣質，學必如聖人而後已乎！任道之力，守禮之嚴，辨學之精，服善之決，以至窮神化之奧，達性天之微，有能一一自信於己者乎！愧何如也！又何以序先生之書？雖然己未能而勉人，非信也；己未能而以先生之書勉人，不可謂非公也。秉彝之好，千古攸同，卽以吾關中論先生而後理學益昌，篤信先生之書，如呂涇野之張子鈔釋、韓苑洛之正蒙解、劉近山之正蒙會稿、李桐閣之張子釋要，安在興起無人？惟先生嘗言人又要得剛，太柔則入於不立，某則比他人自是勇處多。朱子曰：『此道理須是剛方立得腳住。』曾子、子思、孟子皆如此剛果決烈，乃能傳道。天資不及明道，則且學伊川、横渠，學者少有能如横渠輩用功者，近看横渠用功最親切，直是可畏。然則士果奮然直前，不甘以流俗自待，得先生之書而讀之，敬其人，尊其道，使關學重振，豈獨涇野、苑洛諸先生專美於前？麟又感先生志道精思，未始須臾息，亦未嘗須臾忘，一刻尚存，不敢自棄，炳燭餘明，竊願與諸生共勉焉！與關中學者共勉焉！與天下志士共勉焉！先生舊無年譜，道光中鳳翔本武孝廉澄始爲之，茲不欲沒其勤，使門下王遜卿守恭頗爲整頓附焉，庶讀者有以知人論世云。」光緒庚寅六月朔旦，三原賀瑞麟謹識。

## 朱子行狀總論簡注序

自古聖人之至莫如孔子，昔人謂鄉黨一篇，孔子之行狀也，門人所以記之者詳矣。自古善學孔子之聖，莫如朱子，行狀一書勉齋所以述之者，亦備矣。然孔子神明變化，未易窺測，篇末特揭一「時」字，則聖人全體之妙於此可見。朱子規矩準繩確有法度，總論齊著，其學道德行業藝而首列窮理致知，反躬踐實，居敬之成始成終，則朱子善學聖人用功之要，於此可見。夫孔子之時，亦自孔子之知行與敬渾而出之，而由朱子之窮理反躬、始終一敬，至於純熟，亦可至於聖人之時。孔子、朱子豈不同條而共貫哉？然則朱子行狀總論爲千古學朱子者立之標準，即爲千古學孔子者立之標準矣。芮城辥仁齋先生總論簡注又爲讀總論者道之路脈，示之肯綮，洵學者不可不讀之書也。武生文炳取而重刻之，吾願讀此篇者，亦如朱子引尹氏注鄉黨謂「潛心聖人宜於此求焉」，蓋求孔子必自求朱子始。光緒庚寅冬月辛卯，三原賀瑞麟。

## 重刊唐鑑序

涇陽柏子餘中翰既刻眞西山大學衍義，又取范氏唐鑑鋟於家塾，復屬余序其所以以弁於首。余惟二書雖不同，而其有裨於治道則一也。衍義以大學爲準，而證之於史，以辨其得失。唐鑑以唐史爲案，而衡之以經，以斷其是非。自秦漢以來以至於唐，治日益下。而帝王之法、聖賢之論不復聞於斯世，此所以治日少而亂日多也。苟非知道之君子，折衷以帝王聖賢之心術事爲，則夫假仁假義亦可與三代並論，而顛倒悖謬之舉或肆行無禁，世亦漠然，不覺其非，天理澌滅，人欲横流，學之不明，亦可嘅已。范氏於唐一代，摘取其事迹而論列之，一則曰詩書云云，再則曰孔孟云云，善惡邪正必裁以帝王聖賢之道，其爲後王法戒固已昭然顯著，較之前代班、范之書遠過數倍，而於衍義一書同爲大有裨於治道者也。昔宋元祐中，客有見伊川者，几案閒無他書，惟印行唐鑑一部。先生曰：「近方見此書，三代以後無此議論。」而紫陽朱子詠唐詩曰：「云何歐陽子，秉筆迷至公。唐經亂周紀，凡例孰此容。侃侃范太史，受説伊川翁。春秋二三策，萬古開羣蒙。」國朝大儒張楊園先生又曰：「唐鑑，讀史之門戶。」嗚呼！其亦可知此書矣夫！其亦不可不讀此書矣夫！光緒庚寅嘉平月，三原賀瑞麟識。

## 四書字類釋義重刻序

字各有義，義不知卽謂之不識字可也。故有讀數十卷書，往往不識一忠孝字，蓋不明於其義耳！此字義之所以不可不釋也，而四書字義爲尤要。范忠宣公誤解「恕」字，司馬溫公、王陽明錯認「格物」，一則心術之害，一則學術之差，可不謹哉！況四書理道淵源，初學入德之門，義一不當，不免穿鑿附會，終身入於歧途而有不知者矣！絳州李子潛先生取四書中字有實義者，類而釋之，精確明暢，直如程子「性卽理也，主一謂敬，無適謂一」，朱子「誠者，眞實无妄之謂；仁者，心之德、愛之理；義者，心之制、事之宜」之類，有功斯道，眞可謂顛撲不破。此吾儒幸生程朱大賢之後，豈漢儒訓詁所可及哉？四書字義明，卽諸經可不治而明，其視程達原性理字訓，不尤親切有便童稚者乎！昔程蒙齋著字義數十條，朱子謂可作一部小爾雅。是書也，使朱子見之嘆賞又當何如？柏子餘刻之家塾，其裨於讀四書者豈淺鮮？予故樂爲序之。光緒庚寅季冬望日，三原賀瑞麟。

## 重刻徐餘齋恥言序

孔子曰：「君子恥其言。」又曰：「古者言之不出，恥躬之不逮也。」夫君子嘗愼言、訥言矣，皆恥心爲之也。不恥則放言而已，空言、徒言而已。恥乎不恥？能恥言，則能立言。明徐餘齋恥言一書，亦近於古之立言者，乃以恥言名，斯其言爲有用，不合於理者，蓋鮮矣！依餘齋之言而立德，則德可立；依餘齋之言而立功，則功可立。卽不僅立言已也，餘齋其知恥者矣！中翰柏子餘讀而愛之，以朝邑閻相國刊本重付梓人，中有一二條不知何人所去，刻旣竣不能補，亦不必補也。嗚呼！今之儒者惟言之務，言理學而身心之弗檢，不恥也！言經濟而功利之是急，不恥也！言日用事爲而私意偏見之常勝，不恥也！惟不恥斯亦無恥已矣！可恥孰甚焉？知言之恥，其或終免於恥乎！吾願與世之讀是書者，一雪是恥。光緒十六年庚寅冬十二月既望，三原賀瑞麟書於清麓山房之養一洞。

## 重刻朱子增損呂氏鄉約序

往予與諸同人講行鄉約凡三所：一南李村之麻廬、一邑城之學古書院、一清麓之正誼書院，幾二十年皆未有深益，自愧無德，不能感人也。近益衰頹，每月朔望及門二三好禮，僅率諸生習士相見及鄉飲酒儀而已，鄉人固多苟安，同志亦漸寥落，士之自遠方來者，歲可屈指數，書院闃然，鄉約不復行矣！然予終不敢謂鄉約之果無益於學治也，此道自在人心，有志於修德愛人復古變俗者，必能毅然爲之。況前邑侯如余葵階、唐霈亭、焦雨田，督學如吳清卿，或序書，或觀禮於此，亦未嘗不爲提唱。又不能不望於後之人，故爲重刻，俾覽者有以興起焉！嗚呼！由己及人、由近及遠，不自勉而徒責之鄉人難已！然鄉無善俗，其於治平之理亦烏能有裨也哉！茲非其急務歟？光緒辛卯四月，賀瑞麟。

## 重刻聖室録感序

予年甫踰冠，迭遭大故，愧此生不得自比人，數時一追念，忽不知涕泗之横落也。嗣讀二曲先生此書，不忍終篇，然嘗誦首條辛天齋「自家是禽獸，父母便是禽獸之父母；自家是小人、庸人，父母便是小人、庸人之父母；自家是賢人、聖人，父母便是賢人、聖人之父母」數語，悚然大懼，恐終貽父母羞辱，不可爲人，不可爲子。孰無父母，讀此書而不動心、不立志，則亦覆載閒一庶物而已。今老矣！尤覺此書不啻砭肌換骨神丹，人人得之則生，每一把卷又不欲釋手。復刻以公世，使讀者卽以先生之所感者爲感。先生感之而爲純孝、爲大儒，而我乃不免於禽獸、小人、庸人之歸，是尚爲能知感也乎？豈惟得罪録中諸人，抑亦先生之罪人也。可不悲哉！可不悲哉！光緒辛卯孟夏，清麓賀瑞麟。

## 二語合編序

二語合編者，編呂近溪、新吾兩〔一〕小兒語及李四漚老學究語，并其言之相類者爲一册。始牛雪樵方伯刻於巴蜀，繼故友寇允臣學博刻於漢南，近涇陽柏子餘中翰又刻焉。傳經堂舊無此書，亦依柏氏本刻之，而屬爲之序。是書也，雪樵所謂「詞義淺近，聲韻相諧，嬉戲歌呼，易解樂誦」，吾無以易之矣。且欲遍給鄉塾，使童穉讀之養其良知、良能，於風俗誠非小補。然則閱歷世故，説透人情，令讀者聞者訴然、凜然。所謂小兒語者，不止小兒，人人可知可行。而老學究語者，又多與經傳格言至論相發，其於世道人心，必有轉移於不覺者，固不嫌於多傳而廣布也。光緒辛卯秋日，中阿老人賀瑞麟書。

## 性理十三論序

自性理之説不明，而人不求知性盡性，不求明理循理，學術壞而治術亦壞。近世以來，滅性昧理日出日多，士蔽於異端邪説，往往返詆性理爲迂腐。是必使世拂其本然之性，失其自然之理而後已，尚能講明而體行之哉？嗚呼！此世道人心之大憂矣！文皇帝初立，即命以性理論試士，蓋有見於此，思有以振興之，固大聖人因時立教之心也。吾師時齋先生一生踐履，著述無非性理之學，老爲孫輩作此十三論示之式，亦先生講學之書也。學者讀先生之論，并體文皇帝試士之心，益於性理實究心焉，則學術純，治術正，即於斯世有厚幸焉！故重刻以俟。光緒辛卯秋八月朔，三原門人賀瑞麟謹識。

〔一〕「兩」：疑爲衍文。

## 重刻西銘講義序

橫渠張先生爲吾關中講學之祖，而西銘一篇又先生一生講學之第一義也。當時程子稱之至矣！至朱子時，人猶有不知者，故朱子於陸氏、林氏極力辨之，平日與門人所以講論及之者，又可謂精詳而無遺矣！後之儒者於是皆知西銘之道之大、功之切，天德王道一以貫之矣！然不能常存於心，時體之身，則亦朱子所謂徒取宏闊廣大之言，以形容道體，破有我之私而已，而實不能有諸己也。近世湖湘閒羅羅山先生忠節公出，自少究心濂、洛、關、閩之旨，躬行實踐，其於異學辨之尤嚴，生平所著，有讀孟子劄記、人極衍義、西銘講義、小學韻語、姚江學辨，以及詩文集。而西銘講義一書致力最深，說理極透，蓋眞能實有之者，以故主敬致知、存理遏欲，無非西銘工夫。而視天地萬物爲一體，又其素志之所存。當其奉命剿賊，屢破强寇，直任以天下之事爲性分之固有，職分之當爲。卒之殞身全節，仁至義盡，要一西銘順事沒寧之理，忠孝一理，國之忠臣，家之孝子，亦即天下之仁人也。涇陽柏子餘中翰既刻先生小學韻語，又以西銘爲吾關學之奧，先生講義亦本之身心，所謂言之親切而有味，益當刻之以公同志。而先吾關中學者，知其非徒託空言，其所以感發而興起者，必有深焉者矣！光緒辛卯九月辛巳，三原賀瑞麟謹識。

## 重刻陸宣公翰苑集序　壬辰

自古經濟文章兼擅爲難，而經濟文章之出於道德爲尤難。然非本以聖賢之學問，則道德僅成爲氣質之美，而經濟文章亦不足見重於天下。後世若唐之陸宣公者，所謂聖賢之學問，亦即所謂聖賢之道德者也。今所傳翰苑集，一名奏議，經濟文章具見，於是前人論之備矣。宋蘇子瞻當時奏請校正進讀，但以爲智比子房、才如賈誼似矣！而公之智究非子房之智所能擬，公之才亦非賈誼之才所能盡。蓋公之經濟文章一出於學問道德，而不徒以才智爲能。集中議論發揮，無非經書精要之旨，一切功名雜霸之習無一毫見於詞氣。至其分別邪正義利之界明白正大，是眞不愧爲聖賢之學問道德，而亦不愧爲聖賢之經濟文章者矣！明薛文清公稱其爲王佐之才，國朝張清恪公謂公之文卽孔、曾、思、孟之所傳，不外是矣！沈端恪公又謂公是書直可謂之「忠經」。公嘗曰：「吾上不負天子，下不負所學。」然則公爲聖賢之學，其亦可信也已。此聖朝所以獨隆從祀之典歟！惟公書隸事甚多，讀者或致茫然，乾隆中張蓀圃佩芳詳加註解，亦可謂篤嗜公書者矣。柏君子餘讀而愛之，刊以公世，嘉惠士林，豈淺尠哉？儒者有志正學，卽以公之學問爲學問，而自勉於道德。異日正君忠國如公經濟文章，不獨爭烈董、葛、韓、范，且將追休伊、傅、周、召，則公之志雖不獲稍伸於當日者，猶或大施於異時，豈不幸哉？是則公之心，而柏君所以重刻之意也。光緒壬辰四月望日，三原賀瑞麟謹序。

## 書二程全書總目後

右遺書、外書、文集是皆朱子所手定，遺書附録、外書三序具見朱子文集。二程文集雖無朱子序，然朱子辨胡本書載於文集，今本俱從朱子改正，則猶或朱子當日所見之本也。至於易傳，朱子文集亦有書伊川易傳板本後一篇。今所傳者，不知卽朱子所書原文與否？後人以易傳、經說、粹言均附遺書、外書、文集之後，是爲二程全書。全書有二：一明徐氏本，一國朝呂氏本。又有中州本、祠堂本，無易傳、經說、粹言。然諸本各有異同舛誤，茲依呂氏本重刻，而以諸本詳加校正，庶幾便於讀矣！夫二程之學，朱子發明至矣盡矣！今卽朱子所以讀程書者讀之，則必有以得程學之深，是書之刻非其厚幸者歟！雖然張宣公當時於程書之出則曰：「傳之之廣、得之之易，則又懼夫有玩習之患，或以備聞見，或以資談論，或以助文辭，或以立標榜，則亦反趨於薄，失先生所以望於後人之意爲逾甚矣！要當以篤信爲本，謂聖賢之道，由是可以學而至，味而求之，存而體之，涵泳敦篤斯須勿舍，以終其身而後已。」嗚呼！斯言也，豈非今日學者所當知者哉？仍用

「敬」書册首，願與同志者共警焉！光緒壬辰五月朔，三原賀瑞麟謹識。

## 重刻關學編序

關中其地土厚水深，其人厚重質直，而其士風亦多尚氣節而勵廉恥，故有志聖賢之學者，大率以是爲根本。三代聖人具見於經，不待言也。秦漢及唐，聖學湮塞，知德者鮮。宋興，明公張子崛起横渠，紹孔孟之傳，與周、程、朱子主盟斯道。早悦孫吴，年十八欲結客取洮西之地，慨然以功名自許。及其撤皋比，棄異學，任道之勇，造道之湻，學古力行，卓爲關中先覺，此少墟先生關學編獨推先生首出，而爲吾道之大宗也歟！後之聞風興起，代不乏人，莫不以先生爲景仰，故一續再續，深書大刻，豈非以先生之學懇懇然屬望於吾關中人士者哉？吾友長安柏君子俊，少喜談兵，欲有爲於天下，大類横渠。其强毅果敢有足以擔荷斯道風力，卒之志不得伸。近歲大憲延聘教授關中、味經各書院，三秦之士靡然從之。又倡議創立少墟專祠，蓋思以少墟之學教人，並思以少墟所編諸人及續編諸人之學教人，謂非重刻諸編不可。刻既竣，君病日亟，手授門人，猶欲商訂於余，且屬爲序，其用意關學如此。胡君竟不起疾也，悲夫！惟君生平重事功，勤博覽，其論學以不分門户爲主，似乎程、朱、陸、王皆可一視，慮開攻詰之習，心良厚矣！夫學爲己者也，攻詰不可也，然不辨門户且如失途之客，貿貿焉莫知所之，率然望門投止，其於高大美富，將終不得其門而入矣，可乎哉？是非顛倒，黑白混淆，道之不明，懼莫甚焉。學以孔孟爲門户者也，程朱是孔孟門户，陸王非孔孟門户，夫人而知之矣。先儒謂不當另闢門户，專守孔孟如程朱可也。孟子、夷、惠不由而願學孔子，豈孟子亦存門户見乎？余嘗三四見君，知其意不可遽屈，硜硜之守老亦彌篤，意與君益各勉學，或他日庶有合焉，而今已矣。不意君猶見信，輒以關學相託，復取私録諸人而亦刻焉。竊恨當時卒未獲痛論極辨，徒抱此耿耿於無窮也，吾烏能已於懷哉！學術非一家私事，因序此編而並序余之有不盡心於君者。倘不以余言爲謬，或於讀是編也，亦不爲無助云。光緒壬辰孟秋，三原賀瑞麟謹識。

## 重刻楚辭集註序

趙忠定公汝愚以韓侂胄用事，遭貶，暴薨。朱子蓋傷忠定宗臣，忠不見容，不勝憂憤，有感於三閭之事，因注楚辭並刊定後語，是在慶元己未，而朱子年已七十矣。當是時，朱子亦以僞學落職去國，侂胄之勢益張，國事愈不可問，朱子固以義命自安禍福，死生久已置之度外。然士君子讀書弔古，見夫奸邪罔上、殘害忠良，未嘗不悲歎欷歔，感慨以至泣下，而況身當其際，貴戚見逐，卒以身死如忠定者乎？是不可哀郢而弔湘耶？且其擊忠定也，正以引用朱子之故，至欲一網打盡而道學遂爲世病，將使天下後世輒以道學爲諱，世道人心何所底止？朱子特注楚辭，明屈子之心即以明忠定之心，且見讒人誤國至於此極，使千載下爲國者以爲殷鑒。嗚乎！其所感深矣。然朱子亦若不爲當時發者，此又離騷一書之微旨也。至屈子爲人與後世諸家所以爲辭之意，並以張子、呂氏之作終焉，以明道學之歸，朱子論之詳矣不復贅。讀者熟玩而善味之，其亦將有感於朱子之所感也夫。光緒壬辰仲冬，清麓洞主賀瑞麟謹識。

## 韓文考異序

六經載道不言文，而天下之大文至文莫逾焉，韓昌黎本六經爲文，亦未嘗不以道爲歸。前人論之詳矣，不更著，其集世多傳本，朱子考異尤爲折衷至當之書。然余少時猶見考異自爲一編，不附正文，此古人著書之例，如易十翼、左氏傳。古書皆不附經，蓋有深意，非盡謙德也，考異亦然。後世不能如古，謂其便於讀者，俱附於本書之後，失其義矣。相沿日久，不能遽革，傳經堂刻朱子生平著述，徧求考異，原編竟不可得，此本爲明朱氏崇沐所刻，王留畊始附考異於正文。而此本並附留畊音釋，雖謂便於披閱，觀者一目可盡，但音釋與正本上下有不相值，間爲移易，要之，於考異亦可得其大略之所在，讀者所宜盡心也。光緒壬辰冬月既望，三原賀瑞麟謹識。

## 重刻儀禮經傳通解序

六經，萬世之書也，惟孔子爲能删定，惟朱子爲能註解。四書有章句集注，詩有集傳，易有本義，書與春秋雖未著爲成書，然傳授討論固已得其大旨。至於三禮則嘗欲見奏乞修而未果，六十七歲乃爲儀禮經傳通解一書，舊名集傳集注，晚始新定今名，分成衆手，未及删改。喪、祭二禮又屬之門人勉齋黄氏，朱子蓋惓惓於是書者，亦可謂至矣。其季子在，嘗爲之跋，而當時刊行一仍其舊，不敢一字增易，蓋愼之也。自制舉之業興，惟禮記著爲功令，往往因陋就簡，不究其源流本末之故，則是書且束之高閣，知者鮮矣。夫朱子紹道統之傳，發明聖賢義藴，功莫大於諸經，一二未備，識者猶以爲千古遺憾，幸而禮書有此。卽補葺，稍有缺遺，而規模次第、綱領條目秩然燦然。三百三千觀會通以行典禮者咸於是乎在，則誠萬世不可少之書。學者不欲明天理之節文、求人事之儀則、修己治人復古爲心則已，苟不安世俗之淺近而欲窺古聖人制作之精意，立大本、行達道、繼絶學、開太平，舍是書何以哉？朱子而後禮學久廢，國朝三禮獨越前古名儒，如江愼修之禮書綱目，秦蕙田之五禮通考，煌煌大著，要皆以是書爲藍本。然則朱子原書豈不尤可寶貴？兹刻但爲便於讀習，略有增添，或缺文譌字亦皆考據諸本補正，然必著明，不敢疑誤後人僭改前書。當時諸生分校，令各詳記卷後，觀者其亦諒其用心也哉！光緒壬辰十一月既望，三原賀瑞麟謹識。

## 重刻朱子約編序　癸巳

朱子約編者，鳳翔鄭冶亭先生之所著也。先生生平學以朱子爲主，因讀者以語類、文集廣大宏博，輒有望洋之嘆，約爲此編，大抵仿近思録例，凡八篇。然於性道本原、學問綱要，辨異端，觀聖賢之大略獨未之及。蓋爲初學入門下手之處，示以親切確實所在，果於此而有得焉，卽不難，進而求之，如近思録之全，然則先生爲後學慮至深遠矣！惟首篇以「主靜」標目，及讀其篇内所載，又皆「主敬」之意。「主靜」之説雖本之周子，而周子自以「主靜」屬之聖人，下文「君子修之吉」，朱注卽以「敬」爲言。通書第六篇又名以「愼動」，則知「主靜」非始學所易。幾朱子生平論爲學工夫皆言「主敬」，不言「主靜」，且云「太極圖主靜卽是主敬字」，閒有説靜非爲學之通法也。先生「主靜」標目，不知其用意如何，恐初學讀之不免節外生枝，別求一「主靜」之功，故易以「主敬」，自知僭踰無所逃罪，或亦朱子之意，惜不得質之先生也。先生老年又成朱子年譜及許魯齋年譜、心法約編，往周士甫宗釗曾爲刊布，此編作自早年先生官黔時，已有鋟板，兵燹失存。士甫之姪鼎雅慕先生之道，慨然繼志，以公同好，謂可附年譜以行，庶亦讀朱書之嚆矢也。其友張善志繼先經紀其事，亦與有勞，附記之。光緒癸巳季春望日，三原賀瑞麟謹序。

## 重刻楊忠介公文集序

光緒壬辰冬，富平張君蓋臣過余清麓，揖余言曰：「吾邑焦侯欲重刻敝邑忠介楊公斛山先生文集。余以先君夙有是心，遂任剞劂費，卽以先君掛名其閒，可乎？」余曰：「稱人之善，本其父兄厚之至也，況子之先君又先有是志乎？子之先君余雖未識其人，然嘗聞之矣。力行善事，邑之中凡有義舉，無不爲也。矧先生之書足以扶世教，振綱常乎！余少讀先生語有曰：『今日早起朗誦「君子之異於人者」一章，卽覺襟懷開灑，心廣體胖，有西銘「與物同體」氣象。』又曰：『士之處世須振拔特立，把持得定，方能有爲，見得義理必直前爲之，不爲利害所怵，不爲流俗所惑，可也。』余至愚不肖，然其立志實自此始。嗚呼！此卽先生生平所以存心，所以爲學，故大節炳然宇宙，爲千古偉人。今讀其詩又有『年來警戒非因禍，恐致君王殺諫臣』之句，爲純儒故爲純臣，是書具在，學者可深思而得之。子之先君有是心也，卽平昔爲人可知矣。子能繼述而歸美於親，是孝也。先生爲忠臣，子爲孝子，天下惟忠孝最足感人。是書之刻又成佳話。然則子之所以善承子之先君也，或不止於是書乎！勉哉，無斁！」至是書年久板字磨滅，不可考者謹用闕如，亦閒有移易以歸一例，附録繁複無所發明者或竟刪去，讀者諒焉。

## 書張蘿谷先生聖廟從祀位次私議後

此書余久蓋得之先生後人，未及刊布，恐或以此轉滋訾毀，及門王遜卿取而刻之魯齋書院，刻既竟，致余一冊。人果有謂侵議禮之權者，余故不得不明告焉。夫議禮固本自天子，而所以議之者，則皆諸臣之説，特天子定之耳，非止聖廟祀位。而聖廟之議，自明嘉靖朝亦自諸臣發之，國朝大儒陸清獻公靈壽志中且自議之，李文貞光地、萬季野斯同亦各有議，是皆私議之類。蓋萬古公事，非一世一人所能定，不妨並存其説，以質三王俟後聖。況聖廟所入賢儒，多由先儒論定，而後世因而請之者，又何疑於私議也哉？癸巳五月五日，賀瑞麟識。

## 楊損齋文鈔序

涇陽柏子餘既取故友楊君損齋文鈔鐫之板本，以傳永久，屬予鑒定而序之，予不得而辭也。君自少卽有文譽，入庠後問學桐閣又數年，乃一意聖賢之學，謝去場屋，豈欲屑屑以文見哉？閒有所作，亦往往隨手散去，不暇存稿。歿後，其子玉清乃搜集編纂，始成巨帙，共若干卷，而遺書尚俟後刻，惟家譜已先行世。嗚呼！君之文，豈文人之文，而學人之文也。亦豈僅學人之文，乃程朱後諸前輩講學之文也。知君之學，則知君之文矣。君學一本程朱高潔之識、沈潛之思、精嚴之心、强毅之志，其爲人狷介有守，如吳康齋刻厲清苦，如胡文敬卽嘗自傷褊狹而其反躬責己，實一毫不肯自恕。稍有不可於心，或爲事勢所迫不得行其志，輒憤懣悔恨，以至淚下而必欲求其理之所安。其故爲文亦不必拘拘成法，然懇摯警策、純粹湛深如其爲人，讀者足以廉頑而立懦。至其愛人之誠諄切無已，有非筆墨所能盡者。每歎朋輩功力不實，屢舉未發已發、主靜主敬學問源頭所在，以自勉而勉人。而於麟規正爲尤切，麟嘗朝夕共學，深感其誠，每見言不盡而意有餘也。然當時實未能主敬，而君輒以主靜見箴，厥後累書教告不出此意。但朱子嘗謂主靜卽是主敬，又曰言靜則偏，故程子只言敬，且敬可以該動靜，而靜不可以該動。以是往來於心久而未決，方將與君反復商論以求實是之歸，而君倏然遂不起矣！今讀君文則又見君學自得之深，而麟之衰頽不足自振，又安能有進於斯？老學日孤，不幾負良友之訓哉！吾獨又感於子餘未一見君，而愛其文遂公之世，非君之清德正學烏足致子餘之信慕。子餘重道樂義固不待言，數年多刻諸儒先書，皆君弟信甫司校。嗚呼！理義之感人，蓋亦有不偶然者矣！光緒癸巳七月七日，三原賀瑞麟序於正誼書院之養一洞。

## 禮表序

余小讀禮戴記、周官，僅能卒讀，而苦未熟。至於儀禮，則如韓退之苦其難讀，而竟不之讀。中年以後，雖知講行冠昏飲酒之禮，然不過與諸生按本習其儀節。老刻朱子諸書，於儀禮經傳通解一書竊嘗討論，頗歎其包羅總該，誠古今一大著作，急欲付梓。諸生校勘之餘，時一就正，間窺聖人制作之精意，而口澀心生往往記前忘後，記後忘前，不克貫穿會通。蓋三千三百本屬委曲繁重，而又未嘗諷誦在胸，是以愈覺其難也。光緒癸巳復至鳳翔，又見鄭冶亭先生所著禮表，喜其條分縷析，等差秩然，爲讀禮者立一簡要門逕。凡三十六表，先生序中已詳言之，卽屬郡士周銘九鼎鐫板公世，則夫禮之所以別嫌明微，辨貴賤尊卑之等，明是非同異之殊，皆於此而見。所謂其數易知者義難知，其果得其數，則其義亦可得而言矣。光緒癸巳秋八月既望，三原賀瑞麟謹序。

# 補遺

## 重刻呂涇野先生十四遊記序　甲寅

瑞麟將東遊太華之北，渡渭水謁桐閣師，過黄河訪薛仁齋以就正所學，而呂君士龍適以補刻其先人涇野先生内篇，求麟序，並欲刻所謂十四遊記。十四遊記者，涇野先生自記其所遊也。夫學之道，藏焉，脩焉，息焉，遊焉。樊遲從遊於舞雩而問崇德、脩慝、辨惑，遊豈苟焉而已？先生之遊，先生之學也；先生之記，先生之講學也。雖然，内篇言之矣，吾輩相聚當以勤儉相講，「終日乾乾，夕惕若」猶爲不足，豈可放心盃酒山水間耶？夫惟以遊爲戒，而後不徒遊也。讀先生之記，乃益知所以爲遊，故序之。明日遂行。咸豐甲寅九月五日，賀瑞麟謹書。

## 徵信録序　乙亥

澄城張蘿谷先生潛心理學，確守程朱，躬行實踐，不事表襮，生平著述甚多，行世者僅一二種。光緒初元，余手校先生開知録及治平大略，門下劉昇之東初刊於吾邑，而徵信録一書則同州十城之遺獻在焉。閒言大荔李君覺生今楹取而刻之，是書立言之旨，先生自序已詳。吾獨感覺生玆舉匪惟有功先生，使讀者亦激發於鄉之賢達士女多所興起，太華、黄河與有榮幸。先生録中亦謂朝邑自某某倡衆施銀，重刻苑洛志樂，其後各爭刻書，近諸名公著作悉皆刊布，遂成美俗。然則世多刻正書之人則正道明、正人出，於風化亦豈謂無補也哉？據先生子南金後識，則此蓋未成之書，然亦足以見先生之心術學識矣。閒有訛字及與前例未符者，略加是正，惟原序「並與人書」數行舊爲水溼，字亦漫滅，謹用闕如以俟搜補云。光緒元年十二月甲申。

## 附重修三原縣新志序　代邑焦雨田　庚辰

志者，記也，所以記一邑之土地人民而爲政事之施焉。然非文簡事覈，本諸義理，所以徵信傳遠示得失而昭炯戒。原志凡四修，自乾隆末迄今閱百年，事蹟闕如，復遭兵燹，文獻無徵，遲久不爲將益放失，此非宰斯邑與生斯邑者之責哉！光緒戊寅，余始莅任即訪，聞賀君復齋恪守程朱，力崇正學，親造清麓精舍，一見契合，因悉邑志舊有草創，遂敦請以成斯舉，復延邑斯詳加採訪，而各富紳亦樂出貲助付梓鋟。既竣，余讀之，竊見是書義法多散見各卷中，君猶歉然未能如古之作者，顧其詳略取舍皆非苟然。其大者，削寺觀，屏異端也；著典禮，崇正道也；黜八景，斥附會也；去雜文，尚謹嚴也。凡有論述，無非關於世教人心學術治理之大而一裁以儒先之旨。至陸稼書所謂文廟位次儀注詳在會典者，自不宜入。孟瓶菴所謂載例監列封贈皆無謂，則又不得已之苦心，爲之變通，所以嚴其事而示之勸，其用意可謂勤矣。抑余又有感焉，三原，關輔名區，舊稱富庶，今則土地荒蕪，夫人民凋殘矣。其見之政事宜如何懇闢？宜如何培養？如何而勵廉節？如何而興禮讓士？如何重道德農？如何返淯樸？此余之所大懼也，而謂可終不如昔日之三原哉！邑之人亦得毋覩前哲之經綸，慨然有建樹之思；覽名流之著述，勃然起修明之志；觀忠孝節義之挺生接跡，穆然忘晚近之俗。而想虞夏之風，並念純儒修士聲銷響寂、豪傑自待無文，猶興奮然利祿之途，脫然文詞之場，使三原之學復明於世，斯亦土地之光，人民之幸，而政事之實効也，又豈非君之本心乎？世稱關中多名志，武功、朝邑有良史才，古今人及不及未可知審如是，是志也，亦不爲虛作矣。

## 附重刻吾學録序　同前　辛巳

禮者，天理之節文，人事之儀則，此固有不可易者。然禮緣人情，殷因夏，周因殷，皆有損益，因時所以制宜也。嘗謂三代以上之禮，至周大備；三代以下之禮，至國朝大備。如會典、通禮諸書固已載之令典，而民閒卒未能多見，吴荷屋先生本其意，分類採輯爲吾學録一書，近年外省漸有刊行，而秦中闕如，予少豪放未知習禮，筮仕以來頗以禮法自檢，蒞任三原益兢兢於化民成俗，莫先於禮。昨歲延請賀復齋徵君率其徒，講行鄉飲酒禮於明倫堂，儀節一本儀禮，一時觀者如堵。得見先王尊老敬賢之意，相與歎息數百年無此也。繼得此書，又時王之制所當遵行，使爲士者皆知講習，并率其鄉之人，則人心風俗自當蒸蒸日上。亟思付之剞劂未能也。適與李生紹籛言及之，紹籛明敏樂善，慨任茲役，深堪嘉尚。刻既竣，并請序言。夫禮出於自然之理，而非强人以所難。人不知禮，則耳目無加，手足無措，或佚於規矩準繩之外而不知，遂至尊卑上下亦失其序，則陵僭之風起矣。陵僭不已，勢且爭競，獄訟繁興，干戈日尋，大亂之作其不由此歟？惟禮可以已亂。方今民心猶有未靖，中外多故，果守此書，閭閻各敦敬讓馴謹之行，知制度品節之不可踰，崇德義重恩信，以拜跪折驕悍之容，以俎豆銷兵戎之氣，雖有强暴亦將潛孚默移，日遷善而莫知爲之者。此書之益於世何如哉？或謂此書不列冠禮，不知先生之意云何？抑以會典、通禮初未及此，然聖祖御纂性理精義仍載朱子家禮，未嘗去冠，欽定三禮義疏古禮具在，是在愛禮者考而行之耳，非有所禁，又不獨冠禮然也。

清麓文集卷第二終

# 清麓文集卷第三　自咸豐辛酉至光緒庚辰

三原賀瑞麟角生著
同里劉嗣曾孝堂校刊

## 序下一

### 治心堂約言序　辛酉

王君弱夫初不多讀書，能爲大字，嘗以氣節自勵，晚乃知學，然下筆輒不能成語。久之乃就日用心偶有開，或一二語，或十數語，或數十語，輒録記之。舊有堂顔曰「治心」，卽名此録曰治心堂約言，王君可謂勤學矣！君年六十餘，日日不忘治心，卽日日有所欲言，言不爲闊遠，淺近之事、細微之端，必敍記而論議之，閒有不可驟曉者。蓋君不爲文字習，其措辭或未達意，然讀者能約略得之。夫以君之勤學，更加以讀書而得。夫古聖賢所以治心之要，天下道理非僅孤孤單單、窄窄狹狹、一枝一節，一方隅所能盡。不宏其心則有窒礙，不密其心則有疎脱，不圓通其心則有固滯，不凝定其心則有躁矜。當寬容而寬容，非庸懦之謂；當果斷而果斷，非剛愎之謂。不察察以爲明而流於逆億，不孑孑以爲義而成於傲僻。治心之功完，則發於言者益純全而無弊矣！余嘗受君之益言多，故序此而更以是説進，蓋友誼宜爾，君必樂聞之。

# 劉母李太宜人六十壽序

自聖學失傳，後世文章率不本於道德。惟宋諸大儒出，明道講學，絕不一爲無實之言，則世始有眞文章。降至朱明，惟辭惟胡罔不是道之遵。中葉而後，文章之道益衰，復有所謂壽序卽號稱文章巨手，亦連篇累牘不以爲非，顧其佞諛無實，卒不免見笑於有道君子。蓋其事已非古而其體愈卑不可言矣！然稼書陸先生，國朝醇儒也，平生篤守程朱，序壽之作集中閒亦有之，豈文章亦關氣運有不可一旦革者？獨其所以爲文，一出於道本於實而隨事發理，翼世教而正人心，非文士所能及也。

劉君樹田以母李太宜人年六十徵文爲壽，楊西亭先生者吾之妻祖，君所師也。君初挽先生言於余，繼又兩至草堂，必欲得一言。君交遊多一時名輩，既已求得其文，又何有於村野鄙拙無能之人而爲？是不憚煩哉！毋以予不爲佞諛無實者乎，其好之耶！君之言曰：「吾母性勤儉，經紀內務，無弗井井，里中習尚奢靡，嘗戒子孫曰：『人宜人耳，何美服華衣？』爲有過輒嚴責之，映荊不肖不能承母志，讀書無成，母尤以此爲念。」君言想無一不實，予爲太宜人文又敢溢一詞。

竊謂樹田所以壽母者，亦莫要於務實而已。樹田昔嘗勸人補刻呂涇野先生遺書，予甚感其事。涇野有言：「簡狄、姜嫄不過婦女，其名至今不泯沒者，惟其子有明倫之契、教稼之稷。」又曰：「微孟子，則孟母亦戰國一婦人耳！」樹田嘗讀涇野書否乎？讀至此有動否乎？孟子、稷、契將人終不可學乎？抑所以壽吾母者不必如孟母、簡狄、姜嫄乎？樹田今援例捐主事，又嘗嗜書畫，以書畫爲學名也，非實也。以主事榮母務名也，非務實也。苟惟實之求，則處而學不敢有背乎孟子也，出而仕不敢有背乎稷契也。其立志也，必以小學固其基，大學定其的；其用功也，深味乎二論而以爲操存涵養之本，洞究乎七篇而以爲擴充體驗之端，融會貫通乎三十三章之中庸而於以讀天下之書、論天下之事，又必實去吾平日之習染，實矯吾平日之氣質，實遠小人，實親善類，實體吾母之心。則是子以孟子、稷、契自期，而吾母不孟母、簡狄、姜嫄乎？

然則世俗所謂壽者非壽，而壽母之實亦惟樹田自致之。予文雖不爲佞諛無實，亦正不足爲太宜人壽。然太宜人聞予言或召樹田而謂之曰：「吾爲斯文進一觴，蓋得吾望子之實，願子努力亦毋忘斯語也。」壽母在堂，其樂洋洋，子希賢聖，於母有光，令聞不已，而壽而臧。

## 杜洲字序

子朱子當時講學精舍有四，而滄洲其一也。靈寶杜君名洲，其師芮城仁齋先生字之曰志滄，蓋望杜君以志朱子之學也。夫朱子之學莫切於反身，莫精於窮理，而尤莫要於居敬。然非立志則所謂敬者亦間斷而無成，又何以爲窮理反身之地哉？故立志其最先也。其在滄洲之論有曰：「如今學者貪利祿而不貪道義，要作貴人而不要作好人，皆是志不立之病。直須反復思量，究見病痛起處，勇猛奮躍不伏作此等人，見聖賢所說皆是實語，方始立得此志。」至其讀書之法，則滄洲他日之論又曰：「須正襟危坐，將大學、論、孟、中庸及詩、書、禮記，程、張諸書分明易曉處反復讀之，更就自己身心上存養玩索著實行履，有個入處方好，就有道而正。」夫朱子之學，豈止此而已哉？然其大略，即此二論已可以得造道入德之方。杜君之學於芮城也，絕意進取利祿貴人之説，蓋無足干其中者，其志亦可謂立矣！然立於暫而不立於久，立於始而不立於終，立於粗淺而不立於精深，立於近小而不立於遠大，猶未也，杜君勉乎哉！必居敬以持其志，窮理以明其志，反身以實其志，則卽朱子所謂存養玩索行履者，而實從事焉。志之純也，不以舊習奪之；志之正也，不以燕朋壞之；志之弘且毅也，不以小善淺嘗止之。昔朱子滄洲精舍成，以文告先聖，溯源道統，自先聖以至顏、曾、思、孟、周、程、邵、張、司馬、延平，而他不與焉，是朱子之所志者，不卽吾之所當志者乎！且卽以朱子之所志者志，朱子就有道而正又孰大於是？將使道德學問積蓄之厚，一若滄溟之無際，庶幾不愧吾志，信斯名之稱情，而亦不負其師所以字之之意。杜君念之哉！因其求序，遂書如此，幸並質之芮城先生。

# 送邑尊葵階余公升任乾州序　丙寅

同治初元，回逆搆亂，高陵涇陽皆相繼失守，是時賊益窺三原，勢岌岌殆甚。邑侯葵階先生守獨力，卒保危堞。賊既西竄，疆臣以事聞天子，嘉其功，御扆書名丹毫記注，旋升乾州牧以寵異之。顧先生以軍務積勞，數欲移疾歸里。而亂後凋殘亟籌善後，邑人士又恐一旦或去，輒思借寇。既乃有不可於心，卒移疾，方卸事數月，大吏雅知先生，益倚重，堅不許遂初，且甘賊勢尚崢嶸，乾州尤西北巨鎮，先生亦念受聖主眷遇之恩，國家多事非臣子自佚之日，越丙寅春，復拜命赴乾州。行有日矣，邑人士僉謂麟不可以無言。麟惟先生涖官秦中近三十載，所至皆有聲稱。而任吾原前後且十年，其治績之美不可殫述，大抵愛民如子之念，雖婦孺皆知，故其相稱有曰「余爺」、曰「余婆」，方之召杜殆有同符，詩曰「愷悌君子，民之父母」，先生之謂歟！麟雖有言，又何以加於此哉？獨其犖犖大者不能不述。方倉卒變起，賊日肉薄城，城上人久未習鋒鏑，輒內恐。俄富平健兒百人大破賊城下，先生立賞三千金，由是遠近紛紛來守城。時鄰邑難民塡巷衢，一皆安置。有惡少白晝劫人，即立斬以徇，城內爲之肅然。非智勇而能之乎？大兵駐原，需餉糈亟，稍不給保，無虞譁潰。先生竭力，日夜籌供億罔缺乏。其守陴也，炎日霜風、雨朝雪夜，凡一十八月未嘗一日懈，其勤慎至矣！憫流亡之未歸，傷閭井之蕪沒，則爲之請免錢糧。縣差徭，舊以里甲輪支，瘡痍未復，爲之設局取腳用以支差，而民不擾。哀鴻嗷嗷，蓬蒿滿野，爲之給牛籽、恤煢獨，沿村勾訪，雖窮谷僻壤靡弗到。慨念災黎生計日蹙，正供之外爲之每兩減舊沿浮餘壹錢四分，歲省民六七千金。蓋其仁心仁政，類非俗吏所能爲。而防域籌餉不費公家一錢，用銀幾二十萬兩，悉先生勸富分輸，然一委紳士職出內，不以一毫染，則其廉潔有守之操。又先生嚼然寤寐，尤所以定大計而服人心也。夫以先生之智勇如此，勤慎如此，仁且廉又如此，而一二無知乃肆蜚語以中先生。在先生樸誠素矢不爲矯飾，不爲彌縫掩護，即有通融調劑，亦但求有裨地方，有濟民生，而非便身圖，故大吏卒諒無他，方畀以牧伯重任。先生退休志早決，又年六旬餘，爵祿名譽何足動念？藉分聖主西顧之憂，即以治原者治乾，輸忠効悃，益酬主知，行見甘境肅清，鄰封無事，先生然後乞身而歸，優游林壑。乾民之愛戴不待言，吾邑人士去後之思愈久愈篤，必有不忘禦菑捍患之功，而俎豆千秋者彼萋菲之口於先生奚損哉！抑麟於先生更有不能窺其深者，初令原時，麟尚事舉業，先生固重士，勤課督，見麟文輒奇賞。然竊以先生名進士精制藝，由此途入也，既而見其吏治矣。先生於患難不廢吟咏，纍然成巨製，則又見其詩詞矣！麟無似不敢以學術相咨請，且謂先生或未暇及此。及解組，偶奉書求質，先生極不喜陽明之説而辨朱子晚年定論爲尤精而有據，然後嘆先生政事文章皆有其本，特不欲以講學名也。即淺陋如麟乃過辱奬，命以修志，延以主講，復舉以孝廉方正。麟雖不敢任，然先生虚懷謙衷一長必録，其德量之宏博又可得而測其涯涘耶！　昔子游爲宰，夫子首以得人爲問，告仲弓以舉賢才。宓子賤求人自輔而單父鳴琴行矣！　先生五峰六陌之間，意必有純儒修士什伯千萬於麟者。先生講明正學以倡之，其必爲先生出無疑。漢吳公當時治行號第一，而史止載薦賈生一事，此蓋爲政之要務。麟受先生之知也，深敢附言之，夫豈徒一己之感而已哉！

# 楊母李太孺人八十壽序

吾友玫囿楊君秀芝好古能詩，嘗以氣節自厲，顧獨以貧，母年八十猶遠遊授徒，藉脩脯資奉菽水，往館豳迎母就養。近又館山西運城道署，頃以書抵余云：「今四月某日爲吾母誕辰，將歸豳拜膝下，吾子不可以無言。」且用楊龜山此日不再得韻作古詩長篇有曰：「藉以垂不朽，豈在工文章？」余讀之慚惶甚，然君之誼不敢辭，又嘗登堂問太孺人安慶，則固欲略述太孺人所壽之由，並告吾友益勖以古人孝養其親之實，寬其憂而達其志。余惟太孺人與太翁生平茹苦食貧極所不堪，太翁嘗屈身公門，獨好觀古人書，不妄取一錢，太孺人能同心且謂太翁曰：「願以善貧，不願以惡富。」及秀芝爲諸生，文行卓然，雅無意進取，太孺人亦不之問也。夫厭薄貧賤而貪慕榮利，婦女之常情。太孺人顧守寒素甘淡泊，不教其子以富貴利達之求，夫豈世俗所易有？　故所以卒成秀芝之賢。而秀芝艱苦萬狀，每歲輒奔走數千里爲親負米，無幾微怨尤，而常以母之未極滋味自歉焉！且其弟癡，固無所於執業，太孺人亦不忍其離。妹嫁而貧，恆善視之，又時有贍給。此非獨秀芝之厚，抑以體太孺人之志，而所愛亦愛如此也。秀芝於是年亦六十矣，嘗生子六歲而殤，去歲復舉子，自謂母年高，此可娛老懷，太孺人甚愛之，未周歲而又殤。秀芝雖內痛，然恐傷太孺人心，轉和顔以慰解之。嘗與余言：「幸吾母躋耋壽福莫厚焉，尚何無子之憂乎？」然則秀芝固安義命，以太孺人之高識亦當不以此爲秀芝悲。而秀芝愛日之誠果何以博親歡，亦惟詩書之樂融融一堂。秀芝工歌咏，南陔、白華而外必益以大舜之克諧爲立志，以曾子之淵冰爲居敬，以公明宣之學而未能爲窮理，以子春之憂、伯俞之泣、老萊子之戲爲反身。小學、近思録，吾之問寢視膳之資也。四書、五經，吾之服勞奉養之具也。太極、通書、西銘、正蒙、二程遺書，吾之所以幹蠱也。朱子大全、語類、儀禮經傳、通鑑綱目、眞西山大學衍義，吾之所以錫類也。姜嫄、簡狄，稷、契之母也。仉氏，孟子之母也。特以稷、契、孟子爲之子，而母之名遂萬古矣！至其子之有無顯晦，曾不足爲稷、契、孟子重輕，而又何有於稷、契、孟子之母？然則自古聖賢，所以致力於親，亦自立身行道之爲可恃，而顯揚之必可久。若子嗣則聽之適然之數而已，昔朱子壽母有曰：「家貧兒癡但深藏，五年不出門庭荒。竈陘十日九不煬，豈辦甘脆陳壺觴？低頭包羞汗如漿，老人此心久已忘。一笑謂汝庸何傷？人閒榮耀豈可常！惟有道義思無疆，勉勵汝節彌堅剛。」夫秀芝今日所以壽太孺人者，其意豈異此乎？余故道其壽之之實而並爲誦朱子之詩如此，匪惟太孺人聞之而喜，秀芝必曰是吾志也，即以吾子之言終身祝之矣！

## 送楊君仁甫東歸序 戊辰

戊辰九月，同楊君仁甫遊終南，凡半月日始歸，講論之樂可謂至矣！仁甫謂茲遊也，不可無記。其東歸也，又謂余不可無言。微仁甫言，余亦不能已於言也。覽風土人情之異，傷流離凋苦之形，慨名區古蹟之湮，觀林木泉石之勝，不可謂非予之獲益於遊也。孰知予獲益於仁甫者尤多且大哉！論教學之道，則必以自治者爲先，而不屑屑責人之信從。論出處之義，則必以求爲可知，患所以立爲極則而不肯一毫有徇人之意。論進修之志，則每嘆吾黨之衰塌退止而不能卓然以求至極。操存之不密，玩索之不熟，踐履之不力，斯道庸有冀乎？嗚呼！仁甫之言其警余深矣！余又何言於仁甫，亦仍即仁甫所言與仁甫共允蹈之而已，歸矣！仁甫不吾鄙焉，其更有得乎，願益教我。仁甫之來也，録視羅念菴寄人書有曰：「吾輩在世無幾，即往來亦無幾書，又復漫漫作相答語，非友朋切磋之道。」斯言也，當共勉之。

## 仇壽軒先生七十序

同治戊辰九月初，余同友人遊南山，登樓觀臺，西眺鄠塢，問横渠故居所在。東訪程明道，簿鄠遺跡，入太平峪，觀高冠石潭，望紫閣雲際諸峰，尋靈臺故址，徘徊豐水上，凡半月日始歸。而仇生孝愉適以父壽軒先生壽，求爲文，未暇也。已而又北遊清川，覽林木泉石勝甚樂之，比歸則已十月望矣。去先生誕期止一月許，孝愉復來促，乃言曰：「後世言壽者皆曰南山，蓋取南山有臺之詩『萬壽無期』是也。山，壽象也，人之壽何以比於山而曰萬曰無期？余遊南山，知所以壽之道矣！昔之君子往矣，然而其詩曰『德音不已』，『德音是茂』，故有臺之君子雖謂與南山並壽可也。壽軒先生其性和平，其行端方，其事親孝，其待弟友，其接人謙恭，其處事周密，於族黨爲之倡義解紛，於學徒教之敦品勵行，訓導乾州、大荔、寶鷄諸學及監宏道書院剔釐積弊，又欲上書學使者專延道德之士與諸生講明正學而未果，遭亂，當事者援辦，公尤出力。五十餘喪偶，不再娶，今年七十，精神矍鑠，其德如是，其壽固宜。雖然，壽固在親而所以壽之則在子，子之壽親則又在實而不在文。昔吕涇野爲人壽其親有曰：『子欲子之親爲鄠人張殿中丞乎？子欲子之親爲汴人程大中乎？程生於乾興、景祐閒，今已數百年矣，其壽猶與嵩山、黄河爭長，未已也。張生於景祐、天禧閒，今已數百年矣，其壽猶與太華、終南爭高，未艾也。』蓋殿中丞爲横渠先生之父，而大中則以明道、伊川爲之子也。」孝愉舊從余遊，自余不爲世俗學，孝愉未嘗數數來講論，今孝愉欲壽親，涇野之言可思也，亦勉於程、張之學而已矣！張之學西銘爲大，二程則好學、定性爲要，孝愉取而讀之，身體力行則知爲學之本，而所以壽親者在是矣！不然是仍以文而不以實也，亦豈壽軒先生之意哉？吾固因南山之遊得所以壽先生者，而並以横渠、明道壽親之意告孝愉，蓋亦不以文焉爾。

## 送靳生浩入蜀序

不安於卑陋之習而常持以收斂端凝，不狃於淺滯之習而時致以誠切敦篤。此吾平日所以告生者，今其行也，豈有以易此言哉？顧蜀中先賢儒如諸葛武侯、張宣公，其遺書尚有存者，幸求以歸，願與生益討論焉。巖穴草莽之中亦必有醇學修士，可以爲道德性命之資，勿惜屢訪而親依之。至若干戈未靖，風聲鶴唳，存孟子之戒心，效尼父之微服，亦中庸行患難之義。餘固有無煩予言者，古人遊不廢學，他日歸來將以驗生之進否。

## 贈李午亭北上序　庚午

治道之汙隆，視人才之盛衰。而取士之得失，關世運之升降。自唐虞「敷奏以言，明試以功」，禹以九德官人，湯「立賢無方」，三聘伊尹，厥後傅説舉版築，膠鬲舉魚鹽。文載尚父，武訪箕疇，周公下白屋。至於司徒以德行道藝爲教，鄉舉里選而賓興，其賢能、其法益備。故其時風俗之美、人才之盛，後世莫能及之。漢去古未遠，孝廉賢良猶有遺意，然已不免班固利誘之説。降至隋唐，專尚詩賦，不過徒爲無用之空言而已。宋雖知用經義，而法之陋者仍未能變，明道熙寧之議，當時果行其説，從容三代之治，伊川學制亦以姑爲之兆，而皆屈於一時俗儒之淺見曲論。朱子貢舉私議則又欲即後世之法以漸爲整理，而均解額以定志，立德行以厚本，分諸經子史時務之年以齋業。雖不免仍用文字，然奔競之風息，實德修而實學出矣。顧卒亦不用，國朝沿明之舊，以四子書命題，蓋謂言聖人之言，庶幾行聖人之行，心聖人之心，似亦可謂遠過前代而得取士之法者矣。然其弊也與空言等，其甚弊則空言之中又爲剽竊庸濫，詭狂侮聖而愈不可問矣！雖然亦在人焉耳。且國家豈固以是爲果足以得天下之人才。而士之所以應乎上者，又豈以三場十四藝之切爲果足以報朝廷，而盡吾平生讀書之志哉？蓋假此以進身，而所以事君者有道也。吾友李君午亭以名下士，同治庚午省試發解，不以爲喜，曰：「懼吾學之未至也，嘻！知此道矣！」吾願午亭益致力於學，不以今日得此者爲已足，而必蘄至於古之學者而後已。小學以植其基，近思録以正其趨，大學以宏其規模，論語以爲操存涵養之實，孟子以爲體驗擴充之端，中庸以爲貫通歸宿之極。博之經以究其藴，參之史以盡其變，考之周、程、張、朱以發揮其致存之心，體之身措之事業，審之出處取舍則分益明，見之文章議論則理益精，而異日所以臨政莅民求賢爲國者，莫不由是以出焉！毋使世之論者謂科舉之法果不足得人也，則且爲科目生色矣。君行赴京師，天下英才方萃於是，或有韙余言者，斯亦世運將升之幾也。

## 同州太守葵階余公七十壽序

今同州太守葵階余公，予邑舊賢侯也。去且數載，邑人士不能忘，嘗走同候興居。麟以二十年門下士，去歲拜公府署，以重九留飲於豐登書院，並縱觀院中所藏國朝圖書集成一書。侍教累日，仰見公神明矍鑠、精采如昔，私竊慶幸，以爲東郡十城之福。及歸，邑人士羣來問訊，皆色喜稱歎，閒復求所以壽公者，乃曰：「明年春，公七十矣，侑觴之辭非子而誰屬？」麟曰：「固也，顧生日之壽非古也。」麟受公知久且深，敢以俗禮事公哉？且亦恐非公心也。公以壬戌之變守吾邑孤城，練勇餉兵，心力悉瘁，善後籌畫，尤極焦勞。年漸老屢求歸田，上憲以公循良不聽其去，旋移韓城，意韓樂土可安息。而賊復屢出山擾韓境，公辦城防如吾邑，苦更甚。及調署同，引退益切，書又五六上，卒不許。念古人七十致仕，方欲面懇當事力求解組，使遂此志。固將徜徉荊門之陽，優遊漢水之上，撫松菊，課孫曾以樂天年。是時倘過舊部，吾鄉父老奉巵酒爲公壽，公必欣然盡一酌，我歌鴻飛，公賦歸來，然後喜可知也。今尚未也，則茲舉公或有不愜者，雖然諸君意誠厚，麟即喻公心，豈故違諸君？朱子亦嘗有詞賀劉知郡生朝，蓋以情有不容自已者，吾讀南山有臺之詩而知君子之所以壽焉！公之治吾邑也，全活十數萬生靈，拯瘡痍而登衽席，非所謂邦家之基乎？四野謳歌，去思日甚，則德音之不已也可知。而其治同也，布宣德化，表率屬僚，公之仁心仁政老而彌篤，大吏既深爲倚重，災黎滿目亦公有不忍恝然去者，則邦家之光而益茂其德音無疑也。始下車，見聖廟傾圮、書院蔽頹，節義祠久廢不葺，惻然傷之。不數月即有義民感公德起而重新之，而鄭威愍祠闕晦翁、南軒二先生文，公補勒石壁間。宋孝子朱壽昌至同尋母得見，舊有碑亦失所在，復大書，豎道左，表揚先哲，激勸後來，厚風俗，正人心，固已得其遠者、大者。魯僖公修泮宫復閟宫，詩人美之則曰：「永錫難老。」又曰：「萬有千歲，眉壽無有害。」然則公之壽又豈尋常耄耋期頤之祝云乎哉！抑麟之壽公則又有進，昔眞西山先生以丞相初度自謂愛人當以德，不以姑息。願附於君子之義，而免於細人之譏，上書以諸葛武侯事相規勉。麟亦以爲凡士之所以忠於知己者，皆當然。今公雖未處侯位，而侯當日所以存心爲政之要，所謂開誠心、布公道、集眾思、廣忠益，府固未嘗有異也。百里相秦，年已七十；壯侯屯邊，八旬班師。古名臣審時度勢亦有不可以常格拘者。公惟保境安民求賢養士益加振厲，一如侯之所爲，任人則逸，自任則勞。程子嘗曰：「不學便老而衰。」公往以宋名臣言行録屬麟訪購，公退之餘，手不釋卷，又麟所素信者，以此又知公之不衰也。自今以往功業日盛，名譽日隆，而福祿亦日降。漢黄霸、韓延壽、郭伋諸人皆官馮翊，其事多不可考，史亦不詳其年歲，而姓名彪炳，至今樂道，此豈可假哉？且公嘗讀朱子書，南康、漳州其政具在，則亦不外武侯云云。而明聖學、造人才，規模爲尤遠，公又一一奉而行之，不但追蹤黄、韓等，而魯靈光殿巍然爲關中諸郡表其壽，且與黄河、太華爭長未艾，意公聞之必更喜，曰「是眞愛我者」。然後知麟之忠於公，果不後於諸君，而諸君見屬之意亦不爲負也。

## 池陽吟草序 辛未

詩原於性，感於情。存諸性情者，非有惻怛慈愛之誠，則其發於詩也必無懇切眞摯之思。靡曼之音、葩藻之詞，奚益於世道人心？雖不作，可也。吾師太守葵階先生嘗宰吾邑，其爲政一以愛人爲主。壬戌之變，守城餉兵尤極，焦勞籌辦，撫恤靡不周至。蓋忠君愛民之忱鬱積於性情者，雖婦孺皆知，然先生或不得自遂其性情，卽亦不能自已於性情，乃一發之於詩。先生素不以文字相表暴，平生著述不以示人，故茲冊斷自壬戌，迄乙丑解任，皆當時紀事之作，數年之政卽歷歷如見。其家庭哀悼及朋舊贈答，先生悉自删之。夫當軍書旁午、戎馬倥偬之際，一身肆應，在他人將不免顛躓，而先生内自凝定，無所不用其心，隨在吟諷且如此之多，何其從容整暇！孔明之綸巾羽扇，郤縠之説詩書敦禮樂，王新建之講學不輟是歟！於此又徵先生之學力焉！昔元道州作春陵行及賊退示官吏二詩，杜工部見之以爲盜賊未息，知民疾苦，「得結輩十數公，落落然參錯天下爲邦伯，萬物吐氣，天下少安可待矣。」遂爲詩賦，比之賈誼之流慟、匡衡之引經，故其詩有曰「道州憂黎庶，詞氣浩縱横」，又曰「感彼危苦詞，庶幾知者聽」。然則覽先生之詩，必有賞其秋月華星而咨嗟咏嘆，以冀其偃兵薄斂治臻休明，如工部其人者。顧麟之愚不足以與此，然其出於性情之誠，而眞機磅礴不同於靡曼葩藻之爲，則固能言之而能信之矣！先生博學，詩多隸典，雖閒自注，先生以其未備亦命删之，祗存本事，後世必有作鄭箋者。劉秀才昇之將鋟板，麟與校讎之役，僭爲序之如此。

## 西埜楊氏壬申譜序

同治癸酉，朝邑楊君仁甫修其家譜成。暮春，其嗣玉清溫如視予清麓精舍，因出此譜且致君意爲索序言。予觀吾友是作，爲卷二，爲篇十，引據詳明，義法精密，悉取則於古人，而折衷以至當。曰西埜著其地，曰壬申斷以年，懼其亂也辨之，懼其涣也聯之。正前人之失，示後人之法，莫不有意焉！古歐、蘇譜尚已，以余所見吾關中如李夢陽、王渼陂、馮少墟及近孫酉峰諸家譜皆稱善本，此亦足以不愧矣！雖然吾友之爲此譜，將以睦族而齊家，而承家之責則在溫如。溫如嘗從予遊，近别數年始一見，卽不可無言。未有齊家而不本於修身者，然修身則又在於窮理克己。理未易窮、己未易克，認理稍偏適以助己之私，執己既固愈以成理之鑿，必也平心以窮理，虛心以克己。而身無不修於以齊家而睦族，推之處事接物亦無所用而不周，無所施而不當矣！溫如勖哉！溫如從事於爲己之學也久，聞過庭之訓也熟。道本無窮，學甯自足，德成名立，繼述前人，卽斯譜有光矣。

## 送侍御梁君希初還朝序　癸酉

今上沖齡卽位，兩宫皇太后臨朝，命將出師，簡賢任能，遂能以次削平諸巨寇，復文武之境土，天下熙然，頌中興焉！越十有二年，上始親政，益思勵精圖治，寤寐英賢，於是天下奇傑才俊之士咸欲馳驅皇路，效用於時，以佐聖天子之郅治，銘旂常而垂簡冊，流聲譽於無窮。而侍御梁君希初以終養告歸，今十三年矣，免喪既久，念報國卽所以報親，盡忠無異於盡孝，慨然入京就職。余與君少同學，近益相切劘以古道爲期許，則於其行卽不可無言。夫御史，言官也，今天下之可言者豈少也哉！四海之利病，斯民之休戚，有不知者矣，知之而不言不可也。守令之賢否，督撫之得失，有不聞者矣，聞之而不言不可也。至於風俗紀綱所關益鉅，乃或以爲緩而不必言，有所畏而不敢言，皆私也。其惟知無不言，言無不盡而後可。蓋天下之治，惟宰相能爲之，惟御史能言之。苟其理之所可言卽其分之所得言，汲長孺、劉器之何人哉！況祖宗立法，不罪言官。三代以還，未之或有值直言無隱之朝，遭從諫如流之主，如此而猶不言，全軀保妻子已耳！於名節何存？於國家何賴？豈朝廷所以置御史之意哉？雖然有其本君者出，治之本也。君志宜立，君德宜修，君學宜講。吾所以齋戒而告之者，不可不誠且詳焉！若伊訓之言仁，說命之言學，以及文武之政、堯舜之道，必爲之十事，尤先之三務一本六事四說。孔、孟、程、朱皆可師法，明義理以致其知，杜蔽惑以誠其意。行政用人之際而必以格心爲先，繩愆糾謬之中而必以養德爲要。古大臣以道事君，蓋如此。然吾猶有說。夫子之告子路曰：「勿欺也，而犯之。」管仲之器小，朱子以爲不能正心修身以致主於王道。然則主敬窮理寡欲養氣之功，君宜講之素矣。心術事物之閒，紛華艱難之際，於此益兢兢焉，則更有以爲責難陳善之本。不然無諸己而求諸人，有諸己而非諸人，凡於人皆不可而況於吾君乎！若夫伊川所謂「訐直強勁者率多取忤，而溫厚明辨者其說多行」，此又進言者之所當知。至於甚不得已而有不可以曠官者，「不得其言則去」之家法，孟子固言之矣。或曰今天子愛養元元，烏知不出君於外以惠瘡痍，信如是，於御史道果有異乎？忠君者必愛民，純臣所以一致也。獨念與君出處雖殊，立身行己各當自勵行矣！遠道願保，歲寒，凡有可以警余者，誰將西歸懷之好音，於君有望焉！

## 送李午亭孝廉訓導延川序

天下之根本在教官，何也？教官者，以道造士者也。公卿大夫百司皆出於士，公卿大夫百司而學道，則君子聞大道之要，而小人蒙至治之澤。公卿大夫百司而不學道，則上無道揆，下無法守，君子犯義而小人犯刑。周子曰：「師道立則善人多，善人多則朝廷正，而天下治矣。」蓋謂此也。然則教官顧不重哉！而世且以教官輕之，非教官之輕，爲教官者自輕之耳！學校遍天下，鞠爲茂草，而博士倚席不講者比比然也。冗闒無用已耳，利祭肉索贄錢已耳，以故其士率多誕慢恣睢而不以爲非，而其上者又不過掇拾言語綴緝時文，但爲決科干祿之計，雖有良材美質，亦顛冥驅誘於頹風陋俗而莫知返。幸而爲之師者，尚知勸勉程督之爲事矣，而不知適乃作其躁競無恥之心。伎倆愈精，心術愈壞，路途愈下，事業愈卑，如此而欲人才之盛治化之隆，未之有也。噫！弊也久矣，誰復知修道之謂教者哉！

顧或者謂不教科舉之文非功令，夫吾以修道之教教之，即非功令之所禁，正所以遵功令者。今竝科舉不教而獨不畏功令，何也？亦可慨已，是豈國家所以建學立師之本意耶？孟子曰：「設爲庠序學校以教之，皆所以明人倫也。」又曰：「謹庠序之教，申之以孝悌之義。」孝悌尤人倫首務。今天下儒學之堂罔不以明倫榜之矣，於此目覩而心識之教俟他求哉！李君午亭孝弟人也，舉於鄉人，皆以爲允，節行文章高一時，於是訓導延川，將推其所自得者以教人。而又深惟明倫之義，益致力於學，如小學之「立教」、「明倫」、「敬身」，大學之「明明德」、「新民」、「止至善」，熟講精思，眞知實踐。其理則原於天命流行之奥，而其事則不越乎人生日用之常，其功則本於身心性情之微，而其量則必周乎天下國家之大。其於諸生凡所以誘掖激厲，漸摩成就之道無不至，而莫不以身先焉。開之以仁義，迪之以忠信，擴之以詩書，約之以禮法，懇懇乎相見以誠，無復世俗之陋。而矯革其一切無義理之規，崇聖肅祀，表孝獎節，凡關於學之大者罔不舉行，如是則道修而倫明，倫明而教立。父子有親，君臣有義，夫婦有別，長幼有序，朋友有信，使人人知性分之固有與職分之當爲。五品遜百姓親，而訓導之職庶乎無負。

然則延川雖僻邑，民之秉彝好是懿德，十室之邑必有忠信。將見延士修德砥行，敦禮尚廉，通明學業，曉達治道，出而備國家之選，亦皆稽古愛民如安定之門人，勳業名譽偉著無窮，匪特延邑之光，所以仰酬聖天子育材造士之澤，而致化民成俗之效者於是乎在，豈不美哉！吾故曰：「教官，天下之根本也。」至於科舉之文，有甚不得已而不能廢焉者，然必告以所重在此，所輕者在彼。開聖學門庭，作將來種子。他日吾聞北方有厲志爲己之學講明聖道者，必延川之士也。此又予之所厚望也行矣。李君其尚愼所以教者哉！

## 本經疏證序

醫之道與儒通，必知天下事物之理而後措之於行，則意與心身家國天下無所處而不當。必明天下藥品之性而後施之於病，則風寒燥濕、虛實强弱無所治而不宜。事物之理無窮，莫詳於孔孟之書，後世發明孔孟之書者有程朱。藥品之性至賾莫備於神農之經，後世推闡神農之經者有仲景，仲景其卽吾儒之程朱乎！是故儒不以程朱爲歸則不正不純，其弊或至於禍世；醫不以仲景爲法則必庸必淺，其害將至於殺人。聖學失傳道術分裂，而醫亦未聞有探本窮原眞窺仲景之閫奥者。因陋就簡，襲誤踵訛，兒戲人命，良可慨歎！

國朝慶、光間，武進鄒閏蒼先生深於儒，尤精於醫，其學蓋宗仲景而參以諸家。所著有本經疏證、續疏、疏要，諸書大抵以藥證方，以方疏藥，無不精微曉暢的確詳明，亦卽醫者格物致知之要，近世以來所未有也。醫士涇陽張君周卿服膺是書甚而又慮其未廣，乃募金重鋟以公世。是先生深信仲景之書而張君又深信先生之書，張君之醫名一時，豈偶然哉？世之醫者得是書而讀之，庶知某藥治某病，某方用某藥，卓有定見，不至茫然失據，洗俗醫之謬見舛說，俾斯人不遏其天年，非厚幸歟！儒以求仁爲要而醫乃仁術，不爲良相必爲良醫，古人利濟之心無時不存。程伊川莊上散藥，陸宣公著集驗方，是書之刻，其有功於世又何如也？君好讀易則又欲因醫而進於儒，先君子素善醫，嘗曰醫有易之道焉，蓋謂變易隨時，不可執一。予不知醫，他日得與君論易以印斯言。且易之大旨六十四卦，三百八十四爻，無非明陰陽之理，其爲用則扶陽而抑陰，其於學則存天理而遏人欲，其於醫則培元氣而去外邪。吾見君將如閏蒼儒醫兼通，由是書而仲景而本經。窮理盡性以至於命，洞垣窺藏直神乎技，豈若予之雖有志於儒而卒鮮實得於孔、孟、程、朱者哉！校讐者爲吾邑明經孫君文黻雲章，蓋與君同講是道者，並以吾言質之，以爲有當否？

## 學憲舉行呂氏鄉約序　甲戌

麟實不德，往在書院亦嘗僭與此約三。數年間固有素自砥厲益加進修者，而安常習舊仍蹈故轍往往而是，是以卒鮮實效。此皆麟自治不力，誠意未孚，不足取信於人，無以感發興起，每自愧懼。近竊潛跡山原，寡過修身，思省尤悔，愈積愈多，所憂涵養終不完固，見地終不精明，踐行終不篤實，深恐聞道無期，卒就小人之歸而不敢自怠也。然區區與人爲善一念時切耿耿，雖疑謗交集，亦未嘗以此退悔，但爝火之光薰蒸幾何？

今者學憲大人江左名儒，督學來陜，所至無不以讀書做人諄誨多士，復此舉行，其所以幸惠吾鄉之人可謂至矣！所願與此約者各思性分吾所固有，職分吾所當爲。約中綱目無一不關身心，無一不切事實，默自省察，默自體驗，果無慙乎德業乎？果能免於過失乎？果嘗講於禮俗乎？果不忘於患難乎？倫物之閒苟有遺憾，隱微之際卽難自欺。有諸己然後求諸人，無諸己然後非諸人。己無德業，何以勸人之德業？己有過失，何以規人之過失？禮俗不交，患難不恤，又何以責人之不交不恤？己立立人，己達達人，仁者之心。既約之後，共期互相切磋底於有成。然或但務虛名不加實力，朝而集晡而散，讀約一過便謂了事。此則無異飲食徵逐，只作一場話說，恐亦徒勞而無益也。惟各痛自檢點，眞切爲己，實明禮讓，實崇信義，實去偷薄作僞之習。昔横渠先生以禮教關中學者，當時士大夫習禮成風，秦俗之化先自和叔，有力卽呂氏此書是也。諸君果設誠致行，人心風俗且趨於善，庶幾不負鄉先賢儒之教，而於大人今日舉行之盛意亦不爲徒然。卽麟幸隨諸同約後益加觀感修省，俾終不見棄於鄉人則尤至願也！

## 贈陳學海經理牛莊義學序　丙子

靈寶鄉義學凡二十，而牛莊村其一也。夫義學之設，所以體恤貧寒不能讀書之子弟使之成材，則教化行而風俗美，其意可謂盛矣！然往往有名無實，固由當事無眞能興學之人，是以不能延品端學醇之師。而村愚淺陋不足識遠，則又簡慢師長，適館授餐之風邈焉絶無。故品學之士必不肯爲義學師長，而爲之師者率多罷惰疎散，徒利脩脯，任其子弟恣睢流蕩而不之問，而義學壞。

牛莊村陳學海維江嘗從辟仁齋學，慨然以義學事自任，盡矯前之所爲。聯合同人延請伍先生爲之師，塾中一切安置悉得其宜，並籌所以養師者，其師亦得安心一志，正句讀、詳訓詁，以身率之。一以小學、四書爲教，諸生循循拜揖，進退皆有法度，蒙養端矣！將見牛莊一村善俗成，良才出，不難也。學海惟堅持一心終始其事，是亦本之修譜收族敬宗而推以及其鄉人，皆性分固有，職分當爲，庶人知義學之果有益也。因書以贈學海。

# 送學使清卿吳公序　丙子

學使清卿吳公職滿將還朝，乞假省親，上允其請。於其行也，宏道書院肄業諸君渭南曹季鳳、清澗王廣年、葭州張世暹、三原任文源等屬麟文以送公。麟惟前既爲文壽太宜人矣，其於公平昔行事及其育才愛士之實，且意他日必能如程朱大儒以道事君而爲所以壽太宜人之道，亦略具矣。使其義重詞複，亦豈公所樂聞？辭再三而不獲已。乃退而自思，公知麟有在尋常外者，微諸君此舉，將勉爲數言，以求公何以處我之義。且公嘗餉我前輩講學書，匪一辱愛之厚有加無已，試事畢，又匹馬過我山齋流連半日，雖諸生疑義誤字輒來質證，公卽不惜諄諄剖決。偶有山水園林之遊，麟復陪從，公亦未嘗不略分欵語，閒述其家世之詳與夫爲學大要，細而至於學詩、學畫、學篆書之顛末。麟於學無實得，徒以性所嗜好，師友零落，年來絕少談此事者，幾成頹墮。自公來，麟之志不敢衰而益振，然則麟於公豈可無一言乎？古人臨別贈言率以古道相勉，古道卽無逾講學一事。雖前文意已及而重申焉，亦見所以事大君子者以誠也。

朝邑王仲復先生講程朱之學者也，公既奏請從祀，旨雖未下而天下已讀其疏，必謂能奏請講程朱之學之人，則亦能講程朱之學。可知昔人謂舉一事而朝野之風教明，崇一人而古今之學術正。公既欲以正學風天下，而已之講學亦必如仲復、程朱而後可。或曰今世士大夫多原伯魯之見，誰與講學，學且歧出，誰與講程朱之學，講學之名世所厭聞。或又曰學在躬行不在講，馮少墟言之矣！學之不講是吾憂也，非夫子之言乎，但問所講之是與不是而已。夫講正講其躬行者耳，厭講學是欲世盡爲不學之人而後已。「上無禮，下無學，賊民興」，又孟子之言也。宋之不競，由僞學之禁也。明之不競，所講非程朱也。程朱當時在位未嘗不講學。朱子嘗曰：「此學不明，天下事決無可爲之理。」謂張敬夫曰：「更須力爲君相，極言學問之道，使其於此開明，則天下之事不患難立。」而敬夫亦言大抵後世致君澤民之事業不大見於天下者，皆吾儒講學不精之罪。

方今天下多事，陰邪外攻，其害將有不可勝言者，每侍議論極見深以爲腹心之憂。當代賢豪雖多，誰與承當支撐？一旦處此，必如朱子所謂「有所變而不肯爲者，私也。有所畏而不敢爲者，亦私也」。屹然中立無一毫私情之累，而惟知爲其職之所當爲方爲無愧，必使志足以行道，道足以濟時。然則所謂講學，格物致知以精其理，誠意正心以堅其本，而又必求賢自輔，咨訪切磋，扳援汲引以共成事功。學與養兼而後可決天下之幾，才與誠合而後可任天下之重。此雖公素所致力而理道無窮，精益求精，密益求密，不尤當加之意乎！至於湮鬱沉鼎，頹趺仆碣，公亦嘗搜購。呂東萊所謂鼐鼎之潤、篆籀之光，如親古人，固未易苟以玩物訾之。而公且謂，古文偏旁有足證經書訛字者，獨聚散之相尋珍怪之無涯，晤賞之不可遂而極，心思之不可囿而滯。東萊云云，公蓋皆知之矣！而麟竊謂天下之所以責望於公，與公之所以不忍於天下，正當蓄養精力，愛惜光陰，於此有不暇及，而非如文人學士之僅以游藝適情爲也。是亦學之所當講者行矣！我公忠孝，人之大節，太宜人尚無恙，將母之餘，皇華報命。今上幼沖，輔導資人，行見公以其學講於朝廷，隱然有藜藿不食、淮南寢謀之望，此又野人所日夜祝之者也。

今秋闈榜揭，書院獲儁者十餘人，以優貢成均者二人，而公所嘗賞拔士五人，凡取各縣高等生又不勝計，一時稱得人，學無間窮達，諸君惟不忘德教，各鬱爲席珍國器，如夏瑚、周簋見重於世識者，亦歸公采擷拂拭之功。方且期之明堂太廟之間，尤公數年來相與講學之意，諸君亦奚致憾於離索哉！若公於麟必洞見其癥結所在，發其症而藥之。學之何以切而實，講之何以詳而明，將奉大教爲韋弦，佩服終身焉，願齋心以俟。

## 莊裏鎮魏氏族譜序

余嘗聞之程子曰「管攝天下人心，收宗族，厚風俗，使人不忘本，須是明譜系、收世族、立宗子法」。然則譜系之所關詎不重歟！顧自譜學失傳，而倫理之不明，恩誼之不篤，往往一本之親漠然如路人。欺凌侵犯無復遜讓馴謹之行，流離背畔渙而不萃，不獨一姓之不幸，亦世變之大憂也。吾秦壬戌之亂，數十州縣遽遭蹂躪，閭里凋殘，輕去鄉族。果有古人友助扶持、百姓親睦之義，何至此哉！此宗族不收，風俗不厚，易於忘本而人心無所管攝故也。

今世宗法廢久矣，然小宗法亦當立。立宗所以尊祖也，尊祖故敬宗，敬宗故收族，惟脩譜則親疏別、尊卑辨、長幼敍、本支聯、源流合、名分屬，秩然之中有藹然之意。平居各相親愛，一旦有故則子弟皆知衛其父兄。一邑之中得數十巨族，參錯鄉都閒，則賊之馳騁將不得逞，所謂人知重本而朝廷之勢自尊也。

富平莊裏鎮當回逆之變巍然獨存，固鎮人力，而魏氏以土著闔族固守不肯逃亡。當是時，魏君宜齋實身當其際，籌謀護禦，卒多其策，鄉里賴之。越十餘歲，宜齋以族譜久未修，欲重續焉，屬序於余。余以是知魏氏之能敵外侮，而宜齋之倡義保族爲有自也。余謂宜齋依舊譜或補其未及而益加密焉，其於斯譜無遺義矣！顧欲譜之善則必自家與身始，辨義利、崇仁禮、敦孝弟、公好惡，居心以誠，待人以厚，然後於族之人敬老慈幼，急難通問，歌行葦而念葛藟，而族之人亦庶幾有所統一，順從而不亂。且使世之有志於收族者，咸取以爲法，隱然有指臂相依之勢，而國家苞桑磐石之基亦藉以益固焉，則又此譜之實效也。魏氏先世以武略起家，近且科第蟬聯，詩書之澤未艾。宜齋老，諸生平生經濟未得一試，而教其姪秉鈐獨掇武科少年，魁傑繼述祖風，行且報效朝廷。今之修譜，其意蓋有非苟然者。又嘗從學朝邑桐閣李先生，於余爲同門，故更進以前說。宜齋其果以余言爲然否？

## 贈王子方北上序　丁丑

王生子方以優貢赴京廷試，書數語以當贈行。是行也，人皆望子以仕，吾獨期子以學。遊歷亦學也，況京師人文會聚，正足擴見聞，豁心胸，博訪當世賢士，講求義理而責之於身，其益爲何如哉！他時歸來，吾將覘子之識趣議論而有以驗其進否，使其由是而仕，亦異於流俗多多矣！子方勉之。

## 劉正甫詩序

自先師朝邑桐閣李先生倡明關學，而西郡之士遊其門者無慮數十人，然皆所造各異。求其重節行敦氣誼，不負先生之教時，則有若涇陽劉正甫、吾邑楊梅友，而二人者又皆以詩著。正甫與梅友交最契，予因梅友以交正甫，二君皆長予十餘歲，而不予鄙。時以先生之學相砥礪，獨予不工詩，而二君有詩輒眎予。亂後予居邑城，與梅友常相見，不見正甫者已數載。蓋正甫避地，館三水，館蒲城，且不得家居。

同治丁卯冬歸自蒲，見予學古書院，悲喜交集相與握手，道患難流離壯窮，日夜慨嘆欷歔，忽忽若隔世人。閒縱及於詩，方自謂無益於學。而予竊窺君之詩老而益深，且假予淵明、康節兩先生集以去，將不復遠出優游暮景，以涉古人之堂奧而入其室。臨行乃手一帙謂予曰：「今以付子，子其爲我序之。」

嗚呼！孰意明年元夜賊復竄涇，君方臥疾，邑城驚恐憂懼，竟以是而遂不起哉！當時梅友約予哭君，獨恨以事不得往，今墓木已拱，每讀遺詩不勝人琴之感，謀與梅友傳之後世，以報君地下。適劉秀才東初昇之刻朱子諸書，工既集即取以鋟木，亦可謂知君者。其編定則梅友任之，蓋予素不工詩，而不敢欺吾友也。其女史吟音節尤爲高古且義兼諷勸，梅友嘗亟稱之，而梅友之作又可爲兩美之並，故予亦屬東初附刻焉。然二君生平所就不止在詩，而詩已卓然可傳如此。梅友吟尚不已，稿本較正甫且不啻十倍。如予之略無一長而學日荒廢，撫躬循省有玷師門，序正甫詩又不能不自愧也。

## 壽梅友楊君七十序

古無生日之禮，其始起於齊梁閒，唐太宗猶以爲父母劬勞之日，不肯宴樂。程子曰：「人無父母，生日當倍悲痛，更安忍置酒張樂以爲樂？」朱子嘗有壽母生朝及劉知郡生朝詞，門人疑謂如此則是在己以禮律身，而又以非禮事親、以非禮待人也。朱子曰，此是力量不足放過處，然亦有或不得已者，其情各不同也。然則在己固當守程子之戒，而人子於父母所當自盡，若友朋則道德氣誼之厚不容或恝。陳同父集中壽朱子詞癸卯、甲辰、丁未凡三見，苟非其理之可通則同父不幾以非禮待人，而朱子不直拒之，亦且以非禮自待也，豈其然？

光緒丁丑七月一日，同門友梅友尊兄楊君誕辰年七十矣，諸友生各爲詩以壽。予惟君與予交最久且深，知君爲甚詳，則文以序之又烏得而讓諸？顧使爲世俗浮詞諛言，匪惟不可施於吾友，而亦非予素心之所屑爲。今爲君壽，宜即君生平之實而道之，然欲述君中年困苦艱難之狀愁悲鬱塞之情，雖皆所以鍊其壽骨又未免君之所傷心。至於晚歲得同心之婦，生慰情之兒，弟雖癡而略知勤家，姪已齔而漸能識字，訓蒙則硯，猶有歲無麥則筆尚代耕，亦可謂壽遇之樂矣！

然或斯世之所時有，而非君之所獨得。君好游覽，嘗徒步數千里，遇佳山水或漢苑唐陵，高人賢士之遺跡，輒欣然獨往，九登太華。今年春猶陟三峰絕頂，精明强健，每雞鳴而起，飲食往往倍。壯年吟咏之多，纍然盈尺許。嗜酒，有佳客輒飲。閒獨行村外，或看花臨水，不則攜筐就隴畦田塍取野蔬。見人不作世故周旋語，不屑意事視之漠然，亦漫無可否。與物無競，交朋友久而不忘，好士憐才，後生多樂就之。至義所不可，則毅然不肯隨人。氣節風格類古高士，而其憂國愛人之念亦未嘗不切聞時事之艱、民生之慼，則感歎靡已。此又君之性情氣概，實有得壽之徵然。猶知君者之所能言，而非予所以壽君之意。

程子云「不學便老而衰」，君之不衰，君之學也。雖然學安有盡期，亦安有已時？愈學則愈壽，愈壽則愈學，孔孟往矣！程朱往矣！孔年七十三，孟年八十四，程年七十四，朱年七十一，以君之年，轉瞬至一聖三賢不難也。然孔孟、程朱之所以壽，豈以年而已哉？必致其力於博文約禮，知言養氣，居敬窮理之學。一息尚存，此志不容少懈。如朱子屬纊前猶改誠意章注，程子深恥忘生徇欲，筋力與盛年無損，孟子之修身立命，孔子之憤樂相尋，不知老之將至，有眞學斯有眞壽。又如吾桐閣先生者，年八十六，無一日不學，無一日不以孔孟、程朱爲學，且無一日不以孔孟、程朱之學訓吾輩。則以孔孟、程朱之學爲君壽，友誼也，亦師教也。自茲以往，君之壽吾且不知其所至，生日之壽云乎哉？七十云乎哉？

## 王君用之七十又七序　庚辰

富平王孝伯來祥舊以鬻書爲業，坦直慷慨，所交多知名士，晚復走蘭州乃得交王藎臣。値歲饑，與二子嘗館藎臣所，藎臣待如兄弟，因并交其弟立佶，遂登堂拜藎臣之父用之君，而悉其生平性行之詳。及東歸，藎臣知與予有故，即屬爲文以壽其父。予愧不文兼不識藎臣父子，而孝伯道藎臣意甚摯，辭不獲。

藎臣來書述君少事父母孝，雖處艱窘而親之甘旨未嘗或缺，與弟于時友愛，終身爲族正，嘗訓迪以化梗頑。初受學叔父道馨君，得聞正道，一切異端術數之言不足惑。葬父母獨屛陋俗，不用浮屠法，鄉人雖誹謗不顧也。回亂衆舉爲團總，諭鄉人以大義，人人思奮，賊勢亟，有欲逃者，君先散己糧以安人心，且曰：「我去則各村皆爲賊有矣！」雖子弟亦勸宜避寇，君斥之謂：「爾輩讀書果何用？若能聽我指揮，破賊必矣！」乃設疑兵，乘不備鎗斃數人，他村由是歸守，卒皆無恙。教生徒先從小學入而後及諸書，故多有成就。其待人一以忠厚，有友至其家，時遭賊，城中麪缺，子輩供君精美而與客共飯疏食，君獨不肯自異。奇荒，家人煮菜和米食，親戚來猶分與之，謂死則均死，何忍獨生數日？其仁心如此。

今光緒庚辰，君年七十有七矣。孝伯言其矍鑠，至期頤無難，顧吾聞蘭有段容思先生者，其傳見馮恭定關學編，君之行事殆多相類，或有聞於容思之學歟！藎臣言先君讀書不立講學名，而日用倫常必衷諸道，教藎臣兄弟言行務實，文章科第須爲其眞，然則固不背乎容思也。容思至今數百年，人尊仰之，藎臣兄弟更體君志，即以容思之學爲學，立身行道揚名後世，則君之壽將與蘭山爭高，黃河比長，豈不美哉？世俗祝頌之詞奚足爲君道？是又在藎臣兄弟，吾知君必喜進一觴以爲賀予眞知言者。君名濟川，原名之傳，字說巖，皐蘭諸生。

## 三原縣新志後序

同治甲子秋，邑侯監利余公開館延予修輯邑志，固辭不獲。時當亂後，典籍闕如，又舊志迄今幾百年，事多無考，採訪亦難。其人乃以書招楊君梅友於豳爲分纂，節義君適以病，未得專功。至歲晚書僅及半，楊君家尚寄豳，亦西歸。其明年公復聘予主講學古書院，士方溺俗學不欲聞予說，抑以遭亂絃誦寥寥，而十餘小生仍日夕講授，不敢懈志，又無暇以爲。迨丙寅春始粗成稿，顧慚淺陋，方懼貽譏，謹本舊志別爲義例，分見各卷，並據見聞編次如此。時公去任，藏之篋中已十餘稔。光緒戊寅，山左焦公來莅吾邑，勵精圖治，慨然以是舉爲亟務，復以見屬。既謝不敏而公志益堅，於是不更設館，即予清麓重加更定，蒐增近事，又數易稿，閱五越月乃繕成帙，求公是正，及同事諸君校訂而付梓焉。若夫補闕糾謬，匡其不逮，又以俟後之君子而已。舊志有毘陵朱昱本，明成化時修山陰李公瀛本，康熙四十三年修豐山張公象魏本，乾隆三十年修邑人劉紹攽本，乾隆四十六年修是役也。前分纂者楊君秀芝梅友，繕寫者王君先甲新齋、張君仲範楷甫、楊君光裕仲典、任生文源道甫。搜書者劉君樞之斗垣、張君怡繩宜堂。其校字者靳生浩子直及朝邑楊生玉清溫如也。此次校閱則朝邑楊生鳳詔信甫，大荔扈生森仲榮，郃陽謝生化南季誠、雷生柱立夫，邑曹生如壎子伯。繕寫則朝邑党君宰潮信濤，澄城連生春魁梅軒，邑白生鑑我觀、張生濬汝深時，皆從學清麓云。而校閱諸子尤爲得力，一皆不受薪俸，例得並書。採訪見卷首。庚辰九月既望，賀瑞麟謹識。

## 愛吾廬詩草序

余少喜吟詩，而於爲詩之本則未暇深考。及稍知學，又以爲吾之所當講求尚有大且急於此者，於是遂不復吟詩。然於虞書之言志，論語之無邪，頗能信之無疑，而卒不敢以論他人之詩。

光緒庚辰，適有邑志之役，又特輯邑中先獻之作爲原獻文録、詩録二種，其於詩大概不出乎言志、無邪之旨，而一切風雲月露、綺麗靡曼之音不與焉。毛子漢詩善詩者也，乃寄詩謂其足以守先待後，未幾復以所作愛吾廬齋詩一冊索序。夫以余之不能詩而能序毛子之詩乎哉？毛子早有文譽，中歲潦倒場屋經變故，今年六十餘。自葺愛吾廬齋且繪爲圖，一時歌咏甚多，餘并爲跋。其後毛子日坐其中，不廢吟嘯於世，若無所慕且有意乎泉明之人之詩，似得爲詩之本矣。雖不知與鄉羣獻如谿田、玉坡、豹人、九畹爲何如，而窺其用心亦不背於言志、無邪之旨。杜少陵云：「老去漸於詩律細。」毛子由此而益進焉，將不獨詩而其詩固已翛然遠矣。麟雖少君二歲，志尚未衰，將欲更勉所學。異日毛子復有作，猶當爲毛子序之，敢擩筆以竢。

## 蓋母張孺人六十序

光緒六年庚辰十有二月五日，表姪蓋士錡以其母張孺人六十誕辰，倩其友繪壽萱圖并徵能詩者歌咏之。先期寄書於余求爲序，且謂余素稔其母行事無飾詞，士錡蓋欲事親以誠也。憶余自少往來外氏，即見孺人勤修婦職，事繼祖姑魏能得其歡心，魏亦甚愛之，梱内事悉委孺人。孺人不及事舅姑，而事伯舅姑及兩叔舅姑亦曲意無違，其閒頗歷艱苦迨述。堂表兄卒，孺人摒擋家務益殫心。然叔舅姑既皆殁，有子俱尚幼，孺人均善視，至今各成立娶婦矣！仲叔且入庠，子一即士錡。士錡循循醇謹有文才，已食廩餼，人皆爲孺人喜，孺人亦顧而樂之。惟士錡善病，年逾壯，孺人未得抱孫，時以爲念。余謂士錡既愛親當體親心，卻病之方亦無如讀書，聖賢義理自足養心，胸次虚明，外物不擾，何病之侵？而讀書之法守常而有節，致一而不亂。程子云未聞因學而致心疾者。子之遲早有時，異日氣體健旺，又得嬰娩，使其母含飴以弄，孺人之樂當復何如？

孺人素識大體，亦豈必令其子疲精弊神，逐逐於時好，以爭世俗不可必得之名是期哉？以善養不以祿養，古賢母風規蓋聞之矣。甫離兵燹又遭奇荒，孺人或慮生計稍絀，而朱子壽母生朝有曰「家貧兒癡但深藏，豈辦甘脆陳壺觴？老人久已此心忘，一笑謂汝庸何傷？人間榮耀豈可常？惟有道義思無疆」。士錡能養志，孺人亦未有不怡然者，由是進而耄耋期頤，余倘得隨賓客後爲白髮嫂進一觴，并話昔年髫齡嬉戲渭陽如昨日事，嫂或記憶以爲笑樂。且戒士錡以毋忘余今日之言，則士錡所以壽孺人尤必有其遠者大者，士錡其知之矣。

清麓文集卷第三終

# 清麓文集卷第四　自辛巳至癸巳

三原賀瑞麟角生著
同里劉嗣曾孝堂校刊

## 序下二　代作附後

### 高陵續志序　辛巳

明呂文簡公涇野先生高陵志，爲吾秦十名志之一。然則後之爲高陵志者，豈易言續哉？明萬歷閒有續，國朝雍正閒有續，吾不知其視涇野志爲何？如涇野志成於嘉靖辛丑，越三百餘年至光緒辛巳，而邑太史白子悟齋復續焉。悟齋之續志知其難也，故例目一遵涇野之舊，惟無歷數述而多綴録，此其少異於涇野者。夫志凡以爲民也。吾觀悟齋之志矣，地理，詳水利，所以達民情；建置，謹修舉，所以恤民力；祠廟，絀異端，所以正民心；戶租，嚴經界，所以憫民窮；禮儀，明典制，所以易民俗；官師、人物、科貢、宅墓，紀善政，闡潛德，著節烈，徵才藝，表流風餘韻，所以示民則，興民行。而綴録一篇則又昭炯戒，資考覽，亦無非敬民事，而通民志。雖悟齋自謂不敢與涇野志比論，然其心固於涇野無異也。即今所就，裨補教化，傳信後世，斯亦足以續涇野志矣。

昔范醇夫作唐鑑，用伊川先生之說，於中宗每歲書「帝在房州」。伊川見之，乃曰：「不謂醇夫相信如此。」余不逮伊川萬一，而悟齋此志閒采拙論義法謬入其中，殆如醇夫之於伊川。余滋愧矣！抑余更有説者，涇野初舉於鄉，即創志草，及及第爲太史，志成，更歷三十餘年而後出。悟齋以太史丁艱歸逾年，辭不獲已乃續斯志，未及歲而蕆事。爲時已迫，矧年久無徵，又經兵燹之餘，即偶未詳備，亦勢無可如何。而吾謂悟齋所以續涇野者，當更有在。涇野遺書具存，蒞官風、徽，皆本於生平甘貧改過之旨，求仁取善之心。悟齋行將還朝，益以涇野爲師，使人謂高陵今日復有續涇野其人者，志特一端而已。況斯志成，並刻涇野舊志，邑人士又適刻涇野内篇，則是涇野之學，邑人亦將有續之者。且大爲高陵之光，抑不止爲高陵之光，要皆自悟齋高陵之續志始，豈不懿哉！

## 送白悟齋編修還朝序

翰林，清要之職也，科目之途至翰林而止矣。然唐初置翰林甚雜，以李白天才爲翰林供奉，僅應詔作清平調三詩而已。其後宋歐陽永叔在翰林，韓魏公謂「天下文章莫大乎是」，則翰林於是可貴。蓋翰林以文章受知天子者也。然止以文章而已，豈朝廷所以置官之意哉？自明編修章楓山懋與黄仲昭及檢討莊泉諫元宵燈火疏一出，並修撰羅一峰倫扶植綱常疏，當時謂之「翰林四諫」，則誠可爲翰林生色，盡忠於君者矣。夫御史有言責，翰林亦以文章而兼諫爭，陳善閉邪，以堯舜之道責難於君，皆其所有事也。即以編修而論，其出或主考或督學，皆爲國求賢不可謂非重任也。至進而侍讀侍講，方且與天子從容論道，凡有陳奏君德之賢否，聖學之純疵，朝政之得失，民生之利病，皆得而言之。所謂左右侍從之臣，拾遺補缺者也，斯所以爲清要也歟？

編修白悟齋舊嘗問學於予，以父喪起復而還朝也。雖不求言，予將有言，況其求之耶！吾觀悟齋敦篤儉樸，蔬食布衣，往往徒步行，鄉人不知其爲翰林也。吕涇野，悟齋之鄉先達也，嘗稱何粹夫曰：「居翰林而得何？子一人焉，一布袍七八年。」然則悟齋之立身可謂近之矣。而涇野在翰林論事勸學言頗切直，具載文集，悟齋當已熟誦之矣。其於茲行亦庶幾不負厥職者，雖然，有本焉。願悟齋益務讀洙、泗、洛、閩之書，誠意正心，知言養氣，使平生忠孝本心不爲榮寵而忘，不爲挫抑而沮，當言則言，非仁義之訓勿陳，非帝王之學勿進。或曰：「近世以翰林諫爭爲出位，是不欲忠君乎？不欲盡職乎？」悟齋勉乎哉！吾且以章、羅、涇野輩期之矣。

## 送梁巍卿東歸序

爲學之方，巍卿聞之芮城者已詳。使吾有言亦無以易之，但願守之勿失，不敢少弛。吾必爲聖賢之念，日用之閒時切存察。凡讀書、考古、應事、接物，必求其當然所以然之故，務期踐履於己而後已。執之以宏貞之以毅，始於有恒而歸於存誠，如是而已。巍卿東矣，異日將復，望子之眉矑，而知其進也。

## 送王保三序

漢中王君流芳，年六十七矣。來清麓欲執贄爲弟子，予堅辭，而君視予終師也。其子金鑑、保三省君，君復命師予，何君之好學也？既君歸，保三居數月又辭予南旋，將行求誨言，予何以告保三？無已，卽以嘗所言者復言之可也。學莫先於立志，保三爲科舉，學已獲貢，今年四十九，一旦棄去，求聖賢之學，可不謂有志乎？夫聖賢之學與科舉之學所異者，亦在乎爲己爲人之閒而已。誠能日用之閒體察此心不使外馳，事物之來一循乎理，必責其身以所當爲，至於流俗毁譽有不足搖惑吾心者，斯眞爲能立志矣。然非有實見，亦未易言此也。實見在心亦正在書。小學、近思、四書，此三者造道入德之極軌也。保三惟熟讀而精思之，其於立志益將日進，而他書亦由此充廣焉。爾定省之餘並以是質之尊甫，其必不迂余言。而家庭父子自相師友，異日道南之嘆又在君家，非余所厚望哉！

## 送邑尊雨田焦侯調署咸甯序 壬午

邑令之賢否，視乎民情之愛戴。而民情之愛戴，不在奇績異能致赫赫之譽，惟此平易近民，推誠相與，視民如家人父子之親，勤勤焉懇懇焉，時恐下情弗達，而一夫之不獲其所也。民感其德不必身受，衆口一詞咸稱父母。此古循良之所爲，而非後世俗吏之可及也。如吾邑長山焦侯者，其殆無愧乎此也。侯莅吾邑四年於兹矣，下車之始即以興利除弊爲己任，不謀之人。首減加耗以蘇民困，鄉里苦追呼，清查荒熟以定征豁，民皆踴躍輸納至終限。不比一人，訟非大故，一訊而結，無沉滯無拖累。立以原喚被之法，差役毋得擾閭閻。刑簡政清，至使囹圄幾空。匹馬單車周歷鄉村，見農夫野老，告以耕田勤家孝親教子之事。遇老婦勸之務紡織，訓子女幼童。弱子或賜以果餅。所至人爭歡迎，閒有雀鼠相爭，即其處立諭解之，無不悦服以去。

蓋侯清廉正直之操，惻怛勤勞之意本之性生，故其爲政一以德化爲先。與邑士舉行呂氏鄉約，講習古鄉飲酒禮。設義塾二十所，各給小學、近思録諸書。課士子外，月校武生，署内奬厲之，亦多安分精射法。修邑志，刻吾學録，思以變易風俗，尤爲吾民根本長久計。力行經界，剔蠹二百餘年積弊。正版圖，均田税，爲公私莫大之益。籌給牛種，墾荒田數萬畝，方期年歲之閒告厥成功，而仁聲所播遠邇胥知。大吏以爲賢，調署咸甯，邑民聞之皇皇走相告語。赴省懇留不可得，則又相與賫咨太息有泣下者。然則民情可見，而侯德入人之深爲何如也！雖然有本焉，侯以進士出宰，嘗自欿然詞章利禄之陋，主持斯道獨崇正學，虚懷好善，常若不及。雖迂拙如麟且辱推奬，慨然倡捐，即舊山齋創建正誼書院以來，四方志學之士求古人爲己之實，淑純修而育眞才。其志識之高遠豈不誠加人一等？又豈獨麟一人知己之感？每屏騶從躬親造廬，一言苟合不棄葑菲，比益講於聖賢之學。程朱後，許、薛、胡、陸諸大儒書亦即深嗜篤好，而不雜以他説，此其政事所以獨異於人如此。雖吾邑之留固感慕之眞情，而大吏之調實升擢之公義。蓋畀侯以首邑，使侯以治原者治咸，且以風厲各邑之令皆如侯之所爲，大吏之心固不欲専而不咸也。然或謂咸劇邑也，又密邇上司，諺曰「兩姑下難爲婦」，奔走趨承所必不免，幸不以是見責矣，而事務之紛雜、應接之煩猥、餽送之重多、索求之頻數，精神智慮日用於此，實心實政尚復及田野赤子乎？以侯平日潔己愛民當有不堪者，況直道而事人，不曲學以阿世，又侯素所自矢，其能鬱鬱以久乎？而吾謂侯無慮是也。

侯惟以有本之學體之益切，玩之益熟，察理精而不眩於疑似，用心剛而不牽於游移。行己以端非矜意氣，事上有禮務矢忠誠。甯可不便於一己，不可不便於小民，與其得罪於百姓，無甯得罪於上官。有責己無責人，有誾誾無唯唯，磊落光明之中行之以敬慎周密。往者竊聞日誦孟子，近復潛心魯齋，其於輕重可否之際，進退去就之宜，必皆一決於義而無所茍焉。此可爲侯信者。麟雖部民，亦嘗與侯道義切磋。願侯自此以往堅持一心，必以古賢儒自律，如程朱晉城、南康之政，益廣求道德學識之士而取賢自輔，不僅以兩漢循良自足。況今大吏中有欲講明正學者，吾又烏知其不有合耶？麟雖不能不致私憾於侯之去，而又慶侯得行所學爲十八屬吏治之表，以著儒者之效。豈獨原民愛戴？異日將大有造於全秦也！因送侯行，而書以爲序。

## 興平楊村義學募貲序

自古有養而後有教，亦有養即不可無教。教養，在上者之責也，而在下亦與有力焉。興平馬生鑒原因憲令設立義倉，遂稟邑父母爲本村捐集麥若干石，以養其鄉之人。且以倉息買地爲屋儲倉，永其利於無窮也。又即倉屋欲擴充之，增修數間以爲義學，並教其鄉之寒畯子弟，是欲養教兼施也。而苦於無力，思得二三同志量爲佽助，與人爲善儒者之心，好行其德亦君子之事也。異日風俗之美，人才之出，視此矣。此舉也較崇信異端布施佛寺者，其功之大小得失爲何如哉？識者當自知之。或曰：「馬生蓋自爲也。」夫生即爲其養又爲其教，其心公心也。若避其名則無爲者矣，事當問其實如何耳。求書冊首爲引其端，故樂綴數語以爲勸。

## 乾州志稿序

及門乾州王夢棠子方大令以州牧懋臣周公所撰乾州志稿成，詣予清麓求爲序，且云：「諸紳咸有請，亦公意也。」予不得辭。去歲冬予偶至省垣，始晤公於黄小魯觀詧所，瞻其丰裁，聽其議論，即異公之爲人。今春仲子方至，因詢公政事之詳，乃謂公甫下車即憫吾民苦差徭。州舊按糧支差，同治初關隴用兵，至每石派錢十餘千，嗣裁減至二千四百文，而公猶以爲累吾民也，兩稟上憲復求裁減，雖不得請而今中丞知公意，遂定新章，每石止錢五百文，歲省民錢約兩萬餘緡。節浮縻除積蠹，使吾民稍蘇息焉。此公爲政之大者。夫天下大勢，東南之民困於賦税，西北之民困於征徭。乾又在陜西北，爲巨鎮，地當孔道，其民罷敝尤不可言。公之用意深遠，力培元氣，謂非學道愛人之本懷不可也。

然則公之爲志亦大略可知已。首紀宸翰，尊天章也；圖表志傳，循史例也；殉難士女録，存赴義也；别録四，備考遺也。體裁義法皆有源流，簡而明詳而覈，徵文考獻蒐訂精核。又有以正舊志之失而補其闕，其所關於世教人心洵非淺尠。關中自有明以來諸多名志，康武功、韓朝邑、呂高陵爲尤著。而國朝乾隆中如孫淵如之三水志，洪稚存之涫化志類爲識者所稱。蓋其學問博該文章雅瞻，能於康、呂外别出機杼，讀公茲作殆有孫、洪之遺意焉。

乾志歷百六十餘年，而公蒞任僅歲餘，即知急先之務，成之數月之間，其學識可不謂難歟！而猶日志稿云者。蓋公之虚心尚有望於後之人也。然以裁減差徭一事觀之，知公之修志其愛於乾之人甯有已哉？後之官於乾産於乾者，均感發於斯焉！是亦斯志之榮，公之心也！由是明教化施惠慈，厲行能崇德學，重朝廷之職守，炳川嶽之色光。予不敏，竊窺公所以拳拳於乾者，而僭爲之説如此。子方行膺民社，亦將不負其鄉先達，而益深以學道自勉，則凡所以愛人者無不爲也。是又予之所厚望也夫。

## 趙侯孚民文集序　乙酉

君子之學將以求聖人之道，得於心體於身，行於倫常達於政事，非第欲以文見也。然以聖人之道得於心體於身，行於倫常達於政事而不以文見者有矣。以聖人之道得於心體於身，行於倫常達於政事而又見於文，則其所以爲文者必非偶然也。前孚民趙邑侯以名孝廉出宰秦中，自同治癸酉攝篆吾邑兩載餘，光緒甲申復一載。不予鄙而下交，禮遇之勤蓋有出於尋常外者。中間莅富平，莅郿縣，或接談琴署，或通書郵筒，需次省垣亦嘗一再見。即在吾邑屢屏騶從，辱過山齋。麟亦因公閒至偃室，投契之深，議論古今無所不至，而獨未嘗數數於文。前年兩寄紀游，以爲與予同有山水之嗜，亦偶爲之耳。蓋侯性情伉直忠厚，以名節自勵，不妄與人交，交則輒見以心。聞義烈事愛慕如不及，視世俗脂韋委蛇蔑如也。及所至臨民不屑屑私恩小惠，而愛人之意未嘗不在。其關於民生利害必毅然爲之，雖以此得罪有弗恤。偶一事拂大吏意，久無差委，人或勸少貶，怫然去。久之大吏亦知其爲人，其守正不阿類如此。若是者，吾知之素矣。

然則侯之學所謂得於心體於身，行於倫常達於政事，其大要可知已，豈必以文見哉？乙酉秋調簾入闈，旋補洵陽，將行，出一帙見質，並屬弁言。噫！侯之虛懷甚矣！久未報命，冬夜挑鐙展卷細讀，然後嘆如侯者又何必不以文見哉！侯自少好記覽精鑒別，晚益藴蓄之厚涵養之深。其爲文不規橅形似不馳騁才氣，其持義必正，其論古有識，扶世敎正人心。顧所以然者，無非本其得於心體於身，行於倫常達於政事，蓋侯之文而非文人之文也。昔歐陽文忠公以古文名一世，與人談惟及治道，曰：「文章止於潤身，政事可以及物。」故侯之不輕言文，殆亦歐公之意，此其所以卒能文也，豈偶然哉？予不能文，竊願世之學者必以聖人之道得於心體於身，行於倫常達於政事，而後可以爲文，而後可以讀侯之文。

## 董孺人義烈録序　丙戌

昔五代王凝妻李氏，凝死負遺骸以歸，止旅店，主人不納，牽其臂而出之。李曰：「我一婦人不能守節，而此手爲人所執耶！」即引斧斷其臂。見者嗟泣，事聞厚卹李氏而笞其主人。董孺人，咸陽周元聖後裔，五經博士姬連璧妻也。素讀書，明大義。觀其斷指不肯赴質公堂，凜然生氣，雖與李氏事異而其節烈則一也。

夫五代何時？李氏一婦人獨能存禮義廉恥之防，歐陽公特書其事以媿當時，朱子復列之綱目，所以爲世道計者深矣。況孺人嚴氣正性，又聞詩書之訓，其於文、武、周公之澤，及我朝列聖之化薰蒸涵濡亦已久矣。固宜關中人士咸高其行，感慕稱嘆之不已。而柏君子俊額以斷臂遺風并爲之跋，以風斯世。其孤柄痛己弗克自立，致母迫於憤鬱，以行其志而全所守。而諸君之好義不可歿，欲壽梓以傳久遠，請序於予。爲題之曰董孺人義烈録，而弁諸簡首。竊念柄以母命來學，且將承襲赴京，則仍告以色養之實而以勤學修身自勵，無負賢母。是亦母氏之志也！柄其知之矣。

## 劉長榮家譜序

古人譜牒之學，將以明昭穆、尊卑親、疏長幼之序，而使之不敢紊亂凌躐，所以爲齊家之本者，於是乎在不可不愼也！近世士大夫惟不知修身以齊家，而并其所謂譜牒者亦概不之講。往往昭穆、尊卑、親疎、長幼之失次。蓋未有倫理不正而能篤恩誼者也。劉君長榮生若舊不終於儒而老而好學，嘗授童子於鄉。夙有意乎齊家之事，乃即本支譜其世系，雖不文而能紀實，使後之人有考焉。是士大夫之或不能而君能之，亦可取也。閒來求序，爲書數語而歸之。

## 送王子方之京序　丁亥

學與政無二道也，學而不能致用，迂疎之學耳；政而無所立本，雜霸之政耳。論語首言「學而」，次即繼之曰「爲政以德」。大學一書「明德、新民、止至善而已」。從來政術之得失，視學術之醇駁。學不素講，立心制行已難自問，遑治人乎？張南軒曰：「致君澤民之術不見於天下後世，皆吾儒講學不精之故。」漢世循吏猶爲近古，降至後世，吏治日非，計遷擢已耳，飽囊橐已耳。國計之不問，民生之不恤，如秦人視越人之肥瘠，漠然不加喜戚，於其心噫弊也久矣。如明道程子晉城之政，橫渠張子雲巖之政，朱子南康、漳州之政不可得而見矣。

然數子者豈遂終難能哉？有數子之學，斯有數子之政，此聖門所以有學道愛人之訓也。及門王子方以教習考取知縣，將之京吏部候銓矣。子方素以洛閩爲祈嚮，又有親賢好德之風，其於爲政必有合也。雖然，學優則仕，仕優則學，學有窮乎哉？故吾仍與之言：「學敬以持己，忠以事上，正以御吏，仁以慈民，本之以廉，勵之以勤，行之以公，矢之以誠。時涵泳於聖賢之言，以爲存察克治之資。」子方勉乎哉！天下大矣，賢人君子衆矣。其講學著書篤實精粹者，當亦不乏幸而得之。願便以寄我。

## 送李仲舟序

李仲舟由西征糧臺保舉巡檢，到缺後以縣丞用。於是之京候分發，將行求言。乃爲言曰：「小學一書子不嘗聞之乎？當官之法惟有三事：曰清，曰慎，曰勤。知此三者，則知所以持身矣。」蓋不清則敗名，不慎則罹法，不勤則廢事。己不治而能治人者，未之有也。國朝山左牛眞谷亦有作官三字訣，曰「儉、撿、簡」，與此正相發。「儉」爲清之源，「撿」爲慎之實，惟「簡」與勤似相反，而不知「簡」乃所以爲勤。凡不勤者，皆弊精神於無用而徒爲煩擾耳。其於當務轉怠弛之不覺也。至於近世諺語「心欲作好官，先戒懶殘貪」，亦皆閱歷之言。貪非清、殘非慎、懶非勤，能戒則清慎勤得矣。然此三者矢之於心莫要於不欺，推之於事莫要於能公，而尤須貫之以仁。明道程先生曰：「一命之士苟存心於愛物，於人必有所濟。」巡撿、縣丞，官雖小，願吾子勿卑也。今人亦有由佐雜至大員者，視自立何如耳？而吾尤以爲均非學不可，仲舟仍熟讀小學，亦必有以深信吾言矣。斯行也，仲舟與王子方偕。子方，仲舟益友也。吾既贈子方，更以此文眎子方，相與講磨以爲何如也？

## 送別觀察小魯黄公序　己丑

漢陽觀察小魯黄公以道員需次秦中幾十年矣。品端而學正，雅意人才，留心時務，大吏多器重之。嘗條陳事宜，當事雖不見用，而公無悔也。中閒譏察，東關士子相從問學者甚衆，公乃相舊春明學舍廢地别立魯齋書院。蓋元許文正公書院遺址不可考，而公取以重建，直欲以魯齋之學教諸生，其用意至深遠矣。規模甫定，經費無出，去歲冬，公始權鳳邠鹽法道事，數月解任，又析廉俸二百金，錢五百緡，以爲諸生講習疏水之資。立爲學約十條以示遵守，併延小學師端其蒙養，使諸生司其事，而又闞會四方同志各紳以督理之。其拳拳秦士如此！兹公以太翁年老皤然歸覲，諸生及凡受知於公者不忍其别，使麟一言以道其意。麟惟公抱負有素，嘗以古純臣自期，而又講於程朱之學，即其篤念庭闈，輕官達重倫常，已足爲世法，麟於公僭附道義之末。是行也，定省之餘志日卓而養日邃，學益深而誠益孚，使其經綸設施悉由道德性情以出。

公爲黎洲先生後裔，本家學而更擴大之。張南軒曰：「古人致君澤民之事業不見於後世者，皆吾儒講學不精之故。」願公宏此遠謨，一雪是言。他日公倘奉太翁重臨兹土，俾諸生深觀感於内行之醇篤，益務爲有本之學終始其惠。眞如魯齋當日表彰朱子小學一書，以先之勤之洒掃應對折其外，嚴之出入游息養其中，掇忠孝之大綱立其本，發禮法之微權通其用。

一旦出爲世用，稽古愛民正君定國，所謂彬彬然號稱名卿大夫者皆其門人。亦卽基於今日之書院，則公之功於是乎不朽。麟老矣，尚欲樂觀厥成焉。故謹顏以「振興文教」四字而并竊贈言之義以送公，公其又何以處我？

## 興平張氏族譜序　庚寅

往興平張曉山元際來清麓，攜其父明經伯良君所爲族譜以眎余，余未之詳也。越數年，元際乃以書求序，且曰：「譜吾父作也，序亦吾父意也。」予雖不識伯良君爲人，然聞興平士往往稱伯良君「伏羌王」。心如權宰興平，循聲著一時，獨取伯良。序伯良族譜，謂其介直仁孝，心如善古文辭，其言宜可信。又謂譜用太史公世表旁行法，列支派，録懿行，可啓後人。然則君之譜可知矣。世稱歐蘇譜尚已，以吾關中而論空同之李氏譜、渼陂之王氏譜、對山之康氏譜、邢臺張氏譜，以及西峰之孫氏譜悉有義法，卓卓可傳誦。然要皆以其人焉耳！非空同、非渼陂、非對山、非西峰，烏在其爲世法耶？且元際嘗爲予道其先世曾祖，若祖性情德行之美，固伯良君稟承有自。而伯良君之譜其所以尊祖敬宗而收族者，宜與古人合。至伯良君教元際兄弟，素以遠大爲祈嚮，不屑屑科第之榮而止。遣之從四方師友問學，蓋所以擴其見聞，定其識趣。

予每與元際談，知其篤實有志，又見其弟元勳與其子廷珍亦皆醇謹，文名出輩行爲家門之盛。伯良君貽謀之善，於茲益見。元際能力求古人所爲，卽空同、渼陂諸人未必不可幾及。而吾尤願元際由西峰之學以上追横渠家傳，横渠西銘一篇父乾母坤、胞民與物，卽一大族譜。況吾一姓之譜，當亦伯良君所素存。而元際於譜有續脩之責，亦必能體其父志更光大之。使異日興平之張與郿縣之張後先輝映，則譜之見重於世又不徒如李、王諸譜。後人溯其源流，必推本伯良君之譜，以爲續修所自出，如司馬公父子史記可也。伯良君之譜，亦豈爲張氏一家之譜而已哉！

## 送劉乃蓉序

朝邑劉生乃蓉歲晚將歸，求言。生讀近思録，心好之，昔陳北溪、張楊園皆以讀近思録反之於正，遂大有所成就，一爲朱門高弟，一爲國朝大儒。且近思録，四子之階梯，朱子已言之矣。不篤好近思録而謂能於四書有得者，未之有也。然則讀之也當如何？亦曰：「其入之也以靜，而其持之也以久，其進之也以漸，而其至之也以熟，如是而已矣。」生好近思録，其亦知此意也。夫他日相見，吾將以徵生之所得。

## 辨志堂家訓節鈔序　辛卯

人莫不愛其子，即莫不教其子。然世俗之教子也，多出於私溺之情，其爲之謀衣食、計安樂者無論已。即所謂上焉者，不過科第止爾，爵禄止爾，文章止爾，功名止爾。且以爲家庭傳授之秘術而道德性命所以爲人之道，則未之一及。偶有知是説者，或並鄙薄詆訾，惟恐子弟之濡染相戒以背去之速。如是而望人材之出，風俗之厚，烏乎能哉！君子之教子則不然，蓋惟立志敦品讀書明理，以至修業濟時之是務。其於動靜語默出入起居，日用細微之事，亦必範之以義方正道，勉以誠敬禁其粗浮，要不外乎聖賢之旨而已。所謂科第云云，聽之分義時命，而非汲汲乎此也。

斗垣劉君宦蜀時，寄子澔書，澔節録其語裒爲一冊，署曰家訓節鈔。君既歿，澔出眎余，蓋不欲爲伯魯之簡。余謂宜付剞劂，並可以訓人人。然君之爲此，非徒以言而已，實本於身教焉。君少習厚豐，一旦家中落，刻苦自勵安寒素砥廉隅，其志不囿於時學，矯然拔出流俗之上。及其作吏不故爲赫赫名，而民安其治。君之生平，即是書亦可徵已。且其尊信程朱，再三言之。澔之從學清麓也，喜其有志而恐其慕名，諄諄勖以甘淡泊耐辛苦，又絕不以謗毁者之爲。然君之所存非有大過人者能之乎？此是書之所以可傳也。

余年幾七十而無子，兄子弗守吾教。前歲纂集先賢儒教子各書爲誨兒編，尚未見其一遵吾言也。吾愧君多矣！澔將出仕，必且行君所學，更率諸弟永守是訓。則君爲有子矣！

## 官莊王氏族譜序

譜法與宗法相表裏，三代以上宗法立而譜法明。周禮太宰：「以九兩繫邦國之民」，「五曰宗，以族得民」，「小史奠繫世辨昭穆」。至秦漢時宗法失，譜法亦失，故公侯將相往往起自牧豎氓隸，莫詳其所自來。厥後魏、晉、六朝多矜門第，譜牒雖繁而宗法卒不可復。以至唐末如郭崇韜之冒認汾陽，則譜亦無考，風俗之偷益甚矣。程子曰：「管攝天下人心，收宗族，使人不忘本，須是明譜系，立宗子法。」今宗法不立久矣。朱子謂：「大宗法立不得，亦當立小宗法。」然必先明譜系而後宗法可立也，則譜其要矣。華陰王遜卿以所自作官莊王氏族譜眎予，並求爲之序。余觀遜卿之譜，其用心可謂塵矣。凡五篇：一系圖、二譜圖、三姓原、四宗子、五勸戒。各有義法，系有統而不慮其渙也，譜有條而不欲其紊也。遜卿之用心可謂塵矣！姓溯其始而不敢遙援也，宗明其本而必思漸復也。勸戒，又所以爲族之人與其子孫計者至深且遠也。

禮曰：「尊祖故敬宗，敬宗故收族。」遜卿之譜族收矣，宗雖未立，然於是乎不亂，尊祖之意亦在其中矣！安溪李氏曰：「以天地之心爲心，則天下無不愛之民物；以祖宗之心爲心，則天下無不睦之族人；以父母之心爲心，則天下無不友之兄弟。」遜卿蓋知此意也夫。況遜卿學道者也，族譜之作，其齊家之一端乎！欲族之人各齊其家，必先自齊其家始。而欲自齊其家，必先自格致誠正修始。遜卿於此數者日益進則家可齊，而族之人其家亦莫不可齊，詩曰「其儀不忒，正是四國」，況族人乎？大學所謂「其爲父子兄弟足法而後民法之者，卽國與天下視此矣」，浦江鄭氏家範、吳縣范氏義莊皆可爲世則，此其爲譜不待言也。如此則雖一家之宗法亦可立矣！然則遜卿之譜豈不亦有功斯世？官莊之族其尚懋勉之哉！

## 三原縣清均地糧里甲圖説册序　壬辰

孟子曰：「仁政必自經界始。」此就井地言之也。而朱子漳州所行經界，即今之清丈是已。經界正，則實地實糧，不至有糧無地、有地無糧，又何有輸納欠負追呼監繫之苦、隱瞞失陷歲計不足之患？公私之利莫大於此，非所謂仁政者耶？而世多以經界爲難行，何也？一則得人難，一則籌費難，是誠然矣，然眞有愛民之官則無難。

吾原自康熙中丈地均糧以後，歷二百餘年其弊日生，至回亂愈甚。余鄉人也知之最悉。此事蓋發端於孚民趙公維，時仇壽軒維祺、張宜堂怡繩與余三人者請於公，公曰：「此要務也，立稟上憲。」光緒元年冬十月立局日，惟擇人置具，講明其所以然。次年正月始令各村自爲丈量，局紳稽查，一時踴躍，至五月間送清册者已百三十餘村。而趙公卸事，接任者某公因事停擱，遷延歲月卒不復行，論者惜之。其費則取之劉帥借民牛種之欵，蓋仍出之富紳者。至八年雨田焦公涖原，復籌欵開局。自四月至十一月丈清清河南十一里，遂調咸甯。此次以鄉民遭荒，各村又加寥落，乃議局丈，爲鄉人省費故也。當是時乙觀劉公接辦，能以焦公之心爲心，九年丈清清河北十一里。十年丈東西中三塬，秋冬清水旱等則。十一年趙公復來清三塬浮趄等則。本年秋季劉公回任，辦倉旂租爵等額。十三年撫憲閱兵過境，乃有奸猾數輩以消墑等則上稟。於是委員察查，亦未清釐懲治，但斷令撤併永遠，差局由署提調辦理。劉公不辭勞瘁，率局士多人躬親履畝，除無名消則租倉分陡趄以昭平允。十四年四鄉地畝等則，屢諭鄉人凡有參差俱準更正，而轇轕一清。十五年署内對册合總，已裝訂十九里册籍，尚餘十一里二倉二旂未及對清。十六年正月，而劉公又與伯音涂公對調去靖邊矣。涂公署事，復以四閱月質對，未完册籍均已告竣，而三十里三倉六旂地糧圖説裒然成書。及劉公復回本任，將付剞劂發給各里，以爲吾原永久之計。在局諸人以爲余雖不與局事，而清均顛末亦嘗知之爲詳。其歷任父母辦理先後情形如此之勤，而屬余敍之。余謂，此不可不使吾鄉人知也。

嗟乎！天下事不能有全利而無一害，義果可爲，有八九分利有一二分害，必不能因一二分之害而遂置八九分之利於不爲。茲役也，人可云得矣，費可云籌矣，似不難矣。顧人之才識難齊，大局已得，善良者方幸積弊之可除。而纖毫失宜，豪强即把持詰責，藉詞興訟，浮僞欺詐，適以濟其私。圖費之措辦，殫心力，或積之公，或捐之富，但以歷時之久，又不無耗財縻費之議，則不難而仍難。惟歷任諸公有創始，有守成，有勞逸，久暫之不同，然皆始終一心，必欲爲吾民剔蠹去累，不啻入其室而謀之者比。又繪圖立説鏤板傳後，頒示成規以蕆厥功，此尤吾民世子孫所當馨香尸祝者矣！向令諸公得以一人專任不復變動，自應早完。又或諸公意見稍殊更張怠緩，亦且廢之久矣，未必能有今日。吾故曰：「眞有愛民之官，無難也。」

孔子善鄭國，爲命經四賢之手而成。余於此亦云，國朝大儒清獻陸公作令所至，輒爲民造魚鱗冊，不但有四至而且有八至，其制甚精。此次魚鱗冊各二本，一存署，一存局，此則其總冊也。諸公其亦有清獻之心乎！抑余更有説焉。孟子言：「經界而以爲仁政之始。」卒推之，以至於友助扶持，百姓親睦，諸公善政固不止此一事。而地清糧實，詐虞胥泯，爭訟日息，合里同甲，聚族而居。望衡對宇於以型仁講讓，安耕鑿之常，俗美風清，樂樂利利，長爲太平之民，豈不美哉？願吾民毋忘此意。

## 體微齋遺編序

道光癸卯，余方秋試，長安競傳有安康祝君者妙齡能文，已而果獲儁，是時無人不稱爲才子。及弱冠成進士，筮仕河南，歷任澠縣、柘城、太康，牧光州、守歸德，所至皆有惠政，無人不稱，爲循吏。及粵匪北竄，捻匪又作，奉檄統辦歸陳團練，捦斬匪魁無算。雖爲大僚所忌未得大展所爲，而曾邸曾文正、左文襄皆知之，權直隸大順廣道長蘆運使，司海防營務，又無人不稱爲長於將略，然猶不足以盡君也。

自日記、語録、易說，諸遺編出，而知君之切實爲己，身心性命之功無一毫放過，則又無人不稱爲深於理學。夫才子循吏將略，猶人易能也，理學非人易能也。而才子循吏將略一皆出於理學，尤不易能。如君者，其幾於通儒全才者歟！君之學大抵本於王文成，文成當日稱爲有用道學，君其有焉。然世之學文成者往往猖狂恣睢，師心自用，君守程朱之說，實用其力於主敬窮理，踐規矩履繩約，所謂原心鈔，忽[一]較禮分寸積累爲工涵養爲正者。不但爲文成補偏救弊，斯亦深知程朱而爲善學文成者矣。謝君端甫以君此編索序。余雖斤斤程朱，而於善學文成者又未嘗不敬慕其人。讀君之書竊幸，昔聞其名，今知其實。惜君早逝，復不獲與之議論切磋，以求深益，以究吾學源流之詳也！

## 辨志堂墓志彙刻序　癸巳

光緒丙戌冬，及門劉小垣扶其父東鄉君棕櫬歸里，明年將葬，輒來問。行事蓋一遵國制，參用古儀禮及朱子家禮，革去世俗一切陋習並浮屠法。其遷先世數喪，獨以水患，不爲利害禍福所搖奪，君子以爲知禮且謂君有子矣。及序所刻君家訓節鈔，而知其有自來也。既復彙刻其先世墓志若干篇，披誦一過，則又知其先德之渲懿，家風之謹厚。累世以來相承講學，有以留詒者遠也。顧或者以小垣高祖丕承公之兄錫爵公，及其曾祖星堂公皆服膺王陽明良知之說。錫爵公且刊陽明年譜、傳習録行於世，猶有學術之疑。不知陽明之學雖不免有偏，而要於俗學波靡之中發明聖道，則提醒人心功亦匪細。而錫爵、丕承、星堂兄弟父子獨以天資之美不至爲其所蔽，故其存心制行，率準聖賢遺規，無所流弊。然識者已不能不致歎於吾鄉自王康僖、馬谿田講學以後三百餘年，而忽有勉齋周氏出，而力主王氏，揚波逐流，貽害人心。劉氏蓋聞周氏之風而興起者，然則朋友之間講論切磋，豈可不慎其所與哉？向使劉氏得如程朱之徒，而師友之所見

[一]「忽」：疑爲「必」字之誤。

必益精深，所守必益純粹。乃東鄉君獨能繼述之善，祈嚮正學，不復問津姚江，遵前人之矩矱返正軌於洛閩。然非昔之肯堂構於何有？非昔之肯播穫於何有？小垣不忘先志又從而光大之，益求醇備，使聖學一脈不敢有歧途之趨。茲刻也，且以示後之人，感先人創始之難，幾經明辨而後知吾道有歸，相與永守毋斁，君子創業垂統爲可繼也。劉氏子孫庶乎淵源之眞、家法之懿，或亦先人所深幸。因索序，爲書此意，小垣以爲然否？

## 學圃齋詩文序

光緒癸巳夏，五梁濬甫司馬來予清麓，手其父曦初君詩文若干卷，請爲序。嗚呼！余何以序君之詩文哉！余與君同歲生，同入邑庠，繼又同肄業書院。當是時，年尚未冠，各以功名相砥礪。然君深沈而我粗淺，君謹密而我疏狂，君篤志而我慕遠高，君寡言而我好議論。以故君早工舉子業，不三數年連掇巍科以去。而回顧予向者，意緒日漸昏惰，逢時伎倆亦稍稍冷淡。世所謂詩古文辭及考據言，素所略嗜，至是益用涉獵，方欲有以自立於世。中閒迭遭大故，且愧不能如君之得時有爲，博祿養而奉親歡。今皆不逮！

念人生又有大於此重於此者，卽詩古文亦以爲非當務之急，而不復措意於其閒。遂謝去場屋，一以修身寡過爲汲汲。十餘年來出處殊途顯晦異迹，山林廊廟俱各有事，經綸言論君嘗素裕，而區區養拙田閒亦不復以文字爲君期矣。

咸豐之末，君以請假歸養，暇日過予麻廬，握手道故，追憶往時，如前日事。秦亂，東西避地且數載，及歸。予居邑城時復過，從偶談詩文則又見君之見益高，學益博。迨君服闋，今上卽位，君復有出山之志。予送以文，其意如昌黎之論陽城，永叔之上范希文書也。而君竟以陽城、希文自任，數年之閒權貴弗避，連擊亶臣，以爲欺罔朝廷、玩視民瘼者戒，直聲震一時。然自是不安於位，一麾出守竟抑鬱以終。君生平所自矢者何如？卒不得伸其志，而其詩文所存僅此。雖君忠孝之忱、清謹之行，固不籍詩文以傳，然卽此亦可以知君矣。顧余方冀君晚歲歸里，相與優游物外，益講所學，各道其同而不同、不同而同之故，以樂餘年，而孰意君之先我而逝也！是可悲已！而猶得序君之詩文也，抑又一幸也！夫司馬刊布先集，能世其家學行且補官山右，亦必有以慰君心者矣。

## 連氏二分支譜序

澄城連梅軒春魁居清麓有年，又傭書魯橋數載。一旦歸，閲三歲而復來，攜其所爲譜，請曰：「魁自去歲同族人已輯録族譜成巨帙。始祖而下分四支，魁爲第二支。支西公後，至六世文玉公以下分三門，魁又其次門之長門也。茲復成支譜，溯自始祖至六世以下皆在焉。先爲系，使知其統屬不敢亂也。次爲譜，使知其字行配出生卒葬所不敢遺也。然記其可考而不可考者闕焉，從實也。蓋六世以下三門在連氏爲最盛，不獨豐溫甲里社，文行亦美且多，較各支爲尤詳。後之子孫一展卷而源流秩然。茲役也，非魁之能爲功也，襄助者又有吾族彬、愼頤、承志、汝毅諸人，願序之以示後人。知其成之之不易也，相與敬守勿失，或繼承修纂，不至數典而忘祖也。」

噫！梅軒用心亦勤矣哉。物本乎天，人本乎祖，譜之作亦發其木本水源之思也，而世或忽焉不省，則不免野人禽獸之譏，否則矜侈門第，如崇韜之冒認汾陽，恥孰甚焉！連氏譜則無二者之弊，其爲法且有歐、蘇遺意，抑惜抱姚氏有云：「譜欲簡要而卷冊少，俾子孫百世流轉海內，易攜以行且便於藏，爲傳久之道。」斯説也，吾甚取焉。今連氏譜約半寸許，不又有合耶？雖然，譜之傳豈不以人哉？以吾關中言，對山、渼陂、西峰其人其文皆足增重。連氏前世亦無大著，梅軒與其族之同志講學以力行。使知澄城連氏有某者，即於斯譜有光矣！

# 孝義約序　代　丙寅

孝者，人子自盡之事而非求助於人者也。顧菽水未嘗不可承歡，懸棺而窆，人亦豈有非之者？然而一旦大故猝臨，附身附棺稍有不慊於心，則終身之悔也。故古之君子於其親沒，必求仁者之粟以祀之。詩曰「凡民有喪，匍匐救之」，賻賵之義其來已久。但事既至而始助，或有不及時者何如？預爲之籌則可以量其所有而準以度事，庶送死之際，貧者不至皇皇焉，徒有無財不可爲悅之歎也！今與諸君約，欲以義成其孝，此固吾輩爲人子者所不忍爲而又不忍不爲者也。約中人共若干，每人應出銀若干，凡同約者務念相恤之義。初終一心，又必各思此舉特出於萬不得已之情，而爲求助於人之事，非直爲觀美也。必使用之實有益於亡者，而不爲世俗演戲、用樂、燕賓、飯僧大悖禮法之所爲，以及一切浮冗之費，斯爲合義而孝道可盡。則此約庶乎足法也。願同約者其省之哉！

# 壽葵階余公七十序　代　辛未

「天地之大德曰生」，人之德亦莫大於救人之生，救一二人之生其德大，救千萬人之生其德尤大，至於救數十萬人之生則其德愈大而愈不可及。夫能救數十萬人之生，是卽以天地生物之心爲心。而天亦且祐之以厚其生，使之生斯人於無窮，此天道之自然而人理之可信者也。書曰「天壽平格」，詩曰「永錫難老」，其謂是歟！今於同州太守葵階先生余公見之。公於是年七十矣，嘗莅吾邑逾十載。當壬戌回變起，區區彈丸地素無兵，四境被焚掠殆盡。公守孤城，鄰邑難民悉來依公。而吾堡東里獨存，隱然與邑城相唇齒。其時四方逃堡中者亦不下數萬人。賊屢肉薄城及吾堡，公募勇守城，又飭吾堡募勇守堡，或偵賊信急卽走一紙使早備。迨大兵駐城，賊復伺隙攻吾堡。公請大兵來援，軍中索餉，時至吾催捐，因賊阻，夜卽登陴嚴守。蓋視城堡如一，堡固多富紳，城防諸費並餉兵需銀三十餘萬，顧皆堡中富紳及邑闔一二家任之。公雖多其好義，然非公至誠愛人素足取信亦不能感激，至於毁家紓難而不恤，且無論吾堡，卽邑城亦未必無虞。而吾堡諸富紳所以誓衆堅守不肯遠徙，亦恃公以無恐，故能與邑城卒皆保全。堡中數萬與城中數十萬之衆幸不飽於豺狼之吻而罹鋒鏑之厄，皆公有以生之也。公之賜其有涯乎？偉績令名固將被之管絃，刊之金石，與峩山、清水同其悠久，吾堡世子孫且不忘公德，世俗所謂壽，亦奚足爲公道哉！

然公鶴髮台背，望之如漢龔渤海、郭細侯諸人，天下聞者皆想慕其風采以爲非今世人。而況親承儀範，嘗蒙再生之恩，若父母於子鍾愛，獨偏如吾堡者。於公覽揆之辰，顧無一言以爲稱觥之助可乎？於是堡中諸君咸思所以壽公，而屬余文。余淺陋不能爲頌禱之詞，抑亦知不能揚公德之萬一。矧公德行文學與夫平日所以治吾邑，暨歷任諸邑之政，以及今同州率屬布化，凡可以爲公壽之徵，則一時文人學士類皆能道之。且吾聞公以年及致仕，屢求歸田，此蓋合於進退去留之義。古人高風，西賊行且平，吾知必遂其請。公將息跡田園，尋某山某水以采以釣，某邱某壑以嬉以遊，鄉黨宗族足以道殷勤，賓友琴書足以供笑樂，是皆怡老之佳致。昔二疏、楊巨源以年老去國，班孟堅、韓昌黎皆爲文，盛道其事。今烏知不有班、韓，其儔樂述公蹟傳之當時後世，則公之壽卽有不可以年計者。而某又非其人也，無已，謹卽公當日大有造於吾堡而所以生之者私竊質言之，諸君皆曰可遂書之清防以爲公壽。

## 吳母韓太宜人壽序

同治癸酉，吳縣吳公清卿先生視學秦中。首屈威重，辱訪瑞麟於清麓山齋。明年春，瑞麟率同志講行鄉約於邑之學古書院，先生親臨觀禮，衆請講書。先生輒爲發明人子所以事親之道，並引辛復元「子爲賢聖，父母卽爲賢聖之父母；子爲庸衆小人，父母卽爲庸衆小人之父母」，肫切懇摯，聽者竦然，無不感歎。蓋先生推愛親之心以愛人，而使人人各愛其親者也。既按試，各郡又拔士之尤者肄業宏道書院，月特給膏火資凡數十人，而任生文源，乾州王生夢棠與焉，孝廉仇生孝愉亦羅致幕中閲試卷，三生皆瑞麟門人也。乃以光緒乙亥十月，先生母韓太宜人六十有一誕辰，本先生愛親之心，思所以壽太宜人者，而屬瑞麟爲文。汧陽張生次并鎮安晏孝廉安瀾亦以爲言。

瑞麟逾冠失怙恃，生平見人之壽其親者，雖極歎羨而亦未嘗不心焉私傷。又不善爲應酬之文，將何以爲詞？抑古之君子所以壽其親者，亦必有道，豈如晚近生日之説？先生當世學道儒者，似亦不以是爲齗齗，而諸生之請不置。竊惟人子事親之誠無所不至，或亦朱子所謂情有不能自已者。無已，請即以太宜人所以得壽之理，與先生所以壽太宜之道言之。太宜人少通經史明大義，事父母舅姑孝而敬，相夫子順而正，教子女慈而嚴，御臧獲恩而法，其自處也勤以儉，其待人也惠以義。此雖庸行，亦皆末世婦女所難能。而太宜人高識遠見，脱簪珥以佐贈公施與，曰：「布衣疏食足矣，無用此爲也。」諭先生兄弟書，謂：「有餘卽以濟人利物爲念，但能行一善活一人，勝三牲之養多矣。」若此者求之於古不可多得，厚德無期，仁者必壽，以故瞽目復明，康强逢吉。卽先生兄弟爵祿日增，孫枝蕃衍，猶意中事耳。太宜人樂之所性不存焉，此太宜人之所以壽也。

先生自少稟母教，無日不以養志爲心。往者順天迭遭大水，先生汲汲捍禦賑救。官翰林時，屢上疏言天下大計，多人所不敢言者。夫母之賢所以成其子之賢，而子之賢亦所以成其母之賢。古之人有陶母者，其聲稱至今未已也。古之人有歐母者者〔二〕，其休光至今未艾也。然非士行之功烈，永叔之忠諫，其母恐亦當時一婦人耳。今卽先生所爲自不難使其母爲陶母爲歐母，然謂先生卽以陶母、歐母爲足壽其親乎？猶未也。

先生之來也，嘗輦致朱子大全、文集，正誼堂所刻諸儒先書八十餘種，張楊園先生集及近世講學諸公書，悉視書院諸生。又印發小學書數百部，散給生童。雖諸生溺於科舉之學也，久未盡知先生之意，爲之探討服行，然亦有聞風興起者，其

〔二〕「者」：疑爲衍文。

造於秦士何如也？其果有一二人出焉，將流風餘韻傳之後世又何如也？「育英才，穎封人之錫類」，知先生之所以愛人，愈知先生之所以愛親矣。先生行將歸朝爲監察御史，如程伯子爲崇政殿説書，如程叔子爲提刑、爲説書、爲侍講，如子朱子論王霸、論君道、論養賢、論取士、論立志，責任求賢，庚子戊申之封事垂拱、延和行宫便殿之奏劄，凡一切經綸籌畫正君定國，決不作三代以下之規模。又奉太宜人母自暇逸之訓，其於定性好學、居敬窮理、誠意正心之功益兢兢，無敢一息懈。

蓋進而行斯道於天下，退而傳斯道於吾徒，無不由是以出。且倡明正學，表章先儒，即吾秦恪守程朱如王仲復先生者，方將奏請從祀，使程朱之學益明於世。然則太宜人之壽眞不止如陶母、歐母，而先生所以壽太宜人者又豈止如士行、永叔而已哉？此先生所以壽太宜人之道也。則瑞麟區區此文，又烏足以祝太宜人？而諸生愛先生因以愛先生之母，即莫如以先生之愛人者自愛，必以程朱之學爲學，使天下知先生之門有程朱其徒。

瑞麟不才，亦嘗謬蒙先生之知，誤以不肖姓名奏請京職。尤相期以程朱之學者，雖甚庸鈍，尚願與諸生共勉焉！是皆太宜人之壽之賜也！是皆先生所以壽太宜人之賜也！先生以爲然乎否？三原賀瑞麟謹譔。

## 王小璽五十序　己卯

王生映墀，予壻也。其父小璽君以光緒己卯冬月十二日五十生辰，映墀間問予謀所以壽親者，而請予文。予自二十後孤守程子戒，遇生日輒素食亦多不受姪輩拜。數十年，生徒或有不知予生日者。每獨坐思吾父母，又不覺涕泗沾襟，往往避寂處或曠野以自悲。予聞映墀言，君三歲考妣相繼見背，其痛較予爲甚。又言君遇考妣忌辰憂形於色，每以不得事親爲憾，則是君慕親之心未嘗或已。今以吾之所不欲者爲君生日之壽，焉知不更觸君之夙懷，必有慘然不樂者？

然則又何以爲君壽？且吾邑生日之俗尤有非義而不可從者。古人於祖父忌日猶變服變食，今人多不知。於生日雖相隔數十年，親朋吉衣冠猶謂之拜壽，主人亦待以酒飯。又有冥壽之説，子弟年未二十或取妻，遇生日妻家必備送酒肉，不則輒詬厲，使其妻無顔。雖讀書者亦然，此予所見聞者。予嘗言於人一革此習，而吾家嫁數女不敢以此施之壻，蓋懼以非道待之也。映墀其知之矣！

然映墀之事其親有不可概論者，在小璽君則不宜壽，在映墀則不能不壽。魏蔚州之言曰：「凡我之生日當齋心以報親，子孫於親誕辰之次日當稱觸〔一〕以盡孝。」庶幾兩全。不知小璽君與映墀亦有此意否？雖然猶就生日一事言之也。若夫映墀所以能使其父之壽至於不朽，則又有在陸稼書先生告其壻壽親之道曰：「壽莫大爲樂親之心，親之心有顯而易見，有隱而難知。顯而易見，科第文章是也；隱而難知，聖賢道德是也。聖賢道德親不敢遽責之子者，而子能爲之。其樂豈有涯哉？其壽豈有涯哉？」

吾願映墀自今以往，果其心以立志奮厲焉，而毋退阻也；一其心以居敬競惕焉，而毋怠荒也；精其心以窮理深醇焉，而毋淺疎也；實其心以反身敦篤焉，而毋欺僞也。以洙、泗、濂、洛、關、閩爲必可學，以詞章、功利、虚寂爲必盡除。不求人而求己，不畏俗而畏理。我爲庸眾，親即爲庸眾之親；我爲聖賢，親即爲聖賢之親。映墀浸假能爲鄉先正若端毅、若谿田、若玉坡其人，其父當如何自慰，必曰：「吾始願初不及此也，而吾乃有是子也。」傳其子幷傳其父，其必千百年未艾矣，况進而上者！然則小璽君之壽當與巀嶭共高、清冶爭長也，豈不盛哉？是在映墀，至吾女歸寍，嘗頌其翁謙厚謹質，整齊敦樸。是則小璽君自有得壽之理，不具論。

## 劉東初四十初度序 光緒辛巳十二月

東初，余門生也。光緒辛巳季冬爲其四十初度，先是諸甥商，欲爲稱觴舉，東初弗許，謂：「吾自父母沒，未嘗有生日

〔一〕「觸」：疑爲「觴」字之誤。

之慶。必如是，是傷我心。」於是諸甥噤不敢言。既而其計友某某又以情不能已，將求余文製清防。東初私聞之，又堅止之曰：「古無生日之説，余嘗聞之先生。程子曰：『人無父母，生日當倍悲痛，更安忍置酒張樂以爲樂？』載在小學，先生講之熟矣，諸君復使我得罪先生耶？無已，但得先生文以教我，奚啻百朋之賜，不願製防也。」諸君曰：「諾。」先使人言於余，余有難色。禮「四十曰强，而仕」，無論祝壽不可，即四十亦非視壽之時也。豈不以東初爲有知耶？東初，余門生也，少於余幾二十歲。未聞長者而祝少者之壽，余又何以爲詞？未幾諸君親詣予兼道東初意，且曰：「願先生之終教之也。」乃不得辭。雖然，孔子四十不惑，孟子四十不動心，孔孟大聖賢人也，吾未敢遽，以是爲東初期。

古人四十正道明德立之時，東初卽亦不克自信。而此後所以明道立德爲日甚長，豈可據目前已有之道德遂足以定東初，而謂其壽在是耶？余素不爲諛佞之文，而況東初？余壽他人卽不爲尋常頌美之詞，而況四十未可言壽之東初？師生相與，惟以道義相切劘，東初幸不以己能自恃而益勉其所未至焉，則所以壽者卽在是矣。其道有六：一曰修德守身。不事驕矜，不爲刻覈，不求華美，不樂宴樂，此東初之所能也。然而嗜好之未除，起居之不節，保無尤有當謹者乎！二曰愛人利物。義學之設，荒年之賑，醫藥之施，物命之惜，此東初之所能也。然而用意之不懈，推類之宜廣，保無尤有當盡者乎！三曰讀書窮理。管絃雖足以養性情，而今樂非古樂；詩文雖足以擴聞見，而雜書亂正書。必以小學、近思爲根柢，而後四書五經愈見親切也；必以濂、洛、關、閩爲宗主，而後異端俗學不得混淆也。四曰擇友輔仁。莊士既覺其難親，恐富貴之氣太重，亦有不欲近者矣；眞情卒欲其畢輸，恐聰明之色太露，亦有不敢言者矣。必能尊德樂義，親賢下士，而倒履擁篲有所不辭也；必求勸善規過，攻闕摘短，而苦口逆耳有所不避也。五曰修社倉，以永實惠。乙亥捐麥五百石，庚辰捐麥二百石，既仿朱子法以爲斂散，而鄉民之食其利者非一年矣。然倉廒雖有而事未畫，一有待補葺，宜身任以爲經久之計不可，又惜小費使垂成而壞以失一方鄉民之望。六曰刊朱書以廣正傳。語類一百四十卷，文集一百十二卷，既依諸家本別加校讐，而聖學之明於世者庶有冀矣。然版片雖成而流布未遍，急須摹印宜早籌，以快士林之覩，務期大破因循，並刊諸賢之集，共延千古聖學之脈。然則此數者，東初固嘗爲之而有效者也。非責以所難，亦願更加之意而已。

夫豈爲壽而爲之哉？而不知志氣强則精神固，慈祥積則福祿長，學問深則德性堅，資益多則培植厚。人所倚賴者天不得而奪之，道有攸關者數亦從而順之，不言壽而壽，有外於是乎不特此也。有與天地爲終極之壽，堯、舜、周、孔是也；有數萬年之壽，顔、曾、思、孟是也；有數千年之壽，周、程、張、朱、許、辥、胡、陸是也；有數百年之壽，古今固多其人，如吾鄉王端毅父子，谿田、玉坡諸賢，皆表表後世。次而至於義行之卓絕，如創立學古書院之李子敬名，且與王、馬諸公並。後之人慨慕流連，雖謂之至今存可也，壽何如者？若夫數十年之壽，世俗人常有之，蓋有不足爲東初道者。即東初由四十而耄耋期頤，亦意中事耳，非東初所以得壽之道，又豈吾所以告東初者？東初，余門生也，道義切劘固如此。吾知東初聞之，必以爲眞教我矣。而東初壽矣！

## 送任生道甫之官四川序　辛卯

古之君子無求仕者，近世以文求仕已非其義，況以資求仕者乎？然有用世之志濟時之才，如漢卜式、張釋之，君子亦不甚非焉。蓋資與文相去一閒而果能有爲，或有勝於文之碌碌者。任生道甫文源科舉，累不得志，貢成均將就教職。或勸以援例仕州判，然而非資不能也。道甫寒士，求親友助己選官矣。赴任四川，又苦無資不得行。設酒招客，幾無應者已。而或有贈，始勉强就道。諺所謂「開口告人難者」，道甫其知之矣。雖然余亦無以贈道甫，乃舉古人數事慷慨爲道甫言。

昔吾邑辥博齋約，給事中大中父也，嘗周里人王西宇於貧時。西宇後宰華亭，邀博齋，及行，與之贐，博齋曰：「聞君廉，即所贈多矣，願留此以養。」遂不受。國朝魏環溪居京官，日艱於資斧不欲仕。其妻兄李恒嶽問所需若干，慨然願歲助三百金，至十二年無倦色。環溪遂嚴絕交際，力守清白，薦賢劾貪，卓然爲一代名臣。然則博齋、恒嶽固高誼薄雲，如西宇者眞不負人，環溪且生色千古矣。道甫宜以此二人自勵，況道甫雙親棄養，二子咸能自立，正當一心報國。于清端公赴官羅城，臨行語其子云：「我做官不管伱，伱治家莫想我。」此所以卒爲我朝三百年清官第一，道甫亦不可不念此也。道甫果以吾言爲然，此余之所以贈也。於其行，飲之以酒，而並附以朱子名臣言行録。

清麓文集卷第四終

# 清麓文集卷第五

自咸豐己未至光緒癸巳

三原賀瑞麟角生著

同里劉嗣曾孝堂校刊

## 題跋

### 題呂近溪女兒語記要 己未

近溪先生小兒語及女兒語皆明白通曉，最便童稚。又句短韻協，易於記誦。常欲遍鄉村小兒，悉令熟念，如說曲兒狀，將來便會出得好人物也。然惜其襍次無倫而閒參以黃老之意，恐遂先入爲主而反害之也。因爲吾女授此語，擇其要者分以四德及通論，共若干條。偶有改竄，亦余過計。僭踰之罪，固不得而辭也。

### 華陰王惇齋壽序跋 庚申

辥芮城以王子遜鄉欲壽其親，而勉以立德、立功、立言。麟竊謂所以致此者，亦必有道焉！蓋人必眞有爲己之心，而後夙興夜寐惕惕乎，惟無忝所生之是念。然非積學以充之，讀書窮理以探其本，力行以踐之，正心修身以致其實，亦烏能有成耶！且學必極於純備久大，行必臻於仁義中正，然後不朽之業立而顯揚之道盡，如是則謂之君子之子。遜卿屬書辥序而遂識數語於後，遜卿其必有以知此矣！

## 劉曉亭行述跋

劉君曉亭葬有日矣，其孤樞之詣予定性書堂，述其行事一通，拜求傳誄。予惟私傳既非義法，而誄又不可妄施。且以近讀朱子語類，人有求志其父墓者，先生辭之曰：「贈公『務實』二字。」竊深有味於其言，而亦謂人之所以事其親有不在乎文者，又安得而爲樞之漫爲之哉？顧其來意不可虛，而又重以樞之季父樹田之書請，即樞之所自述其教己者而言之。蓋自入學之初，聞師講誦小學即敬禮之，而命之從已，可謂能謹其所趨矣！繼又恐其荒經而專逐時好也，則嘗令之熟誦經書，豈不識所重輕乎？樞之既爲諸生，又欲廣聞見之益以成其學，不遠數百里資遣從師。樞之自謂其父果徒使己僅博世俗之榮，釣聲名干利祿已乎？抑其心有大於此者也。樞之不忘乃父，則仍勉力於學而已。昔之讀小學也，或通其辭未達其意，或達其意未習其事，今必詳玩而體於身。昔之不敢荒經也，或記誦之是勤而格致之未至，今必深究乎微言大義之所在，句句而求之，晝誦而味之，中夜而思之。昔之遠遊也，或取法乎今人而未尚友乎古人。性命本原之梗概、聖賢傳授之淵源、異端駁雜之差訛、吾學功夫之切要，苟有未悉，非古人之學也。今必奮然自拔於流俗而不欲爲卑陋之歸，不拒之以不信，不絕之以不爲。汲汲焉，循循焉，私淑乎程朱而遠宗乎孔孟，惟立身行道之是期。如是則眞有以慰親心於無窮，而所以爲顯揚之實者。又豈區區尋常比哉！故推本其所以教樞之者而爲說如此，遂書而歸之，樞之其將有感於予言也夫！

## 王新齋壽親文跋　辛酉

王君新齋以其尊甫先生誕日自爲文以壽，而與二三兄弟勉以立身養志。然則新齋之所以壽其親，蓋不同於世俗所爲者矣！新齋既厲志正學，固於此講之也熟。然或不免以家貧不能安娱親心，又絕意進取，亦不肯如今世覓館之爲。旁觀驚詫，或以新齋爲迂怪，新齋不動也。尊甫先生少讀書，知大義，素豪邁，有膽略，豈以是而動心乎？昔顔子簞瓢自樂，而顔路能安之家庭，父子之閒必有相喻於無言者。是在新齋益當以顔子自勉，而先生之爲顔路亦豈難能哉？且顔路直以顔子至今陪祀崇聖，則其壽固何如？新齋又不可不加之意也，遂書以歸之而並以廣先生之志。

## 辥文清公讀書録跋　癸亥

同治初元，回逆之亂，倉卒出走，書册一無所攜。至絳乃購得此書及文集，逐一點讀，欲得專意玩味，比昔年閲時益覺親切。但見先生胸次無非天理流行，而其清通灑落之致悠然時露楮墨閒，余亦不復知患難之爲患難也。癸亥富平劉生得仁從余學，欲得文清書，遂書以與之。俾知其爲聖學之淵源，程朱子先導而無輕視也。

## 朱子白鹿洞賦跋　甲子

朱子祖述孔孟，憲章周程，道學一脈至是大明。生平著述無非發聖賢之藴奥，開後學於無窮。而其指示親切，爲初學入德之門造道之方，則尤莫要於明誠敬義之訓，是篇一一揭出。學者讀此，自可以知其用力之所在，而不惑於他説，豈不幸哉！因書以自勉。

## 題邑侯葵階余公守城圖　乙丑

右圖册凡十有六，馬君炯爲葵階余公守城而作也。首圖公像，某既爲之贊册一。次圖，公燈下觀書而警諜屢告，蓋在同治元年四月望日也。時髮逆由南山竄陜，逼近省城，旋東颺破渭南而渭北回遂亂册二。渭南以西，若臨潼、高陵、涇陽、咸陽諸賊巢皆相繼蠢動。涇陽之塔底爲尤甚，且去三原不一舍地，賊垂涎久。無三原則西北諸邑危，公乃亟召工作軍器，盡出庫舊所藏礮，又製木礮百數十尊册三。選丁壯日操練爲守禦計册四。自渭南變起，焚掠屠殺，鄉村殆徧，老幼婦女咸奔逃三原，公悉開門納之，廟宇寺院並令安置册五。被傷者敷之藥而時視之册六。當是時賊張甚，意必欲得三原。五月二十七八九三日圍城亟，公守益力，賊用牛車載礮器轟擊城，城上火彈雨下，牛車反走，礮發傷賊無算。賊又蒙馬皮趨城下，築雲梯仰攻，城上人卽奪梯，賊氣沮然猶眈眈未已。忽富平健兒百餘人迎戰賊於賓陽橋東，賊大敗，走。公立賞健兒三千金，由是遠近聞風爭來守三原册七。先是西北南三關陷，被害慘甚，屍塡衢巷，又多投河死，公親視瘞埋册八。賊時渡河焚戮，或阨之或尾之，近城數里閒賊不得逞。七月十五日賊撲南城，督勇擊之，斬其渠首以徇，賊自是不復窺三原册九。三原舊無兵，公守城至是且三閱月，皆募勇保危堞，紳士雖屢請兵，卒未至。俄某軍門兵來，責供億急，公幾受馬箠，而城中又多一兵擾矣册十。賊困涇陽數月，人乏食，至煮啖鼓皮，公念恤鄰之義，遣勇送糧，閒有達者册十一。至十一月二十五日，發勇千餘隨官兵運糧，至涇陽之雪河遇賊，大隊官兵忽退走，勇遂陣亡八百餘人。公聞報卽城頭大哭，爲點次歸勇而慰藉之册十二。次日率紳士爲文以祭亡勇，悲憤激切，道傍觀者皆泣下册十三。二年九月初，多帥大兵搗高陵賊巢，旋至塔底襲之。時雷帥駐三原爲夾擊，公又益以壯勇，遂大破，復連破咸陽之蘇家溝。餘賊西奔，陜西平册十四。公守城凡十有八月，霜風炎日，雨朝雪夜，未嘗一日閒，至是始少休。然鄉井凋殘，田園荒蕪，逃者不能歸，歸者恐復逃也。爲之奏免錢糧，請罷徭役，散牛種給口食。親詣各鄉，悉心勾訪，僻壤窮谷靡所不到冊十五。邑人議建坊立祠，公輒力止之，東關紳民頌以匾，其謝詩云「孤城偏郭爭譽我，四野三關欲怨誰」，蓋公猶欿然不自居也冊十六。噫，是圖也，其工與否吾不知，如馬君者亦可謂好事。蓋欲傳之學士大夫相與嘆息詠歌，以不忘公之功。顧某竊謂，公守城之功此圖蓋不足以盡之，而又烏足盡公之心？方今大難甫平，餓殍滿野，催科之文日至，公恨不作鄭監門流民圖獻之朝廷。則其焦勞憔悴，有非人得而知。而公又以性分之固有爲職分之當爲，惟知鞠躬盡瘁而已。觀此圖亦必有不忍追憶者矣！識者得公之心於圖外可也。

## 題學古書院乙丑支用簿

陸象山管家三年，自謂於學有進。克勤小物，古人所重。米鹽零雜，亦關學力。耐苦耐煩，庶無遺廢。若掉以輕心脱略細故，則心粗而學亦荒矣！無大小無敢慢，宜體聖言。

## 舊本小學書跋

余辛苦藏書數千卷，俱遭兵燹。間爲鄉人竊拾零殘粥市中，張君宜堂見而知其爲余書也，急購數種。既余歸自晉，宜堂悉以還余，余感甚。同治乙丑，宜堂遣子姪五人從余學，余嘗教童子必先讀小學。此本乃余昔年初讀小學時自繕寫，簡端時有記録。念此書雖未遭燬，微宜堂則不知散失何所，求一見不可得。正宜復歸宜堂，使持以教子。憶余當時讀此書不下數千周，而前三篇已逾萬遍。至今略見古人所以爲學之意，實由熟讀。其子他日亦尚守余拙法，或因余之手録益用尊信是書，身體而力行，推之以及他書，則宜堂之幸，亦余之幸也。因書其後以竢。

## 袁振千先生手鈔小學旁訓跋

余得先生手鈔小學，不勝驚喜。蓋匪獨以其字畫之純謹，旁注之簡明，即此可知先生之爲人與其所學矣。叢語余舊有之，惜未細玩，遽遭賊燬。參同契注及虚字説已刻惜陰軒叢書中，識者必有取焉。

## 梁封翁健菴行狀跋

右行狀一通，梁侍御經先狀其父封翁之行也。侍御既求當代名卿大夫碩學賢儒爲之銘誄，其所以揚親之美而致其孝思者，可謂至矣！又奚俟於愚言，即言亦豈足增重封翁？而侍御乃固以請，且即侍御所以孝於親者推言之。先聖有言：「生，事之以禮；死，葬之以禮，祭之以禮。」朱子曰：「人子事親，自始至終，一於禮而不苟，其尊親也至矣。」今侍御於封翁之喪準之以古禮，通之以今制，蓋尊其親而不敢苟也。至喪家作樂及酒肉待客，非禮尤甚，侍御一皆不用，而或竊議之於虜習俗之難變，愚夫之難曉，乃至此哉！吾願侍御守之不易，而所以謹於身者益嚴以密。記曰「終爲難」，終也者，非終父母之身，終其身也。侍御更深究乎聖賢義理至當之歸，而不狃於晚近一切淺陋之習。講論日精，踐履日熟，務使其身爲禮教之宗。吾儕無望復古，風俗更教誰變？嘗以此自任。他日還朝，佐聖天子崇德禮端風化，亦不外此。此則侍御所以尊親之實。流俗之議豈足以動其心乎！狀稱封翁生平得力在「肯喫虧」三字，是其德量暗合先儒吴康齋之言曰「君子常自喫虧」，顧涇陽深取之。今世學者往往營私自便，計較錙銖，顧利而不顧義，知有己而不知有人，狠求勝分求多，壞其心術，墮其品節，自以爲得計，曰吾能不喫虧也。噫！非封翁之罪人乎？父子、君臣、兄弟、朋友之間，苟懷一不肯喫虧之心以相接，其能全者蓋鮮矣！可勝歎哉！且喫虧亦自他人見以爲然，君子則惟理是視。但不計夫得失利害之私，奪以毁譽歡戚之念，行乎心之所安而已。此其忠誠退讓，寬厚和平之本。侍御秉訓有自固得，所以大其德業之一端矣！諸公多不及此，余故爲之説書而歸之侍御云。

## 爲馮希顔書箴銘跋　丁卯

昔成湯以「日新」銘盤；武王受丹書之訓，退而於其几杖戶牖亦皆有銘；衛武公作抑戒，使人日誦於其側以自箴。蓋聖賢戒謹恐懼無時不然。然猶恐其怠忽或忘，故欲觸目警心而各因其事以致戒，況學者乎！馮君璘微遣其子希顔從予學，閒求書訓語，爲録諸箴銘如此。希顔幸知所以致力焉，則於學或庶幾矣。

## 劉霞仙中丞母夫人墓志跋

右節相曾公滌生爲中丞劉公霞仙母夫人所譔墓銘。公又自書，而劉公刻石者也。其文詞字畫之美固已遠過流俗，而情誼懇惻尤足見兩公相與之厚。世變倉卒，曾公倡大義以遏逆燄，劉公又相助爲理，故能恢復金陵，削平禍亂，赫著偉績。獨其所謂苦語窮日夜者，必皆天下大計，惜不可得而聞。予嘗一再見劉公，切切以生民塗炭爲念思，欲盡殲羣盜以安關陝，抒朝廷西顧之憂。顧乃志不獲伸，力請歸田。其寄節相詩亦勸以功成身退，豈其有憂畏而然耶！遇合之難古今同慨，每飯不忘忠臣之義，兩公蓋皆知之。而聖哲在上，必有不聽曾公之去，而復起劉公，以共佐中興大業者矣。蔭堂大令寶重此冊，求予書後，因感兩公始事，爲私記數語而歸之。

## 楊玫囿六十自序跋

右楊兄玫囿六十自幸而作也。君嘗五十作自責文，今乃自幸非不自責也。君食貧菽水幾不能養老母，又無子，兄弟之閒雖無故，然弟癡待食而已。抱信義之行，歷險患而不改其操，獨無以自見於世。以人言之則可謂不幸之甚者，而君不以爲不幸，而獨自幸其可幸。夫君子進德修業，不視乎時遇之盛衰，一息尚存志不少懈。昔之自責，蓋恐其不幸而不能有聞；今之自幸，乃喜其常責而不終虛度。君於是乎賢遠於人！而麟也尚少君十餘歲，他日幸至君之年，而益聞君之所以自幸，蓋有不知老之將至者矣！因其屬書，並附質之以爲驗。

## 題人書櫝

六經皆載道之書，學不治經則無以知道。後世治經者，皆程子所謂買櫝還珠者也。惟平其心、易其氣、闕其疑，以實求聖人之意。察之於日用倫常之地，體之於身心性情之閒，則知道果不遠於人，而聖人之經可得而明矣，豈後世所謂荒經者哉！

史莫古於書，堯典、舜典皆當時史臣所紀載，卽史也。但聖人所爲皆可爲萬世法程，故特名之曰「經」，三代以下於是有馬遷、班固諸家之書。要之，無聖賢之學，故其議論不能無純駁。學者治經有得，然後讀史則自長一格，而是非得失皆不出乎在我之權衡，而不足以惑之矣！

宋以前所謂諸子者，如老、莊、荀、揚、文中子。老、莊外道固不足言，荀、揚擇不精、語不詳，文中子中說雖多格言，然恐做未徹。至宋周、程、張、朱數子者出，直接孔孟淵源，非諸家可比。學者不欲學聖人則已，欲學聖人必以數子爲迷途之指南。且果有得於數子，則荀、揚、文中亦自不難辨其是否矣！

古人文詩皆得之心而宣之口，不爲無用之空言，故曰明道之言。如程子所謂聖人之言，如耒耜陶冶之器，一不制則生人之道有不備矣！後世文詩各集汗牛充棟，皆贅言也，且離眞失正，反害於道多矣！故學必求知道，知道則自不暇於言。即言亦皆不可少之，言豈曉曉者哉！

## 爲瞿敬菴書西銘跋　戊辰

西銘道理甚大，爲學不可不存此心，爲治不可不存此心。天德王道胥是乎在，程子每以此教學者，而朱子又爲之解無餘藴矣！儒者若無此胸襟，無此功夫，則無益於人，即有愧於己。無補於世，即有悖於天。古人欲「舉一世而甄陶之」，使萬物各得其所，皆有此道理在胸中，不容自已，故或出或處，自不肯苟。孔門所以教人汲汲於求仁，亦以此也。然其要，則在克其有我之私而已。敬菴大令佐運秦中，適歲荒，嘗籌賑粥之法，必使實惠及民，閒述其事，藹然惻怛之意溢於言詞。蓋有胞與之懷久積於中，而其德性寬裕和厚不閒人我，知用力於克私之學者深矣！爲書西銘并僭論如此，字之工拙不暇計也。

## 呂涇野自書詩册跋

涇野呂先生自書所爲詩一册，臨潼呂子淦裝潢寶藏，閒以視余。竊惟先生爲吾關中有明一代理學之冠，天資粹美，道術淵深。所以紹横渠之心傳，開來哲於無窮，固不在於詩詞字畫之閒。然其閒遠超妙古趣盎然，亦莫不各有丰神法度，而非後世徒摛藻采、虚弄翰墨者之所易識也。子淦近厭科舉之業，而有意先儒之書。將由此册益究先生之學，先河後海，然後及於孔、孟、程、朱，卒以成德，别派支流殆不足言。敬玩之下不勝景仰，遂書而歸之。詩中間有字句與刊本少别，蓋刊本先生晚年所改定並識之，使觀者無疑於異同云。

## 特詔獎義録跋　己巳

予既銘劉君毓英墓，其子昇之因裒集中丞湘鄉劉公奏獎賑散牛種疏，並所奉上諭都爲一册。顔曰：「特詔獎義録」，求侍御梁君希初並書鋟木以傳久遠，蓋揚親善紀君恩也。」閒出視予而求爲之跋。予惟劉君茲舉志切同仁，不害以有我之私，豁達懇摯，初非出於勉慕而强爲之也，是固足以愧當世之厚自殖而忘利濟者。而聖朝愛民之深，苟能憫恤艱厄俾獲生全，則寵異褒榮惟恐或後且見彰善賞德，而有以激發天下好義之心也。宋慈谿黄氏曰：「人人捐其有餘補所不足，而天下平。」書曰：「不臧厥臧，民罔攸勸。」表厥宅里，樹之風聲，是皆可感而書也。昇之不忘前人，惟務讀書厲行益期無負朝廷德意，則異日所以報君親者尤必有在。

## 馬貞子慰慕圖跋

馬虞操先生，朝邑績學篤行君子也，桐閣先生嘗爲之傳矣。其嗣君貞子又以慕親之心不能自已，閒作慰慕圖以自寫其悲思，而因以自慰。夫古之慕親者莫如大舜，而舜之爲大孝亦以德爲聖人爲主。況先生嘗屬貞子以入聖之門，貞子果體父志，則所以慰親者大矣！所以慕親者深矣！且貞子既教其子伯源以正學，是欲似續世風而光大先生之業者，其爲慕且慰又何如哉！伯源奉其父命索題茲圖。伯源益修家學，而即以桐閣傳序論學大旨，以濂、洛、關、閩爲的派。不參以陸、王，不雜以漢、唐訓詁詞章，復以舜之爲法天下可傳後世者自勵，斯爲慰親極則，而並以伸其父之慕於無窮焉！此亦虞操之所深願也，於茲圖乎何有？伯源其愼勉之。

## 題清麓精舍庚午支用簿 庚午

孔子曰「君子謀道不謀食」，孟子斥樂正子以學古之道而徒餔啜，范文正讀書長白山，晝粥斷齏。謝上蔡從程子學，程子處之門旁小舍，寢不安食來不溫，而程子不問，上蔡不以爲苦。呂涇野謂諸生曰：「汝輩在此，衣服飲食須要儉省，積久便得其父兄懽心，便是學問也。」而余尤愛李延平與朱子書云：「吾儕在今日止可於僻寂處，草木衣食苟度此歲月爲可。他一切置之度外，惟求進此學問爲庶幾爾！」張楊園嘗言經凶經亂見飢死者，父子兄弟不能保。罹兵者，城邑村落爲邱墟，同茲覆載，孰非盡人之子？一念及之，惻惻於懷慄慄於膚，幸茲布衣蔬食以延先祀，於分過矣！於賜厚矣！敢萌侈心？此皆吾輩所當深省，故書簿首以觀諸生。

## 目隱子傳跋 辛未

此吾友序堂魏君自述其生平大略而作也。君老以目疾失明，故自號目隱子。然嘗誦舊所讀書，或吟詩命兒輩寫以自娱，所謂盲於目而不盲於心者，顧君自以癡名，尤予之所樂聞，士而癡，俗所謂書獃子也。自世尚功利巧詐，而書獃子遂爲詬病。然豈知綱常名教忠信廉潔卒惟書獃子爲之，而功利巧詐者不與焉！此孔子所以有取於武子之愚，而周濂溪所以以拙自賦也。予之癡更甚君，以此傳視余蓋謂惟癡知癡。而余與君尤願終保此癡，以求無愧孔子、周子之旨，斯可矣！

## 爲謝季誠書朱子書跋　壬申

右朱子與劉共父書一段，謝季誠最愛之，求書此紙。竊思季誠草茅之士，未嘗致身朝廷而用意如此，其志可謂遠矣！然余謂今日知所以取友，卽異日知所以薦賢。第其本，則仍在於窮理修身反求諸己。子曰「患不知人」，尤爲要務，季誠其勉之哉！

## 周子愛蓮說跋　癸酉

愚按此篇亦周子寓言，無非太極圖說之意，細玩之自知。然亦可見先生之襟懷，雖於流玩之閒卽光風霽月，氣象可想。

## 周子拙賦跋

先生蓋有慨乎，其言之也。然今天下之巧者，尤倍於昔，其術尤工於昔。而自視反以爲得計，是蓋以拙爲非也，然先生所謂拙眞拙乎哉？通書首章言誠，卽此意。

## 音韻反切書跋　甲戌

音韻出於天而見於經，自學者所當知。國朝惟顧氏獨精音學五書，惜常求之而未見。似不止反切一法，而反切亦入門之端。予素昧此，党君此書最便初學，講論之餘頗爲心開。然尚欲與君搜顧氏書而細讀之，其益我當更多。先書此卷之末以竢。

## 邑侯趙孚民所藏來陽伯先生墨蹟跋 乙亥

吾鄉來陽伯先生以書法名一時，後世多爭寶之。然其性情氣節之高，經濟文章之美，則固鮮知者矣！今觀此卷亦可略見一班，顧獨拳拳於科舉，何耶？蓋世方以科目爲正途，士生其時而望道德之光名譽之著，舍是奚由！雖聖賢之學有不在此，抑亦不得已而爲之者歟？然如先生所謂，勿蹈世態累孝廉之名，杜門揣摩制舉尋大途路，做孝廉十載立而不仆，故貽今日之貧。翊良友於青雲之上，道義之途，則赤衷可暴。是數語者，其於人己之閒皆守繩約，亦異乎世俗之所謂科舉者矣。邑侯蘭山趙公偶獲數帖，裝潢精好，命題其後。顧麟淺陋，不能識先生染翰精詣。然見熟聞習有以決知其爲先生手筆無疑，展玩良久，敬書歸之。

## 宮農山觀詧所藏朱子墨蹟跋

文公朱子以聖賢之學偶爾染翰，端勁莊嚴亦足横絕今古。顧嘗所見率皆石刻，而每以不獲一睹墨蹟爲憾！觀察農山宮公見眡此軸乃書五言絕句二十字，目疾昏澀惜未能深窺妙處。觀察頃辱佳章，知其宿學詞宗所賞當必不謬。獨此詩大全集中無之，殆不可曉，豈其爲他人之作歟？因書下方還以質之，竊又自愧其弇陋也。

## 爲寇允臣書朱子名堂室記跋

愚按朱子此言則知中庸首章、大學聖經固得敬義之旨，學者守此而致力焉，其於聖賢工夫亦無俟乎他求矣！然中庸「性」、「道」、「教」三言首使之知其名義而深究之，則義未嘗不在。而大學之前涵養以小學，亦豈非敬？蓋戒慎恐懼實貫乎大學八條目之中，不獨格致。而格致之始，亦必以「性」、「道」、「教」爲標的，卽戒懼中之慎獨舍格致又何以爲省察之實哉？且致中卽敬而致和卽義也，知止卽義而定靜安卽敬也，則敬義之於二書又未嘗不交羅錯綜，而各有其條理焉，實體之則所以反於身者至矣！然而「明新」、「至善」、「天命」、「率性」、「修道」又皆其立志者。此二書之首，亦未始非爲學之全功，苟外是而學則皆非大中至正之道。不溺於功利則流於空虛，可不審哉！

## 楊仁甫手帖跋　丙子

右帖吾友仁甫楊君雜書以詔其弟信甫者也。仁甫殁踰年，而信甫出以視余。觀其所録諸詩書語，大抵皆修身齊家孝友溫恭之行。尤致謹於妻子好惡之閒，下至於僮僕知恩。其所以拳拳於信甫有在楮墨之外者，抑亦可以知吾友之所存矣！宜信甫展誦不置，不徒以其手澤而已，屬余題後。把玩心畫如見生平，爲之太息，書而歸之。

## 爲王新齋題華山圖

余嘗五登太華，遍歷三峰，坐仰天池，上觀滄海出日，俯瞰洪河北來，東瞻平陽、蒲坂堯舜故都而想唐虞之遺風焉！西望豐鎬，慨然念文、武、成、康之休烈，猗歟盛哉！ 山川人物依然如故，秦、漢、隋、唐抑何其不古？ 若耶、南眺、熊耳、伊洛之閒，二程之餘響尚有嗣音者乎？ 翹首振衣令人不復作塵世想。 及下山憩雲臺觀謁朱文公祠，又不勝瓣香之祝。 每思仰止名山，結廬祠側，以詠謌先生之遺書，亦足以樂而忘老而未得也。 王君新齋獨恨未能一至茲山，因倩虛谷老人爲圖此軸。 蓋欲臥遊寄興，并眎余索題其上，乃書其素所感者如此。 他日與君展閱，掀髯縱談，五雲深處萬壑松風，尚能爲君指之。

## 書王復齋先生碑陰

學憲吳公既題先生墓碑，並奏請從祀孔廟，上諭禮部議奏，旨未下。 劉季昭質慧適刻復齋録訖，即鑱石立墓。 墓久質，裔姓四分五釐，孟姓五釐，四面俱計五丈四尺七寸。 季昭復用錢陸千贖歸，先生裔孫天德、錫慶、遂善等收管。 是役也，澄城連生春魁徒步訪墓繪圖，其邑党君宰潮考又加詳，求親裔搜遺書，具上吳公咨部備查，其於立石襄事尤勤。 諸君之好義固可嘉尚，亦足以見理義之感人者深也。 皆不可以不記。

## 晉衛協畫跋

予素不識畫，古畫尤不多見。 劉東初秀才以此幀眎予，則晉衛協所畫雪景也。 觀其用筆設色精緻秀潤，似非近手所能。 賞鑒之章，巔旁幾滿，其可識者如「御府」「龍光殿」「建業」，文房皆未詳，其果爲何時？ 而米襄陽圖書在焉，宜可信矣。 獨案古今書鑑載協作道釋人物，冠絕當代，時謂之聖，不言山水，豈能者無所不可，不拘一格歟？ 抑後人但慕名高，而不暇細考歟？ 絹質脆薄，千五六百年尚留人閒，蓋所罕聞。 夫假眞售僞、以僞亂眞、變幻巧譎，以肆欺罔者多矣。 獨此畫也哉？ 且惜以彼其技亦足擅場一時，而附託古人，重於人而輕於己不又愚乎！

## 連梅軒鈔輯樂書跋　丁丑

古樂失傳久矣，後世學者亦往往憚勞而莫之究。即究之者，或且各守一家之説，卒未能合。澄城連梅軒有志於樂，欲究其本末，因繕録朱子儀禮經傳通解言樂諸篇，並文集、語類經注凡有關於樂者，都爲一册，分若干卷。暇日誦玩以求古樂之大旨，可謂不憚勞而有恒矣，即未知與後世諸論樂者同異如何。然本朱子以折衷諸家，亦可得其權衡。惟願梅軒虚心精意守以終身，徐俟其浹洽貫通，又必由興詩立禮而後成於樂焉，則工夫次第不失其序，庶乎所得於樂者將不僅在文字間而已也。梅軒其知之矣！

## 成伯琦草堂詩跋

余嘗讀朱子文集，竊見武夷、雲谷皆嘗序記，而並有所謂七詠、二十六詠者，又於敬夫張公城南三十四詠而奉和焉。蓋幽曠之區林泉之美，惟君子爲能識其清閒淡遠之趣，養性讀書修身講道，眞足以樂而忘老，而一時花木景物之微，或且諷詠以寄其意，後之覽者輒流連慨慕想見其爲人。大荔成君伯琦與其弟仲絅相地郡城，而得所居於東南隅古菴之傍，結茅以授生徒。顔之曰附郭草堂，既記其事，並爲十景詩以傳眂諸友。因得詩文若干篇，都爲一册，屬余書後。余昔遊同郡，訪故友楊仁甫，時君授徒豐登書院，閣上不余棄。暨郗君厚菴約致同人會講於郗氏之居，復會講於閣上仲絅居草堂。惜當時未及一遊所謂十景，又不得一覽其奇。復愧不善詩歌，未能爲朱子和敬夫城南三十四詠之作有以發。成君雅情高致之所在，而幸以此屬，雖知自恧亦不敢辭。且願成君終以朱子之學自勉，敬義明誠交修罔倦，將見資深居安。區區草堂有不足爲成君重者，而地以人傳，亦覺武夷、雲谷去人不遠，十景之詩卽謂無異七詠、二十六詠之遺，豈不休哉？因書册後而訊之，成君當不以爲未然也。

## 題小惠冊

凡天下之疲癃殘疾煢獨鰥寡，皆吾兄弟之顛連而無告者也，而況鵠面鳩形之接於吾目乎？於我心有戚戚焉！飢時一口聊少延旦夕之命，深愧其未徧，但冀繼我者之有人。誰無惻隱，忍令日填溝壑而不救也耶？

## 左爵相書諸先生象贊跋

湘陰相國勳名滿天下，道德經濟固自有本，而其心畫之妙亦復横絶一代。茲幅所書朱子六先生象贊及畫象自警，尤足楷模學者。至辨畫象中「予與」二字之訛，益見卓識。「與」之作「舉」實與韻合，且有大雅「民鮮克舉」、孟子「力舉百鈞」語意可證。以此見公事事不苟，其亦道學精詳之一端也歟！劉生昇之雅慕此道，尤愛公書，摹勒上石以公士林，敬附原跋而爲識其後。

## 左爵相書張南軒與朱子書跋

此恪靖伯左公爲吳清卿學使書者，公之經畫西事，蓋與南軒書中所言多合。竊嘗於學使座見公書札，論及西事深謀遠慮，成算在握。而其字畫嚴重雍容，有敦詩説禮之趣，遂謂即此意思安閒已足平賊，立奏膚功而有以消患未萌，爲安邊長久之計，吳公深以爲然。今觀此帖益信公之所存，有非世俗所盡知者。因屬劉生昇之刻石傳遠，又不獨書法之妙而已也。

## 楊馨遠畫軸跋 戊寅

余年十三，先君挈入邑城應童子試。因見畫士丹霞楊君，留之飯。退而先君歷道兩家交契，乃知君父馨遠公爲先曾祖梅菴公學畫入室弟子也。越二十餘年，遭亂寓邑城，復得交楊君之姪馨遠公之孫子壽大令。子壽以守城勞績累保試用四川知縣，可謂能光前人矣！光緒戊寅與子壽同事賑局，暇出馨遠公此軸眎予，並求爲之跋。予惟子孫於其先人手澤，固不能不爲愛惜寶貴。然所以纘緒繩武，必在於遠者大者，而藝以人重，識者覩其子孫，益知先世之遺休長也。詩曰「無念爾祖，聿脩厥德」，予與子壽蓋皆宜勉焉。

## 書朱梅麓遺婢帖後

熙朝新語載總河梅麓朱公之錫有遺婢帖。其略云，此女原無大過，只是娃子氣，好言，教導不甚知省。誠恐聲色相加，流入婢子類，所以量給衣飾，還其父母。初時原是待年，五六日後便有遺歸之意，故自後幷無半語諧謔，猶然處子也。可將此段緣由向其父母中媒昌言之，以便此女將來易於擇壻，云云。眞盛德事也，相傳朱公今爲河神，宜哉！按：此事亦見王漁洋池北偶談。

光緒戊寅四月，余買安氏女作妾，年才十四，不欲便收房，已爲其父母說明此意。兼使日與内子相親，曲爲教導，將來免致嫌隙也。無如此女心地頗未曉亮，所謂好言不甚知省，殆類朱婢。數日之閒，余亦卽有遣去之意。而此女亦復思念父母，日夜欲歸。余見不可强留，萬一潛逃反多未便，卽呼其父面令領去。且告以來無多日，此身分明，別爲擇壻原無可疑。隨取原券與之，幷無一語責償價金。其父卽叩頭稱恩，幷其女謝罪而去。時尚未及半月也，而議者或謂不當遽令引去，又謂卽去亦宜還金，余皆不謂然。余此心本無可恚，當此奇荒有女仳儷，妻妾子女或欲售人而不得，甚至甘心奔從，冀得一飽亦無願者，而此女猶得吾金以救其父母，此其中殆有天焉！余雖貧困，尚可因此全活一家，亦大佳事。孟秋在清麓偶閱朱公事，喜與余事合，因録以示人而書其後，如此知議者之言不然也。

## 張氏家廟記跋

丁留張氏在明爲吾邑望族，觀於聚五公此記，而知其所由然也。自公以貴州藩司死於獻賊之難，衷義節烈，國廟且褒嘉之，又可謂能踐其言者。越二百餘年而廟與碑俱燬於賊火，裔孫宜堂屬書其文於冊，以詔後人。蓋亦有意於合族，而惜其遭亂不振也。然宜堂所自修以望於後人者，立身行道，爲繼志述事之大，故雖老而不倦於學，且以程朱爲祈嚮。子若姪童試屢冠軍行見拔於有司，而宜堂終欲勵志正學，不屑屑世榮。然則本此記所言以光大前人，是又在宜堂諸子矣。書訖，幷爲跋其後而歸之。

## 題困知記楊梅友摘鈔本

此吾友楊梅友手鈔本，因與余論明一代儒者學術，遂以此本贈余。整菴先生困知記全書余曾有之，其論理氣多與程朱不合，殊不可解。然闢陸王最爲有功，辭胡後當以整菴爲純儒也。

## 侯棠崖花通跋　己卯

周子作易通而易之理明，不獨易之理明。棠崖作花通而花之理明，不獨花之理明。由易自可知花，即花亦可悟易，謂花通與易通通，也可。此非窮理之至，未易知也。然周子愛蓮而不喜牡丹，棠崖獨賞牡丹而不言蓮，言各有當而趣則一也，能識其意斯亦可以言通。光緒己卯春，郃陽謝化南攜其邑前輩侯棠崖先生花通求跋，爲書數語歸之。

## 牛雪樵與武靄堂書跋

右雪樵方伯與岐山靄堂武公書，公孫文炳出以眎予。書中所謂聰敏立志讀書者，卽文炳也。方伯以爲勝於得債，絀於彼贏，於此皆至言也。公蓋知之矣！公晚年遭遇多舛，方伯又勉以樂天知命，誠心古誼道義切劘，尤見前輩交與之厚。方伯素講實學，卽此可見。文炳近亦祈嚮程朱，又知公之貽謀子孫自有遠大，誠不在戚戚憂貧閒也。文炳裝潢此帖，時出觀玩，冀終不負所望，可謂善體祖心者。乃爲之書其後。

## 攀留圖跋

此靄堂武公任石泉時調補他邑，士民不忍其去，遮留馬首，好事者繪圖以獻。殆與古之攀轅臥轍無以異矣！公之學道愛人於此可想。予不獲見公，今睹遺容爲之起敬。謹書卷末，以志私幸。

## 守禮書堂跋

孔門教人博文約禮並重。而顔子問仁，獨曰「克己復禮」。曾子問禮，特詳戴記。横渠、張子教學者以禮爲先，使有所據守。此又吾關學當奉以爲法者也。岐山武生文炳新起書堂，麟適來此，因其問名，題曰「守禮」。生有志正學，即以横渠之教爲勖。生將刊布朱子家禮原本以公斯世，尤得斯意云。

## 崇正書堂跋

岐之南爲積石原，原下雍水東流。其陽有書堂，淨生守經讀書之所也。聖學不明異端日熾，因果報應妖妄鬼怪之説惑世誣民，「載胥及溺」。昔者生幾陷焉，既悟其非，雅慕斯學。己卯西遊，邀予臨視，額以「崇正」勉旃毋墜。其惟讀正書、親正人、庶正理、明正道，行乎弁爲之書。

## 題馬養之所鈔朱子文

興平馬養之從予學，先後幾十載。凡自存心修身處事接物，以至精粗大小之閒靡所不講，養之尤能相信之深。諸經外即取平昔嘗讀之書談論所及略有次序者，編集鈔録爲五巨册。顔以仁義禮智信，而此爲義編，皆朱子文。閒嘗第其先後，授以意旨，已令養之自爲之説。竊惟朱子之道廣大宏博，茫無津崖，學者恒苦於望洋，往往未涉其際而遽已退返。苟得斯編而讀之，或庶幾稍窺紫陽之門徑，而有可從入之途矣！抑予又有説者，不博固無所謂約，而非約則將爲泛濫之博，又何以反約？既得其所以約，即博亦爲約之地。顧不反於身，不繹於心，或閒或雜終不能以有諸己矣！凡讀書皆然，卽不獨朱子之書也。倘又氣質未變，意見未除，且反以爲讀朱子書之詬病。此尤予與養之所深懼者。光緒己卯養之館岐山，武氏子遊鳳翔謁橫渠祠，歸復宿養之館。將別求題此編，爲書如此，并令録餘編總目於首，以便覽觀焉。

## 馬養之近思録跋

戊寅秋，齋僮持此書求售，予購得之。愛其紙版精好，別加裝訂，署簽識印，時出展讀。既馬生鑒原視予，見之謂爲己物，始知爲齋僮所竊。蓋馬生此書舊寄清麓，予初不知而誤買。然不別售他人而售之予，則此書仍爲吾黨物，亦可幸也！因歸之馬生，惟望生知此書之不至終失，熟講精玩以期有得，簽印如故。俾生見予字畫姓名，常如晤對一堂時也。

## 左侯相所書正氣歌跋

相國左侯所書文文忠公正氣歌，筆墨亦挾風霜，可敬而仰。仇伯學敎元刻之清麓，學者讀是歌亦有資於養氣，獨字畫而已哉？

## 題謝化南過庭見聞録

郃陽謝生化南居父喪，哀思之餘哀輯其父生平言行及所以敎己者爲過庭見聞録一册。並坿世系傳志、輓祭詩文，靡或所遺，可謂能慕其親矣！予觀生父謹質醇樸，頗有萬石家風。而又敎化南懇懇以聖學爲祈嚮，則其識趣殆非尋常可及。

化南善體親心，亦惟致力於存心養性明善誠身之功，而造乎碩大光明之域。其於斯録必有擴充發揮爲繼志述事之大，以顯揚於無窮者，豈徒不爲伯魯之簡而已也？化南尚懋敬之哉！書之册首以竢。

## 爲女肅書章楓山先生諫元宵燈火疏跋　庚辰

元宵燈火其來蓋久，世俗嫁女，相沿是日舁送花燈等物，又翦裝各様戲燈，爭相誇耀，實屬悪陋，亟宜禁革而或莫之省。且以燈爲長命，不則壻家輒相怪訝。吾獨力斥，幾幾不勝，幸嫁數女不此見責。女肅既嫁，宜餉佳辰，吾謂食物尚無害義，燈火斷不可從。導以玩好非所以愛女，亦非所以敬壻家也。暇讀楓山先生此疏，殊深嘆賞。書卷貽之并示女夫彤庭，俾知此義，庶幾守正，他日格君亦不愧前哲云。

## 王母節孝録跋

藍田司訓清澗王君子延廣年爲吳清卿學使所拔士，余嘗識之。以優貢朝考得教職，既之官二年送試至原。時久雨，巷泥深沒踝，忽聞剝啄聲，啓門則子延持其母李孺人節孝録求書數語以傳。噫！子延可謂能孝其親者矣！子延始進兢兢，惟母節是念，卒得請旌如例，子延可謂能孝其親者矣！余觀孺人饗舅奉姑，律身持家，亦多節母之常，惟諄諄於二子讀書，以期繼述先志，則慈母而嚴師也，詎不難哉！故二子卒有成立，長子彭年嗣其伯父，以廩膳生有聲庠序。廣年且得行其所學，以宏錫類。從來子之賢多得力於母教，而節母之子其賢往往爲尤著。蓋母之艱貞早足動忍其心性，而鬱之久則發必奇。天若故有以彰其母之節，雖然，子之孝親，亦在乎立身行道之爲足恃，區區外至之榮非所以爲顯揚之實也。曹月川非教官乎？子延勉旃！是録益有光矣。

## 曾祖梅菴公畫竹跋

此先祖梅菴公畫也，白生季珍得之，閒眎余，印章皆余家舊藏，末一方用唐焦遂故事鐫「脱帽露頂王公前」七字。昔公應詔至京，一時王公迎致作畫無虚日，蓋紀實也。惜畫多失存，遭亂余僅購得松亭避暑及友人所贈商山四皓圖二巨幅。今觀茲圖覺渭川千畝如在目前，又如瞻淇澳而思有斐，不止令人不俗而已。益嘆公之畫不拘一格，國朝畫識謂其工指筆畫松尤超逸，或未窺其全也。展玩手澤，不勝慕仰，白生屬余題後，爲之敬書而歸之。

## 方正學書跋

方正學先生當建文之難，初見燕王即衰杖哭闕下，聲徹殿陛。及燕王迫草詔，大書「燕賊篡位」數字，擲筆哭駡，至湛十族而不悔。嗚呼！何其烈也！千古忠臣受禍之慘未有如先生者，百世之下聞先生風蓋莫不悲其遇，而綱常名教益覺增重。先生自少即以孔、孟、程、朱之學自任，故其節義初非無本而然。嘗讀所著侯城集者亦皆磊落俊偉，直追昌黎。至於心畫之妙，世所罕觀，往見石刻行書，氣魄實類晦翁。郃陽王君捷三所藏茲幅七絕一首，其意亦非苟然，或爲太祖伐暴救民而發歟！而眞楷端嚴尤可寶貴，剛正之氣凜凜逼人，眞可畏而仰哉！考先生作此年裁十六，道德夙成，雖緒餘亦足名世。王君屬綴數語，以有高、杜兩先生跋不敢落筆，而不可辭爲，敬題其下方。

## 愛吾廬齋圖跋

陶淵明高風峻節獨出千古，而其爲詩亦非後世能言之、士所能及之。今觀其集，蓋未嘗不在於讀書。其讀山海經一篇有曰「吾亦愛吾廬」，又曰「時還讀我書」。夫愛廬正爲讀書，然本詩所云「汎覽周王傳，流觀山海圖」，曰「汎覽」曰「流觀」亦偶及之耳！余嘗竊誦淵明諸作，往往得於論語之意爲多，安貧樂天，兹其所以異於騷人詞客之流歟！顧飲酒寄傲，儒者多不以知道許之，又不知於論語果如何也？毛君漢詩好吟詩，閒取陶句，名其讀書之齋曰「愛吾廬」。并集其詩爲五律以咏之，且繪圖徵詩，一時題者卷軸殆滿。余不工詩兼不識圖，竊以君意在讀書，但不知君視淵明所讀書果奚？若近世詩人獵華炫采，誇多鬬靡，其書可知，其讀可知。淵明當時大學、中庸、孟子尚未著，然淵明猶知讀論語。況今世又有洛、閩諸有道者之書，君果如淵明之讀論語者而讀之，將不獨詩，卽詩亦當不遠於陶且進於陶而謂之知道。并淵明所以不知道者而知之，抑或謂詩不關理，所讀者别有一書，此固余不得知。竊意淵明所以愛廬之意亦不如是，卽君所以取愛廬之名以顔其書齋者，意亦不如是也。尚俟暇日，過君廬細論此事，而問君所讀之書，君當不吾靳也。先爲之跋以約之。

## 登瀛圖跋

唐太宗爲秦王時，開府置屬，延杜、房等十八人，號爲學士。士大夫得預其選者，時人謂之「登瀛洲」。蓋非實有「登瀛洲」事也，後世豔稱其事，往往繪圖以傳。有於十八人中獨不畫許敬宗者，昔人謂之有識，予謂敬宗固不足言。如杜、房諸人皆當時人選，而秦王兄弟之閒未免慙德，曾未聞有所匡正，其於輔儲之道亦有所未盡焉爾！予不識畫，或以兹圖索題爲論，其事俾觀者考焉！

## 题劉時潛鈔居業録本

此吾友劉君時潛所鈔本也。君歿幾無以殮，其子逃死，獨有老妻孤苦衰病，殆難存活，舉遺書鬻之。因檢此冊留置篋笥，蓋不忍其手迹之遽失也，爲之泫然。

## 書辭仁齋傳跋　辛巳

予既爲仁齋傳，其高弟王守恭遜卿又求書之橫帛，以時觀玩，不忘師教。甚哉，其好學也！方愧淺陋，不足發揮先生道德學行之懿，以詔來茲，無以報知己地下。而遜卿適編次先生年譜并哀其文集、答問，纍然尺許。異日更加纂定，出以問世。當有能讀先生之書者，或於此有以識其梗概。而其純正精實之詣，庶乎其自得之。然使先生之教益振不衰，則在遜卿與二三同志相與堅守實行，使芮城之門不至落寞而更光大之，吾學之幸也。爲書以諗之。

## 王無异榮奔帖跋

韓恭簡　馬文莊　溫恭毅　鄭珝　陳耀文晦伯　朱伯明宗侯　來復陽伯　趙崡子函　史忠正閣部　左蘿石　鄒靜長　南二太　南中幹　范仲閣　井虹嶼　來臨馭仲

華陰王山史氣節文章爲國初吾秦之冠。晚復潛心正學，至其書法秀拔亦得晉唐遺意。且嘗謂，今人學書不學顏柳而學吳興，無怪乎世道之日下也。茲所藏當時名人尺牘名「榮奔帖」，道光中朝邑桐閣先生命其門下諸生刻石以傳。展玩之下，不獨筆畫各極精妙，宜爲山史所賞。而其詞氣言論猶足見諸前輩所存之懿。如吾鄉溫恭毅所云民俗難服，須使情意周流民閒，如慈母之於稚子恐無難化之理。尤有官者所當知。史忠正自謂與世浮沉塹負知己者，卽其生平忠義可想。字之工拙，又非所論矣！王遜卿以石搨求跋，爲書其後，覽者宜知所寶重云。

## 李雪木帖跋

雪木先生在國初爲吾秦高士，其所著槲葉集，學士大夫爭欲快覩。而字畫眞蹟傳者實罕。光緒辛巳岐山武生文炳敬亭得二紙，一亦山園記，一淡園記也。亟裝潢成卷，遠以眎予。予雖未見先生書，而此二紙者決無可疑。不惟筆勢奇逸超出塵坱，而文亦雅類漆園，心境洒脫自可相見。至其發揮淡字，尤非先生高識遠見未易有此。因此益思淡而不厭，吾儒下學爲己之功，知先生之所得深矣！敬題其後以歸敬亭，且告以敬其人愛其字，而尤當識此意也。

## 陳學海大清渠簿跋

陳維江學海其爲人樸誠，能任事。念其鄉大清渠崩塞，下流無水，遭荒餓斃，惻然傷之，委曲奔走，賴縣州三公始終以成，其事顚末，簿已詳之。其志可尚，其義可嘉也。天下事不患難爲而患爲之無其人，此事非官力固莫之能爲，而非學海之誠心誼切桑梓，亦豈能有濟哉？然學海非有所爲而爲之者，不自矜其功，更當堅持一心和衷鄉人。茲簿之傳，俾後之人知其成事之匪易，遇合之有幸，而毋輕廢也。

## 六先生象贊及朱子畫象自儆跋

右朱子所作六先生象贊及畫象自警。夫六先生者，朱子固嘗尊其學師其人，故能形容親切如此，其至所謂善言德行者矣！然非身有之，亦烏足窺其深而言之各當其分哉？而其自道，則又雍容謙遜，若不敢以道自任，惟勉勉於下學爲己之功而不已焉！非眞得乎聖人之心傳者，不能若是也。程子云：「欲學聖人，須熟玩味聖人氣象。」然則學者苟潛心體會六先生及朱子氣象如數篇者，亦可以進德矣！孚民邑侯屬書横幅幷僭記其後，以求是正。

## 敍天倫之樂事額跋

此李太白語也。夫家庭之閒自有樂事，凡父母兄弟妻子叔姪，篤恩誼悦情話，皆其樂也，皆所當敍也，豈獨宴遊一事哉？兊生表姪有意於此，卽吳村老宅治屋數椽，求予書此語而額之楣上，以與家人共敍其閒。吾意兊生事母養疾讀書蒔花，「古人一日養，不以三公換」，可謂眞知其樂者。而又能敍之，使家之人無一不樂。且漸學顔子博文約禮之功，以至簞瓢陋巷不改其樂，則天倫樂事敍之當更無窮，而太白云乎哉！爲書其後，兊生其有以識此意也夫！

## 三水縣新志跋　壬午

光緒庚辰余甫畢吾邑修志之役。至冬三水縣椿年馮侯乃致書吾邑焦侯，而復以三水縣新志見屬。焦侯再三言，余再三辭。蓋自愧淺陋，本無三長，兼地遠事疎，不比桑梓聞見較有可據也。越月餘馮侯又遣其幕客張愚生紹元並浼焦侯親詣清麓，以必諸爲請。不得已，訂以稍寬時日方敢報命。明年辛巳春夏，聞余方喪女，且目疾不暇，以爲秋八月乃獲從事編纂。所應採訪亦陸續郵寄至，壬午夏始克脫稿。愚生再見，余堅求納賢。時愚生歸西安，招以來，屬校訂，門下諸子亦與焉。因爲請正於侯與其邑紳士而後入梓，蓋不敢不慎也。其繕寫者門下澄城連春魁。

## 劉烈婦葉赫哩氏傳跋

光緒壬午春予至省城，滿洲生員阿爾本偕其旗人訥爾、吉善兄弟見予於寓邸。吉善醇謹好讀書，有志士也。既而出其姊劉烈婦傳，俾予書後。且以姊殉夫事未得上聞，邀旌典言之。嗚咽！若有戚然者。予觀烈婦夫死，籌慮周密，手書及詩，從容就義，其志固已早決，豈非正氣烈腸秉於生初而然歟！抑烈婦素讀列女傳、女誡諸書，其所以涵濡激發者，有不得而沒也。然烈婦亦自完其性分固有職分當爲旌與不旌，豈嘗計及此哉？詩中又有勸吉善力學之意，然則吉善亦可以不爲烈婦戚。自此振拔流俗，矢志聖賢，使人知烈婦爲某之姊，卽有光烈婦多矣！是亦烈婦之願也。予之文又烏足揚烈婦，聊書此以諗吉善，以爲然否？

## 爲王竹舫書端莊自能靜一跋

余既爲竹舫書「鞭辟近裏著己」矣，又屬並書此語。夫周子主靜，程子主一，其言自爲精到，然不善求之或未免枯寂固滯之弊。朱子每言「端莊靜一」，「端莊」，貌也；「靜一」，心也。制外所以養中，蓋卽此意要皆不出一敬。身心肅然，表裏如一。惟實致力於端莊，不爲矜持把捉，積久罔懈，則靜一之效有不期然而然者矣！此尤著己之要，竹舫以爲何如？

## 劉石生書跋

石生先生倜儻英邁，詩文古奥，書法亦絶人，然見者甚尠。葆初孝廉購得所爲吾鄉溫孝靖先生小像，題贊别致，逸趣橫溢楮墨。屬綴數語，爲書而歸之。

## 題聞聲録

故友朝邑楊仁甫先生與弟信甫怡怡終身。信甫初學賈，非仁甫志，積誠以感，遂反儒業。家庭之閒相爲師友，卒潛心聖賢之學，吾黨蓋嘗稱之。信甫固賢，非乃兄愛弟之深切，烏至是哉！故其見於家書詩詞，情意懇摯，悱惻動人，顧皆散見文集中。信甫暇日裒集一冊，又自記數條，顔曰聞聲録。蓋欲嘗切誦覽，不忘於耳故也，可謂能弟矣！昔韓苑洛、五泉兄弟道德政事、氣節文章彪炳史冊，然其性情根本之地，獨有非人所易及者，當事爲立孝弟碑以記其事。今仁甫已作古人，雖老諸生所學，殆不愧苑洛。而信甫年亦逾艾，猶自孜孜進學，其爲五泉當無難者。況友恭所矢今古無殊，安知異日不與二韓媲休桑梓？爲書冊首，並以勖吾信甫。

## 歐陽文忠公集古録跋 癸未

余舊有文忠公全集，惜遭兵火不存。年來求之不可得，偶遊書肆適獲此種，喜甚。雖未能見其原蹟，讀公跋如對古人，肅然起敬。豈徒如公所云益多聞而已哉！

# 以舊本近思録授王生映墀跋

右近思録葉注二冊，余初讀時本也，當時尚未見他本。及見朱子遺書內有白鹿洞原本，因校其異同注之簡端，厥後依原本別鈔一冊，朝夕諷誦，而此本謹藏以備考注。遭亂此本失存，故友劉時潛得之書肆，知其爲余本也。越二十年而以畀余女夫王映墀彤庭。彤庭年來從余遊，有志爲己之學，亦以余本得之喜甚，復求書後。嗚呼！彤庭其懋敬之哉！昔者陳安卿少習科舉，林宗臣謂曰此非聖學事業，授以此録，遂見朱子而學焉。張楊園初從蕺山，因讀此録乃反程朱。是書蓋眞正學之指南。余之始學亦幸賴天之靈，早得見此書。讀之既久，稍有以窺其發聖傳之精微，開俗儒之錮蔽，正腳跟入堂奥胥是乎在。今雖衰老，依然吾聞，豈敢自詡識途之馬？亦謂苟欲究吾學之淵源，斷未可舍此而他求，其必專力於是而後造道入德，庶乎無歧趨之誤矣。然吾朱子所謂「沈潛反覆，優柔厭飫」云者，不獨讀此書爲然。而此書尤要心靜而專功精而熟，理以漸而自得，味以足而益充。自得之妙，存乎其人。毋若余之粗淺，而無以有諸己也。彤庭其懋敬之哉！且余與二三同志初向此學時，求是書甚難，而其實而讀之也，若惟日之不足。今則是書刊布多矣，而吾黨中熟玩而深體之者有人乎？此吾學之所以不振也，嗚呼！彤庭其懋敬之哉！

# 呂子節録爲王映墀跋 癸未

余年二十餘，讀新吾先生此語，甚愛。其切實精透眞足發人癥結，痛下箴砭，有起死回生功。顧其語亦未免微自有病，及閱稼書陸子記疑各條而醒然，又若沉疴之去體。王生映墀得陳文恭公節録及補遺二冊，則稼書所疑者皆無有，誠善本也。此書舊名呻吟語，是先自治其呻吟而因以治人之呻吟。苟或護疾忌醫則是書爲無用矣，不幾滅身而無悟乎，可勿懼哉！映墀其審自察其病，以求瞑眩之瘳，爲書卷尾以當藥石。

## 楊損齋家訓跋

吾友損齋所著西野楊氏壬申譜爲遺書之一，切實謹嚴可以專行，惜其無力鏤版也。而家訓又譜中之一，其弟信甫勉付手民，用示族人，并欲榜之先祠之側，相與傳守無替家風。余故樂爲之書，或亦吾友之心也。雖然，是豈獨楊氏之訓而已哉？後之覽者必有取焉。

## 項夫人畫竹梅跋　甲申

前邑侯趙公孚民遊京師時，適獲其座師許文恪公夫人項夫人墨畫竹梅一方，喜甚。裝潢成卷，間出眎余，命之題識。余惟夫人晚年絕不作畫，有程母侯夫人不以筆札傳人之意。此方乃戚友女眷婉轉得之。余雖不識畫，然知其用意有非偶然者。既以「寒香勁節」顏之卷首，不惟足見夫人品格之高，卽文恪所以刑家者亦略可知。而孚民公政績卓著，清潔之操正直之風，其於文恪門牆可稱不愧，故獨契於師夫人竹梅。得之若驚而寶重若此，若僅謂篤念師門護惜手蹟亦末矣！展玩之餘，爲敬書其左方。

## 柳誠懸元秘塔帖跋

柳誠懸書挺拔有力，與顏平原並重，世所稱「顏筋柳骨」是也。元秘塔銘帖雖非柳書極詣，固所常見此本亦近搨特，拓用堆沙法，紙色亦佳。吾宗柳南吏部，裝潢精好，什襲藏之，可謂知所寶矣！然以心正則筆正之説論之，則誠懸書誠非無本而然者。柳南行將歸朝，他日奏對之時直言正色，亦將本是意以出於誠懸。必有得其深者，又非獨其書之玩而已也。出眎敬觀爲跋其後。

## 歐陽率更虞恭公碑帖跋

光緒甲申季春，余歸渭南始省遠祖墓。因見同宗柳南吏部，談論之暇，遂出諸家墨刻求書數語。余既跋柳誠懸元秘塔銘帖矣。此本爲歐陽率更虞恭公碑，端正秀削，雅近應制體裁，故學士往往多習摹之。雖晚出字多缺損，自醴泉銘帖遭燬，此本尤覺可貴，宜柳南之寶之也。餘多後賢臨本，余謂翦綵爲花雖覺畢肖，尚不如擔頭瓶中，猶髣髴本來精神也，故不暇跋。不知柳南以爲何如也？

## 題黄勉齋集鈔本

黄文肅公勉齋先生爲朱門高第，生平學行一以朱子爲宗，而其語言文字亦莫不有文公之遺意焉！咸豐初余得張清恪公正誼堂所刻選本鈔一冊，遭亂佚失，求之累年不可復得。光緒壬午以事至會垣乃獲全集，快甚！扈仲榮亦取而鈔之，甚哉，其嗜學也！然鈔録之勤何如玩而體之之爲實得也？余老矣，筆墨煩勞漸悔之矣。買櫝還珠，昔者伊川嘗以是箴學者矣。求書數語，爲識冊首。

## 桐閣先生訓幅跋

此先師桐閣先生爲故友楊梅友書者，先生不以書名，而門人求訓示，則應時展紙伸筆不假思索，亦多切人病痛，使言下有省。梅友初年嗜酒，往往不能無失，故末句及禹惡旨酒事，所以警之者至矣。梅友歿而此幅歸其門人王映墀。映墀予壻也，亦嘗從予遊。映墀嘗思用克己之功乎，性偏難克處又何在？惟自省之而已。古人最重平旦之氣，朱子平生未明而起，懷安一端，尤己之深，日高尚眠。此其志氣能無昏惰？禮於何復？不獨酒也。梅友與予皆以先生之學教映墀者，若不體此意，則此幅爲無用矣！其尚識之哉！

## 題蘇武牧羝圖

余讀史至蘇子卿牧羝事，未嘗不哀其遇而歎其節。後世多豔稱之，往往爲之圖畫，以傳此幅，尤得其形似，閱之不勝起敬。然則忠義固足感人，後之人臣不幸而處子卿之時，亦可以觀矣！雖然，豈獨爲臣也哉！

## 遲進吾續詩經音律跋

光緒壬午秋，山左遲君進吾年六十八矣，負琴攜書徒步入陝訪余於清麓。留止旬日間叩其學，蓋深於音律者，著續詩經音律以發明其本師劉雲吉瑞占詩經音律。而謂其師以詩入律，猶是一字一義、一字一律而已，獨悟出通篇一義。通篇一律一洗近世琴師之說，其彈琴也謂某詩爲某律，則終篇止彈某律一絃，人頗疑其未免牽合附會，無所據依。獨其說詩數篇，雖未必盡合經義，而其議論亦足以闡發理道，令人涵泳不盡。古樂失傳久矣，後世言音律者各自爲說，亦幾如禮家聚訟。朱子雖有琴律說，且序蔡西山律呂新書，余讀之而終茫然也，自謂此生不敢於此問津。進吾本其師說而精求之，用力四十餘年，自以爲冥契絕學而於朱、蔡之說亦有未合，惜世少知者。然昔呂涇野稱張允薦之言曰：「心中果有眞樂，雖一絃亦可彈之而聲和。」余嘗謂進吾，人不我知，但使矜平躁釋，手揮一絃吟詠抑揚，亦足以樂而忘老。且進吾寡嗜欲薄滋味，簡淡古樸，卽其性行雅與古樂相近。張子曰：「律呂有可求之理，德性深厚者必能知之。」則進吾所講豈無可自信者？而猶欲遍訪士友以就正其業。海內大矣，當有知音君子爲之辨訂其是非得失。有力者或并取都氏黃鍾通韻，及其師詩經音律通爲鐫板流傳，以備一家之言，更俟之後世，亦進吾之心也。至謂鄭衛之詩亦可入琴，似非聖人放鄭聲之意，吾不敢謂。然不足深論，而以律配月與月令之說頗有移置，黃鍾之鍾與林鍾等字不同，則固都氏之論，非進吾妄爲穿鑿識者，考之可也。

## 前邑侯趙孚民遊記跋

前歷敍渼陂興廢之由，後傷其廢而仍望其興，非欲僅存名勝之蹟，地以人重，其所係於感慨者深矣！古人宦遊所至，表章前賢興復古迹，莫不皆然。以此卽爲政治之驗，宜我侯之拳拳也。

「禽鳥得氣之先，以鴉之多寡驗官之廉貪，氣機之感容有是理，後路發出正論糜租稅」之句，眞仁人之言，壯極！寫貪污可爲炯戒。鴉心卽百姓心，百姓知卽鴉知，通人之論。然則爲官者固可以欺人乎哉？文不虛作，此亦可見。

首段借終南、太華提明，太白略加辨正。卽以遊華引起，妙在他人口中說出，爲觀風勤民，而起，極占地步，如此方不徒遊，問疾苦應觀風，重穡事應勤民，尋鄠、佛分界應查保甲，略地歷考封號祀典，亦不脫觀風勤民之意。末應首段一結又帶出吳山，欲不說遊戛然而止。空外之音令人想像無窮，中閒所敍曲折詳悉，無微不到。寫物描景，備盡形容，有詩有畫。至若暑日驟雨，陰風寒雪，以及濕蒸葯薰，皆人所不堪者。而孤情一意，略無退轉，搜奇探勝，直臻絕頂，雖當險峻，餘勇猶賈，則又作者不知不覺，自己一一寫照，令觀者驚詫。此老崛强猶昔，然實有至樂者存此之謂道力。自記一段，借行文評論太華、太白兩山，確切不易。而此篇文境亦極似之，眞奇文奇觀。末謂天下愜心之境，未有不自辛勤敬愼中來者。簡當深醇之語，道理精實，顛撲不破。不意我侯於山記，發之讀者，又豈可作山記觀哉？知其所藴深矣！

## 以手鈔大學或問授武生文炳跋　乙酉

此余讀大學或問時別鈔一小本，以便攜帶者也。憶咸豐中東西訪友或遊山水閒，皆以寫本自隨，不忍一日離，如小學、近思録尤所注意，而遭亂悉失。小學爲友人張宜堂所得，卽付其子濬，而近思録則重繕一冊。惟此本尚無恙，然亦幾三十年矣！老來目力漸減，不欲讀細字書，置之架上數年。岐山武生文炳喜其爲余手筆也，欲得之。生有志此學，尚其於此熟讀精思，更取小學、近思及四書等書親繕一過。古人讀書多係手鈔，所以致其專勤而不敢易視也。因題其後，并以此語告之。

## 劉石菴先生墨蹟跋

生平所見石菴先生書夥矣，然多石刻，墨蹟殊罕覯。孚先得此卷，持以相質。余觀其筆意蒼健秀逸，的非先生莫辨。又有吾邑王平軒觀詧印，觀詧素工書，鑒賞必不妄，洵可寶也。顧先生人品事業繼述文正，爲國朝賢宰相，而獨爲書名所掩。豈知先生固能重書，非書能重先生也。書雖一藝，亦不可無本。覽者其尚知此意夫！

## 先曾祖梅菴公松亭避暑圖跋

先曾祖梅菴公畫不名一格，松亭避暑圖余家舊藏一横幅。用指揮洒，墨香居畫，識謂其工指筆是也。孚先亦偶得條幅，與家藏圖布置稍異，作於較後十餘年，時公已七十餘矣，不用指而用筆，別一意趣。余愧不識畫，但憶昔遊太華，五雲深處萬壑松風，小坐其閒輒忘身世。觀此一若先人有以詔我者，又不禁怡然長思，穆然神往也。奚獨袪一時驕陽已哉！麟既敬觀以志其旁，孚先堅欲題識數語，復爲書於下方。孚先其必有以默會余意者矣！

## 溫紀堂畫跋

吾邑霸昌公文學政事已見邑乘，書畫亦重一時。畫師王麓臺識者謂其渾厚蒼老。此幅雖非極詣，然亦得其爲人矣。

## 林文忠公書跋

林文忠公當成廟末年以身係國家安危，天下想望其風采。至心畫之妙，世亦莫不寶貴。兹臨所謂致爽軒數十字，秀勁之氣溢於楮墨，賢者固無所不能也。子餘中翰勒石以傳，蓋慕公之爲人。而其詞意若蕭然物外者，亦公有深契焉，又足見公之雅致矣！謹綴數語以志仰景。

## 岳忠武王書諸葛武侯前後出師表跋　丙戌

右岳忠武王所書諸葛忠武侯前後出師二表。噫！兩忠武之忠義相感深矣！近道光之末以至光緒初年，時事多故，中閒屢平大難。越南之役太后諭旨，聖怒赫然！雖卒議和，而天下忠義之氣庶幾一伸。而同治閒袁文誠公適刻兹幅出，一時將帥固多如兩忠武其人，亦不盡如兩忠武其人，是亦足以發天下之忠義矣！然岐山令胡君大猷再刻置五丈原諸葛廟中，湯陰令楊君欽琦三刻置岳廟中。今大荔李君復刻之家塾，凡四刻矣。豈非忠義之在人心有不能自已者？而某區區畎畝，輒欲萬本相傳，蓋亦効忠慕義之忱洵堪嘉尚，豈徒玩其字畫已哉？覽者其亦油然而生其忠義之心也歟！

## 九老圖跋　丁亥

唐白香山致仕，當會昌五年於東都履道坊爲尚齒會，時則有胡杲、吉皎、劉眞、鄭據、盧眞、張渾去官，年皆七八十以上。香山年最小，亦七十四歲。同宴各賦詩以紀事，至狄兼謩、盧貞雖與會，以年未七十不及列。後又續以一百三十六歲之李元爽，九十五之僧如滿，人慕之繪爲九老圖，後世多豔稱之。吾友白君溫如，香山裔也。光緒丁亥，君年七十二歲。而其子鑑得兹圖爲君壽，圖爲康熙閒名人朱字綠作，奇遇也，亦佳話也。求題其上，披覽之下，不禁神往。余尚少君數歲，異日者如倘邀天幸得至香山之年，借君家故事與君亦爲此圖，不知能如願否？然吾又聞衞武公年九十五猶作抑戒以自警，程子云「不學便老而衰」，則吾輩尤當交勖以盡餘年。而圖與不圖又不必論也。君其以爲然乎？

## 題楊多三畫石卷

楊君多三畫學王麓臺。偶遊涇水得小石，愛之甚，置諸几。即用麓臺法畫之，名以青麓，遂自號「三麓主人」，猶以爲未已也。又屬友人攜畫卷過清麓子而索題焉。清麓子曰：「君豈以予之硜硜有類於是石乎？其取之耶於石如此，則其大於石、貴於石者可知。予嘗思世必有砥躬礪行，堅確不拔，磨而不磷，其介如石，力可補天，作中流之底柱。抑必有磊砢之姿，磈硊之才，隱則爲傳，巖爲磻溪，出則爲石，畫爲柱石，措天下於磐石之安。斯人也，欲一見而不可得，或得如長康、探微。爲之圖形以來，亦足以慰吾平生之想矣，而惜未能也。楊君儻旦暮遇之，必不止如是石之愛焉，幸亦書以眎我。予雖老，猶能爲君記之。」清麓子爲誰？復齋賀瑞麟也。

## 陳北溪字義目跋

麟自知學得吾鄉惜陰軒李氏所刻北溪字義一書，愛之甚。顧李氏所刻實前明周季麟所校林氏本也。咸豐中長安蔣少園觀察宦蜀，寄余此本，乃侯官朱錫穀據顧本刻者。顧本較諸家本爲獨善，近日四方學者多求此書，復取朱刻重付梓人。而林本間有勝此本者亦從之。是書理精義確，諸序已詳，不待複贅。林本原無補遺，亦余初見此本時屬李氏補刻者，讀者幸無疑於互見云。

## 題程氏家譜

涇陽魯橋程綠波得春，其先山西太原祁縣人。其祖始遷湻化之新店子，其父又遷魯橋，今爲魯橋人。綠波祖父既亡，至綠波皆單傳。乃恐子孫不知所自，欲爲家譜以示後人，其意美矣！綠波世業銀工，茲譜之修，豈銀工之所能爲哉？昔陳剩夫曾爲銀工，後改業，卒成眞儒。綠波有子而欲教之讀書，果異乎世俗之教，它日且爲斯譜光。李邦彦爲宰相，其父銀工也，或以爲誚邦彦，羞之歸告其母。母曰：「宰相家出銀工乃可羞耳！銀工家出宰相此美事，何羞焉？」是在綠波所以教子者，何如求題斯譜？因述此爲綠波勖。

## 題重刻廣三字經　戊子

世以宋王伯厚三字經教幼童由來舊矣，敏州有增廣本而張坊更補訂之，視原書較勝。然以論語弟子章律之，則學文之意多而力行之意少，近數十年各鄉塾漸知讀弟子規矣。然後進以此書，使於天地人物略識梗概，且此書又詳於讀書之法，而於學術源流亦稍爲區別，初學先入爲主，異日不迷所向，亦不爲無益也。

## 題訓女三字文

李子濳注釋李文定公訓女文，世不多見。自余從絳陽搜購原板，吾鄉始有此書。世之治也，女教爲尤先。周之興也以后妃，其亡也以褒姒。國誠有之，家亦宜然，可不畏哉！可不戒哉！古今相傳女學、閨範諸書固多善本，然理純、詞雅、句短、音諧，尤便幼稚記誦，如此書眞不易得。欲正家敎女者，豈可以淺近而忽之？

## 題誨兒編

兄子伯鐵年二十而學不加進，且欲爲世俗速化之習，愧予之不善敎也。暇日因取先賢儒訓子諸篇，命之哀録一冊，朝夕諷誦而實體之。庶幾力改故習萬一，慰吾望也，吾之心力亦盡於是矣！苟或不然，亦已焉哉！

## 爲張宗厚書張楊園張清恪語跋

國朝兩張先生皆懿德純學，出處不同而體道力行則一。其言眞切精透，最足警醒學者。及門張愚生持此冊欲爲其子宗厚書先正格言，乃各録數條與之，宗厚其幸留意。

## 孫德田墓表跋　己丑

孫牧卿鴻纂既求李菊圃方伯表其父德田君之墓，閒以眎余。憶昔避地絳陽，曾過孫應文鳳德方麓書院，因識君一面，蓋應文之從兄也。應文既嘗從辥、楊二君學，而君亦交二君，且命其鴻纂皆受業焉。既菊圃掌敎河東書院，亦遣之從遊。然則君之敎子，其大端如此，則君之意趣亦可知矣！古之所謂孝者，在於立身行道，使國人稱願。然曰君子之子鴻纂既學於諸君子，當體父志而講之素矣！何俟予言，乃書此意於後而歸之。

## 岳忠武書出師二表墨刻跋

光緒己丑，孚民明府蒞任渭南，偶過衙齋，因出岳忠武王所書諸葛武侯出師二表拓本相視，横逸奇秀，生氣逼人，兩賢心事俱出紙上，展卷敬觀，不勝忠義之感，爲題其後，愴然者久之。

## 趙松雪歸獵圖跋

右趙松雪所畫歸獵圖，精神生動，其爲眞筆無疑。何以數百年竟無識者，豈未能賞於牝牡驪黄外耶？知人固難，書畫微事亦不易知耶！孚民明府素精鑑别，得此喜甚，裝潢精好，藏以什襲琴署出觀。爲書數語，蓋亦不能無感云。

## 楊信甫名子説跋

信甫生子而晚，名曰茗清。茗，茶類也，茶未有不清者，且晚取爲茗，又字之曰晚香。朝邑之俗六月六日奠茶先塋，兒生以是日，兹又望以繼述之事歟！此信甫意也。夫最清莫如讀書，最香莫如力行。是子異日讀書力行，能令其清香如茗，即祖宗實歆饗之。信甫老矣，得此茗也，不獨滌煩亦且悦志矣！

## 篤學勤脩匾額跋　庚寅

此吾友仲丹趙君既歿，今河督前學憲吳縣吳公褒其行，顔以四字以旌其門者也。趙君生平志在爲己，豈必在區區身後之名，然没世之稱亦足見吾友之實矣！後之覽者其亦有感於斯，識此又以惜吾友之逝也。

## 論書偶存跋

余素實不知書，而年來求者紛然。非人有嗜痂之癖，抑余猶有徇人之見者存也，可恥孰甚焉！頃見論書偶存，愈益其恥矣！此書所論，知書者自知其妙然。余竊嘗讀程子「王虞顔柳，誠爲好人則有之，曾見有善書者知道否？平生精力一用於此，非惟徒廢時日，於道便有妨處」，每思之，輒覺汗下。學者讀此書，余謂尤不可不進此一解也。武生孚先刻此而屬綴數語，其亦知程子之意也夫。

## 王文村先生狀跋

人必知學而後人品端，學必知道而後學術正。文村先生自少孤露，見閔鄉族，矢志讀書，獨能自立。登賢書後，益求師友窮經史，卽音韻文字之學，前輩所多不肯留意者，而思皆有以正之。訪求善本，校勘精密如司馬溫公切韻指掌圖，細加更定，以復其舊，欲使之顯著於世。其於經學亦可謂勤矣！晚歲宗嚮一歸朱子，則見明守卓，視近世紛紛所謂漢學者，不啻逕庭。夫朱子者大中至正之學、大中至正之道，眞孔孟之嫡派，傳之萬世而無弊者也。而後儒反多詆訾，吾不知其心誠居何等，是亦世道人心之大可憂也。如先生者，豈非一中流之底柱哉！故其立身行己，端嚴敦篤，自有法度。雖歷坎坷艱苦，不肯少變其操，門下生徒或躋顯位，而先生終身不遇，卒無怨悔。生平箸述多不存藁，至哲嗣敬安，始裒輯若干卷以俟問世。敬安資稟既異，生十五歲而孤，先生臨老嘗謂：「汝非無慧，異日當詳教汝，但不欲苟富貴汝也。」嗚乎！卽此益有以知先生人品學術之所存矣！敬安稟其一言，不獨學問文章謹守家法，其探討服膺力尊考亭，亦心先生之心。嘗詠朱子有「道統遙承中天懸日」之句，行且見用於時，無負所學，眞能不苟富貴，又有以擴充而光大之，豈不足慰先生之志於無窮？而敬安狀先生之行，頗有韓歐遺意。不鄙老拙，屬以銘幽。區區謭陋何能爲役？又況海内名公多有評述，復何俟於予言？然厚意不可虛辱，乃適有感，爲識其後而歸之。抑亦見敬安之詞，爲能詳盡而無遺也。

## 爲石子堅書易二語跋

聖門戒人謹言處最多，言不謹，遑問行乎？子堅屬，書「吉人之辭寡，躁人之辭多」二語，蓋深有意於謹言。惟能實體而力戒之，將以驗吾子之行。

## 爲王照離題女學書　辛卯

扶風王照離位午將嫁其妹，以清麓女學書數種爲奩具。是其兄妹閒以古道相期，有其鄉班氏遺風。然大家能續其兄漢書，又作女誡七篇，尤爲古今閨範要編。予嘗本朱子意，并弟子職、居家雜儀輯而刻之，名曰「預教三書」。照離取益焉，不又善乎！且扶風密邇岐陽，則后妃葛覃、卷耳諸詩亦嘗教其妹否？更令人穆然想周南之化也。照離屬題卷首，爲綴數語而歸之。

## 爲王松亭書凡事須從大處看跋

郿縣，橫渠夫子之鄉也。舊有祠，頃年重修，松亭王君曾董其役。祠有巨欵，松亭擬立義學爲經久計，而同事者意見不合。君竟歸其家，假寐閒忽夢夫子告以此語。君述其事，諸同事卒如君議，是殆有所警歟！而君謂亦可時自檢省，求書橫幅常目在之，其亦善體夫子之教者矣！然則是語也，又豈獨松亭所當細繹而深味之哉！

## 題砭身集寫本

伯容先生之學恪守程朱者也，所著砭身集六卷精切確實，不爲高遠空闊之談。吾鄉自朝邑王復齋先生後首推先生，然今人知之者蓋鮮矣！光緒戊子吾借鈔一帙，並敍先生學行續入關學，俟有刻者。其鄉丁生樹銘亦愛而鈔之。生於此書能熟讀精思，卽以先生之窮理力行自勉，始不負生先生之鄉。而先生所著又有易及大中各疏義，或能求而得之以表於世，亦後來者之責也。生其有意乎？爲書卷首以竢。

## 樂善堂匾跋

易曰「繼善」，孟曰「性善」。蓋善稟於天命，人生之初而爲事物當然之理。後世誤認善字，往往流於邪妄，猶稱曰善，是亦惡而已矣！周生止菴先世以「業善」名堂，吾爲易以「樂善」，仍取孟子之意。惟本於仁義忠信而樂之不倦，庶不負易、孟之旨，生其實體所謂善哉！

## 書張愚生責己箴後

及門張愚生自作責己箴，屬書直幅，久未落筆。茲膺新疆幕府之聘，爲書而歸之行矣。愚生忠信篤敬，「夫子告顓孫」、「可行蠻貊」，幸并念之。

## 書關學續編王復齋先生傳後

按先生此傳爲國初朝邑學博劉得炯撰，補入關學編，吾師桐閣先生續編仍之。柏君并刻豐川續編，以先生附見李二曲傳後，於桐閣續編遂去此傳，蓋復補入李續且節存。同治十一年，學使吳大澂奏請從祀，疏有云：「王建常恪守程朱，躬行實踐，與盩厔李中孚同時，而學問之純粹過之，精切嚴整，直接明儒胡居仁。又當陽明學盛之時，力排異説，篤信洛閩，其功不在本朝陸隴其之下。特因僻處一隅，不求名譽，名亦不顯於世。然二百年來秦士大夫知有程、朱、薛、胡之學，皆建常篤守之功。其言曰：『今之學者多是爲名，若做切己工夫則名心自消。』又曰：『凡學者立志，須是直要爲天下第一等人，做天下第一等事。所謂第一等事，盡性盡倫是也；所謂第一等人，希聖希賢是也。』又曰：『學莫貴於自得，自得則所守不變，至老愈堅。』又曰：『自欺最細，如有九分義，雜一分私意，猶是自欺。』又曰：『日用工夫大要察之，念慮心術之微，驗之出入起居之際，體之應事接物之閒，必一一盡合道理，不愧不怍方是切實。』至所闢陽明各條，辭嚴義正。一生得力，實與胡居仁居業録一脈貫通，淵源無異。而斥邪衛道，與陸隴其學術辨不謀而合，實爲宋以後關中第一大儒。澄城張秉直謂其主敬似胡敬齋，存養似薛敬軒，其言平正純粹温厚和平亦似敬軒，而又能闇然自修不求聞達，非篤實爲己剛毅有守者夫豈能然？識者以爲確論，其所著書皆足闡明聖學，羽翼經傳。」按：此奏雖未奉行，然亦足以見先生之大概矣！附録大略，異日或有能爲之者亦吾道之幸也！

## 題王陽晞麓牕日記　壬辰

多從性命身心上研究，是眞做切己工夫方能如此。間有把捉急迫處少欠分明，用力不懈，熟則達矣！此道無他謬巧，只是守定程朱路途下堅苦專一，心不令間斷，自當日有進益。道無止境，學貴實得。年老荒廢，得見吾友求道之勇，幸不可言。將來湖湘之間聞有純儒者出，必吾秉粹也。勉旃！勉旃！

## 羅石才墨蹟跋

道光癸卯甲辰間，余肄業宏道書院。同舍岐山孝廉羅君石才朝夕切磨，甚相得也。石才嘗贈余詩有「百年恥作不聞人」句，余由是益自感。厲別十餘年而君歿，今且三十餘年矣！其弟醴泉學博兌峰亦舊相識，送試至原，出其兄所録鄭板橋與舍弟書一則。蓋當時示兌峰者，所謂訓子弟私情又如此。兌峰不忘手澤，自題卷後，復求跋語。展玩遺墨，不勝昔年相與之情。老學無成，深愧良友，不禁有感於中也。爲敬書而歸之。

## 爲張繼先書改過不吝跋

人非聖賢，孰能無過？過而不改，斯爲過矣！顧欲改過而卒不肯改者，吝心爲之，此聖人所以誡以「勿憚」。而大易改過有取於風雷之益也。張繼先善志，取書句屬顔楣間，并求爲跋出入自警，其知爲學之要歟！吾尤願繼先益務讀書窮理，察之精而後改之速，卽復於無過之地不難矣！其尚懋勉之哉！

## 黄祥人觀察書養生方跋 癸巳

黄祥人觀察先生初由兵部，以議驛站馬政名動一時。及出守雅州擢首郡，旋補建昌道署臬憲，卓著聲續。然其廉明、正直、醇樸、仁誠，卒以不合於時，拂衣而歸。觀其所爲，非善養吾浩然之氣者哉！暇嘗因前人養生方又廣爲養人、養身、養德，三方亦皆取易大象之辭。蓋先生生平著有易解，固以經術自養者也。岐山武廣文孚先以先生所贈自書一紙刻石，求爲之跋。先生書法亦有褚河南遺意，竊意先生之方皆歷驗已試之，方所謂身有之故。言之親切有味，然猶以爲未能永踐，則先生之所養又可知矣！

## 跋余子衡愚拙匾 代

世人營營逐逐，大抵皆恃智巧，以爲不如是則愚拙甚矣。噫！智巧可恃乎！每觀智巧始亦如願卒多取，反不若愚拙者之猶足自全。此大聖所以美甯武之愚，周子所以作拙賦也。予生平安愚守拙七十年矣，行將就木，恐吾子孫之不肯愚拙也，扁於堂俾知自警云。同治十二年癸酉桂月。

## 題張瑞生控馬圖辭

挽駿馬辭名姝，行萬里欲安之。噫！此何人哉？見之者皆以爲瑞生張君蓋有慕乎李衛公之遺烈，而將奮起乎風塵，惜君往矣！其心其事乃不可得而詢，然君忠直豪爽，慷慨不羣，防奸宄，嚴城闉，勤公矣而究弗辭。夫艱辛果其得時必能有爲，蓋君志之莫伸，徒令見之者或嘘欷感歎，而猶彷佛乎君之神。

清麓文集卷第五終

# 清麓文集卷第六　自咸豐癸丑至同治甲子

三原賀瑞麟角生著
同里劉嗣曾孝堂校刊

## 書答一

### 答薛仁齋書　諱于瑛字貴之山西芮城人　癸丑

去歲楊梅友西旋，辱蒙答書，勸勉之切，實銘心感。所輯存養功夫甚精密。小學發旨簡該確當，心術一條尤開蒙昧，深所嘆服。要之皆從體驗得，非尋常解書比也。今將原本呈上，餘纂著更望便賜。近思録有義疏否？甚欲快覩。麟妻久病未獲東行，欲就正者甚多，干戈擾攘，容圖一見，千祈爲道自重，餘不悉。

### 與薛仁齋書

吾恐吾志不立，將不得望孔、孟、程、朱之門，豈徒爲大言？吾恐吾敬不居，將有負於天地父母之身，豈敢不小心？吾恐吾理未窮，則無以格物致知而有盡心知性知天之樂，又安可不勤學？吾恐吾身未反，則無以爲誠正修齊治平而德、功、言皆有不立之憂，又安可不慎修？此四者學之大略，亦學之要功。先生既勉麟，敢不以先生之言是從？所恨一帶之水尚有數日之程，終不如相親相正於南溝精舍之中。然而芮之西原之東不隔者，此心此理之同，冀德音之常示，亦庶乎步後塵，而其益無窮，緬想高風，幸鑒寸衷。聞韜菴兄今歲居精舍，朝夕講論必甚樂，欲爲小學集注條例，想素定，因便千萬望示。此書若成，斯世大幸。後當一來，細聞其說。

## 答王熾侯孝廉書　會昌朝邑人　甲寅

麟不幸喪偶，悲悼殊切。適接辱書，又蒙慰問。拜誦之餘，益深痛傷。三復書言，規戒諄至。但詳尊意，有殊鄙懷。欲遂不言，恐非朋友。辨論去非，求是之道。不辭僻拙，是敢奉報。麟前書謂「出處關乎時義，學之偏正不以科舉與否」，尊兄思之終有不合，乃以麟不爲八比，不以八比教人，爲非中正之學，博喻旁證亦既夥矣。且曰：「不以八比教人，爲巢、由、沮、溺高尚之流，使人從其學而空有匏瓜不食之懼。教一省一省無仕者，教天下天下無仕者。」噫！尊兄利濟之心可謂切矣。但不知尊兄之所謂學者何也？夫學，所以修己治人、明理制事、窮達一致，何謂匏瓜不食哉？學者，其道可以仕而非學仕也；教者，教其學非教其仕也。如尊兄言，則是必仕而後可以爲學，凡不仕者皆不足以言學也。必以八比教人而後爲中正之學，則凡古之聖賢初未自爲八比，亦未嘗以八比教人者，皆其學之不中不正者也。甚哉！其不然也。吾儒之學爲己而已，爲己之學以聖賢爲師而已。古之聖賢不求人者也，不教人以求人者也。今之科舉何如乎？特功令以之取士，謂難繩天下。以盡廢舉業則可，而士子所以用功亦不必拘拘於此，而不實求聖賢爲己之學也。楊龜山曰：「今之進士豪傑者，出必不肯就。」朱子曰：「國家科舉蓋沿前代之陋習。」又曰：「義理人心之所同然，人去講求，卻易爲力。舉業是分外事，到是難做。可惜舉業壞了多少人！」然則士生今日，八比之學固亦有不得已而從之者。而非以是爲不易之典，必使凡天下之士皆出於此一途而後可以爲學，可以教人也。士蔽於八比久矣，果其一變至道，人知自重而不肯挾文以求售，則國家所以求賢自輔者亦必有道。豈其定循末世之規，而得眞才於文字之間，拔修士於炫鬻之場乎？第恐吾之所以爲學者，非聖賢明體達用之實，不中不正，而不能隱居以求其志，行義以達其道，有處士純盜虛聲之誚耳。豈如尊兄一不爲八比而遂絶仕之過慮乎？若曰世盡爲之，吾又何必不爲？則是强顔、閔、曾子之徒必仕季氏，而漆雕不仕，不見說於夫子也。夫士固有不敢自尊大而亦有不得不自貴重者，誠懼害道也。孟子願學孔子而不屑夷惠。尊兄以爲法乎中正，中正在學不在仕也。夷惠何嘗不仕哉？且「言寡尤，行寡悔，祿在其中」、「謀道不謀食」、「三年學不至於穀」，天爵良貴之辨獨非孔孟之言乎？又疑麟之不爲八比，恐習之而世或不用，或藉此以自高，或欲以一己之故使一代之取士變其法，是數者皆非也。由前言之，則仍希世取名之私，此其心已不可與入堯舜之道。由後言之，亦以不自量其力之不足有爲，而猶未免於爲人之見。學莫先於辨義利，吾理未窮，吾身未修，吾德未崇，吾業未廣，八比雖工，一無益焉。切己之事敢不自勉，則以理所當然而吾不得不然耳，他何計哉？至不以之教人，則又有說朱子答呂東萊書曰「科舉之教無益」，誠如所喻。然謂欲以此致學者而告語之，是乃釋氏所謂「先以欲勾牽，後令入佛智」者，無乃枉尋直尺之甚。辥敬軒曰：「以聖賢爲己之學教人，人猶有爲人者，況以科舉爲人之學教人乎？」此皆先儒名言，不容尊兄都無所見。即先儒亦有言科舉者，或因人因事言非一端，中正之道不如是也。麟早歲汩沒中間，幸聞師友之論，讀朱子之書，乃粗知俗學之陋。竊願與尊兄共尋聖賢爲己之實學，其於八比匪惟不屑，亦所不暇矣。不謂尊兄反以麟少年之名因八比起，使之終溺其中而不悟，似亦淺之乎相視矣。若夫桐閣先生之言，非麟膚末所能窺測。然意其爲朝廷取士計，如朱子貢舉私議，所謂明道熙寗之議其本也。如曰不暇，則於此亦當稍歸於正，亦非所謂不易之典。若尊兄欲用策學，則又似不如先生之以八比猶知重四書也。要之無百年不敝之法，而有萬古至當之學，高尚之流，學非其學也。中正之學仕可也，不仕亦可也。八比者，今之從仕之階，而非所以仕之道也。不實求學與教之中且正，而直以八比當之不可也。迂闊之論，更望高明有以教我。

陸稼書學術辨云：「有立教之弊，有末流之弊。」以八比取士則其始，固欲以言取人者，立教已非。非如尊兄所謂立法之初無害於義也，四書非八比所能助也。自有朱子章句集註以來，四書不患不明，患不行耳。即或有所闡明，亦非大有關於身心，裨於世教。以八比助四書，比之以一杯水入江海，而謂其可以揚之波而推之瀾也。王、唐諸家文固當與世不朽，即世不用八比，亦如韓、柳、歐、蘇文至今猶存，然則尊兄猶有文之見也。夫文之所以傳世者，謂其明道耳。諸家文雖工，而道卒不明於世。如東坡之文，其害道者亦復不少。雖不朽曷貴乎？其幸存於世者，亦以道不明耳。則又何如反諸身者之切而有用乎？尊兄謂教學者爲八比不必有非，然則亦豈有是也？

孟子曰：「大匠不爲拙工改廢繩墨，羿不爲拙射變其彀率。君子引而不發，躍如也。中道而立，能者從之。」此一章正是教人之法。朱子曰：「今教官只教人做科舉時文。若科舉時文，他心心念念要爭功名。若不教他，伱道他自做不做，何待設官置吏費廩祿教他做也？須是當職的人怕人不識義理，須是要教人識些，如今全無此意。」又曰：「上之人曾不思量時文一件，學子自是著急。何用更要教設學校，卻好教他理會本分事業？」由朱子之言觀之，爲師者亦豈有異耶？朱子之言如是，朱子之學亦如是，朱子之教亦如是。在朱子何不憂其絕仕之端自我而啓，而使人疑爲隱逸之教乎？

書成，覺於尊書意尚未盡，附記數條并祈誨正。

## 與楊仁甫書　諱樹椿號損齊朝邑人

山中近讀何書？仲丹叔姪及魏郎當益進學，三峰寒松，共成孤高。竊意治禮畢，便當專從事於小學、大學，以實盡下學之功。吾輩工夫必先做個根基，然後循序漸進，庶乎有得於己。足下以爲如何？仲丹不知去芮城否？仁齊篤實爲己，確是吾輩益友，大家各自努力，如敬軒所謂不負先人遺體之重，上天降衷之全而已。小學書訛字未盡釐正，冬寒，梓人不能作工，明春須補刻，後當寄去也。熾侯近見否？前書內上不知果不爲謬否？爲學正欲講明此等，則工夫始可得力。願更告之，即或未同，不妨彼此辨論，彼此相益切，不宜以世俗自處處人也。

## 又 乙卯

七月間同仲丹來訪，談論數日，覺得一番警悟，恨不與君同到山中也。氣質誠未易變，每自循省，卻是敬上少力。敬之要，朱子所謂提醒此心動靜皆有，無事時或且靜坐，或煩擾時略靜坐少頃。自當不以靜坐作一件事，如此恐近禪矣。蓋人心是活的物，心統性情，性眞而靜，情感而動，靜處是心，動處亦是心。然心既載性，則性亦不是死的靜。禪家要死守此心，便是死靜，便是死性，如何是得？譬之晝夜，晝是動，夜是靜。人之寤寐亦然，人於日間固常寤矣，卽夜寢亦未有長寐而不寤者。統晝夜計之，則寤多而寐少，但聖人心體湛然，當寤而寤，當寐而寐，寐得安然便是靜。衆人寐時梏亡已甚，寐時亦譫語邪夢，卻是靜而常動。至動時，又一向放失。此所以先要個靜，卽所謂養以夜氣也，此靜坐之說也。若常常的寐便是昏氣，常常的靜亦是昏氣。然禪家之靜能前知，何也？譬如止水，澄之極清亦能鑑形，然水亦是活的物，久而不流終至於腐。試問禪寂果能了得一事否？聖人如極清之水，源頭清流出去，亦清渠中不容一些渣滓，賢者卻有渣滓，須是澄治，所謂「定之以中正仁義而主靜，立人極焉」。若離了「中正仁義」，則所謂靜者亦非耳。禪家正坐無「中正仁義」四字，雖常靜坐亦只是個昏昏的。吾儒之靜所以與禪家不同者，蓋以人生而靜，天之性也。源頭處本無事，而性不能不發而爲情，卽不能無動。然情必中節，則動亦要合著源頭。如人性本善，一落氣質便多不齊，所以學正爲復其本然之善。須先知得，然後可復得。猶主敬先本於靜，然後察於動，而各止其則仍歸於靜。程子所謂靜中須有物者，似謂事雖未形而理則已具。未事親，孝之理自在；未視聽，明聰之理自在。但此時不敬，則此心忽不知其所在，而理亦澌滅。偶然事至，又何爲應接之本？夫豈謂其偏於靜哉？要之，爲學莫先於求仁，而求仁莫要於居敬。敬貫動靜，靜又動之根。不可逐動而忘靜，亦不可惡動而貪靜。朱子答張敬夫一書實爲精密，卽以爲近思録「未發之中」一段注解已自發明無遺。走筆請正，只當面談。甚不成文字，幸批抹。又學固不事語言，但少了明辨一條，恐躬行亦有差。不言而躬行，如先行其言之意，非爲平日都不講論道理也。似目前亦不必避著語言，以爲只是口説，言是而行非者有之矣，言非而行是者未之有也。但不可不恥言過行耳，尊兄以爲如何？前日熾侯書來，卻肯主「爲己」二字，甚喜。渠云，尊兄有與周道士歸山書可示及。近接仁齋信否？麟重陽前後殤一姪一女，不免傷心。然亦在己者負疚神明，比於不慈矣。魏郎讀書想佳勝，館舍定否？明春能同仲丹西來至幸。日私祝之，近有得均望見諭。朱子行狀一本納上，冬寒，萬惟爲學自愛。

## 答楊仁甫書 丙辰

將近一載無便致書，正念山中潛修益進，忽於七月十三日接讀手教，欣慰之至。來教似加意源頭工夫，此自吾輩緊要所在。程子所謂「根本須先培壅」是也。程子又曰「涵養吾一」，亦是此意。只爲不一日間，工夫不是助長，便是忘了。麟邇來自覺學不得力，病正坐此。蓋勇猛直前，則不免急迫之患。纔説優游涵泳，又似怠忽間斷而無以爲進德之基，故主敬之功程子只以「主一無適」釋之。而「主一無適」，亦是徹頭徹尾。然朱子又恐人看得「主一」無下手處，頻頻説個提醒字。蓋一提醒則心便在此，心存自不至昏惑紛擾而敬可言矣。不紛擾則不急迫，不昏惑則不怠忽間斷，又何助長與忘之可慮？但提醒之法有二：一是喚起，一是截斷。覺得此心頹廢懶惰，即便喚起；覺得此心閒思雜慮，即便截斷。此四字亦是朱子之意，而宋儒有書於座右以自警惕者。麟深愛其簡要可守，循此行之，略有效驗，而不能持久，如朱子所謂悠悠歲月，眞是可懼。然朱子亦嘗謂其無個直捷道理，只是習熟則自久，此又何待思前算後？而做工夫處不犯此卻犯彼，以此知工夫實難。尊兄又何以教我？二月間有岐山馮君煜者，自桐閣來過敝齋，所論大概主二曲，而輒有自是之意。以吾儕所嘗言，謂之議論，謂之聞見之知。又有類於象山之論朱子，但其勇往之概亦似緊峭有精神，而以爲體立而用自然行，程子謂學而後覺。渠以爲覺然後學，則其所覺者亦恐只是私意。見余門額書孔明「理性」二字，便硬説理只是義理之理，天下無二理。夫天下固無二理，而此云「理性」不云「性理」，即此「性」字亦有別，乃欲一切渾而同之，則文義直是不通。而平日不讀書之過，亦可見矣。借去涇野内篇，卻恐未必入也。西郡近聞頗有好學之士，然多不能脱此氣習，終身便只在二曲腳下盤旋，更不數程朱，即以鄉里之學亦更不數横渠。李榕村謂：「以二曲之人而學術不免有差，則以當時關學派斷故也。」麟最服膺其言，然則學之有派，固斷斷不可錯認也。此學日孤，吾輩幸聞師友之論，讀先儒之書，苟不合於程、張、朱子之旨，即不敢稍涉附會。而自家平日工夫正不可不兢兢自勉，而使荑稗之不如也。梅友兄館於其村，菽水之奉稍能自給。秦止亭不肯用功，便恐將來做事亦莫意思。林宗洛家務煩多，未能脱洒，然亦不至廢學。仲春繼娶林氏，即宗洛之從妹也。鄉村婦女何敢望古賢媛，勉力自脩以身教之，不知久後可安得清苦否？正甫先生前約秋晚東來，亦麟素志，但復齋今歲只二三童子，尚費安頓也。仁齋先生近有信否？渠軒兄不及作書，幸致意東來，定相見也。此閒久旱，秋禾無望，現成荒歉，爲之太息。華下及貴鄉如何？魏郎讀書想有進。語類猝不易得，有當購之。統希照督。

## 與楊仁甫書

麟歸來無恙，但思講論發明不得常聚，爲可歎耳。頃讀語類中一條云「少看熟讀，反覆體驗，不必想像計獲」，只此三事守之有常，竊謂此語即是吾輩今日讀書不易之法。然各家病痛亦須友朋切磋，尊兄及仲丹看麟病痛所在，切實言之。麟雖疲駑，亦非忌醫者也。今後吾輩益當以責善輔仁爲事，無嫌無疑，庶幾可望。若只如世俗相交，究亦何益？如麟者年忽忽三十餘，見惡無聞，轉眼便是，可懼！可懼！萬望諸兄毋棄我也！

## 答楊仁甫書　丁巳

昨冬以王弱夫東來，曾奉一書達左右，而弱夫後不果行，遂至今不得便人。正此之念，忽辱手書，備悉一切。在仲丹兄不疎定省，而仁甫兄亦較華下省往反之勞也。鄙人聞之，恨不卽時一到洛涘，聽二兄切劘所得，但相去僅越宿，如有暇便可徒步相訪，不至憚遠也。張葆初可畏，幸道意。麟此閒亦有宋養楨者，年尚未及壯，卻肯來就，其志頗可嘉尚，日夕講論，大破孤寂。餘童子五六人，足供灑掃役耳。所惜麟學總未得力，一日之閒自驗志不勝氣處，論其分數賓多主少。以此知氣質之難變，願時賜箴誨，則麟之厚幸。仁齋老兄近得書否？此公學脈不差，便依他做去。至其各人病痛，須各家自一番矯警，又得友朋講貫之勤，乃爲有益。吾輩失學，只而今急迫之病想都不免，反覆思之，終是持敬工夫全欠，須於此處收拾提撕，庶有入處，不知二兄以爲如何？

## 答林宗洛書　五中臨潼人

歸來細讀書旨，所論極是。吾人爲學以辨別是非爲第一義。麟亦嘗怪前輩立身行己卓有可觀，其學亦自謂守程朱之正脈，而往往於陸王之徒猶爲恕詞，不能峻拒力闢，樹吾道之干城。是或虛懷謙衷，務爲反經以自勝，而眞是眞非又豈容一毫之假借？在我雖有不足，天下公理非可以私意而加損之也。孟子曰：「吾爲此懼，閑先聖之道。」一「懼」字是何等心腸！一「閑」字是何等力量！今卽不敢以孟子自況，而能言距楊墨者聖人之徒，亦豈不爲孟子之所許哉？然而反經之意又何可忘也？故必實致其力於身心日用之閒。如孟子知言養氣之功並進而交益，庶幾眞見彼之邪說足以貽誤於天下後世，而吾之爲天下後世而明辨之者，亦不至徒爲空言，而不見信於斯人也。此則不可不勉焉者也。不然前輩既不免以寬緩涉調停之私，而我又以鹵莽成狂妄之罪，則斯道眞不可明，而天下後世終不得大中至正之途而趨之也，豈不惜哉？妄言及此，老兄幸又教之。

## 又

前書麟意，知言養氣並進，庶使天下後世共趨於大中至正。要其成而言，卽非舍卻自己目前工夫而徒爲天下後世計也。果爲斯道辨明是非，則上不得罪聖賢，中不誤一己，下不貽害將來。三者又只是一事，無先後緩急之可言。不知於尊意又如何？酉峰講義，謂周子禮先樂後從論語「有所不行」節看出，亦無誤。禮先樂後，道理固是如此，然周子以前無人說到此，又焉知非讀論語有省乎？此等處須參活看。如西峰說亦未嫌道理迫促，他意中原以周子說話爲有懲而云然也。新齋消息尚未得，大約須俟望後始能東行。李家學生，其父已承照顧，卻恐新齋又帶渠學生來，便多一番往返耳。時潛事，夜來思之須向義理上看，如何？若從利害計較，恐未是，只如今官不說義理，能忍耐得亦好。時潛早失機，欲要明此義，須與陳說，但不宜過激耳，可達此意。看渠作何舉動，如上書，可擬成共酌之。

## 答楊仁甫書 戊午

接手示，知途中與仲丹兩釋夙嫌，足見進學之力、克己之勇。仲丹疑人輕己，麟固窺之而言之矣。如尊兄自謂「持人過甚者」卻未見得，非故緘默引嫌昧忠告之義也。「狹隘」之云，以尊兄自省知得全是此個病痛爲害不小，尊兄卽不必如此。然吾人見理未透，物我之私未易猝除。若不常自提警，卻恐日用之閒渾是一團私意。聖賢路上多少好事，豈復能到得也？但麟不見朋友病痛所在，亦是自家工夫疎，每常以此自慨。吾人志欲爲己，而朋友切磋卻少眞實攻砭，原來自做處欠刻苦也。以兄見責，益當自勉。然亦以此冀兄鐫誨之及，未可蹈麟覆轍。此覆。

## 與楊仁甫書 己未

體用只是一源，豈可分同異？天理中又如何雜得人欲？程子：「善惡皆天理。」蓋謂善固性之本然，一落氣質便不能不流而爲惡，其流而爲惡，亦天理之所有也，故曰「皆天理」。胡氏自不識性善，所以與程子異，未知是否？麟今歲多恙，極以爲撓，始慮不審，作室多費，不免借支，家有舊藏書，行將售人，約能得直三十千錢，稍可補缺。工夫不實，轉足警我。李氏已刻居業録，日來校定，見得先儒用工實處，時用愧懼，又何以爲老兄告？然工夫亦只是常常覺察，去非求是而已，然卻甚難。玉清自聰穎，理會道理不費力，但謹密確實亦常箴之。渠亦愛聽人說好話耳，答玉問據一時所見，深恐未當，道理未易研窮，辭字未易穩貼，如有不是卽望提出別論。此理本無形迹，千萬勿以常態相拘，庶彼此有益也。聞玉接家書，恐婚禮未能盡行，世教不明亦不柰何，亦不必大段累心也。此意已告玉，知吾人事業尚有重大於此者，如何？如何？

## 答林宗洛書 庚申

來諭已悉，但於愚意猶不能無疑。尊兄謂水之出沒乃陰氣之聚散，聚則爲水，散仍爲氣，其於前日水化歸氣之說蓋不異也。新齋之辨，今亦不復記憶，恐較尊兄意爲穩。至麟謂水之自有而無自是化，化後更無可說，當時覺得尊兄歸氣之語不免荒誕，故如此云云。蓋天地閒有聚必有散，有育必有化。此氣也，所以然者，理爲之也。理不可見，因氣之流行而見。水既化矣，更要推說到化後如何，不知說個甚麼。如尊兄言氣聚爲水，水散爲氣，是水亦氣也。氣散而仍爲氣，則是天地閒只是這些氣，一任爲聚爲散，而不見其生生不息之妙。氣亦只成個死物，豈非釋氏所謂一大輪迴者乎？乃尊兄反引朱子謂「吾儒非同釋氏，那有不可說底道理」，以麟言爲不然。竊恐尊兄已陰染於釋氏而不自覺，正不究其所以然，徒彷佛其近似，或且謂所見之密，不知適自墮於冥昧恍惚之域而不可捉摸哉！如此之害，當更甚於咬不破汨汨的過了日月者。夫張子「太虛不能不聚而爲萬物，萬物不能不散而爲太虛」，下一句胡敬齋已疑之。蓋聚則生散則盡，物理之自然。豈又散去爲太虛？太虛亦不待萬物散而爲也。而形潰反原之說，程子早不取焉。今更以朱子之說考之。朱子曰：「大鈞播物一去便休，豈有散而復聚之說？」又曰：「氣之伸屈，譬如將水放鍋裏煮，水既乾那泉水依然又來不到，得將已乾之水去做它」。新齋說似有此意。又曰：「百川赴海而海不溢」，「蓋是乾了，有人見海邊作旋渦汲下去者」。又曰：「柳子云歸墟之泄，非出之天地之外也。但水入於東而復繞於西，又滲縮而升，乃復出於高原而下流於東耳。然以理驗之，則天地之化，往者消而來者息，非以往者之消復爲來者之息也。水流東極，氣盡而散，如沃焦釜，無有遺餘，故歸墟、尾閭亦有沃焦之號，非如未盡之水，山澤通氣而流注不窮也。」是數條者，其言亦既明晰，而末一條尤足以破尊兄之說。願詳思之。孔子不登泰山或者然也，但此亦不必執定謂聖人不登山，我輩便不可登山。登高臨深，固孝子之心，然開心胸豁眼界，窮山水之雄奇，思天地之終始，覽萬物之情狀，見大道之流行，亦未始非吾儒之事。如程明道遊鄠山，朱子登南嶽、武夷諸山，不應程朱之道與孔子異也。尊兄乃以己所見者欲概之人人，亦未免不宏矣。至理無窮，舊見宜濯，惟尊兄留意。冬寒，幸爲學厚愛。

## 又

議劉、李事亦切中，今之朋友誠是難得。尊兄欲以友道爲吾黨勵古之人古之人，麟平日於朋友閒不敢事攻訐者，只如朱子所謂小事不欲說，大者又恐養得病深，徒言無益。意以當言者尤須忠告，善道又多不明，斥其非而輒引古義以旁喻之，然鮮益於朋友則是誠意未至，亦由責善之道有所不盡，更爲自治不密之罪。凡人不肯一毫自苟，則其視人小小過失亦必不欲放過，卽令盡去而後安。此尊兄所以使人敬也。更願尊兄日用之閒益加存察，使此心光明磊落斬截剛斷，勿自謂斟酌盡善而不免涉於曖昧狐疑之私，勿自謂謀慮必周而不免流於權術功利之雜。則麟自今以後，其受益尊兄當不可尺寸計。而深錮之病有麟不自知而尊兄探其微鉤其隱者，又不惜金石之誨，俾愚魯頑鈍，少變積習。麟雖不肖，亦當體尊兄求友之誠，披肝瀝膽。據吾所見而直陳無隱，想土壤細流亦泰山、黄河之所不擇也。此覆！

## 與寇允臣書　守信長安人　辛酉

麟實無知，以尊兄見愛，輒述所聞，似不以爲未然，至科舉一事，前賢論之甚詳。若不實見得那邊眞是有害，便欲截然去之，亦恐不易也。麟謂當先辨一爲己之志，知得此個道理皆吾性分自有，外面一切富貴功名分毫增加不得。若於吾性有虧，要他何用？如此則其輕重是非之閒自不足以惑之矣。邪説害正今爲尤甚，雖賢者不免。或曰：釋氏地獄之説，皆是爲下根之人設此怖，令爲善。明道先生曰：「至誠貫天地人尚有不化，豈有立僞教而人可化乎？」今之刻感應篇、敬信録皆此類，尊兄但當拒之以不信，切不可爲彼動也。此種意見須與掃除浄盡，若尚留一二分在胸中作梗，少閒便會誘引，卻不知不覺令人眼邪口歪去，甚可怕也。此蓋義利關頭，於爲己工夫甚相干也。又爲學須立課程，積累將去，不可一日放過，方爲有益。尊兄以爲如何？更望誨正！

## 與劉致齋知縣書　福建人

講學只是自家事，固不求人知，然亦不消避此名。前日初面，麟之狂愚，妄有議論，閣下似不然之。蓋閣下篤實之資，忠厚之心，誠麟所敬。然竊意不好名而避名，不如不避名而務實，避其名必將怠其實。輕議前輩，固學者所當戒，然學術一差將誤終身，須與明白分辨方可致力。若要含胡兩可似做不做，則恐仰人鼻息，終不能有所擔當，亦是不肯切實爲己，卻夾雜了念頭，只做半上落下人也。仕途不喜講學自昔已然，然其是非得失畢竟如何？至於升沉顯晦決非人力所能爲，一味隨俗周旋者，果盡得美官耶？此亦可以知命矣！昔朱子於當時講學諸公一一梳剔而僞學之禁，且曰：「得某壁立萬仞，亦足爲吾道之光。」況今嗣主沖齡，保傅需人，而大臣臺諫以一二講學鉅公已列薦牘，則清時必無朱子之憂。又胡爲預自匆匆，閃藏躲避而不敢任耶？近有回籍人員，督撫因其講學而劄取供職者，此事亦何嘗盡爲世忌？但問所講之是與不是，所學之實與不實，即於前輩偏正純雜自有不得而漠置者，蓋亦以切己合做事，而人之好惡毁譽烏足計哉！交淺言深，冒昧之罪，所不敢辭。然惟朋友之義，不直則道不見，是以私心不能默默，輒陳鄙見亦冀有以教之也。統希，心鑒不宣。

## 答王弱夫書　汝植字子培富平人

尊意欲上書闕廷，麟前謂其未得義理之正，曾於書尾略贅數字。老兄乃未喻其意，猶持故見。是敢盡吐鄙說，冀熟察之。夫聖賢處事有心所欲爲而分不敢爲者，有理所當爲而時不宜爲者，要亦視乎義之如何而已。老兄蒿目時艱，不避險難，跋涉萬里，欲以一言悟主上。獻曝之誠可以鑒天地、質鬼神，其心豈嘗有一毫覬覦之私哉？春秋大一統，嚴内外之防，今者敵人侵凌中夏，污我京師。逼聖駕北狩，驚祖宗之寢廟，邪說暴行亂先聖之遺經。此神人共憤，覆載所不容，人人得而誅之。蓋理之所在，有非禍福利害所得而奪者，然而有分焉。孔子曰：「不在其位不謀其政」。孟子曰：「位卑而言高，罪也。」是也有時焉。孔子曰：「無道則隱。」子思曰：「其默足以容是也。」是以孔子當日未嘗一爲魯君直言季氏之姦，而墮三都，收甲兵，乃在爲宰之時。陳恆弑君，沐浴而朝，猶曰：「以吾從大夫之後不敢不告。」女樂之受不聞上章爭論，而託以膰俎不至，不脱冕而行。朱子於趙汝愚之貶作書數萬言將上，之後以筮遯卦而止。然則聖賢之心果真恝然？而其視理之當爲者，反逡巡畏縮而不敢前哉？抑以量乎分，審乎時，一權於義而無容心耳。朱子曰：「前世固有草茅韋布之士獻言者，然皆有所因，皆有次第，未有無故忽然犯分而言者。縱言之，亦不見聽，徒取辱耳。」且吾前以告君者，皆聖賢之道，而不以聖賢之道自處可乎？聖賢之道不枉己以徇人者也。昔文中子一見隋文帝而陳十二策，朱子譏其不待招而往，不待問而告，則爲輕其道以求售。蓋聖賢悲憫之懷與樂天之誠固并行而不悖。老兄來書乃謂麟所言者聖賢經常之道，若不敢任意以豪傑自待又以上書，便謂生不徒生死不枉死。若不上書，卽未免畏禍，生平所學徒託空言，以此纔算行，以此纔算適用。不知卽以上書論，亦不幸遇此時耳。若無此事，則平日全不行全無用乎？視聽言動皆行也，喜怒哀樂皆用也，吾所以講學修身者，豈但爲上書地乎？亦大不然矣。夫不循分相時而止，曰不畏死不畏禍，究其所就猶是粗底豪傑。自古聖賢皆從小心處做來，義所當爲不敢避也，雖湯鑊在前視如無物而已；義不當爲不敢冀也，雖千駟萬鐘有去二不顧耳。不臨難而苟免，豈輕身以犯患？君子懷刑遠恥辱也，亦可曰畏死畏禍耶？況此意已熟，凡事只要做無人做的事，只要做人不敢做的事，更不論義之當否，亦仍是一團私意。而任其氣質用事並所謂行者皆是罔行，所謂用者皆是妄用。此爲學斷以精義爲先，平心靜氣變易從道，不要大驚小怪，卻尋個大題目壓服得人，爲自己增氣燄而不暇思乎分與時也。卽如老兄初閒示諭謂，近思得一奇事，亦可見其胸中作鬧，往日好異求勝之心忽然發露，竊恐聖賢必無此等氣象也。或謂伊川先生曾上書仁宗，天下道理固不可執一論。伊川皇祐二年已應進士，閒游太學，與上書前後不可知，書中有「臣自職事以來，而胡安定當時主教太學」，試論固處以學職或其時也。此朱子所謂「有所因，有次第」也。要之，有伊川之志、伊川之學，然後可，非漫襲其迹而爲之也。伊川亦自揣度分時，而無非義矣。況老兄書中亦不見綱領條目所在，且有非告君之體者尤未可輕舉。此事煞有關係，成敗利鈍卽所不計，而犯義取譏，朋友亦將不免收司連坐之罪，故不敢默默是非，非可含胡。語意切直，並望原恕。

## 答蔣少園書　若宷長安人

麟昨走謁，得遂數年願見之志，但以未能久侍教，益稍窺賢者之蘊。然其寬平溫粹，固已飲人以和，而反己自省，殊覺粗浮淺陋。尊兄不以爲可鄙而擯之，幸矣！又辱愛焉，感愧宜何如也！麟學無實得，徒以性所嗜好力扶正學，使程朱之道復明於世。深惟尊兄是望，此番復出願堅素守，勿恃已能而益勉所未至。當今急務惟以振士氣、正人心爲綱領。而所以爲之本者，則在端心術、明義理，有自修之實而已。至於兵務斷以仁義爲先，明紀律、嚴號令，恤養士卒、招納裹脅。吾所以除暴安良之心，皆一誠貫注，卽賊衆亦莫不共知，則自不能不服其心而喪其膽，且將不戰而歸順矣。卽間有非我所得爲者，或陰贊之上司亦不爲無補也。尊兄平日潛心斯道，必有成謀。而麟之妄瀆亦見區區相與之誠，而并藉以請正也。伏惟爲時自重，决與吾黨增氣。

## 上邑宰辭舉孝廉方正書　壬戌

麟輒有私懇，仰干崇聽。昨者邑中人來謂諸紳士欲舉麟孝廉方正，已言於老父母。麟聞之惶恐，罔知所措，伏念此蓋朝廷重典，必得眞能副其名者，方可當之無愧。麟之愚劣，無論其他，卽孝之一字已難自問。年逾弱冠，連遭大故，除服後，以雙親屬望，尚事科舉，既思不可必得，卽得亦祿不逮養，遂絶意進取，但欲讀書修身，以無貽親羞而已。今年幾四十，依然無聞，追維往時，既少承歡，復省當躬，又將遺玷先人，每一循億，涕下交頤。蓋有不可爲人不可爲子者，不能孝，卽餘可不問。果上其事，是愈重不孝之罪，而且以累朝廷選賢勵俗之明。平生方以虛名爲戒，豈得不思過情之恥？不可欺心，可欺人乎？可欺君親並欺吾君乎？抑麟嘗聞先師朝邑李時齋之言曰：「孝廉方正自漢以來皆自投文券，又有使費，有志之士必不爲也。」麟不知其果如何，似若此，尤非麟之所敢出也。今諸紳士固出於相愛，而老父母又誤信不肖，是亦所以玉成之意。然麟之私心實有不安，謹敢披肝瀝膽於老父母之前，幸願遂已。此事則麟之感激更有甚於保舉者，伏惟慈鑒！

## 再上邑宰書

前蒙鈞示，讀之不勝感愧。欲再布誠懇，而麟女適種痘，是以卒卒未能奉狀。數日思惟竊見老父母所謂仰副朝廷重典，藉以求其心之所安，豈爲阿好？况又不俟衆論，獨加賞擢，又不牽以舊日師生之嫌。薦賢之誠，知己之德，局外猶將感激，何况麟者？豈宜復有辭避？然麟所以屢懇者，誠以孝廉方正實未易盡名，卽未可虛邀微論。麟之返衷無一稍能自信，卽略有近似，孰與曾子之孝守身養志，伊尹之廉一介不取而方嚴勁正，又孰與程子之中正不倚，朱子之平生四字？以此言之，則其不克勝任又易見矣。况麟前書所陳，實皆日夜疚心，欲補救於萬一而未能者，憂惶悚仄，懼不敢當，卽非故託恬淡而過爲謙遜也。若使靦颜冒受，竊恐不惟有玷重典，而於老父母知人之明所損實多。是敢再浼聽覽，冀諒愚悃，伏乞遂寢此舉，別擇眞儒。煩瀆之罪，無任皇恐！

## 與劉時濳書　廷選臨潼人

自變故以來，不及一見，亦不知果逃何地？想爲况亦不易也，時切念念。前接宗洛書，知住馬村，甚慰。宗洛道與尊兄欲倡義兵，此意聞之壯氣，但不知規模如何？今日人心離散，忠義全激不得，恐未易收拾。然試一爲之，又須詳愼，若難宼已。

## 與辥克夫書　荐仁齋長子

賢友列名學宫，自足下意中事，何足賀？然得脱此一厄，而專意於尊丈之學，異日承其傳者，不在他人而在其子，是則大可賀耳。惟足下留念麟嘗與諸友私竊評論，如足下才質豈復易得？果肯俯就繩墨，則一日千里矣。千萬勿外。

## 與蔣少園書　癸亥

西冬一晤，倏忽兩載。吾秦之亂，遂至此極，每思半生讀書遇變無策，竟蹈儒生坐談之弊，真羞愧人也。禍患初起，避地韓城，因得晤哲嗣，訂定主政，相與談論時事，太息流涕而已。後移絳州聞其寓蒲，不知今如何也？初在韓時蒿目賊形，悲憤塡胷，狂病忽發，方擬詣京，一訴實情，爲數百萬生靈吐一口氣，哀求朝廷速發大兵，圍勦羣兇，或不至遷延坐誤，支蔓熾動，遂難收拾如今日也。事不成行，亦且忍耐，但一念及輒切痛恨。近聞賊勢小怯，然向西猶是崢嶸，正多可慮。蓋未能撲滅，徒以鄰國爲壑，豈計之得？人始離艱苦，當濟以寬大簡易，乃有日迫追呼，竟不聞爲善後策者，益令人憂嘆也。淺薄之資驟膺患難，頗費支撑，然勞苦空餓正是上天一番鍛鍊、一番磨厲，所愧動忍增益未能，得力有負玉成，然亦不敢不敬承也。舊嘗爲生徒輯養蒙九種，敝邑劉季昭欲刻之，成都有書託劉君樹田質之，老兄更請略序數字，亦見長者留意是書，或於斯道有裨也。老兄此番當益能行所學，願愈懋勉朱子南康、漳州之政，皆所期也。悤悤拜稟，它爲惟爲國護重！

## 與林宗洛書

前與李培初書中奉問諸友，想各達鄙意，久不見甚相念也。世變至此，幾不可爲生，不知諸友何以支撑？尚硬著脊梁守定死挨，不大爲彼動否，然誠難矣。麟逃避遠地，只當時見義不可守，亦不計後來寒餓死亡，幸家兄歸來，他鄉忽聚，口食尚可接濟數月。今年又有數生徒相從問學，聊以度日，不敢過望也。西歸無期，正不知將來如何結煞，然亦且置之憂念，亦徒然耳。每思孟子降大任章，所謂苦心志諸般，今皆驗矣。然自問卻恐擔不得大任。蓋吾心未嘗動性，未嘗忍而不能，未嘗增益也，是吾負天意甚矣！今當常體此意。若不幸而餓死，是殆天不欲以大任降我，而我果不足以承當大任也。亦自奮而已，他何足計哉？不知此意於今日事何如？願質之老兄。麟在遠，無可告語，惟與楊仁甫同學，極得切磋之益。此君看書頗子細，乃因自省見平日破敗不少，益信粗心浮氣卻甚害事也。渠亦極念諸友，嘗屬因筆問好。多帥聞破渭南蒼頭賊巢，不日到臨潼、高陵等處，未知果否？聞坊鎮失守，此最可慮，西北惟此爲聚糧。所聞賊已載百餘車去，爲今之計亟宜把截扼要此路，勿使爲賊所據。賊詭計全是要斷糧道，令諸縣坐困耳。省中聞死人甚多，亦只爲無來糧價益高。當事全不早爲計，直狼狽至此，吾不知果何，心眞痛恨也！人行匆匆，不及詳悉。

## 答党西崖書　有庠絳州人

一别千里，正切馳思，忽奉手函，不忘鄙拙，感極！感極！麟託庇貴鄉，賤軀粗適，眷集近亦無恙，皆德人之賜。惟學不加進，負愧良深。患難以來，益覺平日缺敗甚多。近親書册，乃見與古人全無分毫近似，愈信氣質駁雜，將來不惟不到得程朱門下，恐亦到不得辥胡門下。如君家冰壑先生篤實純正，生平寒潔自守亦復不易及也。所幸仁甫兄同學，日夕講劘，頗有朋友之樂。尊兄客中當不廢學，程朱而後，凡屬純儒，無不於小學、近思録二書篤信而深好之，以爲下手工夫。其餘偏雜甚或陽儒陰釋皆是此處例多忽略，全不做得基址，故到底無救處。學術要辨明路途，不可一毫差異。以尊兄資質之美又有家學淵源，必不河漢鄙言。所願直前擔當，講明義理，修身待時，一切生計但當聽之義命，將來接鄉先輩理學之風不難矣。豈如尊兄所謂一器之成哉？仁甫已歸猗氏，西事近不得確信。有傳大軍已圍高陵，此卻是好消息也。賒鎮有講此學者，不惜留神詢訪。世事雖無可爲，但得讀書種子正當，便會有一場好收穫也。未間，惟順時自護爲幸！

## 與薛仁齋書

去冬一别，時切馳慕。新歲欲造訪山中，而家兄時又過解，異鄉羈棲，家間無人，遠出不便，未遂會合，殊深悵仰。高泉今歲來學幾何，其中有可望者否？此間爲況，聊以度日，他亦無足計者，惟仁甫兄同學，頗有講切之益。然又每念不得併聞老兄至論，卻以爲憾也。平日看道理雖覺不大費力，但以未能入裏，往往句讀文義多有未合。得仁甫兄是正，頗有省。以此知粗心浮氣爲病不小，居敬工夫易間斷，便窮理不得力也。竊自惴恐，更願因風不吝鐫誨，使常有所警發，厚幸之至。西事近聞已破渭南賊巢，不日大兵到高陵，但三原、富平仍時被擾，間有麥處亦不成收也。黎某所上疏言時事亦切直，然亦未見肯綮，恐亦求利達者爲爾。微老兄言，麟亦不欲冒然一試，勉之自亟亟耳。風色大略可覩，豈復吾輩出頭日也？見期未敢遽定，得閒便欲徑去。不至五老峰頭，終是歉然也。

## 與楊溫如書　玉清損齋子

前聞體中不佳，今當大痊。課蒙之暇不廢誦讀，想日有益也。凡看道理須是子細，草草殊不濟事。聖賢言語非淺易粗浮之可得，麟舊亦不覺，今與尊丈處，乃知病痛不小。看書粗淺非止文義之失，卻是主敬不得力也。感發甚多，欲矯革之而不免生疎。程子「完養思慮，涵泳義理」，此言殆不敢忘也。竊恐此意吾子亦宜知之。

## 又

尊丈書中意已盡，不多及，所冀痛掃舊習，一味耐煩耐苦。教小童尤加意，勿苛責，勿鄙薄。即於自己性情有益，學問亦長進矣。凡百職分所當爲，即性分所固有，須識此功夫便不容已，異日便可肩荷得大事也。此學難得眞有志人，區區所望於賢者不淺。

## 與同州府司訓李鏡湖書 學源

逆回之變不謂遂至此極，去歲同州屢被圍困，幾不可保。幸賴官民守禦得力，孤城無恙。每念老兄雖處師席，亦不免一番戒備，稔知平昔勤謹警厲，不以猝膺憂患有所不堪。義分所在安之而已，他亦何足計哉？吾鄉諸況想知其詳，麟自去歲五月挈家逃韓城，六月末過河，現居絳，異鄉不易，亦無如何。今歲但有學子數人相從講讀，得以溫習故書，粗此遣日，西歸無期，思之輒痛心也。聞多帥破賊數穴，移兵而西，不知果到高陵否？路遠傳聞少實，同州必常有文報，望詳示一紙。李紹庭去歲亦到韓，後歸，聞今寓盩州。梅友母弟仍寄邠州，正月間從運城到絳，復去運城，書來又之湖北，有朝邑門生官楚者欲向彼謀生。此兄可念想，欲知之，今因家兄來同之便，佈此順候，興居不宣。

## 與孫應文書　鳳德猗氏人

「聖雖學作兮，所貴者資。便儇佼厲兮，去道遠而。」程子此言洵不誣矣。然朱子又曰：「美質易得，至道難聞。」應文有忠信之心、敦篤之貌、慕道之志、好賢之誠，其資質固加人一等矣。又加之以窮格講貫之功、高明遠大之識，日繼不已，則其進道也。孰禦願宏遠圖，至望！至望！

## 與辥仁齋書

前託解州藥肆曾奉書，未知達否？麟羈棲無恙，西歸無期，亦且安之，所恨讀書全少精進，每展卷，輒覺破綻百出，固是自做工夫不力，亦少朋友講論夾持之益，易於放倒。麟自信無他長，只於朋友規切亦頗知領受，不敢以護短自欺也。久擬一到山中，而家閒無人，客中未便遠出。如前書所云，秋涼或可安置，決然南來面受鑪錘。近有曲沃張君知勛到絳，亦極有志，約與俱來，未卽相見，或有見教者並近作，不惜指示。朱子與南軒、東萊雖至小事，亦往覆商量辨論，見之書牘。至今讀之，眞見大賢與人爲善之意不覺興起。願老兄不以麟爲不可教，而辱教之，幸甚！王君芸亭德昭者，韓城相國曾孫，候缺貴省，今委辦河防寓縣署。曾言訪及貴邑人物而未有以老兄對者，頃歸絳，因問老兄動靜，渠亦極欲一見，意先探在躬親詣門晤次。或隨事有可語者，不必閉門踰垣，爲過中之行也。仁甫西歸，將近五旬，不知如何？遜卿近通信否？諸惟照督，萬望順時爲道，珍衛不悉！

# 答趙仲丹書 諱鳳昌號宏齋大荔人

六月間仁甫兄來絳，備知一切。得足下書，讀之大幸，知患難果不足困吾仲丹，而學之且日進也。至所詢當時善後之策，當濟以寬大簡易，亦見留心世務念切民瘼，可敬！可感！寬大簡易本非一端，爲今之計莫先亟擇守令之賢，眞有愛民之心者爲之，招流亡、均田產、謀廬舍、給牛種，直蠲數年之征，以與民休息，庶乎民氣稍蘇。即此數事果能實行，亦所以培國脈於長久。不然哀鳴嗷嗷，正多無窮之憂，雖有善政亦無所施矣。尊兄以爲如何？若別有見，幸更風示。昨訪辟芮城，同遊二十餘日，講論雖多舊說，然一番提起，一番精神。今歲得與仁甫兄切劘，方省向來工夫全是主敬未得肯要，故雖不敢大段放弛，而昏昧雜擾時據胸次作病不能掃除，所以絕少精進，皆此之故。今始不惜屢說，直剖判此心無事有事，果是如何。細與點檢體認，目前仍是把捉，且有時而忘，然才覺便又操持，亦只恁地去，積久或有可冀耳！遭難以來，知身任家事，此亦無可如何。但恐尊兄平日酷嗜讀書，今不免稍分工夫，心下卻生躁迫，爲害不小。張子云：「人雖有功不及於學，心亦不宜忘。心苟不忘，則雖接人事即是實行，莫非道也。」願隨遇安之，讀書處事何分清濁？何分忻厭？西歸無期，相晤何日？惟順時自愛不宣。

# 又

前書無便未能寄去，信甫東來又蒙賜書，感甚！身困而心未困，境窮而學不窮。並荷警益，願吾輩愈加勉也。仁甫書中論敬工夫極是，然亦不可廢讀書也。如李穆堂朱子晚年定論一書，正是知見差了，故謬戾至此。前人辨之已詳，孝義會序意思周到，筆亦條暢，足見足下新功，嘆服！聞郃陽雷君者甚有志，扈君書來亦極向此學。吾人流離不足惜，正得二三同志相與講論，亦足樂也。前日爲舍姪加冠，延仁齋先生爲賓，諸友集者甚衆，三省十一縣人所闕者仲丹與遜卿，並西方諸舊友，爲之悵然！

## 與王遜卿書　守恭華陰人

久不得來音，時切憂念。昨因南訪芮城至聞喜，道中適遇華陰人，亟問足下。渠言雖未能詳，然已知無恙。比見芮城，知三月間尚到高泉，又與損齋書，不忘鄙拙，且爲謀避難之策，欲歸故國以居。讀此，爲西望者久之。但以家累之，重遷移匪易。暫此苟安，相時而動。將來直到竹峪與足下相依，亦未可知。聞足下喪父，不勝悲悼，未能弔慰，深以爲憾。伏願抑哀盡道，不廢聖賢之書，益當有以發其孝思，而遁伏痛恨之餘，亦將動心忍性，惟義理之是趨矣。是在日用之間常切提醒收斂，勿令飛揚。粗浮之氣忽然發露，則於心術學問亦甚有濟也。不識足下以爲何如？麟飄泊之踪，無可告語，惟與損齋同學，日夕講切，頓忘患難。爲學之志亦不敢殄滅，當前所能爲者此事而已，他不足計也。

## 與楊起之書　師震萬泉人

日前歸途，不阻雨否？拜謁文清祠墓，當益切嚮往。日來工夫想更精進，尊兄純篤之志麟誠歎服。返躬循省，覺得平日多少放過，安得尊兄常相警厲，庶幾不怠，稍或可望。然觀感之下所益已多，但前日語次，竊見尊兄過信無稽，執之甚堅。如論子路事。當時已不敢以爲然，恐此等處更須讀書窮理，洞悉聖賢誠實正大之情，則一切妄說自不足入其胸中，而吾心亦自清通無蔽，有以爲息邪放淫之本。不然便礙卻正知見，將聖賢至公至正道理或反有不信者矣。此事所係亦不爲小，欲遂不言，恐負朋友之義，不敢不以告也。惟諒督之！

## 答李培初書 榮基涇陽人

辱書慰慰！世變至此，無可言者。去冬逆回再破魯橋，正慮尊兄恐復歸家，不免一番㬰驚。今乃知依舊仕耀，異鄉不易居，自是常事，况此亂離？來書極言彼中人情之惡，然亦無可如何也。竊謂當隨遇而安，至於窮困，平世猶是支詘，今愈窘急，自所不免。朱子云：「患難之來正當有以自處，不至大段爲彼所動乃見學力。不然卽與世俗戚戚於貧賤者何以異耶？」尊兄於此意想嘗講之書籍，及太夫人壽具俱遭賊火，誰能遣此？然亦數也。麟數十年節衣縮食，所積不下三四千卷，一旦盡成灰燼，初亦未免動懷，且有數種講學書恐此生不可復得，思之愈覺痛心。然一念故國數百萬生靈死傷流離，慘不可言，平日存心講論如何？今乃束手無爲，輒先逃避，愧悔甚矣！賊勢時張，未易撲滅，當事者只籌得一待斃之策，天下大事正多可慮。朱韋齋先生所謂「生意草草凡百苟且，不知百年未滿之閒更幾時而後定耶」，眞是如此。然則又何區區之繫念乎？來書謂與諸郎雜於儔侶日供薪水之勞，此亦難免。然有暇須令讀書，不可一向廢著。麟竊謂讀書正是處患難、妙著見，與段森園書云「兒子讀書今卻可緩」，此恐未然，不讀書便是不將處患難底著數交付他，他日便會顛困，如尊兄非讀書今尚不至大累乎？吾鄉死節不辱者正恐多人，望嘗留心訪記，便是一事。天不使吾輩遽膏賊刃，或者亦有意乎！滿腹心事不能盡言，諸惟保重！

## 與劉樹田書 映荆

回亂初作，知卽奉母之蜀，麟亦挈家避地絳州，不謂吾秦遂不可問。日念故國，尚無歸期，想異鄉羈人兩地有同心也。時事如此，言何可盡？患難以來，粗幸頑健爲況亦頗不易，但亦强力支撑安命而已，惟讀書一念雖經困苦尚未殄滅。省兄臨晉，得晤貴族季昭，卻肯相信，承刻拙輯養蒙諸種，此亦天地間公事，遂不敢匿。渠欲鋟板成都，尊兄肯一校正，卽更厚幸。又知與少園先生同官，并望以麟書請正少園。舊所刻小學、近思録、北溪字義，卽煩覓工各刷數部。麟辛苦積書，正學諸編幸能略備，今盡燬於賊，於此尤不能不切切也。紙工之費幸示明，卽尋便奉納。書卽捎貴族處，易轉致也。此在尊兄避難不應冗及，然以相知又别無可託者，當能曲諒。若費多，或各一部亦可。會晤無涯，它祈以時愛護。

## 復邑宰葵階余公書　廣陽監利人

家兄歸絳，奉讀尊示，又賜寄懷一詩，雒誦之餘且感且愧。逆回遠竄，固由大帥兵威，而敝邑孤城獨保無虞，則惟老父母之力，苦心勞力婦孺皆知。卽欲移疾歸田，竊恐匍匐攀轅，百姓必有借寇之思，而籌畫善後正需循良，上官亦必有不聽其去者，且老父母又何忍嗷嗷者而遽失所依耶？易傳曰：「難既解，當濟以寬大簡易，不可復以煩苛嚴急治之。」撫衈瘡痍，不知朝廷如何措置？以今之事勢而論，正可因敗成功轉禍爲福，一與吾民更始而復三代之治，特恐因循苟且，未有人爲朝廷任此大事耳。狂妄之言，僭易！僭易！歲暮西歸，請見有日。冬寒，伏惟爲時保護！

## 與楊仁甫書　甲子

楊莊别後，三日行風雪中，五日行泥水中，廿二日抵耀，又二日抵原。凡此苦況，麟終無所怨尤，以吾陝百萬流民有更甚焉者。途中閒誦得西銘，直欲淚下。此間邑宰已議撫衈，麟歸來始商量給牛種均田之法，非得朝廷指揮，恐未易行。麟只請合縣地畝，通行清丈，以實地行實糧，各歸各甲。然猶難之，許以稍緩。但冬間申請上憲轉奏豁免前二年官項各欵，緩征今歲上忙錢糧，文字甚是知曉小民愁苦，痛哭直陳。上憲已通飭西安屬被災十一縣，準其分别奏請。然麟謂卻是空頭人情也，難謂下料，再行察看情形別請緩免，但百姓種種可憫，須從此豁免二三歲官項，庶幾困可紓，氣可蘇耳。然如此，公亦頗不易也。其餘急要一二事，現議行之。麟被渠相留，現查本鄉人地，目前恐未能來絳。尊兄行止何如？麟謂宜歸雙泉，須成就得一二人才亦是一事，不可過自謙抑，隨分及物，方是吾儕心事。李氏子來，望收置門下爲要，餘不多及。

## 答楊仁甫書

諸書已領謝，敬齋集悤悤未暇寫完，行且料理，竣事卽當納上。承誨修志，大意正是，敝邑現擬清丈，卽不能遽如古法。然正經界，均里甲，亦當救得一半夙弊。縣志麟屢辭不允，承此正欲諸兄教我不逮，前欲敦請仁齋及老兄，而邑尊以費少，恐非所以待大賢，因有難色，麟意亦草創可專就正也。聞山西有及門數人，想亦未易才。玉清有館，甚慰！

## 三上邑宰書

麟不肖，辱荷知愛，同治初元舉麟孝廉方正，已具禀懇辭，區區之懷未蒙照察。今復舉行，是敢再竭愚誠，仰祈鈞鑒。漆雕開吾斯未信而夫子悅之。程伊川自信學未足，不願仕。麟何人，斯敢貪冒以速戾於厥躬？孝廉方正麟實未能自盡，前書所陳，曲折可見，自欺欺人，罪之大者。果上其事，則上憲驗看，迹已同於炫鬻，而朝廷又準取到京，不受則爲非禮，受之則爲非義，進退維谷，何以卽安？愛人以德，君子之心，匹夫有志，自審已定。此麟所以不避嚴譴之及，而必盡其辭也。萬惟別加選擇，以答盛典，麟無任皇恐！

# 與諸紳士書

竊聞諸君欲連名具保舉麟孝廉方正，愛予之厚，曷勝感激！　然在麟誠有未安者，是以輒敢私懇，伏冀諒詧。同治初元，邑侯即有此意，麟即上書求止，不謂今復舉行。竊念孝廉方正朝廷鉅典，非常之事必得非常之人以應之，苟孝不如曾、閔，廉不如夷、齊，方正不如周、程、張、朱、許、薛、胡、陸，皆不可也。有能此者，則州縣舉之大吏，大吏進之朝廷，朝廷擢而寘之於位，則天下聳動，知國家遴選賢才非徒一時之用，足爲後世之光。若以庸碌淺陋無足重輕之人如麟者强登薦牘，則天下何望？後世何觀？諸君之舉也何爲？麟之受也何義？麟雖至愚，敢不安分？徒取咎戾，矧此四字返衷内省，何一可信？循名責實，益增愧恥，此誠日夜思維，即被以矯激之罪，萬不敢冒昧以違本心。且以事理言之，孝廉方正自漢以來皆自投牒，儒者進退豈容或苟？自炫自媒，士女醜態。設以諸君之舉，俾麟姓名達於上憲，上憲必札飭本縣催取驗看。麟進省，今日投文府道衙門，明日投文兩司衙門，後日又投文部院衙門，問其所爲則必曰恭聽驗看。是豈非自炫自媒乎？無論驗看不合，即合矣，又以姓名達部矣，乃僕僕焉上京聽考。到京必親赴部投牒，其牒必曰某省某府某縣孝廉方正某姓名，不然則不知其何人何事。夫自投牒又豈非自炫自媒乎？自謂之孝廉方正是直不知人間有羞恥事，鄉黨自好者不爲而謂麟爲之乎？儒者進退之義安在乎？況又有使費，邑侯固知麟者，即不令書吏需索，下而本縣教官，上而各憲衙門，其書吏之需索有不得而免者。無論麟寒苦無可以供此輩之耽逐，亦不肯後世苟且之爲，即諸君代麟籌度爲之點染，則麟之進身先已不能潔白。且諸君既謂之廉而舉之矣，是又豈非使麟不廉乎？麟平居私竊憂歎謂何無人焉？一爲朝廷上書陳言，使選賢取士力復古道，破千古之陋習，如投牒使費尤害義理，便當禁革。今乃自冒爲之，豈不亦辱朝廷而羞當世耶？由前言之則於心有所不安，由後言之則於理有所未盡。凡此曲折，諸君以爲合於義乎？不合於義乎？不合於義而使麟爲之，則見責於朋友，取笑於四方，將愛之實害之，而識者又以爲當時舉之者之過也，即於諸君亦豈謂無損？麟「吾斯未信」，無復仕宦之志，但知讀書爲己。揠苗則害稼，代斲則傷手。萬祈力白邑侯速已此事，俾麟得遂素願。竊以暇日誦詩讀書，詠歌先王之風，與二三友朋講明正學，使程朱之道復明於世，是諸君所以愛麟孰有大於此者乎？惟熟察幸甚！

## 四上邑宰書

前蒙舉麟孝廉方正，屢具懇辭，卒未俯從鄙志，逕詳上憲繼察愚誠，決不肯就。又聞覆稟據例孝廉方正，不願仕者準給六品冠帶，乃爲麟請。此在私議愈難自安，伏念制科取人本欲選用，而麟之不肖實無可信，是宜置之不議不論之列，乃復空叨職銜祇增愧怍。苟膺恩命，則是仍以孝廉方正自處也而可乎？麟絕意科舉久矣，文詞進身尚不敢妄冀，況鉅典美名乃可以坐倖而得？處士虛聲罪將難免，近世奔競之風相習日深，獨此一途專責實行，未可冒濫，而猶有夤緣鑽刺以貪榮寵，狷僻之性實竊羞之。蓋名器者朝廷之典，廉恥者士人之防，使麟苟然拜受與彼同譏，人且謂聖朝所舉孝廉方正不過如是，反無以勵賢才、厚風俗。而麟之揣分捫心，亦覺既無實以報効國家，又竊名以震誇閭里，儒者辭受之節將自我而壞。有靦面目莫此爲甚，下情迫切敢避譴訶。伏望鈞慈，曲加矜察，始終保全，特與轉詳，以遂素守。麟不勝千萬，幸甚！

## 上佘葵階邑侯書

麟聞古人有言曰：「士爲知己者用。」又曰：「惟善人能受盡言。」竊見老父台開諫諍之路，廣忠益之門，延接士民，一言之善必欣然從之，一議之當必毅然行之。如麟之一知半解亦嘗妄有論說，多蒙採納。蓋其心未嘗不在於愛民，是以一聞益民之事，如水乳之交投而無所礙阻。此麟所以不敢以世俗之常情自待，亦不敢以世俗之常情度老父台，遂隱匿顧忌，虧義理而壞心術也。在易之解「利西南。无所往，其來復吉。有攸往，夙吉」，伊川先生傳曰：「天下之難方解，人始離艱苦，不可復以煩苛嚴急治之，當濟以寬大簡易乃其宜也。」既解其難，則當修復治道，正紀綱，明法度，復先代之治。然當解而未盡者，不早去則將復盛事之復生者，不早爲則將漸大，故「夙則吉也」。今者請免錢糧矣，不派徭役矣，散給牛種矣，寬大簡易，誠得爲政之體。然而衙署内外未必皆以老父台之心爲心，則其行事之閒不免陰敗老父台之紀綱而不覺。而老父台又以慈良之懷過爲包容，是非曲直或竟無所究問。而怨怒鬱積卒不得伸訴，向者歌功頌德之聲又漸有負屈含冤之意，顧老父台獨不之知耳！如詞訟喚票已出，差役索費遂至，耽延數月而竟不追理。鄉下窮民載賣柴草，城門抽柴，並搬家車輛或有抽腳用者。則是紀綱猶待於正，法度猶待於明，而先代之治尚未能復也。若其當解而未盡與事之復生者，弊非一端，當先其要。今且以其易見者言之，賭博爲例禁久矣，遭亂以來此風愈熾。縛棚搭屋，招場開賭，博陸呼盧，無分晝夜，月白風清，聲達街衢。然皆無藉棍徒引誘良民，又或劣衿結夥分股，陰持隱護，屢經嚴諭，卒不能止。不知此乃盜賊之原藏慝奸，禍患滋起，夫以縣令之權而不能絶地方之賭，竊爲老父台有所不解也。至於演戲，尤屬惡習。值此大難初平，正當兢業恐懼，何得幸災樂禍？愚民無知，可歎可恨，前日曾對人言之，其人乃曰：「賊勢尚急，賴此可安人心。」夫髮逆伊邇，不爲有備無患之計，徒欲粉飾欺罔，以僥倖於無事，而又適所以長風俗之澆漓、生奸邪之窺伺，是何言哉？乃者不量復言於老父台，老父台又謂使此輩藉以自養。噫！老父台亦爲此言耶！夫此輩亦人耳，苟持一業，豈遂不能謀生？况當此時應募充勇，殺賊亦可立功，竟甘心卑污，苟賤終身，伶籍而不出耶？且徒知此輩之朝歌暮舞，得以果腸腹滿囊橐，而不知小民之廢時失業，耗費財物，動以數百緡相視效尤，坐爲所困。及觀貧窮之民鵠形鳩面，狼狽愁苦，聞見不忍者，又在在而是。此東方生所謂「侏優飽欲死，臣朔飢欲死」者也。頃閲邸報，御史奏請禁戲，謂現值逆氛未靖，海内騷然，戰士蹈鋒鏑之危，百姓動勉强之歡，宜諭令中外臣工務各振刷精神，力挽頽習，毋耽耳目之娱。咸切痌瘝之念，奉旨已録。今盩厔諸處逆賊盤踞，驕日酷暑，士卒暴露，出師未捷，將帥憂勞，百里之外，笙歌恬嬉，不亦異乎？且甘霖未沛，秋禾未種者已不及種，已種者又多旱損，更加以兔鼠之食，荒墾已屬無幾。萬一麥種未穩，則將來何以爲計？所當亟屏浮華感召和氣，豈宜靡曼喧闐晏然逸樂？長此不已，則復盛而漸大者不止是矣。雖曰民自爲之，然變風俗正人心，在上之責也。伏望以含容之量施剛果之用，挺特奮發以革其弊抑。麟更有請者，凡事宜斷以義理之公，參以利害之實，不以有名而爲之，亦不以避名而不爲。而不以有利於己而爲之，亦不以不便於人而不爲。寧使一家哭，毋使一路哭。寧使後任之官有怨我之言，毋使闔邑之民常負無窮之累也。有可爲之勢，乘可爲之時，如此而猶瞻前顧後，不肯直前承當。麟竊爲老父台惜之。輕差徭、減加耗、清地畝、均里甲等事爲尤要。況老父台已蒙聖天子御扆書名丹毫記註，榮亦極矣。又春秋已高，數年之閒便合致仕，名譽爵位之念久置度外，理之所在光明正大，行將去，有何不可？麟之迂愚不自揣度，思有以補盛德之萬一，私心展轉夜不能寐，故敢竭誠以陳，惟老父台留意焉。麟不勝恐懼，待罪之至！

## 答蔣少園書

前辱書知隨劉中丞辦剿漢南軍務，繼聞月初已抵省垣，中丞素著賢聲，移節關中，眞吾秦之福。況今大難始解，正紀綱、明法度，非得大手段曷克勝任？且以尊兄爲之贊助吏治民生，必有一番振作，一番調治。欣幸之至，忽賜手書，乃中丞屬欲招延，不肖虛名誤人，愧恥滋甚。公卿不下士久矣，中丞莅任伊始，即過聽尊兄之言，留意不肖，推是心以求賢，則眞賢將接踵而至。麟又烏足道哉？但麟草茅下士，不敢妄進，惟有遙俟新政之布，以與吾民共慶安集，則受賜多矣。敝邑葵階余公現辦撫卹，散給牛籽，奉諭下鄉，逐戶句訪，事尚未竣。家累又羈絳陽，不免復過河汾，搬回故鄉，容圖專晤尊兄。曁寇、羅諸君子一商舊學，慰夙懷，是所願耳。允臣兄前賜疑條，未及復書，俟面請教，煩達此意。拙編女小兒語何足當大方留意，乃承鋟板，慚恧奚似，其中當多改正，如有攜帶，望惠一本。寇、羅諸君幸千萬道意。未閒，惟爲道厚護。!

## 與蔣少園書

李勉之歸，知前書已塵台覽，不謂敝邑官紳又復舉麟孝廉方正。聞之皇恐，卽累書懇免。竊恐未能遂已，老兄知我者硜硜之守，輒敢私於左右。上憲若欲提掇此事，萬望力爲我辭，以全素守。中丞當世人傑，學術經綸自有大過人者，亦惟私心遙質，徐圖所以請見之地，犯分犯義，麟則何敢？但中丞求賢若渴，深得古大臣以人事君之義，收拾人才正今日急務。變起以來，若敝邑官紳保守危城亦極出力，儻得奏請獎敍，感激必深。況今善後尤需羣材，昔朱子於納粟人推賞未行，不肯受官。蓋非此無以固結人心、策勵志士，而國家亦鮮收指臂之効。老兄苟一言及之，勝於薦揚不肖多多矣，伏惟諒督！

## 答蔣少園書

頃接手書，知老兄留心人才，欲轉中丞以大有造於我關中也。欣慰！欣慰！但麟耳目狹隘，未能廣交有識之士，農田水利尚未親睹其人，然中丞果純心用賢，廣詢博訪，安在參芪勃溲，不盡在藥籠中耶？惟用之何如耳？至於品端學純，最麟所深交者則有朝邑之楊仁甫樹椿，大荔之趙仲丹鳳昌，華陰之王遜卿守恭，楊沉潛、趙篤實、王英邁，但王年差少耳。仁甫之子曰玉清，才亦極佳，與遜卿更積以學，則秦之傑也必矣。昔范文正公經略關中，而横渠上書遂得成就之力。朱子居官所至，以興學校造人才爲首務，中丞爲朱子之學者且與老兄同志，談政事卽談學問，講經濟卽講道德。相約以振興文教，於奇傑俊偉之才以禮爲羅，羅而致之。馮少墟戎馬倥偬不廢講學，人謂兵食不足。先生曰：「正所以講足食足兵之道耳。」則講學豈眞無補於今日軍務？而關中人士豈遂無上繼横渠者？中丞之爲文正，亦斷斷乎其不難矣。張宣公之言曰：「大抵後世致君澤民之事業不大見於天下者，皆吾儒講學不精之罪。」是在老兄與中丞加之意而已。麟此志未敢殄滅，而學不加進。遭亂以來，眞覺理未易明，心未易持，終日之閒絕少精明的確湥潛純一之致。歲月易過，深可憂懼，倘賜鐫誨爲幸之厚。暑熱，惟爲時千萬重護。

敝邑余侯欲平徭減賦、清地均甲，但得撫札飭行則各縣無名之誅求亦當少止。聞浙江已奏罷通省浮費，恐亦可告中丞也。

## 又

吾省浮費之裁，惟望中丞一番振刷。蒞任數月，適以多事，未暇展布經綸，又復告病。然胸中自有定計，做時決不苟然也。老兄情切桑梓，諒時爲之贊助。來諭謂可靠紳士察勘情形，但此殊未易易。又承下問近時人才，麟愧耳目狹隘，二三相知外不敢冒昧，俟有訪問另當續報。近見士習益復猥下，乞墦登壟，何所不至？如陸稼書所謂陽儒陰釋卻不多見，只是科舉時文壞了許多人。如此何由得人才？此事煞關世道人心。朱子嘗稱周宣幹一言最好：「朝廷要恢復中原，須罷了三十年科舉。」今卽未能，然作興而變化之，亦當事者之責也。范彪西理學備考一書非後學所敢私議，然其辥、胡、陳、王包羅和合，陸稼書當時已不以爲然。學問一事未可含胡，朱子伊洛淵源録可考。竊嘗思朱子廣大宏博，類得聖人氣象，而辨明學術毫不假借，如孟子闢楊墨，閑聖道。心事前輩，於此每多放過，恐是自家做工夫處未見端的，無此個擔當。孫夏峰理學宗傳，黃梨洲學案諸書皆是一例，以之資考覽則可。若明道統，正學脈，卽須大加甄別，稼書謂范書不分是非，使後人走荊棘中，於心安乎？眞得千古賢切實爲人之意，亦此老生平所自以爲學者也。前歲與楊仁甫游洪洞正論范書，謂前輩好做此等書，亦是不切爲己，辥、胡則何嘗有此？仁甫甚是之。僭踰！僭踰！老兄以爲何如？葵階先生亦未敢妄指擬，然其慈良和惠，今人中亦不易得，但治吏如張乖崖之喫劍，戢盜如曾公亮之開門，則才有所不逮耳。且年老多病，其心極欲爲敝邑清畋減耗而精力已遜，又災黎凋困更不成景象，未便舉行時會可惜。若得中丞力裁浮費，則後來者亦當有以處此也。

## 上余葵階先生書

昨侍左右，再三諭以明春主講書院，自揣薄劣，不堪任此。顧老父台之心蓋將振厲學校，作興人才，一破世俗之陋。若一旦降屈尊重，辱臨衡茅，卑禮厚幣，下逮迂愚，在麟亦嘗有意講明吾學，豈敢故爲長往過中之行？然始之不謹，恐終無以伸其志，或反重爲不才之咎，而辜招延之盛意，是敢先布區區，伏惟裁察。書院之弊久矣，向者例以課取時文爲事，而無復先王學校之實。陋習頹風盡以驅誘破壞，士子之聰明材質亦將何所造就？國家又安得收人才之效？麟嘗懼焉！伏讀高宗純皇帝諭曰：「書院卽古侯國之學院，長必選經明行修足爲多士模範者以禮聘請，生徒必擇鄉里秀異沉潛學問者。酌仿朱子白鹿洞規條立之儀節，以檢束身心，仿分年讀書之法予之程課，使貫通經史，庶立品勤學爭自濯磨，人材成就足備任使。」大哉祖訓！足爲千古學則，亦何嘗諄諄時文爲哉？且麟不爲舉業，非薄之也。誠以古人爲己之學有不在此者，務記覽、爲詞章、釣聲名、取利祿，朱子蓋嘗非之。以故十餘年來，亦不以此教人。薛文清公曰：「以聖賢爲己之學教人，人猶有爲人者，況以科舉爲人之學教人乎？」朱子答呂東萊書云：「科舉之教誠如所諭，然謂欲以此致學者而告語之，是卽釋氏所謂先以欲句牽，後令入佛智者，無乃枉尋直尺之甚。」朱子又曰：「今教官只教人做科舉時文，若科舉時文，他心心念念要爭功名。若不教他，你道他自做不做，何待設官置吏費稟祿教他做也？須是教他識些，如今全無此意。」然則書院之教又豈以科舉時文爲當然乎？昔胡敬齋以道自高僉事潮陽，李公興復白鹿洞書院，敦請主講，敬齋貽書當事謂「有教無類」，固不可有所擇。然以慕道之心而來者，自當懽然樂得其人。若其心本非慕道，徒爲利祿而來，教之以善則不聽，導之以義則不從，成羣作隊，習爲怠惰，放肆之行，見利則爭，聞義不服，壞文公之教玷作興之意。蓋汩於舉業，只招得一等凡才，英邁超卓之人必不肯至。如此文章尚不能得其上者，況道德乎？其必自壞，其德業尚能成就人之德業乎？又曰：「欲興復數百年絶學，必推訪才氣英明、志向高遠及純篤溫厚者，相與講論切磋，至汲汲於奔競者則不必致也。」況江右素號文盛之地，學校科舉足以供主司之選。豈待興洞以教之哉？嗚呼！斯言也，尤麟所服膺，感歎耿耿於中，思有以大變積習，雖羣疑衆謗而不恤也。第不知於老父台振興之意有當否？愚陋亦望遍諭城鄉，有年十五六以上，敦厚好學不急時文，或已入庠，欲求進乎聖賢之學者，令其父兄資送入院。使麟爲之講究義理之指歸，而相勉於孝弟馴謹之習，告以聖學門庭，俾略知修己治人之實，庶幾於中或有興起作將來種子。人性本善，未必今世父兄卽無愛其子弟而欲爲此學者，如曰時文功令所在不可盡廢，則老父台每月官課一次已足覘其文詞之工拙。向有每月院課兩次，似可停止。令麟變通行事，兩次膏火量給在院讀書諸生，視其工夫之勤惰以定膏火之多少，且以分貧富賢愚而裁酌之，使適於義。蓋膏火本資在院生徒，以之養賢周不足，則可以激厲人才。以之較時文之長短，則鈔襲假替徒誘之以苟所得，而風俗人心益將頹壞。或謂相習已久，一裁膏火，恐嗜利之徒不免謗議滋起。然天下事必要人人道好，則又無一事做得，失此機會爲可惜。至於發疑問難、辨論義理，固平日用功所必有者。若猶考定高下，亦無異於時文之課，程子所謂「月使之爭，非教養之道也」，此麟所以謹於始也。不然是師道自我而壞，安所取之？願老父台力爲擔當，整頓今日書院，則學古之設，創之者李子敬，復之者王端毅，振厲而作興之者今又有老父台。麟雖不才，亦當勉竭罷駑以竊附先儒悅古程先生之後，吾道幸甚！人才幸甚！惟老父台留意。

## 擬上三大憲論時事書

伏聞朝廷以陝省西竄之逆回在甘投誠，甘地無從安插，復令歸陝。皇仁浩蕩，有同覆載，詔旨高深，未可仰窺。竊以事理實爲不便，敬爲大人陳之，伏乞轉奏，懇收成命，絶禍本而固人心，則陝西地方庶可綏靖，不致別生事端。惟千萬垂聽！夫逆回豺狼之性，狡譎百端，滋事以來，凡有難攻之處，無不善言講和，卒中其計而被害反酷。張副憲諸人以械鬬講和，横遭戕戮，獨留孽種馬百齡公然入省，竟無如何，事尚有不可知者。多帥入關征勦，大荔各處輒來投降，火器馬匹終未肯繳呈，元惡大憝，終未肯縛送，奸謀叵測，顯然可見。所幸天戈西指，勢如破竹，但恨撲滅未盡。餘黨西奔，日久勢蹙，故智復作，則今日之投誠安可遽保無他？且甘省逆回爲之煽動誘脅，現在張家川逆回巢穴盤踞甚固，大兵攻克，尚未得手，根究禍首，斷在不赦之條。爲所煽動誘脅者尚不肯招撫，況煽動誘脅者，乃獨無罪而並求其安插之所乎？殺人者死，國有常憲，今逆回殺官屠城，天地所不容，是蓋自取滅亡，無路可生。聖朝縱尚寬大，亦何至養虎貽患？今日之事，惟有君臣上下始終一心，有進無退，有勦無撫，有除惡未盡之志，無緩寇中已之謀，將相大臣籌策定計，力輔皇上，發赫然之怒，破反覆之術，明正天罰，以謝萬姓，以絕後患，而花門種類亦將潛消異志。雷霆之下，妖邪頓息，其理不爽，所謂不避事者乃能省事。而眞有意於安民者，所以必嚴，非種之鋤也。至於萬不得已而始免其死，視其實心歸順，卽擇丁壯分隸兵籍，使之殺賊自効可也，或編管散遣甘省州縣僻遠去處亦可也。其上策則莫若使之遵王章、棄異教、明學校、嚴保伍。蓋彼既投誠求生，正可定約以示一道同風之治，不宜仍安異類自外生成，是卽雜處甘省州縣漢民之中，亦無不可。而陝西則萬萬無可容留之理，逆回之倡亂陝西也，焚戮之慘自古未有，毁燒我室廬，搶劫我財物，屠殺我老幼，淫掠我妻女，骨肉傷殘不共戴天，死者含寃，生者吞聲，人人思飲其血而食其肉。且此物凶暴，平居無事，漢民已被淩侮。今罹毒苦，萬倍前日，仇恨塡膺，誰肯與之共國而處，比屋而居？方將共圖報復以快一朝之憤。卽逆回自知惡極滔天，人少則懷不自安，人多則類愈親機愈密，生疑起釁，勢無兩立，萬一騷動則貽誤地方，其禍更烈。雲南之事，遷延十載，勞兵糜餉，勝負未決。西陲國家重地，豈可不爲過慮？且奉憲諭令有叛產諸邑準其招種，逆回房屋亦多自行焚燒，縱使可歸正難安插。頃者又聞西安現有搜出銅器械等物，詞連馬百齡，包藏禍心，不可測知。逆種若歸，內外鉤結，事益難料。蓋朝廷徒知陝西受逆回之害，而不知受害之至於此極也。將帥大臣徒知逆回之當歸陝，而不知其歸陝之失爲甚大也。度將帥之心，必以甘省回民甚多，各處蠢動易致滋蔓。陝西造逆之回許其投誠，仍令安插故處，則甘省之焰亦當稍息。是以但爲牢籠羈縻之術，以僥倖於無事，而不能忠肝義膽爲極力討賊之謀。朝廷大一視之仁廣並生之德，將以施恩逆回，豈知逆順不明，賞罰失當，沮天下忠義之氣，啓奸邪窺伺之心，胥由此也。皇天在上，晝此策者豈不自誤之甚乎？凡有人心一聞此言，蓋已不勝其痛哭流涕而爲遷徙逃避之計者矣。況逆回叛亂，神人共憤，蹂躪秦川幾無完區。皇上命將出師，方欲爲數百萬生靈復讐雪恥，費國家億萬金以供軍儲，蠢茲醜類尚未翦除。天威初臨，曾無納降之意，而窮迫投誠，我轉墮其術中，是我於逆回以械鬭而誤之於其始，又以招撫而誤之於其終，紀綱不振，士民解體，爲逆回地獨不爲吾民地、爲國家地乎？此逆回之不可歸陝也，義理又益明矣！伏望大人念災黎之冤痛，冀天意之挽回，合摺奏請力已此事，則秦民幸甚！天下幸甚！

## 與林宗洛書 甲寅

前日歸來，深思時濳之言，甚爲有益。吾輩得此等朋友，不時箴警，庶乎過可寡矣。吾輩子弟已不逮常人，就令日日學，尚恐將來無甚可望，況更廢學許久乎？以吾輩自責，非盡子弟不才，所以教之者容有未盡，須是破費時日，儘爲訓導。若説終無可冀，任其悠悠，則是父兄棄卻他了。孟子所謂「其閒不能以寸」，此意更望爲四叔善諭之周。姪既有許靈資，以未必不可成就，何如此任自便乎？爲父止慈，可熟思也。

## 又

霍甥來，接尊示，勸慰之勤，愛麟實深。家門不幸，遽遭妻喪，痛惜悲悼，不能自已，固不爲荀倩之神傷，然如莊叟之鼓盆得罪名教，亦不敢出也。先王制禮不可過，可不及乎？麟之賤恙，近雖大愈，但受病之原，尚不自知。亦可見操存之不密，持養之不審矣。近到草堂不多歸家，恐聞呱呱者適增我憂。在草堂看大學、中庸鄭、孔註疏，益見我朱夫子之精純，不爲無益。吾人工夫只是不要閒斷，得尺則尺，得寸則寸，急迫甚害事也。此病終是剗除不盡，時復發作，然亦强制之而已。

長安之行恐不能也，此覆。

## 答某書　甲子

讀手示，以未免閙雜應酬如寫字之類，見規此，誠愛我者，非足下直心古道，何以聞過？感幸之甚！麟亦厭此久矣，行當力戒以除舊習。但爲學亦無盡謝人事之理，亂後歸來，適値縣中多故，有相商者亦不能避人不見。若要避人，卻恐有意絶物，是亦不免累物，而不知有爲爲應迹。而足下乃遽謂不識動靜，見他人擾擾不關己事，而所修亦廢。冥冥悠悠以是終身如此，其去於賢，尚不可以道里計。而反曰恐不得爲聖人，則其語意抑揚向背之閒，未能無病也。又謂麟果免此則聖人得見於今日，而足下便是與聖人友之。此其謏之，太覺不情，而吾輩切實相勉，似不應如此張皇妄誕，擬不於倫。以此見足下平日空腹高心，看得天下事太容易，遂有輕言之失。然所以規麟之意則已心焉領之，而亦有不敢不箴足下者，願詳察之！

## 答楊起之書　丁卯

春閒接應文書，備悉動靜，正切懷仰，忽辱手示，感慰！感慰！麟碌碌如昨，幸頑體惼適。但以賊氛肆擾，徒切隱憂，無可爲力，學業亦漸荒蕪，毫無寸進。愧悚之甚，又以事客繁多，頗以爲撓，以此甚欲東遊，以見諸友，作數月之聚，講習辨論，而不可得。年來雖主書院，而士友寥寥，頗爲大破藩籬，直說科舉壞人心術處，卒少風動，在我全無爲人手段，然亦俗學入人最深且久，未易變也。甚懼！甚懼！尊兄工夫想益精進，又得應文及令嗣時得講切，何樂如之！惟於居敬窮理之訓更加勉焉。則方山左右異日有續文清之薪火者，非尊兄師生父子而誰也？勿讓！勿讓！蒙念班問及添丁，依然故我，愈慚無德。聞令族弟言應文欲此間設書肆，時事未卜，可告緩圖。未間，惟爲學善護！

## 答孫應文書 丁卯

春間辱書，及小學、近思録各部已收得，茲復接示，一切備悉。足下天資近道，而又知親師取友。邇來且知做格致工夫，深可羡畏。但又加以持敬之功而不已焉，其進也孰禦？麟年來學荒德退，殊無善狀，惟此心未敢殄滅耳。朝邑遭賊一空，甚可念。聞其家不欲過河，不知究如何也？

## 又

頃接手書，備悉壹是。每憶賢者敦篤之資，好善之志，非尋常可及，故欲充之以學力，以成德業。而賢者果克加意持敬工夫做向裏去，何幸如之！然如所云，整齊嚴肅卻少溫和，主一無適乃多固滯，此亦無可如何。鄙意只守一說做去，久則自有效驗。目前做時固不能無病痛，然亦只逐時消除，不可預憂其病而遂已也。世亂不已，每思前歲逃難貴省，輒覺戀戀。相見無由，惟爲學自愛！

## 又

前接來書，並布感謝厚意。聞足下側室已生女，可爲佳兒預兆。僕兩妾，一無生理，一不知何日方符占熊。老妻又時多病，未知上蒼如何安排，順聽而已。近以修志不得讀書，時復自省，平日亦知居敬窮理爲主，然實未做得工夫上手，真枉了數十年。到今無得力處，可愧也！亦可懼也！仁齋、損齋已逝，此又相隔數百里，五六年不一見，足下學問雖不廢，但不知意思亦接續否？亦只於日用事親接物閒整頓身心，不令頽放。有暇玩繹舊聞，抖擻精神，親切體察。高堂無恙，更能安置一出，師友商量，或不無激發也。因便坿去左相所書七先生象贊墨榻一副，女小學二本，聞不遠嫁女，教之讀此亦甚有益也。

## 與張雲卿書　戊辰

楊生果如來，綱目已收。感感！聞購佳書甚多，尤爲可幸。北來人卻道省中頗興廢墜，想蓮幕參助之功不少也。撫憲有欲刻書之舉，果否？張孝先撫閩日，多刻正學諸書至九十餘種，所謂正誼堂集者，至今學者賴之。今遭兵火，書籍尤闕。武英被災，中秘益多失存。願先刻道學書及講經濟之最純者，此亦世道人心之一大端也。尊兄以爲如何？冬嚴，惟厚護爲祝！

清麓文集卷第六終

# 清麓文集卷第七

自同治乙丑至己巳

三原贺瑞麟角生著
同里刘嗣曾孝堂校刊

## 書答二

### 答蔣少園書　乙丑

新春接手示，旋復，聞警仓卒，未覆有愧，稽緩方欲報書。而又辱尊諭，敢再遲遲耶？楊、趙、王皆諸生，玉清盖未嘗應試者，中丞欲復安定學規，甚盛！甚盛！但麟非能主掌齋事，且已忝就敝邑書院一席，恐未可遂去。葵翁邑尊前歸自省，道中丞既藩伯皆欲麟来省，一见麟何人。斯乃爲大君子留念欲進而教之，而麟屡欲行而前却，何哉？盖守愚贱之分故也。孟子不见諸侯謂其不敢，吾儒家法敢忘之耶？即希達之中丞、藩伯，諒两大人包含之量亦當相謂曰：「韩愈亦人耳，果欲何求哉？」麟不胜感激，曾侯当代伟人，所撰聖哲畫像三十三人，岂章句末学所敢妄議？

然窃謂学术治道皆未可一毫夹杂，周、程、張、朱固無愧于德行之科，希文、君實政事亦甚卓。然而左、莊、班、馬、李、杜、蘇、黄辈不知於聖門言语文学果若是其班乎否也？孰是说也，将不免陳同甫之王霸並用，義利雙行，而攬金銀銅鐵爲一器，下梢只做得世德行、言語、政事、文學，與聖門恐不相似也。子路有勇知方，想大賢自有一番措施。孟子「省刑罰，薄税斂」一段，及朱子善人章注「教之以孝弟忠信，務農講武之法」，卽可作「有勇知方」注脚。聖賢道理無論常變，皆廢他不得。

爲今之計，正當以收拾人心、振作士氣爲第一著。而被災地方則直蠲二三年，徵令州縣自行招墾更不取租，餘則力裁浮費以除横征巧取之弊。中丞前議不知曾已出奏。如是流亡可集，土地可闢，公上之賦亦當漸次登足，民氣蘇，民力紓，民心歸矣。其視地荒不耕，賦税無出，坐失大利，而民生日蹙，孰爲得也？所謂百姓足，君孰與不足？不計目前者，乃所以爲長久之策也。至于軍政，則不盡在餉之不足，而冗兵之太多甚可憂。不選将蒐兵，徒爲老師縻費，餉稍絀則兵或轉而從賊。將帥刻剝士卒因以爲利，是以不能爲極力討賊之計。又何怪乎不得兵力迄少成功，而餉日不支也？竊意渭河南北叛產東西不下數千頃，果行古人屯田之法，似可省國家借軍之數，賊亦不敢窺陜。此亦今日軍政之一端也。然非得人爲之，均未見其有益也。得人之實，則在於講明學術，崇奬廉節，紀綱立則風俗變。呂叔簡有言：「變民風易，變士風難；變士風易，變仕風難。」此亦當留意也。

迂愚之談卽未敢冀仲夫子三年之效，其大略或不外是矣。走筆奉答，語不修飾，有所不是，望尊兄裁教之，爲幸之厚！富平魏君宜齋爲李时齋师弟，子留心經濟，擬時事策欲上中丞而不敢苟然。先此奉覽，恐有可取。聞其鄉有奥信天者亦敦品厲行，惜年八十餘，老矣。中丞振興文教，幸更廣詢有志之士，招致入院。山西辥仁齋聞今歲館華陰，三四月間當西来。黄先生如到書院，容偕訪也。

## 與蔣少園書

昨邑侯葵階先生親至書院，具道中丞盛舉，並札出視。麟淺陋，何敢當此？但麟前書已明，見有敝邑書院事諸未整頓，未敢卽從。而葵階先生再三敦促，似難堅辭，以辜美意。擬三月初旬恭詣省垣，面受中丞教言，並老兄藉抒數年契闊之思。至於齋事，非不欲從諸君子後切劘觀感以資進益，且得大中丞及太史甄陶作育，豈非厚幸！然邑中諸生初来受業，遽使散去恐非人情，故願仍放歸故里，或俟楊、趙諸君畢集齋規略定。敝邑去省較近，三数月簡可一二至，講学取友，徒步從遊，固非麟所憚也。此意希預稟之中丞，萬惟照督！

## 答蔣少園書

接尊諭，論孟子不見之義，甚是！甚是！但麟前書非謂以禮来者之，必不可見也。朱子曰：「公卿以下士爲賢，士以不自失爲貴。士君子立身行己自有法度，進退去就義無或苟。」麟之所言，盖以葵階先生歸省爲道「中丞、藩伯卽欲麟来見，『梁君義初亦如是』」，云云。竊思大人好賢之誠雖非敢當，而私心固已感激。然使輒因一言便事趨謁，則是正犯孟子往見之義，淪於污賤而可耻。卽虞人之不如，何孟子之可學？此非麟所敢出，恐亦大君子之鄙棄者矣。麟自愧愚陋，無以倡率諸生，讀中丞札文卽不能堅辭。昨書託人呈覽，更望諒督。至謂其德不逮孟子，云云。若義不可見，卽此一節便當效法孟子，又不論其德之逮否。虞人事可見，豈虞人可逮孟子乎？督撫、藩臬不得擅離職守造廬請見，固也。然亦有不可一概論者。许四山爲學憲曾親見李二曲，王復齋、鄂西林爲巡撫曾親見王豐川，畢秋帆爲巡撫曾親見孫酉峰。其人可見，自不應拘擅離職守之例。戎馬倥傯謂非其時則可，謂無此理則不可。事只看義理如何，非身列紳衿便可臨以勢位。而爲紳衿者，亦不俟其禮之至，而輒往見之也。諸前輩事今亦不敢援比，然自守義分而無干請奔兢之嫌，則卽以禮處人而爲貴，貴之大者。不知尊兄以爲何如？幸裁教之不宣！

## 上劉霞仙中丞書　蓉字孟容湖南湘鄉人

麟鄙儒也。年二十四，始登桐閣先生之門，得聞聖學之大略。竊有意焉，而未知所入。既泛濫於有明以来諸講學之書，書愈多講愈煩而心愈無主。乃取小學、近思録稍稍讀之，始微窺其門庭戶牖之所在，諸家之説遂屏不事，然尚未離乎科舉之業也，至是乃厭棄之。兄弟親戚大不以爲然，朋友書來又多見攻心。又竊疑前輩講學亦有應舉者，此或未害爲學，終身窮餓都不計，恐學稍涉偏僻。痛思此理，經七晝夜知學斷當爲己，無他計較。聞朋友中如此者，輒往正之。又反覆程朱説科舉處，而志乃毅然不可易。

然年且二十八矣，十餘年来但謹守程朱主敬窮理之訓。主敬則以常提醒此心不令昏放，窮理則首以辨明學術爲主。每事必推求第一義。而性質愚魯，工夫时多閒斷，是以日用之閒自覺絶少深潛純一之味、精明的確之致。故其爲病，往往失之寬緩而不謹嚴、闊疎而不縝密，而隱微之際又時有閒雜思慮，如草之刈而復生。亦安所清通灑落一無繫累，而實有心得者哉？日夕憂恐方将求世之扁盧、和、緩，能洞見人之臟腑者而痛箴砭之。或冀其一旦脱然有愈，而漸至於精實强健之效。乃者大人振興文教，欲復安定學規，誤采虛聲，猥以不肖姓名瀆塵公牒，招致書院俾爲齋長。又令邑宰備致殷勤，躬親敦促，駑鈍之才雖不足倡率多士，然豈不知感激仰答盛意？恭詣台下方謀進謁，忽蒙降屈威重，下顧寓邸，兼召酒食，禮不敢辭，荷德之厚不勝愧悚。

昔文潞公以故相判長安，聞横渠先生名行，聘延學宫，異其禮際，至今傳爲美談。麟固無足道，然大人好賢之風、樂善之誠豈讓潞公？伏願永持是心，廣求之之方，盡待之之道，初終不懈，則眞儒碩德益将踵至。或可備以爲異時正君定國之助。而區區學無得力，幸得式瞻儀容，親承音旨，又竊窺其淵懿宏粹，警迪良多。既以自省，復欲有所陳請，敬受誨益。學問之道，内外出處一致而已。横渠以道學政術爲二事，此正自古之可憂者。君相以父母天下爲王道，不能推父母之心於百姓，謂之王道，可乎？設使視百姓如己之子，則講治之術必不爲秦漢之少恩，必不爲五霸之假名。

方今陝西大難初平，哀鴻滿野，凋殘窮困之狀眞有目不忍見，耳不忍聞，口不忍言者矣。勞来安集，正須亟爲之所，而需餉孔殷，催科難緩。乃朝廷惻憫元元，屢下蠲徵之詔。獨其正額之外，官吏向有無名巧取亦曰「耗羨」，相沿爲累，未能裁減，是以剝膚椎髓之餘爲持祿保位之術。草野相聚言曰：「國貧民貧，惟官富耳。」其實輾轉餽遺，官亦未必獨富，而徒爲欺君虐民，以自貽禍已矣。果爲之整頓約束而嚴教之，激發其天良，講明其事理而申飭其國憲，則此風亦當稍變，寬一分，民受一分之賜。若謂舉世皆然，宜行恕道，竊恐看壞恕字。治教所當及者，一以姑息待之，不相訓誥，不相禁戒，卽使自破常例不隨流俗，亦將以不肖待天下之人。而使淪胥以陷，非推己及人之義也。況近有奏請裁節通省浮費者，何彼之易爲，而此之難爲乎？若謂積習已久，恐一旦改易遂滋詆毁。夫事當論是非不計利害，朱子曰：「古之君子居大臣之位者，其於天下之事知之不惑，任之有餘，則汲汲乎及其時而勇爲之。知有未明力有不足，咨訪講求以進其知，扳援汲引以求其助。上不敢愚其君以爲不足與言仁義，下不敢鄙其民以爲不足以興教化，中不敢薄其士大夫以爲不足以共成事功。一日立乎其位，則一日業乎其官；一日不得乎其官，則不敢一日立乎其位。有所戀而不肯爲者私也，有所畏而不敢爲者亦私也。屹然中立，無一毫私情之累，而惟知爲其職之所當爲。」夫如是，是以志足以行道，道足以濟時，而於大臣之責可以無愧。然則大人所以行道濟時，必有遠者大者，顧麟之愚不足以知之，而此亦或不可不加之意也。

日前侍教，曾聞孟子大丈夫富貴不淫、貧賤不移、威武不屈，中庸「不變塞」之說，心竊壯之，可想見其中之所存矣。豈有身任斯道，以天下民物爲己責，而毁譽歡戚足以動其心乎？至於營田則輯要一書可謂詳盡，要以得人爲本。若夫因時因地，則又在變通而化裁之。而朱子所謂「兵民兩便者」，亦可仿而行也。此最寬民力之大者，正恐朝廷艱於經費未肯應。輯要中所引祖宗朝墾荒例，六年十年量地起科，則不病公不病民。較之日遲一日年遲一年而歲事屢失，棄有用於无用似爲得也。此皆非麟所當與知，然不以直道事人非大人，君子之所宜取也。恭惟大人以韋布實學經文緯武致身通顯，又欲振復學校，必當深究大業，俯慰人望。故敢冒瀆尊嚴並冀察其愚誠，德薄學疎如前所陳。發其病而藥之，卽爲異日請教之地，則麟也受賜多矣！狂妄之罪，伏祈矜恕，幸甚！幸甚！

## 與楊仁甫書

遜卿昨歸，有書呈左右，想難的便恐未見。聞貴縣上稟，道老兄辭病，因遜卿乃知曲折，可怪可恨。中丞其人寬厚，崇尚正學，程朱書儘記得，但嘗留心三禮，向問吾鄉有講此學者亦欲見之。麟少交遊，老兄有所聞知否？近事多掣肘，然亦恐渠未能支拄，昨作一書道一二事，不知肯擔當否？吾輩向来用功，畢竟少一番大火鍛鍊，經他問著著力得力處不覺爽然，試一一自勘，可以自信者安在？可以告人者安在？眞可怕，且將這意思作個題目常用自省，乃知古人誠未易及，而自家工夫端的全欠也。麟學未能動人，書院只十餘小童，而秀才輩輒望風不敢近。又麟不課文不列榜，又無膏火，其不詆毁之者，幸矣！信乎其難也，祇自愧耳。中丞若再有舉動可告仲丹，須一到省見面，或於吾學亦有益。齋長事恐不成行。彼既以禮来，在我不須過中。且前再三屬弟告此意，有便卽不惜風示，箴其不逮。

## 與薛仁齋書

久不得見，時切懷仰！正月間接仁甫兄書，知今歲开館華下，方欲通書而遜卿西来。乃悉一切，慰慰！肅莊、驥郎並随侍旁，家庭之聚生徒之盛深堪想慕。此間動静，遜卿自能詳道，但麟學不加進，而亂後邑城又加一番人事。經歷世故，殊覺无得力處用，深愧懼乃復虚名誤人。劉撫極致下士之誠，晤談間亦多起發，道及尊名，雅欲一見。蒙示五六月間過訪，或可相時一至長安，如何？如何？

## 與楊仁甫書

遜卿來，知前書已塵台端，到省卽知貴邑上稟云，老兄及仲丹俱不肯來。麟意當事必未能備致殷勤，遜卿果云爾，卽此遇合，如此信乎難已。中丞實有振興文教之意，必不但已，且看後如何也。麟得一晤其人，極謙厚，學亦正，但恐尚博學。然相對閒便說學，卻無官氣，亦難得者，見卽問下手得力及心得處。此意甚好，便是喫緊警發處也。麟此一切，遜卿當能道。但學日荒，深堪憂懼。仁齋先生西來，不知能偕行否？

## 與蔣少園書

昨令姪歸，奉書想塵台覽。麟歸來，目疾爲撓，近稍痊。作一書中論裁浮費事，書生之見，冒昧！冒昧！然不直則道不見，是將自外亦無異日請教之地，諒中丞必包容之也。此閒聞有飛語中中丞，不知果如何？陰邪襲人，風色可畏，然中庸「不變塞」，中丞前自言之矣。大丈夫當轟轟烈烈做一場，只看合義理不合義理。若只揀偎風躲箭處立腳，恐徒生計較，將來正未能免也。尊兄以爲如何？

## 與蔣少園書

麟不量，忝主敝邑書院講席。而諸生安於世俗之陋，未肯留意此學。抑以亂後謀食不暇，亦復可憐。偶有一二聽講，亦只兩夾界見識能自脫。然一洗舊習而專心義理不爲毁譽利害所奪者，甚難其人也。然亦自家無個爲人手段，氣餒細小，卻薰蒸他不得也，負愧多矣！兼敝邑士風近益刁劣一輩，無恥秀才妄生事端，勢甚崢嶸。麟嘗謂今日急務先正人心，然如何正得？可畏！可歎！黄太史已至關中，風色當一變，教條學規亟欲聞之。朱子所謂「學校之政名存實亡，徒以陷溺人心敗壞風俗。不若無之爲愈，一有釐正，而苟且放縱者多不悦」，今日時勢正復如此，聖學不明，卻使人無開口處。營田事聞欲行之，星三有才行，似可一出較勝辦商首事也。尊兄以爲如何？

## 答蔣少園書

前接六月十四日尊諭及星三面屬，一一領悉。方欲奉復，而又得月朔一示，並中丞疏藁及手書。讀之愧悚，迂陋之見爲之一開。又竊獲聞大君子之名言偉論，復以爲幸也。麟於世務實不通曉，而疏藁忠誠詳至，頗亦窺其一二。此見中丞深謀遠慮，格事理之一端。然麟竊自愧其做小學、近思録工夫，正全未有得力，雖不敢以爲取足於此，亦未敢遽舍故步而闊行疾趨也。天下事事物物莫不有理，豈可取舍其閒？然緩急本末之分亦不可不明。朱子曰：「大抵此學以尊德性求放心爲本，而講於聖賢親切之訓以開明之。」此爲切要之務。若通古今考世變，則亦隨力所至，推廣增益以爲補助耳。不當以彼爲重而反輕凝定收斂之實，少聖賢親切之訓也。至於程朱諸書固當遍讀深考，六經之微言大義固當精究。麟敢不益竭駑鈍卒從事焉，豈可以爲不急而忽之？獨謂聖人大管仲之功，今人便譏其不儉，不知禮而不之許。

夫聖人之心胸眼力固不可及，然又不可以其功大而遂没其器小。孟子，學孔子者也。孟子引曾西之言以爲管仲之功如此其卑，豈孔孟有異道乎？如謂今人未至孟子而不敢卑仲之功，豈今人未至孔子而遽敢大仲之功？更不當知其器小乎！立言不可有偏，抑揚之閒尤當嚴謹其防。一仲也，孔子於功則大之，於器則小之，正是平心論理，使學者有所決擇以爲輕重之衡。今第震驚其功而並不敢議其器小，以爲器小無害於大功。胸中常有此一段意思，則是主於獲禽之多。事求可，功求成，取必於智謀之末。楊龜山所謂「堯舜事業如太虚浮雲一點者」，竊恐必不如此，而所謂超卓之識，卻有時已落第二義矣。且令後生聞之，亦不肯以懲忿窒慾遷善改過爲事。而但要做得驚天動地事業，務爲跅弛豪縱以爲英雄之學，卽其所謂窮理，終亦不免湊成私意。而王霸之辨有在毫釐閒者，世亦不復知也。

鄙論狂僭，不知於理有當否？幸希批諭，切望之至。麟上中丞書鈔呈，素拙言詞，意義失當誠所不免，引朱子語乃賀陳丞相非汪端明也。至於奏革差徭，麟書不曾有此，只請裁減浮費耳。目前一切陋規之類。恕字一層乃面見語次有涉此意者，故偶及之耳。然得中丞一番警誨，受益多矣。感佩之至曷可名言？但心所未安不敢自默，故以私於老兄而求是正。老兄得毋終笑其迂陋，以爲果非曉人乎，所屬曼翁，意不敢當，愚賤議禮，罪滋甚矣。今小民所急者養耳。如欲行禮，家禮、鄉約、會典具有成書，以身先焉可耳。昏禮一冊亦不過鈔節家禮，往與二三友人講行亦只如此。老兄更酌以爲何如？有可見教，望風示爲幸，周尺式交星三面呈。比日秋涼，伏惟爲道厚護。

## 又

讀來諭云：「金谿心學，永康事功，一有偏倚，便成病痛，總坐將大學首章未曾潛心體玩耳。」甚是！甚是！竊謂千古學術孔、孟、程、朱已立定鐵案，吾輩只隨他腳下盤旋，方不錯走了路。若但以意之所便爲學，則卽「明德」、「新民」亦恐不免安於小成狃於近利，而不求「止於至善」之所在。尊兄所謂不曾潛心體玩者，誠不可不深警省也。前日霞翁之論，當是有激而然。而此閒一輩後生聞其說，便謂人要做得事功方是學問，已漸漸抬高管晏一流，卻視程朱如氣息奄奄。人固知此輩原不識得好歹，而此說之倡，愈於聖賢經旨不暇潛心體玩，亦可憂已。靜言思之，終是吾人自家工夫端的欠卻。未說轉移得人，只不爲人所轉亦岌岌乎難哉！益須勉力向此塗轍，步步踏實走到地頭，庶有可冀。尊兄以爲如何？往讀三魚堂，見其讀東萊博議謂：「東萊論管仲云『王道之外無坦途，舉皆荊棘；仁義之外無功利，舉皆禍殃』，此與董江都正誼明道之言正相爲表裏。」合二公之言，方盡得孟子首章之意。精粹之言，稼書取之宜矣。但東萊本傳不言此書，朱子亦未嘗論及，當是初年之作。世傳東萊娶婦十日不出，人咸異之。及出乃成此書，不知果否知何？然如此等語，豈可不知？聞令嗣志伊將娶，卽以此書奉賀，他日或如東萊事有所述論，亦一段佳話也。便中附候興居，統希俯鑒，不宣。

## 答楊仁甫書

信甫來，備悉一切。信甫謙謹和厚，好學深思，匪惟尊兄之幸，亦吾黨之幸也。往接手示，以久无便，有稽候安，罪罪！麟亂後歸家，學問荒落，又以事務叢雜，讀書之功十止二三。以是大懼，而未知所以處也。靜中功夫自是切要，此非不知而做處全無把握，深媿尊兄警切之訓，竊願時賜箴砭，爲幸之厚。比聞尊兄近有一二怒事，稍似過當。程子所謂「遽忘其怒而觀理之是非」，陸稼書所謂「遽忘其怒而觀怒之氣象，亦有怒得是而氣象不好者」，此語尤可詳味也。諭諸生文陳義甚高，但此亦看時義，世俗之見更不消言，自責意不可无。書曰「惟斆學半」，學不厭教不倦亦循環事，程子亦言世衰道微，此道理只得到處與人說。若定不受徒，竊恐於義理少執。至學徒氣稟不齊，隨才施教寬以俟之，便要月異而歲不同，亦誠難也。淺陋之見无當高明，涓滴之助諒非河海。所棄他冀，爲道厚護。

## 與楊仁甫書

時潛兄來一切能道之，霞仙中丞與少園書俱呈覽。中丞又面屬李勉之，諸君皆欲一見，其意懇懇。且已歸田，更無嫌迹。若爲學問，此是公共事，正要商量。若不能忘人之勢，便是自家先横著一。中丞當今人物殊難得，此公亦儘可說話也。望諸兄一行，翹企之至，再門下有欲來者均望偕行。中丞又欲同遊鴈塔、灞橋諸處。

## 答楊溫如書

接足下書，知不棄鄙陋，深以爲幸。箴警之言亦切中病痛，屢欲謝除閒冗應酬，而未得其方，但終當去之。來書謂今之學者絕口不言靜字，然只在工夫不在言也。且靜時做工夫與否，亦只在動處驗。若自心術性情以至言動，卻全無檢點，總靜時做工夫做得甚？聖人主靜，君子慎動，靜時固不可無工夫。今且就「居處恭」數端實下工夫，靜亦在其中矣。呂涇野一言最好：「某無他長，但存心平處多耳。」竊謂此語淡而穩，人無論動靜，只心常在腔子裏便是敬也。出處去就須度義，豈能逆料？無下梢遂只靜守，且以何者而謂下梢？他無下梢，我這裏便休卻。與始初有可就之義不相干，論事恐不可存個得失成敗也。僕近荒疎殊甚，但讀書一念時切耿耿，諸願與足下共勉之，仍望因便以匡不逮。幸甚足下侍旁，亦當益加勤謹。性情之閒更與磨礲，尤僕之所深冀也。

## 與辥仁齋書

麟不幸，適遭仲兄之喪，更不能與外事。仁甫、仲丹兩兄初四日到，聞中丞復任，亦謂與謝。事時事體不同，不欲見，今早已東歸矣。李勉之已定進省，復以事不果，今來可商定。麟意老兄已至省，與仁甫此閒聞得又不同。或勉之先告少園，轉達中丞既到不敢冒見之義。中丞若出見，則與此番爻象相稱，而人己似皆得也。論閒亦不妨詳究渠底蘊，以盡彼此之情。前接見時正以不能暢論，殊以爲憾也。但恐衙署事繁，時日悤悤，未必款洽耳。謹覆。

## 與趙仲丹書　丙寅

玉清前歸，未及專書唁慰，殊深歉仄。惟望高明節哀順變，勉寬高年哭孫之懷。至閣下既抱元相之悲，又遭子夏之痛，凡在人情誰勿傷悼？然亦命也，安焉而已！捻匪入關突如其來，閣下距渭甚邇，想早作避地之計。而宜君一帶又聞有回逆及潰勇，勢亦崢嶸，樂土何所？眞令人憂歎也！仁甫兄當北徙，仁齋不知過河未？遜卿遠出家中，如何？念念！閣下有老親卽不能遠走，同城中可無虞。此閒亦辦城防，而當事者殊少振作。原邑現屬名盛，賊所垂涎，守備尤宜嚴密。麟雖日到局中，無可爲力，又念桑梓，義難復去。聞省中卽季濮公來原協理，猶或可望耳。世亂如此，生民塗炭。吾輩坐視，時一念及，愧憤交深。仁甫前書謂「吾輩殊少以天下爲己任」，規模眞頂門一鍼也。閣下想亦同此。

## 與姚玉如書　愢涇陽人

昨蒙枉顧，兼惠多金，盛德重貺，感謝之至。但麟年事粗可支吾，不敢虛辱厚意，謹以歸納。至於拙書不幸不能嚴拒，偶一爲之，然亦例不受人分文，豈可以兄故而破戒乎？愛人以德，君子之心。尊兄乃以孟子受宋、辥之餽爲辭，然聞戒遠行，是有處也，無處而餽是爲貨取。昔韓持國與程伊川交最厚，韓偶以黄金藥楪贈伊川，不敢明言，使其子啓之。伊川乃曰：「某與乃翁道義交，奚以此爲？」詰朝遂歸。朱子乏絕，趙子直割俸周之，不受乃答曰：「窮巷書生，蔬食菜羹，自其常分，俟萬一窘急之甚，卒承嘉惠耳。」麟之不才，竊愧於尊兄無分寸之益，既辱相知，詎宜叨此。願深諒其硜硜！倘他日校刊先儒諸書，或有可以求助者，當不妨別請也。幸惟原照！

## 與楊信甫論仁書 鳳詔損齋弟

「仁」之一字乃人心生理之至切，所謂善之長也。若有私意閒之，則此生理不能流通，而義理智亦無自隨事而呈露。故孔門論爲仁之要，無在非所以存此生理。惟夫子答顔子克己之訓尤其總會。今欲爲仁亦不須別求方法，只克己便是簡要的實工夫。凡一切發於形氣物欲之私，以及得喪利害計較覬覦之念皆已也。然非窮理則又何以辨其界分？而實致其力，故必讀書致知以究其病根之所在，不使一毫害乎天理之公驯。至於顔子至明至剛之地，則庶幾眞能克己以全吾仁，而此生理無一息之不流通矣。

## 與楊仁甫書 丁卯

久不拜書，殊切馳仰，温如來，頗悉動静，甚慰！麟幸粗遣，但覺事客猥多，撓不可言。現居邑城，賊氛時警，而防守之策多未可恃。人情不一，亦甚無可致力處，然又不能置身事外全不聞知。日昨捻、回各匪竄擾吾鄉，淫掠慘毒殆不忍言，蜂擁而東逼近荔、朝，亦須早爲逃計，窖窨全不可靠。大兵名雖追逐，卻只是送行，而不意秦民塗炭至此。天心謂何！舊學不敢竟廢，而絕少新功用，是益深隱憂。比見與温如書論韓、范一段甚好。吾輩不及古人，自是規模上差卻，所以成就來不大。古來做大事人，便是他識量絕人。禹、稷飢溺，直有自不容已處，此固由天資，亦要學力擴充，吾人不可不勉也。劉霞仙中丞似不甘以流俗自待，然不知與韓、范如何？放歸田里，雖忌者排擠，灞橋兵敗卻無可辭咎。春初聞其褫職，渠意亦欲再見，遂進省一別，留談數日。略見置意得失自責，亦切拳拳秦民不已，可感也！談論閒尚以未見尊兄爲歉。當今人物難得，其視世之顯貴不啻倍蓰。贈文一首，說近日仕宦之病頗痛切，徐鈔寄也。又出詩數首，才氣發越，不易！不易！然卒不得久於其位，朝廷用舍，殊不可解。溫如館待甚相安，泉清此間作飯暇，尚讀得幾句書。信甫工夫近精進。仲榮當在家，遭亂多事，不免疎書冊。然且整頓得身心，增一番動忍，方耐得跌撲。有受用處，餘亦不須汲汲也。幸致鄙懷，干戈滿目，相晤何日？惟爲道自愛。至禱！

# 又

半年間賊氛四塞，往來梭織如入無人，各營全不可靠。而爵帥入關亦已一月，又致賊踪西竄，豈范、韓之業終不可期耶？關門伊邇定計如何，略有聞否？全秦之大，何不出一人以捍兇鋒？時事如此，良可痛哭。尊兄想仍在州城，信甫不知去河南未？仲丹當不能鄉居，行乎患難，吾輩自當勉。然視斯民塗炭，眞難爲懷也，子實可悲。仲榮遭殘，令人驚詫，遜卿近得消息否？麟此間事客冗雜大覺誤我，然又無可如何。居危城中諸無可爲，以貧又不能遠走。殊悶心也！

# 答楊仁甫書

頃接手示，領悉，壹是。吾秦塗炭未已，西同各處一任賊踪來往，直七八次，而大兵數萬只能跟送。爵帥入關，人人日望殲旃渠魁。天意莫測，陰雨五六旬，近仍未悉的耗，何秦民劫運之深也？尊兄家被災苦，當以義理安之。所謂動乎險中，眞是尊兄體認過來。自古聖賢皆不負上天此意，程子學只學處患難貧賤，吾輩所當深思也。麟學無寸進，又以遭亂，每恨不能東來，與諸友爲旬日之聚。偶讀賜書，輒不禁神往左右。河南之行不可已否，幸臘底西歸。遜卿書來，已有明歲竹峪之約。吾輩處茲世別無可爲，惟友朋相聚得常講切，殊不可忻慰。道途稍靖，必思一會，益領教益。仁齋今歲家居，小學注不知了未？俟脱稿可共講也。仲丹不幸遭此大變，殊可痛悲！見時希代致意，悤悤未暇專書慰弔！遜卿、仲榮亦望達，區區吾人但當動忍增益，餘不足計。信甫到河南，想不廢書册，渠心境當恢廓寬裕，勿致憂迫卻傷人也。玉清、泉清近亦有長進，玉不諱過，前日一事殊可嘉。中庸一書麟更昏昏，但覺仁齋説亦甚整齊，而大頭腦處尚多未及。尊兄沉潛精細，每教以體察「未發」、「已發」界限令分明。雖嘗留意而終少的切，異日仍欲面求訓誨，尚安有啓發尊兄也？

## 與邑侯唐霈亭書　正恩人　戊辰

昨晤吴蔭芝，大略相商。但須父台先行出示，即將此次上憲委各紳勸辦修築堡寨意思，剴切曉諭各鄉，使人人悉知。遣人分詣各鄉，諭請本方公正紳士，即擇正月二十日準到隍廟，公同酌議。父台亦望辱臨，詳悉開示，則各鄉人情地勢亦可洞達。且各鄉紳士向背，即鄉民之徒違。至設局一事，麟自在書院，里、吴諸君住劄隍廟道院甚妥。但食用經費應如何籌款？父台謂，令渠自先挪借，已言之吴君。渠云無處挪借。孫君尚未來縣，相里君不知住何處，亦未晤。所有應請紳士姓名，開後若更續訪妥人，别有稟聞，諸望裁酌。

## 又

昨日蔭芝相見，告以父台尊諭，云云。前日所云二君同局紳籌城防款，因撥立局之費，想局紳各自爲計，不肯分用耳。要之城鄉一也，凡今日一切事，宜皆由父台一人主之。義不可撥，不撥可也，義可撥，直撥之亦可也。況所費不大多乎？以麟而論，自有書院里、吴、孫三君，二由憲委、一由父台稟請。若不安置，事何由而集乎？至於麟之不能籌畫經費，此固久在父台深知洞見之中。非不爲也，是誠不能也。才識短言語拙，以里、吴二君之明幹，尚無能措手，況麟乎？且謂立局之費暫行挪借，不知異日從何項歸結？鄉閒即有可以修築堡寨之處，不過照地勸捐，豈肯撥入縣中局用？人情稍戾亦所未便，不如父台前日撥城防經費一著爲穩當也。果更無款可籌，麟自俟稍靖得一人一馬周視各鄉，以待報命至諸君，實不能爲之謀也。

## 又

前稟各件是否如何？兹又訪得樓底鎮鄉耆周玉、徐士秀，鄉約李俊、昝智，均係舊常辦公之人。鄉里尚無異言，亦望諭請二十日定來隍廟酌議。省委二君多日又不見面，不知其意如何？前諭自行籌欵立局，恐皆不能，仍望父台酌度安置耳。孫君鉅仁因病又歸高陵。鄙意此事自係保護鄉民要務，但時勢不同，卻欲得各鄉實在情形，稍能爲力者，亦不能盡從小民畏難之言。既詢衆紳，又必親到各鄉可以修築堡寨去處，逐一踏勘察驗，開陳利害，其成與否不可必，但爲之自我者當如是。而諸君散處無可商酌，拙直之性又不好因循，心甚迫急。試竣或請諸君先來，父台更面示以措施之方。再有懇者，甯州清華堡被賊殘破數日，逃難人來絡繹道路，昨西門進男婦三十餘人，後又七八十人。首士見人多，恐有混雜不令入城，當又從南門入耳，聞之慘傷。而吾城東西北三關裝演扮故事，競耍龍燈，似此年荒兵災，人人心中煩鬱，街市喧傳或爲儘可不必。鄉愚無知，偶一進城，言之疾首蹙額，謂縣鄉直如兩天地。前日迎春，在父台不過一歲之首，藉此以祈昇平，欲與吾民同樂之意。而各關無識，喧闐鼓鬧以憂爲樂，四方聞之且笑且恨。麟一切外事從不肯與，但此對麟言者甚衆，且求一言於父台，力爲禁止。惟父台俯徇輿情，並憫災黎逃難之苦。一人向隅，滿座猶爲不樂。直禁此事，庶亦感召和氣之一端。伏惟原鑒！

## 上劉克菴副帥書　典湖南湘鄉人

竊見大人軫念災黎，嗷鴻滿野，千里荒萊，民食維艱，已札飭三原縣籌立民屯，以救民命而固國本。聞見之下，靡不人人額手稱頌，仰戴高厚之恩。日來又見西至雲陽，南至永樂店，約去大營皆在二十里許，所在荒地悉已插旗，俱云營兵開種。此亦所以贍師旅、省轉輸，足民之要務，備寇之長策也。

竊謂古人兵屯多係邊塞，或在人烟稀曠之處，如趙充國擊先零，屯田以待其敝。今之銀、夏一帶或可仿而行之。光武中興，海内人民十裁二三，如劉隆屯武當，馬援屯上林之類。今之叛產極多去處，如渭河南北咸、長、涇、高、臨、渭、荔、朝皆有之，亦可立屯以儲軍食。然與民田接壤，不爲畫明界址，未必相安無事。至若分兵屯田如諸葛武侯，當時耕者雜渭濱居民之閒而百姓安堵，軍無私焉！此則兵與民錯處而不相爲害者也。然亦難矣。强弱既分，欺凌易起，或侵冒民田，或以瘠地易上地，或借庸以耕，或括牛，或奪農具，或占據室廬，或逼污婦女。種種爲擾必使貧民不堪其苦，而舍業遠逃。匪惟已開之地復成荒蕪，流離他方何所糊口？亦將輾轉委塡溝壑而已，言之惻然。軍國大計自操勝算，然辦大事者必順人情。管子霸者也，猶曰「下令如流水之原，令順民心俗之所欲因而欲之，俗之所否因而去之」。窮鄉小民一見插旗占種，無論本屬己業，不復敢認。卽無地之戶亦恐兵來，紛紛告語，不免皇恐奔走。爲今之策，兵屯一事能不參雜居民而移屯叛產多處，則亦不至有礙大局。至於萬不得已而必欲設屯，此地似宜早張告示，徧貼立屯鄉村。東西自某至某，南北自某至某，共約數百頃、數千頃、數萬頃，立定規模，統爲兵屯畛域，既別設爲數屯，使人人曉然知，此外並無騷擾民屯。每屯之中，仍分某村至某村爲一段，某莊至某莊爲一段。如大陣包小陣、大營包小營之法，使鄉民將來易於辨識自己地畝。凡屬絕產自毋庸議，小民如有己業，須向各屯官處呈明。某人某處地若干畝，係某縣某里某甲，報明是實，撤防以後自行認業。則今之不能開墾者，有兵代爲之墾，又不失地，豈不甚願？

然既兵屯，小民亦必遷徙他鄉，無地可耕，何以自養？則於向隅之泣，聊爲借箸之籌，使兵耕之地每畝每歲出租一斗，即令本人從屯官處領取。宋嘉熙四年，令流民於邊江邊城分田以耕，其田在官者免其租，有民者以所收十之一二歸其主，此意亦庶乎可師也。至於兵屯農器，或可從各屯雇工自造，發給屯丁各用記號。如有不是營發，即係强奪民物，照以軍法從事。如此則有業之民亦當樂其屯種，而無不悦從矣。

夫兵亦民也，而既爲兵，民自不得不畏。伏惟大人號令嚴明，軍律素稱整肅，旌旗初臨，人人無驚。然營伍積習，外受約束而終思妄逞。近有占住商鋪者，有强居民舍者，有直入人家揭簾窺室者，有羣坐屋廳呼盧喝梟者，有奪其鋤犁繩橛而轉賣者，有伐其墳柏作爲棺木而售人者，訛詐姦淫亦所時有。道路傳聞已覺藉藉，然卒未敢有聞於大營者，是以有所不知而未能嚴懲之也。使其屯耕之久，其害可勝言哉？伏願專委嚴正海查，官每日巡訪，並許民商果有冤抑受害實迹，即時喊稟海查，而又密委一二人暗行查拿，則兵勇自知斂戢。亦使若輩不陷刑辟，而小民隱受其賜，其功爲尤大也！

伏惟大人愛民之心懇切至到，所欲與取所惡勿施，且思去其所以害民者。是以冒昧瀆陳，不勝戰慄，伏惟憲裁施行。

## 與張雲卿書 承變平利人

玆有懇者以事關大體，不忍默默。竊蒙不棄，曾得數接雅範。又尊兄吾鄉人，亦恐義難坐視，故敢私于左右。昨有友來自省垣，語次適及省中聖廟，云自火藥局災後，兩廡亦被轟塌，先賢儒木主多埋壓泥土，或倒臥地上。聞之心甚不安。吾輩讀聖賢書，誰非出自學宫？此特未有言者，若稟請中丞則速爲整理，一轉手間耳。雖有所費，以中丞之力措之當亦不難。此爲政之要務先務。較之嶽廟孰輕孰重，孰緩孰急？況請鄉試振文教又何爲乎？數典烏可忘祖？飲水豈不思源？麟草茅愚賤，一切世事全然不曉。於此竊若父兄之在疚，耿耿於懷而不能去。亦恃尊兄及中丞必先得我心之同然，但恐未之知耳。知之則爲之，有不俟終日者矣！冒昧妄瀆，萬祈恕察不既！

## 答王遜卿書　守恭華陰人

頃接來書，備悉一切。仁齋先生下月初旬相聚竹峪，聞之喜甚。此間新中丞舉行民屯，卻牽率出來商辦，已擬章程，而富紳借資尚未措交。若十日果有條緒，亦當偕二三學者徑詣靈山，作一快會也。麟舊學荒蕪，無可告語，但此志未敢懈弛方寸，時切惕惕耳。吾子英爽發越，所造必益精進。此學日衰，愈思得賢者切劘講貫，以振頹風。斯道庶有冀乎！昨歲刷刻程朱二先生行狀，奉納一本。又一本送牛建齋。豫養編四本，亦附還。萬一麟不能來，麥前之約尚願踐之。仁齋先生不別奉書，蓋終欲一來，以慰數年渴思。損齋先生不知果歸來否？聞在河南不曾訪得一人。信乎，吾學之孤也！羣賊崢嶸未已，而奇荒如此，秦民之慘，曷其有極？想同一慨而已。未間，尚惟爲學自護。

## 與王遜卿書

昨初一日偕梅友、玉清及來生者東行，一遊竹峽，會仁齋先生。適是日，高陵道中大雨，渾身皆水泥，淖行五六里，復返高陵宿焉。次晨天色仍欲雨，遂歸。自愧不勇，抑見會合之難也。鄉約之會想甚盛，未得一與，殊心歉也。麟來年忝主書院，爲己爲人兩無所益。而地方公事亦不能有分毫補助，然亦無可匿身罔聞之理。況此孑黎孑遺皆吾兄弟，又不忍坐視顛連。但亦非可手援，只浩歎而已！西勢尚復崢嶸，未知何日可了，又遭奇荒，甚愁人也！

## 與趙仲丹書

春間溫如來，略聞動靜，粗以爲慰。然每念尊丈辭世，家事皆一身承當，又連歲遭賊，殊費支撑。但以吾仲丹篤實强毅之力，亦自不足爲撓。東郡歲事尚好，家計亦當稍給，家人尚在郡城否？讀禮之餘，讀書應務，想益得力。麟以亂寄邑城，忽惹得書院一事，不得安静讀書，殊悔不能韜匿。人己兩不成，甚自愧也！所深望者，天意早遂滅賊，得以歸耕先人墳墓之傍，終究舊學修身俟死，此外實無餘念。想吾仲丹亦不殊此，因便更有以教我爲尤幸也。相見無期，兼惟暑熱，千萬保重，孝履爲禱！

## 答楊仁甫書

昨聞歸自南陽，不勝欣幸之至。自去冬遠出，道途之苦時切懷念，然以宏襟壯志必不落寞，賢者游覽無非學問，况有一二知友亦自足樂。春間溫如接手書，道彼處不曾訪得一人。甚哉，吾道之孤！見謁武侯文，痛快可喜。歸至洛陽，問知程子墓，反行五十里乃拜焉。逖聽之下，不禁神往。途中見聞必有奇異之迹，且形之歌咏者。一番游歷一番精詣，亟欲快覩。溫如來時望備述，以開鄙陋。東里劉氏買得王仲復先生小學各種，内有趙氏所刊關學編，皆欲刷印。而關學編弟意以桐閣先生增訂本鈔附補刻以成完璧。又以桐閣先生補入，久欲商之尊兄，且託爲先生作傳，以未歸乃自爲之。恐未當，即令溫如鈔呈請正，以定可否？如不可用，仍願尊兄别作。此久遠事，不可貽笑後來，千萬勿外。近作文字亦不成條理，不知溫如所鈔者爲何，有未是，并望垂喻。弟舊學日見荒蕪，雖主書院卻無多人，略少起色。不過講日登堂講書而已，徒惹得閒人客閒應酬。前一二年本意以爲可以，漸俟有一二人興起，亦是不枉一場。今年卻覺得全無可望，院規雖略整頓些子，而知鄙意者無人。去後一二年便不免倒塌，甚可歎也！每欲歸居鄉閒，耕田養家，閉戶讀書且幸。

昨歲新生一豚。犬兒遲五六歲，便要教之識字。天不厭亂，吾人亦無可爲，只得料理自家事以俟命而已。而家累甚重，賊勢尚崢嶸未已，又不能歸，正未知所以爲計。然書院明歲決欲辭去，不能遷延徒苟就也。猗氏、華陰皆欲招延，尊意如何？弟謂家仍寄郡城，未便可歸，當赴遜卿約，終依太華爲勝。正熱，且溫如已見，無煩西來，果到華陰頤示一字。八九月稍涼，當偕一二生徒專求會晤，以敍闊踪也。信甫及家在南陽，想無恙。何時歸來？亦甚念之也。溫如性情頗肯醫治，閒有發作，旋即悔改，亦殊濟事也。仲榮聞昨歲遭賊，亦甚苦，不暇爲書，望致意！

## 又

接手示，一一領悉。桐閣先生傳改正處甚當，鐫喻數條亦最是。麟年來學問荒蕪，方自救過不暇。而尊兄乃以不聞規戒見責，益見內省之切。竊謂見理不明，用心不剛，二者吾人通患。尊兄既知病痛，亦惟於此加之功而已。見理明則中有主，用心剛則私意不得而撓奪。然欲加功於此，則仍不出敬之一言。時時提醒此心，每遇一事即振作一番，體察斷制不爲所勝，庶無游移放倒之慮，未知是否？書院近欲建一藏書閣，未知將來果能興起。然得千餘卷正學書，亦庶幾不爲誤後學也。餘力又思修小亭，擬繪立雪圖，但畫程子，有嫌否？不爾，或別有故事，望示及也。麟意立雪則教者學者俱可師法游楊當時見程子。據楊氏定夫墓志云，在元豐中，則程子已四十許，而游、楊當亦三十許，此亦考未的耳。宋人衣冠不知曾有考否？亦幷示及。麟意欲東行，而宜堂以終南之遊爲請，且思終南尚未身到，或可東折遊鄠諸山亦佳。是敢奉邀，仍望下月朔後一二日即可起行。今年又須終南山頭作重九也。正患瀉，又人行悤悤，未能多及。仲丹不知能來否？不能作書，望同仲榮均道意。

## 答郗厚菴書　紹言大荔人

聞去歲，仁甫兄避難府城，即依廡下，乃知尊兄有皐伯通之賢。又溫如時時道主人盛德雅意，心竊慕之，方以未得一通音問爲歉。顧辱先施賜之手書，獎譽之過愧不敢當。且欲引之共講所學，則誠不鄙愚陋，又見尊兄虛懷好善之深也。麟嘗粗讀聖賢之書，聞師友之論，亦竊有志於學，而力行不逮，實無心得。年來遭亂，益覺荒廢，竊思爲學之道在立志而已。朱子曰：「只有志不立，直是無可著力處，若立志則以下工夫自不能不節節做去，不肯做工夫或工夫間斷，仍是志不立耳。」麟做工夫多間斷，故不得力，每一循省，殊深恐懼。學者爲氣所勝，習所奪，只可責志。程子之言，此吾輩所當共勉也。尊兄以爲如何？仁甫歸，略此附候起居未由會晤。惟祈爲學厚護。

## 答成伯琦書　錦堂大荔人

仁甫兄久道尊兄之賢，而未獲一面。又聞近益有志此學，深竊歎仰，忽辱手翰，感愧曷極！終南之行與仁甫兄講論遊從之樂，不能常有，恨尊兄及厚菴不與偕也。此道日孤，可共學者無幾。尊兄日近仁甫，正得相切磋以成其德。若麟者未能時親良友，不免多有放倒。惟此心耿耿，常欲不廢書冊，庶或潛消怠惰之氣。而年來邑城人事悤擾，不遂初心，大以爲懼。願尊兄專心致志，益修斯道，與仁甫兄偶一過從，講之必熟，辨之必明，則學之不進不足憂矣！且使麟亦得聞下風而奮勵，尤幸甚也！

## 與趙仲丹書

終南之遊甚樂，每與仁甫竊恨獨少吾仲丹耳。家閒諸務甚苦，恐未必不可讀書。且子已漸長，若遂失學，亦復何望？吾輩當不若是遭際不易，豈便爲賢者累？屈己下意巽順將承，使之身正事治不亦可乎？若仲已剛陽，遽然矯拂，固不可。是卽委曲面從，不能柔巽輔導以得於義，而心有不然，卒不免怨懟之意。又豈幹蠱之道哉？此固不足爲仲丹慮，而亦仲丹之所宜留心也。

## 與楊信甫書

足下歸自河南，慰慰！世亂如此，諸事不可做，惟有耐苦讀書，生計亦非全不料理，但只粗可救死，不須別作計較。君家兄弟叔姪得以安貧爲學，亦是一家清福，正使人欽羨。麟以家累之多，又賊氛未靖，不能歸耕田畝。寄居邑城濡滯書院，甚似爲貧之仕，何學之可講？卻愧人也！有暇能西來，甚幸。

## 答謝敏齋書　同升郃陽人

頃以令郎辱命從學，兼惠華翰，尤荷不鄙。但麟成己未能，何以及人？然竊覘令郎意頗誠篤，此學日孤，難得有志者相與切劘，以期共明斯道。既不我棄，亦不敢不竭愚也。及見大令郎謹樸可愛，益想萬石家風。昔蔡牧堂不教其子干祿利，而開之以聖賢之學，故卒有西山父子，祖孫相繼興起。今尊兄於干戈擾攘之中，獨使其子求師訪友，切切爲己，卓然不爲頹風敗俗所誘奪，此意尤可敬也。願諸郎勉之，必有以酬夙志矣。

## 復吕曼叔觀察書　儁孫陽湖人

數年前台旌辱臨敝邑，降屈威重蒙賜下顧，古人高風曷勝感仰？然麟愚賤，嗣不敢冒昧進謁，亦不敢僭瀆拜書，惟日聞德政之著遙頌而已。兹奉手教，以嶽廟從祀諸人俾之考訂。但麟疏賤，祀典重事未易勝任。然以大人曠代絕識，舉數百年鬼教淫祀斷以義理，一旦盡廢且瘞埋塑像嚴立木主，尤合典禮。大儒諸祀，又有以爲正人心、變風俗之本。昔程子云「去寺觀則天下治」，方今兵燹之餘，世道民風蠹壞已極，如此快舉，亦天下復治之一大機括也。國朝湯文正公巡撫江南奏毁淫祠，至今稱之。湯公曾備兵潼關，而大人今當其任，前賢後賢其揆一也。造福秦民，尤與三峰不朽矣。麟雖至愚極陋，聞之氣壯，以爲今世果有古人也。又敢不少佐下風，謹繕嶽廟從祀，例言一紙，並同諸友人生徒輩查考歷代諸人，擇其尤著者以爲後人師法之意。餘固各處有名宦鄉賢祠，其詳已見省志。此則以義起者，即不妨有未備也。是否有當，更望裁定。如欲節録各傳，則華陰王遜卿守恭、馬伯源思遠，可令取省志爲之，伯源當在關門。竊又聞欲以山麓玉泉院移復馮少墟太華書院，如此則尤千古也。白鹿、嶽麓不得專美於前矣，願更堅持一心，力扶關學，不遷惑於衆口，不狃滯於近規。使先王之道復明於今日，而山林閒曠之地不復奪以科舉利録之習，且將成就眞儒碩士，以發聖學之淵源，而備國家之任使。又豈獨表先儒之遺迹而已哉！抑麟更有請者，竊讀尊刻東萊詩集，乃知大人固其後裔。然既得舍人公詩，而猶以未得成公遺集爲憾也。成公當日與朱、張倡道南宋，天下後世嚮慕尤深，而書不多見，學者爭欲快睹。伏望大人少捐清俸，慨然重刻以傳先集，以惠北方之學者，千萬之幸，大人其有意乎？妄瀆之罪，伏惟鈞鑒。

## 答趙乾生書　元中渭南人

昨歲書來，欲得養蒙書二部，此間適散盡，後搜得，欲致而無的便，聞復移家。省中有云，抱瑗讀書書院，兹以寄納。昨歲又補刻程朱二先生行狀，尤學者不可不讀之書，併寄去。賢者資稟純厚，向嘗有意於學。雖當流離播遷，亦必不肯決舍。惟望篤於聖賢之說而謹守之，不患其不進矣。麟舊學荒蕪，日夕憂懼，而此心未全殄滅，時覺憂患之中儘力支撐，於動忍亦甚有益也。抱瑗近功如何？年少不忘舉業自是常事，然亦當略知門庭，如程朱行狀悉心觀讀之。曉得古今有此個大壇場大界宇，異日猛然會闖入去，不可知，不然則是枉讀了他聖賢書也。此意亦不可不爲抱瑗言之。未間，惟爲學自愛。

## 與某邑侯辭書院書

昨屈尊重親臨書院，過辱書幣，以訂明歲之約。麟之不堪爲師，自知已審，但以父母之邦不敢過辭，虛叨數載，慚愧曷極！然麟之始願，若得二三有志之士相與講切，亦自不孤。雖其鄙拙，本無學術行義之可言，然嘗讀孔、孟、程、朱之書，聞師友之緒餘，而粗知聖人之道有不在於文辭利祿者，亦將略發其意，如昌黎所謂「使其道由愈而粗明」，朱子所謂「開以聖學門庭，作將來種子而不謂亂」。後士多失所，日餬口之不足，又溺於習俗已久，且不免於聞而大譁，故書院弦誦寥寥。而麟之自省，實亦無有爲人手段得以薰蒸，使人興起。若使常竊講席，不早讓賢者路，在己無訓士育材之實，在人有素餐尸位之譏，是師道益由我而壞也。故於盛意不敢祇受。面懇再三，不蒙俞允。但麟之私義實有難安，又託勉之婉達鄙誠。不過暫欲讀書自修，俟其學果有成，然後出而教人，或有裨補耳。不謂終不諒察，復此函達，尚冀別擇高賢以興文教，以幸敝邑。俯從愚志，準其繳還書幣，俾得潛處爲學，則異日當更有以報知遇之隆也。素恃知愛，敢瀝腑肺！伏惟鈞鑒！

## 復呂曼叔觀察書　己巳

昨歲僭擬嶽廟坿祀一冊，呈請誨正。諸多未當，方此皇恐。而初春十九日蒙賜教言，仰見不廢壤流，眞山海之量。所示數條尤爲遠見高識，愚陋又何容置辭！然考論事理未厭反復，亦冀大君子有以發其矇瞶也。但麟適感冒臥疾旬日，嗣又人事擾擾，未卽稟覆，稽緩之罪愧悚無已。竊維關學自横渠後，眞不失其傳者正不多人。然七十子之於孔子學焉，而得其性之所近。則諸儒造就雖各有異，要皆不愧前人可法後人，是亦横渠之徒也。時齋先生其德其學固非後學所能知，然其生平實切切以振興關學爲心，亦不爲於關學無功。雖其著述不免少有繁雜之處，而正大篤實一本程朱，不爲詖遁之詞。其視二曲集中陰主心學者已不侔矣，然則躋之酉峰、零川亦豈遠遜？況立身制行人所共信，特嘗究心邑里利害，不爲當事所喜，而一時小人輩不免有忌嫉之者。年世未遠，流言浮議，或尚傳誦於輕薄者之口，而有惑高明之聽聞，未可知也。程朱在當時，其爲誣謗更有甚焉。然若輩徒留後世唾罵姓名，亦且爲狐狸噉盡。爲所誣謗者，反昭如日月。是眞難滅，是假易除。尊書所謂積久彌光者，眞不易之論矣。則時齋先生目前或不坿祀，亦可也。多公之功雖不可没，然以之坿祀名宦，誠如尊論。若張文毅公豈得不謂之忠？凡在秦人孰不哀其死？而又未嘗不惜其徒死也！張公抑果以逆回爲械鬬耶？則謂不明。且團練大臣矣，如講和也，失體。彈壓也，曾以百餘人而彈壓乎，則恐非臨事而懼、好謀而成之道也。若謂忠臣不避死，有君命可也，守土可也，大臣辱斯辱國矣。張公之死損國威莫大焉！當時卽有謂其誤學郭汾陽者，此雖非張公本心，亦可謂不審矣。强忠烈有守土之責，似非可同日語也。論事貴當，析義宜精。麟雖不肖，豈故好議論，不樂成人之美者哉？或俟之後人論定，未知是否？此皆淺薄之識，伏望恕其妄而裁喻之。幸甚！幸甚！孝子一門似尚有遺，但省志百餘年未經重修，見聞實寡。且近居涫化凋槃，書亦無從查考，更祈別加采録。成公遺書亦未能多覯，惟東萊集曾借友人讀之，訪購殊艱，意求大人或重刻以惠北方學者。大事記，朱子嘗稱之，此亦屢費蒐覓，俟獲，當謹呈覽。

## 答馬伯源書　思遠朝邑人

論讀書則自當以大學爲綱領，然後及於論語，則有以盡其精微。而孟子、中庸並可循序而進，六經諸史亦以爲之地矣。今既有小學、近思録，尤必以是爲指南，此程、朱、薛、胡以來，論學不易之法也。不然竊恐規模不定，行之未必皆能無過不及而渾然其天，來書語。其於古聖相傳之統，則亦未有可以輕議者矣。論爲治則尚書官禮要矣，然以何者而爲之本哉？有天德便可語王道。天德之要，則仍不外前所云諸書者，實講而力行之。庶眞有以得古帝王之心法與爲治之大略，以及成周之宏綱要典，然後出而酬知，則經綸規畫自不在三代以下。驟而語夫尚書官禮，則兩漢諸君亦有專守尚書之學，而後世儒者或反以官禮誤蒼生也。道學之辨則以周、程、張、朱諸大儒爲大宗，斷斷乎無疑矣。然謂漢唐諸儒所守所爲非盡無功。尊程朱而不知漢唐諸儒，猶頌文周之盛笑公劉而侮季歷，此言殆不然也。公劉、季歷與文周一脈耳，特其擴充未大。漢唐諸儒與程朱果一脈乎？若以孔子比老彭，聖門取子產、平仲之例論之，庶乎近焉。程朱於聖人則眞具體，而漢唐諸儒擬於游夏，得聖人之一體者鮮矣。但漢唐諸儒亦各有辨，分別言之可也。出處之節，古人只視乎義之所在而已，要皆無求進之理。孔門亦有爲禄而仕者，然如季康子問仲由可使從政，康子乃召冉求之類。意當時或素知其爲聖人之徒，而使之仕，則猶有尊賢使能之意。諸儒亦豈爲干謁者哉？今之應舉有能如諸賢之所爲乎？至於顏閔，則更高一籌。吾輩講學，自當以顏閔爲法。而處今之世，又不當以爲禄而仕爲藉口也。

## 與邑侯書

麟東遊月餘，久違鈞範，近以緦喪又未便趨謁。玆有懇者，麟之無狀，義不可久溷師席。已屬諸紳推擇賢者，稟請主講明歲，以振斯文。惟院規數年整理，略有條緒。恐齋長一旦非人則諸事廢弛，殊覺可惜。齋長李敬先屢欲辭去，別求居心公正，辦事認眞，實難其選。惟王先甲新齋久爲父台所知，雖不無過當之行，而方寸亦自無他。況前數年業已經理院務，尚覺可靠。棄短録長，用人之法，諒父台必能原其前過，而深以書院之事爲重。區區之心亦以分屬鄉人兼嘗籌慮其事，而不忍漠然無舊政必告之意也。若以爲然，或俟紳稟批准，或給尊諭專委，俾共知父台留心學校至意，亦閤邑士子之幸也。伏惟裁督！書院舊無書籍，而麟始建閣藏庋，已購經史子集雜類，共約一千四五百卷。然皆正學之編，無一偏駁猥俗之籍。此尤麟之拳拳以冀來者，講於其閒，以爲吾道之光。擬細繕書目呈請用印，俾齋長專司其事，不致久或損壞散佚。亦望尊諭，并及此項以專責成。爲幸之至！又稟

## 奉余葵階太守書

麟十八日從麥城西歸，次日二鼓到家，幸釋關念。聖廟主式及朱張二先生鄭威愍跋，謹各鈔一紙呈覽。麟在同謁見數次，竊見我公神明矍鑠，老而不衰，方冀長守東府，卽鄰郡亦將仰被餘波。而每以歸田見示，此固廉退素志。以士民之私情言之，則誠不忍其去。以出處之公義裁之，則立身之大節。朱子謂「所處之得失關乎風俗之盛衰」，況七十致事，經訓適符尤足以勵今日之仕途哉！然古人一日立乎其位，則一日業乎其職，盛意懇懇。如釐正聖廟木主，表鄭威愍、朱壽昌，刻石立碑，深有合乎朱子南康之政。而清查荒地，擬請緩征，尤見軫念災黎。但區區竊恐稍遲，則小民已不免賣妻鬻子、剜肉剜膚一輸，官府掛牆壁者，徒有寬恤之空名而已。此在州縣得人而速爲之，則庶幾實惠及人耳，然莫要於府自得人。朱子初到南康，首下教三條：一延訪民利病，二令父老教戒子弟，三勸民遣子弟入學。五日一詣學宫，爲諸生講說。郡之有賢德者，禮之以爲學職。士風翕然丕變。同州十城之中必不少佳士，而書院之地又府所以造就人才，謂宜飭各屬舉有志向學之人遣送書院。不時親臨，匪惟作興日多，而人之賢否、民之休戚亦不難知。則措之政事之閒自裕如，而無不當矣。風聲所

及，屬邑亦將觀感。衆正彙征，事各得理，必然之勢也。凡人有所顧忌而不肯爲者，皆以牽於得失去就之故。若我公者，亦何所牽哉？公卿以下士爲賢，兼採益聽、尊德忘勢，則志慮益純、識見益明，而亦不患人之我欺矣，此孟子所以謂「好善優於天下」。而諸葛武侯開誠布公，集思廣益，急以勤攻己闕爲殷殷也。時難得而易失，當此士民慕望之切，深願以古名臣自任，在我所當爲所能爲者，正不必有待後人，或且避好名之嫌也。麟以二十年門下士敬愛之私，自謂不後於他人，故敢盡其愚誠。狂僭之罪萬惟恕詧！

## 又

大荔趙鳳昌字仲丹，館宜堂者，其人勤苦力學，厲志聖賢，誠確敦篤，尤不易得。屢欲趨拜以瞻德範，而喪服未敢冒昧。茲已起復，前日解館東歸，適又病嘔，稍愈當親詣署。然非公不至，又恐貽譏滅明。公卿以下士爲貴，或在書院成君處留刺，以先施之，則彼必報禮，非無因而至矣。如此則賢才亦皆有願見之誠，而不肖者自不得干以私，亦崇獎善類成就人才之一端也。朝邑楊樹椿仁甫不知歸自河東否？聖學日孤，士習益猥俗。一二有志正賴在上者提拔推揚，於以振厲人心，變化風俗。非惟爲政之本，亦仁人長者之用心也。愚陋之見，不覺因事及之，不識以爲然否？

## 答楊溫如書

昨十三日扈君來，接足下書，甚慰！鄙懷果知病痛所在而力改之，則其進也不可禦矣。尊甫、令叔既皆遠出，家閒仍望一切耐煩時惕於心，勿令舊習忽然發作。事親治家之暇，溫誦故業勿令閒斷。吾學日孤，所望於足下不淺，甚毋自悞以負朋友之望也！字條有暇卽寫寄去，朱子文、語尚未到。扈君云，後當來宜堂。今正又以師席相商，意似屬宏齋，而未敢必其來。上元前曾專人先問，今已上館。良友在邇，亦麟之厚幸也。書院新來一二人，當前亦未可指擬，幸無小生。現已力謝應酬，或可有暇讀書也。惟足下不在左右，析疑辨難卻少人，又不無私憾。季誠從學方麓，甚幸！渠性情寬和，與足下亦有濟也。仲榮聞有病，常相見亦告得便讀書，討卻受無限便宜，亦患難中實益也。

## 又

前接吾子書，一切已悉。凡百當自反自責，只有謹言慎行、歷練人情，以求進學。世俗意見不必復留胷中，亦無須求諒於人也。尊甫詩冊撿出，當尋妥便寄去。朱子文、語仍未見，亟欲得之也。此間前日聞高軍之變，城防又緊，今少定矣。西賊未滅，復此蠢動，又是吾秦一大可慮。嘆息而已！

## 又

五月下旬接足下來示，知至靈寶謁仁齋，又轉山西省親，甚慰！甚慰！起居想俱安適，足下此行所得當益進。家務未免妨讀書之功，然有暇即又讀書，聰明自日開日用，時持敬動止，庶不至荒。足下即不慮廢學，所要涵養性情，心日虛而量日平，異造於寬平正大乃爲貴耳。麟以家四兄未歸，又不遂東遊，甚以爲撓。秋涼欲行，或先至方麓，邀同尊甫後再寄音。賊氛已遠，官軍亦西，撫帥已進省，城外尚有駐兵。令叔聞又到館。仲榮近在家，見時幸致意。朱子文、語書已到。令叔得子，甚可喜！

## 又

前接來書，知勤墾田。躬耕養親是吾人今日本分事。讀淵明、魯齋詩而樂，則又何苦之有？卻是此意思要常在胸中，即吾子性情大有進步，不獨墾耕一事也。承示秋來同尊甫走訪芮城，固麟素願，前書亦曾達此意。但伏雨浹洽，前日歸鄉，亦擬料理種麥，小人生計不敢以爲鄙也。願先達書猗氏，九月間定渡河而東，以酬此志。或尊甫先歸，東來必過同州。或相偕逕趨仁齋，然後轉之方麓。愚意又思，一至絳陽也。令叔近歸否？春秋鈔似曾見，此書卻不在。我又問宜堂，令其細查居業録。劉東初近已承刻，大抵今年恐未落手。然但得有版傳布，亦甚是可喜事也。

## 與郗厚菴書

叨主貴府前後幾十日，而接待勤懇，曷勝感媿！又辱誤愛具束備車，堅留講學，麟雖无知，豈敢自安鄙陋，不求諸君子之教益哉？然實无所發明，祇自愳而已。惟望同伯琦諸兄見其不是，辨論箴規區區至念。尊兄閉戶不出，事母讀書，天下至樂孰加於是？更願德性問學益切尊道，吾黨之幸也！侍旁，惟厚護爲祝！

## 與成伯琦書

前同厚菴諸兄過荷辱愛，推以講學，辭不獲命，實深媿赧。然見貴鄉風俗之美，人情之厚，聖學自今日幾成忌諱。惟望吾輩深以此事自任，性分固有，職分當爲，在立志而勉强之耳。麟之淺劣，正有望於鐫誨也。聖廟主式，及朱、張跋鄭威愍事各一紙，並奉葵翁府，尊書望代呈上。作主似當以今木尺俱作朱地金書，此本耀州志所載，麟見數處聖廟亦皆如此，可並商之。葵翁歸來，一番人事悤悤，仲榮同此，不復及也。刻朱、張文，擇善書者須有古意方稱題目，時手恐未可也。

## 答謝季誠書　化南敏齋子

接來書，不忘鄙拙，感感！麟粗適，近因家兄一病幾危，不免焦灼，遂受熱感冒十來日，今俱安。遠侍方麓，甚慰！尊甫及諸兄均安好。春閒本欲東行，以四家兄未歸，秋涼或先至郇，即邀廉泉渡河而南，數年未晤芮城，甚耿耿耳。足下所喻數條，甚見用心之勤，已批答原紙，更斟酌以爲何如？麟謂道理無不可講求者，但須先其切近，久之熟後，所見自益精明。若只尋個難底大底，亦不免於頓兵堅城之下。昔人有問朱子知天命如何，朱子曰：「某不到得聖人，如何知得他知天命是如何？」此語有味，可思也。且如文王、孟子事雖知得，何預於己？亦求文之無畔援歆羨，孟之明義利辨王霸而已矣。足下試更質之先生，以爲如何也？以人行悤悤，不別致書爲告。清川主人已作古，其子乃承父志刻胡先生集，甚可幸也！承問家兄，以下俱無恙。照兒近欲學步，見書輒啞啞，正不知將來如何耳。

## 答楊信甫書

接來書，見足下責己之功、求善之誠。足下向學雖晚，而造德日進，慰幸之甚！然惟讀書積累之久，見得聖賢所說道理皆在我而無不足，則識見益高，涵養益定，而世俗一切利害得失皆不足置胸中矣。郃陽書已寄去，辥厚菴臨別見屬敍録前日所講之書。歸來一番人事又不暇爲，辜負渠意。俟後爲之，寄以求正。

## 答郗厚菴書

講書之役，愧悚實深，而閣下樂善不倦，與伯琦倡明此學，不可不成其美。書來又以二曲爲比，愧滋甚矣！且謂純正，益駭人也！二曲豈易言哉？吾輩惟深勉之而已。讀書次第，北溪固以四書爲入德之門、造道之基，但當時小學、近思二書初出，故不之及。而後來許、薛、胡、陸專以此二書爲下手工夫。蓋由此二書以讀四書，則覺字字有味，言言切己，不然亦將不免鶻突也。閣下雖嘗用力二書，而惟望精益求精，然後讀四書當更親切受用。卽六經可漸而進，亦皆爲我用，又不獨四書也。如何？如何？葵翁諸舉甚快人心，古人爲政急於先務，蓋爲是也。日侍親庭，其樂無窮，閣下古人哉！前日查嶽廟從祀孝子，有貴邑党兩一、桐閣先生，亦嘗稱之。閣下不愧矣！願益勉之！

## 與邑侯辭書院書

竊以成就人才者，賢侯之盛心。而審度去就者，士人之大節。麟之主講今數年矣，略無興起，實深愧悚。昨歲已堅去志，嗣蒙不允。故今歲早喻諸紳，別舉明歲山長，善爲我辭，亦冀必依公議得遂愚衷。不謂譽麟過甚，反令諸紳敦勸，前日復具書幣，親臨衡宇。麟雖非其人，崇儒重道之誠豈勝銘？感諸紳時復，再三言之，且共約月爲一會以爲講習之資。義難遽卻，又重違雅意，故暫受書幣。旋以有事歸鄉，感冒風寒，不獲趨詣，面懇辭避。然數日來心煩意鬱，魂夢爲之不安。蓋書院之設，原以興學育材以備國家任使，非徒欲其務記覽、爲詞章，以釣聲名、取利祿而已也。麟之迂愚，竊嘗妄意古人爲己之學，而知有未眞，行有未果。但以立志之切、用心之專，故雖竊獨危苦，而不敢少移其操。士蔽於俗學久矣。科舉之業，麟獨一無所與。特欲相與講明正學，俾知聖賢之道，有不待於外求者。而羣疑衆謗之來，亦略聞之，然麟不以爲愧。此學不明，知德者鮮。高才明智膠於見聞，方且哀矜之、憂憫之，不暇區區之願。蓋韓公所謂「使其道由愈而粗」，明朱子所謂「開一聖學門庭，作將來種子」。人雖未諭，曾不爲悔，固知嚮此者少。然使得三五足矣，得一二足矣。乃獨無一可指擬者，寥寥三四人，亦止庸下之材。師者，所以傳道授業解惑。麟固不堪爲師，顧孰與傳、孰與授、孰與解？私竊憂歎，果吾道之衰歟？抑麟之德薄不足以薰蒸風動，而信從者難也。是惟潛處林壑讀書自修，豈宜久溷師席取譏素餐？月會之約，特出於諸紳留行，不過爲不得已之詞。以此而就，則是援而止之而止，匪惟麟之本心未能自問，而一二生徒稍有識者，亦皆以爲不可。君子之去就，惟其義而已。義宜去而苟焉以就，則名分何在？廉恥奚存？見責友朋，貽笑鄉國，又豈賢侯所以擇師訓士之心？在易賁之初九曰：「賁其趾，舍車而徒。」象曰：「賁其趾，義弗乘也。」否之六二曰：「大人否亨。」伊川傳曰：「不以道而身亨，乃道否也。」昔馬谿田先生當官，嘗歎道不行，欲歸田里。有諷先生爲誦：「相逢都道休官好，林下何曾見一人？」先生明日卽上疏乞歸，何其決也！麟之欲去非一日矣，屢言去而不去，是何濡滯也？賢侯又何以爲麟解？是以日夜思此至熟，故敢終辭書幣。俾麟得全硜硜，不至負聖賢之訓，而愧鄉先生之風。雖罪以違慢，斥以矯激，亦不敢避也。匹夫之志有不可奪，伏願曲賜亮督，千萬幸甚！

## 與楊仁甫書

別後不遠知，卽赴方麓。麟歸來，又有一番人事，讀書之功殊多閒斷，甚以爲撓，益思古人山林閒曠爲可樂也。講書之役方自愧懼，而尊兄見示，欲有所言，正鄙陋所願聞。幸卒言之，爲感之深。麟志不勇，決書院一席兩次辭書。而當事及諸紳再三挽留，又不得去，赧顔甚矣！三五生徒全不可說，此話直成素餐。惟友朋五六人定爲月會之約，不知將來有可切磋否？某氏館恐未可就，北上之議不如且已。近覺不能愼動，便是主靜功夫不得力。然無靜時工夫，益不能愼動矣。如何？如何？比日嚴寒，惟厚護爲幸！

清麓文集卷第七終

# 清麓文集卷第八　自同治庚午至甲戌

三原賀瑞麟角生著
同里劉嗣曾孝堂校刊

## 書答三

### 答楊仁甫書　庚午

辱書知北上意已定，不知行期果在何時？曾記馮少墟謂，會試諸君至京師，是欲友天下之善士。此意最好，京師大矣！天下之善士多矣！麟願尊兄無虛此行也。他日歸來，麟將聽其議論，覘其德容而受其教益也。無緣與偕，何恨如之行矣！尊兄有或以秦事問者，吾民兵戈之苦，幸不惜詳言。

### 與趙仲丹書

久不得信，嗣以書院竟致人言，遂力辭之。因邑侯懇留，避清川。二月下旬歸來，接仁甫兄書，道尊兄病甚，驚訝何其久不愈也？仁甫謂別延醫必得手，以兄之德必無他慮，惟久病必耗元氣，益須厚養。許魯齋云「惟有操心」，是要規尊兄素日用心不免狹迫。願開擴胸次使其寬裕，深以義理自廣，勿令世俗念慮少有纏縛煎熬，則心氣日益完固而外邪自退聽矣。如何？如何？詢聞病狀，急欲一見。以四家兄將遠歸，暮春下旬舊擬遊華，若賊氛稍遠，當東來先過貴郡。

## 答原坦齋太守書　峰峻河南溫縣人

麟春暮遊華下，首夏始歸，嗣又買山魯橋以爲讀書之所，不時在家。及奉尊函，復未見送書人得以面詢貴寓何處，以便拜候求教。遲遲至今，稽慢之罪，伏望恕諒！麟無狀，學不加進，德不加修，何足掛當世名公大人之齒頰？乃辱賜誨諭，且以問學相商，虛懷謙衷，益深欽仰！顧竊見其體驗之切省察之深，非實做工夫者不能如是。鄙陋蹇劣，方此愧悚。循省生平，尚有何得力之處可以自信？然區區之志，嘗欲得有道者而就正之，矧此仰荷先施之誠，敢復自棄而有隱於君子之前哉？

麟之始學亦嘗不廢舉業而心輒厭之，知學求爲己，乃泛濫諸講學之書，卒不得其門而入。中閒聞師友之緒論，退而求之小學、近思録，始稍有以窺程朱之學，眞得孔孟以來相傳之心法。其所以致力則必以居敬窮理爲綱要，於是屏去世俗之陋習而一惟程朱是守，不敢有他途之趨。然察之性情隱微之地，驗之言行事物之閒，每覺浮泛而少深純，昏緩而欠精確。未嘗不居敬而敬有時而忘，未嘗不窮理而理未見其熟。來書云云，先生未必如此。麟誠有之病又甚焉，以是大懼而未知所以爲計也。反復思維則亦居敬窮理之功未至，是悠悠歲月若存若亡而未有卓然可恃之效耳！方將實從事於存養玩索而不已焉，以幸萬一，未審先生以爲如何？轉冀有以卒教之也。至謂石公菲薄陸王，此自不可，但不知石公云何？竊窺先生之意則誠長者之用心，而又恐流於挾勝之私，爲學者大病，斯亦足以見其平心易氣而爲實學者矣！

雖然學莫先於辨別路途，程、朱、陸、王先儒論之詳矣，其不可混而一之也，亦明矣。若謂先儒論之已詳，今只當以程朱爲法，不必重述斥駁陸王之言，以陷於有意輕議古人之失則可。若謂程、朱、陸、王同一孔孟之徒，程朱可師，陸王亦可師，此亦恐失之包羅和會，將來陸王之意多而程朱之意少，匪惟不見程朱眞淵源，亦自未識陸王的宗派矣。學術一毫假借不得，毫釐之差千里之謬，苟不辨明則工夫入手一差，終身莫救。蓋非爲古人耽閒憂，實爲一己正知見，且使後之人亦莫知適從，誤入荊棘。仁人之心必有不能恝然於是者，此孟子好辨所以不得已。而朱子亦曰：「江西頓悟，永嘉事功，若不極力爭辨，則此道無由得明。」此是從上聖賢懇懇爲道公心，正人心扶世教，非有纖毫私意雜於其間。能言距楊墨者聖人之徒也，孟子豈挾勝心啓人以菲薄前人之端哉！若以陸王非楊墨比，則楊墨亦學仁義者，惟其有差，故孟子推其禍至於無父無君。陸王學孔孟而差，才差便有害，又豈可學？亦豈以吾學未至遂不敢攻？且倡爲不必攻之説，以自爲邪詖徒而後已哉！狂僭之言，竊謂當甚於石公而卒不敢有菲薄之意。定知非先生心道之所在，不直不見亦以窮理之所最亟者。萬望察其愚妄，垂賜鐫諭，以開固滯。敬請勛安不一。

## 奉余葵階太守書

隴以書院義不可就，二月初旬避居朱坊河，未由奉候興居，歸來屢接東友函示，知賊前竄荔、朝，逼邇郡城。所信碩德重望可恃無恐，但老年又經一番勞苦，心殊懸念。三月三日敬讀賜諭，果以登陴觸發舊疾，戀慕之私益復難已。然爲國爲民竊願倍加珍衛，乞退之請未知能遂否？仁甫條陳云何？果係要務，卽不妨見之施行。便許歸田，庶有端緒，俾後來者猶得以守吾法而爲之，亦不爲於地方無益而吾心始慰。不幸而不得其人，在我雖若不能恝然而事權莫屬，亦自可告無罪。古之君子一日立乎其位，則一日業乎其職，況猶有「五日京兆」耶？且事亦視義理如何耳，義理當爲與其能爲，又豈以身之去就爲作輟哉？若不得爲與爲之而無救於一時之急，則不爲可也。恐防務有不可不爲、不可不急爲者，未可待耳！至於聖廟主式又不欲改正，尤所未喻。

昨歲所開第二紙，原書均依國朝會典已自明白，省中又何以不符？竊思此係重事，未敢輕動。然會典必可搜查，更一參考，當有定說，省中又焉知非郡廟類耶？往歲曾遊省廟，其兩廡位置錯誤。蓋亦不啻郡廟，嘗慨今世有司於此例多忽略。國家尊崇聖道，所在郡縣無不立廟，正欲嚴謹奉事化成天下，而苟簡草率無非虛應故事。陸清獻所謂「几案皆鳥鼠之迹，庭除有人畜之糞，菹醢不問生熟，犧粢未知精潔，帶泥連草之菁芹，含蛀蒙塵之棗栗」，良可浩歎！又何怪聖教日以益晦，聖學日以益衰，而教化風俗日以益敝哉！如郡廟木主之缺失，高低廣狹之參差，書題之不如法，數十位之連座，豈非舛謬之甚？幸得我公來守是邦，麟偶言及，而我公毅然欲改正之，此誠一大機會。匪惟麟聞之喜而不寐，凡在郡士無不額手稱歎以爲曠舉。而來書忽以尺式未定，欲且中止，且謂概行換撤，心總不安。然則此之不安而彼之久安，亦恐非慎重祀典之本心矣！況吾之改正爲求合本朝禮制，何嫌？何疑？文學政事如我公，尚復沿陋踵訛，是終無望於後之人，豈不甚可惜哉！伏願力持前見，一復於是，義理所在，一切禍福毁譽有不足動吾心者，使當世或聞風興起，知慢神誣聖之非禮而必釐正焉！是又世道人心之大幸，所關詎細耶？

淺陋之言，未知尊意以爲何如？趙仲丹一病，纏綿尚未脱然。張石工書來，云昨臘至同，至今未得拜叩尊顔，諸多困抑或有未之知者。若輩匠作刻竣，亦望量恤賜給工銀，令早歸也。前日設局辦防，東人想甚感激。而或謂一時煩言不免，問厥所由，大抵用人捐費兩款，今已事定，或可詳審，別調度也。傳聞之事竊恐非眞，然又不敢以爲非眞而遂不言以負厚愛也。冒瀆尊嚴，萬祈垂鑒，恕詧幸甚！

## 答余葵階太守書

陽明信古本大學，以「致知」爲「致良知」。因輯朱子晚年定論以見其與己說合，而謂朱子亦嘗有「自誑誑人」之語，蓋破朱子格致之意。按：朱子「自誑誑人」語誠有之，見於大全集答何叔京書，其書有曰：「若使道可以多聞博觀而得，則世之知道者爲不少矣！某近日因事方少有省發處，如『鳶飛魚躍』，明道以爲與『必有事焉而勿正』之意同者，今乃曉然無疑。日用之閒觀此流行之體，初無閒斷處，有下工夫處，乃知日前自誑誑人之罪，蓋不可勝贖也。此與守書冊、泥言語全無交涉，幸於日用閒察之，知此則知仁矣！」蓋因叔京有多聞博觀之意而恐其守書冊、泥言語，遂以己事明之。亦正朱子識見未定，李安溪所謂朱子工夫黑一陣明一陣，魏莊溪所謂朱子之學凡三變，此卽其一端也。故遂有「自誑誑人」之語而其公然承認，不敢自欺之實亦可見矣。豈如陽明自護前說，不免有我之見，反爲捃摭牽合不察事實，乃竟蹈自誑誑人之罪而爲不可掩哉！卽如此篇，陽明所據以爲晚年定論者，而前後書中多有「奉親遺日」之云，是則朱子之母祝孺人尚無恙，其時朱子蓋四十耳，何得爲晚年？又何得爲定論哉？而大學一書直解到死，或問亦六十歲所成，其言之詳，蓋有與答何書絕不同者。雖其輕重抑揚各有深意，而切於己而不遺於物，本於行事之實而不廢文字之功，極其大而不略其小，究其精而不忽其粗，朱子所以贊程子之說者，其卽所以爲學，豈反不以爲晚年而非定論耶！大抵陽明但欲遷就己意，於朱子一生學問甘苦未嘗深究，又信古本大學，所謂緊要處已不同耳，則其誣朱子也，又何怪乎先生謂陽明之書聰明者讀之容易壞卻知見！愚謂晚年定論顚倒是非尤害事，是將愚天下後世之人而塗其耳目也而可乎？學術千古公事，不敢不辨，先生幸不以爲僭而敎之，幸矣！

## 清麓示諸生書

孔子曰「君子謀道不謀食」，孟子斥樂正子以「學古之道而徒餔啜」，范文正讀書長白山，晝粥斷齏。謝上蔡從程子學，程子處之門側，寢不安，食來不溫，而程子不問，上蔡不以爲苦。呂涇野謂諸生：「汝輩在此，衣服飲食須要儉省，積久便得其父兄懽心，便是學問也。」而余尤愛李延平與朱子書云：「吾儕在今日止可於僻寂處，草木衣食苟度此歲月爲可，他一切置之度外，惟求進此學問爲庶幾爾。」張楊園嘗言：「經凶經亂，見飢死者父兄子弟不能保，罹兵者城邑村落爲邱墟，同玆覆載，孰非盡人之子？一念及之，惻惻於懷，慄慄於膚，幸玆布衣蔬食以延先祀，於分過矣！於賜厚矣！敢萌侈心？」此皆吾輩所當深省，故書以觀諸生。

## 與劉東初書　昇之

文潞公捐鳴皋之地以居程子，胡敬齋築禮吾書院，義士至易田以增其學基，李子敬創學古書院，首延程悅古，又割田以供釋奠、廩師生，此皆古人盛事。某於先賢儒萬萬無能爲役，近買山清涼之麓，不過讀書補過以求己志。世方爭事科舉之業，誰復過而問者？而某亦嚴守初心，不肯少貶以徇時好。生乃欲具書幣致禮意請某卽清麓精舍而主講焉，以來邑中及四方有志之士或講於爲己之學者，甚義舉也。先是生之先君香洲舊有此志，而生繼成之，蓋有意於張吾軍也。然望於人當先勵於己，美其名不若爲其實，子弟從之孝弟忠信，孟子所以不素餐也。齊王欲授孟子室養以萬鐘，而孟子辭之。程子謂：「齊王所以處孟子者未爲不可，孟子亦非不肯爲國人矜式。但齊王實非欲尊孟子，乃欲以利誘之，故孟子拒而不受。」今與生約，生雖有家務不能一意從學，然其無科舉之累久矣，凡所以立身制行，處事接物，與夫講明義理，商略古今，皆學也。惟大振精神，漸除嗜好，力自拔於流俗，而爲君子之歸。一月之中，能數至精舍相與講論，甚幸！不然，亦須一二至，如此則於心術性情或不無小補。卽生所以自謀，與其先君所以爲生謀者，未必不出於此。親賢臣遠小人，先漢所以興隆也；親小人遠賢臣，後漢所以傾頹也。國固有之，家亦宜然。苟或希行疎立，不復相親，使某不能少効輔益，則是可以利誘，但爲素餐而已，亦豈今日相信之意哉！雖有厚餼，孟子固教我矣！

## 答郗厚菴書

讀來書知誼切桑梓，所議二款亦甚切時宜，惟區區淺陋亦未能以言語動人。但亦義不容默，竊恐筆墨難盡曲折，春晚擬東來，面見時或可細陳耳。至於擇賢選士一條，昨歲數書已言之矣，大抵此老恐亦未能破除常格做事也。仁甫書中數語頗著題，學之不講，吾輩當深以爲戒也。春和，惟侍旁安慶。

## 答楊溫如書

來書已悉，侍尊甫北上，甚慰！但此亦磨礪身心之一端。惟吾子不以煩苦爲意，而寬量虚懷，深以顏子之克己自勉。其處人也，又以孟子之自反自責，則學德之進必有非僕之所能知者。吾子勖哉！

## 答謝季誠書

比接來書，知侍親闈安善，甚慰所懷！近讀何書？作何工夫？與溫如書，竊見頗肯留意氣質性情，此是眞實下手處。然其要亦在格物窮理，識其病痛所在而矯揉之耳！願益懋勉，則吾學庶有冀也。

## 答原己山書 屺蒲城人

六月下旬接手書，得聞近況，慰幸之至！比惟秋高，孝履支福。麟春初以事力辭書院，二月閒游涪化清川，谷中居旬日。歸來聞趙仲丹一病不起，復至同州哭弔，旋走太華尋踐仁齋、仁甫昨歲之約。及麟下山，兩君皆至，相聚嶽廟，談論數日。又西遊靈峽，往來幾一月。嗣買山魯橋之北，復有事於所謂清麓精舍者，悤悤不能以暇，而尊甫志銘則不敢忘也。伏日山中視工，無生徒相從，夜閒乃得檢視行狀爲之。然愧其不能發揚先德，而冀足下所以報親者或不盡在乎此也。甫就稿未卽繕寫，而足下書至，懇懇復以此事相屬，益見仁孝之心積不能自已，可感！可感！顧無的便，遲遲至今。貴邑孫君頗稱與足下熟識，敢以附寄來書，期待過厚，麟不敢當。至謂頻形於夢，此則相愛之深，豈亦氣味契合，精神遂不覺其感通歟！伏願喪中節哀順變，勿過悲愁。讀禮之餘，卽取小學、近思、四子等書，專其一冊，循序熟讀，平心靜慮，以俟其浹洽而不期其效。久之理明心清，將有悅懌之意，亦養心之一法也。足下往日心太高、氣太盛，不甘居人後，鋭意向前，要讀得多少書，知得多少義理。作詩作文，皆未免過用心思敗身軀，今亦宜斂退攝伏，勿令鼓鬧洶湧，或不至攻苦致疾。其所以安慰親心者，又未嘗不在此也。恃愛之言，不知有當否？知此學者已難，知此學而實用力者尤難。區區所期於吾己山者甚深，願宏此志，以幸吾道！

行狀語有一二未穩，幸與梅友所見略同，卽屬其批出請教，以渠取作墓表，不在側也。漫西兄詩文一冊適在家，未檢來山中，大抵此君此事頗有工力，文更勝詩，更能潛心孔、孟、程、朱之書，不以詩人文人自域，則所進又非麟所得知也。望達此意，悤悤不及，別爲書，所需格言尚不得暇，然聖賢無非格言，又何他求乎？幸幷爲致謝蘇、張、何、李諸君，均道意。胡先生書刻尚未竣。

## 與或人書

陳同父一代英雄，然卻是粗底英雄。朱子屢書箴其義利雙行，王霸並用。蓋聖賢學問都從性分中做出，若事求可，功求成，取必於智計之末而不循天理之公，皆苟道也。聖賢豈爲是哉！然此非窺見大本大原，抑伏得多少私意，便爲才氣驅遣，只成低手段也。

## 答楊石公書　廷柱永濟人

夏中接手示，知近狀，甚慰！無的便，未能奉書。原坦齋太守書來，感幸之至，工夫切實，深可敬仰！冒昧復書，辨及陸王，竊謂當甚於石公意，必大加怒斥，久未承教不知如何？然實不敢默也。尊示果眞從事此學，宗旨豈必盡同？無容執一格以相繩，則是程、朱、陸、王可並行而不相悖，恐與答書又相矛盾。古人之學皆以孔孟爲師，無所謂宗旨，宗旨之説至明益甚，然多宗旨，其宗旨而非孔、孟、程、朱之宗旨也。此事未易以口舌爭，其書具在，試深察而明辨之，則自有不可掩者，不然甯守孔、孟、程、朱而暫置陸王，於吾學亦未爲不足。孟子於聖門諸子「尚姑舍」，是伯夷、柳下君子不由，而願學則在孔子。蓋淵源自有眞也，豈可兼收並存而漫無定準乎？此閒新摹印得松陽鈔存一書，謹以奉寄，或有可助。貴邑馬侯循聲甚著，然得滅明而友之，則絃歌之化可翹而俟。然事其大夫之賢，亦吾石公爲仁之資也，願益勉之。馬侯所印張儀封小學集解尚有存者，願惠一部，欽佩之切，不敢冒瀆，所輯書疏可録賜教否？梅友兄赴運道蒲布〔二〕此或能一見，當詳近況也。今歲鄉試，想得一當以副親庭之望。昨歲所商出處在石公，或須應之猶勝科舉也。當時思之不審，久欲以此奉聞，如何？如何？諸惟照督不宣。

## 與劉季昭書　質慧

閏月晦日，某歸家，家兄道足下忽有貺予。某不知所謂，亟取視之，則簽書贐儀。蓋以四家兄試官河東之故，此則不敢

〔二〕「布」：疑爲「希」字之誤。

當耳！家兄不欲遠游，又家貧未能安坐，計出於此，聊比之抱關擊柝，仰食公家而已。諸惟稱貸爲之資斧，亦旋措辦，前日相見不曾言及，亦正不欲足下知耳。況敢辱厚惠哉！既聞有人以書爲某干足下，不知此是何意？可謂不知某矣。某生平未嘗一字干人，乃肯以此破戒，又肯託人爲之地耶！彼哉亦是他自看干人事輕，卻又牽惹他人，亦必使之壞其名節而後已，甚可嘅也！厚意歸納，惟千萬諒之，是則愛某者耳！又聞足下生子，喜甚！小學一書奉賀，此人樣子也，冀他日可教依此做去，不獨足下之幸也！此照。

## 與梁希初侍御書 景先

前日家兄試官東行，不知勉之何以爲辭，乃勞老兄爲麟求助諸富室，且不惜以書干之，可謂愛麟甚深，而知麟殊淺也！區區不肖，平生貧困更有甚於今者，假貸則有之，實未嘗忽然無故犯分犯義而爲此也。近日吾鄉士夫方以此爲得計，欲動不動是求人。麟深恥之，故於此事始猶駭怪，繼而思之則又自愧。昔傅堯俞欲見陳師道，知其貧，懷金以往，比至聽其議論，至不敢出金。胡文定公「貧」之一字於親故閒匪惟口所不道，亦以手所不書，嘗曰：「對人言貧，意欲何求？」是以飢不可得而食，寒不可得而衣也。然則麟之素行必有決裂廉隅，妄生覬覦，故而不足取信於人。在老兄偶未之思，或以常情相度，而勉之相交數十年，庶稱親密，乃亦不蒙俯諒，麟知罪矣，不敢尤人也。所有厚貺，謹已力辭，歸納其人。然復言此者，以老兄軫念之勤，終不可忘耳！悚恐之深，尚幾垂照。

## 答王遜卿書

惠書已悉，沚園一水甚可愛，正欲得一寓所以親諸友爲樂耳！然不能如願也。姑罷之，餘健齋能言之。清麓粗就，山前風景亦頗不惡，能安坐讀書亦一幸也。明春能同先生偕來否？每思吾友英發振厲，吾道之幸，但不知近作何工夫？人材難得，願益凝潛以荷斯文寶，與吾黨增氣。

## 與王遜卿書

今歲密邇先生，幾番講論，幾番觀感，學問當益精進。此道日孤，願吾遜卿力振興之也。聞先生明歲主講永濟書院，甚喜！馬侯亦近時賢者，必能盡事賢之禮，吾道庶一昌乎。又有石公爲之先，容想必能行其志，但不知從先生者何人？足下館地仍舊，此間山中僅張氏數童子，惟料理齋舍粗能就緒，諸多未能整一耳。

## 復辥玉峰書 璠萬泉人

辱書極荷盛意，麟鄙陋無狀，誤蒙過愛，且欲下顧，益愧甚矣！竊知久交辥、楊二先生，又遣令似從遊，益見夙志正學，敬仰！敬仰！此道日孤，復得吾兄其人，不獨起之，兄之幸也。但不知平日工夫專力所在，未能一晤，殊覺歉然。相見無期，臨楮神馳。

## 復孫某書

麟微恙數月，偶到山閒。適接手示，並尊著易學一書，虛懷謙衷，若以麟爲知易者，辱欲訂正。愧悚！愧悚！麟學無實得，於易尤未嘗致力，此更不敢自欺。閒爲生徒講論，不過謹守程朱之說而已。而尊著用功既久，自抒心得，不用先賢遺意，淺陋之識未能窺其蹊徑，尚知其深乎！但序中「中而不正者有矣」，此句竊以程子之言考之，恐未得爲穩，既中矣焉有不正者乎？不正又烏可言中？繫辭不依朱子分章别爲節次，按以經文語氣亦多未合。尊兄或自有見，區區實所未安，執方之愚以爲仍當以本義爲正，不知如何？近以冗事未暇細觀，令親亦屢催促，悤悤謹復，惟亮詧爲幸！

## 與楊仁甫書　辛未

頃夢中頗見尊兄戚容，甚難爲懷。繼聞令姪女之變，殆其兆也，然亦命也。幸無過慟邇，在同抑歸鄉耶？所造當益邃密，恨不時領教益。贈張振之語仁齋題後一篇想已見，尊意如何？鄙意正可參互發明，天下道理本是公共，非一人一時便見得盡也。吾輩決不可有世俗角勝負，較彼我心也。麟近無所得，無可請教者。日讀論語，覺得寬平正大，終身由之不盡，聖言眞不我欺也。有見誨，臨風不吝爲幸！

## 與辥仁齋書

今歲聞主講敬敷，私心甚幸！東來吾黨即問，知大略。然不復奉書者，多不得便。入秋，日望辱臨小齋，不則我又過河，即謂會晤有日。後來四家兄自運城來函，不遠歸陝，是以遲遲，而先生亦不果西也。孫應文來詢近況，甚慰！聞明歲又訂秦君之約，秦眞可人哉！先生年高德盛，所進當有不可知者。曾見仁甫與張振之帖數語未穩，渠後來亦自知抑揚失平。此渠舊日迫切之病，而先生書後一篇，其中亦未免帶些意氣。南軒謂，朱子因人言而有所激作，不覺有偏者。此之謂乎？麟謂此事只當見面互相商量，道理自平鋪著，文字固有發明透暢處，亦有乘快説了失卻原意處。吾儕豈世俗分彼我較勝負？正須講求一是，而不失和氣，亦不應謂説終不合而遂不説也。冒瀆之言，想不爲罪。明年暮春敢請下顧此，亦約仁甫作一會，以爲清麓之光，何幸如之也！

## 答楊仁甫書

與張振之書自謂抑揚失平，甚是。麟謂本意亦自不差，只恐猶有平日迫狹意思未盡消磨，隨語流露而不自覺耳！仁齋又未免有意相攻，麟謂仍須當面講明説開。在我者忠告善道，恐猶有未盡，未可遽謂不可則止也。謂麟調劑兩家，誠有此意，正謂俱宜放開心胸看義理，且就自家認一個不是，非謂模模胡胡，只都不説是非也。前書「逆億機智」四字刪之可也。吾儕論道理又著一意見，但恐不得其平耳！明歲暮春約仁齋過我，亦願下臨，正好講説，正恐説得合處，其本心都無彼此也。溫如事且更平心斟酌，人有言者，聞不免怒氣。南軒與朱子論介甫青苗書後段「元晦學行爲人所服」數語，不可不察也。

## 答謝季誠書

接足下信，知讀易華頂，甚慰！近想益精進，然願益加下學之功，小學、近思録、四書玩味愈深，則義理足而本原明，其於窮神知化亦自有可據之地，賢者以爲如何？

## 與李匪莪書 蔚坤華陰人

遜卿來詢，知動止，良慰！兹清麓生徒現十餘人，殊多不知趨向。以足下氣質敦篤、學問純正，欲屈一來表勵倡率，實所甚願。不知肯西行否？餘惟遜卿詳之。

## 與扈仲榮書 森大荔人

精舍生徒十餘人，但多不知趨向。而防範更宜嚴密，欲得年長有志表率切劘，不爲無助，足下肯一來否？廚饌已籌備，亦略具勞金以佐家用。望即安置起行，五月初十間須至此。如不欲遠離几筵，則亦不敢强也。

## 答寇允臣書

二月閒辱書，不得的便，未即奉復。來諭自省之深，求道之切，又索數字以爲觀警。感愧！感愧！麟進學不力，悠忽閒斷，老將無聞，每自悚懼，何足以塞厚意？又豈有愛於其言？所恨不得久聚相與切磋，彼此同之也。然竊觀尊讀胡先生居業録，歎其精密親切，確有依據，甚善！此固一條眞正路脈，決然不易，所由以適程、朱、孔、孟，吾曹所當篤信恪守，以求自得，而期於勿失。但歲月駸駸，益須專力於此，無使外誘得以奪志妨功。尊兄所論半上落下，舊習纏繞，甚可畏也。願共勉之而已。來紙暫留，俟暇或書聖賢格言以爲進德之助。所疑胡録錯誤各條，「乾綱」之「綱」已改正，餘條諸本不異。竊詳文意亦似無可疑，更祈詳之。「敬下驢不起」雖是胡先生解之，然此句久不了了，原書亦止如此，恐當謹闕之。但其中尚多遺訛，昨臘得朝邑楊玉清依其尊人仁甫本校來，頗可駭懼，甚悔當時鈔本之草草也。現已一一補刊，續當請教也。承諭下顧，甚喜。春晚木榮麥秀，清麓又一番景象。願惠然戾止，商量舊學，尊疑胡書諸字亦得共講也。臨楮神馳，諸惟鑒照。

## 與楊仁甫書 壬申

頃仁齋至清麓，尊兄不得與會。悵甚！悵甚！聞溫如姻事云云，頗不樂。亦嘗聞尊兄爲此久不快，此當裁以義理，勿爲兒女情長。平日自任如何，卽溫如要作傳奇中人何苦！並望告之。義關孝慈，勿草草也。前婦旣往不咎，然麟於尊兄父子朋友師生之情均有未盡，深以自愧自懼耳！惟照詧是幸。

## 又

瞿良敦來，奉書想邀青覽。恃知愛之久，不加罪戾，亦冀高明改過遷善，雷厲風速。雖於鄙言將有不棄，果一旦而痛舍己之所有也。然麟於尊兄數十年來愛慕之私不敢後於他人，昨歲至今屢書奉告，意非不切而言有未盡，且前後殊多參差往往無及，是以不蒙見察，深自愧懼。時一思之，甚不忍以尊兄數十年講學修行之勤，毅然以斯道自任東土人師，乃竟有此過舉。至因始見之差，遂復節節措置失宜。故舊門生亦初不聞有所諫正，深所不解。間有一二門生不安於心，略盡忠言，未肯俯從而輒觸其怒。又不免見惡於溫如，甚或大加詆訶。且其執拗直以安石自任而不辭，原其隱情不過急欲成一己之私意，不復深察義理。事變日生，種種謬妄遂不自知，而亦或以爲奇緣巧遇。今人希有，然亦風流才士不顧行檢者之所爲，非正人君子之所肯出也。溫如平日自命何如，事外觀之眞有可爲寒心者。幸而不成，是猶天所以愛溫如也。惟尊兄初不以爲不然，又從而主之，此何說耶！閒嘗私揣其故，溫如聰明才辨，豈非人家佳子弟？一時學者少出其右，其議論人亦多中理，是以尊兄私心愛之，數年來未免微有偏溺。他人之言早意其不如溫如，遂亦不暇思省。至溫如亦或自負以爲學行如吾父，尚是吾說，而他人者又何足以知之？此所以尊兄之前更無一人敢辨義理，而不知其皆以爲不然也。然則吾輩豈可有一毫自是？豈可有一毫自私？且如前書有曰「賢婦」，又曰「婦自求去」。既曰賢矣，豈有賢婦而可聽其去乎？婦自求去，我果不聽其去而出之，彼吾家有此自求去之婦，於義安在？而何賢之有？生子而不育，命也。疾固人之所常有，非惡疾也。其去也，何名？恐出妻非美事而謂「婦自求去」，是欲回護而反自納敗闕也。然麟謂「婦自求去」，有此名目將來猶可補救。更俟面論耳！尊兄試於局外思之，前後兩事，人若爲此果以爲是乎非乎？平心自省，果於溫如之言蔽乎不蔽乎？信甫於此亦有畏而不敢言，抑言而不見聽，恐自不肯相商而彼遂默默耶！兄弟怡怡，講之素矣，決不至以小嫌細故而使兄弟之情意不洽。在溫如愈當取法仲郢有禮有義，尊兄兄弟父子叔姪吾黨中豈易多有？稍有遺憾，甚非所望也。尊兄性情眞摯，微少脫洒，事過時移，必有不快於心，而或反牽累，不免致疾。忙畢能西來留連數月，或相訂桐閣書，亦一事也。溫如事可徐圖之，不及爲溫如書。區區平日所望於溫如不淺，決然一改前非不守故見，一切不計。試問自遭此變，父母心如何？子道得不有虧，尊兄當以大義開溫如爲孝子，溫如豈忍以曲意偏見使其父不得爲慈父哉！省中已多議此，識者皆歸咎於溫如。清夜之間必有憬然悟者，不知尊兄果以爲如何也？仲榮歸，又詳切言之，並視信甫以定可否？惟亮督。

## 與扈仲榮書

僕病仍未脫，然東初送一醫來，只用平胃散加減，恐未足奏效，不曾服。孫醫診脈，謂病鬱如故，惟自覺諸證象稍退。昨服小柴胡湯猶未效，欲暫停藥，靜俟而已，看竟如何也。足下戒僕勿煩焦，僕非煩焦，病久不愈亦不敢不慎，惜善醫者難得耳。至於死生常理，眞實有命，豈人力之能致？稍不困頓，亦自讀書思索義理，餘不足掛懷也。精舍諸生近不得與講說，所賴吾友勤加照管，功課之外更須開導約束，不令荒廢爲佳。甚勿稍存嫌疑，不能盡意也。蘇先生在館中，秋須備酒果。久雨後新月想復大佳，惜僕不來山閒同玩賞耳。或令諸生試作小詩，猶勝閒散無事也。子絅想歸，秋雨向冷，嵯峨之遊可緩，且諸生更不可離人耳。

## 答謝敏齋書

論麟疾云云，大概近是，醫者亦多謂溼熱所致，卻是用藥終未奏效，此事亦難得有眞見也。因此自省平日說時尚不覺難，到得行處竟不得力。眞是知了還須行，行不得力，仍是知處不分明。二者各有工夫，亦互爲工夫。近立意不輕服藥，只有飲食調養，方始信得不治是中醫也。比亦進飯如常，幸釋懸系，但未能謹疾，爲深可愧耳！

## 答謝季誠書

接來詩，知關念之切，且以修德徙義相勉，古人之義也。忻幸之至！書中自省甚深，足見邇來工夫有進。所謂日用人己之間動多愆尤，此亦未能遽免。亦惟主敬存心讀書窮理而不敢自恕，不敢自是，久或庶乎寡過，無他法也。至學憲許公創建書院，當時止一面，未暇細談。初謂或可與言及書院章程，出已甚不滿人意。此公舉事極無條理，邇來各縣嘖嘖，無怪其然，要亦非此中人也。麟已早自決不肯應聘矣。若不復相見，麟亦無可進言，若見，則將痛陳今日之弊，亦不負當初辱見之意也。

## 與薛仁齋書

高君來，詢知近況。體力勝健良用，深慰！承示求書賢母頌，意甚墾切，兼以尊作。又敬齋者久聞其賢，亦安敢固辭？但蒙專啓，復重厚儀，辭不獲命，受之愧悚。拙書本不足言，惟得繕寫賢者之文爲可幸耳！適以賤恙，未甚霍然，徐當成之。精舍頌亦拜領，清麓爲生輝矣！至其眞切之言，麟亦不敢不敬勉也。初意秋晚東行，今恐未能。爲學不力，致一疾兩月，甚仰道履爲不可及也。

## 答孫應文書

所示近多感發，覺讀書窮理之功不可不汲汲。此言最是，然須時時提醒此心。敬爲主，則讀書窮理愈益精明，而所得方爲己物。此意仁齋當時發之，而麟復言者，以厚意不可虚辱，亦吾友之志也。

## 與朱邑侯書　錫祺師宗人

昨蒙降屈台從，辱臨山閒。因出關聘，並藩憲大人信函，内稱左爵帥大人來函，延麟明歲主講蘭山書院。又令父台諄切勸行。仰認雅意，感激實深，慙懼亦劇。爵帥大賢之德，麟仰之久矣！今當偃武修文，振厲學校，作興人才。誤采虚聲，謬及山野，私心自幸。藉得進謁，豈非甚願。但麟迂愚淺陋，本不足以倡率斯道，自信未能，何以教人？兼之不事科舉二十餘年，書院例以文章課士，豈可冒進以自速咎？況家兄年老不欲遠離，有辜盛心，惶恐！惶恐！所有關聘不敢祗受，謹奉璧還，並祈轉達鄙懷。伏惟原鑒，恭請崇安！

## 答人問虛靈不昧死後歸於何處

氣雖有聚散而其理不隨死而亡，蓋性者萬物之所同得，非有我之得私也。此理亦仍歸之於天耳，非如佛氏所云猶有精靈不亡者在也。

虛靈不昧，只是理與氣合，惟聖人能全之，故雖死而此理自在天壤。若衆人氣拘物蔽，早失了虛靈不昧之全體。生是枉生，死亦是枉死。近世邪教只養個虛靈之心，謂之靈魂，卻說有天堂死後須歸去，都是誑人語也。詩所謂「在帝左右」，亦謂「文王之神與天合」，此卻是實理。不是只恃一點靈氣，死而不亡又有寄放處也。

## 答張宜堂書 怡繩 癸酉

濯來接手書，欲舉時祭，甚好！既未立龕，祭時亦可出主正寢。神道以西爲上，只合長几安設四代之主，考妣以次而東。其祭物古人每位一分，今卽不能如此，亦當每位設箸、獻酒、羹飯、饅頭之類，皆不可缺。蔬果肴饌則統一卓而已。至於主祭則浴爲長門後，自當以浴主祭爲禮之正。朱子曰：「大宗法既立不得，亦當立小宗法。祭自高祖而下親盡則請出，就伯叔位，服未盡者祭之。」詳此文義，卻似未同居。或同高祖，或同曾祖。尊兄於浴親叔父也，且同居將出，高祖就於何位乎？朱子又曰：「支子私祭上及高曾，非所以嚴大宗之正。」又李堯卿問：「某往年於先兄異居，不知考禮經，輒從世俗立家先龕。子尋常只講俗節之祭，向來祭禮行於先兄之家。時祭及禰祭，某皆預陪祭執事之列。自先兄去後，舍姪承祭祀，祧高祖而祀先兄爲禰。某家中既有家先，上闕高祖之祭，下無禰祭，於心實不安。欲於時祭畢，移饌一分祭高祖。於某家某主之遇，當祭禰之月，亦欲私舉禰祭，如何？若舉此二祭，又成支子有祭，庶子祭禰，於禮經不合。」朱子曰：

「此事只合謹守禮文，未可遽以義起，況有俗節自足展哀敬之誠乎！」胡伯量又問：「先兄乃先人長子，既娶而死，念欲爲之立後，但說立後則必當使之主祭，則某之高祖亦當祧去。」朱子曰：「既更立主祭者，卽祝版亦當改題無疑。高祖祧去，雖覺人情不安，然別未有以處也。家閒小孫奉祀，亦當如此。」據此三説，則又當以浴主祭而尊兄不得祭高祖，亦只合俯從禮經，未容有不安也。若見祠龕未成，諸未整齊，暫時備辦祭物兩桌，曾記令大兄又爲長門出繼。則從浴祭畢，又設一桌出高祖就父位祭之，或卽朱子初説之意。而異日龕成，自當祧去高祖，不可易也。如何？如何？古人之祭必夫婦親之，若地隘難以行禮，則主祭與衆丈夫行禮畢，無主婦衆婦帥未嫁女子同拜，皆當相立以序。已嫁之女若在家，似亦當同拜古人。曾不說此，或令拜畢而另拜之亦可。儀節另開一紙，更斟酌之。

## 慰張宜堂書

忽聞養郎又殤，令人悼歎不已，天之於兄何其酷耶！然命有一定，非人可强，仍望以理自遣，萬勿過悲。尊軀所關至重，豈可憂傷致疾？明達如兄，惟善寬解而已。尊閫愛憐少子尤必加戚，亦冀轉相慰安，順受其正，數日後送之近親以抒其慟。兄亦可至清麓或清川講論遊觀，散其怫鬱也。昨日始至山閒，未能親慰。歉歉！此惟照察爲幸。

## 答馬養之書　鑒原興平人

昨事處得全無把握，不知平日留心經濟處何處使來？只此小事，便無尺寸權衡，如何量度大事？來此由平日不著實將聖賢言語入細玩味，於人情事務無有界限分寸，一味含混籠罩將去，可歎！幸細思之。

## 與楊仁甫書

久未奉問，第切馳情。昨應文書來，道有借河南原本易本義，現在尊處，意欲刊行。此間有肯任此者，明春便可開雕，尊兄曾一校否？與御纂折中有異同否？果合朱子當日刻式？呂氏音注舊附書後，今並刻本義，則音注刻於簡端，較便觀覽。此書與惠氏辯證先後若何？竊恐辯證可存一說，未可遽改現行本也。如何？均望酌奪，並祈明示，以便契勘。此惟照督！

## 又

頃見仁甫尊兄一紙論泰伯、伯夷事，謂非孔門表揚則當時誰知二子？若不於求仁得仁中討眞見識，亦流俗之見而已，隨孔孟附和亦不是。此言甚善！竊謂其意尚有未盡者。聖賢處倫常之變，必於萬不得已而後斷之。以義所謂權也，故變而不失其正。以迹觀之，苟非理明義精，烏能知其心之所存？然聖賢所謂義者，已自精微，無毫髮之憾。即不求人之知不幸，而吾之所處尚未至於萬不得已，而其所遽以爲理義者，又未若聖賢無毫髮之憾。遽以人之議己，盡以流俗之見拒之，且使後學先存一不可隨孔孟附和之心，有時而以孔孟之言爲不然，長自高自是之意，恐不可也。則不若並告之以窮理精義之方，必得古人求仁得仁之所以然。即以爲在我存心處事之權衡，而未可輕論古人也。溫如視余清麓，相居月餘，一日以繼娶告歸，余與仁甫久未見。僭書此，使溫如趨庭時呈以就正，以當面談。

## 答楊仁甫書

久不得晤，殊切馳仰。麟不德，致天降罰禍及吾兒。嗣得慰書，悲感交集。所以不即答者，以握筆淚下不能成字。天命如何？惟省愆自責而已。冬初澄縣張蘿谷先生後人因前託友人搜訪先生遺書，故來清麓，得問其詳。並攜先生平生著述數種，惟四書集疏頗是一生精力所在，惜卷帙太多，不能刊刻。集疏附正則其邑連氏已刻之矣，想見之。此外有開知録、治平大略、呂氏遺言、讀書存疑、徵信録之類。開知録博大精深，治平大略能探本原，有三代規模，二書亟欲刊布。仲榮歸，先呈治平遺言一見梗槩，以爲如何？開知録欲新歲無事更細讀之後求正也。吾省有如此人如此書而不急表章，後輩之咎也。王仲復先生其學遠宗程朱，近述辥胡，實在二曲之上。張楊園昨歲已從祀，故亦屢思求當事爲先生奏請。所著各書已令仲榮搜購之，擬並進學憲程稾。尊兄先生鄉人能草一稾稿更佳。明歲館地仍在華下否？若果不遠出，春夏閒當東訪也。近況仲榮能言之，餘俟面論不盡。

## 與蔣菊潭太守書　善暮少園子

昔年聞先大人之逝，不勝驚悼。彼時足下不在蜀，未及奉唁。昨知扶櫬歸里，甚慰！所懷適遭豚兒之殤，不得趨奠，用益恨恨！謹書俚語以挽靈筵，聊志平生相知之誠而已。卜葬未知何時？聞患貴恙，惟勉力孝思。幸甚！舊承惠張太史孝經及昨方植之二書，感感！方氏待定録，此書刻否？川中有未，望示知。雪海英年，先大人辱命及門。方冀繼志承學，而竟早殞。惜哉！不知曾有嗣子否？念念！

## 與寇允臣書

令兄大事之畢，釋此重負，友愛之篤，可敬！可慰！壙志及方植之二書並孟瓶菴語一冊俱收訖。方書能白宋儒之冤，奪近世講漢學者之氣，而關之口。其引據亦甚精詳，不事空談。所謂不可少之著述矣！

## 答薛厚菴書 在庭郃陽人

辱書統悉雅意。講義之屬，豈敢自愛？正愧學無實得，徒滋空言，爲可愧耳！前書不復省記，涵養本原，當時亦謂以敬爲主，未有來書云云之說。竊恐言外生意，轉多支離，非所望於賢者也。學憲書院之設，麟本不與聞。然以此得罪四方，益悔虛名誤人，至不足教人己自計之熟矣。來書所謂投合太苟者，眞至論也。幸此少定，亦可以謝過矣！季誠歸，餘當詳之。冬寒，惟爲學自愛。

## 答王反之書 照郃陽人

季誠來，辱書幸甚！竊見賢者志趣眞切，下求鄙言，更願宏以廣之，毅以守之，勿閒勿雜。其進孰禦，勉之而已。惟歲寒自愛。

## 答王力夫書 慰曾郃陽人

頃接手示，不勝感幸！麟一疾數月，深愧學不得力，近方復常，不足留念也。令祖母疾想亦霍然。昨問季誠，今歲未得書會，侍旁讀書亦自足樂，願力夫勿懈素志。嚴寒漸逼，正是上天醞釀生機，未可容易過去也。率易妄言，幸照。

## 答張柔克書 烈靈寶人

數年不見，東來朋友往往道賢者精進，幸甚！慰甚！聞嘗讀松陽鈔存摘疑多條，故託遜卿求借一觀。乃承鈔寄並荷書示，又見不忘鄙拙，更得近來用功次第，不勝畏仰！區區比益荒劣辱欲互質，愧不敢當，而厚意未可虛。道之所在，不厭詳論，是以條陳所以而明者擇焉。然竊見賢者才之高、氣之盛、筆之銳、論之嚴，而前賢畏後生也。夫稼書之於辥胡非後學所敢私議，氣魄力量固若有所不同，要其析理之精、衛道之嚴似亦不可，只以取長之意爲姑擇之計而已也。或者更當平心、虛心、細心以玩其旨意之所在，而察其義理之所以然。來書又論伯夷、柳下惠非中立不倚和而不流，此卻近是。蓋隘處便不免有倚，不恭處便不免稍流。然伯夷之清但可謂之隘而不可謂之倚，柳下惠之和但可謂之不恭而不可謂之流。其清其和均至於聖而止，曰聖之清和，此已非聖人之中庸，而正不憂其混也。至謂喜怒哀樂與善惡同，此恐未穩。喜怒哀樂與好惡卻相似，至於中節不中節則方有善惡之可言耳。有知覺不妨爲靜，有所知所覺則爲動矣，中庸或問論此甚詳。楊先生詩用少墟句亦使太華故事耳，非眞尚其學也，此亦無可疑者。朱子於前輩學之未純者，往往及之，如少墟更不可說著，恐又爲此心虛明之累。關學一編猶及見前輩源流，至其中不無可議，是在學者著眼。所以學必以程朱爲宗，然後他說皆不足惑，而反有以爲辨明討論之實，不知賢者以爲如何？大抵先儒書固當辨析義理，而竊不可先有輕視前輩之意。如此則恐氣象不佳，長好高自大之弊，甚非所望於賢者也。朱子所謂「求之太迫而得之若驚，資之不深而發之太露」，又曰「見理太明，故於文意瑣細之閒不無闊略之處；用心太剛，故於一時意見所安必欲主張到底」，此數語者，恐亦不可留心也。愚見未是，勿嫌往復，道理自是公共事，何有彼己？然以賢者年甚少學甚勇，而其用心又不肯一毫放過，日進不已。濯舊見而來新意，則其所至又豈麟之所能知者？願益勉之而已。所商疑義諸條具見別紙。

## 辨松陽鈔存疑義　原書依楊氏編次

首條，竊意「仁」、「義」、「禮」、「智」四者以對待之體言，則「仁」對「義」、「禮」對「智」。以流行之序言，則先「仁」、次「禮」、次「義」、「智」，一定而不可移。先儒論之詳矣！今以盛屬「義」、成屬「禮」，既與相生之序不合，且破裂隔絕不成文理。疑是當時門人鈔録之訛，或後世板本傳寫之誤，皆未可知。妄意改「義」爲「禮」、「禮」爲「義」，則理明義順而無疑矣。未知是否？

此誤顯然，恐如所疑。

第二條，竊意偏言者以「仁」對「義」、「禮」、「智」而言，朱子所謂「愛之理」也。專言者以「仁」爲萬善之長，可以包夫四者而言，朱子所謂「心之德」也。然偏言之中「愛」、「情」、「仁」、「性」固已無不全備，今詳所引之意似以偏言爲「愛」之事，惟其有「專言則包四者」一語，故人知「愛」不足以言「仁」，是於程子所言之意尚有未盡也。且謂「人見此言，始知愛不足以言仁」，又似眞是程子謂「愛不足以言仁」。而後儒離「愛」言「仁」者，乃皆本於程子。此皆文字語言之小疵，然究其所論，竟不免於入此出彼之病也。且程子云「愛、情，仁、性，不可以愛爲仁」，此云「愛不足以言仁」，其子奪輕重之閒又似不同。未知是否？

稼書之意，亦不以程子偏言爲「愛」之事。但以昌黎「博愛謂仁」言之，則是以「愛」言「仁」。自程子有「偏言」、「專言」之訓，而人始知「愛」不足以言「仁」。「愛」、「情」、「仁」、「性」亦自程子發之，恐程子以前只以「愛」言「仁」耳！程子亦有「愛不足以盡仁」之語，雖盡與言不同，然不足盡則亦不足言也，似亦無病。

第五條，陸桴亭謂「一本萬殊」云云。竊謂「一本萬殊」，「本」指木立言，移之他處只可以意善自理會，不可膠定一隅。今譬之以水，既不恰切脗合，而以江河湖海同是一水爲理一，亦未免於程子所謂以氣比理之失也，謂之極明疑亦過矣，未知是否？

「本」雖指木立言，正恐不可膠定。水言本亦何害？孟子言有本者如是。且「一本萬殊」亦論道者常用之語，又何必以切木爲脗合哉？江河湖海同是一水爲理一，此等譬喻雖程朱亦多有之。「繼之者善也者，猶水流而就下」，程子且自言之，豈盡以氣比理爲嫌乎？

第六條云：程子言「在物爲理，處物爲義」，又云「性卽理也，言性卽理則義在其中矣」，云云。竊意此條甚不可曉。蓋「親」、「義」、「序」、「別」、「信」者，在物之理也。處此五者而各得其宜，則義也。疑程子之意如此。「今日言性卽理則義在其中」，似不免於牽强而非程子立言之本意。其「仁義禮智皆義」之說，尤不可解。下文「合而言之則理而已」，與上文「言性卽理」二句似亦自重複。其引朱子大學或問之言似與上文亦無干涉也，未知如何？

「理義」二字體用之謂也，「親」、「義」、「序」、「別」、「信」爲在物之理。所以處之而得其「親」、「義」、「序」、「別」、「信」者，非吾心之「仁」、「義」、「禮」、「智」、「信」乎！然則「仁」、「義」、「禮」、「智」非「義」而何？要之，「仁」、「義」、「禮」、「智」、「信」在吾心爲「性」，「性」卽「理」也，故下文有「合而言之則理而已」。又引大學或問云云，蓋謂吾心之「仁」、「義」、「禮」、「智」、「信」足以管乎「親」、「義」、「信」、「序」、「別」之理。而「親」、「義」、「序」、「別」、「信」之理，實不外乎人心之「仁」、「義」、「禮」、「智」、「信」。是心管天下之理而又不可謂「心卽理也」，正以證明「性卽理也」之云。不知如此看通否？

第九條中「或疑伊川見人靜坐」以後云云。竊按「伊川見人靜坐」之「靜」，朱子復卦象注、暨咸卦初爻注、太極圖注之「靜」本皆指動靜之「靜」，今日皆是指「敬」。此蓋一味破禪家主靜之說，而未及察夫朱子答張欽夫書所論「敬」、「靜」不同之實。故未免矯枉過直之失，其謂又恐「敬」之流入於禪也。而申言之曰「略綽提撕」，恐亦非朱子答潘子善之本意也。未知如何？又按，「或問：『先生於喜怒哀樂未發之前，下動字下靜字？』程子曰：『謂之靜則可。然靜中須有物始得，這裏便是難處。學者莫若且先理會得敬，能敬則知此矣。』」竊意程子教人從事於「敬」，蓋爲「靜」處易差，故指出平易道理示人以入德之方。非謂「敬」便是「靜」，亦非謂「靜」皆是指「敬」而言也。是否？俟政。

此條所疑最爲有理，然稼書所謂皆是指「敬」言者，亦非無見。所引言「靜」三說，雖是皆指動靜之「靜」，而「靜」中皆有個主宰。所謂不同於禪家之「靜」，所謂皆是言「敬」而非眞不知「敬」、「靜」不同之實也，恐未可以矯枉過直議之。試更取言「靜」三說而細味之如何？又按，問：「陽始生甚微，安靜而後能長，故復之象曰『先王以至日閉關』，人於迷途之復，其善端之萌亦甚微，故須莊敬持養，然後能大，不然復亡之矣。」朱子曰：「然。」又問曰：「此是靜而後能動之理，如何？如人之天理亦甚微，須是無私欲撓之，則順發出來。」曰：「且如此看。」感興詩「掩身事齋戒，及此防未然」，蔡氏清曰：「本義云『此卦雖主於感，然六爻皆宜靜而不宜動』，此卽『以虛受人』之理。」大傳曰：「寂然不動，感而遂通天下之故。」程子曰：「廓然而大公，物來而順應。」周子所謂「主靜」，朱子所謂「鑑空衡平」及先儒所謂「無心之感」者，皆謂此也。語類濂溪言「主靜」，「靜」字只好作「敬」字看，故又言「無欲故靜」。若以爲虛靜則恐入釋老去，正是要人靜定其心，自作主宰。據上諸說，則稼書之意亦可見矣。

第十條云：大學言八條目而戒愼恐懼貫乎其中，云云。竊疑此等說話乍卻好聽，然詳其語意，終不免於牽强。而下一句又似知行貫乎敬中也，未知是否？

此條語最精當，而謂牽强，何也？上句敬以致知、敬以力行之意，下句知不離敬、行不離敬之意。且大學或問首段言「敬」已詳，則「敬」貫乎八條目自不待言。而中庸首節或問因其所固有之不可昧者，而益致其學問思辨之功。因其所甚易之不可已者，而益致其持守推行之力，則八條目功夫亦未嘗不在。朱子又曰：「若不能致知，又如何成得這敬？」又曰：「知至則敬愈分明。」文集中庸首章說亦有「敬義夾持，涵養省察，無所不用其戒謹恐懼」，且章句「自戒懼而約之，以至於至靜之中無少偏倚，而其守不失；自謹獨而精之，以至於應物之處無少差謬，而無適不然」，數句細味，謂知行即貫乎「敬」中亦無不可。若疑「貫」字不穩，則「貫」字有貫穿、貫通之義，亦有該貫、統貫之義。似亦未可輕疑，抑不必以辭害意也。

第十三條中「而存心養性無二事則一也」，竊疑「無二事則一」五字意義重複。或去上三存下二，去下二存上三，則文理自明矣。未知是否？

「無二事」就存心養性言之則一也，就所引各書言之未嘗重複。幸更消詳，而疑中或去上三云云，卻似少字，文理轉欠分明，古人似亦無此語句也。

第十條中「致中而天地位」以後云云。竊疑「中有中之體用，和有和之體用」似與朱子不同，恐中和體用不合縱橫立言也。其引「大德」、「小德」、「尊德性」、「道問學」亦不可解，不知「大德」可以言「靜」而「道問學」可以當「和」乎？敢質。

中體和用此固易曉，然朱子亦嘗自謂，直指中和爲體用之未當。蓋中性之德，道之體也；和情之正，道之用也。至謂「中有中之體用，和有和之體用」，雖乍看若有可疑，而細玩之，其理亦未嘗不是也。知「中」之爲「性」，而「性」中「仁」、「義」、「禮」、「智」皆屬體明矣。然統而言之，則「性」體而「仁」、「義」、「禮」、「智」用也。此即朱子所謂「如說尺無寸底是體，有寸底是用；如稱無星底是體，有星底是用」之說。錯而言之，則有時「仁」爲主爲體，而「義」、「禮」、「智」爲用也。有時「義」爲主爲體，而「仁」、「禮」、「智」爲用也。「禮」、「智」亦然。若以「仁義」言之，則「仁」體而「義」用。以「仁」言之，則「心之德」爲專言，而其體也；「愛之理」爲偏言，而其用也。是則「中」未嘗不可以體用言也。朱子又曰：「仁對義爲體用，仁自有仁之體用，義自有義之體用。和爲情仁之情，則親親又其體，而仁民愛物又其用也。餘可類推。所謂錯綜交羅，惟其所當而莫不各有其條理焉。」「大德」、「小德」如「中和」，朱子已自言之。「尊德性」即「致中」，「道問學」即「致和」，其理亦自無可疑。「大德」就存主處說，何不可以言「靜」？而「盡精微」、「道中庸」知新崇禮，又未始非「和」也。

第三十條：正直忠厚，處世之道只此二端，云云。「竊疑處世之道有當頑鈍者，如孔子對陽貨之類是也；有當矯激者，如孔子叩原壤之類是也。事上治民皆然。今日不爲西京之頑鈍，亦不爲東京之矯激，此所謂君子而時中。」不知猶有執中之失否？

此段尤有大病。正直忠厚若無分寸，猶不免有弊。而曰「處世有當頑鈍者」、「有當矯激者」，不知頑鈍矯激有何義理可以之處世耶？且謂「孔子對陽貨」，云云。孔子乃頑鈍矯激乎？是何言歟！執是說也，恐爲自家心術之害。頑鈍必至不仁，矯激必至不義，非小失也。既講分寸，何謂執中？所謂「疑端在心」，而未暇詳其文義者歟！

第三十四條云：史傳「成湯解網」，云云。竊疑此亦當論其時勢如何也。當成湯之時，天下初定，若過於苛察，則中外無可用之人，閭閻蔑安靖之日。故書稱湯云「與人不求備」，又云「代虐以寬」，此蓋湯之時中也。若宋仁宗承祖宗累世之舊，踵眞宗頽敝之後，便當進用君子力除弊政，以振興先王之大業。既不能然，而說者又以數事之偶合援引爲據，則既不察夫時勢之當否，而又不知不備之，與孌倖小人亦不可同年而語也。且湯以治民言，仁宗以用人言，其體似亦不同。蓋必天下毫釐之不差，固爲商、韓之殘刻，而邪正優容而不辨，又流於禽犢之姑息。商湯固有代虐以寬之德，而仁宗似蹈姑息養奸之弊。則其懸絶疑已甚矣，何可一例而論之哉！未知如何？

稼書之意亦未嘗謂仁宗與成湯一例，只看得「商湯解網遺意」一句，則其語亦有分寸，然此段推論卻是。

第六十六條云：曾點之「春風沂水」即子思之「鳶飛魚躍」，云云。竊疑程子所謂堯舜氣象，恐是「物各付物而我無與」之意，謂與伊尹「一夫不獲，時予之辜」意思同，其體面雖若相似，然意味之間恐實不同也。又報知己，是不欺之意否？

曾點言志，所謂堯舜氣象，蓋欲與萬物得所也。伊尹「一夫不獲，時予之辜」，正是不使一夫不得其所，與點之意亦不見有實不同處。以伊尹言者爲說酬知意耳，曾點之志做出來便是伊尹事業。有此本領非所以報知己乎？「物各付物」二語與「不欺」似皆少親切。

第六十九條中「至以其立朝言之」以後云云。竊疑二程先生固不可分優劣，然氣象辭氣之閒亦微有不同。至於立朝之事，朱子於伊川年譜分注云，使明道及用於元祐閒則無今日之事，其意亦可見。今獨歸罪於彼，而謂二程無優劣，恐與朱子之意不同，而於子瞻亦非持平之論也，未知如何？

稼書言二先生已自分明，更熟玩之。恐不可以年譜注中二語，便謂伊川劣於明道也。於子瞻何謂非持平之論？使孔文仲嘔血而死者，誰乎？

第七十四條云：元史載劉靜修初爲經學，云云。竊謂靜修一生學問品詣，薛文清、羅文莊論之詳矣。然出處一關，文莊誅心太過。而尚辭華安逸肆，二先生尚未及也。宋儒之論未免文字牽合之失，而敍學一篇尤無倫次，則其迷於本源可見矣！今舍其失而謂爲早年之作，姑取其緒餘以爲不易之論。果如所言，則凡治經者，皆當先讀漢唐注疏而後宋注，豈不倒學之甚乎？未知是否？

朱子論孟集義序漢魏諸儒正音讀、通訓詁、考制度、辨名物，其功博矣！學者不先涉其流，則亦何以用力於此？稼書稱靜修之論，亦豈爲倒學？但所重則在此而不在彼也。按：「尚辭華」二句亦論靜修太過。

第七十六條中「愚謂」以後云云。竊疑「清」與「爲我」相似，「和」與「兼愛」相似，「任」與「執中」相似，今如所言未知是否？

果如所云，則三子何以云聖人乎？所謂似者正恐不似也，請更詳之。

## 答王新齋書 先甲　甲戌

麟以目疾尚未全愈，不敢過勞。新正四日忽接手示，又不能不答，故力疾爲閣下言之。麟才疎學淺，自知已審。謬爲邑尊劄諭委以局總，其實由諸兄慫恿之耳！麟所以不過辭者，亦以有諸君必能籌畫周妥。現屬闔邑公事，豈可坐觀不爲成全？然意其中人之意見不能盡同，故屢以和衷共濟不可偏執己見爲言，今果然矣。局中諸人皆由邑尊劄諭，卽閣下亦然。如閣下言是無一人可意者，將如之何？以閣下言，似知諸人皆好人矣。然則邑尊所諭非盡皆不可用者，且諸人皆好人而亦並非盡無幹事之才者。卽以昨冬數事言之，閣下皆謂諸人處之不當，不知諸人尚未大遠，而閣下之意雖直而卻少曲折，於事理亦未盡中也。此清丈大事，本以得人爲要。然處今日，眞才實不易得，如閣下者亦豈有幾？閣下能一人辨之乎？卽不能不需諸人。略短取長，用人之道。如壽翁之曲從、溫如之非議、宜堂之不識事體，正可從容斟酌，取其是而舍其非，豈可謂人皆不是，一筆抹撥，而謂我之所見皆是乎？至於宜堂任事，實屬局中可靠之人，而閣下卽以專罪之，然則不專而又不任事，何如？閣下平日一切好排衆議，獨行其是，人亦將以專罪之矣，且閣下之專，恐又在宜堂之上也。清源爲人操守甚好，其才亦實可用。但入局未久，於清丈事理方求諳曉，與閣下亦未久談，且畏閣下使氣，不敢獨伸議論耳！麟因諸人各有事任，未能專身住局，是以特請清源、長川照管。至有要事，卽請諸君至局共商，麟亦不敢不至。若果閣下所舉眞能任局事之人，麟亦當同諸君共議，可用則用，不敢不從，閣下果有人乎？大凡今日之事，不敢謂闔縣再無可用之人，但恨平日搜訪不廣，聞見不周。卽就目前諸人果肯盡心力而爲之，人才亦是漸漸磨鍊出來。鄉中首士亦各不同，且得如此督率，異日辦理妥善者卽擬請入局中，亦因事求人之一法也。賞罰者，邑尊之權，局中非能賞罰人也，必俟丈有成效，方能分其可否成效而賞之罰之。年終送薪水，麟初意如閣下，而壽翁以爲正在用人，似不宜分別，一律發給薪水，庶惰者知所感勵，用意亦爲甚厚。此雖未能卽懲，而亦所以勸之也。閣下乃謂巨屨小屨同價，年前爲日不多，或勤或惰雖有不同，而事之成敗可否尚未可定，即不得謂同價也。且薪水不嫌齊發，而辦有未善，在官亦當別有賞罰，此亦何疑？閣下謂人情狡詐，固也。然各村未必皆然，況各有鄰至，誰能盡容首士？固當親眼同丈。而首士所分鄉村地畝多寡不同，章程固未嘗明言不親看丈，此亦在人爲之。要之，只能責成其打量不錯耳！如實有錯，章程固有抽丈覆丈之法，在此亦今昔情勢不同，亦無可如何耳。閣下塬上各首士親眼同丈，甚屬可嘉，此誠可靠，亦閣下鼓舞之力。將來亦須抽丈覆丈，如果無一參差，定當入局。然立法鄉中，首士自欲按畝酬勞，雖眼同與不眼同，只以打量之錯與不錯，恐不能以此爭薪水之多寡也。閣下見教未爲不是，然麟謂閣下且須平心公心和衷商酌，惟求理是，勿以意氣用事，則不特麟之幸，即閣下所謂邑尊委任上憲責成鄰封觀望，皆係於是。不然則麟之罪，即閣下亦恐不得辭其責。而吾道之無靈驗，且與閣下分任其咎耳。

## 上吳清卿學使書　大澂吴縣人

竊有請者，古大儒所至無不以興學校爲急務。況督學爲大人專職，潛心聖道，講明正學，如大人者其將振厲作興，以幸三秦必矣！惟橫渠爲關學之祖，今學者率不能舉其名字，況知其學乎？若以之提唱，則承學之士庶識途轍之正，於以會歸程朱而不惑於他歧，尤麟之私願也。此在大人固不待言，然猶言之者，念辱與之厚，亦所以盡其誠耳！鄉約蓋欲各相勉勵與人爲善之意，今一舉行，人知學憲亦且留心，信從必衆，願早示期。或令齋長招集同志，似不須通知地方，官師一有掣肘，或非其心之所欲，必不能長，恐無益也。

## 與楊仁甫書

昨臘仲榮東歸，呈覽張蘿谷先生諸書。如何？如何？王仲復先生蘿谷亦極稱之，桐閣先師謂其純正在二曲之上。

麟昨歲見楊園已奏從祀，竊以仲復亦不可後。惜先生著述尚有數種未見，如論語、詩經輯説及文集之類。文詩西河録外尚有否？昨已言之清卿學憲，渠亦有意此。公論學亦正，聞尊兄亦甚欽仰，頃來函云，擬試畢當造訪，又屬致書時代達慕忱。前日舉行鄉約，亦是談論閒偶及之，渠便欣然爲此。鄉射飲酒目前多未習行，故未之及。貴邑黄公新設書院，得尊兄提唱，必有一番興起。願益堅，任道之志吾學之幸也！

## 又

夏日仲榮來，聞少患貴恙。近見梅軒云已愈，欣慰！昨學憲歸轅晤時，尚問及友仁事體，麟告以不能久意，亦謂然。適南中帶來張楊園集見贈，因更求一部。今託扈伯昌帶呈，楊園溫粹純正，不染蕺山氣習，眞不易得，不知視仲復先生如何？望一評之。仲復從祀，已許商左督矣。昨已送春秋要義、尚書要義板，貴邑文會已買，望屬速摹送爲要。宜堂聞致信邀尊兄西來，或可一謁横渠墓，並訂桐閣書，亦一事也。此閒聿既花箋、餘暉録、學薈均未有，幸不惜命駕。麟年來學益荒陋，切磋觀感之益全然無之，深切憂懼。惟冀一親德範，面受鑪錘，或念夙昔時賜鐫誨爲荷之厚。

## 答原己山書

頃接來書，洋洋纚纚，足見辨學之精。而字裏行閒一種靜穆之氣，尤令人生敬也。但論二曲又似過當，至二曲、復齋從祀之議，此中亦有氣數，當事意見不知果如何？大抵從名上取人，卽未必果眞以此見講學不精處，置天下事決不易停當也。然而遯世無悶者，亦不爭此區區也，己山以爲如何？

## 上吳清卿學使書

昨蒙奏請，奉旨欽加國子監學正銜。皇恐悚息，不知所爲，謹望闕謝恩訖。竊惟世俗之禮，凡被薦引輒用師生稱呼。國朝清獻陸公稼書先生曾爲說巖陳公疏薦，相見獨不用師生禮，陳公嘆服，且謂馮益都昔薦魏環極亦如此。而環極亦嘗薦稼書，稼書又以待陳公者待魏公，魏公益重其爲人。當時士論咸兩高之。麟萬不敢以稼書先生自擬，然竊願以稼書先生之事陳、魏二公者事大人，而不敢以世俗之禮溷焉，蓋大人之爲說巖環極斷斷無疑矣。今將進謁，敢以此先。伏惟鑒亮幸甚！

## 答謝季誠書

昔有人問壽親於涇野呂先生者，先生曰：「子欲子之親爲鄗人張殿中丞乎？張生於景德、天禧之間，今已數百年矣。其壽猶與太華、終南爭高未艾也。抑欲子之親爲汴人程大中公乎？程生於乾興、景祐之間，今已數百年矣。其壽猶與嵩少、黄河爭長未已也。」陸稼書先生誦之，以爲凡人子宜書置座右。蓋殿中丞與大中公固賢矣，特以有横渠、明道、伊川爲之子，故其壽如此。郃陽謝化南不欲以世俗之說壽其親，而求書與諸兄所當自勉者，亦惟力尊横渠、明道、伊川之學而已。學之詳，有諸先生之書在，不具贅。季誠與其諸兄尚敬勉之。

## 答韓惺臣書　止敬河南閿鄉人

居敬窮理，聖賢以來教人之法，諸大儒論之詳矣。年來師友所講蓋亦不出乎此，今亦無他謬巧，仍即二者而實加功焉。必使居敬誠如程朱之居敬，窮理誠如程朱之窮理庶乎其得之矣。此麟所常自懼者也，此吾輩不可不共勉者也。願惺臣更有以匡我。

## 答馬養之書

接足下書，所辨王、蘇未嘗不是。亦須要自家實見，不可只述先賢已辨之語，遂自謂能闢雜學也。況與長者言尤須有體，又不可以已經程朱斥駁而便有忽視前人之意。是非固不可含混，而徒長好高自大之病，亦不可不戒也。凡與人言，又當使誠有餘而言不足，誠意之交通在於未言之前，則言出而人信矣！昔歐陽公與韓魏公同朝，歐公不信繫辭而韓公從不與辨。程子不問邵子數學，此意果何謂？此固不可與足下所云一例視然。朋游議論異同，未可深較，惟整理其心固爲要著。要自己有實工夫，則進言於人亦自有幾分感動，方是有益。自己工夫不足，而惟切切競辨，不過要見自己讀得程朱書，他人尚讀不得。此又用心於外，非爲己之學也，足下尚審思之。信濤兵書，恐是前數年所爲，近已轉得身，再讀程朱書，久之當見不合。凡朋友相交，先須令讀程朱書，令其自見正。不須辨説，而自修爲要。

## 上左季高爵相書　宗棠謚文襄湖南湘陰人

竊六月間，麟以兄域同賈夥計楊興忠，在靈州石溝驛被店主惡弁劉紫樑圖財害命一案，專人賫稟到蘭，旋卽蒙批。飭臬司轉飭甯夏道府迅飭靈州牧究辦，務獲屍贓。具見中堂慎重人命，體恤商民至意。至十月在家，聞兄染病在靈，卽馳赴看視。於十一月初十日到靈，適州主已將劉紫樑、藍玉卜等訊，有確供，屍贓均獲。麟所目見，已令姪伯鎰認領外。竊謂劉紫樑罪大惡極，神人共憤，殺人者死，國有常刑，此自無容置喙。不意劉紫樑既經訊獲屍贓之後，忽發舊病，於十一月十七日因病身死。似此兇惡幸逃法網，獲保首領，死者之冤莫伸，生者之痛曷洩？若以既死無庸議罪，則天理何在？王法何在？可否戮屍斬首就地梟示，以快人心？而伸國憲之處，出自鈞裁，不勝幸甚！至劉紫樑與沈參將同開官店，自係惠安堡高把總所訊，劉紫樑親供道路，嘖嘖！劉紫樑前此狡展，竊恐未必無因。麟到靈州細詢，沈名三垣，前爲靈州參將。蒙批飭問，并敢稟聞。

清麓文集卷第八終

# 清麓文集卷第九

自光緒乙亥至辛巳

三原賀瑞麟角生著
同里劉嗣曾孝堂校刊

## 書答四

### 復吳清卿學使書　乙亥

昨承示仁甫詩文敍，歸來細讀，仰見評論精當，足發仁甫生平大要。「中閒不能實有諸己」一段，尤有以警省今日學者深錮之病，敬佩之至。至欲以先師桐閣先生學行奏請，宣付史館纂入儒林傳，此麟所私心祝禱而不敢發諸口者。不謂大人先得我心，亦關中人士所共以爲允當而大幸者也。王復齋、張蘿谷二先生墓碑紙裁就呈上，昔雷翠亭先生鋐督學浙右，特題鉅碑表張楊園墓曰「理學眞儒楊園張先生之墓」。竊謂復齋先生遯跡高蹈，力守程朱，深醇精密不亞楊園，而闡明經學似又過之。蘿谷生復齋之後，聞風興起，奮然特立，眞知實踐，識力高卓，議論精純，復齋儔也，亦可謂振古之豪傑矣，故敢援楊園先生之例而以是請。大人今之翠亭也，表章先儒固大人之所有事也。然非大人臭味之投，針芥之合，豈敢遽如是云云哉？所有復齋事略、蘿谷傳、桐閣傳、志、表、敍，及各著書俟繕寫清冊呈覽，伏惟鈞覽。

## 上吴清卿學使書

謹呈上王仲復先生書四種，此外尚有尚書要義六卷、春秋要義四卷、律呂圖説二卷現未搜得，俟後呈。其兩論輯説十卷、詩經會編五卷、四禮慎行録一卷、思誠録一卷、復齋别録一卷、日記二卷、餘稿六卷俱未見，詩文散見者僅數十篇耳。又前人論先生者數條，别鈔一紙附呈。然則先生學品在明辥、胡而外蓋不多見，其從祀亦應無媿於辥、胡。李二曲有言「舉一事而朝野之風教明，崇一人而古今之學術正」，此亦大有關係也。諸惟裁奪。

## 復趙孚民邑侯書　嘉肇山東蘭山人

承賜書，敬悉壹是，古人庶母無子則不服，況庶祖母乎！查今律，庶祖母或嫡孫衆孫皆小功，見吾學録，但不言其有子無子，然喪服小記云「妾祔於妾祖姑」，則是庶祖母有主明矣。既有主，自宜書奉祀。李天生儀小經云：「無子庶母嫡子奉祀，則書庶妣旁，書冢男某奉祀。」以此推之庶祖母可知，此不知於禮果如何？其義似亦可通。要之其主只可祔於妾祖姑，而不可祔於祖考妣之側，所以避尊也。若無妾祖姑，則禮又云「易牲而祔於女」。君唐氏庶祖母之節，朝已旌表，且得置主邑中節孝祠，子孫立主更復何疑？以今律及李氏之説考之，即書嫡孫或衆孫某奉祀當不違理，然不得諸家書詳細查閲。更祈質之知禮者。

## 上吳清卿學使書　丙子

先君處平時，終身草野，無奇行偉節可以表見當世。然忠直孝慈，遭困苦而不墮志操，固宜傳示子孫，世守勿違。麟之不孝，未能顯揚萬一，家貧，葬無志銘。後求先師桐閣先生表墓，未及立石，遽遭回變，而先師文版亦燬兵火。私心每念先君行事不可湮沒，有善弗傳是謂不仁。古人「求仁者之粟以祀之」，則爲文以託不朽，宜未苟然，曾子固所謂「非蓄道德而能文章者，無以爲也」。今者幸逢大人則眞其人也，苟不以麟之不肖而賜之家傳，將不獨子孫之感而已。附呈淨紙一方，並懇賜書以便裝潢什藏，以詔後人。社倉之設，蓋讀朱子文集以爲士之可爲於鄉閭者惟此。會上憲札諭，幸東初、季昭兩劉生叔姪能聽其言，遂成此舉。仿朱子意，爲事目一冊，倘得大人賜之記文昭示來許，則永久爲一方之利矣。

## 復前邑侯趙孚民書

奉別以後，殊深感念，不特下交一己之私，闔邑士民羣相竊嘆。今日行一事曰趙慈在必不如是，明日行一事曰趙慈在必不如是。然則民心之拳拳我侯，亦猶我侯之拳拳於吾邑也。拜讀手教，又蒙過相推愛，知己之言銘切五內，復辱兩憲台垂詢，慙惶彌甚！清均之事大概可想見次約略及之，近又過我山齋，要不能提綱挈領，恐不免懵懂顢頇耳！明知事不可止，只得聽之當局。雖情殷桑梓而義難苟合，人心益復不可收拾。可爲而爲，不可爲而止，古人告我矣，至如云云亦頗聞之。派錢之說正是自欲如此，謂當別用我法卽未必然，恐是忮心未化。見前此攀轅之衆加以沽名，且語人以自賢，或不免遷怒也。總之有敗詐無敗誠，我輩腳踏實地，底冊具在，彼欲造言虛誣，自不難見。但舊事復勞關念，麟自不能不點檢也。永遠局勢忽然一變，憲意如何？千金借款，恐代箸者自不了耳。邑中近事多不欲聞，久坐山頭，自覺省事，不知何日復覩慈顔以慰渴衷。謹復。

## 與前邑侯趙孚民書

前荷農山觀察屈尊下訪，繼辱佳什，盛德謙衷，曷勝銘感？麟適患目疾，未獲拜謁，歉悚殊深！重以晦翁先生墨蹟索題，麟何人？斯過蒙愛厚。但兹幅精神規模與素嘗所見石刻絕不相類，恐非先生手筆。且此詩大全集中亦無之，不敢率爾冒昧唐突先賢。望爲觀察幸達此意，事必以誠，諒亦觀察所許，非敢過自慎重也。肅惟鈞鑒。

## 與梁希初侍御書

昨見壽翁，敬悉承詢宗祠設主一事。足見尊兄敬慎之至，事事不肯放過，欽佩！淺陋何足知此？但宗法久矣不講。所謂宗祠，仍欲并祀合族之先。若一一立主，則勢必不容，此於古禮亦無所考。以意測之，或立始祖牌子，不必如主式陷中粉面。餘如家譜五世一排，刻石嵌壁，則祭時亦無遺漏。至於各房之家，均只祀其高祖以下四代。祧則續刻宗祠之石，將來且可摹印，以便各房收藏，更足防意外之變也。似乎亡於禮者之禮，所謂古未之有可以義起者，此類是也。京師知禮者多，更細詢之。前日清卿學使云，今禮部講學者何人記未的試。訪示知朝邑王仲復先生，名建常，國初講學最純者，已啓清卿奏請從祀聖廟而尚未思。此亦御史職，或便函致閻丹翁搜其遺書，做得此一事亦大佳也。其復齋録季昭已刻板，明歲可竣。餘則丹翁就其鄉求之，當亦易耳。

## 與薛仁齋書

遜卿來，備悉動履，甚慰！當事意向頗勤，吾學漸當風動，俟之而已。此事自無速效也，餘無可言，惟頌道體强健，吾黨有賴耳！一切應酬願節之。麟以敝鄉清均地畝，爲邑侯强拉不可辭。然共事不易得人，未知果益閭閻，而徒廢吾學工夫，又悔始慮之不審也。然亦盡吾心而已，餘幾爲道自重。

## 與楊石公書

前栗軒所攜大箸數冊，亟讀一二篇，足見年來造道之精，歎服！歎服！晉儒備采，略窺一斑，其中義例尚未細繹，容俟後報至。末路之誨，敢不服膺！愼修來，細詢動静，兼悉尊甫丈康泰，忻慰之至。戊冬辱訪，適以兄難西行，素懷未罄，抱歉奚如。麟去春屢患昏暈，冬復病目幾兩月，日學不得力，以至於此。今歲校讐朱子語類、文集、綱目，原本次第鋟板而開卷輒有疑義訛字，眞覺義理未易窮也。又不得賢者共之爲可惜，以此尤信平日功夫總欠切實，時一自省，殊切悚惶！石公何以教我？昨校刻王仲復先生復齋録，見其和平純實，國朝稼書、楊園而外未能有二。已啓吴清卿學使奏請從祀桐閣先師，吴已奏請，宣付史館，纂入儒林傳，想欲聞之。仁齋太原之行，學明之幾，然恐眞知者亦不易得耳！彼閒消息如有聞知，便示爲幸。聞欲修郎改業，目前無妥安身處，俟緩圖之，如有當寄信也。或兄或弟只可一人在外，一人在家力田讀書，稍繼家風，吾輩不可使讀書種子斷也。

## 與謝季誠書

聞今歲館賈簡括村中，甚善！甚善！尊甫年高，不忍遠離，此意極可嘉尚！但清麓校書之役，惜不得賢者助之。行以南亦謂能來，擬託以事，不料久不得信，恐亦教讀鄉里貴族。謝先生事，别撮其要繕稟，俟學憲歸原，屬任道甫呈之。昨聞一二事，信甫已函達，吾人局外只付之浩歎而已。所願益專讀書，求其在我見明守固，洪流大浪中把定舵篙，不爲汩溺飄泊，或可隨風撥轉，有登岸之期耳！如何？如何？近因校書每遇轇轕處，未易判斷，信乎書不易讀而理之眞難窮也。可不懼哉！可不勉哉！

## 答鄭元根書　山西人

遜卿來辱書，具見志學之塵，幸甚！幸甚！又不鄙麟，欲共講其所聞，虚心盛意，忻感曷勝！區區譾陋，何益高明？細繹來諭塗轍工夫大略得之。惟足下信之篤好之專，而實從事焉。又不雜以他歧，不間以中止，久之一心，所學日進，而見地益必親切，其至不可量矣！願勉之而已。去遠不得一見，遜卿西歸，不惜惠音又迂拙之至望也。

## 與王遜卿書

麟不幸喪子，足下前日之别不及一見。與仁齋並元根書均在清麓，今俱捎來，幸呈致史傳可存，俟見全書，異日補入關學編可也。麟此番復遭天罰，總由平日積愆所致，命有一定，誠恐終抱伯道之戚。納妾之事尚未意及，來書云云具見關念之切，人事當盡，麟亦不敢過執此事。機會又覺種種合宜，但舉動頗不容易。聞振之冬間將嫁女，家中正恐需人，如若可緩，俟足下太原歸後，行止當致函也。病中，惟善養爲望。

## 答林宗洛書

「知非」名齋，恐於「敬」與「主一」不可一例論也。「敬」、「主一」者，特取古人切要用功之字，標於齋而觸目警心，庶不至或忘，於以致吾力而勿之有怠也，故朱、張二先生皆爲之箴，以自省而自勉焉！若「知非」之云，其辭雖若謙退，而其意則不免自幸平昔之非今一旦知之，而今日之爲一於是而無非矣。且非非徒知之而已，則將以求其是焉可也。況吾之非吾自知之，又何標於齋以告於人乎？楊子之用心亦不免於外矣。此麟所以因栗軒之言而欲告之也，何尊兄以爲無害耶！農忙不曾用功，但有暇只看眞西山先生集，一日或盡二三卷而止。尊體少適，近知無恙，幸幸！來書間有別字，語句亦有未諧，或心有時而不存耶！幸留意，不遠當晤，餘不盡。

## 與林宗洛書

昨時潛來，云足下再欲到縣催案，不知果去否？既呈案，須且罷手。時潛所以屢奉勸者，非畏事也。蓋有司者既不知除害，而吾力又不足使彼必聽吾言，若入一分私意求必得之，則不如破甑不顧，猶有長者行也。此意自可采取，麟前以爲只從地方起，見彼卽不聽我，心固無憾也，亦是此意。時潛又云，閱足下日録，自謂近覺遇震驚而不懼。竊謂此境地正未易到，不思震驚之來，何以致之？又何以處之？遽謂不懼。竊恐非程子無慊於心則加勉之意，亦將不論理之是非而忽墮於禪家之死守此心者矣！如何？如何？

## 答扈仲榮書

接手示，知近讀詩，甚慰！二南意味多在言外，所説皆修身齊家之效。然細玩之，則所以修身齊家者，可知其語意氣象自較他國風大不同矣！朱子關雎章注欲學者玩其辭、審其音而有以得其性情之正，不獨關雎一章爲然。今既不能審音，然辭則可玩矣！傳序「章句以綱之」數句，語語諦當，以之讀二南尤宜，如此自可得詩人性情之正。因以自正其性情，讀詩之益，正爲可以正自己性情。非盡先自正性情了，然後纔可得詩人性情之正也。如「颯誦以昌之」，「昌」字舒暢發越之意。擬輯女詩經意，甚好！二南全録尤是，以下可鈔一目，便寄爲佳。末坿文王諸篇亦不須也，蓋此是節録爲訓女而設，如此似又壓得重了。麟意嘗欲依朱子教女八目，擇經傳子集中語以類相從爲一小書，苦無工力。賢能成得此一事，尤妙也。詩傳引左氏務材、授方所解，是稅於桑田，亦訓農之意。損齋墓表尚未下手，亦正欲視學憲回轅，文稿如何發落，且有可看文字處。科場在邇，學憲未必有暇，意向不知如何？即書石亦可緩圖也。伯源條劄可便寄一觀，此君才質甚好，將來又是東府一瑜也。正熱，惟爲學自玉。

## 復庾仙舫邑侯書　文澯湖北人　丁丑

承賜隆儀，兼惠多金，厚誼高情，實出意外，感愧之私，何可言罄！但麟硜硜之守，未敢少渝。況冰署清苦，素所稔知，乃復以此累使君耶！來使諄諄致意，無已，謹登拜白米，餘敬璧謝，是亦子思居貧受粟而辭梁肉之意也。或亦明府所深諒者，伏惟慈鑒不宣。

## 上吳清卿太僕書

方今時事多艱，陰邪侵欺，勢益崢嶸，覬覦窺伺，必不但已，然已堅冰之至。主上幼沖，兩宫聖慮焦勞，所謂講明聖學、修德求賢、練兵恤民，以爲内修外攘之實者果有何恃？國論幾密，外人莫測，畎畝愚忠，徒抱耿耿而未知所以爲計也。秦中入春以來至今不雨，麥苗焦枯十有八九。清明日夜天狗星鳴，火光閃爍直隕西北。後三日風霾四塞，對面如不見人，氣象愁慘，至三四日不散。糧價騰踴，較去歲已踰倍矣！人人惶懼，年景既不可問，意外之變恐有未可逆知者。僻處鄉村，當事籌備如何，苦不得聞，又不能不杞憂也。大人讜言偉論得時進獻，必且爲朝廷生色。忠義豪傑聞風興起，天下事猶可爲也。頃在關輔軫念民瘼，地方公事閒商大憲，多所庇賴，而於敝邑尤爲垂意。今者天時人事，凡在士民無不謂公若在此，必不漠然也。倘蒙召對，則陝西今日災黎狼狽之狀，亦當有可以上陳者。伏願砥學積誠，益懋乃德，以宏遠謨，以慰人望。麟此志雖不敢殄滅，近以酬應猥多，荒廢日甚，日用閒自覺絕少深潛純一之味、精明的確之效。工夫不力學無實得，而年已漸衰，以是大懼！因風賜之鐫誨爲幸之厚，先君家傳已拜領，大德之賜，存歿均感不朽矣！畫四幅亦收到，尚有所懇書畫及社倉記，并冀不棄而終惠之。季昭之亡殊深痛悼，知大人師生之誼益難爲懷，他祈爲國崇重。

## 答王子方書

接來信，俱悉，倭文端集及藥均收訖。菊圃先生函並日記俟後覆，京都講學諸先生恨不一聞謦欬也。清卿吳公勞心賑務，想無暇晷，所懇字已蒙寫就，冀便寄來。足下得教習職，甚慰！貴里辦賑當較敝邑爲易，西北藏粟之家尚多，地方官力請發出平糶，麥多價自平耳！此亦不爲無濟，但不得人，終未易行。大抵辦賑總以得人爲要，然此大荒，雖以敝邑尚有捐借各款，而終不足全活待哺之民。麟濫竽賑局，實無可以爲力，不能行吾心之所安，眞愧極矣！所有敝邑章程一紙寄閲，惟邑侯庾仙舫頗有眞心爲民，尚大有賴耳！悤悤不能多及。

## 與連梅軒書　春魁澄城人

樂之爲義，閒亦涉獵，而聲律一道則全茫然。士友閒留意者亦絕少，自謂終身未敢問津。得賢此録又欣然，欲略窺一斑，然恐聲律終未易曉。第稍知其源流本末，而於古人所以作樂之本，藉以熟玩而得之。於心術性情之閒，或少養於和平溫粹，其於聲律特患日力不足而有未暇爲也。此意願與梅軒共之。

## 答李菊圃太史書　用清山西平定州人　戊寅

麟仰慕名德久矣，前歲曾聞仁齋先生相與講論之樂，未獲侍聆，輒以爲憾。繼知先生還朝，恐終身無復見期。適昨冬王生子方歸自京師，辱賜手書，喜出意外。幷示日記一冊，不鄙淺陋，用以下問，謙懷誠意，彌增感愧！麟德薄學疎，於古人眞實學問無毫髮近似，惟好讀聖賢之書一念最眞，覺一切世味皆無足係戀，而工力未至，循省日用，尤悔叢集。每欲廣求四方有道，藉資薰陶觀摩之益，以責吾善，而輔吾仁。今因仁齋獲知先生，慶幸良深！雖未親雅範，而志趣氣味蓋無不同。又讀日記，益悉用功之平實親切，其爲受賜，何可名言？麟愚，土壤細流之見不能有裨山海。然道本無窮，學貴日新，居敬窮理二者幷進，此固吾朱子指示後世學者親切之訓。惟先生素所服膺，而精益求精，密益加密。自身心性情、議論政事、正君及物，無不由是以出，是亦先生之所宜愈進不已者。麟竊爲吾道幸爲天下幸。茲者天旱奇荒，前閲邸鈔，見丹翁中丞奏請襄辦貴省賑務。仁齋又得同事解州，此其經綸素定，又爲當道所深知，必有一番深謀遠慮，可以拯此數百萬災黎。古云救荒無善策，得人卽善策，然人正不易得。朱子所謂「做時不似說時，人心不似我心」，眞至言也。麟以迂闊爲邑宰强拉出來濫竽賑局，竟無術以救活鄉里，日夜疚心。以此愈覺平日學問全不得力，有可見教，幸賜誨言。臨楮神馳，不覺縷縷。

附答問語二條。

「靜則察其敬與不敬」，「察」字下得似重。此恐近於求中觀未發之類，不知可更易否？

動靜各止其所，卽動靜各得其養也。而靜中自有動，動中自有靜，所謂靜不入於枯寂，動不流於紛擾。若靜處養動，動處養靜，恐似多一層用心，而反非動靜本然之理。

## 答王子方書

來函已悉，惠麥一石，辱愛之厚，感謝！感謝！屢遇西人，問及貴州賑務，多知足下參辦其中，頗著勤勞，甚慰！甚喜！敝邑正賑已竣，正議續賑。聞邑侯庾公忽以事得瘋疾，新任向接代，又來糧憲邊查辦事件，將唆訟人等帶省究辦賑款，尚未定局，大約七月內亦可了事。近來僕自覺此事牽絆，未能讀書，頗使心境不佳。而事事未能如心，無以救活鄉里，時切自疚，亦皆平日工夫不能充實之故，又無可決然置身事外之理。以此見假得一官，眞不免上負朝廷，下慙閭閻也，愧極！愧極！足下資質篤實，作事不苟，而又居心之厚，故知爲當事倚賴。惟賑畢，尚望有暇一來商量舊學。不然僕擬九月閒西遊，而梅友先生五月閒東歸。接王遜卿信，辟仁齋先生四月二十日已作古人，恐九月中送葬。又思一去數十年，相契之厚，道義切劘，情兼師友，時一念之不能去懷。今年不知如何氣運，李栗軒亦沒於茲土。吾道之孤，同類凋殘，爲之氣咽，想足下聞之亦怏怏然也。清麓校書暫停止，留刻工二人卽住清麓。八月閒校本已完，擬請仲榮來暫理校事，餘多未商及東初，俟後再定局耳。諸不盡言。

## 與薛克夫兄弟書

五月閒楊梅友從運城歸，接遜卿函，知令先君仁齋先生四月二十日奄違色養，聞之驚怛，不覺下淚。爾時賑務方殷，未能脱身，至九月中，方欲東來一哭，而痢疾復作。平生篤好數十年道義之交，近歲屢欲相晤，多所就正，而一旦遽作古人，永無見期，悲痛如何！吾道之孤，斯文之喪，所當同慨者矣！緬惟足下孝心純篤，哀慕深切，尚冀俯從禮制以慰地下。令先君生平講議述作多不存稿，諸散見於友朋門生閒，足下亦宜早爲搜集。或託令先君門下高弟如王遜卿輩並廣録存，異日編爲遺書以傳久遠，此大孝第一事也。至於遭此奇荒，惟忍耐支撑以養老母，以畜妻子，無爲門戶羞，尤令先君幽靈所惓惓者，足下幸力勉之。卽閒未由唁慰奠儀，祭文亦難代致，俟明歲終欲過河親奉几筵爲心安耳！幸惟孝履支勝。

## 答王遜卿書

今夏接足下書，得知仁齋先生謝世，不勝悲痛！平生風義，直兼師友，一旦至此，吾道益孤，急欲一至芮城，哭奠几筵。而爾時賑務未解，八九月閒又患熱痢數十日，此志莫遂。冬月伯高來，知已舉葬，又聞克夫之變，扼腕久之。惟聞丹初中丞出貲買置祭田，高義可感！馬玉山刺史擬奏請鄉賢，尤可敬也。但先生平生著述，足下所收藏甚多，有暇早爲整理搜輯，成得一書，是所甚幸！鄉賢例得著作鈔呈，尤不可草草，恐防斥駁。非足下爲之，未必得當也。聞惺臣亦同辦賑糧，不知何時可了。有妥便，屬其借觀諸書一併捎還，匪莪竟至失明，甚可惜！悤悤不及作書，統希道意。匪莪尤屬，以安心靜養，毋容躁急也。

## 答楊石公書

承惠書，得悉動履，慰慰！麟自七月閒賑務甫畢，卽不到局。近始攜家居山，雖米珠薪桂而食貧已久，將就度日，兩處食指繁夥，屢値絕糧，旋作料理。無可如何，安之而已。只是學問不進益復荒廢，爲深可慮耳！吾輩幸脫此奇荒，正如老弟所謂恐懼修省，閉門稽古，方不負天意也。仁齋先生之逝，聞之甚悲。數年不見，常欲合并以商舊學，而遽作古人。吾道之孤，同類所傷。九月中方欲東來一哭，而痢疾未果。明春或能至彼，以盡區區之情。至仁齋前歲太原去來，卽有不中節處，何至如老弟所云幾舉生平所學而棄之？未免斥之太過，且不見反躬内省之意而直云，可惜！可惜！若前輩之於後生。豈老弟平日有好高自大之心，而遂不覺詞氣之倨也耶！此亦不可不爲之檢點而含蓄也。僭妄之言，不知於老弟有當否？幸惟恕督！至盛名難副，晚節難保，自吾與老弟所當共勉者，不敢不佩服也。附候孝履，支勝不一。

## 復焦雨田邑侯書　雲龍長山人　己卯

前命擬撰禁勸邑民榜文，麟素不諳官文，謹書兩篇各十四條，邑民目前所當改從者亦略具矣！且皆自書不敢假手他人，目力稍損，又近悤遽，多有點竄，殊愧不謹，竊望諒恕！恐有未盡或不穩妥之處，祈改正。或有嫌其迂闊，父台志邁等夷，必無流俗之見。如有可用，曾見前人告文，有刊定小冊散之民閒，可以傳遠，較張貼牆壁不久拉雜，或有不能盡見者爲有益也。要之，爲政之本亦在父台而已。欲書呂氏「清愼勤」三字置之座右，以時觀省，具見平日存心，眞以古循良自期，決不爲一時俗吏可知。但貴省國朝牛眞谷先生作吏，又有「儉簡檢」三字更爲顯切，足補呂氏未備而又相發。蓋儉乃清之本，簡則不費，而勤可常能檢，卽愼益密矣！然麟謂六者皆當致之以誠而居之以虛，其究亦持之以無倦而已，實心體行，不肯僅託空言誠也。時惟恐有不能「清慎勤」與「儉簡檢」之弊，或自以爲已能「清慎勤」、「儉簡檢」之心虛也。持之以恆久而始終一致無倦也，是又在所以學之者益精益進。以聖人之訓爲必可信，以大儒之政爲必可法。

周、程、張、朱以及諸葛忠武、陸宣公、范文正公、李忠定公，大學衍義及補文獻通考、通鑑綱目等書，以次熟覽詳究。有非前六者所能盡者，卽異日任以天下之重，亦勝之爲愉快矣！父台計必不以爲迂也。至如太翁先生高風古義，厚德長者，此父台所以得至今日之本。且賢子祿俸所入，分潤戚族，亦人情之常。然王豐川答其邑侯金公書曰：「明府既有勃然建業之心，正須達知此意，未有子作盛美事業而父母不慰且喜者。」使太翁先生於幽閒岑寂之中慰快其平日期望之志，得一紙書不啻獲隋珠卞玉，不亦大孝之行乎！蓋立德固不爲名，不求人知，然欲勉新制，行須先自納於向上之途，不惟上下俱易服，待我於立身有助亦且自己，必日進日新以副眾望，踐前言不敢輕易墮末路也。乾隆中欒山聶翁以子燾爲鎮安令，其貽書有云：「自己節省正圖爲民閒興事，非以節省爲身家計。好消息、惡消息，以善養不以祿養。彼閭閻中人能分晰言之，況八旬鬚眉老人哉！」今父台果具此中情事，明白稟知太翁先生，知必度越尋常遠甚，高識遠見豈出聶翁下？卽親友聞之，亦當諒其蕭然清風不過責望。廉吏風規，閭里有榮，豈必所識窮乏，得我而爲之哉！前日座閒笑謂父台能一介不取，而尚未能一介不與，父台亦自謂然。蓋父台志氣恢宏，又有愛人之心，往往惟其事之當爲而不屑屑計較，此賢達之爲。然孟子「傷惠」之云，亦不可不留意。量入爲出，又君子制用之節。以父台約己之操而負巨債，每思之，竊覺未安。營造書院，高世之行，雖於麟私義誠有未便。然倡明正學，使人知科舉之外別有致力，以大變士習。儒者爲政豈私一人？

昨讀朱子文集，趙汝愚子直嘗檄官司爲朱子修立齋舍。朱子以蹤跡孤危，官司正以召謗止之，且曰必欲不虛前諾，徐別圖之亦爲未晚。今日之事既出清俸，又捐一二富紳，已往不追。而事已至此，未能中止。又見朱子答呂伯恭書云：「修造事學中二祠，只是因舊設像無地步可起造，其他方作得劉凝之菴亭並門。凡此等皆用初到送代者折送香藥及逐月供給。中不應得者椿管爲之，不敢破使官錢。至如前書所說，臥龍菴又自用俸錢，亦不敢破此錢矣。」竊如前日皮行一項，設立義學尚爲無礙義理，或可仿朱子修造意爲之。終是父台措置較勝，富紳出資徒顧顏面而非其心之所欲也，如何？如何？又偶及之，抑更有鄙懷所不容已者。當官先以暴怒爲戒事，有不可當詳處之。近見處置一二小事不免發怒，殊非自重之道。聞李、彭事怒之甚，遽卒因賠情而收之門生之列，道路嘖嘖，不知是否？彼嘗拜前署任章公門，一時風聲頗不爲佳，不意父台而亦爲此耶！程子云：「人當於怒時遽忘其怒，而觀理之是非。」雖豪傑不拘小節，然好惡喜怒於爲政所關尤鉅，一有未當損亦非輕，不審父台以爲然乎？久辱知遇，難安緘默。雖被譴絕，所不敢辭。千萬有以察之。

## 答王子方書

接足下書，知有喪兄之戚，不勝驚悼！孝友如足下，悲痛如何？惟冀順遇節哀爲祝。承問出處之義，查會典期喪守制，惟祖父母及本生父母期年内不得朦混應試，卻無兄喪不得應試之文。但骨肉至親，蓋棺未幾而遽舍遠出，宜足下之不忍也。古人厚德高義，蓋有行之者，然或有不可已，則一去未爲違例。但在足下斟酌之而已，不知優貢朝考的在何時？再有别故告假得以補考之例否？如行止已定，仍望示及。

## 與成伯琦書

頃者吾秦大荒，東西一轍，事關桑梓，賑務莫辭。麟以才疎德薄，振救無方，觸目餓殍，殊自愧恧！側聞賢者贊襄之厪，閭里蒙福，幸慰之至！日昨潘君河洲來自珂鄉，得知同郡十屬各修邑志，採訪人物亦其要務。朝邑如桐閣先生及損齋先生必當續入，桐閣事蹟在人耳目，茲特令仲榮鈔寄。吴學憲奏請宣付史館，纂入儒林傳一摺，大略可見。而損齋有學憲奏請京銜疏及遺文序，並麟所爲墓表均可索取，溫如當有存者。至如趙仲丹、張葆初，諒皆深知。吴學憲亦有褒子仲丹匾文，可函問其弟葆初，或略記數語附仲丹傳後。朝邑又有張錫九夢齡、馬虞操大韶，伯源之祖皆見桐閣文集，恐亦當入。餘不能詳，更博詢之爲佳。此亦吾人之責，或能告之當事，幸甚！幸甚！率此奉聞，不盡欲言。

## 與劉子登觀察書　賡瀛

前辱厚惠，辭不獲命。嗣卽悤悤歸家，不復開函，二十八日來山中，乃見單列多品，殊覺逾分，既已受之，又未便再辭。其交也以道，其餽也以禮，斯孔子受之。麟雖硜硜素守，於辭受取舍不敢苟然。然非無處而餽，亦不敢矯情戾俗，置人於不義也。顧獨有不安於心者，別有取券甚訝之。數日之閒斟酌再四，雖欲受而又不敢。王介甫與陳和叔內翰書謂「其以券致饋，喻令來取」，爲非交際之道。黄慈溪以爲陳誼甚正，可以廉頑，見於日鈔。禮曰「賜人者不曰來取」，況又自以爲將敬者乎？然則麟敢犯古人之不韙，以自取咎耶？是以不敢稽留，原函璧還。近年以來士大夫惟此一節尤無義理，風俗之壞所關匪細。況閣下行膺大僚，亦宜砥礪廉隅以身率屬，此亦必所樂聞者，故不復隱避，抑麟之所以自處者然也。千萬亮詧，幸甚！

## 與焦雨田邑侯書

日前辱蒙邀談，兼惠厚貺，感荷之至。茲呈余葵階翁池陽吟草三册、眞文忠公心政經一册，皆麟所手校。而政經一篇似尤父台所樂覩。竊見談次輒有古循吏心事，原邑民風似非梗頑難化，得父台以「撫字心勞催科政拙」之意爲之，久道化成，異日當有丕變者。至於學校一端，父台既爲謀其所養，又當講明正學，使士子知所以讀書爲人之本，不止區區文藝而已。如此則不過利誘之陋俗，何緣培植得眞正人材，效用國家。如古名臣又何緣得？如原邑前代王氏事功、馬氏理學、焦氏氣節，所謂爲天下得人者，蓋在於此。父台素以豪傑自命，高識遠見，必不以此言爲妄也。

## 又

頃接學子書，知父台昨日辱臨山齋，並呈到所惠蔬金花衣及留語云云，感愧！感愧！竊以父台飲冰之操，屢次餽遺，心實不安。復此辱賜，益滋慚恧。且麟雖貧困，安之已久，腐儒粗糲，略可卒歲。每常賓祭，但循布素絲紬，未嘗輕服，況可妄用職衣？迂僻之性，非敢矯情。昔有人以黄金藥碟壽程子者，程子曰：「道義交，奚事此爲？」又有贈以百縑，則曰：「願求天下之賢，隨才而用之，天下受其賜矣。」區區之意蓋不異是。前欲就清麓設立書院之籌，屢辭不允，心常悚惶，然猶曰倡興正學爲公起見。今者厚貺，獨爲身私，雖卻爲不恭，而受實非義。謹用納還，千萬諒察。

## 上左季高爵相書　庚辰

麟關西末學，無因緣一望顔色，私心輒以爲憾！昔年謬承書幣，欲以不肖主講蘭山書院。又函稟家兄鋪夥靈州一案，即蒙札飭迅結。區區感愧，至今未忘。然不敢無故輒通姓名，恐涉攀援之嫌，蓋欲進而徘徊者屢矣。既思夙昔讀書謂如伊、吕、葛、范而在，雖執鞭并所欣慕，豈並吾世而有其人反以鄙固自安乎！中堂今之以伊、吕、葛、范自任者也，麟嚮往久矣！況又嘗有知愛之辱，雖脩贄造門，猶若有待而略，不一道中心感仰之誠，又何以得有道之裁成以爲德業之助乎！是人不我棄而我自棄，亦非君子之所取也。麟迂愚淺薄，他無所求，但冀讀書寡過以終吾身。伏處草野，未敢忘世，引領西望，惟有遙祝中堂康强壽考，朝廷之福，天下之福也。邊事卽敍，閒見尊書小楷孝經尤爲遒老，眞是從容整暇，有敦詩説禮之風，亦卽期頤之徵，曷勝欣慰！近校刻諸書，路遠苦無妥便賫呈以求是正。正誼堂待訪書目、陳北溪集此閒已刻，而尚未摹印。茲因公呈請爲李善人建祠，專脚之便已屬，俟批稟後再呈稟函。並門下劉生昇之摹泐中堂墨刻兩種，南軒書亦擬雙鉤上石，先刻木本象贊，僭跋數語，亦昇之所求。惶赧殊甚！愚賤之分，冒瀆威尊，臨稟無任，悚懼之至。

## 與焦雨田邑侯書

前日建立書院之談，只以有觸宿懷。區區之心，不過欲得同志之士講求聖賢爲己之學，而不雜以科舉之業。將來糾集數人每年經理相與會聚，卽生平所藏諸經史及先儒講學之書約數千卷，置之精舍以便觀覽，擬商雅好正學。如吾鄉李子敬其人者，施錢生息略爲膏火，或能興起。有人留此一綫，庶幾於斯文不無小補，而父台卽深然之，且謂與己意甚有契合。日昨辱臨精舍，不謂相視基址，卽有創興之意。次日幷送五十金以爲買置地畝之資，甚哉！父台赴義若渴，雖子路之勇何以加玆？麟雖德薄學淺，本不足當此曠舉，但父台作興人才，扶持名教，大異俗吏之爲，亦不可不成其美。雖非麟所得與而亦非麟所得辭，以爲賢侯爲政之體固當如是也。且以父台爲之兆，而非可强之人人也。及聞昨日延請各富紳到署商修縣志幷及書院事，麟甚不安，卽函稟略白其意而未能懇切。凡事須識機會、審時勢，此誠美事，機會不宜，時勢不可，不如且已。今時士子科舉之習陷溺已深，以爲科舉之外別無學問，一聞道學之名，例以爲迂，訕笑毁謗，無所不至。今父台謬爲垂青而眞知者何人？且或陽唯諾而陰訕議，未免强其所不欲，則非可爲之機會也。況兵燹以後，富者迥不如前，遭荒以來又頗出貲以救鄉里。今復以此重累，又加以素不相信不曾愛慕之事，誰肯解囊？且亦力恐不逮，時勢之不可亦明矣！

天下非常之事必得非常之人爲之，而乃與常人謀之，可乎哉？竊恐父台意欲尊麟，而適不免反爲人輕，欲爲天下之公而有似一人之私，欲爲後世之慮而只成目前之計，果使勉强成此，於麟生平學行所係匪小，亦不過與流俗一例，何學之能講？況傳之永久乎！願父台不以成命爲難收，復致函各紳，先以修刊縣志爲屬，或能少助以成一邑故事。至於書院，正不妨謂麟聞之懇求力止，或於父台出言之體前後均好。前日賣穀之銀，亦係公款，暇卽取回，原封呈繳。麟學無似，亦知自愛，決不敢受以招物議，此亦所以愛父台也。誠蒙辱厚，萬不得已當俟節儉之餘少分廉俸，爲麟山齋稍加潤色，作清麓一佳話。使後之人咸稱嘆，以爲山林草野之士如某者，猶能有縣令修立堂舍以崇正學，則縣令之賢斷斷乎可知也。恃愛之深，故敢直言無隱，此事萬望速止。誠恐傳聞日久，事終不成，將來竟無收煞，鬨然笑柄。此邦人情粼知較悉，腑肺之言，伏惟鑒察。

## 又

尊意廣設義學，前已同午亭、温如諸君略擬大概，並屬午亭先草章程，不知近呈覽未？人地可否定局？竊見此舉洵興學、育材、化民、善俗之方，果設誠行之，久必有效。數年之閒，絃歌之聲將洋溢乎兩峪南北、三原東西矣！第恐父台實心實力振作於上，而經理其事與爲之師者，例以虚應故事，有名無實，如舊所爲徒利束脯苟且怠荒，亦未見其眞有益也。館地不必各鎮，鄉村稠密之處，或大村堡有十餘小童卽可設塾。學生太少則不必。但今鄉村廟祠無多，空屋亦不多有，更宜相度有空屋去處，得三數東家稍知尊師，卽令管理學事。歲首上學及年終解館必須接送。冬月柴薪鄉閒或不缺少，照家派支。義學本爲貧寒子弟，不能延師而設，爲師者亦當量恤，盡心教導不可過爲索求責備。如有稍裕好事者，能供先生衾席茶水亦屬尚義可嘉，聽其自爲，更能輪管先生飯食，尤屬師東相得，不在此例。義學先生不必高才碩學，但得人品端嚴，吸食洋烟尤壞風氣。書理通達，勤課嚴督，不輕出入之人卽可延請。必出公舉，以遏奔競之風。果能教有成效，學憲臨試，不妨由縣保舉優行，或勝於今日之賄濫也。然義學先生類皆寒士，束脩銀錢藉以養家，必令經理之人按季致送，定以仲月中旬，不可過遲。若使先生屢次自行來取，則是不以禮自處，而亦不以禮處人也。且既不爲先生存廉恥之節，又何教之可言？或曰近世先生多不講此，然我之所以待先生者，不可不如此也。我果備禮先送，先生亦知自重，亦愛人之一端。禮云「與人者不曰來取」，而況師乎！此種積弊，尤宜急正。

至於發給多書，必使一塾之中皆讀弟子規、養蒙、小學等書，而後四書五經。蓋蒙童先入爲主，聖賢書旨未易遽曉，數書粗淺明白，便於講解。才質佳者讀得數書，將來上進，修己治人便是根柢，即爲農商亦可識爲人道理，保身保家自所必需。又於月朔兼爲就近鄉愚講說聖諭廣訓，如衍說、附律二書亦當發給。最易感發，久之略知好惡，不至作過犯法，爲朝廷好百姓。而其東家或鄉中向善之人，並聽先生聯合，即於是日講行朱子增損呂氏鄉約，書院有板，印送各學。略如記善記過之類。如果善行孚眾，鄉論翕然，亦許先生報知，或給匾字以示嘉獎。四時仲月定日，齊訂各學先生俱來學古書院，院長率以講約。略備酒飯，由院支費，或更邀同志願入約者。生徒來者聽便，而即義學先生之勤惰爲善過記於藉，以爲勸戒。是日父台亦必臨觀，以重其事。書院果然依此行得數歲，士類彬彬，敦品厲行，較之課試文字爭名趨利，其得失大不侔矣！即使各鄉未能一律化行俗美，而風聲所至，鼓舞感動，閭閻習俗當有轉機。

要之，作興振厲則在父台一人。父台既素有爲天下得人之心，學校亦其一事。州縣當務，雖不止此，而正人心、厚風俗，此尤其急而大者。但要認得眞做得徹，一意直前不憚煩勞，身先作則終始無倦。「昔明道先生爲晉城令，民以事至邑者，必告之以孝弟忠信，入所以事父兄，出所以事長上。度鄉村遠近爲伍保，使之力役相助，患難相恤，而奸僞無所容。凡孤惸殘疾者，責之親戚鄉黨使無失所。行旅出於其塗者，疾病皆有所養。諸鄉皆有校，暇時親至，召父老與之語。兒童所讀書，親爲正句讀，教者不善則爲易置，擇子弟之秀者聚而教之。鄉民爲社會，爲立科條，旌別善惡，使有勸有恥。」此一段眞大儒爲政不同俗吏，此番舉動正可仿行。以父台正性直氣，剛果任事，忠誠愛人，而又濟以細心精意，從容詳慎，明察其微，毅極其常，何遽不能如明道所爲？尤願於接人聽言之際大加精別，辨其君子小人之分。其君子也，即不必有助於我之政教，尊之禮之，親之近之，使人知修士之可貴，而正直之氣伸；其小人也，即不必遽害我之政教，輕之斥之，疎之遠之，使人知邪徒之不容，而奸巧之機沮。況小人例以鑽營窺伺爲心，假公濟私，偶被溫顏款語，出而矜己揚眾，搖惑人心，恐嚇鄉愚，遂有儹施其播弄把持之計，而人不敢言者矣，則於政教亦未必無害，不可不察也。自古爲治未有不以進賢退不肖爲本者，舉直錯枉則民服，舉皋陶、伊尹而不仁者遠。聖賢之言，豈欺我哉！此雖不關設學一事，而久欲進言，左右敢並及之。即如義學，四孟月父台必周歷巡視一番，匪惟足見延師勸學禮意之勤，亦得並悉先生教術是非，隨時獎厲。轉移舊習，變化人才，亦在於此。其甚不堪者，直如明道易置之法。餘月或請兩學老師及午亭，雖爲院長，亦本縣人。溫如諸君分視各學，先生學徒愈加踴躍，不過父台酒席招延。每行由局備辦車馬一具，局中歲支無謂之差不可數計，應不在此屑屑也。蓋在上者誠切懇摯，在下者亦必觀感興起，如影隨行、如聲附響，理勢然也。

若女學諸書亦摹多部，或父台及諸君至鄉分散各學東，及鄉人之願教女者，使之日陳於前，左右薰聒，亦當粗明大義，豈不勝淫曲雜劇遠甚？閨門之閒漸有桃夭、芣苢之風，其家幼孩濡染習熟，亦易向學，是尤端風化之原也。學之不講，是吾憂也，聖訓昭然。今爲士者率諱言學，此話幾無可説處，模棱苟安，大抵無異於宦場。嘗聆尊誨，輒不欲爲一世人，豪傑氣概令人起敬，瀆陳區區，不覺覼縷。義學之議，朋友意見殊不相合，經理此事或歸書院，或由差局，一俟父台主張。鄙意義學是父台設，局錢亦是父台籌，公事實公心也。或乃欲以私意參之，不免邀名居功，亦淺之乎爲人矣！白首之交，不欲固爭。以上瑣論且願秘之，勿致傳布反起嫌怨。恭惟裁督。

## 復李賡伯明府書　嘉謨河南人

夏閒江樹田來，敬悉調補長安，欣慰之至。然不敢輒以一函奉賀，謹託樹田代呈眞文忠公心政經一書，且屬祇候起居。不謂先生先施，辱示手翰，感荷！感荷！麟適臥病幾半月日，又與樹田書中命之書字，近始寫就，卽交敝邑焦侯代致，然亦不足觀也。惟先生來書「不悞民事，持以誠敬，成敗利鈍，付之適然」，是數語者，眞作官之箴言。想見先生胸有主宰，其於爲政也何有？願先生益堅素志，仕優則學，朱子所謂「只押文字，便是進德修業地頭」，有悞學業，乃先生之虛懷耳。朱子又曰：「居官賢士從遊不惟可以咨決所疑，至於爲學修身亦皆可以取益。」聖門爲政首在得人，單父之治，夫子稱之，迂儒常談。不知先生以爲然否？謹此肅復，幸恕遲慢。

## 復馮椿年明府書　朝楨什坊人

前承詢以修志之舉，敝邑焦侯即寄原函隨致書云云。麟本固陋，且有校刊之役，未能遠出，諒已達之左右。茲又專請貴蓮幕張君辱臨山齋，復商前事，誠意懇摯，曷勝銘感？兼惠厚貺，益不敢當。謹辭再三，而張君未容堅璧，受之殊覺慚恧。明府勞心政治，汲汲邑乘，循良之績，行必卓著。而麟學識疎淺，何能克荷重任？年來精力漸衰，若得稍假時日，俾竭愚魯略定義例，以求是正。餘託張君面達肅復。

## 復牛雪樵先生書　樹梅秦安人

昔年聞先生治蜀政聲，欽慕之至，既從友人處讀大箸聞善録，見其記注不肖姓名，每愧，不知何人誤以麟欺先生。而先生好善之誠，雖淺陋駑劣如麟者，猶欲收之藥籠。是用感奮，恐終暴棄。然卒無因緣，不敢冒昧以自達於大君子之前。側聞先生歸里，而東西遙隔，數年動静末由悉知，謂此生無復請教之期矣！九月間岐山武生文炳來清麓，忽出先生辱賜手書，不勝驚喜！開函亟讀，轉增悚惶。先生年彌高而德彌邵，學彌深而心彌虚，後生小子眞若無地自容。又讀所作武生乃祖墓表，於麟志語獎嘆過甚。麟實無似，雖知向程朱門墻而趨，而居敬窮理工夫終不得力。昔聞桐閣先師之教，有志爲己。中間良友切劘，僅能不至頹墮。年來凋落殆盡，頓成孤寂。唯知千數百里外復有年逾少墟、二曲之大老，謙衷先施引而進之，其爲榮幸，曷可言喻！所冀靈光碩果，斯道攸賴，麟亦繼此奉大教爲指南。近年校刻諸書，武生具呈謹求是正。現刻朱子語類、大全集、綱目原本，各書尚未訖工，俟後便續奉台覽。願先生終不鄙而辱誨之，千萬之望！

## 答楊石公書

頃接手書，具悉一切。三月秦醒清來詢，知在邑城志局，玆云教讀署內，彼猶未詳也。老弟聰明强識，見於文字無非先儒純正之言，發明曉暢處頗足快人心目，備采一書可謂苦心。惜體例未精，每欲詳加評論而未暇，望老弟更爲釐正。仁甫之言最有可取，與鄙意合。竊謂後編詩文擇其尤精者，卽附本傳，不然恐詩文不止此也，又未免累贅。且恐亦有不必入之儒，既欲如關學、洛學一例，只可擇實有學術一門，稍別其純否，以示後世。不可如陸稼書謂理學備考漫無區別也。舍短取長，固從善之宏，而學術所在宜定一宗。竊見老弟持論往往不甚謹嚴，氣象頗似闊大，如來書宋學、漢學悉具不朽之實，然則後學宜何從而可也？如是則朱子當早視鄭、許與周、程一律，而孟子不必舍三子而願學孔子也，豈其然哉！在漢學固有德言功，吾輩自當學程朱之德言功。近時漢學之風復漸行，此與陸王迭爲盛衰，皆爲世道人心憂，爲吾學者正當修攘，兼進乃爲皆可之說，恐未當也。梅友昨歲二月閒已逝，子少妻幼。後死之責，商相知尚措四百金取息以資日食，庶如梅友常在耳！先三兄昨歲七月亦卒終南，近又喪張氏姪孫女。老淚有幾，堪此滴隕？而友朋中仁齋甫忽已古人，宜堂前歲去世。鄉國之近亦鮮談心，惟與諸生校正朱書，尚得商訂辨論，不致放倒耳！不知何日會合，一與老弟暢論積懷也。

## 答韓惺臣書

頃接來函，得悉近況，甚慰！甚慰！力辭局務，可謂有定識矣。教授鱣堂，自是吾輩本分事業，得一二同志相與共講，古人爲己之學何樂如之！河南之教「涵養須用敬，進學則在致知」，此是一定塗轍。秦漢以來，無人說得如此分明確的，朱子一生功夫全是就此做到極處，兩邊俱到。卽大易「敬義」，論語「博約」，子思「尊道」，一脈相傳，而所以教人見於文集、語類者，亦無非此旨。只是此話頭吾人平日看得朱子書者不知之，卻是實力做此工夫上手未易見得。今亦別無他說，日閒時時提掇此心，勿令昏昧雜擾，養之於廣大寬平之域。讀書處事虚心觀理，不雜以意見之私，漸積久之當自不同。麟舊學荒廢，駸駸衰氣，惟此志不敢遽懈，願與足下交勉之而已。芮城、朝邑相繼凋謝，此學日孤，所望賢者之助不少。近文數篇，語明義直，日進不已，當益深醇。此閒校論朱書時得玩味，切要之語，恨不與賢者共之。

## 與劉東初書

昨讀西園吟草一冊，竊謂見聞既富，工力亦深，亦未易才也。但此事自有源流，古人謂詩言志，詩道性情。若志與性情不得其正，又何足以言詩？然非學術之純，則所謂志與性情者亦無由而正，此夔之典樂所以先教以直溫等事，然後發於詩者有歌聲律音。所謂自然之音響節奏自不能已，而其爲詩，自有以合乎聖人興觀羣怨之旨、綱常倫理之教。後世之詩既多於此有不講矣，大抵多風雲月露流連光景之作。幸而知有意於志與性情，朝吟夕詠非不勤，連篇累牘非不多，乃未嘗究其源流之所在。其於二南列國之風、雅、頌之什，既不能潛心篤志，體之於身心事物之閒以爲之本，而於後世諸家亦未能精擇審取，惟其性之所近而漫以從事。且又悦於今而厭於古，貪其辭而忘其理，雖其性靈或有一二之合，而其成就恐卒未能有以逮古人於萬一也。若其平日涵濡以聖賢之學，雖不必操筆吟哦，而常自有一段眞詩在其胸中，時或諷誦三百篇，亦覺意趣洋溢，如古人之先得我心。卽不免結習所在雅志揚扢，亦必宗李杜以端其趨，師陶、韋以發其趣，旁參互證於歷代諸家以盡其變，則根本得而體格神韻亦在其中。然又必以心術學術爲歸，則義眞而理明，中正和平、雄偉清高之品其於古人或不遠矣！要之，詩之爲道亦必先有爲己之心，而後自不肯苟徒夸耀於流輩已也。麟素不能詩，竊嘗講於前賢之論，僭爲此説并質之西園，不知其果是與否也？

## 與辥仲强書　莊仁齋次子

自令先君殁，中歷多故，終不獲哭奠几筵，心歉實甚！今墓草雖宿而此意未忘，然正不知何時而可東也。諸友來此閒，每問足下近況，多謂頗染有奇病，聞之驚駭。令先君平日倡明正學，足下聞之不爲不久，何至如此嗜好之癖？世之稍知自好者尚不肯近此，況名父之子乎？方意足下今日正當力守家學，善保門戶，毋貽先人羞。老母在堂，重憂高年，又何以教誨子姪，令先君地下之靈其必不安於此矣！僕與令先君道義交，生平獲益良深。且與足下略有師生之誼，不忍坐視偶爾迷誤，不爲拯救。萬望速改前非，唾棄妖草，讀書守身，以副友朋之期。令先君棄世，惟足下能繼先業，將復爲東道之主。不然臭味差池，雖師門之親亦恐有望而卻步者矣！

## 復馮展雲中丞書　譽驥高要人　辛巳

昨邑侯焦慈兩次以府憲函諭大人，欲麟講學會垣，諄切勸行，麟已據實面懇代辭。嗣接前署邑趙慈函，道大人所以延請之意甚塵且至，適以目疾未即報命，茲復奉使辱臨山齋，再三敦促。且蒙大人親賜瑤箋，關聘儀物，具見卑禮厚幣，眞古人尊德樂道之誠，而大人行之，甚盛舉也！昔文潞公以故相判長安，聞橫渠先生名行之美，聘以束帛，延之學宮，異其禮際，使士子矜式。鄂制府雅慕二曲先生，以難屈致，宛轉使人通意，至三聘而愈殷。大人高風不讓文、鄂，而淺陋如麟卽於張、李二先生萬萬無能爲役，方自愧退藏不密，闇然功疎，遂致大人誤采虛聲，遽加禮重。麟鄙儒也，弱冠後於科舉之業偶所不嗜。讀程朱書而心好之，中間師友講論，至今此意僅能不敢失墜，不過一念自矢學求爲己。雖疑謗交加，未肯頓異初心，至於躬行心得之實，究難自信。蓋將自治之不暇，尚何能有益於人哉！且道學爲世詬病久矣，心學重虛寂，漢學專考據，孔、孟、程、朱之說幾不伸於天下。至其最下辭章利祿之習，殆如洪流滔滔，狂瀾莫挽，一聞道學之名，則羣非衆忌，無所不至。不知士而學道，猶商居貨賄、農業稼穡也。朱子曰：「此學不明，天下事決無可爲之理。」張宣公曰：「大抵後世致君澤民之事業不見於天下，皆吾儒講學不精之罪。」今大人憫士子錮蔽舉業，不知古人政教合一之旨、體用兼賅之學，而欲一振興之。俾有志之士拔出流俗，切劘道義，端士習明聖學，英俊日起，支撑斯世。誠可謂急先務者，謂宜求之道高德備之儒，方可熏蒸轉移，以變末俗，而麟豈其人哉！雖然士伸於知己，竊聞大人好善有誠，北望清麓，屈辱三揖。麟雖至愚，私心感激，豈敢爲長往過中之行？特以講學重任，恐損大人知人之明，未敢冒昧以前。又麟山林草野相習日久，疎直樸率或開簡慢之咎，大人暨諸憲雖能曲諒而未可概之人人，此又麟所宜私計者。況年來校刻朱子諸書，雖諸生讐勘，而麟必一一訂正，已集多工，未便中止。昨歲又允三水縣志之役，尚未下手，擬夏秋間定須料理。且家居兩地，應門無人，舍姪一身未能兼顧。重以小女染病牀褥，已歷半載，不時醫療，舐犢之愛，豈忍遽離？麟伏讀尊諭，知大人素深宋儒之學，亦頗極思就正以求大教，而諸多曲折委難卽時就道。若萬一不舍，稍俟目疾全愈，小女就痊，或在端節之後，精舍遠方諸生多因農忙歸家，並令畢務早來，敬當相攜赴省，以酬盛意。所有關聘，斷不敢當，謹用璧還隆貺，祇受數事，肅此鳴謝。目疾未能親書，統惟垂鑒。

## 復趙孚民邑侯書

昨接尊諭，敬悉一切。復中丞書蒙傳眡各憲，益感誠意。自父台回省，麟目疾似覺少減。至四月十九日以小女病劇送歸王氏，日加沉重，往來奔視不能靜攝，昏矇未愈漸又發赤。而小女屢經數醫僅延殘喘，醫云液耗已甚，恐時交夏至妨有蹉跌。麟日夜憂虞，仍不免用藥，盡人聽天。所云晉省之期，目前又不能遽定。吾儒學問亦只在人倫日用，此時景況匪惟情所難恝，亦以理不容已。不然所講何學？亦不足言矣！卽煩轉稟中丞知，必曲諒之也。「泄柳、申詳無人乎繆公之側，則不能安其身」，此尤在素叨深愛之，父台善爲我辭萬一。天憫迂愚，使小女生機復轉，自當函稟父台，晉謁中丞，以報大人尊賢下士之雅。謹此奉復，不能親書，仍望原宥。

## 復焦雨田邑侯書

頃承尊諭，鼎臣又不肯任均墾事，此亦無可如何。但謂麟爲之主，不必常川住局，此事重大，須時督率方始無誤。麟不能常川住局，父台知之審矣，而欲爲之主則謀度敎說恐難遙制，必多玩愒掣肘，貽誤不少。況麟精神實有未逮，學事叢雜，諸多迫促。若僕僕道路，誠亦不便。然此事未能中已，昨議更望父台千萬酌之。麟閣臣，父台果能主事，仍須父台面請上憲，或專稟局事漸漸就緒，磨練人才，或可得人也。然雖局總難得，而局中用人正未可草草。因才器使不妨，若心術詭譎、品行卑污者斷不可入局辦事。凡立事之始，君子小人之分不可不嚴也。至於溫如才識雖未能超卓，亦未至大決防閑，父台大度能容也。總其事者宜全德，分其任者宜節取，踶齧之馬猶賴人駕馭，況非常之士乎？此又不獨溫如已也。卽有素不決非護過，昨事或未得詳。周濂溪尚以讒言不悅於趙清獻，卒乃相得。「赦小過，舉賢才」聖人之訓，棄短録長又用人者之謹飭，得父台進退予奪以成就之，一變而爲正人，有何不可？且局中有一官以專司之，又有父台以總裁之，人必有震悚鼓舞，事無不濟。麟等或時參末議以助其萬一，則二百餘年積弊此次可期釐清，三十里赤子當頌公侯萬代，奉俎豆於千秋也。所期父台大作精神，統籌全局，開言路而不偏聽，聞己過而必實改。凡有益於民、有切於政、有致於人，言有損於官聲，雖小必行，雖微必慎。卽如均墾，前趙侯最爲得體，父台必能仿而行之，更有過焉。不派衙署人至局，稟請則應。不私薦人，不令局紳至署。有事紳帖請卽來局，鄉人事速了，令早歸。待總查以禮不累難，非其人，則重懲而易之，開誠布公集思廣益。此尤父台之所嘗自矢，更惟父台千萬熟計。

## 答牛雪樵先生書

辱書竊見得力庭訓，昔年曾讀牛氏家言，樸學實踐，宜其得先生發揮而光大之也。而先生猶以不克自樹，過自貶遜，此非體勘之眞、工夫之切不能爲此言，愈以見先生眞得程朱大儒家法，無一自足自恕之心。即出际精舍諸生，謂先生耄年好學如此，後生小子宜如何自厲。衛武公年九十有五猶作抑戒，先生意蓋無異，瑟僩赫喧，殆爲先生誦之矣！如麟者年亦就衰，學無實得。韓子所謂「聰明不及於前時，道德日負於初心」，日夕循省，不勝大懼，第以迂拙之學偶出嗜好，信之雖篤而蓄之不深，守之若嚴而藏之不密，以致虛名誤人，愈增慙惶。敝邑焦侯猥卽精舍，建立書院，屢辭益堅，九月閒告竣，擇遺學生連春魁恭齎書幣，求文記事。焦侯此舉自屬振厲正學起見，惜麟非其人耳。焦侯爲人，質直豪爽，潔己愛民，近世所罕。願先生發明聖學源流，示以用力親切之處，俾麟有所警惕，諸生亦得進德修業之要，並以告世俗科舉之外別有用心而不可以淺陋自安也。朱子語類頃已鐫竣，尚未摹印，俟後寄呈。

## 與焦雨田邑侯書

麟以小女病發復劇，往來奔視不能靜養，目疾又覺昏花。今早忽聞講堂之役貲力不繼，又致書諸富家，具見父台樂善之誠，必欲有終。凡在士類聞之感激，但父台意出於公，而事涉於私，況麟德孤，每致人言。縣中富家固多好義，眞知爲難。又均槩籌款，所關最要。雖皆屬美舉，而未易兼出此意。屢爲父台言之，未蒙曲諒，實深悚惶！竊以興學造士固欲完美周備，而規模已具足伸霄誼，況有高樓以奉先聖先賢之所，又有講堂以爲師生傳授討論之地。昨詢監工紳士兩處葳事，並修水道平院庭，將來所費用亦不大多。至於大門及門外築岸，亦且從緩，別作料理。天下事固難得盡如人意，富家所助恐未有應者，亦正不必强其不欲也。此實區區本心，千萬竟作罷論，或可免滋物議，別有窒礙。至懇！至懇！

## 答孫應文書

觀賢問語，足見自省深切，不忘進學，甚慰！鄙懷學問功夫亦在自勉而已，纔覺浮慕即便立志，纔覺多輟即便有常。朱子所謂知此是病，不如此便是藥也。經未窮，事少斷，仍是窮理不得力；心昏昧，氣衰惰，仍是居敬不得力。窮理精則疑可去而識有定；居敬深則志不頹而氣漸平。又何家貧之足憂，鄉俗之可厭哉！惟窮理居敬須是實做，交致其力，當自體察。稍有不至，卽勿放過，久之自當有效，不徒作一場話說也。

清麓文集卷第九終

# 清麓文集卷第十

自壬午至丁亥

三原賀瑞麟角生著
同里劉嗣曾孝堂校刊

## 書答五

### 上馮展雲中丞書　壬午

春初晉謁，仰見德容清粹、和氣謙沖，涵養之深、識論之正，非潛心程朱之書既久且至，未易有此。退而感歎，曷勝欽佩，區區淺陋，輒呈六説，將以藉求教正，不敢自私匿於大君子之前，方懼冒瀆獲咎。而午節復蒙重辱厚賜，且以布帛菽粟，過加崇獎，下情銘切，滋媿益深。方今學術混淆，士習猥陋，雖以國朝升祔朱子廟庭爲定一宗，而後猶不免紛歧。人心世道之敝，日趨愈下，於此而欲道德之同，風俗之一，戞戞乎其難之謂「諸不在六藝之科、孔子之術者，皆絕其道，勿使並進」。爲今之計正如清獻陸公所云「惟有力尊考亭而已」。然移易之權，操之自上，上有好者，下必甚焉。賢德重望如大人者，欲造就一時之人才，雖在功令之中，而必告以聖學門庭，古人修己治人之實，作將來種子，擴其眼界而開其心胸。若區區舉業伎倆徒救末流，或終至於潰爛腸胃而後已。嘗謂士之爲學者首在立志，靳裁之所謂「志於道德者，功名不足累其心；志於功名者，富貴不足累其心；志於富貴而已，無所不至」。今之務舉業者，果何志乎？不以富貴功名累其心者，何人乎？

人性本善，懿德是好，豈無豪傑不終錮蔽？患無人焉倡之，則局於耳目聞見，而不克卓然有見於世，爲可歎耳。省垣横渠張祠、書院之設，以鄉先賢教其鄉之人，感發尤易。數百年間三秦名宦尚不乏人，而獨留此闕典，俟大人爲之，所以振學校、示趨向，誠曠舉也。或以應運而作，又有眞儒鉅士爲大人出。蓋横渠之道實與周、程、朱子一脈，非横渠之道卽非周、程、朱子之道，而朱子在南康復白鹿洞書院，在潭州更建嶽麓書院，漳州之政特延郡士八人處之學中。時至郡齋請業問難，又擇有行義知廉恥者，使列學職，爲諸生倡。而八人之内陳北溪滔卒傳朱子之道，至其立濂溪祠、五賢堂、忠節廟，無不以承流宣化，彰善闡幽爲事。此卽天地之心、生民之道，大賢爲政眞可爲後世法程也。茲者聞國史館有纂辦儒林各列傳之奏，奉旨通飭直省訪查，至今似未聞有舉報者，此誠大典，未可率濫。然年久易湮，或其子孫無人，著述失存，雖姓名傳播尚在人間，而苦無實據；或尚有存書，而未經鏤版，傳寫爲難；或官紳未暇留心，視爲不急之務，間恐吏胥索費，不免延誤。據麟所知，敢就各項開列一二見别紙，或從大人札飭各縣指名限期，邑宰查訪必得現有刊行著作，或未刻者，設方分鈔並各事跡冊均呈憲核，然後直送史館。或寔學純德不至終湮，卽無明文，當亦使節所宜諏詢謀度者也。是否有當，伏祈鈞鑒！

儒林

朝邑王建常所著已刻者有小學句讀記、大學直解、春秋要義、書經要義、太極圖集解、復齋録，餘有復齋日記、詩文集未刻。

澄城張秉直所著已刻者有四書集疏附正、論語緒言、開知録、治平大略、徵信録、文談、文集，餘有四書集疏、讀書存疑、聖廟從祀私議未刻。

武功孫景烈所著已刻者有四書講義、滋樹堂文集、評注康對山武功縣志，此入四庫全書。餘有易經管見、詩經管見、愼言録未刻。

朝邑楊樹椿所著有損齋文鈔、讀經隨筆、西野楊氏壬申譜，已梓。

文苑

華陰王宏撰所著已刻者有周易圖說述、筮述兩種、山志、砥齋文集、北行日札。

三原劉紹攽所著已刻者有周易詳說、春秋要旨、通論兩種、書考辨、皇極經世發明、衛道編、九畹古文、經餘堂詩集、四書疑道録。

洋縣岳震川所著已刻者有賜葛堂文集與安府志。

安康董詔所著已刻者有正誼堂文集等書。

郃陽康乃心所著已刻者有毛詩箋、莘野集、韓城志、平遙志、太乙子三千里詩。文集未刻。

康无疾乃心子，所著有復齋文稿五卷。

循吏

臨潼王巡泰所著有四書劄記、解梁講義、格致內篇、齊家四則、仕學要言、丁祭致略、河東鹽政志、業縣志、零川日記、詩文集、從政遺編。

郃陽張松

孝友事關國典，採訪尚未有人，不敢濫及。

以上諸人著述如果諸縣無有，此閒尚存數種。

## 答馮展雲中丞書

前月五日恭讀賜書，辱蒙過獎，感愧何似！尊書所云「學問之道至廣至大，其要則歸於篤實，莊敬日强，輝光日新，皆非可課虛而求。朱子之學讀書、窮理、居敬、持志，循循然莫不皆有規矩，大抵根柢六經，參稽百氏，必欲得義理之至，是而行之，其於孔子所謂好古敏求、孟子所謂博學詳說者實相表裏」，此眞篤實正大之論，卽朱子教人之法亦不外此，佩切之至，敬銘座右以當書紳。「至舉業」云云，則科舉取士功令所在，未可輕議，然上以實求，下不以實應，其弊已久。此其咎雖不在舉業，但舉業外更不知所謂聖賢之學，是以末流愈不可問。蓋聖賢之學必責之身心倫物之閒，科舉之業未免乎聲名利祿之見。夫子所以嚴爲己、爲人之分，孟子所以辨天爵、人爵之殊，誠謹之也。二程自十五六時聞周茂叔論學，遂厭科舉之業。朱子早登進士，門人問：「若報罷時如何？」朱子曰：「某是時已自斷定，若那番不過省，定不復應舉矣。」又嘗謂呂東萊科舉之教，正佛氏所謂「先以欲句牽，後令人佛智」者，毋乃枉尋直尺之甚。又云：「義理人心之所同講求，卻易爲力，舉業是分外事，倒似難做。」故程朱生平初不以舉業教人。許白雲不答科舉之學曰：「此義利之所由分也。」薛文清公曰：「以聖賢爲己之學教人，人猶有爲人者，況以科舉爲人之學教人乎？」人之才質有高下之不同，英俊豪邁之士固不爲舉業所囿，而亦或能爲聖賢之學。然中才者多一被舉業驅誘，遂沉溺而不返，往往不知人閒尚有當讀之書、當爲之事。如文、黄諸人氣節偉然，亦是氣質之美，非盡由於舉業。湯、陸二公尤爲傑出，雖其始進亦由舉業，而所以卒成。湯、陸者豈非沉潛於聖賢之學者深乎？風氣移人最所不免，獨賢者能不受移於風氣，而又有以轉移乎風氣。士之講學亦不能有外於四書，聰明才力所皆有，以其聰明才力究四書之理，反之於身與徒發之於文，其得失必有異焉。以聖學言之，有德而有言者常多，有德而不能言者常少，而講學正所以求德。以舉業言之，有言而無德者常多，有言而更能有德者常少。況今之舉業亦多無所謂言，然言或可少而德不可無。此其先後緩急輕重本末之閒，恐亦不能無辨。如陳北溪謂「聖賢之學固無妨於科舉之學」，是恐人溺於舉業而誘之以聖賢之學，猶之可也。如先儒謂「舉業即是德業」，其意亦謂舉業言仁義、言節廉，而見之於行即謂之德業。然措詞太快，反似一於舉業而德業即在其中，無復求德業之實。此其爲說抑揚賓主，又有不相同者。今之舉業中斷，不敢謂必無湯、陸其人，然如湯、陸者始可謂舉業無妨耳。若程伊川、胡敬齋皆終身不爲舉業，是或又是一道也。今大人躬湯、陸之任，明湯、陸之學，合舉業、聖學爲一致，即以湯、陸望今之舉業之士，隨事救正，亦可謂愛人無已者矣。麟之前書誠覺過慮，然量狹識粗又不敢自掩其愚，輒復妄論如此以貢其誠，於大君子之前益將求大教爲指南，曷勝惶悚！横渠祠成，主講一事雖不敢任，而與豪傑有志之士共相切磋斯道則素願也。自今春見大人後，亦甚欲趨侍光儀親承渠誨，然再三思之斷當量而後入。在大人好善忘勢，致敬盡禮亦自本其中心之誠，而特加之草野無學之人，則旁觀疑詫殊甚，將上累大人知人之明。以胡敬齋、李二曲之道高德尊，當時上司延請講學，卒以齟不久而歸。即省中上下及士子均能以大人之心爲心，而麟之薄劣實招人忌，其見謗毀勢所不免。果當此時，欲留不可，欲去則辜盛意。情勢顛沛，麟又何以自安？況麟蒲柳早衰，近來眩暈之疾稍勞即發，目力亦頓異前，尤須靜養，欲懇鈞慈即收成言，曲諒愚衷，俾安素分，萬勿辱使，往返紛紜，外議益多，轉增咎戾。前書文苑尚遺鄜縣李柏、蒲城屈復二人，此皆海内共知，敢並及之，肅此佈復。

## 答馮展雲中丞書

奉讀鈞諭，敬悉至意，前書冒昧唐突，咎無可辭，但據先賢緒論以求是正，實恃大人淵涵，不加斥責而有以盡其言也。不然功令森嚴，豈不深知，而故爲違戾以犯不韙之罪乎？科舉一事其説甚長，咸、同閒有應詔請以小學、近思録著爲功令，俾士子知所先務，不以八比小楷爲科第之階梯，而以孝弟廉潔爲學問之根本。此蓋有感而言，大人所謂近日文風之陋非舉業之本意，誠然！誠然！然舉業積習已深，人遂視爲利誘之途而守之甚固，不知其他，亦幾不免分門戶而長浮薄，其失本意豈可以道里計哉！於此而欲有以救之，則惟自其心術隱微之地，一滌其聲名爵禄之念，而使之必從事於爲己，猶懼不勝，而謂卽舉業以修德業。此在傑出之才尚或能之，下此者，竊恐其行同而情異、貌合而神離矣。所謂講學，但欲隨其材質高下，必循循規矩準繩致力下學之功，培其根本，端其趨向，使之有得於己而不負乎吾之所得於天者。苟欲出而有爲於世，則舉業進身亦聽其人之自爲。蓋先後緩急之分未容倒置，初非謂其渺不相涉，而聖學之與舉業卽屬別開一徑，所讀異書、所爲異事也，惟辨於其心焉耳。若第以舉業爲主，則心已荒，而不治聖學，功夫絕不能入，且憂其有妨舉業而去之惟恐不速，尚何德業之可修哉？至謂舉業爲致知工夫，是固然矣。然知卽知其所當行，行卽行其所已知。雖若兩事，而實歸一。致舉業，亦何不能力行？竊恐所致之知自不能眞，而早不爲行地也。此在大人裁成陶鑄，大氣盤旋，卒能令其知行相濟，而大有造就，豈偏狹固滯如麟者所能助其萬一哉？若麟之愚，不爲舉業亦非別有所見，直以程子「不患妨功，惟患奪志」，以故三十年來自甘退藏，一二同志自遠至者不忍相拒，但與匿迹山樊以共講其所聞，非敢强人從己。歲月浸尋，年齒遽衰，光陰已馳，日夕恐懼，正以問學荒落，致知功夫尚無實得，反之力行尤難自信。其於聖賢之道顯然大端，所謂義利之辨、公私之界、是非可否之實，以至於辭受取予、出處進退、持己教家、處事接物，寤寐之閒眞有自覺不能無歉者。此蓋他人所不及知，而麟獨知之方，欲黽勉末路，責己補過，冀終餘年而不敢以自誤而誤人也。而大人乃欲以横渠祠成，仍命至郡主講，區區鄙懷前書已盡。目昏頭眩，此病近復屢發，實亦自愧庸虚，無以仰副大人作成人才、振興關學之盛美，或爲高明知人之累，萬望垂諒，俾安素守以免愆尤。本邑劉侯前日至縣拜謁，適逢公出，聞其溫良和謹，亦敝邑之福，皆出大人之賜。均埜一節蒙記鈞念，尚仰鴻慈主張於上而賢父母督率於下，自當永成一方久遠之利，不勝幸甚！狂愚粗卒，罔知所裁，謹此肅復，麟無任戰栗，恐懼之至！

## 又

昨書恖恖奉復，輒懷戰兢，去後復取鈞函細讀詳味，但覺淺陋之見，詞不別白，旨不分明，益深悚切。茲敢伸其所以伏望，恕其僭率之罪，而原其心，幸甚！幸甚！國家科舉取士蓋沿前代之習，惟以四書五經命題，所以一學者之心思，欲其沉潛聖賢之道，以見之實用，此誠不易之典。士之有志於用世者，亦豈可舍此而他求哉？然古昔聖賢所以教人爲學之意，莫非使之講明義理，以爲修己治人之實，非汲汲乎語言文字而爲之也，況冀遂其不可必得之欲哉！今之舉業，非不日讀聖賢之書，至所以求於書者，不越乎詞章利禄之習，則其用心爲己外矣。卽使闡發經義亦幾無餘，而反之身心事業竟若兩歧，至其末流抑已甚焉。議論卑而廉恥喪，舉業之本意固如是乎？抑原其所以至此，則以始學之時不知學之有本，殫精畢智祇以揣摩求合，以苟一朝之富貴而已。朱子所謂「科舉之業誤人知見，壞人心術，其技愈精，其害愈甚」，蓋其術必至於此。夫以功令所在，自不能廢，然須告以聖學門庭，作將來種子。卽朱子不非科舉，所謂「非是科舉累人，自是人累科舉」云云，亦以當時國制特以是激發舉業之士不可爲其所累，而平日所以嚴斥舉業，見於文集、語類不一而足。言各有當，夫豈一端，矧高識遠見之士正未易得。有明以來志士仁人、名臣賢相多出其中，固由舉業亦自非舉業之力。使世無舉業，諸人者亦必有以自立，且使諸人當日果專一於聖人之道，其所成就當與薛胡純儒並駕齊美，益將發揮聖學以開來哲，不止如今日所云也。天下事，天理人欲固有同行而異情者，聖學與舉業即非別開一徑而相沿成習，似若異趣。孔子爲己爲人、君子儒小人儒之辨，其來已久，何獨今日哉？要之，士果有志即爲舉業，未嘗不可爲聖賢之學，抑果實爲聖賢之學，即終身不爲舉業又豈聖世之所不容？夫亦視乎其人而已。至於存門戶長浮薄，誠如尊慮。然人之爲學，只爭切己與不切己耳。不切己，則好高自大，虚憍勝而驕吝生，門戶浮薄固有不能免者。切己，則聖賢雖高，亦是分所當爲勤勵不息，深懼流於不肖之歸，察之精體之密，日用之間、隱微之地眞覺理未易窮，道未易盡。己未克過未寡，惟恐堂室之莫入，敢務門戶？惟恐篤實之不至，敢事浮薄？況此道日孤，内有枯寂冷淡之苦，外無華藻顯赫之炫，踽踽涼涼，方且迹銷聲，以獨善其身於山林僻寂之地，而不敢與世有毫釐之競，則尚何門戶浮薄之可言？閒有一二不知自重，苟且徇外，無眞實爲己之心，依託標榜，所謂是眞難滅、是假易除，是亦不足言矣。世道人心之憂正以道學不明，一有守正之士，例遭指目，不非笑即詆毁，雖以程朱大賢猶有當日洛黨僞學之禁。即非程朱自立門戶，而一二浮薄者轉不免門戶之爭。聖世斷不有此，而亦未敢大聲公言使此道彰明較著，學之不講，是吾憂也。聖人之言今直忌諱不敢出口，身爲士大夫大抵皆原伯魯之見，是以吾道益衰，而異端日熾，紛然爭勝，此亦有心者之所爲痛息也。惟舉業代聖賢立言，猶有此之僅存，而本意久失。即欲因時立教爲補偏救弊之計，亦不可謂無益。竊恐未能大正其本，朱子所謂「要須反此，然後可議爲學之方」，正此意也。復此僭昌，得不以爲迂僻，終不足與言否？皇恐！皇恐！

## 答劉邑侯乙觀書　青藜山西大同人

昨承中丞大人辱賜白金隆儀，謹已恭璧，玆復再辱，並蒙尊函開諭諄諄，敬悉雅意。惟麟愚陋，屢荷中丞厚貺，心實不安。前次已再三面懇焦慈函達首府，力陳鄙意，並祈轉稟中丞，不謂未蒙垂鑒，復此多儀。而父台又以無顔復命爲辭，令麟惶恐踧踖，不知所處。即已謹登二色，餘敬璧謝，仍祈父台婉達首府，轉稟中丞，萬勿以麟爲意。再有厚賜，即蹈不恭之罪，亦所不辭。至禱！至禱！

## 與焦雨田邑侯書

前日接到新齋擬立均壑新章，昨聞其歸家。今將原稿呈還，祈轉交新齋，並麟僭擬數條，及鈔陸桴亭先生丈法一紙，均呈父台詳覽。或一併交新齋，仍祈父台裁酌，可用與否主張定規，不然又是議禮聚訟，議論多而成功少也。此係剔釐二百餘年積弊，願父台一力擔當，凡坐局者須平心公道方可得，正直才智之士著不得私意偏見。前此局規末條，麟蓋有爲而發，惟恐任其自是，夷視一切，則正人必難與共事，引用一等徒利口食之人，不惟得罪鄉人反足僨事，不可不慎也，父台亦當時有以警飭之。楊恒義不知何時來局？小泉此月中旬可了工赴局矣，麟意局中不可無此二人。蓋得正人稍厭，人望整頓局規。先有一定家計，然後舉事，勿草草率意爲之。無欲速無見小利，正是此事鐵板注腳。諸惟父台裁督！

## 與武敬亭書

梅軒歸，俱悉一切，雪樵先生誌石聞即載西，比葬，早到不致有誤，亦足下不忘先交忠謀之一端，竊見賢性情篤厚信於友道如此，況骨肉之間乎？聞文蔚近以小事少有閒言，幸足下善處，頓釋微嫌，此尤可喜。横渠解式好無，猶言「兄弟宜相好，不要相學，已施之而已」。小學稽古兄弟之倫只載舜與夷齊二事，親愛之誠殺亦不計，遜讓而逃國，且不有吾弟即不順，斷無殺我之事，縱爭財貨，視國何如？推類以視，甚事不可釋然？更能自反焉，知自處之果當，足下欲書「和樂且耽」四字横幅以自觀省，並求跋語，用意甚好。目前尚不暇寫，俟後寄。然即此數語便是一篇緊切跋語，不待別作也。足下現侍萱幃，擬題以「翕順堂」三字如何？芮城書尚未到，梅軒所帶銀現存此，擬輯先世手澤，此亦孝思，爲子孫者所當爲。惟望時以聖賢義理澆灌心胸，世俗一切得失計較之私不使夾雜，責己厚責人薄，而又得直諒之友相與講論磋磨，則德業將益有進，而不獨家庭之閒爲能處矣。

## 與馬養之書

三月閒書院落成，不得足下來，殊歉然也。接足下書，乃悉一切。敬亭西歸，聞相晤，當能道此閒事。昨梅軒歸自岐，便道貴邑，未及見足下。惟聞足下近以家務竟至訟兄，果爾，足下可謂犯名義之甚矣。平日讀書果作何用？不應妄謬至此。卽令兄萬有過舉，爲弟者亦當至誠惻怛徐以感之，或疑令姪偶有不遜，足下奮然遂送官司，不免詞連令兄耶？此亦不可。凡骨肉之閒不至悖倫逆理，卽甚不肖，亦當反躬自責，暫避凶惡，不可藏怒宿怨，仍加親愛以爲將來或可轉移之機。不然，必與爭勝，卒至決裂不可收拾，反釀禍患，是亦不善處之咎也。不知果是如何？朱子云：「欲之甚，則昏蔽而忘義理；求之極，則爭奪而至仇怨。」足下豈未之思耶？惟尚未面訊，亟宜誠心悔罪負荊兄前，並詣邑長請罰，自認平日不能事兄不能教姪之愆，庶乎其可也。所欲言者無窮，人行悤悤，不能多及。千萬惟足下詳察，勿致貽戚！

## 謝遣書院諸生書　此書成有勸勿出者遂已

麟學無實得，誤諸生遠來，教導無法，負疚良多。前日崔祺之變實出意外，然亦麟之咎也。彼傷其父死賊久矣，其性近孝，其心則愚。雖嘗開以古人之事，卒未之省，要亦不善讀書。而麟之平日所以教之之道，誠不免有所未盡。若使其心略能明曉，或不至此，追悔何及？私嘗循習，總由自做工夫不能精實，德行虛浮，氣餒細小，全無爲人手段，致彼昏惑益甚謬迷輕生，以此自懼。因念頻年抗顔爲師，率不自覺。環顧吾黨，固有篤志勤學之人，而甚訝眞能卓進，此事有可指望者或未多見。豈諸生才質果皆不克振拔有爲，則以涵育薰陶變化成就之者之非其人也？師弟子猶形影聲響，然影之不直其形可知，響之不清其聲可想。己非模範，何以鑄金？己少琢磨，何以攻玉？雖諸生愛忘其醜，麟甯不自知耶？今與諸生約，朱子文集、綱目刻尚未竣，正資勘正，兼麟函招，未便辭遜，義無可去，除校繕諸人外敢並謝遣，願無相依。孟子曰：「歸而求之有餘師。」抑世自有眞爲聖學之人，諸生果有志乎，幸往就焉，非懲崔祺事也，然以崔祺事愧恧數日，正恐諸生未能悉諒，別生臆度，適因諸生有言在我自責，道固宜然。古之君子成己而後成物，學不厭而後誨不倦。麟之淺陋，撫衷內問，非不收斂身心，而涵養不熟，主宰究未見分明；非不涵泳義理，而玩索未深，精微仍時形扞格。是以誠不足以貫輸，卽精神自難鼓舞；論未極於通透，卽才識何由開明？或誘掖獎勸之無方，或激厲裁抑之未至，又安能長善救失、授業解惑如安定之門循循雅飭？此麟之所以反復思維，終未免於自誑誑人、自誤誤人之罪，而深自悚切者也。

昔許白雲學於金仁山，仁山曰：「士之爲學，若五味之在和醯醬，既和則酸鹹頓異。子來見我三日矣，而猶夫人也，豈吾之學無以感發於子乎？」然則麟之不能感發諸生，其學已不足言。而諸生從游年歲之久，獨不自思，反計乎諸生往矣，所望各自努力，趨向不可不正，操存不可不嚴。讀書窮理則返躬切己，勿忽於卑近。應事接物則隨在密察，勿馳於泛雜，勿守偏見而昧全體，勿輕恕己而厚責人。誠意去私虛心受善，由程朱之軌轍趨孔孟之門牆，將蘄至古人不難也。麟學問日荒，悔尤叢集，年來精力漸就衰頹，倘得藉此閒暇，杜門修省，且欲溫習舊業，更冀有進改過補愆。幸天不遽奪之年，異時相見，俾麟親睹諸生學業之成，亦麟至願。麟之此舉非敢故爲矯激，庶暴於眾著之義，知麟之有忝皋比，毋致英才傑士坐縶千里之足。是麟猶所以深愛諸生，而諸生亦可以諒麟之心也歟！

## 與王遜卿書

久不得見，知經營沙苑別墅，種樹耕田而外，當益進修。仁齋先生集已略選定，前仲强到此，帶來國史館行取事實遺文劄子，屬其趕繕成書送縣轉達，不可失此機會。久不來，不知何故？伯皐到，詢之，恐亦未必卽來，今託伯皐卽將原書帶交足下。俟仲强來，或商早繕訂冊裝套，並足下照原劄作稟，一併送縣，速達爲幸！前陳學海又帶去三本，意過足下，不知来未？可並索之。繕人須擇乾淨一律者，此重大事，且呈史館，萬不可草草也。學海亦可同人出鈔繕寫之，資由史館指名行取，尤爲難得。各直省皆有劄子，而上下殊不留意，甚可歎也！如吾省各縣皆有此劄，全無動靜。前開各項，數十人託中丞指名索取，不知此後如何耳。悤悤不盡。

## 答梁巍卿書

敬齋商訂仁齋年譜十條，最爲有見。當時但屬遜卿廣爲搜集，未及刪訂，得此卽當如議改削所疑。晉遊記語遜卿答書已及之，其閒語意亦自顯然，似無庸過疑也。豫養編「陳同甫堂堂之陣」一條，言詞之閒蓋自負語，大概謂其所守之正，而用處變化無窮，未免豪氣，尚無大病痛。同甫病痛卻在義利雙行、王霸並用處，卽謂有意近之。而下二條引朱子語已辨正，亦可意會。陸清獻「蘇錐入」數語，亦是借用，與下二條本一時語，此書多割截，成書條列時有難看，須合讀之當無病也。然此正見敬齋看書精細，不放過處甚不易得也。至謂「仁齋文集宜取精到，不必泛録不經意之作。敬齋所存精到諸篇，幸求一目録」，尤爲切要之言，與僕意尤合，但仁齋文字本不可以常體求常例拘，義理正大而詞不雅馴者亦自不能録。此老當日自不以文詞爲事，録之且存一格，然言不文、行不遠，美則愛、愛則傳，敬齋之言終不可易，正賴大家細加檢校，出以問世。此千古公共事，非一己之私見所宜曲徇也。敬齋卽仕卽學，年來所造純深敬服。又與竹舫賓主切劘，求爲體用兼賅之學，則其指之事業必有遠追晉城、南康之政者。悤悤不及專書，幸轉致意，屬其有可見教不惜風示。治嘉格言非清獻書，所見極是，僕早斥之，不須留意也。

## 答王竹舫書　晉之薊州人

前歲辱示，荷蒙垂憶，久欲拜復而未得的便，歉仄！歉仄！但以下問之誠，率爾奉答，亦不自知其是否。而來書猥自退屈，遽以受業施之庸虛，不敢當！不敢當！萬望自此改正，毋使私衷終懷不安也。麟功夫不力，老益荒頹，韓子所謂「聰明不及於前時，道德日負於初心」，今親驗之矣。自仁齋、損齋沒後，絕少切磋之益，此道日孤，後生有志眞以聖學爲事者，甚難其人。抑麟精神氣餒不能感發薫蒸，深爲可愧耳。讀尊著二種，一見志趣之高潔，一見學術之純正。而又以端莊二語欲常揭之座右，以爲觀省之助。竊仰年來用功之要，最爲切實，充此不已，自得之深將有不能測其所至者矣。又稔與敬齋大令聲氣應求相輔，倡明斯道，吾學之幸也！所恨不能追隨其閒，一聞講道之樂，翹首北望，曷勝忻羡！惟願尊兄主敬不厭其密、窮理不厭其精、自任不厭其重、自反不厭其誠，直以孔、孟、程、朱之心爲心，而不淪於虛無、不雜於功利、不安偏見、不急小成，明新必求其至、中和必致其極，醇乎其醇，則將來北徼道學之傳，非尊兄之屬而誰屬哉？麟所至祝也，時因風便幸以所得惠教，爲感之甚！

## 答王遜卿書

復敬齋書已一過目，意亦周到，當急致之。敬齋所見甚是，年譜此閒同仲强更加檢校，删去各條，又有新增幾處，別定格式，可繕寫。但據足下舊立義例不復改動，如書某人謁見之類，及詩篇亦有無關緊要似不必存者，大抵此須多經諸人訂正，隨時酌量去取。古人年譜如薛文清、陸清獻亦多不能盡滿人意，此亦未易事也。文集目録次序亦爲仲强略有挪動，餘見與巍卿書中不能多及，足下更酌以爲如何？「同甫堂堂之陣」一條，不知曾問仁齋否？麟意此數句尚非病痛，此等豪氣孟子時亦露之，似未可全以非儒者言而遽擯斥也。看古人書亦當平心，同甫差處尚不在此也，如何？如何？足下試一評之。

## 答阿立亭書　爾本正藍旗人

今春在省，屢承來視，勤懇之意，可感可敬！招飲貴府，足下兩兄又復殷殷禮待之厚。以兩兄之賢，知足下平日所以事兄者亦必有道矣。然兩兄愛弟之誠因及於麟，以麟所以相告者，必在於立身行己之大而不以流俗待足下也。五月間足下來書，又以見教相屬。麟年老學荒，歲月益馳，實得難信，空言何補？然聖賢教人之法具載方冊，而其要約則不外於窮究義理，踐履德行。然非大立志向，有有爲若是，無文猶興之，概恐難望其終有成也。小學、近思録不知足下讀之如何？此二書皆足增人志氣，堅人骨力。惟足下熟講之而已，如有所疑，幸不惜往復。胡敬齋與人書云「使某少助其講論切磋之益，而足下有自成之功」，足下想悉之，惟爲學自愛。

## 答張肯堂書　述銘郿縣人

承惠張子全書，感荷良深，已拜賜矣。但愧不才亦秦産也，讀先生書雖有年，所幾經砭訂而愚頑如故。老矣無聞，終不到得先生門下。自此以後，復欲如先生俯讀仰思，作秉燭之計，不知將來能有萬一否？所索祠堂板聯，淺學實不敢承，然以生平所祈嚮者遂無一言，心竊未能自已。目前不敢草草，俟稍整齊思慮，或可湊集語句當報命也。楊生書已致之矣，此惟鑒照！

## 與馬養之書

近見足下頗肆力古文，似於舊日志向有異，識見反卑。昔人謂「文章一小技，於道未爲尊」，朱子亦嘗斥其當如淫聲美色以遠之。蓋不徒未尊而已，又有害焉，願勿溺於其中。前輩講學本不以此爲事，而義理充足發爲文詞，自有不可磨滅，豈有意學爲如是之文乎？所以然者，恐足下胸中仍有一點求合世俗念頭作祟，故不能禁遏，此與科舉只是一個病根，幸深思之。

## 答武敬亭書

頃接來書，並惠煖履絲麪，見賢存念老拙，感幸之至。至問神主作櫝，自不可無，府君夫人共爲一櫝，亦見家禮。韜藉雖司馬溫公書儀有之，而家禮不載，似從簡約之意。今欲作之，亦無不可，藉用帛卽今紬綾之謂，但須裝綿，其式如主座。大韜卽囊也，紫青赤色，恐近今棕色。緋赤色，卽大紅帛也。主各一，囊共一，櫝可共一，韜不可也。分明考紫妣緋矣，庶母自不應入祠，有子入祠，當別一櫝可也。雪木先生卷子已題其後。前在朝邑摹印桐閣先生七種古文，爲賢代印一部，眞賞齋帖一本，今幷帶去，未閒，惟爲學自愛。

## 答前邑侯焦雨田書 癸未

新春獻歲，恭惟台侯有相興居萬福。麟區區賤迹賴芘帡，適在原數載頻蒙頒賜，銘切殊深。去臘忽遽，媿無薄敬，而魚鴨芹果復辱先施，加以貴使諄傳尊命，舍姪愚蠢，一一登受，感悚彌至，莫可言喻。除日歸家，細問舍姪昨歲用支，因究買宅原由，初謂暫借街鋪，舍姪始言，早蒙父台以修志餘款撥付，再三面諭，勿令麟知。是直以古人之義處我，如許四山學使之於李二曲也。麟於二曲萬萬無能爲役，而父台眞有四山之風，知己之感，近古希有。麟亦不敢以尋常之情致謝而已，惟有闔家守分，傳之子孫，勿負大恩。而麟桑榆晚歲益勵學修永堅末路，父台亦以乘時行政，惠澤仁風，遠邇翔洽，泰交吉亨，上下志同，使無一物不得其所，爲循吏爲名臣，卽不獨麟之身感而已，則此一時之相與，豈偶然哉？

## 與前邑侯焦雨田書

春陽布令政與時，新野人正爲樊川杜陵慶，又不獨爲樊川杜陵慶也。此間均墾一事，劉侯尚似未能了徹其意，恐不免糜費擾人，總欲得一簡要法速成。蓋鑒已前兩次均未蕆事，如又因循，復成棄井，此亦爲愼重。然此事亦烏能已，俟由省歸再定議耳。但已過此一月，可惜局中小泉有事西行，行野丈量惟任文源一人任事，餘尚有忮忌之意。自古同事爲難，一鄉如此，天下可知可慨也！且看究竟如何耳。

## 與梁巍卿書

新歲十四日，令嗣同張生來清麓，承書已悉，家閒多事，又值破爛，誠不免勤勞費力。雖無暇多親書冊，然以誠敬之心處之，亦卽是學，亦卽是切實工夫。易稱「幹父之蠱」，而曰「有子，考无咎，厲終吉」，又曰「用譽」，可知今日正是天意玉成處，惟耐煩耐辛苦以身任之，隨時隨力守分安命，有暇時仍卽讀書，將來亦自有得力處，當親驗之。豈世之徒事口耳者比哉？惟侍旁承歡，宗孟謹厚可愛，稱其家兒幸善教之。

## 答王遜卿書

承示詩一本，新歲人事擾攘，不廢吟詠，足見賢者用心之勤。柳湖規模風景當益佳勝，當此春光漏洩，又是一番東風面，唯賢靜中自識之耳。張、梁二生來，詢知近況，慰慰！張開爽，梁謹厚，似皆可造，幸與有成。昨歲仲强過東所繕仁齋遺集，想細閲餘更有鈔録，不知卽呈邑宰處，年終得專送史館否？賢答張公和書，去後竟如何也？渠書亦有理，傳後正當慎重，未可草草。此皆後死之責，仍須加意編摩爲佳耳。

## 與郗李兩君書

春初辱來親送關聘，誠意可感，正以衰老無聞自治不力，恐負美舉，謹已辭訖。但謂患恙稍痊，暮春當東遊訪舊，或能相聚數日。更得重過華下，卽不能復登絕頂，要可坐對三峰想像生平數番攀躋踪跡，亦一快也。不謂頭風牙痛，至今未能脱然，而左目舊病復發，甚以爲撓。目下行期尚難遽定，諸惟鑒亮不盡！

## 與王反之書

知館中近已安帖，在我者誠以待人，亦無久而不感之理。居今之世，惟有嚴己量人，有當告人者，但盡誠心與直道而已。其信與否，聽之可也。

## 答郗成兩君書

累年不見，時切馳仰，緒侯寅堂昨歲來書，欲麟移研同城，已函辭矣。新春復俱，親致關聘，重以兩兄各示手諭，諄切相促，盛舉雅意，感何可言。但麟年來學業益荒，無可告語相知，兼校刻諸書未竣，此事牽絆，難以離身，已再三面辭兩君。適患頭風牙痛，不能敬復台端。擬春晚病痊或能東行，自仁甫殁後，東西暌絶，如兩兄者亦無會期。久蓄此志，倘得藉此相聚，俾衰老之年復能相與話敍積愫、商量舊學亦大幸事，至以講學相屬，則非所敢承。昔年兩兄辱厚講書之役，至今甚悔其妄。今又擬之二曲故事，尤爲非倫。二曲何人，豈麟敢望？況當時風氣猶爲近古，從之遊者又皆一時賢俊，使麟不自度德量力，則其貽笑士林必矣。此兩君所爲愛麟雖深，而知麟轉淺者也。然以訪舊之故怦怦欲動，不謂賤恙尚未霍然，更加左目舊病復發，此番夙願又不能遂。合并何日未敢遽期，此心終耿耿也。已致書兩君，并祈兩兄亮詧，肅此敬復，臨楮拳拳。

今歲朝邑文會，在此閒校刻先師桐閣先生文鈔，有一貫解一篇記係在聿既稿中，此本老年所著，遭亂存者甚少，已屢訪求不可得。伯岸方伯，先生老門生也，藏先生書必備，煩試一問，借鈔即還。

## 與前邑侯趙孚民書

春初聞榮任郿邑，喜甚！所以未及奉書，以擬三月閒或能西行，一謁貴治横渠張子祠墓。蓋此志蓄之久矣，又有東道如父台，豈非大幸！而卒悤悤不克如願，然心終不可已。秋涼無事斷當踐言，且得趨赴琴署，一敍渴衷。茲聞横渠鎮舊有張子祠，年久傾圮，昨晤涇陽味經書院監院寇允臣賡文，曾言鳳翔府横渠後裔張肯堂述銘與其横渠鎮族人極爲觸目傷懷，而莫可如何。凡在士類亦爲感慨！深以父台下車仁聲惠政已洽民心，謂此事非公莫屬。苟得一言登高而呼，從者必衆。

況鄜邑紳士亦久有意於此，惜無人焉倡之。父台身爲長吏，倡之尤易。竊以張子爲宋以來關中理學之宗，父台幸宰其誕生之鄉，得以展謁祠墓，訪里居而讀遺書，慨然想見其爲人，誠生平一大快事。昔朱子知南康軍，始至即立濂溪、二程祠，建五賢堂，劉屯田、熊孝子墓或修或祭。許四山督學三秦，李二曲屬以所至表章先哲修葺祠宇。蓋興起後學、振厲風俗，爲政之先務要務。矧關學所係尤爲至鉅，一經尊崇，士習嚮風，其所造當非淺鮮。今日州縣中所稱穩練老成、知政體者孰如父台？知必不以此爲迂。特父台未經其地，或未深悉，且謂經費無出，聞其邑有王君步瀛者，人頗公正，幸面商之，並附呈寇廣文所開多人一紙，均可問知，其詳損貲監工皆爲父台用矣。此亦不朽業也。願千萬留意，奉教有期，先此道意，幸惟鑒亮。

## 答柴聚五書　應奎夏縣人

八月六日接來示，不意凶變，先夫人棄養，警怛無已。足下孝心純至，哀痛如何！危身滅性古人所戒，大事未舉，惟勝喪是望。欲行古禮反多滯阻，此自近世人情。然孟子不云乎：「親喪，固所自盡也。」滕世子「歠粥，面深墨，即位而哭，百官有司莫敢不哀」，況諸姊妹之亦有哀於其親者乎，特蔽於世俗而不知耳，亦無足深責。但當痛哭垂涕盡誠開導，尤在反己悲切用情自致而已。國制不得用樂，鄉社鑼鼓敢於犯法，斷宜力辭。雖得罪於鄉人，不可得罪於王章，且得罪於經典與吾心之天理也。居喪重戒飲酒、食肉、御內三者，方望溪喪禮或問論此甚詳，足下當自嚴守。若酒肉待客，是宴會也，亦法所不許。然積弊難反，或素饌茶果可也，今人亦有行之者。程子不可陷人於惡，朱子以客奠酒肉分與僕役，不可不知也。焚燒紙錢本浮屠法，儒者事親以禮，自當絕去。不但此也，紙旛破盆七七之說，皆無義理，惟依家禮量力行之。朱子曰：「人子事親自始至終一於禮而不苟，其尊親也至矣。」然則一切世俗異端之爲，以爲孝其親乎，則不尊莫大焉。足下有志正學，當此大故，豈可不慎？若隨風倒浪，便一向沒溺不出，遂抱終身之憾。是誠在我，得無意乎？路遠無以致奠，惟願足下守禮，先夫人九原之心亦當慰矣！此復。

## 答王遜卿書

承示已悉，詢近況安適，慰慰！知爲仁齋先生立墓碑誼切，師門斯道之幸。惟史館所索箸述，仲强竟不克上，可歎。不知近復如何耳？麟欲東來，此志已久，但昨歲買居北城小屋數閒，家累尚不能容，更無地奉安先靈，常且耿耿。擬九月閒儘力先築祠堂數椽，舊約西至郿，謁横渠墓，今亦不能去，尚希致意。河洲、虎臣、緒侯諸君訂以後日，久不晤亦殊念念也。足下柳湖風景想益美茂，蒼煙十畝，從前荒穢定驅除略盡，而足下乃以不免廢學爲慮，愈見虚心。然亦無他，惟此心不忘而已。日用零雜以道心處之，無非道者。仁齋先生文集序淺陋不敢承，然以平生道義之交亦豈敢辭？或有便人能示録藁更一詳閲，然後乃敢下筆耳。

## 與前邑侯焦雨田書

秋閒接臨潼賜函，知卽日奔喪，孝思迫切，抵里後哀痛如何？比日天寒，伏惟有相體力支勝，襄奉卜吉定在何時？地遠無由獲與執紼之列，奈何！麟荒陋如昨，學不加進，自愧殊深。書院諸生仍前數人，均壑一事，遲至今月始漸下手，亦由上司催促，今侯補授，聞經部駁正，不知丈量完否？將來竟如何也？夏日曾致書孚民先生，屬其補葺横渠鎮張子祠。昨得來書，已動工矣。且約冬初西遊，適以家閒營建先祠，未能脱身。前月聞有人密保陜中州縣十人之説，内有孚民先生及瞿敬菴，餘不知也。欽差額張重陽前到陜，外邊紛紛，不知果係查辦何等事件。中丞接送皆不一見，惟取三原永遠局七年支賬，餘退回但留日報一册，聞係查沈臬前歲巡邊支應之故。二十八日忽然進京，下月聞當得確消息也。濰縣有韓理堂名夢周，乾隆中進士，其文集不知可購得否？ 煩暇訪之。

## 答汪雲衢明府書　鳳檯人

承賜函，並惠張子全書，感謝！ 感謝！ 此書昔年曾有一部，兵燹失存，久知版片殘缺摹傳甚少，得大力補刻並爲刷印多部。 爲政以維風化、正人心爲先務，而崇儒重道，振興關學，其大端也。 於此知賢明府之志趣誠大有以異於人矣。 貴邑零川王先生卽講張子之學者，爲武功孫酉峰入室弟子，學術治續，表著當時。 早讀其書而心好之，惜無刊本。 道光中安康張補山僅刻其日記及制藝一册，四書劄记尤其生平精力所在。 昨爲張愚生偶言及之，不意明府俯采芻蕘卽付手民。 先生著述甚富，是書雖窺一班，然其純正精密本原具見，有志之士必有爭覩爲快者，此其表揚先哲嘉惠後學之功爲何如也！ 至於序文非末學所敢承，若代明府尤當擇能發明先生之學者，而麟亦非其人也。 惟先生日記安康來鹿堂書坊當有板，或託購一本，重刻於先生之鄉。 餘如解梁講義、格致内編、仕學要言、從政遺編、年譜等書，不知邑士尚有存？ 政事之暇更能搜而傳之，尤大幸也！

## 答張愚生書　紹元懷甯人

反之書中又謂尚得讀書，較省中事少，尤爲善擇所處，慰甚！ 慰甚！ 惟仕學兼資，都作切身事做，自能日有進益，不負朋友期。 中丞書已作答，力辭主講一事矣。 但來書論舉業，匆匆不能詳盡，知其不合而亦不能强同也。 此說流傳，又不免一番詆謗，深悔當時不應遽開此議，轉滋紛紜也。 當今爲學，一味爲己，閒是閒非，且不管他，無處開口，甯默養吾誠而已。 足下幕務有暇，正好溫習舊業。 惟在我立志不爲世俗所移，則接人應事卽有眞實學問。 此心定帖，何往而不得其爲我？古人亦有多少人物出幕府中，是在自爲而已，足下當早知之。

## 與柏子俊書　景偉長安人

日前偕諸生訪謁，辱蒙款待，甚感！甚感！談論所及，警益良多。又以門下諸君不鄙，輒推講書，諄諄爲言。不揣冒昧，略陳梗槩，然亦老生常談，不足留意。惟吾輩年漸衰老，聚日匪易，當其未見不知有幾許欲說之話，及晤面則又忽忘，猶未免加以閒雜言語，其閒緊要如身心親切、工夫學問、精微義理，往往啓其端而莫竟。夫委辨其異，而遽參以同事，後思之，尚不能無遺憾也。然其志高才大每進愈上如子俊兄，熱腸虛心欲有爲善用思如子俊兄，而又有精力能觀書，皆麟所深佩服者。聖賢書冊具在，小學、近思尤先儒所最尊信服膺，入德之門造道之方。而朱子文集、語類近且刊行。知吾子俊兄已從事者精益求精，未從事者玩之又玩，則朱子所謂「某讀程張兩家之文，至今四十餘年，但覺其義之深旨之遠，而近世紛紛所謂議論文章，殆不足復過眼」，薛文清所謂「學者舍周、程、張、朱之書不讀，而讀他書，是惡覩泰山而喜邱垤也」。藐乎吾知其小矣者，眞不是誑言，而千古學脈之正，百聖心傳之微，其必深造而自得之。然則意趣之深純，功力之精粹，當亦實有諸己，而非他人之所得知矣。卽於近世學術是非亦不難辨，而其議論乖僻能使後生口喎眼斜，爲吾道之害者，方將辭而闢之。如孟夫子之不得已，亦儒者之責也。狂瞽之言僭瀆已甚，尊兄以爲何如？

## 答劉乙觀邑侯書

昨承示到，續修府志採訪條例一本並省中信函閱畢，謹將信函呈繳。嗣讀條例一過，竊思此事重要急宜赶辦，不知父台如何措置？惟原志庚辰年閒新修，尚較省事省例，必須照門分別開列，以清眉目。以麟愚見，此次採訪似無庸立局，卽請午亭院長主事，立式定規，增删去取，自不免一番另寫。延二三善書者分類清繕，其中里數年月及未備之處，更得一二穩實曉事士人，悉心訪查確切，以便登册。籌給紙筆薪水之資一歸院長遣派裁酌，則費不多而人不勞，數月之閒亦當早成。至繪圖須得善畫者一人，亦依新志首列各圖，開方另繪補其闕略。或更同各局首士及院長公商之，如何？麟有一二所知，亦赴主事商載，不敢憚煩也。是否如何？

## 答楊信甫書

頃接手示，均悉，生一當所捐函，至今未見，家訓已刻，甚好。署簽已交仲榮轉致矣，聞敬菴少患恙，想即痊可。此閒諸如常頭風牙痛，行以南來用針，近已愈，但時尚有不自在處耳，又不能不防護也。衰境浸臻而學益荒廢，終年擾擾，不能安坐一室，熟玩古聖賢之言，以自澆灌古人所謂「至哉天下樂，終日在几案」，深以爲撓也。桐閣集已寫第五卷矣，聿既稿尚未搜得，前與成伯琦書託問馬伯岸處，而未見回音，又屬仲榮面商伯琦也。遜卿北上事，僕謂宜先致書丹翁，如可，或託妥人轉致全書，或親送京師，遽欲自呈，不無明珠暗投之憾。或當事有問及者，自當致之，此事更須酌子弟門生，表揚父師，固至情也，然亦加不得一毫人力爲也，如何？如何？局事煩雜，幸耐心勿起厭斁，亦持敬工夫，近想諸書益順序矣。邸報當見軍機，雲南、廣西朝廷極力振作，草野額手，但不知廣事統帥爲誰？何如？得其詳，尚風示之爲幸。

## 答王遜卿書

與乾生所論律吕之義均有所見，惜吾輩素無講究，不敢臆斷耳。惟遲進吾以黄作鍾，謂陽氣鍾於地中，作鍾聚之義。乾生以「鍾」作釜鍾之「鍾」，以累黍定黄鍾，此與「黄」字無干。黄者中色也，鍾者種也，言陽氣施鍾聚於黄泉，見前漢志。

進吾義似進是，其實「鐘」、「鍾」本同，足下以爲何如？諸書多作「鐘」，似不必執此疑彼也。大抵遲君之書只可作一家言，恐與古今論樂律者均未可同論。前人書籍具在，試廣搜而博考之，當有定說。乾生謂古人十三學樂似非難事，不知古人樂學本明，入小學者無人不學。然但習其器，非遽明其義，所謂「其數易知，其義難知也」。今古樂失傳，論器者且紛紛不一，將以何者爲定說？即累代皆有樂官講明，卒無不易之法，要之古人功成作樂，後世無三代之功，如何有三代之樂？舜武且有不同，況後世乎？但古人留此一事，好古者亦當略明其義。然程朱大儒亦不能專講此事，則今日爲學正有本原，聖門教人「文、行、忠、信」，亦不必人人皆能鼓瑟鼓琴也。如素好此，但據古人一說，稍通其義，足以自樂而已可也。陶淵明無弦之琴可得其意，明呂涇野亦謂「若心中和平，一弦亦可彈」。若以此事爲絕學，則又非也。若欲精究，則有專門之學，恐亦未易言也。進京事亦須斟酌，行路亦不易。或能先寄丹翁一函，問其可否？若無別事，直爲此事往反數千里，在足下爲師門之誼，誠高出千古。然事有體例，由上索取較爲合宜。既已失之，此天地閒公事。若不可廢，則豐城劍氣必有騰光之日。遽此悤悤，似亦不必，幸再酌之！

## 答張愚生書　甲申

三月閒走渭南謁遠祖墓，過零口鎮因訪零川先生後人，聞邑中並刻日記，恐未悉其詳耳。賢行止如何？若定，幸示知，來書極知近讀書工夫頗能精進，甚慰！甚慰！所記冊子，亦肯向切實處用心卻有益。今歲書院亦不多人，新來之士趨向亦多未定。照例講說，亦難得起發也。賢頗鋭志向前，一此不懈，當益見讀書樂趣。雖未能忘世，而在我者先思有以自修，異日果有遇合，亦不患無兼善之具矣。惟讀書多而難熟，不如專易見功，一書已精，然後再及一書，庶心不雜而思易入，意味深而義理長也。幸更鑒督！

## 答張公和書

辱書，知前專人購書，均收到。仁齋先生遺集將欲次第刊行，誠爲振興吾道起見，非止交好之私，甚盛意也，即爲官可知矣。已屬竹舫、遜卿兩君校勘之時更加精審，並求尊兄酌定，此爲傳遠，未可草率。但仁齋生平不務文字，其所著述筆隨意到皆樸實，頭説道理又未可以文格律也。小學節旨列於經文本節之之後，加右第一節云云。若每篇原文右立教之類，當照原書低正文二格，新加右第一節之類當低三格，或字略小以示區別。淺解别爲一書，此皆最是。但節旨、淺解均止前三篇，今刻此書當并原書全刻，使人知前三篇尤爲緊要，而不可以後篇略無發明，遂輕而不讀，失其旨矣。北方學者得竹舫倡導，生徒感孚不乏興起，又得遜卿相與講切，眞吾道一幸，聞之增氣。至於熟讀之法，此自朱門相傳教人之方，實爲入手的實要訣。仁齋守之最篤，故生平第一得力工夫全在於此。麟昔年亦信此説，行之十餘年不敢失墜，然視仁齋不能及半。年來漸老，人事愈益紛繁，雖有暇輒親書册，而讀功絕不能踏實，光陰幾何，每爲不懌！竹舫門下諸君年力有餘，似亦不可不留意也。尊兄親賢下士，道義之樂非俗吏所及。仕優則學，諒亦素志。朱子語類外任所記及諸言爲治處，皆足資取法。以此知莅官臨政無在非講學之地，尊兄讀之，當更有助也，肅復。

## 答王竹舫書

辱書，知昨歲先夫人棄養，聞之驚怛，比惟孝履支勝，爲慰！爲慰！前見大箸山居瑣言，有李君觀瀾一序，知爲至交。忽爾溘逝，宜尊兄之痛之也。門下高足有晼香、舒錦諸君相與講磨，甚幸。遜卿北來，此道益不孤矣。仁齋遺集校正付梓，仍同遜卿、公和悉心審定，惟無遺憾，千秋之業，當亦仁齋所願者耳。麟生平所學自愧實無得力，修省不密，誤致虚名，年老益覺荒廢，讀尊兄日記，切實純正，具見立心之篤、用功之勤，不勝敬慕。淺陋如麟，何足辱訂？且謙沖過甚，自處以弟子之列，不敢當！不敢當！「夫子受業」四字謹用璧辭，此後萬勿復然，殊駭人也！惟厚意不可虛辱，日記輒加數語，所需諸説及前歲二跋亦幷求質。如有未是，勿厭往復。張舒錦記語亦僭加評，感其誠不敢自外，聞刻仁齋小種，向道之切，可敬！可敬！此閒年來講學亦絶少人，惜與諸君相隔較遠，不獲時參講論之。末然苟得書信源源，不鄙老拙，共趨程朱之途轍，以仰窺孔孟之門牆，使旁蹊曲徑不復誘人，則此學雖舉世不爲，而數千里外海角天涯猶有三五同志。仁齋、仁甫歿後，幾於放倒，得此亦衰年至樂，講之之久，此道或不憂其不明也。恃相愛之深，敢一言之所屬，應刻諸書，亦此心所素矢者，願以俟之。横幅素紙均未見，不知如何？此閒適有紙，一一寫寄，皆不足留意也，肅復。

## 答張舒錦書　耀春樂亭人

承手示並日記一冊，具見勤學之意，甚慰！甚慰！前歲於所記僭綴數語，方懼未能得當，有負厚意，不謂不棄，復辱下問，亦不敢自外也。記語切實，實從身心做工，故無浮泛寬闊之意，可敬之。至一此不懈，存察交致，而又深之以熟讀精講之功，則其進也孰禦？願賢益勉之而已。桐城姚仲實茂才辱書竟未得見，不知是姬傳先生後人否？此書沉滯何處？關河修阻，令人不能不悵悵也。日記加語如有未是，不惜往復，惟爲學自愛。

## 答王遜卿書

七月二十五日，接足下永平來書，一切俱悉。先是信甫至清麓，聞張岸雄已歸，曾言大略，知足下去公和處，甚慰！甚慰！此行又得交竹舫諸人，而又均能信慕仁齋之學，吾道不孤，不勝忻幸！惟足下於仁齋式睹儀刑，親聆音旨，北方之學者將於足下考溯淵源之詳，足下益當勤勵不息，發明師傳，使仁齋立志居敬、窮理反身之學與聞者衆，且得藉手刊行遺書，此學庶幾可明。足下豈獨不愧師門已哉！足下勉旃！時事日非，法夷背盟，恭讀上諭，實切同仇之感，然草野亦徒浩歎而已！天下忠義有人，但願中朝無黨，將相一心，狂寇不足平也。上意總恐動衆興師、震驚百姓，即此一念上格穹蒼，或早悔禍，俾逆夷速就殄滅耳。書中道丹翁中堂戲語一段，不知何謂？昨見邸報，被人奏劾，此老亦甚孤立，可慨！可慨！仁齋文集得足下與竹舫更加校勘甚善，或有可去者，不妨割愛。精益求精，此事正毋庸以多爲貴也。年譜不記足下，後來更改正未？昨任伯珍曾有書來，亦論此事，恐有可采，今鈔一紙，幸更酌之。黄勉齋朱子行狀成之二十餘年，而陳北溪猶有不滿意處，道理公共事，須大家商量，執兩乃可用中耳。

## 答任伯珍書　寶三靈寶人

承示及解疑一篇，甚嘆識高心平、所得之深，所議年譜各條已致書遜卿，自宜斟酌盡善，以歸一是。此天下公共事，渠當無護前之見。然其篤信師門苦心一志，亦深堪嘉。尚與學海書云，天津廣仁堂欲刊仁齋數種，不知何者？學海卻云，堂中多刻善書，亦恐使人不能滿意也。遜卿目下又校何書？此事渠亦未免悤悤，索仁齋文集序已擬就寄去。且屬其刻時更度可否，解疑異日當俾渠見之後，世自多明眼人，不是一時愛憎所能私益。三兄弟氣質均尚涫篤，吾友誼切羣從，當不時勸勵，使之成也。賢郎想識字，幸善教之。

## 與劉東初書

以南每歸，輒問足下病狀，已漸輕減，慰慰！自此當節飲食惜精神，少思慮開胸襟。足下素日好强，每乘意興，不免過勞，此非所以珍攝之道。古人云：「病加於小愈。」願千萬慎之。前日病中云云，足見足下夙懷拳拳學事，雖以老夫爲念，其實爲天下後世起見。此事若安頓得當，尤爲足下生平一大關係，豈獨李子敬專美於前？惟足下孤危一綫，非獨足下寒心，卽他人亦爲足下寒心。足下所云「撥款宗祠，令族人祭吾祖考」，此足下不得已之苦心也。不知足下有幾計傷心淚從腔子下去，令他人聞之亦傷心也。然亦無傷也。子嗣自有一定，論足下年歲尚未爲晚，惟常羸弱，現又病劇，此心不了，故爲無聊之思。不知足下承祖考之業，自當以祖考爲重。今不爲祖考立後，而付之族人公共之祭，是使祖考不能血食。祖考之祀，自我而斬也。祖考有靈，心滋戚矣，故僕直以爲不可。況從兄弟尚有可立之子，是吾祖之親曾孫也，吾考之親姪孫也，足下此支是小宗，長房尤不可無後，取以爲子，誰不可者？足下病雖愈，此事似仍不可緩。有國有家皆是一理，嘗見前代人君無後，大臣往往以立後爲急，所以定亂也。此自義理，所當早爲，不可以此爲諱。卽已後來生子，更所甚願，以足下之家尚不足給數子哉？猶過慮耶！令大兄有子梅、彬，雖皆早夭，均已取妻入庠。若有人，自當爲梅立後，不可復取姪爲己後。且年雖老，多姬妾，尚無病，可望生子。令五弟止一子，惟令二兄歿遺二子。楷居長，庶出也，某雖小，嫡出也，嫡出者不可後人，惟楷則足下取以繼長房，於理爲宜，於事爲順。

今例有應繼愛繼，楷應繼也。聞楷尚謹厚且已入庠，竊足下心，未必不愛。立後爲承家計，厚德有福，尤無不合，此卽立長立賢之義。況此子孽子也，操心危慮患深，他日再加之學問，其能繼述足下心事必矣。異日足下有子，亦當能友愛，卽祖考未必不喜。此僕所以爲足下計者，恐無不當。人生修短，自有命數。及吾無恙，大事安頓已定，此心如釋重負。餘事身後他人尚能爲謀，此事必自爲之，直省多少葛藤。嘗見多貲而身後無人，起爭敗家，且貽世笑，如某某家者不少。足下明達有識，願早決此計，嗣子尚得教訓，以爲承先啓後之資，勿以病愈又不爲意，致使此心終不安帖。或自視形單影隻，時抱無子之憂也。至於傳經，則刻書之事一時而已，正誼則傳學之事，期之永久。僕老無子，姪輩亦無可繼者，讀書種子正恐難望，一身之外別無長物，惟有數千卷書欲以傳之後人，公之斯世。而環顧吾黨，尚難其託，只爲此事無可處置，未免耿耿。足下此意實得吾心，俟大痊後，可細商之。程子所謂「將此身放天地間，公共看吾人做事」，豈爲一己哉？義理當爲者爲之，此心便安耳，諒足下亦知此意矣。夜枕不寐，爲足下草此，幸深察之！

## 與黄小魯觀察書　嗣東湖北漢陽人　乙酉

省中侍教，獲益良多。竊見大人此時巡察東關，即率諸生講求實學，且以朱、許年譜示之標的，以端祈嚮於俗學横流之日，爲南車之指，卽朱子所謂「開聖學門庭，作將來種子」。諸生果不負斯意，卽異日成就可知，卽大人異日當事任又可知。靜坐之説，如語類所記告郭德元「半日靜坐」云云，陸稼書先生已辨之。言靜不如言敬，朱子屢言，語類亦多有此意。後之大儒或有靜坐得力者，雖其人卓絶今古，而學術究屬微偏。麟謂取善宜廣，造德貴純，既得朱、許之學，其他書讀之亦自有把握矣，如何？如何？昨歲又重刻孟子要略一本，并附呈。雖亦無關舉業，然讀之亦自令人别開眼界，而聖賢垂教救世之意尤爲深切，於此可見。肅此，敬維統鑒不宣！

## 答袁敬孫司馬書　遂吴縣人

適接惠翰，并書四函，忻感之至。問送書人已先去，不知果係何號人。開緘展讀，雖欲奉復，而無由章程，及書目亦未撿到。及六月末遜卿來清麓，乃知一切，并悉尊兄明通該博，學有淵源，其所刊刻諸書皆有益於世道人心，扶翼正學，曷勝欽佩！方今時事多艱，亟需人才，而眞人才必本於眞學術，未有學術不正而能有眞人才者也。使正書遍布海内，人性皆善，自有讀而興起者矣。又聞訒齋王君爲之襄理堂事，更得有學品者數人相助，不惟學子日有起色，而一時正士志同道合，朝夕切劘，尊兄益相倡明道德經濟，必有如古之通儒碩彦出於其中。天下之人聞風向慕，其於學術所關，豈細故哉！當亦尊兄之心也。近刻何書？聞遜卿云已刻朱文端公年譜，此正欲爭先快覩者，書目、章程遜卿所帶途中已失，有便仍望惠寄爲感。至於總序，非麟所敢承也。

## 答扈仲榮書

承詢或問小註一書，昔年曾見之，的屬僞託，不但諸序可疑而已。潛菴之學，在國初稼書而外最爲篤實，其深陽明處自不可掩。至老年所見深純，雖受學容城，亦可謂青出於藍。吾輩但取其長以爲己益，不可以此而遂輕之也。稼書編集亦不必深論，雜著居首，昌黎集亦然。詩固無幾，似亦先生所不欲存者，故見之外集。昌黎表狀在末數卷，況稼書奏議本不多耶！諸策説理確實，自是大儒之文。明道集中五策置後，豈必首卷哉？尺牘古人文集亦多有之，范文正、司馬溫公諸集均皆收入。編集自有體裁，然有不能備體者，亦難以類分也。足下别爲改編，自己鈔録，以便觀覽，或無不可，如所議云云，似無庸也。易傳及疑義自所不免，然其閒義理無所不有，但先其切己者細熟玩之，受益自多。麟於此書全少工夫，近爲諸生每日説一卦，只依本義，兼看爻徵，稍見聖人無非欲人存理遏欲，爲寡過之書。而寡過之實，亦只恐懼修省盡之。下繫所謂「其出入以度，外内使知懼」，「無有師保，如臨父母」，蓋明言之矣。今日讀易似當反上身來，時時提掇，此心有個「乾乾夕惕」意思。無論占筮與不占筮，或與易道不甚相違也。如何？如何？别紙又録朱子謂曾擇之一段，見規足見相愛之意。麟舊讀此亦甚警發，且正説著麟病。麟於教人失之寬緩，實是自做工夫不力，無作人手段，所以生徒無甚成就，未免誤卻好氣質，甚可愧也。但亦見朋友及諸生來此者，實做工夫正不多，人往往只是泛然相與，見面不曾發問一二，緊要處若一無所疑者，就有可説卻藏他腹，如何猜得啞謎，無個感觸？一部十七史從何説起，此事須是自肯，卻好商量，果能切實向裏理會。麟雖無知，亦願與朋友議論也。不惜吐心吐膽，或有醒切，彼此受益，方是不枉一場也。此不知是麟積誠未至無以感乎得人，抑或窺麟無得而不屑痛論耶？是以多致悠悠，要之皆麟之過，自今當力守此説不欲放過，而未知能收拾一二否也？

## 柬楊溫如書

損齋語録一卷不暇細簽，所記多切實警發之意，雖成語亦是從體貼過來有感而録，不泛然也。若欲刊布，似不可去取，以見平昔意趣用力之所在。諸生所録，其中亦多精要，或可不必盡存，外集同附録尤愼。輓語無大關係，刪之可也。

## 答黄小魯觀詧書 丙戌

讀來諭，知近屏一切，於四子書及程朱諸儒遺書熟讀精思，仰見立志之高、用心之專，欽佩！欽佩！今之宦場知講學者固不乏人，如大人直前承當無所顧忌，實不多見。春明學舍不知係明代何人，得大人今日別闢精舍，更有一番發揮，登高提唱，應者必衆，士子得聞，此學將來造就必有可觀。條約之立，亟欲聞之也。大抵舉業一途，勢所難去，然各處書院教之不啻詳矣。精舍卽不開此一門，亦非缺典，明故敬齋主講白鹿洞，今上海初立龍門書院，皆無時文之課，而一以講明正學爲事。如萬不得已，而不欲或廢，但使知其爲趨時之末伎，而非爲己之實功。本末緩急、輕重取舍正當有辨，所望大啓聖學門庭，作後來種子，必求精純正大，勿爲包羅和會，庶幾關學一脈賴大人而復續，又不獨秦士幸也。狂瞽之言不知有當否？叔眉、叔平皆京朝講學名儒，麟頊聞之，不謂草野姓名亦塵於大君子之耳也。慚恧何如，亦惟有勉力桑榆，期無負相知之意而已。

## 答王遜卿書

頃接手書，以近多客，未即裁答，幸諒！新藩莅任伊始，鄉閒傳聞已有風動之意、廉儉之行。人或詫異，而不知國朝如陸平湖之清如春酒，湯睢州之「豆腐湯」，至今且播爲美談。惟近日人心風俗最爲積重難返，然行之以漸，持之以久，而貫之以誠，未必終不可返，只患無人耳！尤要在擇好人，落落然分布州縣，勤見屬員察其志趣，聽其議文論，久自可知其人。鼓舞而作興之，昔人所謂「變民風易，變士風難」；「變士風易，變仕風難」，不可不著意也。鈔寄致各屬語皆赤心片片，造福三秦翹首可俟也。足下與張君德瑞既入蓮幕，幸甚！朱子南康、漳州之政，大賢所爲，固自不同。然亦是左右賓客生徒皆以道義講切，故能廣詢博訪，而知無不言、言無不盡，正不啻明目達聰之效也。足下與張君以爲然否？昨函云藩憲問去三原路程，若有意來此，萬冀留止，恐駭耳目，反使鄙迹不安也。麟雖慕見之殷，然使大人新政所至，州縣各得愛民如子之官，則受賜多矣。「爲天下得人者謂之仁」，此意望以時啓告，方不枉相聚也。

## 答黃小魯觀督書 丁亥

昨承問觀禮服色，云云。頃菊圃方伯來弔允臣先生之喪，素未謀面，亦第聞其賢德，輒能降屈威重，辱禮歿後，古人高誼，眞不可及。大人午後若來，當有折衷，知愛之厚，敢以奉聞。又蒙臬憲招飲，竊思初九日丁祭大典，諸憲想宜致齋，即以此意商之，或作罷論，如何？

## 與黄小魯觀察書

前在省垣，禮際之勤實切銘感，聚談數日，受益良多。竊記前日論稼書謂明社之墟歸咎於王氏，未免太甚。明末盡節諸臣及國初遺老亦多王氏之學，此言誠是。然盡節、遺老之數公者，是其人天資本高，不盡囿於王氏之學，非心齋、龍溪諸人可比，非王氏之學眞有益於數公也。使其磨礱精細，一以程朱爲歸，則其所就又當如何？至王氏之學有以亡明，雖推其極而言，然亦有來歷。觀孟子論楊墨「無父無君」一段，至於「率獸食人」，所以欲正人心，息邪距詖。以至「能言距楊墨者」即以「聖人之徒」許之。聖賢之心憂天下來世其至矣，稼書之意恐亦如此。又以朱子大學序中「自是以來」以至「壞亂之極」論之，聖學不明，宜亦步有心世道者之所甚懼也。吾輩爲學，又可不自警乎？至不存門戶之見，固可見聖道之大。然聖人於管仲大其功而小其器，孟子且并其功而卑之。又於夷惠稱爲百世之師，而又曰「隘與不恭，君子不由」，可謂極其分別，言各有當，夫豈一端？取人宜寬，論學宜嚴。不寬則古今無完人，不嚴則學術詒誤，爲害不淺。僭思及此，不知以爲何如？

## 答黄小魯觀察書

辱承賜書，敬悉壹是，惟麟庸虚粗淺，前日講書之命辭之不獲，祇以鄙見欲就正於大賢君子之前，不敢有隱。初意擬記一時之語，或得共相磨切，亦會文輔仁之姿，而歸來一番人事，悤悤未暇以爲。又竊自愧學無實得，未能有所發明，亦何益於學者，而遽可比於朱子玉山、陸子鹿洞講義之云，以傳示後來乎？不敢也！不敢也！但思小學、大學千古爲學眞路途、眞血脈，先賢儒言之至明至詳，若依此實做工夫，必不至有差。而西銘一篇，又關學之樞要，學者無此志向規模，雖讀小學、大學，亦只成俗儒。蓋西銘便包小學、大學在內，小學之明倫、敬身，大學之誠意、正心、修身，即西銘後半截工夫。西銘乾父坤母，民胞物與，何莫非夫明明德中事？何莫非倫與家國天下事？身也者，親之枝也，不能敬身是傷其親。欲明明德於天下，亦豈有外於西銘仁孝之理哉？此處認得透徹，便是格致，知止實際，果能信之，篤守之固，熟讀精思，虛心切己，即此可爲一生根本，而餘書自不能已，且易爲力，亦有資深逢源之樂矣。又何必多說爲哉？況麟素拙文辭，苟非明暢，反滋惑誤，抑是三書皆有朱子之說，有意此學，亦惟力尊朱子而已。幸惟諒詧，至坿祀鄉賢，竊據關學編最著而有功者若干人，具別紙，未知當否？願更有以酌之。

宋　橫渠張先生　和叔呂先生　與叔呂先生

元　元甫楊先生　維斗蕭先生　寬甫同先生

明　涇野呂先生　谿田馬先生　仲好馮先生

清　復齋王先生　二曲李先生　豐川王先生　酉峰孫先生　蘿谷張先生　桐閣李先生

## 答黃小魯觀詧書

辱書敬悉壹是，麟學無實得，即偶有窺測，亦不過敷衍先儒成說，終覺身體力行、工夫隱微之地，總難自信。來示過蒙獎借，赧愧殊深。小學一書，許魯齋先生一生敬如神明，得力所在。今大人潛心篤志，亦以是書爲入門下手，洞然無疑，路途正、脈理眞，即此可見識見之高、持守之力，由是益泝孔、孟、程、朱之淵源。四書六經，同條共貫，異說紛紛，自有定衡，則其所造，豈可得而量哉？佩服！佩服！書院坿祀，以名義論之自應專祠，餘如來示十四人均無可議，惟宏山、塘南此閒無明史可查，據遜卿擬贊，想與敬菴雖皆係姚江一派，而誠嚴毅，自是實學實行，亦足爲後學師法。遜卿書來尚多可酌，已答書論之。其所取胡翼之、方希古二先生，人皆甚著，恐不可遺。又查國朝朱文端公，亦宜增入，節鈔先正事略一紙，遜卿當呈閲，可否？俟裁。方伯積倉之議關係甚重，古人良法，豈可因噎廢食？此由官積，惟定一有糶無借之例，平時自無擾累，倉卒有用，所濟必多。略陳鄙見，不知方伯以爲何如也？

## 答黄小魯觀詧書

承問麟目疾，勖以靜養，感甚！至謂聖賢言語，句句實在可靠，且行之實在於人有益。自非眞做工夫，未易言之如此親切有味。然大人猶以學道太晚，未能身體力行痛自刻責，則其幽獨之地必有日進而不已者。世病講學其來已久，要之亦在人耳。但問所學之正與不正，所講之眞與不眞，論語開口言學有朋友，卽不能不講，終之以「不知而不愠」。講學固自性分中事，病者自不知耳。學之不講，是吾憂也。以爲學不必講不在講，無此憂故也。程朱當日講學，直是壁立千仞，禍患且有不避，况非笑乎？國朝如稼書、潛菴、安溪、儀封諸公，當時何等榮重，今日誰不仰慕，亦何嘗諱講學？惟闇然爲己。君子之心同志者少，不可强聒，非盡避名避忌爲也。以此知大人所謂他非所恤，眞卓識卓力。欽佩之至！

## 與馬養之書

昨去後，更同信甫、仲榮商酌小垣。升祔，小垣主之，既未盡合禮經，但今只可就事論事，雖禮有「久未葬者期大功，既葬除服」之説，然終屬降服，於心終恐未安。喪服之變未可太遽，似宜仍以喪服祔，尚爲近情。卽吉冠亦不可望，與小垣再細詳之，勿執成見也。朱子論陸子靜卒哭徹几筵一篇可以例此，暇當查閲。

## 答張愚生書

宗厚不能專意從師，家中無人，亦不能不應務。此子漸長，氣質尚可造，數日就師，聽講只自領得意趣，當會用心，亦須嘗教以聖賢爲人存心路頭，分别得是非善惡，脚根不差，將來便有可望也。宗健幾歲當入學，署事不多，一日在家尚能教之讀書。足下志行絶異，流俗公事之暇，仍當作小工夫。讀書看書立一定程，本書數種之外，經濟書如大學衍義及補文獻通考之類，亦不可不留心。尤以程朱大儒及陸忠宣、范文正，國朝湯文正、陸清獻集中政事，嘗寓目焉。一旦事至當前，人己間皆有可措手處，聖賢學問貴有實用者以此，足下以爲如何？

## 又

前在省中獲見岑、林二君，甚有意乎爲人，林敦謹，岑英挺，而盛之兄又辱典肆一談，極留心天下事，必有用之才也。仕宦場中遲速亦有定時，暇日更得探討古人之書，以堅其志而老其才，未爲不幸。他一切何足計哉？義理無窮，吾人亦惟時對聖賢書册，涵養此心，庶臨事方有把握，不至倀倀。學須實見，麟近益覺無得，平日工夫卒靠不得，甚可懼也！切望賢於應務之暇不廢觀書，切己體察，日進月益，當自有得力處，不爲時輩而已也，如何？如何？

## 又

前遠來，病目未獲講論，愧愧！然聞賢談議具見近功，甚幸！甚慰！不用洋物，其志誠可佳，但不過狷介者之所爲，其大者尤在端本以勝之，正學術明教化，非可斷斷於此而已也。亦有不能盡去者，此其閒亦視乎義之輕重可否耳。願賢益擴其識量，如何？

## 答謝季誠書

閏月初十接來示，閲之不勝驚悼，令三兄之變何忽至此！自足下去省，次日僕卽到山，聞召足下云云。意令三兄尚未五十，偶爾有病或思足下欲一見，自宜急歸省視，不意竟無一面，倏然長往。足下平日友愛篤摯，手足之情何以自堪？素知令三兄勤理家務，諸所依賴，一旦事事都惟令二兄及足下是問。而足下尤不當有所推卸，此自子弟之職，恐足下未能分身。但令昆仲膝前均尚無子，益可憫惻。鈊姪二十六日始從省歸，此子全不用心讀書學人，有負年來教誨，且有汲汲作文考試之意，與僕私心大相刺謬。足下既不能來，鈊亦未得遠出，且令專溫舊書，每日隨衆聽講，俟明春足下家能安頓，或用修、溫如誰能到此，便令從學。僕意亦無固必，渠果書理稍明，略識善惡，卽從渠欲。後來或一意讀書，觀其志趣凡下，終未肯歸依拙學。門祚衰薄，亦自愧爲學不力，先薰染不得自家人也。可嘆！可嘆！此復望足下抑情節哀，勿過悲戚！

## 與前邑侯焦雨田書

拜別兩載有餘，時切懷仰，所幸貴邑墾地之人絡繹而來，得以屢詢興居，稍慰渴思。咸云躬親負土以築先塋，純孝之誠，感慕曷已！昨聞已晉省稟到，幸幸！循良舊譽上游久知，不久當有調委。況數年廬墓讀書更有一番深詣，將來措之政事益臻遠大。亟思親瞻慈顏，而天寒冰凍出門未易，容圖專晤，尚祈原宥。

## 答韓惺臣書

院中善後事已有擬者，欲請諸君會議，而尚未能合併，得人爲難。誠如足下所云，此亦吾黨公事，即希酌計數條，明春西來公定之耳。讀朱子五書，甚慰！甚慰！聖學之要無以逾此，願終身矢之而已。嘉會才氣可愛可畏，常作論解以發揚志識，亦是一法。惟日夕更與講討性理，體貼身心，學益明而德亦純矣！

## 與郭治堂書 道襄長安人

前承遠來，適以病目未能多講，有負厚意，愧愧！足下近學想益精進，然聞頗以剛直自勵，此誠可佳異。但剛直自有用時，論語好直、好剛而不好學，則有絞狂之蔽，申棖之慾，而非剛質直又當好義，察言觀色，慮以下人。孟子嚴嚴氣象，而生平學問則歸於知言養氣。養氣之要，集義所生，非義襲而取，此皆不可不察。朱子曰：「人無英氣，固安於卑陋而不足以語上。然或有之而無以制之，則反爲所使而不肯遜志於學。」願賢益加力於學，則將來剛直之氣正不可少，且爲吾道生色，勉之而已，此某所厚望也！

## 答劉子登監院書 繼龍朝邑人

昨者辱臨山齋，未得久談，歉甚！且麟鄙陋，遽蒙先施，又自愧也。辭受取與，士君子所當自謹。貴宗素無一面，輒以佳硯見惠，受之無名，即時屢辭，而雅意不聽其卻，然私心已擬還璧也。所屬云云，實麟所不能爲。或問第五倫曰：「公有私乎？」對曰：「昔有人與吾千里馬者，吾雖不受，每三公有所選舉，心不能忘，而亦終不用也。」古人克己之嚴如此，事無大小，其義一也。麟雖不肖，亦嘗聞教於君子矣。物雖微，可使終不安於吾心哉！況仕途進退升降自有義命，呂舜從守官不肯求知，嘗曰：「勤於職事，其他不敢不慎。」乃所以求知也。貴同宗末僚，勤勞久著，必不終屈，正無事擾擾爲也。謹奉昨硯，轉祈歸内爲幸！

## 復柏子俊書

移帳關中，教思益廣。少墟先生講學舊地，卽以少墟之學倡率多士，上溯橫渠，俾關學再振正在今日，固吾兄素志也。已聞以少墟善利圖士戒勸石壁閒，士子必有一番興起，如有摹搨，幸惠數副爲感。兹承辱書，槐卿觀督又欲刊布關學編，甚盛舉也。猥以體例相商，淺陋何知，敢布愚見，明者擇焉。此書少墟原編，以後有豐川重編，有桐閣續編。豐川本別出義例，不妨專行。惟桐閣本其閒有少墟以前四人，今亦不必參入原編，於少墟以後或補或續，統名續編，時代自能查考。今擬續列數人附入，仍依世次。至四知先生已見王本，不必重出。餘入此編者，亦不妨各見也。新增諸人，遜卿當面詳之，所愧不文不足以發揚賢哲。仍請尊兄爲傳，而麟與商榷可也。若必欲麟爲之，俟擬稿呈正，此公共事，且傳示後世，自當斟酌盡善，吾輩斷不宜存客氣也。但恐尚有遺漏，更祈搜訪，如何？如何？

## 答王遜卿書

接來書，仁齋答問原係答某人疑冊，卽作某某記録亦無不可。若只作某人疑冊，卻不見答者意思。遺書、外書例雖仿言者之意，亦有全是言者之語不加一字者，似亦無礙也。蓋是當時答於各冊之上，某人記而録其語，後人爲之輯存，亦何不可？小學淺解亦是，他人無此工夫，故不能眞知耳。另刻一書則可，自宜專行。若如黄觀察所云，刻於儀封集解每章之末，反覺夾雜礙人眼目。盜可遲出，以存其眞，不可急出，反失其意。目下或不問此可也。至於儀封序中以内篇爲四綱，此自不是三綱九目之説鐵板不易，即如敬身心術内敬義立綱，麟信此甚篤，每見注者多不知此，即此可知其工夫深淺。當時魯齋不曾説，留以待仁齋也。魯齋父子條盡愛敬而不敢自專，仁齋便深信之，所以解小學即用其意，此老眼力自是不錯。他人無他識力，如何便要他知到此地？稽古便是前二篇之傳，外篇又傳中之傳也。此處本自分明。二月閒又得一女，正如昔人所謂雌風吹不清也，付之一笑。家兄及諸人多以外乳爲言，然僕竊以爲尚非安命也。目前亦無妥者，俟後圖之。

## 又

郭治堂來，俱悉一切。信好録、鋪録各篇已記一紙，并王白田一書鈔去。河洲壽序意致亦佳，屬著數語竟不能得，信好録各卷説略，有暇當爲之，亦素有此志，恐未能透切耳。所批治堂問冊，語已盡曲折，不愧朋友之義。治堂資質頗佳，尚少下學工夫，力學、反身二語極爲著題。此亦告之切實爲己，專意做下學工夫，莫管他人閒是非，久之自有所見。所居伊邇，幸得與足下講磨，不患不進。德瑞有暇，當亦能看書，彼此互益。周公後裔姬柄，其父歿時尚未及年，今已二十，餘例應承襲五經博士。其邑縣公及儒學均已辦文到司院，昨家來人喚其進省驗看。今年從學清麓，其人尚樸實，相見可知，凡有不知儀節處，幸告之。

## 又

接來書，公私交儲，實濟時急務。孔子論政兄食爲先，冉有酬知足民自任，孟子使有菽粟如水火，而委積之法載在周官，自漢以來講之益詳。義廩、社倉國朝蓋累行之，則其所關爲甚重，何嘗以爲小事？然不得人，善政均成弊政，有治人無治法，自古歎之矣。雖然，因噎廢食，則又不可。公儲之法，仿朝邑十年一換，固爲變通之善，然因地制宜，亦有不能多得穀者，且亦未必如朝邑預籌公款也，則仍莫如官爲籌本，麥穀雜糧自行買備，置之城中，限以定數，亦許變通從事，俱責成地方官看管經理，實力奉行，以倉之成毀爲官之殿最，而不以一毫累民。私儲則今各縣義倉存之各鄉，固本朱子社倉遺意，聽民自便，豈非善法？現行條例官僅稽查不得經手，所以杜防累擾，亦可謂至矣。然因不得經手，反致稽查不力，轉相藉口置身事外，官既不能認眞作主，各鄉經理倉人豈復多得公正紳耆而能認眞哉？弊竇紛出，是以雖有良法美意，未得實惠而害且隨之。論者遂謂倉儲之無益，欲一旦而盡去之，何其甚也！古人成規具在，均有可取，斟酌盡善與時宜之，亦在人耳。惟宜嚴飭有司，耐煩經理，仍禁累擾，凡關倉儲，力爲整頓，盡心竭力，卽以此爲地方第一要務。亦在上憲激揚鼓舞，予奪升降率準諸此，而各鄉司倉善者獎之，不善者去之，有弊則懲治追賠，未有官不認眞而能得認眞可倉之人者也。司倉之人，亦在官爲選擇禮貌督率之耳。不然亦安得在？在如朱子、劉如愚其人，而後久遠無弊哉！來書謂休養民力須實從培養人才做起，可謂不易之言。此學不明，天下事決無可爲。今之人才難與論及，眞是如此。然亦隨事隨人提醒振作，至誠而不動者未之有也。平天下傳以同好惡爲先，而同好惡以用人爲大。爲治全在用人，倉儲尤要，推惠倉事目四本謾往行之，十餘年尚不至壞。然亦漸有掣肘，果得官常扶持保護，偶有一二抗延，立予懲追，則誡一儆百，人心頓易，庶無效尤。固一方無窮之利也！

淺解依原書卷訂之爲妥，似不必以第二卷分上下也。稽古、外篇亦宜依卷刻正文前，三卷節旨似宜附本解後，另行或低一字，或隔圈接寫，餘每章提綱亦似宜低一字，作大字刻每章後另行，熊勿軒有小學標題，亦恐似此例也。所謂不畫一處，稽古、外篇多未見，亦不妨當時此書只是隨讀隨記，本不爲著書，此意序中當說明可耳。魯齋書院坿祀諸賢不知果當否？各贊卻多穩切，呈小魯先生觀否？所坿名宦諸人亦得有贊，幸有暇爲之，名宦更有人否？更與小魯先生討論，方伯公私交儲，此議用意最深，望早成之。歲事甚好，圖匱於豐，此其時矣，秦人之福也。

## 答張公和明府書

昨歲五月間遜卿歸，承惠函，無便未即奉復，歉歉！邢臺政績，遜卿尚能詳道，足見賢者所爲迥異尋常俗吏。然又仕優則學，不肯自足，欲得拙書敬齋箴各語益加警厲，其所存又有異者。深惟尊兄恪守朱學，語類、文集讀之既精且熟，經晝言論必有素契，體行之久，自格致、誠正、修齊以至見之事爲設施之際，益將有主不擾而措之裕如矣。昨遜卿來信，得知近獲卓異，將膺遷擢，此固意中事，望益懋大猷，是祝！麟老學日荒，而此念未即殄滅，聞直省新刻吳竹如年譜，託人保定代購，竟未能得。不知板在何處？津河廣仁堂亦刊國朝名臣言行録十六卷，爭先快覩。宦途津致尚易，如能代購覓便代致，當不誤也，至囑。

## 答王遜卿書

接手示，均悉。羅山西銘圖已得之，自不必寄。魯齋書院坿祀名宦數人，小魯先生所擇似已妥。然司馬溫公、程明道皆嘗宦秦，斷不可遺，恐偶然忘之耳。見時幸告之！此舉只以發明學術爲斷，不然名宦豈止此哉？豐川關學編起自伏羲，以至文周，可謂溯源有自，然當日少墟豈不慮及？蓋諸聖已見各經，不煩遠引，首編橫渠誠以孔孟之後，千有餘年聖學不傳，橫渠崛起關中，與周程同時，紹述絕學，有再造之功，標立一宗，所以興起後學，使人人皆可抗心希古學，必如聖人而後已。後來關學之盛，未必不始於此，若必上援伏羲，以下則吾夫子「祖述堯舜，憲章文武」，而普天廟祀獨崇宣聖，不更及於堯、舜、文、武，何也？此可以知其故矣。至謂失之濫、嫌於隘，是兩說者，不知指何本？馮本耶？王本耶？亦不知載何人爲濫，遺何人爲隘？又不知爲是說者果係何人？恐不免耳食之見，未足深論也。就吾所知者，桐閣補續外，如劉伯容、張蘿谷，或搜各書，即求子俊爲之傳。史復齋，足下有傳可用。又舊擬王司寇遜功，閱王本已有之。楊損齋清苦嚴毅，亦有志於關學者，或且以其近而忽之，此事正不可稍濫。若欲兼收並蓄，是如陸稼書謂范彪西之理學備考用名臣言行録例，而不用伊洛淵源録例。夫取善宜廣，論學宜嚴，論古今人物而別其是非，亦窮理格物之一端。孔子於列國名卿大夫及荷蕢丈人輩多有微詞，豈好議論人哉？亦所以明斯道也！孟子願學孔子，夷惠不由，夷惠之風固足以興起百世矣，而何以又曰道不同耶？道之所在不可有一毫之偏，則學之所在亦不可有一毫之偏。湯潛菴有言：「爲學於舉世不知爲學之日，學之事獨存其眞；爲學於舉世講學之日，學之途或慮其雜。」今舉世不必皆講學，而或欲竊講學之名，竊恐誤認學字亦並誤認講字，愈講愈雜，愈學愈不眞矣。此人心世道之憂也！此話今亦無說處矣，足下以爲何如？

近又思不分門戶之說，在當時講程朱之學者以爲但當恪守程朱，不可分門別戶。今之講陸王漢學者反其說而用之，以爲不分門戶是欲混而一之，是又開一不分門戶之門戶也。要知門戶本自不同，正門大戶自是正門大戶，旁門小戶自是旁門小戶。今一切不論，而但曰不分門戶，則是由正門大戶入也可，由旁門小戶入也可，豈可哉？且此說多是講陸王漢學之人，而講程朱者又無此說，是猶異端好說與吾儒同，而吾儒卻絕不說與異端同也。昔有友與吾論程、朱、陸、王，謂：「程朱由大門入，陸王則不必由大門入，直從簷際下同一至堂可矣，又何論其所入耶？」余曰：「謂陸王由旁門入則可，謂從簷際下，則人且疑其爲盜矣。」聞者笑之。是又欲右陸王而反卑之也。故吾嘗謂今之尊陸王者，不但不知程朱，亦並不知陸王，正爲此也。竊意今日爲學斷當專趨程朱門戶，是程朱門戶自是孔孟門戶，不是程朱門戶必不是孔孟門戶。大著眼光牢著腳跟，決不可爲似是而非之說所惑。止有直截一法，熟讀小學、近思、四子書而深體之，則一切不能動矣。

## 與王遜卿書

潘善信昨來，所擬續入關學編四先生傳適成，即令送足下，幷呈子俊先生同酌，如有不妥，即希改正。此傳遠事，未可草草，幸勿客氣。且四先生事實亦未能全見，此亦略見梗概而已，正賴大家討訂也。

## 又

魯齋書院坿祀名宦諸賢各贊亦皆得之。惟既爲書院坿祀，須於學術有所發明，方非泛及。小魯先生昨開一紙又無胡翼之、方希古，均可爲後學師法，似不當遺。書院之祀本因尊仰則效之意，若學術素不著聞，則亦不必列入。至謂朱子不必坿祀，有以卑援尊之嫌，不知書院仍以至聖先師爲主，坿之者坿於先師耳，何嫌之有？名宦之説亦爲別於鄉賢云爾。其中大小淺深亦不能一致，學行可取均當師法，亦不必止以能設書院者爲切題也。廣川、霞仙雖各有專祠，而書院祀之又是一意專祠，或諸生未必均得與祭。不立名宦之目，此議亦好，又似難於取名，且足下所取止及七公，不知其意果云何也？以學與人可師而祀之已，心有嚮慕之誠卽屬可祀。今聖廟從祀諸賢儒亦人人可得而祀，豈得謂祭非其鬼？朱子滄洲精舍祀周、程、張、邵、司馬六先生，後又祀延平，以視祀者之意如何耳。但爲後學定趨向，不可不慎。有全取者，有節取者，不但知人論世所當知，亦立志用功有專主矣。宏山、塘南未見源委，不敢妄論，明史均當有傳，小魯先生考之已詳，坿祀似亦無疑。國朝朱文端公督學關中，（節鈔先正事略一段幸觀之。）明王虎谷雲鳳亦督學，呂涇野亟稱之，可搜查，（後查明史似附劉瑾者。）以現開諸人例之，亦不可不補。魯齋先生以書院名義專立一祠爲妥。（關中書院少墟祠聞有橫渠牌子，此爲援尊，最不可，宜正之。）要之，書院特立聖賢諸主似乎稍贅，然亦自有深意。事以義起，自不爲過，足下更酌之。此復！

## 答王遜卿書

蒲城事此閒不聞，方伯既以知己相視，有所知而不告，非忠也，盡此心而已。但不當告者，亦不可告，此自有義存焉，亦全交之道也。素位而行，卽是實學。況又有讀書時乎，此心坦然，有何顧慮？來書謂人己兩無裨益，亦卽於此自勉而已。現値種麥，禁烟事又寂然，似宜急委認眞妥員或嚴飭地方遍歷阡陌，勒令鄉保具結，痛懲一二，以警衆人。天下事最怕初時太急，後又放冷，所以終無功而或反滋之惑也。不知能啓告否？未種之先不禁，終無禁日矣。聞各處民心皆以爲實禁，自不敢種矣。機會不可失也。

## 與王遜卿書

茲有夏縣柴應魁聚五，其人舊居清麓，亦有志正學，與孫應文相識久。此來欲刻仁齋、仁甫文集，意極可嘉，亦可謂兩先生曠世知己，並問字數大略若干，早作料理，足下可細商之。嗣說一册並來，足下處事之變大宗自不可絕，且守初議。況古人亦有一說，如羅虞臣云云是也。正不必介介於心，如伊川奪宗論理似不甚合，而伊川爲之必有深意，後人亦難以此執議也。諸說第論常理耳。如何？如何？嗣說中羅虞臣一段，五禮通考立後一門，大意發明常變甚多，而不載此說。虞臣亦不知何時人？潛邱劄記有之，而袁子才隨園隨筆引之，惟獨子不得爲人，後係乾隆中新例通考載此說，足下處事之變亦且如此。更多考之典禮，所謂觀會通以行典禮也。如何？如何？

## 答張翊文司馬書　宏運興國州人

麟衰朽，別無他好，惟聞天下賢人君子恨不得見，而常欲一睹著述爲快。貴鄉萬清軒先生久切仰慕，閣下所居伊邇，刊成之書當不難得，有便祈代購爲幸！

## 答任伯珍書

前辱山中，適以目疾未得暢論，憾憾！冬月間舊病復發，又半月日復得眩暈，輒以爲撓。來書蒙關念之切，甚感。所云平肝、清心、滋腎三者，自是正治寒涼藥，已早戒之矣。惺臣以專守程朱未免爲陋，尊孔、鄭、班、馬，而輕濂、洛、關、閩，不意所見之左以至於此。只此便見不深知程朱耳，此意亦難驟破。至謂近來朋友多不肯講論以求至是，好諛惡直，自是不肯實做工夫，故如此。此所以一向含糊掩蓋，然在己者斷當深矯其病，盡忠告善道之誠而已。如吾伯珍聰明才氣，行輩中眞不易有。守之既定，信之既篤，深以他人爲戒，務潛玩而實體之，驗之於日用之間，亦區區所厚望者，幸益勉之！

## 答李菊圃方伯書

麟秋冬以來兩次病目，至今尚未脱然，又加眩暈時復發作，九月初承賜書，並新刻小學，未即肅復，愧悚之至！仁齋小學淺解亦聞開雕，至屬作序，麟譾陋均未敢承。然亦有不能已於言者，僭擬數語並求是正。示諭朔望講大學、小學頗覺厭，心切理仰，見大人體玩之深自是實境。又云學問之道必須門徑不差，方可問其功力之淺深，眞是如此，方是眞實做功夫，人自不敢含胡儱侗。近來學術不明，都是大話嚇人，脚踹兩家船，其實下梢亦自信不得也。爲學大指一書雖本胡敬齋意，節得差覺簡要，眞有益於學者，亟望付梓。近思録尤爲學者所當亟讀，陳北溪有言：「欲起學者於俗學橫流之中，若不先讀近思録，則準的不立而邪正之分不明，聖門將何從而入？而千載不傳之秘旨又將若何而窺測之？」則此書亦不能不更有借於大力也。江本北方甚少，大人屏藩吾秦，一切善政自當次第舉行，而惟此一事尤爲遠大之規。發明正學，將來成就一二眞正人物，則所以報朝廷者，豈渺小哉？烟苗之禁，今年甚覺減少，盡誠爲之，實效可睹，惜此意直知者之仍難也。德瑞之變，可悼！可悼！況誼屬師生，尤難爲情，母老兒孤，想厚德必念及身後也。專此，謹復！

## 答黃小魯觀察書

九月初辱蒙賜書，並小學二部，適患目疾，未卽奉答，愧悚！愧悚！任生來省，惠寄宋元學案及國朝學案二書，未示價直，殊叨過愛，感謝之至！秋閒省中一番風波已略聞之，今來書云調查南關稽巡，較易兼得，併力讀書，心平氣和。仰見大賢處疑謗之際，守義安命略無幾微芥蒂，非涵養深醇未易至此。世途險薄，陽氣衰微，纔欲理會古人爲己之學，他人視之便生詫異，以爲多事。只要立腳是當，區區利害得喪，豈足以動吾心哉？中庸素位章「正己而不求於人」，此最有味，知已體之熟矣。然道理無窮，工夫何已？以君子自反之義論之，正當修省進步，任事貴勇而審時宜精，信己雖深而察人要密，更願益擴識量，益堅骨力。昔張南軒嘗箴朱子謂：「人心易偏，氣習難化，君子多因好事上乘快偏了，若曰偏則均爲偏耳。」呂東萊亦戒朱子：「宜回擒縱低昂之用，爲持養斂藏之功。」朱子大賢也，猶賴友朋警誨之益，麟於張呂萬萬無能爲役，而大人則祈嚮朱子，久致力於主敬窮理，下懷慕用之切，竊欲大人更造於純粹至善之地，亦吾學之幸也。素蒙相知，道義切劘，不敢後於他人，抑恃大人虛己好善之誠，不以狂僭而罪之也。陸稼書先生著述，北方見者甚少，昨聞楊石泉制軍有刻清獻公年譜，不知何人本？再浙江書局已刻國朝沈端恪公近思訂輯、陸子全書，去歲託人在保定書局購買，而書局已撤竟不可得。不知大人能均得之否？或轉借一觀，欲重刻之北方，使學者知先生純學，庶不迷於趨向也。無厭之請，更望原恕！

清麓文集卷第十終

# 清麓文集卷第十一　自光緒戊子至癸巳

三原賀瑞麟角生著
同里劉嗣曾孝堂校刊

## 書答六

### 與謝季誠書　戊子

愚生來原，適攜黃小魯觀察一書。內云，欲添設義學，求一學品純謹之士，大開局面，屬爲代籌。麟惟足下可膺此任，時以南在坐，因并道及足下，家閒令二兒自可經畫。兼麟之意，且欲省垣一行，益勵學修，況多同志切磋講貫，獲益不少。觀察正人，庶乎臭味之投，此意未可負也。吾學不孤，將在此矣。朱子謂陳北溪「自古無關門獨坐底聖賢」一段殊有味也。願足下大擴識量，勿僅僻守一隅，所期於吾子者甚深。幸勿以予言爲謬！

### 與王遜卿書

文廟私議一冊已收訖，仁齋文集首葉第二行不刻著書人姓名，恐與首行某先生文集重複。無著書人姓名，終不知爲何人書。仁齋是號，號所同也，名所獨也。標題某先生文集，是編次人口氣，若刻著書人姓名，則編次人姓名亦宜刻之，此刻書常例。若不刻著書人姓名，必係人所通知久已流傳之人，則不刻亦可也。不然前後既不見著書名字，果知仁齋爲何人哉？不幾使後世讀者不知其人，可乎？如以此書現已刻成，礙難換板，或前後附入本傳，如何？如何？更斟之。年譜補刻編輯人姓名甚是。私議書後辨許魯齋處自是正論，但蘿谷所說此義甚大，不如朱子復起果是如何，其議論亦不可不存於天壤。

## 答郭治堂書 道襄

鐄歸，接手書，所詢數條，遇俗冗事輒生厭煩，偏於閒寂。此便是惡動求靜，近於釋氏之爲矣。程子曰：「天下無一事是合，少得者不可惡也。」又曰：「於事厭倦皆是無誠處，且人一日安得許多閒寂時耶？」凡事急迫不從容，病源仍由於厭事。若認得是合做底事，便自不急迫，亦是心定，便能從容。此皆做敬工夫未能上手故耳。學子頑黠自不能不警醒，然不可一於忿疾，此亦急迫之病。「敬敷五教在寬」，「寬」之云者，徐以俟之也。俗儒既與周旋，便不可心輕，言語信實，所以盡吾誠也。人有攀附之迹固不是，但在己不爲或婉規之不能則遠之。若暗鄙於心而不去，有時見於辭氣容貌之閒，必且人己交失。觀賢云云，大抵都不免好高之弊，此心須要放教平實。道理本自平鋪著，能自省至此，亦見留心精察日用之閒。才覺是病，便時時隄防不令發作，才發便遏絕之，久將減去分數，無復向時之患矣，要之只一主敬，果能得力則諸病自消。惟足下驗之而已！

## 又

接來書，具見用功之切。如此不已，其進於道也孰禦？然學以涵養性情爲先爲要，所云學東禮貌之衰，或當自省必有由來，豈可盡責他人？況結婚媾尤當有以善全之也！教小童固宜嚴謹，亦不可拘束過甚。易曰「蒙以養正」，在養之而已。夏楚足以收威可矣，非專以此從事。聞足下朴責多致腫傷，且或非其應責之處，萬一有誤，悔之何及！友朋規戒，足下一不爲改，固知足下之心不欲誤人子弟，一味認真方爲盡職。然朱子嘗論教子之法曰：「教之以正，天理也。教之而必欲其如何，則人欲之私矣。」足下自視正責學者時，心中之怒果得其正乎？平日自省謂何？克己須從難克處克去。何任一己之私而不人言之從乎？旁觀者明，求友而不改過，何益之有？程子謂：「人當於怒時遽忘其怒，而觀理之是非。」陸稼書又曰：「人當於怒時遽忘其怒，而觀怒之氣象。」人有怒得是而氣象不好者，氣象不好，儒者尚當檢點，況增己乖張，壞人肌膚，豈講求正學者之所宜乎？其爲性情之害，豈小病哉？私心竊愛足下向道之勤，而不肯一去疵類，實深惜之！故爲一言，將以驗足下之勇於從善。

## 與張愚生書

昨聞新藩籌出五千金，運售南方各書籍。辥子曰：「雜樂亂正聲，雜書亂聖經。」此舉尤當嚴戒，不以駁雜不經之書混淆其閒，不然數年之閒秦中又成一橫議世界，於學術大有夾雜，世道人心因之日壞。孟子息邪距詖放淫，當時必有幾種書行於戰國，故不得已而好辯，欲以正之也。君子反經之功，此亦一端，不可不深慮也。然於吾友略言此意，願秘之，毋使不知者嗤警耳。

# 答黃小魯觀察書

頃接賜書，知二十日交卸。又即請假歸省，不勝悵然。大人孝親之心出於至誠，蓋亦不能自已。恭惟太翁頤養康强，或欲遊覽河、華、終南之勝，大人迎養官中，不獨三秦終蒙福庇，麟亦復得接被光霽，教澤之施，士子更受陶冶，所幸多矣。義學未獲實效，亦由爲日無多，此事亦須久道化成也。魯齋書院既定規模，惟繼守得人，益當振興持久耳。大人德隨時進，道與學深，已精而益求精，既密而更加密，骨力愈增堅固，性情倍臻和平。主敬窮理，交養互滋，將來大任之來，勝任愉快，純儒名臣，皆所優爲，此麟日夜所翹俟者也。何日南舟，未由躬送，慊仄！慊仄！

# 答張吉臣 　霱華陰人

昨得書，一切俱悉。會講記觀察意既如此，刻之亦可。吾輩窮而在下，只不敢妄議時事。若關學術，此自合當說底話，必欲低頭縮頸不敢開口，恐又過慮。視斯世皆不足語學之人，亦淺之待人矣。至講學不爲世所喜，此亦自來常事，聽之而已。豈可懲羹而吹羹，因噎而廢食也？

# 答張愚生書 　己丑

接來書，知近讀孟子及古文。有氣魄者自覺有效，慰慰！　自昨歲來觀足下稍一不當不免氣餒，此恐由氣稟之弱，抑義理不能充足，做孟子養氣功夫未得手，不能直養無害，集義所生，使之配義與道，故餒耳。然即知自疑自恨，益加讀書，令此心開闊，不長留胸中爲悔。吾人爲學亦惟有截，從今始之，一法思前算後，如何了局，至於用度，固當量入爲出，然合用者亦隨手用之，不屑屑作後日計。況買書又極佳事，正見賢者不爲物累。而舊事之無損於高志也，惟此數書果能久閱熟玩，人生出處，貧富何常之有？若有得焉，亦足以樂而忘老矣。所示二詩亦皆有意，願益堅守此志，知止有定，時時提醒，以求自得，豈區區世境所能跼蹐人哉！麟衰老無成，回顧吾黨，憂此學日孤，惟望二三同志豎起脊梁，擔荷此事，不涉夾雜，維持一綫之脈，後或有聞而興起者，未始非斯世之一幸也。賢得無有意乎？

## 又

上中丞書能破世格，而又適乎義理之安，非眞有見於道不能，可謂能自立矣。異日事業即以此爲衡，當不愧一代出色人物。吾黨之幸！吾道之幸！令祖家傳用「僭親王」，方能前後一律，是麟失檢，毛君所見甚是。至「洋夷犯闕」，亦據實言之。「吾輩爲大清臣民，恨不殄滅若種，今在草野」，此等語亦不敢出口。「果立朝廷之上，事涉中外，尚敢指目『洋夷』二字耶」，恐亦未免過慮矣。改「夷」爲「人」，不過謂「夷」字礙目，諱避之意，不知爲夷人耶？爲中國耶？恐有此意思，漸漸正氣日衰，益張彼之驕氣，名正言順，果有何害？似不必以改爲至當之論也，如何？如何？

## 答郭治堂書

前接書已悉一切，境遇不佳，只能一味責己，此是確實功夫，所書手板各詞，亦皆警切。惟願時時提醒，持之以久，不肯放倒，當日有進。近世學人諸病，言之直中肯綮，但須立定志向，自己直截向上做人。聖人所謂患不知人者，此爾不可流於端木氏。方人所弊斯爲眞能責己者，道本無窮，學求自得。君子道四，某未能一，而其所以用力者，只在乎子臣弟友之間。

言行之際，以大聖人之學，無非自責自勉之功。近來愈覺爲學舍「自責」二字便未免用心於外，有間斷處也。賢見及此，甚慰！甚慰！純修實行，所望於賢者益切。後書云云，雖致人言，但自問無愧，亦不必常留胸中爲悔。然嫌疑合避處，亦自不得不避，不可謂自信無他，遂不必檢點，君子所以防未然也。往者不追，來者猶可勉耳。

## 又

得足下書，并黄陶菴集及學思録容細閲之，足下疑冊尚未加批。惟足下既知主敬窮理爲爲學之要，即須依此實做工夫，久之當有進益，此事亦無多言，入之以漸，持之以恒，只是入頭，最怕夾雜。於小學、近思、四書專一熟讀，非聖人之書勿讀，無益之文勿觀，積以歲月，即非向時意趣矣。

## 又

問冊二本及與遜卿一書并捎去，幸收。所批記處細消詳之，如尚有疑，勿厭，往復辨析之精，正爲開心明目，利於行耳。不然將黯闇以終身，學之何益？或且長其矜肆之氣，願與吾友交勉之可也。

## 與楊溫如書

令叔來，知足下近況，慰慰！隴老態日增，舊學荒廢，無足言者。惟目疾頻發，常以爲撓，近尚無恙，頑軀亦犕健。足下年來侍旁，不能遠出，家事鄉事自不得辭。聞貴邑昨歲丈量，未免一番騷擾。然當事者主之，旁觀不能爲力。生熟清查未的當非一村，今歲照新定里甲收糧未能畫一，自所難免。官無告示，籠統含混，正恐百姓紛紛耳。但新甲已多收納，勢不能已，在我一人如何支拄？今日當事，難以言語爭衡，但當縮首斂避，早完正課，任他一切威風都無使處。自己地畝無差，錢糧自不可少。若爲衆人辨是非而先不納糧，則彼反有詞，徒自處有過之地，非計之得也。度德量力，安分順時，乃爲知幾之君子。足下試更酌之，心不能已，草此佈聞。

## 答劉乙觀邑侯書　庚寅

昨辱賜書，適感風寒，未卽奉答，心殊歉仄。琴署清況，素所深知，惠蒙慨捐，實出望外，以此愈見重義興學雅懷，非尋常所能測知，同志讀之，無不額手稱頌。然麟猶欽佩者，不在捐金之多，而在一書議論之精當，將來得篤行小學、好禮不倦之宿儒教學，其中一段實道出麟意中事。所謂「他人有心，予忖度之」，夫子之謂也。異日學規卽依此意爲定程矣。但麟德學淺薄，不足感孚衆心，信從者少，總由以善及人者之未能眞切也，不敢尤人，只自責自愧而已。惟鄙意終謂此道不可不明，使人人向慕朱學，不以雜說參之，不以科舉汩之，又肯自用其力，或庶幾有補修祠之意，正以待後之學者，不知果有興起否？

## 答前邑侯焦雨田書

前承惠書，讀之令人感甚。父台尊德服義之心，愈懇愈摯，孟子謂「樂正子好善優於天下，而況魯國乎」。如父台者，亦豈百里之才哉！願終持此一念，開誠布公，集思廣益，時時以古大臣自任。天下事非甲爲則乙爲，焉知將來非我之責？但己未易克，理未易窮，而事變之來又未易周知。在我益以讀書求友，博覽廣諮，精思熟慮，他日設施當益宏偉。不以下之見譽而稍存偏私，不以上之未喜而徒事揣合，一旦得志高位，其所措置亦必有大異流俗者，皆可爲父台信矣。麟年老，學益荒廢，日祝父台德政之美洋溢關中，山林鄙人與有榮施。兹呈上新刻國朝大儒清獻陸公三魚堂集及松陽講義各一部，均希惠收。亦望父台以此第一等人自待也。復有一事，念平生宦場相知，無逾父台，知己之感，久銘肺腑，若不告知，是非所以敬大君子之道。麟久蓄薄願，欲建朱文公祠以尊朱學。今三原北城有諸生捐施祠基畝餘，擬修殿屋兼筑號舍數閒，以爲師生讀書習禮之地，略創其端，餘以俟之後人。知清儉之操，不敢過求，然此義舉亦斷不可無尊名也。募啓一通，並呈覽。區區之誠，萬惟諒詧。

## 答宋吉一書 文祺山西安邑人

鏡清久道足下嚮道之篤，惜路遠無由一見，時切懷想。辱書先施，且惠厚貺，殊覺愧赧，感謝！感謝！衰老多病，學無實得，徒以虚名誤人。近方自省，吾人用功，總以主敬窮理爲主，而主敬貴密，窮理貴精，凡有閒斷放過，皆非也。所以多年未能得力，皆由此心把持不定，粗浮爲累，時憂無成而已。竊願足下與鏡清輩講論切磋，日進不懈，以求落實，則吾學之幸也！

## 答王敬安書

前承惠顧，談論踰時，得悉賢者所學之正且深，至評當世一二人物，能就其根本處言之，卽可知平日功夫有在欽佩之至，及讀所述尊甫先生行狀，文筆雅潔，涵濡庭訓，益信淵源爲有自也。辱以銘幽見屬，所愧薄劣，不足發揚先德，但以賢者愛親之誠，有不可得而辭者，謹另紙書後，以求是正。方今道無統一，學術淆雜，功利詞章之習盈天下，江河滔滔，幾不可反，無論已稍知學者，其高仍惑於陽儒陰釋之說，信心自用，大言狂猾而卒於不學。其次則矜奇炫博，考據爲能，往往穿鑿附會，卽至無理不通而亦不之恤學術之誤，始中於心術而終爲治術之害。董子云：「諸不在六藝之科、孔子之術者，皆絕其道，勿使並進。」愚謂朱子亦然，國朝陸稼書先生亦言：「今之學者不當自立門戶，自起爐竈，亦惟有力尊考亭而已。」眞不易之論也。不佞老學，無得行之不力，有慚衾影。然生平所守自信愈篤，讀尊甫先生行狀益幸所學之不謬也。且稔賢者亦有同心，願善繼家學卒究遠大之業，吾道之光也。西風萬里，幸懷好音。

## 復前邑侯趙孚民書

昨臘承賜尊函，知新治民情好訟，固其積習。然以父台明達果斷，一一爲之清理，無含糊，無畏難。大易所謂「不留獄」者，行將化大事爲小事，化有事爲無事，未必非刑罰中教化。父台所謂徒費詞說，無補政教者，殆謙詞耳。優禮有品之士尤得體要，不惟劣衿恥不爲惡，而鄉愚亦將感而向善。惟貧寒可憫，無可如何，古人所以先養後教也。今欲清其源亦已難矣，然隨事開導，凡課書院及偶接見，卽教以安貧勵志，講讀小學之法，則爲士者未必盡無恆產，而恆心或自此生矣。大文兩帙，冬夜細讀一過，深服其議論正當，正俗明教不爲無益。僭序一篇，自愧素不能文，不足以發明作者之心。篇末妄綴數語，亦恃知愛之深，兼承尊命并用草書。或者父台偶一披閱，猶見拙筆之眞，而復念及山野之人耶！不謹之罪萬望恕諒。寇允臣骸疾如故，昨歲九月閒其子生員永貞亦夭，老境寂寥，惟尚有一孫僅六歲耳。

## 答某人書 辛卯

三月十五日接手示，知貴恙初愈。朱祠祭日不能西來，相別幾一年未能見，悵悵！承問「象之忸怩，舜豈不知」，注謂

「舜本不知其僞」，以爲未然。或者又謂不知而不知，知而不知，似皆舜知其僞而特有意爲不知，非所以論舜也。舜固不可欺者，而愛兄之心則理之所有。聖人視象則吾弟也，不知其他，誠信而喜又何疑焉？孟子知舜之心，故直斷焉爲「不知其僞」。以世俗之人視聖人，則世俗之心而已，烏足以知聖人？

## 答王遜卿書

所云「朝議醇王之喪，皇帝不制服」，此言非也。恐未見邸報耳，邸報數條正用降服之例，至爲允當，足見國朝議禮遠過前代，可以傳之萬世而無弊矣。在朝言禮與禮經不同，不知果如何？俟再考。

## 與前邑侯焦雨田書

魯齋近事，昨聞遜卿一切如常，小魯久未見信，侍養老親，恐未必今歲至陜。明歲院中延師，惟父台早賜主張，院長一席仍請遜卿主之，款卽不足，不妨父台自籌數十金卽可安置。遜卿雖漸老，然英邁之氣不衰，猶足振興吾學，以來四方有志之士，天下事當爲則爲，卽不能爲長計，焉知後來者不能如吾之所爲也？如此方不負小魯一番作興盛意，而父台所以善其後者，爲關學續此一脈，其功亦豈爲小哉？惟父台留意此事，勿讓他人先也。

## 復前邑侯趙孚民書

辱書及宣紙一束俱收訖，後十餘日始見篆軒。細詢起居乃知尊體違和，言其病狀，不勝驚詫。又聞醫治旋有微效，惟力加珍衛，寬廣心地，自當日瘳。渭邑事繁，數年以來不免勞費精神，告假休息，庶幾優游宴養，一切拂逆以父台之賢達自能排解尋常牽係，憂鬱之私豈入其胷中哉？委書屏幅忽有所感，書陶公歸去來辭，意宦途亦非所樂。且年近致仕，素志有在，豈尚戀此區區？膝前連繞佳兒，架上多積奇書，亦足以歡然忘老。前日四槐之植，人謂擬三槐餘芳，麟知有五柳遺意。人生出處雖殊，而其意趣存於中者，自一衣食有分，粗可伏臘，便當行吾心之所樂。果遂初服，俟其脱然大愈，或能下臨敝邑，瞻謁朱祠，增重斯道，固父台之夙願。更能明春清和東遊太華，麟亦當步趨後塵，一至雲臺仰對三峯舊迹，尋了數年之志。七十老人猶有登山興會，傳之好事亦佳話也，不知父台以爲何如？千萬私祝，速復强健，以慰下懷，爲會晤之期而已。

## 答主事王仙洲書 步瀛鄠縣人

來書崇奬過甚，深自歉悚，學無實得，虛名誤人，中夜以思，自問難安。然讀書一念，耿耿不忘，炳燭之明，猶欲少進。略見聖賢爲學大旨，不至枉活一生也。竊見閣下爲官之日，存養省察，孜孜不已，將來建樹豈可限量？願益勉爲鄉邦之光而已，拙輯信好録一部附呈，聊佐進修之資。

## 答或人書

接來函，及所記學規，均悉用功之勤，慰慰！至不忘臨行相戒之言，及自矢力改前過，尤見立志之勇。足下本有才氣，不欲爲世俗人，但早年讀書略無程準，志雖有餘而未受約束，未嘗斂才就範，是以任其意氣，無所忌憚，幾蹈於匪辟之罪。既知自省，一味下苦讀書，就聖賢繩尺，不敢一毫佚於法度之外，將來成就當有可觀。自古英雄豪傑將欲有爲於天下，必先納己身於規矩準繩，自立立人，自達達人，猖狂自肆能有成者幾人哉？小學、近思録、四書終身一日不可離，經次之，史又次之，至於經濟類書卽有可取。然大者已得，亦自撮要擇精，不至枉費工夫，惑亂人心。漢南得與王氏父子講論，來學不多，亦自今日風氣。知學者少，無可如何，但先自明所學，不使誤人，則人之信不信亦聽之而已。「德不孤，必有鄰」，此一說也。「人不知而不愠」，又一說也。風土紀略，自是漢南舊弊，久已聞之，但不如今日之甚，要亦根本學術不正，遂至於此，無可如何，足下要力辨之，恐亦不能勝也。惟視其人可辨者辨之，方於人已有益。若不可辨，徒爾嘵嘵，且不免又起爭端。結婚略能行禮固佳，然必使行於身見之事爲皆一一合禮，儒者舉動要自有異常人也。僕近患眩暈，不能多言，所記不免汎濫無序。他日讀書切實，自知其非，也不多及。

## 復李菊圃方伯書

前歲臨行，未得一送，至今歉然。聞主講晉陽已久，亦未奉候，以不得妥便，此心耿切，時懷馳仰。昨歲仲冬，始接石公六月間函，遠道音書，易致浮沉。然由此知石公監院晉陽，得與先生講論切磋之樂，何幸之如！臘底又奉到先生手書，曷勝欣慰！又聞有屠梅君，先生相與過從，益所健羨。書院人才聚會，雖不免科舉之習，先生以小學、大學爲教，趨向旣正。近思録、大學衍義等書又足開發聰明，增廣識見，培植之久，得知此道者多，風氣自當翕然一變。朱子所謂「開聖學門庭，作將來種子」，卽此意也。麟老學不力，實覺日用隱微之地，理未易窮，欲未易寡。所與諸生日夕從事者，亦只於小學、近思、四書爲多。近來益覺學術宜定一宗，旁支異派最足誤人。庚寅春在敝邑北城創建朱文公祠，九月朱子誕日落成，約費二千五六百金，助資之人三百有餘，亦足見義理之感人者深。聖朝表章朱學可謂至矣，豈待草野末學？然區區之心，亦謂無人無處不當以朱子爲學。董子所謂「諸不在孔子之術者，皆絶其道，勿使並進」，竊謂朱子亦然。斷不當另闢門戶，平生私淑之心亦欲申明。朝廷尊崇正學之典，使學者一範於大中至正之極而已。昔人謂宋五賢有功聖道最大，所在郡縣各宜別立專祀，人心公議未爲不允。而余謂朱子尤所當先爲，北方開此一局，未知有當否？承問諸生中成德之彥，此未易言，自愧無爲人手段，不能陶鑄鍛鍊，俾克負荷大事，但各因其長而不迷於所向者，或有之矣。近三數人如長安張紹元之英邁，郭道襄之挺特，涇陽柏堃之穎異，淄川孫廼琨之勤專，不懈益進當有可冀，未知終能不畔去否。今日無好學術，他日必無好治道。尊示所謂「吏治民風，樞紐全在學校」，眞不易之言也。張宣公有云：「後世所以不治，皆吾儒講學不精之故。」萬目時事，又吾輩所當自反。漢學商兑舊曾見之，近世講漢學者不可不讀之書。平日所刊濂、洛、關、閩諸書，欲爲吾學一正本原，本原正，方可辨明學術。茲五子全書次第告竣，魯齋、敬齋、清獻各集亦已鋟梓。據嘗所見，如學蔀通辨、閑闢録、王學質疑、明辨録、朱子爲學考、姚江學辨、理學宗傳、辨正擬，都爲一函，刻而傳之，以公士林。此皆守道之篤、衛道之嚴，雖見嗤以門戶不恤也。如漢學商兑亦附其後，使世知正學所在，不可一毫夾雜。天假之年，二三年閒漸次可及，未知將來果得遂此願否。石公書來亦及商兑一書，若世有欲刻者，亦公心也。前歲兩次相見，不及細談，今先生暫居林下，與諸生講學，相去又遠，慕用之切，因書不覺覼縷。何時復親光儀，敬聆教言也。肅復！

## 復楊石功學博書

昨歲兩接足下函示，俱悉壹是，監院晉陽，得與菊圃方伯日夕過從，發明此學，聞之欣羨。屠君亦同志者，一番講論恨不共之也。劄記一紙專論漢學商兑一書，不爲無見。此書誠足干城吾道，不知爲漢學者曾肯潛心一讀否？國朝自陸稼書先生辨明王學，良知之説始不足以惑人。乾隆、嘉慶閒，漢學之風復熾，皆力攻程朱，此又聖學一厄。植之此書眞與朱子雜學辨、陳清瀾學蔀通辯諸書同一有功聖道不小，多刻廣布，庶幾異説少息乎。此閒必待一二年後，濂、洛、關、閩諸書俱完，然後辨學各書始出，此書亦在所必録，方伯書中已詳言之，昨歲修得朱子專祠，亦此意。并鈔寄啓祭上梁各文，令老弟一觀，聊知鄙懷耳。故友甯輝若易板，果若何，望早設方致原爲幸。千萬留心！天各一方，老境逼人，何時復得一話懷抱？臨楮悤悤不盡欲言。

## 答徐山逸書　嘉遯閿鄉人

頃接手示，知侍旁安適，慰慰！左右素慕黃冠，藉以養病，遂不免改裝。今一旦直反初服，事母家居，復人道之常，可謂大勇。以此力量求吾道，其進也孰禦？喜甚！喜甚！前歲此閒所留山史諸書，惟正學隅見一種不多見，欲鈔一本，尚未及也，餘交還。

## 答孫琴舫書　迺瑤山東淄川人　壬辰

春閒接手示，辱垂念，甚感！甚感！令弟前歲不憚數千里跋涉就學，并道足下盛意，當時亦且同行，而念母心切，中途復歸。區區謭陋，不知何以得此於賢昆玉也，方愧無以開益令弟，有負遠來之意。而足下書來謙抑過甚，遽以師生相稱，不敢當，不敢當。且殷殷以此學相質，愈令人慙悚難安。麟學無實，得虛名誤人，正此耿耿，憂懼殊深。然厚意不可虛辱，敢陳其所見而明者擇焉。足下亦嘗留心陸王之說，既知考亭爲聖學正脈，其餘皆旁蹊曲徑，不肯誤入，可謂有眞見矣。至謂居敬窮理工夫未眞，非居敬窮理之過也。朱子平生，惟做此二者工夫透，其見於語類、文集極詳且備。果依此做去，初時不免把捉，久之自有得力。若舍朱子所說而別尋簡要方法，其不陷於陸王者幾希矣。實做居敬窮理工夫，則涵養省察，克治節節，自然俱到，非兩不相涉也。至於舉業之累，近世學者通患也。然程子所謂「不患妨功，惟患奪志」，此一說也。「爲己爲親只是一事，若不得，其如命何」，此又一說也。朱子所謂伎倆愈精心術愈壞，眞是如此。只是後世有此一途，多少英才坐困其中而不出。要之，只視人立志如何耳。生計一說，輕重緩急，非人所能預。迂拙之言，不知有當否？肅復，幸高明諒督！

## 與張愚生書

去秋西行出關，當一路平安，抵臺但不知何時始至，殊切馳念。中丞一番新政，必已有端緒，漢夷軍民懷德畏威可預知也。足下相助爲理，盡心竭力，亦吾儒素志。其所設施一二大者，幸略示知。大抵臺省新立，五方雜處，兵勇餘習氣尚陵競，卽恐文武官紳亦多不免囂雜之風。然誠能動物，持以忠信篤敬爲本，而開誠布公，集思廣益，如諸葛忠武之爲，亦未有不能感者。中丞宏識雅量，自操權衡，足下處幕借箸，亦當有遠謀深慮，使中外奠安，爲朝廷紓西顧憂，莫大之幸也。陜中昨冬無雪，新春至今未降雨澤，糧價日增，麥苗漸枯，人心憂旱較甚。丁戊閒客民無食，勢將滋事，不知將來作何收場也。正月末，有湖南王陽晞、姚欽灝兩人相訪，留止數日。王留心正學，姚頗有孝行，皆有志之士，又肯虛心，堅請執贄，眞不易得也。王之尊人舊宰阜康縣，今膺新疆洋學館漢教習，西來省親。相見之日，談論切磋，亦必有益，悤悤不盡欲言。

## 答張愚生書

頃接八月初十日書，一切俱悉。所言西事，當軸者無眞見，處處棘手，情形可想。大舜時三苗逆命，禹敷文德，卒致來格。夫子云：「遠人不服，則修文德以來之。」此等話在今日似全無用，且誰不以爲迂腐。然聖賢豈眞迂腐？其中作用亦在人爲之，惜乎不信此言，爲之柰何？自古欲以勢力爭勝，終是難靠。孟子策勝亦曰：「如彼何哉？彊爲善而已矣。」當今時勢雖非彊臣所得自主，然彊臣亦自有可爲之事。在一日盡一日職，避賢固好，恐不能遽去，亦盡其在我者，想幕府亦嘗以此意告之。讀中庸溫尚書，雖不說著時事，然書理亦有相通，固守勿失，處夷狄患難之道在其中矣。僕九月閒得右手足沈重無力，不能握筆，杖而後行，近將護稍輕，亦衰年常態。幸無遠念，惟老懷易感，輒念故人，不知何日聚首，一話離悰也。

## 答王反之書

僕年來多病，老態之常，惟常念故人多不在側，有話無説處，輒起孤寂之憂。人事無常，亦無如何。但望吾友時以此學爲念，舉世波靡之日，忍窮受苦力趨孔、孟、程、朱門牆，而不敢有他途之歧。得失利害置之度外，如此方見工夫，足下以爲何如？

## 復前邑侯焦雨田書

昨十七日，張藎臣來山齋，辱賜書。刊行楊忠介公集，諄切之意聞已形之試士，誠心所感宜藎臣慨任不辭，已面命梓人蕭生寫立承單。惟原書尚多殘闕，模糊之字無本可查。一面搜對，一面令其寫樣，大約明歲五六月可成。朝邑楊鳳詔承校，尚老成可靠，至於序文既蒙不鄙，忠介亦素所師仰，何敢過辭？藎臣亦以爲言，告竣之時，父台更得數語以見鄭重此書之意，使讀者興起，如何？如何？又聞仲玉道近讀朱子文集，麟不勝喜甚。自此父台當心益細、氣益平、識益高、守益固，南康、漳州政事固必次第仿行，而學問德行且將追踪。國朝大儒湯、陸之爲有不難者，亦不愧表楊忠介之書也。手病漸愈，仍未復元。親筆書此，欲父台一見支離老態，可笑亦可憐也。

## 答劉小垣書

前接手示，知所患漸愈，至慰！至慰！至欲搜輯先世墓志，彙刻傳後，足見足下孝思，署題卽用舊堂名，爲「劉明善堂墓志彙刻」亦可。如欲別改新名，前見令先君家訓首以「張稷若辨志」爲言，卽用「辨志」二字以不忘先人志事，是或足下夙念所在。或名以「守訓」，亦卽今日節鈔家訓之意，後人遵而守之，凡前志所載先人一言一行，亦可永爲家法矣。均不知合否？願更酌之。僕老病支離，今年九月閒又得右手足沉重無力，不能執筆，杖而後行，但精神似未大減，然亦恐非久於人世者，旦夕未死。足下彙刻墓志，如成，若能措思，或擬一序。數日閒張濬送來家訓節鈔，意欲陜中刊板，中有一條「毀謗正學」云云，原文亦自可通，卽不須改。如欲改，略易一句已簽粘條上，但令先君所云「毀謗正學之人只因邪正相形，非必有忌忌者，皆是學問經濟或有各勝之心。今之毀謗正學者，胸中何所有此言」，誠是。蓋兩賢相阨，兩雄必爭，自古而然。然今人又不然，竟不問自居何等，一任私意小智，輒自矜能。名雖士流，情實市儈，刻薄譎詐，忌疾方深，且自鳴其得意而不知識者以爲其愚，莫及是毀謗正學者，亦有今昔淺深之分，其亦可哀也已。昨接任道甫書，足下有輯刻拙文。僕生平學不得力，老悔無及，閒有所作，亦多應酬，於道亦何以發明？夙昔之志，輒以在世之日不欲犯前人自刻文集之戒，徒取侮笑，此志未敢遽衰。天苟有意稍延殘喘，假我數年，略有所見，或出區區敘述古人爲學途轍，不使後生倀倀走入岐路，儻可就正斯世，亦未晚也，如何？如何？道命録足下如有之，可借一觀，或有欲刻者俾得流布，亦一幸也。

## 復黄小魯觀察書　癸巳

新歲初旬，辱承賜函，知先朝議公傳已塵台覽。麟學問淺陋，方愧不足發揚先德，猥蒙不棄，且惠湖北叢書百本，隆貺厚儀，銘感之至。開廣學識，裨益良多，愛我之深，所不敢辭，敬謝！敬謝！令弟之變，聞之驚悼，大人自謂學問之疏、性情之薄，與稼書先生遭子喪自題一聯有「老大方知氣質駁，尋思只是讀書粗」意正相同。即此益見大人省察之密、存養之深，非實進工夫者不能有此。然亦命數有定，勿過憂傷。朝議公窀穸不知安未，亦望守禮順變，有以慰地下先靈耳。閻君季蓉，岐山武生石衡早道其爲人，前歲在邑北城創建朱子專祠，閻君曾爲之記，惜未晤面，將來陝西而又此參差。此君博學能文，渴慕甚殷，不知終能一見否也？魯齋經費不足，未能廣集學徒，當事未一過問，可慨！可慨！然此學終難澌滅，俟之而已。幸遜卿極力整頓，省中留此一脈，亦大佳事，或後來庶幾興起。

## 答柏子餘書 森涇陽人

承問三年之喪以二十七月爲滿。先王制禮，恐父母至親，期不足以盡之，再加一倍爲再期。二十四月猶不足以盡之，再加一時爲二十七月。交三年之數，情雖無窮，禮則有限，不過如此而已。除服之期只在二十七月之内，未必整整八百一十日也。以九九陽生似涉附會，如何？如何？有未合，俟再考。

## 答張清寰書

素未識面，猥承惠書，又貺佳茗，且見不忘鄉關。辱送各書，與人爲善，意良厚矣。過譽鄙人，非所敢當。至天心未回，皆由人事不修，誠然！誠然！陝中屢遭荒旱，民風依然刁悍，眞可憂懼。但人事之修在於講明正學，人性皆善，人人心中自有天理，祇爲氣拘物蔽，無人講明，日流於惡，所謂人不中和則病天也，何怪天道之不順哉？然所謂正學者，亦不外四書六經之旨，孔、孟、程、朱之言。若外此而講學，夾雜二氏之説，則惑世誣民充塞仁義更有甚於楊墨。孟子闢楊墨，程朱闢佛老，孟子、程、朱豈不欲救世哉？何如此其嚴也？如曰爲愚民設方，孟子、程、朱豈不知爲愚民設方？以至誠之道教人，人尚有不化者，豈故立僞教而人可化乎？僞教者，二氏之說也。無所爲而爲之謂義，有所爲而爲之謂利，以利誘人，聖賢不爲。來書各種，其中有爲士子說法皆不免利誘，今之士子皆是這一片私心，所以雖得科名，都不知正道爲國爲民，皆此意作祟。夾雜二氏，非君子所宜道也。然以足下盛意，但當取給鄉老，略爲說破此意，恐誤人墮入坑塹。某年已七十，生平以聖賢正學教人，而信者寥寥。某亦不以爲悔，究不敢以邪說害人，蓋愼之也。既蒙不棄，不以告君，則不直我且直之君，以爲何如？並寄弟子規、訓女文、誨兒編數種，皆純正無疵，愚民未必不可人人皆知。餘以路遠不便，不能多致，小學一書，尤其要領，川中自不乏也。願暇日細一閲之，幸甚！

## 答張育生明府書　世英秦州人

辱讀賜函，悃款之至，重以拱璧束帛，在古聘賢之禮施之鄙人，甚不敢當。然竊窺大君子德政及人者深，故部民多知向義，且鄰封士子亦聞風而起。書院之設，將欲倡明聖道，以振横渠張子之風，非知當務之急能如此哉？麟鄙人也，道德文學於古人萬萬無能爲役。然生平祈嚮，頗願講磨古人修己治人之術，不甘沒溺流俗。方今士子顛迷頽習久矣，然志氣英偉，卓然特立，世豈無人？夙昔輒思，得之於同學，則挽回世道人心，不無少補。人性皆善，特無以倡之，則感發少耳。然則賢侯作興之功，豈非曠世之舉？庸愚如麟，當此興學造士、修復古道之時而不樂觀其成，則亦負賢侯與諸君子之美意矣，非麟志也！但殘念衰病，以敬亭久候，稍欲安置學事，以赴賢侯之聘，當在初夏起程，月終或反原耳。肅維鈞鑒！

## 答王香亭書　錫桂鳳翔人

辱書備悉一切，諸君樂善好義，於頹風敝俗之中獨欲講明正學，振興斯道，甚盛事也。感佩之至！麟才疎質陋，本不足倡率同志，使聖賢之學復明今日，然念諸君曠舉，不可不成其美。横渠先生曰：「孰能置意科舉，相從入堯舜之道？」竊嘗有志，以此自勵，西郡文王舊都、横渠之鄉也，必有英明豪傑之士出乎其閒，亦願切磋講磨，取相長之益。與敬亭約四月初，力疾西行，往反一月之久。至於扶持匡救，尤賴諸君相爲始終，則吾道之幸也！

## 答王秉粹書　陽晞湖南湘陰人

去冬接函，壹切俱悉。令尊翁補任同知，出於前任民情愛戴，以此愈思足下所出家書多篇，凡所以教足下者，皆其身自爲之。蓋其爲政之本早裕平日，欽佩！欽佩！又以此知聖人所謂求爲可知之，足恃居夷之可化也。足下在尊翁署，亦能讀書，當益精進，定省之餘，且代親勞，更有助於德化矣。聖賢學問有體有用，忠孝大節存念既久，將來出處進退必有大過人者。目前一味向身加功，則學養愈覺得力，在賢勉之而已。愚生想不能常見，聞陶中丞自劾疏上，不知朝廷如何安置。愚生能否東歸？西事棘手，自强之計安在？不能不深憂也。翩桐在蘭，不知何事念念？尊翁令叔處，均希道念。異日道陜，或能一見，誠厚幸也！麟衰病益加，老不聞道，惟略窺先賢爲學路脈，斷不可有他歧之歸。洛閩宗派淵源洙泗，外此皆荊棘榛蕪，誤人坑塹。學術日雜，心學考據尤不可不嚴防也。近刻辨學書如學蔀通辨、王學質疑之類六七種，遠莫能致，俟後或共講耳。

## 答王反之書

前月歸來，一路清平，孚先當能言之。惟老妻病尚未痊，醫治十餘日方始霍然。張公朔望親臨書院，講習鄉約。甚慰！甚慰！書院之設，西郡大好機會，香亭、蓮浦所居伊邇，正好料理。諸君均有樂善之誠，必思善後之計。宇宙内事即分内事，況初心如何，豈可不要其成？惟香亭素未詩書之人，而能慨然有意此舉，尤吾輩所當自愧。但其中曲折本不諳悉，所賴吾輩誘掖曲成。吾鄉李子敬當元時不過一鄉里善人，一旦建立學古書院，全是蕭維斗、同寬夫往來慫恿，卒成其事，所以至今名垂青史，俱見關學編，可考而知。人生甚事不歸烏有？惟扶持名教，振興學校，終留天壤，且此身不過數十年耳，在有志者自勵如何。學規尚未就，後當爲之。天熱，人事紛擾。張公德政藁竟未接到，今世德政碑皆近俚俗，張公正當以古人期之，後當有大書特書者，不以此汲汲也。學中諸生，今歲附學當有人，然舉業亦聽其自爲，在我惟告以爲己修身，開以聖學門庭。許白雲、辥文清非吾師乎？道理自是一個，而界限須劃清，舉世都一味混雜，全不辨是非可否，殊可慨歎！此復。

## 又

前接足下書，具悉一切。麟近粗適，惟應酬太繁，又無可謝去之理。宗銘章程尚未擬就，書院得足下及諸人倡率，以明正學爲事，則將來作興，必有可冀。君子創業垂統，爲可繼也。學事亦然，强爲善而已矣。諸同人亦望各勉之。

## 答張愚生書

頃見陶中丞自劾一摺，此一著最爲有識文，亦語語樸實。臣子所陳於君父之前者，正當如是。惟誠動人，庶幾見聽也。此亦足以見中丞爲人心地光明，讓賢者路，有古人風，不知劉爵帥肯一出否？時事艱難，非臣子自佚之日。俄夷起釁，勢所不免，禦戎之策，内修外攘二者而已。今日吾所恃者若何？自强之計，尤在愛民。夷人强悍，亦有人心。軍務一興，兩國生靈俱遭殘傷，何益之有？惜無以此意正告者。宋仁宗於契丹已事可見，如不得已，卽思所以用賢選將練兵籌餉，以爲必勝之計，恐不可如海疆講和之說，一誤再誤也。足食足兵，民信之矣。如意更不講，甽畝徒抱杞憂耳。

## 答孫琴舫書

去冬接九月十二日書，適患賤恙，無暇作答。今春二月閒得見與令弟書，因思前此下問之誠，不容虛辱。令弟來陜讀書，鄉人殊多議論，此世俗常態，不足深計，總視我之立志如何耳。孫秀才索遊，范文正屢贈之錢使得所養，由此苦學十年，後聞泰山有孫明復先生者，以春秋著名，乃卽昔年索遊秀才也，卒爲一代名儒。且看所依者爲何人。焦雨田今之好官，非俗吏比，況足下兄弟有師生之誼，亦非漫然勢利之投。樂正子從子敖，而孟子責以徒餔啜。古人飢，從謝仁祖求食。孟子又曰：「非其道，則一簞食不可受於人；如其道，則舜受堯之天下，不以爲泰。」所難者在己。果能入孝出弟，守先王之道，以待後學否耳。不能則無以爲報，何怪人言？能則所報多矣，又何區區數年之養乎？國朝環溪先生魏敏果公薦起時，度在官無以自給，不欲出。妻兄李恆岳問：「在京費幾何？」曰：「月一金足矣。」恆岳曰：「吾能任之。」公慮後無以償。恆岳曰：「吾上助國家，非助公也。公有濟於世，吾何惜焉？」凡十二年得絕交際，卒爲名臣。人不多恆岳之能助公，而多公之所以報恆岳者爲不可及也。然則仲玉當憂己之非明，復敏果不當憂人之議己。正當如足下所云，挺然特立，毅然以古之學者自任，不受變於流俗，不動情於毁譽，始可耳。惟令弟質愨有餘而開拓不足，悔責徒切而板滯猶存，亦常恐致多口勖以偭分，自做工夫，此志勿懈。孟子亦只以文王、孔子爲人示法，此外更無他説。然人之氣質本難一轍，識得途徑，勤修不已，功力既久，自有所至。更望賢亦以此意開廣讀書，爲人是自己義理命當做，外面一切利害是非都不管他，勇猛沉潛。「居敬窮理」四字常目在之，覺得心境清明活潑，便是效驗。亦不須求之急迫，反生病痛。平日所語仲玉亦多不能出，此不知琴舫又以爲何如也？正遠，惟爲學自愛。

## 答王藹臣書　生吉高陵人

三月廿八日接到貴縣蕭生彦英帶來賢友一函，不忘老拙，存念之殷，感感！昨歲九月間，右手足忽得沈輭之病，極力將護，至今尚不礙事，惟手指時麻，未能復元。老態之常，不足深念，惟聞蕭道足下在固，官聲甚好，且時常念書，聞之甚喜。現在國家無事，然兵事何可一日不講？西夷終不免窺伺，今日正當求人練兵，以備國用。凡有奇材異能，有膽識勇敢之士，當如手足腹心，將來必能收效。前日塔將軍李忠武兄弟部下多有得力之人，足下必悉此意，吾且望之矣。

## 與柏漢章書　景倬子俊弟

令兄大哥臨歿，拳拳以關學編重刻本付之訂正。弟本非所敢當，然感大哥厚意，不敢過辭，又念此事非一家一人私事，略參末議正以發明大哥振興關學至益。然是非不敢自質，一俟後人而已。其可用與否，仍請二兄與令姪孝龍及諸君子斟酌可也。近事悤悤，宫伯明所囑大哥傳，尚未及爲，稍暇當爲之。

## 答馬養之書

桐閣十三論無極太極論，如「道生天地，天地一陰一陽也」二句，似尚無病。惟「無極」出老子，朱子謂與周子意各不同，而桐閣反謂周子有取則何以自解免乎。足下此等看書極有見，僕所甚喜，閒有過滯而不活通之病，一併消除更佳。

## 答王秉粹書

接足下書，具悉一切。尊大人委署溫宿，設立木櫃，求達民隱，即此一端已見愛民之誠，眞古人之用心。夷俗難化，洵如所云。欲擬延師，道德齊禮。聖王不易民而治，仁漸義摩，未必不可興起，已陳中丞，當可邀準。惟得人不易，試加訪問，果有確信，更俟來音。或有三數人能西來，吾謂此正好機會。不惟化民成俗，儒者素心，聊可藉手。抑以閱歷邊疆，周悉異方人情，亦增長多少學問，且有足下在彼，切磋磨鍊，異日成有用人物，不枉一出，亦上天玉成之意。即不必此閒諸人，凡天下有相識可以任此者，足下侍旁琴堂，政暇廣求博取，不患無眞才佳士也。古大臣以人事君，人子不獨不可以人事親乎？此尤親之所深樂者。中庸「思事親不可以不知人」，此中道理足下當熟講之，故僕正願此舉之成也。至惠白金多兩，僕與足下道義交，何俟此爲，受之非宜。然以足下厚意，又覺卻之不可。願足下守身事親，修德力學，以卒大業，毋庸過念鄙人。惟思足下在遠，不得時相講論，衰老易感，爲可憾耳。近刻辨學術書各種，路遠不得致，統俟後便。幸諒察。

## 與梁濬甫書　永泉希初子

昨承招飲，感謝！感謝！專人敬璧原柬，不能回縣，有負雅意。但有一言以足下相愛之深不可不盡，幸更酌之。令尊翁所書「都兪吁咈」，横幅「眞松雪」，筆法可以傳世無疑。惟足下所跋書款用「後裔」二字，似不如直用「男某」云云爲妥。「後裔」遠孫之稱，少欠分明。再聞人見石刻立腳對聯，跋用「希初公」云云，雖子思亦稱仲尼，然後賢多不敢如此，程子稱大中公，朱子稱吏部公，閒稱韋齋、韋齋，號也，稱號猶可，無稱字者。先公官號云何？不如直稱先公爲穩而雅，如何？如何？僭妄，幸亮察。

## 答張清寰書

今春貴同事歸陝，承惠書。彼時悤悤，以事將往鳳翔，不及裁答。七月閒貴同事郝君來索書，前函適尋不得，不知足下又欲得此閒所刻何書？俟後便寄一函可也。麟竊見足下好善樂義之心出於至誠，昨歲呈閱諸書，方懼無以當足下意，而足下不但不鄙而又好之，其識可謂高出流輩多矣。正人心扶世教，惟有講明聖道，老拙行年七十而不敢少變其説，誠懼害道也。此意可與足下一言，不知以爲何如？

## 與淨敬齋書　戊寅

淨生賢友足下，令堂兄來，惠示已悉。藕粉之貺，又見賢者厚意，感荷！感荷！閲足下昨歲課册，知於小學、近思二書頗下功夫，讀遍數，自記數語，皆不憚自責之言，足下之心可謂眞切矣。惟欲讀詩作文，此心又似向外。吾人爲學最要是檢點身心，講求事理，以期無愧爲人之道而已。詩文末也，何急急乎？但足下素於此等工夫全未講究，不過求明白字義，言詞通順，卻不知書理既通則語言文字自可達意，卽學詩文亦但取程子、許魯齋、薛文清諸家文，若詩而熟玩之則自然別是風味，別是意趣。偶然有作，亦必迥異流俗而不可以詩文觀矣，足下試思之。秋禾得雨可安，賑務畢將歸清麓，生與武生能東來乎？朋友講論之樂旦暮期之，佇切！佇切！此復，惟照詧不既，戊寅仲夏。

## 與武敬亭書　戊寅

敬亭賢友足下，昨冬接手書，未及作答。茲復來函，又惠絲麪，天旱奇荒，不忘老拙，心竊感之。鄙邑賑務，殊深焦灼，自愧德薄才淺，不足救活鄉里，日夕憂懼。雨澤略能深透，秋苗正可入土，天心似轉，歲事有期。足下極知向學，甚以爲慰。惟冀切實爲己，不閒不雜，目前但潛心遜志於小學、近思二書，熟講實體，將來聖賢正路自可得門而入，以致升堂入室不難也。如何？如何？悤悤未暇多及，諸俟面論，惟爲學自愛。

## 復武敬亭書　己卯

敬亭賢友足下，養之來及足下書，備悉一切。此閒近況，養之歸當詳道也。所印諸書渠亦并帶去，允臣先生所輯箴銘聞已允其刊刻，甚盛意也。昨已閱一過并添補多首，卽托養之歸還。惟養之所録私淑諸集再加整頓，亦擬足下將來鋟行，亦是大好事。黃涪翁嘗言：「人生須輟生事之半，養一佳士，教子弟又當尊敬之，久而不倦，乃可以盡君子之心而享其功。」此意不可不知。足下亦當略加裁省別事，於此等有益人己者，做得數事，方不枉做一場人也。想賢母能深諒之，人生生事，有何了期，終是實落者常在耳。曹生來爲足下寄縣志一部，幸收之。不盡。

## 與武敬亭書　辛巳

敬亭賢友足下，端陽前三日接足下書，俱悉壹是，並雪橋先生手翰。小女昨冬染病，二月初經郃陽行以南鴻雅診治，已頗有効。三月廿九日忽受時疫之氣，舊病復作，近月餘頗見危殆，往來奔視，見日住王氏延醫用藥，尚未大減，據醫雖云脈象不壞，而久虛瘦瘦，不知將來究竟如何也。加以麟三月十二日因勞，病目腫痛月餘，近雖稍痊而昏花少光，以此又不能静養，深形狼狽，諸事廢卻，可想而知。令祖墓表尚未下筆，暨復雪橋先生書，目前實有不及，稍俟日當覓妥便寄去也。漢學商兑書，僕曾見之，最爲吾學干城。漢學至國朝最盛亦最弊，得此亦足折服其心，不可不看，即用璧還。茶藥均收，謝謝。前日馮中丞數次致意，又復專員親賫書幣，敦聘省垣主講，不知曾聞之否？僕已力辭關聘，許其日後至省，目前又不能定期。如能到省，擬致書養之及足下諸友一來聚講，亦有益。但僕亦不作久計也。子方前二日到清麓，辭行北上，屬購書銀收到，吾學録尚未印。餘書并俟後寄，以在縣不能至魯橋也。此復！

## 復武敬亭書　壬午

敬亭賢友足下，頃接來函，俱悉一是。東行之事以諸冗恐未能，漸寒路途亦未便也，遲之後來可耳。十三經注疏閲之，係校勘記，此書係阮芸臺尚書刻，但原本已被回祿，此恐翻板。然南方遭亂亦失，故此書尚爲難得。正誼堂叢書共六大函二百二十五本，内缺張陽和一本。辞仲强云，係某借去後當問得之。轉寄銀四十二兩，已交付矣。僕家運不佳，賤妾楊昨日病故，近僕亦感冒未愈，故遲遲爾未閒。惟冀爲學自愛，擺脱亦無別法，雜冗一切裁減，處處留心。認理不牽制於欲，但是灑落處，且試思不能擺脱者多因何故，則可憬然悟矣。匆匆不能多及，附問近佳。

## 又

敬亭賢友足下，頃接來函，俱悉，書銀十五兩錢一千並收訖。因詢足下近況無恙，慰幸！慰幸！僕粗適，惟衰老日至，學不得力，隱微内問，終難自信，但期炳燭以補餘日，庶不至終無成也。足下天資儘可進道，亦願隨時自奮，毋負歲月，是所切冀。前云七種古文一書，雖係佳紙刷印，去後細查，其中尚多不全之頁，未免礙目，别購可也。餘銀五兩暫存。此間秋涼，擬遊鄜，果能西行或可一晤。鄜邑横渠祠不知趙侯果否修葺？近見張肯堂兄否？此惟照督。

## 又

敬亭賢友足下，人來接手書，俱悉一切。承惠風帽縐巾酒麪，竊見存念之至，殊感厚意。惟與足下道義交，願勿再爾。疑問冊各附數語，幸詳督之。詢近況，慰慰！來書所云記室向無得力，諸務猶須親自料理，未免無暇讀書，此亦家庭之常。但得省卻一二分閒應酬，撥置一二分俗冗雜，梢有時刻且與聖賢晤對，慎勿放過，庶幾思慮整清，自有悦心之趣，亦甚濟事也。明歲能一來否？相聚數日講論一番，或發明得一二大條，自處不爲無益。

## 又

敬亭賢友足下，人來並書，知侍旁及眷集均吉。不忘老拙，又惠團扇，感慰！感慰！在家不能無事，但有暇時幸勿放過。惟觀書玩理，收拾此心，勿令昏擾，才覺浮雜，便教沉潛專一，功夫全在漸積，久之自熟。僕近覺熟後意味似親切，前日與諸生講德之不修章，至是吾憂也。覺我輩平日全少個憂意思，所以事事都少長進。因此自省不勝其憂，此憂卻要自己尋去，非他人所能與，故曰吾憂。賢亦嘗以此自考否？雪樵先生集已領到，其家託以釐整，向未敢動手，不其意如何？俟其令阮歸自京師，迂道來原面商耳。橫渠祠扁難得，恰好寫去數付，賢自擇之，不記示我，廣居舊有否？聯語附後，亦不能佳。所需書已來，見另紙，前所之書是明嘉靖朝議禮事，名明倫大典，只四套。前記不的，細閱之，其意主桂。然卻能考當時原委本末，亦窮理不可少。紙板絕佳，尚有明頒賜印章，甚可存也。

橫渠祠聯

道法中庸，仁極西銘，關學淵源眞孔孟；

志存四爲，養深六有，宋需[一]宗派並周程。

## 又

敬亭賢友足下，昨初六日由原冒雨至涇，訪允臣先生，而來人卽於是日過原，次日轉涇，始接足下書，云云已悉。鄠縣之行尚有小事牽絆未能，或俟十月閒，然恐不敢必也。自四月閒致趙朋府書，至今未見覆書，不知果何如也？至慮見理不明，接物多愆，此亦無他，惟有暇常親書冊，細意體貼，久之自有得力，而應接之閒，時加謹慎，隨時檢點。但今日用之閒，此心不放，庶少尤悔，然亦卻在自家存察，非他所得與。惟足下性近平和良善，卻要常自振厲，高明豁達，勿拘拘近小，有負祠心也。眞切之言，不知吾敬亭能見信否？秋後東來，不知果否？但得安慰高堂，家閒無事，能出門走一遭，開心胸，豁眼

[一]「需」：疑爲「儒」字之誤。

累，更長精神，亦一幸也。朱子曰：「鄉里坐，不覺困了人。」此意可思也。敬齋及文蔚幷問好，各趁時讀書，終是好下場也。敬齋琴功如何？此間老遲先生講琴不由恆經，不知能一來面聽之否？悤悤不多及。

## 又

敬亭賢友足下，頃接手書，一切已悉。陶詩及朱子約編銀二兩均收到，惟惠裘帶、小兒帽諸件，種種厚意，受之殊覺不安。然足下過念老拙之誠，又似難辭。但吾輩道義之交，相期勉以古誼，正不在區區贈遺之勤，此後更不須如此用心。麟自愧學力不充，無以開發吾子。若使麟少効切磋，而吾子有自成之功，卽榮幸多矣。

## 又

前月二十四日人來，僕適歸縣。次日始見足下書，一切俱悉。試期馬養之來原，略言足下所請西席，前後兩人皆有參差。目前且自看管弟兒輩，雖覺拘絆，訓讀之餘，卻得安坐溫習舊書，亦復大佳，不須生厭斁也。張肯堂爲人老成古道，屬意甚是，惟問今歲主人禮待頗殷，不知終能辭去否耳？養之家閒無人，恐亦難遠離也。如都不諧或更博訪之可也。足下自省深切，才覺有失點檢，便是做工夫處。願時把定此心，不要走作，以此細意讀書，求聖賢意旨，反向此身，令處事接物皆有依準。雖任氣質稍有偏駁，只如此常常提撕，不使閒斷，久之病痛當自少減，便是得力處也。至於家閒用度，總當以節儉爲先，量入爲出，卽長策也。如何？如何？橫渠祠記今鈔來，有未穩處，望與肯堂兄不惜指正，所惠諸物以愛厚之勤，不忍過辭。然屢蒙存問，心殊耿切，昨歲因築先祠，始慮不審，狼狽已極，足下不令僕知，佽四十金，今春聞舍姪言，且感且愧，不知所以爲報也。

## 又

敬亭賢友足下，自足下去後不知貴眷病恙如何？前月雪寶陳學海走乾州一帶，買騾欲到岐，託問足下家中。茲王慧來接函，得悉家人病已均痊，慰慰！惟前此同游之樂，歸來方思講論數日，始不負足下一來。而忽有專使來喚，可知相聚之益亦甚不易。然以足下資稟涫良，事事都爲先人起見一種，孝思深可敬嘆。但仍立身行己必以聖賢自責自律，講明學術，求無愧於天之所與我者，是又顯揚之大且實。而更率令弟文蔚及諸郎讀正書，親正人，將來守身保家，無忝所生，以似述先人之風，尤爲傳世無窮之計。願足下益勉之而已。

## 又

足下爲子弟讀書擇良師益友，頗費心思，足見愛子之深也。然師友極不易得，反之亦未商及，或緩圖之。帛帶之贈，甚感！甚感！足下每每惠念老拙，存問不已，其情可謂至厚。而使僕屢受殊，未免不廉，此後勿再爾，庶幾心安耳。

## 又

家事近如何？前所云云，當有定論。然如遇合如此，未嘗不爲足下惜之，亦無別法，惟忍耐處之，亦可增人識見，堅人骨力。但以不忍之心行乎其間，而至誠以感動之，求無負吾祖父之心而已。激之不是，任之亦不是，只舜便是樣子，親愛可也。又及。

又

敬亭賢友足下，王慧來接手示，幷惠酒麪，情意之厚感甚。又贈豹皮，知係先物，殊難爲受，而足下書詞樸摯，又不可辭。但麟學德謭陋，有愧皋比。惟願吾輩交勉，期扶正學，在麟益堅末路，而足下奮志，英年植行，續學有以自成，則今日相與之誠，庶爲不虛也。反之初七日到清麓，已令王慧覓車，初九日起行，此間足下所寄書籍及照象二件均捎去。與反之今歲相處，切磋之益，定知不少。道義交，惟各盡其道而已，然彼此同心，一切亦無不可通商量也。

又

反之與張先生頗能道義切磋，聞之甚慰。令弟文蔚亦知敬信，尤爲難得。此正好機會，足下一味自盡愛弟之誠，彼自感而益親，將來正於足下有助，且於此處益加工夫，卽是讀書實用也。足下勉之而已，此啓。

又

敬亭賢友足下，遠餽麪酒，厚意可感。但麟於賤辰例不受親友之祝，而足下屢致殷勤，殊覺不安，願此後勿復爾也。赴川搬柩是重大事，幸一切小心。所需各書卽揀付來人，另有開單啓分。先子宦蒞諸縣各送墓表及書，此意甚好，但啓文尚宜裁加簡要。至於刻爲學旨要，前已對反之言之。麟未能自信，竊懼有誤學者，或足下欲代麟就正四方有道君子，亦自行其意可也。若專刻拙作，則仍顏以共學私說，幷刻楊先生講義，或仍舊名，不用扈序，或足下自作數語亦無不可。此次目疾較重，至今尚未痊可。匆匆不盡欲言，幸惟諒鑒一切，反之亦能道也。川中講學書或能搜得一二種否？此復并問近佳，眷集均吉。

## 又

敬亭賢友足下，馬養之信來，云足下家門有訟事，不知如何？以足下平直居心，得當事公明審決，自當速了。反之來信，自以教學無功，遽欲解館，雖得自處之義，不肯戀棧，然以足下教子心殷，亦當斟酌，得一妥人可爲子師，甚不可草草爲也。但人不易得，反之道義交，或可共商，當能盡心，不似世俗見也。僕爲足下教子起見，正當其難其慎，此教家傳世之要，亦不能不關心也。未問，惟爲學自愛。侍旁及眷集諸郎令弟均吉。牛淨近讀書有進，希並致意。

## 又

敬亭賢友足下，王蕙來，接示，已悉一切。惟馬齒加長，而生平絕無生日之說。早離父母，及老無聞，何壽之可言？是日家庭卑幼亦多不肯受拜，往有親戚餽遺，輒拒不納。年來間於次日偶送禮物，雖受之而終不安。蓋次日又先君生忌，麟所以不免愴然也。而足下遠贈種種，又難堅卻，惟賢知我，此後勿再爾也。白鹿洞賦八語已寫付蕙，太夫人壽聯尚未擬就，兼亦聯幅，又由省帶岐，俟後當有以報也。今日接養之信，知尚未赴館，此間校書已留劉葆中。又專召雷立夫相聚，前日召王遜卿，已被黄觀詧函令教讀魯齋書院，後生來者絕少。柏堃又喪母，恐家中無人，未能遠離。盩厔王慎幾送其姪來，年才志學，不知果志學否也？朱文公祠，焦、趙二公俱捐百金，餘尚未定。將來或能成此一舉，然此意知者亦恐不多其人也。燈下悤悤，不能多及。足下供子心切，又得王、馬二君，皆良友，盡心教導必有可望。惟愛子必以義方，區區溺愛非所望於賢者也，願深督之。至於家計固不可求田問舍，而裁省冗費，禁止奢華，司馬公家法亦不可不守也。如何？如何？此希清覽，侍旁安善及眷集均吉。

## 又

敬亭賢友足下，長至前一日歸家，適接來示，承惠節物四色，不忘老拙，存問殷勤，愛我之心有加無已，甚感！甚感！蓮浦來，問近況，均悉。又知前日至省，以縣公卸事，復返岐陽，不得一見，未免歉歉。昨見反之信，意欲辭館，以諸子學不加進爲師之咎，知難而退，避賢者路，亦不爲不是。然素知足下懇留之誠，豈聽其去？復書已勸之矣，惟足下益鼓勵諸郎惟師是聽，則爲師者見其日起而有功，將來兩成厥美，賢父兄之實，非足下而誰？文公新祠，諸君皆欲反之明歲主講，亦吾所深喜，但恐有負足下心耳。別思安置一人訓誨子弟，使知此學者衆，或亦吾黨公心，而未知終如何也？悤悤，此佈冬寒，惟侍旁爲學自愛。令弟文蔚及諸郎時進益，望望！

## 又

敬亭賢友足下，屢接手書，過辱注存，感念殊深，相别一年不勝戀切。朱祠落成，未得一來，今歲三月，日盼其至，久復杳然，耿耿而已。事親教子，應務讀書，亦是學問，然相聚一番，精神倍振，議論見識，或可頓進，古人所以貴有朋友之樂也。近與諸生講朱子「言敬」各條，卽信好録所載，益見親切，眞是學者定盤針，一絲不差。後世學術紛紜，只坐此處認不的耳。然亦無他巧法，無論有事無事，須此心做主不令放失，便是工夫也。郃陽侯生攜有國初諸名人墨跡，其中甚有可觀，欲西來一訪足下，求售如二曲、雪木、豐川、山史、青主文詩書法，俱可傳遠。足下若能斟酌，留得數種，俟有餘資，刻之貞石，亦一事也。如何？如何？令弟石衡三月初有與足下書，久無的便，兹并令侯生代呈。此間鞘適，惟目疾復發二十餘日，文公祠會雖在縣，竟未與祭。老態日增，人事之常，每思身事、家事、世事、學事，多難詎置。但遇觀書興復不淺，便覺一切忘去，此則差可告語耳。匆匆，未得與反之書，觀此亦無異晤面也。令弟諸郎讀書當益進。未間，惟爲學自愛。

## 又

敬亭賢友足下，頃接手示，均悉一切。隨卽聞王會口傳桂郎之變，令人痛悼，幾不能言。反之前來云其病狀數犯，雖覺可憂，而足下信尚謂稍減，何以忽變之速，然亦天命無可如何。幸慰高堂，足下亦當以義理排遣，不必過戚戚也。冬寒侍旁，不必遠出，春和或能東來一散懷抱。反之前此自言教讀少效，意欲讓賢者路。事既如此，但恐日夕教授，忽少一人未免難爲情也。然賢者於反之道義相得，似難遽舍，彼此儘可相商，不必拘以形迹。反之若歸，此間亦當有一安頓，卽在清麓相樂，亦一樂事。衰老之況，每於友朋輒思聚處，不知人事竟如何耳。特此卽問近佳。

## 又

敬亭賢友足下，昨反之來，知爲二桓成婚，路遠無以將意，歉歉！僕近得右手足不仁，不能執筆，所屬小學、近思録跋尾及書字均未及爲。反之明歲館事，亦自謂斷當辭去，庶不負知己。此在反之義固當然，而足下來信意欲挽留，拳拳相愛之意，殊令人感。且云岐鳳間頗多向學之人，此亦甚好機會。以僕愚見，或因諸友爲反之成一書會，則大家講論風氣益上，使諸郎常得往來聽講，而足下亦時相切磋，卽無異朝夕相聚。足下家塾別擇端謹士子與諸郎伴讀，或者彼此常有益也。如何？如何？幸足下酌之。侍旁想諸佳善，令弟及諸郎各屬進學，眷集均吉。

## 又

敬亭賢友足下，敬齋遠來，俱悉一切。但以僕病，天寒奔馳，心殊不安，亦見足下關懷老拙，感荷之甚。近病已減十七八，敬齋又用藥，深防後患，自此當日就强健，毋煩過念。諸郎近讀如何？隨其資性，嚴以防之，寬以俟之。朱子云：「父之教子，天理也。教之而必欲其如何，則又人欲之私矣。」與反之相處久矣，彼此固以道義肺腑相交，自無不可共商之理，必能兩盡其道，無待予言也。惟足下年來漸有家事之擾，亦無如何不舍書冊，此心勿忘，或有以處置之也疏廣，所謂「賢而多財則損其志」，足下當亦有以覺之。僕亦早爲賢者慮也，爲今之計，亦惟收斂節用，不惟惜財，亦約心之一端，如何？如何？聞令弟文蔚近來頗有進益，甚幸！暇日仍令觀書，誨兒編細玩，亦處家爲人之要道也，諸郎亦教之。僕實略知道理，亦不專急急於誦讀也。如何？如何？順筆書此，幸足下詧之。冬寒，爲學自愛！

## 又

敬亭賢友足下，反之來，得手書，慰慰！僕手足較前益輕，無足深念。反之就鳳翔王君義學，皆賢與諸君之力，可嘉。聞王君以苦力成家，而踈財好義，且欲倡明正學，眞流俗不易得。雖賢等成人之美，然非王君自有胸襟志趣，亦烏能嚮善如此之切。願賢與諸君輔翼〔一〕扶持，世道之福也。昔元吾鄉有義之士李子敬者，建學立師，當時有長安蕭維斗、同寬甫兩先生一力襄成其事，請程悅古先生主講其中，卽今敝邑學古書院是也，傳之累朝不替，非子敬之功而何哉？蕭、同及悅古諸

〔一〕「翼」：原作「糞」，據文意改。

人皆見關學編，則其學術亦大略可想。豈如今世俗書院之爲哉！聞今義學仍有舉業之習，此自是今日功令，一旦去之，難免講論紛起。不知不習舉業，亦非功令所禁。前十餘年，上海龍門書院爲應敏齋觀察所設，專講正學不開舉業，亦未有非之者，蓋此事自不相妨。今日義學專以講明正學，以端蒙養，士子稍長，有志進取，意向稍定，即送入府縣書院，隨其人所爲，已有眞正底子，果得科第，必有可觀。義學先生或每月擇日約同志會講，或一次或二次，習行鄉約之法，間爲諸生出策論，講明義理，所謂「開聖學門庭，作將來種子」，庶不愧文王之國、張子之鄉，重振此學，爲斯文光也。久之亦有益作文，非盡以文爲不足爲也，先後本末之序，自應如此，即文亦豈今之所謂文哉？願諸君與王君高處著眼，大處用心，蕭、同、悅古安在？非今日任哉！今日之舉，安在不流傳不朽如學古哉？即必欲作文，或令蒙師略爲講明文法而已。僕老矣，旦夕未死，且樂觀此事之成也。立春次日，又接足下書，並貺年物，感感！年來屢叨厚惠，不忘老拙，而相隔之遠，無由會晤，講論之益，愧負多矣，不知何日相見也？殘臘尚寒，惟爲學自愛。侍旁及眷集均吉，令弟諸郎想爲學有進。

## 又

敬亭、蓮浦兩賢友足下，王惠二十三日至清麓，二十二日僕已去富平，焦侯講行鄉飲酒禮，至二十六日始回山齋。接見來書，一一俱悉。足下捐設書院，王君香亭又助經費，此盛舉亦特舉也，貴郡好義之風於是乎甲吾陜矣！將見西土文教日興，人才輩出，關學復振之時也。幸甚！幸甚！謂宜得眞儒大賢爲之表率，則士類翕從，有裨風化必矣，而以淺陋迂拙如僕爲名，恐貽笑四方，遺譏後來，非所以扶世教正人心也。又重以鳳翔張公雅意稟請出奏立案，且欲寄函五齋爲之先容，僕何以得此於張公哉？僕於聖學淵源實未窺見一二，但以平生意嚮所在，讀洙、泗、洛、閩書而心好之，才魯質鈍，世俗一切詞章功利心學考據之習，不敢一涉其途。竊欲自全純愚，而虛名誤人，日夕惶懼，雖夙心亦願與四方有志之士共講所聞，以張吾軍，然老病侵尋，恐未能大振精神，有負厚意。所需正誼書院顛末底稿借檔鈔録，而房吏支吾，至三月初五始得鈔一分，即付王惠持去。至於僕之行止，承欲東辱薄軀，若能支撑當勉西行，一觀賢侯善教大端，且成諸君勸學育材之美也。此復并問均吉，反之、養之各問好，不另書。周君、王君香亭，均希致意。

## 又

接手示，一切俱悉。王慧來自省垣，王虚舟帖已攜到，裝尚如法，但未明言工價，俟後問明付之。地圖恐未成耳。張公朔望到書院講行鄉約，頗不孤寂，又率其族孫書院讀小學，此尤足觀感人也。星伯能至鳳觀禮，更行之岐書院，不易！不易！西郡正學之風將興，諸君倡始之功烏可沒哉！願終勉之，至幸！至幸！院規楹聯，俟後爲之，足下意不忍忘也。石盆銘今寫附上。書院上案底稿可鈔寄一觀，藹人書屋横額順付之，照像並鄉飲酒行禮全像，因便幸惠數葉。此問敬亭賢友暑祺，侍旁安適，眷集均吉，令弟諸郎都好。

## 武敬亭

古人居喪讀喪禮，但喪禮在儀禮經傳通解中甚多，不能遍讀，且從小學「父子之親」條讀起，以及稽古、嘉言、善行中凡言「父子」條以類而及，熟讀深體。朱子孝經刊誤亦宜補讀，每日鈔寫方望溪喪禮或問一二頁。鈔畢並鈔寫戴記喪服問、四制、小記等篇，如鈔喪禮或問法。然後更看儀禮經傳通解喪禮篇，庶幾發其仁孝之心。朱子謂居喪無不讀書之文，以此作功課則有實用矣。己卯二月十三日夜，爲武生文炳示。

## 與劉蓮浦書　補遺

蓮浦賢友足下，頃接手示，並得反之略述近況，慰慰！王君香亭義學一舉，得足下及周、邵兩君贊助之力，所謂君子成人之美，甚善！甚善！以此知此道在人，終不磨滅，亦貴郡文王棫樸作人之休，與橫渠關學之風猶有存者。王君固知嚮義慕道，而諸君與人爲善之心皆近世所罕覯。願均勿以世俗人自待，則此役也，何必不千古哉！所需齋名及學規暇即擬就，俟之呈去。所惠絲麫，甚感厚意。老拙年來自多不與足下相聚，講論切磋，令吾學成己成物，眞有實效，先聖先賢遺教卓然著明三秦，行見汩沒，一生以是大懼，而屢叨賢等存念不忘，其何以爲心哉？念賢等扶持此學，亦即修德講學之一端，望與諸君並令舅孚先直以古道自勵，老拙亦與有光矣。切囑！切囑！餘見孚先書中。新春，惟爲學自愛！香亭王君惠麫，深感！不及另書，祈與周、邵兩君，幷希致意！

## 與李濟川書　補遺

春日晴和，惟足下加意爲學。歲月可惜，幸勿汩沒都市聲利中，方不負初志也。如何？如何？己卯二月二十日。

## 答王仙洲農部書　補遺

冬初白悟齋編修歸里，得接手示，敬悉壹是。春閒先兄及舍姪相繼去世，家門之變，慘不忍言。然亦麟無德致罰，夫復何尤？老遭天譴，惟有益加安分讀書，力求補過而已。遠蒙函慰，感謝之至！令先君墓表不敢輒忘，前撥冗一爲，愧不足發揚德善，惶悚！惶悚！如有未當尚祈改易，幸勿客氣也。惟閤下清德懿行，進修日密，光大家學。又如張子所云，不以道學政術爲二事，則立朝事業遠媲前哲，豈獨家庭之幸，抑邦家之光也！麟雖老，且拭目俟之矣。肅復！歲寒，惟一切厚護！

清麓文集卷十一終

# 清麓文集卷第十二

自咸豐己未至光緒癸巳

三原賀瑞麟角生著
同里劉嗣曾孝堂校刊

## 贈言

### 贈楊溫如歸取 己未

天地一大夫婦，夫婦一小天地，故中庸曰：「君子之道，造端乎夫婦，及其至也，察乎天地。」易首乾坤，中咸恆，其義一也。艮下兑上，咸，艮少男，兑少女。男先於女，剛柔之義，故男必親迎，所以先女也。後世親迎禮廢，失感通之理焉，得爲取女之吉。

堯降二女以試舜，文王刑于寡妻，至於兄弟家邦，自古聖人莫不皆然。但舜、文有此事耳，學聖人者便當於此著力。

無艮下兑上之咸，必不能爲巽下震上之恆，蓋已失某常久之道，故也。

夫婦者天地之道，一失其道，便是天翻地覆氣象。

「夫和而義，妻柔而正」，不義非和也，不正非柔也。和與柔是當然，義與正是所以然。

夫婦人合，然亦莫非天合，故古人取瞽女不以爲嫌。知得此理，胸中便有多少樂意，無復人欲之私矣。

夫婦不難於和而難於敬，敬生和。

中庸章句謂夫婦知能，卽在居室之閒人多不知，其實道理如是。但世人以褻狎爲心，故視此居室之事若不可言。胡五峰所謂「接而知有禮焉，交而知有道焉，惟敬者能守而不失耳」。

朱子曰：「幽暗之中，衽席之上，人或褻而慢之，則天命有所不行矣。」天命卽天理也，人欲肆天理滅，故君子慎之。

孝衰於妻子，凡所當爲無非孝也，故守身爲大。

程子曰：「吾以忘生徇欲爲深恥」，此言宜常念也。

## 贈楊溫如 辛酉

辛酉歲暮，楊生將歸，覿問予誠訓之詞，適有客不暇細語，燈下展紙爲雜書如此。略無次第，或有取焉，亦不無少助也。

天地生物全是一個溫熱氣，如春便發生，秋冬則不然，嚴霜冷雪萬物便都零落凋謝，更支不得。聖人滿腔亦渾是，仁人須有這意思，若峻急峭厲處多卻不免寡合，亦自孤單矣。

是非固要分明，然有薄待斯人之心，又如何轉移得他？程子曰：「小人乖異者至眾，若棄絕之，不幾盡天下以仇君子乎？」

凡與人言，亦不必遽責以聽受，當徐俟其化，在我者盡其誠可也。

人能自責，便有多少安裕受用。

多見人底不是，亦是自治疎。

道理須參活看，執已見不得。

覺無一人當己意者，此意思不好。

爲學須多聞多見，參師訪友，或式德行，或資講論，皆可求益，勿以一家之學自足。

識量寬宏，性情平和，規模廣大，功夫精密。

顧惜名節自有好事，然才有個求全底意便是私心，或不免周旋遮蓋之弊。

有悔過之心，速改之，可也。滯而不化則礙其虛明，而亦無以爲遷善之地。

從一角一隅上看，道理便易偏。

自古無徇人情底聖賢，亦無不近人情底聖賢。放僻咈戾，所謂矯枉失中，亦枉而已。

「勤」、「謹」二字守身常法，家庭之閒尤爲至要。

正大篤實。

事親須要有一段深愛之心，斷不見得親有不是。司馬溫公曰：「親命有不可行者，則和色柔聲，具是非利害而白之。」苟於事無大害者，亦當曲從。若以父母之命爲非而直行己志，雖所執皆是，猶爲不順之子，況未必是乎？

近思録載易傳「幹母之蠱」一段，最當玩味。

## 贈任道泰 永濟人　癸亥

聖人於門弟子問答，多因其病而施之以藥，蓋師者所以長善救失。余每告諸生，便要說著病痛所在，往往激切，爲其危言悚語必有動心處。前日，一生求書，不免發其隱微深錮之病，其人不悅，眞所謂諱疾忌醫，寍滅其身而無悟也。張子謂：「朋游學者議論異同，未欲深較。惟整理其心使歸之正，豈小補哉！」區區之意蓋在於此。然則余又何以語生哉！去寬慢放肆之氣，存勤謹溫恭之志，勿自暴勿自棄而已，我之道當如是也。生之悅不悅，豈足計哉！

## 贈李椿蔭

今早與諸生說孟子「無恥」章，退而自思，眞是可畏。周子謂「大不幸無恥」，朱子註曰：「無恥，我不仁也。」竊思仁乃人之生理，若不仁便痛癢不關，醫書以痿痺爲不仁，氣不貫處，生理亦絕。又思「爲機變之巧者，無所用恥」，機變之人便全是自欺欺人。未有自欺而知恥者，亦未有無恥而不自欺者。程子曰「人道惟在忠信」，不誠豈復有物？不誠卽不仁，此只是一事，不仁便無話可說，故學者要立志先須戒欺知恥。

## 贈胡甥魯才　乘騏高陵人

人之生也，天予之以陰陽五行之氣、健順五常之德，形成而理賦，萬善具足，夫豈假於人爲而後有以全乎天之所以予我者哉！然而氣質之稟至不齊也，清者智而濁者愚，美者賢而惡者不肖。自非上智大賢之資，亦烏能遽有以知其本然之性而全之耶！聖人者出，於是乎有學焉，所以去其氣質之偏，以全天之所以予我之理而已。求乎己不求乎人，急於內不急於外，及其自修有餘而推以及物，要以完吾性分之所固有，非汲汲乎此也。後世道學不明，凡自修身以至平天下，不知學之之本。而上之所以取下，下之所以應上，皆利而已。漢策賢良，雖曰近古名誘之也，唐詩賦宋經義，明以來又以八比時文，其法若精，其弊更甚，至使豪傑有志之士亦莫不屈心傍首，就其繩墨，其中豈無純儒碩彥？然自其資質之美，非習於彼而有所得也。向使不累於彼而一以聖人爲歸，則其造道成德又不知居何等也。夫天之生聖賢也，不數數中材者恆有焉，隨風而靡，其不迷於所趨者或寡矣。士益騖於浮僞盜竊之習，而嗜利無恥之徒，惟以鑽刺營求爲得計，學校之俗遂大壞，在上者亦無以收眞才之用，而緩急卒不可恃。平居既無守道安分之實，臨事安能有仗節死義之操？然而天下貿貿焉，且以爲學求如是而已，理義之不明，道德之不修，經濟之不講，志節之不立不問也，嗚呼！學之不明，以至此哉！習俗溺人甚矣！今卽大聲疾呼，告以聖賢門庭，鮮不駭然怪、譁然笑、愕然疑者。怪也、笑也、疑也，由不知學也。秉彝之良極天罔墜，不可得而誣也，吾又安知天下不終有拔乎流俗、卓然自反、明誠兩進、敬義交脩，以復吾本然之性，而實求聖賢之所謂學者哉！區區廣聞，見工文辭，發策決科，榮身肥家，殆不足言也。胡甥乘騏，少從予學，既以文拔於有司，爲學諸生因爲此說，以廣其治。

## 贈賈惠霖

賈生惠霖附邑學爲生員，予以逢時之業，生既嘗聞之矣，或未聞夫聖賢中正之學也。夫聖賢之學亦爲己而已矣，爲己之學必先立志，究性道之本原、識學問之綱要、闢異端之訛謬、明聖統之淵源，所以定其本也。然非居敬以持其志則悠忽閒斷，亦何以爲窮理反身之地哉！故存養之功實貫乎知行之中，而無一時一事之可離者也。致知知之事，克治行之功，由內而外則自齊家以至治道治法臨政處事，由進而退則自治道治法臨政處事以至教人，蓋修斯道於身家，必推斯道於民物，不行斯道於天下，猶傳斯道於吾徒。然分而言之，則出處之義一毫不可苟也；合而言之，則警戒之意一日不可忘也。是以古之君子必以明新至善爲究歸，而戒懼慎獨卽所以爲格物致知之本，由是而致中致和，以至天地位、萬物育，胥是道也。生舊從予遊，其於予言省乎否？

## 贈昝子康　基善

小學一書朱子五十八歲而作也，蓋其年已老，其道理益熟而其所以教天下萬世愈切至精密，非後世因陋就簡之習所可同日語也。其綱領有三，其條目有九，其內篇取之唐虞三代之書，其外篇取之漢以下諸史及近世諸老先生之言行，反覆發明惟恐不盡。然卒無一言及於文辭功名之爲，且因而箴砭之，不使一入學者之心中，以壞其根腳，卑其知見，俗其念慮，苟其事爲。程子曰：「憂子弟之輕俊者，只教以經學念書，不得令作文字。」胡子曰：「今之儒者移學文藝，干仕進之心以收其放心而美其身，則何古人之不可及哉！父兄以文藝令其子弟，朋友以仕進相招，往而不返，則心始荒而不治，萬世之成咸不逮古先矣。」他如陽城之學爲忠孝，胡安定之經義治事，明道之本人倫明物理，自洒掃應對以至窮理盡性，伊川之改試爲課更不考定高下，皆所以教所以學，此外無説焉。學者不於此書篤信而謹守之，欲根腳之正，知見之卓，念慮之遠，大事爲之粹美，難矣！昝生基善嘗欲從余遊，蓋亦有意於學者而卒未果。余使生購置小學書，未知從事否？頃生試於有司入邑庠，更暢論之，書以與生。

## 贈孫獻璋　甲子

同治甲子，余有修志之役，因見吾鄉選舉之盛，非他邑可比。然其卓然傳世則數人數十人而止爾，而人物則又有不由選舉者。然則選舉之中名雖存而草腐木朽，何可勝道？當其時且自詫曰：「貢舉進士也。」噫！是亦不知其身後之澌滅，若斯而況生員，則又並其名而不得書也甚哉！人貴自樹立如何耳！李二曲以布衣名動九重，而胡敬齋、張楊園皆潛修不仕，獨講聖賢之學，敬齋且從祀廟庭爲萬世法。」孫君獻璋入學爲生員，爲是説以勖之。

## 贈劉致祥　高陵人

高陵劉君榮卿以子致祥附學爲生員也，喜招余飲，以故不得赴，然不可無言。高陵有呂涇野先生者，明之狀元也。人誰不知之，人誰不尊之，然而世之知之尊之者則直曰「狀元」云爾。古今狀元多矣，秦檜、嚴嵩非狀元乎？奚足貴！使涇野不狀元也，雖終其身韋布，其可知可尊者自在也。同治癸亥，天子用御史奏以先生從祀孔廟，豈不以有功聖道，其學足爲天下後世法乎！且狀元則有命存焉，學固學爲人之道而已。涇野人也，我亦人也，人而學人則無不可及之理。涇野之言曰：「人皆可以爲君子，豈惟乾道中有二程夫子，淳熙中有朱夫子？」余敢曰：「豈惟正德中有涇野先生？」劉君之子，先生鄉人也，宜以先生自勵，學先生之學，知先生爲狀元生色，非狀元有加於先生。狀元無加於涇野，則今日區區附學又何多乎？涇野之書如內篇、因問、五經說及文集諸種，俱在熟讀而精思、身體而力行，何遽不涇野？若曰「涇野大賢人也、狀元也，我小生也，豈敢望涇野」，是自棄也，非所期於劉君之子。劉君固愛子者，得子而學涇野，其志大矣！其事偉矣！豈不更喜甚？異日將重爲劉君賀，並書以勖致祥。

## 贈劉東初

孔門教學者必先求仁，仁者，不忍人之心而已。孟子曰「無惻隱之心，非人也」，是豈有閒於貧富者哉？而富者恆易全其惻隱之心，而實行夫不忍人之事，此固不待學而能，而學之本則不外是矣。同治甲子回亂平，四野凋殘，蓬蒿滿地，劉君毓英慨然以二萬餘金散給闔邑牛種，所謂不忍人之心與不忍人之事非歟！其子昇之東初適以是歲入邑庠，仁者有後，不信然耶！自茲以往，東初當益汲汲於學，當益汲汲於求仁。而求仁之道非一端，而翁之所爲乃其大者，推而極之亦仍勉力於學而已。使人異日稱之爲孝子、爲醇學，無不可者，區區外至之榮，奚足道哉？東初其念之！念之！昔吾鄉元李子敬先生好施予，生平義舉所費錢約數十萬緡。而其子善禮能繼述以昌其業，史策美之，邑之人又立祠以祀，至於今不衰。君子於是嘆積善之慶，信有徵也。夫儒者不言報應，然所謂作善降祥，其理豈有爽哉！予無以告東初者，亦仍勉東初以學。凡所以立身行己，毋頹惰以懷安，毋昏冥而自棄，必思繼述昌業，無使善禮父子專美於前，即予且與有榮施，東初勉乎哉！區區數語或勝於河豚之饋，是亦所以賀而翁也。

## 贈劉季昭　質慧

同治壬戌，余避亂絳陽，其明年，省兄臨晉，而吾鄉劉君季昭避此，一見遂謬信余，取嘗所輯養蒙書九種郵政成都，鋟板以行，季昭可謂好學矣。甲子秋，附邑學爲弟子員，余又何以告季昭，無已請，卽與之論學，而仍以養蒙書爲之。端孝弟、謹信、愛衆、親仁、學文，此聖門弟子之事，弟子規已詳言之。至於眞西山之敎子，程董之學則，以及童蒙須知、訓子帖，則又發明盡致。而鹿洞條規、敬齋箴且直揭其綱領，指其要約，雖終身守之有不能外者。若夫訓蒙詩、性理字訓又皆所以講切乎事理之當然，而漸以啓其聰明智慮之益，初非別有所謂干祿釣名之說。蓋其始學之時固已養之以正，由是而小學、近思録、四書、六經，講學之方，日用躬行之實，齊治均平之道，惟吾之所欲求無不如意矣！季昭有親命，或不能遽舍所業，顧其所以爲學則在此而不在彼也。季昭他日必知之。

## 贈毛經疇　丙寅

毛生經疇爲吾友漢詩之子，遭亂，遊西蜀習賈。生嘗讀書頗端慤，爲文亦可觀，賈非其志也。丙寅歸見余，閒問蜀中山川、關隘、道路，能言其梗概。又聞賈事暇輒讀書，或作文自娱，時督學試士，生遂補博士弟子員。語云「有志者事竟成」，不其然歟！雖然，弟子員其外焉耳，不有聖人賢人之可企者乎？文其末焉耳，不有仁義道德之當求者乎？弟子員在人，聖人賢人之理固我自有。舜人也，我亦人也，有爲者亦若是。非顏子之言乎無文，則輪轅不飾而已。無仁義道德，其能自立於人類者幾希。孰得孰失孰重孰輕不待辨而明，亦立志而已矣！或曰毛生家甚貧，世又輕士，將何以治生？夫顏子簞瓢自樂，未嘗憂貧也，抑賴有賢父在焉！生果自勵，吾知漢詩必能爲顔路也，因爲生賀而并述此說，漢詩又以爲如何？

## 贈白季珍 趙珖

古者八歲入小學，十五入大學，小學則教之以灑掃應對進退之節、禮樂射御書數之文，大學則教之以窮理正心修己治人之道，蓋皆求之身心、日用、家國、天下之實，而不爲無用之空言也。今世無論年歲若何，但以文求售，縣試之，府又試之，然後試於督學，皆爲童試。幸而見取，始名入學，以古準之，則其爲大學之時固已久矣，然不過無用之空言。大學「明德」、「新民」、「止至善」非不知也，問其所以，蓋未嘗一日從事，嗚呼！同一入學，何其與古異耶？丙寅，余主講邑學古書院，竊有志古小學大學之教，獨時文不一及焉。時文者應官課而已，余不問也。已而督學試，白生趙珖與其姪銘獲與選，蓋入學爲庠生矣。夫生平日聞余之教，皆古入學之事，今雖文，宜思朝廷所以取士特用此法，不當以是自足，謂入學止此而已，終身之學亦止此而已。必以明新至善爲志，以求古入學之實，是吾之教不爲負生，而生亦有進乎。今世所謂入學而不終事無用之空言矣，生與其姪幸審思之。

## 贈白受采

眞西山先生之言曰：「漢以經術求士，士爲青紫而明經。唐以詞藝取士，士爲科目而業文。去聖人之意遠矣！」吁可慨也。白生受采以文見拔於有司，爲諸生，士生今日爲科目青紫而學，時也，習也，亦勢也。然試反而思之，人之生也，莫不各有本然之性，無論區區一衿，卽上而舉人，又上而進士，極其至爲狀元、爲宰相，其有也與吾性在所益乎？其無也與吾性在所損乎？聖人修道之教，無非欲使人各知其性之所有而全之，仁義禮智存於心，視聽言動合其則，子臣弟友盡其分，天地人物窮乎微，如是而已。天下有勢有難已，而其理則不可不知，能知其理然後不屈於時，不囿於習，而并不迫於勢，是在人焉耳！將賀白生，遂書此以勖之。

## 贈許思慎 丁卯

許生思慎爲科舉之學，已廩學爲貢士矣。一日來吾門，願從遊。聞予說，夜卽悉焚舊所業，予大異之。予之始絕舉業也，誠懼其偏而害其道，思之經七晝夜，然後徧證之書而無疑，審叩之友而有合，而予將終身焉。若生之志何其鋭而行何其果也！予之不逮生遠矣！然予且爲生慮，慮生或決於暫而不能久也，奪於人而非得之己也。不數月生果復如故，予方自愧無以發揚開警，使生終變積習。又憫生貧甚，有老母，或資課錢供菽水，不欲予知，予亦不問也。歲晚拜歸，其明年又將教授他邑，乃求訓辭。生乎其復信予說乎？予之說終不改也。聖賢之學爲己而不爲人者也，求諸己而不求諸人者也，修天爵而不要人爵，貴良貴而不貴人之所貴者也，是皆吾性之當爲，非有人欲之私。然欲無搖於衆口，無雜於二心，無怵於奇窮，無溺於舊見，亦曰立志而已矣！生乎其果立志未乎？志既立則予說有徵，而其致力亦將有不能自已者。若曰「如有母何」，則程子所云：「爲己爲親只一事，如不得，其如命何。」尹和靖之母願以善養，顏路在堂而顏子簞瓢自如，不聞咈親，心者何也？蓋得其道矣。生乎其詳味子說。

## 贈白季珍

古人爲學全在實處做工夫，如處貧賤，便從貧賤豎起脊骨。汪信民所謂「人能咬得菜根，則百事可做」，張横渠先生所謂「當生則生，當死則死，今日萬鍾，明日棄之，今日富貴，明日飢餓，亦不恤，惟義所在」。蓋貧賤士之常，何畏人非笑？

只是貧賤一移，正來人非笑，恥孰甚焉？然欲守貧賤須讀書、窮理、信得命，及不然亦自隨他風波便倒了柁，會向中流沒溺。

## 贈謝季誠兄弟　戊辰

孟子曰：「人之有道也，飽食煖衣逸居而無教，則近於禽獸。」記曰：「人不學，不知道。」尹氏曰：「學者，所以學爲人也。」學固不止讀書，然非讀書則不知所以爲道，亦學其所學而非聖賢之學矣。聖賢之學非離人以爲學，亦在乎日用之常耳。口耳之讀非讀也，人生萬理具足，何籍讀書？世儘多不讀書之人，聖賢垂世立教，必重讀書，又是何爲？此不可不思。蓋人生而有心，心不當存乎？心有仁義禮智之性，性不當養乎？性有喜怒哀樂之情，不當中節乎？形於身則有視聽言動，不當禁其非禮乎？見於事則有父子、君臣、夫婦、兄弟、朋友，不當親義序別信乎？人之理不異於己，物之理不異於人，不當知乎？富貴貧賤，夷狄患難，不素位而行可乎？天地鬼神，鳥獸草木，不窮其變不達其宜可乎？大學曰：「自天子以至於庶人，壹是皆以修身爲本。」則無人可不學，無人可不讀書也。伊尹耕有莘，農而學者也。太公釣渭濱，漁而學者也。傅說版築，工而學者也。膠鬲鹽，商而學者也。張思叔以傭作而讀書，胡籍溪以賣藥而讀書，周小泉以戍卒而讀書，陳布衣以油夫而讀書。雖然，讀書當循其序，當知其要，四書五經皆聖賢之書，世之人童而習之，白首而不知其味者何限？朱子曰：「小學書是做人底樣子。」又曰：「近思録無不切人身，救人病者。」陸稼書曰：「能小學熟讀深思則可爲聖爲賢，亦可保身保家。人而不知小學，其猶正牆面而立也與！」陳北溪曰：「俗學横流之中，若不先考近思録，則準的不立而邪正之分不明，聖門將何從而入？」然則人而不讀此數書，將不欲知道乎？不欲知道將不欲爲人乎？不欲爲人將以禽獸自安乎！嗚呼！可不省哉！

謝生季誠嘗言其尊甫皆欲其諸兄讀書爲學，以明爲人之道，蓋能以義方教子者，爲本其意，書此使季誠兄弟共勉焉。

## 贈趙醫

醫之爲道，不出乎認病用藥兩端而已。認病，體也；用藥，用也。明體所以達用，此自然之理。然有能認病而不能用藥者，論其原則仍認病之未眞。而用藥之方則必經歷之久揣摩之熟而後無誤。蓋認病其理雖深而爲事較簡，用藥致力若易而對症實難。天時地氣之不齊，人事病勢之時異，豈可一概論哉！醫者，意也，宜也。謂宜用意於其閒，而變易以從之也。陸稼書先生嘗謂「致和倍難於致中」，殆類是歟！余不識醫，而其道似與吾儒通。趙君爲諸生診病屢有效，一日論醫，余喜其於此有合也，故爲是説以證之。

## 贈劉虎臣 富平人

語默皆道之符，然君子慎言訥言，吉人詞寡。子曰：「予欲無言。」則多言固宜戒矣，文亦言也。朱子嘗以多言害道不欲作詩。蓋發禁躁妄，內斯静專，未有多言而心存者也。語曰「默識」，易曰「默成」，默則收斂凝蓄，神不外馳。讀書必沉潛，處事必篤實。朱子詩曰：「但逞言辭好，豈知神鑒昏？」又曰：「發憤永刊落，奇功收一原。」故爲學以静默爲要。

天道只是於穆不已，聖人只是至誠無息。爲學工夫無他，亦在有恆而已。無恆一由氣稟薄，一由學術差。輕浮矜誇作輟無常，固不能恆昧於性善。無志聖學，甚或略涉津涯不肯直窺堂奥，往往溺於習俗，終身莫出，非所恆而恆焉。是又自欺，賊德之甚者。然則辨明學術，堅立志向，卽氣稟亦自可變。故不貳之謂恆，不雜之謂恆，貳與雜非恆也。

## 贈蔣養奇　己巳

今爲學而不究性命之本原、學問之要領、異端之訛謬、聖賢之指歸，則安於偏見狃於小成，非儒者立志之道也。學之功在致知，未有致知而不在敬者，則密以涵養而知益精，克治於是乎可力矣！夫修於身必施於家，家之齊身之驗也。然而出處之際，不可或苟也，惟義而已。學之用先治體，徒善不足以爲政，則詳以治法而體乃備，政事亦於是乎可推矣。夫進行道退明道，教之立治之輔也。然而警戒之意無時可忘也，要其終而已，此近思録一書之綱目也。長安蔣生養奇應試三原，見取於有司。來問學，語以此，退記以遺之，生勉乎哉！生爲少園先生兄子，聞先生之教也久，不知視先生以爲有當否？陳北溪曰：「欲起學者於俗學橫流之中，若不先考乎此，則準的不立而邪正之分不明，聖門將從何而入？而千載不傳之秘旨又將從何而窺測之旨哉！」言乎抑又不可不知也。

## 贈王遜卿

吾人爲學，資質已是困勉。若不用困勉工夫，如何有進？未說孔、孟、二程亦自容易，張子則精思力踐，嘗自謂比他人勇處多。朱子早從釋氏之說，中間忽疑忽信，學凡三變，四十五六以後所見始定，其生平致力何等勇猛，何等精密！薛文清性固高明，然答楊秀才書自述讀書之功晝不足則繼之以夜，夜坐倦則置書枕側而臥閱之，或有達旦未已者，行立出入起居飲食，不諷諸口則思諸心，雖人事膠擾，未嘗一日廢其爲學之志。胡敬齋嚴毅清苦，尤所難及。蓋聖賢無不以憂勤惕厲爲心，道理亦斷非輕浮淺易之可得，故孟子曰：「君子深造之以道，欲其自得之也。」不深造而自得者，其得不固，且亦得人之得而已矣，事物之來不免一撞百破，故工夫直須壓定。此心專一直前，更不夾雜，退轉久之自有所得。

## 贈某生

人須是樸實頭，方是本色，方立得志，程子所謂「便儇皎厲〔一〕，去道遠而」。然卻一向失之粗略簡率則不可，須事事審度義理，必求合宜乃是。但與人接又不可自謂我無他心，只恁做去，不用檢點他人，喜怒好惡全不管他，也不想著謙卑遜順求益於人，只自足自是，此是大病。爲學須除去此等，乃有進乃有得，故曰「質直而好義，察言而觀色，慮以下人」。不質直更無話可說，質直了又要好義，又要察觀，又要慮下功夫，層層要到。不如此，總有好資質亦不濟世，況又有取尤悔者乎！所以爲學，此心不可不實又不可不精，不可不密又不可不虛。

不可看天下事太難，太難則退縮而無以自振，亦不可看天下事太易，太易則粗淺而無以自達。須是審以分義，揆之時勢，未可以一時之意見便謂無難。若經歷久看古人事多，自不如此。

讀古人書須用沉潛玩索，虛心涵泳，方可得其意味之深。張子曰：「義理之學亦須深沉方有造，非淺易輕浮之可得也。若只略綽過，只見那依稀髣髴，豈能不差？」

西銘一篇，道理極大。道理原來大，我如何小了他底？人只爲自私，故小了這道理。顏子克己復禮便天下歸仁，只爲天下與我一理。小心翼翼昭事上帝，只爲天地與我亦是一理。天人本不是兩樣，然卻隔蔽了，只爲己私，所以西銘工夫亦只是去私。

言行是修身大端，故論語每說言行言又在先，大易言「修辭立其誠」。南容三復白圭，夫子深有取焉！日用之間言之失爲尤多，所謂開口便差，己肆物忤，出悖來違，可不戒哉！

〔一〕「厲」：原作「利」，據二程文集卷四李寺丞墓志銘改。

聰明才力人所皆有，人之爲學亦皆不能有外於四書。以其聰明才力究四書之理，反之於身與徒發之於文，其得失必有異焉！

以聖學言之，有德而有言者常多，有德而不能言者常少，而講學正所以求德。以舉業言之，有言而無德者常多，有言而更能有德者常少，況今之舉業亦並無所謂言。然言或可少而德不可無，此其先後緩急、輕重本末之閒恐亦不能無辨。如陳北溪謂「聖賢之學固無妨於科舉之學，是恐人溺於舉業而誘之以聖賢之學，猶之可也」，如先儒謂「舉業卽是德業」，其意亦謂舉業言仁義、言節廉，而見之於行卽謂之德業。而措辭太快，反似一於舉業而德業卽在其中，無復求德業之實，此其爲說抑揚賓主又有不相同者，隨事救正，愛人之心亦可謂無已者矣。

程子以詩文害道，非是詩文害道，作詩文者志局於此，所以爲道之害。若道義發於詩文，又何害？不合他專心致力於此，期於工巧，便與聖賢爲己之心不同，於聖賢爲學工夫必荒。

爲學須要振起精神，不可一向頹榻放倒。終日閒只困漫漫地，此便是放了心。不敬莫大焉，又如何讀書？若是這樣，非惟不可讀書，將來爲人亦到底莫起色了。因循苟且，漸入小人之域，可怕！可怕！朱子訓子只「勤謹」二字，此最學者金箴，可不猛省？

孔子說「飽食終日，無所用心，不如博弈」，所以甚言不可不用心也。孟子言「堯舜豈無所用其心哉」，是聖人亦用心也。如今讀書全不用心，如何能有益？抑非不用心，只不用於正耳。心是個動物，不用於書卻用在閒雜事上，便是放心爲甚。不將閒雜事上心收入來用，在聖賢書上肯用心便有進，能用心便有得。

孟子見當時爲臣者皆是沓沓[一]，而引詩「泄泄」以證之，朱子解曰「怠緩悅從之貌」。此在爲臣不可，在家爲子弟、在學爲生徒亦皆不可。若是怠緩悅從則百事放倒，家日隳、學日廢矣。要反其弊亦仍是「恭敬」二字，但各有事在。

---

[一]「沓沓」：原作「沓沓」，據文意改。

## 贈馬養之

堯舜之道，孝弟而已矣。孝弟是爲人根本，不孝弟便無人道。凡一家之人皆自孝弟推之，匪惟一家，仁民愛物皆此理也，故曰「孝弟也者，其爲仁之本與」。然不弟亦不成爲孝，象之不弟，只一「傲」字做成，可知弟於兄惟其恭而已。晏子曰「弟敬而順」，張子解詩「無相尤」，謂兄弟宜相好，「不要相學，己施之而已」。予又以爲不但兄弟，凡親屬只當自盡其道，若一般較量勢必參商，其要則程子「正倫理，篤恩誼」二語盡之。其家之敗則大學註「溺愛者不明，貪得者無厭」二語亦最説得透，故處家者須於此猛省。

張子曰：「學至於不尤人，則學之至矣。」故其治家接物大要正己以感人，人之未信，反躬自治不以語人，雖有未諭，安行而無悔？予謂處今日尤宜體此意，不然則責人嚴自治疏矣，果肯勤自治亦無暇工夫責人也。

爲學大要是立志，然卻不是以意氣。蓋人此學是性分事也，不是大驚小怪裝模做様，只是要求個自家爲人道理。但這道理惟聖賢説得最多最盡，故必讀書，方窮得此理，方好做工夫。然讀書正須循序致精，豈可躐等淩節、鹵莽滅裂？尤忌私意穿穴，將聖賢至大、至正、至公、至平道理反説得私曲偏狹，此爲心術大害不可不察。至於始學，更當温恭謙遜虚以受人。若自家先有一個舊見盤踞胸中牢不可破，如何更肯聽人説話？如此只是自小聖賢無此氣象，亦是不曾立志要做聖賢路上人。以上三月

昨日見王右軍眞書諸名家跋語，甚讚其妙，況聖人之道乎？故人貴自立。

人只自立則外物自搖奪他不得，一切毁譽利害亦不能管它，只自家行一個是處而已。

鍾、王、顔、柳果可謂知道否？學者切不可以書自囿，舍卻學問正工夫也。

横渠先生云「言有教」，今人爲人書紙亦須聖賢格言，方有警益。若只閒詩句，不濟事。以上九月

夫君子之學，志於道而已。學不志道則俗儒，口耳異端，虛寂、雜學、功利三者皆害道也。

程夫子有言：「古之學者，惟務養情性，其它則不學。」此語最有味。

楊園先生願學記中有「祖述孔孟，憲章程朱」，此先生一生學問要旨也。

一部小學皆聖賢大儒言行，分門别類，最易用功。宜時置案頭，一生理會不盡。

眞西山大學衍義議論正大純粹，朱子以後，論帝王之學無有能過之者，特其分類太多，難記憶耳。

孔子之道得孟子而益明，諸儒之學至朱子而大成。昌黎謂「求觀聖人之道，必自孟子始」，在今日欲求觀聖人之道，必自朱子始。

姚江之說反覆辨論，皆無條理，不能當於人心之公。其所解說皆失孔孟之指，以之立教，遺害豈淺小哉！楊園先生館甑山錢氏，重午節歸，家貧不能設飲，先生怡然曰：「讀朱子集半本可當午醉。」人服其安貧樂道。

楊園謂治生以稼穡爲先，舍稼穡無可爲治生者。能稼穡則可無求於人，無求於人則能立廉恥。知稼穡之艱難則不妄求於人，不妄求於人則能興禮讓。

先生歲耕四十餘畝，種穫兩時在館必歸。躬親督課，草履箬笠，提筐佐饁，其修桑枝則老農不逮也。種蔬、蒔藥、畜鷄鵝羊豕無不備，然自奉甚儉約，終身布衣蔬食，非祭祀不割牲，非客至不設肉，然蔬食爲多。

近世以耕爲恥，只緣制科文藝取士，故兢起浮末，遂至恥非所恥耳！若漢世孝弟力田科，卽以爲榮矣。夫耕則無游惰之患，無飢寒之憂，無外慕失足之虞，無驕奢之習，思無越畔土，物愛厥心臧。

讀四書章句集註，不看或問，不知朱子以前諸儒說之差，不知章句集註取舍之精、言約義賅之善。不看陸當湖所訂大全及松陽講義、困勉録、講義遺編諸書，不知朱子以後羣儒論說之差，且不知章句集註之妙。則是折衷漢、魏、六朝、唐、宋諸儒之說者，朱子也，而折衷宋、元、明、國朝諸儒說四書者，殆陸氏也。

張楊園先生曰：「居業録有謹嚴整肅氣象，讀書録有廣大自得氣象。」先生此語誠爲知言。竊以先生之書在二録之間，尤與河津相近。有明一代辥胡之後，舍先生其誰與歸？陸清獻所謂「篤實正大」，又先生之知言也。愚按：吾鄉朝邑王仲復復齋録亦不亞於楊園，與辥録相近，而爲辥胡後可屈一指者也。

楊園先生曰：「論人不可不嚴，取人不可不恕。」余嘗曰：「論學不可不嚴，論人不可不恕。立教不可不嚴，取士不可不寬。」彭魯岡又曰：「論人不得不寬，自爲不可不嚴。」可以互發。

## 贈楊起之 辛未

貧富、死生、毁譽三者，吾人爲學最要關頭。惟身當其際，然後可以驗其所至。延平先生嘗説：「若大段排遣不去，只思古人所遭患難，有大不可堪者，持以自比，則亦可以少安矣。」此是眞實妙訣。然工夫尤要在平時，講明義理，有定識始有定力。若論難易，則一關難如一關，立脚在貧富，取舍不明，更説甚死生毁譽？死生輕則貧富自輕，或未免動心毁譽，則亦不得爲仁也。世固有以死爲名者，論語「富貴」章直説到無違仁，則三者又宜層層做工夫。「仁」之一字固學者無時無處而不當體察也，只是讀書致知，涵養此心，庶臨時有得力處，正非易事也。辛未冬月起之尊兄下訪，夜論及此，並書以質之。

## 贈孫應文

爲學工夫患不明而已，明矣患不行而已，明且行患不恆而已，不恆則亦終不能明，終不能行也。恆之道，入德以此，成德亦以此。中庸言知仁而繼之以勇，而又曰「所以行之者一」，一者誠也，卽恆也。聖人發明困勉之功，人一己百，人十己千，皆恆之義。不然，愚不能明，柔不能强，亦安在爲明？且行者故必實從事於博學、審問、愼思、明辨、篤行而弗措不期，其效不足，其得愈求明、愈力行，終吾身而已。亡爲有，虚爲盈，約爲泰，三者皆不誠，故曰「難乎有恆」。然淺薄者不能恆，輕躁者不能恆，欲速者不能恆，見小者不能恆，惟厚重敦篤之資、强毅寬宏之志乃知義理吾性之固有。不可不明不行，尤不可似明而非明，似行而非行也。必使之識見極其精明，踐履極其篤實，然後爲有恆也。天道不已，至誠無息，學者有恆，未有無恆而可以有成者也。顔子之克復好學，曾子之宏毅博習，亦由此而進耳。猗氏孫應文鳳德有其資、有其志，學於芮城辥仁齋、朝邑楊損齋。二君者，余之至交也，輔吾仁者也，其誨應文已至，而應文又辱問學於余，卽以應文所能焉者益勖以致力，並求正於二君，亦因以自勵云。

## 贈蓋子宜

表弟蓋子宜少孤，性嗜學，不獲讀書乃習賈。越數年歸，復日夜攻，苦學爲文。督學試士，子宜與焉，乃拔以附學。噫！子宜非賈人也，學人也。雖然所謂學人者，豈徒衣青衿冠銀頂，徐行而闊步，高視而文言云爾哉！抑以講明聖賢之法，存心制行，處世接物，皆不可苟焉耳！若今之學者求飽求安，懷惠懷土，飽食終日無所用心，羣居終日言不及義，惟利之趨，蕩然無復廉恥之存，學人也且賈人之不若矣。子宜循謹忠信，必不學人其名而賈人其實，又何妨賈人其名而學人其實？膠鬲、鮑叔，非賢人乎？胡籍溪賣藥，朱韋齋業鹽，烏得以賈而少之，吾弟勉旃！

## 贈梁堮

范文正做秀才時便以天下爲己任，嘗曰：「士當先天下之憂而憂，後天下之樂而樂。」王文正發解南省，廷試皆爲首冠。或戲之曰：「狀元試三場，一生喫著不盡。」公正色曰：「曾平生之志，不在溫飽。」尹和靖初見蘇季明，季明謂之曰：「子以狀元及第卽學乎？惟復科舉之外更有所謂學乎。」和靖乃悟。吾友侍御梁君希初從子堮，初應童子試卽冠其曹，乃以父喪不獲試督學，服闋，縣試仍首列焉。及督學試，復以第一人補學官。弟子年少而才聲噪一時，自世俗觀之誠若所難，然以前三人者觀之，又豈非堮之所以自勵者乎！堮醇篤而軒昂，所志宜遠，故以此言進。希初不知以爲有當否？

## 贈劉樹田　映荊

吾友劉君樹田，性豁達，好交遊，遭亂，避蜀幾十年。歸載書一簏，獨檢小學、近思録俾予點校，且曰：「予初讀未詳也，今將卒業焉。」君素薄名利，故宜嗜此也。已而聞其試，又已而聞其附庠，且聞其得意。心竊疑之，是尚暇讀二書乎哉？繼而乃知君之喜爲親存也，試而獲乃君之奉檄也。過此以往則必以善養不以禄養，以太夫人之賢明豈不能爲陳夫人者？今而後專心一志於二書而沉潛焉、反覆焉、優柔焉、厭飫焉、力行而實踐焉，將無書之不可讀，而古人爲己之學於是乎在我矣。區區一衿云乎哉，敢以是爲賀。

## 贈仇敦友

同治辛未，壽軒先生冢孫敦友附學爲生員。先生於是年七十餘矣，得見其孫服儒服、冠儒冠，喜可知也。先生家世詩書，若敦友亦可謂能承其志者。雖然以世俗外至之榮謂先生教子若孫止於此而已，似非先生之心。昔蔡牧堂所以教其子者，不干利禄而開之以聖賢之學，故西山、九峯遞相繼述，卒業朱門爲世大儒。敦友之父愛亭亦嘗問字於予，惜予學不足以發之。而今復爲敦友言者，以先生平日所以見厚之意，願敦友矢以忠信誠確之志，習爲孝弟馴謹之行，因講乎古人爲己之實以求無負先生之心，且並擴其家學而毋以是自足焉。愛亭亦或有韙於予言，抑以壽軒先生之所樂聞也。

## 贈張維新

張生維新從予學古書院，予不教人以科舉之業，生亦未嘗以是請也。然而習俗溺人甚矣，士自束髮受書，即知學爲辭章利祿止爾。此其説中於膏肓肺腑，轇轕沉錮而不可解，下至婦孺走卒皆歆羨豔慕，不但以爲得失而且以爲是非，不但以爲榮辱而且以爲生死。嗚呼！人心之壞以至於此，可勝嘆哉！生蓋有受其喧豗而不自覺者矣，止一年而辭去。今附學爲生員，蓋又習於科舉之學也。且來拜予，予何以爲生言，仍勉於吾之所謂學而已，立爾志、虚爾心、凝爾神、定爾性，察其微，究其極，踐其實，體其全。雖未必生之所樂聞，然易傳所謂「不可巧言令色，曲從苟合，以求人之比己者」，不可不守也，生其謂何？

## 贈劉小垣

天命之性，無一理之不備，無一物之不得。故人之生也萬善具足，不待外求不假人爲，此亦何俟於學？而聖人所以修道立教，垂訓範世，若有所甚不得已焉者，果何爲而然哉？人之類不一矣，聖賢人耳，庸衆人耳，桀、蹠亦人耳，同生同死於天地之閒，此又何分於學不學？而父母所以善其子，國家所以淑其民，必以學爲重者，又何爲而然哉？先王之世道一風同，人無不學，而其學無非性分之固有與職分之當爲。自聖學不明自私用智，而道術遂爲天下裂。記誦詞章謂之俗學，虚無寂滅謂之異學，權謀術數謂之曲學，百家衆技謂之雜學。幸而有志於聖賢之學矣，或陽儒而陰釋，或推墨以附儒，此皆不正不純，有學之名而非所以學之實也。而先賢儒極力爭辨，不少假借，必求一趨於是者，又豈好爲其勞而然耶？蓋氣拘物蔽非學莫開，人而不學，奚自別於禽獸？學焉而非、學焉而似，皆去聖人之道遠矣，必也以明新至善爲之的，而格物致知以始之，誠正修齊治平以終之，以戒懼慎獨致中和爲之極，而知仁勇以行之，誠以實之，如是則眞聖賢之學，庶有以全乎人道天命之性，萬善具足者亦實見其必然，而益信吾學之不可已也。劉生澔始入學，不以自足，卽求小學及胡文敬諸書讀之，殆有意於正學者。生父斗垣大令需次四川，曾屢惠余講學各集，故於生不可無言也。爲是說，俾知所以學者在此而務加力焉，亦或斗垣君之志也。

## 贈劉國楨

古昔聖賢所以教人爲學之法，莫非窮理修身，推之以及家國天下。而天爵良貴自有不軒冕而榮，不祿位而尊者。豈若後世挾文求售，紆青曳紫，徒炫燿一時流俗人之耳目，而謂足以盡吾學之事哉！況功令所以求於士者，亦不止於此而已也。士苟知天爵良貴之在我，亦自不暇汲汲於是。既不能免，則必思無負功令之意，而惟益以窮理修身爲事，前所謂炫燿云者，且恥之而有不屑矣。劉生國楨試督學得附學，此正學時也。敢進是說，以爲竿頭進步。

## 贈李匪莪

華陰李匪莪耽心正學，辛未招來清麓，表率諸生，歲晚將歸，索警勵語，爲書此，庶有助云。

觀吾友氣質自是少過，又能專一爲學無外誘之慕，其於進道當日有益。然道理本無窮，須大著心方看得盡，若使狹隘便不免孤單窄小，於道理便有窒礙。然心之本體亦自廣大，人多狹隘，要去狹隘仍是讀書，見得聖賢道理多亦漸漸開闊，又有師友講論問辨，久自識得本原所在，不滯於一隅一處，所貴執德宏者，以此至於讀書且於緊要朝夕玩味。朱子終身未嘗一日離四書，今當以爲法。小學、近思並守爲常課，如漢儒本經，其餘諸經史則量力以次及之。朱子所謂「熟看過，心裏思量過，總不如讀」，蓋熟讀則意味浹洽，庶幾自得。學能自得便是己物，到得臨事不至腳忙手亂有得力處。近見賢者日間看書時多，讀書時少，此未爲可。須是讀多而看少，恐讀得困倦，看時亦助意興、舒精神，貪看則又令讀書意思不接續也。

## 贈馬養之　壬申

爲學亦無他法，第一要路脈真，第二要工大密。然又得宏著心，心不宏便不肯虛，未免自是自足。或得半而失半，亦未能擔荷此事，謂之謹守自好則可。然亦焉能有無之數，何足多乎？且又要實心。中庸知仁勇而所以行之者一，一者誠也，誠即實。不實，縱誠得路脈做得工夫，亦仍是脱空。然卻有個總會處，則曰敬而已。蓋敬則不迫狹、不滿假、不閒斷、不虛僞，自然節節都到。

## 贈段子絅

段生子絅年逾三十，聞予説棄舉業，有志於聖賢之學。予喜其篤實，招之來清麓，俾爲糾儀以率諸生。生讀近思録將終卷，歲暮歸，又索言。昔陳北溪見林宗臣，授以近思録而讀之，其後遂得紫陽之傳。國朝張楊園讀小學、近思録作願學記，故卒不爲蕺山之學所惑。如二先生者，其可謂善讀書者矣。許白雲學於金仁山，仁山曰：「士之爲學，若五味之在和，醯醬既加，則酸鹹頓異。子來見我三日矣，而猶夫人也，豈吾之學無以感發子耶？」白雲聞之惕然。然則吾固不足感發子絅，子絅之讀近思録也有日矣，豈獨酸鹹頓異，將充腹盈肌而有得乎？是在自考如何耳。且近思一書始乎爲士終乎爲聖人，雖四子、五經其塗轍視此矣。致博約之功，盡明誠之實，成己成物胥歸一致。若徇於人，遷於遇，豈生之初志哉？尚堅持毋變。

## 贈白我觀 鑑 癸酉

白生鑑爲吾友溫如兄子也。溫如嘗命其從予學古書院，今去予六七載，試於督學，使獲附庠爲弟子員，蓋聞過庭之訓久矣。雖然吾友所以教子者，豈謂其止於此哉！生之所以承父之志，又豈以此遂謂可以顯揚其親而自足哉！必益思讀書立品，不愧入聖人之宫牆。今日爲佳子弟，爲好秀才，異日即可爲良有司，爲名大臣。若夫立志不高，則其學皆常人之事。朱夫子有言：「不去讀書，專去讀些時文，下梢是要做甚麼人？屢試不得，到老只恁地衰颯了，沉浮鄉曲間。若因時文做得一官，只是鹵莽，都不説著要爲國爲民興利除害，盡心奉職。心心念念只要做得向上去，便逐人背後鑽刺，求舉覓薦，無所不至。」又曰：「以今世之所爲，雖使貴窮公相，亦是莫見識底人。若依古聖賢所教做去，雖極貧賤，身自躬耕，而胸次亦自浩然，視彼污濁卑下之徒，曾犬彘之不若。」張子曰：「孰能少置意科舉，相從入堯舜之道？」此又予之所以望生，亦生父之所以望生者。若曰家貧親老不爲禄仕，在己固可，爲親柰何？程子曰：「爲己爲親也只是一事，若不得，其如命何？」孔子曰：「不知命，無以爲君子。」夫古之君子所以顯揚其親，惟立身行道之爲足恃，而一切外至之榮特其末焉。爾生而知此則不惟不敢自足，而所以爲學之本，求之將不容已。是説也，並質吾溫如兄，以爲如何？

## 贈曹子伯 如壎

人之生也，其在於心，則有仁義禮智之性，惻隱、羞惡、辭讓、是非之情；具於身，則有耳目手足聰明恭重之則；見於事，則有父子、君臣、夫婦、長幼、朋友親義別序信之常。是則天理之本，然固已全備於我矣。顧若何而爲心術、威儀、衣服、飲食之方？若何而爲求端、用力、處己、治人之要，與夫辨異端、觀聖賢之大略？若何而爲格物、致知、誠意、正心、修身、齊家、治國、平天下之道？若何而操存涵養？若何而體驗擴充？若何而融會貫通，建立大本，經綸大經？而讀天下之書，論天下之事，蓋其所講求者不可不審也。苟不知此，則備於我者或失之此。聖人之教，所以必使學者反求諸己，知吾性之固有，盡吾職之當爲，而初非有待乎外也。自聖學不明，士蔽俗說，日汲汲乎惟以富記覽、麗文詞爲釣名干祿之計。眞西山所謂「己之良貴，棄置若弁髦；而軒裳外物，决性命以求之弗舍也」，朱子所謂「伎倆愈精，心術愈壞」，固近世之通弊，乃獨以爲適然，而莫之怪。至於古之君子爲己謀道之實，反非笑之，是豈本然之天理有所不足於此，抑驅誘於頹風陋習而不悟其非？亦可慨已。雖然人特患不立志耳，天地降衷本性奚復？父母遺體令名何貽？聖賢格言啓牖倍切，師友大法責望彌殷，苟自甘於暴棄，其不爲小人之歸者幾希。必將奮然興，毅然往，舍崎嶇之捷徑，趨正大於坦途。以小學爲基址，以近思録爲階梯，大學入德之門，論語造道之域，堂宇其孟子，而閫奥其中庸，羣經諸史則又以爲積儲設施之具，而亦皆以此數者爲之地，前所謂心術云云，至是始眞有以信其得力，而世俗之所謂學，殆亦不足言矣。姪孫壻曹生如壎附邑庠，書帛以賀而爲此說，亦生之所宜知也。幸勿以爲迂而忽諸。

## 贈劉生

三代設學，皆所以明人倫也，故今邑皆有學。學之堂皆扁以「明倫」，猶古意也。督學試士，拔其文之尤者爲生員而隸於學，夫謂其通於文將可以明其倫。學之官曰教諭訓導，蓋卽教訓以明倫之道而已。果如是也，則人才出，風俗厚，今豈必異於古？不倫之明，而惟文之務，已非先王之制，而况教諭訓導者之並無所事事也，利而已矣。然則今之士遂不得明倫乎，是在自爲焉耳。自爲之柰何？讀小學而知立教莫先於明倫，敬身又明倫之本。讀大學而知明明德，卽明倫之所以。然民則盡乎倫矣，新則無不明矣，羣經諸史胥是道也。若徒曰文而已，於明倫乎何有？抑豈國家立學之初意哉！又何以無愧爲學中人？劉生，某生員矣，爲是說以詒之。

## 贈辥仲强 庚辰

仲强此來頗欲自振以繼先志，因其索書求警言，爲摘朱語數條以爲立志、省愆、讀書、改過之助，仲强其尚勉之！

大抵人情苦於猶豫，多致因循，一向懶廢。今但心所欲爲，向前便做，不要遲疑等待，卽此目下，頃刻閒亦須漸見功效。年運易往，時不待人，況中歲以後尤宜急急也。立志

人之所以懶惰者，只緣見此道理不透，所以一向提掇不起。若見得道理分明，自往不得，豈容更有懶惰時節耶！所謂此外無難除之病者，亦信未及，況自以爲無，則其有者將至矣。便敢如此斷置，竊恐所以自省者亦太疏耳。省愆

窮須是忍，忍到熟處自無戚戚之念矣。韓退之盛山詩序說「玩而忘之以文辭也」云云，文辭淺事，苟能玩而樂之，尚可忘仕進之窮通，而況吾日誦聖賢之言，探索高遠，如此而臨事全不得力，此亦足以見其玩之未深矣！讀書

人但做不好事，心卻不安，此是良心但被私欲蔽錮，雖有端倪無力爭得出。須是著力與他戰，不可輸與他。知得此事不好，立定腳跟，硬地行從好路去，待得熟時，私欲自往不得，濂溪曰「果而確，無難焉」。改過

## 贈胡墉

朱子嘗言：「延平先生少年豪勇，夜醉馳馬數里而歸，後來養成徐緩，雖行二三里路，常委蛇緩步，如從容室中也。」胡生墉吾嘗見之，中途馳馬如飛，頗有豪勇氣，將來知學奚不可學延平？若自矜得意，亦危境也。少年志未定者，往往如此。因其索書，故以孟子「持其志，無暴其氣」二語贈之。然必自知學始，生其念之。

## 贈員啓章　華陰人

一生爲人全在志向，志向不立終難有成。斷須打起精神，亭亭楚楚，不甘流俗，直截聖賢路上走，方是不負天地降衷父母遺體。立志

敬之一字，聖學之要。不敬便放其心而不知求，縱有志亦何益？敬無他，只是時時事事都要用心。不可昏惑紛擾，不可怠惰放肆。專心一意，勿忘勿助。居敬

凡所當讀之書，及一切議論應接精思熟講，必求其是非之所在，不可一毫放過。則志愈定，敬愈固，所知既眞，無所疑慮，其於行事亦自得力。窮理

學不躬行，何以學爲？故必於性情言行事爲之閒一一檢點，使合於理，存實心，行實事，力除浮僞，敦篤踐履，庶免俗學之譏。反身

## 贈党清之　源郃陽人

天生人而予以性，卽所以爲人之理也。然性不能不拘於氣蔽於欲，此聖人修道之教所不容已而學興焉。自後世之學多歧，有俗學、有異學、有曲學、有雜學，則皆任氣逐欲，去道益遠而遂失其所以爲人之理，是有學反不如無學也。學之道以孔孟爲宗，宗孔孟而得其眞者程朱也，非程朱卽非孔孟。孔子之博文約禮，孟子之知言養氣，程子之涵養用敬、進學致知，朱子之主敬窮理，豈有異旨哉！舍是而學，皆非聖賢之學。聖賢亦全其爲人之理而已，而世或以聖賢爲迂遠爲難能，將不欲爲人乎？自棄孰甚！爲人苟立志，何聖賢之終不可爲耶？郃陽党生源從學清麓，固嘗以是告矣。試於有司，獲入庠

生，足以慰父志矣。然生嚮吾學，蓋亦有意乎爲人之理也。爲申前説，俾知所以爲學者，終在此而不在彼也。

## 贈謝希賢　季誠兄子　丙戌

謝季誠有姪曰希賢，而長於季誠，見余已十餘年矣。丙戌冬復來清麓，將别季誠，欲以言示希賢。希賢曾記前語乎？希賢諸父皆勤苦作家，嚮慕正學，交賢士。季誠又篤志程朱，矯然異於流俗，希賢觀感薰陶之益，豈待遠求乎？若猶然故吾嗜好日僻，希賢豈不自懼？是所望於希賢者，亦惟力守家風，善保門户而已。人生歲月如流，吾老矣，倘再見時，當不爲今日之希賢也。

## 繫劍篇贈劉東初　己丑

吴季札使過徐，徐君好其劍，口弗敢言。札心知之，以使上國，未獻也。及返之徐，而徐君死，乃繫其劍冢樹而去，所以報知己也。及門劉東初在日曾以此册求訓，久未及爲。今葬有日，此心不能恝然，爲略書所見及嘗言於東初者，或以此常置几筵，或以此竟殉泉壤。冥漠中有知乎，卽作季札之劍可也。悲夫！

學必如聖人而後已，始學便不可無此志。

今人爲學，自問所志者果何？等清夜自思，便當惶然汗下。

立德、立言、立功三立字何等力量！然不是聖賢一路，德言功亦算不立。只做聖賢功夫久，自然會立。又須知立功視乎其時，立言亦不得已，惟立德無時可寬，無人不可不自勉。

志亦曰立，若悠悠忽忽似做不做不可謂立，自不可謂之志。

韓子曰：「天之生聖賢，非徒使自有餘而已，將以濟其不足者也。」余謂天之生富人也亦然。若不濟其不足，即自有餘亦甚無謂，且天亦必不能使之常有餘而聽人之常不足也。

「事之無害於義者，從俗可也，害於義，則不可從矣。」程子此言自斬釘截鐵，如何藉口得？今人雖害義亦從之，只一味從俗而已，何曾知有義？

禮所云「使從俗」，亦俗之無害於義者耳，若害義，非禮意也。

人時時要打起精神，不可頽塌放廢。心是極懶底物事，常用著便常有生意，一向不用則孟子所謂「茅塞」。譬如井水，常汲則常有，不汲久之亦枯。

「人心惟危，道心惟微，惟精惟一，允執厥中」，此十六字是帝王相傳心法。然匪獨帝王有之，人人都有。又非是兩個心，只一念覺得合道理底好心便是道心，不合道理不好底心便是人心。然又何以知其合道理不合道理，所以不可無精一功夫。精一功夫如何離得讀書窮理力行居敬？

儉爲美德，然非徒節用之説。不儉則心便放，纔放便有許多不好事。孟子所謂「放辟邪侈」，正是「放」字出頭，所謂「學問之道無他，求其放心而已矣」。

君子作事，甯可見笑於今人，不可見笑於古人；甯可見笑於千百之庸衆，不可見笑於一二知道之士。只是爭一個理之是與不是而已。

此道本非高遠，只義理之心不勝其利欲之心，便未知不求知，未行不求行。

心纔走作，便要自己知得，趕緊收回。

自是自足，自私自利，終歸於自暴自棄。

敬則欲寡而理明，此言當念，實用敬工夫方知其味。

朱子克己詩云：「寶鑑當年照膽寒，向來埋沒太無端。祇今垢盡明全見，還得當年寶鑑看。」

有感一事而書「天不生孔子，萬古如長夜；天不生朱子，萬古如長夜」，此前人之言也，然則有孔子不可無朱子。熊勿軒曰：「周東遷而孔子生，宋南渡而朱子出。古今一大聖一大賢，眞不可謂天之無意於斯文也。」李安溪謂諸葛武侯爲三代下之「小周公」，朱子爲三代下之「小孔子」。吕某、陸稼書謂朱子是後世之聖人，皆卓見也。後人猶菲薄之，其亦甘自居於無忌憚之小人也噫！

學術定須先辨路途，路途一差，工夫愈到，其差愈甚。凡事皆有根本，有眞學問斯有眞識見，有眞識見斯有眞力量，眞事業眞文章皆由是以出。

論語之「博文約禮」、大學之「格致誠正」、中庸之「尊德性道問學」、孟子之「知言養氣」、程朱之「主敬窮理」，千古心源一脈相傳，所謂「先聖後聖，其揆一也」。不但此也，丹書之敬義，虞廷之精一，亦是如此。明儒紛紛各立宗旨，皆是不知而作者耳。

事只據理行去，自然斬斷許多葛藤。若用私意回惑，便多事。

「道不同，不相爲謀」，非惟終不能同，適起爭端，且貶道甚矣。

學不知性知天，皆是無本。

君子深造之以道，欲其自得之也。若不深造以道，雖有得，亦得其所得而已。果能自得，出語便不同。徒拾人牙慧，只是大言籠罩，何益之有？

窮理工夫何有盡期？但目前遇著不可放過。

考據家不喜宋儒言理，謂「理」字從「玉」，只是玉之紋理，六經無言理者。不知易之「窮理盡性至命」，孟子「理義之悦我心」，「理」字又只作玉之紋理解乎？私意錮蔽眼前，常讀之書亦竟不知，可嘆也！

「養」、「學」、「修」缺一不可而「養」爲重。若無「養」，則「學」不成「學」，「修」亦不成「修」。

持己宜嚴，待人宜寬，取善宜廣，論學宜嚴。取人當取其長，論人必論其極，論理必究其至，論事當觀其通。處人宜知其善，省己勿護其短。

惻隱之心人所固有，日間時有發露處。纔覺便擴充去，不然便是木頑不靈、不識痛癢之人。

鄭氏家範凡有家者皆不可不置一册，時講而行之。朱子「讀書起家之本，和順齊家之本，勤儉治家之本，循理保家之本」，四語不見文集、語類，不知出自何書。然理極周到，四者缺一不可，眞有家者之金箴也，必力守之。

今人無眞實定見，做事隨俗苟且，只是認一個是字不眞耳。

寡欲是主靜入手處。

寡欲自能慎動。

王陽明曰：「朱子於我亦有罔極之恩。」陳白沙曰：「吾道有宗主，千秋朱紫陽，説敬不離口，示我入德方。」此非不知朱子者，而自做工夫處卻别是一樣，何也？以此知辥胡眞是信之篤守之定，一毫不走，卻當得嫡派，方不誤人。

小學、近思録、四書此三書道理本原已盡，六經諸史以次及之，無非發明此理而已。若於三書不能有得，任讀盡天下之書，泛觀博取，儘説得天花亂墜，終是無本之學。

妄動自不能靜，故朱子大學註「靜，謂不妄動」，妄動皆欲也。周子曰「無欲故靜」，「無欲故靜」與「靜故無欲」便有儒釋之别。

一個眞氣最易感人，人雖僞遇眞者亦使不著，所謂狡僞獻誠。

讀讀書録有從容廣大氣象，讀居業録有嚴肅整齊氣象，讀楊園集有溫醇敦厚氣象，讀三魚堂集有精密純粹氣象。

余既爲東初書此册，適撿東初當時來書有曰：「昇之幸生富家，然習氣多奢，易流驕逸。先君嘗以『富而無驕』、『父母惟其疾之憂』、『見義勇爲』數語爲誡。且曰：『財者人人能有之物，何足多乎！但當素位而行，須以知學問、明道理爲要，此所以命從學先生意也。』」嗚呼！東初秉教有自，抑可以見年來所進之深矣！閲至此，又不勝愴然，即掇書册尾以示其後人。

## 贈王鏡堂　金鑑南鄭人　庚寅

漢南王鏡堂將歸求言，吾謂鏡堂此歸，行選學博，有教人之責。古者推己及人，卽學以爲教人與己，學與教無二道也。鏡堂兩來清麓，吾與鏡堂講論切劘，未嘗不以古之學者相厲也。鏡堂其有意乎？其無意乎？且歸語其父流芳，君以爲然乎否乎？往矣！鏡堂，昔程子以謝湜試教官爲非，子其審哉！

## 贈柏厚甫　堃涇陽人

風水之説，惟程朱最爲中正，見於近思録及江氏注詳矣，已無可疑。近世拘忌太多，大抵皆惑於陰陽禍福利害而然，其實全靠不得。不可以偶然之數，便看俗説不破。但葬親大事，古人非是不擇，只如風順地厚，形勢拱揖，環抱無空闕處程朱説是也。足矣。求富貴利達者固爲不是，卽有避凶煞殃咎亦是糊塗。總之，愛親之心不誠故也。愛親若誠，但求先人形魄藏固安穩不過，不置之沙礫淺薄水蟻泥淖之中，藏風聚氣，不速朽吾親而已。人家禍福吉凶豈關地理？只在人爲。世傳范文正葬母，及司馬溫公不用葬師之事，已可見矣，此其可師者也。要以愛親爲主，豈俗説之信哉！庚寅二月五日，柏生堃衰絰來山，將謀葬母，爲是説以貽之。

## 贈柏厚甫　壬辰

讀書之法自當循序不可躐等，如四書，朱子謂先讀大學、次論語、次孟子、次中庸，自是一定不可易之法，或問言之詳矣。後人又謂經書最古當先讀，不知不讀四書無以爲讀經之階梯。又謂四書特其階梯，自當由階梯而升其堂奥。夫讀四書不讀諸經固不可，然不先於四書熟讀深體，則於諸經亦必不能得其旨趣。蓋四書皆融會諸經而出諸經，譬如廚竈中山珍海錯無所不有，而四書則烹調精熟，食之可以長精神、充肌膚。若不先讀乎此，則並不知山珍之何者最美，海錯之何者最佳，既知得此味好，自必更求珍錯。若無力求得珍錯，而現有成熟珍錯之美，饌食而飽之，厭而飫之，但得一己受用，斯可矣，如程子所謂「論、孟既治，六經可不治而明者」。然果有精力更能讀得諸經，則義理所積益深益厚，又豈不可？亦視乎志力如何耳。不可有輕視諸經之心，又不可貪慕博學而不先四書，以求切實之用。至於小學、近思録，又朱子辛苦爲大學之先立一腳跟，四書之前摘其精華。未有眞好小學、近思而不讀四書，亦未有眞好四書而不求諸經。但功夫有專有兼，有急有緩，不可不知耳。

## 贈馬養之 壬辰

涵養、致知、力行，三者便當以涵養做頭，致知次之，力行又次之。不涵養則無主宰，既涵養又須致知，既致知又須力行。若致知而不力行，與不知同，亦須一時並了，非謂今日涵養，明日致知，後日力行也。要當皆以敬爲本，敬只是提起這心莫教放散，恁地則心便自明。這裏便窮理格物，見得當如此便是，不當如此便非，既見了便行將去。清瀾陳氏曰：「朱子平日論爲學工夫多因事因人而發，未有若此條之完全而曲盡者，可謂至言矣！」壬辰夏養之賢友索字，遂書此段，願相與熟味。

## 贈孫仲玉　迺琨，淄川人

生實有改過之心，僕所信也，而不免時復有過者，何也？其質性本自鈍滯，心不靈通，多有荒疎怠緩、忘失牽掣之病。又是主敬不密，見識不能周到，放心處多積尤叢悔。要改此病亦無別法，須時時提醒此心，凡有所感，不令放過必求實落，量其輕重緩急以爲酬應，勿令遺忽。要之，只是此心而已，心不走作則一身之主宰定矣，而萬事之綱有外於此乎？人心本自靈活，不知生何以把捉這心？頑木此最不可，亦是求效過速，將心束縛反多顛冥。爲學有死敬有活敬，即用敬工夫亦有此病，可不自警？

## 贈孫仲玉　癸巳

朱子答呂子約書曰：「氣質未化，偏重難反，學者之通病。今亦但當用力於恭敬持養之地，而玩心義理以培養之，不必反復計較，悔咎尅責。如此太深，恐卻有害於清明和樂之氣象，亦足以妨日新之益也。」此段最切仲玉近日之病，書以警之。即望粘之面壁，朝夕熟玩，庶有以豁然省已往之失而不累於方寸也。

清麓文集卷十二終

# 清麓文集卷第十三

自同治丙寅至光緒癸巳

三原賀瑞麟角生著
同里劉嗣曾孝堂校刊

## 記

### 峪口東山遊記 丙寅

城北十里許曰峪口，口之東曰東山，西曰西山。東山襟腋魯橋，其風景尤勝，故遊者恆曰東山云。丙寅三月十二日，晨興率諸生與行，適龍橋出北關門，時天久不雨，環城麥苗旱損甚。初九日始雨，明日又雨，雨不及半尺，城北稍渥而田苗固愈。他處得雨，益淳然。顧謂諸生，此栽者培之也，天之生物理固然矣。過西朱村至吳家道約吳蔭芝遊山，以事不果去。頃之即行，此去山不四里，道旁白楊排布，如灞上柳葉油油然漸密。余曰：「天地間道無不在，程子謂見兔可畫卦。其實不獨兔也，有理斯有象，有象斯有數。如此樹由根而幹，由幹而枝，由枝而葉，以至於百千萬億。是即一而二，二而四，四而八，八而十六，十六而三十二，三十二而六十四，以至於無窮之理也。」又指桃杏曰：「今纍纍者，桃也，杏也。其初則固一桃一杏也，而樹上之桃杏又能生千萬桃杏。一物一太極，物物各一太極也。凡夫天運而不已，時行而相推，物生而不窮，水流而不息，皆是物也。」語畢，諸生瞠視不解所謂。

入魯橋南門見書肆，欣然便往架上，無甚可觀。朱子語類僅一本，猶吾故物，亂後散失，幸復見，遂攜歸。書肆主人舊相識，固留飯。李生峪口人，即令先歸家。及余至山麓，李生已迎候望長安門。山下麥綠菜黃，果樹蓊翳，一生輒嘆賞。余曰：「尚未至山上耳，學問之道不可騖於高遠而不務切己之實功，亦不可安於小成而不求造道之極致。朱子武夷櫂歌結云『莫言此處無佳景，自是遊人不上來』，諸生切勿自畫。」至一天門稍右有廟，觀壁上楊梅友甲子秋遊此題詩，時余同遊。因憶梅友今在河東，人事無常，爲悵然者久之。山寺遭亂半燬，非復昔時，一僧甚貧苦，邀坐方丈茶話。

移時出寺門，俯瞰魯橋，屋瓦鱗列隱然可見，千林叢碧，萬頃凝綠，即此可觀天地氣象與萬物各得其所之妙。李生導遊諸洞，洞皆昔人讀書所，今不復有嗣音者。一洞頗幽靜，聞靳生浩曾讀此，但不知生所讀何書？其立志若何？今歲從余遊或欲聞所未聞，惜未來此一暢論也。古人讀書，必擇山林閒曠之地，以就其業，如程子之龍門，朱子之白鹿洞、雲谷、武夷諸精舍。當其探奇覽勝超然獨往，方欲窺千古聖賢傳心之要，彼浪走浮塵繳繞於聲利之場者，烏足知此？因自愧不能屏謝人事，息影泉石，講學修身，彈琴種樹，發聖言之餘蘊，開後學於無窮，以詠歌先王之風，遂有移居之志。然猶恨其頗近禪寺，而往來者之時有也。

復與諸生循南崖行數十武，折而東別尋僻寂處。少轉山微窪有徑北上，令諸生東行，獨奪步至其巔，愈高則望愈遠。余嘗登華頂，視此殆培塿然，然各自成趣，隨境而安，無過求可矣。繞山稍南下，至一區僅半畝，一二人家穴崖居。時諸生語徑側，復偕東迤邐半里餘，遥見綠樹出層岡崎嶇上，左右田數十畝，則趙氏稼莊也。主人延入坐，話山閒農事，因述賊前到此，家人匿窨中幸無恙，遂邀遍視諸洞，爲誦許魯齋「休言只好寬凝仁，滿地干戈亦可逃」之句，欲遂結隣，更無容屋。地下數折一崖，約數丈，南臨清渠，兩岸濃陰密翠，盛夏坐樹根讀書甚樂。然已至山下矣，此亦不免擾，但徘徊渠上，觀流水淙淙，既而諸生請行。

近魯橋東門，憩雒氏石坊趾，取讀朱子語類及李榕邨文，爲諸生說中庸「尊德性」節。朱子既以存心致知分屬德性問學，而榕邨謂「廣大高明立志也，溫故敦厚居敬也，精微知新致知也，中庸崇禮力行也」，雖覺分明整齊，但與朱子意不合。

朱子存心內便包力行意，後人猶疑其遺行，非也。然不以一毫私意自蔽，涵泳乎其所已知，行中便有知，處事不使有過不及之差，節文日謹其所未謹，知中便有行，此正是互相發處。易之「敬義」，夫子之「博文約禮」，程子「涵養須用敬，進學則在致知」，皆是此個學脈。諸生欲爲學，卽於此加力而已。於是李生復告歸，一生購顔公碑刻，乃入書肆取以行。魯橋城南兩渠夾流皆清峪水，故坊南一帶地最饒，下流多不能灌田。一生自言家有水田，知水悉，謂近爭水輒鬬訟，往往官不爲理，或且受賕焉。嗟乎！吾民苦矣！伊川先生易傳曰：「人始離艱苦，不可復以煩苛嚴急治之，當濟以寬大簡易乃其宜也。」何獨不然耶？風俗益偷有自來矣。人不中和則病天，此早徵也。如水一事，禹盡力乎溝洫。孟子語王政，首重井田。張横渠以父母斯民爲王道，三代之不復非一世矣，可勝嘆哉！與諸生飯蔭芝家，維時白日已西，出門迴視山上則林皋霏靄掩映夕陽，又是一番景色。及至院中，則二三童子已上燈讀書矣。侍行諸生謂誰？李生果、白生趙珖、陳生名擢、馮生復也。

## 學古書院藏書閣記　己巳

道原於天，具於心，著於倫常，散於事物，全於聖人，而備於書。書也者，亦卽聖人體道於身，所以盡事物之情，達倫常之理，發人心之奥，闡天命之微，如日月經天，如江河行地，如陶冶耒耜之不可闕，如布帛菽粟之不可離。學者不欲求道則已，如欲求道，亦安可舍聖人之書而他務哉！顧自聖學失傳，天下之書愈多而道愈晦。佛老之清靜寂滅，管、商之權謀功利，百家衆技之支離偏曲，以及金谿、姚江之六經註腳、良知頓悟，既皆以此而有害夫道。而其爲書，又皆詖遁駁雜鄙俚荒惑之談，世之學者已多潛嗜而竊好之矣。復有所謂科舉之業，問其所讀未嘗不在詩、書、易、禮、春秋之經，孔、曾、思、孟之書，與夫周、程、張、朱之傳註訓解。究其所以從事，不過徒爲聲名利祿之媒，而毫無與於身心性命之實。

蓋自秦漢以來，天下之士不入於彼則入於此，有能卓然直趨於聖賢之域者，其亦鮮矣。浸淫沉溺之久，或至經書傳訓亦不必讀，而苦誦深思，則惟帖括八比場屋逢時之技。其弊始於文字，而害及於性情心術。其風倡於學校，而禍中於天下國家，則其悖道抑又甚焉！而世卒莫之悟也，可勝歎哉！幸而知讀書之爲求道，而又或厭卑近騖高遠，不循序以致精否，則憚煩勞安簡便，輒得少而自足，即不必遽遠於道，而所以求於書者，不能下學上達由博反約，則其於道必不能純備久大，而亦何免於偏見小成之爲病也哉！

嗚呼！讀書固不易言，而書之取舍以待後之讀者，又烏可不慎歟！吾邑學古書院舊無書，同治乙丑余忝主講事，既爲院中諸生議設學廪，復以其贏漸次購書千餘卷。自國朝欽定諸經，以及周、程、張、朱之書，歷代之史，大略已具。若夫一切雜氏之籍與近世陽儒陰釋之說，下至科舉之業，一不得與於其閒。俾學者專講乎此，務以求道爲心而不至迷於所向，且爲發明後世讀書之弊，既以自警並與學者共勉焉。顧念無所於藏也，乃商之諸君，得捐金若干，起閣於敬義堂後，空壁爲廚，分經、史、子、集、雜類而列庋焉。惟後之人嚴其奉守，謹其察視，毋始蟲鼠塵埃得以損敗穢污，而不肖者或久假私竊，以負今日之舉。且更節其出入之餘，以市其未備，是尤區區之意所深望者也。閣兩旁爲屋四閒，堂之前庭又建立雪亭，並繪游、楊故事於壁，捐金不足又益以院中公費。因附記之。是役也，始於戊辰八月，訖於十有二月。董工者齋長李敬先、來象賢也，其明年己巳二月朔，賀瑞麟謹記并書。

## 重複恩德祠祀碑記

恩德祠者，爲康熙中邑侯山陰李公裁稅而建也，事詳邑志，不具贅。其地即故稅局，關神亦舊所祀，歷年久遠。近祠各商止祀關神，而李公及當時諸公主遂委地，不復過而問焉。咸豐初邑舉人王次伯先生及生員秦文波漣惻然告於余侯復公祀，然簡略弗稱禮意。亂後漣以祠房租入可供歲祭，因會議各商持不與復，稟官得釐正，俾紳士主其事。既而各商乃依前議，於是舉本邑商鋪四家督管祠事。既而各商每歲輪值如故，但遇祭必會知與祀紳士。蓋數典而忘其祖，飲水而不思源，吾原人之羞也。

後或復有懈廢及不會知與祀紳士，紳士將與督管自取租肅修祀事，其敢負建祠之意，余因有感焉。按碑記祠創修於康熙四十年，不言關神，重修於乾隆三十五年，乃云復新神像及置僧會司，補修於道光六年，則既廢僧會司而增祀諸神愈多，且以恩德之名直歸關神。若不復知祠爲李公建者，夫關神固宜祀，然所以祀關神者豈後世諂瀆之心，徒以求福田利益爲哉？且誕妄之習日趨日下，正理不明，世道之所大憂也。如李公之賢能爲地方除弊，當亦神所嘉與，而欲沒其善政之蹟，陰竊其名以圖享報之勤，冥漠之中與賢侯爭一日之食，曾謂聰明正直而壹者顧如是乎？以神之精忠大義、慷慨磊落，惡涼薄如犬彘，疾邪佞如賊讐，苟昧其本心，忘恩背德，挾私意而覬默佑，雖牲牷肥腯粢盛豐備，神必吐之矣。然則李公之宜祀，而恩德祠之祀李公也，即神亦深許之，此又何所置其喙哉！故關神之祀一仍其舊，而諸公之分祀於旁亦誠可謂不愧。惟不以向之祀關神者祀關神，存忠信之心行正大之事，重義輕利慕道樂善，如復李公之祀，即秉彝好德之良有所感發，所謂民和而神降之福亦理之不可誣者，豈在他求哉？議既定，有以近世大將軍多公及我余侯皆恩德在人，謂亦宜祀，衆欣然以爲當，遂祔之。是舉也，挽風俗之澆漓，正人心之訛謬，彰前賢之美善，起來哲之則傚，豈曰小補？若夫祀規，則注存於簿而遞傳焉，茲不著。

## 北行日記　甲戌

三兄鋪夥朝邑杨興忠鬻布靈州之吳忠堡，甲戌二月歸至石溝驛，被店主湖南游勇把總劉紫樑誘行四十餘里之某地劫殺，奪銀七百餘兩，埋屍溝中。興忠所騎騾逸至惠安堡，經把總衙門收住，劉紫樑竟敢認騾，盤詰得實即稟靈州牧。第四日姪鎰在吳忠堡聞信，專人來查，適見楊興忠騾鞭在劉紫樑店，再得惠安消息即去認騾，訴明原委，隨稟靈州，而劉紫樑狡無實供。後稟甯夏府道，依然延擱。五月間三兄亦北行，至七月麟始專人賫呈督部堂左公處。雖嚴札道府轉飭州牧速辦，究無確據。十月初，聞三兄染病吳忠，心急即起行。

十月初九日同張去弱、賈裕祺由縣起身，西北行至北潘村宿焉，四十里。脚夫余崇有，涫化人。途中得詩云：「鹽州城外處，急難赴長征。别路憐諸友，時朋友諸生二十餘人送至城外，諸生又行二里許，不忍遽别，屢止始返。他鄉念老兄。峨山蒼靄暮，冶水夕陽明。豈畏風霜苦，原鴒感正生。」將别，坐中馬鑒原道楊仁甫有云：「今人知學程朱便謂止境，不知學孔孟。」余不知仁甫竟有此語，今亦不可復質。果如此説，程朱與孔孟果有二道乎？學程朱卽是學孔孟，但恐未必眞學程朱，故去孔孟益遠耳。若猶以程朱爲未足，則亦未眞知程朱，卽不謂眞知孔孟。余謂要學孔孟，惟有堅守程朱。程朱蓋眞學孔孟者也，舍程朱而欲學孔孟，必非孔孟。陸王皆是好高，謂欲直捷學孔孟，便不肯向程朱脚下盤旋，所以卒不免自是自大。

初十日鷄鳴行，十五里至口子頭進口，山水奇絶，鄭子眞隱居當是此地。過響潭並俗所謂聖人橋者，石橋甜飯。過涫化縣宿善化村，脚夫家。共八十里。涫化卽古雲陽，有雲陵，故名雲陽，葬漢鉤弋夫人。野店步梅友送行之作：「旅店孤燈影欲殘，客心無寐夜漫漫。中懷急難辭家易，多病同胞苦歲寒。險路且藏舊書劍，山村那識古衣冠？歸期願伴飛鴻切，冲冒風霜未覺難。」

十一日以脚夫裝綿未行，北路甚寒不可不體恤也。十二日鷄鳴起行，過鳳留寺溝、通神溝、小花溝、姜家河，至三水土橋甜飯，至甘峪村店宿焉，七十里。甘峪去縣十里，在縣西。所過南原卽詩所謂南岡，溥原，蓋三水亦卽古豳地，公劉所居也，至此猶可想見當日經營之志。問野老文太青及平人故里。太青，名翔鳳；平人，名應熊。舊見太青有西極篇、太微經，平人有知行集、無字易，二人之學吾皆不取。旅店夜坐，詩云：「客子懷往路，夢魂中夜勞。披衣且起坐，忽聽鷄三號。急促僕夫醒，睡味正陶陶。開門看孤月，氣冷霜天高。」三水道中：「三水周豳地，公劉舊允荒。溥原瞻尚遠，過澗溯何方？所過諸溝皆有水。野店猶陶穴，農夫正滌場。肇基王跡處，豈獨在岐陽？」夢楊仁甫：「吾友楊仁甫，道義稱知己。一旦辭世塵，我情曷能已！朅來急兄難，未送君蒿里。如何入我夢，甘峪村店裏。握手劇言歡，會晤非偶爾。憫我苦行役，嚴霜矧若此。契闊逾幾年，商量舊學指。古人居敬功，實致豈殊軌？平生故人心，晚歲眞可恃。分袂便愁顔，戀戀欷歔累。寒風吹我醒，忽驚君已死。見君永無期，痛我徹骨髓。獨起坐披衣，明月照窗紙。」

十三日起行，過宜旌村，甯州志有泥陽，故城去州五十里，在州東泥水之陽，恐宜旌村溝爲泥津。至太峪鎮甜飯，過梁曲溝又店子河至底廟鎮，宿破窑，六十五里。見鄉人甚苦，歲收歉薄，無力買牛，人扶犂代耕而已，猶以租稅未完爲慊，尚有古樸風。去三水縣五十里，問底廟人縣官如何，言其一二近事，甚可笑。極口正甯黄令德政，教民種棉桑，爲請女師教之紡績。尤惡鴉片烟，有種罌粟者悉拔之，有實心愛民之意。

十四日起行，過長溝子南坡，有三水、正甯交界碑，又甯州功河鎮曹家溝圈。吴兒溝上坡，宿早社鎮東關店，六十里。早社一名棗社，譚軍門克回匪於此，改名早勝。閱甘肅志正甯有橋山黄帝塚，此恐誤，黄帝塚在延川。回匪盤踞甯州董子塬數年，故三水、正甯州境被災尤重。吾鄉爲高陵回匪往來横肆蹂躪，故遭禍甚慘，視此亦不勝於邑，但較吾鄉傷人少耳，然窮苦又特甚。吾民瘡痍何日復耶？思之不禁流涕。道中所見有感：「我見此地人，身披破羊皮。不能掩肩肘，嚴寒苦安支。轉恨花門子，招撫無嗟咨。大夫正羔裘，民窮諒未知。此地遭喪亂，已逾七八年。我來經過處，墟里稀人烟。孤客意轉怯，躑躅荒溝邊。蓬蒿如人立，兩狼當我前。我行自難已，叱馭且著鞭。」

十五日起行，三十里，至甯州南關甜飯，州東門外有河名九陵水，一名九龍川，西門外河名馬蓮，不數里與九陵合，同入涇。據志州西十五里有晝石山，在珊瑚川上有文石可作硯，名紫阿石。惜未得一遊，去州里許北山下即公劉舊邑，亦不知其處。再行三十五里至南義井堡野店宿焉。

十六日起行，至吉莶，三十里。甜飯早行，「挑燈起僕夫，客意已前趨。未落西山月，先登北地途。勁風刀割面，冷氣粟生膚。伯氏他鄉苦，寒更憶弟無」。見州示派甯州捐輸爲蘭州修貢院者，是殆未知甯民之窮也。復行三十里至合水之西華池，又三十里宿板橋鎮。板橋南門外有水，即縣東建水，與北岔水合，故縣以此名。自此西南流入甯州之馬蓮河。正甯東有横嶺即子午山，綿亘千餘里，北入大漠，南至分水。山以東水皆東南流入延川境，山以西水皆西南流入涇。按禹貢，禹治雍州之水皆不及西北一帶諸水。論者謂禹治水先其大者，故止及涇、渭、漆、沮、洛諸水而已。然漆、沮水亦不甚大，蓋西北諸水皆深溝大壑無泛濫之患，故不待費力，遂不之及。余親見其然，不知是否？

十七日，行三十里，早飯後過冉家河，至慶陽府宿三和店。四川人。府東西皆有河，河二水交流南門外，西南入馬蓮河。安化縣隸府内，縣南三里許有不窋城，或云即今府治縣。治東有范仲淹故宅，蓋文正爲環慶安撫時所居，或云即今慶儲庫。縣西北百五十里有大順城，亦范文正所築。原腳夫歸，託致四兄信。慶陽：「慶州郁郅舊城基，傳道花坡不窋遺。府東十里有花坡，相傳不窋花園。節義文章高北地，城内有景李坊。山川風俗想西姬。城南有西姬峪，傳是公劉子姓之居。難尋儲庫仲淹宅，慶儲庫爲文正宅。猶見文場魯直碑。考院門豎黄魯直雲亭宴集碑。最是餘黎兵燹後，寂寥全未復瘡痍。」有感：「四面山圍古慶州，兩河環抱水交流。如何天險賊能破，經略應無小范儔。」范文正公經略此也。

十八九日慶陽，二十日慶陽，二十一日慶陽，致家信聞三兄病愈。二十二日慶陽，致家信聞姪鎰十月初八日從蘭至吳忠。二十三日慶陽。游鵞池：「鵞池勝概鳳城東，地接城根氣勢雄。百尺高臺山結搆，九迴曲洞水潛通。市聲聒雜囂塵外，曉日烟霞澗壑中。疑是仙靈能擁護，不教凶燄殿樓空。」慶城失守，鵞池殿宇猶存。慶陽城中：「昔日巖城險，山河一旦空。市廛紛可數，瓦礫積無窮。官僦民居隘，街餘石表豐。五星人第一，城中有五星聚奎坊，李楨曾刻胡敬齋居業録。何處問高風。」

二十四日慶陽。鵞池之二：「讕語荒碑考未眞，鵞池創始豈無因？漫傳不窋周先祖，初碑謂不窋創濬鵞池。卻是殘唐李克新。閣迴臨川觀更遠，臺高晴雪氣長春。鵞池上方南有臨川閣，北有晴雪臺。天開妙想河流汲，要濟危城百萬人。」午慶泰恆號張招飯，夜雪一寸。二十五日慶陽，在張君所書字。二十六日慶陽，早陰有霜，午晴。二十七日慶陽。

二十八日，由慶陽起行，腳夫孫姓，同行腳夫王辛及華州書客党王，四十里，宿四十里鋪。二十九日黎明行過府城，八十里，宿曲子鎮。屬環縣。驢上見河流淺處形不平且有奔激聲，深處不然，以此知學問深人氣象自異。三十日行過本鉢鎮，至新營灣，七十里，宿焉。北地路甚苦，同行微有怨歎，因思朱子「若向此中生厭斁，不知何處可安身」爲誦之，又言「旅瑣瑣，斯其所取災」爲旅，當隨遇而安，不可過索求也。

十一月初一日，起行過環縣，共七十里，宿洪德城下堡溝中店。是日午大風，至目不能開，偶得句云：「日暮驢爭店，村窮犬避人。」初二日起行十里過洪德城，宿三城店，午仍大風，途中無賣飯者，渴取河水餐之。句云：「敦取河冰潤渴腸。」往聞人此處水苦不可飲，然冰味甚佳。蓋水無別，性因土而變，冰在上故味不變，近岸潮鹼，故知近土水味苦也。初三日晨上三城梁山，行過甜水堡，九十里，宿蒙城店。昨日水行過水四十五處，今日山行不見一村居，四面亂山一望無涯。午仍大風，聞回逆盤踞蒙城數年，至今數百里閒山民寥寥。雷帥全軍曾爲賊所陷，曹軍門兵少於雷，而賊畏之不敢偪。山民言之甚悉，可爲一嘅。初四日灘行八十里，宿惠安堡。灘半沙可耕，惜無人墾，安插回民此處最宜，當事亦無計及者。按志：自蒙城三日所行沙灘謂之旱海，七百餘里。惠安堡東西皆鹽池，水多鹹。風一日，初五日仍灘行八十里，宿石溝驛，路中半沙半石甚難行。驛東山出炭，午微風。初六日仍沙灘行九十里至吳忠堡吳店，見兄及林親，問伯鎰去金積堡，初七日鎰歸。初八日同鎰及林親、張賈至金積堡，觀劉忠壯祠、壽卿，諱松山。簡忠節祠、諱敬臨。昭忠祠。皖軍、蜀軍。昭忠祠爲馬酋化灃僞府，在西。劉祠爲馬酋之弟僞府，在東。簡祠在劉祠西南東向。問一董營人，云諸祠皆馬酋諸弟僞府，馬酋僞府自官兵克堡即燬。堡城甚固，四面皆水，今置寍靈廳，有參府衙門。聞克金積堡時董營甚有功，當時以唐渠爲界，分渠南爲回民，分渠北爲漢民。今吳忠堡一帶皆漢民。董名福祥，爲湘軍所收義勇。劉祠有聯云：「枕戈徧南朔東西，念將軍誓斬樓蘭。百戰威名留鴈塞，列陣如風雲雷雨。諸助將掃平烽燧，千秋靈爽峙牛山。」「虎旅靖邊塵，看績紀雲臺，太尉勳名誰與並？龍堆尋故壘，緬神歸湘水，將軍忠義總如生。」「公眞一代雄才，問入關以來將略幾能如此老？我是十年舊好，恨征軍未及大星早已墜前軍。」此係黃鼎撰，所謂彝字營，亦一時名將。「何其智，何其勇，何其忠，將略冠中興，挽回二百年元氣；於此戰，於此亡，於此享，精靈昭廣漠，鎮壓九千里黃河。」

黃河在吳忠堡之西五六里，金積堡在吳忠少西南十五里。金積十餘里即黃河，再西即峽口山，謂之青銅峽，黃河出其中。金積堡西南有山，俗名牛首山，即紫金山。其上有金牛池，又有金積之名，故堡亦名取此金積堡。弔劉忠壯公祠云：「長濠堅壁護風雲，故壘猶疑戰鼓聞。雄志未探狐鼠穴，奸謀已中犬羊羣。公爲僞酋亂卒中傷。遺言誓欲終殲賊，捷報馳傳果奏勳。忠壯專祠高北地，百年爭說老湘軍。」

初九日吳忠堡。初十日同林兄子奇及姪鎰至靈州見州牧王。名鎮墉，字協亭。言訟事，渠極謂有愧，然卻自言以地方官職分言之，自當究辦此事。以吾人存心論之，人命匪輕，豈可玩忽？即以考成論之亦不肯輕視。但惡弁劉紫樑總無確供，實是焦急。余觀其人亦未必不極力嚴究，恐未必細心耐煩，根究曲折耳。十一日渠已駕車來拜，而使者誤聽，請余至署，蓋先視余在寓否耳。及余至署，渠遂止，即又審劉紫樑等，令余旁聽，果不能悉心研鞫。雖用重刑，紫樑等只是含胡支吾耳。因留便飯，遂借得羅忠節公羅山遺集九本歸寓。渠爲羅山之壻、曾文正公之甥，談論尚不俗，未免性躁。羅山有讀孟子劄記、西銘講義、人極衍義、周易附說、姚江學辨、詩文集、小學韻語。是晚又審劉紫樑，乃供屍所在。明日差人搜覓，見咸陽秀才劉斐堂晉，渠以家寒就商，從秦州來索債。十二日午王公來寓談移時，晚見州吏目胡。名桀，字石菴。讀羅羅山先生遺集，二首：「瓣香曾祝晦翁傳，墜緒茫茫感昔賢。直溯楊園清獻後，羅山又見有遺編。」「精純廣大更淵深，家學文莊有嗣音。最是姚江明辨處，先生著有姚江學辨。願書萬本正人心。」

十三日仍過石菴，飯，午見儒學王廣文。名佐，字輔卿，秦州人。十四日冬至，早起同鎰旅店中遙拜先人而已，午協亭來請飯，晚談至三更後。十五日同輔卿飲石菴處，午同石菴過參府葉亦湘鄉人。處，留飯。十六日書字一二時，晚協亭來請談，見朝邑王醫。問知熾侯之叔父也。十七日王醫請飯，補記十五日晚。接王協亭贈詩：「賀角生徵君夙持理氣，譽洽鄉閭，壬申夏閒師次秦垣，已飫聞之而苦不得一見，比者文從，因其從子市商失利，長途風雲，匹馬北來，過訪荒署，把晤暢談，幸償積慕之願。昨夕挑燈縱論，益我尤多，午閒迴環道言，率成七古一章。幼失怙恃，兼之貧窶己苦無學，年來謬權靈武，日事簿書，才力不逮，衹形竭蹷，心如廢井，强飾無鹽。録呈先生一粲，蟬笙蚓笛殊自惡耳：『征軍道出古秦中，遙瞻華嶽聳且雄。義軒以來數賢達，道脈如縷誠幽通。即從衢巷悉姓氏，學宗伊洛稱我公。側聞徵辟已再至，大府交推應旌弓。林藪朝市俱可隱，聚徒研講猶山翁。近代趣學紛奴主，先生一洗塵障空。頻年征戰苦流離，瘡痍甫起異熙豐。悔膺清時牧靈武，庶富未致教何隆？賦役差均祛民累，案牘紛攖勞折衷。五夜深慚有司職，質陋時賴他山攻。執事風雪匹馬到，聆論今古如發蒙。從來名下尠虛譽，知公精粹由內充。深閉固拒澹泊志，獨善兼善視達窮。聖明天子賢宰執，竊願强起圖事功。望塵若試新硎處，力倡吾道發聵聾。』甲戌冬至後一日，湘鄉王鎮墉草。」協亭刺史贈詩，素不能吟，勉用原韻率爾攀和：「自古聖學傳一中，不肩斯道非豪雄。洙泗已邈奎聚宋，濂溪太極兼易通。西銘一篇中庸理，關學曾開張明公。二程發明主敬旨，譬如壯士挽强弓。博約工夫直兩至，千秋獨有紫陽翁。慨自學術日紛雜，卑者功利高虛空。十年嗜朱竊私淑，瓣香何異祝南豐。但欲由此正人心，斯世一覩三代隆。所愧幽獨隱微地，自治不力懷歉衷。每聞當世賢傑士，不勝雀喜輒心攻。冰霜鹽州義急難，刺史刮目寬愚蒙。文正之甥羅山壻，淵源不淺望擴充。夜來坐談發狂語，謙懷樂善頻研窮。作詩愛我期出山，轉祝君侯早立功。雪冤澤物爲己任，庸耳俗目任盲聾。」

聞左宫保輓胡文忠公聯：「君是武侯一流鞠躬盡瘁死而後已，我識文公五載感恩知己生不能忘。」又輓謝味之：「大義輕生此後雲臺應添一座，文才蓋世可憐泉路空抱八叨。」胡文忠公輓張總兵文煥靖南：「大丈夫得死沙場原無遺恨，特東南兵事紛紛奪我干城。天太忍飛將軍未平孽寇膽有孤忠，縱水陸人才濟濟似君勇略古猶難。」以上胡石菴述。靈州劉忠壯公祠聯：「小醜爲關中患唐突了幾輩英雄，問誰勇蕩邊氛，羌笛胡笳齊破膽。將軍從天上來收拾此一班妖孽，試看功昭大漠，秦雲隴月并增光。」提督張春發。「戰數千里當百萬師壯氣塞乾坤，眞不愧地下閻羅生前柱國；殿閣維新山川依舊忠魂託霄漢，祇贏得舉頭明月搔首靑天。」又「世亟需人如公手靖中原，胡頓潰萬里長城羌笛猶吹關塞月；士伸知己況我心銘厚澤，祇落得一官守土瓣香常爇隴雲天」靈州牧王翔。「維楚有材草澤英雄猶提鐵騎銅鉦扶一朝元氣，入關無敵沙場征戰留得忠肝義膽壓萬里長城。」楊必耀

十八日早，石菴所。以上數日晚閱羅忠節集。十九日王廣文請飯，午楊興忠屍歸，伯鎰視認訖。二十日午掩埋楊屍，記牌。同朝邑王醫。二十一日晚領贓銀，僅能一半，各處辭行。二十二日歸吳忠堡，王牧送馬一匹及路費銀四十兩。出靈州：「霜風匹馬出鹽州，白草荒湖落日愁。但得沉冤昭雪得，此行不枉朔方遊。」二十三日吳忠堡，二十四日未行，又來差沿路護送，辭。二十五日吳忠以銀未就，又令鎰至靈，二十六日鎰歸。二十七日雇駝腳，二十八日起行，宿石溝驛。二十九日惠安堡，三十日萌城。

十二月初一日山城，初二日洪德城上寨。以上數日營兵護送至此，辭去。初三日鷄鳴起行，過小溝上坡墜駝，傷腰背。初四日過環縣，送王協亭與環令張儀亭書。張來請，以腰痛未見，宿曲子。初五日四十里鋪，初六日過慶陽見段曰芳，晚宿板橋。初七日黄家寨，初八日棗社，因勞腰痛轉劇，復乘轎。初九日太廟，初十日土橋，十一日太店，十二日午後至家。此行往返凡六十三日。

## 同州郗氏施義地記　己卯

聖朝深仁厚澤，德意汪洋，必使無一物不得其所。其平時所以救民苦愍民窮者，至周且悉。不幸而至於死亡無所於歸，則爲之瘞藏，不令暴露。如所在州縣有漏澤園之設，蓋不惟䘏其生而又䘏其死。皆所謂以不忍人之心行不忍人之政，正有合於月令「孟春之月掩骼埋胔」之文，而與文王澤及枯骨者殆無以異。猗歟休哉！顧歲月積久，葬無餘地。又不幸而遇奇荒大祲，雖有司者百方全活，卒苦於人事之不逮，餓莩遍野道殣相望。當此呼吸性命之際，急欲救生者而不暇，上之人非不慘然心傷，隨時掩埋而不勝其多。於此有仁人君子觸目動念，慨施己地以爲之所，體朝廷仁民之恩，助有司救荒之政。噫！可謂難矣。光緒丁丑戊寅閒關輔大饑，而同郡尤甚，死者相枕藉。郗生書緒卽城南北己地兩區共若干畝，稟請於官以爲義地，凡有餓斃悉舉瘞之。書來求記其事，且曰：「緒媿無以救活鄉里，而死而無地以埋又何以安？今既施公，並使吾子孫知緒之心而不復占據以自便也。」予謂書緒爲此，洵吾儒愛人利物之本懷發於不容已。非有要譽干利之私，又能慮事之密以計久遠，而喜其樂善好義學務力行也。於是乎書。

# 重修雲臺書院記 庚辰

道原於天，命本於性，生而實行乎視聽言動之際，子臣弟友之間。近而處家接物，遠而理國牧民，小而飲食起居，大而禮樂刑政，莫不各有當然而不容已，與其所以然而不可易者。此修道之教，所以爲萬世法程。初非有强於外，而古昔聖賢建學立師，凡欲其深講乎此，以克全乎性之固有，而不負乎天之所賦者，又豈可舍是而他求哉？秦漢以來道學不明，雖有庠序之設，而寖失古人之意。是以有志之士，往往求山林清曠之地，詠歌絃誦，外軒冕而樂幽寂，則書院於是乎作，如宋初所謂嵩陽、嶽麓、睢陽以及白鹿洞者，天下莫不高之。然猶嘆其未能眞以聖學爲事，而或於道有未聞也。自朱子興復鹿洞，聖賢教人之大端燦然以著。然後人知道在講明義理，修己及人，而務記覽、爲詞章、釣聲名、取利禄，皆非所以爲學。凡有教人之責者，宜無不以是爲法焉。

我朝聖祖仁皇帝崇儒重道，特升朱子於哲位，且詔直省各營建書院。暨高宗純皇帝又下諭：「書院酌仿朱子白鹿洞條規，立之儀節，以檢束身心；仿分年讀書法，予之程課，使貫通經史。」聖訓煌煌，立千古學則，規模遠矣。士俗波靡，鮮知自勵，天爵良貴，棄如弁髦。師生授受，惟文詞之習、進取之術，德行道藝有終身茫然莫知者。成羣作隊，競葩藻爭掄魁，不惜決性命以饕富貴，見利則趨，聞義不服，其或駔賈其心、市儈其行，惟得之求，無復廉恥。至使舉業有識之士尚不屑入與爲伍，況英傑高邁之才乎？其幸而相聚者，特錙銖課資有以羈縻而已。書院之敝又大抵然也，學之不講可勝嘆哉！

華山之下有雲臺觀，朱子蓋嘗受主管之命，雖未得親至其地，然觀其自慶爲「希夷直下諸孫」，而又感歎於聲教之未加，「雲臺眞逸」、「雲臺外史」亦屢見於題著，蓋猶冀故疆之復焉，四五百年無人過問。康熙癸亥，邑人王山史與東吳顧亭林兩先生始議建祠，可謂知朱子心者。越六十九年而華陰知縣姚公遠翿既新其祠，復卽祠東建雲臺書院，皆有記。光緒丁丑，鄭侯靜軒來知縣事，憫書院傾圮已久，慨然以興復爲己任。庀材鳩工，拓舊基幾倍，山房講堂各五楹，門宇三楹，前後齋廊共十六楹，東西偏院師生之廚皆具，規制宏整，視昔增勝，其費悉出差錢羡餘。閒有未備，今光山徐侯次琴又續修焉，至庚辰春而落之。先是中丞譚公發金五百，復得省退發里供騾價金三百，侯又增籌數百緡，欲成巨款以爲膏火資，用意益廑其邑諸生。

余門人王守恭遜卿來徵記，余謝不能。遜卿曰：「侯與邑士意也。」余惟侯能成前人之美而光大之，其與鄭侯豈徒不欲舊跡之蕪沒，而爲太華補一故事已哉！將以朱子之道、朱子之學羣邑士之有志爲己者，擇有道之師相與共講，一遵鹿洞之規，以仰酬祖宗開迪樂育之盛德。至學校科舉之業，他書院當優爲之。華陰人文藪尚憂不足供有司選，必待重興雲臺以教之，其何以上慰朱子，稱茲名山爲秦望耶！學於此者，其幸讀朱子之書，存朱子之心，行朱子之行，求其所以致力之方，亦卽朱子所謂「明誠並進，敬義偕立」，志伊學顔，而終不以勢榮奪其志焉。及其道明學成處，則發聖賢之餘藴，開後學於無窮。出則致吾君於堯舜，舉一世而甄陶，正大高明宏深俊偉，且與太華灝氣磅礴，三峯巍峙，並聳絕於千古，斯於侯今日之舉亦有光矣。

或曰：「道學之禁，朱子且不免。講學之名，後世忌之，如子所言，恐非書院所宜。」余曰：「否，不然也。士而學道，猶農服田、賈通財，人不學道將自外於道乎？學道愛人，夫子之言也，又何疑焉？宋明之際講學者果非乎？不講學者果是乎？忌講學者何人乎，果何時乎，亦視所講如何耳，豈聖世而諱言此哉？」侯之識趣可謂賢遠於人，卽一切爲政可知矣。既爲之記，而并附其說如此。

## 重修橫渠鎮張子祠記 癸未

張明公先生崛起關中，當趙宋時唱明絕學，與周、程、朱子左右。後先星應奎聚，發經言之藴奥，接孔孟之淵源，使斯道大明昭垂天壤，偉哉！古未有也！湻祐閒從饗廟庭，固已通祀天下，矧其鄉邑者乎？關中若蒲城、臨潼、武功、鳳翔及郿，凡先生過化之地皆有祠。近省城亦創新祠，而郿之横渠鎮祠爲最先。蓋先生舊宅在其鎮南大振峪口，而先生之墓亦去此不遠。元延祐、明成化中皆有重修碑，國朝聖祖皇帝又賜額曰「學達性天」，典禮綦重，故籍可考。

光緒己卯春，麟遊鳳翔，謁先生祠，見其規模宏廠，堂皇嚴整。並從博士敬觀譜系而得其鳳翔所以建祠之故，將復遊郿，拜先生之墓與横渠鎮祠，以事未果。迨癸未前邑君蘭山趙侯假郿篆方謂西行，以遂前志，又不果。而侯適屢書來告以重葺先生祠成，謂麟宜記其事。麟惶愧不知所以爲文，然既讀先生之書有年，兹祠也，雖未獲升堂一伸瞻仰之誠，乃因文字託名其閒亦所深幸，且重以侯命而不忍辭也。夫侯豈徒以祠之頹廢爲地方羞，而故爲是觀美已哉！將敬其人，尊其道，欲以作興云爾。今先生之書具在，爲吾儒者所當熟講實體，虚心切己。於西銘知克己爲仁而不敢懷錮蔽自私之見，於勇撤皋比知取人從善而不敢存虚憍自大之心，於「四爲」知立志不可苟安於近小，於「六有」知存心不可頃刻之閒斷。以禮爲教，變化氣質，學必如聖人而後已，則放蕩流俗之爲有不屑也。孰能少置意科舉，相從入堯舜之道，則詞章利祿之習有必慎也。至於爲治法三代語道除二氏，理明義精識聖人之大用，窮神知化達天命之本原，亦未有不可深造自得者。且在横渠尤可想見先生當日危坐一室，俯讀仰思，時及自言「某閒居横渠，説此義理，自有横渠未嘗如此」。今倡此道亦有與聞者其已乎？其有遇乎？則先生以道自任之意，益將感發於不容已。關學自先生後，代不乏人，近稍衰歇。然士果有志聞風且興，況生長先生故里，近居若此，能無高山景行之思？苟或不然，非惟自外於先生，即於侯今日葺祠之意所負亦不少矣。郿之人其尚念之哉！吾關中之人其尚念之哉！

## 讀方伯菊圃先生論鴉片説帖私記　丁亥

統天下大局，爲言憂深慮遠，朱子所謂「致懇惻而有條理」。於此見之，比之賈太傅痛哭流涕書、鄭監門流民圖不是過也。昔李文靖於四方水旱盗賊無不奏聞，曰：「人主一日不可無憂懼。」竊思當今聖明在上，得見此文，知妖種爲禍之烈至於此極，必能大振乾綱，一番雄斷，掃除淨盡也。方伯言之，實能行之，已兆其端矣。

## 淡氏家廟記　丁亥

易萃、渙二卦，皆有「假廟」之文。蓋萃祖考之精神恆於廟，萃子孫之精神亦恒於廟。合祖考之渙散恆於廟，合子孫之渙散亦恆於廟。萃渙之義大矣哉，廟之義大矣哉。程伊川先生修祭禮，家必有廟，而朱子家禮祠堂爲首。惟古之廟制不見於經，且士庶亦有不得爲者。今淡氏先世有顯仕，例得立廟。其爲萃而不渙之義，豈有異於古所云耶？顧世衰俗敝，富家貴族往往宮室之美，門堂之高，園亭庖廚之宏侈，以及服食車馬器用之類，莫不具備。至祖宗木主之託例多粗略，苟簡僅數椽之庇而已。先王報本反始之意，漠然不一概於其心。草野細民又何足責？異端鬼教之居無村無之，或終年無一飯於先人，無怪乎風俗偷薄，人心離散，而民德不歸於厚，悖逆爭鬭之事日紛紛也。豈天下之幸哉！

若淡君秀夫則有異焉，秀夫先世當國初自潼關遷同州，雍正閒同州升府設附縣曰大荔，淡氏遂爲大荔張家莊人。第三世有霞仙公者，始登乙榜，相繼鄉舉五人，禮闈二人。至嘉慶中七世同居，然仕宦至牧守，皆以清廉著稱，家廟尚未能立，其後析居五門，益無力及此。秀夫幼稟庭訓，輒耿耿焉，遭亂雖寄跡闤闠，而此心未忘也。積三十年心力，今歲儲材木，明年備磚石，歷十餘稔而始成，爲龕、爲殿、爲廡、爲中門、爲大門、爲外欄。又置祭田二十畝，共費白金六百有奇，皆獨力任之，而未嘗累族人一文。嗚呼！難已！

蓋未易得之學士大夫，而秀夫爲之，如秀夫者真可謂賢遠於人，禮所謂尊祖敬宗收族者殆無愧焉。秀夫既爲族譜，又汲汲於此，今族中少替，秀夫爲長門，茲舉也，殆寓宗法遺意。然吾聞秀夫族曾祖仰山公有學行，名稱當時，韓城王文端相國、洋縣岳一山舍人皆器重之。秀夫率其族人享祀族中，將見子孫致誠，祖考來格。又必思服勤事任，似述世風有以篤前人烈，使詩書之澤未泯，孝友之休長存，卽不獨科第之榮。吾知淡氏之中興未艾也，然則秀夫創修家廟之功，豈其微哉！

## 涇陽縣重修文廟碑記　代　庚寅

聖莫大於修道立教，禮莫重於崇德報功。亙古以來三綱正、九疇敘、萬物安、百神統，孰有加於孔子者乎？萬世立極，百王宗師，凡有血氣莫不尊親，山陬海澨廟祀巍然，孰有加於國朝之於孔子者乎！嗚呼！至矣！抑以國家中興，兩宮臨御，聖德坤儀，照臨海内，至使閭閻闤闠感乎默化，亦知尊儒重道。蓋其所由來非一日矣。且我國家表章聖學統定一尊，州邑建廟，豈徒爲觀美已哉？亦使學者平昔讀聖賢之書，存聖賢之心，體聖賢之行，入禮門由義路，升堂入室穆然罩然，如聖賢之洋洋，在上成己成物，務以斯道爲依歸，以求不愧爲聖賢之徒，如是而已。今者涇陽廟學之新，士子必有聞風興起，不敢爲俗儒異學頓悟駁雜之習，自外聖化處則自新其德，出則新民，煥然爲涇水、嵯山之光者矣。歲庚寅，余調補復蒞兹土，親見其成，諸生問記，故樂爲之書。

## 李雪木先生祠堂記　壬辰

吾秦當國初多碩儒鴻才，博學高士，盩厔二曲先生、富平天生先生及郿縣雪木先生並稱爲關中三李云。二曲理學，天生文學，而雪木則高隱，成就雖各不同，要其根本之地未嘗不一。

先生九歲失怙，家貧孝母，雅與二曲相類。天生雖應鴻詞科，而乞終養疏，凡數十上，皭然遂其初志。且先生修德立言亦自有其理，學亦自有其文，學尤與二曲、天生性情氣誼深相契合者也，故當時如太華三峰鼎立天外。觀先生自述，髫齡讀書偶見小學，古人嘉言善行卽取案頭，時文焚燒一空。至被塾師扑抶，終以願學古人雖死不悔爲辭，何其識之高而意之決也。後以母命應試入庠，卒卽脱去，必求其心之所安。卽守宰學使屢加禮重，先生不以爲意，其淡然有守又如此。蓋生平慕諸葛孔明、陶元亮之爲人，遁跡太白山中十餘年，易所謂「不事王侯，高尚其事」，先生有焉。

然或者謂後之知先生者，似未若二曲、天生之盛。不知二曲徵薦至爲九重所知，天生亦名重闕廷，先生終身一韋布耳。抑二曲、天生著書久顯於世，先生槲葉集往往求之不得。是以二曲、天生後生猶多能舉其名姓，至先生則知者少矣。雖然實之至者，久亦必彰。光緒壬午國史館檄搜遺獻，麟以關中諸人疏啓中丞馮公，咨送史館，先生與焉。而未果行，後必有行之者矣。

不謂先生去今二百餘年之久，而邑宰張公追慕景仰爲之志，其里居並創祠宇，屬紳士明經王某爲之經理，亦可見其理義之感人者深矣。正殿三楹，齋厦六間，大門一座，圍牆四周，規模未大，氣象聿新。又有能刊行先生之集者，尤其幸也。至集中疏啓諸篇未能嚴絕二氏，亦一時應酬之作，不足爲先生累而實非有佞佛之意也。王君致函，並令胡生澗松偕先生後裔忍至余清麓求記。王君且曰：「昔者邑侯趙公補修横渠張子祠既辱以文，今先生之祠敢又以請。」乃力疾而爲之記。

## 重修富平縣城記

富平今縣治爲舊窰橋寨，明初始建，地踞高阜，四面壁削，方三里，高三丈，並池堞五丈。右連城，左竇村，後溫泉，前南湖，固形勝之區也。然非城莫守，自設縣以來，前人修之屢矣。壘經寇擾而巍然無虞，非得思患豫防之道哉！光緒壬辰春，焦侯再權邑篆，以前涖事僅數月，侯方自歉未得爲所欲爲。茲慨然以修廢舉墜爲己任，越月閱城，見其半就傾圮，侯曰：「是烏可緩？」適歲大旱，麥未登，侯又曰：「是亦可以代賑也。」於是集諸紳籌議貲各量輸，工皆和雇，女牆垜口悉如制式，而人身隱矣。石板磚灰悉加鋪砌，而水道通矣。城外居民環列，遮以欄馬牆，則室家可蔽，犬豕可扞，而防禦可嚴潔矣。敵樓城房四，城門樓升卑堅脆，皆嶄然一新。而南關連城亦一律完整，則所以爲城之保障屏藩者，無不備也。經始三月，訖工九月，凡工若干，石若干，磚若干，灰若干。既竣，諸紳士欲立石記事，僉曰：「非吾侯之力不至是。」而侯則曰：「吾何功之有哉？皆僚佐紳士之力也。是役也，不避風日勤於督率者，則有若守城趙君燕昌；料理煩劇精於籌畫者，則有若掌院田君兆岐、齋長田君培塋；盡心勸捐則有若張利用、魏養德；筦帳勤敏則有若鍾景禧、党觀漢；購料堅美則有若常懋官、紀毓桂。任勞任怨始終如一，是皆僚佐紳士之力也，吾何功之有哉？」然則諸君固敬恭桑梓者矣。諸君才可用而用之，各當其才，非侯之能得人乎？侯得衆人之善，而不自有其善，非侯讓善之心乎？取諸人以爲善，是與人爲善者也。君子之善孰大於是好善優於天下，豈徒富平一邑哉？豈徒修城一事哉？

昔者侯治吾邑，嘗以「退思補過」匾於室，又以「求通民情，願聞己過」揭於楹，數涖大邑皆持此意以行改過。勇則從善必決，侯之讓善，蓋出於誠然而非姑取一時之名也。今又城美原矣，修美原書院矣，籌公車費、定新生印紅、添諸生膏火矣，其於振興文教尤拳拳焉。更思以德化民，散給各鄉村蒙書女學，所以正人心端風俗；搜刊楊忠介集，所以重忠節崇理學。則得人又有其遠且大者，而修城讓善且有兼善之量矣。予雖老病固樂爲之，記侯名雲龍，字雨田，山東長山人。

## 補修美原鎮城並創建頻陽書院記　癸巳

光緒壬辰冬，富平焦侯重修縣城，予既爲之記。是時美原鎮城及頻陽書院亦以次興工，既完竣，癸巳夏復使人求記。美原，富巨鎮也，其地處東北隅，去縣七十餘里。兵燹後凋敝甚，民氣亦復囂陵。侯巡行所至，見其城傾圮，曰：「是烏足以固吾民？」又見其經、蒙二義塾荒廢，曰：「是烏足以端吾士？」於是籌款擇人，自捐百金，鎮人踴躍，不數月而城屹然，而書院肅然。夫士習不端，雖有城，民心亦未能固，此侯尤以書院爲汲汲也。然必本於古昔聖賢修道之教，明倫敬身以立其本，明新至善以大其規，存察之嚴、充驗之實以孔、孟、程、朱爲標的爲歸宿，正學明而教化成，風俗美矣。苟惟近世記誦詞章之務、聲名利祿之爲，欲固民心端士習烏能哉？顧或謂迂遠難行。不知古今雖殊，性道則一。若鶡菴、石疊、斛山、立山、天生五先生者，非皆其鄉人乎？又皆居近美原、頻山之所鍾毓也。舜人，我人，有爲若是，豈眞不可學而至哉？此侯所以建書院而祠五先生意也，以鄉人教鄉人，其爲感也尤易，其學其教豈迂乎哉？亦豈遠乎哉？不獨美原，一邑之士果以五先生爲師法，則道德節義政事文學將接踵而出，侯之功又豈一時已哉！然而侯不有其功者也，吾前記已言之矣。是在書院諸生能自立志而已。是役也，總理貳尹吳、楚臣，分理則恩貢朱珍、廪生張清泰、例貢魏養德，生員李廷槐，皆與有勞，例並得書其詳，則載碑陰。

清麓文集卷十三終

# 清麓文集卷第十四

自咸豐丁巳至光緒癸巳

三原賀瑞麟角生著
同里劉嗣曾孝堂校刊

## 説

### 楊玉清字説 丁巳

君子之學，復性而已。蓋人稟天地之中以生，所謂恆性，固粹然無一毫之私者也，然其氣質之蔽所不能無，無以開之，則陰濁勝而物欲行，本然之性日汲溺焉。於是不爲猛隘强梁，則爲昏懦刻吝，邪佞乘其氣質之偏無所不至矣。譬如玉韞於石，不雕其璞，終於石而已。璞雕矣，磨礲攻治之未至，則瑕纇猶在。甚或聽塵封泥污而不之顧，玉自玉也。玉而如是，人不以瓦礫棄之者幾希，豈有所謂栗然而溫，光潤而澤者哉？君子之復性也，猶治玉。然其立志也，必以圭璧自期，欲比德焉。其持敬也，凜凜乎，如執玉，如恐失之；其窮理也，恐碔砆之，或混也，入寶山而不得眞寶不已也；其反身也，自修之功如琢以椎鑿而使成形質也，如磨以沙石而使滑澤也。表裏瑩徹，清而不雜，一白圭之，無少玷焉。其始復之也，溫柔以進學；其終之也，見於面盎於背，恭人之溫溫也。窮則獨善其身，德足以潤之；達則兼善天下，則澤潤生民矣。性之復也如是，雖明道之良玉，孔子之美玉，庶其可冀乎。朝邑楊君仁甫名其子曰玉清，而使予字之，且爲之説。字曰溫如，又曰潤川，勉哉玉清！而翁之所以玉汝者，宜自知之。玉而不溫潤，君子不貴學而不復性，則是以石爲實，而不知求玉也，可乎哉？遂書以貽之。

## 梁重名字說　辛酉

侍御梁君希初名其次子曰重，以厚甫字之，而屬予爲之說。予惟「君子不重則不威，學則不固」，此聖人之訓也。「厚德載物」，大易之辭也。重亦可以知所從事矣，又若何而爲之說？無已，則請條其目、明其失而試言其用力之要。庶於重有助乎容體也、顔色也、辭令也、嗜好也，此數者皆所當重者也。容體不重，則簡率粗狠；顔色不重，則急遽暴慢；辭令不重，則鄙倍荒浮；嗜好不重，則技巧戲玩。其爲性情心術之害孰甚？於是欲矯其弊，則莫如培其基而養其實。夫物薄則輕，厚則重，烏有重而不本於厚者哉？何以厚之？敬以收斂此心而不敢肆也，誠以敦篤此心而不敢僞也，學問以維持此心而不敢偷且安也。德日進而益廣，理日積而愈多。培養之久則由己及人，皆見其端莊整肅、溫良宏博而重則有威、厚德載物，眞有以體乎聖訓易辭而不負矣。且重將授室閨門之內，尤宜正心修身以自重，而帥婦、事舅姑、敬伯叔、和妯娌、宜室家，皆於重乎是視。重乎，甚毋以求人者重，而所以自任者輕，躬自厚而薄責於人，自不至所厚者薄，此則而翁之敎而所以見屬之意也。重也，其尚念之，毋忘！

## 求仁齋藥局說

學所以求仁也，惟醫亦然。持敬如培養本原，窮理力行如用藥治病。推而至於治天下，君身則培本也，用賢才則治病也。本之不培，則邪易入。藥之不當，則患易生。若是者皆不知所以求仁之道，故元氣不敢斲也，炮製不敢苟也，稱量不敢欺也。必除假而取眞，棄惡而用好也。然或蔽之以要譽謀利之心，而非出於至誠惻怛，亦豈所謂仁哉？芮城劉兄梅園講於聖賢之學也久，且有意於天下之事。素善醫，開設藥局於家，將以濟其鄉之人。而欲藉以推廣求仁之心，故敢以「求仁」名其齋而綴數語，劉兄其必有取於余說。

## 楊果如字說　丁卯

易曰：「山下出泉，蒙，君子以果行育德。」泉者，水之必行者也。然在卦體爲坎，坎爲水爲險，是水之行而尚未通者也。君子觀於此，當果決其所行，此聖人之意也。聖門有子路，夫子所謂果者，「未之能行，唯恐有聞」，「人告之以有過則喜」，皆果之爲也。人之所以不果，由其有物欲之昏，氣稟之弱。苟厲志於學則精明生而强毅發，凡其事之所當爲與力之所能爲，必不至退縮不前，半塗輒止矣。孟子曰：「原泉混混，不舍晝夜，盈科而後進，放乎四海。」非果烏能哉？朝邑楊生名泉清，其從父仁甫先生字之曰「果如」，蓋取大象之意。求予爲之說，故書此以與之。泉也，其勉旃。

## 張君牛痘說　戊辰

天花出痘，小兒一厄。近世有種痘法，乃以痘痂引入兒鼻，遂遍身出痘如天花，然但不受天行時氣爲易治。二十年前鎮安尹某者善種痘，先君素精醫，獨信此，首種吾家小兒，以此吾鄉二三十里閒種者紛紛。嗣每歲至，或閒歲至，所種不下數百兒，皆無恙。吾嘗嘉其人，並稱其法甚爲小兒幸。亂後，尹某不復來。吾適生兒，照欲種痘，無從問津。友人張君宜堂謂，張君某牛痘法尤妙。其法以痘漿點兒臂，則引毒而出，兒照固，毒輕乃出一痘，十餘日已完好。不服藥，不禁忌，較尹醫又捷而逸。而兒之嬉戲跳躍閒遂脫此一厄，奇之奇矣！閒閱其書，其法始西洋，初傳粤，又傳京師，秦中雖有傳未廣也。

吾邑得張君其所及必多。夫天下之理，固有後之人推求益精遠過於前人者，而世俗溺於見聞，往往多爲說以排之。然卒有明驗，故其事不可廢，其功自不可歿。非獨牛痘法也，因張君之牛痘爲之說，以信其術，使世毋惑焉。

## 移復太華書院說

太華書院，明恭定馮公少墟先生講學處也。舊在華山青柯坪署，當時聽講者數百人，著有太華書院會語。今廢久矣，然其地狹隘不能容多人。峪口玉泉院佳境也，議者欲移復太華書院於此。偉哉舉也！

或曰：「當此物力艱難，嶽廟之興已幾費籌畫，而又書院乎？」余曰：「不然。先王禮教不明，人心日入於邪。異端鬼教之宮幾遍天下，頃經賊火蕩焚，庶幾廓清之端，而氛烟甫靖，淫祀復興。今會城以南以及各邑寺廟之修不一而足，匪惟傷財亦且蠹俗，不此之禁而助之者多矣。若書院所以育才養士，爲扶世道正人心之本，乃反委之以力不能爲，則其於是非邪正之分何如也？」

或曰：「書院固講學矣，然西陲醜類未盡殄滅，不講足食足兵而學之講，毋乃迂乎？」余曰：「非迂也。少墟先生嘗言之矣。先生當明季，天下多事，乃立首善書院，日以講學爲事。人或笑之。先生曰：『百萬兵餉徒藉寇兵而齎盜糧，只少此忠義之心耳。有忠義之心而後兵爲我用，有忠義之心而後餉爲兵用。』然則講學正講此忠義之心，人人忠義而食尚憂不足兵尚憂不足乎？昔朱子在南宋，國勢危蹙已極，而白鹿洞書院方且奏請修復。蓋大賢爲政，知所先後如此。」

或曰：「今之書院無處無之，又何此贅疣爲？」余曰：「今之書院乃贅疣也。博士倚席不講久矣，所恃書院猶或少裨學校，而師且終年不至，號食海俸，學者亦惟誕謾恣睢，摴蒱之戲，嗜好之癖，無所不有。即一二稍知自檢，亦不過綴緝文詞，饕餮利祿，其技愈精，其心愈壞。如此輩者，道德乎？經濟乎？修己乎？治人乎？重興太華不惟表章少墟遺蹟，學少墟之學而已。國家崇尚朱學，朱子亦嘗主管雲臺，高山在望，正宜確守遺規，講明主敬窮理之旨。反躬實踐，續道統之淵源。納民物於胞與，處爲醇儒，出爲王佐。程子曰：『天下英才多矣，特以道學不明，故不得有所成就。』果其延明師，選良士，理義昌，賢才出，所關大矣。若猶無異於今之書院也，是贅疣耳！又不如無之爲愈。」

或曰：「嶽廟之旁，雲臺之觀，奚不可書院？而必玉泉院也何居？」余曰：「雲臺雖亦近山，而諸多傾圮，嶽廟又雜市廛，其不可又何疑乎？夫以書院之弊如前所云，士之有志於爲己者，蓋有望望而去耳。其嘗欲別求一燕閒清曠之地，相與羣居講習而不可得。玉泉院者，背依三峰，面臨洛渭，林薄茂深，水石幽勝，而其堂舍、廊廡、亭臺、館宇又皆完美清邃，無世俗之喧囂，樂藏修於岑寂，其於移復書院尤爲甚宜。且玉泉院舊止緇流憩息，遊人玩賞。然揚釋老之餘波，孰若扶孔孟之正脈？流連光景，取快一時，孰若詠歌先王尚論千古乎？此亦不待智者而決也。」

或曰：「太華書院之移復玉泉固矣，然則其養之也將奈何？」余曰：「理義自在人心，視倡之者如何耳。昔朱子嘗記石鼓書院謂，部使者潘畤創始未竟，而宋若水又廣之，於是連帥及諸使者皆奉金齎，割公田以佐其役。今者督撫既修嶽廟矣，重祀也，不興學可乎？修渠矣、屯田矣，養民也，不教士可乎？然則費皆果何出乎？以彼之不難而謂此之難，不可也。又安知官無輸俸而富無捐穀者乎？聞已有大吏不惜萬金以資會城書院膏火者，而況此非常之規乎？故曰視倡之者如何耳，則其養亦無足慮矣。」

或又曰：「子謂書院今當復朱子之教，是固孔孟以來相傳之法也。然必欲屏科舉，庸非違功令乎？」余曰：「國家取士固以科舉，而非士子所以學之道也。功令科舉，在宋已然，然朱子白鹿洞未聞教以科舉也。明之科舉尤盛，胡敬齋主講鹿洞亦毅然不談科舉。又未聞功令以此罪之也。科舉之害，朱子言之屢矣，而刊行全書。我朝所以教天下萬世學者，其意爲何如？亦豈爲朱子病乎？太華書院而講科舉，又果少墟當日之意乎？伏讀純廟諭曰：『書院酌倣朱子白鹿洞規條，立之儀節，以檢束其身心；倣分年讀書之法，予之程課，使貫通乎經史。』祖訓煌煌，又何嘗僅事舉業？近又有奏請以小學、近思録著爲功令，不以時文小楷爲進身之階梯，而以孝弟廉潔爲學問之根本。奉旨已録，是不爲違功令，亦明矣。然則各處書院固皆教以科舉，亦不憂人才之不足用。而此書院者獨以正學作興，成就少墟遺烈，益將有光譽於士類。孚於輿情、播於遠方、傳於來世，流風餘韻，漸被無窮，於以助成聖天子美風俗、廣教化之至意，豈不盛哉？如子之言是皆卑陋之見，阻當事者之志而不以古人期人也。吾見釐正嶽祀、除淫祠、撤塑象，改立大儒名宦忠臣孝子，崇正黜異，卓識定力，可謂大有功於綱常名教矣。而謂移復先儒書院，道之明且行，世之安且治皆係乎此。乃以子之言而阻也，必不其然。」或者唯唯而退，乃次其說如此。

## 張氏三子名字說 壬申

張君繼堂、宜堂嘗命諸子學於予。繼堂之長子濯，宜堂之長子濬，並其兄子浴將冠，又以字請。夫人不能激發有爲，以濯去其舊染之污，則亦悠悠汎汎，無成而已。氣習之偏褊淺固滯，惟濬而通之，庶不至害性而忤物。誰無秉彝，人自陷溺，非勤加澡浴，則固有之良有日汩於不覺者矣。故字「濯」，曰「伯新」；字「濬」，曰「汝深」；字「浴」，曰「德甫」。濯乎其精明振拔，而焕然改圖乎；濬乎其沉潛疏暢，而洞然不窒乎；浴乎其端潔清和，而惕然自修乎。雖然是皆非學不可，要亦不外立日新又新之志，存深造以道之心，致忠信、徙義、崇德之功。而毋苟於自恕，狃於自小，安於自棄，斯可矣。三子其懋敬之哉！

## 趙書字說 癸酉

聖人之書所以載道也，求道而不於書，則師心自用，道其所道而非聖人之道。然讀書而不求道，則買櫝而還珠，書亦無用之糟粕而已。知求道矣，而不勤其力，則二三之見、作輟之功、浮慕之心、速成之念，終不能以有得也。趙氏子書學於予，其冠也，其父越數舍戒予爲賓冠。畢請字，字以道甫，又字以汝勤。書乎，爾知有固其基址者乎，小學是也；啓其戶庭者乎，近思録是也； 提挈綱領、融會精微、發揮藴奥者乎，大學、論、孟、中庸是也。經以究理之通，史以盡事之變，考之周、程、張、朱以既其實，參之楚詞、韓文以達其支。有修身之道焉，有齊家之道焉，有睦鄉之道焉，有治國之道焉，有達而出之道焉，有窮而處之道焉，道備於書，而實具於我。人能宏道，非道宏人。不敢雜也，不敢閒也，不敢淺也，不敢迫也。守之以精專，持之以純固，習之以沈潛反覆，熟之以厭飫優柔，如是則勤而道可有諸己矣。斯之謂不負書者，爲之說如此。書乎，其思所以不負書乎。

## 張浤字說 甲戌

張氏子浤從予遊，將加冠，賓予宜命以字，字之曰仲海，請爲之說。浤之爲義，玉篇以爲「海水騰湧之貌」。海自有本，而又爲衆流之所歸，其騰湧之浤固宜。然非海必不能容衆流，非容衆流亦不成爲海。彼澗溪沼沚之水烏足當壯觀哉？知海斯知學，已人之一心，理無不足，所謂萬物皆備於我。而讀天下之書，論天下之事，又無不各窮其理。中庸曰「博學之」，易曰「學以聚之」，如是則天下之理皆吾心之理，非海之說乎？及其熟也，仁義禮智，根心生色，睟面盎背，暢于四支，發于事業，左右逢原，汪洋浩瀚，日出不窮，則海之浤不異於是矣。雖然，不知吾心本具之衆理，未必能窮天下之理。即窮天下之理，而未必不一得自足。溝澮之涸，可立而待。故必如海有能容之體，然後爲能立志； 必如海之能容而又不擇夫細流，然後爲能虚心； 又必如海之消融渾化涵蓄渟注而未嘗有溢，然後爲能居敬。非是三者，則亦不能學而有諸己。是欲發櫂於斷港絶潢，而望至於海也難已。原泉混混，不舍晝夜，盈科而後進，放乎四海，百川學海而至於海。仲海勉之，吾願子之騰湧也。

## 勿用說

楊君信甫讀書力行，安靜自守，以「勿用」名其所居之洞，求爲之說。九居乾初，有潛龍之象。龍而潛，尚可用乎？故戒占者以勿用也。乾六爻皆言聖人之德，文言於初爻曰：「龍德而隱。」占者有龍之德，則勿用固宜。然爻詞人人有用，以學者言之，則當修其德如聖人之潛龍。若第曰勿用而已，安然放意，不知所以韜養之道，豈聖人垂教之旨哉？何道之可守？何行之可晦？何能自信之深？何能量時而動？何能富貴不淫貧賤不移，而有不可奪之操？雖曰勿用，而終不可語於龍之潛也。德何修？在立志爲己，眞知實踐，而一於誠敬。毋見小，毋欲速，毋趨遠，毋闚高，聖人無論已。伊尹耕有莘而樂堯舜之道，顏子居陋巷而致克復之功，伊川之涪陵亦可讀易，晦翁之武夷不廢講學，胥是志也。如是則勿用之中正自有其可用者。無一事不用，無一時不用，用其所當用，斯眞能勿用者也。信甫以爲如何？

## 務本書堂說　己卯

「務本」之說，發於有子。而朱子謂論語首篇多務本之意，則知凡事有本，不獨孝弟爲爲仁之本。而所以致其務之之力者，宜無所不用其至矣。程子又言「仁爲孝弟之本」，又曰「天下之公，善之本也」，孔門教人求仁爲要，則仁其本歟！然求仁之方莫備於論語，而尤莫切於首篇。王生子方素篤內行而有志於學，行將仕以及人，因以「務本」名其書堂而爲之說。

# 共學私說　壬午

麟山林迂愚，學術寡昧，自治未能，遑言及人？兹者恭承大中丞馮公屢致殷勤，專使賫書，卑禮厚幣，招延講學，爲秦士倡。區區淺陋，辭不獲命，敬還關聘，謁報盛意。又念義無虚辱，竊本先儒爲説六篇：一曰天性本原，二曰聖學標的，三曰涵養要法，四曰格致實功，五曰身倫交修，六曰出處合道。以言教人，輒用内愧。然亦藉與同志切劘斯道，共相砥礪，庶幾有成，或不負大中丞崇尚正學，造就眞才之至意云。

## 天性本原

天以陰陽五行化生萬物，氣以成形，而理亦賦焉。理者何？在天爲元亨利貞，在人爲仁義禮智。自天言之則曰理，自人言之則曰性，其實一而已矣。是性也，物得其偏而人得其全。又性者，人人之所同得，非有我之得私。惟聖人爲能盡之，下此卽不能無氣稟之拘、物欲之蔽，是以不能皆有以知其性之所有而全之。然雖氣拘物蔽，而天性之在我者終不可得而磨滅。是以聖人設教，亦卽其天性之不可磨滅者而爲之品節防範，使之以復其本然之性而不失乎在人之理，初非有所付畀增益，而强之以不能也。大學「明明德」必繼以「新民」，中庸「盡人性」、「盡物性」，以至於「參天地」、「贊化育」，非天性之固有何以能是？此孟子性善之説所以有功於天下。而「人皆可以爲堯舜」，亦實理之自然，非故爲是俯就之詞以誘進於聖人之途也。故仁義不假外求，聖人可學而至。不然本原一差，莫知嚮往，求端用力，毫釐千里。必至棄天誣性，任氣質以用事，徇人欲而忘返。則是果於自暴自棄，而不仁之甚。學者立志之初，可不知所自審哉！

## 聖學標的

韓子曰：「堯以是傳之舜，舜以是傳之禹，禹以是傳之湯，湯以是傳之文、武、周公，文、武、周公傳之孔子，孔子傳之孟子。」孟子然則所謂是者，果何謂哉？夫亦曰道而已矣。道原於天，本於性，人皆有之，豈獨聖人有之而傳之耶？有聖人之學斯有聖人之道。漢董子、隋文中子、唐韓子雖其立言行事皆有補於世教，而先儒言道統之傳不與焉。至宋五子者出，堯舜以來相傳之統絕而復續。薛文清公曰：「學者舍周、程、張、朱之書不讀而讀他書，是猶惡覩泰山而喜邱垤也。」藐乎，吾知其小矣。是程朱即是孔孟，非程朱即非孔孟。而朱子者又孔、孟、周、程之大宗嫡嗣也。三代以上折衷於孔子，三代以下折衷於朱子。自聖學失傳，世儒之訓詁詞章，管、商之權謀功利，老、佛之清淨寂滅，百家之支離偏曲，以及後世心學之陽儒陰釋，考據之穿鑿附會，紛然雜出。而聖人大中至正之學，或反以爲迂闊高遠而莫知從事。則標的不立，有終身馳騖於榛蕪而不悟者，亦可哀已。程子曰：「言學便以道爲志，言人便以聖爲志。」張子曰：「學必如聖人而後已。」果有此志，以聖賢之言爲必可信，以先王之法爲必可行，不狃滯於近規，不遷惑於衆口。知之明，信之篤，而聖可學矣。

## 涵養要法

自古聖賢以心地爲本，心必得其養，則有以爲一身之主宰，萬事之綱領。而敬者心之貞，聖學之所以成始而成終者也，故小學、大學莫不以是爲主焉。然其用功之要，亦不外乎内外動静之閒。一乎内所以制其外，齊乎外所以肅其中。静而存所以涵動本，動而察所以驗静原。然人往往自謂能存此心，而容貌詞氣略不知檢者亦有矜情飾貌。若出於敬，而方寸之閒把捉不定急迫難久者，或喚醒而無所作爲。或先察識端倪，然後加存養之功，則内而無外，外而無内，静而無動，動而無静。非類於釋子之坐禪入定，即浮慕乎涵養之名而不得其法，則皆持敬之獘也。惟守程子之「主一無適，整齊嚴肅」、謝氏之「常惺惺法」、尹氏之「其心收斂，不容一物」而實致其力，存之於隱微幽獨之閒，謹之於衣冠言動之域，審之於念慮應接之際，持之於齊莊靜一之中，内外交養，動靜無違，又必提掇接續，不使少有昏昧，而凝定嚴密，私意消融，以至於虚靜之極，則此心之體用周流貫徹，無一物之不徧，無一息之不存矣。蓋敬則心愈虚而驕矜之氣悉泯，何至有自是自足之病？克己受善，集思廣益，志氣所以日精明也。敬則心愈實，而僞妄之念不生，必不肯苟且徇外。而爲人不欺、不慢、不愧，屋漏獨無不慎，而意無不誠矣，是豈不可爲致知力行之地哉？至於敬字，惟畏近之。只是略綽提撕，令自省覺，則又子朱子謂人深切之意，學者尤不可以不知也。

## 格致實功

「涵養須用敬，進學則在致知」，二者交相爲用，如車兩輪，如鳥雙翼。苟知主敬而不致其知，則所謂敬者都無一事，而或非其敬。此格致之功不可不講也。胡敬齋曰：「窮理非一端，所得非一處，或在讀書上得之，或在講論上得之，或在思慮上得之，或在行事上得之。讀書得之雖多，講論得之尤速，思慮得之最深，行事得之最實。」然講論、思慮、行事，仍必以讀書爲權衡。則所謂讀書者，又豈可苟焉已也？以大學爲規模綱領，以論語爲操存持養，以孟子爲擴充體驗，以中庸爲旨趣要歸，然後經史子集專究旁參，可以讀天下之書而論天下之事矣。蓋自身心性情之德、人倫日用之常、天地鬼神之變、草木鳥獸之宜，皆有以見其所當然而不容已，與其所以然而不可易。此其理亦豈有出於書之外者？然聖賢之因時立教，今更有小學、近思録二書，則又大學之基址，四書之楷梯。而不先讀乎此，立身必無規矩，學術必至偏枯。若夫讀之之法又必循序，而又常致一而不懈，熟讀精思切己實體，庶乎無用不周、無施不利，以視世之博物洽聞、誇多求異，而識反窒蔽者，不大相逕庭哉？

## 身倫交修

學以爲行也，故朱子嘗曰：「論先後知爲先，論輕重行爲重。」非行則知亦空知，而行之大端，身與倫盡之矣，小學之明倫、敬身是也。蓋自心術之要、威儀之則、衣服之制、飲食之節，以及父子之親、君臣之義、夫婦之别、長幼之序、朋友之交，無非天命之本然。不待外求，而無所不備；不假人爲，而無所不周。苟或私意，人欲生於其閒，卽不免昏蔽錯雜，無以全其所受之正，因以乖戾舛逆，無以適乎所行之宜。惟喜怒哀樂必求中節，視聽言動必求合禮，子臣弟友必求盡分，推之大學之「明明德」，則敬身之極，大學之「新民」，則明倫之盡。而誠意、正心、修身、齊家、治國、平天下，亦無非完身倫之所有事。雖久暫常變，一皆戒懼之心、眞實之念，相爲貫注。不尚論説而責事實，不徒儀文而重性情。氣質之偏也，必矯之使和；物欲之累也，必去之使盡；習俗之陋也，必袪之使不攙；意見之私也，必除之使不蔽。德不可不修，己不可不克，達道不可不由，如是則立心制行、處事接物皆有以得其義理之實，而無所虧矣。

## 出處合道

君子之道或出或處。當出而出，而不爲絶人逃世之行；當處而處，而不萌希榮慕寵之念。立身廊廟，不忘寒素，非自佚也；遯跡畎畝，時懷胞與，非求進也。蓋各有道焉耳！幸而出也，爲輔弼之臣，必以格君非、恤民隱、舉眞才、求直言爲之主；爲疆圻之臣，必以宣德意、正人心、整吏治、變仕風爲之主；爲守令之臣，必以除盜賊、薄稅斂、厲學校、厚風俗爲之主。不敢愚其君，以爲不足以言仁義，而必堯舜其君；不敢鄙其民，以爲不足以興敎化，而必堯舜其民；不敢薄其士大夫，以爲不足以共成事功，而貴德尊賢、因材器使，又有以激厲曲成乎！士大夫精白一心，不雜以富貴利達，有所爲而爲之之念，而後於職分之所當爲，可以無愧。夫用舍在人，而行藏有時，義當處則處而已。順理而安行，知幾而固守，隱約終身，亦安其貧賤之常。其在家也，正倫理、篤恩誼、崇勤儉之風，守詩書之澤。其在鄉也，德業相勸，過失相規，禮俗相交，患難相恤。其在學也，敎之以灑掃應對進退之節、禮樂射御書數之文，以端其蒙養之方；敎之以窮理、正心、修己、治人之道，以造於成德之域。非聖之書、無益之文、空寂博雜之術、聲明利祿之見，皆不使入其胸中。而爲己務實之意，亦未嘗不諄諄焉。告之古之人，進則推斯道以覺天下，退則明斯道以淑其徒，如是而已。至於世衰道微，知德者鮮，不得已而著書立言，守先王之道以待後之學者，張子所謂「爲天地立心，爲生民立道，爲往聖繼絕學，爲萬世開大平」，庶幾全吾性之所固有，而成己成物爲有體有用之實學也歟！

## 王念曾魯子字説

在昔孔門三千，其徒不違師言，如顔之愚，回也不幸，屢發聖歎，三省有曾，乃聞一貫，一貫之道，豈易其傳？況參也魯，胡又能？然魯則資遲，魯則思鈍，才辨聰明抑或遠遜。維曾宏毅祇辦此心，求之必精，體之必深，不貳不息，故卒有得。究其所由，實得魯力。勗哉，念曾。憤悱交生，勿以魯棄，專久則明。尹氏和靖亦希曾學，一言以蔽，誠篤而確。

## 任永命字説　甲申

朱子曰：「命稟於有生之初，非今所能移。」蓋命出於天，命之永亦天也，豈人力之可爲哉？顧天定勝人，人定亦勝天。天可勝乎？亦有其理之可恃而已。召誥曰：「祇天永命。」夫歷年之命可祈，則凡命之在天者，亦無不可祈也。雖然「獲罪於天，無所禱也」，祈豈易言哉？書之言祈，惟在敬德。以德祈而命我與祈也，命不我與，亦所以祈也。任生道甫名其次子曰永命，而予字以仲祈，又曰德夫，爲之説，永命其尚盡所以祈哉！

## 臨深書舍説　乙酉

郃陽謝化南季誠從余遊久，頃歸，教授於邑之坤龍村，村臨河，季誠懲好爲人師之患也，名其學舍曰「臨深」，求予爲之說。夫臨深爲高，常情類然。師位尊而名重，臨深之說也。位尊則人不敢忽，名重則人不敢輕。人不敢忽，則泰心生；人不敢輕，則驕心生。驕且泰則高矣！本非高，以其臨深而高也，則將終不高，而且有顛墜之虞。此好爲人師之眞可患也！季誠之所不敢出也，故時存一臨深之象以觸目而警心焉。季誠進矣，抑余更進一解。詩曰「如臨深淵」，曾子生平嘗以此自矢矣。今以不敢爲高之心反而存曾子臨深之志，其主敬也常若「上帝臨汝」，其窮理也，則深造以道，欲其自得而資深，又何嫌於臨深也哉？若夫孝子不臨深，自別有說。此亦非眞臨深者，季誠其知之矣。

## 迎旭書堂說 丙戌

連生梅軒訓蒙於魯橋鎮之東林菴，菴近城而面東，屋數閒爲書堂樓，其上顔曰「迎旭」，求爲之說。夫「旭」者，日之初出也。當其昧旦，僅能辨色。及夫出暘谷、浴咸池、拂扶桑，而大明生焉。則光景一新，陰晦銷伏。學亦然，人生而蒙，長不可以無教，詩書以開其愚，師友以啓其蔽，久而漸有知焉，則心境豁然，窒塞以通。師曠曰：「少而學者，如日出之光。」不其然歟！然天不已，而人有欲。向晨夙興，方寸清明，精神煥發，當與朝氣相長。而昏昏者，方且三竿不起乃安斯寢，任夢魂之顛倒，則其懈惰荒甯，不惟浪擲光陰，且如坐於暗室之中，雖欲開明不可得已。惟知「迎旭」之意，使此心炯然如日之升，羣邪退息，汲汲焉務時習之功，勿令一刻之閒常懷此日可惜，庶不致影逼崦嵫，嘆遲暮於桑榆也。語云「一日之計在寅，一年之計在春，一生之計在勤」，二三子其深體爾師所以名「迎旭」者而用心焉，則驥步千里，舒疾類日，亦將何所不至哉！

## 小壺天說

吾聞海中有三神山，其一蓋方壺，云仙人之所居也。東初劉子居宅東院，舊顔曰「小壺天」，至是又略新之，花木之盛，廊榭之幽，居然一仙境也。然吾謂東初讀書其中，日對聖賢，蓋有見夫數仞宫牆宗廟百官之美富，登東山、泰山之高，濯江漢而暴秋陽，以及安宅廣居，義路禮門，莫不居安資深。卽簞瓢陋巷，室如懸磬，亦皆隨在各足。況風月庭草，無邊交翠，無日不在瑞日祥雲、和風甘雨之中，無處不是規圓、矩方、繩直、準平之地。一室簡編，仰讀俯思，覺乾坤民物卽在目前。閒遊空中樓閣，月窟天根，亦可探躡，而千紅萬紫，光景一新。禮法之場，仁義之府，眞若別有一天焉！東初之樂豈可勝言乎哉？又何彼之足羨耶！雖謂東初自有一「小壺天」可也。

## 訒齋説

學之道，求仁而已；求仁之方，存心而已。心何存？存於理也。心無時而不存於理，則凡其身之所接，大而綱常名教，細而飲食男女，微而威儀容止，顯而應接酬酢，莫不各有當然一定之則，必有以止其則而後爲無愧於心。如是而見於言者，豈遂漫然不思，無復問乎吾心之理之如何？可信口以出之哉？司馬牛問「仁」，而夫子告之曰：「仁者，其言也訒。」牛以言訒而少之，夫子又告之曰：「爲之難，言之得無訒乎？」夫仁者，心無不存，故言無不訒。而不訒言者，其心之不存可知。心之所以不存，蓋早無意於爲與爲之當理不當理。是以其言無論不合理者，徒逞快於一時，卽合理者，亦第取足動人之聽聞，而非發於中心之實然，是亦苟而已矣，而難於何有？而訒於何有？其去仁也，不亦遠乎？王君竹舫爲求仁之學，而以訒名其齋。王君豈徒訒言乎哉？不敢苟於爲，故不敢苟於言，不敢苟於爲，以苟於言實不敢苟於存心。以訒言而時愼其爲，卽以訒言而默惕，其存心常存於爲難，卽心常存於訒言。訒之又訒，心無不存，而仁不外是矣。求爲之説，因書以正之。

# 安貧說

薊州王君竹舫鄉舉有年，不求仕進，其學以安貧爲務，不遠數千里，書來索說。夫安貧，爲學一事也，而實爲學要事。余惟人有不甘爲貧所困，且能自勵於貧之志，而後能安貧。亦惟安貧之久，而後孔子之疏食飲水在中之樂，顏子之簞瓢陋巷不改之樂，亦皆可尋而得。其心貴誠，其功貴密，聖賢言此屢矣。竹舫用力已深，何待予說？而猶欲切磋未已也，亦仍聖賢與先儒所嘗言者而條次之，所謂一番提掇，一番警厲，一番講論，一番精神。竊願與吾竹舫更加熟誦默體而共勉焉。

論語子曰：「富與貴，是人之所欲也，不以其道得之，不處也。貧與賤，是人之所惡也，不以其道得之，不去也。君子去仁，惡乎成名？君子無終食之閒違仁，造次必於是，顛沛必於是。」朱子曰：「言君子爲仁，無時無處而不用其力也。然取舍之分明，然後存養之功密。存養之功密，則其取舍之分益明矣。」

孟子孟子曰：「舜發於畎畝之中，傅說舉於版築之閒，膠鬲舉於魚鹽之中，管夷吾舉於士，孫叔敖舉於海，百里奚舉於市。故天將降大任於是人也，必先苦其心志，勞其筋骨，餓其體膚，空乏其身，行拂亂其所爲，所以動心忍性，曾益其所不能。人恆過，然後能改；困於心，衡於慮，而後作；徵於色，發於聲，而後喻。入則無法家拂士，出則無敵國外患者，國恆亡。然後知生於憂患而死於安樂也。」尹氏曰：「言困窮拂鬱能堅人之志，而熟人之仁。」

小學胡文定公曰：「人須是一切世味淡薄方好，不要有富貴相。孟子謂『堂高數仞，食前方丈，侍妾數百人，我得志不爲』，學者須先除去此等，常自激昂，便不到得墜墮。嘗愛諸葛孔明，當漢末，躬耕南陽，不求聞達，後來雖應劉先主之聘，宰割山河，三分天下，身都將相，手握重兵，亦何求不得？何欲不遂？乃與後主言：『成都有桑八百株，薄田十五頃，子孫衣食，自有餘饒。臣身在外，別無調度，不別治生，以長尺寸。若死之日，不使廩有餘粟，庫有餘財，以負陛下。』及卒，果如其言。如此輩人，真可謂大丈夫矣！」胡文定公辭受取舍，一介之微，必度於義。飢不可得而食，寒不可得而衣，貧之一字於親故閒非唯口所不道，故亦手所不書。嘗戒子弟曰：「對人言貧，意將何求？」

范文正公少有大節，其於富貴、貧賤、毀譽、歡戚，不一動其心，而慨然有志於天下。嘗自誦曰：「士當先天下之憂而憂，後天下之樂而樂也。」

近思録程子曰：「子貢之高識，曷嘗規規於貨利哉？特於豐約之間，不能無留情耳。且貧富有命，彼乃留情於其間，多見其不信道也。故聖人謂之『不受命』，有志於道者，要當去此心，而後可語也。」有勸伊川仕者，伊川曰：「待飢餓不能出門戶時，當別相度。」

張子曰：「人多言安於貧賤，其實只是計窮力屈才短，不能營畫耳。若稍動得，恐未肯安之。須是誠知義理之樂於利欲也乃能。」又曰：「天下事，大患只是畏人非笑，不養車馬，食麤衣惡，居貧賤，皆恐人非笑。不知當生則生，當死則死，今日萬鐘，明日棄之，今日富貴，明日飢餓，亦不恤，惟義所在。」

朱子語類：「人須有廉恥，有恥則能有所不爲。今有人不能安貧，其氣銷屈，以至立腳不住，不知廉恥，亦何所不至？因舉呂舍人詩云：『逢人卽有求，所以百事非。』」知廉恥。「學者當常以『志士不忘在溝壑』爲念，則道義重，而計較死生之心輕矣。況衣食至微末事，不得未必死，亦何用犯義犯分，役心役志，營營以求之耶？某觀今人因不能咬菜根而至於失其本心者衆矣，可不戒哉？」重道義。

文集答余國秀曰：「窮須是忍，忍到熟處，自無戚戚之念矣。韓退之盛山詩序說『翫而忘之以文辭也』，云云。文辭淺事，苟能翫而樂之，尚可以忘仕進之窮通。況吾日誦聖賢之言，探索高遠，如此而臨事全不得力，此亦足以見其翫之未深矣。」翫聖言。

## 附

吳康齋：「七月十二夜，枕上思家計窮甚，不堪其處。反復思之，不得其方。日晏未起，久方得之。蓋亦別無巧法，只隨分節用安貧而已。誓雖寒餓死，不敢易初心也，於是欣然而起。又悟若要熟也，須從這裏過。」又嘗有句云：「知止自當除妄想，安貧須是禁奢心。」安貧在節用。

呂涇野嘗教學者以甘貧改過，曰：「能甘貧，則一切浮雲外物舉不足爲累矣。能改過者，可以日新而進於善矣。大抵過多生於不能安貧中來，貧而能安，過亦可少。」又曰：「季氏舞八佾，歌雍詩，犯分不顧，都只從恥惡衣惡食一念起。」安貧能少過。

李二曲曰：「貧者士之常，不安貧是反常也。」反常則不足爲士矣。

偶記三先生之言的實切要，亦最醒人，并敢附於其後。

## 生日阻諸親友說 癸巳

古無生日之說，凡書傳言壽，多不指年齒。士冠禮，祝以順德、慎德、成德，而壽考維祺，而眉壽萬年，而黃耇無疆也。有臺詩頌君子之「萬壽無期」、「萬壽無疆」，而卒曰「德音不已」、「德音是茂」也。湛露詩「其德不爽，壽考不忘」[一]，又顯言之矣。豈生日之謂哉？生日稱壽，非禮也。唐太宗以爲父母劬勞之日，非人子宴樂之辰。程子曰：「人無父母，生日當倍悲痛，更安忍置酒張樂以爲樂？若具慶者可矣。」人子六七十歲以上，具慶不可多得，則生日皆在悲痛之日，而尚言壽乎？近世奢靡相尚，往往於是日宴會雜沓，賓客滿座，殊失禮意。吾邑尤甚，十餘歲之童子輒云做生日，吾深以爲不然。以故數十年來未嘗有此舉，即家人卑幼之拜亦多不受，一若常日。吾生以正月十八日，次日即先君生忌，此兩日吾但蔬食而已。近年親戚晚輩知吾意，或以二十日來拜。閒餽酒肉，止之不可，亦略聽之。今歲吾年七十，聞諸壻又欲爲吾稱觴，且

〔一〕「其德不爽，壽考不忘」：出自詩經小雅蓼蕭。

云即以二十日拜祝。此甚非吾夙心，大不可也。愼勿徒勞，觸吾惡緒。雖朱子嘗有壽母生朝、卓國太夫人生朝及高倅詞，門人疑其以禮自律，不以禮處親與人者。朱子曰：「是力量不足放過了處。」或亦有不得已者，其情各不同也，而究非所論於吾。吾年二十二而喪父，二十三而喪母，是吾少時已不得於父母生日常此稱觴，猶憶吾母七月十四日生朝，母歿之年，是日吾隨諸兄爲吾母具備肴酒，而吾母已病，竟不能食。至二十五日，而吾母棄不孝矣，是吾生平所最憾者。吾生日乃受親友稱觴，於心安乎？且吾兄弟五人，伯兄年五十六以回亂被害，仲兄亦年五十六病故，三兄年六十六而卒於終南不得在家，四兄年六十八悲子伯鎰之亡而亦逝。今吾年幸至七十，而諸兄無一人存者，諸姪亦皆早世，僅留三兄之子伯鑯一人。回顧後來，傷門祚之衰薄，吾娶楊娶張皆生女不育，又娶於林生二子，均殤。長女既嫁而夭，次女亦數歲殤。中間納妾無出而死，又納妾連生三女，去歲復納妾，未一年而又死。諸君視吾當此之日，追念前事，以爲樂乎否乎？以世俗而論，高年祝壽，必有子有孫，森森蘭桂，一堂戲綵，是時親友置酒開筵，相與慶賀，亦人情之常，猶可言也。吾則膝下無半尺之童，形單影隻，老態支離，與諸君酬答不亦太勞乎？諸君亦曾代我思之乎？抑吾更有自愧者，年衰學荒，存心不密，克己不勇，性情有時而偏好惡，有時而辟，言或失於峻厲，行或失於寬柔，身之不修，家不能齊，禮法漸壞，繩約漸弛，每一自省，具爲無德已甚，又何壽之可言？直將虛過一生，與草木同腐，惟有閉門謝客，靜坐思過，相忘於無言，庶幾少逭罪惡。若儼然受諸君之祝，是愈增吾隱痛也。凡有儀物來壽者，已屬鑯姓〔一〕婉詞堅拒，概不受收。諸生言者，亦以此告之，諸君誠愛我也，必能體吾之心，信吾之言。吾於是日方歸故里，一覲先人墳墓，候暝色而返。諸君雖來，亦不能見吾，幸毋枉臨。倘遇佳辰令節或能過我，當煮茗以待，聊與諸君作半日談，講論之樂不勝於此日無益之歡娛乎？謹此豫白，千萬諒詧！

〔一〕「姓」：疑爲「姪」字之誤。

## 以在官法戒録壽朱純翁邑侯説

昔曲江張公壽其君相鋼鑑録，西山眞公壽其相以諸葛武侯之事。蓋古人於其君相皆不敢爲謏頌之辭，而以規勉，非此則非所以事尊長之道也。邑侯純翁父台誕辰，卽本此意爲壽。其無長物，搜篋中得陳榕門先生在官法戒録一書，榕門先生爲侯鄉先輩，而此書又侯日夜所宜兢兢者，行見南山之詩遍傳草野，侯之壽將不在區區世俗之祝。此麟意也，敢持以獻。

以上九卷大荔門人扈森仲榮甫編輯。

清麓文集卷十四終

# 清麓文集卷第十五

自甲寅至壬辰

三原賀瑞麟角生著
同里劉嗣曾孝堂校刊

## 雜著上

### 朱子武夷櫂歌大旨　壬午

公自題云：「湻熙甲辰仲春，精舍閒居，戲作武夷櫂歌十首，呈諸友遊，相與一笑。」

武夷山上有仙靈，山下寒流曲曲清。欲識個中奇絕處，櫂歌閒聽兩三聲。

借櫂歌喻學道之意也，此是個起頭。

一曲溪邊上釣船，幔亭峰影蘸晴川。虹橋一斷無消息，萬壑千巖鎖翠煙。

聖學不傳而道不明也，嘆斯道久絕。

二曲亭亭玉女峯，插花臨水爲誰容？道人不復荒臺夢，興入前山翠幾重。

向道之專好之篤，一切世味都纏他不得，不止是說遠色。

三曲君看架壑船，不知停櫂幾何年？桑田海水今如許，泡沫風燈敢自憐。

任道之勇，爲之力竭，力以從之。

四曲東西兩石巖，巖花垂露碧㲯毿。金鷄叫罷無人見，月滿空山水滿潭。

用功之密，下學不求人知之意，便是在人不見處用力。

五曲山高雲氣深，長時煙雨暗平林。林間有客無人識，款乃聲中萬古心。

自得之深，人不知亦囂囂之意。

六曲蒼屏繞碧灣，茅茨終日掩柴關。客來倚棹巖花落，猿鳥不驚春意閒。

不以人知而動心，人知之亦囂囂之意，外面富貴不動心。

七曲移船上碧灘，隱屏仙掌更回看。卻憐昨夜峯頭雨，添得飛泉幾度寒。

益以遇窮而堅守，雖出而遭變，亦是增長骨力。朱子分明自道平生。

八曲風煙勢欲開，鼓樓巖下水縈洄。莫言此處無佳景，自是遊人不上來。

望來學之切也，有接引學者之意。

九曲將窮眼豁然，桑麻雨露見平川。漁郎更覓桃源路，除是人間別有天。

示聖途之眞也，有詔告後世之意，言此外別無他道。

櫂歌分明是說個進學之序，但陳氏卻註得太深，便死煞了。大抵詩只是有個意思而已，只放活看便含蓄不盡。若太深鑿便呆了，反覺味淺。

## 附劉子澄遠寄羊裘且有懷仁輔義之語戲成兩絕爲謝以發千里一笑

短棹長簑九曲灘，晚來閒弄釣魚竿。幾回欲向前灣去，卻怕斜風特地寒。

喻慎出之意題前。

誰把羊裘與醉披，故人心事不相違。狂奴今夜知何處，月冷風淒未肯歸。

喻致身之意題後。

## 創修朱文公祠上梁文　庚寅

兒郎偉，龍橋古地，鹿洞遺規，衍洙泗之眞傳，萃山川之靈氣。位躋十哲，聖朝既爲之表章；功在六經，後學久深其嚮慕。迺典型之日遠，遂學術之益漓。功利辭章，徒陳編以竊竊；良知漢學，儼同室而操戈。道之不明，吾爲此懼。欲斯人偕之大道，卽此地且作新宫，千萬世正學攸關。家有其書，人尊其德。七百年英靈如在水之行地，日之麗天。尸而祝之，想見從容沈潛之趣；道將行也，居然拜跪絃誦之場。統有宗，會有元，尊崇師道；峨之山，清之水，鐘毓英才。氣煥三秦，聲歌六偉。

兒郎偉，抛梁東。道統尼山萬世功，四子六經昭日月，紫陽傳注啓羣蒙。

兒郎偉，抛梁西。雲臺雖未遂幽棲，神州應戀岐豐地，況有横渠舊與稽。

兒郎偉，抛梁南。八水八閩一氣涵，雲谷武夷曾過化，池陽新廟與天參。

兒郎偉，抛梁北。聖門哲位升徽國，千秋吾道定儒宗，星斗一天高拱極。

兒郎偉，抛梁上。化日光天除霧障，美富依然數仞牆，慈峨高矗列屏嶂。

兒郎偉，抛梁下。風流前輩追王馬，淵源清水湧文瀾，定有聞風興起者。

伏惟上梁之後，人知正學，士講純修。共讀朱子之書，精研義理；上溯孔孟之緒，肅對神明。苟稍振於斯文，或有裨於明化。

# 陸清獻公行狀總論　按此增修柯崇樸作

先生之學，繩尺考亭，以居敬窮理爲要，謂：「窮理而不居敬，則玩物喪志而失於支離；居敬而不窮理，則將掃見聞，空善惡，其不墮於佛老，以至於師心自用而爲猖狂恣睢者，鮮矣！」自有明中葉，姚江倡良知之説簧鼓天下，而聖人下學上達之法所以爲規矩準繩者，盡決裂破壞。邪説詖行蠭起，蔑禮法，廢名教，人心風俗大壞，而國運隨之。即有一二賢者如涇陽景逸，其人鑒其流弊起而救之，而終不能盡脱其範圍。蓋其説已深入於人心，漸涵浸灌而不可復出。學者不知有格物窮理，本心任情流蕩而不知所歸，高者既入於虛無，卑者卒惑於功利陷溺之害，二百年於茲而未有已。先生起而力排之，爲能辨其所從，生而推之，至於其所終極，以爲今之學者必自尊朱子黜陽明始，然後是非明而學術一，人心可正，風俗可淳。因著學術辨三篇，兼與一時之鉅公宿儒往復論難，然後天下學者曉然於王氏之不可與入孔孟之道，而朱子之學燦然復明，功豈淺鮮哉？先生在靈壽時，率五日一至學宫，集諸生講四子書，諄諄於義利邪正之辨，彙爲松陽講義百餘篇，申呈學院。又見近世之士但用力時文，一切經史皆皮置不讀，所以學無根本，士風日陋，乃校刊元儒程畏齋讀書分年日程，亦申請頒行。

先生天性孝友，定省溫凊，備極肫篤。封公捐館，以奉薦入都不獲視，含殮爲恨，孺慕哀泣，幾不欲生，居喪不作佛事，服闋，猶不忍肉食。至於友愛兄弟，雖堂從如一，教之若嚴師，恤之若慈母，歡好無閒。親戚無後者，輒爲之殯。少壯時能飲酒，不亂。後以仲弟有酒過，遂絶飲，冀以化之。未幾而仲弟歿，先生遂終身不飲。居常容止恪敬，一言一動皆有法度。坐必端正，立不跛倚，行必正以莊，語必徐以簡。燕居齋如不苟訾笑，事無鉅細皆極誠敬。自少至老無惰容，率性自然不由勉强，幾同夫子之恭而安，非涵養之深不及此。家故貧，及登仕籍，貧益甚，人所不堪，先生絶不爲意，衣足以蔽體，食足以充腹，不問美惡。祁寒盛暑不爐不扇，賓客往來披襟忘倦，傾所有具雞黍。前輩講學之書，未經見者，輒質衣易之，雖脯粟不繼，不顧也。性情謙謹和厚，善氣襲人，雖告戒僮僕，亦煦煦若子弟。「有若無，實若虛，犯而不校」，先生有焉。及辨正學術、分別是非，則毅然決然反覆痛快，不肯少借。至於民生之休戚，政事之得失，忠愛迫切，尤抗言極陳不暇顧忌，坐是與世齟齬，但以戇直結九重之知，終以激烈來衆口之怒。至於事後雖嫉先生者，又未嘗不心服其言而諒其心也。當其令嘉定時，上官有欲招致門下者，不爲之屈，以此失懽。或謂：「人方求之不得，柰何拒之？」先生付之一哂而已。在靈壽，以公事至都門，政府欲一見之，接淅而行。卽魏公環極力薦於朝，亦不先私謁，其履蹈不苟類如此。

生平誦法朱子，而於有明諸儒亟稱薛敬軒、胡敬齋、羅整菴、陳清瀾，學術之正，在前輩中獨許可盧陵張幹臣，同時則石門呂晚村、大興張武承其尤也。與晚村講論靡不契合，惟言及出處則兩不相入，然亦各行其是而已矣。雅不喜以詞章自鳴，然學有根柢，發爲文章自然昌明博大、醇正有體，「有德者必有言」，其先生之謂歟！

# 關學續編　壬辰

## 伯容劉先生

先生名鳴珂，字伯容，蒲城諸生。自少有志聖賢之學，大抵以正心誠意爲指歸，其於天人、理欲、王霸、儒釋之分，辨之極精，闇然自修，不求人知。康熙壬申，歲大荒，就食延安，日傍柏林寺古柏，袖書披讀。寺僧異之，問曰：「乾坤何等時也，求生不得，讀書何爲？」先生曰：「該餓死，不讀書也死。不該餓死，讀書卻不得死。」其時有富翁路姓欲延先生教子，而辭其師馬姓者。先生曰：「君延我，我生；辭馬，馬死，甯我死耳！」辭不就。未幾，馬病死，乃延先生。先生又曰：「馬先生韓城人，韓亦荒。今馬死，妻子歸亦死，不歸亦死。君能養其妻子，待年豐並其柩送歸，我卽應君，不則不也。」路聞先生言，益欽服。學生值日支應馬妻子，閒有惰者，輒責之，於是馬妻子得不死。友人死無所歸，先生爲之殯，其志節如此。

潛心程朱，隨處體認，有所得輒筆之於書。父克佐嘗有句云：「借問當年程伯子，觀物何似靜中天。」母和苦撫羣孤，化及異類，哺雛雞，死他雞，代哺如己雛，卒各成。蓋先生之學，其來有自。嘗曰：「古人高山景行，處處皆是。吾仁厚不及吾父，寬洪不及吾母，沉靜淵默不及吾弟。一門之內，皆吾師也，況古人乎？」又曰：「天地人物，本是一個物事，只是多一殼子耳！」旁註云：「壬申避荒至洛邑，臥於大樗之下，仰觀天，俯察地，悠然有會，因援筆書此。」又曰：「論心便有人心道心，大學『明德』則以心之純乎道心者言。」又曰：「心者，理氣之會也，氣之精明在此，理之凝聚亦在此。」又曰：「精義所以爲集義之地，徙義所以盡集義之事。」又曰：「伊尹樂堯舜之道，卻變揖讓爲征誅，非精一工夫到極頭處，如何做得此事出？」又曰：「曾子曰『與朋友交而不信乎』，又曰『以文會友，以友輔仁』，博約工夫俱資友以成。離卻『信』字，講學輔仁終有不盡處。」又曰：「孟子論友，發前聖所未發，說不挾貴，直到天子友匹夫。說取善，直到尚友千古，眞石破天驚之論，道理卻極平實極精當。」又曰：「人生百年瞬息，俗事不得不應，俗人不得不接，但精力有限。羲皇以來之心法並未得貫徹於一心，而髮已白齒已動搖，尚與碌碌者輩討生活耶？古人杜門謝客，不爲無見。」至論陰陽、禮樂精微之致，尤多允當明晰，足補先儒所未備。即此可見先生所學之深矣。所著有砭身集、大中疏義，又有易疏義、古文疏義、唐詩疏義，惟砭身集行世。

## 遜功王先生

先生名承烈，字遜功，號復菴，涇陽人，端節公徵曾孫也。年十九補諸生，敦內行。家貧，授徒、孝養無缺。晚始通籍，授翰林檢討，改監察御史，巡視東北城，巨室僕戚〔一〕鬻賈人米價，假威怒罵，僕匿其戚巨室第中，先生執而置之法。署掌山東道，旗豪殺人巧脫，以他人抵獄，九門提督已定案，諸法司莫敢異同，先生抗爭，卒得免。補吏科掌印給事中，召入養心

〔一〕「戚」：原作「成」，據柏子俊灃西草堂本關學編續編卷三及下文「僕匿其戚」改。

殿，講大學「明明德」，辨儒釋之分，上大喜。出爲湖北督糧道，遷江西布政司。巡撫某尚苛急刻深，先生勁正無所阿，及以都察院右副都御史召進見，具劄直陳，上怒，立檄某置對，某語塞，遂落職，授先生工部右侍郎，以此名聞天下。又調刑部，病痁寢劇，逾歲卒，年六十四。

對親知子弟言，常以叨恩位列九卿，未得盡展其志，淚輒涔涔下。先生自少勤學，兄事王豐川先生，講明心性修己治人之學。成進士，出李安溪文貞之門，益研宋儒書，身體心驗，力行可畏。所著日省録，切己内考，不爲空言。詩説既成，病中夜不能寐，猶思尚書疑義，且伏枕起草竟古文二十八篇。嘗曰：「吾年自四十，庶幾無一事不可對人言者，生平禄賜惠民濟衆，修廢興學，必於官中盡之。」没之日，幾無以爲斂。觀先生忠誠，終始勿替，可謂不負所學者也。豐川先生關學續編已附先生卷末，然尚未詳，故復爲先生傳。

## 蘿谷張先生

先生名秉直，字含中，號蘿谷，澄城縣人。世以詩書相承。幼失怙，叔父督責甚力，口授小學、四書，易、詩、書三經，十齡時悉能背誦。稍長，卽不自菲薄，不以聖賢爲不可及。年二十補諸生，制藝非其所好。博覽羣籍，於六經獨重四子書，四書尤重論語。嘗曰：「孔子，萬世之師也，學聖人者宜學孔子；論語，孔子教人之書也，學孔子不讀論語，不得其門而入矣；朱子，孔子之眞傳也，學孔子者宜學朱子；小學，朱子教人之書也，學朱子不讀小學，亦不得其門而入矣。論語、小學多下學之旨，學者有可持循。要之，明理盡性，希聖達天，俱不外是。舍是他求，不入於卑近則流爲空虛矣。」先生廣交一時名流，既從康百藥无疾遊，又往謁二曲高弟王豐川心敬，不復應試，遂以學法除名，而元明以來諸力學之人，程朱後諸儒講學之書，益周知而多購焉，故其爲學以窮理爲始，知命爲要。

先生少有至性，讀史至忠孝節烈，必再三誦，往往涕流被面。鄉人有不法事，輒面數其過惡。一狂男子焚邑文廟先賢牌位，知縣、學博皆自若，先生適在城，往哭之，遂置男子於理。内行純篤，尤敦友誼。歲饑，質地賑給鄉族，雖藜藿不充弗顧也。仁讓之風，里黨漸濡，二十年無爭訟者。中丞陳文恭公欲疏薦於朝，固辭乃止。先生與人無忤，而亦多不合。晚年所養益粹，矜持悉化。論者或高其嚴峻，或重其含容。至其探理精勤，見道親切，同學或莫之知也。自謂與石門某氏有深契焉。

所著有四書集疏附正、論語緒言、治平大略、開知録、文集、文談、徵信録，已行於世。又有刪訂四書集疏、某氏遺言、聖廟從祀位次私議、讀書存疑、評學蔀通辨等書。

**復齋史先生** 按：此本門人王守恭作，以既爲先生所妝録，故不復別異。

先生名調，字匀五，號復齋，華陰人。父克嶷，明武清令標之季子。先生幼篤謹，長潛心經史。康熙庚子，鄉捷後得王復齋集讀之，恍然曰：「讀書非爲科名已也，將以求其在我者。」遂立志以聖賢爲師。搜近思録、二程遺書及薛胡諸儒集，日夜勤劬。自衣冠居處之細，及應事接物，咸恭恪有法度。居華山雲臺觀二十餘載，教授生徒，四方從遊者甚眾。崔虞村中丞重其學，延掌關中書院。

後謁選，得福建仙遊令。至則設學、行、才三則取士，聞有孑然特立、足不履公庭者，從一奚奴式其廬，觀者不知爲邑宰也。薄書餘暇，即與諸生講學，建書院，置膏火，以奬勸多士。折獄惟恐下情不達，不輕事笞杖。其他救荒、緩征、賑窮、懲盜諸惠政，不可枚舉。竟以枘鑿不入，十閱月而告歸。嘗言：「士人立身大節，出處去就胡可苟同流俗？」蓋其不屑不潔，養之誠有素也。

歸田後，主講臨潼横渠書院。教人以存心立品、辨明義利爲大端。零川王巡泰實出其門。沒之日孫酉峯先生表其墓曰「史君急流勇退，有勁骨，有恆心，足以羽翼關學」云。所著有志學要言、從政名言、鏡古編、雜著、語録共若干卷行世。

## 桐閣李先生

先生名元春，字仲仁，又字又育，號時齋，朝邑人，學者稱桐閣先生。嘉慶戊午科舉人。少極貧，父文英，諸生，時遊賈，先生與母居。方八九歲，日拾薪飼瞽驢，恒代貧家磑碾，得麩糠，採蔬和蒸以爲食。一日，過里塾，聞誦書聲，哭告母欲讀書，母喜，遣入學。十二三，塾師偶講論語「仁而不佞」章，輒苦思前後諸章言「仁」不同及註語，乃悟聖門之學全在求仁，惟「當理而無私心」、「非全體不息，不足以當之」二語爲盡。十四，應府試，於書肆見辥文清公讀書録，減兩日食購得之。自此決志聖賢，於書無所不讀。河濱先生爲先生族祖，遂盡觀河濱家藏書，得程朱各集。父歿，痛父望己切，益銳志於學。鄉薦後，九上春官不第。年四十餘，以母老絕意功名，日侍母，不遠離。母百歲卒。邑宰舉先生孝行，以書堅辭。後聞舉孝廉方正，亦堅辭。生平未嘗乞假及妄受人。居京邸，亦未嘗以一刺謁人，貴官有欲見者，謝弗面。

其學恪守程朱，辨陸王，尤惡近世毛西河怪論，特刊行戴大昌駁四書改錯一書。嘗曰：「陸王之偏坐不知學，考據之僻坐不明理。」其自致力，誠敬爲本而篤於躬行，孝友睦婣任恤，諸善不勝述。威儀容止，至老如一。人問何以養之？曰：「吾一生惟寡欲而已。」先生雖不仕，然極留心世務。邑中如坐運換倉諸弊，屢上書當事，求革之。爲所居十四村聯行保甲，立邑文會，意在明學化俗。自教授桐閣，至主講潼川書院及邑華原書院，懇懇爲諸生告以聖賢之學，但不廢科舉而已。老作檢身冊，有曰：「三代下有道之士，惟有席珍待聘，否則便涉干謁。朱子雖云『孔孟生今日不能不應科舉』，然如搜檢待士非禮，孔孟必不應也。即如孝廉方正之舉，自漢以來自投文券，予即不能應，況有使費，孔孟豈爲之乎？」識者以爲至論。先生資稟氣象剛毅敦篤，故其立言皆博大切實，而不爲無用之空談。

著述甚富，有四書簡題、諸經緒說、諸史閒論、諸子雜斷、諸集揀評、正學文要、道學文副、關中道脈四種書，及桐閣文集、雜著，凡數十種。

年八十六卒。越二年，邑人士請以先生入祀鄉賢。

## 治亭鄭先生

先生名士範，字伯瀌，一字治亭，鳳翔縣人。生而明敏篤誠，甫成童，潛心正學，躬行實踐。事繼母以孝聞。道光壬午解元，以知縣揀選貴州，攝印江、安化，補清溪、貴筑，擢平越知州。所至爲政悉本實心，印、安二邑，治行尤異。貴筑，首邑也，治獄悉委僚寀，先生曰：「縣令與民相見惟此時耳，而又假手於人乎？」故首邑親訟，惟先生則。然賦性恬淡，不樂仕進。既遷平越，移疾而歸。

家素豐，回難作，鳳郡圍急，獨捐銀萬三千兩，城守始備。戒嚴三月，援兵不至，白郡守募人突圍，赴京乞師。詔發兵，城圍始解。回民素敬先生，雖稱亂，相戒不敢犯鄭氏。及先生避地入城，載書數車，猝遇賊騎，知爲先生，皆夾道立不敢動。先生在車中遙語以勿傷人，衆皆唯唯。蓋其德孚異類有如此，識者以爲無異黄巾之羅拜康成也。

先生自少至老，未嘗一日去書，見異書必手自繕録，讎校精審，蓄書最富，鳳郡好學之士多借觀焉。而其誨人孳孳不倦，嘗令讀朱子全書、小學、近思録等書，曰：「此洙泗眞傳，我輩宜終身研究，身體力行者也。」其一生學力悉注於此云。

著書甚多，已刻者有朱子約編、朱子年譜、許魯齋年譜，未刻者又有四書小註約編、春秋傳註約編、三禮表、盛世人文集。

## 損齋楊先生

先生名樹椿，字仁甫，號損齋，朝邑人，諸生。初受業邑貢生李來南，來南父即世所稱桐閣先生者也，樹椿輒從問學，有志洛閩。後與二三知友講益切，絕意進取，於名利泊如也。事母至孝，處兄弟待朋友懇惻直諒。其爲學堅實刻苦，默契精思，養深而純，守嚴而固。常論爲學之要曰：「無朝聞夕死之志，無求爲聖賢之志，無以天下爲己任之志，工夫所以常悠悠。」又曰：「『未發』、『已發』，此處不分明，存養省察皆靠不得。」又曰：「君子之學必以誠，誠窮理則眞知，非止誦讀；誠居敬則實踐，非止講論。」雖處草野，無一念不在天下國家，一夫不獲其所，輒惻然傷之。晚年學益邃，縣宰黄照臨特設友仁書院，延主講。學使吳大澂以學行疏於朝，略曰：「朝邑楊樹椿隱居華山，潛心理學，除歲考外，不入官府，有古君子風。臣按臨同州，適來應試，詢其所讀性理諸書，融會貫通，實有心得。平日涵養之功，一本程朱主敬之學，所謂篤行謹守，不求聞達，亦足爲世風矣。」奏，奉諭旨，加國子監學正銜。

同時大荔廩生趙鳳昌，字仲丹，號宏齋，與樹椿同學，亦聞桐閣先生之學。二人同居，讀書太華洛橋，先後幾二十年，互相規切最至。鳳昌性狷急，然斤斤有守，溫恭篤實。家庭之間，怡怡如也。卒年四十二，自恨學未成。時捻匪入關，病中猶對樹椿言甚悲，且曰：「吾秦糜爛至此，宜設身處地籌方略，毋令人笑吾儒有體無用。」其所存如此。歿後，督學吳大澂扁其門曰「篤學勤修」。

門人張元善字葆初，亦大荔人。始志學即好性理諸書，訪師友求道甚切。嘗自訟曰：「不聞道不如死，或謂『才可就功名而不就，力不能爲聖賢而必爲』，元善不顧也！」夫婦相接以禮。修墓致祭必謹。天旱聞征呼急，或官示不便民，宿疾輒發。氣象毅然，見者生畏，而意思懇惻，人多樂就之。年甫冠，以勞瘵卒，妻李矢志守節。

李蔚坤字匪莪，華陰人。初從樹椿問學，後受業芮城辟仁齋。親沒，守禮甚嚴。讀書，一字一義必求心解。每言學術之歧或時事之艱，幾痛哭流涕。歲荒，友人爲官買賑糧，囑以毋徇私，且曰：「用材要當，儲材要廣，宜因事用人，毋爲人求事。」年四十七，以失明卒。有請學疑語，附見仁齋集中。

按：此原有書後一篇，今載序上，故不重出。

# 長壽賀氏譜 壬辰 七世孫均修

系圖第一

始遷祖二世　三世　四世　五世　六世　七世　八世

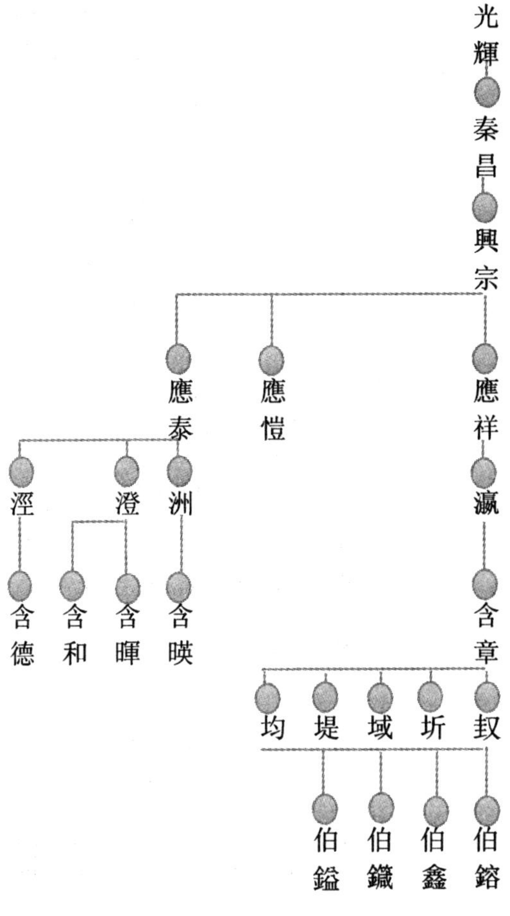

表第二

| | | |
|---|---|---|
| 始遷祖諱 | 光輝 | 娶某氏，生卒年月俱失傳。合葬官渠西阡。子一，秦昌。 |
| 二世 | 秦昌 | 字緑賓，行一。娶某氏，生卒年月俱失傳。合葬官渠西阡，父兆左次。子一，興宗。 |
| 三世 | 興宗 | 字榮先，壽官。娶田氏，渭南人，生卒年月俱失傳。合葬官渠西阡祖塋父左。子三，應祥、應愷、應泰。 |
| 四世 | 應祥 | 字長發，又字岐鳳，號梅菴，行一。娶秦氏，三原人，生卒年月俱失傳。合葬雁陂新阡。子一，瀛。 |
| 五世 | 瀛 | 字海峯，行一，生卒無考。娶王氏，高陵諸生世霖女，道光十二年勅旌節孝，卒於十五年七月二十八日，年七十三，合葬雁陂新阡。子一，含章。 |

|  | |
|---|---|
| 始遷祖諱 | |
| 二世 | |
| 三世 | |
| 四世 | 應愷<br>早卒<br>應泰<br>行三，娶文氏，生卒俱無考。合葬官渠西阡。子三，洲、澄、涇。 |
| 五世 | 洲<br>大行二，早卒。娶某氏，合葬於新阡。生女一，適張氏，無子。澄次子含暎嗣。<br>澄<br>大行三，生卒無考。娶孫氏，繼李氏，合葬南李村東北阡。生子四：含暉，孫出；含暎、含德、含和，李出。暎出嗣洲、德出嗣涇。 |

| | | |
|---|---|---|
| 始遷祖諱 | | |
| 二世 | | |
| 三世 | | |
| 四世 | | |
| 五世 | 涇 | 大行四，生卒無考。葬官渠西阡祖塋。娶某氏，改適，無子。澄第三子含德嗣。 |

| 世 | 名 | 事略 |
| --- | --- | --- |
| 六世 | 長門含章 | 字貞堂，一字質直，行一，生乾隆四十八年癸卯正月十九日，卒道光二十五年乙巳三月初四日，年六十有三。娶蓋氏，生乾隆五十一年丙午七月十四日，卒道光二十六年丁未七月二十五日，年六十有一，合葬雁陂阡右次。墓表見朝邑李桐閣先生文集，前提督學政清卿吳公大澂爲之傳。子五，扠、圻、域、堤、均。 |
| 七世 | 扠 | 字增高，行一，生嘉慶十二年丁卯十一月二十六日，同治元年壬戌回亂，六月十七日殉難。光緒九年旌表入忠義祠，年五十六，葬新阡右次。娶段氏，生嘉慶十五年二月初五日，壬戌回亂，六月十七日投井死，光緒□年旌表入節義祠，年五十三，無子，圻子伯鎔嗣，生女一，適張氏，早卒。 |
| 八世 | 伯鎔 | 字□□，行一，生道光十三年癸巳十月初四日，賈於蜀，同治四年卒成都，月日無考，年三十三歲。娶張氏，生道光十二年壬辰，卒同治十三年臘月□日，年四十四，光緒□年勅旌節孝入祠，葬南里堡東北阡。子一，泉，殤。女二，長適生員曹如壎，次適生員張治彬，並早卒。 |
| 九世 | | |
| 十世 | | |

| 世 | 名 | 事略 |
| --- | --- | --- |
| 六世 | | 堤，官名清瑞；均，學名瑞麟。〔一〕女五，長適趙，次適霍，次適高陵武生胡某，次適呂，改適劉，季早殤。 |
| 七世 | 圻 | 字維甸，號遐軒，行二，生嘉慶十五年庚午二月二十四日，卒同治四年乙丑十月二十八日，年五十六歲，葬南李堡東南新阡。娶魏氏，生嘉慶十六年壬申十二月十七日，同治壬戌回亂，逃難卒耀州，月日無考，年五十二歲。生子四，長伯鎔，嗣長房；次伯鑫，三伯鑑，四阿復，三四俱幼殤。 |
| 八世 | 伯鑫 | 行二，生道光二十二年壬寅，同治壬戌回亂出外卒，無音耗。娶張氏，改適。 |
| 九世 | | |
| 十世 | | |

〔一〕「堤官名……名瑞麟」：此十字疑爲衍文。

| 六世 | 七世 | 八世 | 九世 | 十世 |
| --- | --- | --- | --- | --- |
| | 域<br>字仲方，行三，生嘉慶二十年乙亥十月二十六日，卒光緒五年七月十六日，年六十五歲，葬南李村東南新阡。娶段氏，生嘉慶二十五年庚辰，卒咸豐十年庚申五月十三日，合葬。繼鄧氏，生道光十六年丙申。生子一，伯鐵，鄧出。女四：長適臨潼張氏，次適生員試用鹽巡檢郭李清，並段出，俱早卒；三適高陵生員胡曉春，守節十年卒；四字高陵生員劉昕照。 | 伯鐵<br>字箴甫，行六，生員，生同治八年己巳十一月二十七日。娶馮氏，生同治九年庚午五月初八日。 | | |

## 六世

## 七世

### 堤

字安瀾，官名清瑞，字輯臣，行四，河東鹽法道試用巡檢。生道光元年辛巳八月二十四日，卒光緒十四年二月十五日，葬縣東北門外清涼寺東新阡。娶李氏，生嘉慶二十五年八月初八日，卒道光三十年四月初八日，葬南李村東北阡。繼娶李氏，生道光十九年己亥。子三：長伯鎰，次念依，殤，元配李出；三壽，殤，繼娶李出。女

## 八世

### 伯鎰

字汝重，大行四，生道光二十七年丁未八月初三日，卒光緒十四年正月二十七日，葬巡檢公墓右次。娶林氏，生道光三十年庚戌。女二，長適翰林院典薄生員張集壽，次未字，殤。

## 九世

## 十世

| | |
|---|---|
| 六世 | |
| 七世 | 五：長、二，元配李出，俱殤；三適涇陽生員毛慒，四適劉熙運，繼李氏出。 |
| | 均 |
| | 學名瑞麟，字角生，號復齋，別號清麓洞主，又號中阿山人，行五，生道光四年甲申正月十八日。同治四年，前巡撫劉公蓉保舉制科孝廉方正，未應。十三年，前學政吳公大澂以訪舉賢才疏奏，欽加國子監學正銜，光緒十七年提督學 |
| 八世 | |
| 九世 | |
| 十世 | |

|  |  |
| --- | --- |
| 六世 | |
| 七世 | 政柯公逢時以經明行修疏奏，欽加五品銜恩貢生。娶楊氏，臨潼諸生西亭先生庚孫女，生道光六年丙戌，月日無考，卒道光二十四年七月五日，年十九歲，葬南李村東北阡。繼娶高陵張氏學博□公孫女，生道光十一年辛卯六月十二日，卒咸豐四年三月二十四日，年二十四歲，葬南李村東北阡。繼娶臨潼林氏，生道光二十年庚子四月二十五日。妾楊氏， |
| 八世 | |
| 九世 | |
| 十世 | |

| 六世 | 七世 | 八世 | 九世 | 十世 |
| --- | --- | --- | --- | --- |
| | 靈寶人，卒光緒八年九月二十八日，年二十四歲，葬清麓後谷西崖下；劉氏，朝邑人，生同治二年癸亥八月二十四日；何氏，四川新繁人，生光緒三年丁丑二月十五日。子二，銘照、肖陸並林出，俱幼殤。女七：元配楊出一，殤；張出一，殤；林出二，長適增生王映墀，早卒，次幼殤；妾劉出三。 | | | |

| | |
|---|---|
| 六世 | 三門第一支　含暎<br>大行四，年四十餘，出外永無音耗。<br><br>三門第二支　含暉<br>字顯堂，大行三，生嘉慶二十四年，卒光緒十七年三月初五日，年七十三，葬南李村東北阡。娶李氏，生道光十一年，卒光緒十四年，月日俱無考，合葬。女一，殤。 |
| 七世 | |
| 八世 | |
| 九世 | |
| 十世 | |

| 六世 | 七世 | 八世 | 九世 | 十世 |
| --- | --- | --- | --- | --- |
| 含和<br>大行六，生年無考，同治初，肩挑出外，卒於貴州，年月無考。娶某氏，妾某氏，並無出。<br>三門第三支 含德<br>大行五，生年無考，卒光緒四年，月日無考，葬南李村東北阡。娶馬氏，改適。子一，殤。女一，適張氏，早卒。 | | | | |

## 草定家譜

按：此先生早歲乙丑所録，或有脱略，參差存之以資互證，且備遺亡云爾。

一世

光輝府君，字無考，其先渭南縣逢光里七甲民籍，祖居長壽原坳底村，後遷下張村。康熙十九年始遷居三原响劉堡〔一〕，爲雁陂里九甲籍，是爲三原始祖，生卒年月失傳，娶妣某氏，生子秦昌，葬官渠西阡。

二世

秦昌府君，字緑賓，娶妣某氏，生卒年月載舊譜，今失傳。生子興宗，是爲麟高祖，字榮先。

三世

榮先府君，娶田氏，渭南人，生子三：應祥、應愷、應泰。恩榮壽官，爲人端正有品，爲四十八堡約正。麟祖母節孝王氏嘗言，曾記府君每爲鄉人評事，公直無私，雖至官不易也。葬祖塋。

四世

曾祖府君，諱應祥，字長發，號梅菴，善畫，乾隆中應畫試詔，國朝畫識稱其工，指筆筆墨蒼老。生平致萬餘金，皆隨手散盡。所交多當時名士，如鰲刺史圖、吴觳人錫麒、張船山問陶，贈詩投簡，悉見本集。然性極嚴正，宵小所爲多不敢令府君知。至有豪富欲爲狎邪遊，必先使人瞯府君睡否？門扃否？然後過。嗜讀書，其供吾父貞堂府君讀也，於其師友備極禮文。故吾父嘗誨麟曰：「吾弗終儒業，負吾祖。然吾祖厚德，必無不報，其在子乎！勉之！」府君娶秦氏，生吾祖海峯府君，葬雁陂新阡丁山癸向。

〔一〕「响劉堡」：又作「響劉堡」、「響流堡」，文集中用字不一，均依其舊。

叔曾祖諱應愷，早卒，無子。

季曾祖諱應泰，娶文氏，生子三：洲、澄、涇，洲繼叔曾祖後。

五世

祖海峯府君諱瀛，賈湖北之漢口，卒於外。祖母王氏，高陵諸生世霖女也，矢志守貞，上奉兩世翁姑，下撫吾父。時吾父僅六歲，叔祖澄、涇早喪母，祖母待之一如己子。嘗傭女紅易粟米，夜輒成屨二。性明敏而嚴整，雖老非衣裙不出房閣，道光中旌節孝。年七十三卒，時道光十五年七月二十八日葬新阡。

從祖洲、涇皆早喪，無子，並葬祖塋。

從祖澄娶孫氏，生子含暉。繼娶李氏，生含暎、含德、含和。暎繼洲，德繼涇，葬南李村之東北阡。以上生卒年月皆載舊譜，以失傳故不能詳。

六世

父貞堂府君，諱含章，一字質直，娶吾母蓋孺人，母秉仁公女，其母氏李，高陵世族也。生麟兄弟五人：玟、圻、域、堤、均，均即麟。行事見朝邑桐閣李時齋先生所撰墓表。府君生乾隆四十八年正月十九日，卒道光二十五年三月初四日，享年六十有三。孺人生乾隆五十一年七月十四日，卒道光二十六年七月二十五日，享年六十有一，葬雁陂阡。女五人：長適趙，早卒；次適霍，卒；又次適胡，卒；再次適呂，又適劉，同治四年八月二十九日卒。霍、胡皆有子，季早殤。

七世

伯兄諱玟，字增高，娶段氏，同治元年回匪之亂，六月十七日被害，段亦投井死。無子，以仲兄圻之子伯鎔嗣。女一，名彩霞，適劉氏，早卒。兄享年五十六，段五十四。兄生於嘉慶十二年丁卯十一月二十六日。

三兄域，妻段氏，學程之女。咸豐十年五月十三日卒，享年四十一歲。出女二，長適張，後九月亦卒；次適李。嘗鞠四兄堤子念依、麟女小蘭，甚慈惠，後相繼殤，孺人因以是傷心，卒致疾不救云。孺人生於嘉慶二十五年六月二十五日，葬村東南新阡。

四兄堤，妻李氏，乃敏之女。道光三十年以娩難，四月初八日卒，年三十一歲。生子二，長思依，次念依。念依甫彌月，其母卽卒，育於伯母段，六歲而殤。女一季秋，其母卒之後數月亦殤，蓋已八歲矣。孺人生於嘉慶二十五年庚辰八月初八日，葬村東北阡。

麟元配楊，其祖所謂西亭先生者也，諱庚，臨潼諸生，博學有品，父某。年十六歸於我，十九歲而卒，時道光二十四年七月五日也。生於道光六年丙戌某月日，生一女，殤。葬村東北阡。

繼配張，高陵人，父懋曾，卒於咸豐四年三月二十四日，年二十四歲。生道光十一年辛卯六月十二日，生女一，卽小蘭也。葬楊氏左。

草定家譜終

## 先君行略　附録行述

先君諱含章，字貞堂，號質直，先世由渭南徙居三原，遂爲三原人。高祖諱興宗，守正不阿，爲四十八堡約正，鄉人服其德。曾祖諱應祥，字長發，一字梅菴，乾隆中應畫試召，一時公卿索畫者無虛日。交遊多知名士，所獲數千金，疎財好施，不有其藏一錢。居鄉和而嚴，富豪某欲爲狎邪遊，憚公知，每夕瞯公未寢，不敢過其門。祖諱瀛，祖母王氏，先君六歲失怙，祖母貞心苦節，事翁撫孤。先君始讀書皆曾祖口授，祖母輒暗記，每坐先君紡車傍，督令成誦然後已。曾祖止先君一孫，又少孤，愛之甚，教未嘗不勤而不忍嚴責。偶荒嬉，祖母不少寬，曰：「此子也，賀氏一綫脈，而可任自便乎！」因泣下，曾祖亦泣。

先君因自勵不敢貽親憂，年未冠應童試，備取而卒不售。貧不能讀書，爲鄉里童子師。曾祖沒，貧益甚，至不能殮葬，鬻廳屋乃克舉事。嘗學曾祖畫，兼嗜醫書，欲藉以養親而未能，不得已復以祖母命遊賈，顧非其志。每吟詩自娱，其感懷云：「總因衣食抛書史，豈爲飢寒變性情？」思親云：「省身每愧曾參學，負米常懷季路賢。」然往來荆楚、吴越閒，覽勝湖山，意頗樂之，謂此行亦殊有益。未幾，同賈崔某竊千金逃，主進者疑先君與謀，鳴之官，後三日，硯下得崔某遺字有「此事不與賀某相干」，親筆也，事得白。然先君由此咯血，遂大病，旋辭歸，曰：「吾事親教子而已。」自是不復遠遊。祖母年高失明，先君極意承歡。瑞麟自小祖母篤愛，七八歲猶抱之眠，先君體其意，每就祖母燈下教麟讀，又或説古今故事以爲笑樂。出必告，反必面，有異味新果，祖母不食，不食也。道光十二年，祖母節孝旌下，先君色喜已復悲，曰：「吾母苦矣！」居祖母喪，哀毀甚。

自歸里，求醫者履輒滿戶外，先君不索謝，閒爲貧者施藥資。聞先君没，甚有泣下失聲者。先君性恬淡，視勢利泊如也。在蘇，某督學得瘟疾，先君活之，謝，弗受。嘗診疾羅蘿村學使署，羅稱之，欲以醫官先君。先君退曰：「老矣，能隨人步趨耶？」麟年十七入邑庠，旋食廩餼，人賀之。先君曰：「但稍酬吾祖供吾心，爲學當志遠大，即科名於身心何有哉？於天下國家何有哉？」因戒麟毋自足。

邑孝廉王次伯先生博學敦品，遣麟往廩學焉。先生教士，先器識本經外，每日講小學及道學辨一二條，先君亟是之。時麟手鈔呂涇野四書因問。問「所愛」，對以「季氏舞八佾、歌雍詩，皆從恥惡衣惡食來」，先君頷焉。或謂麟不專舉業將自誤，先君獨不之斥也。麟購辭文清公讀書録，先君讀而歎曰：「恨吾不早見此書，此汝終身業也，慎毋自棄。」其教麟不使迷於所鄉又如此。先君穎異過人，暇輒手一編，自麟所見則四書、唐宋大家，古文爲多。

處艱苦困阨，能自守，居心坦直，忠厚待人，而不爲骫骳。居常教麟兄弟皆以謹樸敦孝友，不可妄求濫取，而每諄諄於慎交游。嘗言：「竊銀人崔某凶暴甚，醉酒輒嫚罵人，吾一不與校，故其心卒不可昧而免余於禍，不然將故冤之矣。甚矣，處人之難也！汝曹志之。」晚歲有自述貽子一篇。暇嘗書小學及先賢格言，粘屋壁以自觀省，且教不孝兄弟云。

娶吾母蓋氏，生麟兄弟五人，女四人。卒於道光二十五年，享年六十有三，季男瑞麟泣述。

## 妻張孺人述略　甲寅　嗣改孺人爲氏

嗚呼！吾與孺人豈獨世俗夫婦之情而已哉！吾悲孺人實悲吾，吾悲吾吾益悲孺人。方孺人之歸我也，吾父母已皆亡，嘗自痛不逮舅姑。俗新嫁遇令節，母家輒迎以歸，孺人是日必在家。吾隨諸兄薦吾先人，孺人躬親饋獻，必再拜乃曰：「吾不及見舅姑，惟此可盡吾心耳！」吾每於雙親忌日，輒素服蔬食，不接賓客。孺人見吾之戚，亦愀然不樂。孺人既少失父母，一兄亦早夭，與吾言輒掩泣，病中猶屬吾傳其父事，此孺人之不忘仁孝，有以助吾思親之誠而不已者也。吾頗好習古禮，每遠出，必令相拜揖。孺人初難之，吾曰：「此禮也，古人相敬如賓，果何謂哉！若蓋恐人笑耳，一笑之、再笑之、三笑之而止矣。夫始笑者溺於俗也，終不笑者禮所當然，久而不怪也，假而吾與若相戲侮，不且貽人終身笑耶！」孺人於是乃大悟，亦弗避人，人亦久無笑者。獨歲節，孺人則以爲恐形諸嫂，惟於閨閫中拜吾，吾答拜而已。甚矣，禮之難行也！然而有孺人，則世猶知夫婦相拜揖之爲禮也。此孺人之不恤非議，有以發吾好古之志而弗衰者也。

始吾爲舉子業，人皆期吾顯達，孺人獨漠然不爲意。及屢試罷歸，人爲吾惜，孺人則一如常時。近且棄去俗學而一意爲己，結茅先人壠旁，有館吾者亦謝不往，人益驚笑大譁，謂吾誤生計必致窮困，雖孺人母家亦不自安，然孺人方出雙釧，付吾兄買機，益學織以佐吾讀，甘窮約終其身。吾因爲說稼書陸先生爲縣令，與夫人坐一車，載先生書數簏及紡具而已，其去任猶如是。是陸先生爲廉吏，爲純儒，未必非夫人有以成之。士固不論窮達，今世仕宦則奔走，貧賤則乞憐，初不自以爲非者，大都交謫之苦有所不堪，抑並無齊人之妻妾相泣，尚有以動其良心而使之羞也。而孺人之不戚悴，即其不歆榮，是使吾而以古之安貧樂道者自勉也。自吾知學即喜購書，每見先儒講學純正者，輒思必得，而或無貲。嘗有元許魯齋集，值僅千錢，歸而謀諸孺人，則慨然脫簪珥而獲之，然亦不止此矣。吾有良友貧而有品，孺人亦心重其人，閒假以衣物佐其緩急，是使吾而内修業、外篤友者不少也。至其崇樸素絀華靡，不惑佛説，不食煙草，有士夫之所甚難，而孺人能之。不怨己無亦不恥人無，不羨人有亦不吝己有，其所以宜家人者亦以此而已。所可惜者吾性近剛而失之躁急，孺人性近柔而失之緩懦，吾兩人亦閒不相能。然吾欲讀書以變化氣質，而並令孺人自振厲，冀終免嗃嗃之悔。孰謂孺人生僅二十四年，而爲吾妻者尚不踰七載，柰之何不能相與有成而遽至於斯也？嗚呼！吾自悲而已哉！悲孺人而已哉！吾與孺人顧世俗夫婦之情哉！嗚呼！尚忍言哉！他不具書，獨述其要如此。

孺人祖元熣，庠生。父懋曾，母王，高陵香王村人。生一女，幼。夫麟泣述。

## 仲方三兄壙記　己卯　以下壙記銘

兄諱域，字仲方，姓賀氏，三原人。吾兄弟五人，而兄居第三。考諱含章，字貞堂；妣蓋氏。元配段氏，繼娶鄧氏。子一伯鐵，鄧出。女四：段出二，一適臨潼張堃，一適邑庠生試用鹽巡檢郭李清，皆早卒；鄧出二，一字高陵庠生胡世選，一幼。生於嘉慶二十年十月二十六日，光緒五年七月十六日以疾卒於終南鎮，柩歸，八月初九日乃卽故里響劉堡東南郊新阡，段氏壙右砌甎爲椁而合窆焉，艮首坤趾，嗚呼痛哉！五弟瑞麟泣志。

## 巡檢輯臣四兄壙記

兄姓賀氏，諱清瑞，字輯臣，原名堤，字安瀾，三原縣人。父諱含章，母蓋孺人。昆弟五人，兄行第四，生於道光元年辛巳八月二十四日，卒於光緒十四年戊子二月十五日，享年六十有八。其年三月二十二日癸酉，葬於縣北關東門外三里店之北阡新塋，辛山乙向。元配李氏，生子二：長伯鎰；次念依，殤。女二，亦俱殤。繼娶前李氏族妹，生子一，殤。女三，長適涇陽生員毛儁，次適本縣劉熙運，又次未字。兄嘗遊吳越、巴蜀，晚試用山西路村鹽巡檢而不得志，復買近地便省家，且不欲遠離弟也。兄生平孝友篤摯，處事接人和厚謹愼。正月二十七日伯鎰病故，不二十日而兄至於斯。伯鎰年僅四十有二，無子，嗚呼，何其酷也！吾祖居縣東二十五里之譽劉堡，回亂遷縣北關，故葬兄於此。伯鎰亦祔穆次，兄壙右畔則後嫂氏之位，又以男內女外，不復拘尊右之義，其左丈許則待麟他年而與兄同兆焉，亦兄意也。悲夫！悲夫！瑞麟謹記。

## 兄子伯鎰壙記

嗚呼！此吾兄巡檢公之子伯鎰之壙也。字汝重，先兄十八日卒，爲光緒十四年戊子二月二十七日，距生於道光二十七年丁未八月初三日，年四十二。娶林氏，爲吾妻族姪女。生女二，無子。嗚呼！鎰亡，吾兄遂無子矣，吾遂無姪矣！此兄所爲傷悼而歿也，痛哉！痛哉！尚忍言哉！與兄同日葬，祔穆次。餘詳兄壙記中。季父某記。

## 女肅埋銘

賀氏女，名肅，肅西冬生，父清麓。十九年母林育，壻映墀王其族，博士員。豈不淑，二載餘命弗續。端陽後越兩宿，縣北郭汝之屋，土官東葬以卜，哀哉！吾老窮獨，止一女，天奪速。內聰慧外純樸，數小書汝記熟，識大義略不俗，死常理汝瞑目，和淚銘父汝哭。清光緒辛巳録識之，詳俾後讀。

## 哭兄嫂文　同治壬戌　以下哭奠文

嗚呼！兄竟至是哉！方五月十三日高陵逆回之亂，弟即告兄當先送家遠避，而大嫂執意不去。弟此時又以聯合鄉衆爲守禦計，不即在家。十四日兄始送媳婦及兩女孫於河北，弟始送妻女及兩兄嫂於四險堡。至十七日弟又告兄當遠避，是時弟三姊及胡甥皆在吾家，弟私謂兄當相機而動，弟即去四險堡。而十九日逆回竟破陂西鎮，弟以四險堡決不可守，倉皇遠去，不及一見。兄去後無日不想兄，自謂亦當逃走。正憂兄逃去有地可居，嚴冬且近，一家人又何以禦飢寒，誰料兄之竟至是耶！嗚呼！今世永不復見兄矣！人孰無死，不幸死於亂世，又死於逆回，眞可痛恨！而兄之被害尚在吾家，雖不至横屍四野，然無人收斂掩埋，凶燄未滅，弟又不得奔視，則其痛恨直令人肝腸寸斷，仰首叫天也！悔當時不强兄以同行，而使兄惑於大嫂之不逃，其於夫不背妻之小信雖若不失，而竟忘身之所係，更有重於斯者，是又所以重弟之罪。然則弟之痛恨又何時而可已也！獨是逆回所至必焚屋廬，吾家若遭燬燒，則先人祠堂亦決不保。世變至此，兄猶得傍神主以死，其於本心亦可以無憾矣！兄其知也耶！尚饗！

## 哭仲兄維甸文　乙丑

嗚呼！兄何逝之速耶！去年初春，兄忽病痪，屢服藥未効，而飲食尚如故。弟謂此貞疾雖坐起需人未免困頓，終冀可延歲月。吾兄弟猶得朝夕相聚，追憶平生舊事以相笑語，孰謂竟至此耶！回匪構逆，弟挈家東逃，仲兄偕弟行。時伯兄在家，賊至殉難。弟居絳，仲兄寓臨晉。聞伯兄之變，吾兄弟恨當時不得同出走，其悲痛幾不可爲懷。而仲兄猶以嫂氏魏寄食戚家，旋病故，心鬱鬱益不自得。亟思故鄉，及賊退歸邑城，弟家猶在絳，仲兄乃愈感傷。稍稍召兩兒婦歸自母家，殘臘風雪，弟又別家視兄，孰謂未兼旬而仲兄遂病痪。至是幾兩載，卒以不起，是皆弟侍疾無狀，痛悔何及？而伯兄之卒以五十六，今仲兄又值是年，豈非兄弟骨肉之親，其稟氣之修短亦相類耶！獨吾父母生吾兄弟五人，伯兄既不幸遭賊，仲兄得年亦不逾伯兄。以人世常數論之，兩兄非甚壽考，天之待吾兄何其酷耶！伯兄無子，仲兄子四，以長子伯鎔後伯兄。晚得兩子，俱早殤，爲仲兄後者僅伯鑫。鑫愚頑，以事逃走，今四年矣，渺無音耗，存亡未可知。弟知仲兄蓋有難言之隱。伯鎔昨年冬卒於成都，弟稍聞知，不敢言於家人，恐傷仲兄心，今又不能不言。然鎔婦及遺女既哭其翁，又哭其夫與其父，弟何以爲心？仲兄有知，益又何以爲心耶！且吾兄弟今僅存三人，三人者又見有一子，又以習賈在外，不得臨兄之喪，獨吾兄弟扶兄柩歸葬故里，去先人墳墓不一里許，則仲兄似猶可以自慰。是吾兄之酷有涯，而弟之酷爲無窮也！嗚呼哀哉！尚饗！

## 哭四兄輯臣文 戊子

維光緒十四年戊子三月二十二日，弟瑞麟安葬輯臣四兄於三里店之新塋。先期祖奠而哭以文，曰：「嗚呼！兄殁已月餘矣！弟不復見兄矣！吾兄弟五人，三兄皆先卒，獨兄與弟猶白首相依，謂可久聚以終餘年，而今至此耶！兄嘗云日者言兄壽當逾七十，何竟不驗耶！兄止伯鎰一子，正月之末不幸早逝，又無遺孤，兄年老誰當奉養送終！吾哭之慟，兄且慰弟謂：『此子生不能養，死不能葬，何慟爲？』嗚呼！兄之慟蓋更有不忍言者，强欲自寬耳！鎰婦鎰女每哭鎰，兄輒作惡，或起避去，兄之殁豈不以是耶！兄之病也，弟在清麓，次日歸視，醫云當漸愈。弟覩兄神明不亂，或可無慮，不料第四日兄病忽革，氣息漸微，弟問兄有所言否？兄泣曰：『弟鬚髮如此白矣！』弟不覺嗚咽。兄又對家人言：『吾不忍舍吾弟。』兄竟舍弟矣！兄在弟不知老，兄殁弟亦遂老矣！弟以貧故不能早爲兄治棺，昨歲買材不及，召匠倉卒，得木尚不陋惡，兄或稍慰。吾家自亂後買宅北郭，不能歸葬先人墓側，將厝伯鎰兼爲兄擇壽藏。適王君銳臣讓地，一生筮得井之師，其在『九三：井渫不食，爲我心惻。可用汲，王明並受其福』，『九五：井洌寒泉，食』，亦可謂無疑矣。筮法例不占之卦，而師有『師或輿尸』、『弟子輿尸』之語，若於弟有不宜者，兄謂他日必與弟同兆方可。及兄病，弟告以如兄言，兄頷之。後郃陽王反之乃云：『之卦卽先生葬兄之應。』弟始悟今日之變易早示之數，固不可逃耶！獨兄之殁，去鎰死僅十八日耳！天之降殃何相迫如是，此皆弟不德所致。人生修短有定，鎰胡不爲後死，使兄無喪子之戚，或不至斯。諸兄皆乏嗣，三兄止存一子伯鈊，眞昌黎所謂『兩世一身，形單影隻』，弟將來生子與否不可必。鈊之幼弱無知，又未能力學爲人，則門祚之衰薄，事勢之孤危，徒使弟抱無涯之憾靡有已時。然弟不卽死，必不令一家失所。兄其有知，庶可瞑目於地下矣！嗚呼哀哉！尚饗！」

## 哭兄子伯鎰文 戊子

嗚呼伯鎰！汝竟死耶！汝不知汝父之年老戚汝耶！汝不知汝父之戚汝而遂相繼以歿耶！汝不知吾之哭汝忽又哭兄，而益轉以哭汝耶！汝母早逝，汝方四歲且多病，時汝父遊賈江南，汝大伯母不慈於汝，吾爲汝不知費幾許調護，以故得罪汝伯父，吾跪謝之乃解。汝七歲從吾讀書麻廬，聞汝父遠歸，吾與汝出門視汝父，喜甚，抱汝置車上。此汝小時事，汝雖不記，猶歷歷在吾心目也。回亂，吾挈家避絳陽，吾兄皆不在家。及汝父歸自蜀，繞北山而西取汝婦至絳。吾雖流離，猶聚數十友生爲汝加冠而昏，蓋尚望汝成人以繼吾志，而未能也。吾嘗惜諸兄皆遠遊，不克相聚敍天倫樂事。自汝賈歸，卽令汝在家，或近吾冀得溫讀小學、四書，教鄉里小童亦足自養。胡汝無志，忽與數人欲立市肆，吾愧不能爲汝謀生。汝年逾三十，當知自謀，吾但教汝勿與人爭利而已。不謂二三年閒賈事折閱，負債累累。前年大病幾不能生，所幸無恙，吾知汝以是不釋於心也，而今卒至是，天乎！人乎！病乎！卽以此隕其生乎！汝病，吾適患目疾。及歸視汝，見汝瘠甚，且驚且憂，卽專人去郃陽尋醫，何竟不救耶！汝在病中偶對吾論數人，雖不盡當，亦多有見。汝平昔尚未能言之如此，吾竊內喜，然轉慮汝之不久於人世也。汝死，汝父悲矣！悲汝之無子而汝父遂絕也！汝父焉得不以汝故而傷心，而二月十五日之變又焉得不相逼而至也？豈獨汝父哉！吾年六十有五矣，汝叔母兩生子皆不育。劉妾生二女，幼者才牙牙學語，將來生子未可知。今日汝死吾能葬汝，他年我死誰復葬吾？言之哽咽。汝之二女，長者已待嫁，吾終當資遣之，以慰汝心，以塞吾悲。雖然汝之强年尚不可恃，吾之衰老又焉可保？吾爲汝悲，爲吾兄悲，爲一家悲，爲先人悲。吾亦不暇自悲矣！已矣！已矣！不復言矣！嗚呼哀哉！尚饗！

## 哭兒銘照文 癸酉

同治癸酉六月十有六日，兒銘照殤之。十有二日，父爲文哭以告之，曰：「嗚呼吾兒！汝胡爲而竟死耶！汝生於丁卯，今七年矣。然僅二千有餘日而已，汝胡爲而竟死耶！自汝生，吾無日不望汝讀書。汝初識字，吾見其不大難，即欲授汝書，但以汝稟賦弱不肯欲速。又吾嘗居清麓，恐汝未能離母，偶歸爲汝授古人詩，三四過略能上口，再數過即永記不忘。蓋初授許魯齋但願吾兒會讀書一篇，汝亦似粗曉，每爲家人誦之。至今歲春初，吾攜汝及汝母、汝姊、汝小妹小住山閒，暇又爲汝授晦翁、魯齋諸樂府，汝誦母前以爲笑樂。猶記上元夜，吾讀書燈下，汝母抱小妹聽書，汝與汝姊嬉語，吾有詩云：『內子聽書兒女笑，人閒無此好元宵。』此昨日事，而今已不復見，汝能不悲哉！自二月至今，往來隨吾精舍四十餘日，新讀小書數種，共溫書四五千字。吾偶倦臥聽汝誦書聲琅琅，若中節度輒內喜，以爲將來可繼吾志也。吾生平於世事一無所好，惟讀書爲吾性命，富貴功名吾不爲汝慮，累世寒素。吾幾壯年，始知一志聖賢爲己之學，絕意進取，世或詆病而吾不爲悔，以故二十年來自甘退藏，將欲尋味聖言希蹤前哲，以不辱先人而已。故思慎所以教汝者，冀汝長成能知祈嚮吾學。其大者吾不敢期，惟以德修身以禮齊家，家庭之閒有可告語，遯世無知亦足樂也。而今已矣！吾五旬而喪子，汝七歲而棄父。有者忽無，無者又安必其復有耶！孩提尚莫保其生，天即不絕吾一綫之脈，又不知其何時而有，有之而嬰婗者又何時而教之讀書，以視其成立耶！嗚呼！已矣！汝質詳緩而性溫良，外樸拙而內聰慧。汝偶交股坐，吾微斥之，後窺汝坐輒未嘗交股。汝幼縛鞭戲，見吾即擲去，向母有所索，旋恐吾知，遂止。凡一切非禮不經，吾不令汝觀，汝知吾意，人雖誘之亦不往。人贈吾扇二，吾問汝歸當誰與，汝曰：『與兩伯父。』嗚呼！似此皆不可謂無知者，而孰意其遽死耶！汝隨精舍諸生朝夕行禮，儼然若成人，今諸生中不復有汝矣！吾讀論語，汝問：『何不令兒讀？』吾曰：『俟汝長讀之。』今不能讀矣！在家早晚或食後，必揖問汝伯父，今不問矣！吾積書數千卷，每取閱架上篋中書，或筆墨紙劄之屬，汝見輒求與，吾謂他日盡以與汝，今誰與耶！汝四伯父官運城，吾嘗謂三數年當攜汝過大河省伯父，謁吾諸老友，歸而登太華三峰，汝喜，屢問何時東去，今後吾欲東去，更誰攜耶！汝病前一夕，吾夢有人引汝至吾前，吾見汝寒栗甚，惻然久之。次日午後即惡冷索衣，汝之病果以寒而致耶！何吾之昧昧，遂信病風而卒莫救，雖萬悔其何追？汝初病，吾寐中聞汝誦辭文清公持敬箴，至『豈無瑤琴寶匣絕響』而醒，心謂汝病稍退，問汝母乃知囈語。自是昏迷中輒誦汝書，豈以吾恐汝苦，欲慰吾心，抑知其輒傷吾心耶！吾時謂汝：『兒病明日當好。』汝曰：『明日不得好。』汝亦自知死期耶？將殮，吾見汝笑容可憐，吾不知汝有何喜？而吾之悲正無窮矣！此雖瑣事，皆歷歷在吾心目，吾欲忘之，亦安得而忘之？痛哉！痛哉！程子天理之云，吾知之素矣，汝之得天即不必閒値之精一而數，亦不長何耶？豈理或有時而不然耶？抑叔季之天雖稍近，清明醇美之資亦不欲其久留於世，又吾門祚之衰薄適丁其極耶！然吾實不德，隱微幽獨必有苟焉自欺者，學荒行怠，疚惡日積，不孝不慈，致天降罰禍及汝身，皆我之咎，汝有何辜？修身以俟，吾敢以夭壽貳其心哉！自今以往，吾惟益加警惕省愆改過，反己務實，以謹天命以盡餘年，如是而已。汝而有知，其毋以吾之悲汝而復爲吾悲也。汝所讀書，家人恐觸吾慟，誤置汝棺，吾後當重寫編存之。他日見書如見汝，願汝之靈常依吾側，溫誦汝書，勿致飄蕩，幽明一理，汝其安之。昨葬汝於先人之兆，大父大母必視汝護汝，汝尚無恐。禮『無服之殤』，哭之『以日易月』，故吾今與汝母爲汝市果餌，具飯蔬以食汝，汝其來食。此吾七年中與汝母鞠汝、育汝、教誨汝，今日止落得一場哭汝也，嗚呼！尚忍言哉！尚忍言哉！」

## 哭女肅文　辛巳

嗚呼！汝初生之月，瀕死者數矣而未死。明年，壬戌回亂，汝才七月耳，即挈以逃，長途炎暑，車殆馬煩，惟汝是視。渡龍門而東，騾蹶河壖，汝幾墮水。僑寓絳陽，汝時便啞啞學呼母，教之拜即拜，鄰嫗聞異，鄉人都來觀，皆絕憐。汝周晬後，汝母抱乳，輒爲汝誦弟子規。汝仰首若聽，久之解誦十數句。既而汝三伯父歸自廣，四伯父歸自蜀，見汝愛甚，每抱置膝上以爲樂。時吾兄弟皆無子，有汝不復知客居之悲也。汝少聰慧，每口授書三四過卽默記。惜吾不得時在家，終令汝多讀。近三五年，汝從吾居清麓，始成誦女誡、女小學、二南各書。汝有弟銘照，七歲而殤，吾嘗教之先儒詩歌、箴銘、樂府之類，汝弟偶爲汝誦，汝復能記憶。閒讀之，令吾喜，轉增吾戚也。汝母生子二，女二，今存者惟汝耳！汝善解人意，吾稍有不可於心，汝卽從旁寬慰。偶一事吾與家人商可否，家人不謂，然汝曰：「是當從大處想。」是汝能知吾心也。吾好古禮，汝亦頗知大義，一切淺陋之習，獨不爲所染。汝性不喜華靡，吾一不以世俗兒女視汝，故珍玩奇異之物輒屏不用。汝之嫁也，吾仿古雜佩而飾以銀，汝愛之，病中忽道：「吾不復佩此矣。」已而求佩纓，豈自知不起耶！吾爲汝佩纓矣。自汝病，七閱月吾與汝母未嘗安寢，中間醫治頗效，而復發竟至於此。吾早憂之，汝呻吟愁苦自謂死病，吾謂勿痛死生何，常人受風寒有猝死者，汝病久猶謂得生也。汝曰：「兒素悉父意，亦能達生死，不然肯對父道死，願父勿痛也。」此言在耳，而汝遂不可復見矣！痛哉！痛哉！命之修短有定，但恨吾不知醫，則吾之不慈有不得辭，尚何言哉！汝死吾殮，我死誰哭！視茫茫髮蒼蒼，吾之悲汝者亦會有窮期矣！嗚呼痛哉！

## 哭姪孫女靜姐文　伯鏴長女

維光緒四年戊寅四月初九日，季祖父賀瑞麟遣汝叔父鎰以香燭肴蔬告於姪孫女靜姐之靈曰：「嗚呼！汝竟死耶！汝兩年連產不育，吾知汝心不寬。然昨歲七八月間，旱象已成，人心焦灼，不及問汝病。吾見汝容顏憔悴，亦謂汝產後元氣未復。及冬殘，汝日益甚。今春始醫治，醫輒云汝病恐不吉，雖然吾猶日望汝之生也，而卒至於斯！嗚呼！汝早喪父，汝母寡，汝母只汝姊妹，吾哀吾姪之無兒也。視汝姊妹猶吾女，既嫁汝姊妹，吾心稍慰，人亦皆謂汝母慰。不料汝母前年殁，吾知汝姊妹之痛，孰知汝妹因痛汝母，至今一病不良於行，汝又至是。汝母若在，其爲汝痛當何如？吾於汝姊妹尤愛汝，汝性柔順，常若畏人，有婦德。曹壻尚知讀書，吾冀汝與壻相安以成壻志，或汝將來之福。孰謂汝竟棄壻，是壻之不幸，亦汝之命酷。吾老無佳況，今哭汝又非吾命之酷耶！然皆命也。汝素略聞大義，亦當自安，死而有知，其毋過悲。嗚呼哀哉！」

## 哭第二姪孫女淑姐文　伯鎔次女　庚辰

維光緒六年五月十九日，叔祖麟、叔婆林氏以肴蔬遣汝叔父鎰告汝第二姪孫女淑姐之靈曰：「汝頃以難產已極危急，吾歸醫治幸而分娩，子雖不育，汝尚無恙。二日之閒，忽生產風，吾去山閒，夜來喚吾，次晨吾歸，奔趨視汝，汝已不言。哀哉！哀哉！誰謂汝竟不救以至於死，汝命何苦！汝慟何止！今僅五年，既哭汝母，又哭汝姊，今又哭汝。汝生未見父，甫及兩歲卽從汝母逃賊北山。及嫁患股，不良於行。旋知汝娠，吾早是憂，筮而得吉，將謂可免。卒至於斯，天竟難諶。昔來吾家，諸姑團坐，笑謂吾老，將來哭吾，孰謂吾乃反哭汝姊妹哉！雖然汝在家，汝諸祖、諸祖母、叔母、諸姑皆愛汝，既嫁，舅姑皆道汝善事，無一毫勃谿色。惜汝之死，言之淚輒下。嗚呼！吾又何悲，汝而有知，亦可不自悲矣。哀哉！尚饗！」

## 奠蓋舅夫人張氏文

維光緒十八年十一月二十二日，甥賀瑞麟遣姪伯鑛，謹以肴饌致奠勅旌貞節蓋七妗母張孺人之靈曰：「嗚呼！七妗母死矣，享年七十四歲，不可謂不壽矣！五十餘年苦節，今日完貞以報我七舅父於地下，亦可以不憂矣！然自十九歲孀居，僅生一女，七八歲而又死，妗母一身孤苦零丁。我六舅父妗母待之雖好，遭際艱難，有姪立後，出外數十年，渺無音信。他人以爲意沮，往往勸之改嫁，妗母輒不欲聞，以命自安，以不忘死者爲心，其明大義如此。回亂以來，逃避遠方，家計一空，拾柴薪、挑野菜聊以度日，無人之處每自落淚，不知幾許愁腸五内盤結。及至歸來，族人憐其貧困，養之終身，何以得此，此又妗母不幸中之大幸也。生平守志，甥又舉報學憲，賜之匾額，表於門閭，旋經當事奏，勅旌將來入祀節孝祠，爲榮多矣，亦可無憾矣！人生斯世，求不愧道，誰能不死，又何悲！今歲九月我得一病，手足不良畏風怯寒，未哭妗母，此心抱歉！兹奠柩前，幸嘗我飯，莫送荒郊，尚我諒恕！嗚呼哀哉！尚饗！」

## 絳州告諸祖文　壬戌　以下告祭文

嗚呼！今已十月朔矣！追憶往時，在家饋奠，想像音容，猶不勝悽愴之心。又況羈棲異地，觸目傷懷，流離奔竄，骨肉摧殘。回首故鄉，祠宇廬舍俱成灰燼，蕭條窮旅無以爲情，如今日哉！方逆回之初亂也，麟以團練鄉兵，欲爲守禦計。事既不成，凶燄日逼，倉皇出走，惟麟仲兄圻相偕以行。而麟伯兄𡎺不欲遠去，既避復歸，卒於六月二十五日被害於村，受刃之慘所不忍言。一聞此耗，頓足失聲，悔當時不强與同逃，抱憾無窮。欲遂馳赴斂埋，而七八百里閒非旦夕可至，且逆回猶時掠鄉村，專以殺人爲事，冒險歸視，恐又蹈不測之禍，有傷先人遺體之重。忍心害理爲罪滋大，痛悼悲愁，寤寐難安。麟仲兄圻復往臨晉，將渡河而西，而道路梗塞，驚魂怯志，未卽遠歸。仲嫂及兩姪婦猶寄食同、耀閒，靡所定處，此麟仲兄所以日夜焦心，而域與麟亦未能一日而恝於懷也。獨域歸自粤東，驟聞變作，卽迂道至解。初未知麟之挈家來絳，天各一方，不能奮飛，烽火三月，家書萬金，死生存亡，將疑將信，不意汾、湄之閒，一家聚首。患難餘生，驚喜過望，痛定思痛，尚未至遷徙凍餓以死，是皆先人有以相之，亦不幸中之幸也！惟堤遠客川蜀，滿目干戈，尋家何處，尚賴慈蔭，陰誘其衷，俾得會合，尤爲至願。至於麟讀書之志終不敢廢，憂患之來惟有素位而行，朱子所謂「持身慕前烈，銜訓倘在斯」者，竊有意焉。邇聞逆回騷騷未衰，天下大事猶多可慮，生民塗炭，曷其有極？先業遺籍蕩然一空，別無可以繫念，但未知何日得瞻墳壠撫松楸，一遂展謁之私也。今者氣候變遷，霜露既零，時異勢違，倍深摧咽，客中造次，聊具肴蔌，用薦常事而並告所以悲感之意。實惟鑒臨，尚其來饗！

## 告考妣文 同治丁卯

兒至愚不肖，不能仰承父志，立身行己，嘗懷内疚，慈顔永隔，時懼羞辱之貽。乃者督撫謬以兒名，濫厠薦牘，舉兒孝廉方正，屢書懇辭，未遂愚衷。誤蒙聖恩，即準給咨，赴部考試引見，捧讀部牒。感深愧極，中夜自思涕泗交頤。兒之不德自知已明，迂愚淺拙，又實無以上副聖朝作養之恩。稍裨時艱，亦惟益切戰兢，罔敢荒墜。讀書立行惟孝惟忠，期終無負嚴訓，如是而已。茲當時祭，並伸虔告，庶吾父有以知兒之心也。伏惟神靈，尚其鑒享！

## 告祠堂文 壬午

麟以遭亂辟地，返寄邑城，二十年所，莫歸故鄉，眷念先隴，時深感涕。所恨賊火，剗廬焚巢，片瓦無存，棲身何由？況以人事，離散拘牽，指繁家窘，遑言興作，長爲縣人，夫豈夙心？相宅北關，溫來是鄰，屋僅容膝，院基宏闊，創立家祠，以俟後日。茲當遷徙，敢伸虔告，實惟先靈，是妥是安，尚克降鑒，永奠厥居，似續日昌，垂世無窮。

## 立雁陂阡表告文 壬午

麟自先人以來，世守農業，至我曾大父梅菴府君應畫試詔，擅名當時，重儒好義，鄉里稱之。我大母王孺人茹苦守節，以撫我先君。家本寒微，營葬兩世皆未能立石表墓，先君在日，言之輒爲歎恨。及先君先妣相繼見背，麟兄弟食貧如故，亦不克繼志述事，有辜遺訓。而麟自惟學尤迂淺，顯揚何日？已嘗謁文桐閣先師，本以道德文章爲足徵信後世，歲月侵尋，三十餘年卒未鐫揭。卽麟初心亦欲有待以報地下，而因循怠緩，實難辭咎。中閒遭亂，保護弗謹，先師之文竟失所在。幸既得之，不勝哀感。逮茲晚暮，愧終無以仰酬親恩，瀧岡汾陰，前修莫企。麟愚不肖，使先人潛懿長此湮晦，爲罪滋深，謹用繕刻勉豎封塋，而我曾大父及我大母墓碑亦並建焉。先君夙志，庶亦稍慰！惟明不泯，尚鑒愚衷，音容曷追，涕泗摧咽，敬陳酒肴，敢伸虔告。謹告！

## 渭南謁遠祖墓文　甲申

維光緒十年三月初十日，三原遠孫瑞麟偕姪伯鈊，謹以酒脯之儀，敢昭告於遠祖之墓。自麟先祖遷居三原，垂二百禩，相延八世，中閒累葉，尚省松楸，年久益遠，莫來鄉井。及麟有知，先君是告，追念本原，敢忘所自？不祖梁公，武襄所謹，冒認汾陽，崇韜之恥。譜牒無傳，罔識族姓，區區之心，屢或踟躕。逮茲衰耋，始克展掃，榛蕪荊荒，封塋如故。尚賴宗盟，守護維廑，所願明靈，慈蔭默庇。農服先疇，士明正學，俗美才出，吾族益大。弱支孱薄，亦冀遠佑，以似以續，綿此門祚。敢因謁墓，遂以告衷，精爽如在，永鑒微忱。尚饗！

## 告先祖文　辛卯

麟不肖，早歲屏去舉業，絕意進取，知先人冥漠之中所期有深於此者，區區世俗之榮已置之久矣。不謂劉中丞舉麟孝廉方正，以愧怍未承祇膺。吳督學復以賢才疏薦，蒙皇上欽加國子學正銜。受恩以來益深悚懼，今者學憲柯公又奏經明行修之士首及於麟，奉旨賞加五品銜。念麟年歲日增，精神遽減，學問愈荒，德業無成，無以對先人，無以對皇上，高天厚地，莫報鴻施。鱗惟有永堅末路，終老此學，以求無忝所生而已。願吾先人尚鑒，不肖之志敢告。

## 與兄子伯鎔 此以下家書 丙辰

汝不得讀書，今爲賈人，是我之過。然汝自不好學，又力弱不能服農，年十五即從汝四叔父學賈江南。今江南賊紛紛起，汝歸又將賈蜀。吾審以告汝，吾性愚迂拙，不能如今世先生求館，自縛麻屋伴二三小童誦讀其中。凡業時文志利達者不來，來亦不受，故刻苦窮約不以爲懟，然以此累吾諸兄。伯兄年五十，日夜督傭力穡事。仲兄未五十，賈於外，受公私迫，鬚髮多白莖，今猶欲遠出。叔季亦年四十左右，亦因賈不能久居家。吾爲弟，不能使心安意適，歡然聚首，常敘天倫之樂。事值此干戈滿目而猶奔走千里，爲室家計，此吾所以黯然神傷也。然則吾又何能使汝不賈耶！實則汝賈非吾所欲，吾見世人終年勞勞，只說不足，不知何日是足。要不過爲喫好穿好，快此生之欲耳。若能安得本分，一味勤儉，就是耕雲犁雨作苦田間，亦能使布衣菜羹飽煖有餘。且得侍父母之左右，對妻孥而笑語，一家和氣爲樂無窮。況當農暇又能讀幾句正書，識得爲人道理，豈不更好？又何必千山萬水去鄉離井，以求不可必得之利哉！即使多利，已是失了輕重，將此身徒爲人用。竟有一出八九年始一歸者，試思人生有幾個八九年耶！言之慨然，然既不能使汝不出，即此言亦無用耳！但汝不可不知此理，賈事吾不知，亦須有個道理，守身總以儉樸爲主，存心總以誠實爲主，作事總以謹愼爲主，接人總以謙下爲主。又要看得命是一定，不可妄求非分，只是平平地做了正事纔是。更有最宜戒者，如今世所謂洋煙，萬不可染此氣習，一入其中便是壞了心術、喪了人品、犯了王法、敗了家風。莫說市井以此交易不妨逢場作戲，難道未有洋煙時便不交易耶！且以此致富到底何如？自古終是正道可行，縱然賈事不成空手而歸也，是氣騰騰一個丈夫。若行爲不是，饒多財，成個甚人，亦只落得他人恥笑。人生在世，只要與天地父母爭口氣，成個人，喫不如人、穿不如人全是淡事。莫學世人睜著兩眼只看銀錢是好，他笑我貧，亦是他不識好歹，那樣俗眼孔俗心腸何足較量？況汝爲吾伯兄後，將來有承家之責，苟不學個好人，上不足以事祖宗，下不足以教子弟，更成甚人家？即汝妻亦須說與知道，安貧守苦，異日可率家眾成好規矩。若只爲服美食甘，便道汝賈得錢，此念一開，漸入驕奢。萬一失算，保不與汝反目，且必與家人爭長競短，都說不可他意，又焉能商量推讓教戒。諸婦到得此時，有明知其不是而不可制，悔之已晚。吾見如此婦人多矣。汝生居長不可不深思自省，汝諸父都惟汝是望，千千言萬萬語只是要汝學個好人。遠行牢記，勿負我一片心也。汝若置之罔聞，亦已焉哉！

## 與兄子伯鎰 癸亥

吾年十七時，只略曉文義，做文字亦不能過人朋，試於有司，適見收取。大父雖時教以聖賢爲學道理，而奪於時好，全未屬心。追憶曩時，每用自悔。今汝適當吾年，深恐世俗伎倆有誤時日，初未嘗使汝學文。又汝性愚魯，只謂粗識義理，守身保家，不失鄉里好人足矣！他何敢望哉！自汝讀書，便以聖賢格言至論日夕薰聒，比吾昔年庶免歧途。然汝卒無幾微近似，吾益惴懼。此事汝果無分，抑吾教導不誠未能感發，是吾之咎。吾雖不克廣接天下賢人君子，然二三同志道德行義卓然可師。汝嘗親承謦欬式瞻儀容，但未見汝起景慕之心、生則傚之意。吾知汝志荒矣！患難以來，吾鄉親友幸而不死，逃難狼狽，幾難糊口。吾與汝雖適異地，猶得安坐讀書，可不謂天之厚愛汝？若終自暴棄，弗體此意，昏惰日甚，不知勤謹，歲月易逝，伊于胡底？吾竊爲汝憂之。顧吾猶望汝者，人之爲學，氣之强弱、資之敏鈍皆不干事，其要在於立志而已。志立則理可漸明、書可漸熟，而身心日用亦漸有規矩矣。况小學汝已成誦，若肯講求依他行去，將來決不成俗人物，於守身保家亦大有賴。雖他書無力治之，自不妨事，學求實用，不在多也。汝尚勉之哉！汝尚勉之哉！

# 與兄子伯鐵　戊子

吾兄弟五人，今存者惟吾。汝從兄弟十餘，今存者惟汝。門祚衰薄，不大可懼耶！汝年二十尚不知安吾心、順吾志，乃反促吾命耶！吾自知學，絕意仕進，屏去時文不爲，亦不以時文教諸生，幾四十年矣。汝諸兄皆從吾學，而皆不能學，負吾心甚矣！無可言矣！自教汝讀，吾時懼汝竟爲汝諸兄之續也。汝之氣質猥下，已無可望。然猶欲汝多讀幾本正書，親近正人，謹身保家，毋貽門戶羞而已。讀書本爲講明聖賢義理，以不失爲人之道。詩文非所汲汲也，吾所以不願汝爲時文者，近世後生不暇聽人說好話，一作時文便不暇讀書，只靠時文作生活。心既荒而不治，性情便日鄙陋，聰明便日蔽塞，直弄到眼歪口斜百病俱生也，不識善惡也。不明是非，所道皆矜夸之言，所行皆背謬之事，所交遊皆輕薄浮滑狂蕩糊塗之人。其中亦有謹飭之士尚不盡爲時文汩沒，然已僅矣，然所失亦已多矣。不知汝何誤聽人言，忽然起此妄念，必欲作時文要進學。此種意態舉世皆然，亦無足怪，獨恨汝從吾十餘年，全無一點向上意思。平日教汝讀書，知汝原無一句入汝心裏。此兩隻俗眼睛一副俗肚腸滌刷不淨，到底更有甚好事相期。吾心卽已冷淡亦無奢求，但世未有不讀書而能作文者，亦未有止作時文僥倖進學，而可爲好秀才者。吾意汝卽作文，必俟讀書稍熟，文義稍通，志向稍端，識見稍正，然後從人學文下場，不但汝不愧一生員，吾亦可放心矣，豈固必哉！昔有其父令子業舉，而其子願從朱子講學，朱子謂：「此雖天理，亦是硬了，何必强要咈父之命？」今我不欲汝爲時文，而汝偏如此，獨是天理乎！不强咈父之命乎！何愚之不可解耶！眞西山曰：「己之良貴棄置如弁髦，而軒裳外物決性命以求之不舍也。」今之作時文者莫不如是。汝稟素弱，場屋得失何常，萬一不得，吾憂汝之又以是而致疾也。言至此，吾心不覺其戚矣！吾無德，不能教汝，不聽吾言愈增吾愧，父子之閒不責善。吾欲集古人教子各書録作一冊，汝稍有人心，幸一寓目，日夜誦讀，看古人都是甚樣說話，勝汝讀時文千萬倍矣。汝前日在吾前言語不通，可哂！可惡！令汝再四思維，汝果思也耶！不思也耶！亦不見汝對我明白回說，汝意果堅，吾亦無如汝何。任汝爲之，亦已焉哉！亦已焉哉！不能爲汝謀矣。

## 示伯鐵

爾能説「詭遇功名非我事」，此語我最喜，不可再説詞章。先生屢番引爾言志，正是循循善誘，勿負一片苦心。「爾若進益，能依我平日所説學個好人，只爲吾家續個讀書種子，吾願已足。不在進學中舉，總然進學中舉，若學人不好，雖説讀書，究非我志。不知爾果能體我心否，使我亦得報吾兄於地下也？」念之！念之！

壬辰之秋，鑒源拜謁清麓，時先生病瘓，至執筆維艱，於是見命年譜，且歎及家乘之不修。故鑒承指示爲賀氏系表，如前圖是也。及立傳，先生以乙丑草定家譜頗不完，謂病瘥另審爲之。會明年，屬未及而先生没，其遺憾奚若！兹刊文集，未敢增改一字，並仍刻之而附録。行略以下若干篇特補，悉其家世，故不得復拘忌於文集之體例云。門人馬鑒源謹識。

清麓文集卷十五終

# 清麓文集卷第十六　自咸豐甲寅至光緒癸未

三原賀瑞麟角生著
同里劉嗣曾孝堂校刊

## 雜著中

### 妻服答問　甲寅

麟有妻之喪，不敢以非禮處。或人疑之，乃問曰：「世不重妻喪久矣，子曷爲乎違俗也？然則其爲服，何也？」曰：「齊衰之服也，期也。」「曷爲乎期也？」曰：「禮『妻以父服我，我以母服報之』，故期也。」「杖何也？」曰：「父母在則不杖，以尊厭也。無父母，則稽顙可矣。況杖乎？」「是不亦竟同於母乎？」曰：「非然也。父母則稽顙而後拜，妻則拜而後稽顙也。」「曷杖乎爾？」曰：「父竹也，苴也。母桐也，削也。禮『齊衰皆削杖』，妻亦桐可也。昔者呂新吾氏之弟之妻之喪也，新吾令其制槐杖，半分其下，死也分形，槐，以懷之也。桐不可得，故槐也，槐又不可得，則新吾氏謂之土宜可也。故吾以柏亦削其半，謂期以百年者，今其約替矣，亦附棺之餘也。」「亦禫乎？」曰：「宗子之母在，爲妻禫。則非宗子者，更得以伸其私喪。故爲妻十一月而練，十三月而祥，十五月而禫也。」「夫不祭妻，何也？」曰：「謂餕餘，雖夫不以祭妻也。」「祭而拜禮乎？」曰：「朱子曰：『夫祭妻，亦當拜也。』」「然則有子無子異乎？」曰：「使吾無子而死，則妻之服我者，亦以是而貶其三年之喪乎？妻齊體也，豈以無子而貶之乎？情弗達，義弗協焉耳。故妻之喪，三年不取者，非盡爲達子之志也。牉合之道，固然也。」「然則期終喪不御於內，喪既終可以御內矣。遲之又久，亦可以娶矣，必待三年乎？」曰：「此亦視其時與事耳。然不可不勉也，徇私焉則悖。」「不食肉飲酒，亦終喪乎？」曰：「終喪也。」「客亦無酒肉，何也？」曰：「不敢也。曷爲乎其不敢也？『子食於有喪者之側，未嘗飽也』，酒肉之是陷客於非也。」「又酒僕役，何也？且客亦既見之。」曰：「僕役未也，客於是亦可以知禮矣。」「不用樂，何也？」曰：「非禮之甚也。居喪不言樂，況聞之而作之乎？妻有服，不舉樂於其側，況有妻服乎？」「不掛紙幡，何也？」曰：「佛氏之教也。是以有罪待亡者也。雖然，猶有未甚害理，而究屬無謂者，或失於疏而不之檢，或格於勢而不能禁，則某之過也。不以是教麟，而疑其尚合於禮者，將古禮終不可復乎？然而世之人於父母之喪，其違禮已多矣，況妻乎？其功緦亦不待言矣。則子之疑之也，又何怪？噫！是可歎也。」因述其語做答問。

問者既退，門人曰：「人倫之倫，夫婦尤甚。妻死隨娶，故夫死隨嫁者比比也。世如先生，則爲人妻者得不感於故夫之義，而再嫁之風庶少息哉！」曰：「如子言，則吾所謂盡禮者，姑以是爲羈縻之私，而夫守義、妻守節特出於報施計較，非天理之自然而不可易，與夫當然而不容已者也。道造端乎夫婦，此而不誠，則其君臣、父子、兄弟、朋友之閒其不以市心相接者幾希矣！嗚呼！孰知天合人合者之，皆固結於至情而不可解哉！」門人於是遂悟，並附記之。

## 麗澤精舍規約　癸亥

凡朔望晨昏，會講會食之儀，一本程董學則，擊板則直日一人主之。直日以旬爲期，諸生俟板止始出，坐次不得先時窺探，亦不許遲緩後到。至朔望習禮，隨時分派執事，不在常儀。

凡諸生言動、衣服、飲食、居處、几案、書冊有不如儀者，糾儀並糾之。如喧閧戲笑、交脛箕踞、跛倚靠背、髦髮傾冠、襟裾偏斜、震驚汙穢、緺摺散亂，及竄聚之類。堂中及東西齋，各派糾儀一人專司。

凡師長坐處，每日二人供役，灑掃拂拭，常令潔淨整齊。

凡直廚，每二人五日，食時進，食餘不得攙雜廚中，食畢徹具亦然。進盥進茶亦主之，更須檢閱。廚中什物頓放齊整，非食時，不許諸生輒入取食。食須淡泊，勿求美味。每日令齋僕灑掃庭除，務極潔淨。

凡直厠，每人五日，常須照管，如入厠不領籤牌，及半途截取，或疾走跳躑，並稽留頻數者，許稟師長嚴懲。若厠中任意便溺，致有污穢，亦細查究問。諸生須以次，輪日掃除。

凡諸生稱謂、行坐皆以序。少呼長者兄，長呼少者名。每升堂進必由東階魚貫而入，毋得失次紊亂。退必由西階席捲而下，毋得先出偷安。非師長使令尊長喚召，及已有急幹，不得輒出學門。

凡應門，一人五日輪司，餘不得動。

凡客請見師長，坐定，師長命直日擊板，諸生以次升堂見，否則不得亂出。在師長左右者，亦必待師長命，然後出揖客。客去，師長命之送則送。若諸生父兄，當自揖問。

以上數條，亦朱子鹿洞揭示「所謂近世之規不可得而略者」，略具於此，亦願諸生警省，毋致踰越。至於古昔聖賢教人爲學之要，與夫檢身讀書之詳，若鹿洞揭示，若程董學則，若真西山先生教子齋規，則固朝夕熟讀，詳味所當講明，遵守而責之於身，今亦不復重出也。

## 新擬書院章程六條　乙丑

一經費宜通籌也。按：書院一切經費舊有簿籍可稽，本銀共發鄉城當商生息。遭亂以後，鄉鎮當商俱被賊燬，城内渠租亦有，因亂各鋪遷徙無常，租稅亦不能齊，所以支用之款各照一半給發。今父台現請判回地基房屋，撥入書院以充公用。既蒙上憲批準，即須細查存案，共地若干、房若干。又鄉鎮當行本銀已交一家，餘俟一併收齊妥議，交商生息。以上各項合計每歲所入若干。舊規，有應復者復之，或別酌議。但事關學校，務存正大之體，未可濫嗇。

舊規，院長束脯二百四十金，火食六十金，膳夫十二金。今擬束脯一百二十金，火食三十金，膳夫十二金，共一百六十二金，似爲得體，不必復舊。所餘即補設住書院諸生學資。蓋寒素儒者之常，能養足矣，無求過多。有嫌貨取，至於聘金節儀，固有舊例。謂宜依準原額，別購幣帛，以佐聘書，隆其儀物，以申節敬，如此方盡尊禮之意。不當仍從陋規，只備數金，未免褻慢書院。舊無監院，自張翰山學使以學古爲陝甘書院，始有監院。迨別立陝甘宏道書院，而學古監院之名猶存，往往齋長代之，然實未嘗別議。薪俸每歲只給齋長十二金而已。監院若不可裁，歲宜量加爲十六金。新設齋長亦議歲十六金，門夫一名十二金，院夫一名十二金。至於住院諸生，擬給學資二十名，每名歲十金。他如義學束脯官課膏火雜費若干，並宜酌量裁增。伏望議定，匾示書院，使其共知。

一職事宜專責也。監院、齋長、門夫、院夫，皆爲書院而設。監院不住院，所監何事？凡諸生之出入，夫役之在否，以及院内公事，皆監院所宜糾察督理。若不住院，則曠闕必多，故監院必須在院，方合事體。薪俸宜更酌增，使其贍足。齋長尤所以倡率諸生，俾有則傚，亦豈有不住院而名爲齋長者乎？果有事不能住院，即別選諸生中有學品者以充膺之。毋沿舊習，齋長終年在家，只於課日至院，應名而已。門夫不守門，院夫不看院，並宜革除。不可任其怠玩，有壞學規。

一院長宜禮請也。伏讀高宗純皇帝上諭有曰「書院即古侯國之學院」。長必選經明行修足爲多士模範者，以禮聘請。近世院長率多請託夤緣而得，甚或坐受脩金，終年不至書院，其品可知。欲以此使當事者以禮聘請，必不能矣。蓋先不以禮自處也。然果經明行修而不以禮聘請，則非尊師重儒之道，賢者恐不屑就。及其既至，而待之之禮或有未至，醴酒不設，王之意怠，穆生所以去楚元王也。誠欲興學造士，斷不可不擇師盡禮。禮遇既優，課士外或偶臨書院，視諸生行禮，命諸生講書，隨事開發，爲益尤多。宰與院長分則賓主，義兼教養，既期相與有成，豈可漠不關心？至於義學，先生亦必推選有學行者，或令監院每歲親送關書，上館日臨視書堂，以重其事。縣城義學舊凡有四，然實無定所。今宜量視，經費稍裕，漸爲料理建置。目前或暫借寬閒祠宇，並祈分置鄉閒道途適中之處。亂後人艱，讀書鄉塾寥寥，此尤切要，更肯暇日或因公一至其地，如程明道在晉城召父老與之語，兒童所讀書親爲正句讀，則其先生亦必用心訓誨，不負殷勤之意。若果教有成效，或遇歲考卽可稟請學憲推舉優行，豈不勝於近世優生例以錢之多寡爲考語之美惡乎？如教者不善，則爲易置，亦明道之法，不妨仿行。

一士子宜廩資也。膏火之設原以卹院內貧寒之士助之力學，後乃用以給官課前列諸生，徒論文字非本意也。但積習已久，恐難驟革，無庸更議。惟喪亂之餘，士子實多困乏，餬口無策，誰肯裹糧從我？今擬酌立學資，庶可來願學之士。孟子雖曰「無恒產而有恒心者，惟士爲能」，然古猶有養士之法，且不過謂士能安貧耳，非必士可無身家衣食之需也。程子曰：「人有養，方定志於學。」則住院諸生學資之給豈可不爲計慮？顧貧而賢者可給，富而愚者則不可給，或量給。額數雖定，其中進退予奪一聽院長裁酌，以適於義，如王康僖公以勤惰修竄爲堂上堂下生徒之別。蓋養之之中，卽寓教之之意，若一概施之，匪惟不足，亦且失平，殊乖義理，非激厲獎誘之方矣。夫有教固當無類，而稂莠不除嘉禾不生。純廟亦有書院生徒必擇鄉里秀異沉潛學問之諭，如有戲惰放肆，見利必爭，聞義不服，及行止惡劣者亦當遣去。至於義學，小童雖無養費，或面問學業，略以筆墨之屬稍示鼓勵。更有才質可造，年近二十者宜令送入書院，以宏作成。

一試課宜變通也。向例每月官課一、堂課二，皆以科舉文字，但士子應課者率多鈔襲假代，以苟一日之膏火而已。此風一熾，正使士子無暇讀書立品，卽烏能造就成材？國家亦安用躁競無恥之人？爲試課既不可廢，每月只官課一次，士子有志於用世者儘可盡心所業，藉此以假途進身矣。但試日亦須令其衣冠齊整，扃門不出，必使專心致志，務盡一日之長。試日似宜量籌飯食，以存待士之體。若一領課卷，便紛紛散去，則文字亦恐不得其實，是愈足以荒其志意、生其詐僞。若夫堂課則改爲策論，所以闡發經書旨蘊、聖賢義理，實求有得，不徒爲無用之空言而已。遵程子學制，學校禮義相先之地，而月使之爭，殊非教養之道。有所未至，召而教之，更不考定高下，故堂課亦不更立膏火，有涉利誘薄待諸生。朱子曰：「時文一件，士子自是著急，何用更要教設學校，卻好理會本分事業。」又曰：「今教官教人，所習不過科舉之業，伎倆愈精，心術愈壞，不如不教，猶足以全其純愚之爲愈也。須告以聖賢門庭，使知修己治人之實，庶幾於中或有興起作將來種子。」許白雲不答科舉之問曰：「此義利所由分也。」薛文清公云：「以聖賢爲己之學教人，人猶有爲人者，況以科舉爲人之學教人乎？」區區之心，輒此服膺。雖爲世忌，敢渝素守。

一教道宜切實也。純廟諭曰：「書院酌仿朱子白鹿洞規條，立之儀節，以檢束身心；仿分年讀書之法，予之課程，使貫通經史。」庶立品勤學，爭自濯磨，人材成就，足備任使。祖訓煌煌，何嘗徒事舉業？有謂舉業爲功令所在，院長必不可廢，請先敬讀此諭。近又有請以小學、近思録著爲功令，不以八比小楷爲進身之階梯，而以孝弟廉潔爲學問之根本，奉旨已録，此見邸報。舊擬學約兩篇，一並呈閱，如有未是，卽祈改正。往日書院師生時文之外無一授受，苟欲振興書院，拙擬學約恐有可採之處。況又舉行鄉約，正期共勵士習以率鄉人，卽義學亦應定立規條，必由小學漸及諸書。且預告鄉人有欲子弟從師者，卽各隨師講行鄉約。如此不但子弟漸有規矩，而其父兄亦當略能變化。果人人知讀小學、勉行鄉約，庶幾世多良材、鄉有善俗矣。不然令其自行尋師，無令彼因不出學俸，徒多溷擾。若逢書院行約之日，義學先生卽須各率生徒同至書院，生徒中不願入約者，正可觀禮，以爲感興之益。其父兄願觀禮及入約者聽。

## 學古書院學約 幷序

人之生也，莫不各有仁義禮智之性，然爲氣稟所拘，物欲所蔽，則或失其本性，而人道幾乎息矣。是以先王建學立師以教之，所以使之復性分之固有，以盡職分之當爲而已。自學絕道喪，佛老之清靜寂滅、管商之權謀術數固無論已，至有問其所讀則孔孟之書，觀其所述則程朱之旨，考其所守則國家之功令，而察其所存則苟一己之富貴利達。所謂父詔其子，兄勉其弟，師之所以教，弟子之所以學，舍科舉之業無爲也。古人明新至善，格致誠正，修身以至齊家治國平天下，規模之大而節目之詳，蓋未嘗一日從事其閒。是豈盡學者之咎？亦學不素講而教不素明故也。吾邑學古書院創自有元，其曰「學古」云者，蓋取書之「學于古訓乃有獲」，及夫子「古之學者爲己」之意，其不止以科舉之業望，學者固已審矣。麟不敏，竊嘗有志於古人之學，而邑侯監利余公方將振厲學校作興人材，延麟主講，諸君其猶溺於今人之學乎？固非愚陋所敢，知其果慕夫古人之學乎？願相與講習而共勉之。古人之學無他求，以全吾仁義禮智之性而已。諸君豈不欲全吾仁義禮智之性者哉？謹立條約如左，幸留意，毋忽！

一凡學於此者，一以聖賢之學爲宗，世俗記誦詞章功名利祿之説務使掃除淨盡，不以干其胸中。然後趨向專一，功夫純篤，方有可冀。

一學規依拙輯養蒙書前七種，弟子規、眞西山教子齋規、程董學則、朱子童蒙須知、訓子帖。講明遵守，日用無違。尤當以白鹿洞揭示及敬齋箴爲綱要。

一無論大小悉以小學書爲入門，然後漸次讀近思録、大學、論語、孟子、中庸、六經，以及周、程、張、朱、許、薛、胡、陸之全書，非聖之籍無益之文，皆絕勿觀。

一書須熟讀精思，切己體察，人各置一册以記所讀之書、所行之事，嘗自觀省。每日倍讀呈師勘閱，善宜加勉，過則亟改。日閒思索有疑，用册子隨手劄記，呈請批誨。堂課一改舊例，或出策問論辨以徵，讀書所得有未至，則面告之。遵程子學制，更不考定高下。

一每日隨所讀講解外，每逢一、六日，俟板三擊，升堂講書。諸生各如其服會集，悉宜細心領略任便令覆，如有全無理會量加罰責。或有外來聽講者，亦並分坐堂側，毋致喧譁。每月惟初一、十六兩日講書，後率諸生堂上習禮，院外願觀者聽。

一晨昏及會講會食各訓詞，並一切規約務要勤謹習行，不可苟且怠玩徒循故事。如有不受約束則誨之，誨之而終不悛則遣之。

# 傳心堂學要

余既爲學約，又恐學者不得其要也。因復次爲六條，揭於傳心堂壁，而並附其説如左。

一曰審途以嚴義利之辨。

自古爲學先要分别路途，同一儒也而有君子、小人之異，同一學也而有爲己、爲人之殊。君子儒，義也；小人儒，利也。爲己，義也；爲人，利也。路途一差，便是墮坑落塹，終身莫出矣。且如今人讀書，止欲纂緝文字逐時好取世資，義理不明，德行不修，則不知也。無論悠忽因循，枉卻一生，若只在利一邊致力愈深，則受害愈甚。惜哉哀哉！故審途爲爲學第一要著。

一曰立志以大明新之規。

途既正矣，譬如適京師者已識得路程。然卻主意不定，或欲往或不欲往，總識得何益？此志之所以不可不立也。立得此志，後面工夫可以次第做去。若不立此志，便似做不做或半途輒止，或見異思遷，或搖於衆口，或狃於近規。所必至也，大學「明新」、「止至善」，吾儒立志合下便須有這規模。顔子曰：「舜何人也？予何人也？有爲者亦若是。」孟子曰：「乃所願則學孔子也。」程子曰：「言學便以道爲志，言人便以聖爲志。」

一曰居敬以密存察之功。

夫立志所以定本，而居敬又所以持志。儘有志向遠大，久之卻漸漸淡了，則居敬不密耳。敬者一心之主宰，萬事之綱領，静而存養，動而省察，無一時一事之可離乎敬。窮理不以敬則昏惑紛擾，無以究義理之歸；反身不以敬則怠惰放肆，無以致義理之實。蓋聖學所以成始成終而爲傳心之要者，此也可不務歟？

一曰窮理以究是非之極。

天下之理只有一個是非，或讀書，或論古今人物，或接物應事，以及身心性情、人倫日用、天地鬼神、鳥獸草木，莫不有理，卽莫不當窮，是是非非直須剖判到底，到得知性知天方算窮理，知之明而後處之當。不然無星之稱，無寸之尺，將有認賊作子，認人欲作天理者，豈不誤甚矣哉！

一曰反身以致克復之實。

行之不力固屬知之不眞，而知之眞尤須行之力。若反身不誠，任做工夫仍是一場話說。果人欲也，必克之不使其不盡；果天理也，必復之不使其不純。故大學格致而後必以誠、正、修、齊、治、平爲重，中庸博學、審問、慎思、明辨而後必以篤行爲歸也。

一曰明統以正道學之宗。

道統之傳自堯、舜、禹、湯、文、武、周公、孔子、孟子遞相授受，孟子歿，不得其傳，歷千五百餘年而周、程、張、朱數子者出，斯道大明如日中天，與唐、虞、洙、泗並。朱子而後，元有許魯齋，明有薛文清、胡敬齋，國朝有陸稼書，皆與於斯道之傳，同爲學者所當宗主。學者不欲學聖人則已，如欲學聖人，而考聖賢相傳之淵源必以此爲標準爲歸宿，庶幾始有趨向終有成就，苟或舍是而他務，不爲俗儒記誦詞章卽爲異端虛無寂滅，卽不然而陽儒陰釋如陸象山之「卽心卽理」，王陽明之「致良知」、「無善無惡心之體」，高顧之「惡動求靜、潛神默坐、呈露面目」。此皆以聖賢自命，而學術一差卽道統莫屬，雖殫精竭思，窮年矻矻，欲有以續，夫千古聖傳之緒必不能矣！

## 附諸生箴

糾儀

凡諸生每日言貌粗率、動止荒疎、衣履不嚴、如不櫛髪、不結紐、露袴、趿鞋之類。飲食不節，如私貪飲食、自買果物皆是。及房室牀几、篋笥冊帙穢雜散亂，不肯掃拭整頓，皆爲非儀。糾儀並糾之，令其改而後已，直日直月糾儀兼糾之。

糾業

凡諸生每日讀書講義、寫字問疑皆謂之業。或有昏昧怠緩不肯動謹從事，糾業並糾之，不從者以告於師長而詰之。直食直廁，糾業兼糾之。

直月

每月朔望，師長帥諸生詣先聖位前行禮，諸生拜師長，及自相拜。或時講習冠禮、鄉飲酒禮，一切安置陳設，皆直月主之。執事隨時酌派。

直日

每日晨昏，會揖及會食會講擊板唱禮，並灑掃師長坐室，督齋僕灑掃庭堂。師長出入或有客，集衆會揖，皆直日主之，夜統於日。凡扃門呼旦及爲師長斂衾鋪簟之類，悉責焉。

直食

每日每席各直食一人，凡安席饋食皆主之。長者並理廚務。

直廁

直廁每人三日，凡入廁者務各掩蓋，勿致污穢。直廁亦宜時切照管，每日掃除潔淨，領籤舁土，交籤出糞，不可有違。

入廁不冠，幼安自咎，必去外衣。晦翁善誘，毋曰可褻，一敬是守，執籤恭出，循牆而走。蓋土除坑，勿致汙垢，便溺既回，尤必淨手。謹小慎微，是爲不苟，已立直廁，糾業並糾。　廁籤

# 學古書院講義

聖賢之學，大中至正，人人可爲。初非幽深難知高遠難行之事，孔子曰：「人莫不飲食也，鮮能知味也。」又曰：「誰能出不由戶？何莫由斯道也？」孟子曰：「人皆可以爲堯舜。」又曰：「有是四端而自謂不能者，自賊者也；謂其君不能者，賊其君者也。」蓋道者率性而已，有手足便有手足之道，有耳目便有耳目之道，有五倫便有五倫之道，無一人可外乎道，卽無一人可離乎學。聖賢所學已全乎道，學聖賢之學，無非欲全聖賢之道而已，非全聖賢之道，全吾之道而已。自聖賢之學不明於世，有志之士欲學聖賢之學以求全乎道者，羣起而疑笑之詆毀之，輒曰「道學先生」，於是未能自信者率不免退懦畏怯改絃易轍。夫其疑笑詆毀之者，是皆自暴自棄者也。因疑笑詆毀而遂不學聖賢之學，亦自暴自棄而已矣！是豈聖賢之學果幽深而難知、高遠而難行哉！聖賢亦人耳！人而學人則無不可及之理，但聖賢有手足而能恭重，我不能恭重；聖賢有耳目而能聰明，我不能聰明；聖賢有五倫而能親義序別信，我不能親義序別信，是聖賢爲人而我不得爲人也，恥孰甚焉！人卽不欲學聖賢，人孰不欲爲人乎？人欲爲人，爲君子人乎？爲小人人乎？則必曰爲君子人，爲君子人，非聖賢之學而何學哉？顧或者謂君子難爲，徐節孝訓學者曰：「諸君欲爲君子，而使勞己之力，費己之財，如此而不爲君子，猶可也。不勞己之力，不費己之財，諸君何不爲君子？鄉人賤之，父母惡之，如此而不爲君子，猶可也。父母欲之，鄉人榮之，諸君何不爲君子？」然則君子豈眞難爲哉？且麟更有一說，縱使勞己之力，費己之財，鄉人賤之，父母惡之，亦惟有君子可爲。蓋是道則爲君子，非道則爲小人。人非道不立，道非學不成。苟不學道，則爲俗學，爲異學，爲外道，爲苟道。如此何由爲君子？又何由爲聖賢？故必居敬窮理以求知道之本，反躬力行以務蹈道之實。麟無似，於道雖未有聞，於學則不敢不勉。竊嘗自省，恐流爲小人之歸，而願與諸君共趨於君子之域，則於聖賢之學惟期堅心定志，毋爲疑笑詆毀所怵而安於暴棄，斯可矣！

## 魯齋書院講義　丁亥

光緒丁亥春，旋以事至省垣，諸生從者十餘人。而觀詧漢陽黄公小魯先生時總查東關新建魯齋書院，以來四方志學之士。麟無似，猥蒙下榻，且辱命爲書院諸君説書，區區淺陋何敢當此？於是二月五日方伯樂平李公，廉訪貴筑，黄公觀詧，漢軍曾公、江公皆臨，重荷雅意，固辭不獲。輒誦所聞以求諸公是正，是亦夙昔事賢友仁之素志也。願恕其僭妄而辱教焉，則幸甚！

昔許魯齋先生曾爲京兆提學，書院以魯齋名，是聞魯齋之學而興焉者也。今在魯齋書院正有一事與諸君相商，魯齋先生生平於朱子小學一書信之如父母，敬之如神明。當時學者無大小皆自小學入。夫以魯齋聰明氣魄何難直趨聖賢，而特於小學好之篤而守之力，豈無見而然哉！學必以聖賢爲歸，不學聖賢，非學也。小學書便示人以聖賢胎胚，其立教也，則天明遵聖法；其明倫也，稽聖經訂賢傳；其敬身也，仰聖模景賢範。人不願學聖賢則已，人而願學聖賢舍是書何以哉？蓋聖賢亦人耳。小學是做人樣子，即做聖賢樣子。小學者，大學之基本；大學者，小學之成功。既能敬身，方好入細做明明德工夫；既能明倫，方好推開做新民事業。小學、大學其道則一，若無小學，亦斷不能入大學。然小學、大學又不可只作一場話説，徒託空言。必須實明倫，必須實敬身，必須實明明德，必須實新民，如此方是知其性分之固有，盡其職分之當爲。不然，雖讀猶不讀耳！況不讀乎？自小學、大學之教不明，利欲紛拏，異言喧豗，記誦詞章之是習，虚無寂滅之爲教，權謀術數百家衆技惑世誣民，充塞仁義，朱子所云云者，今試思之，豈不然乎？豈不然乎？此所以鄉無善俗，世乏良材，君子不聞大道之要，小人不蒙至治之澤，亦必至之勢也。有心世道者，亦不能不爲之大懼矣，然人皆知之，而卒不肯自拔流俗以趨聖賢之域者，何哉志不立也！

策問

## 擬對朱子　五條　壬戌

問：古之學者始乎爲士，終乎爲聖人。此言知所以爲士，則知所以爲聖人矣。今之爲士者衆，而求其至於聖人者或未聞焉，豈亦未知所以爲士而然耶？將聖人者固不出於斯人之類，而古語有不足信者耶？顔子曰：「舜何人也？予何人也？」孟子「所願則學孔子」。二子者豈不自量其力之所至而過爲斯言耶？不然，則士之所以爲士而至於聖人者，其必有道矣。二三子固今之士，是以敢請問焉！

對：聖人盡性者也，士求復其性者也。以其等而言，則士與聖異；以其性而言，則士與聖同。由復而至於盡，則由士而進於聖人矣。然爲士者衆而少至於聖者，非聖不可至，亦非士與聖果有異性也。蓋不知所以爲士之道，記誦詞章耳，權謀術數耳，甚則虛無寂滅耳。蔽其性，鑿其性，滅其性矣！尚求復其性哉？天下有不復其性而至於聖者乎？顔子之「舜何人？予何人」，孟子之「願學孔子」，蓋信舜孔之性與我無殊而聖人可學而至也。然則爲士者亦求復其性而已。復性之功主敬以立本，窮理以致知，反躬以力行，是數者其要也。不然非惟終不可以至聖人，亦並不足爲士矣！謹對。

問：建首善自京師始而達於四方郡邑，海隅障徼之遠莫不有學。此三代之制與今皆然也。然考其風俗之流，有薄有厚，有失有得，則其不相逮至遠。豈古今之所以學者異耶？將所以學者不必異，特業之有至有不至耶？二三子釋菜之初，願陳二者之說，分别而審言之，以觀二三子所以來之意也。

對：學術治術一也。未有學術是而治術非者，亦未有學術非而治術是者。學術之純駁即風俗之厚薄得失因之，三代建學與今無異，然卒不能無古今之異者。學不異而所以學者異也，孔子嘗言之矣。「古之學者爲己，今之學者爲人」，爲己之學明新至善是已，爲人之學今之科舉時文爲尤甚。班固利誘之說自漢以來已然矣，無義理以博其心，無規矩以約其外，如是而欲風俗之厚且得奚能哉！至於爲人之學又不問業之至不至矣，故學必爲己而後風俗及於古。謹對。

問：孟子曰：「頌其詩，讀其書，不知其人，可乎？」近世以學名家如海陵胡先生、歐陽文忠公、王文公、司馬文正公、蘇編禮父子、程御史兄弟，其立言具在，二三子固嘗讀而誦之矣。其於先賢聖人之遺旨孰爲得其宗者耶？願與聞之。

對：學以知道爲本。知道則其學純，而立言立事亦無一之不純矣。如胡安定、歐陽文忠、司馬文正，其學雖各不同，而當時胡學甚盛，據其所知說得義理平正明白，無一毫元妙，程子亦有取焉。歐陽、司馬論其文學篤行亦皆正大著實，得聖賢之意。較之王文公、蘇編禮父子，祖管商之私謀，襲蘇張之故智，而浸淫於老佛之餘波者，大有閒矣。然安定有魯一變氣象而規模亦疎，文忠性非所先，又不知道德文章本出於一。溫公疑孟氏推揚雄所見尤異，謂之知道，均有憾焉。至安石之新經字義，東坡之論語解，亦不得謂其全無所見，要皆思慮聰明之所及初非有得於道，而然又不可與胡、歐、司馬同日語也。若夫二程得千載不傳之絕學，於遺經道理於是始暢其精微奧妙，誠有非淺學所以易得而窺者。而表章四書以大學爲入德之門，則眞聖賢之遺旨。學者苟欲求道，亦惟以二程爲宗。其於諸子之學，庶有以精擇審取而不慮其或淆矣。謹對。

問：孔子曰：「友其士之仁者。」又曰：「就有道而正焉。」又曰：「以友輔仁。」蓋學者之於師友，其不可以後如此。而孟子曰：「子歸而求之，有餘師。」又曰：「君子欲其自得之。」必如是，是豈師友之所能與哉？孟子學孔子者而其立言如此，豈有異旨哉？幸詳言之，以觀二三子所以從事於斯者如何也。

對：學也者，自爲之事，然未有不須友以成者。雖須友以成，而又非專恃乎友。蓋無修德講道之實，則以何者而爲講習討論之地？講習討論之既勤矣，復不能決意自往專仰他人，亦終不能以有諸己矣。故孔子有「友其士之仁者」、「就有道而正焉」、「以友輔仁」之說，使學者知取友之爲功甚大。而孟子又曰「子歸而求之，有餘師」、「君子欲其自得之」，使學者知自修之得力尤深，豈聖賢立言之旨果有殊耶？意各有主，而其理又未嘗不互相發也。不然，他若孔子「爲仁由己」、「我欲仁」、「進吾往也」，孟子「友一鄉之善士，一國之善士，天下之善士」，抑何其自相反哉？謹對。

問：世言聖人生知安行，不待學而知且能也。若孔子者，可謂大聖人矣，而曰「我學不厭」，又曰「吾十有五而志于學」，又曰「不如某之好學」，非有待於學耶？抑所以學者異乎人之所謂學者耶？然則夫子之所以學者果何以也？至如稱顔子以好學則曰「不遷怒，不貳過」，語學者以好學則曰「食無求飽，居無求安，敏於事而慎於言，就有道而正焉」，至其他縱言至於學者難遍以疏舉，不識其與夫子之所以自謂者有辨耶？其無辨也？幸詳陳之。

對：竊謂聖人可學而至，而惟學乃見其聖。孔子大聖人也，生知安行者也，似無待於學矣。而「我學不厭」、「吾十有五而志於學」、「不如某之好學」，其自言又如此，豈心實自聖而姑爲是言以自謙而勉人歟？蓋以義理無窮，事變多端，所謂生知安行，生而即知學之斷不可已，而至誠無息，以是終身安而行之，豈人之思索安排以爲學者可同年而語哉！此聖人之所以學，此聖人之所以聖也，而自謙勉人之意亦在其中矣。至顔子之好學則曰「不遷怒，不貳過」，雖不若夫子學之自然渾融，而其「不遷」、「不貳」亦非大段著力者好之篤而學之幾於熟矣。若夫「食無求飽，居無求安，敏於事而慎於言，就有道而正焉」，必如是而謂之好學。蓋先專其學之志，又致其學之功，而復定其學之途。此與夫子凡言學者，大抵皆學利困勉之事爲學之通法，而學者所當從事者也。豈夫子之所自謂學者而尚以是兢兢哉？顧聖人之學既異乎常人之學，而常人之學苟一以夫子之所謂好學者自勉，則於夫子之學亦可以積累而入而至於聖不難矣。謹對。

## 學古書院課諸生　二十九條　乙丑至丁卯

問：孔、曾、思、孟一脈相傳，而其爲書各有不同。論語開口只說「學」字，然其要在求「仁」，故門人問「仁」甚多，即一部亦無非言「仁」。曾子述大學，乃言「明德」。子思作中庸，明「性」、「道」、「教」，而「道也者，不可須臾離」，又只說一「道」字。孟子言「仁義」，言「性善」，其旨果無異歟？朱子所謂「析之極其精而不亂，然後合之盡其大而無餘」，是數者所以析所以合，可得而言歟？二三子讀書有年，其深體而詳究之者不爲不久。各詳陳之，以觀其所得。以下乙丑問：孔門教人，小學則先行而後文，如弟子章可見。大學則先文而後行，如四教章可見。然又先修德而後講學，先志道、據德、依仁而後游藝，此固非爲小學而言，而又與大學之序似不相同。二三子讀書實求所以用功之地，本末輕重先後緩急不容無辨。其幸分別以對。

問：古者八歲入小學，十五入大學。及入大學則小學涵養已久，故其格致誠正修齊治平，固不患其失序無本而不能以自達矣。今之學者既未嘗從事於小學，將以何者而爲下學致知力行之地耶？豈今之入大學者顧不必致知力行耶？小學可並不講耶？且年歲已過，而復欲追補小學之功，又若何而用力也耶？二三子入大學有年矣，其於此宜有以處之，幸悉心以對，以與二三子共勉焉。

問：四書之學始自朱子，其所以教天下後世爲已至矣。然朱子又恐學者不得其門而入，特輯周、程、張子之書爲近思録。又恐無以爲下學之地，特輯小學，此皆一脈相承。然四書人猶知讀，至小學、近思録則讀之者鮮矣。然則讀四書者果眞能有得乎？其弊又安在乎？試詳言之，以見平日致力之端。

問：孝經一書言孝已詳，而朱子輯小學，父子之親所取僅二條，豈孝道止於小學所取而已耶？抑孝經之言非人子所能盡耶？二三子讀書窮理，於此當深究之，敢請其所以。

問：孔子四教「文、行、忠、信」。而弟子章「行有餘力則以學文」，二者一先一後，豈無辨歟？抑聖門之所謂「文」與今之所謂「文」者果同乎異乎？聖門之所謂「文」者又何指乎？二三子皆欲學「文」者，願聞其所以。

問：自成周賓興之法不行，而後世取士不一其途。說者謂漢舉賢良猶爲近古，然當時已有孝廉父子不同居之譏。隋唐以詩賦，宋以經義，明及今皆用八比，其所取人得失參半。然其得者亦係其資質之美，則以習俗之益陋而漸流於詐僞庸鄙。世運之治亂關乎人才之盛衰，今欲復成周之法，宜遵何道而可？幸條陳以對。

問：國家以科舉取士，士欲進身，非此莫由。而朱子說科舉時文之弊不一而足，其曰：「今人心下卻專向功名利祿去，卻全背了這個心，不向道理邊來。若只管沒溺在裏面，都出頭不得，下梢只管衰塌」。又曰：「若因時文做得一官，只恁地鹵莽，都不說著要與民興利除害盡心奉職，便逐人背後鑽刺求舉覓薦無所不至」。此二條者具載全書，國朝崇尚朱學可謂已至，而此法猶相沿襲。豈朱子言或未盡？然抑科舉中亦自有人耶？豈欲變此法而尚未得所以取士之法耶？科舉時文果終不可廢不必廢耶？不以科舉取士，而所以取士又何道而可耶？諸生其詳陳之。

問：學術之要莫先於心性之辨，謂心與性爲二，則性非心將何所附麗？而性又何以從心從生？孟子曰：「仁，人心也。」謂心與性爲一。孔子曰：「其心三月不違仁。」孟子曰：「豈無仁義之心哉？」又曰：「以仁存心，以禮存心。」則心自心，性自性，固不得爲一也。然曰「道心」，曰「人心」，「心」亦有二乎？「性相近也」之「性」，「性善」之「性」，「性」亦有二乎？不知性之爲性，而所以爲心者不幾溺於卑陋乎？不知心之爲心，而所以爲性者不幾入於空虛乎？聖賢之道不外心性，學者欲求聖賢之道，而心性之辨茫然，則其所學果爲何事？二三子志學有日，其於心性豈無潛玩之功？幸各詳悉以對。

問：孟子一生本領只是要正人心。而所以正人心之事，則息邪說、距詖行、放淫詞，此三者而已。然此三者在當時惟楊墨爲甚，故曰：「能言距楊墨者，聖人之徒也。」夫戰國「利」之一字入人已深，孟子開章便以仁義破之。至其論正人心，則不言利而言楊墨，其故何歟？今日之人心亦有不正者矣，將欲正之宜何如而後可？又以何者爲得其要耶？試言之，以觀其志。

問：夫子罕言命，子貢又謂「夫子之言性與天道，不可得而聞」，而子思中庸首言「天命之性」，朱子小學一書原所以教小子，立教序中獨引子思之言，何與孔子之旨殊耶？抑意別有在耶？幸爲我言之。以下丙寅

問：論語言好學者四。夫子自言「不如某之好學」，又曰「顏子好學」，而其論君子之好學則以不求安飽與敏、慎、就正數者爲言，至子夏又云「日知其所亡，月無忘其所能，亦謂之好學」，然則果何學歟？而夫子、顏子之好學與君子及子夏之所學果同耶異耶？二三子既皆學矣，其所以好之者與論語所言將何從？幸詳陳之，以觀其用心。

問：大學一書，孟子而後鮮知之者。朱子謂：「其俗儒異端權術技藝相繼而作，君子不得聞大道之要，小人不得蒙

至治之澤。」誠哉言矣！　今經程朱表章而補釋之，則其義藴揭如日月。　且人人童而習之，宜乎大道聞而至治蒙矣。　而世不古，若者其故何與？　俗儒諸端其爲害於大學又以何者爲尤甚耶？　諸君講讀大學，於此必深思其所以然而痛懲其弊。　試詳言之，以觀二三子用心。

問：　大學一書本出戴記，兩程夫子始尊信而表章之，且各有所考定，其於格致一傳，何不疑其有闕而猶未嘗補？　至朱子補之果合於聖人之意乎？　朱子别爲序次，其不合於程子可得而聞歟？　設無朱子補傳，後之讀大學者亦恐不得其門而入，而其弊果安在歟？　而後世猶多議以爲不必補者，其言可信歟？　二三子讀書，將求實體於身，於此當深究之以爲用功之地。　試各言其所見。

問：　孔子論語首言「學」，其「學」果何指？　而所謂「時習」者何事？　孔子又自言「發憤忘食，樂以忘憂」，「好古，敏以求之」。　發憤者何事？　樂者何事？　敏求者又何事？　「不如某之好學」，其學安在？　而好又若何耶？　試言之，以徵二三子之志。

問：　聖門教人無非切於日用之實，如「克己復禮」、「出門如賓，使民如祭」、「居處恭，執事敬，與人忠」等語，皆確然可以據守以爲用功之地。　至於「仁」常罕言之，「性與天道」子貢猶以爲「不可得而聞」。　曾子親承夫子之教，所以省身則在忠信傳習，而一貫之傳亦曰「忠恕而已」。　至曾子之門人子思，固夫子之孫，中庸一書開口便言「天命」、「性」、「道」。　孟子又受業於子思，七篇之中言「心」言「性」不一而足。　淵源相承，宜無不同，而其垂世立教，其指各殊，其所以然者果何如耶？　四書皆吾儒須臾不可離者，其先後緩急將何所從？　二三子幸悉陳之，以觀其用心。

問：　聖門教人以求仁爲要。　而記者又言「夫子罕言仁」，豈「仁」之一字多未明言？　而其所言卽無非「仁」之理耶？　「仁」固人之生理，人人之所當知而求全之者，以誨人不倦之夫子乃罕言之，其亦有故耶？　諸賢問仁，夫子告之何以又各不同？　今欲爲仁，宜何說之從爲尤得其要耶？　諸生於此亦嘗究其所以然乎？　反之於身者果安在乎？　幸各言之，毋避焉。

問：小學內篇父子之親何以不言居喪之禮？而外篇廣明倫乃獨詳言居喪事，何也？豈稽古中引顏、丁諸人已及之耶？即廣明倫中亦只言後世居喪之失，而古人送終一節尤爲大事，禮記蓋詳哉言之。小學獨未之及，豈其禮文繁多，非小子所當知耶？試爲我言其故。

問：爲學莫先於求仁，而「仁」之一字非惟體認之難，即詮解亦屬不易。孔子雖屢言「仁」，亦只就其事實論之，未嘗用字訓釋。至中庸「仁者，人也」，孟子曰「仁，人心也」，語極切實而義猶渾涵。自昌黎韓子乃以「博愛謂仁」，程子不以爲然，又謂「訓覺、訓人皆非仁」。至四書註有曰「心之德愛之理」，又曰「當理而無私心」，又曰「非全體而不息者不足以當之」。其說不一，將以何者爲主？而程子謂「仁有專言偏言之別」，其「專言」、「偏言」有可指歟？解之既明，然後體之必切。二三子試詳言其所以爲致力之地，毋略毋混。

問：先王爲政，體用具備，本末兼該，故孟子曰「徒善不足以爲政，徒法不能以自行」。顏子問爲邦，夫子告以四代之禮樂，識者謂顏子有克己復禮工夫，故自能有如此之設施。而夫子「敬信」、「爲政以德」，以及「無欲速，無見小利」、「舉賢才」、「尊五美，屏四惡」諸訓多就所存與其所以爲政之大要而言。孟子則於齊、梁、滕諸國多詳於教養，而於養爲尤急，且於井田學校諄諄言之，若望於時君者甚覺迫切。至如夫子之所論則略焉。豈孔孟言治有殊旨哉？抑亦有所爲而然耶？讀書固當論世，二三子試爲我言之。

問：易曰「觀乎天文以察時變，觀乎人文以化成天下」，程伊川以爲「非詞章之文」，誠是。而夫子「四教」，首「文」。游夏以「文學」名，亦豈「詞章之文」可同論？然與易之言「文」究有不同，可得而言歟？而夫子所謂「文不在茲者」又何指歟？周公謚「文」，孔子謚「文」，此其爲「文」所關甚重。至韓退之、王荊公、朱晦菴皆謚「文」，其與周孔之「文」孰爲一轍？而韓王與朱同耶異耶？王與韓亦有不似者耶？近世所謂「文」其與王韓又何如耶？「餘力學文」、「博學於文」，皆孔子之言。學者於此正不可不辨其源流，究其同異。二三子試詳言之，以觀其志意之所在。

問：養蒙書前九種皆切於童子，然其編次亦不能不略有先後。或又疑洞規、敬箴，朱子非止爲童子言者，童子亦恐不能用此工夫。諸生讀此既久，其必有以究其然者。試逐一詳言，以觀其講切之功。

問：朱子敬齋箴工夫最爲詳密。然逐條各有所指，若不知其意旨之所在，則其用功必不能實致其力。試細陳之，毋遺毋混。

問：取士之法自古多端。說者謂虞廷有敷言試功之典，特晕後來朝以行旌異，未必始進之法。舜揚側陋而闢門達聰，亦出詢咨以至莘野。渭水三聘，後車洵哉，尚德重賢之意。周禮賓興，則以三物所以成就天下之才，而思得實用與古無異。秦漢以來大抵皆利誘之途，而猶有古意。後世益以文詞爲尚，無復三代之遺。程明道上神宗書欲推訪有德，講明正學，以教天下之士，而歲論之。伊川又爲學制明教養之道，均解額除升，補其法又極詳密。今欲修復古道，宜何道之從？而可試詳陳之。以下丁卯

問：四書。一部論語則孔子之書也，大學則曾子所述，中庸則子思所作，七篇則孟子之手著也。論其人，則孔、曾、思、孟固年之先後可考者。而編書則論、孟各有成書。學、庸雖二書，而坊本多連編之，其亦有意歟？至朱子論讀書之法，則又首大學，次論語，次孟子，又次中庸。是曾子不先於孔子，而子思不後於孟子耶？其說可得而聞歟？讀書當知次第，二三子不可於此草草，其悉言之，毋隱。

問：仁義皆性也，同乎一理，固不可以內外爲言矣，然不能無體用之分也。顧有時指仁爲體而義爲用，亦有時指義爲體而仁爲用。且仁義亦各自爲體用，錯綜交羅無乎不通。然其所以體用者可詳言歟？孟子辨告子「仁內義外」之說，謂「行吾敬故謂之內」。而易之坤卦又言「義以方外」。其義固各有在，亦可得而析指之歟？試精思條對，俾覽觀焉。

問：古者寓兵於農，未嘗專修武事。一旦有急，則人人如手足捍頭目，子弟衛父兄，皆知親上死長之義。後世以農養兵，竭天下之財以供兵而兵不可用。豈其訓練之未熟歟？技藝之未工歟？孔子所謂「教民七年，亦可即戎」，豈猶未七年耶？而孟子所謂「制梃以撻」、「堅甲利兵」者不可盡信耶？古今利弊果安在歟？今欲講明軍政，將何道之從歟？二三子其試言之。

問：四子書惟中庸親作於子思。七篇爲孟子之手筆，大學經雖述自曾子，而傳則門人記之。夫能記大學之書，則其學亦當侔乎思孟，而何以卒不傳其名耶？豈樂正子春、公明宣而能爲之耶？論語一書，先儒又以爲成於有子、曾子之門人。夫有子之門人誠不可考，而曾子之門人更有何人可以爲此者？子思實受業於曾子，豈皆出於子思之手耶？諸生讀書考古玩其辭義，當有所見，試言之。

問：孔子飯疏食飲水而樂在其中，顏子簞瓢陋巷而不改其樂。夫孔顏之樂必非樂疏水簞瓢也，蓋不以是而易其樂耳。然謂孔顏自樂道，則有道可樂，便非顏子，程子早折之矣。周子令二程尋孔顏樂處所樂何事，程子引而不發。朱子亦自謂不敢妄爲之說。蓋欲學者從事於博文約禮，有以深思而自得之。然博約之功自宜加力，而茍茫然不先知夫果樂何事，則亦何以實致夫博約之功哉！二三子試言之

## 正誼書院課諸生　四十七條　癸未

問：「大學」之「大」，朱子讀如字則是對「小學」言，序中「八歲入小學，十五入大學」是也。而註云「大人之學」，又似以學之大言。二意不同宜何從？抑或可通？幸詳言之。

問：「大學」之「道」，「道」字說者多作進爲之法。但以下「則近道矣」之「道」，推之又不止爲方法。二「道」字或同或異，請聞其說。

問：「明德」二字解者紛紛，有謂是心，有謂是性，朱子註語卻不明言。然解自精當，豈離心性抑自包心性乎？可析言歟？

問：「在親民」，「親」字程子云「當作『新』」。朱子從之，其爲穩切無疑。而明王陽明遽信古本作「親」，且以「百姓不親，五品不遜」爲證，又以常言州縣親民之官似作親，亦不爲無理，其說果有取歟？願明辨之。

問：「在止於至善」，「至善」二字註語最精。而大全盧玉溪以「太極」釋之，馮少墟亦然。後人疑其太深。然則所謂精者果何如？所謂太深者又何說？幸詳察以告。

問：學問工夫體用兼該。而朱子註「明明德」云「本體之明未嘗息，當因其所發而遂明之」。又似專於用處用功夫，而體上功夫不說，是又何說歟？其詳可得聞歟？

問：「知止」之「知」與「知所先後」之「知」同乎異乎？試言其所以然。

問：「定、靜、安、慮」一節，說者謂卽主敬一段工夫，以謂大學以前不必補小學主敬事。其說果然歟？而聖經此節果何謂耶？試明言之。

問：「物有本末」之「物」與下「格物」之「物」同歟否歟？「知所先後」卽下兩節「先後」之字然歟？願聞其說。

問：「格物」之解朱子已遵程子之說，數百年無異說。而王陽明忽爲「格去」之義，以「物」字作「物欲」之「物」，謂「格去其不正以歸於正」，顯背朱子。其所以不合者可得而言歟？

問：「格物」，「物」字如朱子之解所該甚廣。然則入大學者若物物而格之，亦豈有窮期耶？又不必物物而格，則又豈不有遺物耶？試詳言其如何？

問：條目中皆當用功，所謂功不可闕。何以經言「修身爲本」，豈功夫專在修身耶？其意可得而聞歟？

問：聖經八條目，格致誠正修齊治平是也。然不直曰「古之欲平天下」，而曰「欲明明德於天下」，「明明德於天下」與「平天下」何分？能言其所以然否？

問：孟子言「天下之本在國，國之本在家，家之本在身」，其意皆自大學來。然以孟子之言推之，則身之本不在心乎？但正心由於誠意，意亦可謂心之本否？幸試言之。

問：八條目一逆說一順說，其意安在？必曉聖人之文義，而後見意。知得聖人之意，自做工夫方有把握。果得而言歟？

問：「欲明明德於天下」節，上文皆言「必先致知」。「格物」句不曰「必先」而曰「在」，其意安在？試明言之。

問：聖經末節，註云「本，謂身；所厚，謂家」。不知末單指家否？抑指家與國天下乎？可得而言歟？

問：「明明德」傳三引書文曰「克明」，曰「明命」，曰「克明」，何者是經中「明德」？何者是經中上「明」字？讀書先識文義，願實指其所以然。結句講者不一，有重「自」字有重「皆」字，當以何者爲穩？

問：「新民」傳五「新」字與經文「新民」「新」字同乎異乎？末句果止結本章乎？抑不止結本章乎？結本章之外又有何意乎？

問：「止至善」傳前三節「止」字有分別無分別？其分別處某「止」字作何解？一一可析言歟？既釋「止至善」已盡，又引詩云兩節，其意安在？亦可得而聞歟？

問：「止至善」傳第三節註已言「五者，乃其目之大者」，又言「究其精微之蘊」，則「五者」、「精微之蘊」果安在？試爲我一一言之。而「推類其餘」，「其餘」又何指？亦可得而言歟？

問：「本末」傳引「聽訟」數語，何者指本？何者指末？而結句「此謂知本」指夫子知本耶？抑指此言耶？註中「觀於此言」與白文同耶異耶？其詳言之。

問：「此謂知本」，「知」字及「知所先後」之「知」，與「知止」、「致知」之「知」同乎異乎？試言其所以然。

問：第五傳朱子所補，後人或議其非，然則「格致」傳果可不補乎？議其非，其非果安在？果無非，而議之者又何謂也？朱子之補果與聖經無差乎？而所謂「竊取程子意」者又何以與或問所引程子者不同？

問：「格致」補傳既補經文，何以不效傳文之體且補傳中，凡幾層可析言之，而逐層其意云何？願聞其說。

問：補傳「貫通」之說，議者謂「一旦有近頓悟」，「頓悟」二字異氏有之，儒者不貴，朱子斷所不取，而云云者何耶？試抉其故。

問：「格致」補傳「人心之靈莫不有知」，「靈」字與王陽明「良知」「良」字有別否？「知」字又與周子「神發知矣」之

「知」同否？試言其所以然。

問：「格物」朱子謂「卽凡天下之物」。天下之物何有窮期，豈能一一而格之？而又何以豁然貫通？何以衆物之表裏精粗無不到耶？幸詳言之。

問：大學各傳例必兩事承接。而「誠意」傳不曰所謂「正心在誠其意」，而獨曰「所謂誠其意者」，與各傳不同，傳者之意何在？能言其故歟？

問：十傳皆曾子之言，而「誠意」傳中又特有「曾子曰」三字，其與上下文何別？二三子讀傳文久矣，試爲我詳言之。

問：好惡，人之常情。大學「正心」傳「忿懥」等情亦好惡之類，人所不能無者，何傳言「有所」云云便「不得其正」？豈竟如佛氏滅情而後可也？且不得其正果指心之用，抑指心之體而言耶？二三子爲我言之。

問：「正心」傳之「忿懥」等類，與「修身」傳之「親愛」等類，其所指各有所在，而兩傳文體亦雅相近，其所以不同者安在？幸試言之。

問：「齊家」傳首節「孝」、「弟」、「慈」三項並舉，而次節又只承「慈」言之，其意何居？三節言「仁」言「讓」，四節又單言「仁」，與「孝」、「弟」、「慈」同乎異乎？而「有諸己」、「無諸己」皆指何而言耶？且所謂「藏身之恕」又何指耶？其詳言，無遺無隱。

問：「齊家」傳既結上文而復三引詩，何耶？豈傳意猶未盡耶？三詩之序又如何？而「此謂」兩句結三詩耶？抑結通章耶？諸生讀之不爲不久，其亦玩味而能言之乎？

問：「平天下」傳共二十三節，所言詳備。而講說紛紛多不得其要領，竟有直以理財、用人兩義分屬者，究未穩愜。諸生自少讀之，亦已講明久矣。逐節逐段能言其所以然乎？而此傳要領所在亦可得而聞歟？

問：「平天下」傳三言得失而語益加切，其所以加切者何在？能言之歟？「君子有大道」與下「生財之大道」果無異歟？「大道」之君子與上「愼德」之君子同乎異乎？均詳言之。

問：「先愼乎德」之「德」，卽「明德」固已。此處又何不言「明」而言「愼」？「愼」與「明」果有別乎？而經以「明德」、「新民」爲本末，此以「德」、「財」分本末。其本末異乎不異乎？其悉心體認以對。

問：朱子於大學總註「大」字，分別綱領旨趣條目工夫，最爲切實。而尤於五、六、二章爲學者指示其詳，但用「明善」、「誠身」字面，豈大學、中庸其理固一貫歟？說者又有言學言道之不同，其同異可得而詳言歟？

問：大學註中云「大人之學」，說者謂「古者十五而入大學」，是人大之大人。然以三綱領規模之大，豈非有德之大人所當爲之事，而獨謂十五之大人何也？且古者先入小學，而後入大學。今學者旣無小學工夫，將亦不可入大學而可聽其無小學工夫而無害耶？試言之。

問：大學註「明明德」謂「因其所發而遂明之」，是就發處說無。未發時，工夫似不同中庸。未發已發工夫俱有，豈有遺耶？抑別有所謂耶？且卽發時遂明，便可復其性耶？其義安在？

問：「知止」之「止」與「止於至善」之「止」同乎異乎？「知止」之「知」與「知所先後」之「知」孰淺孰深，孰輕孰重？而序中俗儒異端曲學雜學，果孰爲知本而不知末，知末而不知本？抑始終本末而皆不知乎？各分別言之。

問：大學序中「知其性之所有而全之」，性中所有者果屬何事？抑如何而謂之全耶？且聖人能盡其性，亦何必專以聰明睿知爲言耶？聰明睿知又何分耶？

問：論語共二十篇，而其爲卷則十。孟子七篇，而篇分上下，其爲卷亦只七篇，與卷何分？大學、中庸本在小戴記中，大學、中庸篇次若何？程子取之以配論、孟，而朱子遂定四書之名。又先大學、次論語、次孟子、又次中庸，以爲讀書之法，其說可得聞歟？

問：詩之三百，今詩之篇果止三百耶？四始六義之說果何以分之耶？汝等旣讀之矣，果知之乎？試爲我言之。

問：虞、夏、商、周四代之書，千篇是今文？千篇是古文？千篇是古有今無，古無今有？

問：聖人删書斷自唐虞，而唐虞之世未嘗無詩，如舜典「詩言志」是也。夫子何無一篇述之者？且商時有頌，其删詩也又不先商頌而先周之風，與書不同，例何也？二三子讀詩、書已久，試爲我言其故。

問：小學原爲小子之書，而立教篇卽引子思之言，以則天遵聖輒望之小子，不疑於高遠乎？與程子病學者處下窺高，舍近取遠之意不大左乎？試言其所以然。

清麓文集卷十六終

# 清麓文集卷第十七

自咸豐己未至光緒戊子

三原賀瑞麟角生著
同里劉嗣曾孝堂校刊

## 雜著下

### 响劉堡社倉事目　十四條　咸豐己未

一奉縣諭於本堡設立社倉，須擇公正廉明耆紳數人爲倉正倉副，主管倉麥一切斂散諸務。
一擇堡中公誠一人爲執斗，斂散之日兩平交量，以服衆心。
一每年十一月下旬散麥，六月上旬收麥。
一每年食麥人戶每石出息二斗。
一交麥須要乾淨上好，不得用惡雜濕瘦搪塞。
一倉麥原爲接濟闕食之家，上戶不得妄行阻撓。如遇豐稔，上戶不願請貸者，倉正亦不得妄有挾勒。
一每年領麥人戶須結保遞狀交麥，須實見本利全數，不得空票抵消或稍有短少。
一斂散俱用集斗，十四甬半置斗之費及倉中囷席簿籍並一切雜用，俱於息麥中量支。

一斂散之日，即於倉所設立朱子神位，倉正、副及執斗人率衆拜謁，使人曉然民命之關係於倉，須重其事。且知建倉之由來，以示不忘所本。

一斂散之日，量支倉麥糶錢若干，市肉酒果品饗神後食，倉正、副及執斗人餕餘。

一堡中有好義人戶情願出麥充倉者，多寡從便。俟將來息麥十倍本麥之數，許將原本撥還，不願收者聽。

一倉麥積至五十石時，堡中有貧困之家遇婚葬拮据者，倉正量支倉麥若干周恤，償否從便。

一倉麥五十石時，堡中有孝子節婦貧困無度用者，倉正量支倉麥若干獎勵。

一將來積麥數百石時，另立章程，其法一遵朱子元來社倉事體。

## 東里社推惠倉事目　二十八條　光緒丁丑

一社倉本周官委積、隋唐義廩之制，而社倉在鄉，獨便於民。自朱子行之，而其法始備且最善。國朝亦多奏請行之，現奉撫憲諭令，鄉村堡寨各立義倉，紳士自爲經理，吏胥不得過問，實亦朱子社倉之意。但朱子亦嘗自謂隨宜立約，今當略爲變通，以冀久遠。

一倉名「推惠」，蓋此倉出於鄉士自行捐本，分人以財之惠，所謂推以及人也。久之以同社息麥濟同社之人，又爲因民之所利而利，惠而不費者矣。若無推己之心，則惠猶未遍，古人惟善推其所爲而已，是在經理之紳士。

一宜擇正副協管之人專主一切斂散倉麥諸務，苟非廉公仁愛忠信明決，弊且百出。麟以不才爲諸君見推，且事發端於麟，兼亦素嘗究心，不忍固辭。嗣後正副協管或不拘年數，或分年替代，須擇認眞辦事如上所云。然人不易得，恐替代之未必皆能一心，不如始終如一者之即可久任也。社倉既非官吏經手，正副協管須同社公舉，如有侵挪偏徇各情弊，許同社別舉更換，但公舉亦須倉主素所信服之人。

一同社約管若干村，須預告知各村，令各舉村長一二人，視村大小即由村長造報情願貸麥人戶大口若干，小口若干，減半以便酌度支散。視麥多寡以爲散給，分數不得估借，足數即不願者勿强。亦須據實開列，不可漏落增添。一經訪查或人告，惟村長是問。社倉本爲力農貧民而設，不務正業、遊手好閒素無行止賭博吸煙之人，概不準與。村長須家道稍裕、眾所推服之人。

一社倉之法，每年十一月下旬出麥，六月上旬收麥，每石出息麥二斗，不可虧短，所以抑僥倖廣積儲，收麥必實見本息全數，不得空票抵銷。至期定日預傳各村，以便赴倉領納。倉麥正爲接濟闕食，偶見鄉閒貧戶種麥之日無力買種，或出重息借麥實屬虧累，如委無麥種，須取的保預報司倉，再行查察，然後給麥。若數多，出麥之日本戶不得再領，此係格外體恤，不在本例。同社亦不得相視效尤，致有邀阻估借。

一各戶領麥須結保遞狀，取保必足五人，村長仍各簽押，但不得串保串借，及僞冒重疊。保戶必訪察可信者方許借給，如有逃亡別故不交倉麥，同保及村長賠償，本人貼名公所，永不準支貸；或別恃强能還不還，有意拖欠者，亦責村長同保賠償，甚則送官司斷處，亦永不準支貸。倉例不拘士庶，士人亦當取保如例。如士人恃符阻撓及抗不納還者，亦許倉正副並同社稟官懲辦，狀式見後。

一倉麥須貯乾淨好麥以便民食，還麥以爲將來自用。豈可惡雜濕瘦有壞倉儲？若用此搪塞，許議罰，仍勒令交還好麥。須知倉麥出息無異，本戶自藏外府，苟欲損人實先害己，同社尤當共知此意。

一倉儲俱用京斗，每斗容受十甬折今市斗七升，玆議斂散只依較準現在市斗，十四甬半以便鄉人公共領納，兩平交量。

一小歉收成四分以下，則蠲其息之半，大歉二分則盡蠲息麥。或約明歲納還，臨時相度。如明歲六七分以上，則仍還半息。收成之數一村一家亦各不同，力能還者亦必年清年款。庶便至冬給散，村長悉心分別查明，不可觀望有涉抗推。

一朱子舊例，倉息十倍本數，更不收什二之息，每石只收耗麥三升，以備折閲。國朝雍正五年定息加一，而不明言何年免息。今倣朱子意，俟麥五倍本數。或五年後每石出耗麥三升，停止上件息麥。

一請麥須見各村人戶實冊，村長遞狀定日挨領，先遠後近，不得攙奪擁擠。還麥各村人戶但有村長手帖，隨到驗麥，收倉即給收票令歸，不得遲滯拖延。

一遇請麥之期，村長照依人戶舊冊另一編排。或有徙去新附及人口增減者，新附之人亦必查明來歷，出息還倉便屬公物，其徙去者不得因曾已出息復欲轉領。新附者若有保明自應酌給，何可獨靳致令向隅？

一豐年食用自足，不願貸倉者，司倉亦不得有所挾勒。既無請領，恐致霉爛，或當青黃不接之時，即由倉正副協管商同減價平糶，以便鄉人麥後仍將糶錢買麥填倉，此亦變通之法。

一荒歲除領麥人戶外，或各村極下貧戶無所得食，俟息麥稍裕，酌量賑濟，更不取還。其一切無依窮民，或臨時相度，磨麪蒸餅，易米煮粥，以廣存活。

一倉中簿籍、斗升、囷席一切雜用，並斂散日，倉正副協管飲食及斗子執役工食，俱於息麥中量支，勿致浮昌。

一遇斂散日，即於倉所設立朱子神位，倉正副協管人眾拜謁，使人曉然知民命之關係於倉，且明建倉之由，以示不忘所本其獻。品隨時備辦，豐儉合宜，俱從息麥量支易錢。饗畢，倉正副協管及在倉人餕餘，永不準演劇作戲，瀆神壞俗，妄有費用。

一息麥漸多，或遇平歲，略仿開二存一之例，輪流支散。匪惟推陳出新不致朽腐，亦備荒歉尚有留餘，足資接濟。

一積聚出入，倉底耗蝕在所不免，或應須出晒之處，公同覆量上倉均宜逐一登記實數，以便稽查。

一倉麥宜謹守護巡查，所有簿籍、鎖鑰須正副協管公同收掌，以專責成，不得私行開放。

一倉麥現借空屋收貯，俟息麥五倍或五年後，量撥息麥以造倉厫，庶爲永遠之規。嗣後倉中一應器用，及蓋築修補之費，亦從息麥撥支。

一息麥五倍或五年後，本麥應還原捐倉主。如倉主不願收存，臨時相度，或以半買田置屋，每年取租以補息麥之入，尤足堅固倉本，爲長久之計。

一建倉宜略爲社學規模，以便異日並請先生教訓社中子弟。社學必首重小學，以端其本。養而後教，事理自當如此。先生束脯亦擬量支息麥，正合古人館穀之意。

一息麥五倍後，社中有孝子節婦貧無資者，量支息麥以贍養奬勵。其困苦不能婚葬者，亦量支息麥周恤，償否從便。喪爲尤重，同社更當以停喪爲戒。

一同社既食倉利，更能感興裁冗濫、禁奢華及一切非禮糜費，如斂錢作會、演戲、敬神、飯僧道、修寺觀、居喪用樂、好爭興訟之類。買麥捐倉以惠鄉閭，不妨另貯，依法支收。或同社應興公事，亦可相度取給。其欲存貯本村者聽。

一同社既已遞相保委，則彼此認識，奸僞難容。其無人結保者，亦將自愧，知改舊習，是社倉之中即寓保甲之意。

一息麥既饒，每年春冬暇日，不妨農務由倉正副傳集各村長及花戶，即在倉所講行朱子增損呂氏鄉約之法，庶使同社之人亦知出入相友、守望相助、疾病扶持，百姓親睦，型仁講讓之風於是乎在。所謂三代以下猶存井田遺意者，莫如社倉是也。

一查社倉定例，惟專責成社長，地方官吏不得經理，此即憲諭所本。誠恐官吏經手，即不免挪借之弊。賢父母愛人爲心，必不越俎。如書役託名稽查，藉端阻索，許同社公同稟官究治，或赴憲愬懲。

一嗣後倉正副協管各人既屬同社公舉，禮請主事，必係廉正有品之人。況利物澤人，儒者夙志，雖勞心桑梓，亦所樂爲，不必别議薪水。惟不以私利存心，而後眞能有仁愛之心。事極正大，難便身圖，果屢年認眞一守良法，俾有實效，同社人衆不妨稟官或學憲，請奬匾額，以爲後來者勸。

## 擬上民屯事宜狀 戊辰

昨蒙副帥大人軫念災黎，欲撥借軍餉設立屯田，實公私莫大之利。然兵民自古萬難參錯，且本邑叛産無多，兵屯似難騾議。惟絕產散見各村，民屯之法或可舉行。若果各隘設防，賊無竄擾之患而小民得安。開墾庶田野足而餉糈充，賊滅無日矣！所有民屯事宜略陳梗槩，伏惟揀擇。

一擬擇人。每屯宜擇各鄉公正練達者一人爲屯長，勤謹老成、通曉農務者二人爲屯副。卽由大營給諭，就絕產多處聯爲一屯，督率開導，有所統屬。務使屯戶盡力隴畝，不得懈惰，自悞悞公。

一擬核地。一屯之田以二三十頃爲率，則地近而人寡，易於察勘。如屯所或有一二村莊絕產不多，現有有主而地尚荒者，屯長查問，或力不能耕而其人實係勤苦作業，亦許領銀開荒，蓋屯田主於種地。又必人非游蕩，將來不至拖欠公項，但每屯所耕之地隨開隨丈，屯長務須踏逐親勘，卽令屯戶各具草冊，報明屯長，屯長造具清冊呈送總局。或業主逃外久未歸者，亦許鄰佑報明屯長，招人開種，限以一年內。如原業主認地，須報總局補交牛工籽種人力之費，仍許歸回，過一年不準。

戶部例，凡報墾必開其界址士名，聽官查勘出示後，五個月如無原業主呈報地方官，卽取結給照。

一擬定費數。每頃應用牛二頭，鋤黎杷概及一切繩索籽種口食，約得銀一百兩。多則費無所出，少則開墾不到，所入必不能多，匪惟農困，公項何由取給？

一擬寬期限。開墾之始倍覺艱難，終歲勤苦，惟望涓滴。若不稍留餘利，誰肯樂於趨功？此係官借民用。除歲歉收成不足四分外，四分以上卽須陸續交還本銀。如銀百兩作三年歸清，仍以同治八年麥後爲始。今歲初開，土性尚未和柔，禾苗亦難茂遂，且現在斗價過大，縱令有秋，亦恐一切費用皆所取給，焉有贏餘？卽今歲租稅仍祈奏請豁免，則民氣庶乎稍蘇。

一擬給照。凡屯戶或屬土著或屬流寓，倘或開種已久，所屯絕產，其戚族忽來認地，及逃歸業主强欲爭田，勢必鬭毆訴訟。一有印照則憑據分明，不但可無侵佔，而屯戶亦得永爲己業，無顧慮觀望之虞。

一擬除弊。種地納租，古今常理，而差役催里長，里長催花戶，果有定額，口食小民亦能相安無事。亂後人情益多詐僞，里長差役相比爲奸，至有誅求無厭反多正賦者屯田，宜令屯戶將應納正糧，現在卽由屯長按限催收完交，無使差役經手，致有勒索追呼之苦。撤防以後，屯田或有變通，收糧之法應仍歸地方官照舊辦理。

一擬明賞罰。凡屯長、屯副，經理開墾果有成效，屯戶各能勤勞，務盡地利，所獲頗豐，即須量加優獎，俾别屯亦知勸勉。如或怠於任事，及偏私不公者，亦宜懲罰以示警勵。

以上各條謹就所知言之，是否有當，伏惟鈞裁。竊以此事仰窺副帥汲汲爲民之意，直欲培國脈於長久，不但爲趙充國之屯邊，諸葛武侯之屯渭上，以供軍食而已也。然以軍餉之項挪借於民，則必不能多，而亦必不能久。民之挪借者未能齊交，又勸捐於富室，以墊借項，然後使民陸續交還。富室之墊項其意甚善，而其事恐難。軍興以來，三原富室出貲已覺疲竭，若不能墊，而屯戶又不能交還一半，則小民先恐彼時之急迫而不敢屯。惟有稍寬還期，如前所陳，民當無所畏而或可一意開墾。今就萬金計之，則開田萬畝，若得五分收成，已得糧五千石，似乎不少，然於三原荒地僅能五六十分之一，涇陽、高陵又不啻數十倍，使皆從軍餉撥借，力亦萬有不能。今此民屯不過略爲之端，若夫一切荒田不早爲之計，過一歲而荒如故，又過一歲而荒如故，日引月長亦將何所底止？小民貧困無聊，不免迫脅從賊，而國家坐失正賦之入，所損亦豈爲細？賊一日未勦，民一日未安，勦賊固所以爲民，而民有食兵亦有食，愛民實即所以勦賊之本。蓋與其徒爲後事之蠲稅，地仍聽其久荒，何如預請數年之免科？人自喜於開種，地種廣則賦入多，且必念朝廷寬大之恩，休養生聚亦何心而不爲之輸將哉！

康熙、雍正間，開荒之例，或六年十年起科。今國用支絀，不能如前寬限，而三四年後起科似亦可以。奏請以今涇、原、高三縣計之三四年，地開以後若徵七八分以上，較今日每歲所入一二分孰爲得耶！以今時勢，懇請免科，誠不免迂闊之論，然事幾屢失，不知果何以爲善後之策？伏惟副帥文經武緯，講程朱之學，抱韓范之才，行事適機宜而風采可畏，愛爲三軍之司命，即萬姓所歸心，必能力爲。朝廷任此大事，爲陜西百萬生靈請命，狂瞽之見，罔識時宜。竊恃有俯詢芻蕘之盛德，而無罪下之意。惟千萬寬恕，不勝幸甚！

# 擬勸農局民屯章程　戊辰

一屯費既派借富室，宜限期交收，以便發給屯戶。時值春耕，不可遲誤。宜以三月十五以後給銀，卽令乘時開種木棉、芝蔴、菉豆，接濟口食。

一每頃地借給牛種、器具、口食之費銀若干兩，或先給一半以便種秋，六月內再給一半開種麥地。若全給，恐小民易於花費，或作別用，反誤農功。

一屯長宜擇各鄉公正老成之人，督率屯戶勤謹開墾。須知屯田原爲種地，以爲長久之計，不可賑恤貧民暫救目前。如有無地或素不安靜勤苦，卽不可借給屯銀。匪惟將來拖欠公項，亦使有用之銀徒資不肖。事既失平，地且仍荒，果係善良，己雖無地，亦可因其開屯，傭工他人，得藉糊口。

一各鄉荒蕪多處相度立屯，縣南宜屯一，東南及縣東至陂西鎮宜屯六七，清河北大程鎮東宜屯二，鎮西至王店鎮宜屯二，原上陵前鎮宜屯二，縣北宜屯一，約十五六屯。一屯約地十二三頃，以便屯長易於稽查。不宜太多，有難照料。

一屯戶領銀定日，令該屯長卽率屯戶以次來局面交，不致有悮。但領銀卽須料理買牛置器，速爲開種，不可後時。如有不肯開墾或鹵莽滅裂，屯長卽許追銀稟局，責以稽緩之罪。至屯戶或地不足百畝或止二三十畝，宜自商量湊合一人出名，或共出名領銀，三十畝以下不便給銀，恐難敷用。將來通力合作，計畝均收。或煢獨赤貧，數畝之地亦可人力變易牛工，是在鄉區，尚易通融。

一今歲始墾，土性未大和柔，卽獲有秋，一切費用皆所取給，恐未能交還借銀，稍爲寬限以示體恤。除不遭賊擾及薄收外，四分以上卽於同治八年麥後定行催收一半。不肯勤耕，以致收成歉少，毋得藉口。如果秋禾豐稔，亦當量交二三成。俟九年麥後，掃數完交，並由屯長經理。如有抗不交還，屯長稟官嚴爲比追。小民甚苦，宜留餘利，今歲始墾之田似宜緩其租稅，稍蘇元氣。

一屯戶領銀，即向屯長報名，屯長確查應給與否，令屯戶各具領單。每屯共屯戶若干，開寫花名。開地若干，領銀若干，亦應具稟呈局，以專責成。

一屯長衆心所孚，一切屯務俱宜公平詳處，不可徇隱怨惡，致乖人情。以本屯之人辦本屯之事，正爲耳目易周。某戶承墾荒地在彼，某戶承懇荒地在此，亦宜預先一一踏逐勘過，冊單報局，由局派人詳勘，或官親至各屯抽查屯戶。如以舊已開種之地詭爲新開，希圖領銀，屯長查出，不惟照數追銀，並稟局示罰。屯長若有偏私或別滋弊，亦許屯戶據實公稟，量予懲儆。

一富室派借銀數交齊之日，即行詳稟撫憲分別請獎。屯長如果辦有成效，亦宜詳請獎敍。

一諸紳誼切桑梓，勞怨弗避，自應不受薪水之費。惟住局一人合照軍營例，月給薪水銀六兩。屯長不無煩勞，月給薪水銀四兩，限以兩月。開種當有次第，薪水停止，俟後交收之日另行設置。屯長有不願領薪水者，自係急公。但不得因此轉有推諉，致誤屯事。

## 鄉約餘例四條　乙亥

每會各攜記録冊子，或講書義，或論古今人物，或應接事物當否，多或數十條，少亦不下十條。商量批鑿，彼此互閲，庶各有益，殊勝閒言，違者有罰，生徒各有疑問。

凡欲入約必先觀禮三次，然後入約。如有三次未到，亦許出約。若有事故須預告明直月，則約中已言之，不贅。然亦宜注冊，或遠四五十里以外及雨雪阻隔不拘，但不得過三次。

謁神、序拜、讀約、畢序、坐飲酒，仍許直月即以約中安序之禮行之。或講習鄉飲酒之禮，以觀古人拜揖、進退、歌詩之儀，庶節文日謹，亦崇禮之一端也。

每會直月，必須清交賬項，食飲量從儉約，餘錢湊集多刷印鄉約本子。同約人人宜各講玩，無者即給一本，更不取錢，但須登記簿籍。不在約内，有願得者只取紙工之費。乙亥重陽日，復齋。

## 擬義學條規　庚辰

一曰擇師。師道不立久矣，鑽營求覓，無所不至。況義學出於官設，往往延請非人，以致有名無實，反誤子弟，何義之有？惟令公正紳士每年公舉，不得冒濫，必品學優長、可堪訓迪者，由縣署更加察核。然後委書院監院或齋長及局紳親送用印、關書，禮請往遣長班送致關書，似涉簡褻。上館下館兩次，館東宜以車馬接送，方見尊師之義。上館後，官亦俟暇或因公均至各館查驗師生功課。館師束脩按四季月，齋長局紳宜用帖封賫送，不可令館師來取，庶見尊師之義。館師亦宜自重，不可先行奔走求索挪借，有傷事體。至館師束脩，須籌備可供事畜，令其專心學事，不然甯可裁併一二，毋徒多而少益也。

一曰相地。義學之設原爲貧寒子弟無力讀書，城中尚有祠廟，鄉閒祠廟亦無，館地爲難。然四鄉亦須擇一道里適中人家稍多去處，或修倉加廣數閒以爲學地，尤爲兩便。鄉閒地方寬遠不能遍及，或議兩三年爲限，别易一處，使無力子弟均可讀書，庶免向隅。

一曰給冊。每學師及學生每人各給印冊一本，填寫某保某義學師及學生姓名、年貌、住址，並每日一應課程。每季送書院及局，各轉呈署，以便查閱，仍即繳還館師。學生過有曠廢太荒職業者，刖議處置。館師另易學生掣退。每冊用紙三十葉，首紙寫記姓名等項，每月二紙，每紙十六行。横作五格，首格記某日，二格記生書起止，三格記溫書起止，四格記講書寫字，五格記事應。餘紙或記每季讀書總數，凡幼童不能記者，師爲代記之。

一曰行儀。上學日父兄各衣冠，親領子弟先見館師。師設先聖位，率學生行三跪九叩。禮畢，師西南向，學生各東北向以次拜師。先兩拜，師答揖。學生長者一人前致辭，請師納拜，各再拜，師不答，訖，各學生以次環拜，亦再拜。禮畢，父兄拜師，再拜，師答拜。以後每逢朔望，拜先聖、拜師、相拜均如前儀。每日早晚入學、放學、放飯、講書，學生皆向師前一揖，坐立皆以齒。凡揖必深圓，拜必恭敬。

一曰端身容。每日髮必櫛，紐必結，鞋襪必緊固，便溺必淨手，衣服毋華毋垢。以至居處行立，不可交脛、搖髀、伏盤、靠背、掉臂、跳足、跛倚、攲斜。視必正目，聽勿傾耳。言語必誠樸，毋詐、毋誕、毋戲笑喧譁。此雖細微，養正之功，尤所當謹。有犯，師必嚴警痛懲，庶不放蕩爲可造之子矣。

一曰謹灑掃。古者小學灑掃爲先，蓋灑掃即所以清爽心地，童蒙浮躁惰慢亦惟此可以收攝。凡所居處之地，以及師長牀衾几案，每日必灑掃拂拭，灑水必勻，掃地必淨，勿濕袂，勿起塵。書籍筆硯必整必正，勿縐損，勿濺污，勿書几、勿畫壁、勿擲字紙，勿撞坐橙。院宇溷廁皆須掃除，不留穢污，果有一片明潔整肅氣象，自然令人起敬，將來爲人作事亦必可觀。

一曰勤課讀。村學讀書未必遽期上進，然其父兄斷未有不願子弟爲好人者。弟子規一書純正明顯，較三字經爲益多矣。即當以此入手，讀此既畢，能接讀養蒙書九種更佳，不能，即讀朱子小學，此做人樣子也，萬不可少。然後讀四書五經亦有底子，即已讀四書，亦必補讀爲要。但讀書之法須專一爲貴，眼到、口到、心到，一書已畢，然後再及他書，不可雜然並進。尤當記遍數，遍數愈多則愈熟，即終身不忘矣，少而精熟終勝多而生疎也。每日師必勤加講解，能覆說者令之覆說，務使通曉。或再以格言至論及孝弟忠信、禮儀廉恥等類故事日說二三條，如此薰聒久，且先入爲主，胸中自有一段正道理矣。如有資質高欲作文者，師謝不能，或別從師，或送入書院。

一曰審學書。書亦日用所需，程子所謂「非欲字好，即此是學」。字不敬，心先病，墨磨偏，心不端。童蒙學書豈可不講？務須一點一畫端楷寫去，不可潦草攲斜，輕易糊塗。若臨摹，當以顏柳爲正，勿學俗媚，令人氣骨亦漸委靡。

一曰歌詩章。童子讀書未見意趣，必不樂學。程子別欲作詩，使朝夕歌之，似當有助。今當取詩中陟岵、蓼莪、棠棣、杕杜、鷄鳴、雄雉、燕燕、伐木、青蠅、白駒之類，或古樂府、古詩及朱子、許魯齋樂府數篇，遇讀書怠倦時，令輪班進歌。四人一班，日分一班，數日則總諸班歌之。須氣定神閒，從容詳緩，聲清而調節，毋急、毋慢、毋嗷、毋囁，餘皆斂容肅聽。如屢歌不知用心，罰讀書三十遍。

一曰講鄉約。每月朔望行禮畢，師宣講聖諭一條，各學生及其父兄或鄉人恭立環聽外。更別擇日講行朱子增損呂氏鄉約書，各家父兄必衣冠，與約正各拜如儀。訖，師爲分疏約中大意，不但訓教子弟，即其父兄亦被薰陶略知禮義，是亦訓俗型方之一端也。鄉人願入約觀禮者聽。鄉人多以義學人人可入，漫無限制，定以此法，不入約者，其子弟不收。雖覺過嚴，而其成就爲不少矣。農忙暫停。如三次不到者，準其掣退學生。每義學卽發去鄉約一本。

一曰責成效。貧寒子弟尤宜一年抵兩年之功，爲父兄者不可無故任其荒嬉不到學中，並有護短惜情等弊。而學師亦宜常切在館，除令節請假外，如上會看戲諸無益事，不許放學。學中或有鬬毆罵詈招惹是非及不遵條規者，較常倍加責罰。夏楚所以收威，但頭面虛怯及腰脊之處概免擊撻。爲師者總以培植勸解，使子弟馴謹，不致暴悍。父兄遜讓，無事爭競，租稅早完，獄訟少作，方爲有功。

一曰舉優生。明道程先生爲晉城令，嘗親至鄉校，教者不善，別爲易置。若果盡心教導，自不宜輕去，卽以三年爲限。始終不懈，如上所云，人多成材，鄉有善俗，俟學憲考期，官卽臚列各節，特舉優行以符國家。各直省義學慎選文行兼優之士定例，豈不榮於近世徇情通賄冒濫之優生哉！

## 忠義孝弟祠會規

一祠中房租每年所取若干，半供兩次祭祀之用，半備一歲修補之費。歲修有餘，則續置祭器及會中應用之物。

一會中議督會二人，餘則輪直。每年四人交管，周而復始，帳務尤須分明。

一每年兩次祭祀，春以三月，秋以九月，皆用望日。本月初旬，直年用紅單齊行傳知，同會如有故不到須預示明，至期不候。至直年有故，或擇會中一人代事任便。

一祭品。豕一，羊一，設一案，合祭之酒各一尊，督會主祭，餘以齒列。行禮，至儀節則本朱子家禮，議定存簿，餕餘齒坐。酒三五行，不過七行。

一會中宜仿呂氏鄉約法，同會各以德業相勸、過失相規、禮俗相交、患難相恤，交相勉勵。祭畢，即依鄉約以齒序拜，皆再拜，拜受如約儀。

一祭日督會即講讀鄉約，或論古今忠義孝弟等事一二條，不得陳道神怪邪僻悖亂之言，及私議朝廷州縣政事得失，及揚人過惡。違者，直年書以記過。

一同會每遇冬至元旦各相拜謁。有故則令子弟以己名牓代行，若甚遠不在此例。或其家有父母之喪自赴直年，直年則遍告同會，公具酒果食物往哭弔奠。及葬，相約素服送之，情厚者別自賻賵，家貧則同會爲之借助器用。及爲營幹慶賀量事，亦直年傳集同會具儀以往。

一同會凡有喪事，不得用樂作佛事，不可具酒肉以待弔客。

一會中有年老及有他故不與會者，其子孫願否入會聽便，或別擇人。

一隨後紳士如有舉報忠義孝弟等案，必須會知同會，以伸公論，以厚風教。不得私行上稟，有乖平允。

## 示諸生　丙戌

近有一怪事，令人可疑，欲遂不言，非吾輩相聚之義。言之而倘無其事，固僕所甚願。言之而果有其事，亦諸君所當戒！今日晨儀及講書之際，頗聞水旱煙氣，心惡之而不得主名。僕久嚴此禁，諒諸君所深知，亦與人爲善之意，自謂諸君必無犯者，而竟有之，豈諸君尚或不知僕意？抑雖知僕素所深非，顧謂可欺，遂不之改耶？如此規矩蕩然，亦無以學爲矣！此事實係有損無益，諸君能力屏去，誠屬勇於改過，不然不惟自誤，兼令小生踵而習之，亦且誤人，甚非所望於諸君也！謹録前人數條，請默自觀省，願諸君留意。

陸稼書先生集有與其曾叔祖蒿菴翁書云：「惟有一事欲望太翁之裁節者，向在家時屢欲言之，躊躇中止，到路上思之，不言畢竟是客氣，非所以待太翁也，敢一陳之。煙之爲物，從古所無，明季始有之，吳梅村以爲妖，見於綏寇紀略中。姪孫見今之大賢君子無喫此者，蓋皆知其非佳物也。太翁留心正學，而嗜好偶同於流俗，何難一絶之？一則見克己之勇，一則免火燭之虞，一則後學無效尤之弊，一舉而三善備焉。」

先師桐閣先生嘗作天下宜裁之端五，謂宜節裁者曰酒、曰茶，宜盡裁而嚴禁者曰賭、曰戲、曰蘭之水煙。其論煙有曰：「或謂煙本朝制也，不知非也。今皇家不食煙多矣，無論水煙也。或又曰世以煙應客也，遽去之，此必不行。然前此未有煙時，獨不應客乎？凡事驟行則共駭，而習久則不爲怪。余嘗問之涇陽賈者，五泉煙自涇發者，歲約金三百萬。若以煙筒火奴言之，通計天下之費，其數亦當大半。夫食水煙者，不惟毫無益，於飢渴而貪者多以此成痼疾，以致疾之物，而歲耗天下數百萬之財，亦無謂矣。且繁華之地，賣煙之頑童猶之歌童，多良家子弟爲奸人誘而畜之者，名託賣煙而實爲龍陽。又類爲達官所寵，因以鑽穴公署，陰託賄賂，至習賭棍，徒亦攙此如室而兼以愚人。是其爲世蠹，眞堪痛心也！」

右二條指水煙，特即其甚者言之，非謂旱煙猶可食也。國初時尚無水煙，而稼書已言之矣。兩先生所言，其於義理利害已極分明，惟僕學不得力，行不足以感人内省，實疚於心，致諸君猶染陋習，愧莫甚焉！諸君愛我者，其能無自愛乎？責善，朋友之道，人孰無過焉？知其不能改，諸生中亦必有規勸者矣。

## 正誼書院申明學規揭示 戊子

麟年衰學荒，致書院規約漸見怠弛，此皆督率不力之咎，夫復何尤？玆欲申明，重加整理，願諸生亦匡其不逮焉！

一齋長有總理之責，凡糾儀糾業，直月、直日、直食、直廁，一並督管，宜不時稽查，認眞約束。

一糾儀依舊規各件時相勸誡，凡有不如儀者務令檢飭，不得顧惜情面失己誤人。「朋友攸攝，攝以威儀」，言朋友之道必相教訓以威儀也。

一糾業依舊規不時巡查各舍，索閱日冊，勸以安坐書室，自勤功課，誦讀講論必務確實。常日任便抽送某人查倍已讀之書，如有全不理會者，講書時罰以立而聽講，仍責令讀所抽倍若干遍，俟其熟而後已。每日疑冊必有一條，能二三條者不拘，亦須切實，不可泛雜。糾業不得懶於巡閱，失「愛人以德」之意。或有不肯服從者，應稟師長裁奪。

一直月依舊規經理望謁聖行禮，及習冠、飲、相見諸禮，一切安置亦當鼓勵精神，不可自懶散，有失古人學禮之意。

一人少不敷分派，不能不稍爲變通，直日、直食、直厠歸併一人，人仍五日。雖覺事多，應督齋僕者但指示照管，亦自不煩，如雞鳴會講會食、晨昏行禮擊板、應客司門、灑掃拂拭先生居處之地，即時辦理。齋僕有故，或自執事，不得巧爲規避推諉。有事外出，自求代理，告明糾儀，不致失事。遇人當直，亦宜代償，暫出亦然。務宜勤謹供職。弟子規一篇，古人成法不可不知。凡預此者，宜皆切實爲學，以求自益。詩曰「抑抑威儀，維德之隅」，「溫溫恭人，維德之基」。若傲慢自大，不知遜順，非有志者所宜出也。

一司事經理雜務，如治家事，凡事認眞。銀錢出入，隨時登記，偶有佐借，及時取償，毋致滋累。稽察膳夫，務令儉約勤謹，不得廢業曠時。凡學中之事不可激烈，亦不可因循，此是性情上事，亦即學問上事。

一每日灑掃之處，齋童、役夫各有地界。司事經管役夫，直日經營齋僮。如役夫、齋僮有故未及灑掃，或燈後昧爽亦必補掃。不遵使令，即時稟知師長，責令終事。有事外出告知司事、直日，以免師長有問莫知所對。

一諸生各宜體貼，爲己爲人相與有成，毋負共學之意。適己自便，責人恕己，甚非所望。至於齋僮、廚僕有過，須規戒之。規戒再三而不聽，則稟師長出之，不可自行己意，亦不可過責，又乖莊蒞慈畜之意。

## 校刻朱子文集語類通鑑綱目三書總例　丙子

一文集用臧蔡本，而別取祠堂本、朱玉刻。新本、郭伯蔭刻。朱吾弼朱子奏議、周大璋朱子古文讀本、陳鎰四書文編、嚴某文語類編。語類用呂氏本，而別取欽定七經、朱子全書、周在延四書語類、程川五經語類、文語類編。綱目用居敬堂原本，而別取御批本、陳本、司馬溫公資治通鑑諸史、范氏唐鑑、胡氏管見，廣搜博考，參互訂正。

一顯誤不妨改正，如涉疑似謹用闕如，恐蹈朱子所譏韓文羅池廟碑改「步」爲「涉」，田氏廟改「天明」爲「王明」，程集易傳序改「治」爲「泝」、改「姪」爲「猶子」之類。闕疑聖人之訓，正當慎重，但須隨筆記疑，共相商量酌定，且以俟後之君子或作考異，庶有所據。

一字畫俱遵康熙字典改用正體，或可通用，或古體亦可通行者，不妨並存。但省俗譌誤不可不正，如「己」、「已」、「巳」不分，「盗」作「盜」，「寇」作「寇」，又「廚廁」作「厨厕」，「密」作「窑」之類。

一國朝廟諱，皇上御名，至先聖孔子諱，俱遵諭旨，敬用缺筆。惟「圜丘」不避，餘加「阝」作「邱」，惟廟諱承寫多有不同，一以欽定七經爲正。若前代諱字如「檢」作「撿」，或作「簡」，「校」作「挍」，併宜改作本字，亦朱子改「韶」爲「昭」之意。

一人各校一本，訖，然後互校。惟各校一本訖，或每卷訖，卽將隨記之疑按取別本查對，然後向敬義堂商訂，刊後覆校如前。

一晨膳後開校，午膳停校，不惟朝夕得以讀書涵泳義理，亦使心思寬閒，勘閲倍有精力，不致悤迫，反多踈忽。

一查對之本各置定所，查對畢，仍須卷束整齊，勿致散亂，濟陽江祿之事最爲可法。

一每卷校訖，卽各用鈐記，以便識別，互校亦加鈐記於後。

一文集、語類卽依原書影刻，改正各字，亦須簽記副本，以便誤刊另補。

一發書、收書別專責成。

清麓文集卷十七終

国家出版基金項目
NATIONAL PUBLICATION FOUNDATION
陝西出版資金資助項目

「十二五」國家重點圖書出版規劃項目
關學文庫·關學文獻整理系列
總主编 劉學智 方光華

# 賀瑞麟集（下册）

［清］賀瑞麟 著
王長坤 劉 峰 點校整理

西北大學出版社

# 清麓文集卷第十八　自同治乙丑至光緒辛卯

三原賀瑞麟角生著
同里劉嗣曾孝堂校刊

## 稟啓

### 上邑侯稟　乙丑

麟冒昧不揣，輒欲發明聖學以挽頹俗。而士子積習已久，未免多口，其意不過以科舉時文爲朝廷功令，此而不講，更講何事？是眞夏蟲之見，未易以口舌爭也。顧麟竊愧德行學問不足致人信從，獨不敢謂斯世必無向慕此學之人。教誨在麟，振興在父台，上有好者，下必有甚焉者。昔韓文公在潮，潮之人未知學，公命趙德爲師，潮士遂篤文行風化以興。後世不多趙德之師而多文公之能，知德以造士也。麟雖非德比，然父台豈不能爲文公者？區區罷駑亦當少佐下風，若欲使之俯徇時好，令學者日沈溺於文詞之陋習以干利祿，匪惟自誤誤人，理有不可而心亦有所不忍。且卽功令求才之本意豈止於此？此則世多其人，雖終年不至書院，而但有時文之課，士固不爲異詞，請之亦自不難。麟誠無似不敢出此，惟有尋寂寞之濱，詠歌先王以自樂耳！豈宜久溷皐比，以妨父台教化之成哉！章程果否可用？聊以見志。伏惟大振俗風，興復正學，主張斯文，以幸多士，爲荷深矣！麟謹稟。

## 上劉撫帥稟 丁卯

爲兵勇累擾太甚，懇請催令移營禦勦，以蘇疲困而靖地方事緣。靖安營自七月駐紮三原，墊支米、麪、麩、料、油、燭等項，約計銀五六千兩有奇。凡所措辦，無非借貸商賈，自釐稅一行，街市蕭條，頗形拮据。又以統兵大人現居城內，兵勇雖住宿南關，無論桌橙鋪板盡被拆燒，南關商人已無一家。而兵勇出入城中，塞街填巷，且歇住城内商鋪，亦復不少訛詐誣騙，無日不有。甚至傭菜賣菓之人亦被强取，不與錢文。一有辨說，即行毆打嚷罵，並搶去已賣之錢，呑聲吁氣，行路爲之惻然。貨鋪飯店大半關門。尤可恨者，結羣成夥公赴鄉村，拆毁椽木，搶拉牲頭，道途行人亦多被其劫奪，或更致受重傷。有强飲井水，直將井邊孩童攛入井中，以至斃命，鄉民稟官，亦不申理。搜掠村民，衆即面訴，統帶未嘗不委弁查問，而卒無聲息。現在賊氛偪邇，飄忽靡定，城中混雜。又有老湘、卓勝、鎮西各營兵勇亦皆住宿城内，雖名養病，往往滋擾，莫敢究詰。而城門盤查尤難認眞，且不能時啓時閉，城中民商無不人人寒心，家家切齒。萬一貽悮大局，追悔何及？竊見軍需局各憲出示照，奉大人行知，欽奉上諭，嗣後各征調官兵過境，各州縣地方均著住宿城外，不準擅自入城。應給米麵等項，由地方官先期送至城外，若帶兵官不能嚴加約束，致兵勇索擾商民者，即由該地方官據實稟揭參辦。仰見皇上愛護元元至意，凡在帶兵官員以及兵勇各宜凛遵。而靖安營因正月閒駐紮三原北城，不無騷擾。繼聞大人訪查飭行，嗣後三月過境差官到局故爲刁難，竟致嫌怨，直說報復。似此不守營規，誰敢與較？惟恐別起釁端，任使小民萬受冤抑，而亦無人爲之伸雪。顧念累擾已極，疲困之民何堪重遭此災？而城防事關緊要，地方最宜肅清。伏懇大人催令各營移駐，約束兵勇，斷不準入城騷擾，庶於大局實有裨益。合無叩懇大人恩準施行，萬幸！萬幸！

# 上劉撫帥公稟

爲差務繁亟，閭閻已難藉資，貨運不通，車馬實無從出，懇請裁停釐稅，庶來商賈稍甦民困，以濟徭役而顧大局事。竊以三原自遭兵燹，雖危城克保，而四鄉凋殘殊無景象，旱荒相仍，屢年於茲，災黎孑遺，略可指數。但以郛郭稍完，商賈漸集，然多涇邑被燬之業，僅藉舊日字號清理前款，其新設之事不過十之一二。而昨歲自回逆竄境，時有警聞，加以捻匪入關，賊氛偪近，籌辦守禦頗形拮据。蓋本邑富室自元、二年來捐助軍餉，襄辦城防，久已筋疲力竭。復罹凶饑，猶且勉强支持。而商賈現居城中，義無容辭。況三原爲北山孔道，平居流差已是紛沓。甘回未靖，西北一路過境兵差又復絡繹不絕，民力既絀，全無可藉。雖城門抽收腳用，僅以支應流差。即如昨歲喇嘛三次過境，所費約四五百金，祭陵一次所費亦三四百金，而兵差需用又十數倍之，豈能支撑？貸借攤派，往往盡資商賈之力。

今歲春夏，捻、回或分或合，所過三原地方，東西梭織現五六次。大兵尾追，差務萬緊，儘力供給，羅掘已空。且原與涇、高爲鄰，涇、高城雖被陷，而涇之西北、高之東南，數年收穫夏秋均有，比之三原實爲較勝。乃兩縣不無私己之意，例當支應之差一概推諉，專以鄰國爲壑。涇邑雖蒙上憲批飭，支差猶敢抗違，是三原於萬難措辦之中而强支數縣之差，然且仰體各憲勤勞之志，下存臣子報效之忱。凡有差出，卽於商賈諄諄勸諭，激以大義。迨至五月閒，釐稅一行，商賈人人畏懼，皆思遠去。外來車馬數月不至，則貨運不通，而差務更爲困頓。於是差官到局打罵滋鬧，直至持刀砍傷紳士。又恐萬一貽誤軍情，故運載麥炭及麩房騾頭均被拉差，强行顧覓。及到各縣，又多勒支過站，甚或兵勇佔奪，損失畜頭，致令一切馱運無不裹足。而城中麥炭麩斤亦驟然昂貴，至四五倍不等。鄉閒窮民偶有牛車逃難進城，一併拉顧。幸值夏雨，可以播種秋苗，而牛已支差，及牛歸而又過時矣！賊掠之，兵擾之，差又困之，歲事一失，嗷嗷誰哺？狼狽之狀，不忍見聞。怨聲冤氣，道路藉藉。然差固斷難不支，勢實處於無可如何。又況靖安一營紮駐三原將近一月，墊支糧草、麩料、油燭，約銀五千餘兩，及前此各營所有墊支均未請領歸款。而商賈貨物近且紛紛出城，有去無來，停門歇業，殆及大半。問其所以，皆因釐稅。且章程過重，更無餘地。夫民既不能支差而藉之商，商猶可以支差而速之去，是更無款可籌。將欲復責之富室，而捐麥捐渠工又捐甘省之餉，搜括重重，勢難再舉，況又有本邑城防之用乎？將復責之貧民，而死傷疾病流離愁苦，又迫以催科之追呼鞭朴，日用諸物無一不爲珠桂，鵠鳩面形幾填溝壑，累民既不可，悞公又不敢。然街市一空，則儲偫無所措辦，運送從何取給？不敢悞公而將必至於悞公，不可累民而卒不免於累民。不惟釐稅亦終不能濟事，而城防廢弛保無有損大局。事關重要，伏懇大人俯念原邑民力困憊，差務喫緊，萬祈撤停釐稅，俾商貨流通，並飭涇、高各縣各支本縣應支之差，及支各縣過站與各兵勇佔奪損失畜頭諸弊，庶於差務民生兩有裨益。除稟列憲外，合無仰懇大人恩準施行，實爲萬幸！謹稟。

## 上邑侯轉詳稟

具稟爲車騾不足恐悞軍糧，販糴不通立斷民食，懇恩轉詳撫憲，札飭協運，以顧大局而救民命事緣。同治六年十月初五日，原邑接奉左帥札飭三原官紳商辦車騾，就地設局，轉運耀州，以資軍食。內開每雙套車一輛，載糧六百斤，給行價銀一兩二錢，給坐價銀六錢三四。套車添載糧石，照章加價，以示體恤，無微不至。三原自設分局，初辦車騾諸覺費力。推原其故，皆由原邑一切素負虛名，非獨車騾一事。然彼時尚不十分掣肘者，亦由臨冬收口之際，客車及原邑車夫均無貨物可運，故暫行運糧以圖糊口。且有涇陽協運馱騾百頭，車騾兩運行坐並行，抑以原邑麥米麫價尚不大昂，即有客車運貨來原，强拉支差，無大賠累。今則食物樣樣價增數倍，斤麫至一百五六十文，斗米貳千一二百文，斗麥貳千五六百文。偶來販糴之車仍復肆行强拉，迫於應差，既無坐價又苦盤費，以致懷懼不前，視三原爲畏途。而市糧無多，貧民至有持錢不能得糧，旬日之閒將至坐困，人人行吁坐嘆，皆歸咎於拉車。夫城中數萬生靈，果一旦缺食，累民之狀已不堪設想。然或有車來原，即使强拉轉運，俾軍食有繼，猶失一而得一。而無如外車不來，轉運大事豈一手足之烈？縱萬分焦灼，於事究屬無濟，徒令城中乏糧。怨言日聞，是累民而卒不免於悞公。籌思再四，惟有據情懇請父台轉稟撫憲，迅即札飭涇陽、高陵、富平并原邑各備貳套車十五輛，分送糧台支差，計四縣共車六十輛，每日用車貳十輛可載糧二萬斤，日日遞運輪流接庶，上於軍營可供如山之聚，下於窮簷稍免轉輓之憂。夫重鉅之事，獨任之則不勝其苦，分舉之則尚易爲功。且涇、高、富諸縣，論其目前民力均較三原爲稍優，而三原疲竭，此固人人可問、人人能知，在諸縣亦當憫其繁難，稍分恤鄰之義。況撫憲軫念災黎，籌畫屯田、水利、堡寨、賑濟，種種善政無一不切痌瘝之抱。而車騾之不足，販糴之不通，其所關於大局民命尤爲至速且大。果其一達憲聰，誠有不忍斯民狼狽困頓而去之不俟終日者。是以冒昧直陳，是否有當，伏乞鑒裁！并懇轉詳施行。

## 請余邑侯從祀名宦稟　乙亥

爲懇恩奏請從祀名宦以光國典而愜輿情事。竊維古留遺愛，後人思召伯之棠，澤被生民。當時立欒公之社，感恩蒙惠。既歌誦於閭閻，崇德報功，宜馨香以俎豆，果其躋蹤於往哲，羣思勿替乎明禋。已故署同州府知府、乾州知州，原任三原縣知縣余賡陽發跡甲科，存心子諒，性情端潔，豈流俗之苟同？器識深純，惟古先之是慕。早通經而致用，本學道以愛人，筮仕秦中，清節歷卅年而一致，作官縣令，仁聲徧七邑而皆聞。取士以身，重眞才，尤重眞品。視民如子，有實政，由有實心。若王肅之開廒舍親授諸生，比陽城之緩催科自書下考。治奏龔、黄之績，澤留鄭、白之渠。種嚴鋤草，必亂羊害馬之永除；辱示鞭蒲，常鼠牙雀角之是戒。曰清、曰慎、曰勤，與古暗合；有猷、有爲、有守，尤今爲難。乃回變之適丁，值軍書之旁午，散金得士，重賞之下有勇夫；持劍登陴，儒生亦能知武略。花門遠竄，籌餉則士馬飽騰；草野遭殘，散賑則澤鴻安集。減耗而紓民困，送糧而恤鄰飢。疾苦當言，元漫叟痛思上表；流亡堪憫，鄭監門不啻繪圖。示官吏之篇春陵裁句，上循良之奏御扆書名。雖選二千石之惟良，未酬素志；乃當七十年而致仕，猶矢丹衷。耄而好學，羣立二程之雪；

歾無儲財，但餘兩袖之風。況昔年立祀桐鄉，願留模楷。倘此日圖形庠舍，不愧宫墻！謹呈。

## 上學憲稟

爲學品均優，行能堪式，懇請獎給匾額，以彰潛德而勵實修事。竊以學非爲人本，隱居以求志，而野有遺士，重太史之采風。已故大荔縣廪生趙鳳昌性情篤實，志業精純。探閩洛之淵源，潛心理窟；感雞豚於風木，矯首名場。手自親鈔，篋滿六經之讀本；口無停誦，學憂一日之曠功。語孝弟則情見乎詞，斥邪詖則義形於色。友朋見信，年歲不淹。已故富平王子培，骨力崚嶒，精神緊峭。筆如奔驥，恥賣字以爲生；衣縱結鶉，獨尋師而好古。擬上勤王之疏，奇氣填膺；晚成合性之編，格言盈帙。雖見譏於流俗，實勵志於賢豪。

已故三原生員李榮基，孝友無虧，廉隅自飭。侍旁娱母，每懷囓指之誠；憤志讀書，不爲榮身之計。學業慕古先儒之高趣，文章溯鄉前輩之遺風。至性過人，壯年歿世。

三原生員楊秀芝，行敦氣誼，德本老成，膳潔陔蘭，貧而能養，情深棣棣，弟不嫌癡。窮愁憂國，每吟子美之詩；瀟灑樂天，偶飲淵明之酒。雅以古人自處，居然高士之儔。苟蒙一字之褒，亡在皆榮於華衮；不沒平生所學，邇遐且樹之風聲。謹稟。

## 重立懷隴倉稟　丙子

具稟國子監學正銜貢生賀瑞麟爲重立响劉堡社倉事緣。麟因咸豐九年奉文賣倉，麟得請領倉麥四百石平減市價，由鄉糶賣，及兑銀繳官，銀價稍絀，餘錢壹拾捌千文，呈官不受。竊思賣倉之餘仍爲置倉之本，買麥三石，以爲社倉曾立事目稟官印簿，時監利余公並序其事，書之簿首。嗣麟及鄉人各捐麥一石五斗，行之二三年，將幾十石。遭亂，簿籍焚燬，麥已散給花戶，無從收還，此事遂成烏有，每竊恨之。今歲大熟，復欲重立以惠鄉人，而計無所出。因貸劉昇之、劉質慧兩秀才麥各十石，照斂散法以爲久遠之利。亂後堡中人數不多，茲擬更推及鄰村南李堡並得附食倉麥，雖涓滴之流無多沾潤，而息滋藏羡施將不窮。現奉撫憲諭示，吏胥不得過問，尤社倉本意。謹就舊立事目略爲變通，繕寫呈覽，隨上淨簿更祈合縫用印，將來斂散實數登記，庶易檢查。伏惟鈞鑒。謹稟。

## 上左中堂制軍稟 戊寅

具稟國學正銜恩貢賀瑞麟等，爲善人無後士庶同傷，擬請建立專祠，以厚風俗而洽輿情事緣。有本邑東里堡李善人者，世有隱德，家傳好義，誦聲早播夫閭閻，恩澤久洽於父老。宜其子孫昌大，似續不絕，曷意鬼神無靈，禋祀中斬？聞之者搔首問天，覩之者同聲下淚。爰不得已，共切報德之心，合詞叩懇，敢擬祀社之義，遂將李氏五世實行歷爲爵中堂敬陳之。

李善人名廷佐，其父超千公蚤歲讀書，因家貧，甘旨不給，改學商。往來湖、湘、黔、蜀間，然歲暮必歸，嘗曰：「吾豈以外物缺定省耶？」父母沒，遂不出。廷佐長受學，誨之曰：「讀書以內行克篤爲本，以利物濟人爲用，反是皆末，汝識之。」故李氏五世好行其德，皆秉承超千公。本邑人知不知，皆稱超千公爲「隱君子」。廷佐長，紹父業、承父志，而家業益昌大，然日用飲食均遵超千公所定，不以富厚易其規。每年盈餘另存一室，以備鄉鄰戚黨之急。故獨修樓底鎮橋梁，設各鄉塾，創建京省縣試館。乾隆中歲饑，公按村賑恤，力不及，又稱貸益之，鄉人感之如所天。數十年來宗支親串無人失所者，皆公之力。至化小人而爲君子，感竊匪以成善良，均有實事可稽。不欲指出者，恐傷公厚德，非虛諛也。他如蘇松大饑，錦城火災，公各攜萬金隨處賑恤，不留姓名，始終人不知某姓某名，惟據口音覘之知是陝人，其居心逃名何如耶！至踐履篤實，學宗程朱，尤難人之所難，經前撫憲楊奏請入祀鄉賢祠，並崇祀忠孝祠，奉旨允準在案。

其子應運亦能克承父志，見義比爲，凡先人已爲之事必繼其後，凡先人未成之舉必補其缺。每日蒸麫餅五十斤，使人主其事，以待鄰村孤孀老幼自取之。或曰：「時值年豐，得無濫乎？」曰：「此輩無業，歲豐亦歉，吾之此舉，聊補人事之不及。」數十年來，老幼終其天，孀居完其節，公之保全者。大至助捐城工，隨時賑恤，施醫藥，備棺木，均仰體先意，故本邑同呼之曰「小善人」。

應運子名懷蔭，行義尤成於性。他長無須備書，惟道光壬寅海疆不靖，奉文勸捐，懷蔭立寫巨款，縣尊異之，曰：「君居此不過縣一中產耳，何慷慨如斯？」公曰：「四郊多壘，士大夫之恥，此正吾輩竭力之日，以答君恩，何敢吝也？」同人慕之。此次捐輸，三原爲最優者以此。繼丙午陝西大饑，情形甚慘，懷蔭倡捐麥五千石，計口授食。後麥完，復賑銀，全活八十餘村。蒙前撫憲林匾其門曰「穀貽孫子」。其時查災，懷蔭親其事，積勞成疾，不久以歿。鄉人感甚，莫不涕下，紙灰盈尺，尤想見其爲人。

懷蔭終，子瑛年甫十二歲，起居飲食雖遜前人，而行義作善仍不愧李氏子孫。三原爲北路首站，被兵後鄉民以差徭爲苦，瑛請前縣尊余設「永遠局」，出墊差本銀三千兩蘇民困，十餘年來本邑不知差徭爲何事。至修工進渠以利農人，散川資以活裹脅，不獨本境懷其德，即晉、豫遭捻禍者，亦不至常羈賊中。而光緒三年荒旱尤屬，義甲一邑，邑尊勸捐賑糧，瑛慨捐銀三千兩，臨終又囑其妾敬備銀三萬兩，以一萬兩解省，爲省中賑恤之用，以二萬兩賑本縣饑民，現賑過合縣丁口五萬五千有奇，實係難人之所難。而其妾亦能仰體瑛意，挪祭田銀二千兩以惠陝甘宏道書院及本邑寒士，可謂毁家紓難，殊屬深明大義識大體云。

生等細核李氏五世行誼，或克敦門内無忝所生，或利物濟人解囊不吝。夫爲善者固多，而如李氏五世眞心爲善，傳爲家法，洵屬舉世之罕見，敢邀朝廷之褒榮。惟百餘年來，災民屢瀕於死，能起白骨而延子孫者，李氏高曾祖考之爲力居多。鄉人既借其力以長子孫，而今李氏永抱若敖之痛，閤境人心均屬難安，記云：「能禦大災則祀之，能捍大患則祀之」。前者樓底大水，漂沒村落，所謂大災也。今者遭此奇旱，一縣盡赤，所謂大患也。均賴其力保全，似應永祀枌社，是以合詞恭懇叩乞爵中堂據情轉奏，令士庶在三原縣建立李善人專祠，合家附祀，以慰人心而報有功。如蒙俞允，不獨已作善者其心大慰，知爲善之人終必獲報，卽現作善者信道益篤，不能援李善人忽然中斬之事，灰其作善之念，實與人心風俗大有勸懲。

生等亦知有干例議，何敢冒昧上陳？惟因李善人廷佐好行其德，忽焉中斬，婦孺感傷，士林抱痛，同悲天道無知，只得求表揚於朝廷，共哀伯道無兒，惟有立祀祭於枌社。雖建祠之例原不應濫，而律以能禦大災、捍大患則祀之。義尚可仰邀恩綸，叩懇爵中堂嘉李氏五世之德，哀李氏中斬之遇，破格奏請，在三原北關令士庶建立李善人廷佐專祠，闔境人民感切不朽！除稟撫憲外，專此謹稟。

## 修葺節孝祠啓

節孝祠，所以彰闡教昭、激勸風化之原，人心之所由正也。我國家久道化成，仁漸義摩，至閭閻閨閣之中，亦知蹈道慕義，完名全節，不一而足。如吾原自國朝來實千有餘人，嗚呼盛哉！此蓋被聖朝之澤爲深且遠。抑以鄉前輩及夫村氓里嫗，惟節烈賢孝是尚，其得於觀感者亦多矣！歲久祠幾圮，見者心惻，欲有以修葺之，不使穿漏致諸貞魂不安。舊有木坊名板，缺者補而書之。且欲周牆嵌石，齊題姓氏，俾覽者易考。並於正堂前更建三楹，以爲享祀之所。顧無所出貲，而官府亦以公私之迫而無暇及也。茲啓賢士大夫、好義長者，或巾幗之賢而慕其芳型，或子孫之孝而念其先德，解橐以助，俾肅重典。在當日冰霜之志、鐵石之腸，固皆率性而行，以求自盡，豈其計此而卒？所以扶乾坤而光日月者，可令其損壞卑陋，日就廢滅？是亦有心者之所不忍也！夫佛老異端之居，棄親毁倫，耗財蠹俗，往往爲之棟宇而金碧之。而綱常名教之重，朝廷旌之，官師祭之，士庶尊仰之，風化人心於是攸關，反漠然不復修理，其於邪正是非之閒爲何如哉？豈吾鄉素尚節義之風，而顧出此耶？益海崇山，知必踴躍。謹啓。

## 重建王端毅公祠募啓

吾鄉端毅王公爲有明一代名臣之最著者，當時雲南、揚州皆敕賜建祠致祭，而谿田馬公嘗乞建鄉祠，嘉靖中玉坡張公又請敕賜三原彰德祠。彰德祠有司春秋次丁致祭，北關西郭門外生祠乃公第六男承禋爲祝公壽而作也，其子孫歲時展拜，同治元年遭賊被燬。顧念無以妥先靈也，因議卽公宮保故第而建祠焉。而彰德祠之傾圮者，並欲補葺。然公族皆清白遺，又亂後多艱困，無可如何。裔孫棫慨焉，乃求麟爲一言，以告鄉之有力而能好義者。夫享祀祖考者，子孫之志也；景慕前修者，鄉邦之思也。古人於爲政之所經過之地，往往於其邑之先哲賢德爲之營祠宇、修墳墓、表遺書、邺後嗣，固其流風餘韻足以感人。而秉彝之良、懿德之好，後之人亦有發於不容己者，而況其子孫乎！況其鄉人乎！又況其道德功業之偉如端毅公者乎！況其樂善重義之多且誠如吾鄉之紳士者乎！是有聞風而樂助者，昔恭毅溫公爲公修西園墓，近中書孟熙李公又補刻公遺集。今日之祠安在？無復以二公之心爲心者乎！永前烈之風聲，竦後賢之模範，匪惟棫所深祈，亦麟等所厚望也！

## 繼捐煮粥募啓

嗟乎！兵戈未休，年不順成，哀我人斯，窮蹙日甚。今歲三四月間，飢餓死亡慘不可言，見聞所及，誰弗惻憫？然賴仁人長者捐助錢米，猶多全活。今復冬寒，糧價尚昂，秋禾不收，二麥未種。稍能自支者，將不知爲來歲之計。而遮體無衣、半菽未飽之人，幾不能自存。況無家之婦、無父之兒、無人收養之老病愁苦尤可憐念者乎！張子所謂「疲癃殘疾、惸獨鰥寡，皆吾兄弟之顛連而無告者」。文王發政施仁，必先窮民，嗚乎！誰非一體，忍使之不得其所乎？瞿敬菴大令、撫憲委查南門，獨感於此，已爲安置空屋，使人守視，日煮粥食之，兩月餘矣。適調乾州轉運，復拳拳屬官紳以終其事，惟經費尚憂不足，又思無款可籌，亦仍不能不重有望於仁人長者。惻隱之心，人皆有之。在素封之家、多錢之賈，固知觸目慘悽，分餘潤寡。而半盎之粟、分文之貲，皆可隨心施捨，積少成多，但得活一人卽救一人之生，多一日卽延一日之命。古人有言：「分千樹一葉之影，卽是濃陰；減四海數滴之泉，便爲膏澤。」沾盆顆粒，可續殘喘；漬釜淋漓，亦潤飢腸。天有好生之德，人有不忍之心，惟此善端，豈敢謂其小惠！況今大難，尤當念吾同胞！賀某謹啓。

## 復曹氏定昏啓 戊辰

數年擇壻，詩書期臭味之同；兩姓合歡，媒妁訂婚姻之好。實關天幸，良慰我懷。某人令伯父房下冢男，知讀父書，冀門閭之能大。而某故大姪房下長女，粗嫻姆訓；侍巾櫛，其尚堪柯斧誤煩，松蘿敢附。繼澠池之家學，是卽爲吾族之光。守江左之儒風，願並勉大家之誡。此其欣荷，曷易形容！

## 復張氏定昏啓 壬申

伏以名高三世，仰前朝忠孝之風，盟訂百年，聯今日婚姻之好。敢辭非耦，實屬良緣。茲承令器長郎束髮讀書，義方有訓。而次姪孫女織紝助奠，懿範未嫻，乃柯議之遽，申復瑤箋。而下賁務，學詩而學禮；期紹前徽，勿俟著而俟堂。願遵古道禮成親，迎倫重昏，台命是從，私悰輒布祇覆。

## 復王氏定昏啓　戊寅

少時筆硯，早通翁舅之交；知友門牆，雅識淵源之自。復蒙婚訂，殆有天緣。令長男映墀秀才，儒業是修，不甘流俗。舍五弟小女肅姐，姆儀粗習，殊愧德容。誤煩匪斧之求，實幸施松之咏。所冀深閨琴瑟，勉希梁孟之唱隨。庶幾他日衣書，竊效朱黄之授受。莫名欣慰，曷既敷陳！

## 復毛氏定昏啓　壬午

二南雅化，博士之詩傳猶存。西晉名賢，吾家之儒宗有愧。敢蒙緣契，辱締婚姻，良慰我懷，莫非天合。伏以令冢男秀才儒修有志，知衿佩之非榮。而某長女薄質，姆訓粗嫻，僅帚箕之堪役。誤煩匪斧，遽欲委禽。禮自重夫，昏情豈牽於末俗。前休克紹，願更擴勁草之風；正學交資，將益增慶湖之色。詎勝欣荷，何可喻云！

## 創建朱文公祠募啓　己丑

自堯、舜、禹、湯、文、武以來，惟孔子實爲生民所未有；歷秦、漢、魏、晉、隋、唐而下，惟朱子亦集諸儒之大成。九州四海無地不讀其書，萬古千秋何人靡尊其道？是直溯淵源於鄒魯，固宜隆俎豆於廟庭，而昭代崇文又躋哲位。晦翁正學獨定儒宗，乃異説之爭鳴，使微言之幾絶。良知興而別立旗幟，漢學盛而益墮榛蕪。欲人人知有考亭，必處處重其祀典。比拜經於滎緒，思遙接千載之心源；擬築室於雲臺，願益開三秦之風氣。國初顧亭林、王山史以朱子曾有主管雲臺之命，爲之立祠。

茲於三原北城購地建祠。以祀文公朱子。且藉以爲鄉塾之所，俾來者興起焉！憫斯文之如綫，可坐視乎？愧吾力之甚綿，竊有請也。異端鬼教之宫猶多解橐，先覺大賢之宇豈惜集裘？學士大夫皆與有責，仁人君子所宜共襄。惟望同心，自應量力。將見正人心以息邪説，庶幾發吾道之光；行且道德一而風俗同，或有裨聖王之化。謹啓。

## 謝柯學憲保奏啓　辛卯

伏以星軺薦士，尺書叨華衮之榮；天陛錫恩，一札荷綸音之寵。名譽豈純修之慕，揄揚闡斯道之興，自非我公，孰識此意？茲恭遇學憲大人遜菴先生，名馳冀北，節秉關西。懷冰鑑以衡文，握玉尺而量士。春風澤廣，體貧寒而悉屏陋規；時雨化均，拔優異而都歸上舍。謂造士莫先敦品，欲爲儒必在讀書。經史齊刊，思挽回三秦之風氣；葑菲並采，何誤及一介之品題？先辱造盧，公下白屋之士；忽登奏牘，人歌緇衣之詩。頓異頭銜，猥蒙首選如麟者，學慙爲己，老不如人。恩貢成均，空竊明經之號；官名學正，時懷修行之羞。雖略窺濂、洛、關、閩之正途，究未得格致誠正之實學。久無心於榮望，遽刮目而過褒。縱欲爲士子之矜式，未免增此生之愧恥。敢不堅持晚節，刻厲初心？恐玷清朝，對蒼昊而身心勤檢；期明正學，遵紫陽而著述公傳。豈張僕射之待昌黎，感恩有之，知己未也？學陸稼書之於敏果，只論交道，不稱門生。惟冀鑒原，益深銘激！

## 移復太華書院稟　代瞿良彬　戊辰　文似不完

司殿九十間，木料價直或木廠新料或舊料或樹材，均已照估大略。若純用舊料及樹材，則無需此鉅數。但舊料多係民房，在民間買賣，造屋則可，或造别房亦可。若修嶽廟，尋買民房，未免褻瀆。且疑與爵帥去殘安良、視民如傷，撫憲躬行節儉、拯救災黎，憲台大人觀察長安時，賑饑平糴期裕民食之意，均有未合。職彬奉札來華估工，伏念憲台捐廉修廟禮神爲民之意，敢不盡心節估，務求工確料實以垂永久。但司房數多工大，勢難裁減。然嘗聞唐韓文公、狄梁公，宋程純公、朱文公，元許文正公，明胡文敬公以及我朝湯文正公諸先賢，類皆闢邪說，除淫祠。今皆崇祀廟廷，表表古今。蓋所以爲世道人心計者，其功甚鉅也。

查司房九十間，所祀八十八座神像皆經典所無，非淫祀而何？夫華山爲五嶽之一，典禮攸崇，至尊至重，何可以經典所無各神使之配祀？且司殿已被焚毁，或可暫緩其工。蓋與其沿舊規以害教，孰若復古迹以重儒？與其空耗鉅費而揚佛老之餘波，孰若興葺名區而扶孔孟之正脈？且與其娱耳悦目以極遊觀之樂，又孰若讀書養性以爲人才之儲？查省志，太華書院爲明儒馮少墟先生建，在青柯坪下，尚有舊址可考，當時從學者三百餘人，著有太華書院會語。今既不可復修，而上麓玉泉院屢經修理，規模愈壯，有泉石之勝，無市井之喧。仰對三峯，俯瞻涇渭，左右勝槩，清邃環合，眞羣居講習藏修之所。況講堂齋舍略加整頓卽合事體，不致大費物力，可否作爲太華書院，以復少墟之遺風？雖國家儒學書院各處有之，而名山佳境、寂寞清曠之地，尤有志於爲己者之所最宜。此書院者果其延請天下有道眞儒主講其中，專以講明正學爲事，則關學日興，教養成就。必有高才碩士相繼而出，於以仰副朝廷育材敦化之意，其有利於天下國家亦豈淺鮮？而大人興學造士，休風餘韻必將播之遐方，傳之來世。而今日之太華書院將與嶽麓、鹿洞比隆。竊以大人平日崇尚儒術之心卜之，知其或有合也。較之修葢司房，其爲是非取舍、輕重大小葢有不待再計而決者矣！又況省此經費，卽可略充山長束修、士子膏火之用。就使不足，或别籌款，並請爵、撫兩憲一爲措意而已裕如矣！昔朱子興復白鹿洞，以爲長民之吏不得不任其責。伏願大人力爲主張，以幸關中學者！職彬才識淺陋，所請一切是否有當，謹將玉泉院繪圖貼説賫呈憲台鑒核示遵。

以上四卷興平門人馬鑒源養之甫編輯。

清麓文集卷十八終

# 清麓文集卷第十九

自咸豐初年至光緒癸巳

三原賀瑞麟角生著
同里劉嗣曾孝堂校刊

## 詩

### 續懷人詩十一首　并序　咸豐初

去歲有懷人之作，尚嫌未盡，今復得詩如其數，題曰續懷人詩。已懷者不在，此言情之什，不計工拙，呵管直書以御窮冬云爾。

才豪氣猛一崔侯，湖海精神百尺樓。拍案舌鋒驚四座，談經目炬燭千秋。澄清孟博空存志，流涕長沙未解憂。擬有太平書十二，明珠暗處不須投。崔獻夫

萬書堆裏絕塵埃，冰雪奇文一卷開。家有元方難作弟，人如祐甫總憐才。相逢一見渾如識，坐話連宵喜同陪。自古甘涼悲壯地，重聽往事數低徊。崔寅堂

米珠薪桂正窮途，阮籍年來一腐儒。偶得奇文聊送鬼，蕭然短笛異吹竽。弟同杜甫三人瘦，貧極相如四壁無。獨有詩才天不靳，飽將佳句網珊瑚。楊梅友

年光有限苦蹉跎，未得相從載酒過。老輩禮因知己減，詩人情是愛才多。尚傳早歲文章伯，卻到中年感慨歌。先生有「人到中年百感生」之句。寄語江東羅隱道，瀛洲佳會定如何。先生與石才俱設帳涇干劉正甫。

君眞濁世佳公子，能使輕浮習氣除。愛我疎狂多遠志，當時資助買奇書。西窗夜雨論文後，北面春風聽講初。爲問毛詩兒讀否，圍爐燈下課何如。張孝先

勝地鷦鷯借一枝，鵷鸞何事願棲遲。因緣彼佛憑誰悟，骨肉斯文有夢知。論世每懷千載上，立身共勉百年時。石才贈余有「百年恥作不聞人」之句。邇來可有飛鴻到，一寄新吟幼婦詞。羅石才

一事年來感不禁，牀頭壯士苦無金。空成僻性山難改，縱買奇書債已深。正咏草堂工部句，忽彈流水伯牙琴。故人河潤多沾溉，知己天涯有客吟。羅寶方

幾度西窗翦夜鐙，相期九萬化鵾鵬。座閒風雨知名士，皮裏春秋耐久朋。書富汗牛憑我借，才高倚馬讓君能。陽陵久已傳涇野，豈爲文章價倍增？王海天

少猷年少志觥觥，英挺文章衆已驚。共道右軍工楷法，更憐小宋著才名。異書鱗列高連屋，大翼鵬飛遠計程。看取青雲遙接引，金鰲頂上讓君行。梁少猷

紈袴由來不悞身，書生半是可憐人。多財家世青氈舊，有用文章白屋貧。抵足連宵冬惜別，嘔心一病臥經旬。庸醫那解相如渴，扁鵲誰能觸手春。常蘊卿

繼起孫劉更有人，毛生明月是前身。昌黎敢序張童子，太白先交賀季眞。定許說詩能法祖，還教捧檄早娱親。相期只有寒窗苦，從古名流不負貧。毛魯芹

## 題玉泉院希夷洞　甲寅

人願先生醒，我愛先生睡。古今多少人，醒時不如寐。

## 同仁齋仁甫諸友會於仲丹閒遊沙苑分韻得林字　庚申

良友別經年，聚首忽自今。相見翻喜極，何以談素心。散步遊沙苑，道契益以深。遠山明夕照，秋色滿樹林。碩果尚不食，晚翠含森森。相期保歲寒，無使霜雪侵。歸來惕流情，遑復汗漫吟。

## 仁齋先生東歸作詩留別即用原韻送之

吾友辥仁齋，心期有千載。而我蒙枉顧，箴警厚相愛。所愧駑駘資，鞭策敢自外。學以敬爲先，勉力煩苦耐。揭來別我去，新詩更垂戒。大學以終身，況有齋銘在。先生曾爲余作復齋銘。

## 讀仁齋先生作漫賦

我讀先生懷先隴，藹然仁孝發深省。我讀先生小山歌，居然學術相切磨。從來爲學如爲山，直欲登峯造其巔。從來爲學是爲人，立志無忝生我親。昨聽先生講中庸，此意默會心怦怦。達道有五孝其一，達德智仁勇居終。非孝道無本，非勇德不成，舜、武、伊何人？大孝達孝子。職共學行固自勉，知耻弗措尤服膺。苟吾親之有子兮，乃吾親之不死兮。苟吾學之純備兮，如爲山之不虧一簣兮。蓋孝乃率性之道兮，學乃修道之教兮。吾敢不戒懼慎獨而自甘於不肖兮？吾敢不致曲誠之存心致知、下學爲己，而徒貽登山者迤邐闊步峻處便止之誚兮？先生又不可以不詔告兮，我讀佳詩心好樂兮。匪云報兮，欲不自棄而自暴兮。幸毋以爲躁兮！

## 答毛君　世煒用原韻　庚申

於今斯道竟誰宗？嘆息程朱不再逢。俗士高才矜倚馬，異端枯坐説降龍。豈知大學尋途轍，未向蒙時受冶鎔。日用諒君功積久，肯從詩句話從容。

## 題毛君疇德堂壽字軸

一朝喜溢疇德堂，滿堂和氣天致祥。屏聞壽字如人長，常令四壁生輝光。君家耕讀世無忘，先疇舊德壽而康。此軸希夷眞蹟强，醜拙何敢污上方？我言雖陋意則臧，願書祝君世業昌。身安畎畝冀豐穰，心劬詩書慕賢良。邇來農功徯雨暘，但勤耰耡聽上蒼。久矣士風重詞章，抗志潛修脱名韁。早完租稅奉吾皇，孝弟禮義樂徜徉。心苗時恐學殖荒，不留稂莠雜粃糠。我更有説非夸張，周以農興孔學倡。世澤萬古有餘慶，事非所擬理不亡。如此疇德願始償，敢弗黽勉日就將。傳之永久壽無疆，主人莫笑狂生狂。

## 輓清野王先生　辛酉

夫子鄉邦望，胡天不憖遺。平生敦古道，一旦失人師。霽月光風貌，渾金璞玉資。更難親桀訓，猶有典型垂。慈孝眞情裏，文章樸學中。諸孫相繼死，老淚數悲窮。聞道能安遇，治經重反躬。遺編皆手寫，可惜未收功。細字平生跡，防人誤魯魚。屢言傳我意，重寫篤倫書。數卷心難泯，千秋願竟虛。師門常恐負，付託定何如？先生嘗輯篤倫書，欲以淨本付麟。羣盜縱橫日，焦勞聖主辰。但當憂畎畝，無可展經綸。淺薄慚桃李，尊行仰洛閩。此心難自昧，爲向九原陳。

## 詠琴　六首

遺歌獨抱古瑤琴，風雨閒窗寫素心。最是鐘期今不見，幽懷未肯覓知音。

何人能識此幽懷，文操虞絃趣並佳。一自襟期千古上，撫桐絕不染淫哇。

淫哇眩俗未能除，操縵安心且閉廬。養爾中和存正性，不教忿慾塞靈虛。

忿慾如何古調彈，調絲原是審音難。齊參舊譜求眞賞，一曲松風萬壑寒。

曲高非是爲人知，玉軫金徽靜爾儀。個裏雅音須自會，罣然遠望曠然思。

思爲末流扶正聲，一彈再鼓不勝情。但教絕響終能繼，一洗人閒俗耳清。

## 蒲之坂　爲任道泰作　癸亥

任生任生，爾乃古帝舜之鄉鄰，先人累世大河濱蒲之坂兮。偶登臨慨慕元德兮，萬世無比倫。然而舜何人也？予何人？天之賦予甯不均。聖與人同理自眞，有爲若是毋逡巡。書上有辭今尚存，大孝得親而順親。我胡未報罔極恩，耕稼陶漁歷艱辛。我獨安飽恆因循，好問好察功何勤？隱惡揚善量何寬？樂取人以爲善，無一毫私吝之牽。善言善行若決江河兮，又何其虚明無累而渾乎天理之純。我不能質疑辨難，惟師友之是親，我不免矜己薄人黑白之過分。我無知而自以爲知，未能而自以爲能，豈復虚懷受盡言？而氣稟之拘、物欲之蔽、習俗之狃尚未克，聞義而卽徙，見善而輒遷，是則可憂也。勿謂舜大聖而我凡民，如舜而已矣。敢畏難立吾志兮，開胸襟持吾敬兮。培本根窮吾理兮，博文篤吾行兮。反身於虖我，苟不如舜兮，徒爲鄉里之恥。世俗訕誓發憤兮，堅吾心有不學舜者，將有鑒於山川之神。

## 紀事詩　爲劉季昭作

風雲冥晦天色黄，白日慘淡無輝光。渭水奔號怒聲激，妖氛突起沙苑傍。憶昔宣尼謹華夏，春秋一字嚴隄防。王者雖宏覆載量，内外出入辨昭彰。況是花門天驕子，德義羈縻初不妨。何意唐家一借力，中原從此留豺狼。豺狼兇狠自搏噬，千載肆毒吞秦疆。此物驍騰氣勇決，殘民何異驅羣羊？同治元年月初夏，殺機忽啓明欃槍。屋舍延燒盡焦土，屍積原野高如牆。積火焚膏痛赤子，開棺剖腹挂人腸。草木爲腥川流丹，獰勢崢嶸還獗猖。輦載金銀豈能數，麥穀何止十年糧？數十州縣無完村，況多絶滅成空莊。死者已矣生更苦，逃離轉徙形倉皇。但得全身脱禍厄，儉德避難易所臧。劉君年少未更事，乃有遠識行慨慷。室廬財物何足計，奉母偕妻宜遯藏。當時那能免逼迫，書來爲我道其詳。初遷邠寧范家原，繼播華池猶恐惶。決計東渡大河水，僦屋桑泉稍平康。爲客雖好何如歸，將軍破賊晨夕望。昨喜家書報消息，連搗數穴寇已攘。雖有餘孽如釜魚，兵威豈可螳臂當？所幸孤村猶保全，伯兄聯族大義倡。敝居已託人守護，母心翻欲返北堂。爲念吾秦盡蕩析，雖歸卻是慚流亡。願作一詩聊紀事，患難他日無相忘。我亦同邑避亂人，挈家流寓汾水陽。聞君歸去極心羡，故國山河引領長。但恨欲歸歸不得，無家遠地徒悲傷。傷心先隴長荊棘，兩年不撫梓與桑。宿鳥猶知戀舊樹，人生爭肯羈他鄉？世亂踪蹟一萍水，便尋樂土知何方？況復中庸重素位，此理與君須細商。禍福得失有何定，且教隨遇能主張。自然流行亦天道，豈有雨露無冰霜？强分悲歡究何益，據理而觀皆平常。憂患由來卽玉女，敢將此意尤穹蒼。經歷險阻心愈亨，烈火爭出百鍊鋼。眼中干戈尚未已，會洗甲兵挽天潢。俟命但存動忍志，飽讀古書彌堅剛。

## 示楊開

天地既生人，此理自全賦。但爲氣稟拘，又爲物欲錮。遂令天性漓，沈迷竟不悟。所以古聖人，以學爲首務。學則始爲人，不學如泥塑。馬牛而襟裾，此語可弗懼。然而後世學，往往又多誤。哀哉趨俗異，柰何舍正路？豈知明義理，將還天所付。三綱既勿淪，九法那可斁？聖賢亦人耳，終身以仰慕。小子勿自棄，要在用心固。

## 示郝森著

聖門有教法，雅言詩書禮。程子本四書，大學尤其始。及至我朱子，又恐無基址。特輯小學書，做人之所以。三綱九條目，直與大學比。尊敬如神明，魯齋識誰似？後來辟胡陸，個個得力此。醇儒固皆然，雖遠不殊軌。維彼陸王徒，求高恆藐視。問其成就處，多染釋老旨。人而有弗學，學必審其是。斷當守正途，先從小學起。譬如堅轂軸，方可適萬里。又如江河流，必溯源頭水。熟讀而精思，終身此踐履。蒙養苟能端，聖賢固可企。

## 紀遊留别仁齋先生並霧崖精舍諸子

前月二十八，絳州初啓行。爲訪知心友，欲過條之陽。明日發聞喜，晦日涑水旁。運城觀鹺海，初一抵解梁。解梁山萬丈，直下至曹莊。張愧菴館曹莊。不意仁齋翁，忽逢此一方。中宵話不已，私衷喜欲狂。阻雨六七日，偕我朝渡黃。西風吹不晴，三宿虢市場。虢鎮彭老鋪。才覺雨點住，東村訪志滄。杜君洲。行行西原上，閻家復留觴。十五中秋日，倏忽雲退藏。上天如解意，爲洗明月光。譬之祛物蔽，義理自昭彰。人心無陰晦，白日何煌煌。久客翻思歸，欲别意轉傷。爲我再暢論，太極剖其詳。此事非淺涉，所貴窮毫芒。老眼眞勘破，纚纚復洋洋。先生喜我來，及門會此鄉。十七送我去，諸生攜歸裝。半途偏遇雨，形勢若倉皇。前村不可覓，復返主人堂。泥行數十里，意氣轉平常。尊師兼厚我，此意胡可忘？任生最英挺，杜子更精强。二閻何醇質，性謹才亦良。我亦相顧樂，諸君願承當。中州多賢軌，程邵遺澤長。不負先生期，正學將日昌。夜深不能寐，紀此舒離腸。明晨當開霽，汾雁且北翔。

## 北歸仁齋及諸友送至虢鎮以此别應須各努力分韻得須字

每思相聚樂，離羣又索居。明當分袂去，且復住斯須。愧我學力淺，不自覺狂疎。所賴斷金友，輔仁道兩需。講論心愈闊，觀摩善亦儲。臨歧各有贈，努力爲純儒。精神益剛果，明新端其趨。戒懼凜存察，始終永弗渝。窮格精以博，所知非偏隅。更期實踐履，矢念絕浮虛。天理日以充，人欲日以祛。常畏我友朋，卓與古爲徒。苟不此惕勵，歲月浪馳驅。無以報知心，負慚當何如！爲己復爲己，所貴宏遠圖。兩地若一堂，豈歎吾道孤？

## 贈劉季昭

患難思益友，更念骨肉親。不憚河山阻，豈畏秋風侵？余訪薛仁齋，陟條渡黄，乃轉臨晉。仲氏客桑泉，遠來爲訪詢。與君適相遇，流離故鄉人。不鄙我迂拙，招飲何殷勤。君年方弱冠，氣象頗循循。能掃綺羅習，已覺邁等倫。妙質貴强矯，好學諒日新。願君讀正書，洙泗並洛閩。聖賢千萬言，本以美吾身。豈徒干聲利，狂走沈迷津？況君厚先業，何善不可臻？愼勿牽重貲，懷安遂逡巡。但當立志向，耐煩耐苦辛。人生不滿百，毋爲滚世塵。感此一飯意，慷慨且直陳。君子宜有造，莫厭語諄諄。

## 別來做得甚工夫分韻得學字

我生愧愚魯，荒疎寧罔覺。讀書觀義理，所見未超卓。勉力日用閒，言行恆多怍。矯揉雖百端，方信氣質駁。邇來深自省，終是無操約。一敬貫知行，此理眞不錯。動静均有事，方寸實關鑰。但恐放逸久，未免猶把捉。我聞朱子言，提撕只略綽。願事此終身，庶幾對症藥。良友問新功，正欲同商摧。古人重輔仁，愼勿惜磨琢。斯道久塵封，人事日摧剝。聖賢眞意在，吾儕貴講學。

## 題畫虎

我聞姜太公，韜略開周基。又聞張子厚，臯比爲人師。壁上忽生風，長嘯想雄威。苟占大人變，文章炳盛時。雖自臥深山，百獸且遠馳。眞性總英豪，皮相空爾爲。

## 留別閻永卿先生

我愛閻先生，頗有古性情。老嗜讀書録，披誦手不停。秉心薄名利，教子朱與程。身家一以禮，鄉學更欲行。謂鄉約學校。願言扶吾道，此邦合主盟。

## 久雨不得渡河口占

陽氣羣陰蔽，秋雨久不晴。村裏牆頭倒，田中禾耳生。安得風師力，一掃太虛清。須臾紅日出，澄波萬里明。

## 榴

何年來安石，今朝花爛熳。定知結子時，磊落金盤薦。主人且將護，絳萼常璀璨。

## 次張伯立贈別韻　二首

聖賢事業總無垠，此別相期更講論。任重莫忘肩荷志，先須努力挺吾身。

連綿秋雨感無垠，卻喜同遊共講論。此後場南深養護，雪霜莫使暗侵身。

## 途中有感又用伯立韻

茫茫天地大無垠，道體原來一例論。若信混然無閒處，敢將私意小吾身。

## 登九龍峰次仁齋壁閒韻　二首

蚪嶺巉巖最有神，豈因登覽厭艱辛？買田欲傍高泉澗，亦爲茲山作主人。仁齋買山名高泉。

九龍頂上可怡神，人道攀援歷苦辛。峻處若教無闊步，原來不是愛山人。

## 山中阻雨答玉清卽用其韻

未能歸去且安舒，阻雨山齋好讀書。萬事只當隨遇處，陰晴憂喜定何如。

## 輓余母高恭人　四首　甲子

茅簷春已到，琴署轉淒然。未免中懷痛，都因內助賢。榮封鸞誥下，清節鹿車傳。辛苦隨侯宦，秦中三十年。欃槍忽耀明，花種弄戈兵。枯骨方盈野，夫人亦保城。軍謀資贊助，家務賴經營。明府能攘寇，無牽內顧情。令尹民之父，恭人實母慈。白頭鴻案冷，赤子鴈鳴悲。難女能收養，逃民爲賑飢。賊破涇陽，民女逃出者多十歲許，恭人恐其失所，悉者收養衙署。諸縣難民至原者，皆無食，又給餅食之。仁恩徵淑惠，道路口如碑。未遂龐公隱，荊南夢已荒。千秋遺範在，五福令名芳。伉儷悲元相，哀榮感異鄉。桂蘭森樹立，泉壤疊恩光。

## 爲張童子存之書扇　乙丑

誰家此佳兒，兩目炯炯秀雙眉。汝今七歲時，問汝讀書欲何爲，好從少小培根基。養蒙書好學規，再將小學熟讀，更精思四書六經，近思、綱目莫停，披處爲純儒，惟程朱是師。出爲名臣，卽希稷契與皋夔。甚勿學世士，苟且功名徒卑卑，如此方不負我望兮，爾父所期爾存之兮。知不知。

## 勉學詩　用楊龜山此日不再得韻

我生遘陽九，世變驚滄桑。憂患皆玉汝，安敢尤穹蒼？所嗟術業寡，虛擲白日光。四十不爲老，揮戈效魯陽。憶昔趨庭日，嚴訓秉義方。弱齡游黌序，頗如劍吐芒。繼悟戈名利，斯道何足臧？辛苦非爲己，本心日賊戕。誓甘貧賤守，衡門樂糟糠。不踏長安月，十年此退藏。予自二十七八絕意科舉，今十餘年。抗懷千載上，洙泗仰遺芳。我聞聖可學，但憂志不剛。洛閩傳心法，主敬勿徊徨。涵養久自熟，諒知滋味長。處事貴精密，諷書宜端莊。博文爲窮理，豈曰事詞章？知而有弗行，如話說一場。反躬保萌蘖，勿使牧牛羊。如何多閒斷，不助便卽忘。無聞誠可畏，振拔益精强。誰謂江海廣，終許一葦航。虛名究何益，安靜用吾常。時聞劉霞仙中丞已奏保舉予孝廉方正，故云。此學庸久晦，自古道非亡。出處有時義，未肯空悲傷。俛首但勤讀，一任笑予狂。

## 希初梁侍御蓮開邀賞漫賦小詩贈之

我聞周夫子，嘗著愛蓮說。由來花君子，自與羣芳別。又聞辥先生，屢題五友詩。雅抱尋常外，深情結蓮知。遙遙數百年，此意有誰會？解人不可索，褻玩等蕭艾。一朝繡衣客，盆池列十餘。濯以涇渠水，戲以清溪魚。不染還不妖，天然絕雕飾。世人重牡丹，焉能比香色？我愧周與辥，多君偶相邀。對此浄植姿，頓覺煩慮消。因之悟妙理，通直本無欲。渾然太極圖，主靜但凝綠。古人愼幽獨，非急後世名。芳心自如洗，香遠而益清。繡衣有眞賞，昔年照蓉鏡。翱翔金門裏，蓮炬常輝映。歸來臥林園，種花寄滋培。惟竹饒勁節，惟梅調眾材。葵藿滿階除，亦存淵明菊。斯民方荊棘，荷裳未可服。願君如船藕，徙開十丈花。奇芬辟惡穢，清風散天葩。

## 補祝蓮花生日希初侍御索詩勉賦四絕

逐時紅紫爛如堆，何事蓮花祝幾回。一自濂溪清賞後，肯教容易此花開。

爲祝花生花未生，新詩賦罷水盈盈。可知洗濯功深後，纔到開時香便清。

君是玉皇香案吏，春風領管到秋風。就中偏祝花君子，碧葉接天十丈紅。

平生多負好花期，豔李穠桃總未知。陋質自慚無慧業，一聞蓮社又攢眉。

## 元霄同諸友集敬義齋分韻得金字　丙寅

新春苦人事，拜謁紛去臨。良友聚元宵，聯此談素心。斛塵驚撲面，書味少浸淫。故人具杯酒，幽齋喜同斟。培養自循省，新功恐浮沉。俄復憂世變，瘡痍感最深。社鼓方震地，四野多呻吟。城中燈火紅，災黎血染林。相關誰休戚，野夫淚盈襟。仰天對明月，孤力慚獨任。先憂與後樂，窮達具此忱。持以告吾輩，狂迷良足箴。青陽正在望，但當惜分陰。所願勤淬勵，百鍊爲精金。

## 葵翁先生謝事將歸蒙賜留别之章謹次原韻勉成二首奉餞車塵少伸愚悃

急流勇退幾曾聞，此去荊南卧白雲。愧我久參桃李末，如公眞是鳳鸞羣。忠謀城社卒安堵，回逆之變，力保危堞，卒得無恙。清節江湖亦報君。御筆褒題僚屬薦，上憲以公守城功，題升乾州，且有御宸書名丹毫記注之語。浩然歸興仰高芬。

可堪驪唱耳邊聞，留别詩成降朶雲。夙契文章空說我，公昔閱卷秋闈，每以不得余文爲恨。晚親道義忽離羣。兒童故里迎歸旆，婦孺窮簷話使君。共擬桐鄉朱邑祀，士民欲爲公立生祠。師門常此薦芳芬。

## 題桃菊小幀　二首

晴崖無數小桃新，好鳥飛鳴樂意眞。何事風聲驚鶴唳，令人欲訪武陵津。

肯同凡豔逐春光，飽歷秋風晚節香。共說陶家崇隱逸，歲寒仍自傲嚴霜。

東宗洛

日者讀華翰，三五日惠來。如何竟不至，卻使我疑猜。或爲書味美，心思日以開。或爲驕陽盛，齋戒事深培。或爲牽冗務，欲行且徘徊。草堂久孤悶，東望知幾回。君如肯顧我，往尋白雲隈。勝境一追逐，庶其散積懷。

## 題彭森圃司馬武夷攬勝圖

我生願學朱紫陽，服膺廿載焚瓣香。永懷遺蹟空彷徨，欲往從之阻遐方。武夷自昔傳漢唐，南宋倍覺增輝光。山川今古何否臧，大覽過化不尋常。況是巒壑圖經詳，丹臺紫府仙人場。清溪九曲流湯湯，衡湘司馬今子長。馳驅王事來閩疆，振衣偶登千仞岡。攬勝欲去心難忘，繪出眞形隨豹囊。年來關輔橫豺狼，大兵征討需餽糧。戎幕鹿原辱君鶴，謂我宜留翰墨芳。好山未到如望洋，把筆欲下頻慙惶。紫陽去後八百霜，精舍可存舊宮牆。大隱屏前仁智堂，宗風未泯何人倡？桃源曾否覓漁郎，櫂歌聲中誰舟航？知君到處興軒昂，豈爲烟霞痼膏肓？千巖萬壑羅中腸，晚對儀刑恣徜徉。精舍有晚對亭。軀蒙鄒嶧探微茫，此山發軔雲水鄉。身輕足健精神强，五嶽萬里徐翱翔。人生出處時偶當，山林仕宦無閒忙。顏氏陋巷甘糟糠，勳業伊呂遙頡頏。日昨妖星倏滅亡，天意震怒我武揚。行見洗兵雷雨滂，元老壯猶森棟梁。功成長揖東歸裝，磊落豪氣仍開張。更入寶山搜琳琅，古書飽讀彌堅剛。明察典禮提宏綱，幽索造化窮毫芒。學則純儒治純王，三聘豈容終遯藏？丹穴鳳鳴世歸昌，要輔吾君坐垂裳。我亦未辭狂生狂，意氣每欲淩八荒。三登太華猶慨慷，夜觀日出海山蒼。何時千頃窺汪汪，幔亭細說同平章，由來親歷非張皇。

## 和李鏡湖詩

朝聞宣聖訓，生死待推尋。豈弄精魂異，須憑道力深。燈明中夜燼，春返故園林。一息猶吾志，餘暉等惜金。

## 秋雨不止賊踞城外讀梅友斷炊詩賦此　丁卯八月

四野無煙久絕炊，賊梳兵篦不勝悲。半餐半飽爭愁我，百萬流民正苦饑。

## 楊梅友六十

一生秋味只君知，誕日西風初到時。但得承歡猶有母，不愁慰志尚無兒。樂天時飲陶潛酒，憂國常吟杜甫詩。況是高風希陋巷，壯懷千載以爲期。

## 挽劉正甫

一自遭兵燹，東西避亂身。君居古豳館，我過大河濱。兩地遙相憶，重生轉覺親。左陶兼右邵，詩律期更醇。去臘借余淵明及擊壤集。誰知冬晚見，永別忽今春。老尚吟詩苦，心仍講學眞。相見輒索規勉之語。新詞纔賀我，元宵前一日聞余生子，曾寄賀詩。巨著自傳人。前以平生所著詩冊見貽求序。可怪妖氛逼，銜悲畢命辰。君卒二日，賊復破涇西關。

## 季誠將別留詩卽用原韻答之　戊辰

遠來誤汝鹿原行，豈有斯文共講明？不畏妖氛方梗路，獨知吾道不干名。西銘尚溯橫渠學，三聘須安莘野耕。歸去好尋堯舜樂，相期勿負歲寒盟。

## 集毛詩送謝季誠歸郃陽　八章章四句

二月初吉，惠然肯來。六月徂暑，言告言歸。
于胥斯原，將翱將翔。之子于歸，在洽之陽。二章敍歸也。
瞻望父兮，憂心忡忡。以祈黃耇，溫溫其恭。勉孝親也。
無母何恃，亦孔之哀。式相好矣，兄弟孔懷。勉敬兄也。
夙興夜寐，古訓是式。我之懷矣，敬明其德。勉修學也。
高山仰止，河水洋洋。以近有德，于何不臧。勉求師也。
亂靡有定，豈不爾思？我思古人，畏天之威。
我友敬矣，周道如砥。遹觀厥成，大邦有子。二章望成也。

## 集毛詩賀新庠生娶妻　八章章四句

青青子衿，思樂泮水。雝雝鳴雁，求我吉士。
觀爾新昏，高山仰止。如鼓瑟琴，我心則喜。
小子有造，薄采其芹。有齊季女，于以采蘋。
天作之合，爛其盈門。令德來教，懷我好音。
有女如玉，髦士攸宜。維士與女，威儀孔時。
及爾偕老，之子于歸。敬之敬之，德音莫違。
在泮飲酒，克定厥家。親迎于渭，其新孔嘉。
黽勉同心，與子偕臧。以祈爾爵，邦家之光。

## 遊終南小寨竹園

聞道西村勝，名園綠繞城。竹疑千畝密，水愛一渠清。野老攜新釀，秋場積晚秔。會當凌橡嶺，明日重九將登樓觀。一覽渭川平。篔簹百畝綠雲天，況有清溪水繞田。擬作碧琳宮裏住，讀書原不讓神仙。程明道詩有神仙居在碧琳宮。

## 遊樓觀有感

賊火無端遍渭濱，紫雲樓中有臺名。不復聳嶙峋。青牛一去無消息，空說長生誤世人。紫氣當年偶入秦，無端關尹此傳眞。西行宣聖何曾到，萬古人知講五倫。

## 九日同仁甫暨諸友登說經臺　分橫字

我聞終南勝，偕友三日行。經臺作重九，頓覺心目清。千林自秋色，曲曲流泉聲。陰雲忽遮嶺，山月漸失明。因茲慨今古，大道嗟晦盲。誰哉講聖學，時仁甫爲諸生說大學。斯民苦戈兵。老氏談無爲，殿宇空崢嶸。秦關半焦土，經閣任圮傾。但切胞與懷，方恥爲獨成。彼人亦吾徒，良知原性生。歸去勤省勵，術業期尋精。寥寥二千載，一新三代氓。出門眺羣壑，願天開霽晴。明當陟絕頂，吾意方縱橫。

## 同諸友登煉丹峰　分紅字

何處尋丹竈，秋林間綠紅。羣山如虎踞，一徑闢蠶叢。志抗青雲上，人來紫氣中。吾儒修煉處，無事鼎爐功。

## 經臺遠眺

荒臺高處望分明，渭水西來綺陌平。可惜蒼黎塗炭甚，當年豐鎬舊周京。

## 下山

關門獨坐不男兒，攬勝探幽未覺疲。亦信吾儒本經濟，躊躇幾度出山時。

## 遊樓觀臺歸寄謝環中雲衢二道士

名山佳處訪仙流，飯我青精數日游。君似大顛情太厚，退之卻愧少衣留。

道人卻肯讀儒書，案有朱子書。天命何曾內外殊？試問平時存養處，軒名存養。顯微體用定何如。

## 登椽峰示諸生

由來山路總崎嶇，氣定心剛步更徐。崖外深臨無底壑，莫矜大膽太豪麤。

澗流峰峙自年年，秋葉紅黃樹萬千。欲見好山眞面目，聳身須到白雲巓。

## 鄠縣尋明道先生主簿舊所書懷

孔孟道失傳，有宋占星聚。濂溪既開先，伊洛屹砥柱。明道鄰生知，絕緒紹千古。時年廿二三，宦秦爲鄠簿。藏錢無證佐，一問乃立剖。欲斷石佛頭，佛光遂不覩。始爲令所輕，神明誰敢侮？獨此關學脈，横渠亦幟樹。内外未能一，定性答覼縷。大公與順應，敬義爲之主。卓哉一篇書，微言闡鄒魯。豐水尚東注，終南高莫伍。斯文光燭天，聖學開茲土。所以朱晦翁，欽佩深有取。朅來此遊歷，官署今講武。爲駐防營。植槐不可見，吾道傷榛莽。愧我四旬餘，無聞安足數。遺書空誦讀，歲月究何補？誓將奮吾志，終身奉繩矩。自私用智習，除之力宜努。關洛本一轍，期以振三輔。

## 渼陂

鄠杜城西古渼陂，徵歌載酒泛舟時。世事滄桑經幾變，新篁空翠杜公祠。工部詩有「空翠」句，後人取以名亭，今已燬。

## 王季陵

自古開王業，厥惟姬周盛。太王初肇基，王季乃篤慶。因心友其兄，德音自清靜。所以太伯智，獨能知其行。三讓固至德，季實感以性。後世紛紛論，毋乃爲季病。至人本公心，豈曰覬天命？我來拜陵下，肅然爲起敬。仰思豐鎬治，偉哉聖傳聖。

## 鄠縣城南

明道當年簿鄠時，天然風景天然詩。傍花隨柳知何處，欲起先生一問之。

## 攜酒飲瀑湍上

川原多少望霖人，雷吼風狂信有神。爲酹龍君一杯酒，遍施甘雨澤三秦。

## 高觀峪龍潭用明道先生韻

千巖晴靄曉光紅，來看龍潭第一峰。崖噴怒濤飛冷雨，壑懸怪石吼陰風。驚疑天地斡旋日，指顧雲雷變化中。便是出山潤枯槁，淵泉深溥不論功。

## 草堂有感

草堂山寺太平東，勝跡燒殘劫火紅。惟有圭峰青不改，晴巒千古插天空。道體

稻塍麥隴望平蕪，豐鎬西周此故都。爲憶緝熙心法在，漢唐以後繼來無。聖學

古今俯仰歷千秋，唐宋題詩壁上留。拂讀徧無明道句，明道遊鄠山十二詩。寥寥正學有誰求？崇正

西來羅什此傳經，殿圮臺荒一塔亭。寂滅何曾脫生死，徒留誕妄誤人聽。黜邪

## 遊靈臺作

秋晚南山陰，曉行傍豐水。訪舊來周京，靈臺尋故址。西風黍離悲，偕友適憇此。徘徊詠雅什，遐情生遙企。庶民歌子來，父母眞孔邇。囿沼環其側，魚鳥亦欣喜。世德仰作人，鼓鐘懷前軌。每慚百代下，不爲辟雝士。惜哉周道衰，蒿目嘆痯痯。凍餒復焉往，草舍獨棲止。內有草屋，難民止宿。聖學久無傳，棫樸誰興起。豈知敬止功，關睢應麟趾。民風兼儒術，登高竊內恥。猗歟太和休，心渴何能已！

## 過馮少墟先生關中書院

昔讀少墟集，豁然開心目。今來遊書院，遺風想教育。關學啓横渠，馬呂尚追逐。末世傷衰微，吾道孰與復？先生起三秦，直聲動輦轂。都門建首善，歸臥太華麓。開講慶善寺，聽之皆誠服。陋隘不能容，當事乃此築。大哉善利圖，苦心知者孰？遙遙三百載，斯文可一哭。紛紛求青紫，還珠盡買櫝。羣居競葩藻，日夕坐仰屋。邈矣洛閩傳，足音在空谷。一聞學聖賢，包羞頸屢縮。不則望望去，任情肆謗讟。人心奚以挽，自懼還自恧。平生空奢願，程朱竊私淑。道術何由明，敬爲先生祝。

## 釣臺

桃花春水錦鱗肥，坐對南山釣未歸。豈有飛熊曾入兆，一竿風月老漁磯。

## 遊太平峪訪明道先生遺跡

明道遺蹤此地傳，太平峪口萬花前。奔流波浪爭趨海，矗立巉巖欲倚天。霽月初更東嶺出，危橋百丈半空懸。祇嫌未到深山裏，雲際峰頭枕石眠。

## 同主人遊半耕園

名園清景舊徘徊，亂後荒涼歲一來。佳木干霄失松竹，小山塞徑長蒿萊。但看綠水方池滿，猶有黃花老圃開。最是主人能好客，閒遊幾度肯相陪。

迴廊曲榭已成休，山徑猶堪到小樓。古石端嚴如正士，老藤蟠結似潛虬。總教花有宿根在，要看渠常活水流。我欲讀書瀟灑處，可知曾許借來不。

## 遊東初野園

不曾門戶不牆垣，野趣無邊到此園。落葉西風秋鴈影，斜陽北陌遠煙痕。荷殘菊瘦蔬盈圃，池靜渠流月滿軒。爲語主人好培護，還期春煖過花村。

戊辰九月，張君宜堂邀同楊仁甫遊終南，偶有所作，宜堂輒録於冊。十月復北遊清川，又得詩若干，歸來屢屬書之別紙。甚矣，宜堂之好事也！然亦留他日雪泥鴻爪之跡。

## 遊清川途中作

邱壑愛清川，驅車夕照邊。疎林飛落葉，古屋出寒煙。山近霜風急，天高暮色連。塵勞安敢惜，明日看流泉。

## 柏嶺

草枯花落葉辭林，十月霜風冷已侵。莫道歲寒佳景少，我來爲看柏森森。

## 坐石上濯足

坐石看山日夕曛，粼粼清泚玉生紋。臨流一洗塵中足，要踏羣峰頂上雲。

## 題清川別業後嶺

雷雨何年變化蹤，蜿蜒橫互尚雲封。平生最慕南陽老，也把茲山作臥龍。

## 院中少池屬主人引泉

疏得泉流萬木栽，何如更引照亭臺？不開一鑑方塘裏，鄗識天光雲影來。

## 後山搜泉

拄杖披榛到澗幽，水痕才見便窮搜。憑誰更有開山手，鑿出清泉幾道流。
細流一綫響淙淙，才出山時意尚慵。只爲源頭來活水，終趨東海去朝宗。

## 南坪

南坪遠抱北坪高，樹裏河聲急暮濤。滿地干戈何日息，不妨吟興此清豪。

## 入桃花川

桃花谷口武陵春，恐有漁郎此問津。兵馬已聞驅北地，王師何日定三秦？

## 青映閣對雪

素女來天際，瓊裾下帝閽。寒雲迷澗壑，清氣滿乾坤。一白無山色，微明但水痕。寂寥樓坐久，殊未冷吟魂。眩目疑銀海，蒼茫得大觀。平淮誰〔二〕李愬，臥巷有袁安。烏雀千林寂，江湖一夜寒。獨看松柏色，歲晚碧團團。

## 山中雪夜讀書

殘燈明屋壁，夜深霜氣濃。罷書獨端坐，眞味留心胸。開門雪滿山，霽月照寒松。

〔二〕「誰」：疑爲「維」或「惟」。

## 墮水

危身忽墮水中天，事過追思尚惕然。履薄臨深明訓在，平生多少負先賢。
未能浩蕩逐羣鷗，豈有屈原抱憤憂？恐是龍君憐我甚，塵襟俗慮濯清流。
欲寫臥龍溪石巔，未除豪氣易清淵。吾家狂客應輸我，不醉公然水底眠。
爲學通身須入水，我聞此語晦翁傳。淺深今日曾親試，欲駕長風萬里船。

## 贈張宜堂

失足魂驚幽澗濱，感君扶救百年身。卻慚入水猶能濕，功力何當到古人。

## 清川別業感述留寄主人

在昔趙宋時，天下四書院。嶽麓與鹿洞，聞之尤心羨。爲有朱張賢，吾道明燦爛。關學久不振，胡元宜悼歎。誰知黃渠脈，猶能延一綫。偉哉李子敬，興教獨吾縣。顏以學古名，大意斯可見。知友惟蕭同，協謀定獎勸。此風有孰續，林泉更足戀。清川名勝地，何當羅羣彥。期以發聖藴，再使風俗變。名山不朽業，義舉諒無遜。

# 挽劉毓英　己巳

昔聞李善人，仁聲著東里。厚德鍾一鄉，君族亦繼起。累世好施卹，惟君尤濟美。池陽五百村，凶歉盡遭燬。先事築堅城，巍然今獨峙。哀鴻孰安集，兵荒惘桑梓。慷慨二萬金，庶以蘇瘡痏。二事眞卓見，餘行多類此。天宜善是輔，仁固有壽理。德星忽韜光，造化難料揣。道路爭嘆息，災黎淚何已？況君崇正學，刊書惠多士。夙願未盡酬，傷哉吾道否。君嘗刊行正學諸書，猶欲續刻朱集。我讀善明傳，拯急德莫比。人呼續命田，高風炳前史。齊書劉善明傳開倉救急，多獲全濟，鄉里呼其家田爲「續命田」。又誦景洪語，活人功足紀。所以後隆山，有穀詒孫子。宋史劉沆傳言其祖景洪嘗謂：「我活萬人，後世必有隆者。」因名所居山曰隆山。嘅君古人心，芳徽信齊軌。濡筆懷義舉，千秋媿吾誄。誰復哀煢獨，干戈猶未止。慘淡峨山雪，嗚咽清溪水。

# 重遊清川

未厭邱壑志，重來尋舊遊。良朋約四五，問源清水流。水聲無改移，山光自悠悠。嚴冬變炎夏，倏焉忽及秋。霜雪挺松柏，昨歲遊此，正值大雪。今復林葉稠。果熟收後澗，豆緐盈前疇。禾黍紛茂美，鷄犬散陌頭。豈如山外人，荒歲頻抱憂。我生非清狂，亦欲淩滄洲。已登太華頂，終南奇遍搜。昨歲同仁甫遊終南鄠山。尚當瞰東海，登泰思魯叟。武夷雲谷間，跋涉未肯休。塵機慮見擾，莫慰心期幽。兩年偶憇此，勝地難久留。終將老泉石，暫遂下居謀。何時具謝屐，歷覽馳九州。

## 山中秋夜

微雪暗星光，涼風動樹影。中宵起讀書，院深蟲吟靜。怡然有所思，懷古心耿耿。此道無終極，山水細參領。秋燈照端坐，庶幾思慮整。

## 庚午重遊玉泉院希夷洞

繞洞泉流復坐聽，舊遊廿載感重經。太平未定知何日，莫怪先生睡不醒。

## 宿北峰有感

我爲名山幾次遊，相迎都是羽人流。中宵讀得西銘意，翻重同胞陷溺憂。

## 觀雲臺峰壁上題詩有作

絕少晦翁衡嶽句，亦無明道扈山詩。胸懷未據三峰上，恐被山靈例見嗤。

## 蓮花峰

西峰萬仞鬱岧嶢，十丈芙蓉插碧霄。試問何時開玉井，青葱終古不曾彫。

## 由西峰至仰天池

萬壑松風飛瀑聲，明星玉女認分明。舉頭帝座通呼吸，手把芙蓉朝玉京。

## 題仰天池

白帝峰高感慨生，烽煙數載暗西京。何當一倒天池水，永爲人間洗甲兵。

## 下蒼龍嶺題壁

三峰奇絕倚天高，遊遍歸來興尚豪。平視眼前無底壑，朗吟龍背和松濤。

## 嶽廟感懷　分巖字

會友來嶽廟，三峰仰巖巖。欲傍名山老，古書開琅函。

## 靈峽書院感賦　分相字

聖道久湮塞，此學復孰倡？平生輔仁友，得交辥與楊。鵝湖仰遺跡，邀集太華傍。故舊幸歡聚，門生亦各將。三日留嶽廟，講論殊未央。復趨竹峪裏，靈峽新書堂。主人皆吾黨，雅欲赤幟張。干戈既可逃，讀書更深藏。水聲響日夜，山色圍青蒼。但念盛會難，良覿豈可常？及時願交勖，漫作話一場。操存敢微懈，邃密期細商。素心矢古烈，晚節貞孤芳。諸君盡英妙，志氣宜軒昂。所貴惟精一，洛閩有周行。虛無功利習，辨之在毫芒。舉世奔富貴，溺志尤詞章。聖途視發軔，端要用心剛。處則匿巖穴，出則立廟廊。道義兼經濟，庶幾吾道昌。且修名山業，茲地多輝光。幸勿忘追琢，大雅金玉相。

## 中秋邀同梅友宜堂賞月山中而適值輕陰以一年明月今宵多分韻賦詩　拈得明字

我始營山齋，便覺山月清。邀我愛山友，中秋看月明。浮雲暗天宇，未愜山中情。出門久凝立，萬籟秋有聲。人生多悲喜，天難定陰晴。挑燈共歡坐，吾樂正縱横。瓜果隨意啖，尊酒還同傾。涼風動高興，笛響如鶴笙。紫陽有遺韻，羣童互歌賡。時梅友弄笛，宜堂與諸童子歌朱子琴操。農田矤望雨，枯槁憂村氓。焉知明年夜，萬里冰輪擎。

## 鏡湖尊兄惠寄山居詩感幸之至輒繼高韻奉復呈覽

夙有山水癖，林壑尋勝賞。結廬清涼麓，平生釋夢想。嵯峨矗西北，高山可時仰。土室八九窟，經營戒鹵莽。居然環堵成，面勢平若掌。荒穢知幾年，一朝爲滌盪。願言畢暮景，於此靜中養。偶然率吾徒，三三而兩兩。所期探理蘊，眞知不影響。董相一言妙，學問須勉彊。操持苟不息，道機庶日長。棨阿諒永失，可復攖塵網。如驅萬里車，中途勿停輌。如捕巨壑蛇，全力期獲蟒。如繫單于頸，名王使頓顙。豈是半僵蟲，不痛復不癢。山林固自尊，吾意益肅爽。閉戶甘遁迹，精舍聊自榜。鏡老愛我厚，崇岡肯屢上。移居果來陶，開徑不須蔣。前有卜鄰山側之語。清渠共濯纓，雲山敢獨享。伏櫪志千里，我輩自骯髒。窮達理無異，胸次何融朗。素志重求友，輔仁老可仗。感君贈我詩，秋燈動書幌。愧無瓊琚報，巴吟輒漫往。

## 仇壽軒李鏡湖楊梅友王新齋白温如李蔭南梁希初諸君約以重九過我山房走此奉邀並索和章

紅葉千林別有春，一渠清水浄無塵。諸君肯發登高興，我願東山作主人。

## 中秋觀月分韻　得明字　辛未

人生三萬六千日，能得幾回看月明。況我山頭明更好，世人那識此般清。

山月今年明更明，晴空絕少片雲生。老夫亦解貪佳景，卻有三農望雨情。時秋雨尚難，安麥未穩。

## 題高覺堂風雨歸舟圖

濟時正賴作舟才，既倒狂瀾挽欲迴。郇料一天風雨至，舵工急喚早歸來。

## 示李德矩兄弟　匪莪二子　辛未

爾父勤修學，從遊二子俱。不憂徒步苦，未覺吾道孤。孝弟家庭謹，詩書晝夜劬。簞瓢饒至樂，努力勉醇儒。

## 畫馬圖

若有人兮富都雅，顧盼據鞍欲上馬。丈夫自古多英姿，攬轡直思清中夏。騎戰一心成大功，平時深穩來階下。相骨相皮稱驥德，巾靴控馭果誰者？久旱苗枯我心憂，恍疑龍種畫工寫。安得行雨李衛公，須臾淋漓馬鬃灑。

## 陪仁齋及諸友遊半畊園賦詩 分遲字 壬申

益友辱來訪，名園偶去窺。盛會聚同志，時同遊共三十人。況復暮春時。魚鳥不驚人，飛躍皆天隨。生意著花木，欣榮各無私。曠懷企狂點，風浴爲酬知。眼前紅與紫，一一造化爲。童冠既歌咏，豈不樂在兹？諸生歌晦翁、魯齋諸詩。身心幸無累，坐久話襟期。隨在取適意，逐物易荒嬉。游衍興無窮，忘歸非所宜。願言坐吾廬，日賞東山奇。光景足怡悅，不嘆夕陽遲。

## 又遊清川卽用仁齋韻

明道行樂地，花柳過前川。晦翁尋芳日，東風識春妍。藏修而息游，此意何能捐？所以鼓瑟人，異撰聖師前。北原有勝境，上溯清水邊。暮春偕吾友，往陟柏嶺巓。平生山林癖，奔趨如慕羶。埋頭豈書册，到此心豁然。果樹雜禾麥，無數出流泉。山花開爛熳，澗草紛芊綿。濯足石崖側，人語空谷傳。童冠互歌咏，行行斷復連。武夷雲谷地，余舊以此語題之。何當永盤旋。歸宿主人廬，敬我貌尤虔。滄洲趣非遠，愧未謝塵緣。

## 九日登堰口西山分韻　得短字

幸無風雨來，重陽結同伴。行行清水灣，千林秋意滿。陟彼西山頭，坐立各蕭散。定性殊未能，敬功易續斷。我友爰下詢，敢弗竭愚款？肴酒情極歡，清嘯吹玉管。紅葉亂夕陽，童冠歸緩緩。乘興復隨時，莫嗟白日短。

## 癸酉初春山中卽事

洞天幽處樂遐心，剝啄無端客又臨。惱得山妻閒不得，入山卻笑未能深。

## 山中元宵

厭觀燈火聽笙簫，獨向山中坐寂寥。內子聽書兒女笑，人間無此好元宵。

## 嬌兒

新歲嬌兒五歲餘，攜書問字笑牽裾。魯齋樂府晦翁句，卅首琅琅上口初。

# 和允臣兄見贈之作

一紙清詞墨尚新，涇干未許步芳塵。初約涇干之遊，以事未果。久思舊學商吾友，每撫孱軀愧古人。道統千年同仰魯，心傳一脈獨宗閩。隱微但覺庸虚甚，主敬工夫總未眞。

# 又用其韻二首

斯道如君約共修，早春峪口肯來遊。商量舊學書同訂，敎誨佳兒志可儔。命子永貞師余。日用實功終覺欠，聖賢眞境更何酬？講深祇恐翻言別，天遣飛花作石尤。時雨雪。

久思閩洛步芳塵，下手工夫貴得眞。但要心中常有主，每從静後好尋春。詩書玩味層層進，義理澆胸日日新。純備做成終久大，願將此語證吾人。

# 同梅友宜堂奉陪余葵翁先生遊東初野園示詩命和謹次元韻呈政

水繞亭臺樹作垣，爲貪野趣絶啾喧。洞開闥室分秋色，卻笑人家小小園。
秋深老圃晚蔬蕃，玉本瑤簪秀野園。也識先生蓴思切，暫游聊爲挽歸轅。
太守同驚雪滿鬚，勸農曾見舊田夫。秋風晚節花邊坐，笑說人猶識故吾。
未愁日暮且踟躕，陪賞寒花未歎孤。鐘鼎有人皇路去，留看風月作潛夫。時梁希初侍御入京補缺。

## 九日登嵯峨與諸同人分韻　得今字

嵯峨百丈此登臨，高會龍山往蹟尋。涇渭濁清渾一氣，菊萸黄紫但長吟。荊山帝鼎風雲杳，秋雨唐陵草木深。載酒殘碑猶快讀，谿田遺韻到于今。上有谿田先生碑。

## 壽梅友

自古詩人一例窮，昨宵天宇動西風。陶潛杜甫皆無壽，爭似梅花老放翁。龜山老去尚傳經，萬首新詩待殺青。業有千秋終不朽，此君莫只祝遐齡。

## 張虚谷爲予畫有懷圖作詩謝之

我生獨抱風木悲，春暉永逝無由追。欲藉畫圖寄遺蹟，當世荊關知是誰？鄜西畫士張虚谷，蓆帽布韈野翁服。翩然襆被遊青門，風雨長安共一屋。長安牡丹人競趨，雲林那復知倪迂？我獨憐君畫無敵，請君貌我風木圖。憶昔垂髫學識字，亂繙書紙只兒戲。殷勤爭似高堂心，口授指畫正音義。義曉音明芹茆香，秋風秋雨槐花黄。扶杖同踏曲江月，望榜空添兩鬢霜。霜鬢慈親苦更歷，柳母熊丸歐母荻。雪晨赴館寒溫鑪，燈夜課詩冷陪績。績聲已去書聲稀，可憐遊子身上衣。密鍼細縷舊痕在，猝見猶教雙淚揮。揮淚黄泉久不作，圖成不覺轉驚愕。頓忘此時心中憂，恍見當年膝下樂。膝下之樂眞更眞，抱圖無語潛悲辛。天涯不少遠遊客，與君同是銜哀人。

## 乙亥九日偕諸同志清涼山寺登高以張南軒九日開尊仍絶景西風欹帽且高談 分韻得尊字

登高冒雨扣禪門，偕友層樓一倒尊。九日霜風寒北斗，三秦形勢衛中原。縱難采菊芳情遂，猶得歌詩笑語溫。卑邇工夫堪自娱，中和微旨要重論。時講定性書，馬生養之執以已發而有未發者存爲言，不合而罷。

## 同瑞莽尊兄暨及門諸子重遊清川 庚辰

不到柏泉幽，光陰歲五周。扶笻先看水，攜策便登樓。池裏荷將滿，新開蓮池。門前竹更稠。寄言同志侶，佳境幾回遊？

## 知足圖題辭爲何耐生作

維皇降衷，性稟自天。仁義禮智，萬善備焉。至貴至富，不加不損。充然具足，是曰大本。胡世之人，終日營營？決吾性命，利欲交爭。膏粱文繡，惟求其得。窮通好醜，冥不覺識。卓哉何君，知足繪圖。騎馬騎驢，而又推車。境本不齊，道則一致。素位而行，君子之事。惟命所定，不敢不安。惟義所在，精力是殫。我告何君，其毋自足。輕外重内，正學益勗。正誼明道，無爲而爲。豈曰邀福，順理無危。非聖之書，一切屏棄。自全其初，日履安地。君嘗誦佛經及功過格，故云然。

## 新昏詩爲劉昇之作

天生斯人，厥有五倫。造端夫婦，乃制婚姻。萬化之原，生民之始。男女有别，成以六禮。維禮之壞，親迎不行。男弗先女，剛柔曷明？褻狎戲謔，浸至反目。德音一違，天翻地覆。勖哉吾子，尚振夫綱。雝雝鳴鴈，親奠於堂。簪花披紅，聒雜俗樂。皆屏不用，一洗陋惡。求我吉士，載咏閒關。宴爾新昏，景行高山。新婦偕止，承爾宗事。彼柔以正，此和而義。

情欲之盛，宴好之私。不形動靜，無介容儀。交道接禮，無曰或苟。如兄如弟，如賓如友。身範宜端，嗜好勿偏。閨訓宜嚴，邪異勿牽。夙興夜寐，必戒必敬。内外以辨，嫡庶以正。以助爾德，以成爾家。毋習富驕，而事奢華。不妬不忌，下逮婢妾。宜爾子孫，繩繩蟄蟄。修身行道，夫子勖哉！古人有言，教婦初來。爾之教矣，婦胥傚矣。清麓作歌，維以告矣。

## 正室篇爲張濬作　甲戌

太極陰陽，陰陽五行。乾道坤道，男女以成。惟此男女，萬物化生。其在於人，有夫婦名。夫婦居室，大倫斯續。道所造端，豈曰情欲？古稱有别，有禮非俗。一倡一隨，恩義乃篤。胡今之人，率頹其綱？誰則如賓，舉案相莊。養成驕妬，義失柔剛。不能正室，夫也不良。實惟昏禮，萬世之始。勖帥以敬，以嗣先妣。何獨不然，著堂是俟。男不親迎，又焉責彼？君子慎之，先修其身。執贄以見，三周御輪。其鈞維何，維絲及緡。如兄如弟，宴爾新昏。肅爾賓祭，孝爾姑舅。敬爾伯叔，妯娌以厚。無違宫事，巾櫛箕帚。教婦初來，琴瑟以友。女有四德，德言容工。幽閒貞静，淑慎溫恭。無非無儀，而代有終。肅肅雝雝，維古媛風。宋有程母，不傳文藝。内言不出，禮義匪細。縱多才辨，究亦小慧。雅戒長舌，乃階之厲。荊以爲釵，布以爲裙。服飾悉歸，桓氏少君。衣裳酒食，是謹是勤。敬姜猶績，豈其未聞？四德而外，三從之義。恆其德貞，曰无攸遂。又有七出，常切省記。秉彝沖沖，爾心無貳。鼇降載書，關睢首詩。陰教不修，惜無女師。論語孝經，女所當知。班氏七誡，溫公雜儀。訓女有文，女小學隨。女語女經，雖近俗淺。婦女讀之，所貴明顯。理純詞正，閨門宜勉。朱訓講學，尤爲要典。學既講矣，大義以明。黽勉同心，家道之亨。晝共鹿挽，旦聽鷄鳴。古賢夫婦，曷弗光榮？維爾丈夫，敢勿行道。端本守禮，圖之宜早。德音如違，豈曰靜好？我作銘詩，尚其深考。

## 張宜堂女字詞　甲戌

女子之生，坤道其質。柔順有常，安貞則吉。陰教不傳，閨範胡述？四德三從，孰守勿失？既悍而驕，亦淫而逸。性躁心荒，弗敬閫室。維爾讀書，小學已悉。經語訓文，誦習既畢。今加爾笄，爾髮整櫛。爰告爾字，字爾靜一。靜則幽閒，一則謹密。秉心沖沖，防身如律。往之爾家，亦由以出。無貽親罹，是爲爾德。

## 教女八綱爲女肅作

我朱子，示女教，曰正靜，首最要。不正靜，人恥笑，辱父母，爲不孝。曰卑弱，義主柔，曰孝愛，婦職修。彼驕悍，家之憂，曰訢誶，成釁讎。處妯娌，處伯叔，及親黨，曰和睦。能敬讓，見賢淑，家人宜，乃致福。逸則淫，肆則荒，曰勤謹，家道昌。荊爲釵，布爲裳，曰儉質，古孟光。能逮下，曰寬惠，無疾妒，樛木繼。惟婢僕，亦加意，飢寒恤，勿峻厲。果若此，已堪稱，尤所重，大義明。曰講學，有典型，不講學，亦冥行。學何講，必正道，年雖幼，學宜早。孝經讀，論語討，女戒誦，家範考。今有書，所當知，女兒語，弟子規。養蒙編，小學隨，訓女文，幸勿違。若學詩，若習字，若算法，若繪事。世教女，惟才智，我告兒，要德備。

## 訓王氏女

天生男女，道本乾坤。厥有夫婦，是曰化原。男先於女，禮重親迎。惟順而柔，婦道以正。往之女家，夙夜無違。以謹天命，彼倡爾隨。爾讀爾書，聿修厥德。爾佩鏘鏘，行靡有忒。錫爾奩鏡，端爾儀容。守口如瓶，爾言由衷。爰習爾工，酒食衣服。髹爾紡車，勤則受福。滌爾匜筯，潔爾杯盤。奉賓薦祖，堂上承歡。淑慎溫恭，相爾夫子。我老何求，正學繼起。豈不爾念，義難復留。必敬必戒，無貽我憂。

## 有行篇送毛氏姪

人道正始，婚姻以時。今汝有行，我其命之。古重親迎，世罔或知。翩翩壻車，鳴鴈來思。往之爾家，家人是宜。必敬必戒，彼倡而隨。聿修爾德，貞順自持。慎爾出言，安定其辭。正容端己，惟儉質師。縫衣羃酒，女工孜孜。有書有瓶，有盤有匜。壺筯金鏡，紡車爾貽。堂上承歡，閨中無違。謹爾賓薦，無非無儀。昔依膝下，父母爾慈。敬守爾身，茲當遠離。小心下氣，坤道謙卑。夙夜無愆，尚無遺罹。

## 勸賑诗篇

嗟乎！兵戈未休，年不順成，哀我人斯，窮蹙日甚。今歲四月閒，飢餓死亡慘不可言，然賴仁人長者捐助錢米，猶多全活。今復冬寒，糧價未減，貧民幾難自存。況無家之婦、無父之兒、無人收養之老病愁苦尤可惻念者乎！張子所謂「疲癃殘疾、惸獨鰥寡，皆吾兄弟之顛連而無告者」。文王發政施仁，必先窮民，嗚呼！誰非同體，忍使之不得其所乎？瞿敬菴大令、撫憲委查南門，獨感於此，已爲收置空屋，使人守視，日煮粥食之，兩月餘矣。適調乾州轉運，復拳拳屬官紳以終其事，惟經費尚憂不足，仍不能不重有望於仁人長者。天有好生之德，人有不忍之心。在素封之家、多錢之賈，固知觸目慘悽，分餘潤寡，而半盎之粟、分文之貲，皆可隨心施予，積少成多，但活一人卽救一人之生，多一日卽延一日之命。古人有言：「分千樹一葉之影，卽是濃陰；減四海數滴之泉，便爲膏澤。」沾盆顆粒，殘喘能蘇；漬釜淋漓，飢腸亦潤。嗇於用者未必常豐於財，厚於人者何至終窮於己？惟此善端，豈敢謂其小惠？況今大難，尤當念吾同胞，併述俚言代陳哀。

## 籲

惟天生人，惟人有心。心具四德，元善爲仁。仁者之量，萬物一體。痛癢不關，是謂心死。誰非同胞，父乾母坤。命之不齊，貧富乃分。婦兮無夫，兒兮無父。老病殘廢，世間最苦。彼飢我飢，彼寒我寒。日夜啼號，我心何安？一夫失所，古人是恥。見餓莩者，食便不美。凡此惻隱，人皆有之。物欲交蔽，未免自私。古有渡蟻，古有活鵲。豈其愛人，反不如物？或則修廟，或則飯僧。獨此救貧，而力不能。一錢投缶，也爲一事。解帶置庭，亦足倡義。人肯施捨，豈待有餘？升斗之水，能濟涸魚。捐我錢米，活彼性命。所費者輕，所全者重。有財不散，撲滿奚爲？錙銖亦吝，心忍理虧。眞實爲善，豈必望報？積慶降祥，自有天道。我勸世人，隨處推恩。善人有後，大爾子孫。

## 中秋賞月 分韻得當字 丁亥

月月夜有月，亦天道之常。八月十五夜，如何月倍光？天高秋氣爽，所以清輝揚。況值新霽後，人意亦徜徉。設筵當階上，待月聊舉觴。果肴雜羅列，笑語樂未央。間及月中影，諸君願細商。白兔與桂樹，此語誠荒唐。山河及大地，先儒理略長。不如横渠説，陰陽精互藏。中天一輪滿，仰瞻獨煌煌。天時與人事，所慨安可量？昨歲我病目，未得娱一堂。幸兹天宇闊，雲翳無侵傷。孤光照遠近，浩氣無邊方。人心如明月，勿使物欲戕。老我無一能，吾友各激昂。玉匣開寶鏡，此景何可忘？作詩爲言志，豈笑吾人狂？倡予將和女，拙朽猶能當。

## 感事自警二首　辛卯

昌邑空教用意深，當年暮夜枉懷金。四知家法今猶在，肯負先生清白心？

鱣堂講學想功深，何事猶來暮夜金？未説四知難妄取，人生安可昧良心？

## 立春口占

雪封梅蕊香猶閟，凍合柳條色未新。莫道臘殘凋落甚，今朝先占一年春。

## 過馬嵬口占二首　癸巳

馬嵬坡下可憐吟，千載孤墳緑草深。畢竟君王能愛妾，莫教妾負六軍心。

蜀道歸來悲妾身，馬嵬絶命總深恩。報君一死君須記，留取唐家二百春。

## 復性賦

溯降衷於皇天兮，性非我之得私。藹萬善於一心兮，固畢具而靡遺。足能重而手能恭兮，忠與孝非强爲。何斯人之不盡分兮，乃天理其竟虧。羌稟氣之不齊兮，又重之以物欲之。滋棄寶鑑於泥塗兮，如瞽倀倀其何之。我惻然而大懼兮，將獸與禽其類嗤。仰前修而思奮兮，奉明訓爲嚴師。弗汩溺於異説兮，斥淫哇之華辭。階近思而窺聖閫兮，小學築吾以崇基。冀理存而欲遏兮，貴敬義其夾持。尚勉勉以無怠兮，庶有策於駑疲。白日驁其不止兮，年忽逝而莫追。苟因循而弗自力兮，老將至又焉悲。慨全受而非全歸兮，將負愧於無涯。聊誦言以自警兮，懔方寸之莫欺。

## 知愧賦　爲李椿蔭作

予胡爲乎蒙深垢兮，不知其非。將貽親以憂與辱兮，爲衆所譏。痛賦質之闇昧兮，弗見懷而思威。既事過而寒心兮，汗浹背以沾衣。豈不誦夫聖言兮，等無知之蚩蚩。抑嚴師嘗提耳兮，竟反面而輒違。及內悔而知愧兮，欲盡反前之所爲。誓發憤而自新兮，滌舊我以清漪。輕與惰其矯警兮，亟邪妄之克治。言由中而事循實兮，毋文過以自欺。恐愆尤之叢集兮，恒惕惕而履危。不戒謹於厥初兮，及徵色發聲而已。遲卑自牧以下人兮，惟善類之是依。敢臨深以爲高兮，省我躬之多虧。願補救於將來兮，佩兹言如弦韋。儻故態之復萌兮，洵下愚之不移。

# 箴

## 自警箴　乙丑

爾年幾何，甯不知憂。爾精力幾何，甯弗自謀。爾道德學問之所當勉勵者，又何時而可休？爾乃勞勞於文字，而徒爲無益之應酬。匪教之求，匪學之諏，人長浮華已增，悔尤戒之。戒之惟審己兮，自修毋徇俗而包羞。

## 恒齋箴

羲畫演易，震巽爲恒。雷剛風柔，爲恒之徵。恒訓常久，不易不已。天地常道，天下常理。日月久照，四時久成。聖人久道，萬物之情。維恒則亨，惟貞則利。恒而不貞，焉往弗躓？所以宣尼，垂警承羞。不可巫醫，遑云自修。爲有爲盈，而又爲泰。難乎有恒，入德奚賴？士貴立志，宜確而深。一言之妙，不貳其心。見異不遷，守之以決。初終一致，豈其作輟？性分固有，不敢或虧。職分當盡，有所必爲。事必期成，學必期至。不成不至，掘井自棄。聖人無息，君子自强。恒則專貞，功在勿忘。己百己千，其至則一。永肩一心，勉哉毋失。

## 訓辭五則　乙丑

長幼咸萃，誨爾諄諄。小學一書，所以做人。每日讀之，是守是遵。以明吾倫，以敬吾身。不明不敬，不讀何分？爾容溫溫，爾貌彬彬。爾言恂恂，爾行馴馴。爾志純純，爾功勤勤。朝講暮貫，行思坐吟。豈徒博文，無忝爾親。豈徒誦箴，收爾放心。小學之教，爾胡不聞？

每日鷄鳴，既寤而興。斂形端坐，志肅氣清。或溫舊書，心無雜營。昧爽盥櫛，晨儀乃行。整整嚴嚴，謹爾課程。晨興

告爾小子，尚其敬聽。日暮人倦，昏氣易乘。一番振拔，心愈惺惺。惟日不足，繼之以燈。對越聖賢，朗誦高聲。夜久斯寢，怠肆是懲。齊手斂足，慮息神凝。夜寢

毋恥惡毋思好，毋貪味毋求飽，節飲食以養身，勿飢渴之害心。會食

序定齊揖，垂手正立。溫恭自虛，請業請益。不辨無用，無察不急。有疑則問，無同無襲。退各就案，朋友講習。會講

## 爲張生溫書扇箴

大爾心，遜爾志，溫爾容，和爾氣。勿急遽，勿率易，勿暴狠，勿怨懟。迫狹淺陋固滯，世上都不可意。謙虛巽順斂避，庶幾有造之器。況乎讀書尤宜深邃，非淺易輕浮之可至。苟不變化氣質，殆將終於自棄。

## 屏鏡箴

鏡可鑑形，聖賢之言則可鑑心。以屏代鏡，而若嚴師益友之臨。爾志剛果，爾養靜深，爾學專篤，爾行無愧乎影衾。妍媸好醜，豈俟外尋？皎然不欺，其方寸對儀刑，而書以自箴。

## 示兒子箴

誠意未至，不能齊家。叔父薄德，愧也無涯。汝宜自立，子將汝嘉。老懷苟慰，胡敢望奢？

## 責己箴

學衰德薄，老何能爲？過與年積，願同警辭。聖賢修己，惟日孳孳。永堅末路，道義相規。

## 暇辭　庚辰

爲學之道，反身爲己。撮其大要，居敬窮理。既審其途，力持於終。洙泗洛閩，莫負宗風。

## 祝兒

一理二氣，乃有此身。爲天地心，何以做人？小學一書，人樣斯存。我祝佳兒，無負乾坤。

# 銘

## 進齋銘　乙丑

處世要有退氣，爲學要有進氣。進進不已，乃克有濟。剛決果敢，以掃流俗之弊。

## 潛崖銘

聖人藏密，君子慎獨。彼浮躁者，惟物是逐。静以制動，神明内蓄。

## 簾銘

開門揭簾，徐徐輕手。震驚聲響，不敬之咎。隨事存心，尚無或苟。

## 門銘

誰不由戶，出入是門。匪曰見賓，瞻視必尊。慎爾闔闢，識此乾坤。

## 寢室銘

人道有常，嚮晦宴息。焚膏繼晷，餘功斯畢。夜久乃寢，尤宜整一。冠服有定，中心必式。齊足斂手，安此靜默。無或紛馳，無或昏塞。火滅修容，夜氣勿失。夢寐卜學，操存可識。鷄鳴而起，坐以端直。謹爾思慮，清明齋慄。晝而有爲，宵而有得。衾枕不愧，相在爾室。

## 筆囊銘 八首

格君拜章疏，平賊草露布。述聖傳旨趣，闢邪破謬誤。惟用舍之有時，是以隨所遇而藏宜固。

斯文一線，惟君是考。藏器隨時，干城吾道。

筆之於書，造化在手。何以文爲，括囊无咎。

用則脱穎，舍則處囊。有德有言，與子偕臧。

維管城君，寶茲書田。勤耕以待，自有豐年。

立德、立功、立言，是之謂三不朽。千秋竹帛金石，惟子乾坤在手。

寫乾坤之藴奥，發道德之精英。有時括囊藏其用，不露文章世已驚。

參造化括古今，紉以佩寫我心。

## 支用簿銘　辛未

隨時登記，毋致遺誤。克勤小物，吾學所務。米鹽零雜，勿以俗惡。道心處之，無非理趣。淡泊明志，膏粱〔一〕奚慕？敬事不怠，學規是寓。

## 鐵周尺銘

我慕古人，爰作古尺。古尺云何，維周是式。衆説紛紜，周式亦惑。布腳泉廓，徑寸不失。參較以爲，鎔鐵其質。厥用精嚴，厥體剛直。長短以明，斯無差忒。分寸在心，事物準則。

## 木周尺銘

周尺無傳，紛紛多説。分寸我身，中指中節。大小異形，或優或劣。莽製布泉，厥衷乃折。規木袖藏，玉尺可埒。以此量材，長短以絜。

〔一〕「粱」：原作「梁」，依文意改。

## 方硯銘

堅確之質，直方以大。磨厲一生，斯文永賴。

## 破硯銘

氣骨棱然，求全乃毁。雖毁仍全，磨厲以俟。
嶢嶢易缺，過剛則折。毁自求全，磨之不滅。

## 舊硯銘

自圓自方，不爲俗毁。雖磨胡磷，其平如砥。歲寒相守，惟吾與子。嗚呼石處士！

## 家藏硯銘

祖遺石田歲無惡，子孫耕之世有穫，仁耨義種勤力作。

## 講座銘　壬午

麟與諸生讀書清麓十年所矣。邑侯焦公亟思振興關學，以張吾軍。光緒辛巳初夏，乃倡捐創建書院，前中丞譚公又顔以正誼，堂成，爲銘其座。

自昔設學，匪道何由？教衰習陋，逐末尋流。不誼之正，而利是謀。榮華其言，放心靡收。力扶墜緒，卓哉焦侯！建此堂壇，朋輩優游。學之不講，大聖所憂。皐比我愧，曷應其求？明誠敬義，交進互修。志伊學顔，靑紫虛舟。先聖先賢，尚鑒以幽。斯文不絶，中巖千秋。

## 求放心齋銘　丙戌

靈寶張振之爲求放心之學，久猶恐未得其方，而無以致力也。索銘自警，乃爲銘。

惟人有心，實主於身。惟心有主，是曰天君。天君泰然，百體從令。物欲交引，遂失其正。不操卽舍，放而不存。馳騖靡畢，駟馬之奔。雞犬猶尋，恐不我有。矧茲靈臺，如何弗守？何以求之，敬爲心貞。敬以養性，敬以約情。性定情節，神返其宅。如川有隄，如豚有柵。卽事而在，有感則通。惺惺不昧，窮理反躬。學問多端，此爲要領。克念罔念，庶用深省。

## 朱子祠梁銘　庚寅

維天生民，維聖立教。遵孔紹程，紫陽有耀。俎豆千秋，宜遍鄉校。道統有歸，教忠教孝。清谷之陽，巍然廟貌。學定一宗，後儒則傚。

## 深衣銘

衣必飭練而飾，古有式，四勿力，銘以墨程是則。

## 帶銘

不下道存垂有餘，忠信篤敬吾其書。

## 竹杖銘

心虚節直，君子之德。吾衰誰翼，扶拙汝力。

## 自題棺銘 辛卯八月朔

朝聞夕可，生順死安。寂寞身後，何必美棺。簀但易曾，椁豈榮顔。厚葬不可，聖師有言。諸君愛我，所愧歸全。原始反終，朽又奚論？修身以俟，聊盡餘年。稱心爲好，吾何求焉！

# 題畫扇自警

道不同不相爲謀，胡爲乎圖禪形於扇頭？然如汝之十年面壁堅苦自修，亦可以愧予之悠悠。顧吾儒之學正恐面牆遺羞，豈敢遺事物屏思慮而爲槁木死灰之儔？

# 爲羅友題硯銘 幷引

自宋明來談硯者輒以端溪石爲上品，然亦多爲玩物而已。吾不識硯，吾友既有此，竊願爲文。文山之玉帶，生也可寶，方學長鑒。賀瑞麟

品之端，性之堅，惟翰墨之緣。將欲漸磨乎，聖賢如徒摛藻，采而弄雲煙，吾皆曰不然。

# 石盆銘 幷序

岐山武文炳敬亭有祖遺石盆，在府城舊宅。光緒癸巳，捐宅爲宗銘書院，將以石盆舁歸家塾，求爲之銘，乃作此示之。

汝質雖頑，鑿盆儲水。胡小有疵，求全乃毁。惟雷波公，冒雨㯹止。一泓寒泉，留貽孫子。匪廩匪倉，如沼如沚。匪以飲馬，養魚可擬。匪以蒔花，洗硯足恃。一輪明月，其清如泚。用鑑毛髮，兼滌骨髓。舁寘書堂，銘盤遺旨。

# 贊

## 立雪亭贊　戊辰

按二程外書：「游楊初見伊川，伊川瞑目而坐，二子侍立。既覺，顧謂曰：『賢輩尚在此乎？日既晚，且休矣。』及出門，門外之雪深一尺。」其後朱子輯編近思録亦取以教人。蓋當時師弟一見之頃，盛德誠意真有不待言説而感人於無窮者。爰立斯亭，爲考其事，圖之壁間，并爲贊書匾亭額，以視後云。

昔在杏壇，至聖先覺；曰傳其道，曾唯顔卓。於哉聖師，造化同符；暴以秋陽，點以紅鑪。逮宋二程，心法實紹；尤惟伊川，尊嚴師道。厥有高弟，曰游曰楊；當其初見，相對一堂。先生倦矣，瞑目而坐；二子侍立，罔敢或惰。久而乃覺，顧謂尚留；時日既晚，賢輩且休。二子逡巡，始離講席；及出門外，雪深一尺。仰維伊川，氣象方嚴；雖曰假寐，如尊視瞻。所存貞固，所養純熟；儀範凜然，使人意肅。維時定夫，年幾卅〔二〕旬；龜山進士，才並絶倫。摳衣斂容，惟道之慕；敬恭以俟，踰時如故。汝陽春風，人樂其和；寒亦不知，薰炙已多。德器之粹，師門所喜；羅李而朱，吾道南矣。慨彼薄俗，先生冬烘；弟子從遊，速化爲功。夢死醉生，莫披雪霧；甚則冰炭，漠如行路。教學不明，何有師生？予忝臯比，惕焉愧驚。建亭繪象，德容是肖；高山景行，來者以告。

〔二〕「卅」：疑爲「三」字之誤。

## 桐閣先生小像贊　己巳

關學之興代有其嗣，於惟先生已見大意。剛毅之資，敦篤之情，氣象俊偉，心地光明。今既不可見矣，而敬覩遺容猶存典型。至其道德問學或曰鄭賈之流，或曰程朱之風，或曰欲有用於世，或曰當今第一眞正讀書人，在末小子皆不可得而名。幸忝親炙久切服膺，雖傳心之莫任，庶幾以是而想像其生平。

## 劉香洲小像贊

此香洲君小像也。君有雅趣，性尤嗜花，每當開日，輒置滿前，顧而色喜。其子昇之體君意，命工繪圖，乃求爲贊，贊曰：

眉宇之秀濯，氣槩之浩落，見之者皆以爲傳神，於冥漠而不獨得君形貌之大略。矧君所好瓊英翠蕚，星燦日爍，又可想見其意興之躍躍，胡爲乎注目拈髭，别有所思，而果幽獨其奚若？惟君有心，予乃忖度。蓋將有見夫方寸之地本自宏博，豈可任私意之牽縛？周蓮陶菊，豈云寂寞？傍花隨柳，千紅萬紫。方欲識春風於閩洛，又見夫階前蘭桂，森森卓卓，必栽培之，固灌溉之，渥國楝樑，而家楨幹，乃庶乎其可託。抑以世變滄桑，凶餤之虐，君念斯人，既使之樹嘉穀以安乎耕穫，君前散賑闔邑牛種。孰知荊棘萑苻猶未鋤削？蓋賦谷蓷而歌苕華者，不知其幾千萬億，而亦何心於獨樂？是皆雅志之所存諒，以我爲準擬之非錯，君欲酧乎夙願，此意豈丹青之所得而描摹？

## 畫象自警 乙酉

在易大過之象：「君子以獨立不懼，遯世無悶。」我始志學，即筮此語。深有契乎夙願，自甘藏拙屏伏，奚恨中閒疑忌，幾遭辱困。踽踽涼涼，輒取譏於鄉愿而抗心矯首，卒毅然其不溷。主敬窮理，奉爲成憲，擁書而樂，冀探聖閫。然學雖篤而志未遂，功雖勤而行未健。默憶初心，而所進曾不能以寸也。老矣無聞，伊誰之怨？修省之恐終身之憂，又烏可終安於駑鈍也？深衣幅巾，聊慕古以自娛，誰知余情之繾綣。丹青知我，歲寒松柏將以後彫而爲勸。

## 又題畫象 并序

歲乙酉訪友省垣，岐山武生文炳實從適倩，孔君昭明爲子寫象二幅。一横幅深衣幅巾獨立，予取以自藏。此幅武生欲攜以歸，又索題詞，爲書數語，生或視以爲戒，毋似予之老而無成也。

忠不能致君兮，而孝亦未足以事親。仁無以澤民兮，而義亦深歉乎修身。學欲睎聖賢兮，而莫窺乎聖賢之眞。行期蹈中庸兮，而實遠乎中庸之純。而今老矣，虚度五十餘春，非惟不敢望孔孟之門，尚未步萬一於洛閩。日手一編，冀勉勉而循循，静坐獨思，惟念夫綦竹之衛武，自警以日新，仰後彫松結歲寒之德鄰。

## 頻陽書院五先生贊 癸巳五月

五先生皆富平人，非美原所得專。然五先生之居多與美原爲近，書院鼎新正值頻山之陽，故因以名書院，而遂各爲五先生贊，大書祠壁，使學於此者有所觀感云。

## 張鷃菴先生贊　名紞字昭季

手耘園蔬，清操無匹。滇政課最，天下第一。靖難師入，不惜身捐。功業節義，山斗巍然。

## 李石壘先生贊　名宗樞字子西

政嚴境肅，治有德威。疏劾汪鋐，計陳邊機。風裁幹略，可任大柄。遏寇安民，惜施莫竟。

## 楊斛山先生贊　名爵字伯修

少白兄冤，令大奇之。長學恭簡，聖賢自期。純臣忠君，沈獄不死。大鳥集舍，關西齊軌。

## 孫立山先生贊　名丕揚字叔孝

糾邪發奸，丰采彌厲。拒璫私人，忤時相意。創立掣簽，銓政以平。抗疏致仕，古大臣風。

## 李天生先生贊 名因篤號子德

薦舉鴻博，海内馳譽。國朝大文，歸養一疏。汲引後學，文納名儒。關中三李，獨契中孚。

## 禽言一首 甲子

部催進京，適患足疾，戲作禽言，呈諸友遊一笑：

行不得也哥哥，我到京裏做甚麼？豺狼在野滿眼干戈，赤地千里將若何？無麥又無禾，稻粱計蹉跎。如今世事多風波，溟鵬海鵠遭網羅。況我不能圖南一飛九萬里，朝陽和鳴歌卷阿，自飲自啄安樂窩。我在京裏做甚麼？行不得也哥哥。

此卷大荔門人扈森仲棨甫編輯。

清麓文集卷十九目次終

# 清麓文集卷第二十

三原賀瑞麟角生著
同里劉嗣曾孝堂校刊

## 祭告文　哀辭

### 清麓精舍成告先聖文　庚午

維同治九年庚午八月十有二日丙午，後學賀瑞麟敢昭告於至聖先師之靈。恭惟天生斯人，均畀以性，氣稟有異，罔或能全。惟聖惻然，脩道以教。俾復其初，不終暴棄。明倫察物，脩己治人。匪敬曷存？匪誠曷守？皆分內事，不待外求。道喪學絕，歧途紛如。詞章利祿，尤其馳騖。生心害政，反覆沉痼。聖言日星，弗覺弗省。至愚如麟，賴天之靈。古重爲己，門徑稍窺。干祿志穀，凜然是戒。羣疑衆謗，靡敢有移。邪議獨膺，反經宜亟。買山營舍，清涼之麓。幽寂高曠，以遂夙心。欲與同志，共講斯道。庶幾終身，不負前聞。惟麟積咎，自治弗力。年幾知非，恐終頹墮。將期存之，亦守勿失。神其有相，不即怠忽。今略訖功，鼓篋之始。謹率諸生恭修釋菜之禮，以先賢朱子配。尚饗！

## 正誼書院落成告先聖文　壬午

維光緒八年歲次壬午三月丁亥朔二十有四日，賀瑞麟敢昭告於至聖先師。於惟至聖，修道立教。論語一書，首明爲學。君子學道，學以致道。舍道言學，古無其說。聖學失傳，道術遂裂。俗異曲雜，邪說益熾。濂洛關閩，實得折衷。卑陋之識，因噎廢食。顧以學道，曰僭曰專。或以起爭，或謂涉空。聖賢可學，道不遠人。不知自爲，乃恤其他。欲避其名，必怠其實。存人之見，反以恕己。麟少懵學，幾誤歧途。長親師友，爲己不力。晚落兹邱，寡過修身。於焉終老，別無餘念。何意焦侯，期振正學。乃憫士習，益墮以荒。甘自外道，雖學愈遠。世道人心，所關詎細？建立堂齋，開發聖蘊。四方有志，儻聞而興。謂此公義，我殊慙惶。德慮偏狹，仁憂昏緩。已弗勇克，理未精析。自知已審，遑言成物。尚求切劘，此志敢衰？兹當落成，奠以告虔。冀惠光明，默啓愚昧。朋好羣居，責善輔仁。惟道之明，惟學之講。勿負聖言，勿辜侯意。庶幾巖洞，傳之永久。今以吉日，謹偕賓朋率諸生恭修釋菜之禮，以先賢周子、先賢明道程子、先賢伊川程子、先賢張子、先賢朱子從祀。尚饗！

## 告至聖先師文　己丑

麟以兄喪，不敢與於朔望之拜者已一年矣。今當仲春，入學之初，謹率諸生虔修釋菜之禮。惟麟年益衰頹，初心日負，存省之未密，踐履之未篤，訓迪之未勤，規範之未嚴，人己兩失，時深愧怍。警惕之餘，眞覺夫子所謂學不厭而誨不倦者，難乎其難。然此志耿耿，尚欲振作末路，使聖人之道粗明於世，不終湮塞蔽壞於虚無功利詞章博雜之習。講論切磋，諸生亦各有自成之功，則至幸也。神其相之，以盡餘日。謹以徽國文公朱子配食。尚饗！

## 告先聖文 癸巳

天不已，聖人純亦不已。論語開章以「時習」爲訓，所以教天下萬世學者，親切如此。麟自少仰慕聖學，雖嘗有志，而心未專一，功多閒斷，是皆不能誠敬之。故至今年屬七旬，多病纏身，頹廢益甚，以是大懼，恐遂汨沒此生。夙欲刊布先賢著述，以發明夫子之道，使學者粗知趨向，不至他岐者，幸皆告竣。昨已撤局，稍覺省事。今歲諸生遠來，尚多可告之資。所惜光陰無多，精力日衰，不能大加振發，以啓迪諸生。惟冀神相默佑，愚衷一息尚存，未容少懈。俾得略示端緒，諸生各自奮厲，講論切磋，會文輔仁，有自成之功，且使聖道昌明，人知正學，其於世道人心或有裨益，是麟之幸也。謹告！

## 謁橫渠先生祠文 己卯

麟少讀書，不得其方，汨沒於舉業者幾十年。年二十四，始得周、程、朱及先生書讀之。雖愛慕殊深，而志猶未堅。越數年，乃屏詞章絕進取，又得先生「置意科舉，相從入堯舜之道」及「絕利一源」之說，益渙然無疑。先生之道以西銘爲宏綱大旨，三十年來非不誦習之勤，究未貫徹了悟「實有諸己」，無以仰對先生。蓋立心之剛勇，用功之親切，精思力踐，無先生萬一。關學日衰，自爲不力，殊愧不能扶持振興，以纘先生之緒，每自憂懼爲先生所斥。今者專謁祠下，非徒想慕儀容，亦冀在天之靈啓發默牖，俾遲暮不終頹惰無成。或於斯學少有發明，禮教興行，關學一脈不致歎於中斷，皆先生之惠也。麟懷此忱積有年，所欲又由此，至郿以拜先生之墓，尋當時所謂井田遺跡而觀焉，以事東歸，不克如願，敢并以告。惟先生鑒之。謹告！

## 刊語類綱目告朱子文　丙子

夫子之學，孔孟之學也；夫子之道，孔孟之道也。夫子之書，皆所發明孔孟之書，而文集、語類、通鑑綱目亦無不與四書諸經傳注相表裏。顧三書者，卷帙浩繁，學者或終其身不以接目，或欲求之而不易其得。玆者昇之、質慧兩劉生慨然刊板，將以公諸當世。麟與朝邑党宰潮、楊鳳詔，興平馬鑒源共任校讐，卽事之初，敢率以告。顧麟讀夫子之書蓋亦有年，而於道無聞。其於三書，竊嘗究心閒，疑其中文義字畫不無錯訛，恨不親見當時眞本，而參互考訂敢弗詳愼。在天之靈，尚其默相，俾無遺誤，庶可告無罪於天下後世。謹告！

## 朱文公祠落成釋奠文　庚寅

維光緒十六年庚寅九月戊辰朔越十五日壬午，三原後學國子監學正銜貢生賀瑞麟謹率諸生，致祭於先賢朱子之神。自昔道統，肇自唐虞，禹湯文武，誓誥典謨。帝王既往，乃在師儒，祖述憲章，孔聖同符。逮及顏曾，亦越思輿，授受洙泗，一脈共扶。秦漢而降，學絕道孤，抱殘守缺，羣儒區區。魏晉隋唐，益以卑污，宋奎星聚，元氣涵濡。周張二程，並味道腴，維我夫子，大成規模。紹統立極，登高一呼，人知正傳，如履康衢。大振厥詞，猶有迷途，或溺功利，或陷虛無。極力明辨，庶絕含糊，斯文不幸，復生榛蕪。良知信心，敢於自誣，考據昧理，其識愈麤。聖朝升祀，實定其趨，弗遵成憲，甘蹈崎嶇。道之不明，責在吾徒，學統於一，何用支吾？人無異學，學無異書，夫子著述，已徧鄉閭。夫子英靈，亦豈一隅？郡邑專享，誰是之圖？崇德報功，此心不渝，老媿淺陋，敢忘厥初？夙所信好，願竭罷駑，感通肹蠁，或冀有乎。抑恐學術，日就偏枯，世道人心，不勝嗟吁。懷此耿耿，弗敢自迂，新宮既作，聊爲前驅。吾道有宗，庶無破觚，紛紛門戶，出主入奴。維陳維黄，許辟及胡，陸氏淵源，信無或殊。俎豆一方，千秋與俱，後學祈嚮，豈尚齟齬？以文肅、北溪、文正、文清、文敬、清獻從祀。尚饗！

## 祭景賢祠諸公文　丙寅

維天降衷，維聖建學，二帝三王，相繼有作。厥有尼山，文不在兹，振鐸洙泗，爲萬世師。繼以鄒嶧，性善堯舜，息邪距詖，楊墨是擯。逮漢及唐，斯道弗明，俗儒異端，功利雜鳴。有宋聚奎，五星畢耀，維周與程，曰張曰邵。暨我朱子，天相斯文，集厥大成，以開我人。横序失職，園蔬久病，鹿洞鵝湖，於斯爲盛。於惟朱學，如日方中，千聖心法，紹統其功。亦越有元，不襲其陋，爰振儒風，培兹俊秀。卓哉李君，慕義甚高，爰創書院，造士龍橋。曷聖像撤，而三官祀？曷梁棟毁，而貢院徙？不有王公，其何復修？不有傅公，重興孰謀？既圮而葺，張丞之力，既教而養，豐山斯惻。粤稽諸賢，實單厥心，宜祠於學，庶幾來歆。胡刻於碣，弗主以木？胡祭闕如，弗嚴弗肅？胡初主講？曰程先生。大倡正學，關學以興。今五百年，獨遺此典，毅然補祀，「景賢」乃匾。季秋月朔，爰初涖事，虔告諸賢，無或我棄。區區淺臆，輒有陳詞，素志所矢，冀陰相之。學絶道喪，士靡爲己，削廉毁隅，爭騖青紫。道體焉覺？聖統奚尋？天德王道，厥罔知聞。何以存誠？何以主敬？何以窮理？何以盡性？本心陷溺，利欲爲媒，生民塗炭，孰拯孰哀？揆厥所由，乃學術誤，大破頽俗，吾爲此懼。所愧因循，返躬多愆，未能成己，成物胡然？願扶斯道，力追古昔，人文褰開，淵源一脈。當日經營，豈不是望？有德有造，俎豆之光。聖學日昌，士習一變，維兹學古，千秋巍焕。尚饗！

## 告王仲復先生墓文　丙子

維光緒二年十一月某日，三原後學賀瑞麟謹爲文，以告於渭埜先生之墓曰：「麟私慕先生之學久矣。先生當日嵈迹闇修，名之顯晦何足加損？然名不顯，學不彰，世道之憂。茲者學使吳公已奏請先生從祀，廟庭且爲隸文大書墓碑。而三原明經劉質慧既刻復齋録，復買石鎸字，今屬党君宰潮輦致豎立。麟道遠，不能躬詣墓左，並令虔告。謹告！」

## 祭党忠烈公祠文

惟公當流寇縱横之日，誓孤城以死守，憤慷慨而殉難，卒民社之無負。既予謚以建祠，固勝國之德厚，而表忠魂以勵臣節，亦足愧當時背職者之紛紛而逃走。雖歷年其已遠，尚廟貌之不朽，獨藏奸以混濁，門廊幾他人之據有。惟邑士與裔孫乃目睹而心忸，嘆英靈之如在，還故物如反手。念公實撐拄乎綱常，庸鄉邦之山斗，矧今時之多事，作壯節於縉紱，緬桑梓而景行，肯立身乎蠅營狗苟。冀公神之覽臨，庶有歆於薄酒。尚饗！

## 公祭西關殉難諸君文　代　乙丑

維同治某年月日，西關紳耆等致祭於殉難諸人之靈曰：「嗚呼！痛定思痛，何使人年年不能不傷心於五月二十八日之變也？方壬戌回逆初亂，首攻我關，河岸失守，凶燄實酷。凡我關人或屬骨肉，或係鄰黨，或防堵之勇，或逃難之客，有巷戰而死，有駡賊而死，有被執不屈而死，有聞聲自盡而死，寃哉命也！慘如之何！陰靈未泯，精氣尚存，將不免悲號星月之下，呻吟風雨之時。興言及此，其哀戚愁苦不知何等。死者已矣，生者何心安忍使沉魂滯魄終鬱鬱於溟漠之中耶？傳曰：『鬼有所歸，乃不爲厲。』今茲立祠致祭，庶依人而血食。抑或忠憤凝結當爲陰兵，助之擊賊衆，以永護吾關而已。魂兮有知，尚其來格。」

## 祭厲壇文 代 乙丑

維同治某年月日，祭於邑厲之魂曰：「春秋有大雩之典，禮經著祀厲之文。竊惟回逆兆亂，吾邑之民被害尤酷，或死於賊刃，或死於時疫，或戰鬬而死，或驚憂而死，或以凍餓，或以疲勞，或死而不得歸於鄉土，或死而不得掩其骨骸。彼滯魄與沉魂將附草以倚木，破屋頹垣，時聞吟嘯，陰風慘月，每聽悲號。心思陽世，靈杳杳其何依；身墮沉淪，意懸懸而望祭。卽此冤抑之莫伸，致干天地之和氣，陰無統攝而不能助陽，陽益衰微而無以求陰。是以上下不交，久乏雨澤，人鬼幽明，理豈或爽，旱魃爲虐，職此之由。傳曰：『鬼有所歸，乃不爲厲。』茲者邑侯禱雨，因祀遭難以來死傷之民，俾得依人而行。而某等因念同居此土，深憫無主飄零浮蕩，實有未安，特修虔祭。庶幾溟漠之中或有昭格，則幽魂可託，人情可慰，天心可順，而沴氣消甘澍沛矣。伏惟尚饗！」

## 祭桐閣李先生文 甲寅

先生負剛毅之姿，稟敦篤之性，既得天之最優，復所學之甚正。其存主也以誠，其致力也以敬。德不愧於天人，道必法乎賢聖。是以不徒託之空言，而自有以見諸實行。蓋其操守之嚴也，先生之義；倫常之篤也，先生之仁。宏者，先生之接物；儉者，先生之持身。先生之勇，當爲則利害不計；先生之忠，可謀則人己不分。欲斯道無不明者，先生講學之念；

欲斯民各得所者，又先生濟世之心。然而身不用於時，世未蒙其澤，雖隨在而有爲，究素懷之莫釋。夫行道必立朝廷，而傳道則託書籍。值異説之紛騰，正前賢之一厄，先生又何能已？於辯論之詳，而不任名教之責彼。佛老之虚寂，斥以學而不爲其所誤；考據之錯訛，斷以理而不爲其所欺。學之未醇、理之未正者，則又獨其蔀而察疑似於毫釐，使陽儒陰釋之弊不至亂吾道，以惑學者之心思。然又附録之，以不没其所長，亦庶乎不存有我之私。在昔關學之興，首惟張子，洛閩同源，後先繼起。先生遠則有呂涇野、韓苑洛之篤實淵博，而尚疑其説理之未盡是；近則有王復齋、孫西峰之深醇精密，而或恐其居業之莫與比。是豈不足接武乎諸儒而楷模乎多士？麟等或從游昔日，或問道晚年。光風霽月，北斗泰山。所愧閫域，未躡門牆，無顔固尊，聞行知之是矢，欲考德問業而何緣？今者靈車既駕，適兹東阡。共持卮酒，敬酹柩前。痛儀型之永隔，又奚禁夫涕泗之漣漣！嗚呼哀哉！尚饗！

# 祭余葵翁先生文　甲戌

情有久暫，知有淺深。孰如我公，卅年於今。猥蒙辱愛，終始一心。天不慭遺，曷罄私忱？憶初菀原，我一部士。見我文章，公顔有喜。公校秋闈，一卷我擬。既薦而非，公曰命耳。感公用意，豈公之私？相期甚厚，公實我師。及謝場屋，公不我疑。謂子有志，洛閩是追。當是之時，用兵南土。團結鄉民，將以禦侮。拉我首事，强爲公輔。我時有言，公亦見取。回變旋作，我避絳陽。公書招還，見公琴堂。公意撫卹，視民如傷。賑給牛種，實契公腸。既延修志，復主講席。孝廉方正，舉尤宜擇。弗勝其任，胡不我釋？抑公偏好，未免假借。公之德性，仁慈其天。公之政事，循良之賢。公之文學，孝先便便。公之功烈，池陽以全。丹毫記注，久膺帝眷。婦孺口碑，秦川殆徧。奚俟贅述，世所共見。獨我之愚，倍切慕戀。昨歲侍公，東里之村。作展重陽，開讌名園。吟詩令和，笑語溫溫。又辱清麓，道義細論。公既致仕，冀歸田里。續詩既鐫，胡不一視？新書將摹，未奉公几。公遽千秋，我情曷已！我之哭公，豈獨門牆？萬姓來弔，聲淚浪浪。清風明月，神兮翱翔。仲山清水，公之桐鄉。嗚呼哀哉！尚饗！

## 祭王次伯先生文　辛酉

嗚呼！先生賦性之和，秉質之厚，人所共見，胡待詳剖？所養之粹，自得之深，未易名言，曷可妄陳？矧麟末學，蹇劣之識。天豈管窺，海難蠡測。獨其區區，莫已於辭。廿載門牆，聊述聞知。蓋先生之存心也，嚴密而不粗疎，仁恕而不刻覈。於斯人常恐一夫之不獲，見餓莩者惻惻然，欲上書於當路，而拯吾民之飢厄。先生之制行也，惟敦古樸，不事浮華。不暱近於富室，不奔走於公衙。孝於親，恭於兄，慈於家。兄卒留衣，身不忍加，謂見衣如見兄，而忽不自覺其涕泗之橫斜。先生之爲學也，自少讀書卽本橫渠，成誦朱子，多誦遍數之法。故生平每讀一書，必俟其旨趣之周詳，而義理之浹洽。其所鈔録至或盈几堆案，而箱笥之皆壓然，非徒誇多而鬬靡，必虛心切己以體察。先生之教人也，尚經學，重倫常。世方騖於課試科第，而溺志於無用之文章。至先生微言妙義，或不暇以商量，是以遊其門者，亦何有窺奥而升堂？而先生則道學之辨講之獨詳，每見必規戒以修身務學，又拳拳其不忘麟也。無似幸蒙鎔鑄，所學未行，正此之懼。憶昔辛丑，教澤始親。德容和氣，如飲醪醇。後睽函丈，每來相視。講論移時，庶不麟鄙。前歲趨侍，喜見於顏。曰子學進，此道非難。又謂我老，一事是命。惟篤倫書，子爲我定。今春謁拜，仍此諄諄。何期永訣，未踐前言。嗚呼！先生之病，麟不知日。先生之斂，麟不在室。先生之望麟者不淺，而麟之所以報先生者，又何其未可必也。惑無與祛而疑無與質矣，業將不加修而德將不底於實矣。心望望如不及，而神皇皇如有失矣。哭雖私而義則公，肴至薄而情實隆。先生之靈，其尚有以鑒麟之衷耶！

## 祭某公文

嗚呼！我亦不知上天之生公，謂無意耶？胡爲置之於斯時？謂有意耶？胡爲遽然而奪之？公心王室，肝胆瀝披。公志民生，有如溺飢。公氣山岳，峻不可移。公心日月，皎不可翳。半生艱苦，兵事餉需。此才此志，未竟所施。意將留以有待，謂大厦其是支。窺天心與人事，僉共信而不疑。詎倉黄出於意，外傾天柱於地。維眀眀者失所望，蒼蒼者獨難知，公爲故鄉死矣，天下之人其何依？始公奉命，冒風雪馳。戴星而奔，履冰澌澌。迨其戾止，遍地瘡痍。儲糈既竭，帑藏皆虚。雖有方略，何補須臾？竭誠入告，九重仁慈。請粟請益，曰都曰俞。輓輸相屬，人有生機。心力盡矣，公自此危。大星忽殞，嶽慘河悲。人之云亡，邦國之虞。矧鄙不肖，尤辱心知。爲天下哭，匪獨恩私。嗚呼哀哉！尚饗！

## 祭庚仙舫邑侯文　戊寅

嗚呼！公生吾民，誰忍死公？人卽公害，公何殺身？公來此邦，吾民色喜。公有膽識，其錫民祉。果捐西餉，公借巨商。富紳元氣，公曰勿傷。旱災未成，旱象已見。甯拙催科，公獨先見。不出一票，不發一差。公知民苦，如寘于懷。高高者天，密雲不雨。屢禱而憂，如病莫愈。旱既太甚，議賑議捐。公曰事急，眠食弗安。加以蒲匪，戕官劫獄。募勇戒嚴，城中以肅。奸宄誘脅，乘飢掠財。公起保團，竟殲渠魁。害除良安，狼狽待哺。公曰嗷嗷，其尚予訢。乃分七廠，乃選局紳。乃查乃散，亟活吾民。風雪載馳，公不遑息。越至今夏，公勞已極。公誠動天，默感善人。慨出三萬，乃助賑銀。善人曾孫，死而無後。公爲立之，以彰德厚。保護善人，天理之公。災黎復蘇，伊誰之功？乃有羣小，黨惡害正。圖財謀利，借事生釁。公心正直，公守清廉。賄賂污公，公實不甘。六月十三，夜來書院。公有斯言，李君亦面。猝聞公語，不知何來。

必傷公心，公忿以哀。公悔失人，乃遭反噬。公恨不斷，猶留狂猘。干將莫邪，寍折其鋒。清白死直，屈子之風。氣一何鬱，性一何烈！謂公病顛，公死名節。聞公之死，孰不失聲？公死而苦，何以爲情？江雲漢樹，迢迢故國。返魂首丘，誰之匍匐？麟也不才，謬蒙公知。强拉辦賑，我又奚辭？公實我愛，待以古誼。閒謂此別，未盡心事。公有大才，蓮幕久推。公有仁恩，吾民永思。詎不自信，風清兩袖。憸人浮言，百車何詬？靑天白日，實此照臨。公不謂然，自決於心。公求義安，一身敝屣。主持公道，固當有此。明刑雪冤，公盍少延。我獨哭公，仰視蒼天。嗚呼哀哉！尚饗！

## 祭辭仁齋先生文 己卯

我昔志學，桐閣實師，門牆浮慕，閫奧莫窺。世崇科舉，徒工媚時，波蕩風靡，爭鶩交馳。我內滋惑，口不敢非，復恐違道，石隱見嗤。理有一是，豈可他歧？經七晝夜，展轉以思。早聞先生，豪傑之資，獨謝場屋，程朱是追。漢渡南窰，龍泉野祠，識面伊始，此東彼西。一言啓我，大破夙疑，古學爲己，求人奚爲？自是以往，益賴切劘，一歲之中，再訂見期。聖賢云遠，學絕道衰，足音空谷，那免羣譏？繼偕仁甫，步訪黃湄，志同心契，共吐肝脾。精析詳辨，大小無遺，一時秦晉，士論有歸。南村授書，尤喜追陪，詎意半載，遽撤講帷。遭亂避地，絳陽我羈，先生視我，仁甫同來。相聚之樂，未覺流離，良朋箴勉，道義互咨。渡河而南，一慰渴飢，阻雨兩旬，暢談無疲。西銘太極，闡要抉微，燈紅酒綠，分韻賦詩。學古之堂，清麓之基，過蒙辱愛，來遊來題。前歲靈寶，河流冰澌，咫尺不見，我恨曷涯？先生有道，壽考宜之，尚圖一晤，倏然騎箕。嗚呼先生，實邁等夷，弱冠立志，百折不移。潛心小學，自得階梯，誦習萬遍，疏節分支。一洗俗解，紫陽發揮，識精力果，斯道局仔。爲己有圖，獨挈綱維，有事之編，密勤操持。淺陋固滯，士溺文辭，登高而呼，挽彼澆漓。鳳翔千仞，一世羽儀，清明純粹，敬軒庶幾。得力熟讀，自信無欺，其於教人，亦以孜孜。聞風慕德，莘莘摳衣，晚歲道尊，公卿交推。擁篲疏薦，斯學有禆，胡天不弔，而訖於斯？道路聞之，莫不傷悲，矧在吾黨，能無涕洟？遺書具在，後世可垂，所幸從遊，搜刊廣詒。顧惟媮惰，衰老何依？故交迭逝，輔仁其誰？先生於我，師友風規，寢門未哭，宿草已滋。年荒身窘，幸鑒我私，小祥伊邇，始克緘詞。鄉風引首，遙酹一巵，平生精爽，地下有知。尚饗！

## 祭楊仁甫兄文　乙亥

維光緒元年三月十一日，三原友弟賀瑞麟謹以罍酒隻鷄，奠於故國子監學正銜仁甫楊兄之靈。嗚呼！聖學失傳，道乃益墜，高者虛無，卑者功利。程朱勃興，淵源洙泗，吾道干城，後儒赤幟。云胡頹俗，競騖文字，聲名利祿，溺心富貴。何以修身，何以出治？弗悟顛冥，凜然憂惴。嗟惟我兄，東莊執贄，爲小門生，鯉庭隨侍。我謁桐閣，亦見大意，辱兄與交，志同心契。求友芮城，益脫世累，矯首名場，相勖共勵。我實淺粗，而兄深邃，我實疎寬，而兄嚴毅。自治不力，苦無孤詣，每一覿顔，輒懷内媿。中更亂離，絳陽講肄，麗澤授徒，切劘砥礪。歸來故里，所造益粹，諄諄主敬，益勸同儕。一別五春，忽忽晚歲，遭家多故，獨援古義。我以爲然，兄輒見棄，兄之自持，亦我所議。去秋致書，庶幾把臂，深敘闊悰，兼商同異。我愛楊園，奉以遠寄，謂兄西來，師集纂次。聞兄久病，藉或稍慰，胡天不弔，而兄長逝。急難鹽州，隆冬縱轡，野店燈昏，兄來夢寐。憫我遠行，愁説分袂，醒憶平生，淚如雨漬。序兄遺文，督學將製，表兄墓碑，我敢辭避。講論之樂，規勸之誼，今皆不聞，我情曷替？哭兄之亡，清麓爲位，送兄之葬，西野致祭。匪曰交私，斯文攸繫，薄奠一巵，兄爲我醉。嗚呼哀哉！尚饗！

## 祭楊仁甫文　壬午

維光緒八年九月二十日，三原同學弟賀瑞麟謹遣學生扈森，以酒脯奠於亡友仁甫尊兄先生之靈曰：「自兄云亡，倏將十載。言念疇昔，曷勝感喟！眞切之誨，久不復聞。老我益荒，有負良朋。君弟君子，能繼家學。遺書裒録，曾委閲訂。惟兄學行，宜列國史。藏以待取，俟諸其人。我揭墓碑，聊存梗概。茲焉屹立，後世有知。獨慨吾學，日寂以衰。同志飄零，孤力誰輔。自媿綿薄，莫拯後起。敢忘夙盟，遂弛暮年。未瞻拱木，尚陰相之。嗚呼哀哉！」

# 祭趙仲丹文 庚午

嗚呼！命固不可窮，而天固未易明耶？數固莫能爭，而理固有難憑耶？去冬在館，君偶病嘔，覺痞塊之塡膺，意者不舒於心，謂歸來亦勿藥，其漸平。胡少瘥而賊屢至，復迫君以牽縈。君辱我簡，自云不生。我報君書，厚德如兄，諒沉疴之終痊。詎謂竟以是而歸於幽冥！繼母叔母，甘旨孰承？弟甫弱冠，室家孰營？妻少子幼，孰堅其志？孰視其成？此君之目所未能瞑，而地下亦難乎其爲情。居家之孝友，行己之溫恭，立志之篤實，好學之深醇，又吾黨之士素所敬畏心傾，故聞其卒，莫不咨嗟嘆息而怛驚茫茫。同志曾有幾人，自遭亂離，豈易合并？乃屈君以書會，喜同處乎一城。惟日月之過從，冀共勸而交懲。疑必考之審而義必析之精，善必責之切而過必誨之諄。君病我性之多疎，我憂君量之未宏。我告君以功夫之宜節，君亦箴我以酧應之勿輕。庶相觀以互勉，各增益其不能。俄一載兮君逝，獨使我如失乎右肱。止泉之文，西山之記，方欲三年以鈔録，何其氣之勇而心之恆？書尚盈几，言猶在耳，而胡始願之不終？蓋嘗窺其好學之心，每自慊夫道岸之未登，顧孳孳以不已，將益見其日新，乃壯歲而止斯，而卒莫有以慰君之靈。苟假年以成德，俾斯學其有興。傷哉，吾道之衰！豈獨私乎友朋？既以哭吾情之不能已，又悲君志之未就而隕厥身。君而有知，亦庶幾其來聽。嗚呼哀哉！

# 祭楊梅友文　庚辰

嗚呼！兄年雖高，志則不蹙。兄遇雖屯，氣則不縮。見才旬餘，如何不淑？竟不我待，兄死何速！上元之前，兄來清麓。不三四朝，我至兄屋。尚贈我詩，尚話心腹。詩有語讖，曷忍其卜？我遊於西，曾不數宿。一病沉昏，遂至莫贖。屢問我歸，將託衷曲。我聞兄歿，刺胸如毒。急奔兄家，撫柩一哭。婦嫠於室，子幼誰育？弟之孤孀，亦待饘粥。兄不憂貧，儲無半菽。一世清高，念胡能俗？獨富吟詩，千篇盈軸。五口煢煢，恤者其孰？交我卅年，知心則夙。平生師友，兄實推轂。成我之身，感匪我獨。東初知兄，我尚能告。兄之著作，序以雕木。醵金權息，贍其家屬。兄在九原，亦當瞑目。所惜舊遊，晨星遽伏。老淚幾何，傾面如沐。薄酒一巵，意同芻束。監此哀誠，奠兄野蔌。哀哉！尚饗！

# 祭蔣少園文

嗚呼！維天命之不已，知斯道之在人。苟心傳之弗繼，聖學晦而不明。少誤馳於流俗，懼枉過乎一生。乃中途其易轍，志孔孟與朱程。嘆輔仁之無幾，仍廣求以嚶鳴。適楊子之宦蜀，亟函告以尊兄。曰子學之可印，庶道義兮交評。愧未及乎先施，辱書來其諄諄。嗣奉諱以旋里，乃一面乎省城。蓋兄文翁之化，早卓著夫循聲。又畺吏之調取，又將叱馭西行。而恨不切劘我以吾學之精也。俄花門之禍起，徧烽火乎西京。阻兩載之音問，我挈家於絳陽。幸湘鄉而撫軍兄贊餉乎吾秦，故又得以相見，而致其夙昔之情，至是交契之厚亦自忘其兄汪汪而我硜硜，承屢紙而辨析，即不禁夫議論之縱橫，兄復不棄。期氣類之益親，遣阿咸以問字，乃執贄乎門牆。孰意兄再赴蜀，曾未究其所施，而大命以傾也。傷哉！斯民之不幸，而吾道之弗亨也。曾話別兮幾日，倏年歲之屢更。返寄柩乎僧舍，今葬兄於先塋。憶兄德性之溫粹，氣象之和平，政事之勤慎，學問之深醇，豈徒宦場之所僅有，將楷模乎吾鄉之後進，而冀關學之振興。卽麟亦得終藉鑪錘，俾修身補過而不見罪於友朋。而今已矣，感知念之既久，益晚歲以戰兢。尚莫窺乎聖奧，陰輔我以日新。將單醪以走酹，悲陳詞而涕零。想英靈之如在，幸有鑒於茲誠。嗚呼哀哉！尚饗！

## 祭寇允臣府訓文 丁亥

嗚呼！天之待兄，一何其酷？兄之辭世，又何太速？我聞兄耗，爲位而哭。精舍諸生，有淚盈目。我初識兄，蔣氏書屋。幾三十年，往來益熟。癸酉初春，兄來清麓。兄倡我和，有句共讀。兄攜佳兒，亭亭立玉。我忝爲師，猥行脩束。中閒離別，司鐸各屬。學校振興，士蒙教育。晚監味經，院規一肅。莘莘其徒，正學是勖。左右掌教，羣彥式穀。樂親儀範，德澤亦沐。我謁橫渠，鳳學止宿。冶亭遺著，勸借刻木。維兄性情，和平溫燠。維兄志行，端謹純樸。維兄之學，洛閩遺躅。維兄之懷，虛若淵谷。顧我庸虛，而許追逐。臭味無差，眎我輯録。商量條例，不厭往復。我偶有言，兄遽推服。汪汪之度，益增我恧。講切道義，老而彌篤。如何一病，轉形局促。跛不能履，偏任一足。子婦既亡，兒登鬼籙。藐矣孤孫，股疾孰鞠？聖人家門，伏案猶續。書來屬訂，不憂其獨。我謂貞疾，高壽可祝。哀哉斯人，一旦不淑。兄壙既銘，兄葬亦卜。我送兄喪，兄意則夙。生既守禮，死何可辱？不污浮屠，亦屏隨俗。陳詞侑奠，聊寫心曲。臨風一慟，兄其來矚。

## 祭楊育泉文

嗚呼！育泉君胡爲然？君之筮仕，今纔幾年。始者西去，志一何堅！一僕一子，行李半肩。豈憚蜀道，如上青天。王尊叱馭，曰君命焉。矧粵荊豫，大江以還。盜賊蠭起，帝意拳拳。幸云無事，南惟四川。臣子竭力，聊報埃涓。雖曰百里，欲以身先。兵煩賦重，吾民顛連。願安閭巷，勿使賊牽。如何小醜，弄兵自滇。猖獗莫制，州過縣穿。君署納谿，一歲之閒。旋以事罷，非君實愆。軍興思君，置君餉員。戎機運籌，非君所專。君獨慷慨，破賊不難。陳策六條，莫悟大官。賊退無日，君忽病纏。嗚呼育泉，君遇何艱！平生志業，今不其宣。讀書定力，許國忠肝。何深何切，一旦棄捐。昔我送君，拙文一篇。所期甚至，藴不克殫。嗣寄我書，南軒遺編。又來各種，情實相關。我謂君貧，豈餘俸錢？願張吾軍，肯惜戔戔。君言如是，我内銘鐫。又告我友，曰蔣少園。謂此醇脩，正學是研。我喜通書，遙證淵源。惟君於我，愛予曷偏？既廣聞見，又重策鞭。君念父母，我述以傳。昨歲書來，傷弟不存。示我行狀，謂宜有言。我未報君，君竟長眠。君有佳兒，夭折可憐。又喪愛弟，能不痛酸？家運王事，豈並憂煎？何期五旬，而命不延？蜀雲漠漠，蜀江濺濺。鵑啼春夜，猿叫巫山。君絶賄賂，自飲廉泉。丹旐萬里，奚撼薄棺？蠶叢跋涉，以君櫬旋。有兒如此，亦可謂賢。我聞君耗，驚怛無端。葬未臨穴，恨益胸填。敬奠卮酒，酹君墓前。君靈有知，爲我盤桓。嗚呼！尚饗！

## 祭宋徠松文　丁卯

嗚呼！天耶命耶！如吾徠松而止於是耶！昔吾讀書麻廬，君謬慕予來就予講學，意氣勤懇。嚴冬寒風逼戶牖，君輒鷄鳴起，坐土牀擁羊皮褥，咿唔聲至晨飯弗休。時讀論語，予竊聽牕外，頗發吾精神。君偶歸，予送北郊，往往行數里，或坐田塍論居心處事之要，卽移晷未已，路旁過者或笑睨而去。一日辨科舉，君意在安親立名，予痛折之。君雖少屈，終未豁然。顧君獨嗜正學，於科舉之業則未數數然也。回亂，吾走絳陽，君全家被害，孑孑一身流離奔走。冬月衣單衫，吾聞甚苦，爲歎息久之。既聞從軍銀夏，思欲假手以報母兄之讎，又不禁慷慨壯其志氣。吾歸故里，欲一見君不可得，西事復苟且了局，亟書招君。丈夫生不能灑胸中熱血，便當讀書待時，何齷齪從戎幕中作生活耶！丙寅之夏，君乃歸而葬母與兄，復辦邑城防。今年春，招君來書院，倡率諸生。蓋見君留意經濟，將欲存察之餘，與君講求古人致治之實，以濟當世之務，不可徒爲補苴權術，而卒未果。賊氛日亟，君且團練民勇，認眞致行，心力已瘁。斗米幾千錢，家人數口，嗷嗷待哺，又嶄然自立，不肯干求稱貸於人。公私交迫，志未嘗不勁特而心未嘗不愁鬱也。君之病豈不以是歟？嗚呼！孰謂君竟以是而不起乎！吾講聖賢之學，久不爲世俗所喜，方冀君助興學校，君亦有意推明斯道，而小人輩私竊疾忌謂君諂事，吾固知君宜笑置之。獨怪人心之乖邪，世道之險側，而聖賢之學未易振也。君之卒，吾安得而不悲？君歿無以爲殮，家無半盎之儲負。俊爽之才，年未四十而遽逝。君之妻方有娠，而君不及見其生。病革，無一語及身後事，家人不知君意，使君心迹不明，此皆於君之心事無一可以稍釋。吾之悲又安得不失聲而哭耶？嗚呼！君今已矣，獨使吾朋友之情有不能以遂已者。九原有知，亦尚有以鑒予之衷也耶！哀哉！尚饗！

# 祭外舅外姑文

維同治二年四月二十九日，其女夫三原賀瑞麟及其女二姐在絳聞外舅林翁、姑王夫人之喪，乃即寓所謹具時酒庶羞之奠，爲位以哭之曰：「嗚呼！逆回之初亂也，麟欲倡衆爲守禦計，連日不得暇，不能一見翁與夫人。事既不成，復出於逃，始挈家四險之堡。翁猶來視麟，且謂不必遽遠出。既而變亟，堡亦無可守，乃決議東行。行時倉皇，又不得與翁、夫人別。自是凶燄日益張而吾行日益遠，不通音耗者且數月。後乃知翁避家耀州，有友東來道翁寄語云：『壻善自保吾女，吾無慮。吾夫婦尚健在遠鄉，勿以我爲懷。』嗚呼！翁之愛我甚矣！自亂離後，翁女常念父母，麟輒開以此老達事變，必不蹈危機。又以翁素强毅，胸襟明爽，雖遇非常患難，亦當能安之。獨日久家口衆，衣食將何給，時爲之憂。抑豈謂疫癘之行，翁、夫人遂並至大故如此哉？嗚呼！尚何言哉！尚何言哉！麟講聖賢爲己之學，於今日其不非笑而譏怪之者，蓋亦鮮矣！不非笑而譏怪而又加愛慕之者，益難其人。至愛慕而託以女，豈不亦尤難矣哉！且翁一老農夫耳，果何所見於此之枯寂冷淡，舉世所不好而獨好之，如此秉彝之良，豈於翁而有異耶？何其識之過尋常遠甚？此麟所以感於心而弗忘，而於翁、夫人之卒，所以咨嗟痛悼而愈不能以自已也。宗洛書云，夫人之歿以去年十一月晦日，翁之歿以十二月晦日。宗洛之書之來也以今年二月，是時翁女思翁、夫人幾成疾，夢中輒驚起，遂不敢言，然終不能不言。嗚呼！麟不復見翁與夫人，翁女不復見父母矣。肅肅漸學語，翁、夫人見其生且愛之，異日歸來復何處呼外大父母耶！干戈未定，故國千里，生死異鄉，命也如何！西望祋栩，招魂何所？靈其有知，鑒此哀誠。嗚呼哀哉！尚饗！」

## 祭張勖樓世丈文　乙丑

嗚呼！人世死生之感在相知爲最深，況亂離憂恐竟不得其天年，尤使人悲歎歔欷而莫禁。如我公之云亡忽三年，其于今迴。憶往時各避凶燄，公寓邑城，我走絳陽，惟相見之無緣，冀終歸以談心。孰謂我既返里，而公乃不可得而尋。世衰道微，州閭鄉黨知我者何人？公以世交之故，覺情誼之益親，不獨術精岐黃一家，常感其活命之恩。而麟始志學，亦多借讀先儒遺書，最後又得居業一録尤所罕見，而可重、可寶、可守、可遵，更有以養我之德性，而開我之胸襟，是皆公之有造於我，又何止一時藥石之箴？嗚呼！昔聞公訃，爲文以哭，但恨不能撫棺一慟。今日月有時，猶幸得窀穸之臨終。至於千金之方，肘後之書，固將有待於後世之子雲。經紀其家，教誨其二子，戚友亦各盡夫私忱。獨區區有不能自已者，聊致詞以侑奠，公而有知，庶靈爽其來歆。嗚呼哀哉！尚饗！

## 祭郭李勉之文　辛未

維同治辛未十月十有一日，友弟某謹以酒果庶羞之儀，致祭於勉之八兄之靈曰：「嗚呼！兄竟逝耶！兄之生平大略予既記於壙石，而其言行之詳又將表之墓上，此固無庸再述。獨與予始終交好三十餘年，有不能已於言者。方予之講學南村也，世士多竊笑之，或反以爲訾毁，邑里之中知者幾人？兄獨不惑衆言，諸子尚幼小，輒命從遊。素雖少讀書，然鬻古書久，繼益有所慕好，半鬻所藏書易市先儒講學諸編，輦以歸曰：『將以教諸子也。』此其意氣之勤懇，固已高人一等，予亦得以見所未見，擴吾之識而堅吾之志。而兄亦日夕相與講論，頗知崇尚程朱，猶記讀大學注及或問時也。迨遭回亂，與兄東避於韓於絳二載有餘。予迂拙，道途之間皆兄爲之左右。比歸，諸大吏誤以予名保舉孝廉方正。予不能應，而兄不令予知，輒取牒促赴部。予匿牒不行，部催引見又數次，予卒還牒。而兄之意蓋欲予一出而行其所學，雖不謂知予之心，而其情則甚可感也。兄嘗刻正學書十種，不幸燬賊火。昨歲復刊周元公、尹和靖、陳北溪、許魯齋諸集，而未成。病中嘗以屬予，予必校讐以終其事，而有以成兄之志，兄於此亦可以無憾。惟諸子從予最久，而予之淺薄，卒未能有所啓迪使之不負吾教。中間復汲汲世俗之榮，人或謂兄之輒易初心，而不知兄之降格相從，俾稍成就。以兄之篤好於予而不衰，知其非本願之所存也。然予竊恨數年以來兄以公事羈纏，予亦寄居邑城，人客繁多，不能如向時南村幽寂閒曠，得以與兄痛究義理之微密，極心術於正大，率諸子以身教，令其踐繩約、循軌範。諸子之資都非庸下，亦豈無所冀？此皆予與兄之責有所未盡，而今亦不復能補矣。是則兄之地下，不能不望於諸子之自立也。嗚呼哀哉！尚饗！」

# 哭張宜堂文

維光緒五年歲次己卯正月乙巳朔越二十日甲子，友人賀瑞麟謹以香燭茶果之儀，致奠於張君宜堂三兄之靈而言曰：「嗚呼！人孰不死，死能不悲，獨君之死，何使我咨嗟而涕洟？憶昔咸豐之初，屬書先忠烈之傳詞，是雖一面之覿，而已識君之我知。夫以我之迂拙，世士或棄而如遺，胡君寄跡闤闠乃不鄙以見推？即君後來相與之甚厚，相信之不疑，學問之講論，道義之切劘，匪特無市塵之染，而士林中如君者幾希。我壹不知何以得此於君，豈好德之良，樂善之誠，不自覺其如斯？方花門之變起，城岌岌以垂危，倡同德而固守，大有助於邑。令之募賞，驅豺狼其遠馳，此固義氣之激昂，實君才足以有爲。迨經界之行，社倉之立，大荒之救飢，桑梓之誼其又奚辭？而君必以我之進退爲進退，謀猷籌畫不惜商酌盡善，卒究其所施。若我之愚，亦幸得君而益有以自持。蓋其眞摯之懷，謹廉之操，明達之識，敏練之規，雖或事當甚難，經君區處而乃多中其機宜，然亦莫非君晚年讀書之力。熟體乎小學與近思，惟孝義之劉公謂君賈爲可依，及遭亂而折閲，乃獨諒其不欺。至若終南之稻田，清川之山莊，乃所以爲保家受業長久之基。而林木美茂，泉石清幽，君亦幾費，種植搜濬樂此不疲。識者亦嘗比之雲谷、桃源，可以避囂養性，逍遥乎柏樹之嶺溪水之湄，故一時賢儒巨公往往遊其地而賞其奇。我幾無歲不至，至則君未嘗不邀行約講書，多同志之追隨。或且謂騶儈立身，如段干木之重道，非君而誰？主人東初亦雅重儒好善，得詩書禮義之滋。君於東初豈區區乎財利？殆如左右手之相需而不可離，而東初愛我，如君禮貌之謙卑。我嗜朱學，深冀晦翁諸書多刊廣布，學士大夫之遍貽，庶幾吾道之明日光星輝，俾天下承學之士得識權衡之準而不差以毫釐。君力爲之，慫恿經營，語類、文集鋟木過半，惜不見其成功，又豈非君心之歉然而不怡？東初誣獄，横遭詆諆，牽連及君，負病登車而質道與司，慷慨議論，明辨是非，訟者理屈，伎倆畢窺，誣卒皆白，當事亦不得而瑕疵。顧君之病卒以是而莫支，彌留之先，我來視君，見顔面之稍黧，心竊憂之，醫者猶謂其可治，何隔一宿而君竟騎箕？感念往昔，尚有如許當言之事，何弗一語永訣，至今雖痛悔其可追？君有遺言，我當視殮。蓋君謹禮，至此而猶恐一事之有違。又命子以喪葬必於我乎是咨。哀哉斯人，臨終不亂，亦吾黨之所當師。我之哭君，豈獨以私？呼君不語，老淚交頤。尚饗！」

## 祭李憇堂文　名樹堂

嗚呼！兄以家事之多艱，世亂之未定，鄉情之見擾，賈業之生釁，乃慷慨以助餉，遂薄宦乎三晉。惟鹽場之巡檢，謂尚易於報稱，何未及乎二載，遽不起於一病？嗚呼！曾閒散之末職，而亦阨於氣數之命。素博覽以多才，偏名場之蹭蹬。晚知學而進裏，肯昵我乎互證。年五十而未老，胡天奪之太迅？我有兄兮同寅，步君塵兮來運。念與我乎素契，承情意之甚盛。兄告我以君耗，忽不自覺其淚迸。君有子而未從，頃試畢以省覲。詎一宿兮感疾，旋七日而遭慟。幸兒來兮永訣，猶親視乎殮殯。想痛心其難言，闕一語之遺令。憶昔别兮幾時，恨再見兮君櫬。遙緘詞以寄衷，冀精爽其俯聽。嗚呼！尚饗！

## 崔祺哀辭　壬午

崔生祺學於予二載矣，學不加進，而余媿無以發生也。然生每言父遭賊害，欲復讐淚輒下，吾但勉慰而已。去歲具事略求爲其父表墓，又時退有從戎之言。今年夏歸數十日，六月二十四日天甫明，忽襆被來，履盡濕草露，訝其太早，蓋夜行數十里，視其目深而面黧，云久病。既求予明人言兵書謂鈔一帙，當熟讀。余知其舊志也，而生實非能讀此書也。告以復讐固大義，當視力與時與事。亂離，死者何限？尹和靖、趙仁甫、許魯齋俱罹賊殃。骨肉傷殘，而卒以勵志聖學，親名不朽，卽所以雪冤也。因欲速表墓請文益切，前事略不詳年月，屬其當訪明。至夜忽讀忽哭，諸生俱寢，仍讀不已。次日早忽不見，生遍尋不得，惟涼衫在，爲可疑。余謂生性近專執，或奔歸問其父死事，兩使諸生過問其家，無復耗，意其在家也。至七月六日，使人下井，視在焉。嗚呼！生竟死於井也，亟告其家。其妻方在蓐，長子才十歲，次子僅二十日耳。親族來，始出殮而歸其鄉。或曰，生困於貧隨至此。然生雖貧，人貸百金，欲索而羞啓口，豈以此而致死？生果胡爲而死耶？甚矣，余無以發生，使生不善學，卒以莫復父讐，乃遂不自有其身，而竟於井乎死也。乃爲辭以哀之。

人生莫不有死兮，惟汝死之可憐。汝痛父之非命兮，胡乃性命之輕捐？豈孝心之鬱塞兮，遂狂惑而成癲。將不得叩閶闔而上訴兮，欲下求之清泠之泉。謂偷生其奚爲兮，效屈子之投淵。余既說以古人兮，不意汝志之益堅。獨不忘夫須臾兮，蓄此恨以二十年。復讐固至情其難已兮，抑知報親之多端。感汝念之慷慨兮，傷汝遇之迍邅。汝死孰謂其非愚兮，汝自求其心之所安。繄子幼與妻寡兮，胡弗慮其熬煎？庸預料還金之有人兮，逌一任水底之長眠。

清麓文集卷二十終

# 清麓文集卷第二十一

三原 賀瑞麟 角生 著
同里 劉嗣曾 孝堂 校刊

## 墓志銘

### 署同州府知府乾州直隸州知州葵階余公墓志銘 甲戌

同治十二年冬十有二月晦前一日癸卯，誥授中憲大夫署同州府知府致仕余公卒於三原陝甘宏道書院之寢舍。明年，其孤作寅將奉柩返葬故鄉，屬銘於公，門下士三原賀瑞麟義不得而辭也。按狀：

公諱庚陽，字葵階，世有德政。公由江西遷監利，遂爲監利人。曾祖士旭，妣鐘氏。祖正佾，妣吳氏。父能華，妣沈氏，繼妣李氏、萬氏，皆以公故貤贈。曾祖通奉大夫、妣夫人誥贈。祖、父俱通奉大夫，妣俱夫人。公由道光戊戌進士筮仕關中，初署韓城，署安塞，補甘泉。調授三原，署富平。復調三原，升授乾州知州，未至任，又量移韓城，署同州府知府。

公爲治務持大體，以仁心行實政，其在韓城，邑民以祠宇公費搆訟十餘年，株連至百人，公一鞫而服，皆謝罪去。安塞城倚山，山水暴發，城幾潰。公禱於神，是夜風雨大作，河西徙城得無恙，因亟堅築，以禦水患。甘泉土匪聚數十，託名於丐，實盜也。禽捕之，悉實於法。驛馬向取價於民，胥吏藉以漁利，公捐廉置田，取租備用。學使經過，民間支應鄉約等浮派，至斂錢以千計，乃勸富室捐貲生息以供之，皆不擾民而事集。獨前後任三原最久，善政亦最多。

壬戌亂起，守城功尤鉅，然甚著不盡，述其大者。當定亂之初，賊數千，三日夜肉薄城，富平健兒八十人大敗之，立賞三千金，於是遠近爭來守城。旁邑難民至塡衢巷，公皆撫安，餓者食之，傷者藥之。有惡少白晝掠婦人首釵，斬以徇，城內以肅。防費軍餉一皆勸分，用白金幾三十萬，悉令士類職出內而無毫髮染。涇陽被困久無食，遣民勇送糧，官兵潰，賊遂殺民勇七百餘人。公聞大聲哭，爲文以祭，觀者泣下。涇陽卒被陷，賊退，詳請蠲賦統陳民隱，大吏批答有「涕零沾襟」之語，遂飭視被災十數州縣以爲法。立差局以免徭役，賑給牛種，單騎巡鄉，深山窮谷靡所不到。憫亂後民益凋瘵，裁減浮費，歲省民六七千金，有議公取名者，不恤也。蓋公至誠惻怛，不忍災黎之苦，務欲安集流亡漸復元氣，尚謂不能盡如所欲爲者，議者豈知公之心哉？當是時，疆臣以公績奏題升乾州牧。上聞褒嘉，御房書名，丹毫記注，時論榮之，人皆想望，謂公旦夕當不辭擢。而公以積勞，移疾不許，三原士民又懇留辦善後，遂不赴乾州任。久之復再三移疾，上憲思有以息公也，委署韓城。賊適擾韓，旋調署同州府。賊又擾同，公辦城防皆如在三原時，而倍費心力。至是歸田之心益切，乃以年例致仕。

公寬惠仁慈，視民惟恐有傷，愛人之心婦孺皆知，故民情愛戴，有曰「余爺」、曰「余婆」。患難之際尤與士民聯爲一氣，誠意素孚。當三原招募撫恤，無款可籌，公正焦灼，而紳商感激傾向，卽願自出十萬緡、二萬金備公需，遂得共濟艱危，其得人心如此。至其奸匪豪猾，則又嚴治之無少貸，亦未嘗不剛決也。訟涉骨肉，一開諭以義理，動以天性之良，咸俯首屈伏。同州富室以爭嗣屢訟不能決，公立剖之，各無異詞且感德焉。旁邑有疑獄巨案多以屬公，往往曲得其情使無滯冤，而又有以消患於未萌。勤慎端潔，素甘淡薄，博學强識，崇尚篤實，服官秦中三十餘年，政事文學卓有聲稱，故一時咸推爲諳練老成通達政體，而歷任所至莫不以修聖廟興書院爲急務。癸卯、辛亥兩充鄉試同考官，所取皆一時知名士。雖老，輒鷄鳴起，未嘗一日手釋卷。學使者聞其賢，延請主講宏道書院，猶殷殷以培植人才爲意。方擬春和南旋，而竟不起也。公去三原任後，猶以事往來數四，每來輒笑比之歸鄉。原人於公之去旣畫像，又歲於公生辰焚香以祝，其於公來依依若孺子慕不忍離。今至於斯，得無公之惓惓此邦，而原人所以沒世不忘也。

夫麟少以舉業受公，知自棄舉業而公加契焉。公晚歲嘗讀朱子書，偶奉書叩質，而辨析陽明朱子晚年定論爲尤精近，益體察深切。每謂静中無閒，思慮甚難，噫！亦可以知公之所存矣。所箸有池陽吟草、續草，三原門人劉昇之爲刊板以行，餘文藏篋中。

生於嘉慶七年正月二十六日，春秋七十有二。配高恭人，先公十年卒於三原治署。子四：作寅，太學生；作宣，陝西候補巡政廳；作宷，候選同知；作寬，六品銜。今惟作寅存女一，適湖南候補典史萬慶頤，亦卒。孫六：安國，四川候補通判；述端，太學生，卒；述玠，候選府經廳，卒；述煌，述章，述烈。孫女八。曾孫二：文垣，廣生。曾孫女三。年月日葬於某鄉。

公殁無餘財，生員胡壔乃具棺以殮，而其誌石亦昇之買而鐫焉，可悲也！銘曰：

守令其職，惟民之親。君子學道，乃以愛人。允矣我公，如漢吏循。如召如杜，如龔黄倫。功全花縣，名記楓宸。老而解組，苦憶鱸蓴。欻騎箕尾，未返歸輪。羣視舍殮，皆公部民。廉吏可爲，奚又諱貧？清谷桐鄉，陟降公神。玉沙富義，首邱謂仁。垂詔無窮，視此刻文。

## 清墅王先生墓志銘

先生姓王氏，諱萬适，字次伯，號清墅，三原人。曾祖啓舉，妣陳、吕、張、張、王、馬。祖牧民，妣段、段、劉。父思伋，字孔裔，妣仵、李。先生兄弟三人皆李出，先生最少，幼岐嶷，叔父思傑良佐公愛之甚，因請以爲次子。孔裔公既早世，而先生長兄萬選季青供先生讀甚勤。先生刻苦自勵，遂拔於有司，旋食稟餼。道光辛卯，中陝西鄉試舉人，屢上春官不第，命也。主講鄜州經正書院，又主講本邑學古書院。先生爲人質性和粹而充養有道，其學以眞樸爲主，不尚浮僞無益之言，其教人亦務實，於文章不甚屑意，曰：「學以爲人而已。」生平讀書不閒寒暑，手自鈔録。嘗讀廿三史，輯其可法者，爲篤倫書盈尺許。晚歲重加整理，別録浮本，欲以付其門人賀瑞麟，未果也。嗚呼，先生之心豈不有在乎？元配張氏，繼娶張氏。生子三。象謙，庠生，嗣兄萬選，早卒；象訥；女二；皆前張氏出。象誦，後張氏出，距先生歾甫數月。孫二：綺，謙出；緒，訥出，皆先先生卒。孫女一。先生生於乾隆五十四年九月二十二日，卒於咸豐十一年三月十一日，享年七十有三。卜葬以四月初三日，不及刻石，乃誌以磚而系之銘。銘曰：

蘊未施，書可垂。弗親埤，痛何追？士類思，惟人師。此銘詞，後有知。

## 敕授儒林郎光禄寺署正銜鳳翔府訓導潛溪寇君墓志銘　丁亥

嗚呼，此吾友潛溪寇君之墓。光緒十二年丙戌十月六日，君終於家。余聞耗，率諸生知君者相與爲位而哭。哭已，追憶生平，與君交幾三十年矣。君老得骽疾，不良於行。昨歲四月閒，余視君雖人扶以出，飲食談笑猶如昔。及余歸，又坐君臥室强留一日，夜講論甚歡。臨別，君忽淚下，余不覺愴然，然猶謂君貞疾，惟君老余亦老，不能常見，是以泣。顧君晚景蹇甚，先是子婦亡，至九月子永貞又逝。永貞少而才佳子弟也，不幸夭，君哭之慟。永貞遺骨僅五歲耳，復多病，君朝夕煢煢，且撫且教之識字。今夏屢書商訂續編聖人家門喻，并索序。余深幸其能以義命自安也。孰謂臨別之淚竟成永訣，至是而君遂不起也。悲夫！君將歾，神明不亂，數日前自作墓志、遺屬及喪葬輓聯。殮後忽遍尋墓志遺屬弗獲，故其姪永祥走余清麓，謂余爲君知友而復以志銘請。嗚呼！余即志君，孰如君之自志，爲得其詳且眞耶？雖然，君之志行又不可不使聞於後世，余欲辭之，惡得而辭之？

君諱守信，字允臣，潛溪其號也。自高祖起元，從醴泉遷省垣，遂爲長安人。曾祖連，妣張。祖肇基，由武庠官撫標外委死王事崇祀昭忠祠，妣張。考文耀，字星五，舉武闈，屢升至大靖營游擊，署潼關協副將，授武功將軍，贈三代如其官，妣杜淑人。君兄弟三人，長守仁，候選州吏目，出繼伯父。次守智，諸生，四川永甯縣丞，以賑勞得民譽，題補南部知縣，未赴任卒。君其季也。君少穎嗜讀書，年十二爲文，名宿輒許可，有聲庠序。及長，益博通經史諸家。嘗隨侍平涼、大靖、潼關各任所，時軍書旁午，贊畫動合機宜，父奇之，爲援例以歲貢議敘教職。父殁喪葬如禮，事母至孝，服闋委署神木教諭，不忍離母。母諭以承先志圖報效，藉抒所學，踰年而歸，旋丁艱。自是以祿不逮養，厲志聖賢之學，所交遊皆一時勤修有識之士。中間署漢中府教授，攝甯羌、南鄭各學事，署葭州學正，補鳳翔府訓導，以至監院味經。凡教諸生，懇懇然惟恐其不知正學也。所至揭白鹿洞學規，刊布聖諭，及方正學讀書要範、張楊園「示學者愛身、修德、力學、親賢」四則，又刻弟子規、二語合編等書，分給鄉塾，俾學者知所趨向。在漢中，修復學署，重葺方正學祠，皆捐俸爲之，而其遇事尤以誠意爲貫注。回匪之亂，省城戒嚴，登陴巡防，徹夜不懈。漢上告警，奉委管帶防勇兼綜支發訓練，句稽嚴明精密，無事重罰，而士卒無不感激效命。敍績加光祿寺署正銜，非君意所及也。丁戊閒，秦中大饑，君同友人倡辦賑務，勞怨不避，鄉民咸得實惠。上憲欲登薦牘，力辭之。教職俸滿，例得卓保亦力辭，其淡於仕進又如此。及其在家，友愛兩兄，問遺孀姊，教育姪甥各有成立，贍恤戚族不使缺乏，待僕媼寬恕有恩不事苛察，往往不忍其去。蓋君氣質溫良，性情和厚，其爲學崇尚程朱，期於涵養踐履，終日整襟端坐手不釋卷，務求心得，至老寒暑不輟，雖未嘗嚴覈極論，而所守終始不渝。歷任上司及各學使無不重其行誼，或有建白，皆侃侃正論。朋友之閒有所未安，亦必規以道義。至接引後進，則至誠懇切，勉以績學植品，曲意開導而飲人以和，士之有志者尤樂親其儀容而聆其議論。事物之來，從容不迫，平易近人無峻厲之行，人或議其迂緩不顧也。每歸，諸生咸製錦頌德趨候踵至，此亦足以見君之所存而澤之入人者深矣。

君生於甲申正月十五日，享壽六十有三，配曹氏，繼汪氏，再繼牛氏，皆封安人。牛氏今稱未亡人。子一，即永貞，稟膳生，曹出。孫一，長憲。所著有箴銘輯要、聖人家門喻續編行世，學規輯要、潛溪詩文集待刊，永祥筮於明年丁亥正月二十八日，葬於城南金浮沱村西原祖塋西阡，壬山丙向。銘曰：

學充乎一己而教被乎多士，胡跛竟不能履而痛卜氏之。又喪其子，孤孫藐矣，祖母是倚，尚書香其繼起，氣數莫恃，何慊義理？我銘以誄，徵千萬祀。

# 武君廉泉墓志銘　戊辰

遭亂以來，故交星散，或三五年不相見，音問亦罕通，嘗耿耿心弗忘。今歲暮春，渭南武君廉泉乃以書走三原相問訊，且云母夫人歿於蒲，甫扶柩葬故里。旋以病就醫省城，弗得見，意若有甚戚然者。孰意閏四月十日而君訃至，君之歿距君書不過旬日間。豈其自知不起疾，欲一別故人，又以辱愛之厚而隱以墓銘見託耶？悲夫！予忍不銘也哉？況復重以其姪文學豫堃之請也。

君諱鴻模，字遵楷，號廉泉。渭南秦橋里人。父某，母某，孺人。兄弟四，長即君。次豫堃父，卒，餘並早卒。娶某氏，生子豫堯，亦卒。女二，俱適人，卒。孫寶善，裁十一歲耳，孫女一。其卒以同治七年三月二十三日，其生以嘉慶十四年五月十六日，享壽六十有一。君性醇厚，品端而學正，日誦小學、四子書以自檢，先哲格言粘堂寢間殆遍，曰：「吾以觸目驚心也。」尤嗜關中理學諸前輩書，如橫渠、思菴、涇野、少墟、二曲各集，皆丹黄而默識之。每出遊或訪友，輒篋以從，思菴野録板久毁，特爲之重梓以行。君好義，若嗜欲不顧前後，而一出於至誠。鄉之寒畯貧不能讀書，創義學二，置田數頃，延資束脯往，嘗與余商立義學規，欲一以小學爲始，以明古昔聖賢所立教之意，至末世之頹風陋習錮蔽其聰明而破壞其心術者，概絶弗用，即此是也，而卒未得施。里垣無門，倡修之，典地獲息，專人司啓閉以爲常。所居水悉鹼不可食，天旱人苦渴，君拜禱，掘泉而甘，人以爲誠感。其他修先祠，置祭田，立義倉，掩骴施湯，凡善行類此者皆樂爲之不倦，拯難濟困往往不計有無。聞德學之士樂與之友，勤懇肫摯久而不懈。便儇捷給者雖時所重，尚弗屑焉。然其溫良謙讓之容，見者無不親愛，下至田夫走卒以及行道，亦皆歆其和而慕其德。顧君至性尤過人，母喪哀痛獨甚。雖歸葬，猶抱子平憂，先王制禮，六十不毁，君子所以念始之也。而君乃至是，豈以舊疾弗瘳遂不勝喪歟，抑仁親之心鬱不能自已而卒以身殉也？悲夫！聞君疾劇時，獨臥一室，不許老妻侍寢，輿曰：「吾儼然喪服也，不可。」嗚呼！君孝至矣！乃以守禮之嚴而不免於過焉！然卽此而觀，知君之得力於學者深過於禮，益篤於孝而彌留不亂，又吾黨之士所嘆以爲不可及者也。豫堃書云，某月某日將以寶善返葬君於渭南祖塋，使人來守。銘遂，銘曰：

嗚呼！此廉泉先生之宮，今之人與好學飭躬，造士賙窮孺慕之誠。蓋庶幾古篤行君子之風，鬱之久者發必隆，是所望於阮氏之仲容，與鄭家之小同。

# 張君樸亭墓志銘　甲戌

咸豐戊午蒲城張君樸亭讀書宏道書院，暇日訪予於南李村之麻廬，適予他出。歸見君留詩，感其意，就君書院談論踰時。亂後君復走書問訊，且及爲學之意。自是蒲中友人凡三四至，皆君舊好，君嘗與切劘。因得竊聞君之造詣日深，而麟之拙學晚益頹廢，屢欲東游相與徜徉堯山漫水閒，共講所疑以資振厲，並與諸友深究古人主敬窮理之淵源，期實致力有以續關學於勿墜而未得也，而君歿矣。悲夫！君殁以同治十三年四月二十二日，將以十月二十二日葬君於所居旌士鎮北之三里村新塋。先期君門人何寶書狀君行，及君弟聯斗來清麓請墓銘，雖不文，誼得而辭耶？按狀：

君諱崇健，以避今上諱改今名，號橋南，樸亭其字也。曾祖學載，祖致祥，父立功，號敬齋，母陳，無出，繼母萬，生君兄弟四人。長卽君，少穎異，十二三五經略成誦，十八讀性理大全，曰：「古人學固如是也。」於是益發奮。閒讀史，卽於古今治亂興衰、人物是非邪正悉一一探討其故。二十九始入邑庠，敬齋公期望科名，君攻舉業欲慰親志，卒不遇，而君亦不以爲意。雅好詩古文辭，自漢魏唐宋史漢八家以迄我朝，靡不辨析源委而分別其升降。近益潛心經濟之學。蓋自朱子通鑑綱目、馬氏文獻通考以及歷代禮樂、兵刑、農田、水利之書，類皆領略貫通，識其大者，而尤留意於國朝憲章。其於小學、近思録、經子諸儒先書則固以爲爲學之本，而素好之矣。當回逆之變，邑侯周公相焯委君團練鄉人，爲堵禦計。君條陳事宜皆切時務，而未及用，鎮城不守。以母老，避地白水。既歸寓邑城，然以甘賊未靖，可憂方深，倡築鎮城，或難之，而紳商顧多應者。工粗竣，捻匪復入陜蹂躪擄掠，渭北尤甚。率衆防守，鎮城得以無恙，四鄉奔逃全活甚衆。宗祠遭亂悉壞，出貲重建，俾歲祀不廢。事母左右無違，兄弟之間，怡怡如也。朋友有患難以身任之，或孤貧者則教導周恤不使失所。嘗曰：「所貴乎朋友者不閒生死也，若負死友則生亦世俗交耳。」尤好於同志講學論藝，雖亂離之際有以自樂。交游中，孝於親者、貧而力學者，惑於異説者則厚而敬之，爲之譬曉而正之。門人或涉矜敖，授以小學，曰：「讀此書可治汝病也。」君性豪邁，好議論，見相知卽談説古今，無世俗寒暄語。友人王君桐軒鳳翽者，君之同鄉至交也，謂君生平切切焉以穆叔之「三不朽」爲祈嚮，匪惟形之口實矢之心，匪惟責之身兼規之友。一時友士閒固皆爭自濯磨，自得君而氣類爲之不孤，識者感多君倡導扶持之力，且俾後生知學固自有其大者要者，而不第以科舉之業畢乃事也。是言也，尤足以信君之所存矣。孰謂以君之才之藴既不獲功著於時，使天假之年其德將益進，乃亦不可得。獨奈何今所見者，僅此撰述之緒餘，而又不知君之心所以蘄，至於古之立言者復何如也？噫！此予之所以爲君悲也。君所著有小隱園詩文集目録、尚書精義、旌士坊鎮志。又欲輯前明及本朝名臣事略、蒲城文獻録，有志未就。君無子，臨歿悉以授寶書，曰：「勿失也。」已逝，聞母夫人哭聲，醒而呻吟者久之。蓋君之心事又有可痛者焉！妻辛孺人，妾黄氏、何氏，俱無出，以聯斗子渭陽嗣。春秋五十有二，距生道光癸未丑月八日，系以銘：

志之雄，學之勤，庶幾其成。胡時不逢而命又值其窮，然亦可以見君之爲人。我銘有徵，尚質君於幽宫。

# 王君弱夫墓志銘 乙丑

嗚呼，此吾友漆南王君弱夫之墓也。君諱汝植，字子培，以字行，號弱夫。嘗衣一裘，澣濯百結，洎如也。又自號鶉衣子，富平人，世系詳桐閣先生所爲君父母誌。父恩廣，母卓氏。君生於嘉慶三年七月二十七日，娶喬氏，先君卒。子二，伯謙、仲謙。君初嗣伯父某，故以仲謙承父後。女適同而寡，遭亂亡。孫復初、復性，皆伯謙出。君少孤獨，依母以貧不獲卒讀。稍長服賈，不就。習吏又學幕，又不就。乃以書遊長安，爲某官書扇。時果勇侯芳征新疆過省，見其字大異之，卽諭意隨營自効。君雖辭而卒西行，然終不得一。當會押運駝隻出關至山南七克騰木，觀夷狄情狀，山川道路之險易，以及行師用兵之法，久之思歸，歸而母卒。又久之至京師，逾年復歸。君書奇古，如其爲人，以麻縛筆作擘窠大字，班駁變化如禹鼎湯盤，如生龍活虎，非復世俗所有，不求人知，人亦莫之知也，而貧益甚。晚乃思讀書，至長安見盧某，至朝邑見桐閣先生，最後交余。壬戌回亂，君冒險視余。余卽日挈家東走，孰意余既歸而君已逝哉！嗚呼！吾忍不誌吾弱夫哉！君峭直多山崖異斬絶之行，遊歷所接殊落落寡合，而以道義切劘。披肝膽相示知契如余，君亦自謂不能有二也。以故十餘年來小有過差，君必面爭之，使其改而後已。爲余謀事如其自爲，靡不周密盡善。至辨義理，好勝己說，甚或厲聲色。余方緩詞微語分明剖晰，君又惵然意下。余始屏科舉之學，友朋多見攻，君獨不以爲非，間爲余兄弟釋其疑，此余所以多君之識，感君之誠意，而期砥礪以終身也。君老益嗜洛閩書，輒手録之。近又劄記爲約言，見卽取以相質，余偶有斥駁，不嫌也。蓋至是而務爲體察之功，亦不欲以書名矣。嘗爲人解紛難無阿循，里中舉君鄉約，君爲約數條，變頹風，復古禮。里人難之，君曰：「不且已，我道如是也。」顧其心未嘗一日忘世。庚申，㗁夷犯闕，文宗北狩，君悲憤填膺，擬詣京上書。雖不果，其志可謂壯哉！回逆之變，君日以復讐大義激發人心，欲盡殲醜類乃快事。既拮据而君亦勞瘁，一病不復起矣。嗚呼！余之誌君，又豈獨交遊之私而已哉？君以同治二年正月二十六日卒於邑城，年六十有六，今四年九月十六日伯謙葬君於先人墓右，銘曰：

天既豐其才，胡貧而躓？人雖嗇其遇，終立之志。卓哉高躅，秉古義千秋，荊原視吾誌。

## 誥授奉正大夫同知用四川東鄉縣知縣斗垣劉君墓志銘　丁亥

君諱樞之，字斗垣，世居三原東里堡。曾祖永守守禦所千總，妣王氏、王氏、趙氏、陳氏。祖鎮布政司經歷，敕旌孝義崇祀忠孝祠，妣周氏、李氏。父映藻，字曉亭，國子監典籍，妣張氏。本生父映荀，太學生，妣曹氏、賀氏、胡氏，俱以君貴贈通奉大夫，妣贈夫人。君兄弟二人，皆曹出。長檀之，亦以君銜貤贈奉政大夫，君其次也。同治乙丑，君由諸生援例捐知縣，需次四川，至光緒丙子始署營山，兼攝鄰水，又署合江，旋補東鄉，調署涪州知州。卸事以病請假未允，仍檄赴東鄉本任，數月病益劇，遂解職，就醫調治，不意竟不起疾，卒於嘉定。時光緒十一年乙酉十月二十七日也，年五十有四。

君生甫彌月，母棄養，育於叔母張，遂繼叔父曉亭公爲嗣。少沈靜篤實不妄言笑，好讀書能自刻苦不爲俗移。年二十入邑庠，家中落而車馬僕僕猶踵故習，君獨布衣履徒步出入，頗不類東里子弟。曉亭公病，終夜不寐，設榻臥側閒，假寢輒起，母恐憂勞過甚，弗止也。迨遭亂益困窶，一力支撐，不令母夫人知。當軍務急緊，晝夜守城，伯兄患瀉，時看視扶掖湔濯。自回變起，與本堡同治籌費嚴防、募勇請兵，力任勞怨。縣屬五百餘村悉成灰燼，而堡城獨完。宦蜀二十餘年，未嘗趨謁營求。滇撫唐公炯在川時重君行誼，依畀甚，故權合權涪，均委兼鹺政。任營山時訊結積案數百，民閒有神君之稱。鄰水耶蘇教與鄉民積怨深，匪徒煽惑，日搆衅焚毁殺掠勢洶洶。本府以君素著循聲，鄰封士民皆翕服，檄兼攝。君至，百方勸諭，招集流亡，遍歷各鄉場曉以厲害，始獲解散，事遂定。合江書差陋規數逾三千緡，君概裁革之，不入署一錢。民閒詞訟，書差勒索案費，往往傾家，乃酌立定數，并刊給章程數十條，大府批令，勒石示遠。彌陀場農人趙洪仲被竊賊拒捕，殺傷斃命，凶犯逃逸，君焦灼甚。忽一夜聞飛蟲聲，急起燃燭，問侍者何物，曰：「丁丁帽。」蓋蜀人呼蜻蜓也。君卽有感，明日飭差查縣屬有喚「丁丁帽」者與俱來，數日果有丐丁毛兒外號「丁丁帽」，及至老且病，疑非行强者，乃竟婉轉得正凶姚叫化。裁涪州陋規一如合江。涪有富紳某，子先卒，遺有幼孫，繼室某及妾均無出，素與媳不相能。某故妻父使買異姓子，謬稱遺腹産於母家，家人悉知其非也，而妻父健訟，屢經前訊莫能決。君研詰其生産日時及穩婆乳婦，皆矢口不移，惟查某氏尚可以情理動。飭退證人，獨留某氏，引董子繁露「鬼不歆非族之義」委曲開諭，至懇摯處，某氏放聲大哭。書役亦爲悽惻，遂吐情實求作主，復傳兩造，氏父赧顔結舌，案遂結。嗚呼！卽此數事，君之有守有爲，與其忠信明決概可見矣。咸豐中君以曉亭公行狀求傳誌，予雅善君循循醇謹而未知其有政事才也。及澥來學清麓，雖不久卽歸，君與書勉其堅持此志，久之更寄予國朝大儒張揚園集，是又與予同趣向者。灊今請銘並出君訓兒隨鈔一編，其中大要諄諄於身心工夫，宗仰洛閩務求有用實學，而信予之深亦且絕異尋常。於是復窺君所存之正，而其學有以自得也。泚筆誌君，能無悲從中來，而以君志行，天卒不假之年，使盡展其所藴識者，又不能不爲斯民惜也。君以本省守城出力，保奏補缺後以同知用，歷任各邑，及差委先後，勞績加十一級，紀大功八次。

元配王宜人，處士柯女；繼曹宜人，直隸平谷縣知縣擢新女；繼溫宜人，舉人謙女；繼葛宜人，署四川蓬州知州汝麟女。子三，長即灊，庠生，候選知縣，王出，繼兄嗣。次濤，次潛。女二，俱葛出。葛宜人今稱未亡人。丙戌十月，灊扶君匶歸里，明年卜地，將以四月十六日葬君東溝堡東北新塋。又因曉亭公舊壙有水，遂亦告遷於斯。而三宜人皆早葬，未詳，并徙附君左次，癸山丁向。乃爲銘曰：

世之從政，鮮不曰才。孰見以誠，與民無猜。遏亂未萌，大義是開。據典折獄，滅鄮可哀。神牖其衷，盜得渠魁。學道愛人，元氣之培。嗚呼！如君庶幾達材，我銘幽宅，以詔後來。

# 敕授武翼都尉關東萬州營遊擊西山瞿公墓志銘　辛未

同治丁卯，恪靖伯湘陰左公奉命西征，分路進勦，而三原運局則大令瞿君良斌敬菴實司糧務。顧首辱與余交，屢過從，繼聞其抱子平之憂，布衣蔬食勵志清苦，其所存蓋有人不能知者，益歎其賢。用是左公亦稍信之，旋委督修嶽廟及二華河堤，復差中衛買籽種。至辛未春乃得措資，託戚友由湖南取家，並扶其先公櫬至陝。而敬菴歸自中衛，以道梗未能回籍，且往來三原，久愛其山水，遂告於先公之靈，而謀葬焉。卜地既定，狀公迹來謁銘。予惟敬菴孝思不可不成，其志又不予鄙，遣其二弟從學，何説而辭也？按狀：

公諱三益，字友善，一字西山。明季始祖某自雲南遷甘之甯朔，遂爲甯朔人。祖正彦，品行端方，守淡尚樸。嘗拾遺金數百，還其主，不受謝，亦不告以名。生平多隱德，鄉黨咸推重之。父永廉，好義濟貧，行事類其父，皆以公官贈武翼都尉。母魏封淑人，事翁姑、處娣姒、待婢僕以孝、以和、以惠光，尤不喜聞人過失。生子二，長三汲，嗣其伯父，稟貢有聲，貤封武翼都尉。次卽公。公生有異兆，稍長穎悟絕人，倜儻尚氣節，忠孝天成。年十六以母命習騎射，三年不解衣帶，遂精焉。中道光乙酉解元，己丑進士，分發四川，歷署青雲營守備、建武營都司。十四年，帶兵勦辦馬邊拾叁支赤夷，是役也，以三百人破猓猓人數萬之衆，畏威遠遁，百姓以安。總督鄂保奏，上記名以守備儘先補用，旋補小河營守備。丁艱服闋，補馬邊營守備，部選廣東惠州協左營守備，嗣奉旨以遊擊，留廣東用。至二十八年，總督徐題補萬州營遊擊。凡至任所，整頓營規，訓練士卒，扶植人材，培養元氣。素以古名將自期，曰：「不如是，卽負君恩，負吾心。」銜署大堂嘗扁「心存君國」四大字，又以「出入每念皇恩重」之句顏之門首，以自觀省，公之志何如哉？顧公性伉直，同官輒忌媢，忠義智略既不獲自見於世，每語時事憂形於色，閒告諸子太息不已，甚或感慨以致泣下。時粵西賊起，多竄伏州縣閒，獨萬州無賊，然公方日治守具。鎮府某以舊憾輒沮抑之，又將罷公以快其私，而公已解組歸矣。公平居喜讀四子書及先儒格言，六十有三猶端楷書幅以訓諸子。

同治四年閏月，以疾終於廣東省城之寓第，享年六十有四，敕授武翼都尉。配魏氏封淑人，無出。副姜氏、盛氏、郭氏。男子六人。克忠補缺廣東海口營副總司，早卒。良斌以軍營保舉知縣，留陝補用。皆姜出。廣平，殤。良敦，盛出。良敏、良敘，郭出。女四，盛出二，郭出二。孫女，克忠出者二，良斌出者一。其壻善化陳安邦、大興于筠，皆從九品。三原劉昇之生員試用湖北知府，將娶以遭喪未果，季待字。魏淑人卒於家。先是良斌以公命奉其母姜、庶母盛，及其兄之柩歸葬甯朔。公既殁，家人復奉公柩寄寓湖南，猶爲歸葬計，而竟不能。至是良斌乃以同治十年十一月初六日葬公於嵯峨山下涇陽之管村里，某山某向，距三原十里而遙。銘曰：

維皇降忠於穆天，忠孝至性無弗全。承平歲久嗟時艱，文恬武嬉貪苟安。瞿公韜鈐思報君，期繪雲臺勒燕然。小醜一鼓聚殲旃，惜未提兵掃羣奸。遭忌拂衣徑歸田，塡胷義憤終拳拳。一朝騎箕雲海邊，萬里歸櫬有嗣賢。首邱欲返愁烽烟，嵯峨山下占牛眠。達觀隨寓何拘牽，魂氣所之無山川。後世過者式此阡，我作銘詩萬斯年。

# 廣元縣知縣金溪劉君墓志銘　壬申

乾州及門史恪堂、王子方並爲予道，其鄉金溪劉君宦蜀，有吏才，卒於官，歸且葬，其子欲託以銘幽之文屬先容。二子皆謹質士，其言宜可信，既而其子克類來清麓出狀，具衣冠再拜請，其可辭？按狀：

君諱銑，字子東，金溪其號也。世居乾州西門內。祖廷楷，庠生，妣李氏。父培泰，武舉衛千總，妣高氏，俱以君貴封贈入例。君少厲志讀書，父歿積債至數千金，家日窘，益用刻苦。既入庠，旋食餼，受業州之進士吳魯詹，又從路閏生先生於宏道書院，名益起。咸豐戊午舉人，又明年中進士。以知縣分發四川，時雲南用兵大吏委君辦防勦局，報銷事件以鯁直不合遂辭去。同治四年，始署太平，由是署什邡，署大竹，補廣元，又署什邡，復回廣元，又調開縣，凡歷任幾二十年。所至皆以愛民爲主，約束丁役，清理獄訟，惠商恤農，鋤奸止暴，而倉卒之閒尤能立定大難。其復任廣元也，視事甫八日，提督胡飛鵬招勇五營赴新疆，以領餉鼓譟，戕傷統領，因搶劫城團軍器，武營火藥忽轟，震勢洶洶，人心惶恐。又與親兵交鬭，多被殺傷，結怨深。出城分路掩殺，且夜集城隍山燒，會謀起事。君親往安撫，屬統領速出令調親兵至昭化營。哨官咸走匿，得前營楊某諭以禍福，誓無事，令轉諭各營，許爲籌餉，願出營者給票還家，每營卽發米五石錢三十緡。至署，復請城商爲貸四千金。始成，軍前去，城中以安。當是時，人皆爲君危，君獨靜鎮如常。大吏聞變，深以全蜀治亂所關，焦灼甚。及接稟報，則極歎處置得宜。其有膽識如此。是年，大計以悃愊無華、潔己愛民卓異第一，加同知銜。君又念廣元獨無三費局，謂相驗、招解、秋審，經費每苦百姓，爲請大吏撥釐局三之一，餘由縣捐，立章勒石。蓋恤民隱除弊政多此類。君以久勞民事，方思引退，而開縣之調感新藩知遇，力加振作。縣多盜，重典嚴治。試文童科，歲千餘卷必親閱，至徹夜不眠。復力疾校武場，試畢猶日治官文書，聽詞訟。或勸君少休，君曰：「我安一日，民累一日。」開縣鹽釐徒滋繁擾，未暇稟撤，病中猶以此爲恨。至是遂益深而竟不起矣，時光緒九年十月十七日也。君每去一邑，百姓輒攀轅挽留不忍其去。及喪歸，凡經舊治，部民跪奠，下至負販或泣下不能起，而廣元紳民又創立劉公祠於朝天長橋之北，捐資永祀。嗚呼！此可以知君之得民矣。君自奉清儉，嘗蔬食布衣，而性情慷慨好施予，地方建築諸務公費不足，輒捐廉爲之。丁戊閒，秦大飢，蜀大吏以鄰災，函令助賑，君獨捐千金，戚族又屢寄金周恤之。因解餉歸里，饑饉後故鄉凋殘甚，君惻然軫念復量給千餘金。篤念師門房師某歿，夫人貧老，歲遣人資助。屢調文闈，所得多知名士。教子多名言至論，有別録一帙。君在官猶嗜書勤學，公餘輒手一編，嘗分類摘録通鑑二十餘冊，名曰通鑑節要。手著家訓十餘篇，家規二十條，先正格言亦多手鈔。

年六十有二。元配吳宜人賢淑有德，君生平得內助力爲多，先卒。繼配施宜人，前山西永甯州施公威甫次女，今稱未亡人。子二：良浩，生員，議敘四川府經歷；克類，生員，議敘候選縣丞。皆吳出。女一，施出。孫男三。今筮以十一年十二月二十一日葬君於州東鄉之陽洪鎮新阡。道光閒吾秦如牛雪樵、蔣少園在蜀，皆以州縣起家，卓著循聲，至今蜀人道之。自是秦人之仕蜀者亦多有善譽，如君亦可謂不愧者歟，是宜銘。銘曰：

古人之學，民物一己。一夫弗獲，曰予之恥。今也爲人，但希青紫。惟得之求，孰心赤子？學優如君，豈曰文士？才足有爲，奚止百里？敬職勤民，實事求是。我銘非阿，尚徯千祀。

## 安陽縣知縣劉君曉耘墓志銘　辛酉

劉君樹田映荊，以其族兄河南彰德府安陽縣知縣曉耘君行狀，並偕曉耘之孫曰祿慧詣予書堂，求銘墓。而使祿慧再拜，懇曰：「不孝祿慧幼失父，於大父行事不能詳，謹以樹田族祖所爲狀以請，幸先生哀而予之銘。」樹田又言之，弗能辭也。

君諱棠蔭，原名映蘷，字憩南，曉耘其號也，又號篠雲。祖永密，字理齋，布政司理問。父錀，號芸菴，封贈如君官。母胡恭人，繼母顧恭人。東里劉氏，其先太原人，始祖諱闕者，宋末徙三原樓底北之沙坡，數傳又居堡西，曰劉家鄉。明季流寇猖獗，乃建堡，遂遷東里，十五傳而至君。君少豪蕩不羈，弗屑屑踐繩約，然獨愛人之念出於肫誠，凡事寬厚無慳嗇。君雖封於財，而性伉爽，視膏粱紈絝若無足汩。其志思有用於世，乃輸貲爲縣令。道光二十九年，部選河南汝甯府上蔡縣知縣。初視事，幕客左右皆以君富家子恐不諳民情，有難色。君將出，笑曰：「且看劉九如何？」劉九者，君行也。幕客左右屏後竊聽之，凡所問判悉中款要，若老於吏者，又皆驚喜。邑有青龍、華陂二鄉，去城遠，居民富饒。軍興吏役藉端科擾，民不堪苦，君至輒痛革之。邑鄰遂平，遂平多凶頑，數爲害，君始設卡巡獲，民賴以安，遂民亦感悦，建牌頌德，且望量移本邑。時華陰李某巡撫河南，以君勤政愛民才具優長，奏調安陽。君益自勵，凡地方廢弛當復者，即躬親整飭。及粤匪竄入河北，蹂躪搶掠，數郡被害，君素有「青天」之稱，遠近逃民皆欲依君，紛紛來安陽。有謂君勿納者，君曰：「同吾民也，忍令失所乎？」遂自出私財輸粟，計口授食物，而民始免流離之苦。又慮賊窺彰德，即儲糧芻、製器械，齊團勇數百人爲守禦計，擇果敢士充首領。日詣教場激以大義而訓練以法，夜則執弓劍親守城陴。賊至見有備，圍數日而去。前後捍衛凡二十餘日。上憲以君急公勤奮，奏聞蒙恩，賞戴藍翎，欽加同知銜。而君心力交瘁，遂致疾嘔血矣。君兩歷任所，庭無蓄訟，事多平凡，父老服其神明。遺愛在人，其去也，皆立碑紀之。其在安陽，知府某素貪，暴民聚衆將爲亂。府以君孚衆望，令馳往諭之，民誤爲府，一人持矛直前，衆急喊曰：「子敢爾，子不識劉青天耶？」而持矛者已刺，君首見血，後捕持矛者，乃伏罪，餘悉散走。而君名益躁彰衛閒。蓋君自以貲入官，即弗希財賂，力矯貪污，誓不取其民一錢，而又本一惻怛慈愛之實，故能不憚勤勞，不避危險，廉明强決，遇事敢爲，而得人心如此。初賊未至時，遣子睿之歸，且謂曰：「宗祀賴爾，爾父以身許國，遇難，即效命朝廷。行矣，毋爾累也。」又明年，睿之卒，君聞，疾益劇。後又以入都引見，勞頓愈甚。及歸汴，益不可支吾，遂卒。實咸豐八年五月二十日也，時年五十。世多謂捐班不可得人，而以進士仕縣令爲正途，固也。如君者何負於令？而以進士爲令，如君之爲者又多乎哉？然則君果知學聞道，其所成就當更有進，而天假之年使老其材，以卒成其志，且將比古循吏。顧即其所爲已彰彰如是，亦異乎今之進士而仕或守封疆備部僚聞賊輒逃竄求苟免者。使縣令而盡如君，則所以撫綏保護之者亦必有道，賊或不至横肆天下，事猶有可爲，豈遂破爛不可收拾哉？嗚呼！悲夫！

君元配高陵同知韓景泰之女，先卒。繼配四川知縣鄠縣趙一鶴之女，今稱未亡人。俱封宜人。妾李氏。趙宜人知書明大義，在官内助爲多，而嚴冬跋涉獨扶君柩旋里，尤其所難云。子一，睿之，娶長安鹽大使許步堂女，生子卽祿慧也。女二：長適咸陽程鍔；次名淑貞，君病刺臂以禱，年二十三凡議婚者皆不許，誓以終喪，蓋孝女也，亦略知書。並韓出。孫女一。咸豐十一年八月二十八日，葬君於堡西新塋，壬山丙向。韓宜人及睿之皆祔葬，睿之別有志。銘曰：

才足有爲，如張釋之。政事之奇，世儒愧茲。胡不究厥，施而已於。斯匪予之，噫緊大河，南北之思。

# 劉君毓英墓志銘　庚午

天之愛人甚矣！吾秦一旦遭豺狼之厄，方千里閒鋒鏑，餘生復重困於逃徙飢餓，幾莫能自活。天子命將征討，正期盡殲醜類，需餽糈鉅且亟。雖念災黎顛危甚，而力又不暇及友人焉。體覆載之好生，憫國家之多難。惻然不忍鄰里鄉黨之愁苦，慷慨出重貲相賙恤無所悋，此非深明大義無所爲而爲，真以愛人利物爲心者能之乎？若吾邑劉君毓英者，當回匪亂後獨捐二萬四千金賑散闔邑牛種，事聞上，嘉其好義急公，命撫臣賞給匾額以示褒奬，蓋異數也。及君之歿，道路咸咨嗟歎息，以爲善人亡矣。而闔邑里民數百人相率弔奠，有泣下者。噫！豈苟焉者哉？

君諱映菁，毓英其字，晚自號香洲。始遷無可考，世居東里堡。乾隆中家漸起，遂爲三原著姓，自其先人以義風聞鄉里。祖諱永宋，太學生，誥贈通奉大夫，祖妣何氏，繼妣張氏，皆贈夫人。父諱鈺，武翼都尉候選游擊，誥贈通奉大夫，母曹氏贈夫人，范氏封夫人。君與弟映蕚俱范夫人出。少穎異，都尉公最鍾愛。甫冠，都尉游於蜀，不欲以家故勞父慮，乃輟學，督理内外悉有法度。既聞都尉訃，卽大慟涕泣，告母奔喪。時天寒風雪，奉柩就道途中又數遇雨，常步走以勵夫役。事范夫人孝謹甚，器物飲食非躬親在視弗慊也。嘗奉母避難於富、於耀、於涫，雖歷辛苦欲親之安，范夫人年八十尚無恙。君彌留時無一語及其私，惟以不得終事母爲憾。與弟數十年無違言，子侄無異視，蓋其至性純篤，得天獨厚。而精明果斷才識又遠過人，每遇大事大疑之來，衆方惶惑不知計所出，君輒從容裁處，義苟當爲，如救焚拯溺，毅然不復有所牽顧移易。初粵逆蹂躪南省，君卽邀集鄉族議修堡城。或難之，君曰：「時不可緩，願助其費之半。」衆欣然，閱數月工成，君獨輸五千金。故自回、捻肆擾，縣屬五百餘村堡盡被焚擄，而東里巍然恃以無恐，全活實多，至是益共服君之先見能思患豫防爲不可及也。君先後捐助各省餉需以及防城供兵守堡設團，與其平日周親族濟困窮所費不下數十萬金。近雖家少衰，而賑米、屯田、修渠、幫運諸大務未嘗不勉力爲之，善行又烏可勝紀？豈非所謂積而能散，好行其德者耶？予於君僅一二見，而君謬重予，嘗命其子昇之拜予於書院，求爲弟子，予感其意，昇之屢來，未嘗不以立身事親之道告也。顧更有感者，道之不明於世則以正學之書不多見也。使人人得正學書讀之，道有時而明矣。君雖不終學而雅愛正學書，嘗已雕印數種。聞予言胡敬齋居業録、文集版本尤罕覯，亟欲鋟木，而君病不起矣。昇之繼父志，乃泣而成之，獨朱子文集、語類數百卷，君亦嘗有意刊播期諸久遠，而竟不克就，豈天於此亦靳之耶？抑道之明固有待耶？何紹聖統正儒趨，如吾朱子之全書不使廣傳盛布，嘉惠天下學者於無窮也？嗚呼惜哉！昇之又言君欲設立各鄉義學，亦有志未逮，不又重可慨耶！

君生於嘉慶十二年十月十四日，卒於同治八年二月二十一日，春秋六十有三。捐輸海疆軍餉議敘道銜，以從子賡瀛捐請二品封典。配張氏、趙氏、王氏，並贈夫人。樊氏封夫人，樊夫人先君卒。子二：昇之，庠生，候選湖北知府；晉之，幼殤。女四，皆樊出。壻舉人王襄，庠生；王鋧，甘肅試用同知；張灊，監生；李紹聖。昇之將以是年十一月初十日葬君於其堡北先人之塋昭次，來請銘，予既辭不獲，而又以君之遺意不忍終拒也。乃銘曰：

周禮司徒，教民三物。二曰孝友，睦婣任恤。六行苟敦，亦云有德。君實行之，仁義是力。餘補不足，天理靡忒。同胞無告，己飢如稷。邪説熾矣，正道湮塞。欲挽人心，先辨學術。不背其馳，純儒著述。朱學之全，尤艱其得。胡未公世，而君嬰疾？我銘墓石，傷此遇嗇。念哉後人，堂構其室。

# 誥贈奉政大夫謝君溫泉墓志銘　壬辰

光緒壬辰夏，高陵白五齋太史歸自京師，一日過余山齋，久之出其友今直隸實坻縣知縣謝端甫自狀其先君溫泉君行事，求銘墓。且云，端甫裕楷素慕余，在官著循績，幸余之銘，知家學有自也。及余觀君狀而益信端甫，述其誨己之言曰：「居家以孝友爲本，居官以清勤爲本。迂愚二字尤不可少，迂則不苟且，愚則肯任事。」嗚呼！即此可以見君矣。

君諱仁暉，字覲光，溫泉其號也。謝氏先世福建龍巖洲人，君高祖有陞貿遷陝西之安康，隸籍焉，遂爲安康人。曾祖元敬，太學生，誥贈資政大夫。祖玉瑛，增貢生，兩世皆崇祀忠義祠。父曰鴻，字雲樵，丁酉科拔貢，以裕楷職貤贈奉政大夫。君兄弟四：仁昭、仁煦皆敕贈文林郎，仁昕候選巡政廳嗣叔父某，君其次也。幼讀書稍鈍，然敦謹勤學，叔祖鶴齡公尤愛器之。與兄仁昭同入庠，旋同食餼。父雲樵公亦以拔萃貢成均，士林豔稱之。天性孝友，父患痰喘，因精醫理。時祖父母年老臥病，需人先意承志，飲食藥餌代父分勞，能得其歡心。兄殁，父旋疾，鶴齡公亦病劇，相距一舍，君晝夜往來省視不少息。及丁艱，哀逾恆情，以禮葬，無毫髮憾，母伍喪亦如之。治家嚴整，崇儉黜奢，常舉先世創業之艱及傳家訓誡書之堂屏，以示後人。撫猶子如己出，課必勤，過必督。兩連舉鄉薦，餘多就職，皆君力也。尤篤宗族，秦、閩相去七千里，祠墓烝嘗弗敢缺，閩籍來者待以懇款。裕楷捷南宮，入閩省墓，有掘其叔祖塚盜賊者，訟而復之，猶承君志也。於人重然諾，無阿附。後進質疑，藹然講解不倦，有失則面折，既改又誘勸以成之。遭旱歉，約族賑濟，雖稱貸繼之不恤也。飛蝗害禾，默禱三日，蝗盡斃，其誠感如此。川匪掩襲磚坪，衆奔趨漢北，君賃多舟以濟，並督團防，卒得安堵。當嘉慶初，白蓮教匪煽亂，君祖倡議籌防，餘金置產，改爲漢江、嵐河兩渡資糧暨歲修費，勒碑更名公議會。及髮逆入郡，會中少年欲瓜分，君執不可。遂糾衆入室大索，君隱忍毁家散之。賊退，官廉得情咸隸繫按律懲辦，君轉懇請得釋，衆始愧謝。邑中孝義節烈彙冊請旌，戚某孀婦有女已字人，某恃衿強娶，誣控得直，女不欲生。君代白其誣，卒斷歸焉。爲鄉里排解不曲循徇，往往得一言輒息，故學使許公以「性行淑均」、邑侯陳公以「古道可風」皆表其閭。陳公且書後曰：「昔人稱胡康侯如嚴冬大雪，百草皆萎，而松柏挺然獨秀，吾於溫泉先生亦云然。」然則君之所以誨裕楷，豈非所謂以身教耶？使君得膺民社，則所謂不苟且肯任事，又可不爲君信耶？顧君素甘澹泊，不以利祿縈心，舉孝廉方正固辭不應，卒以明經終。雖就職訓導，亦未仕。工書、善琴，嗜飲而不亂，習堪輿家言，相地卜宅皆有法，晚益沈酣經史，所著有詩、書、周禮、儀禮、禮記、公穀輯解。臨歿猶手不釋卷，遺命紹書香守家法，不及其他。

卒光緒二年閏五月十五日，距生嘉慶十八年三月初五日，享年六十有四。葬漢北簡操垻已有年，今欲誌補瘞焉，禮也。元配鄺宜人，勤謹孝慈有婦德，教裕楷尤望之切，咸豐八年二月二十六日卒，年四十有六，葬漢南營盤嶺，蓋與君未得合窆云。繼張宜人，無出。子三：長裕模，恩貢生，候選直隸州州判；次卽裕楷，光緒乙亥舉人，制科孝廉方正考授知縣，癸未進士，同知銜，補授固安，署大興，以辦賑出力賞戴花翎，調補寶坻；裕榮，太學生。女二，李益唐廩生、沈德立，其婿也。孫男七：俊達、俊聘皆以太學生考取漢謄録官，籤分國史館；俊典考取國史館供事；俊庸、俊徵、俊莊、俊宣均業儒。孫女五：長適李延鎔，次適張全孝，餘待字。銘曰：

維漢有源，其流則長。維謝始胄，來自閩疆。鄉賢忠義，世耀其鄉。繼志述事，君迪前光。遭變能忍，辨冤能剛。恤災仁術，教子義方。蓋德之厚，抑才之良。胡嗇其遇，而終自藏。有嗣濟美，益發厥祥。牛刀小試，蒼生之望。純儒循吏，俾爾後昌。我銘無愧，是爲顯揚。

## 林翁壙磚銘　癸亥

古道湮塞，誰信不疑？翁本農也，而識最奇。我學世詬，以子妻之。慨行親迎，翁獨謂宜。强毅剛直，本翁天姿。崇儒重義，阿承風規。臥龍我愧，曷酬其施？文之幽宅，千載以垂。

## 郭李君勉之壙志　辛未

勉之，三原人，名生彬，本姓郭，曾祖某以甥承舅嗣，遂冒姓李，至君始復本姓。然不欲沒先人意，故輒自謂郭李生彬，諸子應試，亦曰郭李。某云，祖欽佪，祖母王氏。父瀛，母李氏、許氏。君許出，少失怙。稍長，異母兄欲析產，盡讓之。獨與妻食貧，其苦有人難堪者，旋鬻古書籍、字畫、器玩爲業。漸有稯卽專意教子，久之謝賈專亦嘗自讀書。顧君饒智計，亂後邑中修城、屯田、防練、賑恤諸要務深賴其力。大憲亦多知君才，修復龍洞、嶽廟皆札委辦理，而水利尤極究心。始議除鐵眼之弊，終論築鐵隄之利，皆人所不敢言不能言者。初邑侯籌善後賑，散闔邑牛種，義紳獨捐二萬餘金，實君一言之助而人或未之知也。

君生於嘉慶二十年十一月九日，卒於同治十年九月九日，享年五十有七，從九品候選主薄布政司理問銜。配張氏，繼李氏，皆先卒，又繼王氏。子三，俱張出。長清，次唐，次宋，皆庠生。清，河東鹽場巡檢；唐，夭。孫一，唐出也。女二：一張出，一李出。孫女二，清出。君卒踰月之五，清等葬君舊居南李村東新塋張孺人之右，辛山乙向。蓋君葬妻張時並自砌磚爲壙而虛其右，取地道所尚，以合古人葬法云。君初雅慕正學，命諸子從予遊。既而諸子急世榮，及宋附庠，復遣來學清麓，不一月而君病，遂至不起也。悲夫！葬期迫，聊識其壙，其詳則俟敘次之而表於墓。

## 張君宜堂壙志　己卯

君姓張氏，諱怡繩，字宜堂，三原丁留村人。祖太學生爾品，祖母郭氏、李氏。父璉，母王氏、陶氏。兄弟三人，君與仲兄怡承皆陶出。配何氏，子五，惟濬存，庠生。女三：長適諸生劉霈，寡；次適宜君縣訓導梁永泉，季待字。生於嘉慶二十五年二月十九日，卒於光緒四年十二月十四日，年五十有九，從九品，翰林院待詔銜。君自少雖業賈，然不遭時，獨爲主人劉氏根本長久計，且汲汲贊其尊賢樂義，惟恐德善之不積、名譽之不彰也。居心正，接人謙，遇事才敏而識達，晚尤好親師友講讀小學、近思録。劉氏出巨貲刻朱子語類、文集及諸正學書數百卷，君一意經紀而惜未竟也。予以是深爲君悲云。卜以明年三月初十日，葬君於祖塋昭次，寅山申向。君臨終諭濬斂殯必以禮喪葬，悉咨余而行。期迫不及爲銘，謹略識世系行事大槩書之石，納壙中，其詳則俟刻之外碑而表焉。己卯二月甲申。

## 劉東初墓志銘　己丑

嗚呼！東初竟先我矣！我竟銘東初矣！吾銘東初，吾悲東初且自悲矣！然非獨吾之悲東初之悲，而實斯道斯人之悲也。漢董子不云乎「諸不在六藝之科、孔子之術者，皆絶其道，勿使竝進」？而國朝大儒清獻陸公亦曰：「今之論學無他，宗朱子而已。」宗朱者爲正學，不宗朱者卽非正學。不宗朱者亦當絶其道，勿使竝進。宗朱子之學，然後孔子之道尊。蓋自聖學失傳千有餘年，至宋周、程、張子克承其統，而朱子尤集大成，數百年來無異説也。聖祖仁皇帝特躋朱子於哲位，所以示萬事學者趨向之準爲此也。而近世學術淆亂，金谿、姚江以及漢學家之説興，遂以攻詆朱子爲能。雜學愈盛，雜書愈多，周、程、張、朱之書，學士往往老死不見其全，北方流布又加少焉。吾獨自愧不能體行斯道以倡學者，竊思有所藉手雕本鏤板廣傳其書，俾讀者耳目爲之一擴，潛心遜志而有得焉。庶淺見粗識、邪説詖辭，一切似是而非之論舉不足惑，則道之明也有日矣！而東初乃信之篤行之決，慨然以刊刻濂、洛、關、閩遺書爲己任，且不使有一之未備，或先儒絶學孤本亦多鋟以行世。予自祈嚮程朱，略知爲己，絶意名場，世儒輒多疑笑。買山清凉之麓，自求讀書寡過而已。東初既自執贄，復歲具脩俸以來，四方有志之士如海鹽、語水之待楊園張先生者，後邑令焦公卽其地倡建書院，東初又特捐白金二千兩爲經費，當事奏聞。予建坊此其於世道人心所裨，豈其微哉？病劇時，余視之，獨拳拳以必終刻書爲念。東初祖、父皆好施予，至東初益能繼志述事。丁丑、戊寅間秦大饑，捐麥穀籽種約萬一千金有奇，設立推惠義倉，前後捐麥千石。買地建倉，仿朱子社倉法出入斂散，一鄉數十村實利賴焉。脩學宫、資書院、開義塾、築堡城、濟貧窮、救災患，凡邑中義舉咸多倡首爲之。其輕財好義類如此。臨殁邑境牛瘟甚，又屬其妻瞿氏捐銀壹千兩以䘏無力農民。然則東初平日存心亦大可知矣。早歲以疾不幸誤染嗜好，近悟其非而力絕之，方益保身勉學，日坐一室諷書臨池，以冀補功末路，而病卒不起也，斯命矣！夫遺命喪葬之禮一商於余。嗚呼！此又余之所以深嘅也！

東初名昇之，一字一如，三原東里人，附貢生，誥授朝議大夫，封資政大夫，賞戴花翎，湖北試用知府。祖鈺，武翼都尉，候選游擊，誥贈通奉大夫。妣曹氏，贈夫人；范氏，封夫人。父映菁，誥封通奉大夫，議敘道銜，賞戴花翎，入祀孝義祠。母張氏、趙氏、王氏，並贈夫人；樊氏，封夫人。東初，樊出也。配孟氏、李氏、賀氏，俱贈夫人；瞿氏，封夫人，萬州營游擊三益公女。生二女，不育，鞠他氏女，今稱未亡人。東初爲人性溫氣和，外渾厚而內明曉。事祖母、父母皆能善體親心。兄弟朋友間謙讓推解，飲食衣服恆甘淡泊，遇事每責己不過求人。無子，卒之前數月，乃立從弟賡祥次子爲子，名以嗣曾。越小祥，邑大夫始親臨其家取抱以來，嗣子異日當知爲人後之道也。生於道光二十二年十二月二十三日，卒於光緒十四年二月二十三日，年僅四十有七。其明年十二月十九日葬樓底鎮濁水之西新阡，壬山丙向。前妻皆啓舊窆而祔焉。於法宜銘，銘曰：

學未深而志甚强，年雖促而功則長。謂天無意於斯文，胡正學之表揚？謂天有意於斯人，胡使抱伯道之戚，而又中歲之云亡？儻朱學如日星之昭彰，士亦何憂乎倀倀？無異說以鼓簧，奚余心爲之永傷？

## 劉季昭墓志銘　丁丑

三原東里有年少敦謹、富而好義之士，曰劉君季昭，名質慧，號莜園。光緒丙子，爲督學吳縣吳公所賞識，以優貢成均，甫一月而病，卒時十月二十八日也，年裁三十有三。嗚呼惜哉！

同治壬戌之亂，余避地絳州，季昭奉其母避地臨晉。其年冬，余省兄臨晉。聞余至，亟邀寓所。季昭方十八九歲，循循老成，無富家習氣，心敬愛之。又取余所輯養蒙書九種刻之蜀，明年歸余。後亦西襆被徒行過季昭，欲一見，僮告之，余訝其出，遲不能待，季昭遽來謝且止宿焉。夜爲道古人倒屣求友風，虚懷以聽，卽謂不易聞此語也。自是十餘年來相見日多，雖余之愚拙不足感發有裨所學，而季昭勤懇彌至一似相信之篤如弟子之於其師，殆有過焉。余何以得此於季昭也？季昭初病，余視其顏貌輒憂之。然以平昔志行之美，又方爲時所賴，豈遂遽遭夭折？孰意余適河南，未得再詢危苦之狀一訣彌留，及歸，而季昭歿且月餘矣。悲夫！

丁丑夏，其族叔大迪及其姪昌恆以誌銘請。嗚呼！余忍銘吾季昭哉！余忍不銘吾季昭哉！季昭曾祖鈊，乾隆庚子科舉人。祖映莒，稟貢生，同知銜。父憲之，鹽運司運同銜，並誥贈資政大夫。曾祖妣張，祖妣王、蕭、何、楊，妣李，並誥贈夫人。生妣張，誥封夫人。性孝友，年十五喪父，哀毁異常。事母能色養，母歿，殯葬以禮，不恤非議。諸從兄雖久析居，敬順無違。及相繼逝，代理家務畢竭心力。待諸姪有恩，擇師訓教惟恐失學。立家祠，嚴祭祀。受業師王友山垠回變殉難，立石里門表其節，家貧並歲出金卹之。光緒乙亥，與族叔昇之捐麥千石，依朱子法立推惠社倉，以便其鄉三十餘村之人。饟軍守城及邑中公事捐助甚多，其他善行不可悉紀。其自處則衣常大布，食無兼味，持躬一本端慎，嘗取表記「莊敬日强，安肆日偷」二語書座右以自儆。不妄交遊，與人接言笑無苟，樂與賢師友親，喜藏正學書。雖與閩洛淵源未及極力探討，然聞先儒講學最純者莫不敬慕而思表章之。朝邑王仲復先生爲國朝關中第一大儒，余嘗啓告督學吳公奏請從祀，兼書墓碑，季昭卽爲贖還墓地，刻石立之。先生所著復齋録，識者至比之讀書、居業二録，板久無存，復重刊以幸學者。家素豐溫，顧獨無他好，每切切以世道人心爲念，故所刻又有諸葛忠武侯、宗忠簡公、岳忠武王、史忠正公諸集，邵子擊壤集，眞西山心政經，李二曲堊室録感、女小學共數十卷，於朱學尤知崇尚。以族叔昇之既刻文公語類、大全、文集，乃謂儀禮經傳通解、通鑑綱目亦紫陽大箸述，方延儒士校録綱目原本，未及半而遽至於斯。大迪君經紀其家，蓋終成之，然其志已不酬也。病且革，猶拳拳於刻書及社倉不忘，是亦足以知其所存矣。先世有園曰半耕，竹木亭池爲一時之勝。經亂稍燬，近始略補葺。擬築讀書堂，與師友講學其中，以時習行鄉飲射諸禮而未逮也。使天假之年，得見文公諸書之成，科場之累久當絶去，俾區區或更少助其講論切磋之益，以期無負朋友之道，而季昭有自成之功，則其所就必不止是，而今已矣！嗚呼！此又余之所以惜也！聞季昭之卒，無論識與不識，莫不咨嗟嘆息。且疑天之不佑善人，何奪之速也？是豈獨家之不幸哉？斯命矣！夫以屢次捐輸，議敘知府，賞戴花翎。生於道光二十四年二月十一日。配馬氏，候選州判兆熊女，封恭人。子二：昌復，昌晉，俱幼。女四：長字涇陽光禄寺署正姚樹鉞子庠生烝，餘俱幼。今卜年月日葬於所居堡内之祖塋昭次。銘曰：

書以載道，求道必於書。雜書多則道晦，學亦莫知其所趨。書如晦翁已遍寰區，而猶盛傳廣布。庶幾正道之扶，抑亦張吾軍於不孤，乃既幸夫人之爲功而竟。嗚呼！又烏能已於吾黨之涕洟而欷歔！

## 王子方墓志銘　己丑

古之服官涖政經世宰物，未有不原於身心性情之地而可以有爲者也。若其侈言經濟無本，焉以主之？要其成亦不過功力智能之末，奚足語儒者之效哉？若吾子方者，則有異焉。子方名夢棠，姓王氏，一字召卿，乾州好畤村人，同治癸酉及余門人。余見其安詳敦謹，與之言聖賢之學向慕甚切，素以遠大自期，亦雅有志當世之務。其年冬，今河督江蘇吴公方爲學使，案臨乾州，拔置高等，津送肄業宏道書院。吴公歸，訪余清麓，頗稱子方爲人。丙子子方失解，即以優行貢成均，至京考取八旂漢教習，旋補授正黄旂教習。俸滿引見，奉旨以縣用，請假歸里。及光緒丁亥春，將入都呈請分發，忽得瘖疾，至戊子二月二十一日竟卒。嗚呼惜哉！余方嘆吏治之弊，冀子方出而行其所學，以有補於時，無使人謂吾黨迂疏。即子方夙昔抱負稍得展布，不致憾於無用，亦足酬平生之願，而卒不得一試耶！豈斯人之不幸，抑天果不欲吾道之少見耶？豈才謀者能立事功，而修德勵品者之於世齟齬耶？子方世以孝謹傳家。祖建榮，妣宇文氏。父家賓，字席珍，武庠生，余嘗爲之傳，事詳州志。妣梁氏。子方兄弟三人，長夢彦，治家有法。次廷佐，初嗣從伯父，有至性，人稱其孝，以轉餉殁於平涼，子方親往歸櫬，哭失聲，哀感行路。將赴朝選，至省垣忽心驚，卽馳歸，伯兄果病，躬侍湯藥。其殁也，喪葬以禮，不徇流俗。待子姪如己子，擇師而教，諄諄以正學爲勖。內行之篤，友朋閒多口頌而心儀之。立身淡泊，刻苦自勵。當在書院，學使給予膏火特優於諸生，稟辭不受且請別資寒畯，不許，卒盡數刻朱子大學或問，並摹印小學諸書，分散里士。歲大荒，州牧委辦賑務，倡捐數百金，兼辭還薪水以助施濟。州志久未重修，遂倡議始終其事，搜採之力尤多。里民以歲歉無力輸納倉糧，爲請官緩至次年麥後，鄉民賴之。兵糧支絀，守備某與紳士合謀欲折徵本色。子方獨曰：「折色原有平餘，納本色則無平餘。不如以平餘津貼營兵，實爲兩便。」卒如其議。凡地方有關風化者，如修補聖廟及各神祠碑、祭器，完繕節孝坊，採訪節義諸義舉，莫不竭力爲之。吉凶宴會一遵文公家禮，雖有非議，弗顧也。代人慮事或受朋友之託，一以誠信，歷久不渝。好與賢人君子遊，所至皆一見款接，資其切劘。然則使子方而在，其所就豈可量哉？是可哀也！距生於道光庚子十二月二十八日，年四十有九。遺命斂以時服，喪葬必依禮制。元配馮氏，繼石氏、吳氏。子三：宗程、述朱、承濂。女三，俱吳出。光緒己丑十二月十三日，葬於村東新塋。銘曰：

積多其貲，而胡不厚以施？植培其基，而胡又早以萎？豈冥冥者人不可得而知而止於斯，如之何？勿悲。

## 秦醒清墓志銘　辛巳

同治壬申春，吾友芮城薛仁齋先生偕其徒數十人過余清麓精舍。有永濟秦君醒清二子恆仁、恆義求書仁齋所名「歸儒書院」大字。因叩其說，仁齋爲言醒清曾購其鄉麻谷廢寺，改建學舍，毁瘞佛像，奉至聖木主。余聞而偉之，秦君乎誠快舉哉！君名魁炎，號獨岫，醒清其字也。少貧業商，而獨嗜正學，見仁齋時年已四十九矣，乃折節爲弟子。仁齋殁，不遠數百里詣清麓，余適謁鳳翔橫渠祠，弗得見。明年又來，復求執贄，屢請益堅。君雖守市，其志行蓋眞有古君子之風者矣。君嚴毅方正，孝親恭兄，與人常厚而分毫不苟取。小學、四書嘗手鈔數過，老猶殷殷誦習，力求實踐其訓。子若孫亦以讀書立品爲先，臨終戒以胥遵古禮，勿用一切浮屠。方君初去佛像，適大病，人或咎君，君獨持不變，其不惑如此。恒義來請銘，且云其父遺命也。君卒於光緒七年閏七月二十二日，年五十有九。父自傑，母姚氏。嗣叔父自强，妻席氏。子三：恒仁，恒義，一名保黎，邑庠生。女一，婿常袖海。孫四：懷亮，懷璋，恒仁生；懷璧，懷永，保黎生。孫女四。卜是年十一月初八日葬於桑坪新塋，癸山丁向。銘曰：

識之卓，守之定。心之虚，學之正。跡闤闠，儒者行。過君墓，人起敬。

# 鴻臣高君墓志銘　壬辰

光緒庚辰，蒲城舉人高吉堂偉騫曾辱書山閒，具道所以願見之志，誠意懇惻，詞氣謙沖，且以不得從遊爲憾。噫！余何以得此於吉堂哉？越十餘年，壬辰春，吉堂一旦至清麓，使人通意請執贄，辭不獲。問之，吉堂已大挑得官山西知縣矣。然訝其素衣冠也，乃云去歲丁艱歸。既去數日，又親奉父狀求志墓。噫！余何以得此於吉堂哉？其可卻耶？吉堂之言曰：「偉騫罪人也。偉騫讀書無成，思博升斗祿代菽水，積久未能，甫之官一年而父見背。先母黃孺人既棄養十餘年，追憶就傅，誦四子書，皆吾母口授。晚自塾歸，二老人交督不倦，燈下或伴讀終卷。十四入郡庠，吾母喜曰：『兒終不負吾苦心否。』乃祿養顯揚，一皆不及，而先君又不待矣。先君嘗爲偉騫言：『吾以貧故就末業，然心知讀書之人足重，汝善體吾志，其有以慰我乎！』迨需次晉陽，瀕行戒曰：『汝無以我爲念，吾所治產能自給并足汝衣食，無用官中物，使崔元偉母笑人。秦晉毗壤，善爲之，異日有好官聲達吾耳足矣。他非所望也。』偉騫奉委司嵩、興、嵐三屬釐稅，內地產藥爲多。先君又貽書謂：『饑需宜籌，民命宜恤，勿肥囊橐，勿縱傔從。』先君所以誨偉騫者至矣。偉騫罪人也！願先生哀而予之銘。」嗚呼！偉騫之孝思見矣。又曰：「吾父生平其細者亦人所習，能重且大者偉騫不敢飾說，以欺世而誣其先。然則偉騫不敢欺世，卽所以不欺親，並所以不欺君，而實皆由於不自欺之一念。此所以早欲以學相質，而不予鄙者也。」予卽君之。教偉騫者深信君之爲人，且知偉騫得力於庭訓者有自來也。君賦性嚴重，寡言笑，慎交遊，取與不苟，於世俗嗜好泊如也。先世業農，自君以商起家，回、捻亂遭廢，乃自迸力於耕而教偉騫讀，蓋君之素志也。君五世祖名索者，康熙中由正甯徙家蒲城之平峨村。祖登名，妣馬氏。父有林，妣曹氏、劉氏。原配校孺人，繼黃孺人。子一卽偉騫，女二，皆黃出。王彥英，佛坪廳訓導，舉人辭善述，其婿也。君生於嘉慶二十一年十一月二十七日，卒於光緒十七年五月初六日，春秋七十有六。偉騫將以明年四月十三日啓黃孺人之壙而合窆焉，并遷校孺人以祔。是宜有銘，銘曰：

世俗教子，青紫是榮。謂仕干祿，厥金滿籯。君獨不然，誨以忠清。不願官富，願好官聲。民命之恤，以報朝廷。兒守父訓，如漢吏循。是謂顯親，是謂揚名。拙學豈異，亦重躬行。堯山漫水，永奠佳城。我銘其坎，百世可徵。

## 例授登仕佐郎覺夫劉君墓志銘 丁亥

鳳翔劉生源森乙酉秋以父覺夫君命，求表其祖墓。明年丙戌五月二日君卒，源森又詣余清麓，請曰：「吾父屢欲見先生，以病不果，今不幸至於大故，銘幽之文復以累先生，亦吾父意也。」余雖不習君，然君謬重余，蘄永其親於無窮而又隱以誌銘見託。源森不憚數百里必欲得余文，卽此君之孝思與其所以教子者均可知矣，其忍辭？按狀：

君少讀書已知嚮，稍長父老委以家政。先世有賈業，擇人以任，卒不負父命。遭亂，所居堡被陷，家人悉奔逃。君遍覓少弟不可得，痛恨，甚恐母憂，百端慰解。及母病咳喘，侍側不少離，願以身代。念姪婦王少孀，子女幼弱，使來依己。教其子燦讀書入庠，女爲擇婿嫁之，且清還外債。子長，乃曰：「若是吾無憂矣。」復令異居。弟遺一女，愛之倍所生，及其嫁也，裝送甚豐。從父貧，歿爲殮葬如禮。待族黨曲有恩意，雖家資遜前，而歲饑猶竭力助官賑其於鄉閭，親戚尤多全活。然君自奉則儉約謹樸，布衣蔬食，一守先人法，其質行可謂難矣。當賊之圍郡也，奉諭巡查南城，晝夜靡懈，賊不得逞。經理柴局，以勞議敘八品銜，辭不受。往來戎馬閒，不避艱險以拯家難，偶遇賊酋，舊識君，止衆勿傷，或假馬送君避去。急公有爲，而臨變而不懼，卒能遠害。蓋其素行足以感乎異類又如此。源森又狀，君晚歲好讀小學、近思録、魯齋遺書及呂子節録、二曲集等書，是亦有得於學者歟！近世學者馳騖詞章，往往鄙正學書爲無用，而行事顧徇私自利，反不齒於士林。如君者其識趣殆遠於人，茲其所以篤倫勵行而有古君子之風也歟！彼徒邀青紫者視君能無愧哉？

君諱夢周，號耐菴，覺夫其字也，從九品。祖秉賢，優廩生，妣張氏。父嗣向，卽余所表祿閣君者也，妣趙氏、王氏。君兄弟五人：長夢麟，廩生；次夢熊，武生；次夢蛟，拔貢生；次卽君；次夢庚。君配白氏、王氏。子二：長源泗，增生；次源森，副貢，嗣夢庚。女三：長適廩生惠運午，次字現任關山廳把總文逵次子毓英，次未字。孫男三，好學、同學、新學。孫女二。君生於道光五年七月初九日，享年六旬有二。丁亥正月二十八日葬於南指揮村左祖塋。銘曰：

名雖弗庠，而行實儒。克孝克兄，惟義之趨。老手一編，洛閩是娛。古有良士，斯人其徒。樸拙何取，獨不我迂。銘詔來世，我詞匪諛。

## 胡小巖墓志銘　辛巳

自科舉之說行，而聖學寖失其眞。然後世以此取士，士欲有爲於天下，不得不假途以爲羔鴈，此豪傑有志者之所爲俯首以就歟！降而不勝其利祿之念，竭一生之精力不過軒裳外物是計，而聖賢修己治人之道概乎其未有聞也。此在寒畯或所不免。若素豐之子不憂飢寒，宜可涵泳詩書、沉潛義理，不必屑屑場屋之技，以覬不可必得之數，而獨苦心孤詣、雕肝鏤腎，工文詞、希進取，與薄俗競一日之長而不可止。豈非名譽爵秩陷溺於人心者深，抑無人焉！開以爲己之學，雖有涫美之質、循謹之行，亦囿於頹風陋習，決性命以從事，豈不可惜也哉？如胡小巖者，吾有感焉。小巖名堉，父礪金，字夢巖。胡氏爲三原著姓，先世多義行。小巖幼穎異，四歲就傅，卽不與羣兒嬉，稍長常整襟端坐，獨嗜學，下帷讀書無一日閒。元旦祀先畢，輒坐書室，口不絶吟，手不停披。門外演劇，堅閉門户不出。爲文章高華沈實，先達咸器之。甫弱冠應秋闈試，主考賞其文，將取中，以額滿見遺。人或扼腕，小巖則益自奮厲，蓋欲必得一第以爲榮，故家事一不經心而日惟對黄卷而已。性孝友，事祖母及其父母、繼母皆婉愉得其歡心。其殁也，悉哀慕盡禮。待弟墉親愛怡怡。自奉儉約，疏食粗衣，晏如也。不妄交遊。御奴僕，無疾言怒色。義舉咸踴躍，克繼先志。然則小巖年雖少而内行若此，豈非天性有過人者？使其得聞聖賢之道，無牽於世好，舉業之外别有用心，所造當未可量，且或有以善保其身，此吾爲天下才俊之士所深致嘆者，不獨小巖也。而小巖又不幸而夭折，得非攻苦之勤遂漸虚弱而致然歟？顧以小巖所就而論，其視世之紈袴子弟讐書史而樂佚遊，或多嗜好者不既賢遠乎哉？余雖不深知小巖，而安静劬書，人人稱之無異詞。其卒也，下至走卒咸憫傷之。墉痛其兄之早亡，兩至清麓匄志其墓，亦可謂能愛兄矣。小巖以累出貲急公封今職，然非所樂也。光緒七年七月初八日卒，年才二十有七。配王氏，先卒。子一，文蔚。女一。卜以是年十二月初七日葬於東南郊新塋，辛首乙趾。銘曰：

家之腴，才之殊，名行之孚，何慕乎青紫之區區，豈竟以是而過苦乎身軀，斯命矣夫！嗚呼！

## 段湘波孝廉壙磚銘　辛卯

君姓段，諱成錦，字湘波，派諱夢槐。父某，母某氏。兄弟三人，君行二，弟生員舒錦嘗及余門，爲人端謹，素秉君教，而早卒。君中某年補行某科舉人。性樸質，生平青鞋布襪，泊如也。不喜世俗委靡習，亦不屑與公家事。雖見絀，衆論弗爲意。惟嗜酒，嘗以酩酊自娱。老手一編，觀書陶然而已。善地理家言，鄉人邀視亦不辭，蓋其不立崖岸又如此。妻某氏。子三，長二皆殤。宗譜娶妻，無子而夭；以舒錦第三子宗謌嗣。生於嘉慶二十三年九月初二日，卒於光緒十六年十二月十二日，明年三月初九日葬君段東堡北郊祖塋，艮首坤趾。銘曰：

素昧君，弟吾贄。吾銘君，念弟誼。君愛弟，不我棄。書以磚，後世冀。

# 周君玉璋暨配張孺人墓志銘　辛卯

咸甯及門周生敬，謹飭士也。將以明年辛卯三月十二日葬其父，庚寅十月持狀至清麓，求志銘。其言曰：「自敬太高祖、高祖，世以詩書傳家，曾祖及祖亦皆有隱德。逮吾父，少知勤學，然家益貧，又早失怙，母矢志撫養，輒不得讀。不得已，服賈漢南，嘗曰：『吾不爲儒，命也夫！然吾有子必不使墜先人業。』敬生，日夜望讀書。稍長卽攜至漢南，遣從學博澄城舉人姚至夫先生遊。敬雖獲一衿，乃聞先生説，知學求爲己，而吾父心益喜也。今葬父得先生文，或足慰吾父地下。幸先生哀而予之銘。」又曰：「吾父生平忠厚謙慎，恆以喫虧爲心。同治初元賊陷漢南，吾父沒賊中五十餘日，困阨甚。夜夢老人促父歸，於是得閒逃。至家遭回變，日與敬推碓治生，無怨苦。漢南賊退，賈業幾敗。乃赴漢南爲主人竭力解紓，卒復舊業，老而歸也。主人感其義，爲文以贈。亂後戚某欲吾父置田百餘畝可足食用，爲其田腴而價廉也。吾父曰：『吾幸不死賊，豈智力能保全？乘人之困而取田焉，吾不忍。如非此不可活，願質半，雖重價弗辭，使彼終得贖而毋失業。』長貧也，葬族人四五喪，親戚無力者或厚賻之。垝垣且成捷徑，往來踐數墳，吾父惻然，不使人知，輒補築之，於是無行者。橫逆之來亦順受，弗與校，其德量如此。吾母張孺人事吾父始終敬順，吾伯祖嘗病泄臭穢，人所不堪，而吾母澣滌牀褥、廁牏無少懈。馮某恭定公裔孫，貧家也，吾父字以吾女，而吾母亦不少惑世俗説，曰：『擇佳壻足矣。』至教敬，尤以吾父心爲心，惟諄諄孝謹是屬。敬學無成，負吾父母多矣。」噫！敬之心其可謂孝也已！質言其親之行，而無一飾詞焉，亦庶乎事親以誠者歟！

君諱天璽，字玉璋，世居咸甯大新巷，後徙萬慶巷，今爲古敦仁巷人。祖鳳岐，字瑞菴。父成甲，字鼎三。君生於道光三年十月二十四日，卒於光緒十六年正月一日，年六十八。張孺人與君同年生，爲三月三日，先君十一月而卒，爲十五年二月四日。子一，卽敬也。孫，海哥。孫女一。君之葬也，乃啓張孺人之墓而合窆焉，其地爲金花落東阡新塋。銘曰：

不爲士，志所恥。紹先軌，成其子。子爲己，聖賢企。揚親美，親不死。況素履，徵福祉。我銘此，百世俟。

## 劉母范太夫人墓志銘　壬申

三原有義士曰劉君毓英，先其母范太夫人歿，予既銘諸幽。越二年，范太夫人亦歿，其子昇之爲承重，於其葬也，復以墓石之辭請。予惟朱子有云：「古之君子所以顯其親者，惟立身揚名之爲足恃。」而呂成公亦謂：「事親不當待外樂，得賢者發揮以垂不朽，固與希勢慕權者不同，然其爲待外一也。」況予之淺拙，烏足發揮太夫人之賢？抑婦人無外事，以不見爲德，又安用文爲？顧昇之請不置，且曰：「先生之教不敢忘。然吾祖母孝敬溫惠，族黨閒多稱之，其佐吾祖勤家，教吾父及叔父修行，慈愛孫曾，悉非尋常婦人所易能。而吾父及叔父年來諸義舉如築堡城、賑闔邑牛種，卓卓在人耳目閒，一皆稟承祖母意旨。祖母素康强，年八十餘，白髮朱顏，偶坐門外，里嫗咸就問安。乞婦或覸其出，輒來求，太夫人憐，往往滿所欲以去，故常頌太夫人德不去口。見貧困者，時命昇之輩周恤之，其他施粥、施藥、予櫝、瘗骨，罔不諄諄，必謹行之而後心卽安，蓋其性然也。昇之不孝，終願先生賜之一言。」噫！昇之豈誣親者哉？吾今而後知毓英兄弟之好善樂義其來有自，是可書也。昇之當益知自勉矣。

太夫人父文升，母解氏，三原人，歸都尉公鉦，封淑人。子二：長映菁，卽毓英，候選守巡道；次映蕚，候選知府。皆誥封二品，故太夫人晉封夫人。太夫人卒未三月，而映蕚亦卒。孫四：賡瀛，咸豐乙卯欽賜舉人，分發山西，儘先候補道；賡澐，同知銜；昇之，庠生，分發湖北，試用知府；賡祥，庠生，分發湖北，試用同知。昇之，映菁出，餘映蕚出。曾孫五：棻，優生，彬，賡瀛出；模、楷，賡澐出；棫，賡祥出。女三：壻都司銜魏維屏，太學生；樊鋭；涇陽舉人姚樹年。孫女六：壻舉人王褱，涇陽同知銜；姚慰，庠生；王鍛，涇陽道銜；吳家驌，甘肅試用同知；張濬，庠生；李紹聖。曾孫女一。其生乾隆五十五年六月初十日，其卒同治十年八月十二日，壽八十有二。明年十月十三日祔葬都尉公之壙右，銘曰：

愛人利物，仁者之衷，何夫人獨有隱於厥中？蓋胞與之懷，靡人不同，故教子孫以施濟，亦庶乎君子長者之風。年高德崇，無成有終，祔此幽宮，來葉隆隆。

# 白母劉宜人墓志銘 戊子

光緒十三年丁亥七月初九日，翰林院編修乙酉科山東副考官高陵白遇道之本生母誥封宜人劉宜人卒於家。時遇道方官京師，聞訃星夜奔喪歸，哭之慟。既卜明年二月某日祔宜人於其考眞天公之兆。先期以行略來清麓，求爲銘。遇道嘗及門，哀其意不忍辭，且眞天公墓予既表之矣，誌宜人又烏容已耶？遇道述曰：「吾母年十四歸先君，時吾家寠甚，負郭田僅數畝。吾祖父母皆在堂，先君服賈涇干，吾母夕膳晨羞歷十餘年，頗得其懽心。先君昆季五人，行第四。迨後家中食指繁時不免詬誶，吾母必委曲調護，或淚流枕簟，有人不及知者。先君憫三伯父無子，以遇道爲之後，吾母卽遵命，且諭以敬事無違。回亂，遇道奉母避地韓原，流離拮据，人所難堪，而吾母處之泰然，無幾微見於顔面。及遇道通籍授官，吾母訓曰：『汝家世單寒，今受國厚恩躐清班，自當勉爲清勤作好官，上無負君，下無負先人。』然先君遭故歿圍城中，越三歲始得歸厝先塋。吾母痛心疾首，鬱抑於中而不以告遇道兄弟者蓋廿有餘年。遇道嘗迎養入京，居二年忽得痿痺疾，及丁嗣父憂，遂奉歸里門，至是輾轉牀席迄於不起。遇道慕榮，遺親不能常依膝下，致吾母齎志以歿，罪尚可贖耶？倘又不能紀其德善以垂久遠，則死有餘責。」遇道之言如此，以此知宜人之孝親敬夫，宜家教子，常變榮悴，處之如一，實有非尋常婦人所易及者。宜遇道之悲不自已，而讀其詞不能不有以慰其心也。

宜人，臨潼人，父昌奎。生於嘉慶二十一年正月初三日，享壽七十有二。子二：長卽遇道，出繼三伯父；次學道。孫二：忠謇，遇道生；忠嵦，學道生。女二：適任，次殤。孫女五：長適郭先生，卒；餘幼。銘曰：

古有賢母今罕聞，卓哉宜人慈訓新。清勤作官報國恩，願兒力追古名臣。高風亮節炳千春，母也仉湛名與鄰。原平曠兮川瀰淪，後考我詞視貞珉。

## 劉母張太夫人墓志銘　乙亥

名分者，天理之正，人道之大經也。易辨上下，禮別貴賤，春秋一書大抵爲正名分而作也。古今庶出者多矣，殷微子、漢孝文固皆賢者。孝文且自謂，側室之子無嫌也。它不具論。吾鄉王康僖公和粹嚴正，有范堯夫、程正叔之風，然其母則端毅公之側室張夫人也。忠憲馬公谿田先生受業康僖之門，其學務爲反身循理，得洛閩眞傳，一時學者比之横渠，與高陵呂文簡齊名，然其母則雲巖先生之側室李孺人也。此其名分甚正，爲子者何必諱人？亦何必爲其子諱？而世俗之陋，不生母之稱而妣之稱，不父妾之稱而妻之稱、繼室之稱。其意以爲尊母也，而不知非尊也。是不有其嫡，且不有其父，是使其母欺君而滅嫡也。或飾其説曰「父改立之也」，是又陷父於以妾爲妻之罪而可乎？人見其子之不諱也，或非笑之。噫！吾亦惑矣！公羊傳曰：「母以子貴。」孝經曰：「立身行道，揚名後世，以顯父母，斯之謂孝。」然則亦在子之自爲而已。吾邑劉季昭質慧，其生母張太夫人殁，既卜葬，求予銘。質慧讀書識道理明大倫者，且爲其母得請二品封典，榮亦至矣。苟欲尊母則如康僖、谿田之爲人可也。呂文簡嘗志谿田之母，然人不多谿田之母能得文簡之志，而多谿田爲之子。質慧又奚事予文爲？吾恐世俗或有非笑質慧不諱其生母者，故爲太夫人之志而發此義。至太夫人事質慧之父曉園公與其嫡，皆盡誠愼。教質慧讀書親賢師友尤勤摯，餘多婦女常行，不具書。太夫人父承烈，五品銜，成都人，原籍三原。子一，即質慧，厚重惇謹，廩膳生，議敘知府。孫二：昌復、昌晉。孫女四。生於道光四年八月二十九日，卒於同治十二年十二月二十三日，享年五十。光緒元年三月十五日葬曉園公壙左，銘曰：

是惟張太夫人之藏，綿一脈，劉日昌。賦小星，抑何傷？子而賢，母益光。不見歐陽子，淋漓大筆表瀧岡。

## 節孝賀母杜太恭人墓志銘　戊子

光緒甲申春，予展遠祖墓於渭南南原之坳底村。主宗比部壽齡家雖以舊譜無傳，莫由考支派遠近尊卑，然竊見壽齡少年登第授職京朝，未幾歸養其母杜太恭人，其過人遠甚，心儀之。又聞太恭人之教壽齡也，慈而能嚴，此壽齡所以早達。而其不戀一官，鍵戶悅親，亦太恭人之淡於榮利，知善養不知祿養，有以成壽齡之孝也。嗚呼賢矣！越丁亥五月七日，太恭人以疾卒，壽齡將卜戊子九月二十二日祔葬太恭人於贈朝議公墓左。先期暮春持狀來請銘，適予遭兄喪，卒哭後乃按狀而敍次之，不忍辭也。

太恭人姓杜氏，華州人，父映著，原任盩厔州訓導。幼隨任所，鍾愛甚，授以書，於古賢媛節烈事尤多講。明年十七歸贈公，事舅姑悉盡孝，敬和諸姑，愛前女，族黨咸稱之。壽齡生未一歲，而贈公歿，太恭人慟不欲生。顧舅姑年且老，煢煢一身，雖晝夜飲泣，舅姑前猶强寬慰，以事親撫孤爲己任。曲意承歡，使舅姑不知其惸獨也。舅歿後旋遭亂，室廬被燬，乃奉姑攜幼子避難山西。流離顛沛，至脫簪珥以供旨甘，而自食藜藿，怡如也。年餘，姑亦歿，太恭人當侍疾時嘗嘔血數升，至是力疾視含殮，附身附棺，必求無憾而後已。及扶櫬歸葬，內外摒擋，心力亦交瘁矣。而歲時親作肴饌率壽齡致祭，淚輒涔涔下，蓋仁孝之性然也。至遇親族貧乏，往往給粟與錢。或婚葬不能舉，則量力佽助。捻匪竄陝，雖逃山谷閒，戚黨來依，憫其苦，始終周恤之，其厚德又如此。太恭人柔和而嚴正，勤儉持家，井然有條理。獨一子且孱也，人謂其必姑息。而太恭人於壽齡讀書心勤而力摯，當壽齡孩提時即教之識字，閒口授唐人詩數百首。稍長延師，必豐其束脯，隆其禮貌。壽齡所交遊，聞其賢則加禮，否則令疎遠之。有過輒督責，不少恕，或數日不食，俟其改然後許。嘗曰：「讀書宜靜專，吾不以他務分汝心。汝無父，兒當倍奮厲，毋貽我憂」。壽齡連捷，官主事，又相對泣曰：「此先人餘澤也，善承之，惜大父母及汝父不及見也。」命壽齡以本身應得封典貤贈祖父母。且誡壽齡，仕途未可倖，當益溫習舊業，故壽齡迎養都門未及一載，而太恭人卽令請假歸。此其用意深遠，有非士大夫所能及者。一旦至此，此壽齡之悲哀不能自已而求所以不泯其親也。吾謂壽齡之不泯其親無他，亦惟益思尚志虛心、講學修德，不自足其所已能而復加勉。其所未至，必以古人立身行道爲祈嚮，而世俗偏雜卑陋之習有不屑爲。吾鄉呂涇野有言，姜嫄、簡狄不過當時一婦人耳，止以其子有教稼之稷、明倫之契，故聲施至今。然則壽齡或出或處，異日使人稱太恭人爲君子之母，其顯揚太恭人也久且大！爲何如是，在壽齡而已。太恭人生於道光十年正月二十七日，享年五十有八。子一，卽壽齡。一女，早殤。孫五：鴻謨、鴻年、鴻綸、鴻儒、鴻逵。孫女一，亦早殤。贈朝議公諱葆眞，字臺如，墓在村東北原上祖塋，乾山巽向。銘曰：

父廣文，女明理。嬪十載，靡他矢。堂上親，供滫瀡。膝下兒，教書史。兒也才，掇青紫。賢哉母，不色喜。期兒遠，學曷已？偕之歸，優而仕。如何母，疾不起。悲兒心，傷靡恃。母不彰，兒所恥。彰何在，惟敬己。卿相貴，浮名耳。苟無實，亦可鄙。性情治，節行砥。兒有聞，親不死。希賢聖，謂有子。我作銘，百世俟。

## 誥封宜人雷母王太宜人墓志銘　戊子

朝邑翰林院檢討雷君鳴叔在夏執母喪，三至清麓若有所欲言而未果，蓋予一病目，一葬兄，其後始以志銘請。嗚呼！君之孝思何其懇以摯耶？近世文多無實，志尤甚。豈君不欲爲諛辭，求之樸拙以冀能永其親乎？其奚辭？君之述曰：「吾母姓王氏，外祖貤贈奉政大夫，諱懋居，公季女也。幼事外祖父母以孝聞。七八歲時，外祖母以家侮，悲不欲生。吾母日侍左右不稍離，婉言泣勸，夜輒枕外祖母衣襟以眠，外祖母始轉圜，人咸異之。其歸吾父奉政公爲繼室，時先祖父兄弟三人同在堂，吾母事之皆以孝謹得其歡心。二祖父無子，大祖父以吾父爲之後。及祖父兄弟相繼棄養，佐吾父喪葬盡哀盡禮。吾父賈外，惟大祖母尚在，飲食衣服吾母必手烹親製，暇或引鄉里諺語以博祖母笑樂。有疾侍側，時進藥餌不解衣者數月，以故吾父無內顧憂。吾家中落，率子婦紡績至中夜乃寢，雞鳴又起。或勸其惜勞，則言：『吾既瘏，不起不安也。』

歲大祲絶食，鬻服物餬口，與家人同糗草。奉以食，卒不食，分與諸孫，而爲吾父必令備豐腴，曰：『勿使高年傷心也。』吾父或憂慮嗔怒，必和顔解之。撫前兄姊如所生，教養兼至。周卹親祖、佽助貧乏必竭其力，不以豐嗇而異。常勖在夏兄弟：『事師如事父，不敬師而欲成人，豈可得乎？』在夏登鄉薦，成進士入詞垣，吾母不以爲喜，諄諄訓以廉潔，且曰：『未有貪而不敗者也。』癸未冬，在夏歸自京師，中途或訛傳在夏凶耗，吾母驚恐患怔忡。及抵里而吾母漸愈，然病根實伏於此。授職後方請假迎養，舊病復作，卒以不起。在夏祿養不逮，無以報德，追痛何極！敢請於父，俾吾母懿行得見於君子之文，庶幾逭罪於萬一也。」其言如此。夫孝子皆莫不有不忍死其親之心，而卒所以不死其親者有道。記曰：「愼行其身」，使「國人稱願然曰『幸哉，有子是之』謂孝」。世稱陶母、歐母尚已，抑以士行、永叔爲之子耳。然與其以士行、永叔事其母，何若以二程、朱子事其母乎？上谷郡君、粤國夫人其爲榮也不更大乎？其爲不死其親也不更遠乎？吾陝武功孫西峰先生亦以翰林檢討辭官奉母，主講關中、蘭山，母之卒也，臨桂相國曾以「關中孟母」匾其門。君鄉吾師李桐閣先生登賢書後閉戶侍母，百歲貞壽，士林稱之，山南岳一山[一]舍人有文且傳不朽。二先生皆學程朱者也，亦豈皆祿養者耶？朱子曰：「古之君子思所以顯其親者，惟立身揚名之爲足恃，是以不求諸人而求諸己，不務其外而務其內。」君蓋稔知之矣！

太宜人生於道光元年辛巳六月十三日，卒於光緒十二年丙戌十月二十九日，享年六十有六。子五。春齡；女一，適高姓，皆郭太宜人出。行夏，庠生；澤夏，武庠生；在夏，翰林院檢討；應夏；女一，適成姓，今孀居，皆太宜人出。孫四，化信、化鵬、化義、化模。孫女四。卜以戊子十月某日葬於先塋之次，乙山辛向。銘曰：

教孝教忠，慈母心切。詞林翰苑，母豈不悅？一朝風木，母也永訣。欲報劬勞，言之哽咽。思貽令名，挺爲人傑。況母遺詔，必勵廉潔。千秋彪炳，德學名節。我銘幽宮，壺彝永揭。

[一]「山」：原字殘。

## 馬太孺人墓志銘　癸巳

馬太孺人者，大荔明少保文莊公之裔，誥封二品銜。兆運公之女，鄉賢騰蛟公、舉人有德公之妹，同邑成公士喆之配，而已故教諭用舉人錦章、今訓導用貢生錦澐之母也。錦澐爲朝邑故友楊君仁甫壻。太孺人七十時，仁甫曾爲序以壽。仁甫有道能文，其言可徵信。光緒十八年壬辰，太孺人年九十矣，乃於十二月二十四日卒。錦澐不予鄙，復介仁甫弟信甫以太孺人狀並仁甫文求銘幽，且齎太孺人手織白棉布二端以表意。以九十歲賢壽之母猶執勤如此，感其誠，不得而辭也。然吾觀太孺人行事，仁甫述之詳矣。予故不悉具，獨取其一二大者以風世，亦足以見孺人矣。禍福之中人心甚矣，客死而柩不得入門，入則衆以爲殃，此所謂大惑不解者也，骨肉薄恩義絶矣。禮曾子問、雜記，春秋左哀二十六年「宋景公之喪」、公羊定元年「公喪至自乾侯」，經傳皆有明文。錦澐叔父死於外族，人守俗說甚固，太孺人毅然曰：「生勞於外而死不得歸柩，吾不忍此事，必如心安，他何恤？」卒返殯。太孺人視姪貢生錦堂如其子，而錦堂事太孺人亦如其母。太孺人主内政數十年，錦堂居長，嘗講於仁甫，敦好古禮，家之昏喪輒稟白太孺人，太孺人且樂行之不以爲難。蓋少習，家世理學名宦，重禮教、好孺術，故如此。至教錦澐兄弟尤不少。假臨終，誨錦澐及孫輩猶以敦品勵行爲先，不斷斷科第也。嗚呼！士君子讀書明理往往囿於陋習頽風，至倫常名義所關，率漠然不顧，其害世教爲何如！視太孺人見之高、守之定，而又深明大義，宜亦知所愧警矣！夫太孺人孫二，銘篤增生，銘熊，皆錦澐生。銘篤嗣其伯父錦章。孫女二：長字馬氏，早逝，錦章出；次錦澐出，幼。曾孫用矩，銘篤生。太孺人距生於嘉慶八年十二月八日，卒之明年九月十二日葬於村西南先塋之次。銘曰：

孝敬之德，勤儉之行。公而能恕，嚴而能正。猶曰婦常，世或有竝。背倫傷化，人心是病。卓哉識力，匪獨天性。夙聞詩禮，有此剛勁。壺彝堪式，追踪陶孟。曷貽令名，子希賢聖。

## 勑旌孝婦任母王孺人壙志　丙戌

王孺人，廩生任文源母也。有孝行，鄉人士請於學憲慕公榮幹公匾其門曰「閫内之師」。既又咨巡撫邊公奏聞，及旨下而孺人先卒。文源以是益悲母之不及待也。將葬，泣丐志壙而刻以磚，亦以貧也。孺人父際昇，母韓氏，伯父副貢際華。少教以書，知大義。歸任君紹桂，終身以敬事祖舅姑，舅姑皆孝謹。姑老病咳喘，每寢必枕人懷而後安，孺人以是侍左右者二年。餘凡所以順親心者類如是，奉祭祀、接賓客、待族黨、御僕媪，悉有法度。他雖有過人者，亦婦女之常，不具述。獨其教文源使親賢師友，諄諄以正學爲祈嚮。文源近遷邑北城，與余鄰，有題聯云「卜宅常聽吾母訓，擇鄰喜近先生居」，蓋孺人意，故聞而頷之。賢哉母也！其孝益足徵矣。然則文源宜何如體母教，克己立身以終不負孺人哉！子二：文源；經源，早卒。孫三：信命，永命，配命。永命嗣經源。女一，適庠生楊友機，亦早卒。孫女一。生於嘉慶二十一年五月二十五日，卒於光緒十二年七月初七日，享年七十有一。其年十月八日葬荊原任君壙左，蓋地道尚右，不沿世俗說云。

## 王宜人墓誌銘　辛巳

宜人王氏，涇陽故文學門君金坡諱鑾之繼配，而生員長清之母也。少柔順，孝事父母，年十八歸金坡時，翁教諭憑山公以老疾告歸，金坡方從師，不克日侍左右，而宜人定省溫清無缺儀。未幾金坡卒，宜人忍死撫遺孤。及長清稍長，以嚴成愛。每塾歸必令日記故事，如「負米」、「懷橘」之類。燈下溫書，微倦則啖以物，俟其熟而後寢。有過卽斥責，問與賢師友遊顏輒霽，不則誡之曰：「乃祖父何如人，而與若伍耶？忍貽我無窮憂乎？」宜人既寡，凡事一守伯兄規約，稟而後行。平生言笑不苟，與人語無高聲。整齊嚴肅，當暑不去帬。衣飾儉約，若忘其生，長素溫也。然祭必豐潔，歲饑恆周村中貧乏。遇事變，處以鎮定。兵荒家益落，輒出舊藏絹匹釵釧諸器以濟急米鹽，瑣務悉自摒擋，且曰：「不令吾兒分讀書志也。」此長清述宜人之行，所謂從萬死一生中事事籌畫以有今日，而不覺其情之傷、詞之悲也。彌留猶諄諄勖長清敬慎勤約，讀書親賢。蓋宜人慟其夫之早亡而學未成也，故所以教其子者靡所不至。昔歸熙甫謂陳簡之之母倪碩人果遂刊落不有積儲之累，使其子一意於詩書之好，從事於清遠閒淡之中，簡之之學當日有進。然則長清之處貧未爲不幸，而古之顯揚其親者，又不屑屑以名位爲榮，以宜人志節之貞定、識慮之賢明，早見及此。宜乎長清之循謹好修、居喪守禮而所以報宜人者，必更以聖賢之道責於躬，使其親爲聖賢之親而後可也。同治甲戌，大吏奏請旌宜人節孝，越辛巳爲光緒七年七月二十五日宜人卒，享年五十有五。長清以是年冬十一月初四日祔葬祖塋金坡君壙左，壬首丙趾。子一，卽長清，餘子女俱殤，孫女三。銘曰：

柏舟之矢，無逸無侈。靡勞不濟，靡苦不履。而以教子，純儒端士。毋地下恥，母心乃已。我銘幽里，百世以竢。

## 張恭人吳氏墓誌銘　丁巳

咸豐八年四月二十九日，廣東肇慶府知府行肇羅道事三原張君直庭，督勇防剿艇匪於高要縣悅城之竹嶺山，既獲勝而賊來益衆，力竭，死之。當是時，擁重兵者方自愧不出戰，反誣君冒險貪功，於死事匿不以聞。其配恭人悲憤甚痛，無以慰忠魂，乃遍上書當事，哭陳顛末，卒許入奏，始扶直庭櫬萬里歸籍。嗚呼難矣！楊椒山下獄，張夫人乞代夫死，一疏凜然。千古恭人殆似之矣！直庭名承諫，生平詳直庭志，顧直庭少遭辭包、王祥之變，而更有難者。恭人歸直庭，一視直庭所爲，無少忤堂上意。自隨直庭官京邸，家事一一摒擋，不貽直庭內顧憂，故直庭在刑部十餘年不肯阿長官，決大獄無枉法，能聲震一時，皆恭人相之。同治壬戌回亂，恭人時在省，賊退後乃問道歸，葬直庭及翁姑喪。直庭有妾趙聞賊亦投井死。恭人念煢煢嫠也，相依惟女。賊且時竄擾，復居省。蓋其心力瘁矣，至是以疾卒，實七年九月二日也，年四十有七。恭人姓吳氏，父商珍。直庭既殉難，朝廷議卹予世職。然無子，恭人以嗣子兆熊承襲。女一，未字。十二月十二日祔葬直庭壙左。法宜銘，銘曰：

夫報國恩，妻明夫忠。大義炯然，可愧薄衷。於惟巾幗，烈丈夫風。宜娩英魄，永祔幽宮。

## 恭人張氏墓誌銘　庚午

恭人姓張氏，三原人，父故封奉政大夫、太學生似緒，母馬氏。年十七，歸同邑議敘撫民同知劉君堔蔭映莀。堔蔭殁二十有一年而恭人卒，實同治八年十二月九日，享年五十有三。子一，慶雲，諸生，議敘候選同知。女一，適附貢生馬雨田。其明年某月某日，慶雲將祔葬恭人於堔蔭君之壙前。期來請銘，乃爲銘曰：

予與張，鄰村居。方垂髫，趨讀書。見親迎，來壻車。鴈雝雝，恭人廬。男先女，古所記。貞女行，六禮備。俟著堂，詩人刺。我倡之，從一二。夫婦倫，道造端。始弗正，敬戒難。溺妻愛，恃夫憐。寵而驕，家豈安？維恭人，福所鍾。進以禮，承彼宗。慈居心，儉持躬。事周密，量寬容。姑病服，痛輒歎。濯新汲，頻摩按。雖致疾，非所患。欲姑愈，敢惜腕。事夫子，無背違。見其大，不以私。婢碎玉，恐夫笞。輕玩好，善解之。痛母殁，慘容色。哭於野，祭於室。父臥病，憂成疾。送柩歸，遂亦卒。凡若此，婦職修。惟守禮，始無尤。更可敬，有遠謀。教遺孤，爲儒流。讀書功，專爲要。不分心，乃深到。子果才，列庠校。勿憂家，慈母詔。我作銘，訂嗣賢。富好禮，擴家傳。欲報親，正學研。視此刻，萬斯年。

## 安人王氏墓誌銘　辛巳

安人王氏華陰王公中矩之女，布政司理問銜員公卜晉康侯之配，而諸生麟之母也。王氏爲邑名族，先世鄉賢名宦，俱見志乘。至中矩公，禮學傳家，有漢儒風。及子益丙，六世同居，十世明經。而員氏累葉隱德，麟之曾祖曰維城，尊師重學，與朝邑桐閣李先生相友善。其時子孫列青衿者二十有一人。祖曰：行西，尤好施予，不求名譽。康侯性嚴正不喜浮靡，嘗手録陳榕門遺規諸書，以爲家法。閨門之内肅如也。兩家門第既以詩書相尚，而其孝謹信義涵濡薰陶之久，雖婦女亦莫不有先人之餘教焉。故安人夙習閫範，端莊樸素。及歸於員，事姑田、庶姑劉並得歡心，至相謂曰：「吾何修而得婦若此也？」娣病十餘年，待之無少厭。娣嘗感泣謂：「嫂愛我至矣。」摒擋内務，無寸暑暇。雖老病臥牀褥數載，而調處事無少廢。歲荒，家僮炊婦閒盜竊，家人欲逐之，安人不忍遣，曰：「恐一去填溝壑耳。若以貧故，豈終無志氣者？更視其後。」憫道殣，捐義地爲掩埋。康侯善教子女，安人生平亦贊助，無姑息。臨終猶囑其子曰：「教子須延正學師，娶婦必擇詩禮門。」嗚呼！是豈尋常閨閣中所易有哉！爲淑女、爲賢婦、爲慈母，安人殆兼之矣。余素不識麟，麟之友爲其邑明經王守恭遜卿。遜卿一日偕麟之子祖千詣予清麓，以安人狀求銘墓。遜卿且道麟爲人謙厚端愼，其狀無飾詞，守几筵不獲來，幸恕而哀之。余信遜卿言，因信麟，並信安人，乃剟其要者次焉。

安人生於嘉慶十八年正月二十四日，卒於光緒五年十一月初四日，壽六十有七。子一，卽麟也。女一，適貢生李競採。孫男四：祖千、孝友、申西、季良。曾孫一，鹿鳴。祖千生以某年某月某日葬於某山某向，銘曰：

母之賢足，以成其子。子之賢足，以顯其親。此朱子銘周明仲母也，而吾亦欲云云。安人之子其益篤志力行，慕洙泗而希洛閩，太華之陰渭河濱，仉湛高邱照千春。有子幸哉壼彝存，我辭無愧徵鄉鄰。

## 周母郗太淑人墓誌銘

光緒乙丑冬，及門岐山武文炳視予清麓精舍，閒述其妻家鳳翔周氏，將以郗太淑人誌銘請，屬先容冀勿拒，蓋其妻之伯母也。既周氏復專人以狀來，閱狀又知昔年曾因一言刊其鄉鄭冶亭先生朱許年譜之士甫宗釗，卽太淑人之姪也。聞士甫亦亡久矣，烏容辭？狀云：

太淑人，壽官晴川公之女，已故銓授咸陽教諭、恩貢諱建邦號柳渠之繼配，而廩生宗濂、附貢生宗發、庠生宗泰之母也。太淑人三子皆先卒，今惟宗泰有二子，曰鼎，曰鐸。鼎嗣宗濂。女四：適趙，適馮，卒；適姚，適杜。孫女二：適趙，次幼。鼎聘直隸柏鄉知縣岐山〔一〕進士郭篤女，鐸聘前邑侯呂耀煒次女。生於嘉慶十八年五月二十一日，卒於光緒十四年八月二十七日，年七十有六。太淑人謹祭祀，孝舅姑，敬伯叔，和娣姒，佐夫喪葬盡禮，教子悉列學宮。撫姪如己出，愛憐倍至。回亂，二姪均没於賊，焦勞至廢寢食，及得確耗而後即安。遇戚族有恩誼，待臧獲未嘗以惡言加之。晚歲數奇，既哭諸子又哭諸姪，白髮衰顏，一家煢煢，日惟依兩孤孫。及宗釗之子彝亦十餘齡，延師課讀，教之繼志述事，毋涉荒嬉。而卒以憂鬱失明，遂至於逝。文炳又云，太淑人平居端莊簡重，力守勤儉，絶不喜纂組華靡之習。雖處素封，淡然若忘，嘗見其布被寒氊蕭然床幃。往往未明而起，輒坐紡車，軋軋聲達戶外。抑其性然也。嗚呼！如太淑人者可謂難矣，豈非賢哉？鼎卜以庚寅三月初八日葬於城東北郊新塋，乾山巽向。銘曰：

張宣公有云：「『爲絺爲綌，服之無斁』，知周之所以興。『婦無公事，休其蠶織』，知周之所以衰。」嗚呼！國誠有之，觀於家而益信斯言之不誣。鳳固岐周舊地，太姒遺風數千年後猶有聞而興起者乎？敬姜勞逸之訓，仲尼歎之，紫陽載入小學爲世模。富貴不淫，亞聖稱之爲大丈夫。彼驟膺禄位而頓異生平者，竟巾幗之不如。奚其儒奚其儒！吁！

清麓文集卷二十一終

〔一〕「岐」：原作「歧」，據清朝進士題名録改。

# 清麓文集卷第二十二

三原賀瑞麟角生著
同里劉嗣曾孝堂校刊

## 傳

### 冰壑鄗先生傳 癸亥

予嘗讀冰壑先生全書，心篤好之。同治初元回匪之亂，避地絳州，閲志見先生居邇郡城，暇因訪求所謂冰壑者，欲一覽其遺蹟，而里人多不之知。既先生族孫諸生有庠乃以先生傳見屬，雖不敢任，然得僭述其學行以致平昔嚮慕之誠，亦所願也，遂不辭而爲之傳。

先生諱成，字憲公，姓鄗氏，山西絳州人。其所居村西枕土阜，稍南兩崖對峙，一流東注，洞壑幽邃，爲明藩藏冰地。暇嘗徜徉其間，寒潔素守，視世俗熏灼泊如也，因自號冰壑居士。祖朝京，父一孝，母張氏。先生生於明萬歷乙卯，幼攻舉子業，後值國變，嘆曰：「吾求其在我者而已。」遂絶意仕進，專志聖賢之學。其學一以朱子爲宗，爲己而不近名，務實而不蹈虛。嘗謂聖賢精藴盡在四子，故生平著力惟四書居多，而於大學、中庸尤終身焉。其説書務平易不爲穿鑿，尚切實不求新巧。其用功之要有三：一曰明理在平時，一曰去私在臨事，一曰小心照察。蓋欲理常明私常去而無所閒也。先生剛勁沈厚而充養和粹，出語遲鈍，初若未能領悉，久則轉覺意味深長。不苟取與，亦不爲崖異行。魏敏果公象樞一見其書，屢札候問，皆不答，魏益高之。老與學者猶日講論不輟，每言「今日急務，莫如收拾有志之士而成就之。上爲朝廷培賢才，下爲草野厚風俗，前爲往聖繼絶學，後爲萬世開太平」，皆取諸此。先生雖肥遯，然憂時論事輒感慨激厲，其於佛老辨極毫芒，而金谿、姚江陽儒陰釋之學尤嚴闢之。所著書有日知録、仰思録、儒者十知略、致知階略、實任守三訓、天德王道説、朱陸異同書、辨陸書，及學庸濬言、學思二編。

三原賀瑞麟曰：「自孟子沒而聖學不傳，歷千四五百年周、程、張子出，明正統，排異説，天下始復知有孔孟之道。至朱子而益大彰明之，昭晰呈露如日中天。後之學者但當循其塗轍以求升堂入室，而不可分門別戶以立異也。有明一代推河津、餘干卓，然嫡嗣陽明氏，興煽象山之餘燄，縱横顛倒，聾瞽天下，益無忌憚。其後浸淫薰染，雖有賢者，亦鮮能出其藩籬。此明季講學諸公所以卒中其毒，而不能脱然一復孔、孟、程、朱子，眞學術之壞、世道人心之憂也。先生當異學爭鳴之日，初無師承，獨能遠述考亭，近法文清，力挽狂瀾而歸之正，篤實純樸，簡切明白，洵爲己之眞儒，爲吾道之干城，有以紹前修於不墜，開後學而無弊者也，豈不偉哉？予故略次梗概，而獨論其道學之大者著於篇，以告後之讀先生之書者使有所取法焉。

## 辥仁齋先生傳　己卯

先生姓辥氏，名于瑛，字貴之，號仁齋，學者稱仁齋先生，山西芮城人，歲貢生。父殿鳳，字儀廷，增生，母侯氏。先生自少聰慧異常，十二歲能默誦五經，儀廷公喜其將大門戶。亡何母歿，越數歲儀廷公亦歿，其兄庠生某又相繼亡。先生時年十八，煢煢一身，百務支撐，繼母陳不慈，委曲盡道感以誠，兼慰寡嫂，卒全其節。先生既孤，益自刻苦，遵遺言，補讀小學，遂厲志爲己之學。中夜起爲文告几筵，悉焚舉子業。生平祈嚮朱子，最喜辥文清讀書録，後見許魯齋集，益慕其爲人，蓋其性情有獨契云。讀小學限萬遍，故所得尤深。每讀一書必俟通透而後易，其用功專精如此。輯朱子言「敬」諸説爲日日必有事，編以爲存養法，嚴出處之義，作寓懷詩以見志，教授生徒，規條詳整。又本立志、居敬、窮理、反身爲爲己圖，説明爲學綱要，凡來學者必示之，以倡明禮教爲己任。所至講行朱子增損呂氏鄉約，或習古鄉飲酒儀，久之信從益衆。冠昏喪祭多延之相禮，諸生隨行至數十人，村氓野叟往往欲一見先生爲幸。當事聞風向慕，連疏舉孝廉方正賢才，皆不應。旋復爲請京銜，大吏禮聘主講省垣，獨以實學教誨，科舉不與焉。遠方士子聽其議論以爲聞所未聞，然卒不得行其志。

先生高明脱灑，平正清純，不由師傳，獨探聖奥，俗儒異端功利博雜之習一無所染。其於陽儒陰釋如陸王諸家書不一寓目，然見於言論文字獨無一語近似。蓋精熟孔朱之書，學有基本，所見自不差也。不事著述，多爲學者發其大旨，門人録以成編。先生雖窮約終身，而天地民物之念未嘗或忘，殁之前歲猶以書抵同志云：「邇來專讀明道取士劄子，吾儒得志，若欲復三代必遵此法，方能舉一世而甄陶之。」又屬其仿小學嘉言、善行例，輯君道、父道、夫道、兄道、師道爲端本編，女道、妻道、婦道、母道、姑道爲内訓編，二書成，於世或有小補。又謂當今天下急務有三樹：樹穀、樹人、樹德。樹德培養聖修，樹人培養士風，樹穀培養民氣，故宜崇聖學以爲皇極本，明正學以爲仕宦本，重農以爲生民本，此可以見先生之志矣。丁戊閒歲大饑，以賑勞致疾不起，聞者悲之，年七十有二。

論曰：自許魯齋敬信小學，凡爲朱子之學，莫不以是書爲入門，而卒能篤志潛心發明晦翁本意者，實鮮其人。先生熟玩實究，一屏舊解，獨得其次第脈絡之所在，心術一篇敬義分綱，尤爲從前諸儒所未及，可謂有功矣。予初向學得其一言，遂與一二知友毅然脱去場屋之累，數十年來有志之士得知俗學卑陋而不迷所趨，非其理義足以感人者歟？嗚呼！豈偶然哉！

# 丁濟陽先生行實

先生名光斗，字濟陽，月印其號也，平利歲貢生。少穎敏，年三十一補博士弟子員。越十年食餼，三赴鄉試皆薦而不售，遂棄舉子業，以理學自任。生平於書無所不讀，六十二歲選明經，屢舉鄉飲賓。至性過人，事親色養倍篤。教匪之亂，丁考妣及祖妣憂，喪葬一遵古禮。歲時祭祀，必誠必敬，愴惻動人。每道家世及先君承祖公殉節並諸弟子急難，輒嗚咽霑襟不能自已。其爲學也，主敬以端身範。出入起居齋莊嚴肅無少欹側，居心處事毫無欺僞。與人言，忠摯惻怛，鄉黨信之。雖貧苦日不舉火，蕭然自樂。課徒自給，然束脩多寡有所不計，不義之財一毫弗受。讀書無間寒暑，澄心端坐孜孜誦讀，患難流離未嘗釋卷。教人無智愚，必反覆誨誘，以收放心爲主。其所講論，無非懲忿窒慾、遷善改過及古今忠孝節義事，曰：「他非我所知也。」道光閒，偏歷鄉村宣講聖諭廣訓，一時士民婦孺感化者多。宣講隍廟時，官紳皆在，先生曰：「凡做官，自己心上問得過便爲之，問不過切勿爲。」其樸直如此。上學憲張公岳崧稟數千言，皆切時要務及學校士風，僅蒙批獎而卒未見用。陳某家請行喪禮，先生衣冠獨古，衆賓譏笑之。主人持美服請先生更換，不肯，曰：「君何徒事虛文乎？」及尊先生讀祝，開軸無一字，先生信口成文，主人爲之痛心流涕，衆始嘆服。紫陽張某延先生教讀，以事遲至兩旬，生徒別從他師，張某不忍食言，擬餽先生滿年束脩，先生曰：「無功受金，不義孰甚？」竟辭歸。初邑侯石公葱佩珩、太守葉公健菴世倬皆慕先生名，與訂交。其後邑訓導史夢軒兆熊知先生學，登門請業，又延學署，日親道範。咸豐三年，觀察文公海涵因公至縣，欲一見先生，聞先生至，即就客館執弟子禮，別後復屢函請教。其別文公而歸也，與姪冠山俱抵家二里許，天已昏，冠山止先生勿行，急趨家爇火以迎。比至，偏覓不見，呼亦無應，蓋先生失道。黎明，乃見先生坐草莽，有羣狼臥前，見人始紛竄，視其側則絕壑也。脫非狼，前途失足，禍且不測。論者謂先生盛德所致，信不誣歟！晚年學益進，所著書皆親手鈔録，有四書旁通録十卷、周易淺見五卷、明德普同一卷、川上指掌一卷、夢聖心悟一卷、醒世淺語一卷、省略心標一卷、四言勸一卷。咸豐七年卒，年〇十〇。同治元年，史公夢軒方議詳請入祠，會以流寇未果。子遠揚，孫洪聲，皆廉儉，繼其家風。

## 柏君子俊傳 癸巳

君姓柏，名景偉，字子俊，長安人。高祖萬青，貢生，著有家箴輯要。祖世樸，父松齡，郡庠生。母劉氏。君少讀書，見兩親拮据，卽慨然立志，默念：不自奮，吾親勤勞何時已耶？欲睡，輒以木自擊其首。弱冠入庠，旋食餼，有聲黌序。然英邁之氣已咄咄逼人，貌魁梧，目光炯然，望之可畏。河南孝廉蔣湘南子瀟主講豐登書院，君從之學，蔣病風，死大荔。典史單澐素嗛蔣，誣謂死非命，三日不得殮，且率役突至，踞講席，拘門院夫，欲刑逼取證。諸生忿甚，君直上批其頰拳而數之，澐懼哀乞，卒致書府縣親視斂，知無他故乃解，由是義聲震一時。素有任俠風，見不平事，輒發憤，嘗曰：「有欺淩弱貧者，吾卽其主也。」喜談兵，早歲得舉。同治初，會試報罷，聞陝回起，間道歸，常事飭團練，亟方欲一試，爲陝民復讎雪恥。而兩親年老，奉以匿南山荒谷，及相繼歿，喪葬盡禮。回西竄，多忠勇部下傅先宗者隸某帥爲選鋒，獨知君，延入幕，以君語語帥，悉不合，帥卒潰，君歸。然以此，益習甘道路山川形勝賊情軍機。劉果敏之撫北山土匪也，得慶陽民稟知，謀出君用其策，而卒爲忌者所阻，令壯士悉歸農，不得收擊回功。爲之首者，今烏魯木齊提督董福祥。遂遠颺，後劉忠壯乃資其力，左文襄進兵甘肅，君陳辦回十六要務，文襄多采其說。然幕府率湘人，以君南勇不如北勇堅苦耐勞，忤當事意。及爲桑梓築堡、減徭、賑荒諸大端，前後邑宰、大憲皆倚重，依君籌畫，事賴以舉。

蓋君好經濟，重事功，意氣慷慨，欲有爲於天下而竟不得伸其志。晚歲授諸生制藝，多掇巍科以去。又與咸陽舉人劉光蕡創立求友齋，課士以經、史、道學、政事、天文、輿地、掌故、算法，關中士風爲之一變。歷主涇干、味經、關中諸書院講習，教諸生必諄諄敦品勵行，雖嚴立風裁而愛才如命。明馮恭定公少墟先生倡明關學，近少知者，君思一振儒業，議修恭定祠於省城兼爲少墟書院，長安知縣焦雲龍首捐千金，一時大憲亦多量助，且刻關學編正續各集，功未竣而君歿。然其惓惓於關學者，其心未已也。

君磊落直爽，初不拘小節，及讀儒先書，反躬收斂，嘗謂諸生曰：「吾昔過舉，君等親之，君不復爲此矣！」其學主王文成，然精研博覽，務求踐履，無任心之弊，誼篤師友。嘗葬課文師宜君，令張某貸百金歸其子湖南。蒙師杜某沒，無子，爲立嗣，卹其夫人。終身與弟景倬友愛由篤，君歿，景倬哭之甚慟。由舉人大挑定邊訓導，未赴任，屢以軍營功賞戴藍翎，知縣升用分省補用，並加五品銜。將歿前數月，督學柯以經明行修保奏，特旨部議，竟不及待。子一，震蕃，廩生。

清麓氏曰：昔余晤君省垣，君虛懷索書，爲贈「本道德流爲經濟，由中和養出性情」二語，求相切劘。後聞君常懸座右以自警省，其眞勇於爲善者歟！再見味經，抵掌縱談天下事，至夷禍不勝感慨，已復愀然不樂，有君國之憂焉。見近世士習頹靡空疏不能自立，故論學不分門戶兼收並蓄，而未免偏重陽明以爲有用道學，雖與國朝大儒清獻陸公力尊考亭不當自闢門戶之說有所未合，然跡其所至，亦豈非豪傑之士乎哉！

## 楊一臣先生傳　戊午

先生姓楊氏，名秀沅，字一臣，本名恆孝，三原人，諸生。父琚，子四，長先生。先生伯父琛無子，卽以先生嗣。父性嚴峻，事之甚謹，年五十每趨庭惴惴，恐有失，見父不怡，更不敢啓白事，然父卒愛之甚。母范早喪，事繼母文、張皆盡道。友愛諸弟，飲食教誨於幼弟尤摯，弟善病，湯藥必躬親之。好讀書，無事輒手不釋卷，因父屬望以功名自勵，每搆文，然香爲限，然不苟作，必慊意乃止，故當時諸先達咸許以大器。入庠後屢躓秋闈，遂不復與試，乃曰：「吾躬耕養親而已，奚名利爲買？」曰「半半山莊」，蓋取半耕半讀意也。嘗取農家歲時占驗、早晚種植與一切耰鋤耕穫之事，著爲農言著實一書。工楷法，農暇卽鈔書，尤嗜先正格言，如顏之推家訓、李二曲反身録等書，手繕成帙，謂其子曰：「吾心力盡此書，爾等他日作人處世能不背古人，則吾目瞑矣！」

先生自奉儉約，平生飲食衣服果腹蔽體而已。偶有所獲，必與家人共之，無絲毫私蓄，不妄取於人，獨親族昏葬，竭力助之。有戚某託售物，俄失所在，遂補價如數償之，不令其人知。鄉人某素無賴，嘗規之，某色變，語人曰：「某某辱我，將手刃之。」有勸先生宜避者，先生曰：「果遇渠，仍當開以大義，不悛將自及，吾何避？」後某卒悟其非，感之終身，其直諒又如此。先生精地理家言，爲父擇葬地，曰：「他地師必不爾爲，蓋此地堪輿書所謂不利地師者，吾冀安吾親，果有此，得從父地下，亦所願也。」葬四日而先生卒。娶吳氏，子二：長士果，次士偉。士偉，廩生；士果，舉人，大挑一等，以知縣候補四川。

論曰：先生以諸生終惜己跡，其所爲宜仕以自見。奉身儉則清可知，不妄取又肯以貪自污哉？雖遇暴悍將手刃有所不避，其廷諍面折不少，詭隨可勿信歟！然其躬耕養親，屏處農畝，不汲汲富貴，使之鑽營干謁、希位固寵，恐一旦失官卽餓死者必不爲也，有拂衣而去耳。狀又言，先生每夏設湯道傍，以飲渴者，且防蟲害，置之椒。慮事之密，愛人之周，有不實濟民物而俾各得所者乎？仕優則學，吾更於鈔家訓、反身録等書見之矣，顧卒無所於施。長君今筮仕，予送以文，其大旨類此，然何如卽先生之生平而道之也？長君其必有以報先生，因其請，遂爲之傳。

# 游擊後堂張公家傳　並序　癸未

序曰光緒庚辰秋，三水令馮公椿年兩致函邑侯焦，以三水志見屬予，未之許。至冬特介其幕友張紹元愚生復至清麓，期必得。明年，紹元遂偕其子執束脩求爲弟子。越再歲，以祖後堂公死事并其生平敍略謁傳，久未暇爲，而紹元每來輒私諸生通意。昔孫季和嘗求朱子文其先人墓碣，屢書請諾。予愧朱子萬萬，而紹元有季和之誠，是烏可已，乃撰次爲後堂公家傳。傳曰：公諱振魁，字後堂，譜名志賢，原籍安徽懷甯縣人。自公官京師，寄籍順天，又爲大興縣人。祖春光，父國安，兩世俱以公貴，誥贈武功將軍。祖母氏濮，母氏巫，俱贈夫人。公生十五歲而孤，弟甫二歲，皆太夫人一力撫養，茹苦守

節幾三十年。少讀書明大義，有志量，以貧不能養母，改習賈。安慶守戎某交公久，知公遠器，適解組，約偕入京，爲薦右營
參署書職。參府愛其才，由行伍歷升右營廣安汛守備，署永定汛都司。咸豐七年，補授中營圓明園汛都司。八年，升補北
營游擊，調署左營游擊。九年，調補右營游擊。十年，隨僧忠親王、瑞文莊公通州一帶防勦，復奏派直隸、山東勦辦髮捻各
逆，歷次委兼辦全營冀長暨營務文案事宜。在天津連鎮之勦髮逆也，屢獲勝仗。一日，公僅帶親兵三百晾隊，忽賊騎大至，
衆懼力單，公曰：「幸賊猝來，不知我虛實，當齊心向前，若退步，無倖生者。」亟率衆衝陣撲殺，賊大敗。而當事竊其功不
報，公怡然也。繼大雨雪，賊出不意，官軍敗。公是日左骽受槍傷，猶不肯退，俟我兵盡歸，乃收隊，以最爲出力奏保，賞戴
花翎。洋夷犯闕，我兵望風披靡。公自分必死，以數百人直前迎戰，某都統力扶上馬，不得進，嘗曰：「八里橋之敗，以我
軍太怯，遂致敵人猖狂，此吾所大恨也。」鉅野山羊之戰，公本未嘗帶隊，主帥留帷幄，襄機宜。而公憤勇激發，督隊奮擊，
力竭陣亡，時十年十一月十五日也，年五十三歲。奉旨從優議卹，賜祭葬如例。並追封雲騎尉，襲次完時給恩騎尉，世襲罔
替。同治四年，僧忠親王殉難，以歷年隨征，奉旨附祀七省專祠，以彰忠烈。

公事母至孝，母偶色弗怡，即長跽不起，俟母霽顔而後已。居喪盡禮，祭祀必誠敬。教子孫以立志爲先，保身爲要。弟
學雲，武庠生，安徽撫標千總，雖出繼，每籌助多金，令置產業周親族，後在壽州亦督仗陣亡。待戚黨及諸甥皆恩誼兼盡，某
甥惰窳不類，猶爲授室養子而不之厭也。交友以正道，有不可，盡言以告。凡求假，無不應，亦不計其償否。其自奉，則每
日肉不過四兩，菜蔬以爲常，與家人同食，無異味。族叔國璣隨營數載，終不肯保舉；至家，用則獨任焉。

公居官有操守，當升缺步軍統領。聯順素納賄，恐公不肯行賕，令其黨示意。公謝曰：「吾自安分盡職，升遷聽之遇
合，鑽營奚爲？」亦見其惑矣。未幾聯敗，多連坐，故公家書有「幸我爲人不苟，得以無咎」之語。營弁或厚饋，公亦嚴卻，
有夤緣干進者必斥之。公忠誠敬慎，在官必整飭營規，訓練士卒，守汛兵丁，手摺一一記名，時自查點。嘗諭士卒曰：「出
兵宜忘家，臨陣宜忘身，果居心正直，槍礮未嘗無眼。若貪生怕死，脫避逃走，往往偏中背身。」在羊山，同事有語公逃者，公
曰：「若俱逃，誰復爲國家辦事耶？」及事迫，數兵勸公退，踰溝即得生，公厲聲曰：「苟畏死，何如勿來！」終不動，時二

營官姜某及某亦從公教，謂：「公死，吾等決不生還。」遂皆遇害。

然則公之致身效命，自其天性純篤出於至誠，而得人死力亦義烈有以感之，豈偶然哉！公家世詩書，至公以武功顯，忠節偉然，則其得於書者大矣。公嘗言：「爲學貴溫故知新。」故公餘輒觀書習弓馬不少懈。此所以專精自信，臨患難而有定力歟！夫人劉氏、鍾氏。子一，仕達渭南縣丞，侯補知縣。孫卽紹元也。

論曰：方望溪云「家傳非古也，必阨窮隱約，國史所不列，文章之士乃録而傳之。」「唐宋八家無爲達官立傳者，若公以大員戰歿，史館宜不得遺，然恐於內行弗能詳也。紹元欲傳示子孫，故備書公生平德善以見捐軀殉國，固非無本而然。而紹元以客幕自給，獨能勵志正學，清謹自持不苟交遊，念祖修德其所以顯揚公者，正當無窮。紹元勉乎哉！

## 湘潭知縣黄公傳　辛卯

公姓黄氏，諱敎鎔，字子冶，其先浙之餘姚人。國初大儒黎洲先生，公七世族祖也。曾祖喬松、祖光照皆以公叔父中議公文琛貴贈通奉大夫。父文玠，道光甲午科舉人，以公貴贈朝議大夫。妣王氏，贈恭人。自朝議公始，占籍漢陽。公十三歲而孤，又丁祖母憂，家益落。奉母王及弟如京師，依中議公以居。遊太學，交一時諸名流，學日進。母旋卒，其明年弟亦卒。中議公撫愛逾所生，及中議公以同知揀發湖南，權常德同知，例運木京師，家事一皆委公。

咸豐初元，公應順天省試，既報罷，時粵盜起，湖湘阻兵，中議公守寶慶，家人避越中，數月不得音耗。雷鶴皐視師江淮，欲延公參軍事，公急奔家，辭不赴。聞中議公移永州，遂閒道往省焉。永與粵接壤，粵賊屢陷城，中議公恆督師在外，而以城守屬公。公募壯卒八百人，日訓練，獲賊諜數十人，皆斬之。賊或以偏師襲我，輒敗去，前後五年，大小七十餘戰，由是公名著一時。蔣益澧援桂林，强公與俱，以克復興安功授府經歷縣丞，賞藍翎。明年，以援平樂防勦全州晉知縣，留湖南補用。九年，中議公爲怨家所搆，鐫級。明年，流寓湘中，公始入仕籍，以護送金陵軍火功同知升用。同治二年，權桂陽，單騎之官，以援黔功加鹽運司銜，宰安仁。以捕湘潭、衡山匪魁功，晉階直隸州知州，補龍陽。又明年，擒亂賊閔，法官大吏偉其績，調任湘潭，以募晉賑功晉階知府用。居三年政成，詔加級優獎。又三年，權零陵，回任湘潭。是年遭中議公喪，會言者以飛語聞事，下巡撫按之，無所得。初中議公守永，公例應迴避，至是自呈部議鐫一級，遂不復仕。

公才略既異，而膽識尤過人，其代中議公守永城也，防禦之餘與寅僚賦詩較射，其整暇如此。及大吏委以軍務文檄，往來日以千百計，而公批答如流。將克金陵，需軍火甚迫，大江南北皆賊壘，人多畏不肯前，公獨毅然請行。與今江蘇按察使陳湜偕道出武昌，賊偵知之，遣巨艘數十尾其後。礮聲隆隆，衛卒僅五百人，且戰且行，會南風大作，盜舟不能及，乃達。賊陷連、韶、乳源，去桂陽數十里，公晝夜巡守，且竭廉俸佐防軍，故數萬人絡繹於道而民不擾。賊退受代入督審局，有疑獄必反復詳慎，多所平反。安仁遭霆軍叛卒之變，闤闠蕭然，公撫循備至。流亡稍集，漢、沔飢民與攸縣富人鬨，諸無賴將應之，有劫財物者立斬以徇。龍陽大水，編筏以渡溺者，且爲建大護隄，龍人賴之。湘潭昭陵灘水漲，艱渡，出俸造巨艦數艘以濟行人。軍興，湘中勛舊里居者皆以賈爲生，然多良莠錯處，故請託益繁，每獄興數年不能決，公不避權貴，平情論理，莫不允服。課士霞城書院甄。拔眞材在零陵。泰西教士入郡城，衆數千人毆之，幾殆，太守不知所爲。公盛儀出，以教士歸，數其罪，使健卒數十出之郊外。公素廉直，取與一介不苟。誕日，商人斂千金爲壽，峻卻之。邑紳言訟事者，輒厲色以拒。或侵漁公款，嚴斥不少貸，鞠獄安化，令某知公貧，私賸五十金納行篋中，行一程覺之，急反其金。

然性情肫摯，事中議公如父，窮乏宗戚，恆量力周恤。姻某女生而其母殞，家人欲棄之，公雇媪以乳，數歲仍歸其家。或有遺孤女數齡，養以爲女，爲擇佳婿厚嫁之。外姻旅櫬無力歸葬，爲之經紀安厝，俾無暴露。功緦以上婚喪多仰給，不肖者百計橫索不可得，曰：「吾不欲長其惡也。」生平不立崖岸而謹守繩墨，在官恥奔競以義命自安，勤於民事必求有濟，尤不喜赫赫名，嘗訓諸子曰：「好名與好利一閒耳。」治家嚴整，子孫婢妾有小過，反復告誡。與人交必以誠，羣居終日不苟言笑。於世俗玩好一無所嗜，不信釋老家言，摴蒲戲、鴉片煙尤痛惡之，暇則讀史習篆隸而已，卒年六十有九。著有遠寄齋詩文集，配吳恭人，博學能詩，與公酬答甚歡。子五。嗣東，同治癸酉科拔貢，陜西候補道，署陜西鳳邠鹽法道；嗣翊，同治癸酉科優貢，翰林院孔目，早卒；嗣佑，國學生。皆吳出。嗣凱、嗣厚，副室樓氏出，皆殤。孫慶曾，光緒己丑科舉人，嗣東生。

賀瑞麟曰：公長君小魯觀督需次秦中，余得數見，竊歎其賢。雖事權未屬，而獨能留心治本，創建魯齋書院，以興學造士。閒邀余共講所聞，一時人知洛閩爲洙泗正脈，而不雜於他説，皆觀督力也。繼聞其家世遠紹南雷，近守朝議，其來蓋有自矣！朝議公歿，而觀督乃爲事略以傳見屬，其文質實詳盡，無一飾語，誼不可辭。稍敘次之以著於篇，則觀督可謂能尊其親，而朝議公之爲人亦於是乎可見矣！

## 誥授奉政大夫晉授中議大夫峨眉縣知縣望村史公家傳　壬午

公諱宇衡，號望村，又號平山，黄岡人。孝友嗜學，砥礪文行。年甫冠，補弟子員。道光甲午舉於鄉，甲辰成進士，以知縣卽用分發四川，授三台縣。因侍母疾，辭不就。咸豐初，髮逆竄擾楚境，縣令葛諭以總辦鄉團勦禦賊匪，屢獲捷，以保衛身家不肯邀獎敍。及賊遠颺，母疾亦漸愈，乃始奉親命入蜀。己未恩科充同考官，旋檄富榮鹾綱之役。役甫竣，丁母憂回籍。丁父艱，遂悲哀致疾，逾年乃起。時需餉綦亟，議辦合邑減成捐輸。邑令陳稔公賢，久爲邑人推服，委督局務，固辭不獲，卒能從容蔵事，不勞怨而巨款集。服闋，無復出山意，將課子孫教生徒，重理故業。無何蜀中寅好復以書促公起，時在同治己巳。明年春，署篆峨眉，將代紳耆赴省懇留，公力辭乃已，然大府已風聞。又明年，遂補眞。初至，卻代書陋規並除其名，𧑒猾由是屏悚。潔己奉公，接物寬平，教民以孝弟禮讓之行，案無留牘，囹圄幾空，民有「史母」之稱。他如立訟規以杜需索，飭卷局以厚學校，汰蠟釐、清濟穀，剔除宿弊，胥吏不敢爲奸，奸紳亦自此革面。士民愛戴，生祀眉山。土人云：「曩天雨昏暗，虎輒蒞入城傷人，自公蒞任，始絶其患。」峨逼猓夷，會夷匪披猖，大軍進堵年餘，公撫綏如故，籌運糧餉，頗著勤勞。事上，奉諭飭取銜名奏保，公方以年老告謝。不數日訊鞫，有頃危坐而終。及櫬歸，士民焚香泣送者環道路。

公生平學期實踐，力戒浮華，純樸端粹，無惰容，無飾詞，與人必以誠，從遊多知名士。篤宗族，睦鄉鄰，嘗諄諄以修族譜爲念。行事載入邑志，所著有綱鑑紀略、桂馥堂課藝教士録、集唐詩諸書，悉遭賊燬，士林惜之。卒於同治甲戌，年七十有一。配何淑人，先公卒。子三，策光以附貢援例授三原縣丞，策昭、策芬俱列成均。孫六，長致均，庠生。

論曰：公冢嗣丞吾邑，清謹正直，尤勤於水利。凡兩至予清麓，皆以巡水故。邑有局賭，令他出，毅然捕其魁黨，置之法，豈不偉哉！抑可以知公家教矣！顧亦卒於官，邑民之悲丞猶蜀民之悲公也。丞在時命爲公傳，卽劄丞語敘次成篇志實也，而并略及丞之爲人，蓋亦不忍其無傳焉。

# 前徽縣知縣石泉强君傳

君姓强氏，諱任，字石泉，富平人。其先有諱一號義畫者，廩生，有學行，教授鄉里多所成就，是爲君高祖。祖配坎，父九華，皆以君貴封朝議大夫，妣俱封宜人。兄弟五人，君居仲。兄肯堂，巡政廳；弟佐，試用河南同知。君少有異稟，落落不羣，讀書識大義。弱冠遊甘肅，時朝邑李西垣觀察、三水申庚堂刺史皆宦甘，一見知其才，以督築平番城勞保巡檢，援例進知縣。涼州官錢鋪不得人，制府以君廉，俾主之，餉需由是取給。某宦以京控案聞風逃，欽差至，勒限緝捕。或謂君能，果數日獲其人，當道奇之，遂署盜遠。

當是時，沈文端公方征撤回以君從，巴燕戎格廳者密邇賊窖，同官多視爲畏途，文端公委君攝之，君籌偫糧械一無攝懼，而事濟賊平，保藍翎，升用知州。皐蘭北山之回叛也，遺麥被野，制府委員打曬，君與焉，或侵漁不實，檄至省，有杖而罪者，獨於君面加獎慰曰：「是役也，顆粒不染，惟强令一人而已。」未幾補徽縣，徽爲由川入甘要道，軍事日亟。君至，措辦夫馬，平治道途，無壅停，無泥阻，雖漢回雜處，亦始終相安。甫三月復奉檄駐盜遠，司轉運。各軍進剿河湟，往來兵弁任意勒索，官民交困，悍將某以疏糧路，屯盜遠西關，騷擾至百姓雞犬不安。又縱勇入城侯掠，城中民遂拒鬭，殺勇一，軍忿諜，轟擊城垣，地方官且被毆傷，悉遁匿。君獨挺身開誠往諭，譬以禍福利害，並保護城内各營眷屬，致函以安其心，令士民稍斂金，饋軍償亡失，乃别調去。識者謂：「微君，則寍遠陷矣！」於是上憲卽委君署寍遠兼辦轉運，以弭亂功保加知府銜，換戴花翎。

督院營務處差官來寍採辦菜蔬，多索夫役，君弗與。進署滋鬧，語言不遜，君掌擊之，仆地有頃起，人皆爲君危，君曰：「賊踪出没無常，以口腹之故驅民冒險殞命，殺人以媚人，吾不爲也。濫支濫應，民受其殃，官亦未必自保。吾此來拚此一官，卽拚此一命，吾聽之而已。」前敵各統領聞之，皆飭差弁過寍者毋生事，且慕君爲人，樂與交，由是「强項令」之名稱一時。寍署洛門鎮，遊勇作姦黨羽甚夥，廉得其情訊明首惡，縛送駐防營正法梟示，諸匪類皆遠颺。署伏羌，日過弁必勘印文覈浮冒，無則一毫弗應，弁詬詈，至抽刃相向，屹不動。初署寍遠也，儒學無人，上憲卽委君權其篆，君曰：「吾溷迹仕途已覺非分，今又代理儒學，得與士林周旋，雖屬意外，亦吾夙願也。」公餘輒集諸生樽酒清談，且誠以守身立品爲讀書第一要務，詩文特一道耳，毋輕涉訟，卽以此化導鄉鄰。其所撙節浮費約錢一千二百緡，撥入書院以爲膏火卷價之資。查明回民叛産及各款均立案，勒石以垂久遠。後任某者，大府私人也，倚勢横甚，君揭其不法十事，而某亦拮据。他工費齮齕，君竟坐是鐫職，遂僑寓寍遠者十餘載，而君泊如也。

君自奉清儉，在官身服浣濯，每戒家人毋妄費。而爲兄弟納貲得官，歲時分俸給諸姊食用，饑荒賑族黨無餓者。及歸里，設義塾，立社倉，旌貞孝，獨力築所居强村堡城。蓋其天性好義又如此。君配劉，繼尚，繼李，俱先卒。妾某某。無子，以姪生員濟川子承祺立爲孫嗣。卒年六十有五。

論曰：予不識君爲人，然觀諸君所爲君序誌，皆稱君廉直。恤貧弱，抗暴横，詩曰「不侮鰥寡，不畏强禦」，君殆有焉。跡君所爲，亦可謂有膽有識，有爲有守者矣。世多求剛勁自立、恥爲澳涊之人以振仕風，而往往不容，又何也？宦途得失，固不足以動有志者之胸，卒所以養成依阿，貽害生民，非此之由乎？此予所以困君事而有慨也。

# 國録翼堂劉君家傳

君氏劉，諱曰燕，字翼堂，原名殿邦，臨潼渭北瓜劉村人。曾祖元涫，廩生，妣朱氏。祖渭，妣屈氏、蒲氏。父運泰，妣俱氏。先世皆以齒德重鄉里。君幼聰慧，能讀書，年十八入邑庠，父期以遠大，備束脯擇師從遊。稍長肄業宏道書院，時主講爲吾邑王篔山先生，精制藝之學。君苦鑽研，居四載，先生亦極稱賞，且延教其子。七入秋闈，皆被薦備中而卒弗售，最後場中文尤佳且不薦，豈非命歟？咸豐甲寅，以歲貢就訓導，委署朝邑縣教諭，權篆鳳翔府教授，又委延安府教授，以年老辭。

君事親孝，務得歡心。既父母相繼亡，與弟命九友愛甚。性嗜酒，自題「耕餘憩室」，日邀弟同飲其中，序天倫談時務，而命九事君老益篤。嘗赴鳳翔任，命九涕不忍別。平居情意懇摯，家庭怡怡，鄉人謂之難兄難弟。待人以誠，處事以理，取予不苟，而厚於交友，與任茂才肇模稱最契。肇模貧時輒量助給，歲饑以餘粟賙鄰里，故遐邇悉悦焉。君爲人剛直決斷，蓄經濟具而無所於施，修家譜、釐地畝、立冊嗣、序顛末，無不井井。同治初髮逆竄秦，大府聞君才，委辦渭北團練。邑令又邀幫辦守城，君皆籌議妥密，激以大義，人多樂從。旋逆回蠢動，勢亟甚，君在鄉不忍遠去。俟旦夕大兵至，猶欲收合餘燼以圖一當。及賊益猖獗，而憂忿交迫，遂以病終於耀州，時壬戌十月二十五日也，年五十有八。越四年，大府奏請，照軍營積勞例賜卹，得旨給予卹銀三十兩，照實職訓導加贈國子監學録銜，並廕一子作爲監生，準其鄉試。君無子，以弟子振基爲嗣。振基，狄道州吏目。

論曰：余少寡交遊，雖嘗入書院，於四方知名士率聞風相憶，而談心道故者殊鮮。自絶意場屋，卽舊友往往避面。振基求爲君傳，且道少時學文，君輒舉余作相示。余早歲喜馳騁不羈，退之所謂「小得意則小慙，大得意則大慙」者，而君好之，何也？可不謂虚心樂善者歟！君與余固兩相知，使當時得常往復上下議論，以實學相砥礪，當更有深契於文字外者，而卒遇之疏，惜哉！

## 謝君敏齋小傳　庚辰

君諱同升，字敏齋，郃陽人，世居邑城南街。父中立，母喬氏，兄弟三人，君居季，嗣其叔父中惠。謝氏自先世皆以孝友廉樸相傳，君性良實，又少習其家法，故能謹飭自立。嗣父嗜酒善醉，醉輒怒責君不已，或出門大罵里巷閒，君每親隨，强抱持挽之歸。微窺有喜色乃已，如是者十餘年。兄好飲食徵逐，家漸奢，君獨艱苦自持。兄卒弗改，兄子弗良，子之子又弗良，人或勸析居，屏不聽。從兄及姪殁，孀婦幼子女悉善撫之。老益諄諄命諸子修葺族祠，復祭祀。光緒丁戊閒歲大饑，至人相食。冬又大寒，乞食者盈街巷，比戶閉不納。君自煎麪湯和油渣，入鹽少許以待，日輒百十人，人一椀，凡三月，日無倦色，其質行及好濟人多類此。君好讀書，不爲詞章，晚聞四方講程朱學者，益用愛慕，必遣諸子拜謁從遊，而教季子化南尤懇切。君殁，化南述君行及教化南語數十條，無一詞誣飭。異日化南當修纂入家乘，以傳子孫，兹不具録。卒年七十有四。

論曰：同治戊辰，余主講邑學古書院，化南以父命來受學。時諸生有病癘者危甚，化南同舍，日左右扶持，起居飲食便溲皆躬親，月餘不怠。余覘其性情眞摯可敬也。及後余遊晉歸，道經郃，見君於家，貌樸而意勤，設饌率諸子行古飲酒禮，家庭之閒雍如也。蓋君教然歟！朱子嘗稱：「蔡神與教其子不干利祿，而開以聖賢之學，其志識之高遠非世人所及。」故其後卒有季通、仲默，子孫數世爲世大儒。今觀君所以教化南，豈異蔡先生者？其爲季通、仲默，是在化南勉之而已。

## 醫士党翁古直家傳 并序

党君全盛，賈吾邑四十餘年，與予交亦二十載。予每謂其忠誠愼密，以爲賈人中不易有。吾邑賈名而士行者有二人焉，李勉之生彬、張宜堂怡繩皆與予契，而亦皆素稱君，可以知君矣。君爲人賈，常贏，遭亂幾折本，卒能艱難復業。其人死，君受其託冀有以報，顧其子弗肖，不得已，乃舉原金并獲息，焚香告几筵，而悉予其子，不私有一錢，識者咸嘆息。其事賈人中果易有哉！光緒庚辰春，詣予清麓求所以永其親者，且曰：「某寡讀書，吾父生平惜不能詳也。然聽其湮沒，心弗忍，願書梗概，俾吾子孫知先人志事，勉於行己待人之閒，幸無貽羞，如是而已。」予敬其用心之仁也，乃據所口述爲家傳。

翁諱興德，字古直，郃陽南坊社村人。性質樸，幼嗜讀書，既長屢應童試，弗售。家寒改習賈，然獨好醫家言，因業藥肆。未幾父殁，事繼母能得其歡心。兄弟四人既各娶妻，食指日繁，家事猶一身任之，所獲不足供歲用，乃議析爨各謀生。負債二百餘金，不以累諸弟，平居待之皆有恩誼。於是挈其子全盛西遊，族某賈三原，即以全盛屬焉。而已獨徒步至鳳翔，時鄉人賈鳳翔者多，知翁善醫，乃措貲復令翁居藥肆。自是翁之醫頗行於時，然翁寬恕不重利，其所醫人不責謝，久而人益信之。翁娶王孺人，與翁有同志，繼姑嘗稱其孝。其亡也，翁年才三十二三耳，即立志不再娶。及家稍裕，諸子或勸之，翁曰：「吾年近五十，孀婦賢者少，不賢則使父不父子不子，家庭轉滋一事，吾見多矣。此事吾已定，爾等勿復言。」嘗訓兒輩處事當順理，不可任性，存好心，安本分，親戚族黨閒尤宜寬厚和平。及全盛生子茂元，翁喜甚，臨終猶遺戒必令讀書，曰：「是我志也。」翁子二：全盛、全昌。孫四：茂元、乾元，盛生；亨元、利元，昌生。曾孫録，茂生。翁卒年六十有一。

論曰：曾子不娶後妻，其子元請焉。告曰：「高宗以後妻殺其子孝己，尹吉甫以後妻放伯奇。吾上不及高宗，中不比吉甫，庸知其得免於非乎？」吾師朝邑李時齋先生四十餘喪偶，不再娶。或有問者，輒引曾子語以解。翁不終儒者，而所見如此，卽此一事可爲世法。孀婦不可娶，程子言之。今世儒者或不免焉，是亦失節義於何有？然則全盛之不欺死友，其亦有得翁之身教者歟！大雅曰：「無念爾祖，聿修厥德」，茂元亦尚懋敬之哉！

## 王君席珍家傳

君諱家賓，字席珍，姓王氏，乾州好畤村人，武庠生。性孝友，幼好讀書，年十四父殁，從兄某欲君廢書，君不肯。然卒不得讀，漸理家務，一錢未嘗入私室。逾冠乃肄武，遂入庠。質樸不尚浮華，布袍皁履，終其身泊如也。精勤農業，村人咸效其耕耔，穫輒倍。居鄉，長者敬之，少者訓誨之，寡婦無依者周之。其子長，則令耕作己家以供母。有出塞而父老者，生則飲食，死棺殮焉。凡有婚娶疾病，悉爲之助恤。屢遭荒，出麥賑貸。族某賈虧，與之錢千緡，不使壞其業。食指繁，與從兄議析箸，推讓無所爭。以兄老，別分錢千緡以爲養兄，亦以君勞多分麥五十石，鄉人兩賢之。有新果異味仍先兄。兄之子姪時教之，其家事亦代爲經紀。遇事識大體，剛而有斷。州中築城立團，施粥修文廟，設養濟院，皆捐貲不少恡。學署之役，督工數月久不辭勞，獨不與保衛局，曰：「此官事，不可染，吾才不能興利除弊，吾心亦不肯混俗和光。」識者韙焉。子三：長夢彥，太學生；夢蘭，一名廷佐，武庠生，舉孝子；夢棠，優貢生，補授教習，議敘同知銜。君嘗遣夢棠從諸名師遊，曰：「教兒讀書非止爲科第，欲知爲人道理耳。」孫六，曾孫二，壽六十有四。

論曰：夢棠往來予門七八載，見其湣質孝友，勤儉恭恕，與人和以厚，處事從容而不迫切，祈嚮正學，於賢儒正士輒傾慕納交。及觀君之行，而知其有自來也。夢棠行膺民社，更推所嘗講論者見之措施，經術吏治，使人稱曰「君子之子」，則所以顯揚親者有大於是乎！

# 太學生白君獻夫家傳

君諱長潔，字獻夫，高陵人，今翰林院編修白遇道之嗣父也，以遇道貴得封如例。父某，母張氏，兄弟五人，君行三。世業農，家貧，甫入塾，見父日負販，乃棄去，曰：「忍以讀累親耶？」走涇干爲打銀匠，久之不屑意。復稱貸，率諸弟自設肆，仍前業。君爲人伉爽不欺，人多信之。由是業漸起，奉其親甘旨無缺。比母殁，衣衾棺木皆勿有悔。後夢父母不安狀，延形家視其壙下果有螘，遂改葬。葬之日哀動行路，其誠孝如此。性慷慨，好急人難，鄉鄰有鬬輒纓冠往救之，必解而後已。歲饑，糶粟分給里黨，無德色。然疾惡甚，或忤其意，必面斥，否則嬉笑中雜怒駡，人常畏其口。素不喜浮屠，門來緇流，揮之去，不施一文。有疑君貨僞者，卽折視中邊曰：「此物如予，心如其面。」生平意氣蹇傲，有不可一世之概，而獨折節讀書正人。遇道總角時，卽手摹十三經字，日使識之。稍長爲舉業，遣從四方名師遊，然非屑屑科第也。聞人講學又必命之執贄，其所以期遇道者至矣！遇道貢成均，朝考京師，君必偕行，曰：「吾恐少年血氣未定，可令偶失足乎？」及遇道成進士入翰林，猶不廢所業。子弟或勸止，則曰：「吾不以富貴異也，願吾兒他日爲清忠，不爲貪污，吾見士宦中以家累者多矣！肯使崔元暐母笑人耶！」年八十一以無疾卒。

賀瑞麟曰：君蓋命遇道執贄於余者也，時遇道方進取，不得久切磋，而君之志可知矣！同治初，余主講邑學古書院，君又以姪濟道來受學，何信余之深也！涇之孝廉劉正甫者，績學有品人也，往爲余道君好士有俠氣，郭某死而子幼，君經紀其喪，恤其孤，孤卒爲佳士，蓋郭固也，余問之固，亦云然，君蓋古人哉！然則君宜得遇道之報，而遇道所以報君者必大有在矣！昔陳剩夫不欲爲父打銀匠，竟成一代眞儒，君以打銀匠遂教其子爲朝廷侍從之臣，皆千古佳話。遇道果又以剩夫之學爲學，將來爲理學名臣，不尤副君之初志哉！

## 扈君西園家傳　丁亥

大荔扈森爲其父西園君庶子，西園有兄早夭，念其嫂之寡也，而以嫡子燚嗣焉。及森嫡母武歿，吾友楊君損齋，燚、森師也，以書抵燚兄弟，謂「嫡不可後人」，遂告於祠堂爲改正，復以森爲伯父後。君子曰：「是知禮矣。」然森不忘父，君歿幾三十年，一日述君行事求爲傳。君諱登甲，字鼎臣，恩貢生，道光中舉，鄉飲賓。祖秉循，贈武信郎。父文時，太學生，鄉里稱忠厚長者，妣王氏，壽皆八十餘。

君事親有禮，屢喪偶，年近五十，或勸以取孀婦，守程子戒不爲動。從父某已異爨，時淩虐或强取財物，不校也，及歿哀泣甚，人異之，曰：「吾知吾叔父耳。」嫂閒詬誶，如弗聞，卒全其節。處鄉里和而介，接朋友誠以質。長身偉軀，性端嚴，偶立門外，無賴子輒避不敢過。少讀書知刻苦自勵，冬不爐，寒夜每不寐，步誦室中以爲常。所讀書多手自鈔録，雖風雨老疾，未嘗不雞鳴起。非應事，手不釋卷，小倦，瞑目坐，體無欹側。素善飲，然未嘗輒醉。歉歲，戒家人必食糲，而鄉鄰貧者恆恤之。舉森兄弟時年已六十五六，然教之不姑息。四書細註必全讀，無一字遺，嘗曰：「世儒讀書苟簡，此不可從也。」大學及孟子卒章註，屢爲森輩開示焉！晚得癲疾，臨終忽如常，謂森母曰：「家可破，諸兒學不可廢，他日能繼門戶，皆汝功。」遂逝，春秋七十有九。

論曰：觀君之學，其志可謂勤矣！顧森謂君晚築書堂顔以「圖南」，以示不忘用世，故老尚秋賦。又謂君於制藝獨嗜熊、劉、方三家文，此其於舉業何有？而卒不得。然則自世以科舉取士，士欲自見，苦無他途出，固有白首奔走名場，以求一當而弗能自已者，可勝嘆哉！然君教子讀晦翁細註，不遺一字，眞可爲學者法。不獨四書用此，知君所謂能繼門戶必不僅科舉，森蓋知之矣！

# 韓君澹菴家傳　丙戌

閿鄉有篤行君子曰韓君澹菴。少孤貧，諸父析産，獨與母居。從塾師學，日兩次聽講而已，餘則樵採耕耘以供母。然每袖書往，少暇即開讀，或勸之易業，不以阻厥志，債主亦鑒其貧且誠，聽之爲學。務實踐，不汲汲科第，其於富貴利達澹如也。持身勤儉，制行端方，教家嚴而正。性至孝，母殁送葬，哀感行路，歲時祭祀常淚下。叔父有子而不類，卒終養焉！嘗欲仿范文正公義田宅事，集族人議修祠，不果，遂爲歎息久之。爲戚黨解紛，偶至官府，亦依君言剖判乃定。與鄉人咸以正言相規，約守禮法，或奸猾爲害鄉里，輒挫抑之，雖禍患不避，會貲爲村子弟建義塾。髮賊剽掠村落，率村人鑿崖窟，避禦得無恙。至邑中公事，有舉君者，則謝不往。雖在草野，而君民之念未嘗一日恝然。國恤一遵典禮，曰：「亦草莽之臣也，況辱學校乎？」慨近世司牧無愛人之誠，語及明道晉城、横渠雲巖爲政，想慕不已。生平喜讀班彪王命論、方正學深慮論及真西山文集、心政經。晚尤好朱子書，教其子以爲己之學，取文廟備考一書授之曰：「此正脈也。」每誡以矜細行勤小物，體曾子「戰兢」數語，臨終猶諄諄勿慕勢利，勿貪功名，忠厚廉謹，無墜讀書，家聲是勖。君諱自謙，庠名省愆，字曰三，號澹菴，諸生，卒年七十有二。娶郭氏，先卒。子二：止敬，歲貢生；直敬，奎文閣典籍，亦先卒。孫二。

賀瑞麟曰：余刻朱子語類於清麓山房，招止敬來襄校事。而止敬謬執贄，豈君與余一見相知之深，故有是命乎？止敬刻志正學，與一時先生君子道義切磋，非稟於君教者然歟？蔡季通學行爲朱門高弟，而其父神與先生平生訓誨不干利禄，開以聖賢之學。朱子謂其志識之高，遠非世人所及。然則君之爲人即此可知矣！

## 劉君壽坡家傳　戊子

同治初元，秦亂，余避地絳州。明年秋，訪芮城辥仁齋于瑛於靈寶之霧崖精舍，因過岸底村得識劉君壽坡，遂止所謂積書洞宿焉。其後三數見，乃信君敦厚長者，而吾尤敬君一事。仁齋蓋講爲己之學者也，生平不以科舉教人，諸生守繩約循循毋敢違，世儒或疑笑非毀，而君獨遣弟姪子孫九人者悉往從學，曰：「此人師也，不可以失。」及仁齋應晉大府聘主講省垣，不遠千里率子弟隨之行。朝邑楊損齋樹椿其學與仁齋同，復命二子受學尤久。損齋嘗登太華，讀書絕頂，君亦相就半載，日讀四子書，其學益進。光緒丁丑壬午閒，又不余鄙，命次子及其長孫先後來學清麓。然則君果何見而懃懃若此耶？此亦可以知君之所存矣。

君諱延栲，字仲茂，壽坡其號也。先世由洪洞遷居於此。祖宗堯，妣李氏。父根元，號澗西，妣孫氏，繼妣李氏。兄弟五人，君居仲，三歲即出嗣伯父成元爲後。伯父殁，母董少寡，君敬事之，董後病癱，嘗藥湯，滌溺器，旦夕親側。時方十餘歲，歷久不懈，及卒，服喪過哀，鄉里咸稱其孝。顧君自是零丁孤苦無所依倚，乃復歸澗西公。公性嚴急，人鮮當意者，君承順得其歡心，家事巨細悉處以條理。澗西公老，爲諸子析產，君不敢違。澗西公卒，又念諸弟幼，復稟繼母同居，而家務以身任之，勤力農而閒佐以賈。賈輒操奇贏，然非其所欲，惟教子弟讀書爲汲汲。晚歲弟姪輩列黌序者三，餼上庠者一。事繼母無闕禮，待異母弟如同胞。原配馬孺人孝敬儉約，與君同志。君嘗賙恤鄉鄰，葬親戚之不能葬者，凡數喪。鄰女少瞽，爲求壻，資嫁之。歲大饑，至質產稱貸以濟，孺人內助力尤多。繼娶許，亦能勤內政，安淡泊，待諸子諸孫皆有恩誼，則又君之身教也。然則君之孝友仁恕、精明深厚固其天性之美，抑以尊德樂義、親賢好學之功有以致其然歟！卒年六十有六。子二，純一、惟一。女一，適張而寡。孫八：增清、增輝、增植、增鈍、增坤、增仁、增義、增禮。孫女三。純一兄弟葬君之二年，來求傳，遂爲之傳。

論曰：吾聞純一兄弟之葬君也，一依朱子家禮作灰隔法，皆自爲之，亦可謂能竭力者矣！非學而能之乎？雖然，學有窮哉？純一兄弟果其終始罔閒，性情心術之地、倫常日用之閒，講論必精，踐履必實，力守紫陽家法而實體之，使辟楊之學益振不衰且或光大焉，君之心不尤慰乎？則所以貽君令名者不在乎他，在乎純一兄弟之自爲而已。區區之文，烏足傳君哉！

## 丁君博之暨配陳孺人家傳　壬辰

君姓丁，名思記，字博之，蒲城人。父天舉，母牒氏，兄弟六人，君行四，出嗣從叔祖貴，事父母以善聞。伯兄，異母也，父母歿，事之如父。雖履空，遇節假必持錢數百送兄家備酒脯需，與諸兄弟皆怡怡友愛，終身無閒言。然慷慨好義，鄉里有不平，輒形辭色爲排解，不煩言而決，故鄉人多德之。比鄰婦女或不衣裙，見君卽避去，其嚴憚君如此。濟友朋危困嘗代爲稱貸，不能償，則質己田產及鬻耕犢代還之。同治初秦亂，髮匪擾省城，東颺華渭閒，回變隨起，渭北各縣皇皇逃。君攘臂奮然，告於衆曰：「吾儕小人亦朝廷子民，有變當効命疆場，況在桑梓而可待斃乎？」卽集團防河，與回賊戰於焦劉鎮之南，賊已退，衆乘勝追之，君力止曰：「窮寇勿逐。」衆弗聽，卒遇大敵，團潰，君死之，可謂義烈矣！其妻陳孺人聞君遇難，痛不欲生，然念諸子無依，忍死支柱，遂逃避北山，於是家益貧，幾無以糊口。亂平，命諸子力農，晝夜紡織，至老失明，猶日端坐紡不已。嘗教其孫樹銘曰：「吾辛苦拮据，令汝讀書識字，以汝父母早逝，冀汝識道理交正人，毋負先人宗祀，慰汝父母耳！雖以貧故習賈，願毋忘此意。」後樹銘竟棄賈，就學清麓，孺人喜曰：「汝今能一意於學，勿負初心，吾死無憾矣！」年七十三而終。君五子：重德，樹銘父也；重益、重禮、重輝、重善，禮、善亦早逝。孫二，樹銘、樹銓。銓，益生。曾孫祖衍，樹銘生。樹銘以祖父母之德行不可不傳於後也，求予文，乃爲之傳。

論曰：周自文武以來，漸仁摩義，教化興行，民俗醇美，何其邈然遠也！至秦車鄰、駟鐵諸詩而其風大變，然小戎、無衣之篇雖婦人亦知勇於赴敵，士樂戰鬬，非土厚水深厚重質直，所謂秦民强悍者，固如是歟？然周用之而王，秦用之而霸，豈異民哉？亦視所用如何耳！壬戌之亂也，爭先防禦不下數十萬人，健兒豪傑强毅果敢視死如歸。蓋率其性之所近，而又涵濡於聖化久矣。然事起倉卒，當事者素未嘗教，本烏合之眾，而猶有不肯苟免如丁君者在在有之，豈非可用而又爲不善用之者乎？余於書丁君事，深有感也。陳孺人教其孫以嚮慕正學，尤非尋常婦女所能及。孺人之葬也，樹銘勉行古禮，不徇流俗，知所以事親矣！自茲以往，樹銘體祖母意宜如何？明理修身，謹言慎行，爲公而不爲私，務實而不務名，責己而不責人，果不愧關學編所載蒲城諸人，則於祖父母不更有光乎？

# 閻君久菴家傳　壬辰

君諱永連，字久菴，姓閻氏，先世山西太原人，至元有官陜者，占籍鄠縣，今爲鄠縣人，居縣北鑿齒村。三世祖濟民早逝，其妻楊守節，元明兩朝旌表，永蠲丁役，崇祀節孝祠，事詳邑乘及文獻通考。君曾祖世榮，妣張氏。祖文忠，妣靳氏。父復元，妣毛氏。兄弟三，君居季。自少岐嶷，過鄉塾聽讀書，輒不欲去，母織紡供之讀。稍長，見母拮据狀，乃嘆曰：「家貧不能養母，忍令母長此勤勞乎？」遂服賈漢南，後以母年高不遠出，設肆鄠之槐芽鎮鬻花布，躬任肩挑，備嘗辛苦，其堅忍有人所不能堪者。母嘗患泄瀉年餘，親延名醫，奉湯藥不假人手，比卒，哀毀逾禮。兩兄性並嚴峻，事之甚謹，稍拂意輒跪謝罪，然絕不芥蒂胸中。久之賈獲千餘金，處家人無一毫私，兩兄皆益親睦。子婦輩有過，諄諄教告，聲未嘗加厲。賈夥某貧，雖多分金，不較也，故人亦樂爲君用，得其力。回變，乃收賈業，與兩兄避難邑城，鄉團禦賊被害無數，君惻然傷之，督傭人掩埋累日，蓋其仁慈如此。城中疫大作，遂一病而逝。配雒孺人，繼袁。子二：長溶堂，次鍵堂，幼殤，皆雒出。孫維翰。曾孫長庚。溶堂，維翰父也，以捐賑議敘縣丞，貤贈君修職郎。維翰，邑庠生。

賀清麓曰：光緒壬辰夏，維翰來學清麓。予觀其志知向正學，既以父命求爲其祖傳。其祖雖無他行，然其孝悌天成，不由學問而得，故執業能長，處家待物皆和厚而愨摯。孝弟爲爲仁之本，卽爲學之本，維翰習於家庭之教也，久不忘祖德，更充以學，必也祈嚮洛閩。毋奪於異說，毋徇於俗見，不惟名之趨而實責焉，是於乃祖爲有榮而其父亦心慰矣。

# 節婦秦張氏傳

予嘗讀魏叔子爲吾鄉秦甲佑之妻、四採之母劉節婦傳，而嘆其賢。且謂劉爲秦氏母，爲父，爲師；爲秦氏中興主，爲會督，爲秦氏禦侮之臣。閱二百餘年，而秦氏之族復有張節婦者出，與之埒。嗚呼卓已！節婦，秦大定妻。大定死時節婦年二十七，悲不欲生，然以有遺腹，强起食，兼慰舅若姑，遲六月，子琚生。琚生三十四年而節婦死，琚痛母苦節未報，求爲傳且曰：「琚母自生琚，無一日安，琚九歲時祖父母皆已逝，家貧甚，母鬻簪珥、質衣物供食用，並遺琚從學。琚稍不劬書，輒督之或泣語曰：『兒不成人，吾何以見汝父地下？』顧生計益拮据，母日夜摒擋内務無少息。及琚賈蜀，母書來每切戒，恐琚一旦踰閒檢爲先人羞。迨琚歸，回變作，西關失守，琚奉母居城内，謂自是不復遠出，依依膝下，冀娛母俾年老自樂也。乃以生平積勞病痰喘，遂不起，嗚呼已矣！琚不孝，每念母鞠育苦輒心戚，今抱終天恨。非先生哀而記之，則琚眞不可爲人矣！」語畢，淚簌簌下。

賀瑞麟曰：琚言誠可哀也！節婦於是乎有子矣！然非節婦挺身厲節，備歷艱辛，以養以教以不死其夫，琚安得成立有今日哉？士君子讀書事主，宜若始終一致不二其操，而卒以盛衰存亡易心，或時值萬難，屢仆屢起，必欲挽垂絶之天意以報君父，如文文山、史閣部者曾幾何人？然則視節婦處岌岌之勢，飲冰蘖以全其志，而無負於寄託，甯無愧乎？方望溪王鄧二節婦傳曰：「執德卽堅，而才不足以紀衣食、持門戶，則遺孤不知作何狀矣！居常者不覺，遭危變，然後知婦人擔荷之重如此。先王制禮，妻之喪，居處飲食視伯叔父昆弟而加隆焉，有以也。」今觀節婦，誦其言益信，惜予無叔子筆，如四採母以致必傳於後無疑也。

# 節孝王母張孺人家傳 幷序 甲戌

予始遊朝邑桐閣李先生之門，即識王君熾侯立品力學，心敬之，蓋先生高第弟子也，君亦以爲可與語。嘗爲辨學書往復各數千言，久之益悉其家世。君幼失恃，育於叔母張，愛如己出，言之每愧無以報母恩。同治壬戌，君歿，叔母亦旋歿。越十有六年，而君從弟晉昌以表弟張注江狀一通求爲母傳。予憶熾侯言並據狀，不可使母勿傳也，乃爲之傳。

孺人姓張，相底村五元女。生而溫柔慈順，精女工，事母至孝。及歸王君允浩捷卿，祖姑尚在堂，性嚴厲，孺人先意承志得其歡心，其翁鼎軒公喜曰：「新婦能善事吾母，吾心慰矣！」素和厚而明大義，初嫁時母家方殷盛，資送豐備，然衣服器物輒與妯娌共，以故終身和好無閒言。繼母、叔母卒，各遺一女，孺人與嫂分撫之，即熾侯母也。慮嫂過勞，時助鍼黹。及嫂亡，熾侯甫十歲，孺人母之，飲食縫紝恩勤篤至，人不知其爲叔母也。熾侯少病鼠瘡，敷藥洗垢，雖膿血腥穢不爲嫌。及就傅，資衾枕、致米薪，備極勞瘁。熾侯娶婦，幣布悉出孺人手指中，視熾侯子如其孫。熾侯爲叔父捷卿狀，自謂生平得識幾字皆叔父力。用此觀之，匪獨其叔父之賢，而孺人之賢有以成之也。捷卿卒，遺孤晉昌，即矢志靡他，食貧茹苦教養兼盡，有過失不少恕，必使改而後已。屬纊時猶諄諄戒晉昌立身勿隨俗嗜好。其姪注江家既落，零丁孤苦，方九歲，依孺人以養，用心尤苦。或責注江必俟家人就寢，乃謂曰：「人柰何不自立？」語畢泫然泣下。每節辰，必遣注江歸奠父母墓。注江讀書所需，皆孺人籌備，屢屬晉昌從外寄紙筆，如是者蓋十年，注江卒列學宮爲儒士。孺人卒年六十，同治元年十月二十九日也。甲戌，注江以孺人節孝上聞，督學吳公匾其門曰「慈竹貞松」，已咨奏請旌，方俟旨下，爲撮其大者書於篇，餘則婦道之常，不虛，不詳著。熾侯名會昌，壬子科舉人。

論曰：婦女之心嘗私而刻，視伯叔子漠，然如秦越不疾惡之善矣，而能以子子之者實鮮。孺人於熾侯豈非難耶？然婦人內夫家或其情義不可委苦，已嫁而爲子念重，以吝財棄其私親者比比也。推骨肉之恩不忘所生以恤其後，且俾成立，如注江事，則孺人者眞可敬而嘆哉！ 噫！ 亦足法矣。

## 節孝高孺人傳 丙戌

孺人姓高氏，涇陽人，父成，年十五歸同邑劉士偉，事孀姑甚謹。時士偉賈外，姑病篤，親侍湯藥，衣不解帶者月餘日。及歿，佐士偉殮葬盡禮。旋遭歉荒，家計蕭條，又伯叔相繼逝，一身摒擋並葬七喪。後士偉病歸，癱痼牀褥，年餘竟卒，孺人年方二十一歲，欲以死殉。既念兒生裁五齡，劉氏禋祀是寄，可終殄？ 乃强食撫孤，矢志茹蘗。或有諷更嫁者，孺人仰天大哭曰：「吾所以忍死者，以此子耳！ 果如此，吾何以見先夫九泉，自立於天地間乎？」其人慚而退。於是紡績度日，一意教子，稍長遣就學，脩脯資悉出十指，嘗謂其孤曰：「汝不成人，梁上卽吾死所也。」其嚴督如此。孺人素以禮法自閒，溫惠謙抑，家人偶見欺，忍受而已。處妯娌毫無怨爭，遇戚族婦女輒勖以順正。或私懟父母兄嫂，必委曲開導，使改而後已，故人多愛敬焉！ 卒年六十有九，守節四十八年。

論曰： 孺人有孫曰煥章，武庠生也。余見其敦篤樸厚，無粗毫氣，父秉仁卽孺人忍死所撫五歲孤也。間述其父嘗遠賈，以不便親養移就近，而夥友富平劉子明知秉仁孝，爲經紀其賈事盡心竭力，且同居三十餘載，不啻骨肉。固由秉仁能得人，抑感孺人之德而母事之不忘也。至是業日起，秉仁獨能稟母訓力行義事，施衣給粥以娛親心。暇輒手一編，謹言慎行，臨終屬煥章以表揚母節，立品學人。光緒九年，煥章以孺人事上聞，獲旌節孝。夫天之報施節孝，亦多以子孫之孝徵之，煥章不忘其父以不終歿孺人之苦節，而又欲爲文以傳不朽。觀煥章與其父，益可以知孺人矣。

## 烈婦潘同氏傳

烈婦姓同氏，名翠英，三原北社堡人。嫁同邑邵家河潘述祖爲妻。越二年，述祖病亡，氏年十九，無子女。日依孀姑，孝事益謹。有嫂亦寡，然與氏異趣。姑舊有賈業在蜀，以述祖亡不得已自入蜀，既至賈業壞，姑抑鬱甚，歸至鳳縣，旋殁。嫂寄母家不問也，氏聞痛哭甚，卽鬻産使人扶柩歸，力不能葬，欲旁貸，無應者。遠近聞氏賢，爭欲娶。或勸氏嫁，佯諾曰：「必葬姑，乃可議。」於是始稱貸。畢事，久之謂親族曰：「吾今釋重負矣！身外物可了，新債煢煢者終何望？」悲慟不自勝，是夜沐浴整衣裙，仰藥逝，數日面如生，衆乃殮葬，嫂卒嫁，時同治十一年十一月二十一日也。

論曰：婦人夫亡死節善矣！然非死之難而處死之難也，使述祖有子則氏可不死，無子而姑在亦可不死，姑死嫂若同志，氏亦不必遽死，乃不惜鬻産，不惜自詭稱貸以葬其姑，而卒以死殉，氏之不得已也！蓋不忘其夫，因以不忘其姑，而實不忘此心之天理。嗚呼烈矣！亦可謂從容就義矣！彼文信國當國破家亡而不遽就死，經萬變百折不得遂其所欲，爲始捐軀報君，視烈婦難易不同，其不輕於處死，豈有異哉？烈婦既奏聞旌表，死十餘年，鄉人士醵錢立石墓側，并求爲之傳，以揚於通衢，亦其義之足以感人者歟！

## 烈婦王謝氏小傳　乙丑

烈婦謝氏，郃陽農家女也。歸同邑王翰，翰服隸三原，年四十餘以病歸，卒於途。烈婦聞之慟甚，然貧無以返柩，乃紿謂人將改適，當償費。衆利其嫁也，乃始貸金，葬翰故里。葬既畢，烈婦竟飲毒死。烈婦無舅姑子女，素惟夫、孀妹依以居，不輕言笑。聞鄉村婦女苟賤事，輒痛斥之，至是人益敬服焉。時年二十四。

論曰：嗚乎！天地所以不敝，古今所以常存者，惟三綱五常之道相與維持焉耳！然豈聖人故立之防哉？蓋有固結於至性至情而不可解者矣！如烈婦安於義命，初不以夫之賤役有所嫌怨，又卒以死殉，豈常聞父兄之教、詩書之訓而獨皎然不欺？其一念之誠，性之本善於此益信。彼身衣冠而口聖賢者，其於倫常之閒往往初終異節又何歟？或謂烈婦宜亟請旌，旌不旌朝廷事也。烈婦死時豈計及於旌哉？

氏出貧寒，所嫁又非人，而卒能設方葬夫，且以死殉，不獨其節可稱，其智亦足多也，蓋所謂「失意一人，是謂永訖」。如氏者較蔡人妻不以夫之惡疾而改嫁，不尤爲其難者哉？或曰不近於累族人乎？予謂古者鄰里尚知助喪，況族人乎？覬氏嫁而爲之，其心已不可問。氏雖紿，亦所以儆也，然氏且有光王氏矣！

# 書章貞女事

辛未

貞女姓章氏，父惟珩，年十一許字張秉玉之子性禮。性禮有祖母，年老愛其孫，思見孫媳，從俗童養於家。貞女溫恭勤謹，甚得祖姑歡。時秉玉賈外，性禮方讀書，數歲祖母歿。性禮失所依，與繼母不相得，一日亡去，秉玉旋歸，屢踪跡之，卒無音耗。貞女雖自悲，恐傷秉玉心，益善事之，若不爲意。秉玉亦日冀其子一旦歸來，復賈外數年，及還，貞女年二十餘矣。乃與其父竊議別擇配，女聞涕泣不食，又微使人風之，終不聽。於是秉玉已老，繼妻亦死，復娶周，而卒無子。其歿也，貞女爲營喪葬，又撫族子任重爲嗣。貞女兩事繼姑，與叔祖姑、叔翁姑一皆盡禮，而叔祖姑待不以道，貞女不較也。守志凡三十年，年四十五卒，蓋咸豐五年也。鄉人請旌入祠。同治十年，其母弟祿求文表其事，故書以觀來者。

賀瑞麟曰：予嘗讀曾子問「取女有吉日，而女死，夫齊衰而弔，既葬而除之。夫死亦如之」，夫死，女亦既葬而除，則知聖人於未成婦者亦不必遽責以守義。貞女夫卽未死，然久失所在，雖童養，實未成婦，以恆情言之，聽翁與父之命而別嫁焉，亦未可以悖禮論。而貞女終始一意毅然不奪，可不謂難歟？士之許國猶女之受聘，苟遭變故，雖未仕，謂尚可以不死，然背初心事二君，豈理之當然哉？吳草廬，大儒也，以宋貢士而仕元，識者譏之，貞女蓋早知此義矣！嗚呼！豈不難哉！貞女生死張氏則有婦道，而曰「女」，何也？所以存其實明女志也。

## 貞女楊桂先小傳

貞女姓楊氏，名桂先，字芳貞，朝邑人。父鳳詔，字信甫，母華氏。其伯父樹椿，字仁甫。年十四字同里生員劉際唐子孝哥。同治丁卯，捻匪入關，回逆復竄陝。孝哥被擄，未知存亡。越庚辰，忽傳孝哥在賊中，信甫即走甘跡之，卒不獲。時女已以憂致疾，至是益劇，日夜望父歸，乃曰：「果不能待矣。」遂以辛未三月二十日死。時年二十，家人皆以成人服之。其埋也，仁甫爲之銘，故又爲小傳。

論曰：女子從一而終者也，然六禮不備，貞女不行，苟未親迎則遭變，惡責以守義？此聖人之道所以爲中庸而不强人以所難能也。而矢志不貳，率乎性之不容已，又豈聖人所禁？如楊女者，初聞孝哥没賊，即潛悲泣。孝哥父止一子，旋以思兒死，劉氏無人，女聞益痛絶而疾作矣。蓋嘗讀女誡、閨範、小學、論語及近思録、治家篇、詩二南，又仁甫兄弟日講聖賢學，女耳熟焉，不敢爲過中行。家人閒微問其意，不答，久之泣曰：「惟大人命。」乃以父久未歸，知孝哥無的耗，愁憤抑鬱，卒以身殉。悲夫！故吾以「貞女」稱之，所以達女志也。明同州劉長庚以諸生殉國難，王山史謂其欲發死傷勇之論而不敢，然則於貞女又何疑焉？信甫記女事，謂女性聰明深静，寡言笑，孝事父母，飲食衣服無所擇。避賊匿巖穴，被驅，即引繩自經乃免。病中猶爲父母及孝哥製佩服物，將遺之。嗚呼！是其資稟之良固異於人，抑涵濡於詩書之訓者深。與秦亂類女者固應有而卒不傳，彼紛紛仳離背棄曷可勝數？視女豈不愧哉？教之不明，亦可慨已！

# 郝太宜人家傳

郝太宜人，大同府大同縣人，父潤功，母〇氏，年十八歸同里封君劉太翁。封君本寒，素世以舌耕爲業，太宜人躬親操作，不辭勞苦。時舅姑皆在堂，太宜人雞鳴問視，瀡滫精潔，始終敬事，頗得其歡心。封君從父處館於外，太宜人與姑家居，服勞奉養，皆先意承志。姑嘗語人曰：「吾婦賢明，實愜我心，家事無憂矣。」姑病侍湯藥，衣不解帶者數月，撫摩抑搔，輒終身無少倦。及姑逝，佐封君盡哀盡禮，凡附身附棺必極其誠信。封君以哀毁成疾，太宜人既哭姑又憂夫，而家且貧窶，乃典衣鬻裳求醫治，自是心力蓋交瘁矣。封君事父孝，常憂館金不足供甘旨，太宜人先時籌備，舅每問家有錢否，必曰有。即請所需，命兒輩典衣物市以進。舅初不知其然也，以故十數年閒雖多拮据，而舅之服用不使有缺，蓋太宜人能體封君心以事其親者也。

舅老飲食無時，或中夜有所欲，太宜人即起入廚下親爲烹調，柔色敬進。時太宜人已過五旬，且衰病，猶不廢婦職如此。舅歿，哀痛一如姑喪。事封君，雖微細事無或專。封君自中年教讀勞心有夙疾，太宜人祈禱調護，自任苦辛，一切瑣屑不令聞知，卒得沈疴脱然。生五子，成者三。雖甚慈愛，然教必以正言動、一繩以禮、勉忠厚、戒浮僞，尤禁取非分，能負米必問所自來。訓女有法，待諸婦如女，有過，教導從無罵詈，亦不使外人知。其自奉則極儉約，親族貧困，每勸封君佽助，而於外戚絶無私與。待下仁恕，雖刁悍僕婦亦獨於太宜人盡心事之。太宜人生平動循禮法，言笑不苟，雖燕居無惰容。有王氏姑年九十，性嚴而善罵，見太宜人，輒怡然起敬。親族中有婦姑勃谿、妯娌詬誶者，多就質太宜人，或竟釋然慚沮以退。鄉黨擇鄰者，每願坿太宜人家居之。嗚乎，可謂賢矣！仲子青藜成進士赴官秦中，太宜人戒以「盡心供職，勿存内顧憂」，又曰：「實心愛民，即爲父母祈福，不在祿養厚薄也。」非賢而能之乎？太宜人行事即有非尋常婦人所能及，故備書之。而余獨於其教子及諭居官之語有深佩者，雖古雋不疑、崔元暐之母，何多讓焉？今吾邑侯即太宜人仲子也，邑人咸稱慈母。封君固能教子，而侯之廉隅自飭、寬厚勤慎，其亦得力於母訓者多歟？長子東堂，季子奮志。

# 吴孺人傳

孺人，一臣楊先生之配，而育泉、士果、杰夫、士偉之母也。予既爲一臣先生傳，育泉又自川寄孺人狀，命杰夫詣予草堂，更求傳孺人。昔李二曲屢書求顧徵君文，以傳其母，徵君以爲一人一家之事，非關於經術政理之大，卒未之許。然二曲之母至今爲關中士大夫所稱道，貞賢之里，道路猶歎慕不置。嗚呼！母之傳豈不以子哉？豈不以子哉？顧予文無能望徵君萬一，亦何敢過自慎重？於育泉又無所辭，且欲書孺人事以勖育泉兄弟，似亦未戾於徵君道人之善之指。

孺人姓吴氏，幼嫻姆訓，歸一臣先生，事兩世姑皆先意承顔。一臣先生既喪母，幼弟衣履孺人悉躬自縫紉。經紀内政，井然有條。母兄爲升菴先生彦陟，升菴廣聞識，輒與孺人談古節義事，孺人耳熟焉。每爲子婦稱説，間以勸人有聞而改非者。性儉約不喜華靡，然好濟貧乏，里中有親死不能斂者，孺人聞之，即檢篋出衣，令自取。族某貧甚，將遠賈無資，脱簪珥與之。及某客死，其家卒不償，孺人亦弗問也。老猶勤苦，不自暇逸，即家傭衣物或敝壞，有所補綴，孺人輒爲料理，嘗曰：「此曹長年辛苦，所獲幾何？亦人子，也須善遇之。」餘皆婦人之常，不詳書。

獨育泉將令川中，而孺人已病，猶諄諄屬曰：「汝性素暴，此後做官切不可任性使氣，自增罪戾，諺曰：『要想作好官，先戒嬾殘貪。』汝常念此語，則吾目瞑矣！」嗚呼！賢哉母也！夫不懶則勤，不殘則慎，不貪則清，吕氏居官三字箴何孺人與之暗合邪？是其明達又豈尋常丈夫所及？夫親有美而弗傳，不仁也，然而立身行道，揚名後世以顯父母，斯之謂孝。苟惟利欲之趨，而弗自拔於流俗，甚或卑污苟賤，不恥也，其不貽親羞辱者幾希，美於何傳？然則育泉之仕、杰夫之學所以自樹立以永孺人者，必别有在，況更重以孺人之教如此哉！予不敏，雖不能如顧徵君於二曲之母而得其子，能如二曲之所以報其母，亦庶乎予文無愧辭。

# 劉母李孺人家傳　丁亥

孺人李姓，父聯芳，生二歲而母歿，幼鞠於外祖母，其時父艱窘，外祖母輒留戀不使歸，故遂長於外氏。事外祖父母孝敬甚。年十六歸劉君依，字德常。事舅姑能孝，而姑視之如女。姑偶患風痰，聞外戚有藥可治，卽昏夜徒步往求，恐不及救也，其誠懇如此。平居不好嬉笑，不學時世妝。謹小慎微，於先人忌辰、親黨問遺尤所經心。而戚族貧乏者，時量䘏之。教子懷璽慈而能嚴，懷璽從塾師學，每歲束脩盡禮。老猶爲懷璽縫紉，不以屬他人，或勸止，曰：「吾自不樂閒坐耳！」每夜燈前亦不廢補綴，且謂：「毋空費油也。」懷璽及長，閒與先生長者遊，則喜見於顔。孺人常痛外祖父母及父皆無子，勸父續娶生子而又死於外，言之淚輒簌簌下，故數十年命懷璽拜掃墳墓，蓋其仁孝之心至老不衰云。卒年七十九。一子卽懷璽，貢生。孫一，孺人歿後數月生。

論曰：先是懷璽欲製清防求爲孺人壽，未及而孺人歿。迨改葬，德常君旣誌其墓，至是復屬傳孺人。懷璽之意蓋積誠而未已也。然吾觀孺人所爲，雖亦婦人之常，獨其孝謹仁厚之德必無不報，爲之傳，使子孫知考焉。

# 張孺人傳略

陜州生員梁殿象之母孺人張氏，名天相次女，早喪母。繼母辛性剛急，難承順，孺人孝事之，頗得歡心，遇事能幾諫，辛由是少改，撫如己出。及歸梁，人多不知其爲繼母也。待庶母弟恩意甚篤，雖同胞鮮有及者，故其弟及弟婦愛敬益加，弟婦尤事之如姑。然梁君處貧，孺人左右無違幾四十年。雖困窮拂鬱，孺人處之怡然，且時寬梁君之意。獨佐梁君教諸子，不少姑息，務使必爲正人君子而後已。芮城薛仁齋先生講學於靈寶之項城，不教人以科舉之業，恪守程朱，於聲名利祿泊如也。梁君遣殿象從之學，孺人聞之，深幸其得師知趨向，亟贊成之，不復以追逐世好爲子期，有尹母願以善養之風焉！日夜勤劬家務，力行節約，惡衣糲食，惟恐以貧故使殿象不得遂其志。殿象所交良師友或至其家，則喜而爲之具，往往力疾親辦治弗憚也。其事王舅姑、舅姑及諸姑怡聲下氣，小心敬畏，王舅姑、舅姑及諸姑愈相親愛。諸婦有過，委曲諭戒，但令自信無苛責。凡事忍讓，有拂意者，一接以和氣，忿厲之容未嘗施於人。親族鄰里贈遺無闕，貧窮患難必量恤助。蓋其寬裕而誠篤，慈惠而溫恭，又深明大義如孺人者，豈易求之近世婦人中耶？嗚呼賢矣！子四，殿象、殿恭、殿篤、殿重。孫二，臣喜、時喜。卒年五十有五。

論曰：自仁齋歿，而陝州之學者惟殿象守其師說不少變，又不予鄙而執贄焉，其能振拔自立，亦可謂篤志之士矣。然觀於母教，而知其有自來也。殿象欲傳其母，立身行道顯揚之實亦在殿象而已。簡狄、姜嫄不過當時一婦人耳，而其名至今不可泯沒者，特以其子有明倫之契、教稼之稷。又如仉氏雖三遷教子，微孟子，孰知其爲千古賢母哉？吾聞諸呂涇野云，然則殿象宜何如自勵也？

## 牛孺人小傳

孺人牛氏，父泰有，母魏氏，涇陽人。年十七歸同邑柏守積，時舅姑已歿，祖舅姑尚在堂，孺人事之甚得婦道，以故柏君行賈巴蜀，無内顧憂。祖舅姑愛其勤儉明敏，悉委以家事。孺人擘畫輒有條理，爲柏君料事亦多中。柏君善怒，孺人一無與辨，事過徐陳其是非而白之，柏君又未嘗不愫然意下。教子女悉以正道，不爲姑息愛。餘皆婦人常事，不具書。獨於堃讀書，尤知大義。婦人之情，莫不欲其子之富貴。堃少聰穎，年十五六入邑庠，人皆冀早達，而柏君遣從予遊，孺人初亦訝之，柏君繼爲道其所以然，卽深信不疑，而所以勉堃者爲益至。昔尹和靖不對試策而出，母曰：「吾願子以善養，不願子以祿養。」程子賢之。孺人蓋知此意也。夫堃奉父命求爲孺人傳，卽此一端亦足以見孺人矣，乃爲之傳。

賀瑞麟曰：古今賢母以教子著者多矣。以吾關中論，李中孚安貧事母，力求聖學，而大吏表其閭曰「貞賢之里」；孫西峰恪守程朱，辭官奉母，陳榕門相國曾以「關中孟母」額其門。母之賢固以成其子，而子之賢亦所以揚其母。堃從予學不爲科舉，中孚、西峰非其先師乎？苟欲傳母，固在此而不在彼也。堃勉乎哉！

## 張烈女傳

烈女名介姐，年十八，千總爾照之女，母王氏。壬戌回亂，避邑北關。關城陷，賊肆殺戮，王氏恐女被辱，匿之。賊至，以刃挾王去，王大罵，賊怒，將加害，女突出護母，罵益烈，遂並及於難。時家屬生員堉妻溫氏、生員爾熚妻淡氏抱子江之悉投井死，墅妻劉氏焚死，貢士爾熾子西之、爾勳子寬之俱被害死。

論曰：昔唐鄭義宗妻盧氏遇强盜夜入，家人奔竄，唯姑在室，盧冒白刃往救姑，爲賊捶擊幾死。賊去，家人問何獨不懼，盧曰：「人所以異於禽獸，以其有仁義也。萬一危禍，豈宜獨生？」烈女年尚少，顧獨挺身投母，視盧氏爲尤難。史稱盧氏嘗涉書史，烈女素知書與否未可知，而所爲若此，非亦有仁義之言耿耿于中者能然乎？且以張氏婦孺殉難之多，其於大義豈概乎未有聞耶？然卒與母皆不免，則又烈女之不幸也。世有登科第躋顯位，臨難輒雉竄苟且偷生，棄綱常名教如敝蹝，有靦面目，曾禽獸之不若，視烈女貞當愧死！嗚呼！烈女不死矣！

## 同知銜高縣知縣武君保臣家傳　辛卯

君諱正佑，字申侯，號保臣，岐山人。父錫廣，字藹堂，四川雷波廳通守，母王淑人。君生四齡而母亡，祖母何撫育之。少知孝敬，既長，援例捐知縣，授高縣，以疾未赴任。陝回變圍鳳翔，郡守委查東城，勤慎無稍懈。居民咸感德，踴躍巡守，年餘解嚴，不受薪水。性仁厚恭謙，雖常隨父任所，無官氣。同官某借千數百金，或爲轉貸行息，某卒不還，遂賠償。體恤童僕，每飲食，必留餘惠，嘗曰：「陶淵明『此亦人子也，可善遇之』，吾念此言久矣。」撙節修潔，平居衣服雖補綴重疊不厭也，衣至縕縷，無點污。不食菸艸，尤痛惡洋煙，有疾，或勸之食，乃曰：「甯死不願有此行也。」好丹青，見古名畫，力不能購，必借歸鈎摹，尋以爲有妨正業卽置之。每曰：「吾幼多疾，不得一意讀書，晚欲延名師友教子力學，繼先人書香，此吾所久拳拳者，不知終能償此願否？」其他瑣事亦多處置有理，臨歿尤以不得終養老親，言之嗚咽。子二，文炳、文蔚。炳附貢生，文蔚鹽巡檢。孫五，嘗者俱讀書。卒年四十七。

論曰：君少稟庭訓，長壻鄭氏，婦伯父爲冶亭先生，嘗爲州牧，講程朱學，君素聆其議論。使潛心篤志，復仕以見之施行，其所成就當何如，而皆以疾廢。胡天並嗇其年，又不及見子學之成也？惜哉！雖然，孝莫大於繼述，文炳方厪正學，力紹家風，更光大之，有足慰君心者。求爲君傳，故書之如此。俾君詒謀志事暴著於子孫，而修德念祖以無忝所生也。

清麓文集卷二十二終

# 清麓文集卷第二十三

三原賀瑞麟角生著
同里劉嗣曾孝堂校刊

## 墓表

### 李桐閣先生墓表　戊午

自孔孟沒，聖學失傳，宋興，人文再闢，周、程、張、朱之數子者出，斯道大明如日中天。後之學者但當守其軌轍，不當別立門戶，宗程朱卽宗孔孟，非程朱卽非孔孟。而高明之過，往往師心自用，遂漸流於異學而不以爲非，如宋之象山、明之陽明，至使豪傑之士亦多溺於其說，調停回護而終不能脫其藩籬。學術之變，世道人心之憂也。逮至我清，篤生大儒陸清獻公，鑒明季之弊，力挽狂瀾，使陽儒陰釋之學如雪見晛，而國朝學術始歸於正。然其久也，亦或樂彼之簡便而趨之。又是時，重漢學者名爲考據，其閒厲廉節、崇名義雖有其人，而肆其狂妄詆諆程朱，穿鑿附會無理已甚。且今科舉寖熾，士惟時文之爲，其於程朱匪獨口所不道，亦以耳所厭聞。故朝夕孜孜，但欲發策決科，榮身肥家，希世取寵止爾！孔子所謂「鄙夫」，孟子所謂「惑之甚者」，國家安用此人爲？識者益不能不重慨也。朝邑桐閣李先生自少講學卽主程朱，於心學「良知」之說闢之甚力，而尊程朱而不甚非陸王者尤嚴其辨，不使惑人。雖閒録其言語文字以副存之，正以不沒其實，而見不取者之決不可訓也。至於考據固嘗爲之，而闡明經學一衷於理，見世之怪論邪説直痛斥之，特刊行戴氏駁四書改錯一書，嘗曰：「陸王之偏坐不知學，考據之僻坐不明理。」先生雖本陸清獻、孫酉峰，欲因時文以明四書，又恐棄科舉者流爲石隱，似少異於朱子勸東萊絶科舉之學與辥文清公不以科舉教人之意。洎時文者，或藉口於先生而不能卓然一志於道。然先生表酉峰墓謂：「酉峰嘗引眞西山語曰：『古之學者爲己。爲青紫而明經，爲科舉而業文，去聖人之道遠矣。』」先生深取之，知先生特欲於世俗所不能已者一正其趨向，故卽科舉，必告以所重在此。而學者知其一遺其一，豈所謂學先生者哉？老作檢身一冊，謂：「三代下有道之士只有席珍待聘，自漢以來自投文書，予卽不能應，況有使費，孔孟豈爲之乎？」至哉言乎！明古非禮，孔孟必不應也。卽如孝廉方正之舉，朱子雖云孔孟生今日不能不應科舉，然如搜檢待士道之可守，挽頽風於叔季，舉世昧昧而大聲疾呼，使潛修之儒毅然益堅其操，高潔自守，不自求進，不可謂非此言之力也。藉口先生者，又烏可不聞此晚年定論也？

先生既以斯道爲己任，其致力也誠敬爲本，而要於有恆。故其生平爲學，大抵讀書觀理以爲行之端，處事審理以驗知之素。本末兼該內外交養，終始一意未嘗少衰，雖不見用，然嘗留心經世，其已行之鄉邑與未能行而見之著述者，實皆有裨治道，不爲空言。餘所論纂亦無非扶世教、正學術，爲世道人心計，而欲道之無不明。道之不明，患無人焉倡之，倡之而非其人非其學，則道益晦耳。自先生倡道關中，學者咸曉然知異學、雜學、俗學之非學，而程朱之爲吾學正途，斷乎其不可易也，後有興者可不知淵源所自耶？道統之傳雖非後學所敢私議，而先生今日之功于關學豈小補哉？横渠以來，諸儒代興，然求其純，以横渠爲法不少，概見王復齋、孫酉峰及先生庶其近之。蓋横渠與程朱無二道，三先生者，於程朱信之篤、守之確、衛之力，固入其門庭而窺其堂奥者也，嗚呼偉矣！

先生既歿之二年，朝之人士請於縣，縣上其事於大吏，大吏奏於天子，天子嘉可，命以先生崇祀鄉賢。麟年二十四始登先生之門，於先生之深誠未能窺。表墓之文宜求之當代大君子，而先生哲嗣伯子來南乃以命麟，意以麟嘗問學於先生，而有以知先生論學之大端。顧愚劣淺陋，實無以副先生相期之意，又恐重爲先生羞，而誼無以辭也，於是乃書其大者如此，以明先生道學之要，使世有考焉。其詳則有崇祀録在，此不著。先生諱元春，字仲仁，號時齋，學者稱桐閣先生。咸豐戊午六月丁巳朔旦，三原門人賀瑞麟謹述。

## 國子監學正銜生員楊君仁甫墓表　丙子

道光丁未，麟初見先師桐閣李先生於家塾閒。問門下士，先生首告以楊君仁甫。時君方受業先生，伯子東莊所獨慕先生之學。咸豐初元遇君長安，知舊相識，心甚契。又明年東訪山西辭仁齋于瑛，約君行歸，而志益決，絕意科舉。麟雖駑劣，不及君遠甚，而其趨嚮蓋不能以有殊也。遭亂避絳州，復與君同館，交益親而講益切。及君有疾，亟致書促西遊以寬其意，且以竟昔年重訂桐閣遺書之約，而君竟不起也。悲夫！然則表墓之文，非麟之責而誰？

君諱樹椿，字仁甫，號損齋。先世宏農楊氏，元季從華陰遷朝邑之野鵲。祖彥魁，字子俊，文學桐閣先生有傳，祖妣王氏。父廷蘂，字實先，妣周氏。君生而穎異，父以己不終儒業必欲君繼先志，望之切。及歿，母周教尤勤，以父積金二百餘悉償舊賈，時折訾曰：「不令他日累兒也。」其供君讀書，奉師幣、給廚費，每歲輒先人，雖知書丈夫多不能。君既負雋才，初應童試即售。事母至孝，居喪守禮，遂精考欽定三禮義疏中喪禮。少清奇，作詩飲酒有古高士風。及一意聖賢之學，收斂切實，無復昔日氣習。弟鳳詔，子玉清，皆導以正學。家庭之閒兄弟父子自相師友，甚樂也。待朋友以直諒，有不安必忠告，生徒有小過面責之。然其悱惻之情、眞實之意，發於中心而不容已。雅志山林不求聞達，前後讀書太華幾十年。近歲邑侯黄碧川設友仁書院，禮請主講，亦不數月而歸。生平嚴取予，非其義一毫弗受，疾革時猶戒弟以布衣斂。家中婦女咸知大義。晚爲收族計，自作家譜，義例精密，請官用印而期於世守，其用意深矣！

君資稟沉潛，性情肫摯，其爲學堅實刻苦，默契精思，養之深以醇，守之嚴以固，猶欿然若不自足。嘗論學大要有曰：

「無朝聞道夕死可矣之志，無求爲聖人之志，無以天下爲己任之志，工夫所以常悠悠。」又曰：「未發已發是日用第一義，此處不分明，存養省察皆靠不得。微論程朱，且看辥胡是甚樣敬，吾輩是甚樣敬。」又曰：「君子之學必以誠，誠窮理則眞知非止誦讀，誠居敬則實踐非止講論。」又曰：「經濟文章不從道德而出，則爲功利，爲浮華，非立功立言之謂。」與知友書，每以朱子、南軒、東萊三先生往還規戒，語相勸勉。既以自盡，復以望人，而於予規切爲尤至。不教人以科舉之業，見近世學者多流口耳，有厭文弊、從先進之意。雖草野，無一念不在天下國家，一夫不得其所，輒惻然傷之。關中之學，國朝自朝邑王仲復先生恪守程朱，躬行實踐，爲不媿大儒，百餘年而桐閣先生繼之，又數十年而君繼之。雖不幸齎志以殁，其所成就亦足爲學者法，故特摭其德行學問之著者，以揭於原，俾後之君子有考也。同治甲戌，督學吳公以君學行奏於朝，得欽賜國子監學正銜，是年九月二十日卒，年五十有六。所著詩文門人扈森所録二册，吳公已序之矣。連春魁復爲搜集，玉清又編次如干卷。其經說及答問尚待鈔輯。遺命不求人銘，墓不用地師說，故葬時鳳詔爲志。其壙而北，首尚右，一從古人，皆君自定，其不苟如此。光緒二年丙子秋八月。

## 楊君寡齋墓表　乙酉

同治壬戌秦亂，余避地晉之絳州，閒遊書肆，聞有書賈搜購朱子小學、近思録等書，心異之，問其詳，則萬泉楊君教授猗氏之楊莊孫氏者也，恨不得見其人，而不去於懷者累月。既而朝邑楊君仁甫來視余，時仁甫亦避地蒲州。將歸，屬其過君一見，如舊相識。其明年君亦來絳，後更見辥仁齋。余走臨晉省兄，復至君家，蓋君於是皆與吾數人者相交，仁甫徙寓楊莊，尤親密。越數年，君又訪余清麓，當其時，問辨切劘未嘗不嘆，講論之益爲甚樂也。及光緒甲申秋八月，而君竟一病不起矣，卒年六十有四。既葬，其門人孫鳳德爲誌其墓，並以書來，屬余表之外碑，其忍辭？

君楊姓，諱師震，字起之，寡齋其號也，馮村人。父爾緯，母氏馮。兄弟三人，君爲長。配馮氏，子日新，孫二。君少習舉業，既入庠，得辥文清公讀書録，愛之甚，自是學務實踐，視世俗榮利泊如也。其後交遊漸廣，遂絕意科舉，惟以求道爲事。篤好程朱，不復惑於博雜虚誕之説，教生徒亦必先小學、近思録，然後及他書。性狷介樸直，忠信爲質，臨事果而斷。生平甘貧，人所不堪，而處之怡然。孤行一意，雖不諧俗，而自信愈篤。老尤好禮，孫輩冠昏皆依家禮毅然行之，非笑有所不避也。臨歿猶惓惓詔子孫多讀書、務實學，遺命治喪不用一切浮屠法及世俗作樂酒饌宴客，其守正如此，亦可以知君之爲人矣！嗚呼！仁齋、仁甫既先一飯，朋舊凋零，吾學益孤。與君相別雖久，猶冀一旦合并或共商量舊學，益堅末路，以期不愧前修，不負良友，以導前驅於吾徒，而今竟邈不可得也。悲夫！日新能讀父書，果其力述家學，亦庶幾可慰君於地下矣！光緒乙酉十二月壬午。

## 雪樵先生牛公墓表　丙戌

麟夙聞雪樵先生在蜀之政與其所學，久傾心焉，顧無由達姓名聆緒論，及讀先生文集，乃先生亦早知麟，且有如玉之慕。晚歲偶見麟文，又謂其爲中流杷柁，可以當風浪而不搖。辱書先施，麟何以得此於先生哉？然竊幸自此通書，得講所聞以求是正。不意未及二載，而先生遂不起也。悲夫！哲嗣某屢書屬以表墓，麟雖不文，但得附以不朽亦所甚願，謹撮其要敍次之。

先生之考愚山公以樸學篤行，自少教先生以忍貧耐苦，先生一稟庭訓，始讀書即知自勵。成進士筮仕四川，歷署雅安、隆昌，授彰明，又署資州，權甯遠，刺茂州，所至皆清操飲冰，愛民如子，民心歡戴不啻父母，至使匪徒自言不敢踐其境一草一木。丁艱起復，川督徐澤醇以「樸誠廉幹」保奏，既湖督官文、鄂撫胡林翼以「循吏第一」會奏，豫撫嚴樹森以「力績關學，以德化民」入奏，皆不起。同治初元，川督駱秉章、給事中高延祐又連章舉奏，上諭以「豈弟宜民，不宜投閒置散」，著以四川按察使，速赴新任。先生於是始抵臬任，昭雪冤獄，行三費法，深以吏治民生爲己任，將謂益行所學，乃不一年而轉内任矣。先生歸田之志益決，獨以秦隴回亂寄寓成都。制府吴棠復禮聘主講錦江書院，固辭弗獲，乃溫習舊業，陶然樂道，與諸生砥礪以聖賢之途。然因時救藥不爲高遠，謂敬學必先敬身，修外卽以修内，作士説、風氣説以相啓誘，士習遂爲一變。蓋先生爲政悉本所學，先生之學則恪遵程朱而亦不甚斥陸王，篤實眞切，專事身心，不蹈門戶之習，亦卽程子見人論前輩之短則曰「且取他長處」，朱子「反身用力，去短集長，庶幾不墮一邊」之意。然自古聖賢學術純駁偏正之閒，實有所當明辨者。孔子嘗賢夷惠，至論逸民而曰：「我則異於是。」孟子以夷惠爲百世師，又曰：「隘與不恭，君子不由，而願學則在孔子。」言豈一端？亦各有當，卽程朱亦於此斤斤者，論人宜恕，論學宜嚴，一涉調停豈復有眞見哉？而先生所謂愚山公一縷心精，尤以不見棄於程朱門外懇懇爲先生望者，至老猶謹守不忘，亦可以見先生生平之所存矣。惜麟未得奉質先生，以爲果不謬焉否也？麟何足知先生之學？末學小生且少先生二十餘歲，而先生忘年下交，虛懷好善，相信以學道義之契竊謂迥出尋常遠甚，故表先生墓而僭論及此。至先生世系生平、子孫葬地、立身居官之詳具傳誌中，此不著。

先生諱樹梅，字雪樵，號省齋，學者稱雪樵先生。歷任所在俱建生祠，在官屢以捐廉議敘加布政銜，所著有省齋全集若干卷。光緒丙戌十月朔。

## 同州府教授陳君冠山墓表　癸巳

君姓陳，諱從甲，字蔚東，冠山其號也。富平西南鄉西渠村人。咸豐壬子副榜，同治三年部選洛川教諭。七年亂平，因守城出力，奉旨以知縣升用，已巳補行。壬戌恩科，甲子正科鄉試遂中舉。光緒四年，升授同州府教授，十一年二月卒於任，年七十三。

君自少爲學，攻苦勤敏，窮年矻矻，手不釋卷。爲諸生日，太守張鳳巢其朝爲邑令，最稱其器宇。既讀程朱書而心好之，嘗誦大學「定」、「靜」、「安」、「慮」，得及論語「恭、寬、信、敏、惠」，心有所契，以爲窮理之功，出治之本無逾於此。其在洛川也，洛川爲北山要衝，軍興，官兵進勦，民苦支差，胥吏攤派半肥己。君請於令，立差局，擇紳經理，歲餘千餘緡。

光緒丁丑，歲奇荒，憲札諭君幫辦賑務。時洛令老耄，君日夜勤勞，委派紳耆各當其材，務使民沾實惠，一時全活甚衆，無侵吞之弊，又捐俸瘞死骸千餘。其訓迪士子，尤以敦品篤倫爲先。比大計，鄜州州牧夏公與賢以「品端學粹」爲三縣教職第一密保。及教授同州，從學署中者日益衆，至不能容，假文昌宫以居。太守饒公應祺又密保以「厚重老成」爲十屬教職最，並使其子受業焉。

君精文理，故以所學授弟子，多掇科第以去。歿之日，弔者數百人，甚有欲廬墓者，且立碑學署門外，以誌不忘其德教，感人如此。近世學官多不教士，師生有終歲不相識者，世謂之閒官。及一旦有事，又多迂腐，唯諾於邑令，無能相助爲理。如君者才足有爲，既嘗試矣，而又不得親膺民社，以行其所學，豈非命耶？然門下士得其傳授，見之施爲，或如安定門人，稽古愛民，於政何有？亦可以知君之澤遠矣！君娶石氏，繼袁氏、戴氏。子三：龍鼎，廪生，袁出；德瑨、德璞，戴出。葬於荊山之陰，邑志載鄉賢傳。

## 紫陽訓導槐堂王公墓表　戊子

光緒壬午冬，乾州故及門王子方歸自京師，有其友鄠縣王仙洲農部者，辱書並述其先君訓導公行事以表墓請，時未暇爲也。丁亥、戊子復兩致書，具幣物，且託白五齋編修親來道意。如仙洲者，眞有不死其親之心者矣。昔孫季和求朱子誌其先墓，數年不可得，累書必欲得之。麟無朱子萬一，而仙洲有季和之勤，雖不文，忍弗慰其孝思耶？抑麟往復仙洲書詞，見其自謂讀先賢書輒奮然思興，即自待必不苟。然子方、五齋又閒道其行己居官清謹自持，爲歎美者久之。及閱公狀，而知其有自來也。

公弱冠入邑庠，旋食餼。道光丁酉，舉於鄉，再試春官不第，甲辰大挑二等，以教職用。丁母憂，服闋，後歷署武功、興平教諭，雒南訓導。咸豐初，選授興安府紫陽縣訓導，以親老未忍遠離陳情，大吏委關中書院監院，復因親多疾病告歸侍養。公爲人不苟言笑，然和平樂易，與物無忤，遇事能果敢自任。咸豐七年，紫陽有蝗，蔓延數十百里，縣令商之公，欲顧夫捕之，公曰：「無及也，不如懸重賞，使民自爲力。」令從之。公亦往來阡陌，親自督捕，不旬日蝗悉殲滅。教士重實行，時勉以修己治人之道，曰：「吾人讀書非止絺章櫛句爲也。聖賢之學安全之策，講求不可不預保全善類。」諸生某爲勢家淩轢涉訟，幾不免，力營救得脫，後卒成進士。寒士有志者，則解衣推食以體恤之，期其成而後已，以故門下捷南宫、登賢書、掇青衿者多至七十餘人。去紫陽任時，紳民道送十餘里，至有攀轅泣下者。

幼家貧，讀書燈無油，每步月行吟，肄業横渠講院，躬自炊爨，偶出行輒背誦諸經，居恒手不釋卷。凡經史性理諸書皆博覽而約取之，得其要領。尤沈浸諸名家文，故其所作不假雕飾而自有眞氣。晚益肆志性命之學，篤好張子全書、西銘及李二曲反身録，嘗曰：「居近前賢，宜思繼起，若甘暴棄，便錯過一生矣。」蓋張子乃其同里，而二曲則鄰邑盩厔也。每爲鄉人談忠孝節義事，口津津，人亦咸樂而聽之。至麥禾登場，猶短衣芒鞋草笠雜傭作中，共碌碡枷板之勞，謂子孫曰：「家世耕讀，吾自樂之，願汝曹亦勿耽暇逸也。」性甘淡泊，食無兼味。在官公服，外恒衣布，時補綴焉，居止取足，蔽風雨而已。仁孝之心至老不衰，父偶有他怒必愉色婉慰，俟解而後即安。年六十矣，見繼母或掃除，必趨而代之。父卒，以賊擾未葬，繼母不得終養，彌留時猶惓惓爲念，言之泣下。邃於醫理，能隔年決人生死，求診者無識與不識，醫無少倦，亦不索謝也。又善推步法，自謂某年月數當終，至期果不起。時同治二年九月七日也，壽六十有一。

公諱育秀，字升三，槐堂其號也，世居縣東河底村，誥贈奉政大夫，晉贈中憲大夫。祖永春，妣汪氏，旌節孝。父景龍，諸生。性至孝，痛父早亡，或夢見，起輒抱木主而泣。事母終身恭謹。教授鄉里，多所成立，人稱渭川先生。妣氏張，繼妣氏董，以孫步瀛貴，貤贈如例。原配黄氏，繼趙氏、張氏，俱贈恭人。子七：長登瀛，廩膳生；次煥章，太學生，俱貤封中憲大夫；次登庸，庠生；次步瀛，即仙洲，癸酉拔貢，光緒乙亥舉人，丙子進士，户部河南司主事；次雲章；次建瀛，廩膳生；次濟瀛。女一，早逝。孫十，長孝友，庠生。孫女十一。

予惟公生平學行純篤，官止廣文，年又甫逾杖鄉，皆不得究其所施，獨詩書傳家。至仙洲一發其光，庶亦可以顯揚公矣！然朱子曰：「古之君子所以顯其親者，惟立身揚名之爲足恃。是以不求於外而求於内，不求諸人而求諸己。」張子之父且從祀崇聖祠，而二曲能令襄城令爲其父起塚。公之教仙洲宜聞之熟矣，則其修德立業以繼述公之志事者豈有窮哉？故予並揭此意而表於其墓之阡。

## 旌表孝義香洲劉公墓表

皇帝御極之元年，陝西督學吴縣吴公會咨巡撫譚公奏請以劉公香洲入祀忠義孝弟祠，奉旨俞允。四年春正月，邑大夫暨諸紳士百餘人致祭如儀。其孤昇之望闕謝恩訖，恭伸奠醱並答禮焉。一時觀者填巷衢，咸咨嗟嘖嘖，稱歎以爲榮。公之殁焉，予既爲誌銘，敍次詳矣。至是昇之復請表外碑，予惟誌之與表無二道，而望溪方氏謂「外碑之表依表之者以重，緣孝子之心所以光揚其親者不一而足」，則受其請者，各以其意爲之可也。朱子於何叔京既誌其壙復銘其碣，其事蓋亦有不同者，且君子之行義，出以誠而已，非以要譽冀福也。而朝廷旌賞德善，將以勵天下好與樂施之風，而發其不忍人之心，苟湮沒而不彰，則勸者鮮矣，非與人爲善之道也，是又烏可略歟？

公諱映菁，字毓英，晚號香洲。性孝友，豁達有明斷，尤禮賢士，生平多善行。其大者，咸豐中南方有事，奉文團練，亟議修堡寨，慨出五千金以助其資之半，遭亂全活甚衆。壬戌亂後，籌辦撫卹，獨以二萬四千金捐賑闔邑牛種，而流亡始得安集。即此二事，其識力殆加人數等。豫防之道，善後之謀，當其時關輔數十州縣未有如公之爲也，是宜大書特書，屢書不一書者，予故重撮其概，俾揭于隧道，而餘行則弗具焉。然則公之得列祀典，俎豆千秋，非眞有愛人利物之心，本於性生，見之實事，豈易言此？記曰：「禦大災則祀，捍大患則祀。」在公固無愧矣！而後之覽者知仁義生人固有賙卹，聖朝所褒必將有油然興起其惻隱之良、胞與之懷，樂善不倦而不自覺者矣！兹舉也，其於聖天子化民成俗以善養人之德意不又有合乎？至公晚年所欲刊布正學諸書，如尹和靖、陳北溪、胡敬齋及朱子文集、語類數百卷，今昇之悉以次鋟木將竣，可謂能繼志矣，亦公之誠有以相感於無窮。予又以是知公之慶貽子孫爲遠且大，而劉氏之方興未艾也。光緒四年十月朔。

## 白君眞天墓表　辛巳

咸豐辛酉冬，高陵白悟齋遇道奉其父命執贄予門，未留也。其明年，以拔貢生應考京師，未歸而回亂作。同治丙寅，予主講學古書院，其從弟濟道實來從學。時問其兄，方客遊某公幕，竊歎久不獲與遇道聚，共講斯學也。迨甲戌，遇道成進士，授翰林院編修。光緒己卯，丁外艱歸。庚辰冬，謁予清麓，以所爲本生父眞天君狀請表其墓。閲狀，知君之篤行可風，其死爲甚慘，而遇道悲痛其親之心鬱不能已，有溢於楮墨外者，予可得而辭耶？

君諱長義，眞天其字，父玉林，妣張氏，兄弟五人，家世力農。少以寠同伯兄習藝涇陽，繼與叔兄季弟自設市肆，怡怡終身。父病便閉勢劇甚，禱之卽通，又嘗步求藥於耀之孫眞人洞。事母生平無違言遽色，既殁數十年，每食甘味及聞嬰兒呼母聲，輒潸然曰：「吾母不得食，吾獨無母也。」縣官比糧，納不如數輒敲朴，仲兄時膺里長差，年歉，度必受責。君歸自涇，卽冒名應，是日比，曰：「有弟在，忍苦兄耶？」官適以慶事免比。叔兄患癰，敷藥吮潰，所親或有難色，君不爲嫌也，尤敦氣誼。涇陽郭某卒，其子固尚幼，與叔兄經紀喪葬，固卒爲諸生，有聲一時，士夫多稱焉。大祲，里有鬻兒者，給錢粟以全之。君訥言耐艱苦，晚好觀書，逢人問字。教遇道讀書，亦以勸樸勵行務爲正人，不汲汲科名也。此又可以見君之志矣。

當逆回之亂也，君在涇陽，賊踪遍野，糧道絕，城中人無食，數月失守。是時遇道奉母逃韓原，大兵至同，乃投營冀探君耗。賊西竄，急赴涇，哭尋不可得，遇丐者，指君瘞所，負以歸葬。嗚呼！君死或以病、或以飢、或以殉，傳者紛然，問丐月日，亦不能詳也。此遇道之所爲悲痛不能自已，而思永其親於無窮也。雖然，趙仁甫九族俱殘，恨欲投水，而卒傳程朱之學於北方。李二曲之父戰死襄城，招魂葬齒，而身爲一代眞儒名聞後世。仁人孝子遭所親之變，惟以立身行道爲顯揚之大。今遇道已貴，尤當務其遠者大者。講聖賢之學，卽以心聖賢之心，行聖賢之行，如其鄉呂文簡公之爲人，斯不愧立身行道之實，而孝思可慰矣。即欲表親，其文學道德之懿，或爲歐公之瀧岡、或爲辥子之汾陰亦無難者，區區淺陋之文，又奚足云哉！

君生於嘉慶十年，三月十七日卒，年六十有一。以遇道貤贈奉政大夫。配劉氏，貤封安人。子二：長即遇道，以君命爲叔兄長潔後；次學道。女一，適臨潼任孝篤。孫一，忠謇，遇道出。孫女六。辛巳六月既望，三原賀瑞麟述。

## 韓惺臣墓表 辛卯

同治丁卯，芮城故友辥仁齋先生爲予道閿鄉韓惺臣止敬勤學有志，余聞而未見也。及庚午，余與仁齋及朝邑楊仁甫會講於華陰之靈峽精舍三數日，其從遊者共數十人。既別而惺臣至，送余西行十餘里，旅店談論一宿始去，予以是知仁齋之言也信。光緒丙子，予以事至靈寶，過止惺臣館，又加款焉。明年，清麓刻朱子各書，即招惺臣襄校，惺臣不予鄙，而又執贄，其虛心愈見矣！厥後屢來山齋，未嘗不歎惺臣之廉潔自修、孜孜問學進而益上也。仁齋設教靈寶，弟子不下百數十人，能守其學者僅可指數，未親受業門牆而往來問辨獨得其旨要如惺臣者，且羣然推之矣！河南自二程夫子後不少豪傑之士，國朝湯文正公其學雖本夏峰，而其躬行實踐卓然一代大儒。儀封張清恪公力守洛閩，大聲疾呼，諄諄以辨明正學爲己任。予嘗與惺臣尚論，所期一振中州之學脈者，非吾惺臣而誰？不謂年僅五十有七而遽逝也，悲夫！

惺臣之學一以程朱爲祈嚮，不泛濫以博雜，不空疏而固滯，篤於敦倫而誠於接物。其才足以濟變，其守要以審義。惺臣之葬也，朝邑馬伯源思遠志其墓，述惺臣生平爲獨詳。惺臣門人孫寬栗維翰又詣清麓求文外碑，爲特敍其交遊始末與夫學行之大略而表於其阡，俾世知惺臣爲學之志有不盡於是者。顧惺臣有子曰嘉會，美才也。方年十四五，惺臣攜之西遊以見關中賢士大夫，將以廣見聞、增識量，擴而大之也。今嘉會已補諸生，果不負乃翁，不以伊洛之學爲迂而盡心焉，則惺臣爲不死矣。嘉會勉乎哉！

## 孫應文墓表　壬辰

應文姓孫氏，名鳳德，猗氏人，年未冠，延萬泉楊師震起之於家，卽聞爲學大意。及吾友朝邑楊仁甫避亂河東，應文師事之尤謹，自是益務爲己，親師取友，孜孜不倦。踰河而南，受業芮城辥仁齋於霧崖。予早識應文，後數年又西至清麓而執贄焉。蓋其好學之勤如此，此亦可以知應文矣。應文篤實醇樸本於天資，用力踐行，有不得，往往其顙有泚。孝親和族厚師友，多有人所不能及者。初知學卽刻小學、近思録，以自勉勉人，非篤於信道者能如是乎？芮城、朝邑往矣，吾學又不足振勵後進，敦謹有守如應文者未能多得，一旦遽逝能不悲哉？諸君交厚者不忍沒應文爲人，欲表其墓，故述應文志行，俾刻之石，庶後世有知者。嗚呼！其果有知也耶？應文一子，甫十齡，卒年四十有九。

## 康侯楊公墓表　癸亥

往歲吾邑李氏養正堂刊書之舉，余司編校。蓋欲專刻講學最純之書世所罕覯者，嘗搜訪黄勉齋、陳北溪兩先生集，不可得。既聞渭南豐潤楊氏多藏正書，且有黄、陳集，遂託人宛轉求假，而楊氏輒慨然見與。竊意楊氏其人必尊書重道，樂善好義者也，心敬之而卒未面。回變作，余避地絳州，楊君避臨晉，時仲兄亦寓臨晉。癸亥秋，余省仲兄，楊君來視，而余已先行，又不遇。未幾，仲兄書來並道楊君以其父朝議公狀求表墓，意懇甚，余愧無文，不敢當。而楊君之請且未已，又重以仲兄命，遂不得辭。及閲狀，而後益知楊氏之尊書重道、樂善好義有由來也。按狀：公諱福安，字康侯，號壽門，關西宏農楊氏裔。初遷中部，明洪武初遷渭南豐潤村。祖起舉，妣高氏。父宗元，妣安氏、常氏。公兄弟四人，長卽公。配劉氏，繼配馬氏、梁氏，又繼趙氏，稱未亡人。子一，英華，卽君也，候選教諭，劉出。孫二：長秀春，庠生；次化篤。女二。孫女一。

曾孫女二。享年六十有九，以避亂終於臨晉之寓舍，時同治元年十二月二十日也。其系如此，至於行事則狀之言，吾無以易也。

狀曰：「吾父性聰敏，少卽異常兒，初就學，塾師輒器之。稍長，以叔祖賈京師年老，遂棄儒代其事。生平篤孝友，事親盡其歡，事繼母如母，待異弟如同胞，處羣從如其兄弟。親歿，喪葬奢儉適宜。尤好施予，戚友鄰里時有顧恤，貧不能婚葬者，必助之。遇荒輒賑濟，丙午大饑，日依爲命者幾千人，按口給食，至半載不少懈。村中無牛馬者爲買以便用，置義地以葬乞人之死。設藥肆以濟貧病，京師賈肆虧資，同事者不欲任卽不與較。軍興，前後捐金十餘萬，皆爲弟侄書名，其惠義皆此類。然律己甚嚴正，不嗜浮華，不樂遊戲，見輕薄子弟每加訶責，遇人相爭又和解之。晚歲不以事物經心，日與鄉老談農桑話風俗，延名師課子孫，愛古人嘉言善行，暇輒手一編以自適而已。」嗚呼！觀公所爲，居常必以聖道之可貴訓其子孫，以故楊君父子皆得身列儒林，其於先儒講學之書必有不惜厚價收購，而又能不自私以公於人，一如公之好行其惠。蓋精神志意有默相授受於無言者，然則余言果不爲謬，而作善之報，不在其身，在其子孫。吾知楊氏詩書之澤、德義之風必鬱發於楊君父子。今其藏書雖燬於賊，而夙好所存，亦將盡力求其精要，又知藏之之不易也。要相與講習討論而體之於身，且振厲而光大之，以遂其所以顯揚之思無疑也，此公意也。余故稍節其狀語以表於墓，以著公詒謀之善，以明楊君繼承之道，使世其家以垂諸永久云。

## 王君丹初墓表　辛卯

同治乙丑，予主講邑學古書院，丹初王君以續修族譜屬序言。蓋君族有廢宅質於人，君倡族贖歸改建宗祠，並宗圖刻石嵌祠壁，而譜於是成。方是時，大難甫平，居民室盧多殘燬，還定安集無二三，而君獨以祖宗禋祀爲汲汲，且使子孫曉然支派之源流，予以是知君之爲人，其用心爲深遠也。越十餘年，君四十八而遽卒，至今又十餘年矣。君之從姪生員映墀，予壻也，亦嘗及予門，至是求表君墓。

當壬戌之變也，北關不守，君兄優生杙與賊巷戰不勝死之。君恐傷母梁太宜人心，乃扶母出逃，及母卒，哀毀踰禮。稍定，卽以兄事及一時死難男婦悉上聞，獲旌，復率衆建北關忠節祠，歲祀焉。兄弟之讐不共國，君以此至省垣，凡回人所鬻食物不一顧，曰：「吾恨不能爲非種鋤，忍交易乎？」

其平居於親友族黨皆有恩義，貧寒或助之業商，讀書無力者屢資錢布，卒得入庠。管某妻茹苦守志，乃爲其子謀生計，並嫁其女。甯州馬某避難至原，君問知其讀書業儒也，遂衣食之而命之學，今且爲弟子員，列高等食廩餼矣，至今每言及君，多感慨泣下。督學許公知君才，補修宏道書院，延君數人爲監理，事竣，扁其門曰「志維風教」，又曰「樂事勸功」。蓋君與諸人皆不受薪水一錢，以爲此分內事也。其他修橋管倉，免釐稅，查保甲，仍守前志，潔身奉公，莫不有裨桑梓，人以是尤多君之德。映墀父小璽君少孤，育於君父潤堂公，而君長小璽僅數月，相處四十餘年，友愛怡怡，人初不辨其爲從兄弟也。近以子姓漸多，乃爲小璽買宅而別居焉，然其情義固無閒也。

君配管氏、封氏、崔氏，皆封安人。子四，俱崔出。映宸嗣其伯父，映樞，君在時俱殤；映宋、映宬，君歿數年亦相繼殤。崔乃以小璽君次子映斗爲君嗣，娶妻生女不育，而映斗亦旋亡。嗚呼！如君者誠不能不致疑於天道之無知矣，此映墀所以欷歔而欲永其君於無窮也。乃敍次君之梗概，著之外碑，使後世有覽焉！光緒辛卯仲秋，賀瑞麟謹述。

## 劉君可菴墓表　戊寅

張君宜堂怡繩賈而士，好正學，有表兄曰劉可菴，諱維均，亦名賈。當同治壬戌之變，城中回種洶洶，漢民慮內禍作，日夜弗自安。無兵無餉，官亦束手待城岌岌莫保。可菴獨偕宜堂暨同事倡義請於官，令幹役分募壯勇數百人資彈壓，旋逐逆類出城，中靖而外沒，將欲表之外碑，其亦孝思有不能已者乎！顧當世不乏博學能文之士，足以揚先生之德美，而猥求之區區謭陋如麟者，謂能傳先生乎？毋以麟之樸拙不肯爲飾詞，庶得先生之眞耶？屢辭而請益堅。

先生五歲失恃，事父孝，父瑞菴公性嚴厲，不輕假辭色，先生曲盡子職，敬不違，勞不怨，終身無懈也。幼嗜學，長益勤，讀一書必期精熟，研一義必探微奥，雖盛暑嚴冬往往衣不解帶。十三經及四書朱子本義匯參皆工楷手録，日夕玩讀，其不苟如此。著周易淺説及評有正味齋詩，皆未梓而遽遭兵火中。道光丁酉副榜，明年入都肄業太學，一時名士宿儒聆其議論，咸願納交。或有師事者，教人以敦品爲先，不敦品而言學亦末也。然生平爲學功無少曠，書有事夜必補之，以此致疾，屢嘔血，一嘔輒數升，年四十五而卒，識者多深悲之。配焦，繼强，俱早逝。又繼陳孺人，生子二：長卽毓琳，以廩貢署潼關訓導、蒲城教諭；次毓璜，庠生。女一，適石氏，先卒。孫三：兆榮，琳生；兆森，庠生；兆彬幼，俱璜生。曾孫曾衍，兆榮生。

田氏爲富平望族，前世多仕宦文學，至先生而績學砥行，益將大其聲施，乃僅以明經終，而又不永其年，天其或者蓄精閟采，俾後嗣一發其光。貢西兄弟年漸老而子姪蒸蒸日上，皆讀書似續家風，開之以聖賢之學，知科第詞章，世俗豔稱其本有不在是者，卽不負先生敦品爲先之説而更有進焉。先生卒於某年，越某年而三原賀瑞麟爲之表於其墓。

## 李君敬亭墓表 甲申

初隴州明經李培之沖霄過予清麓，予見其沈静循謹卽有意乎爲人，及再三見，而培之不予鄙也。聞素好二曲，學猶以爲未足，數舉近思録相質正，予喜其所見益進，爲談論久之。既而以其父敬亭君狀求表墓，予不得辭。

敬亭諱恭，父某，母氏朱，繼母氏陳。事親孝謹，事無大小先志承歡。父好交遊，偶歸晚，君中夜秉燭遙待，每食必在，視寒煖。母歿，哀毁盡禮。繼母性嚴厲，曲意無違，率妻王及繼妻楊一以敬順，至使繼母每語人以孝稱之，謂親生兒無以過也。君少以家寒不終讀書，遂習吏事，供書倉鹽科，事經書宋姓如其師，簿書奔走身任之，有入款一聽瓜分，數十年無幾微爭，同事化之。公餘輒手一編，如朱柏盧治家格言及石天基傳家寶，擇其精粹益身心切日用者鈔録成書。或求善書者書幅揭壁上作座右銘，又召工繪世傳四十八孝圖傳示子孫。待人處事必本禮讓，於叔父從弟雖分爨皆篤恩誼，衣食什物彼此共之，外家婚葬事亦竭力經營，見邑中諸老先生，改容禮貌致其誠敬。迨患病兩月餘，未一聞呻吟聲，蓋恐貽父戚，其善體親心如此。三子：長生新，王出；次生榮，沖霄，皆楊出。沖霄，廪貢生。君歿三十餘年，而沖霄不忘其親，乃欲表墓以揚德善，其孝思可謂至矣！予謂人子所以孝其親，惟立身行道之爲足恃。今培之果以近思録爲學，而有以知濂、洛、關、閩之緒，以上泝孔孟之淵源，知之眞、行之力，其他稍異趣者暫弗究心，則學純而品修。子爲聖賢，親卽爲聖賢之親；子爲端人志士，親卽爲端人志士之親。所以表親豈有窮哉？是在培之而已。光緒甲申冬月望日。

## 柴君橋亭暨張孺人墓表 辛卯

夏縣及門柴應奎求表其父母墓，屢年未及爲，而累書必欲得之。目疾稍愈，乃撿狀次其梗槩，俾揭之外碑。

君初名棟，字橋亭，後改名動。少家貧，習賈，性剛直，然好與賢己者處，故所交多名士。事母至孝，有美味，母未食，不先入口，偶從外歸，不見母，皇然如有失。母嘗欲坐轎車未能得，遂數年不坐轎車。痛母歿，不親視含斂，後對人言輒流涕。事兄恭謹，兄娶後妻而求分財，不得已遂析居，然兄弟未嘗乖離。子弟有過，責之不少貸，待奴僕寬而有恩，尤能疎財，親鄰不能婚葬，又每量給之。賈鳳翔時，鳳翔人欲修橋，慨施二百金，鄉里無老少賢愚莫不愛敬。配張孺人，子卽應奎。應奎雖晚年所生，而君與孺人望之讀書甚切，不以孤子而姑息之。張孺人性行多與君同，姑患痢四十餘日，孺人晝夜不離，未嘗嫌其污穢，姑稱其賢孝，謂之曰：「汝當有後。」見應奎，偶厲色，待下戒以「貴賤雖殊，人則一也」，有程母侯夫人之風焉。家稍溫而不奢侈，老猶紡織無異寒儉，遇貧窮患難必周恤之，如君之用心。姪孫希文貧不能娶，臨歿命應奎必爲完婚，其慈惠多此類。

賀瑞麟曰：余觀柴君夫婦無卓絶特異之行，然其率性所爲，質樸肫摯，非天資之厚者不能。應奎稟德有自，又知祈嚮正學，近則司馬文正，遠則文清辥子，非皆其鄉先賢乎？果以二先生爲師法，則必有龐莊敏誌其墓石，而表阡之文亦且與汾陰並傳，其爲顯揚何如？予文奚足重哉？

## 李君積菴暨繼配白孺人墓表　丙戌

靈寶李長明往嘗來學清麓，間爲予道其父積菴君爲人行事，輒愀然有戚色，蓋傷其父之已亡而恐遂湮没也。君卒於同治十一年壬申，越十四年，爲光緒十二年丙戌，而其母白孺人亦卒，乃述其父母狀求表墓，適予病目，未能也。後復致意不已，如長明者亦可謂不忘其親者矣！

君諱發順，字積菴，先世洛陽竹竿巷李氏，元初遷靈寶之西留，遂爲靈寶人。祖密林，妣許氏、范氏。父德和，字厚菴，妣王氏、康氏。君，王出也。剛直而強健，少授四子書，未終年即成誦。早喪母，父不能耕，乃竭力農畝以供子職，雞鳴而起，星見而息，身無完衣，晝或不再食，勤勞辛苦有人所不能者，然以是家漸裕。偶業商，旋悔其近利，不復爲。自奉儉約，待庶弟有恩義，祭必豐潔，或手自辦具。處族黨和而禮，晚欲修宗譜，未果以爲憾。有膽，尤能爲人任事。同治初髮逆竄擾，居寨皆警惶，衆推君説賊帥，君毅然赴賊營，慷慨陳大義，或欲加刃，賊帥揮去，曰：「此老不可欺。」頃之遠颺，全活寨人三百餘口。村臨澗西，田畝多崩陷，地出，澗東人侵種，鄉里苦税累，君爲執契，鳴之官。官不察，乃以灘地入養濟院，而税如故，由是憂疾，遂不起云。白孺人佐君勤持家，紡績不間寒暑，終身布衣裙，無世俗婦女遊觀之事。事君無違，衣食必美潔，而自甘粗惡。撫育前子如己出，教子婦嚴而有法。君有女兄適人而貧，歲輒餽粟布。生平不苟言笑，閨門整肅，老雖寢疾百餘日，無放廢氣，人皆以爲難。子四：長豐，張孺人出，長齡，皆早逝；長庚、長明，孺人出。長明嗣其叔父發注。女一。孫四：仲彥、侲彥，長庚生；正元、佳彥，長明生。長明又述君延師教子，修儀竈費恆必先人，嘗誨之曰：「科第之榮非汝曹所能倖邀，吾亦不汝願，所貴讀書爲作人耳。但得識廉恥、敦禮讓，不辱先喪家斯可矣！」君不終爲儒而其言如此，視世之以詞章利禄、軒冕爵秩望其子者相去不倍蓰耶！長明守君遺訓，又夙聆予言，苟不欲湮沒其親，亦惟修德講學、克己自立而已。二程夫子，長明之鄉人也，其父太中公且從祀崇聖祠，非其子之賢而能之乎？二程非後學之師乎？長明知此，豈獨予能表君不朽哉？

## 何君墓表　乙酉

士君子讀書稽古，將以求吾性之固有，盡吾職之當爲，期無愧乎人道而已，而卒未可多得。往往篤恩誼，厲廉恥，待人以誠，與物無忤，率眞而行，無所矯飾，乃出之村氓野叟未事詩書之人，豈其性獨異於人歟？抑以能自立也。如閿鄉縣雙保里堡裏村何君者可見矣！君有子曰清欲，清欲學於邑明經韓止敬惺臣。而惺臣舊從余遊，爲予言清欲能志學，間道何君爲人。光緒乙酉秋，清欲從惺臣至予清麓，述其父事，求表墓。清欲曰：「吾父農夫耳，生平無他奇行。少貧甚，行傭養親，艱苦備嘗。性孝友，吾祖疾，父晝爲人傭，夜歸侍，數旬不倦，生事葬祭，隨分自盡。叔父戇而躁急，父善遇之，終身無間言。百計忍窮，不肯妄干人。接人一以信實，人或不情，弗與辯，間牽涉至訟庭而非其事。未讀書，強識字畫，曉數學。清欲兄弟十二三時，父教以九章演算法，又以盤盛沙，令習書。每欲使清欲兄弟從嚴師友遊，苦無力爲計者屢矣。後聞韓先生學品，曰：『此人師，不可失。』兄清心今業農，清欲學無成，負吾父矣。」清欲之言如此，可信也。

君之卒也，以戊寅六月二十日。先是晉、豫奇荒，清欲欲遠遊求所以養君者。君初不忍離，適惺臣之友華陰王守恭遜卿者爲欽差辦山西賑務，今中堂朝邑閻公委買賑糧於潁上，知清欲，挈之行。既歸，不及見君，此清欲所以益痛於心而欲寄其思於無窮也。雖然，清欲果不忘親，亦仍力學求如其父之自立，而更勉爲士君子之行，使人稱曰：「幸哉！有子則所以不朽其親者，不更大乎！」

君諱萬祿，無字，卒年七十有三。配張氏，後君五年卒，葬於其村南校場祖塋。子二，清心、清欲。女二，孫一，孫女一。十二月乙酉。

## 甯武府知府吳君漢章墓表　壬午

同治十年季夏，涇陽甯武太守吳君漢章訪予於清麓精舍。時驕陽微雨，坐予土室，談論移時，意灑如也。顧多及儒先講學之書，知其亦嘗留心此道者。既以將葬其配李夫人，商從古禮，屏去世俗相沿陋習，則又嘆其有志於變俗也。光緒壬午秋，其孤聘乃持狀求表君墓，既謝不能，念與君一面之識，有不可得而終辭。獨君歿時，聘方八歲，於君生平立身行政之大多不能記憶，其所述者或得之先友，與其義行卓卓在人耳目者，亦足以得君之大略矣。

君諱蔚文，字漢章，號筱軒，世居大石里安吳堡。父汝英，字蕚軒，庠生。君少秀偉穎悟，能讀書，蕚軒公甚愛之。生母張早卒，及父卒，痛不欲生。事繼母李能孝，甫弱冠以第一人入縣庠，以捐餉保舉，知府引見，分發山西，署甯武府，事多惠政。丁母憂，服闋，捐升四川候補道，賞戴花翎。時駱文忠公爲蜀督，最器重之，以援甘捐銀議敘加布政使銜，旋改授湖北道。越二載，卒於湖北之武昌，時光緒丙子十月十二日也，年僅四十有六。

君自奉儉約，待人寬厚，有長者行。理家有法，謹守先業而更擴大之，然大要仍遵祖規。應務之暇，即披閱經史，或游藝字畫，或怡情林園，於一切世好淡如也，所刻有古學記問録。至其急國難、備城防、賑荒年、修書院，以及立義塾、捐卷價、置鄉試會館、設救生船隻，前後約費白金十餘萬兩。臨終，又諄諄囑聘生母姚常賙恤宗親族薰之貧，及量力補助邑中萬一不時之需，故聘奉其母命，捐書院膏火，均地賑麥數萬金，體君意也。昔漢東平王稱「爲善最樂」，善固不止施予一事，然愛人利物，仁者之心，心安而理得，非樂乎？世之吝惜金錢，自私自利，而於君父之危難、斯人之憂苦，漠然不一慨於其心，終日戚戚作守財虜，獨何歟？然後知君之行事爲難能而可貴也，使君體此義，天假之年，卒得位以展其才，必有忠國愛民之實傳之紀載，且以愧世之事攘剝而肥身家者，柰何賫志以沒，天竟靳其施也。悲夫！元配姚，繼李，皆先君卒。副室姚、高，君卒後並相繼亡。子一，聘，姚生也。君葬已六年矣，玆特揭其梗概以表於墓，俾後有考焉。

## 增生聲之宫君墓表　己亥

盩厔孝廉宫炳南伯明，長安柏君子俊之高弟也。炳南之父曰聲之，君殁，子俊既爲銘幽之文。越三歲，光緒乙酉冬，炳南不憚數百里至予清麓，出子俊所爲誌及行狀，復求表其墓。夫予之謭陋，烏足以闡君之德美，而炳南謬以見屬，豈其有取於樸拙不爲浮飾之詞爲足以傳信後世耶？抑嗜學厲志不汲汲榮利，予與君其性行有相類者耶？此炳南仁親之心所以有不能自已者。及觀狀誌，而知其有自來也。

君自祖父以來勤苦營家，能篤内行。父長善公，事母孝，母稍不怡，即偕兄弟長跽請罪，俟霽顔而後已。君承父志，左右無違祖母，鞏獨鍾愛。少讀書，聰敏舉止有常，塾師多器重之。既長，從司舜山廣文學。舜山，邑名宿也，好性理書。君從其教，務求實踐，每取先儒格言條書粘壁牖閒殆徧，時自觀省，嘗謂：「吾遇難處事，開卷體玩便覺心氣和平，書固益人不少也。」此可以知其所得矣。迨入庠，父已不及見，言之輒泫然淚下。事伯叔父母如父母，叔母謝患癱十餘年，目且瞽，無子女，君親視湯藥不少怠，癱竟愈。遭家多難，遂絶意場屋，惟以課農教子爲事。炳南始就學，書多口授，嘗削木牌書其上，曰「謹言愼行則爲君子，功在主敬。急躁輕浮則爲下品，弊由自肆」，使炳南佩以自警。炳南領鄉薦，以貧不能北上，即戒以「勿妄千人待有資，遲赴一科無妨也」。吾觀世士幸博一第，利禄念重，往往毁廉隅乞假於人奔走道路，以苟不可必得之名方自謂欲顯其親也，而爲之親者，亦以是爲適然而莫之止，未仕之先不知節行爲何事，則他日建樹可知，甚或爲門戶羞。如君之義方愛子，其賢過於人遠矣，豈不難哉？

蓋君生平清介自持，不輕貸人一錢，知止知足，治田傭書以自給，此外別無所取，故其所以訓炳南者，尤以此爲行己首務，其身教然也。君性情篤摯，接物溫恭，未嘗以盛氣加人，然方嚴有品，望之生畏。里有少年醉酒忤父，遽自知罪，曰：「任父重笞我，乞勿使宮先生知」。精醫理，診治多奇效，雖老無倦色，其愛人又如此。

諱世鐸，號靜齋，卒年七十有一。繼配王孺人有賢德，亦先君卒。子一，即炳南，王出也。餘詳狀誌，此不具。余既不獲辭而樂道人善，竊嘆君之行事有足風世者，故掇其要著於篇，使歸而揭之。顧推君所以教炳南之心，則德業學問必更有其遠且大者。炳南知立身行道，當有以報君矣。

## 党烈婦碑　甲申

烈婦姓唐氏，竇村人。父，岳府經歷銜；故萊州府知府諱邦彥者，其曾祖也。年十七，嫁渠岸堡從九品党元熾。七年而元熾歿，遺子立城甫二歲，氏貞心苦節，孝翁姑和妯娌，備極艱難，教子成立，數十年如一日。同治六年，捻匪入關，剽掠村落，忽遇賊，氏度不可生，輒忿罵投井死。嗚呼烈哉！夫人平時無艱貞自守之志，臨難必不能裁決以義如烈婦，其始也之死靡他，其終也視死如歸。薑桂之性老而愈辣，中庸所謂「不變塞」、「至死不變」者，不意於婦人中見之。蓋其所蓄積者然也，即此益可以知三十餘年之節矣！然則士大夫生死之際，視烈婦何如哉？烈婦死時年五十八，越十餘年而當事聞於朝，得旌表。嗚呼！烈婦爲不朽矣！

## 李母劉孺人墓表

涇陽生員李逢吉既葬其母劉孺人，而不忍沒其行事，於是以表墓之文請。孺人年十九歸李君義，字宜亭。事姑以孝聞。越四歲而子逢吉生。其明年，爲同治壬戌，秦回亂，剽掠其村落，執刀脅孺人，孺人大罵，賊斫頭頸，罵益厲，復刺目，刀忽折，遂舍去，然孺人受傷重，倒地氣幾絕，遇救得蘇。時賊踪遍野，往來遊奕，孺人護姑日避劉德堡北水溝中，姑旋以疫卒。當是時，李君通商涼州，孺人乃爲之棺斂而權厝焉，李君歸，乃得葬。及丁卯正月，回又至，索金帛，更傷其額頂，急投井，幸不死。數月，髮逆又大至，乃避李家莊高樓，後遷魯鎮，始僦屋以居。於是逢吉八歲矣，擇師教之。而李君不幸殞於湖北之棗陽，孺人慟甚，卒返櫬，葬於先塋。至是持家益勤，教子益嚴，嘗語逢吉曰：「汝父早逝，汝學不成人，遺笑親鄰，吾即無顏立人世。」逢吉入邑庠，常戒以謙謹無多言，無慢尊長。然則孺人節烈之性，歷百折而不變，不忘所天，卒使其孤厠於士林。其志操之正、識趣之高，豈尋常婦人所易及哉？逢吉欲表揚其母，惟求古人立身行道者而致力焉，毋徒終其身於世俗之學，斯謂眞能顯揚其親，逢吉其尚念之哉！

孺人卒於光緒十五年七月十七日，享年五十。有子一，即逢吉。女二：一前孺人韓氏出，適里員；一孺人出，未字。其年十一月十二日，祔葬於李君壙右。

以上四卷郃陽門人雷柱立夫編輯。

清麓文集卷二十三終

# 清麓答問

# 清麓答問遺語合刻序

孟子嘗言：「君子之所以教者五。」普深自愧，遭家不造，少壯失學，雖與大儒理學純粹如復齋先生者忝生同邑，而於五教未克一有焉。獨當先生萝萸之先，身羈巴蜀數千里外，偶爾僥倖叨獲答書一，再次喜不自勝。庥從天降，私心卽欲竊附於門牆，期盡至教，尚克「失之東隅，收之桑榆」。乃忽山頽木壞，旋奉諱書矣，痛悼鬱悒，魂魄失措。冀自今以後惟有納約門下私淑諸人，以自勵於前途。則曩者邑人劉子嗣曾彙刻先生著作清麓文集及日記二十八卷，固已傳其大者矣。而門下高足郃陽謝君季誠，復掇殘拾遺，蒐輯清麓答問及遺語遺事共九卷。朝邑楊君溫如又詳加勘訂，而諷邑同門友王君亮甫勖普付梓以公同志。普固力綿，自給不遑，然見義不爲無勇也。遂竭蹶奮迅，多方措置，勉成斯舉。一以藉酬向蒙吾夫子答書之夙感，一以博獲久遠私淑諸人之實功，敢云不賢者傳其小哉？卽擬以斯版奉藏正誼書院，而先印多本特置案頭，觸目警心，如對先生而日受面命耳提之教誨，且廣呈親炙諸君子，而羣集忠告詳說之訓解，則普朽木將期復生，實受無疆之介福矣！光緒乙巳四月下澣，私淑門人張普謹識。

# 清麓答問遺語姓名總目

吳清卿學使名大澂，江蘇吳縣人，同治閒視學陝甘。
王辛齋先生先甲，三原人，先生老友。
楊信甫鳳詔，朝邑人，損齋先生之弟。
楊溫如玉清，損齋先生之子。
任道甫文源，三原人。
扈仲榮森，大荔人。
昝子康吉善，三原人。
楊治之慮中，蒲城人。
謝季誠化南，郃陽人。
馬養之鑒源，興平人。
連梅軒春魁，澄城人。
段子絅舒錦，三原人。
雷立夫柱，郃陽人。
王亮甫思明，三原人。
王潛士郊，高陵人。
趙子强毅，蒲城人。

任季恆希三，河南靈寶人。

李鏡清長明，靈寶人。

劉澄甫增清，靈寶人，門人效文之子。

党清之源，郃陽人。

王魯子念曾，郃陽人，門人反之之子。

武敬亭文炳，岐山人。

潘子充善信，咸甯人。

石子堅確，長安人。

柏厚甫堃，涇陽人。

丁伯新樹銘，蒲城人。

仝鏡清宏宇，山西安邑人。

郭治堂道襄，長安人。

耿顯叔覲光，高陵人。

閻幹卿維翰，鄠縣人。

柏子餘森，涇陽人。

井渫甫熾隆，華州人。

孫仲玉迺琨，山東淄川人。

王嘉言山西夏縣人。

王伯明照離，扶風人。

張深如淵，興平人。

郝伯緝熙，蒲城人。

馮焕堂益文，蒲城人。

郭元志士英，扶風人。

吴某

復齋先生手筆與口授答問，訓誨之語蔭富矣。所病山頹木壞，以後諸友離索散處，遠或千里之外，近亦多數百里，未能廣微編蒐，以薈大全，姑就所已賫至各冊摘録，約略同門問學之先後，爲答問四卷，繼以遺語四卷附遺事一卷，而列此目於卷首。極知挂漏殊甚，抑亦可以得其大要矣。餘俟他日寄來，別爲續次。光緒乙巳三月朔旦，郃陽門人謝化南謹識。

# 清麓答問序

登問目於冊而以筆條答之者，未之前見也，首於朱夫子大全。文集中讀之不集於文類，而比乎語類者，列於玉清所纂先子損齋語録鈔中出焉。不列語録之中而專門獨行者，則今日是編是也。所問之辭道德典籍人事，古今巨細精粗難以方所，無物不有所答之言。智愚偏全是否得失，抑揚予奪捷於影響，無意不竭，而其理熟義精，學純語粹，詢足羽翼，聖經千城，吾道豈獨嘉惠一時，傳之方來？如入稠市廣肆之中，千品百彙羅前布後，顧盼錯愕，目不遑給，而實皆日用常需，至急極切自得資深，左右逢原亦一絕格奇觀也。嗚呼！答之者固既往矣，問之者已漸落落如晨星，脣亡而齒日寒矣，能不惕然興慨哉！抑不禁有時興會之至快覽一次，又復恍若恭對函丈盛集，同門應答酬酢，講習觀感，欣然共晤一堂矣。斯亦可方一則以喜，一則以懼也已。光緒乙巳孟夏既望，朝坂門人楊玉清謹書。

# 清麓答問卷第一

賀復齋先生手筆

郃陽謝化南季誠編輯
門人朝邑楊玉清溫如參閱
三原張普澤寰　校梓

## 答吳清卿　凡七條

清卿云：「立志躬行，便當猛力用省察工夫，從念頭初起時檢點一番。清軒萬先生名斛泉，湖北興國州人。曰：『存養省察工夫不可偏重，存養熟則省察始密，否則念慮遷轉，不及防者多多矣。但下手處，以省察爲急耳。』」

古人小學工夫便先存養。先察識後存養，朱子後來不守此說。

清卿云：「志固不可不立，然有志而不學則志亦漸卑矣。清軒曰：『不學仍是志不立。』」

所謂立志，「立」字最要。看朱子註「匹夫不可奪志」云：「如可奪，則亦不足謂之志矣。」

清卿云：「閒言語最爲無益，心亦因之而放，不如靜坐做涵養工夫。清軒曰：『靜坐恐生弊，似當用主敬工夫。』」

不必將靜坐做一件工夫。

清卿云：「余自念一動一靜，神太發露不能收斂，殊非養氣之道。清軒曰：『養氣在於集義。』」

學者只用主敬工夫，則動靜皆得。

清卿云：「學問當務爲己，處事不可專爲己。清軒曰：『處事亦學問中事。』不可專爲己語似不圓湛。」

有意爲人亦私心也，只看理如何，理所當爲，爲人亦己也。「爲人謀而忠」，曾子只作省身事。

清卿云：「要事事討好，要人人説好亦是私心。清軒曰：『要討好説好便是務外，居心行事宜審理之是非，不必問人之好惡。』」

質直好義是主，察言觀色慮以下人亦不可少，然亦只是義理上事，非爲討好説好也。

清卿云：「主一則心定，無一念之不實。無適則心清，無一念之不虚。」

主一則無貳，無適則無雜。

## 答王辛齋　凡六條

辛齋云：「詩頌，前輩謂夫子殷人也，故存商頌。魯宗國也，故録魯頌。如此則夫子全是私心。不知商頌未亡，夫子如何不存？魯頌故在，夫子安得不録？其他國頌之有無不可知，卽有之，夫子未必得聞，卽聞之未必其詩之可録也。商頌無論已，魯頌四篇如閟宮、泮水之類，固有不可廢者。」

名通之論，顧甯人日知録云：「列國之風何以無魯？大師陳之，固曰魯詩不得謂之頌矣。孔子魯人也，從魯而謂之頌，此如魯史之書『公』也。然而泮水之文則固曰『魯侯』也。商何以在魯之後？曰：『草廬吴氏嘗言之矣。大師所職者當代之詩也，商則先代之詩，故次周、魯之後。』」

辛齋云：「喜怒哀樂，云云。」

喜怒哀樂四者，有相濟而生者，喜生樂，怒生哀。有相反而生者，哀生喜，怒生樂。有循環相生者，喜生樂，樂生怒，怒生哀，哀又生喜。有貫通相生者，喜之中有怒哀樂，下三者亦然。金木水火，仁義禮智皆然。蓋天下道理自是交羅錯綜，而莫不各有條理焉。

又云：「金木仁義等，就義理說則可相通。」

喜怒等皆情也，因感而發，不必如此說。

辛齋云：「蔡節齋言：『自陰陽未生而言，則所謂太極者其理已具。自陰陽既生而言，則所謂太極者即在乎陰陽之中也。』陸稼書謂：『此條似未融，蓋陰陽無始，恐說不得未生已生，體用可以分先後，陰陽不可以分先後也。』」

此等處須細體究，蔡氏語宜作「太極具於陰陽之先，行於陰陽之內」爲融釋也，如何如何。

辛齋云：「太極圖解：『水陰盛，故居右；火陽盛，故居左。木陽穉，故次火；金陰穉，故次水。』下文又說：『水，木，陽也；火金，陰也。』黄勉齋最疑之，竊思論氣則水火之氣畢竟勝於金木之氣，故水火盛而金木穉。蓋水火爲陰陽初生之物，尚未離乎陰陽也。論質則水火之質微，原不若金木之質多，故水亦可說陽，火亦可說陰。又水爲天一所生，其體本陽。火爲地二所生，其體本陰。若金木則不可變也，未審是否？」

此處當知生之序與行之序，亦是一個理，以陰陽奇偶之數而言，則水火木金，火木陽，水金陰。以陰陽流行之序而言，則水木火金，水木陽，火金陰。以生之微而言，則爲水火。以質之盛而言，則爲木金。原其自有而言，不制于土。故曰盛，指其爲所生而言，藉土而生。故曰穉。

辛齋云：「發而皆中節，謂之和，只就情之正上說。情若正，則自然皆能中節。」

發而皆中節，便是情之正，不是情若正，則四者皆中節也。

（總評）[二]觀諸條具見苦心鑽研，欽佩欽佩！然愚意竊謂：「少從容曉暢之致而有安排疎强（疑有誤）之弊，更須完養思慮，涵泳義理，則所見愈益透豁矣，未知如何？」

---

[二]「總評」：系清麓答問編輯者所加，非賀文，以字體并加括號作區分。下同，不再說明。

# 答楊信甫　凡九條

問：「楊園先生引許魯齋『學者當以治生爲急』之語，云云。」二先生蓋是有爲而言，然曰治生與謀食不同，世變不同，今日亦不敢以爲緩也，但須善會其意耳。

問：「內則云『舅沒則姑老』，不云父沒則母老，則是據婦立文。若無婦則母無所代，似不得不主祭。祭統云『必夫婦親之』，然則闕之乎？抑仍其母主之乎？楊園以『宗子七十猶娶』之語爲可疑，云：『在中饋則婦攝以治，行禮則闕之可也，然則舅與婦不可以同奉饋奠之事矣。』喪禮主婦條云：『子之妻或亡者之妻，則不以母子爲嫌，不識若祭子母，可以同奉饋奠之事乎。』」

子主祭，而母另一行位在子前，如伯叔之例。夫婦親之固常禮，然朱子四十七喪妻豈能不祭？或如楊園闕之之義，亦無不可。

問：「楊園云：『陸猶賢於王，陸則殺人報讐，王則行劫而已。』此喻何也？」

陸猶樸直，王又狡譎，所以不同。

問：「『伯夷、叔齊，謝上蔡謂『天子不得臣，諸侯不得友』，故孔子以爲『逸民』而稱之。齊華士當成周之盛不臣天子，不友諸侯，太公召之三不至，以爲逆民而誅之。夫不臣不友，亦不過曰隱者往而不返之流。而遽目之爲逆民，是必更有說焉，敢請。」

既名爲華士，是必欺世盜名之流，非眞守正高尚之士也，謂之逆民不亦宜乎？

問：「中者道之體，和者道之用，中和所以名性情之德。費者用之廣，隱者體之微，費隱所以贊體用之美。此其所以不可混而言之歟？」

中有費隱，和亦有費隱，故不可以費隱分貼中和。

「承誨中和各有費隱之説，是體用之中各有體用，猶陰陽之中各有陰陽。如喜怒哀樂未發之時，中心無偏倚，鑑空衡平。雖鬼神不得窺其際，是則所謂中之隱也。而喜怒哀樂四端，百行之理，無不各具於其中，此非所謂中之費者乎？及其事至物來，應接之際，吾之視聽言動以至子臣弟友，各中乎禮，各盡其職，而無過不及之差者，是則所謂和之費也。然其所以無過不及之本體，則非見聞所及，此非所謂和之隱者乎？」

大概是。

問：「張公藝之百忍，顏子之四勿忍。『勿忍』二字似有難易之分，『勿』但禁止使不得爲，『忍』則必如以刃判物一刀兩斷，未知是否？」

「勿」字較「忍」字尤有力，「勿」字是陽一邊，「忍」字是陰一邊。

問：「商書仲虺之誥曰『纘禹舊服』，周書泰誓曰『于湯有光』。此見聖人之心正大光明，絕無一毫彼此之嫌。使湯武同生於一時則都俞揖遜，氣象依然存矣。不幸而遭桀紂，征伐豈所欲哉？」

所見是此，可見湯武雖伐，其子孫而正與禹湯同心，是亦禹湯之所甚欲也，非先聖後聖而同揆哉！

問：「昨見用修論爲妾立主事，適讀語類有云『古人雖以子貴，然庶母無係於先君之禮，如左傳書「僖公成風」。晉書「簡文太后」，皆以係於其子』，如此則無子者，似不當立主。」

妾無子不立主正也，有子立主，亦子主之而已，不得入祠堂。

## 答楊溫如　凡四十條

問：「程子謂『修養之引年，國祚之祈天永命，常人之至於聖賢』，皆工夫到這裏則有此應。竊謂『引年永命』猶有非人力所能定致者，若常人之於聖賢，苟有工夫必能有應，云云。」

所見自是，「引年永命」雖非人力所能强致，然有工夫猶有可致之理，況聖賢與我同一性命，工夫到豈有不應？ 須知此意只要見工夫爲重，人當著力耳。

問：「太王翦商，泰伯之心若以爲義，則不當逃。若以爲不義，則當諫，何不諫而卽逃耶？ 朱子謂：『其心卽夷齊扣馬之心，而事之難處有甚焉者，其何以難處而且甚耶？』」

夷齊處君臣，泰伯處父子，君臣主義，父子主恩，此所以事較夷齊難處。但其心則同一，終守臣節而已。所以不諫，則未嘗以太王所爲爲不義，但自心有所不安，不妨各行其是。此處先儒論者甚多，斷當以註爲主而參以薛文清、陸稼書之說，則確當明白眞得泰伯之心，並得夫子「至德泰伯」之義。諸儒紛紛，未免私意，細玩註便知泰伯所以不諫，所以要逃。朱子說得已煞明白，當時後世人無知者故「無得而稱」，惟夫子知其心，惟朱子並明其事。

問：「朱子云：『若格物，則雖不能盡知，而事至物來，大者增些子，小者減些子，雖不中不遠矣。』胡文定謂『考求立法之意而操縱之』，亦此義否？」

語類語猝，未思得透，更俟商量。竊恐引文定語比例，亦未穩也。語意當與程子學，雖未至，然事物之來不可不應，但隨分限應之同。彼就處事說，此就格物說。損齋先生云：「謂識得大概規模把柄在手，其他或增或減可以例推，譬如五服五刑既識得，便可以上附下附。」若然，則引文定語亦不甚遠。

問：「論語夫子謂：『丘也幸，苟有過，人必知之。』觀朱註云云，似夫子迫於不得已而受過耶？ 抑僞爲耶？ 抑本心誠以爲然耶？」

聖人隨時答問，自然中理，固非僞爲，亦非迫於不得已也。

問：「論語『君子所貴乎道者三』，程子似將『動正出』等字作工夫，於『遠近』字上卻無工夫，是否？」

「動正出」未是工夫，卻是做工夫處。程子之意集註舊說本之，後改今說。蓋以「動正出」之前有平日存養之功，而「遠近」字乃臨時省察工夫也，如此乃備。程子卻是説得一邊，故置之圈外，或以是歟。

問：「論語『吾從衆』章見聖人處世之中道，只觀義不義耳。學者縱不能遽如聖人，然與其偏於從也，甯偏於不從，未知是否？」

此章要見聖人借純儉之可從，以明拜上之斷不可從耳，語意自有抑揚。學者固不可涉於圓通，然矯激傲僻，亦所深戒，總離不得窮理。

問：「論語『魯一變至於道』，朱註謂『道則先王之道』，不審先王之道果何道耶？」

先王之道卽註所謂「禮教信義」，但先王做得來淪肌浹髓，自然是一番王者氣象。當時魯只是重之崇之而已，未能薰蒸透徹，融液周徧，朝野之閒都是太和洋溢，故須要變。

問：「論語『博學無所成名』，云云」。

須就義理切己處理會一番，有窒礙卻好商量，當有益。如只就一言半句上較量異同，反不免將心局定不能開闊。義理講求多則瑣，瑣小文義亦自凍解冰釋，而不須致疑矣。

問：「孟子『不動心』章既謂『持其志，無暴其氣』，通章前後何以止説養氣不言持志耶？」

志氣不可偏重，孟子既明言之，下文特因丑專問「無暴其氣」故爲氣動心之説，至後不言持志，而專言養氣。蓋知言雖非持志，而持志已寓於知言中矣，何也？非知言亦斷不能養氣，而所以養氣又斷離不得持志。細玩「必有事焉」數句卽可見矣。

持志卽主敬，知言卽窮理，養氣卽近反身。知言知也，養氣行也，敬行乎知行之中也。孟子不言，特因告子固守其心，猶有近似之跡，而亦當時門人不能善問故也。朱子亦嘗謂此。

告子果知知言養氣，則持志已在其中矣。

問：「程子謂『「川上之歎」自漢以來儒者皆不識此義』，蓋因自漢以來無可語王道者，故知其不知此義耶？」

亦是。

損齋先生云「今且看自漢以來誰人識得『純亦不已』之義」，不待其不語王道而後知也。

問：「朱子語類云：『雖是意誠，然心之所發有不中節處，依舊是未正。』竊謂此止就已發言，不審未發時亦有正心之功否？」

誠意正心都就已發說，未發止有存養之功，卻說不得正心也。

問：「語類云『意是已發，心是體，意是動，心該動靜』，今謂誠意正心都就已發說，則心意何別？ 何以道欲正心先誠意耶？」

心固兼未發已發，然說個正卻指已發言，細玩正心傳及或問「正心」段自可見。 蓋已發處能正，則未發者便在內也。意就初發念說是一端，心就用情說是全體。

問：「論語謂『篤信好學，守死善道』，竊疑死乃變事，非日用常道，其何以著力耶？」

既云善云守，則自有著力。 死雖變事不可預期，然今日做篤信工夫，直要辨個至死不變，死而後已底志，方是若到死時，不能守死也。 由今日篤信處少那念頭，然臨時更要試一番，才見得著過力未著過力。 只省察，猶不是守與善，這已到行邊了。

問：「顏子謂『如有所立卓爾』與夫子所謂『參前倚衡』之義，同乎否乎？」

固是相近，但一則指高堅前後，一則指忠信篤敬。 一則有親切確定之意，一則有頃刻不離之意。

問：「語類謂『誠意以敬爲先』，不知何如，斯謂誠意之敬耶？」

「以敬爲先」是未誠意前，不睹不聞之中有戒謹恐懼工夫，有此工夫便爲省察之本，誠意便入省察界，看註「審」字。大學節節都離「敬」不得，如「知至」後，其於誠意亦似不費力矣。 然卻要戰戰兢兢，省察於隱微之間，必使眞妄無一毫之雜，然後始謂之誠意。 愼獨，「愼」字便是「敬」，就已發說；「誠意以敬爲先」，就未發說。

問：「禮記說『孝子如執玉如奉盈』等語，與淮南子說『周公有奉持於文王』等語，言雖同而其義則微有異。一是虛說其心，其貌如執奉，然所該者寬。一是就實有奉持說，所指者一事。未知是否？」

是。

問：「鄉黨記飲食之節，謝氏謂『聖人所不食，窮口腹者或反食之』。竊謂非特窮口腹者食之，即戒窮口腹者，亦反食之。多是因不擇美惡，存苟且充腹之心，遂偏於厭之食之耳。可見聖人無處不是中和也，未知是否？」

此段所見頗有可取，吾輩正當以爲戒也。

問：「近思録三卷說讀書處，凡經皆具，獨略於禮，何耶？」

諸老先生都不曾多說禮，想是因禮繁雜，不爲成書，所以朱子後來要爲萬世補這一段缺典，做個儀禮經傳通解，又不完，可惜。今但當據此書以爲權衡，大作一番工力，講讀誦習，將來方成得一個大人物、大事業，吾輩當共勉之。

損齋先生云：「亦須知人所執守，非徒誦說而已也。」

問：「陳恆弑君，夫子豈不知哀公、三子之不能討，而猶告之者，所謂『知其不可而爲者』，可以見聖人之心矣，未知是否？」

聖人告時不是斷定哀公不能討賊，既而公曰「告夫三子」，則夫子之心愈戚，而夫子之義益不可不明矣。

問：「論語謂『君子謀道不謀食』，蓋道與食不能兼謀，才謀食便不能謀道，學者可不先正其趨向耶？」

謀道則食亦道也，謀食則道亦食也，此間更不容腳上兩家船。

問：「秦局回子終無盡殺之理，但須先迅勦之，到得無所逃處方好安撫，未知是否？」

要得停當，須安插邊地，斷無可置內地之理。然亦當分處以弱其勢，又使地方官善馭而徐化之，庶乎不致別生禍患。

損齋先生云：「得郭汾陽、范文正其人，於此事也何有？」

問：「釋氏欲滅絕倫類，云云。」

釋氏便是覺得倫類累著他，其小也可知矣。

損齋先生云：「大抵釋氏求智而反愚，求高而反卑，求精而反粗。」

問：「觀論語『子與人歌』一章與『師冕見』一章足以感人，聖人之所以異於人者，豈在高遠哉？」

聖人無一而非仁也。

損齋先生云：「學者於此留心，亦可以變化氣質矣。」

問：「子夏使西河之人疑己於夫子，曾子謂其一罪。竊意子貢使人謂其賢於仲尼，亦不得爲無罪，雖力辨之，抑亦遲矣。以是而觀，二子穎悟篤實所以下於顏曾者歟。」

子貢極力辨明，似又高於子夏。

問：「張子謂『動靜不失其時，其道光明，最是切要用功處』，蓋日閒無一刻可離動靜，而動靜最難得時，所以戒懼慎獨，存養省察，都無著處。爲學如此，眞是冥冥悠悠，雖日講誦，徒爲人耳，未知是否？」

所謂時者，尤須大著精彩極力認取，方可不失，然非窮理何能如此？

損齋先生云：「試用旬月工夫，自當見效。」

問：「天地大矣，參天地其事大矣。然所以爲之，亦恐在日用閒耳，未知是否？」

須從日用閒做到窮神知化，方參得天地。

損齋先生云：「須看日用閒何事。」

問：「道無處可見，而無處不可見，云云。」

工夫在戒懼慎獨上須咬得破，勿鶻鶻突突。

問：「觀鴟鴞、狼跋兩詩，一則言『音嘵嘵』，一則云『舃几几』。周公一人而如此其不同，斯亦所謂憂國之志、樂天之誠並行而不悖者歟。」

此說得好。

問：「變化氣質最難，云云。」知得病痛，便從此處亟用矯揉，卽未能一時和根拔卻，然如刈草，只管生只管刈，勿斷卻刈底工夫，久之亦不能生矣。

董子所謂「勉强學問」，正謂是也。

問：「人生於父母，猶草木之生於種也。種既具天地之氣，猶必資天地之氣，而後能生萌。父母既具陰陽五行之氣，猶必資陰陽五行之氣，而後能生子，云云。」

既知初生時資陰陽五行之氣，又須知既生後，尤必資陰陽五行之氣，不然何以一日而生於世哉？此理自在目前，人多習而不察耳。

問：「損齋先生云：『以此見道，不可須臾離。』」

「孟子『存其心，養其性』，心是活物易於放逸，故言存，性體無爲易於消沒，故言養，未知是否？」

心易走作，故當存而不失。性自完全，故但順而無害。

問：「『夭壽不貳，修身以俟之』，『不貳』如孔子之『知天命』，『修俟』如孔子之『不踰矩』，是否？」

「修俟」說聖人「不踰矩」似未穩。「不踰矩」，「修俟」不足以言之矣。

損齋先生云：「大槩此節是顏孟身份幾於聖矣。」

問：「孟子『君子教者五』與『君子中道而立』二章連記深有意，以見教雖因材而道初不易，教者雖能因材而自勉終在學者，亦猶論語『未嘗無誨』與『則不復』並記之意也，未知是否？」

有此意。

問：「中庸『君子之道費而隱』，費隱之義與形而上下之義同乎否耶？」

形而上下分道器，費隱豈可分道器乎？此卻分體用。朱子亦云「形而上下以物言，費隱以道言」，此處且可以意會之。

問：「『夫婦之愚』節，章句謂『可知可能者，道中之一事，及其至而聖人不知不能，則舉全體而言』，竊謂卽一事之中
論其粗，固其可知可能，推其精而至於極，亦有聖人之不知不能者，而朱子卻以一事全體爲言，何耶？」
全體如時地之限隔，至於理之極處，聖人不知則亦不足爲聖人矣。
問：「侯氏謂『聖人所不知，如孔子問禮問官之類』，竊疑此固所不知者，然與此章『及其至也』之意恐微不同。」
且依註解，若將「至也」作道理至處説聖人不知不能，恐非是。然如「問禮問官」亦道中事，所謂「全體也」，道本無
窮盡。
問：「中庸第二十章『生知』節，章句謂『生安知也？學利仁也』，與論語『仁安知利』不同，何耶？且以下章觀之，
『於性先誠，於教先明』似亦當以『生安爲仁，學利爲知』，未審如何耶？」
中庸之意與論語不同。中庸以人之等而言，雖曰「安行」，亦是知得透，自安而行之，故以「生知安行」屬知邊事。雖曰
「學知」，亦必力行始得，故以「學知利行」屬仁邊事。論語「安仁」以成德者言，故曰「仁者利仁」；以未成者言，故曰「知
者各有所當」。中庸首支以知屬舜，自是看得知大。論語「知者不惑，仁者不憂」兩處不同，意亦近此。
問：「『誠者，天之道也』節既承上文，何專提『誠』字而不及『明』字，又卻納『不思』、『擇善』於『誠』字者？是上文
意在素定，故必推本於『明』。此節論成功，故但要終於『誠』。亦可見『明』包不得『誠』，『誠』卻包得『明』歟？」
此節但因上節「誠身」誠字另提，空説出「天道」、「人道」，爲下一支張本。下「誠者」兩層兼「誠明」在內。此節首二句
雖曰承上「誠身」，但不過上文俱未説出「誠」字，上節已説「誠身」，故隨口説出此二句。其實「誠」字原因上文兩一也，及
立字意，故分出「天道」、「人道」。
損齋先生云：「子思大意只是説『達道』、『達德』，九經皆歸於『誠』，而『誠』又分『天道』、『人道』，『天道』有『誠明』，
『人道』亦有『誠明』，『明』只是爲『誠』耳。」
問：「『洋洋乎，發育萬物』，如何下云『待人而後行』？既思此，但言聖人之道本如此大，是待人而行道，非待人而行

發育也，未知是否？」

發育萬物自是天地之道。然此道都體在聖人身上，便是聖人之道。如天以陽生萬物，以陰成萬物，聖人以仁育萬物，以義正萬民是也。

問：「『致廣大極高明』，章句謂『不以一毫私意自蔽，不以一毫私欲自累』。『意』與『欲』，『蔽』與『累』何分？『意』『蔽』者私吝狹小，『欲』『累』者苟賤卑汚乎？」

「意」者心動於中，「欲」者物誘於外。私意一萌便蔽了這「廣大」，私欲一動便累了這「高明」，亦有個輕重淺深之分。

## 答任道甫　凡三十二條

問：「顏子卓立境界，云云。」

顏子卓立境界未易窺測，且從「不遷」、「不貳」處實做工夫，久當有見。

問：「隆師親友，云云。」

「隆師親友」固是爲學當然。然事師無犯無隱，論道理處亦不可只橫著個師友，反有不能盡言，又非所以隆親之道。前日之事諸君皆是好意，只人見識難得如一，若因此便生嫌隙，師友閒又何有可講之道？願皆開擴此心，須尋一個是處，毋致紛紛也。

問：「不怨天，不尤人，云云。」

只肯自責，見自己全有未是，人之不是亦皆己之不是。此是眞實道理，非只認個不是，要人說好。所謂正己而不求於人，覺得自己終日有愧於天，尚何可怨之天？覺得自己終日有怍於人，尚何可尤之人？

問：「情面通融，君子不免，然必『無適無莫，義之與比』，云云。」

所謂通融亦只是不礙理處，若不論理一味通融，則眞同流合汚。然處今之世，須先有自立不甘流俗之念，非遽講「無適無莫，義之與比」。此工夫此地位未易到，須要實做窮理工夫，久後方可說得。

問：「處鄉黨嚴則整齊，嚴則生戾，寬則得衆，寬則生怠，云云。」

處鄉黨以和敬爲主，公事當言不妨直陳，義理利害詳婉以達，意氣加人取怨之道也。

問：「『慢藏誨盜，冶容誨淫』，非愼密不出之道，故識時務者韜光掩跡以保其眞，讓善讓功以成其大，不矜不伐自處若愚，云云。」

韜藏自是今日所宜，然卻不可流於老子「善下」之說，有乖聖賢之道也。

問：「經界不正則伍保不行，所以民無統系而亂心易生；學校不明則民心不正，所以鄉無善俗而刁風日起。」

伍保之法是治之而爭奪息，經界之行是導之而生養遂，學校之設是教之而倫理明，三者治天下之大法也。帝王之政亦不過此，然亦卻要實行。誰謂鄉閭之民終不可興教化哉？是在有心之君子。

問：「曾子『三省』亦是先從性偏處急用功否？」

曾子平日已隨事省察而力行，只此三者猶覺有未盡處，故以此三事自省，正是用功切實處。非只省此三事，亦非謂先從性偏處省也，是曾子自覺得急而要者。然能省此三者，則自無所不省矣。

問：「交友之道不諂不瀆，久而敬之，尤要相信，不信則疑，何以能輔仁耶？」

先擇交，而後可以言信也。若不擇之交，有愈信愈差者矣，不可不愼。

問：「鄉間葬埋，墳墓多以昭穆爲序，則父東子西。若尚右，則父西子東。二者將何所遵守耶？」

地道尚右，葬自以西爲上。昭穆二字自取向南向北之義，是廟中祫祭設主之道。後世葬用昭穆，亦假借用之耳，不可不知。

問：「用食烟之人甚害事，云云。」

總宜慎之，始用之時立定界限，公言明示，彼當自量。如有犯規之處當自不進，即倖入，查出退之，彼亦無辭。漫用而漫退，不成事體，且易生怨。

問：「志存西銘，行準中庸，云云。」

上句是個立規模處，下句是做工夫處。無西銘之志，則所謂中庸恐流於曲謹。無中庸之行，則雖有西銘之志，恐亦不免窮大失居之弊。

問：「清均田畝事極重大，然每靜思反復審辨亦不甚難。只要實行一點，不可放過，處事周詳是爲謹慎，通盤合算、計出萬全是爲謀成，未審當否？」

所見自是，但當仍存其難其慎之心，謀慮精詳，時時處處不敢忽持之，以小心無自是自足之意，而又出之以大膽無畏難苟安之見，方可承擔大事。

問：「宅中馭外之方，云云。」

即知無怠無荒道理，何用設方閒賄之事？王者只有修德致遠之法，不尚許多權謀術數。制敵之法不外自修，專靠兵力亦非良策。若朝廷紀綱不立，何足服其心，而使之從命哉？若不急講自修之道，徒用以夷攻夷，所謂「先詐力而後仁義」，烏得爲上計哉？疆宇之廣至國朝而極，然今邊事日亟，正宜思古人守在四夷之道，勿徒侈遠略也。得其人則治，自古爲然。修德以服遠人，尤聖王之要務。「無怠無荒，四夷來王」，古人之言眞萬世治國之心法也。在今日以内休爲外攘，尤急務也。封建亦是古法，果如三代，聖人何不可行？只是後世亦當度量時勢，若不得人，法皆有弊。

問：「君子之道，闇然而日章，云云。」

君子只是爲己，不求人知，不但無「日章」之意，亦無自爲「闇然」之意。「闇然」、「日章」是從旁人看出，如此才是切實。

問：「舞八佾、歌雍徹、旅泰山，只是利心，濳滋未克，故一發而遂至此耶。」

涇野先生一言最好：「季氏舞佾歌雍，只是好體面。」三字吾輩所當自警。又曰：「季氏舞佾歌雍，都從恥惡衣惡食來。」予自少卽服膺此語而自省，猶有時犯。先生所戒卽今歲修屋之事，悔之已晚。程子云：「要不悶，安本分。」此亦不安本分之事，願吾友亦所當戒。

問：「精義工夫只是心時時在事物上求一至當處否？」

若不讀書窮理，此心可恃乎？憑現在之心卽時時在事物上，果能求恰好至當否耶？抑別有精義工夫，而後事物恰好至當處乃能得之耶？

問：「德禮政刑王霸之分否？」

王者固是德禮爲主，亦不能廢政刑。但霸者一於政刑耳，是要分別。

問：「『毋自欺』是下手處否？」

「毋自欺」卽三字符也，凡不能內外如一，始終無違，皆被「欺」字作祟。直須斬斷此個病根，作徹表徹裏一個人，方許過了人鬼關也，不然終日便只在陰邪窟裏。

（以下六條省去問語）

反身是要緊工夫，試問甚事不從此身做去，能反身方能切己？自當日有進益，正己而不求於人，子思之言可不省哉！

凡事一循於理方可說「不求可，不求成」，循理自無私。若不循理而曰「吾不事求可、功求成」，則又與求可求成者同一私而已矣。

以因循爲詳緩，以輕率爲果敢，今人通病，所貴居敬窮理。

理一處自有分殊，所以說致中又說致和，不能致和仍是不能致中。知理一而不知分殊，畢竟於理一處亦未透。

大學是曾子所述，曾子一生功夫只是「忠恕」二字。「明新」卽「忠恕」，此義自顛撲不破，覩下數傳自見。

中庸三大支，第一支是盡人合天底路途，第二支是盡人合天底道理，第三支是盡人合天底工夫。而首末兩章一從天說到人，一從人說到天，關鍵只是戒懼慎獨，其實通篇無非戒慎而已。

問：「焦雨田邑侯，近接其談論頗能振發。然其虛懷善下，勇敢有爲，清勤儉素，無官氣無懈意，云云。」

邑侯志氣高邁，虛懷空洞，舍己從人，真非世俗所及，吾輩所當取法。

## 答扈仲榮　凡六條

（省問目）

盡人物之性，固在盡其性中，此只論理。然盡人物之性，亦有事在。註中「知明處當」便是此意，但「知明處當」仍在盡其性中見得，不可不知耳。行有不得，反求諸己，知得此義，處己處人方無歉心。「責人嚴，自治疎矣」，此語處處時時俱用著，學者常以此存心，便是學聖人。不怨天不尤人，下學而上達，路脈不可不留心也。

静而後動，亦是自然次序。太極圖說中主静，須看本註「無欲故静」四字，是就聖人說工夫所施，固有先後，卻是動静皆須敬，看君子修之。註只說一敬，即不沾静，可見南軒之說亦對湖南之病而言。湖南卻欲有動而無静，自不是。總之，須實做敬工夫自不偏。

朱子答張敬夫論敬書最爲穩實，學者只可靠他做工夫。固不偏於動，亦不偏於静，倚於一邊便有病。固是識得静，方好存養省察。某謂直截做敬工夫，方可見得動静分明，遇著静便静而敬，遇著動便動而敬，不然徒識得静而不敬，又成躭閣依靠。要是静中必要有主敬實工夫，徒說著亦不濟事。

（以下評詩詞）

諸詩多關心民瘼、憂時慨俗之意，所謂儒者之心。但詩句閒尚有欠新警切實處，是又不當於詩求之。而古人詩亦須時玩誦焉，亦可知其所未至。且詩腸亦自潤腴，而天然意味忽不自覺，其奔赴腕下矣。

諸作較前多有進境，近覺此等工夫不必苦苦留意，有妨學問，如朱子所謂以數句散寄心懷可也。然性所嗜好，不可遽已，須是守一塗徑，或漢魏或陶或杜，由流溯源，不可泛泛吟詠，漫無津筏。朱子豈眞屑屑於詩，而至今讀其所作，氣味精神無一不從文選諸詩運化而出。可見此雖無關眞實學問，亦自有個路脈，豈可苟然？若眞尋得漢魏、陶杜諸家門庭堂奧不懈而及於古，則三百篇遺意不外是矣。

## 答昝子康　凡三條

問：「氣數之說，亦有可信耶？如諸葛武侯隆中對，云云。」「三分」云云，以其勢言之耳，武侯所以爲純臣者，尤在成敗利鈍，非所逆睹「鞠躬盡瘁，死而後已」數句。

問：「命有以理言，有以氣數言者。」

氣數自是有底，卻不是後世術家所謂數。知得有數，在窮通禍福，不可生一冀倖心。知得有理，在仁義忠信，不可生一推諉心。

## 答楊治之　凡四條

問：「客卿是何官？不受祿何見爲仕？既未任政如何稱臣？」

戰國當時有客卿之名，當時亦自有不受祿之仕，稱臣亦是通義。

問：「程子云『道著用，便不是』，是如何？」

言不可大驚小怪也。

問：「史夢軒先生之學如何？」

微雜如以陰隲，文偏貼，味經書院牆壁可見。

問：「柏子俊先生如何？」

磊落有氣概，又曰豪氣重。

問：「作官。」

欲作好官，須將官架子掀倒。

## 答謝季誠　凡三十七條

問：「纔欲做事，卽有要譽惡聲之念，不知何以能去耶？」

只是要明理，知得當做事是自己性分職分事，要譽惡聲都是私意，當做便做去，何用計較？

問：「何以能常精明，而不至昏惰耶？」

敬操心整齊嚴肅，久之自有效。敬則精明，敬則專一。須振起精神，讀書始雖把捉，久之熟適。

問：「本欲聞過，然聞過時心中畢竟無喜意。本不欲人譽，然聞譽時畢竟心中樂。有疾本不敢護，而護疾之念常存。有能本不欲求人知，而求知之心時出。亦知從欲之甚危，而飲食男女安佚之際總覺其安。亦知遵禮之爲是，而人稠中行禮便有許多羞澁之氣。不知一人之心何以矛盾如是耶？」

所說雖多，只是一個病痛。纔覺不好，意發便遏，絕他如斬草。然纔發便斬，久之亦便不生。然亦莫要於窮理，窮理透時諸病便消得大半，不須逐節苦用力克治也。人所以多爲私意纏繞，只緣看理不透，常教賊與主人混擾，久之主人亦隨賊了。

問：「人每來說閒話，不免徇情應答，云云。」

此無別說，自家覺得不是便不要做，此心不可忘了。朱子亦說「纔知得病，便是藥」，既悔了便改他，常常如此卻不可。觀吾子頗知向裏內省，然既省得卻用力改，方好。古人所以說悔過自新，悔而不改無益也。然其要功則仍在於勤讀書而已，書以維持此心。一時放下，則一時德性有懈。一日閒讀書工夫多，則自無說閒話時，且相觀而善勉勵，切磋亦在其中。吾子幸力勉之，不可只說過也。

問：「易傳云『大正非陰柔所能也』，若陰柔之人一旦欲大正，當從何處下手耶？」

立志向善而不懈焉，斯有進矣。

問：「易傳云『公利於人，人便亦與之。專利於己，人便擊奪之』，莫是感應之理如此否？」

理不公處便拂人情，不必說感應，而感應在其中。

問：「程子云『須是大其心使開闊』，不知此心何以能大耶？」

寬平正大，不爲私欲束縛，心便大。若只在利祿文詞術數功名上，迫急狹小，如何做得大腳跟？

問：「大祭犧牲粢盛皆生薦，何義耶？」

薦熟是孝子事死如生之意，以食道事之。外神則不敢以熟薦，所以交於神明，敬之至也。

問：「閒思雜慮，云云。」

閒雜思慮亦只得遏絕他，久之應自少些，若聽其去來卻不是。

問：「周羅事與疑病，云云。」

須尋這端從何處起，便克去，不使萌於心，方好。

問：「好貨好色，云云。」

纔落腳到貨色上，便不免禽獸之心，所以景逸云「貨」、「色」二字，落腳便成禽獸。

問：「人一念不敬，便失天命付畀之重，只此便是大罪否？」

須敎敬，「顧諟天之明命」，卽此理。

問：「朱子云：『閒居愼莫說無妨，蓋道無妨便是有妨。』」

纔苟且，便是妨。

問：「魯齋謂『責己者，可以成人之善』，云云。」

人只爲不責己，便見得不善在人。若責己，其非在己而善在人矣，非成人之善乎？

問：「人心道心，云云。」

只緣是一個心，毫髮之閒心不在焉，則未免於不仁，此卽放也。妙字有自然意，是不用安排自然解會之意，此等處須意會之。

問：「達摩『淨智圓妙』可得聞歟？」

一塵不染自謂淨矣，窮深極微自謂智矣。神通妙用，運水搬柴之說卽圓妙之謂，然其實不是。

問：「過時失學，云云。」

過時失學，亦不必常留胸中爲悔，只是只管直向前去做工夫，欲速計效卽是閒斷之心。疾病初愈，正宜保攝。古人云：「病加於小愈，不可不愼也。」然仍惟書足以養心，固不可苦苦用功，耗損精神。但以聖賢之言默思潛玩，則神閒而氣靜，心中舒暢，脾胃亦當安和也。

觀吾子氣質自是溫厚，然須立志精卓，用工堅苦，必以聖賢爲師。而有汲汲之心，則雖有少疵病，亦自易治。孝弟之思爲學根本，此後當益謹疾。勉力於學，涵養純完，則外邪不得。而千以父母憂病之心爲心，則凡所以守身者，益切矣。

「昨在方麓曾問損齋先生『文王與武周處商』，云云。然不能無疑者，使文王更待數十年，紂惡滿盈，三分皆歸，周文王雖不能不伐殷而有天下，然恐未必卽伐紂，一如武周之爲而毫無所異也。想文王或別有處法，但不知何以處之耶？」

謂文王縱爲武周所爲，亦必與武周稍有不同，所見自是。但文王處法亦非可以懸揣，窮理須向實處窮究，此等地位自高，聖人做法豈吾人所能驟議也？

嘗問：「『權者，殆權其輕重得失分數之多少，而取行之』，損齋先生云：『「得失」字未穩，聖人之權有得而無失。』竊疑如湯武事桀紂，今日雖爲一夫，畢竟前日是君，放伐畢竟非美事，不知何以謂之毫無失也？意謂湯武放伐，亦如周公誅管叔、孔子答司敗，皆聖人之不幸也，皆聖人應有之失也。然此乃時勢使然，迫於不得已，非聖人之德有失也，故可直謂之無失。然此不過人之論聖人者如此，若聖人自視，則未見其無失也。但爲時勢所迫，只得於此中較其輕重得失分數之多少而取行之，非聖人合下卽自謂有得而無失也。不然湯何以有慙德耶？」

說聖人之心未可自謂無失，亦有理。然所謂權正要合義，既於事有失，安得合義？故『得失』字於『權』字終安頓不著也，更詳之。

問：「孟子若得行道於齊梁，人心歸之，天命與之，『朝諸侯，有天下』，不知何以處周室？以爲將法春秋之尊王，而勢不可尊。將效湯武之放伐，而周無桀紂之罪。然則將如虞賓丹朱，周封二王之後乎？抑如後世廢帝爲侯乎？抑但自修其德，自行其政，置周不問，聽其自興自滅乎？抑別有道乎？孟子諒必有以處此，敢請。」

聖人處事直截了當，王道自合行果，至天命人歸，周亦不能自立，而所以處之者，亦不患其無法矣，初無許多計較也。

問：「泰伯之心，云云。」

泰伯自是不安於心而不從，不必以逃寓諫父之意，并寓諫王季之意。若是，則泰伯直覺翦商不是，而何不幾諫？豈父子之親尚有隱情耶？蓋太王、泰伯各行其是，要說得兩下無病，而泰伯無讓之迹，亦無讓之心，純乎天理，而無一毫之私。直至數百年後，惟夫子方知其心，而嘆爲至德。此其所以難也。

問：「或問云：『泰伯固爲至德，然恐非文王之倫也，使其德業果與文王不異，則太王之欲立季歷乃邪心矣。』竊疑太王之欲立季歷，以泰伯之不從爾，非爲其有優絀也。或問斯言，朱子殆未定之論歟？」

泰伯、文王同爲至德，而所處之善則泰伯高於文王，所造之深則文王優於泰伯。朱子「泰伯與文王異」，特以文王之聖德而言爾。不然，泰伯果亦有文王之聖德，則太王何至有傳位王季及文王之心耶？泰伯不從，固由翦商，而翦商之志實因傳位。但泰伯之德亦足「朝諸侯，有天下」，然謂足以比於文王之聖德，則或亦未然耳。

問：「明道先生云：『觀子貢，孔子沒，築室於場，獨居三年，然後歸，則子貢之志亦可見矣。他人如子貢之才，六年中待作多少事，豈肯如此？』竊思子貢所以六年如此者，豈非以夫子於我爲昊天罔極之恩耶？」

聖門曾子而下，與聞一貫，獨惟子貢。蓋雖知夫子稍遜曾子，而亦必有得其大者深者。故於其沒，不倍如此，不徒感一己之私恩已也。

問：「君子之審富貴而安貧賤，云云。」

不以道得之富貴，而稍有處之之意，卽貪也。不以道得之貧賤，而稍有去之之心，卽厭也。便是去仁，去仁就在處去上見，貪厭亦卽在處去上見。

問：「武王、周公繼述之所以善，云云。蓋其志卽『天命之性』、『大中至正』而已，初無一毫人欲之僞。其事卽『率性之道』、『隨時處中』而已，初無一毫矯飾之私。是以先聖後聖，時雖不同，而道未始有異。跡雖各別，而心未始不一耶。」

聖人明言「湯武順乎天，而應乎人」，此所以爲時中也。聖人豈有一毫利天下之心哉？卽無伐商事，而武周亦自爲善繼善述。觀下文，全就禮制說，可見此不過舉武周之事以立極。其實如孔孟，雖非有文王之父，而其所以盡孝亦爲善繼善述之大，此意更善會之。

問：「『栽培』、『傾覆』之義」。

「培」與「覆」一，聽栽者、傾者之自受。天自出於無心，然「因材而篤」。本天所以生物之心，傾者自不能承其篤耳。

問：「仁與道非有二也，中庸云『修道以仁』，何也？竊謂道以理言，日用事物當由之則也。仁以心言，行是道而懇惻不容己之情也。徒有是心，而所行或不能悉當於理，則煦煦之愛噢咻之私而已。如當理矣，而所以行之之心或少懇惻之意，不免隔閡冰冷，而道有所不盡矣。蓋道外無仁，仁外無道，故凡道之所在，無大無小，内自念慮，外至事物，而悉以至誠惻怛之情，行其當然之則。所謂『修道以仁』者殆如此歟，未識謬戾否？」

「道」卽下文「達道」，人倫日用必有此生生不已肫懇之心，方能體道。此是最眞切處，此個根苗便是下文「誠」字消息。然必言「仁」字者，是從天命源頭說來，註中下「天地生物之心」數句，精細特甚，悉心體會可也。朱子曰：「仁是人心親切之妙，道是義理公共之名。」

問：「君子有終身之喪，忌日之謂也。則忌日之祭，似止及乎父母而已。而國家忌辰，上至太祖公卿衣冠多及四世。不知當今士庶之家，宜以何者爲準耶？」

父母以上，忌日若知得，豈可不祭？四世以上多恐不知。古人有祭及始祖忌日者，但是祖考忌日自當示變，祭之厚薄當視親疎耳。

問：「馮中丞禮際之勤，側席以待先生，答禮有期，未識將何以教之耶？」

此非一二語可了，大概本原之論孔、孟、程、朱說已盡，只在變通推行得法耳。隨時隨事措置得宜，固由達才，亦貴誠心。

（歲晚以詩請教）

躬厚自責，深得古人反己之意。昔人嘗云「不是是病，知得不是便是藥」，賢似自知之矣。卽從此處倍加功力，久之德性日益和厚，而骨肉閨門之間，自有感孚。然亦再無別法，只於目前緊要數書，細心玩味，專意體察，存虛懷去成見，人己之間一誠相與，則其胸中權衡準則亦當有定，而天下之事亦可以處矣。

（批贈崔壽臣詩後）

「發憤」二字正是學者一付妙劑，甚勿以爲苦口而置之。不帶性氣底人，爲僧不成，爲道不了。若不發憤，似做不做，就是過個三年五年依舊只是這個人。此是讀甚麼樣書，將來成得甚麼樣人，豈不空躭閣，有甚好處？須是挈個心力要讀這邊書，要學這邊人，苦讀苦問苦講求，先從小學一書下手，不可悠忽過日。五穀不熟不如荑稗，而況一片荒草更有何望？此并告壽臣知之。

（將歸請教）

賢氣質自是樸實眞切，然未免尚有急迫之病。須是開擴心胸，放寬識量，自然所見日充，亦自綽裕，無窄狹拘隘氣象。然非細心讀書，從容涵泳，虛懷克己，嚴密操持，實下工夫，未必眞有諸己。義理無窮，又須博考詳究，道理亦不孤單，事物之來，人情之交自能審度輕重，亦精義之一端。將來可以當重任者，亦不外此。年來士友漸衰，所望於季誠不淺，賢今此去山中靜坐，固能久晤聖賢。朱子謂：「陳北溪云：『鄉裏坐不覺困了，人屬其常出來見師友一番。』自古無關門獨坐的聖賢，無不曉事情的聖賢，亦無不通世變的聖賢。」此意可思也。悤悤不能多及，相愛之情亦盡於此矣。

## 答馬養之　凡九條

「書朱子上寧宗疏後，云云。」

傅說對高宗言學甚詳，而夫子告哀公更加親切，然則講學其告君之本與朱子此篇尤爲周密。但此亦是寧宗初政，故覺諄諄告君亦有活法，非專此一著也。

問：「洋烟亦可治病。」

以非道非義之事而求其生，君子不爲也。所惡有甚於死者，痛思之，當自恍然矣。

問：「敬靜。」

敬則不二三，便是靜也。

問：「知行。」

知正爲行而設，非知則無以爲行。

問：「程子云『釋氏亦可以敬以直内』，云云。」

不過謂其有似於吾儒之直内，非實有主敬工夫也。聖人主静只是無欲，釋氏主静不過强制其心，要見昭昭靈靈者耳，然卻不静。

問：「黄梨洲言『學有宗旨，是各人得力處』，云云。」

刖立宗旨，其心便有不肯從孔、孟、程、朱脚下盤旋。要獨樹一幟，豈眞儒之心哉？若果要各立宗旨，則何以自堯舜以至孔孟只是相傳一「中」？前古諸聖賢，豈不能各立宗旨乎？

問：「顧端文所謂『自得』，云云。」

孟子所説「欲其自得」謂自然而得，顧端文之語有病。但端文意須要如程子所謂「自家體貼出來者，始無弊耳」。

問：「吴竹如先生於朱子所不與則斥之，朱子所説又析之極其精，可謂篤守朱子者乎？又不知與辭胡造詣地位何似耶？」

竹如於朱子可謂考之精而辨之詳，較辭胡力量似少遜。

問：「坤復，云云。」

坤復説朱子諸説已明，然亦有就復言未發者。如答張敬夫及論性答藁書後之説，亦可參考，况道理只一般。又朱子語亦豈可遽謂之非？且即未定已定之説考之，六十歲中庸或問出，而五十九歲太極圖説解出。「静者，誠之復而性之眞」，相隔一年，不應朱子至五十九歲尚有未定之説也。朱子一生儘有兩説並存者，豈得執此疑彼，知其一不知其二耶？所謂「所指地頭不同」，後人但不可不知耳。

## 答段子絅　凡六條

問：「忌日或值朔望，宜如何行禮？」

朔望畢，易素服遷主，可也。

問：「宗法失傳，即以小宗爲宗子，而主高曾祖考之祭，可乎？」

只得如此。

問：「當祭之時，若宗子有故，或遠出，即令支子長者一人攝之，其升降拜跪，當在宗子之位否？其主婦當是宗子之婦乎？抑攝者之婦乎？」

宗子婦與攝者之婦俱不妥，祭畢而使宗婦及諸婦行禮可也。

問：「辥夢禮教家類纂忌日祭止，本親考以妣配，『妣不援考』其說可從否？」

「妣不援考」之說是。

問：「喪禮附論以尊者主卑者之喪，但主拜賓祔廟而已，其饋奠則仍卑者主之。如爲妻爲子之類，若有卑幼之賓，亦必拜乎？」

卑幼之賓或不必拜，令卑者子孫自拜之可也。

（總評似亦或有面問之語）

大易學聚而繼以問辨，中庸博學而即曰審問，切問、疑思問俱見論語，則問亦學之要也。孟子又有答問之教，當面問時固可以達其曲折，寫在冊子又能盡其精微。豈可謂語言文字無關實際，鶻鶻突突，徒自欺罔，不求眞是眞非之歸乎？統稽疑冊，數月之閒寥寥數條，不知有多少精義可以講評，多少疑團可以發明。如此悠悠，豈不錯過？願賢於此深思。讀書卻要自家讀，若是於師友講習討論，固有面相質辨時，呈冊相正亦最爲致知窮理之要，不可僅以語言文字之末爲不足事也。此說亦甚誤人，斷不可從。詩亦發揮性情，若有所感亦不妨吟出數句，以散心懷。但亦須略讀得古人數十首，氣味便有不同，然亦不必頻頻爲之，卻成閒言語，又何如討究義理經義之爲？得乎此事，只是下老實心做去，目前雖不見有效，久之便有得力處。殘冬將別，念足下相從二年之久，氣質固少病，而學問尚未頓進，直須勇猛向前，不少轉退，覺得有不忍稍捨時，便是進益。未可略綽見得影響，便謂是眞見也。勉之勉之，近地無人，惟吾子是望。

## 答王亮甫　凡十條〔一〕

「敢問朝廷龍興之初，政莫不由舉賢良以黜奸佞，竭至誠以納忠直，敦士品重禮樂，嚴名器以端本原，輕徭役薄賦稅以愛民，除苛政省刑罰以憐民，設學校勸耕織勤本業以教民，此乃治體之急務，國事之至重。後世則忠賢避位，廉潔放野，奸宄柄政，贓蠹當權，貪污虐民，窮欲奢侈天下，糜爛財賦。」

此亦氣數之不齊〔二〕，聖賢無可如何。

「敢問瞽鯀不賢，而舜禹能以大聖，何耶？」

聖賢之生，不係於世類多矣。

「敢問樂經亡於秦火，今日還可得聞一二否乎？」

音樂失傳，能學一二具亦可，但恐仍不免俗調耳。

〔一〕　凡十條：　實爲七條，底本誤將衍文計入。

〔二〕　「此亦氣數之不齊」：　自本句至次頁「後世亦不盡是暴虐」前之「清麓答問卷第一終」，與後文有重複，當爲衍文。

「敢問君子以至誠教人，孔子嘗言『有鄙夫問於我』，云云。先生年長思明一倍，思明誠心師事先生。先生來諭，將思明

以尊賢好禮，許定師生之分，其至義果若何？」

音樂失傳，能學一二具亦可，但恐仍不免俗調耳。

「敢問樂經亡於秦火，今日還可得聞一二否乎？」

聖賢之生，不係於世類多矣。

「敢問瞽鯀不賢，而舜禹能以大聖，何耶？」

此亦氣數之不齊，聖賢無可如何。

「敢問堯舜至聖，能化天下之人爲善，而不能化其子丹朱、商均爲善，天地之理不祥，聖賢者何謂？」

亦是聖主賢君少耳，舜湯之世，不仁者自遠。

「敢問古今以來多少賢士君子淹蹇一世，憔悴終身，時命之不偶，造化之阨人，眞是無法奈何，而儇佻小人常得富貴利

達，其理何說？」

西人矜其耳目智能之揣摸，不識道理本原之極致。

「敢問先儒言天圓地方，西人說天地皆圓，想天地亦受屈極矣，不能自辨。果何稽考，以證其非僻之謬。」

後世亦不盡是暴虐，但如商周之初亦不多，亦是後世不肯講究實學。

清麓答問卷第一終

存心處事待人之理，久之再及他書，以開識見可也。

所疑未免言大意大，不甚切己。治世安邦雖是所當留意，其實亦非生所當急。看綱鑑不如先看小學、四書，先求自己立身

感生誠意，欲以師生相稱，僕初以未嘗正名，故不敢耳。既蒙屢次厚意，又致疑問，亦不復避嫌，略答其意。但生前此

「敢問君子以至誠教人，孔子嘗言『有鄙夫問於我』，云云。思明誠心師事先生，思明之大不肖果何所在？而不教思明

以王大哥相呼，何不教思明以師生之禮？孟子說：『禮，門也；義，路也。』思明不過敬獻薄茶，以爲禮門贄儀。先生來誨，云思明枉費錢財。夫人不盡皆愚，思明之大不肖果何所在，而不教思明以尊賢好禮，許定師生之分，其至義果若何？」

道義固是美身之物，而儉省亦是好處，又不可存惡富之心，只是要取財以義耳。

感生誠意，欲以師生相稱，僕初以未嘗正名，故不敢耳。既蒙屢次厚意惠茶，又致疑問，亦不復避嫌，略答其意。但生所疑未免言大意大，不甚切己。治世安邦雖是所當留意，其實亦非生所當急。看綱鑑不如先看小學、四書，先求自己立身存心處事待人之理，久之再及他書，以開識見可也。

清麓答問卷第一終

# 清麓答問卷第二

賀復齋先生手筆

郃陽謝化南季誠編輯
門人朝邑楊玉清温如參閱
三原張普澤寰　校梓

## 答王潛士　凡四十五條

問：「伊川云：『外物不接，内欲不萌，如是而止，乃得止之道。』竊思人心不能不交感萬物，外物如何便不接？云云。是否？請誨。」

不見其人，無人之見存也，卽所謂外物不接也。

「竊疑豫讓對友，云云。」

豫讓愧天下，後世之言終不免有病。

「竊疑祭山川而人其形，云云。請誨。」

此論卻是設像，只是佛氏之教。

問：「古人每食必祭，祭始造飲食之人歟？抑祭教稼穡之人也？請誨。」

恐作教稼穡說，教稼穡卽始爲民食者也。

問：「不遷怒亦只是隨怒卽化，不復留滯於心之意，是否？」

怒於甲者不移於乙，與「遷」字切，隨怒卽化又似高些。

問：「古有謀生治生之說，治生之義較謀生爲光明。謀易至於奪志，治惟勞力而已，便有公私義利之別。請誨。」

治者所當有事也，謀則易至出其位矣。

問：「胡敬齋云：『露是星月之氣與淫氣相結而成。』竊疑露只是淫氣耳。但晴則彌滿平地盛著於草木之上，故視爲有。陰則升騰於空而爲雲，故視爲無也。只於日出時登高遠眺，一縷白氣，濛濛有象可指。且初晴尤盛，晴久則都不見。蓋雨水之氣，漸歸消滅也。於此知露是淫氣，非星月也。是否？請誨。」

星月氣亦有理，而淫氣尤易見，二說似難偏廢。

問：「道非權不行，位育本屬實事。聖人不得位，中和之效止於身修家齊而已。若其得位，云云。此所謂學問之極功，聖人之能事，而修道之教亦在其中歟？」

致中和，工夫卻不論行藏出處。孔子不得位，亦自有天地位、萬物育之實效，得位自不待言。

問：「誠意正心與中和爲表裏。未發之前，不誠不正則不中。已發之際，不誠不正則不和。是否？請誨。」

正心中有未發已發在，而誠意是將發之際。玩誠意，傳註中審幾字可見。敬以直內是正心未發，察是已發。（玉清

按：此條與前答玉問不同。）

問：「『鬼神爲德』章歷述祭祀屋漏，二者以明體物不遺之驗，由無物不有鬼神形出，無處不有鬼神，是欲人無時而不戒慎恐懼也。云云。」

上三章原是一步緊一步，此章說鬼神。又卽氣以見道之無所不在，而其所以然者，誠爲之也。實氣卽實理也。

問：「吳草廬云『理是形而上者，氣是形而下者。鬼神非理非氣，在形上形下之间』，說恐未是。」

鬼神亦是形而下者，不可更作游移之詞。

問：「『大孝』章言舜獨能以德而致尊富，保饗之隆，完全一個大孝，云云。」

舜之德莫大於孝，而舜之孝莫大於德。爲聖人，精一執中亦德中事，而孝尤重。自古聖人，惟舜以孝做到極處。

問：「愛養精力，云云。」

養氣亦不可少，精力足亦發揮得道理出，故孟子特養浩然之氣。異學收拾精神，只爲一己之私耳。

細觀諸條，頗能用心，更須精加體驗，實見義理精微。關要所在未能判斷，而身心事物窒礙難通與。夫功夫之次第條理、宏綱大旨，不可不知者，反復商量以一指歸。此其所甚大而急者，切未可錯過也。幸於此留意焉。

問：「大學『誠意』章註云『不可徒苟且以徇外而爲人』，乃是推明自欺心事。大抵自欺之心，皆因爲人而不爲己來，云云。」

「苟且」、「徇外」、「爲人」，三意相承，卻是病根全在「苟且」二字。一事苟，則無不苟矣。須靠實講，三意方得。

問：「戒懼、慎獨，二者在中庸書終始循環不斷。然戒懼做得親切成熟，則不消更言慎獨，敬則無己可克是也。謹〔一〕獨做得親切成熟，亦不消更言戒懼，閑邪則誠自存是也。請誨。」

亦是如此。能見到此，自當極力用功，勿間斷可。

問：「博學於文，皆指正學一邊說，則學愈博而理愈明，絕非後世博雜之謂。是否？」

聖人口中自無不正之學。

問：「人心常在腔子裏，萬物皆有商量處。云云。」

人只全憑一個心，若放便不成人也。孟子所以只教人求放心，千古聖賢亦只是此意。

問：「夫子教人各因其材。云云。」

觀聖門學者，人但當就己所不足者切實用功，方有實益。若只說一公共話，便不切己也。

〔一〕「謹」：疑爲「慎」字之誤。

問：「先儒論孔明者不一。竊約生平，蓋有君子之道四：隆中高臥非主不事，致敬盡禮而後出，一也；遭天下亂，不忍生民塗炭，欲爲王佐以安之，二也；出師伐罪，秋毫無犯，三也；受遺託孤，鞠躬盡瘁，死而後已，四也。是否？請誨。」

出處甚正，作爲處又不差。此其所以爲三代後之「小伊尹」也。

問：「孔明當時經畫，云云。」

再遲數年不死，漢室未必不興復也。

問：「天下無道外之物。志於道，則兵農、禮樂、政刑、文章皆自道出，故程子曰『若達卻便是這氣象也』，是否？」

達是達得，兵農等都是天理自然。不用人力安排，則便有天地萬物上下同流之妙。

問：「孔子『老安、友信、少懷』三言，猶西銘『民胞物與』之旨。云云。」

老、友、少，世上這三等人盡之。安、信、懷，便是這三等當然底道理。聖人安之、信之、懷之，亦只是要無一人不得其所底意思。卽此便是明明德於天下，「天地位，萬物育」氣象，便是「天地時，行物生」氣象。

問：「程子以西銘開示學者，特欲除其己私擴其德量，先立個標準耳。而盡性至命，必本於孝弟。云云。」

西銘正謂人都說自己與天無干，只借事親底道理，以明事天底樣子。其實本是一理，不是欲事天先事親底說話。

問：「曾子、樂正子春，云云。」

宗聖門下便是一脈，只是實行，守身事親尤其大者。今日學者斷當認定此意，庶有把握。

問：「高宗夢帝賚而得傅說，文王感熊飛而遇太公。先儒以爲聖人之心純一無二，與天無间。云云。此禎祥之見於夢寐者，至於妖孽亦然。若周宣王檿弧箕服之謠，後周世宗點檢天子之簡，二君胸中克、伐、怨、欲固結莫解，鬼神遂得乘其隙而戲中之耳。禍福無不自己求之者。世之挾私懷詐，無知妄作，自謂聰明者，可以返矣。故君子慎其獨。是否？請誨。」

吉凶各以類應，誠也。誠是實理，亦是實氣，所謂陰陽合散無非實者。探本「愼獨」二字所見最是，此處正好涵養。

問：「天地之性人得之而爲貴，故人之生也息息，與天地流通而不間。但氣數之厄會天若不能主，則知參贊不及，更賴乎人也。故曰『人者，天地之心』，鬼神之會可不重歟？」

一落氣數，天亦無可如何。然天心本仁，卽不能不生。弭亂之人以此知氣數無權，而人爲有功。

問：「漢文帝嬖鄧通，云云。」

文帝之事宜責，以不知三代帝王之學，而當時又無伊周聖賢之佐，是以仍沾其不善之家法而不能改。然後（恐有脫誤）教以人君，必明正學，方無伊訓「三風十愆」諸弊，而爲後世賢君。至於災異，人君固當恐懼修省。文帝所失，恐不止鄧通一事，而謂此卽致災異，恐或未然。

問：「學者有自知之明，無自欺之弊，則可以爲受教之地。若資性凡庸，病痛多端。云云。」

資性不干事，只要立得此志，全無退轉，直見得聖賢爲己之心。做得老實工夫，不參一毫世俗念慮，便在日用常行、事爲言語之間。時自點檢，一味收斂謹密，卽將所讀書常常體驗，當有得力處也。

問：「王虎谷題楊震四知詩有云：『若教暮夜無金饋，方信先生待物誠。』呂涇野喜讀之，以爲得務本之意，然則猶有未至歟？」

王虎谷詩自佳，張子非其義也，不敢以一毫及之，正所謂聞風而服也。但震能拒暮夜之金，亦自難得。

問：「呂涇野德性粹美，立志極高，有願學孔子姑舍顔子之意。所以於朱子書有不合者，不復致審輒徑直說去。如不滿其格物致知及誠正道君之說。云云。」

涇野恐於朱子書尚少潛心遜志，辟胡自是信好朱子之篤，故其脈路最眞。

問：「程子曰：『學者須是務實，不要近名，方是有意。』近名大本已失，更學何事？而世有求士於三代下，不可無名之語。云云。」

三代下惟恐不好名，此一語卻是薄待了人。實至名歸亦屬旁人所見，然耳君子只是務實。

問：「好生惡死人之常情，釋氏每以生死大限恐怖人。云云。」

氣不能不盡，聖人養得此氣正大，臨死能整整不亂，只是順其自然。釋氏養得私氣，卻不順理，終亦不能不盡。看得死生太重，是爲形氣拘縛。

問：「異學貪生畏死，抱神守氣者、不生不滅坐禪入定者，皆因不知有理。吾儒知有實理而一以貫之，故不貪生亦不厭生。雖簞瓢陋巷不改其樂，不樂死亦不畏死，苟一『朝聞道，則夕死可矣』。請誨。」

此理須自實見得，方生不徒生、死不徒死也。又不止不貪生、不畏死而已。

問：「二曲先生早失怙，獨與母居。家貧無以供母，其母數受飢餓。人或非之，以爲不孝。云云。」

要知人子果能眞心學道，亦自有諭親於道之法。貧而養親，如子路百里負米可也。失品喪節，親亦不安。

問：「唐太宗訪國祚於李淳風。對以云云。此徒知天之氣數不敢逆，而不知天之義理有可憑也。太宗若能追思愆尤、側身修德、痛自改悔，則武氏或者早夭乎？請誨。」

報應之說非所論也。然逆氣則感召得逆氣，但聖人又未嘗不許人改過。太宗自當恐懼修省，豈可以術士之言而聽之也？

問：「袁天罡之子客師精父術，嘗渡江。云云。」

術士善觀氣，容有此理要，亦命也。如伊川先生之但守誠敬，自是正法，餘當一切聽之。

問：「漢之高光不若周之太王、王季、文王遠甚，雖禱亦不濟事。云云。」

祖孫一氣，親近易感，此說有理。高光雖不及周三王，論臣子之禱自當籲請祖宗，又不可以此論也。

問：「莊列，云云。」

莊列書，謹依伊川先生一生不閱之戒可也。東坡固老莊一流，然其意亦近之，所以卒不免得罪名教也。

問：「夫子只說足食、足兵、民信三事，子貢遂窮到不得已處。云云。」

足食、足兵、民信，亦何至尚不得已？然講道理不到不得已，不見聖人處變之極，則只是理透也。

問：「西銘從上做下來，以天地之心爲心者，天下無不愛之民物。孝經從下做上去，事父孝，故事天明。事母孝，故事地察。若乃曾子之守身以事親，孟子之存心養性以事天，又從己身做到兩邊。蓋道理無大無小、無上無下，一節通則節節通矣，由於其本一也。請誨。」

看得通。

問：「孔子信天雖深，防患卻甚密，故微服而過宋。大抵有聖人之德，智慮自然精明，戒懼自然周到。是以不墮小人之網。東漢黨錮，諸君子竟少此一節，請誨。」

東漢黨錮諸君，無微服過宋意，亦早非「天生德於予」意。

問：「『彼以其富，我以吾仁』，云云。」

曾子此言尚是有火色語。大抵曾子、子思、孟子都是剛毅邊人。

問：「陳恒之討，哀公誠用孔子，周道復興，天下舉安，關係甚大。魯之君臣優柔不振，坐失此舉，直是可惜。請誨。」

孔子雖不得爲，然大義明於天下，雖未討猶討也。一部春秋皆當作如此觀。

問：「慎獨之旨，雖爲誠意揭出，細按直貫到底，云云。」

十章「慎德」、「忠信」字，與下數章註中「察」字，「識其端」「識」字，正文「恕」字，皆是慎獨意。

## 答趙子强　凡四條

問：「欽定詩經，於鄭衛諸篇多不從朱子，不知小序果可信乎？」

小序果可全信，朱子當取之矣。竊謂此等處非一言可盡，若求實有益身心，細玩詩人語氣當自知之。

問：「易本圖象，云云。」

易圖看啓蒙足矣。坊本前九圖，王白田辨之甚有理，揚、馬、邵、蔡諸家之書，且備一說。易教潔淨精微，斷不可夾雜。如今須守定羲、文、周、孔、程、朱之說爲穩。

問：「春秋四傳，毅以爲胡氏最好，云云。」

胡氏果有得聖人意處，較之三傳義理爲勝，间有少穿鑿處，亦不可不知。

問：「今世最難處，云云。」

在今日正當博學無方，遜友視志，不必過於憂讒畏忌以求自全。未在朝廷，果有何禍患而必欲避之耶？朱子當僞學之禁，猶曰：「得某壁立萬仞，豈不益爲吾道之光？」願子强更擴此見，如何？如何？

## 答任季恆 凡一條

問：「門戶路徑，云云。」

路徑門戶豈可分而爲二？路徑即所由以適門戶之路也。路徑差卻，便不得其門而入矣。路徑是，則門戶亦是。路徑非，則門戶亦非。雖曰千塗萬徑皆可適國，畢竟是適國底塗徑。若先不知適國，將來保不墜坑落塹，且或西入英、北入俄耳。

## 答李鏡清　凡十三條

問：「益友來時，父兄不欲款待。爲子弟者若延請，恐見責於父兄。若不延請，恐見怪於朋友。奈何？云云。」

果是益友，當稟命於父兄，卻不可自行己意。友如郭林宗，雖草蔬必不見怪於茅容也。

問：「學者如何而會疑？」

會用心便會疑。古人所謂，善學者善疑，善疑者善問也。

問：「未見意趣，必不樂學。云云。」

當思人生在世，如何定要讀書。又思讀書欲以何爲？思之果透，自無厭煩，自不能已矣。

問：「徐道人例乎？無父無君不可與言之人，吾師諄諄而勸之，何也？」

徐道知讀儒書，不似如今俗道者流，尚欲救得此人出，亦是吾輩事，故不欲遽絕。朱子亦與道士有來往者，須看是如何，須知他亦斯人之徒。界限太分，則彼亦自絕爲善之幾矣。

問：「子思臣於衛齊，寇至與君爲守。百里奚臣於虞，國將亡不諫而去。何也？」

子思爲衛君所用，不可以寇至而去。百里奚是虞公不用，有先幾之明，故不諫而去。所遇之君不同也。

問：「管仲不死糾而事桓，夫子卽其力而許其仁。若召忽不事桓而死糾，夫子則以爲死之，何如乎？」

夫子許其仁者，許其功也。召忽死之，便見書法亦不是輕。召忽之死，只不似仲之功耳。

問：「伊尹樂堯舜之道，而開征誅之端。孟子學孔子勸齊梁行王政，而毫不語周。其意一與？」

聖賢只看一個時義當爲而已，以此知揖讓征誅其道自一。

問：「或謂，伊尹出處之道合於孔子。若放桐之事，孔子肯爲乎？」

孔子又是正己而物正，底事不待放桐。

問：「佛肸、公山之召，孔子皆欲往。若孟子，不知肯往否？」

孟子恐未必然。然以「出晝」一段推之，恐聖賢心事不能有異。

問：「世之學者每於朱子集註圈點批贊，殆非與？」

凡讀書只可默識緊要處，不可圈點批贊，況朱註乎？即此便是大不敬。

問：「王道，云云。」

王道無近功，德之感人卻甚速。

問：「或問禘之說，夫子以不知答之。註言非或人之所及也，若顔閔來問，夫子必詳告之。雖諱而不諱矣。溫如云，雖詳告之，而亦不能全無諱之之意也。」

要知聖人諱底意思爲甚。

問：「程子謂：『仲尼之徒能不仕大夫之家者，閔子、曾子數人而已。』竊惟斯人居德行之科，蓄治國平天下之蘊，豈大夫之家而能展其經綸乎？故不仕耶。」

大夫家自是不合仕，不止爲不能展其經綸也。

## 答劉澄甫　凡十四條

問：「『天生德於予』，云云。」

「天生德於予」是聖人不得已說出此話，亦所以警桓魋也。微服過宋，又是盡人事。看聖人自信處，更看聖人小心處，義卻不相背。

問："『挾賢而問』，竊意賢者無挾，既挾矣，尚得爲賢乎？"
此「賢」字卽作自以爲能底意。
問："『梓匠輪輿能與人規矩，不能使人巧』與『君子引而不發』，意相似否？"
是規矩中自有巧在，但是不能發底。
問："「鄉原、許行、子莫，云云。」
子莫是不識中，鄉原是自以爲中，兩人尚不同，其實鄉原較子莫更可惡。然子莫、許行都在下邪慝內，所以君子只有反經一法。經不正，則諸樣邪慝皆生矣。
問："「張子云『合虛與氣有性之名』，云云。」
性有純以理言者，有兼氣而言者。性卽理也，是專以理言。孟子口之於味等語性也之性，是兼氣稟言。要看各處文義如何。「合虛與氣有性之名」，張子言是性，從心從生，便是不離氣之性。然卻要知有不雜之性在。
（以下省問語）
告子識仁是愛，而不知愛之理；識義是事之宜，而不知心之制。故有仁內義外之說。
程子論第五倫不起是私，與娶孀婦是已失節，并葬父客欲酒，謂「勿陷人於惡」。此等處皆進一層說法，此見程子見理精透處。
范香溪心箴最好。孟子言「先立其大者，只是立心」，於立心工夫卻未說出。箴言「存誠克敬」，直補孟子所未發。
戰國之時以利相尚，不知有義。孟子偏遊列國，只有一個「義」字破他言利之風。利、義一分，不惟有治於戰國，直爲萬世開太平也。此孟子一生出處去就之大本也。
孔子之言簡奧，孟子之言顯豁。孔子之言如春日生物，有涵蓄意思。孟子之言如夏時樹木，觸目所見蓊蔚叢茂。朱子解孟子書，理約而詞簡。蓋晚年道理爛熟，言辭透醒如此。

呂涇野被謫，一時奸臣使人隨之，途中伺其過，將加罪焉。數日涇野知之，云：「吾日索過不暇，何待人索？」此所謂防小人之道，正己爲先也。

金仁山云：「武王伐紂，伯夷來諫。謂伯夷之意有使後世知，以武王之聖伐紂，猶有人議其非，況非武王乎？」此恐未然，若伯夷有意使後世知此意，亦不是伯夷。伯夷只見得不可以臣伐君，再不知其他，後人論之，謂是存萬世之防。

文中子年十八，上隋文帝策，其志可謂大矣。中說中有多少格言，朱子謂「致懇惻而有條理」。此數字說文中子已盡。懇惻，仁也；條理，義也。可見文中子之學亦有柢根，只是未比得程朱。

朱子一生著作極有斟酌。其註六經四子，發明聖賢道理更無可議。末年作楚辭集註，是深慕屈子之忠，亦是一片心事。示後世爲臣者，得以動其惻怛之心也。作韓文考異，見孔孟後千餘年，能見斯道者一人而已，又以示後世學文之則。述歐陽公事蹟，亦以能信聖賢而文有道理也。

# 答党清之　凡二十三條

問：「爲人要和平，所以異乎鄉原之同流俗合污世者，何在耶？」

順乎天理，酌乎人情是也。鄉原同流合污，全不睹天理人情之正。一味苟且徇人，烏得謂之眞和平哉？

問：「證父攘羊，云云。」

證父是直不知諫親之道，責善亦不是諫。諫則有愛親之心，責善則是見親不是而以義責之。又有是己之意，所以不同。

問：「舜隱惡揚善，云云。」

舜之氣象較禹、子路又廣大光明。隱揚又是舜之大知做到極處，非常情所及，所謂「大舜有大焉」是也。

問：「『嚴密武毅』四字，云云。」

此四字皆就存心說。嚴密是敬意思，武毅是勇意思。統上省察，克治在內，不止克己，但克己正離不得這四字。

問：「孟子數十年存心養性，云云。」

孟子在戰國獨以仁義爲言，人始知有仁義，而利之害始顯著。不然終於利而已矣，後世且不知仁義。此孟子所以大有功於世也。

問：「夫婦齊體也，其相見亦有拜揖之禮乎？」

夫婦相拜揖，亦禮也。世人多相非笑，如何又能相敬如賓？如今要舉行古禮，先從夫婦间做起，所謂「造端乎夫婦也」。

問：「天欲顯舜，故先遭頑父嚚母傲弟，云云。」

舜之孝弟，自能做到極處。但遭父母與弟如此，而尤不虧於孝弟焉，斯其極也。天非有意顯舜也。

問：「舜耕歷山，伊尹耕莘，而樊遲請學稼圃，云云。」

舜與伊尹所學自是大人，雖耕無害。樊遲未免專以稼圃爲事，而不知大人之學，故請學字便有病。此夫子所以告以大人之事，以擴其志。

問：「財是世间公共之物，而紂與武王，云云。」

紂與武王正是聚財散財樣子，庶人亦是此理。「惠則足以使人」，「放於利而行，多怨」，無大無小皆然。

問：「『道高毀來，德修謗興』，何耶？」

只是人不眞識，故未免疑謗。亦是形容得他不是，故又有意譏毀。「君子成人之美，不成人之惡。小人反是。」舜隱惡而揚善，是聖人心中無惡故隱惡，心中有善故揚善。小人亦反是，纔毀謗有道德之人，則其無道德。可知無道德，其心便惡。

問：「始祖先祖之祭，云云。」

朱子固有不祭始祖先祖之說，然或初年未定之論。五十八歲成小學，特載伊川此說，是又未嘗謂不可行也。但士庶之祭，與天子諸侯禮數不同，亦不嫌於僭。朱子亦嘗言之。四時之祭，自當隨力行之。然欲整理，莫要於自修。自身先須屏去一切俗見，常以義理自範。然後家中行禮，自可無窒礙矣。

問：「井田，云云。」

井田亦是活法，可井處井，不可井處亦不必井，或作圭田之類。

問：「三年之喪，云云。」

三年之喪是就衣服、飲食、居處之變言耳。其實「君子有終身之喪」，禮所謂「忌日之謂」，卽此便是「昊天罔極」。二十七月，謂四時已兩變，而又交三年，非如世俗三十六月爲三年也。

問：「三人行，云云。」

孔子只言隨在可以取益，同人行亦常耳。皆有我師，是無處不可作三人觀也。更擴而充之，卽不必行，卽不必三人，亦有可以取益者。薛文清公五友，米襄陽拜石，是物亦可爲師友，況人乎？在人處處留心爲學而已。

問：「形而上下，云云。先生言形如流行，云云。」

流行如天命之流行，自然不已，卻有誰見？氣形而下亦未便說，到知覺運動才生人物，便是形而下。

問：「窮視聽言貌之理，盡子臣弟友之道，內外無缺，如此修身以俟，可謂立命乎？

果能如此，可謂修身以俟，亦可謂立命。只是此個功夫要靠實做得，且先從知性知天以盡心處始。

問：「孟子云『士憎茲多口』，而下引孔子、文王，云云。」

言人果如孔文，則多口眞無傷。不能如孔文，適自招其多口耳。只是自盡其所以爲士，毋以不理於口自慼也。

問：「孟子云『求其放心』，張子云『心要洪放』，云云。」

一是放失之放，一是放開之放。一是爲私欲所引而放，一是不爲私欲所囿而放。

問：「儲子以幣交，陽貨饋蒸豚，皆未嘗親來見也。而孔子往拜，孟子不見。何耶？」

孔子在魯爲士，「大夫有賜於士，不得受於其家，則往拜其門」，孟子所謂「陽貨先，豈得不見」？若孟子在齋爲客卿，儲子不得以士待之，故雖幣交，又不親來。此所以之平陸，而亦不見也。此可見聖賢所處皆得其宜處。

問：「小學民有自言『以白金百兩寄我者，死矣，願召其子予之』。若無子，又無親鄰可與，將何以處之耶？」

卽以寄金用之公事而已，無與焉可也。

問：「管仲不死子糾，子路死於孔悝之難，云云。」

子路死於孔悝之難，雖未盡合於義，然只是當初自合不仕，其死亦未爲不是。管仲不死未必卽是，聖人第論其有仁人之功耳。

問：「伊尹若用於桀，與湯同爲桀臣，不知仍與湯以伐桀乎？」

卽同爲臣，要之聖人均無一毫利天下之心。伊尹知湯能爲天子，雖同爲臣，而輔之可也。

問：「一旦貫通與頓悟之說，云云。」

儒者貫通全在用力之久上，佛氏頓悟之説則入空寂去。

## 答王魯子　凡十六條

問：「交友不可不愼，云云。」

聖人論交友處甚多，以此交道甚重。然未有不肯自修而能親益友者，亦在自修而已。

問：「讀書次第及用功親切之方，云云。」

此亦無可多說，即就平日所讀之書下老實工夫讀去，句句字字講究明白，反上自家身心，切己體察，便是親切用功處。若欲更求奇特簡要方法，便是不肯實做工夫。四書五經誰不讀來，況今又有小學、近思皆是喫緊，皆所當讀。但當循序漸進，熟讀一書，再進一書。忘固不可，助亦不可，只踏實順序用功，日計不足，月計有餘，切忌欲速求效。願爾勉旃，甚勿自誤也。

「竊常檢點身心，多有過差，皆因性躁心粗，云云。」

覺得性躁卽極力放，教詳緩。覺得心粗卽極力放，教靜細。此便是變化氣質，便是做工夫。更向何處尋討？反成騎驢覓驢。

問：「學詩，云云。」

且守一二家，如陶如杜，讀之精熟，有個路脈，心趣自然不同。然後博覽諸家，亦有主宰矣。要之學詩，亦只可發抒性情，不必苦苦於此。實落工夫仍在道理。學品既立，發言措詞自然可觀，所謂「有德者必有言」也。

（將歸請教）

立志宜堅，存心宜實，認途宜眞，用功宜苦，而又謙虛退遜，不敢自是自足。辦一常久之念，毋事急迫，毋致間斷，學之大要如是而已。至於氣質，自省病痛所在而矯革之，非他人所能與。在乎反己克治，勿自欺焉耳。

問：「介甫言律是八分書。」

八分書是言律，道理已有八分，尚欠些教化底意思。

問：「金谿、姚江，其學偏處，云云。」

金谿、姚江雖各有所主，然皆師心自用，其不知性則一也。學不知性未有不差審途，亦非講格致不能，此大學所以爲最先工夫。然所以格致又非敬不可，所以朱子大學前又補小學一書。小學全是主敬工夫，要講聖學，如何少得小學？

問：「淫祀祈禱偏於天下，當如之何？」

此等處先從吾輩力行深絕淫祀，久之，鄉人或有相視知改者。

問：「後世立廟塑像，抑亦古人立尸之意歟？」

廟像不是立尸之意，未免褻瀆，且多無理。如文昌魁星、城隍東嶽之類，誰見是如此模樣，況諸多不可祀者。

問：「毋友不如己者，必以勝己者爲友也。若勝己者以我爲不如己，而不吾友，奈何？」

不須如此疑慮。但勝己者必友，不如己者不友。若不如人，又當自勉。人不吾友，益修其在己而已，此自修之道也。

問：「舜命契曰：『敬敷五教在寬。』孟子告齊梁之君，皆曰謹庠序之教，申之以孝悌之義。何不告以敬寬，而必曰謹申耶？」

戰國時庠序之教恐有多端，故孟子特下「謹」字，欲歸於三代之正，而孝悌尤其根本，故又申之，亦是孟子一生本領。觀「入孝出悌，守先王之道」等語便知。

問：「舉直錯枉，謝氏推本於居敬窮理，未審其意。」

居敬則公，窮理則明。明則知直枉也眞，公則用舉錯也當。

問：「周子謂『聖人定之以中正仁義』，何不曰『仁義禮智』耶？」

「中正」較「禮智」更精切。且就易言，易中只言「中正」，不言「禮智」。「中正」亦包得「仁義」。（玉清按：「仁義」恐作「禮智」。）

問：「聖門所謂『好學』，云云。」

但須辨別「好學」二字從何入手，方是聖門所謂「好學」，不可誤認。如今世人所謂「好學」，卻恐愈差愈遠。

問：「孔孟言，觀人之法各異。而程子又謂『在己者能知言窮理』，則能以此察人，如聖人也。三說不同，何耶？」

孔子詳，孟子要，程子工夫精，乃所以爲孔孟觀人之本。

問：「恭則不侮，云云。」

不恭便是自侮處，自侮且侮人，人焉得不侮？ 但恭須近禮，數處宜參看。

## 答潘子充　凡三條

問：「爲正學者有憂乎？」

有憂，德之不修，學之不講，聞義不能徙，不善不能改，孔子之憂也。舜人也，我亦人也。舜爲法於天下，可傳於後世，我猶未免爲鄉人也，是則可憂也。憂之如何，如舜而已矣，孟子之憂也。是故君子有終身之憂。爲正學者，安得無憂？ 又推而進之，堯以不得舜爲己憂，舜以不得禹、皋陶爲己憂。范文正公曰：「士當先天下之憂而憂。」學者之憂又安有窮？

問：「爲正學者，亦有無憂之時乎？」

有。論語曰：「發憤忘食，樂以忘憂。」又曰：「仁者不憂，仰不愧，俯不怍，心廣體胖，又何憂之有？」

問：「人多言，善信自幼務農，而今年三十九，讀書無益，又不求進學中舉，何必讀書？」

「朝聞道，夕死可矣。」許魯齋有詞云：「爲農換卻爲儒，任人笑，謀身拙更迂。念老來生業，無他長技； 欲期安穩，敢避崎嶇。 達士聲名，貴家驕蹇，此好胸中一點無。 歡然處，有膝前兒女，几上詩書。」

## 答石子堅　凡五十七條

問：「李二曲教人靜坐，與程子、延平教人靜坐之意異否？」

程子、延平雖有教人靜坐之語，亦只是收斂身心意思。 非特作一件工夫，與二曲靜坐不同，不要誤看。

問：「去矜之方。」

知得雖做到聖人地位，亦是性分内事，何矜之有？自古聖人只恐虧負性分，不可爲人，所謂終身之憂，而敢矜乎？矜者自小可知。

問：「心整時少，亂時多，若何而能免此患耶？」

只要常常敬，不整時便要整，纔亂時使勿亂，這便是工夫。

問：「裴行儉謂『王、楊、盧、駱四子浮躁淺露，豈享爵禄之器』，云云。」

賓王之死雖未可厚非，然亦未免負才，且不識徐敬業之不足，討賊亦屬輕躁。行儉之言歷驗皆然，但以享爵禄爲言，所見仍淺，未可以爲至論也。

問：「姚江之致良知，云云。」

良知不待致，既曰致知，則正謂其良未可恃。姚江牽合大學、孟子，自以爲得，而不自知其不通也。此處既錯認致知，便不信格物，且將格物亦認錯了。

問：「陳北溪謂：『原思辭粟，冉子請粟，是利不是義。』竊思辭粟是原思廉處，請粟是冉子厚處，雖未合義，亦何至於利耶？」

纔不合理做，便是任私意也，私意便有見好於人之意，非利而何？

問：「敝鄉昏禮鮮有親迎，確欲行之。家君始則許之，後以人言不從，奈何？」

此亦再無他法，只有積誠與親，懇切婉勸。世上父母未有不愛子者，愛子讀書，正是愛子學好。子欲爲聖賢之行，父母豈有不喜？這些道理自己先要講明，古人所以必如此者，果爲何來？此心斷不得已，自然諫諭父母自有一片誠心。有諭親於道，工夫自然易從。此正是喫緊關頭。若一味隨俗苟且，更何時是自立處？但行禮亦不可大段駭俗，親迎一節最爲要緊，其餘小小去處亦不必强。若用樂、披紅、鬧房，則絕不可。如女家要盛席，桌略從厚，亦無妨節。

問：「韓子謂：『焚坑之禍，出於楊墨。』竊思焚坑之禍，實起李斯。李斯之學，出於荀卿，何與於已熄之楊墨耶？」

楊墨之禍無君無父，大要只是充塞仁義而已。荀卿性惡一言，其於仁義何有？焚坑亦只是不信聖道，故耳楊、墨、荀卿可謂異戶而同源者矣。

問：「方望溪、朱高安奉旨駁晚村講義。心竊異之，晚村之禍迹近羅織，而其講義自足傳千古。卽使望溪、高安迫於君命，亦當力陳大義，諫而止之，豈可效攻訐、淆是非而駁之耶？」

望溪、高安於此等處亦不免放過，亦是國初法尚嚴峻，未免畏禍，故耳。

問：「『正名』章，胡氏云云。」

胡氏之說亦未知與當時事勢如何，以聖人神化之妙自有相感以誠，使蒯聵父子各自動其天良，若硬做亦未得行，豈聖人爲之哉？然卻有此正理，所以朱子亦載入外註，以備一說。要之聖人亦知其必不行也，然據理言之，只有正名可做。不正名，夫子必不爲政，此定理也。此最是直截了當。

立蒯聵亦未穩。當時南子尚在，蒯聵豈得立之？不說衞國人心不服，恐夫子亦不立此等人爲君。此等處亦未可臆斷也。

問：「中庸『大孝』章，晚村以『大孝』爲綱，下五者皆孝之致。講家多不從，以爲孝德之一耳，孝由德致，非德由孝，云云。」

只認定大註「由庸行之常，推之以極其至」句，明是重孝。

偶思古人立言固各有義，此處重說孝，故稱舜「大孝」。首支又稱舜「大知」，何以都是說舜，不及別聖人？獨舜爲易見耳。不然自古聖人誰尚不足於孝，不足於知者乎？只看四嶽舉舜數句，不稱別德而亦只稱孝，則舜之德有大於孝乎，則謂之紹堯而有天下，亦只以孝致之，有何不可？

問：「中庸首章『戒慎』、『恐懼』，陸稼書以爲該動靜，『慎獨』就其中切要者抽出言之，云云。」

「其所不睹」、「其所不聞」，是說「戒慎」、「恐懼」。由「睹」、「聞」以至於「不睹」、「不聞」，由動而靜也。「慎獨」，動之始，是由靜而動也。

「竊觀韓退之答孟尚書之言，則大顛相與往來，亦人情之常，而周子譏之。云云。」

退之於大顛恐有爲其所動之意，當以朱子言爲據。至待異端，亦惟尊朱子之說而已。朱子孟子註云：「聖賢之於異端，拒之甚嚴；而於其來歸，待之甚恕。拒之嚴，故人知彼說之爲邪；待之恕，則人知此道可反。」

問：「近思録論舉業兩條，云云。抑爲下等人說法不得不如此耶？」

此說甚長。此書是朱子與東萊兩人爲之，當時亦未有舉業說法。東萊、南軒皆要入此數條，朱子亦不得已。後來有答時子雲書，謂作近思録時，不當載科舉壞人心術處數條。是已栽種得此胎胚，深以爲悔，則朱子之意可知矣。且近思録成於湻熙丁未，朱子年四十六歲。至五十八歲作小學，則全無此意。然近思録雖載數條，又未嘗不說破輕重本末也。

問：「國初諸大儒棄舉業者最少，陸稼書步趨考亭者也，不棄舉業，又集一隅集以教人，何耶？」

稼書學宗朱子而不廢舉業一途，亦或其時爲之。蓋稼書欲有爲於天下，國初正當氣運盛時，所謂「天下有道則見」是也。抑或父母欲之，不忍遽拂親意，皆不可知。嘗與呂無黨書，謂與晚村出處不同者，以程子一命之士苟存心於愛物，於人必有所濟，一念耿耿於中，其心亦可見矣。然其平日教人，必告以所輕在彼，所重在此。一隅集之作，前例數條已自明白，卽朱子學校貢舉私議，就科舉中整理一番，非實重科舉也。此等處亦在各人志趣，且放寬看，不必執此疑彼也。明道、伊川、文清、敬齋，豈可一律論乎？

「竊思『中和』、『位育』之義，如堯水湯旱，云云。」

堯水湯旱，自是氣數，自是不位育，而堯湯所以兢兢者，只見自己中和有未致處。堯湯自致中和而卒之天地位、萬物育，水旱亦不是初年事。致中和不是了事，但致中和自然有位育之效。實理實事，帝王已事皆可見，不必以小小偏災疑聖人也。

問：「秦楚若有聖賢之君致禮孟子，云云。」

聖人若用於秦楚，亦以二帝三王之道治之、使之，亦中國也。要知聖人雖不擇國擇人，皆能行道。然「欲居九夷」，「浮海」，及「夷狄有君」，皆是激厲中國人，傷諸夏之無道也。此意亦恐不可不知。

問：「孟子論王政，云云。」

古今異時殊勢，井田難復。然先王公天下之法，此義不可不明於後世。有其人則有其法，安知後世不有聖王出哉？

「承教稼書之言和平，敬齋之言精爽，豈敬齋比之稼書猶有英氣未化耶？」

不是英氣未化，只是敬齋爲人自是精嚴，故文亦如之。人之所稟，自有得仁多處，自有得義多處，未可以此分優劣也。

問：「毅皇帝賓天，吳柳堂送葬自縊，遺摺論繼嗣事，人多以大節凜然、從容就義稱之。云云。恐亦未免賢者過之矣。」

統議當時，紛紛訖無定論。柳堂或未及言，然身爲言官，必有心不安者，知其言出必拂衆情，卒以死諫。有史鰌之風，未可過求。然卒爲聖明所諒，斯亦求仁得仁者矣，人之毀譽又奚計焉？

問：「孔子去魯衛，反魯衛，云云。」

孔子豈不欲反魯哉？蓋當時去魯必有難恝然者，而魯卒不召，無可反之理也。至於衛靈較魯尚不大失禮，只一言之不合，故猶有可反之説。然止主蘧伯玉家，其意可知也。老必歸魯，豈終忘魯哉？只無望於用己，聖人之苦心也。

問：「繼統以長，天然之分，國朝純皇帝以爲累代泥於立長之義，不知擇賢能而立，遂使變起蕭牆，可爲殷鑒。然思我朝龍興以來，立賢立能不拘少長，繼嗣之间從無變故，不知可以爲後世法乎？」

國朝立賢是千古定制。然長而賢又豈可避？是當有權衡。大聖人所爲，固有非衆人所識者矣。

「承教許魯齋氣象大，先儒云『朱子後一人而已』，信矣。但不知較之辞文清、胡敬齋、陸清獻如何？」

文清，魯齋之亞也，恐敬齋尚遜魯齋。然謂魯齋窮理工夫微欠，亦似有些意思。清獻，張蘿谷謂其今之平仲，殆以出處言耳，其氣魄或未逮也。

問：「論語『無言』章『時行物生』，如講家說是夫子以天自比矣。竊恐此與『鳶飛魚躍』參看作指點之辭，方合開示子貢口吻，未知是否？」

「時行物生」，與「鳶飛魚躍」意同，亦是言道體無不在意，不可說聖人以天自比。然言下卻做個天了，此等話須玩味聖人語氣氣象。

問：「『主靜』是周子得力處。『未發求中』、『默坐澄心』是延平得力處。然程子上承濂溪下啓延平，終不以此教人，朱子亦然。云云。」

「主靜」無可議，周子自是說聖人事。延平是沿龜山門下，指使「未發求中」，終稍有偏。朱子亦說辜負此翁，只說靜中宜有工夫之意，非以求中爲當也。「求」字便是已發，此在毫釐之间。然避此，無靜中工夫，又不是靜中工夫，只是一個「敬」字。

「竊疑『執中』工夫應該動靜，不得單指動時言也，未知是否？」

未發時雖有工夫，卻說不得「執」字，執中只可就事說，然事能執中，則大本必有工夫。不然卽事之中，亦不可得而執也。執中「中」字與未發之「中」不同，不可誤認。

問：「孟子篇終歷序道統之傳，而曰『無有乎爾，則亦無有乎爾』，不以見知許顔曾，似以見知自任而果愈於顔曾耶？」

不是愈顔曾，乃所願，則學孔子也。然而二句有多少感慨深意，有不敢自任，而又若不敢辭者。若數顔曾見知，說到己身則又似直以聞知自任矣。其實顔曾是知不待言，而無聞知，則道統自此而絕，可畏也，此要見孟子心事。

問：「論語堯曰篇歷敘斯道之傳，以孔子論政繼之，明所傳之一致耳。而復繫以『不知命』一章終焉，其詳可得聞乎？」

正爲初學示一入門之法，載此終篇，爲學者慮至深遠矣。但此三「知」字，與孟子末章「見知」、「聞知」淺深不同。然皆以「知」言者，即可見大學格致爲先之意。此三「知」字雖不深，然卻緊要。不知此，更無下手處。「知命」是立志處，「知禮」是反身處，「知人」是接物處。論語首章「人不知不愠」，亦先有「知命」在内。至於「知禮」、「知人」之深，則又何愠之有？首篇之末「患不知人」，則「知言」工夫正不可少。就此章論，「知命」爲先，「知人」尤重。總之，聖門工夫「知」、「行」原無偏廢，而必以「知」爲關總，「知」中有「行」，但不可以「知」包「行」，如「良知」、「知行合一」之説。若中庸「苟不固聰明聖知達天德者，其孰能知之」，此「知」字深，「行」亦在内。「知風之自」，三「知」字又淺，只就「知」言，與此三「知」字兼「行」言者又不同。

問：「孟子曰『詩亡，然後春秋作』，朱子曰『至於東遷，遂廢不講矣』，是詩政上起於文，下止於幽，何以國風之詩多春秋時事耶？」

當是後來仍舊采風，天子未必行黜陟，所謂「廢而不講」者耶。春秋前半仍有采詩之事，藏在故府，夫子得以删存之耳。「詩亡，然後春秋作」，只論春秋之作成於詩亡之後。正爲天子不行黜陟，王道不行，作春秋所以明王道也。以此見孔子感狩麟而作爲可信，存春秋時事，蓋已有采之者矣，後來並采詩之事亦無之。

「竊思先王立法，待人而行。如里選之法，得賢有司行之，云云。」

驟行鄉舉里選之法，亦有難者，素無以教之，何緣有好人材。此明道熙甯之議，斷不可不行也。

問：「俄兵駐邊不去，時事孔棘，設使起我，先生將何以告之乎？」

此事重大，非草野所能猝辦，況中外交涉早已郎當。以今日論之，朝廷能大振乾綱，選將厲兵，激厲天下人心，未必無可措置之理。只是糧餉不足，兵勇不練，輒嘆奈何。天下事固非抵掌立談之頃遂能了辦也。

問：「活佛，云云。」

所謂活佛，不知果不死耶？是古今只是這一個佛，天地閒豈有生而不死之理？若一佛已死，又生一佛，即是死而復生，亦不能逃天地死生之理。謂之活佛，亦無謂有甚奇特，且才生之佛即既死之佛，是天地閒仍是一個佛輪迴。是佛亦不由天地造化，且卽死可復生，生底卽死底，能做甚底，縱知得來生何益？ 若氣未盡散，常人亦偶有之，不必佛，亦斷無久而不散之理。 看來看去，佛只是天地閒無用底一個物。

問：「一木而有，以甘接苦，以大接小，猶人同姓相繼； 兩木相接，如桃接杏，桑接梨，猶異姓相繼。云云。」

接樹亦非順其性之自然，是人力爲之。 本樹有種，自能生生接果。 種不能生，氣雜故也。 異姓雖能生，亦生異姓者耳。桃杏之接，奪氣則可，究不能生。

問：「狄梁公毁淫祀七百餘所。 伊川宿僧舍，令坐處勿背神像，曰『但具人形，便不當慢』，竊思，云云。」

若有權，淫祀自當毁。 但見時背像坐，卻又是侮慢，二者並行不相背。 伊川之言自是，以此見伊川所見無處不是天理。

「竊思人君南面而聽天下，是方向之正莫尊於南面，宗廟先王所尊也。 廟制南向，而神主皆東向，其義何所取乎？」

古人神皆居奥，故東向。 若祫祭，則太祖東向，昭居左南向，穆居右北向。 昭穆正因向南向北取義，以後世視之覺不順，古人或無嫌也。

問：「伊川與東坡因弔溫公起釁，東坡放肆險刻因不是，又有議伊川以太執者，何如？」

此事前人亦有論者，哭固不可遽賀，賀可遽哭乎？ 吉凶用情自有節序。 伊川之不弔非不惻，然而亦恐嫌不專一也。朋友之喪與親戚骨肉不同，明日往弔有何不可，何必如東坡之急遽乎？

問：「鱷魚果可以文誥曉乎？」

「信及豚魚」，古人不有之乎？ 「虎北渡河」、「蝗不入境」，皆此類也。 其精誠，蓋有先文誥而感格者矣。

問：「狄梁公，云云。」

狄梁公所處當是極不得已處，然其心迹可白，終以唐爲念，未可以濡滯女朝論也。 五王事，焉知非本之梁公哉？ 似未可以苛責也。

「竊疑『我戰則克』，此語恐非夫子之言。」

我戰則克，亦「臨事而懼，好謀而成」之意，所謂「操必勝之權」者也。

問：「古用芻靈之義，不知今可用否？」

古用芻靈，亦孝子不忍死其親之意。禮謂：「明器，神明之也。」朱子嘗云某家不用，則芻靈今亦不用，可也。

（以下省問語）

古人凡祭必齋，今即不能如古。散齋、致齋日，數先期一日亦當稍專思慮，如變食遷坐之類，不飲酒不茹葷，居宿於外，方可交於神明。不然豈復有誠意哉？願吾黨毋忽。

聖賢千言萬語，都無一事不在人倫日用間。

聖賢學問明倫敬身，而外別無一事。

呂涇野云：「吾無過人者，但比諸公用心處多耳。」此言吾最愛之。

知覺爲靜時之動，靜時之靜不過不昏昧，此間似難截分，但微有別耳。

時事亦當講求，但須有實用，不可只空談也。

弔客酒肉爲死者奠耳。奠畢或頒諸無服之族及親黨，亦不應以此待弔客。程子葬親不用酒，謂恐陷人於惡，則弔客自當有哀慼之情，豈可食肉飲酒乎？

士人便當轉移風俗。

致知單說，知致曲兼言行。

古人只有五祀，門行戶竈中霤，然亦大夫乃得祭，士且不能，而況庶人乎？今即不能如古祀，中霤與竈可也，餘不當祭。

至天地元旦拜之，亦報德之義，尚不大戾，本非祭也。

浮海，居九夷，亦孔子避世之意。而卒不然者，聖人之不果也。

吾欲哀輯朱子論舉業爲一冊，有志未就。

朱子之書有以意授門人編之者，故著述之多，諸子無比也。予欲將國朝王仲復、陸稼書、張楊園、張儀封四先生全書擇其粹語，輯爲一書。或倣近思録例，或以立志、居敬、窮理、反身爲綱。

小學雖雜，凑成書，卻文理接續，血脈貫通，直是以人力奪天巧。

二曲四書反身録言語固有病，刪其不純者，足以成一部好書。

清麓答問卷第二終

# 清麓答問卷第三

賀復齋先生手筆

郃陽謝化南季誠編輯

門人朝邑楊玉清溫如參閲
三原張普澤寰　校梓

## 答柏厚甫　凡三十五條

問：「邵康節解『他山之石』一節。竊思，君子與小人不並立者也，君子豈樂與小人處哉？其處之者，或不得已而與之處耳。解『攻玉』而引之，則似君子與君子處，反不相益耶？」

君子與君子處，其益自不待言。不幸而與小人處，亦自有益，如所云「動心忍性，增益不能」之意。論語「見不賢而內自省」，「其不善者而改」，亦此意也。所謂攻玉之錯是也。至於兩玉相磨，特借以明攻玉之必藉於錯，非謂兩君子相處反無益耶。然兩君子相益，亦就學問已成之君子說。若纔欲爲君子，識見工夫不相上下，所益能有幾何？反不如爲小人侵陵。修省之功愈切，其益較多且深。此堯夫之意也。

問：「舉業，云云。」

小學並無說舉業者，只有胡子曰「今之儒者，移學文藝，干仕進之心，以收其放心而美其身，則何古人之不可及哉」一段，正是不要人務舉業也。至於近思録卷七引程子說舉業數條，當初卻不曾載。後因南軒說，始載之，見朱子文集。朱子心終不愜，其文集中答時子雲有「某當時欲載數段說舉業壞人心術處，而伯恭不肯。今日乃知此個病根從彼時栽種培養得在心田裏了，令人痛恨也」，其意可知矣。朱子科舉不妨實學，亦是既爲科舉者不肯更求實學，因有是言，亦是因時救弊之言。言各有當，不可拘一論也。北溪之意亦如此，細玩文義自見。呂晚村亦是因時救弊，須知他一番苦心。然楊園先生極不善之，此等處不可輕議，須俟異日讀得書多自知之，甚勿爲俗説所惑也。慎之！慎之！

問：「張楊園謂務農則不求於人，而廉恥立。樊遲請學稼，夫子以爲小人，人役智，力治園圃。明道謂君子惟振民育德二事，説皆不同。或以士之有養無養而言歟？」

夫子、明道自是正論，楊園又爲末世言之也。末世士多務浮文而荒本業，其失身至有不可言者矣。故覺先生之言尤切時務，漢世亦有孝弟力田科。

問：「天無心而成化。西銘云『富貴厚生，貧賤玉成』，孟子言『天將降大任』，云云。天豈眞若是之安排乎？聖賢殆以此而勉人耶？」

天無心而有心，如西銘「玉女」，孟子降大任章意；有心而無心，如中庸「因材而篤」意。孟子、張子眞可謂知天心者，非故爲勉人語也。

問：「朱子謂原道不及格物致知，爲有所遺。呂涇野、李安溪皆謂不然，云云。」

涇野、安溪之言要爲昌黎回護，又如何回護得？要知昌黎不説格致，便是於此工夫有缺，佛老亦正是此處差卻。

問：「呂涇野嫌朱子著述太多，然否？」

朱子著述都是有益於世道人心，何謂太多？以今論之，正是朱子著述尚嫌未盡，如三禮、春秋未有定本使後學有所遵守。

涇野當斯道大明之後，尚未知朱子一番苦心也。

問：「制藝所以代聖賢立言，是否？」

以四書諸經命題，本欲代聖賢立言，然未嘗以聖賢之道體於身，則其言豈聖賢之言耶？又如何能代？恐不免侮聖人之言耳。

問：「朱子云：『居今之世，使孔子復生，也不免應舉，然豈能累孔子耶？』桐閣先生云：『三代下有道之士，只有席珍待聘，否則便涉干謁。』朱子雖云孔孟生今日不能不應舉，然如搜撿待士，非禮，孔孟必不應也。然則朱子之言，早年未定之論歟？」

朱子說「科舉壞人心術處，正復不少居今之世」一段，或是因人因事而發，亦不必早年未定之說。桐閣先生此言，殆老年見到之論，不可忽也。

問：「朱子論知行輕重，云云。」

知本不輕，但知亦爲行，較行稍輕耳，正不可誤看。

問：「朱子云『禱是正理，自合有應，不得謂其無是理而姑爲之』。竊疑死生莫不有命，豈禱之而能免哉？不過盡臣子迫切之至情而已，是否？」

命自是定數，而禱亦是實理。不可謂命有定，而爲臣子者但出於禱以聊盡其心耳，如此卻是僞也。亦不必謂命有定，禱亦無益，而遂不禱也。書曰「祈天永命，禱而應者」，亦有此理。

問：「周公儀禮，朱子家禮，國朝會典、通禮。今欲行禮，當何從乎？」

儀禮詳該，家禮簡約，會典、通禮則通乎今有。志於禮者，三者當參酌行之，要視乎力之所及，以不失禮意而已。「竊疑非天子不議禮，三者參酌行之，不嫌於賤而自專乎？孔子不得位而從周，今豈可背時王之制耶？」中庸所言只重議禮作禮，樂不敢議，禮不敢作，只可遵時王之制。且所謂從周者，亦周之文武制作，實是盡善，非止泛然從時而已。孔子雖曰「憲章文武」，而不又曰「祖述堯舜」乎？程朱當時亦有時王之制，何不盡遵？而程子必修六禮，朱子又著家禮一書，司馬溫公又作書儀一書，又豈得以生今反古議之乎？況國朝本遵先王及程朱大儒所定之禮，定爲一書，亦俟儒者參酌行之。因時因地卽遵古人，亦仍遵國朝禮意，此亦何嫌？且果行之，不猶愈於全不行禮，顯叛時王之制者乎？彼之不罪，而此之反見斥乎？試更思之。又檀弓孔子之喪，公西赤爲志，參用三代之制。子張之喪，公明儀爲志，用殷士之制。檀弓又載「殷練而祔，周卒哭而祔，孔子善殷」，此亦參酌之一端。

問：「張子云：『大易不言有無，言有無，諸子之陋也。』竊思易有太極，非言有乎？易无思也，无爲也，非言無乎？張子云云，其故何耶？」

易言有無，分言之也。諸子言有無，合言之也。莊子有有也者，有無也者，有有無也者，有無無也者，此是甚話說？無聲無臭是無，有親有義，有別有序、有信有物，有則是有，此何等確實！大易之言有無，都是實理。

問：「孟子曰『養心莫善於寡欲』，周子曰『寡焉以至於無，則誠立明通』，語類云『欲是好欲，不是不好底欲，若不好底欲不當言寡』，云云。」

就是好底欲容易不節，所以要寡。至寡而至於無，則又純是天理，而無欲之可言矣。

問：「伊川言六經浩渺，乍來難盡曉。且見得路徑後，各自立得一個門庭，歸而求之可也，云云。」

歸而求之，只是自家做工夫，不必定靠師友之意。路徑、門庭須得師友指示。路徑如不爲俗儒記誦詞章、異端虛無寂滅所誤；門庭如用功節目、讀書次第之類。

問：「王凝『聖人之書不假』，阮氏解云『自足也』。竊謂若作『不借於人』，不幾於鄙吝乎？」

聖人之書不借於人，又是慎重之意。古人藏書示子孫有「鬻及借人爲不孝」之語。古人又有儲副本以借人者，不可以此疑彼也。不借人書冊固不可，而不慎守先人藏書，亦非孝子之用心。意各有在，看道理須要活脫。

問：「涇野先生言：『宋哲宗時明堂禮成，而溫公薨，伊川云「子於是日哭，則不歌」，東坡云「未聞歌則不哭」。此言雖發得不平，卻未嘗不是。人言是處便當從，只要己是，便是有我矣。』不知涇野此言當否？」

伊川之意恐以明堂禮成自是大事，溫公亦臣子之屬，明日去哭亦未爲遲。東坡未免巧詞相詆耳，「未聞歌則不哭」，正說伊川意思不著，故伊川不辨，伊川亦未嘗要己是也，只看理如何。然涇野從人是處語，自可取。

問：「濂溪胸中灑落，如光風霽月。胡敬齋謂『終帶些清高意思』，王復齋言『周子之學以誠爲本，故其胸懷表裏如此』。朱子所謂『若有一毫私吝心，何處更有此氣象』，是卽所謂心廣體胖也。敬齋卻看偏了。二說不知所從，敢請。」

濂溪之學幾於誠明而樂，敬齋資本近狷，故其所見以爲帶些清高，此恐以復齋之言爲然。

問：「張蘿谷謂『胡敬齋之學微偏於主敬些，與朱子之學終隔一線』，不知然否？」

聖賢之學主敬窮理，齊頭並進。敬齋微於主敬略重，所以謂之「隔一線」。如「讀得小學、近思録，雖六經不讀無憾」，此便與程子「六經可不治而明」之語大故別，未免太直捷了。

問：「伊川言六經浩渺，且見得路徑自立門庭，不知六經路徑、門庭各是如何？」

路徑如詩言性情之類，門庭如詩以朱傳爲門庭，易以程傳、朱義爲門庭，四書以朱註之類。

問：「程子言，兄弟之子猶子也，云云。」

先王制服自不可假，看程子「是欲視之猶子也」句。若能推其所由來，則情自有不容已耳。推其所由來，又視之猶子底骨子。

問：「古人有讀書不求甚解者，有略觀大意者。朱子卻云『字字句句不可放過』，不知孰爲可從耶？」

漢晉以來，士多訓詁之習，好爲穿鑿之說，故孔明、淵明讀書不求甚解，略觀大意以祛其弊。後儒又多脫略章句不肯細心，故朱子又云「字字句句不可放過」，蓋皆隨時立教。然如朱子所說，乃讀書之通法，所當謹守。惟能字字句句不肯放過，而後始能得其聖賢旨意，方識大意，方可不求甚解。若只以不求甚解、略觀大意爲主，不知古人用意處，未有眞能有得也。

問：「子羔之『不徑不竇』，朱子謂，此聖人所以言其愚也。『不徑不竇』只說平安無事時節，若當有患難，豈可守此以殘其軀？觀孔子微服過宋可見。竊疑朱子既謂不可，卻又載之小學，何耶？」

教小學，先知得此是守正之法，到得讀書窮理久且多，則朱子之說又不可不知。若藉口朱子立身便苟且放倒，柴之愚正是柴之可取處，此朱子所以載入小學也。理豈可執一論？

問：「湯潛菴答陸稼書云『陽明之詆朱子，陽明之大罪過也』。今人功業文章未能望其萬一，而止效法其罪過如兩口角罵，何益之有？據此則稼書之辨似乎太過耶？」

潛菴之言最爲平允，學者不可不知。一味辨駁先儒固不可，若有所見而隨時考正，亦不可少。所以講明眞是眞非，亦吾儒格致之大，終身趨向，學者路途皆決於此。功業文章卽有不及，亦不可以此而含胡從事。子路之功業，何能及管仲而羞比？能言距楊墨者聖人之徒，孟子有取焉，豈論其文章哉？疑稼書之辨爲太過，曾於此致思否？

問：「小學之書，言小學之教者也。立教一篇，由鄉黨以及朝廷，何耶？」

小學雖係教小子之書，而鄉黨、朝廷之教亦教小子者所當知，故且說在這裏。

問：「程子言：『聖人可學而至。』竊思人之學問得於天者半，得於人者半，非盡由於學也。程子云云不過勉人爲善而已，是否？」

仁義不假外求，聖人可學而至。如說聖人姑勉人爲善而已，聖人終不可學，何以堯之後又有舜禹，湯之後又有文周，文周之後又有孔子？不可謂後來者終不及前人也，安知後世不再有聖人出哉？卽謂聖人生，安非學所至，而學知利行，困知勉行，知之成功而一，非聖人之言乎？得於天者固爲獨優，而得於人者尤覺可據，只是人不肯下百千之功耳。學之得力最大，吾人且守此說，以自勉耳。不可謂聖不可學而至，遂安於小成而自畫也。

問：「孟子云：『凡有四端於我者，知皆擴而充之矣。』竊疑陽明之『致良知』與此何別？『四端』非所謂『良知』乎？『擴充』非所謂『致』乎？」

孟子「擴充」、「四端」之說，自與陽明「致良知」意思不同，不可假借附會。孟子說「四端」，以惻隱、羞惡、恭敬、是非爲仁義禮智之端，自說得實。試問陽明所謂「良知」雖借孟子「良知」二字，其實自謂卻以佛氏所謂本來面目，則是認「良知」已錯。此處異同疑似總須辨別清白，不可執一二語便附會也。所謂「彌近理而大亂眞，甚相似而絕不同」，此類是也。

「承教云『敬則貫動靜，不須更言主靜』，竊思朱子答南軒云『敬字工夫，通貫動靜，而必以靜爲本。來教易爲以敬爲本，雖若完全，然卻不見敬之所施有先有後，則亦未爲諦當也』，先生云云，未知如何？」

敬本貫動靜，但所施有先後，未有靜不敬而動能敬者，以靜爲本亦就敬言耳。朱子又爲人指出用功之先後，然亦不可太分析，動靜雖有二時，而卻無截然爲動爲靜之理。

問：「伊川撰明道行狀云：『聞汝南周茂叔論道，遂厭科舉之業，慨然有求道之志，未知其要。』竊疑二程既受學於周子，何以尚不知其要耶？」

恐是周子說下手工夫處，尚未及敬。所以二程後來特提出敬字，示人以用功之要。

問：「朱子通書註云：『無恥，我不仁也。』竊意恥者羞惡之心，義之端也，而云不仁，何耶？ 莫是仁統四端，而義卽在中耶？」

說仁統四端猶覺寬泛。謝上蔡記史書甚博，程子曰：「賢卻記得許多，可謂玩物喪志。」上蔡面發赤，此羞惡之心也。程子卻云「只此便是惻隱之心」，如何卻說是仁？ 與此同類，試細思之。

問：「語類記陳烈苦無記性，靜坐百餘日後讀書一覽無遺，云云。」

語類記此，只見心靜自能記書之意，百餘日靜坐則靜之極。下文卻說讀書能記，與異端之靜又不同。「一覽無遺」此語，亦不可泥。 如今要靜坐，只可屏去雜擾、收斂純一。程子見靜坐，便嘆其善學之意。然亦是初下手工夫，未必專以靜坐爲學也。

問：「韓信受胯下之辱。君子若遇此事，當如此乎？ 抑別有道乎？」

韓信只是豪傑作用，君子守禮，亦不到得如此。所以貴於審幾也。

問：「孫西峰言：『孟子「此亦妄人也已矣」三句，純是憐憫口氣，不是棄絕口氣。』竊疑如此則聖人徒好善而不惡惡矣，如天地有雨露而無冰霜，云云。」

斥之爲禽獸，則已惡之至矣。語近棄絕，而情仍憐憫。細玩「已矣」、「又何」字，則西峰之言未可厚非。

問：「呂新吾言：『世間無一物可戀。只此身生在此中，不得不相與耳。不宜著情，著情便生無限愛欲，便招無限煩惱。』未識合於聖人之道否？」

此語亦足開擴俗人貪、嗜、戀、著之病，亦要會看。聖人物各付物，不絶乎物，亦不累乎物。以其情順萬事，而無情只是無私情耳。若說不得不與，則近於佛氏，奈何那身不得，故卻厭惡，要得去盡根塵，如枯木死灰而後可，不如程子「放這身來，都在萬物中一例看，大小大快活」爲不易。

## 答丁伯新　凡四條

問：「重修宗祠奉祀之法，銘始祖諱得超公，自大明以武官由南京遷蒲南鄉林吉寨，落業至銘十五世矣。聞宗祠創修之始，約在國初同治元年，燬於兵燹。宗法廢久，族中祇分東西兩分，東長西次。銘自聞清麓之教，每歸至祠域，不覺闇然神傷。遂邀闔族，商議重修，如工竣時，奉祀位次如何安置？主祭者當如何立法？又聞銘始祖神主舊係硃紅漆，甚高有火焰，邊族人相傳明封國公，所書官銜今無考據，爲子孫者能不悲哉！謹請批誨。」

始祖官銜再細查各誌書，或各墳舊碑碣有無詳載。宗法既不行，兩分中先擇東分長門長子主祭，而兩分之年輩長者副之，如何？官銜查清，主式如舊可也。

「敢問復宗事。光緒三年，吾秦遭奇荒，銘族寡嫂因子三歲，嬰兒無養無依，幾不能生，痛哭攜子改醮。然時常不忘前夫翁姑墳墓，泣謂兒曰，當知改醮之事實出不得已而爲之。此子現年十五歲，讀書。伊生父、繼父兩頭男丁，只渠一人，有心復宗奉祀，又念繼父養育之恩不能忘也。欲俟伊繼父與伊母奉養百年之後，在渠繼父族中擇人立嗣，自己歸宗。未知是否？敢請訓誨。」

後路意是。

問：「交友處事，改過之法。銘中夜思之，近年以來，因口過得罪朋友，將好事做成不美。東里刊書實屬義舉，銘以言語之過，此事中止。修朱子祠，先生本爲道計，使銘董其事，工竣銘即當辭。再四思維，念先生待銘如子姪，因此不避嫌疑，所以招人議論耳。張、王兩友之事，因不謹之於始，今日悔之曷極。此三事，銘有處之不當之責，請先生教訓，銘願作終身之箴。」

東里事，吾正以賢不肯卑徇爲是。至於言語口過，則誠有之，是宜時自檢點，勿激切、勿便捷、勿重己輕人、勿是己非人，無衆寡、無大小、無敢慢。修祠事當敬愼以處，分明正大，何避嫌之有？處朋友或初時有誤信人言處，是自己仍於市〔二〕事少經鍊，不免反復不了。然在己心無他，仍詳審調停，亦不必遽悔直置之膜外也。此處只有一誠，盡其在我者而已，在人者不可必。人情亦難預料，又當細察。此在讀書窮理而已，無他法也。

「敢問無嗣續絃事，程子之論可爲萬世深戒明矣。然貧富年貌有不同處，或年近五十而無力娶閨女者，爲生子繼嗣計，其勢不能不娶孀婦。若拘程子之論，不娶而乏嗣者，娶與乏嗣孰輕孰重？謹請訓誨。」

無子續娶自是正理，但世習閨女不易，或娶孀婦亦自非義。然亦視乎其人必能平日讀書守禮，自不肯娶孀婦以犯非義。若家貧年長又不能一一合理，必欲守此，聽其乏嗣又爲不識輕重，當自量焉可也。

## 答仝鏡清　凡三十一條

問：「父母辛苦，抱歉無限，欲懸匾彰恩以昭永慕，未知當否？」

軸障匾文皆浮文也，所重全不在此。若非親友之意，而出於人子，尤似不合。至於揚親之美，亦孝子之心，則如曾子。

---

〔二〕「市」：疑爲「也」字之誤。

固所謂蓄道德而能文章者尚爲可託，何有於匾？然其實，則在人子自己立身行道，爲顯揚之大而已。

問：「切身病痛，云云。」

切身之病亦非他人所能盡知。但才覺有不安於心處，便自痛改不爲，日用之閒一一檢點，不可容易放過一面。讀書先從切近處，如小學、近思録、四書等書易明處熟讀深體，久之於事自有眞見，而所行不至有違。緊要在時時提醒此心，勿令昏放，須實做得一二年工夫，當自有效。

柴聚五問：「井田封建，云云。」

封建在今日亦不易復舊，見顧甯人有郡縣論，謂寓封建於郡縣之中，此意可取。井田非大變革或大有爲之君相亦難復。聖人治今之天下，亦只是因時制宜，必井田封建恐未必然也，要在得人耳。

又問：「亢宗之義如何？」

古人有大宗有小宗。亢宗，謂支子之中有能立德立功，能立廟如貴者，大其祭祀者，足與宗子相亢也。亢，勝也。

朱虛齋問：「孔子稱泰伯『至德，三以天下讓』。有謂讓商，有謂讓周，未知孰是？」

商之天下本非周有，縱太王有翦商之說，而天下尚屬商。疑泰伯不忍以臣取君之天下，先晦其跡。孔子稱爲「至德」，正發微闡幽之意也，則讓商近是。

問：「學不言而自得，若何？」

不言自得乃默會之意，是自心了了，實從體驗得來也。

問：「四書朱註，江氏思録註，張儀封小學集解，云云。」

朱子註一部四書，是千古註經之法，大有功於聖道。江氏、儀封亦有功於二書，亦朱子功臣也。

問：「家禮主式先題考妣，後書官封於下，於尊崇皇封之意，恐有未安。」

先有其人而後書其官封，此自正當。如此不見有礙尊國之意，今日寫法不同，或誤也。

問：「程子始祖先祖之祭，云云。」

以祭始祖近禘，祭先祖近祫，均似僭，故朱子後來不敢從。然小學作於五十八歲，尤其晚年又將程子語載入，似又可從。

問：「朱子詞有云：『句穩翻嫌白俗，情高卻笑郊寒。蘭膏元自少陵殘，好處金章不換。』不知作何解，旨義若何？」

此是朱子借言詩寓意正學，白香山詩俗，孟東野詩寒，皆非正路脈，惟少陵爲詩聖，所謂「賸馥殘膏，沾丐後人」。此眞好處，雖金章亦不換也。謂旣潛心正學，雖加以趙魏之富，不以易其心也。

問：「祖在，爲孫加冠，誰爲主人冠？畢先拜祖父母乎？先拜父母乎？」

有祖父即祖父爲主人是也，亦即先拜祖父母。廓齋即楊信甫云：「按：儀禮註云『主人，將冠者之父也』，家禮註云『冠者之祖父，自爲繼高祖之宗子主之。若非宗子，則必繼高祖之宗子主之』。」蓋古人重宗法，廟中行禮，必以此廟之主祭者爲主。

問：「鄉俗昏禮，男家遣人入女家祀先，并兩親家相會，云云。」

男家使人入女家祀先，非禮。壻回面見女家廟，雖無明文，亦可會親禮，家禮雖無之，亦屬可行，斟酌爲之。廓齋云：「賓客而見主人先祖，亦只好從俗行之。」古禮雖多在廟中行，爲重其事，非禮先祖也。主人祭，賓助之可也，無賓特禮先祖者。

問：「婚禮饗送者，敝鄉女家之客入門列東階上，主人列西階，設座亦然。未知如何？」

賓主之禮俱以賓西主東爲是，貴鄉風俗如是，亦無大害。廓齋云：「主東賓西古禮一定而不移。惟君臨臣家，則君由阼階，主人由西階，示不有其室也。又客若降等，則就主人之階者，不敢抗等，執子弟禮也。」

問：「夫婦交拜，男再拜，女四拜，多少不均，何耶？」

男女相俠拜，自是古禮。廓齋云：「冠禮，子見母，母先兩拜，受脯子拜，送母又拜。」註云：「婦人於丈夫，雖其子猶俠拜。」此蓋所謂陽一而陰二也。

問：「禮云：『大功廢業。』竊疑教學之道，自是成己以成人，然寒儒多藉此以營生。若有期功之喪，不知還可爲此事否？」

今人難得拘居喪不授徒之說。「廢業」，「業」字是樂器上物，「廢業」謂不作樂也。廓齋云：「此當度其飢飽如何，古人居父母之喪而解館者亦多。」

問：「身有期功以上服，遇年節於親族之尊者，拜否？」

似亦當拜。廓齋云：「拜年節總近於賀，然亦自看，居喪果能一一守禮，雖不拜，亦可非慢也。」

問：「親鄰來拜，閉門不納，知名者還往報否？」

有尊長而知己者不妨一拜，餘可不必。

問：「中庸云：『雖有其德，苟無其位，不敢作禮樂焉。』孔子卻假二百餘年南面之權作春秋，其亦不得已之權乎？」

孔子只是修書，明其義而已。

所問多切日用之道，足見賢用功實處。尋常瑣瑣亦不放過，可嘉，願益勉之。

問：「先聖先祖位前每日皆揖而退，有疑則卜時或卜夢，云云。」

先聖先祖位前起敬是也。卜夢似近褻，有疑或可卜，但不知疑甚，要亦不可常行。

問：「帝舜耕稼陶漁、傅說版築、膠鬲魚鹽、張思叔傭作、胡籍溪賣藥、周小泉戍邊、陳布衣賣油，此皆莫非爲治生以爲之，而其志則在於讀書明理、修身明倫，故雖治生而不害於道，云云。」

能如所引，諸人治生亦不害，只爲今人纔說治生便已走出門外，所以學者貴擇術。

問：「宗廟之美，百官之富，云云。」

宗廟之美喻義理之精，百官之富喻義理之備，知行俱在內。

問：「先聖生辰不祭，何耶？」

生辰不祭，亦古無是禮，恐或聖賢亦不安。但庚子拜五經，古人亦有行者。雖聖賢自有不安，後人或有情不容已，但既有丁祭，生辰不祭亦可。

問：「友人拜先祖，已陪拜，是否？」

陪拜亦可，不如拜畢另拜，還禮方是。

問：「孔孟周遊欲以濟世，後之大儒坐守不出，想是時不同歟？」

後世周流之風不行，未可輕學孔孟。實有可行之道，且亦無非學也。後人豈其然？

問：「宇愧不習文法，終日忙忙，時文既非所願，古文亦莫能及，云云。」

只當讀書，求明文義，實體於身，便是聖門文學。不必屑屑作文，古文、時文都是無益。

問：「納妾之禮如何？」

納妾無甚禮，不得見廟，或於自己女君父母，令其四拜而已。

問：「娶繼室之日，拜元配神主否？」

拜廟可也，元配似不必，況卽其日乎？

問：「世祀文昌何如？」

文昌近時列入祀典，自是功令。究其所以祀之之心，大抵富貴功利之見多耳。此語甚長，尤當講明，陸稼書有祠記可看。

問：「先儒之説有雜二氏功利與調停門戶而易於惑人者，請詳示之。」

陸子靜、王陽明其尤也。凡有類於兩家者，亦當謹看，不可悉數，如理學宗傳、明儒學案、廣理學備考等書，須大著眼力。

## 答郭治堂　凡十六條

問：「洋烟之害耗財廢業，毀形殞生。在上者必如何嚴禁，而後可以永斷其根耶？」

不可顧此慮彼，不可思前算後，禁得一分是一分，禁者自是正理。處積重難反之勢，只一人如此擔當，不計成敗，不計得失，一意孤行，盡此心盡此職，其餘則聽之天而已。

問：「禁殺耕牛亦仁術之一端，然膠與鼓之取用何出耶？」

膠與鼓必殺生牛而取之乎？耕牛決不當殺，何暇他計乎？此等處只要認定正理，所謂正誼不謀利也，不可更惑以曲說，亦窮理之一端也。觀孟子論齊王以羊易牛之說便見。

問：「人有品節高而學術未純，亦有學術純而品節未著，就二者論孰優孰劣？」

有眞學術斯有眞人品，不講學術，人品雖好，亦只氣質用事耳。然學術是而人品不好，恐學術未必眞是。

問：「大學序以二程子接孟氏之傳，而不及周子，何耶？」

大學、中庸二書，本自程子從戴記中取出，故不及周子。言各有當，宗程子而祧周子，俗儒之說也。

問：「朱子謂程門諸公下稍皆入禪去，是程先生當初說得高了，云云。」

朱子以程子當時說得過高，恐是如此。抑程門諸子當時早仕，從程子亦未甚久，且各早有所學，故未能徹底乾淨，猶染禪習。若朱子大加攘闢，門下諸人雖若未及程門諸君，而於異端之說獨能力屏，亦時爲之也。

問：「近世羅忠節公、劉霞仙孰優？」

霞仙議論較精，不若忠節力行之篤。

問：「尹和靖似不如胡敬齋守道嚴而識見闊。」

然。

（以下省問語）

潛心聖賢之書，務求眞知實踐，一味省己病痛而矯革之，久之，所見益當精卓，其所議論亦自親切確實。俗曲偏僻之習亦學者所當禁止，但立定主意，專力於聖賢之學而不有一毫旁雜，亦須大著規模，宏著識量，界限極嚴而道理須博，不流於邊隅孤單之弊，斯爲善學。

粗雜細冗只可說駁雜無益之事。若在人事，當然雜細，亦豈可置之度外？當分別言之。不矜細行，終累大德，學者要親細務，豈可籠統？

先求其在己者而已，明道不曾著書，而章楓山先生有曰：「經自程朱後不必再註，只尊聞行知可也。」須知古人著作，皆不得已而然也。

大學本末始終，猶當知所先後，況其餘乎？然則學焉而先後之不知，其去道也遠矣。

考據亦要看何等樣考據，但專以考據爲事，如乾隆中漢學家往往偏僻而無理，豈吾儒所重哉？

世俗之交不可有，道義之交不可無，且不可不廣。一味爲己而已，道好道惡由他，此一說也。聞人之謗當自修，又一說也。

自古聖賢皆不免遭謗，然無損於聖賢也。孟子以爲多口無傷，而以文孔勉之，人只患不學文孔耳。

事師無犯無隱，就養無方，已盡之矣。然尤要在如曾子「傳習」一語，不可不知。

## 答耿顯叔　凡三條

問：「埋葬有以右爲上，有以左爲上，云云。」

地道尚右，葬以右爲上。據南北向言之，妻隨夫，無論幾妻，俱在夫左，是兩妻夾夫不可。子隨父葬，位多只可一并尚右，妾宜葬之塋外，附焉可也。

問：「城隍、閻君，云云。」

城隍始於唐，李陽冰在縉雲縣爲之有記。閻羅曾記自六朝已有其說，其廟大概亦始於唐宋间，不知何人也。後世神事日多，皆起於佛氏禍福之說。程子謂：「寺觀去則天下治。」惜今世無狄梁公毁淫祀其人者，何怪世道之日下，人心之日邪也？

問：「俗節燒紙，親沒出紙，元旦奉神、壓表、放礮，不知創自何人？云云。」

燒紙、出紙、壓表、放礮，某家皆不用。恐皆起自近代，唐宋尚不如此，紙錢唐宋時已有。

## 答閻幹卿　凡六十條

問：「喪事阻撓，不克如禮，當如之何？」

最要是一身先能守禮，極力支撑，不隨流俗，屹然中立，不顧傍人非笑。要知只是一片愛親尊親，誠心力守古禮，所謂「親喪自盡」，滕世子事可見。然於無大害義者，或有尊長，不得行己志處，亦當委曲，勿過執也。

「承誨親喪，自盡不可隨俗，假如親有遺命，云云，當如之何？」

若親有遺命用浮屠鼓樂，是比之治命可從，亂命不可從之例。然亦在自己平日事親以誠，眞能守禮，正是尊親，何從親亂命而反陷親不義乎？

問：「友人有從遺命用浮屠者，里巷交相稱，謂以爲眞孝，云云。」

此所以貴講學也。聖學不明，豈止此一事？儒者終日讀書，此等渾然不辨，與蚩氓何異？是可慨也，亦可憐也。此等話竟無說處。

問：「程朱門下，誰得正傳，云云。」

程朱門下諸人，所謂皆有聖人之一體。若尹氏可謂不失其傳，而勉齋在朱門亦恐較諸子所得爲多。

問：「朱陸各取其長，云云。」

學當辨明路途，定統明宗，不可只存取長之見。古今人各有長，此可施之，三人同行，擇善而從則可。若學術須有直溯心源，瓣香獨祝之意，不可調停，謂無門戶。觀孟子願學孔子可見矣，如何以陸子并論朱子哉？

問：「王豐川謂：『象山風規政績，陽明討寇推功，在聖門尚列德行之科。卽無善無惡四字推以無意、無必、無極、太極之旨，亦未可非。』云云。」

陸王行事頗有可取，是其天資過人遠甚，聖人所謂必有忠信如某者焉。古人天資純善亦頗有人，亦夫子所謂善人，但其學術不可以是而寬。豐川學主陸王，焉得不云爾乎？意、必、固、我，是聖人工夫到極處方說如此話。若說心之體無惡，則常人亦能無意、必、固、我乎？若云無善，則又不然之甚，「天生烝民，有物有則，父子有親」，云云，是明言有善也，安得謂無善無極、無聲無臭之云？則又謂善之在性，其至極微妙如此，非謂無善。至云無惡，誠無惡矣。乃猶爲陽明如此迴護，不知其果何心也？天下後世人各有心，人各有目，自有公論，如何欺得？此事自當平心論理，若以意氣門面加人，所謂致知慎獨工夫何在？可歎也。

問：「讀書窮理必先去私，閒時用靜坐功一二次，可乎？」

無事時亦可靜坐片時，或讀書倦時，又整頓斂飭靜坐，亦未嘗不可。然靜坐只是用敬工夫，要有主宰，心仍不可走作，不要似禪家打坐，卻是硬守著心。若特將靜坐當一項工夫，限定時候，如二曲之一日三遍，高景逸之一坐七日，聖門恐無此凝滯工夫。

問：「人生同此稟彝，聖愚不齊，云云。」

「天之生物必因其材而篤焉，故栽者培之，傾者覆之」，此一說也。「富歲，子弟多賴；凶歲，子弟多暴。非天之降才而殊，其所以陷溺其心者然也」，又一說也。「沃土之民不材，瘠土之民嚮義」，又一說也。「富貴福澤厚吾之生，貧賤憂戚玉汝於成」，又一說也。

問：「古今孝子天性居多，書化卻少，云云。」

天性之孝人人有之，只爲物欲錮蔽。然讀書正以變化氣質，故古人謂讀陳情表而不動心者，非人也。蓋讀書儘能發其孝親眞心，如何全靠天性？愚氓一念誠，有格天地通鬼神者，然畢竟中庸載「大孝」、「達孝」都屬之聖人。此等處須細看。

問：「明某相國弟謁康對山云：『僕進京與家兄言，必保舉先生。』對山笑曰：『某豈向人手取功名者耶？』涇野深加歎服，稱其氣節卓絕。未審國朝康太乙比之孰優？」

卽此一節恐太乙有所不逮。相傳太乙中舉，有漁洋送與關節，並此不受方是。

「竊意聖賢千言萬語，『改過』二字蔽之，云云。」

改過是學者要緊工夫。然存養省察、克治力行都不可少。如以「改過」二字蔽之，卻似二曲以「改過自新」爲宗旨，未嘗不是。而聖門初無此說，試將經書「敬義」、「博約」、「尊德性」、「道問學」各項觀之，則可以會而通矣。

問：「著實工夫，云云。」

此事無有等待，無有了期，才知得此事可做，便勇猛向前，不可放緩。然過時而學，亦要立志，不可耽誤。胡敬齋亦自謂：「三十後方用工朱子說，縱待八九十歲覺悟也，當從八九十歲立定腳劄硬寨做去。」

問：「胡敬齋謂漢高祖在霸之上，唐太宗在霸之下，云云。」

畢竟漢高無許多詐僞，太宗恐不及也。

「竊思士生斯世有兼善之志，不由舉業，於何進身？苟有呂涇野、陸平湖之志，以文藝爲末技，時而獲中，仍不失講學之志。時而見棄，依然絃誦之樂。庶幾進退適宜，不亦可乎？」

謂涇野、平湖是，則伊川、敬齋非乎？科舉是朝廷取士之法，而非士子所以爲學之則也。孟子時無科舉之說，卽不能兼善乎？只要所學果是出處，窮達亦自有天安排，豈盡出於科舉一途乎？

問：「胡敬齋謂今日之官只有教官做不得。竊思教官儒風所關，果欲有爲，伊川學校之議或可冀興。即不然，亦得進退綽綽，爲士人矜式。未審敬齋之意云何？」

教官雖小，所係甚大，天下人才皆從此出。然今之教官亦皆言利而已，何以教人？是根本先錯了，所以不可做。若要做，如伊川之爲便行不去，甚可慨也。

問：「唐高祖伐隋，可謂義兵乎？」

亦可謂有除暴之功矣。三代而下，若漢若唐，皆可謂有功斯世。但不若湯武之順天應人，即較五霸亦遠，終不免私意之存。

問：「人死有鬼否？」

天地陰陽之氣本神妙難測，但聖賢雖死，道理只與天地一般，所以千古常存。若常人死，卽與草木同朽否，則沉魂滯魄亦有之。總非常理。

問：「今五祀可祭否？」

皆宜祭，然亦有制。古大夫祭五祀，但古人之祭，齋沐以致其誠，肅恭以將其敬，迎於奧而祭之，所以告虔也。今人反是，只欲要福免禍而已。

問：「仁皇帝西巡，二曲屢徵不起，何也？」

布衣之士，天子不得臣，諸侯不得友，雖泥塗偃蹇囂囂自得，此正二曲一生操持堅處。

問：「二曲反身録，可看否？」

可，此書講力行處多有益。大抵二曲亦是實學，但其染陸王處不可諱也。

問：「關中自横渠後，講學以誰爲最？」

呂涇野、馮少墟、王仲復，涇野德行純粹，畢竟篤實君子，雖間有不滿朱子處，亦無害大醕。少墟倡明關學，繼往開來厥功不小。仲復恪守程朱，造詣爲獨純。若二曲博學高才，若節至性，亦有感發人處，可惜多染陸王。特此時學脈斷了，故得聳動一世。

問：「涇野、新吾孰優？」

涇野之才次於新吾，新吾之醕亞於涇野。

問：「陸王差處。」

陸王天資過人，每借聖賢之言遷就己意，此其所以差處。

問：「考據之學。」

桐閣先生云：「陸王之偏坐不知學，考據之僻坐不明理。」國朝乾嘉間此風頗熾，大抵皆支離破碎，偏曲怪誕，各執一說，敗壞前人成法，畢竟有何義理，亦世道人心之憂也。

問：「聖門七十子，未必皆有功，聖道何以皆得從祀？」

七十子見於書者，固不待言。即無甚表見，想當時能尊信孔子終身遊，即此識見亦屬豪傑之士，但書殘缺不盡傳耳。

問：「董仲舒得稱純儒否？」

漢四百年間聖學不明，法紀不一，惟董子一人，謂非孔子之術皆絕其道勿使並進。想當時人多不知，故從遊者少。若鄭康成、許叔重輩學問雖横絕一時，其純正則判矣。

問：「浮屠禍世久矣，當時何以未聞奏止？」

此非易易，三代後若漢祖、唐宗皆英明有爲，卻不知崇儒重道。周世宗力排佛教，銷毁銅像，卻無賢宰相輔佐之。宋有周、程、張、朱，卻又不遇聖君，難得個機會。有聖主賢相際會，當必有一番清釐，庶幾風俗稍變。

問：「曾文正、劉霞仙二人所學如何？」

文正留心經學，經濟、詩文皆成一家，若論講學似遜霞仙。霞仙思辨録疑義卻能見得聖學源流，勝似文正。

問：「霞仙有傳授否？」

曰：「素與羅忠節善，所守甚正。」

問：「張愚生書來，言俄人侵擾新疆，陶中丞恐難控，制欲告退，云云。」

國家重臣處此攻守之策，若難自主，卽當上疏請旨，視其用舍以爲去留。若爲遠禍計，恐非朝廷委寄疆臣之意。此時斷當以武侯開誠布公、集思廣益，力固封圻，激厲將士，戮力王室，成敗利鈍死生以之。不知愚生曾以此意進於中丞否？

問：「某生自述所學不拘門戶，卻從躬行實踐上做工夫。」

從躬行實踐上做工夫，固儒者緊要處。但不守定門戶，效心學家任心做出，恐未盡當耳。如子孝父慈，理也。若不格致，或以從親之令爲孝，溺愛爲慈，不免認賊作主，認人欲作天理，且以煦煦爲仁，孑孑爲義，可乎哉？

問：「祖考來格，果有是理否？」

天地閒一氣相感，子孫之精神卽祖考之精神，有其誠則有其神，無其誠則無其神。譬之石火琴音，擊之有火，彈之有音，氣之感應如是。天子祭天地，諸侯祭山川，大夫祭五祀，皆以氣通，故能相感。儒者日讀聖賢書，卽精神與聖賢相通，故祀聖賢便有來格之理。況子孫之於祖考乎？

問：「動靜分別。」

靜者動之本，動者靜之發，未有不先靜而能動者。如人昨晚未成眠，今日動心不得力。若動時違理，卻又難得靜，所謂動靜相資，一而二，二而一者也。

問：「讀書宜靜，若遇事紛擾，如何做工夫？」

工夫全在「敬」，「敬」只是主一也。如讀書時，刻刻念念在書上，便是讀書之「敬」。作事時，刻刻念念在事上，便是作事之「敬」。「敬」字工夫熟，自然移動他不得。

問：「王陽明『致良知』之說如何？」

既云良知，自無待致。既云致，便爲學問之知，不得加一「良」字，渠卻錯認了定盤星，陽明講格物謂扞禦外物，不使擾吾神明，故獨立旗幟，空守此心。其言曰：「佛氏本來面目，卽我們所謂良知。」若朱子謂「人心之靈莫不有知」，「靈」字卻該得「良」字，「良」字卻該不得「靈」字，所謂偏而不全也。後人不實從朱子做工夫，且喜陽明之簡捷，故樂附會耳。

問：「學者多以二曲、豐川尊陽明爲不韙，不知誰果能步二人之後塵乎？」

二曲師弟固皆過人。前賢云：「甯學聖人而未至，不欲以一善成名。」陸王另闢門戶，與聖學遂異。試問管仲功業曾西果及乎？何以艴然不悅？黔婁之妻曰：「與其邪而有餘，不若正之不足。」今一村數百家各有門戶，豈得混而同之，然則陳清瀾、羅整菴諸前輩，皆才智不及人者乎？

問：「朱陸分途，尊朱者多以詆毀稱能，何耶？」

詆毀固不是，然學者入門路途不可不明辨，如孟子謂「予豈好辯哉？我亦欲正人心息邪說，距詖行」。孟子豈詆毀人者哉？學問非一家私事，恐見議於後人而不言，獨不畏得罪於前聖哉？況尊陸者多詆毀朱子，而尊朱者尚少詆毀象山也。有辨陸學者，卻是孟子不得已之心事。陸稼書、張楊園是也。

問：「『知行合一』之說如何？」

陽明此語又不是了。天下事須先知而後行，或卽知卽行猶可。未有以知爲行，以行爲知，而爲「合一」之說者。

問：「無善無惡心之體，就善惡未形言，卻無病。」

心之體，「體」字作何解？體卽性也。謂其無惡是也，性果無善乎？易曰：「繼之者善也，成之者性也。」性卽善，善卽性。孟子有功於後世處，喫緊在性善二字。認陽明爲是，然則孟子非歟？吾恐陽明不免自欺欺人耳。

問：「二曲謂學蔀通辯是清瀾與陽明有隙之作，信乎？」

不然。爲此說者皆是曲爲陽明回護，非公論也。試問閑闢録、明辨録、王學質疑、朱子爲學考、姚江學辨，皆與陽明有隙乎？抑亦未之思也。試將諸書細玩，自知偏處所在。大抵陽明之病一言以蔽之，只是認心爲性。

問：「陸王有異處否？」

陸子猶是實學，陽明便有機詐處。

某生問：「當今天主、耶穌諸外教盈溢天下，儒者不急此之圖，而切切焉惟門户之爭，是同室操戈耳。鄙意竊謂不然。」

諸外教卻易辨，無論吾儒不惑其說，卽鄉里稍有識見者亦誘不得。惟學術之閒毫釐千里，不可稍涉儱侗含胡。前輩儘有天資迥異，被他迷了至死不悟者，況天下本多中材乎？然吾獨怪今之尊程朱者，絕難其人。而尊陸王者，亦非眞陸王也。

問：「陸稼書應制似近於求，不如二曲之操堅，是否？」

稼書不棄舉業，亦有深意，時爲之也。雖近於求，何損學術之正？二曲操雖堅，卻不能掩其學術之偏。

（以下省問語）

天下無貪富貴之聖賢，無求安樂之豪傑。

以舉人秀才榮其親，何若以道德仁義榮其親？從古聖賢不藉勢位，孔子布衣而啓聖祠，巍然萬古。舜之大孝只「在德爲聖人」一句，人可不自立哉？

楊子雲有言：「通天地人謂之儒，通天地而不通人謂之技。」吾儒讀書所貴躬行，天文不精卻亦無妨，後世講求愈密，機巧日生。孔、孟、程、朱何嘗切切於此哉？古人授人時、齊七政，都是爲民，自不可廢。然不過命官在察而已，何嘗如後世之紛紛哉？今學者不力學孔、孟、程、朱，而於孔、孟、程、朱之所不常言者，徒費日力，豈得謂之識輕重哉？

陸稼書爲國朝理學之宗，次楊園，次儀封。若桴亭著述雖多，閒有不純處。王復齋規模稍遜桴亭，然純正則稼書、二張之亞也。

大學所言，道理極平實，出於自然，毫無著力處。中庸亦然，然似微有著力處。

貧境最易挫人，亦易成人。二曲少時貧，無學資，塾師不納，幾無人與語。獨能屹然自立，超出流俗。學雖未純，三代後亦不數覯也。

曾子一生工夫只是踐履篤實，觀「士不可以不宏毅」章可見，朱子註云「一息尚存，此志不容少懈」。聖賢都是如此。夫子嘗曰：「丘未能一焉」，「我無能焉」，「何有於我哉」？不敢稍寬如此。

人每說果是豪傑，科第亦不足累。不知古今多少豪傑，大半爲此事所累。然累於科第，便不是真豪傑。孟子謂「豪傑之士，雖無文王猶興」，學者須是立志。

大學「格致」傳的實是缺，不可不補。後儒紛紛議論，只是不曾實做格致工夫，不免自欺欺人。此話甚長，惜無說處。

陸桴亭才氣大，未下朱子格物工夫。李二曲謂小學內篇皆經書語，不讀可也。不知小學內篇是十三經之精華，小學外篇是廿一史之精華，立教、明倫、敬身，由粗至細，由本達末，層次井井，學者不可須臾離。桴亭、二曲或未之深考與。

心最難防，無論紛擾時易放，即夢寐時走作亦是放。天生孔子不在帝王之位，若別設一局，以開百代儒宗，要之亦不外「虞廷十六字」。此是一脈，更無別術。

李二曲、王豐川皆爲實學，二曲識高力果，豐川學博辭精，才氣尤在二曲上。至論陽明「致良知」三字，多不滿人意。評五子處甚有見到，語卻未及朱子，此誠可疑。學者先入之言最要緊，以豐川之才從學二曲，亦以不分門戶爲主，非主於先入之言乎？

「人心惟危，道心惟微，惟精惟一，允執厥中」，是「虞廷十六字」心傳。「德無常師，主善爲師，善無常主，協於克一」，是伊尹十六字心傳。「非禮勿視，非禮勿聽，非禮勿言，非禮勿動」，是孔門十六字心傳。

朱子祠旁明復精舍未成，雖似可惜，此亦有造化存焉。如宏道書院不過王康僖公當日教學讀書之處，二百年後乃成今日規模，其實成就人材，反不若當日。今明復雖幸有基，繼起無人，將來不知又作何局，宜且聽之自然。

今日洋務，此事大關世變，中外大閒已弛，不知後更有甚事出來。我中國不但變唐虞三代之局，且已變漢唐宋明之局，千古未有者今皆有之，奇異日興，伊於胡底，杞人私憂，何日能已？要之總由正學不明，人事不立，三綱五常幾無人講，幾何不爲夷狄禽獸之歸耶？可勝嘆哉！

吾最愛王山史云，今人學書不學顏柳，而學吳興，無怪世道之日下也。蓋吳興雖覺秀媚悅人，卻少氣骨。若顏柳，書法亦如其人。

柏子俊極有氣概，可謂豪傑之士，惜未得與之久談。學術之閒尚未徹底剖抉，然卻能自立，不倚傍人。至臨終囑吓所刻關學編一事，某深感激。

人多言燈下數極靈驗事，無不知此惑也，凡事已過，卽天地之氣定，故時知之。然可論已往，不可定將來。某少時有相面者，衆稱靈驗。予謂試「問予今午用何飯」，卽茫然不應。可見未來者，雖鬼神不知也。

## 答柏子餘　凡三條

問：「凡事未知不可以言行，然知而不行終屬恍惚，知一分卽行一分，隨知隨行，亦隨行隨知，云云。」

隨知隨行亦隨行隨知，此語自有見。知行工夫自當交修并進，但知行亦各有大小淺深。朱子曰：「論先後，則知在先，行在後。」以大學條目及博約四教等類考之可見。「論輕重，則行爲重，知爲輕」，其實知亦非輕，但知亦爲行耳。如此方爲平穩。

問：「性卽理也，知覺屬心爲氣之靈。竊疑心之所以能知覺者，恐無性不得。蓋知覺者心，而所以能知覺者心之理，云云。」

心性知覺本不相離，但所知所覺者，性之理也。能知能覺者，心之靈也。謂能知能覺者，心之理，恐未的。所以知覺處是理，「能」字屬心。

問：「告子言生之謂性，云云。」

朱子曰：「論萬物之一原，則理同而氣異。論萬物之異體，則氣猶相近而理絶不同。」

## 答井渫甫 凡十一條

昔從學關中書院，問欲學先儒，孰爲至善，柏先生（名景偉，字子俊，長安人，時主講關中書院。）云「古聖先賢皆我師也」，此言是否？

伯夷、伊尹、柳下惠、孔子，皆古聖人也。孟子所願則學孔子，何得混居？今言學還是學程朱，小學、近思録、四書終身不可離。有入處然後讀諸經及諸儒可讀之書。

問：「祀天地君親師，是否？」

天子祀天地，禮也。以下皆不敢祀，祀之僭也。若叩頭致敬猶可，然不如戒慎恐懼以事天，仰不愧以樂天，君親之恩大，不必與師相瀆，且師不同，有文章之師，有訓詁之師，有傳道德講仁義之師，豈得無別？

問：「不同流俗必成崖岸，任之乎？求免之乎？且何修而後可免耶？」

守理必違俗，此不能中立者也。但看理亦須活，「孔子獵較」，「孟子與諸侯交際」，皆是也。

問：「祀先祖，燒紙錢，是否？」

明是哄鬼之物，朱子曰紙錢某家不用。此等處正當打破流俗之見，有此骨力方可入道。

問：「俗謂土王十八日不宜動土，是乎非乎？」

曹月川云：「土王之日不動土，土衰之日乃動土乎？」可見此語不然。

問：「王敬如（名銘丹，臨潼人。）如何？」

有氣概，才大。人無才濟得甚事，但有才而不能壓其才，恐亦有敗，未識敬如肯壓其才否？

問：「論語云『未見蹈仁而死者』，又曰『志士仁人有殺身以成仁』。比干諫而死，夫子以仁許之意者，生順死安，正所以盡其性歟，果與蹈仁而死者何別？」

殺身成仁等項卽蹈仁而死，死亦無害。此又是處變，未見蹈仁而死，論其常對水火，以見仁之當爲。

問：「顏子陋巷自樂，想顏子直化得舉家尊卑皆到樂境。若顏父不能安貧，顏子只說自己不改，如何得？恐顏子平日事親必能竭力，由苦而臻樂耶！」

後世儒者太柔懦，亦不可向，見二三友人夏日農忙能與傭工共苦，竊嘗羨歎，若能如此開拓，便是學問有得處。今之士人，雖甚小器物必假僮僕，不肯自攜，若似辱了士人。此甚可笑。

問：「家不和，可分否？」

分家自不是好事，然人心已散，與其不分而分，正不如分而不分。若能重整理一番，能變化得家人，甚好。

問：「雜書子史可看否？」

有何不可？須是自己心有定見，觀彼得失，定我從違。若先無定主，勢必見異思遷，枉費精神，終無有成。

問：「書冊浩繁，奈何？」

此亦看甚書冊，若孔、孟、程、朱之書又嫌於多乎？爲學須持一死而後已之心，勿助勿忘，一一循序做去。天地日月長久，要一有恆，何事不可了？

清麓答問卷第三終

# 清麓答問卷第四

賀復齋先生手筆

郃陽謝化南季誠編輯

門人朝邑楊玉清溫如參閲

三原張普澤寰　校梓

## 答孫仲玉　凡百十二條

問：「匡衡治詩達於王化之本，揚子太元洞乎天人之奧。何以一則不免以贓敗，一則不免於失身耶？」

恐二子於聖學源頭，終有未見。後世異端博雜之學，讀書愈多，用功愈深，而立身行己愈顛倒，只是學不是。

問：「忠恕，云云。」

「忠」就所存而言，「恕」就所行而言，依此思之可知其意。

問：「韓子、文中子孰優？」

觀朱子續經説，則退之誠於文中有所未逮。但闢佛力量，又似在文中之上。

問：「涇野謂孔廟從祀之舛，云云。」

從祀總以有功聖學爲準，若第取其節行之美，則古今恐不止數人。後世從祀不免稍濫，亦有未當人心者。必有聖人者出，仍一番釐正以昭萬世，公允未可知也。

問：「夷惠與周、程、張、朱，云云。」

夷惠雖是聖人，卻偏。周、程、張、朱的是從孔孟擴充去，卻不偏。學者甯由周、程、張、朱而學孔孟之不偏，不可由夷惠而爲一偏之聖人也。

問：「張子、朱子，云云。」

先賢造詣所至，非後學所敢私議。昔人謂後世有揚子雲者，必知之矣。今亦謂有張朱者，必知張朱也。此處亦非後學遽宜留心，必先細心讀兩賢書久而後知之也。

問：「涇野謂：『佛老得聖人之一偏，見其像而揖之，禮也。』如何？」

只以程子凡有人形不肯背處之意處之，可也。若今野廟中土木像拜揖，亦無謂。

問：「涇野云：『工夫只在積累，如今在旅次處得主人停當，惟恐傷了主人。接朋友務盡恭敬，惟恐傷了朋友。處家不消說。隨事皆存此心，數年後自覺得天地萬物爲一體，氣象不審。』其說如何？」

涇野此意最好能處處處之得宜，自無一物不得其所，豈不有萬物一體氣象？夫子所謂「汎愛親仁」即此意，西銘一片道理在是也。

問：「王端毅公，云云。」

端毅質樸守正，不以貨賄徇人。此老眞雲中矯矯，今人那得有此，可法可師？

問：「李空同，云云。」

空同入手差卻工夫，只是後來已交涇野、莊渠諸人，卻不肯回。恐是家計已成甚矣，氣質之難變也。

問：「涇野稱章楓山甚好，致仕在家時甚清貧，自處三間小房，前面待客，後面自居。家中子弟甚率他教，有漢儒躬行之風。竊意涇野先生屢教人甘貧，信乎？古來仁人志士都自甘貧耐苦來歟？」

涇野先生此意甚好，卽此可見章楓山爲人。又有一段稱何粹夫居翰林，一布袍七八年。此最可牢記胸中，常有此意，不知去多少世俗見識、世俗念頭。余生平最愛涇野說此等處，嘗云：「季氏舞八佾、歌雍詩，都從恥惡衣惡食來。」余之發憤立志，實始此語，不敢昧也。諸生幸知此意。

問：「子賤之治單父，有出郊數十里而迎者，云云。」

道德之儒必不輕見人，此亦取士之法。今之輕於見人者，其品可知。此山林眞儒，王公不致敬盡禮則不得亟見之，況於他乎？

問：「薛文清爲御史，每至三楊門下止投刺而已。三楊慕薛爲人，不得一見，後於朝班中迹訪，始幸識其面，云云。」

此可見文清立身之嚴，後之學者可以法矣。學先儒要先從此處學起。

問：「吳康齋有一門人，行住坐臥不離康齋。後來卒，傳其學。竊願效之，未審如何？」

麟不逮康齋遠矣，賢意則可感也。昔石守道於孫明復坐則侍，跪則扶。明復固尊嚴師道，而守道敬師之誠，古所罕有，此所以卒皆千古人豪也。惜麟亦有愧焉，守道則生鄉人所望於生者，不止爲守道所爲而已，願賢益勉之。

問：「黃勉齋初見朱子，云云。」

只是挐定一個眞實心地做工夫，亦不必沾沾以古人樣比，三年不解衣帶儘可不必。勉齋刻苦用心自是過人，然又何嘗一向幾年不解衣帶也？聖賢自是順人情無矯情者，急切過甚反有不實，試以此言思之。

李二曲以「悔過自新」爲學宗旨，呂涇野亦以「安貧改過」屢示學者，此二意在今日正用著。不但此也，聖門嘗以「勿憚內訟」教人，而又曰「過而不改，是謂過矣」。夫子且以「寡過」爲言，又取伯玉之「寡過未能」，以顏子「不貳過」爲好學，子夏又謂「小人之過也，必文」，是聖門亦最重改過，最惡文過。汝能存此悔過之心，吾知其能改過也。然當脫然力學，學日進則過日少。卽有過亦將速改，若徒留在胸中爲悔而不求力改，則悔之雖切，亦不能有益也。

問：「先生謂琨須有自成之功，乃不負數千里相聚之意，願聞自成之功如何？」

卽就平日所講究者，實見之立身行己，不可只做一場話說。眞個做居敬窮理工夫，久之自別，便是自成之功，不要別求。

問：「薛文清謂『心地乾淨，自然寬平』，不審如何後能乾淨耶？」

專一向理道上用心，無許多閒雜思慮。有迴護掩飾，求人道好，各心皆是不乾淨，如何得寬平？便是私意自蔽，私欲自累，與廣大高明相去遠矣。

問：「朱子謂順理爲直，欲改不直之病，當先向窮理上加功否？」

是窮理之所在而行之，卽委曲處亦理所應有。如父子相隱，亦直也。

「承誨謂『父子相隱，亦直也』。竊疑君臣、兄弟、夫婦、朋友之閒合當隱處皆爲之隱，亦無害否？」

合當隱處，便是天理人情之至，便是直在其中。

問：「欲改避嫌之病，當如何？」

窮理工夫到不應避嫌處，自無嫌之可避。理在，故也。合當避嫌處卽避嫌，亦理也，又不必避避嫌之名。

問：「琨每遇事則無斷制，及事辦壞則留滯於心不能放下，奈何？」

皆是窮理工夫不足，而不能主敬亦在其中。

問：「琨每自念從前許多罪過，迫焦於心，若無所容。聖人謂『獲罪於天，無所禱也』，或是此意否？」

「獲罪於天，無所禱也」，遂甘心自棄於人類乎？抑仍禱而求祐於天乎？禱之之法只在改之一法。若改而天不祐，是天棄人也。自古無棄人之天，雖有惡人，齋戒沐浴則可以事上帝。此「惡」字雖非罪過之惡，然世豈盡不赦之惡哉？

問：「先儒謂『稟氣清者，其理亦清；稟氣濁者，其理亦濁』。不審所稟之氣屬天地耶？屬父母耶？竊疑形化以後，雖賢豪誕降必藉父母，實則全得之天地。至於庸衆之生，雖具此理，然得之父母者多。不審是否？」

父母亦在天地中，父母之氣卽天地之氣。大聖大賢自是元氣之會，父母亦不得而自主，然亦必父母之氣好，方受得天地之好氣。至於大奸大惡，又是戾氣所鍾，別是一番道理，亦未必父母之氣太不好。常人則亦視所感如何耳。有常亦有變，然古人最重胎教，此又爲父母者不可不慎也。

問：「易繫傳云：『既有典常，與不可爲典要。』云云。」

不可爲典要，以剛柔之變易无常者言也。既有典常，以卦爻一定而不可易者言也。一以書言之，一以道言之。要之，「常」、「變」二字盡之。

「竊疑心之內渾是一個性，性爲蔽所障，猶燈之光明爲籠子所障也。籠子撤則光明見，猶心用則性之本體開也。未審是否？」

止去籠子，若不添油燈，依舊不明。止用心，猶只挑燈不添油，燈久亦無光，心久亦不能明也。添油謂何？窮理是也。

問：「羅一峰往拜吳康齋，見其所起御聘牌坊。謂其子曰『不必有此坊』，遂不見康齋而去。未審是否？」

康齋此舉未免有動心外物之意，而一峰輒不見而去，亦屬失人。當時如康齋者，亦何可多得？至謂不必有此坊，誠是也。學者於此須大著量，高著眼。

問：「康對山之救李空同，後來論說不同。有謂對山才思豪放，以救李夢陽之故，人品頹塌，是以救之爲非也。有謂朋友原是患難與共，豈宜顧惜身名？是以救之爲是也。有謂臣子伏闕上書，只知有君國，死生非所宜恤，是空同不當求救也。有謂對山既脫友於厄，即當超然引去，不俟終日，是對山之失在見幾不早也。不審孰的？」

對山力可救空同，救之亦是也。若坐視朋友之死，非朋友之義。後來以此獲咎，非對山所宜悔也。責以不能早去亦可，然較漢之陳寔亦未爲太過。

問：「楊園謂：『便捷快意之人不可依爲心腹，他日賣我者必此人也。』若不幸與此等人居，不審何以處之？」

即守楊園說，可也。只看一個言行不實不近情人，便當慎之又慎，和以待之而不與之親。

問：「夫子教人『無友不如己者』，又曰『友便辟，友善柔，友便佞，損矣』。子夏亦云『可者與之，其不可者拒之』，子張則謂『尊賢而容衆』，云云。薛文清公謂『學者第一要有渾涵包容廣大之氣象』，不審當以何者爲方耶？」

要在自己心中涇渭分明而應於外者，宜各量其人以爲分寸，可也。此其閒，亦有格致窮理工夫。

問：「邱瓊山淹貫經史，留心理學，亦一代宏博之儒。何以白沙以聘至京，瓊山不但無薦章，反有陰嫉的意思，豈學問如此，而猶不能化物我之私耶？」

瓊山於端毅亦是忮忌之見，此所謂學術是而心術差者也。

問：「琨每遇失意事，即累日不快，以致曠廢工課。竊思骨肉之死生，家道廢興，意外之變故，子嗣之有無續絕，所以制吾命者，尚多未知，何以能自擺脫得開而不爲所累耶？」

只守定「不知命，無以爲君子」一句，凡一切遇合順受其正。且又當以張子「貧賤憂戚，玉汝於成」爲心，而修身以俟，則立命者即在我矣，何爲如此紛紛纏繞耶？

問：「剛與慾俱屬氣耶？抑剛屬理慾屬氣耶？抑剛係義理之氣慾乃軀殼之氣耶？」

俱近是。從義理之公，發者爲剛；從氣質之私，發者爲慾。

問：「『顔淵喟然嘆』章，云云。」

此章就朱註看，層次最分明，不可錯認。首節正是從卓立，後深歎之詞方見一章前後一氣相承。分外覺中閒一段博約工夫爲孔顔學脈所關，所以示天下後世學者至爲親切。

問：「人有資本中材，然察其區區本心，欲於外之毀譽、禍福、生死、利害之數，實在能擺脫得開；於內之克伐、怨欲、忮求、驕吝之私，實在能打掃得盡。且清夜捫胸，實在有自得處，實在與聖賢有相似處。不審何故而能然耶？抑限於天者不可强耶？祈賜教誨。」

所說恐亦未易言。此等處實用數十年親切工夫，方許自信得過。如今正不須如此計較，只日日做工夫，不令閒斷。俛焉孜孜，死而後已，方是宏毅，方有進益。不可欲速計效，亦不可委之於天以爲必不可及，纔是實落。吾友勉之。節

「承誨『用數十年親切工夫，不令閒斷』，云云。不審如何方是『親切工夫』？何法而後能『不閒斷』耶？」

「親切工夫」，只是時時處處反向身心上，不走作。「不閒斷」，只於不能擺脫處極力擺脫，不能打掃處極力打掃，不能

自得處必求自得，不相似處必求相似，常常如此，更有何法？書以熟讀爲主，精思處亦自有樂，久之心境活潑，精神且覺健旺。看聖賢道理亦只平平常常，不要過於求深矜奇立異，虛心、平心、細心，這就是敬而已矣。又不可將敬字十分作意。節

問：「先儒謂能盡飲食男女之道，卽能盡死生去就之道，云云。」

道以中庸爲主，凡人事上不可過，不可不及。做得恰好處，便是道也。然必從飲食男女做起，所謂工夫從裏面做出，自然生死去就亦不外此，只是人到飲食男女容易差卻，不可不勉。

問：「夫子稱『三年學不至於穀，不易得也』，先儒謂『漢董子可以當之』，不審如何？」

董子有「三年不窺園」之說，後儒或因此附會之。然「正誼不謀利，明道不計功」，則其不至於穀，亦可信者。夫子門下當時恐亦不多得此人，故夫子云，然以警學者耳。

問：「自古聖賢最重恥字，竊意復卦一陽發動之微處，似屬恥意。未審是否？」

一陽動處，四端皆有，但仁爲萬善之首，其實恥自屬羞惡甲裏事。然朱子注通書云「無恥，我不仁也」，又何也？卽此可以悟上蔡面赤，而程子乃曰「此惻隱之心也」。蓋恥雖義中所發，而非仁則亦冥頑不靈，而何恥之能有？要之，仁統四端，不獨羞惡，卽恭敬是非亦未有不自仁來者。此聖門所以汲汲求仁也，細思之。

問：「仁與義、禮、智。析言之，固各有界限。串言之，實互相貫通，云云。」

此等處細看玉山講義，及答陳器之書，及語類中論仁義各條，可見更須自體貼實得於心方好。此所謂，交羅錯綜而無不各有其條理。會看時眞不知手之舞之足之蹈之也。

問：「陸桴亭云：『吾黨得爲縣令，月朔置一櫃，令士民投牘于中，言我一月過失。』云云。」

桴亭說最是，但後世人情狡詐多端，官若如此，或不免顛倒變亂反起風波。留心點檢，求得三數賢者，如古人師事兄事友事之類，當不至有過，不必設櫃，如何？

問：「陸桴亭謂：『清官不出吏人手，以官不久任而吏多積年故也。』云云。」

此亦在人爲之。如爲官者，時持「清」、「愼」、「勤」三字，又熟於義理，精於律例。程子所謂「正己以格物」，則吏人亦不能欺，而爲我用矣。

問：「陸桴亭謂：『有司欲作興人才，當於課考之時分理學、經濟二科，設爲條問，以觀所答優劣。』如何？」

試之以言，尤當考之於行，求一眞才，而人皆勉於善。若徒以言而已，則烏足以服人，且反輕之矣。

問：「于清端公國朝清廉第一。焦雨田嘗言：『至誠可以感天地，動鬼神，當今若有清端公做官底心腸，向前做去，必有清端公底際遇。』云云。如何？」

雨田此言甚是。余謂學者只當盡其所當行，不必預計合不合，不合則去而已。道之興廢，命也。只看自己是如何。

「竊意吾師若作州縣，其富民、教民、考課之法必不同於俗吏，願聞其詳。」

不害義處亦只得從他，若只如俗吏所爲，則生平讀書盡棄其學矣。甯如己之爲愈，至於教養，亦視其職所當爲，力所能爲可也。國朝于清端、陸清獻皆可師法，豈矯俗以爲高哉？

問：「小學明倫『父子』『君臣』諸章大旨，云云。」

大概仁齋分章解其大旨，俱已明析。如今只在細就每章字字句句求實理之所在，但要統歸。小學一路親切求之，不可闊泛。解説已明，全在體玩，反上身來，便覺字字句句有味，如此方有益也。更且涵養，須常留書味在胸中不去，久之浹洽，則書理與我一矣。

問：「『日月以告君』，疑專爲動舊之家言耶？」

不分貴賤，大概是士昏禮，卽今庶人亦當告，或少多少婚姻獄訟。

「竊疑天地所以有憾處，緣天地亦是氣質用事，便有過不及處。未審是否？」

天地亦是有形氣的，亦不能盡道，總見道之費。天地有内外，而道無内外。天地有邊際，而道無邊際。天地有始終，而道無始終。

問：「『鳶飛戾天』節，似承上『莫載莫破』之意，極言道之流行充塞無往不在耳。不審是否？」

言鳶魚，而天地無一物不可作鳶魚觀。言飛躍，而天地無一處不可作飛躍觀。天地間無道外之物而道無不在，引詩以證，而道之費可知道之隱可知。道之費，聖人自有不能自信處，吾未能一焉，已明言之矣。然惟聖人方見得道之費如此。誰主宰是？誰運用是？此化育流行之妙，非道而何？但道無聲無臭，則所謂隱也。然費處就有隱在。

問：「『李安溪解費隱章云：『此明索隱者之非也。索隱者求道於人理之外，而道實無隱也。』云云。如何？」

安溪之說顯與經義相悖，且未免牽合附會於文義，反不通矣。其病總在於不信朱子，故於中庸獨分章段，其解義自出異見，當深戒之。

問：「人心之靈明，便是道否？」

是知覺。

問：「工夫必如何，而後可爲實耶？」

實立志，實主敬，實窮理，實反身，必如大學所謂「自慊而後謂之實」。有過則改，自責自打古人不如此，以此爲實反陷於私意過求急迫之咎。有急迫而可謂之實乎？卽此一端思之可知。

「竊思中庸所以載鬼神處，云云。」

此支是說道之費。鳶魚是無物不有，鬼神是無時不然。前三章是就人事說，就切實處說，「鬼神」章是就性命源頭處說。就虛無處說，鬼神是氣、性、命、源頭，在末節「誠」字。然人事處是道之費，人易見。虛無處人難知，然仍是道之費，末乃點出「誠」字。前三章言費，而隱在其中，是由顯以見微。「鬼神」章兼費隱，又由微以之顯，更殺分明，總是教人不把鬼神看得杳冥。然雖費隱都是道，其實卽在庸行上見，庸行費也。做到極處亦只是這個，所以至於饗親饗帝，而二十章「達道」、「達德」，九經又無乎不在，以見無費之不隱。匯節前後四條。太極卽在鬼神之中，鬼神亦以誠爲之。「問政」章又說到散布處，發明「誠」字極致。

問：「狐疑之病，云云。」

人心只用坦白直率，時時檢點自己過失，切不可留宿於心，自作一團私意。大丈夫當如青天白日，光明磊落，使人人得而見之。要之，自己心裏有了多少事，其實别人無一事。

問：「楊園謂『本體不假修爲』，竊疑省察克治非修爲乎？」

既是本體，如何修爲？未發之中氣不用事，純是天理，天理何假修爲？若説未發時省察克治，則與求中於未發之前、觀喜怒哀樂未發時氣象意近，是假修爲矣。此程朱皆不以爲然也。但未發時雖無工夫，然卻自有工夫，所謂「敬而無失」是也。然竟以爲修爲，則又太著迹矣。幸細思之。

問：「蔡虚齋謂：『「志學」章以「天」字貫到「從心不踰矩」。』云云，如何？」

説亦不差。要知聖人口中只是平實，方是人人可做，不曾説個天字使人驚駭。但後推到原頭，亦總不外一「天」。天者，理而已矣。細玩註，即知朱子註經不肯妄添字處。

問：「自己病痛隱慝，云云。何法可以矯革？」

爲學是自己事，不過要全性分之固有，盡職分之當爲而已，取名便不是，更何有於人之凌辱？爲凌辱而始發憤爲學，便不是爲己之心，如何做聖賢工夫？孔孟當時其爲凌辱已甚，孔孟何嘗以是爲心哉？一生辛苦只是學而時習，依乎中庸，遯世不見，知而不悔，知言養氣，愛人敬人，三自反而已。子之隱慝，吾雖有所不能知，而子既以此存心，便是隱微病痛，須將此心打掃乾淨，每日只向自己身心上用力，搜尋病痛，拔去根株，外面一切不關己事，都不分著幾微氣力管他。自己若成就個人，則凌辱者或反而相親。此輩有何見識，在我當憫惜之不暇，又何怨之有？

問：「聞人凌侮，云云。不勝忿恨，乞賜垂誨。」

責人宜恕，自責宜嚴。二曲、楊園正惟識得先天後天、無極太極底道理，方能九日三餐，晦迹不求名，不可認作兩樣。若只讀得先天等書而不反之於身心，作人全然相反，無怪爲彼所笑。且以遺先天等書之累，在彼怒人之過，只可就事論事，遷怒於讀近思録，過矣，亦無足深責矣。在吾黨正當警醒，反己自責，不可徒忿忿於彼也。君子惟有反求諸己之一法，何暇尤人乎？

問：「文王興王之難與齊王反手之易，專以時勢論，云云。」

文王自有德，但時勢不值較難。齊王猶反手，仍是以德言，況更有時勢可乘。非但有時勢，更不論德也。細玩孟子語，意自見。

問：「南子聞車聲，云云。」

不在南子能知伯玉，卽此見伯玉工夫之實。學者於此不可放過，南子不過一點聰明，不足贖其惡也。

問：「濂溪在當時人無識者，惟程大中公知之，云云。」

大中公知人之明誠不易得，而周子幾於遯世不見，知而不悔，此所以獨接孔孟之傳，而爲程朱之先道歟！

「竊觀古來明達聰敏之士，往往不由學問而見事幾微，料事多中，遠勝於窮經者。得無以稟得天地之靈氣多否？」

天資固有好些，總不如學問工夫可靠，自古未有聖賢而不學者。

問：「病痛，云云。」

才知有此病痛，卽力改之。此等處只是見理不明，若心中有個義理，卽此等病自退消。

濂溪灑落境界本不易到，然要希此意趣，卽讀通書精熟，所犯各病亦當漸去。周子工夫便從君子修之，自寡欲以幾於無欲，然後有此。

每每歸咎氣稟，此卻不可，聖賢所貴乎學者所以變化氣稟，果能此道，雖愚必明，雖柔必强，豈可自棄？亦百倍其功而已矣。

「竊疑度量大小似由天授，云云。」

度量固由天授，然有幾分學識，便有幾分度量。只一味進學，學進則識進，識進則量進。凡無量者，皆坐不學無識。

問：「鄉愿，云云。」

鄉愿病痛卻易犯。才有鄉愿意思，便入不肖一流，須常自省。必須是非明白、無所回惑，此八字定盤星也。自古聖賢都是强毅有立，況今日風頹波靡，稍踏不穩便會撲跌，弄得腳歪頭戟，都無是處。

問：「敝鄉一舍親，才氣鋭，制藝工，尤長於理題，而科名偃蹇，每落第卽痛哭。謝退谷謂：『科第另有緣故，不係文章之工拙。』是否？」

豈可謂得科第全不係文章工拙？只是得之不得有命，是求在外者也。文雖工而求必得，是惑也。落第痛哭是不知命，且見其於理無得也。謂長於理題，亦何貴哉？

「承教只辨得個必爲聖賢之志，血誠去做。竊思莫非於日用間一切大小事情，檢點自己心術否？」

爲聖賢亦只在存理遏欲上用功。存之又存，遏之又遏，初覺得理少欲多，漸覺理欲參半，又漸覺得理多欲少，此便是好機會。總在切實體驗耳。

問：「欲自今將小學從首至尾日讀一徧，近思録四日一徧，云云，如何？」

熟誦固好。工夫只在不閒斷，亦不可如佛子誦經，卻奔忙了事。但持之以長久，記徧數〔二〕用心讀去，如小學六篇一日讀過，恐亦只求了事而已，何益之有？

「側聞先生避回亂至蒲城永豐鎮，遭大險，絕無懼色。朱子云：『自古無被人殺死的聖賢。』竊亦謂然，不審當日何故能不動心耶？」

朱子之言吾不敢援以爲比，只是當時誤認爲回子耳。雖遇烏合團衆不可口說，無辜斃命正復不少。但自信非回，遇此亂世，生死亦付之蒼蒼，餘非所慮，懼亦何益？幸遇舊齋僕乃其鄉人，遂得無事。

〔二〕「記徧數」：疑爲「不記徧數」之誤

問：「高忠憲謂『鍛鍊身心』，不知其法如何？」

鍛鍊如用烈火鍛冶融鍊，不使生硬夾雜，務要純熟精光。如私欲淨盡，粹然天理，方是鍛鍊盡處。

問：「呂新吾謂：『悟者，吾心也，能見吾心，便是眞悟。』未審其說如何？」

見心之說，亦與禪氏相近，須如「禹謨十六字」方穩。

問：「李二曲謂：『吾人之學不靜極，則不能超悟。』未審其說如何？」

亦恐不如補傳朱子所謂「窮至功久，而豁然貫通」爲無弊。

問：「陳白沙謂『物有盡而我無盡』，云云，如何？」

物我皆有盡時，豈有物盡而我獨存之理？白沙之說亦是佛氏我大物小之見，至於聖賢與天立極，只是其理自在，豈先有無盡在其意中耶？

問：「先儒謂佛氏學雖不正，然心是個至靈底物，他存養的久了，也有一番光明靈鑠底意思。薛文清謂『存心久，則觸處與道相值』，云云，不審心如何能常存耶？」

惟敬則心常在腔子裏，佛氏只存一個私己底心。如文清說，方是吾儒存心之法，亦只是一個敬而已矣。

問：「士於正學若無所得，凡漢學、陸王之書，似不宜先寓目耶？」

宜先專守程朱書，不可夾雜。若欲窮諸說之弊，又不可不讀其書，但須此學有得，然後及之可也。

問：「朱子晚歲一日讀書有悟，謂門人曰：『吾今庶幾不愧一生矣，若前幾年死了，也是枉活。』後數年又嘆已無所得。竊思朱子負絕頂聰明，用許多辛苦，猶忽明忽暗，有昏而不見時耶？」

朱子不可說已得而復有昏時。道理原是一層深一層，愈尋求愈有。此見朱子學無已時。就是夫子到從心不踰矩時候，若再活幾年，到八九十百歲，亦必另有一番意味。

「承誨窮理工夫要實做，不審如何是實做？云云。」

窮理多端，讀書只是一事，卽熟讀小學、近思録二書，亦不可不謂窮理之事，而所以窮理亦非熟讀便可了事。正宜講求探討，必得其當然與所以然之理。推之四書五經以及先賢講學各書，如程子所謂論古今人物應事接物，以至眼前一舉一動、一語一默皆各有理，不使忽略過去。每日之閒打起精神，不使含糊昏緩，若存若亡。常令此心惺惺不昧，窮理至於熟透，方算實做。

「竊思天道雖有闔闢顯藏之不同，而徹始徹終皆是這點生動意思爲之主宰。雖翕聚固閉之時，正是完養此生動意思，所以一闔一闢一顯一藏，循環而不窮也。未知是否？」

生陽生陰皆生也，動靜亦然，天地閒只是一個生。不是這生，天地幾乎息矣。

問：「孟子謂無惻隱之心，非人也。竊思此心，天地之眞心也。以是心而猝遇不善，則爲羞惡。以是心而猝遇著善，則爲辭讓。以是心而遇善遇不善，則爲是非惻隱之心。眞羞惡之心，切辭讓之心，虛是非之心，明以此而推諸造化，亦莫不然。春則陽氣直達，不可遏抑。夏則發露極盛，漸有虛底意思。蓋盛者衰之漸，姤卦一陰生，秋則收斂，向裏近於切實。冬則翕靜閉藏，在卦位爲艮，艮則篤實輝光。在五行爲水，水則外暗内明，均似有明底意思。然則人之四德與天之四德殆相脗合耶？」

推說得好。

問：「窒欲乃學者著急工夫，是敬之久而自無欲耶？抑別自窒之之法耶？未審其故。」

窒欲亦是敬中工夫，不敬便不肯窒。如今只用窒去欲，自日少。

問：「夫子言『十室之邑必有忠信』，又曰『得見有恒者，斯可矣』，而略不及聰明才分，殆恐質魯者之甘於自棄耶？」

終是忠信有恒做底子，方靠得住。不如此，自不肯好學，卽學亦無成。既有此，亦必好學，方可爲聖爲賢，不然亦終爲鄉人常人而已。若聰明才分不好學，其失更甚。

問：「先生教授多年，門下確有心得實能爲己者爲誰？何人可往來？何人可辨論？」

心得闇修之人，實不易得。就其所至而論，各有所長。古人遜友視志，只在自己切實做工夫，亦皆有益。或取其執守，或取其樸誠，或取其勤讀，或取其精思，或取其講論，或取其聰明。至其所短，亦不可不知。聖人所謂思齊內省，卽此意也。

問：「炎涼得失不免動情，當如之何？」亦只是見理未透。見理透，其識自超出萬物之上，胸中自有一番浩浩落落之致。自覺萬事皆低，曾何足以攖吾之方寸？工夫亦在熟讀聖賢書，久之意趣自別。

問：「雞鳴而起，以溫習舊書爲要耶？以斂形端坐爲要耶？」就在斂形端坐時溫習舊書，方不是空坐，不然又恐坐馳。端坐只是整頓得精神起，此是主敬。又須尋繹書理，則主敬愈益精明，不是塊然都無事也。

問：「祭祀以誠敬爲本，琨每作意誠敬，絕不得力，天性澆薄，乞賜垂誨。」祭思敬，喪思哀。不思，則至性不能感發。有至性，人方能篤倫。

問：「張楊園先生先讀小學、近思録，後謁劉念臺，遂有所得。是否？」楊園雖初讀小學、近思録，尚未有得。及見念臺，卻亦無甚深益。後來仍得力小學、近思録，故能恪守程朱，非念臺之說所能感也。楊園與念臺學術少異，只是不欲輕言師門之過。

「竊疑富貴功名，尚非相貌枯寒者所能得，況於道德之尊乎？」只是「仁義禮智根於心，其生色也，睟然見於面，盎於背」，何相貌之足云乎？惟窮理修德，不惟變化氣質，且能改換面目。

問：「後儒推尊許魯齋幾與朱子並，然乎？」朱子豈易並？然魯齋直學孔子，與朱子心事一般，所見亦差不多。這等人天資固是高，亦是實用工夫，故如此。今只依小學、四書做工夫去，便是爲聖賢的當下手處。聞此言不信，便是庸愚。魯齋斷不誑人，只在人做工夫如何耳。然卻不是此二書便了也。

問：「實學、舉業二者兼營，決無成功之理。楊園所謂『荼蓼朽止，黍稷茂止』，若萬一父母兄弟云云，當如之何？」

楊園之言，眞至論也。但各人所處所志不同，然不如絕利一源，伊川、敬齋便是樣子。人往往藉口親責，只是自不立志耳。能喻親於道，才是力量。尹和靖不應舉，其母曰：「吾願子以善養，不願以禄養也。」程子亦曰：「爲己爲親也，只是一事。如不得，其如命何？」

問：「喜怒哀樂與惻隱四者皆情否？抑雖皆情而必有分別否？」

惻隱四者，性之端，故無不正，其工夫只在擴而充之。喜怒四者，氣之屬，故發能中節乃爲情之正，其工夫致中，尤要致和。

「竊思與富貴人處，語言嚬笑有順適附和的意思，便是屈節辱親，非以名節自勵，恐不免此。」

語言嚬笑無一毫不中節，此頗不易。然亦要主敬窮理工夫熟。自不苟徒以名節自勵，又恐多激烈高亢處，亦不可也。激烈高亢與順適附和病一般。

「竊觀古來仁人志士，皆是一段至性做成。」

讀正學書，實有所見，便至性益發見不可遏。所謂樂則生矣，生則烏可已也。今只辨得一個必爲聖賢之志，血誠做去，一切不顧，不可枝枝節節較量，反不爽快也。

「承誨漢儒、陸王及國朝諸儒，所做工夫異同惟朱子，云云，願聞其說。」

漢儒做格致工夫不的，所以誠正工夫不得力。陸王誠正未盡，亦由格致工夫已差。國朝諸儒亦看是何人做格致誠正，亦不盡同，淺深亦各在人，難概論。朱子博約工夫俱到，此眞是。

「竊觀先生祭仁齋文，有云『經七晝夜輾轉，以思得子一言，大破夙疑』，願聞其詳。」

初以仁齋不應科舉，心頗疑之，以爲必有所以然之理。思之經七晝夜，證以前賢之說，多不得其解。一日仁齋過我，飯後遊行田畝間，微問之，仁齋謂「科舉總是求人」。仁齋拙於言辭，余遂悟程子謂「賢者在下，豈可自進以求於君？苟自求之，必無能信用之理」。一段說話，主意始定，所以不敢一毫外慕，守此而已。

「竊思人之窮通、壽夭、苦樂、勞逸、妍醜、菀枯，皆是生來一定。故君子『居易以俟命』，不敢『行險以徼幸』，未審是否？」

氣數雖有一定，亦要知程子所謂「修養之所以引年，國祚之所以祈天永命，常人之至於聖賢，皆工夫到這裏，則自有此應」之理。

「竊聞日者云：『爲聖爲賢皆有一定的命，不可强。』未審其說如何？」

是。雖聖賢成就各有定分，然學聖賢底心便要一齊赶上去。若自存一有定分底心，便不肯學。張子云：「學必如聖人而後死〔一〕。」學者斷不可無此志。

問：「『君子之道闇然而日章』，不審闇然之功如何？」

知務外爲人之心，不是一味做爲己工夫，才是闇然處。然卻先有所見，何以必當爲己而不可爲人？必如中庸「知遠之近」等句，三「知」字然後可以入德。

問：「師弟遇合，亦有福分因緣否？」

親師取友自是理合，如此不以福分因緣而論。若以此論，則人有推委之辭，非聖賢教人之道也。

「歷審前聖後聖之言，若合符節必不誑人，斷當沉船破釜做一場，豈敢以天資不美而生暴棄之心乎？請詳訓之。」

賢能見及此意亦可尚，但須靠實。何以致思？致思當於何所？見大忘小，大者何在？何以能見此處？當下十分工夫。果能透得此關，自然工夫必不能已。然此個工夫亦非漫然說著便能到得，緊要只是責志。人只不立個志，便不免悠

〔一〕「死」：百衲本宋史張載傳作「已」。

悠忽忽似做不做。若有個必爲聖賢之志，有個朝聞夕死之志，有個乾父坤母、民胞物與之志，如何肯一毫同流合污，混同枉過一世？且勸諸君先須立志。張横渠先生嘗曰：「爲此學者非欲大有所爲，必有所不得已。」試一參之，如何？

問：「辛天齋有云：『自己是個禽獸，父母便爲禽獸底父母。哀哀父母，生我劬勞。念及此，雖欲不爲聖賢而不得矣。』二曲先生亟稱之。竊聞此語不覺天良乍動，澹其外慕之心。乞詳訓之。」

豈但澹其外慕之心？直欲做聖賢，爲天地間完人，卽爲父母之孝子。始得既知此語懇切，時時念之，欲不立志，爲人不得。

此爲學先要辨別路途門戶。今人講學者，動謂不可存門戶之見，便見不是眞心向聖賢路上來。若眞心爲聖賢，豈可不尋聖賢眞門戶？

只俛首做實工夫，一切世境不爲所撓，方能有得。才爲外物所移，定是學不得力。

要養此眞心，亦離居敬窮理不得。若外居敬窮理而謂能養眞心，竊恐所養者亦私心耳。此處須細體貼得之。

問：「呂新吾云：『呼吸一過，萬古無輪迴之時。形神一離，千載無再生之我。悠悠一世，可爲慟哭』。竊疑道德文章功名，一無所有，固可慟哭。若幸知正學一途，復得科名美官，至爲慟哭何耶？」

功名從道德中出，則功名亦道德也，何慟哭之有？正恐不從道德出來，卽功名亦不成功名矣，不過富貴利達著數。卽有喧赫光耀驚動一時，亦只是私意做成，詭遇得之，其本心已失去天理益遠，都是搭皮。蓋面揜著之小人，不可慟哭耶？

「琨年二十四歲，館於新城，聞先生名，仰若山斗，屢見諸夢寐。每思困蒙休復之義，急欲執贄，以窘於資斧，不能決意而來。長山焦挹清，雨田公之子也，時雨田宦秦中令咸甯，去三原不百里。挹清召琨曰：『君若眞心謁師，衣食資斧概從家父衙門預備。』琨慚愧遜謝，挹清云：『不須如此，君今只要剛以致決，把妻子功名一概放開，學個端人。雖暫離膝下，似非情，其實乃是大孝。且老母在家，我時時專人看望，與君通信息，不使君有内顧之憂。君到清麓只苦心領教讀書，以求大有成就。不然，何面目回山東見家中父兄親友乎？』琨於是急覓人代館，卽欲七月起行，挹清云：『黃河兩渡，雨晴不常，待九月閒我專人送君。』至九月二十一著其親眷同琨入陝，令其諸弟拜送以重其事。囑琨曰：『飢便説飢，寒便説寒，不可羞口，枉自病苦。』戒親眷盡心護持，又餽藕粉白糖以備勞疾。至咸甯，雨田公云：『仲玉此行甚不易得，必學有成方可回去。今後視若一家，凡所急需服器便向我説。』辭氣藹然，將琨衣被盡與改換。挹清知琨非特立之才，屢屢勸琨從師雨翁。知琨出門之苦，屢屢溫語慰諭。琨竊自思，千里從師固琨本意，然性實怯懦，又窘資斧，向非雨翁在外曲照管，挹清在家曲曲營謀，恐今生無來見之期。此琨所以念雨翁父子之德，感激思奮而不能自已者也。不忍沒其實，故詳述之。倘得蒙教，大變積習，不知當何以報此再造之恩耶？乞我先生幸賜垂誨。」

觀賢敘，雨公、挹清父子欲賢讀書，爲人意極眞切令人可感。直於古人中求之，今人無有也。然則賢宜如何？立志向前爲聖賢路上人，今人有成就科名至感之終身不忘者，以此較彼，其輕重大小何如琨乎？自今以往不挺特奮發以求全天地之賦予，報父母之鞠育，遵聖賢之訓誨，副師友之期望，空負此形骸，空喫世閒人飯，以酬知己之恩者，非夫也。琨乎，勉旃！勉旃！

## 答王嘉言　凡九條

問：「『母出，與廟絕，不可以私反。』宋襄公不迎養其母，朱壽昌并迎其同母弟妹以歸，二人孰優？」

不當私反自是正禮，然而子無絕母之義，養之自不可廢，不廟見可也。壽昌事又是過人之行，衰世亦最難得，不可厚非。

問：「『居是邦，不非其大夫。』孔子居宋，桓司馬自爲石槨，三年不成。孔子曰：『若是其靡也，死不如速朽之愈也。』遂致將殺之變，而有微服過宋之儆，然則孔子何爲出此言耶？」

「速朽」之論，夫子因事論理，非面非桓司馬也。司馬自是惡人，有醜正忌賢之心，非因夫子此言。夫子亦非以言賈禍也。二事不可合併看。

問：「裴行儉謂：『王、楊、盧、駱四子浮躁淺露，豈享爵祿之器耶？』是以文藝而言歟？是觀其氣象而言歟？」

行儉想是觀四子氣象且自言。士當先器識而後文藝，四子器識自非遠大，若其文藝則四子亦優於人多矣。而卒如行儉所議，然則文藝之不足重如此，士可以文藝自多乎哉？況又不如四子者乎？

問：「欲學聖人之道，而父母不悅，奈何？」

亦看自己立志如何。父母既不悅，亦不可直行己志，但自己先好好讀書，誠心盡孝。父母總愛好兒也，久之或能使己行其志。且以秀才、舉人、進士榮其親，何若以學聖賢之人而榮其親？父母豈不願兒學聖賢乎？只恐自己不能著實學好，故父母不悅耳。

問：「論語云：『不在其位，不謀其政。』程子曰：『不在其位，則不任其事。若君大夫問而告者，則有矣。』溫公爲政，欲除一人給事中，再三問程子，程子終不言。未審其故。」

君大夫問而告者，亦只是泛論事，理當如此。溫公所問是要作給事中人，伊川所以不答，非徒避嫌，自是語默之節。此正可見古人謹言處，可法也。

問：「迅雷風烈必變，是聖人之懼耶？抑聖人之敬耶？」

敬便是聖人懼處。所謂聖人不懼者，不有世俗情欲之懼。至於義理之懼，無時而忘。

問：「伊川每見人靜坐，便嘆其善學。不知當靜坐之時，心可以有所思否？」

靜坐思義理則可。若只靜坐，恐心反馳，又多不靜。不然，又是禪定。

問：「心不可有一事，云云。」

惟能有事方能不有一事。有事者用專一工夫，不有一事者，不有閒雜事在心中也。

問：「先生用陰陽擇地否？」

自己不曉地理，用陰陽決安葬亦審重之意，只求安穩而已正，非信禍福之說也。若正誼及家宅一切興工，何嘗用陰陽？朱祠亦不用其說，直以心所安處爲之耳。

## 答王伯明　凡三十一條

問：「人性皆善，孟子累言之矣。周子卻言『五性感動而善惡分』，何耶？」

人性皆善之性，純以理言也。「五性感動而善惡分」之性，兼氣質而言也。性中本無惡，性之所發有惡者，卽程子所謂「惡亦不可不謂之性」，亦兼氣質說，但其惡亦不過有過不及耳。

問：「程子云『心一也，有指體而言者，寂然不動是也』，陽明言『無善無惡心之體』，只就不雜乎善惡者言之耳，先儒往往非之，何耶？」

性有善而無惡，只可說不雜乎惡，豈可云不雜乎善？惡不雜善，惡是本。「無善無惡」，陽明之意，佛氏之說也最不是，此處萬不可認差。

問：「『生之謂性』一語，孟子已辨其非。程子卻是其言，且曰『性卽理也』，又曰『性卽氣，氣卽性，生之謂也』。其說不一，何耶？」

程子「生之謂性」與告子語同而意異。告子純以生爲性，程子特謂生亦性耳，所謂有兼氣質而言之性。下文語自明，細玩之，「性卽理」與「性卽氣」亦意有別，只認得不雜不離二意，此處亦易明。

問：「程子云：『无妄之謂誠，不欺其次也。』无妄不欺，所以分處何在？」

无妄以理言，不欺就人心言。雖皆謂誠，而有不同。

問：「程子言『心本善，發於思慮，則有善有不善』，而象山曰『心卽理也』，先儒卻非之。何耶？」

「心本善」便是說性也，單言心則不能以全善矣。「心卽理」便無分別，故不是。

問：「程子言『不必將既屈之氣復爲方伸之氣，生生之理自然不息』，江氏注卻言『人物間有投生者，理有常變也』。未知是否？」

理亦有變者，實非理變亦氣有變耳。謂有常有變，亦理之所有耳。投生事或偶有之，如此豈常有？

問：「程子云『心本善，發於思慮，則有善有不善』，又曰『既發則可謂之情，不可謂之心』。竊疑仁義禮智、喜怒哀樂之隨感而見者，謂之情。若云發於思慮，恐只可謂之意，不可謂之情耶。」

既發謂之情，此句自是。不可謂之心，此句恐未穩，與「凡言心者皆指已發」正相反。或初說，後雖改正，記者不免誤存。心自通未發已發說，凡言心者皆指已發，朱子已疑之。發於思慮謂意亦可，然情可爲善，但亦有不善耳。

問：「冬至祭始祖，云云。」

有厥初生民之祖、有受姓之祖、有始遷之祖，始祖兼此三者。今之祭非祭也，亦薦耳。程子之說似不可易。

問：「冠、昏、喪、祭欲盡復古禮，父母或不欲，則何如？」

積誠意諭親於道可也。如終不從，自己身自行之，久之或得其父母歡心也。

問：「與人奠賻，而人以酒肉相待，則如之何？」

託故辭之，可也。

問：「程子既自云『中卽性也』，此語極未安，朱註卻又言『其未發則性也』，何耶？」

未發則性，蓋不可謂非性之理。然謂中爲性，則不可。

問：「程子曰『以理而言謂之道』，又曰『性卽理也』，卻又言『性道不可合一』，何也？既曰『中者性之德』，又曰『中止可言體，而不可與性同德』，何也？『中止可言體』，何不曰『中者性之體乎』？況既云『以中形道』，又云『中也者，所以狀性之體段』，然則性與道同乎異乎？」

「以理而言」之「理」，與「性卽理也」之「理」不同。「性卽理也」之「理」是實字，「以理而言」之「理」是虛字，謂就理邊說耳。「止可言體」，所謂「性之德也」。「不可與性同德」，不可謂「中卽性也」。但「止可言體」，而不可直指爲性體，此所以止云「狀性之體段」。受於天曰「性」，見於事曰「道」。性是所以然，道是當然，其實一也。

問：「靜中私意橫生，何以禦之？」

才覺私意横生，便用心讀書，此最妙法，試驗之。

問：「周子云『無思本也』，中庸云『中也者，天下之大本也』，鄭慧能亦曰『不思善，不慮惡』，卽喜怒哀樂未發之中也。夫不思善，不慮惡，非所謂無思乎？朱子何以取此而不取彼耶？」

周子所謂「無思」，卽易繫辭「无思」之意，如誠無爲只是未發時耳，只是未發時無私意，是性底本然。周子不又云「思通」乎？若不思善，不慮惡，卻要强遁於虛，只是説無心，故程子謂「無心便不是，只當云無私心」。

問：「張子以五更之祭爲非禮，如何？」

鷄鳴而起質明而祭，不可太早亦不可太遲也。朱子家禮皆是質明致祭。

問：「禮云『母爲長子斬三年』，張子以爲未安，其言曰：『父在，子爲母期，母如何卻爲子斬？』云云。」

長子承祖重，雖父亦爲斬衰三年，母可知矣。此見儀禮至明，始改不杖期，失古意。今制亦如此，從今制可也。母所以如此，蓋父不敢降，母亦不敢降也。未可以己私意論，在今自當從今制，但其意不可不知。

問：「高子羔不徑不竇，固可師法。然或父母在，亦可執此義而死之乎？」

朱子所謂不可自守以殘其軀，只看事之大小輕重，有個變通，不可執一。

問：「伊川謂『事死之禮當厚於奉生者』，竊疑云云。」

事生事死均當誠敬，然生事自是常禮，固可以源源盡其奉養之道。死事則父母已没，永不得食子之食，則其祭之也心愈切而情愈迫，故必致其豐腆而後卽安。古人所以致嘆於「椎牛而祭，不如鷄豚之逮親存也」。厚薄之説又何疑乎？

「承誨謂『靜中亦有動靜，動中亦有動靜，細分之亦可驗之日用間』，竊疑云云，請訓。」

如人睡非靜乎？ 而睡之有夢，則靜中之動。 其無夢，則靜中之靜也。 如人醒非動乎？ 而醒之無思，則動中之靜。 其有思，非動中之動乎？

問：「陽明之『致良知』，云云。」

陽明之說與孟子相似，而絕不同。「致良知」之語自不然，斷不可誤認。 此等處非一言可了知。 既云良，自不待致。孟子所謂「所不慮而知者，其良知也」，則又有所慮而知者矣。 所慮而知者多，何以遺之不言？ 又遺良能，卻湊合大學「致知」中加一「良」字，所謂借聖賢之言，以文其私說也。

問：「胡敬齋云：『良知出於天，致知在乎人。』上既云『良知』，下『知』字豈別是一知乎？」

敬齋語自分明，尚何疑下「知」字？ 自兼聞見之知，不能盡良。

問：「四端之發見處，卽良知。 孟子謂『知皆擴而充之』，豈不是致良知？」

說擴充正是推極之致，擴充只擴充其發見之知乎？ 試問陽明所講「致」字作何講？ 果如朱子所謂推極之致乎？

問：「胡敬齋云：『聞見之知，亦從良知上來，非良知安能聞見？』可知致良原從本原上致，所慮而知似亦在其中？」

從良知來，而不止良知也。 所以止說致良知，便不可。

問：「良知是體，良能是用，言良知而良能似亦在其中？」

以良知包良能，又是陽明「知行合一之」說。

問：「先生嘗言陽明爲振古之豪傑。 今日借聖賢之言，以自文以振古之豪傑，而肯爲文過之小人乎？」

陽明能厲志，聖賢不得不謂振古豪傑，況其功業彪炳，亦足照耀千古。 然其學術實屬偏頗，不守聖賢成法，便欲以自己所見壓倒前人，雖非有意文過，而究其極亦不免於文過。 前人已論之詳矣，若猶不能深信，細讀程朱之書，果實有見。 更取陽明書審玩之，自當有眞解不爲所惑也。朱子補傳「人心之靈，莫不有知」，曰「靈」不曰「良」，可思也。且不慮而知謂之良知，如陽明説只致不慮而知，凡慮而知者不須致乎？是其説可謂通乎？如今自用致知工夫，看所致者果良知乎？抑不止良知乎？凡聖經之言，自不宜輕易改變，立論牽大學又牽孟子，兩相湊合自用，遷就己意，不亦侮聖人之言乎？

問：「呂晚村云：『天將開治，必以殺戮靖亂，殺戮必假手於殘暴之人。』云云。」

天不假手於殘暴以去惡人，則終不可得而治，非天意也。如雨露固是生意，冰霜又何爲耶？天道不能有春溫而無秋肅，人事亦不能有仁育而無義正。須大著眼看去，不可存一孔之見。

問：「大學明德，果以心言乎？抑以性言乎？」

明德以心言，然卻是道心便有性在，不可誤認。

問：「呂晚村云：『須知耳目口鼻四肢渾是一團天理。』云云。」

耳目口鼻四肢渾是天理，謂耳目口鼻四肢其中自有天理，則可説。便是天理，則不可。

問：「張公百忍，云云。」

張公之忍，正是不均不備云云。忍本不是齊家第一義，張公都是爲齊家有不行處説法，亦後世所當取，則也須寬看。

問：「五祀之祭，月令各有其時。今先生於十二月晦日但設司宅諸神之位祭於一處，何耶？」

大夫祭五祀，吾輩家中自難備儀。歲終一祭，以謂愈於泛泛之祭耳，非謂合禮也。

問：「將就鄉塾教村童，云云。」

古人以好爲人師爲患，想賢已知之。然爲師則無檢束，易自尊大，每日之間此心不知不覺放去。惟常切警惕，立定課程，踏實自做工夫，學生工夫亦是自己工夫，一味敬謹不放此心，則讀書厲品日有進益。此無他，只在立志而已。願賢勉之。

# 答張深如　凡十六條

問：「父母若惑於浮屠，人子當如之何？」

當以誠意動之，切不可爭。人子果潛心正學，躬行實踐，積久自得親之歡心。乘閒微言婉導，或借端隱諭，斷無有不格之理，卽兄弟亦然。若親執狃不回，總以得親心爲事，又敬不違，可也。苟己身未修，欲見孚於親，宜其難矣。此曹月川夜行燭一書所以重也。

問：「未發之中，常人亦有否？」

此「中」字人人皆有，但常人不能敬，故失之耳。

問：「先生心亦有放否？」

豈易言不放？昔涇野先生語學者曰：「吾無多過賢輩處，但較賢輩用心處多耳。」

（以下省問語）

學有專主，方可兼涉。雜然並進，則樣樣不精。

讀四書先不必看他講，須將朱註細心玩味，不可一字放過。朱子平生精力盡在於此，字字有分寸界限，有從源頭說者，有論餘意者，有補說者，發明夫子之言無剩意矣。待朱註有得，字字灼見下落，方可看他，講有緊要處亦易記。

二曲以身心意知、家國天下解格物。「物」字謂草木之物，不必格，不知天下有理外之物乎？詩云「有物有則」，程子云「一草一木皆有理」，但格自有輕重、緩急、先後之序耳。

日用事爲之閒，皆道理所在，須細察之。行不著習不察，所謂「終身由之而不知」者也。知行不可偏廢，但須是知得一分，卽行得一分，則知行並進而無冥行空知之弊。

心只要常肯收，收得一時，則一時有益。收得一事，則一事有益。久之，收時多而放時少，則工夫自進。人之氣卽天之氣，人能養得正氣，卽與天之正氣相接。栽者培之，傾者覆之，此常理也。若值其變，則亦氣數偶然，非君自子之容心也。

處世須含垢藏疾有包容之度，常以聖人「吾非斯人之徒與而誰與」爲心，自不敢褊狹。

急切最害事，凡事須從容處之，有多少受用。

事之反常者，以鎮靜處之，見怪不怪，其怪自敗。

不分門戶謂專守，孔孟門戶如程朱可也。不當另起爐竈，别闢門戶。学者講誤，混是非而一之，謂程朱、陸王皆可一視。噫！惑之甚矣！

周子見當時都說無極，卻似太極之外又有無極，故曰「無極而太極」，並非别有所謂無極也。下文又分析言而「總歸太極」，直曰「太極本無極也」。朱子謂「無極而太極，無形而有理」，一言盡之。

看榕村書須小心，有不純處，纖巧瑣碎，雖極力補朱子之闕，終與朱子不相似。

## 答郝伯緝　凡六條

問：「言仁諸說，云云。」

「心之德，愛之理」，朱子兼體用而言仁也，本心之全德亦該體用而言之。「愛曰仁」，周子卻就用言非實指愛爲仁也，與韓子「博愛仁之」意不同。伊川「生之性，便是仁」，此語最精，乃謂與告子「生之謂性」無異，是未深察其大不同也。

問：「朱子謂：『氣質不害性之本善。』」

氣質害不了性，所以學以變化氣質爲要。若害著，聖人可無事於學矣。氣稟有異，而性道則同，及其知之成功而一，又何疑哉？

問：「大學『治國』傳金仁山推化二義如何？」

細看「有諸己」數句，便見此章實理化與推皆在，推亦是推其化者耳。

問：「知新。」

知新要從温故來，方謂自得，若求新奇則差矣。

問：「孔顏之樂同異如何？」

若不同何以爲孔顏，只是其閒微有生熟之分耳。

問：「格致誠正，云云。」

能格致則非俗學，能誠正則非異學。然自離不得立志居敬工夫，但立志居敬工夫，小學時已做得。大概既入大學，三「在」字便是立志處，定靜安處亦自有敬在，且格致八條，件件皆有敬在。

## 答馮煥堂　凡五條

問：「釋氏輪迴之説。」

輪迴之説不足信。若有輪迴則天地亦成死板，又何以造化爲哉？

問：「『尊德性而道問學』，是一是二？」

玩句中「而」字，卽知不可作兩截看。

問：「顏子不違之仁。」

三月不違卽易，所謂不遠復也。稼書之意亦卽未達一閒，論其極，至誠無息，誠原未至，是尚有息處。

問：「牛宏處弟弼事。」

有可教處，爲兄者盡心教之方是。若不可教，亦難激觸反成仇讐。牛弼恐是此一流人，故宏處之如此。

問：「小學『婦人無子去』。」

古禮自有深意。

## 答郭元志　凡十四條

問：「告子『生之謂性』，子朱子云：『指人物之所以知覺運動者而言。』姚江之所謂『良知者』，此也。姚江認知爲性，從學之人固不必責。若東林諸公及馮少墟、孫夏峰、劉念臺、李二曲、王灃川皆以絕世聰明相附和之，不知受病何在，而無一人之悟耶？」

恐或先入爲主，抑各因其性之所近，然亦多因陸王之說盈天下，雖有聰明已習聞習見蠱惑耳目而不能出。其於朱子之書固不暇潛心遜志，所以卒入其中而不知反也。此朱子之學在今日不可不大聲疾呼，以救世之昏昏也。

問：「尹和靖在虎邱禮佛看經，云云。」

和靖之事朱子語類、文集俱言之，豈可謂誣？所謂致知，功夫不至，然所貴乎？和靖者，確守師教，至此一節又其蔽也。當知其大而略其小，不可因其小而遂疑其大也。況分明說爲母誦經，迎觀音亦敬其人。如程子不背佛像坐，亦豈可謂信佛教乎？當以此意推之。

問：「張蘿谷執子朱子『畏字是敬之正意』之言，遂云『以此存心，方是眞實爲己之學』。殆欲學者終身守之，是獨言持敬而未及居敬也。持是不敢意思，居有安樂意思，云云。」

居亦不盡是安樂，居有常的意思。持是用力字，居是常久字，似不著力。要之，皆有畏意。蘿谷之言未可厚非，畏有著力之畏，有不甚著力之畏。敬皆不離畏，敬之生處畏也，敬之熟處亦畏也。畏天命，畏大人，畏聖人之言，聖人兢兢業業，大賢臨深履薄皆不得謂之非畏。但持與居，稍有辨而皆不可不謂之畏。

問：「敬義有交益，云云。」

敬義不可偏廢，亦不可論優劣。敬立則義必精，義熟則敬愈固。

問：「金谿廢書主心，空寂之禍流於學術。眉山任心縱欲，放蕩之毒入於人品。今明學術先除蘇學，使人品歸正，再辨陸學，使學術就中，云云。」

嚴辨蘇學，亦朱子之意，觀答汪尚書及與東萊諸書可見。然蘇學識者自不信從，陸學自處甚高，足以籠罩聰明之士，其受弊甚深，故闢陸學亦正不可緩。

問：「父子天性也，異姓爲後，父子亦相親愛，何耶？以父子論性，則性在生出，以異姓相愛論性，則性在名分，云云。」

父子之愛本自性生，然謂繼嗣之子在一本之親，猶有天性相關，且有名分。若異姓爲後，所謂愛者亦情欲利害之私，而何名分性生之可言？

問：「復齋録純正篤實，與居業録等。關學自横渠後罕有及者，卽以國朝諸公論之，可以比肩張陸而遠過儀封、潛菴，而未得從祀。非缺典乎？」

復齋録畢竟類文清。以儀封先生從祀，則仲復先生之奏請亦不爲過。仲復較儀封爲精細，而儀封衛道功獨大。

問：「程子倡明聖學，云云。」

程子始大開道學一脈，其功甚大。然不得朱子集其大成，則程子之學或未必大著。此朱子所以獨崇哲位。然程子亦必有此一日，方愜人心，正不必爲程子憾也。

「竊意『敬』字工夫，要嚴厲中有從容意思，云云。」

說敬工夫亦近是，即就所說做去，方有益。

問：「二程當誇多鬬靡之時，故其講學多言敬處。程子以後學者多有禪機，故朱子言學著力窮理。明初諸儒漸入支離，薛胡矯之，故說居敬處多。明季學術陷於空寂，稼書矯之，故其立言首重窮理。蓋欲救時弊，不得不然。云云。」

如所說諸人，方可說始學有著力處。既學有得力處，而究不偏重。

「竊思顏子『四勿』，是敬之剛決細密處。仲弓『見賓承祭』，是敬之嚴肅專一處。曾子『三省』，是敬之警覺喚醒處。子思『戒愼恐懼』，是敬之周帀處。孟子『勿忘勿助』，是敬之緝熙從容處。以顏子之敬治心，以仲弓之敬執事，以曾子之敬交接，以子思之敬居處。而孟子之敬又行乎四者之中，而無一時之可少也，不知或然否？」

說亦有理。但得其大意可矣，不必太涉支離。

問：「居敬工夫，竊覺似於誦讀處事處易，於飲食言語處難。於賓客朋友間易，於鄉黨家庭間難。近於此處用功多不得力，不知果何私所累耶？」

易處既能敬，難處亦要敬方好。誦讀、處事、賓客、朋友是用心把持，故尚能敬。飲食、言語、鄉黨、家庭易於忽略，此時心又放了，所以難。主敬工夫全要密，能自省如此，已知所用功矣。勉之！勉之！

問：「李二曲、王仲復不出仕之心，與魯仲連不肯帝秦之心同，與四皓不肯臣漢之心不同。不知是否？」

王、李二先生爲先朝遺民，義不當出，則不出而已。尚於仲連、四皓之意微有不同。

冊中所論陸王各條辨理不妨分明，恐一含糊，自做工夫必有差錯，且易惑人。然其後人不可及者，亦當知之。愛而知其惡，惡而知其美，大學之教也。不可一味嫚駡攻擊，有傷儒者氣象。觀賢所問大抵都見用心處，由此益進，當日有得力處，願力勉之。閒有語句支冗處，留心剪裁爲幸。然工夫只在日閒，細心讀書，檢點日用，使此心不放，不但學問日新，德性即日崇矣。

## 答吴某　凡七條

問：「朋來從我，我所知能朋皆得之，朋自樂矣。我何加焉？何以謂之『不亦樂乎』，而樂反屬我耶？」性者萬物之一原，人所同得，非有我之得私也。故古人「欲明明德於天下」，「仁者，己欲立而立人，己欲達而達人」，朋來之多則己之欲得遂，自不能已於樂。孟子謂「得天下英才而教育之，三樂也」，亦是此意。如何不屬己？

問：「曾子『三省』。竊疑凡人一日之閒未必只此三事，何以只省此耶？且事前省之則無著事，後省之則不及，奈何？」

但遇著這三事，曾子尤必加意省察。蓋自覺有問心未愜處，此曾子之學誠篤不自欺處。至若隨事精察力行，則又無所不省。

問：「『七十從心所欲，不踰矩』，天若更假十年，不知還有進境否？」

想來大聖人更當有進，道本無窮故也，只是非人所能知耳。

問：「孟懿子問孝，夫子只告以『無違』二字，似非『叩兩端而竭』之意。」

正欲發，懿子再問之，誠而告之，惜乎其不能也。觀下文告樊遲，卽「竭兩端」之意。

問：「『君子不可小知』，如何又説『君子不器』？且天下之事甚多，如何都會？」

「不器」是就君子説，君子才全德備，固是「不器」。「不可小知」又就用人者説。蓋君子雖才德全備，而用人者正「不可小知」。以才德全備之君子，而小知之可乎哉？是失人矣。

問：「中庸之書自劉宋以來單行久矣，宋儒以爲表章始於二程，何耶？」

宋以前中庸雖單行，而皆不知爲聖學道統之要。以爲聖學道統之要，則自二程始。

問：「束脩，云云。」

先儒諸說皆可通，朱註特取一說，亦有所本。於求教之意爲切耳，不然「以上」二字無著。

清麓答問卷第四終

# 清麓遺語

# 清麓遺語序

門人記録師語，以傳道覺世，肇於論語，而盛於程朱之遺書。語類厥後，門人之録漸替，而手筆之録駸廣。比來門人又思復古記録，則載於先君損齋語録鈔中者尚微，至是編而乃益著矣。雖未必能若手筆自記之理精義至，而其因人因地、因時因事、因章因句、因問因辯，觸目警提，隨遇指點，大小微顯，高下深淺，致曲極賾，則於學者或更親切而周備焉。此先儒所以謂讀朱子之文集，更須讀語類也。至於語中之正人心、閑聖道、斥頓悟、闢考據、屏詞章、排功利、息邪距詖，繼往開來，言之痛切，不一而足。其所以張皇正統，維持墜緒者，誠孔孟之適派，程朱之宗傳，而直接横渠一線之眞脈。於聖朝，關學豈僅若二曲、豐川等之比，而謂之追其踪於後耶？是則先生畢生拳拳之苦衷，赫赫之絶功，卽此附紀寥寥遺事，似若不賢者識小，而實足以徵其言語與德行之若合符節，顧區區以用舍而有加損哉！玉清獨竊自愧，弱冠以前從學三原，是時荒疏，不知記録。以後雖數十年，足迹往來未絶，而曾鮮旬日之侍側者，又復匆匆不暇記録，抱歉莫名。今幸叨與茲役，獲總衆録以攬大全，豈非皇天之厚賜乎？曩者同門累次忝推不肖奉撰先生墓誌，既未堪用，墓表亦不果，下筆而編校清麓文集，又竟莫克如願。是以當時未敢自擬序文，輕贅賤名，私意猶有待也。今行將塡壑，德日墮而學益廢，恐於門下終係，焉能爲有無之人？何顔見先生於地下，尚敢妄發一辭乎。然既辱承了結斯役，爰不自揣僭弁數言，且以向嘗拙述先生行略，附於諸君記録遺事之尾，藉補方寸之闕，以俟後之君子，極知踰越無所逃罪矣。仲秋朔旦玉清再識。

此同門隨記先生講論之語，或有經先生是正，或無經正者，雖未能盡得意義，似肖亦庶幾不大遠爾。兹摘其講學論道之大概，與夫卽事卽物之指示，首按記之先後爲一卷，各書其人，所署原名以存其朔。至説經諸條，則依經次録，以爲經説三卷。閒有紀録先生事實，別爲遺事一卷，以附其後。乙巳四月望日，化南再識。

# 清麓遺語卷第一

賀復齋先生口訓

門人
郃陽謝化南季誠編輯
朝邑楊玉清溫如參閱
三原張普澤寰　校梓

## 席末紀聞　四十三條　謝化南記

答高維岳云：「人須從烈焰嚴冰中試一試，方耐寒熱。不然稍不如意，便寒也怕熱也怕。」又云：「固要因時制宜，然卻不本聖人之道，別說後世一切苟且補苴之政，正恐無以起敝救殘，拯斯民於水火而益深益熱耳。」又云：「觀『子貢問政』章，便知聖人作用只是做時有先後次第，非守死法耳。孟子『省刑罰、薄稅斂、修孝弟忠信』一章，今日正是要著。且想當日梁王，秦楚構難，正不得了，而孟子卻說如此冰淡，豈非迂腐？然卒無以易此，梁惠王不從此言，後世越發鬧得不好。聖賢之言萬古不移，只是人信不及耳，可爲斯民發一浩歎也。」以下戊辰

境本皆是好，只緣人多處壞了。所以聖賢說「生於憂患，死於安樂」，晏安酖毒不可懷也。人乃不能自立處，憂患則被，憂患壞處，安樂則被。安樂壞略不自責，反歸咎曰「憂患壞我，安樂壞我」。殊不知憂患安樂不爲汝任壞人之咎。故橫渠又說：「富貴福澤將厚吾之生也，貧賤憂慼庸玉汝於成也。」直使人毫無躲避處。

朱子云：「析之極其精而不亂，合之盡其大而無餘。」這二語極精確。窮理如做繩，但打教小股緊，大股自不得鬆；小股若先鬆，大股如何會得緊？這道理苟不知得分處，如何會知得合處？故必析之極其精而不亂，然後合之盡其大而

無餘。

學術之差皆由格致上欠工夫。如金溪、姚江及明末諸儒，亦極力講誠正，講事業，只爲欠卻格致工夫，所以終不免墮入釋氏一路。若朱子則是格致工夫透，所以無纖毫差，而誠正修齊治平節節俱到。

王反之問：「敬如何用工？」曰：「敬只是略綽提撕而已，過此則是助長，助長便不安，不安便不能久。不及此便是忘，忘便是放逸。只提撕便心在，心在便是敬。」以下庚辰

問：「救日食、月食之義。」曰：「日食、月食皆是陰盛之故。金鼓之聲是發越陽氣，便是助陽。其實亦只是盡人惻不安之心耳。」

問：「地震。」曰：「此陰盛而不能安其所也。」

人之病痛有四：氣質、物欲、習俗、意見，氣質其根也。氣質之害大，物欲之累多，習俗之染雜，意見之患深。

昔人云：「無意見人好説話，有意見人難説話。」不壞於無意見之小人，而壞於有意見之君子，意見之病豈是小事？

道家貪生，佛家怕死。兩家説死生，要之皆不知死生。子路問死，子曰：「未知生，焉知死？」知生則自知死矣，這便是聖人知死生底實際處。以下辛巳

人生程朱之後，百法皆備，只遵守他規矩做工夫，自不得有差，如喫現成飯。他用盡畢生心力把山珍海錯肥肉美菜烹調如法，放在面前，後人只管俛首去喫，便會生脂血長精神。今卻要自起爐竈去做一二味，安能得如他恁底好？大抵人都因自視過高，不肯在前人腳下盤旋，所以多做差錯。程朱惟肯在孔孟腳下盤旋，所以與孔孟脈息步武不差些，子直得恁底好。孔子「祖述堯舜，憲章文武」，也只是愛在古人腳下盤旋，所以能如此其極。陸子靜説「六經皆我注腳」，王陽明謂「心卽是理」。這便是他不肯在古人腳下盤旋，要自立一個爐竈，所以終不免異於孔孟。二曲頗信陸王，這便是他差處，所謂賢智之過也。

楊丈問：「家禮，邱氏儀節昏禮有女辭父母條，原本卻無之，不知何故？想是脱遺，似當照邱氏補之。」曰：「此一

條家禮雖無，今以人情揆之，卻似當有。邱氏之意蓋如此，但儀禮也無此文，不知何故。」楊丈云：「或亦是脫遺。」曰：「不然，恐別有意思，或是不忍言離之意。」化問：「竊見古人致女有『留馬』之文，廟見而後歸女氏，並證以『女未廟見而死，則反葬於女氏』之文。然則女不辭父母，或是尚未成婦於夫家，未知是否？」曰：「此當存參，未可以臆斷也。」

朱子云：「容貌、辭氣乃德之符」，二語最好。人多說我外面雖是如此，裏面卻不如此，豈有此理？這便是自欺語，不知內外原來只是一事，所以要著實點檢。

家人父子之間，須是反復爲他說方好。且看朱子平日極能講說，他底兒便都好，後來他曾孫朱浚便能死節，都緣平日聽得熟了。若周子不曾一語闢禪，到後來他底兒子也入一腳。這些去處也是生來氣稟，非人所能爲，到底教訓也煞得力。

陳北溪說：「伊川先生說得簡要確實，明道先生說得發越條暢。」看來兩程夫子都是簡要確實，直到朱子方是說得發越條暢，更無一人能及他。

扈仲滎問：「呂涇野之於薛胡是如何？」曰：「便是不同道。」問：「張蘿谷如何？」曰：「家數雖小，卻是謹守程朱底。」問：「蘿谷是晚村一路人否？」曰：「是人之爲學，都是先人之言爲主。蘿谷當初便是先見晚村底書，所以他極推服晚村。晚村所見極精透，儘有薛胡所未發處，但所行不逮耳，然卻是謹守朱子，一毫不放鬆底，只是氣質意見終未消化得盡。當時有稼書，他也心服，但惜稼書出得晚。若張楊園，他卻又似看不上，所以所造只如此。薛胡自是行底工夫多。」

天理是個無軀殼底聖人，聖人是個有軀殼底天理。

陳北溪說「爲正學無妨於舉業」，說得好。這是他苦心極力引教習舉業者爲正學。其實爲正學豈止無妨舉業，實是有助於舉業，只怕人不肯爲耳。若呂涇野、李二曲卻倒說了，便不是將使人溺於舉業而不復出。立言之病爲害不細。

朱子說「理氣不相離」，而「不相雜」說得最精密。羅整菴說「理氣合一」，未免傷混。如氣只是渾渾淪淪一團氣，然其中卻自有許多條理，徹上徹下，絲絲不亂便是理。如草木到春上，便都發生出來，這是氣。然桃不生杏，杏不生桃，便是理。如每年春而夏而秋而冬而復春，這是氣。然而萬古千秋卻無一年顛倒乖舛，便是理。氣如卒徒，理如元帥。天地之間，只這一氣莽莽蕩蕩，若不是理做主宰，安得不胡亂起來。然理卽在氣中，初非別爲一物，所謂一而二，二而一者也。

北溪字義說鬼神處最好。他說天地間有正鬼神，有邪鬼神。正鬼神當敬而遠，邪鬼神當遠而敬。若因他是邪鬼神而有輕侮之心，便不是。所以程子坐不背佛像，孔子「鄉人儺，朝服而立於阼階」，也只是盡自家底道理而已。

看來士人家只當祀祖先而已，竈土之神猶可祭，餘則概宜停止。問：「祭當何先？」曰：「以尊言之則當先神，以親言之則當先祖考，臨時斟酌可也。」問：「墓祭先墓乎？先土神乎？」曰：「此亦不定，臨時酌量。」問：「八蜡之神當祭否？」曰：「此自有地方官爲民祭。」

人不明理，直是好笑。只爲邀福免禍之心重，便見神卽拜，一向迷惑以爲眞能降福祈禱，祭獻窮極豐美。殊不知若是正鬼神，便不好你這樣非禮奉承。若是邪鬼神，只圖苟喫酒飯而已，更有甚福與你。此理甚明，人不思想，可惜！可惜！

問：「於夏祀竈，於冬報土，或能彷彿古人之意，未識當否？」曰：「竈祀於夏宜也。朱子卻有四時祀土之說，土寄王四時，亦有此理。但吾輩尚比不得古大夫，五祀自不得全舉，惟冬報土尚未安。古人祭五祀，都是那神當那時正盛。土在中央，夏季祀之似宜，要從俗不驚駭，或歲終合二神再統祀之亦可。」

辥文清公罷官歸，其子喜之。敬齋詩云：「幼兒只喜歸家好，那識若翁憂世心！」此兩處正好參看。以下壬午

罷白鹿洞主講歸，其子曰：「正好作官，如何卻又歸來？」公以杖擊其股，責曰：「某身雖否，而道則亨也。」胡敬齋

科舉實是壞人心術，人只爲心爲富貴所蔽，所以看他不破。到要緊處卻說「只是爲承親志」，何不曰「我不爲聖賢之學，便不是我父母底心」。難說天下父母皆不欲兒爲聖爲賢乎？要之皆是自己無志隨俗浮沉，卻要推父母以禦人耳。也是自己心下病根本不去，偏會牽惹得這邊道理來支吾。

伊川說：「舉業不患妨功，惟患奪志。」如今卻須打個顚倒說來：「不患奪志，惟患妨功」。只爲志不可見，他卻有所依託閃藏。不若直指妨功，更無可躲避處。所以某嘗說「只舉業放不下，更說甚學」，亦是難以第一等事望他了。

朱子說：「陳乞封父祖這話，伊川先生亦難言之。」觀後來郊恩他都不曾爲大中陳請，可見乞封贈事伊川不爲之矣。

大抵此等事雖是顯親，若自己陳乞便不是了，須是朝廷自行下，方合事體。但而今士大夫都是科舉進身，已自輕了，朝廷如何便肯與他封贈，須待陳乞然後行下。可見科舉壞人不淺，須先變了這法，諸事方可次第改正。

伊川先生說：「只爲而今士大夫道得個乞字慣，卻動不動又是乞也。」朱子說呂舍人詩云：「逢人即有求，所以百事非。」此言最當深念，是吾人立身大節，不是小事。

韓退之云：「世無孔子，不當在弟子之列。」這是他一生豪傑處，他卻不是要待孔子而後興起。學者先須有這些氣概方好爲學，至做工夫卻要一一謹守聖賢規範，方能有所成就，不然卻只是個狂而已。

楊丈問：「許魯齋臨終之悔意果如何？」曰：「前人有說悔其仕元，有說悔其立乎人之本朝而道不行，未知如何。或二說兼有之。魯齋自言見程朱書甚晚，知學甚遲。既生元地，自不免應元試、做元官。又況生民塗炭已極，世祖眞能戡亂救民，出仕也無不可之理。只是元夷始制中國，人心到底不安，所以魯齋心下終是歉然。而今卻要知惟能歉然正是魯齋好處。如湯放桀，當初豈有不是，何故後來又有慚德？要知這正是聖人所以爲聖人處，畢竟這般事到底是聖人之不幸，心下豈能平平放過？若心下平平無事，卻不是聖人了。如武王伐紂，夷齊叩馬而諫也，是他心下放不過。」

前人說「止謗莫如自修」，此語最的當。若聞謗而寬大自居，毫不省顧，此卻不是。若聞謗便不耐煩，甚至自毀廉隅頽倒廢弛，此亦不是。若聞謗卽悻悻爭辯，逢人表說，愈不是了。只有反己自修，方是道理。是謗於己也有好處，久之謗亦消歇。至若吾鄉前輩周勉齋云「能遭人謗是奇才」，這卻是憤激太過了，便成有意求謗底凡人，求譽固不是，求謗亦不是，只平平底自修便好。

「道學」二字是古人常說底話，如中庸序云：「中庸何爲而作也，子思子憂道學之失其傳而作也。」可見千聖相傳之統，只是「道學」二字。「人之有道也，飽食煖衣，逸居而無教，則近於禽獸」。「聖人有憂之」，是堯舜以道不明爲憂也。「學之不講是吾憂也」，是孔子以不講學爲憂也。論語曰：「君子學道則愛人，小人學道則易使也。」又曰：「君子學以致其道。」孟子云：「我不意子學古之道。」又云：「吾爲此懼，閑先聖之道。」宋史特列道學傳以尊周、程、張、朱數子，可見惟道可學，學必以道。今人只見「道學」二字，便驚異非笑詆毁，無所不至，其亦不思之甚也。其不非笑詆毁者，亦畏避而不敢近。卽有心慕而實好之者，也都回護遮掩不肯直前。獨不思不說，道將亂說乎？不行，道將亂行乎？亂說亂行，尚可爲人乎？然則這道這學是人一刻離不了底，如何反以爲詬病耶？

横渠先生說惰與羞縮之病，說得極好。如而今士子纔說爲學求道，便謂我何許人，豈能做此等大事，這便是惰底病。纔說不習舉業文字，便謂畏人非笑，這便是羞縮底病。又如家中行冠昏喪祭諸禮，這也無甚難處，都羞縮不肯爲。又如夫妻相拜，這才是一毫不干別人事，也是羞縮不行。

凡人處世須是且寬著意思，要見得人人可與爲善，方是道理。若只固守一是，看那舉世無有一人當意者，便不是了。明道說：「學問驕人，害亦不細。」學問是自己本分事，如何可以驕人？而今卻有以道義驕人者，卻不知才驕人，便己莫有道義了。以下癸未

吾輩今日講學，固要講究經傳義理，觀古人規範，卻於本朝掌故不曾留心，未免與聖人從周之意不相似。須是將大清律、通禮、會典及諸時務等書參看方好。

凡在喪中，飲酒、食肉、御内三事最爲緊要。但酒肉猶有時食飲，如禮見粱肉不避是也。若御内則決然不可。方望溪云：「對酒肉而念所親者有矣，未有御内而不忘哀者也。」所以古人此事最嚴。禮經云：「非時見乎母也，不入中門。」見母尚有時，況見妻乎？蓋不惟不可御内，卽妻亦不可多見，而今能守此禮者少矣。吾輩須知此遇親喪，不可草草放過也。

凡說道理處，多說「圓」字，圓便充滿流通。說處事處，多說「方」字，方則角角稜稜，無有欠缺。

「勢利」二字原來不是不好，且如天子不是這個勢，如何統制得許多臣民？不是這個利，如何係屬得億兆人心？堯命舜曰：「四海困窮，天祿永終。」看這利如何少得？所以「治天下」傳特做一件大事說。卽如而今欲教人去惡爲善也，須先有些恩惠及他，他方能聽伱說。若無一點恩惠，便只成個空說而已。只是要從大處看起，放在公共中便是理，而今都只是從一己上起見，所以將這二字做壞了。

董子謂：「與之齒者去其角，傅之翼者兩其足。」此語最好。可見世閒萬事萬物不能全美，有餘於此者，必不足於彼。如人豐於財者，或家中多事，其無事者卻又貧，原來是不得齊備。且如吾輩既得知學讀書，已將世閒第一件好事占了，卻又要事事如意，豈有此理？試看富貴人，何求不遂，卻往往不知學，枉過一生，豈不可惜？而今也莫怕貧，也莫怕苦，只能勵志爲學，便好更求甚麽。至如爲學卻要才德充備，件件都好，不可說只求得一件兩件便了。大抵德性邊事須要樣樣都全，際遇邊事有尺則尺，有寸則寸，隨遇便安，纔是道理。

凡與人處也，須諒其平日性質之偏，則小小觸犯自不必計較。諺云：「知性者，可與同居。」

元明以來，儒者學術正與不正，即看尊信小學與否。如許魯齋、薛文清、胡敬齋、陸稼書皆極尊信小學，所以爲醕儒。王學諸人固不消說，即本朝陸桴亭是何等人，卻說小學外篇可爲幼子日記典故之資，內篇則皆經書已見者，可不必作。所以其人品雖不易，及其學畢竟有差處。如吾關中李二曲亦然，他皆不以小學爲然。

近思録，朱子四十六歲與呂東萊輯，內引科舉數條是東萊底意。南軒後來亦有書與朱子，他都是見世閒既有此項事爲人數段，立個規矩。若小學則是朱子年五十八歲時成底，便絕然不道科舉，閒有說處，亦只是說科舉之害。

# 講聞録　十五條　馬鑒源記

「有補於天地曰功，有關於聖教曰名，有理義曰富，有廉恥曰貴。無違爲道，無欲爲德，無鄙陋爲文，無暗昧爲章。」此數語最爲有見。

壬申冬謁見先生，問：「學到知得自家病證眞處方切，方有可入。」先生曰：「此仍是知上事，還須在克治上著力。」

理弊功效，朱子文多如此。

問：「『知覺不昧』與『昭昭靈靈』有分乎？」曰：「『昭昭靈靈』是心，『知覺不昧』則所知覺者理也。」問：「心與理

 

之不同。」曰：「如釋氏謂『運水搬柴皆是道』。搬柴運水亦自有是非，是底是道，非底便是欲，如何概謂之道？吾儒之『知覺不昧』則知得是之理，其非底亦無不覺。彼則茫不解其是非，而概以爲道，故差其於事物未至。但覺有『昭昭靈靈』在，豈不是心？吾儒則如此閒正坐，雖無思慮，須自覺得坐之正否，乃爲『知覺不昧』。卽前面事物得當與否，并須曉得方是。」

問：「中庸註『氣以成形而理亦賦焉』，此『氣』字根上陰陽五行來，『理』字根上『天』字來否？」溫如說：「『天』字便包『氣』字在內。」鑒說：「『天』字恐只指著『理』字，謂包著『氣』似不可。」先生曰：「『天』字若全不曾有『氣』，下面陰陽五行從何而生？」鑒曰：「『然則「天卽理也」』之謂何？」先生曰：「『天』字亦看在甚處，但只說個『天』字，較『理』字便不同，『天』字比『理』字便較活。」溫如說論至此，愈覺訓蒙詩說「天」字處有味了。鑒乃悟，因舉訓蒙詩「氣體蒼蒼故曰天」，此句早已說著「氣」字。「其中有理是爲乾」，此句既云其中有理，則不單是理明矣。先生曰「混然氣理流行際」一句便是妙合處，故下句言「萬物同根此一源」也。

陰隲之說徧天下，人心壞到這裏眞是可嘆。感應篇文昌帝君諸書人多惑於其說。此書果誰爲之，愚亦甚矣。須依聖賢所說而力行之，異說一毫不可來雜。彼陰隲之說無論不能化人，就使能化人卻將人化得愈不好了。所謂爲善都是惡意，只圖冥報有甚誠心？

凡爲異說惑者，皆是於小學、近思録二書不曾用工。無個定見，如何能不爲引去？

天地之閒有生有殺，此常理也。今放生者必以不殺爲是。某嘗謂，如王祥，母欲嘗生魚，還殺之否？不殺則是視母之生反不若魚之生也。無乃顚倒之甚，大小輕重自有道理。聖人制禮亦不外是，天地有春生亦有秋殺。吾人立心只可以奢泰爲戒，守聖人禮法，如無故不殺，遠庖廚之類。若不權其大小輕重，而概以爲戒，惑之甚矣。

世人往往問講學爲甚，不知爲己之學無所爲而爲也。然有之則惟「爲天地立心，爲生民立道，爲去聖繼絕學，爲萬世開太平」，此儒者之所爲也。

有人問講學何必絶時文。張楊園先生曰：「『荼蓼朽止，黍稷茂止。』可知科舉之學不行，然後此學方興也。」故今尤宜嚴屏科舉之學。

天倫之閒不可決裂，須教情義常在。

朱子答張敬夫「雖論敬之工夫，必以静爲本」，乃是因南軒將工夫顛倒説了，故爲此言。以見論動静自當以静爲本，猶説陰陽必以陰爲先也，如太極圖説，乃晚年解底，前面雖説主静，下面君子修之，吉註卻只説個敬，更不言静意。亦可見要之動静都著，敬方不偏。

玉山講義，此是朱子晚年所作，剖析精確的當，雖未甚説工夫，然能析辨如此分明，工夫卽在其中。問：「損齋先生謂『須先認明地頭，方好施工夫』是如何？」曰：「謂先知未發已發則做敬，工夫方能眞切。某謂以程子答或問喜怒哀樂未發之前下『静』字，則曰『莫若先理會敬，能敬則知此矣』。朱子答林擇之，非是知其未發方下敬的工夫也。之言觀之，則損齋之論恐未然。至謂『不可求静，不可無静，既要慎動，又要慎静』，數語卻説得好。」

人於義理所在，決不可苟一事，苟則其餘皆苟矣。惟於外物奉養，卻要苟如、苟合、苟完、苟美是也。

尹彦明説：「程子生平所爲，全是一部易，其作傳也因而寫成。」某謂朱子於小學亦然，皆是因而寫得恰好至當，增減一條不得，良由天理爛熟之故。

# 慈峨拾遺　七條　連春魁記

平日總要有循環讀之書。小學、近思録、四書者，平日循環讀之書也。

「過如秋草芟難盡，學似春冰積不高」，此學者何等心事！

胡敬齋句云「心在静時無雜擾」，是存養密。「事當幾處最分明」，是省察詳。

嘗言朱子云：「康節學於李挺之，請曰：『願先生微開其端，毋竟其說。』此意極好，學者須是自己理會出來便好。」施愚山先生云：「終日不見己過，便絕聖賢之路。終日喜言人過，便傷天地之和。」況妨賢而病國者乎？「心誠色溫，氣和辭婉，方能動人」，此薛文清公語，梅軒識之。吳清卿論事多說有擔當，先生論事多說要不朽。說擔當者，志在擔當。說不朽者，志在不朽。損齋先生教人多只說一個誠，豈知擔當與不朽皆非誠不可也。

# 澗槃隨劄　十六條　扈森記

因說明道先生定性書云：「天下無絕事物底聖賢，亦無累事物底聖賢。」

程子言：「曾點、漆彫開已見大意。」二子所見雖同，而所以見者，亦略有區別。曾點高明有餘，故其言志氣象從容，毫無擊累，直與聖人「老安少懷」之願默相契合。開則自命不凡，故其用功篤實縝密，内省最切，深以苟就小成爲不屑，反若出於聖人意望之外。此所以一與而一說也耶。

聖人「老安少懷」之志，便是中庸「天地位、萬物育」氣象一篇。西銘道理卽從此出。

孔門教人，只在性情心術之閒。

公冶長篇多論古今人物賢否得失，至末四章卻記夫子之事。某亦「恥」「言志」「訟過」，而終以「好學」結之。讀者於此須識當日記者一番深意。蓋不徒論人，須見聖人自己存心制行處皆學者所當致力。橫渠所謂「編書須理會有所歸著」，正此類也。然又不可死煞看，故朱子集註亦不提破，恐開學者穿鑿附會之弊。

昔人云「欲尋孔顏之所樂何事，須先知孔顏之所好何學」，此言最好。人若不於孔顏所學上做工夫，而遽尋所樂，未有不流於猖狂恣肆者。試看孔子之發憤忘食，顏子之仰鑽瞻忽，也是煞從苦中來，然後才到樂在其中，不改其樂地位。故某竊謂今之學者，欲尋眞樂，且先喫苦。

孟子之「居廣居，立正位，行大道」，卽顔子「克己復禮」工夫。其「富貴不淫，貧賤不移，威武不屈」，卽「不改其樂」註脚。但孟子說得有聲光氣燄耳。若教顔子說來，當別是一個氣象。此程子所以有「冰玉水精」之喻也。

「不怨天，不尤人」，孔子之樂也，而其工夫則在下學。「不遷怒，不貳過」，顔子之樂也，而其工夫則在克己。「仰不愧，俯不怍」，孟子之樂也，而其工夫則在集義。「不援上，不陵下」，子思之樂也，而其工夫則在居易。

曾晳、顔子其樂雖同，然此實而彼虛，此有常而彼難靠。此是從工夫來，彼是從識見來。無私故樂，曾晳是見到無私處，顔子是做到無私處。

聖人罕言命。至問「伯牛之疾」，則曰「命矣夫」。於痛惜之中示以非由我致，自當安常處順，並無可怨之天。於公伯寮則曰「其如命何」，於譸張之際警其權不由己，不過徒爲紛紜，更何可尤之人。及二十篇終，直開人以知命之學，不惟於義理之命不敢褻，卽氣數之命亦不敢委。一切窮通得喪，舉不足以動心。則孟子所謂「立命」，亦可由此而幾。

子路在孔門，直是一毫不肯放過。故雖夫子之事，心稍不安亦必正言。如公山、佛肸之召，直止其行。正名之告，徑嫌其迂。戹陳蔡，至於慍見。見南子，大有不悅。其他如「浮海之喜」、「率爾之對」，皆衝口而出，不少飾，光明磊落，剛直果決，處處事事都是如此。

「己欲立而立人，己欲達而達人」，二「欲」字便是欲明明德於天下之欲。直是打開人己關頭，萬物一體意思。

程子說：「認得爲己，何所不至？」看西銘下幾個「吾」字何等親切，吾父、吾母、吾胞、吾與、吾體、吾性、吾父母宗子、吾兄弟無告，只是認得此處「己」字。

今人說「將心比都一理」，卽能近取譬之意。

因人說地理，云云。先生笑曰：「曾聞說富貴在天，不見說富貴在地。」

甲申新春，先生偶得一聯云：「是眞學問能開眼，惟大英雄最小心。」

## 清麓答問　三十七條　王念曾記

此事無他謬巧。讀書則小學、近思、四書。隨力日讀若干，要有定程，一書已畢，方讀一書，精熟爲主，不期速效。此數書有得，經書亦可以次漸進。所看則周、程、張、朱、許、薛、胡、陸數家之書，亦如前法，漸積既久，自然識趣意味益進益深，無書不可看矣。然緊要又在時時檢點身心，不令走作放失。但有小過，卽須痛改，不可因循。尤在抖擻精神，頓作志氣，一味向前。存「未免鄉人」之恥，勿令今日所說徒託空言，此僕之所大願也。吾子勉之，勉之。誨武敬亭

看道理須活脫，滯於一處，則窒礙不通矣。答仇伯學

失於厚，蓋有不當厚者，其厚亦害於義，故謂之失。但君子雖失，終在厚一邊，小人則傷於殘忍而已。更有一說，卻恐以漫無分寸，含糊唯諾，徒博長厚，謂自附於君子，謂不傷於小人之忍則不可也。且財者，人之所當用，雖至小事亦莫不有義存焉。過取不是，過與亦不是。不過君子存心常厚，甯過與毋過取。但在己之財則可，在人之財則不可。以爲在人之財，不妨多與，則是慷他人之慨，其心地已自不正。在他人，有財自當多與，爲義事。在君子，立身不可責其施惠。此處界限最宜分明。若存一點便宜之心，則與懷惠之小人何以異哉？常人之情多於在己者往往傷於忍，於在人者又以爲不妨失於厚，是以小人自處，而以君子讓人也，可乎哉？

儉而中禮乃爲中道，固則失中道矣。要之，固仍勝於奢，又不可以失之，固而遂不肯儉。

曹月川云：「東家之西，西家之東，太歲果安在耶？」此等星家言，何可拘？

古女子皆有教，女教亦今日要事，但學術明則俱明。武侯大義甚正當，其學微雜申韓。

越職言事，自非理所當爲。然出於忠君愛國，其心可原，要不爲常法。

溫公不雜異學，自是其資質好，非眞能識得異端破。讀先儒諸詩，涵泳性情亦可，然亦不必太多，恐妨讀書功夫。答李

鏡清

讀其書尤當想見其人，倍生一番敬慕。

細心讀書以察理，專心持志以居敬，誠心克己以改過，虛心從善以輔仁。此四言者，守之勿失，則亦庶乎有進矣。

不聽婦人言，固是處家要語，尤要在公恕存心，好惡不偏。

范滔夫女謂「心豈有出入」，程子極歎之。心不在腔子裏，果出何所？只不得其正，便是不在。答党清之

紙錢紙衣皆後世二氏之說。初喪只用朝夕奠，古人十月朔上墓，謂如清明拜掃之類。是前此夏秋多行暴雨，恐墓有沖塌及狐狸洞窩，當修治之耳，非以燒寒衣爲經典。此亦俗耳。

束脩養家亦今世爲士之常，但常存惟「斆學半」之心，不可有好之之意。至學優爲師，亦成己成物之道，不在此論。

不驕不矜固見謙虛之善，然亦必向前進學。學愈進則眞見得，不敢驕矜無容、驕矜實際。答任友軒

亦不必尋大主腦，只循序用下學工夫，自然知得大主腦。若要尋大主腦，反似明儒先求「一貫」之說。曾子未聞「一貫」前，用多少隨事精察力行工夫。

倫理之正，如父父子子、兄兄弟弟、夫夫婦婦，恩誼如親序別。未有倫理不正，而恩誼篤者也。但當於正倫理處，篤恩誼耳。

境遇拂逆，此亦再無別法，亦只得隨分讀書。但令時常提掇身心，不教放倒。又有暇即親書冊，久之自有得力處也。自古豪傑斷不因境遇困了。

學者氣象，卻是要緊，但氣象卻不是外面裝飾得來。須用學問工夫，氣象自然不同。然氣象亦正要學，觀君子不重則不威，學則不固，則制外養中亦不可少。

年代久遠，祖墓有不可知者，亦無如何。就可知者，至其處，拜掃之可也。必遷於一處，何也？非萬不得已不可遷墓，此古人所謹戒。遷之使先人骨血異處，且無故暴其骨，於心安乎？

而今爲學惟有時時操心，接物處事皆以敬爲主。有暇便讀書，窮理久之，漸有把握古人。又說「獨學無友，則孤陋而寡聞」，只恐獨處又不肯學。所以說，其實只在立志而！語心甫

覺得心粗氣浮，且教不粗不浮；覺得心狹窄，且教不狹窄。此便是工夫。然所以至此，惟主敬則心靜細，而粗浮之病去矣。窮理則心寬和，而狹窄之病去矣。如此久之，氣質漸近清明而何憂患之有哉？答雷東之

晚村說「最是不是」，舜有知之本，如何肯好問好察？有知之本，而又好問好察、隱揚執用，此所以爲大知也。二曲學雖未純，而立身眞足「廉頑而立懦」。吾人正當服膺。此處又不可以其學而輕視之也。答王濬士

觀賢讀書，取益之心甚摯。今人與居面前，所見之人既各取其長，所不見者更廣求之。當益擴其識進其德，激發其志氣，猶以爲未足，則日對聖賢羹牆，夢寐以之有助，又當何如？惟賢不懈此心，則吾學庶幾有冀。當講論時，亦有衍前人說底，亦有一時心開底。記得個端緒，雖於說時意味未能悉合，且更涵養時一紬繹，或當益有啓發。

即無讀書功夫，亦須心中有書在方好。不成，不讀書時，便都忘卻，如此則德性所懈多矣。答謝季誠

事理不相離，下學人事自然上達天理。人事外無天理，下學外無上達。然非才一下學而便能上達也，但實做下學工夫，久自知耳。

僕自愧德疏學淺，無爲人手段，不能薰聒涵育，誠負朋友遠來之意。南軒亦嘗以此意規朱子。朱子謂此後來者，不曾輕放過。賢所見如此，甚是。嗣後當爲賢改之。然竊見朋友來者，亦多平平過去，無眞實憤悱意思，不曾問難發疑，使僕亦無由竭其愚。朋友相聚正好商量道理，不問而告能有幾何？亦只容易聽了。一部十七史從何處說起？此所以彼此無益，私竊憾之。反而自思，仍是自家工夫不密，精神不能緊峭，觀感之間不能使人興起。願賢輩亦當大發志氣，激揚振厲，僕亦不敢自安頹廢，相與有成，固夙志也。至於同門無成者，僕自不能辭其教導不嚴之咎，使彼自見某也賢、某也否，亦或有恧心焉。至於甚有玷者，將終削之不與於籍，亦諸君鳴鼓之意，彼或聞而自警也。

禮記曾子問於禮之變處，無不講究。又嘗曰：「以文會友，以友輔仁。」「弘毅」二字亦卽博約，意不可不知。大學所言又顯然易見。

今人只不知聖賢道理，見識便卑。縱極力做得事，亦不過後世手段。

學須學處貧賤，程子亦嘗云。然纔遇憂患，便腳忙手亂，全不耐撲跌，不知讀聖賢書何處使？

只於暢快時莫忘收斂，便是和而不流。

以詩言，「存王迹」，作經之意也；「思無邪」，所以用心也。大抵作經之意是本義，所以用心則其中之蘊也。如易主卜筮是本義，其中造化性命之理，則其蘊也。

平心易氣無甚分別，平心是勿急迫，易氣是勿艱澁。

## 敬義堂記聞　四條　王念曾記

父母生我養我，若不得個師友教誨，如何得成一個人？然亦須視所教如何。世俗只教科舉文字，其實只是教求富貴耳。於道義何有？與百工技藝之師何別？蓋彼自不識道義爲何物，如何教得人？這也算不得個教，縱有恩也淺了。若是道義實有於身，其教豈不至貴至尊？文中子謂「孔子於我有罔極之恩」，正謂此也。如今果能眞以師友而得有至貴且尊之道義，還比不得生我養我之恩否？這樣師友豈可不親？豈可不隆？「隆」字須理會，以事父母之道事吾師固是隆，卽以聖賢道義之學事吾師尤是隆。今人少見如此者，只是不眞求道義，不要做個至尊貴底人耳。

漢學謂「實事求是」，此言自好。然朱子言「卽物窮理」爲尤當。蓋「實事求是」或未免各是其是，而於事物當然之理容有差者。若「卽物窮理」則實是自在其中，亦卽所以爲行地也。

程子敬上工夫深，朱子知上工夫到。

天不以隆冬大寒而已其生物之心，聖人不以世亂時衰而忘其有爲之志。

## 復齋先生語録　十六條　武文炳記

欲將國朝名儒陸稼書、張揚園、張儀封、呂晚村語録選若干卷，所講四書中語，選若干卷。

教子者督其讀書，要須令知其時，親師友久之，則趨向自正。所謂「中養不中，才養不才」，亦須漸漬日久，方能有成。

然防閑工夫，須當過半。

張揚園有訓子語最好，稼書先生有辛嘉訓俗，俱宜熟玩。然辛嘉訓俗似恐非先生作。

觀優最害心，雖演正劇，只導淫增悲耳。

朱子、魯齋、敬軒諸儒先詩及各樂府，俱令兒童日誦一闋，涵泳久則性情氣象自別。

欲將朱子詩詞及諸儒先詩詞分類，選以五倫爲綱。如小學，九條分之。

先生觀李西漚集云：「西漚先生魄力較路閏生先生大。然閏生先生才卻甚清，古文遜西漚。西漚能於實際處體認，於人情物理體貼甚悉。」

歐蘇家譜、王渼陂家譜、康對山家譜、對山作張氏家譜，李空峒家譜，暨皇朝經世文編所載家譜例，此類名譜集成一書，可以取法。

曾文正公言：「與外夷交涉，惟言忠信行篤敬而已，更無他法。」又云：「聖人之言眞鐵案也，循行豈有差錯。」近閻相國似本文正公意。

或云：「與外夷和約成兄弟之國。」先生云：「當本孟子『樂天者保天下之旨』。」但云：「我中國皇上其仁如天下，忍與外夷計較小故，包含偏覆無不周徧，如此則合體裁。」

愚生言：「近來多售洋貨，奪我中國財源，今零用物件俱漸爲改變，未知胡底，實堪痛恨。某因嚴戒家中，誓不用一洋物，雖力未及於人，請自一家始。」言之慷慨激烈奮發。先生顧謂炳等曰：「此意思甚好，汝等當知之。」又曰：「其害不專在此，若彼在中國傳教爲害更甚。」愚生言：「若經正則庶民興，庶民興斯無邪慝矣。」先生云：「此何待言！」

炳竊謂近來講漢學及經濟諸家，將學者心多引去，大爲關學之害。先生云：「凡爲引去者，亦是自立腳不定。有眞識見，人斷不爲所引。」又曰：「此等學業，若遇眞正學問，便爾粉碎矣。」

陳注小學，葉注近思録。雖小有未當處，俱爲不可少之書。

近刻朱子所著書及先儒諸書，漸將告成。惟辨學術之書尚欲彙刻，如陳清瀾學蔀通辯、程休甯閑闢録、張大興王學質疑、童寒泉朱子爲學考、陳法明辨録、羅羅山姚江學辨。此外，辨漢學如漢學商兌亦可刻，學者庶不爲異說所惑。

說者謂鄭孔博而不約，陸王約而不博，似矣。然鄭孔自有鄭孔之博約，而其博非孔門之博。陸王自有陸王之博約，而其約亦非孔門之約。蓋鄭、孔、陸、王所謂文禮，於聖門之所謂文禮，未能同也。如鄭氏雜於讖緯之說，陸王認心爲理之弊，聖門之文禮豈有是哉？

欲經正則庶民興，當先辨明是非。若是非不明，世安得有純學？安得有至治？故注中於經正用「是非明白，無所回互」八字。學術不明，眞所謂「君子不得聞大道之要，小人不得蒙至治之澤」。言念及此，實堪傷悼。

# 侍側紀聞　十五條　王照離記

問：「陸宣公、韓昌黎二公之學孰優？」曰：「陸王之學較醕於韓，韓力量大，陸識見高。」

問：「劉元城與人相見，終日不交談，似爲慢客。」曰：「汝以多言而躁爲敬客乎？抑以斂形而坐爲敬客乎？吾輩自思，欲學先生之不言恐未易能。」

問：「劉九畹謂象山學本德光，恐無所據。」曰：「汝何知其無據耶？」對曰：「若有據，朱子必明辨之，何待四百年之後耶？」曰：「正爲當時不知而先生知之，所以有功後學不淺。」

問：「晚村闢陽明似乎太過，如李贄、顏鈞之敗亦歸罪陽明，則邢恕之惡亦可歸罪程子乎？」曰：「不然。邢恕惟不學程子，所以後來狼狽。顏李乃專學陽明，而遂至猖狂。此等處正當分看，不可執一。」

問：「晚村駁陽明，因學術而疑心迹，何耶？」曰：「晚村論陽明處極精當，非諸儒所及。況陽明事迹載在實録，晚村亦非無所見而云然。」問：「陽明實録乃桂萼等忌功之所爲，恐不足信。」曰：「桂萼雖有忌功之心，其論陽明卻是。」問：「如言交結中貴，張永雖屬宦官，卻是正人，而亦謂之交結耶？」曰：「張永雖屬正人，卻是宦官，以大臣而與中貴往來，非交結而何？汝於陽明不免有意見在，宜取劉九畹衛道編，觀之可也。」

問：「涇野駁朱子處是否？」曰：「涇野卻是遵守程朱實做工夫者，其駁朱子處，亦其所見有未至也。明季王學甚盛，人多不能潛心朱子之書，雖涇野亦不免有此弊，乃當時風尚使然。某嘗作涇野内篇序云：『恐學者以先生議朱子，遂妄議朱子。或以先生議朱子，乃轉議先生也。』此意亦不可不知。」

問：「上蔡云『不求人知，而求天知』，此語如何？」曰：「只『求』字便有病，此怨天之根也。」問：「呂新吾云『苟處事當理，卽天不知亦何害』，此語如何？」曰：「此又說得過激。天卽理也，處事當理卽知天矣。豈當理之外，又有個天知乎？」

問：「『志』字從士從心，蓋惟士心之所之方可謂志，是否？」曰：「固是，然士之中有志於道德者，有志於功名者，有志於富貴者。士而志於功名富貴，尚得謂之志乎？」

先儒有云「謂理學無妨於科舉則可，謂科舉無妨於理學則不可」，謂之無妨且不可，今乃動云舉業卽是德業，惑之甚矣。

意氣用事，久必入於乖僻。

許魯齋詩有云：「但願吾兒會讀書。」先生嘗將「會」字誤寫「愛」字，或云「愛」字亦佳。先生曰：「到底不如『會』

字，愛讀還要會讀，不會讀則泛濫博雜，何益之有？」

古人之學，只是學個道理而已，但未明言其爲道學理學耳。今人自不學道，反忌人之學道。自不學理，反忌人之學理。是必使天下無道無理而後已。噫！學術不明，處處皆然，亦世運之不幸也，可勝歎哉！

嫌疑之際，古人儘有處得合理者。吾輩若不切己體察，向此際實做工夫，則大節虧而遺人笑。所謂「立身一敗，萬事瓦裂」，反不若不讀書者之所爲也。

處家之道，以和順爲主，不可直情徑行。直情徑行在妻子间尚行不去，況於事父母乎？

女子出嫁，離父母也。男子未娶，日夜常在父母之側，及娶妻則亦離父母矣。人子念此，能不悲乎？今乃以爲喜而羣相慶賀，其亦不思之甚矣。

## 清麓語録　五十二條　孫迺琨記

先儒言，陽明生辰，曲阜、建陽兩處皆失火，可知天生斯人眞聖學一厄，世都以其天資穎異、功業顯赫，至不敢議其學，鄙哉！

關學自横渠後當推涇野，繼涇野者當推仲復。其餘人雖不少，然或偏而不全，駁而不純。柏厚甫問：「涇野、仲復孰優？」先生曰：「涇野魄力大，煞有獨得之處，不專靠前人。仲復則恪守程朱，所造純粹。」

涇野比叔簡卻醕，内篇教人當下指點，親切處眞是好，眞足啓發人。

孔、孟、程、朱本是一脈相通，若不守定程朱門戶，亦尋不著眞孔孟。

四時行，百物生，無一時之差，無一刻之停，便是天地之敬。「動容周旋中禮」，「從心所欲不踰矩」，便是聖人之敬。「終日乾乾，夕惕若」，「自强不息」，便是君子之敬。

今人纔說聖賢，便謂非人所能爲。不知世閒只有義利兩途，間不容髮，不是舜邊人，便是蹠邊人。

飲食之欲病犯底多，男女之欲病犯底深。告子曰：「食色，性也。」要知此皆氣質之性，非本然之性也。

有志之士多是志帥氣，無志之人全是氣動志。

今人纔有志於學，即怕受窮。不知眞有扶持世教底心，天亦必不教你窮。

許魯齋詩云：「直須眼孔大如輪，照得前途遠更眞。」魯齋天資高，規模大，他那仕元底意思，直是欲用夏變夷。所以言當大著眼孔，不當戚戚於目前。今世學者一遇毀譽欣戚，不免轉退，只坐眼孔小耳。

古人說天動地靜，地似不動。然天包乎地，地附於天，天既常動，地亦合有動時。且萬物資生於地，若不動，烏能生物？朱子謂：「天包乎地外，而天氣又貫乎地中。然則地之動，仍天使之動耳。」

居敬、窮理不可偏廢。居敬而不窮理，則敬爲死敬，此心板滯不靈，如拘謹一流不濟得事。窮理而不居敬，則此心泛濫紛營，所窮之理亦無歸著處。

要知性還要盡性，要明理還要循理。今世人多滅性昧理，故於異端邪說看他不破，則學術、治術安得不壞？

段維問：「每覺此心妄動，何耶？」先生曰：「能思索義理，此心自不妄動。」維又問：「兵法可看否？」先生曰：「不但兵法，凡屯田、水利、農政、禮樂、算數之類，平日必須講究一番，臨事方能應用。但根本工夫殊不在此，學者亦不可不知先後緩急之序。」

存心最難。無論無志於學者心多放失，即實以正學爲事者，不是忙迫放了這心，即怠肆放了這心。心存時少，亡時多，天理如何存得？

爲此學者，非是求異於人，非是求知於人，亦無與人爭勝。蓋天下之理，無一非性分之所固有，天下之事無一非職分之所當爲。所以爲此學者，只爲致知力行，以全在我之理而已。

爲學工夫第一是存心，存心工夫第一是居敬。

學者能於日用間隨處用心，便是居敬。

柏厚甫問：「朱子謂『道外無文。屈、宋、景、唐之文，悲愁放曠，大爲心術之害』，而於楚辭、參同契又各有註解，何也？」先生曰：「這裏要看活，不可沾滯。論道則以道爲主，凡不合於道者，皆不足以言文。所謂論道不可不嚴，充類至義之盡也。若但以文言，則楚辭、參同文字儘有好處，蘇黄詩文亦皆有可取。所謂不以人廢言，取善不遺於細微也。

王荊公氣概大，三代下亦不多得。只因學術差了，遂狼狽至此。姚江亦然。

問：「李忠定公比陸宣公如何？」先生曰：「忠定公才器大，宣公學術醕。」

或問：「李杜如何？」先生曰：「太白超逸，少陵沉雄。韓退之氣魄大，不但文章涵蓋一世，詩亦自成一家。」

韓昌黎熟讀大學，所作原道諸篇便有大學底神味。李習之熟讀中庸，其文字便有中庸底神味。陶淵明熟讀論語，其詩歌中卽有論語底神味。雖他均未能如程朱讀法，被他精熟得一番，亦能得古人一段意趣出來。看來書固要多讀、多通，然欲實在有自得處，必須專精一二書始得。

凡與人相處，卽有相處底道理。若與人不和，動輒尤人，必是心中先有所求，或欲人憐卹。大丈夫當琤琤自立，人知之亦囂囂，人不知亦囂囂。當憐卹人，不當爲人所憐卹。

人若於一事上做得合理，便是一事底聖賢；於一時處得合理，便是一時底聖賢。

柏厚甫問：「張蘿谷比王復齋如何？」先生曰：「復齋涵養深醕，在儀封上，豈蘿谷所及？」問：「開知録如何？」曰：「議論開闢，有啓發人處。」

學問之道須是一面讀書窮理，一面練習事務方好。平素雖覺有自得處，若不向日用事物艱難困苦中磨厲一番，終靠不住。

先生講朱子中和舊說，云：「朱子一生是喫了多少辛苦，看他讀書窮理是疑了明，明了疑，不敢一毫自足，所以卒成千古大賢。若王陽明則一悟便了，卽信以爲道，卽在是此，其所以淺也。」

學者立心要純，若日間少有喜靜厭事底意思，便是佛、老心腸。少有急迫助長底意思，便是功利心腸。

田孟行問：「辥文清、胡敬齋二公孰優？」先生曰：「文清氣象大，敬齋品格高。文清似明道，敬齋似伊川。讀書録語多心得，居業録議論警切。讀書録談道體處多，居業録說王道處多。有明一代惟二公醕乎其醕。」

李菊圃極清苦廉介，然似少膽識，未能展開做事。其心本愛正學，卻又怕人知，不敢彰明直做。柏厚甫問：「莫是李公不好名否？」先生笑曰：「他卻好那不好名之名。」

學者若能認定是非，須要把這志氣竦拔起來。

戰國時楊、墨、告子最害道，幸有孟子閑邪放淫，以正其失。南宋時江西永嘉最害道，幸有朱子摘奸發伏，以闢其謬。至明中葉王陽明以良知之說，簧鼓天下。羅整菴、陳東莞雖欲力障狂瀾，而力量微小，敵他不過。至晚村、稼書兩先生出，始識得他破，始識得他盡，廓然一清。

聖賢立心眞欲扶持萬世人心，整頓萬世綱常。使春秋無孔子，戰國無孟子，當時成何世界？至今日又成何世界？

小學、近思録、四書這三部義理旨趣無窮。許、辥、胡、陸諸大儒皆是從此發軔，故所造純粹。國朝若顧甯人、黃藜洲輩，雖學問該博，經史貫穿，只緣於這三書無工夫，學終是粗。

田孟行問：「海忠介公作官時，秀才與農家訟則右農家，舉人與秀才訟則右秀才，忠介亦不免冤枉人。」先生曰：「忠介正性直節固是可貴，緣他無甚學術，故做事多偏。朱子作官，有母告其子者，朱子則置子不問，直斥其母，至加敲朴。蓋這婦乘其夫死，蕩家產肆淫行，至忍告其子不仁甚矣，安可拘常例斷之？」

張某問：「少墟、二曲俱是關中望人，然爲少墟易，爲二曲則難。二曲苦節篤行，古今少有，不審如何？」先生曰：「二曲天性純孝，其苦節力行處，不可謂非一代人物。只是學術雜禪不純正，自堯、舜、禹、湯、文、武以來，好人有多少，然論學術必以孔孟爲的。自宋以來好人又有多少，然論學術必以程朱爲的。孔子祖述堯舜，憲章文武。堯、舜、文、武之道，孔子實在做得盡。程朱守定孔孟家法，實在能造孔孟堂奧處，所以爲千古的傳。」

學者果有擔當世道底意思，取與便不敢苟。

做宰相識量爲先，才次之。韓魏公作相，時人問曰：「公何不作文？」公曰：「吾掌樞密，永叔在翰院，天下文章莫大乎是。」此是何等胸襟！故程子謂：「魏公是閒氣宰相，才量兼全。」固好，然甚難。否則，有才無量便不能容才，若既無量又無才，此等人如何做得事？

學者第一只要整理自家一個身心，何暇與人較量長短？凡好與人較量者，自治必不眞切。

凡聞人毁譽，只看自己是與不是而已，則自然洒落自在。

謂琨曰：「焦雨田愛人自新，故待汝如是之厚。汝若有良心，要挺特奮發勉力讀書，成就個人，便是報恩。勿只拘拘於尋常報施，辜負了他這點意思。」

道家言去欲與吾儒相似而不同。吾儒去欲是循理，道家去欲是養精。其論性亦不同，聖賢言性如春生是熱底，道家言性如秋肅是冷底。聖賢言底性是仁，道家言底性是氣。

人有言「未發之中是太極，已發之和是兩儀」，先生曰：「此言未是。要知未發是太極，已發仍是太極，未發是太極之靜，已發是太極之動，如此說方不錯。」

人須有拔乎流俗之志，方可望。若已親炙好人，而猶有俯從流俗底意思，此等人便無可說了。

氣聚則生，氣散則死。死了又何知識？凡人夢見已死者，都是生人之心神爲之，不是死者教人夢見。如孔子夢見周公，是孔子之心神爲之，豈周公教孔子夢見耶？

國朝講四書最好者安溪、稼書兩先生，而稼書尤子細，安溪議論比之稼書較粗些。晚村講底亦好，然不及稼書平實處多。

恐人疑己，莫如先求自信。須是省愆克己，使人無可疑處方好。

學者第一要耐苦，耐苦方能安貧處困。

前人謂做官是苦事，以官爲樂者必不能做好官。謂做官是公事，以官爲私者，必不能做好官。然能處官事如家事，又是好處。

程朱做工夫處，都是守定孔門家法，教人按部就班踏實做去。只因近代高頭講章爲時文計，敷衍蔓說，將程朱許大道理都說壞了，人遂目程朱平庸不肯學。聰明才智之士乍看陸王議論，被他當下提醒，遂一直向心性上尋，於訓詁詞章利祿之習，亦能撇得過，所以其學大行。然畢竟程朱自是和平，宗程朱者其人亦多平和。陸王則不免猖狂詭譎，學陸王者亦多是此等習氣。

唐海鏡作國朝學案小識。以稼書、楊園、桴亭、儀封爲首，謂二陸之學足以上接洛閩，可並辟胡。稼書誠不愧。桴亭才氣雖大，亦有功後學，然不逮稼書、楊園多矣。問：「王仲復如何？」曰：「仲復之才似不及桴亭，而醕正過之。」問：「儀封如何？」曰：「儀封尚著述，作官以直節名，其涵養處亦似不及仲復。」

# 清麓劄記　二十三條　孫迺琨記

誠是全體之敬，敬是一事之誠。敬就零碎處説，誠就全體處説。

天欲成就個人，都有個機會，甚不容易。至於所以成就與否，則在人自爲。人若能善承天意，處富貴也能成就，處貧賤也能成就。是成就與不成就全在各人，於天無與。

問：「先儒説明道優於孟子，如何？」先生曰：「還是孟子才氣大，非明道所及，但明道細膩處似勝於孟子。」

堯、舜、禹、湯、文、武所已盡底道理，古今惟有孔子盡得。即堯、舜、禹、湯、文、武所未盡底道理，亦惟有孔子盡得。後世欲天下大治，除了遵守孔子之道不可。遵孔子之道則能治天下，不遵孔子之道則不能治天下。

心粗最害事，義理如牛毛繭絲，非細得一分心不能見得一分理，其工夫仍不外居敬窮理。居敬久則心便細。每事各有理，察理精則心便細。

書固能維持此心。然必先酷好讀書，將心繫在書上，令書中趣味漸漸與心浹洽，庶此心不至走作耳。管子謂：「思之，思之，又重思之。思之不已，鬼神將告之。」實則鬼神何能告我？不過我將心并在一路，專一精研，積久則方寸虛靈自能照見耳。

學者能疑便是好機會，疑者悟之端，大疑則大悟，小疑則小悟。然非用心觀書，則不能疑，亦不會疑。

敬要內外交修，動靜交養。寂然無事時，提醒此心不令放逸，便是靜中之敬。應事接物時，省察此心使皆合理，便是動中之敬。外而正衣冠，尊瞻視，嚬笑不苟，是敬周於外。內而壹心志，整思慮，湛然純一，是敬存於中。

學者緊要是這個心，能存得心方能事事合理。聖賢所以過人處，亦不過日用閒使事事合理耳。學者若能一時存得此心，便是一時底聖賢。若能一日存得此心，便是一日底聖賢。若動時昏亂，靜時憧憧，如何存得他？

佛氏工夫與吾儒迥然不同。其上者要空其心，如仁義禮智孝弟忠信之屬，一概滅絕，祇是認心爲性。次者要死其心，覊制之使不得動，如枯木死灰一般。

容貌辭氣之閒，無非是存心底實際。陸王、漢學家以此爲小節，隨便任意不顧行檢，不知他那心存在何處？

明道先生天資高明和粹，似在曾子上。伊川近於曾子，其精察力行處尚不及曾子。

世儒有不分門戶之說，只緣孔孟之學大中至正，已立下萬世底門戶，學者再不許錯走。孟子曰：「吾爲此懼，閑先聖之道。」閑者，防藩之意，亦是恪守門戶。若以不分門戶爲高，將混老、佛、儒、墨爲一，則是邪說。不必息詖行，不必拒淫辭，亦不必放也，成甚麼學術。

取人當觀其根柢如何，不可專取其才。若根柢不善，雖有才亦靠不住。大凡才德兼全，上也。不得已，應取德而輕才。

問：「左文襄公比曾胡二公才氣如何？」先生曰：「左公才氣不讓曾胡二公，其雄傑峭厲處還勝於二公。但曾公學問頗深，理學尚有工夫，非左公所及。胡文忠休休有容，與君民一副熱腸，亦非左公所及也。」

同學爭言陸王好處。先生曰：「陸王天資絕世，其德行卓絕處亦自不可掩。要知聖學自有眞正路脈，一毫不可假借。陸王師心自用，糟粕六經，執一己之見，亂聖道之眞逼，眞萬世蟊賊。國朝稼書先生倡明正學，攘除異端，尤於陸王掊擊不遺餘力。非是爲古人擔憂，只恐後人誤從其說，墮坑落塹，此是何等擔當！學者無擔當萬世底胸襟，纔見人排詆陸王便疑爲刻薄。試看論語微子一篇所列諸賢，皆足廉頑立懦，振興百世，而獨歸重於夫子之『無可無不可』。見得惟夫子爲天理之至極，諸賢皆有好處，謂之高乎斯世則可矣，然皆不可爲典常者也。孟子於鄉愿陳仲子之流，亦皆力辨其失，非聖賢故爲刻覈，誠恐有害道處，論學術者當知此意。」

鄭康成說「惟聖人能知聖人」，觀朱子論孔子處，實在能入聖人之堂奥。程子稱「孟子未敢便道他是聖人，然其學已到至處」，某於朱子亦云然。

學者要辦一個死而後已之心，只管循序漸進向前做去，久久自有所至。

學者要有個朝聞夕死之志，能聞道始不枉負一場人。古今有多少人只爲不聞道，所以混同枉過一世。聖賢所以獨高千古者，只是聞得道。

少年交友最當謹慎。一或不慎，則性情心術久久都爲彼所化，所謂「入鮑魚之肆，久而不聞其臭也」。

凡詭詐人，必遭詭詐禍。

父子祖孫一氣流傳，祖父雖往，子孫若能誠心感格，有相通之理。孔、曾、思、孟雖往，其精神自在宇宙間。學者讀其書，承其學，以誠意享之，亦有相通之理。天子祭天地，只爲天子是與天地一氣，故能郊則天神格。諸侯祭山川，大夫祭五祀，其相通之理亦莫不然。

## 復齋語録　十五條　柏埜記

讀書之法自當循序，不可臘等。如四書，朱子謂「先讀大學、次論語、次孟子、次中庸，自是一定不可易之法」，或問言之詳矣。後人又謂「經書最古當先讀，不知不讀四書，無以爲讀經之階梯」，又謂「四書特其階梯，自當由階梯而升其堂奥」。夫讀四書不讀諸經固不可，然不先於四書熟讀深體，則於諸經亦必不能得其旨趣。蓋四書皆融會諸經而出諸經，譬如廚竈中山珍海錯無所不有，而四書則烹調精熟，食之可以長精神充肌膚。若不先讀乎此，則並不知山珍之何者最美，海錯之何者最佳。既如得此味好，自必更求珍錯。若無力求得珍錯，而現有成熟珍錯之美饌，食之飽之厭而飫之，但得一己受用斯可矣，如程子所謂「既讀四書，雖他書不治無憾也」。然果有精力，更能讀得諸經，則義理所積益深益厚，又豈不可？不可有輕視諸經之心，又不可貪慕博學，而不先四書以求切實之用。

大學綱領是教人立志向，條目是教人做工夫。然又恐人差卻路頭，故又言「自天子以至於庶人，壹是皆以修身爲本」。俗儒之記誦辭章自以爲格致，而無與於修身。老佛之清淨寂滅自以爲誠正，而無與於修身。管商之功利自以爲治平，而不本於修身。蓋知修身爲本，自不能不格物致知，不能不誠意正心。卽齊家、治國、平天下亦是從此身做出去，天下豈有舍了這個身能做得底事？

讀論語有三法，須觀聖賢之氣象、辭氣、性情。章章如此玩味，必有得失。

犯而不校，只是自反到極熟處。學者須先學自反。

「子路有聞」一章，此記者極形容子路力行之勇，心術氣象活脱紙上，直是一片像贊。

今人中亦有古之學者，古人中亦有今之學者。古今雖以時言，然其所以爲古今者，卻只在心術閒爲己爲人之分耳。

孔子「祖述堯舜，憲章文武」，然時各不同。今日卻要祖述孔孟，憲章程朱方是，堯、舜、文、武、孔、孟、程、朱，只是一個道理。

工夫須積累做去，不要嫌少，日計不足，月計有餘。朱子自言，平生工夫亦只是銖積寸累而已。

學者出外讀書，須時時體貼朱子訓子帖。以朱子訓子之言，即作父母訓己之言。蓋自己父母心中自有朱子一段道理，特朱子先發出耳。切勿放過，徒忝所生。

有謂「但務道學之實，不可有道學之名」，固也。然名因實而起，避其名必將怠其實，但不可有意沽名耳。「沉潛反覆，優柔厭飫」，此八字是朱子爲人說讀書之法。「沉潛」是靜，「反覆」是久，「優柔」是進之有序，「厭飫」是熟之已足。

桐閣先生一生爲學，得力全在一「恒」字。

凡人刻核迫狹，皆由不仁。仁便有多少寬大意思，便有多少敦厚意思，自無刻核迫狹之病。

人惟能不輕受人恩，乃能眞感恩，乃能眞不負恩耳。古之君子思所以顯揚其親者，惟立身揚名之爲足恃。是以不求諸人而求諸己，不務其外而務其內。

## 飲餘酯液　二條　丁樹銘記

五月十五日先生飲酒中說：稼書先生因奏捐班貶奉天時，朋友有勸先生或與部吏說話可以不去。稼書先生答曰：「奉天亦可讀書也。」稼書先生是做官人，內威武不能屈的氣象，這是一個貴者如此。楊園先生端節無菜、無酒，某友見而問之。楊園先生即答曰：「讀朱子文集半卷可當午醉。」楊園先生是貧賤不能移的氣象，這是一個寒士如此。

桐閣先生所刻之書俱都經手眞筆寫過，無草字。先生八十時猶在燈下能書極小楷字數百，不喫力。先生壽八十六終。

清麓遺語卷第一終

# 清麓遺語卷第二

賀復齋先生口訓
郃陽謝化南季誠編輯
門人朝邑楊玉清溫如參閲
三原張普澤寰　校梓

## 經說一　百六十五條　謝化南記

程子說：「古之人耳之於樂，目之於色，盤盂几杖，有銘有戒，動息皆有所養。今皆廢此，獨有義理之養心耳。」而今義理養心只有讀書一事，但人多說，常時心尚不走作，只到讀書時心便只管走作，把持不住。不知此乃常時全無工夫，所以到此把持不住，但常時不覺此時始覺之耳。李顒說：「遇事尚能操存，無事卻甚難。」須是無事時做得工夫熟，有事時方不走作。

覯郅惲、范忠宣公「恕」字之誤，便見人不識字也，甚害事。所以古人小學殺重識字，如阿諛逢迎以爲忠，便是不識「忠」字；從親之令以爲孝，便是不識「孝」字。這些去處也不可專泥訓詁，須要看得義理正當。漢儒專講訓詁，更不十分照管義理，所說「實事求是」亦自不錯，然無朱子卽物窮理工夫，又何以得其是耶？程朱亦是依訓詁說經，然必以義理通之，所以極爲的當。至本朝考據家宗「實事求是」之說，何嘗有差？但只討論得許多粗迹名物器數，更不向義理上講究，所以不免支離破碎，此漢學、宋學之所以異。

朱子說：「陳北溪不是高處缺工夫，正是低處缺工夫。所以後來他作字義正是要在低處做工夫，事事物物一一理會到底，至纖至悉極爲精密，直是恁地好。」良久笑曰：「看來北溪畢竟還是高處工夫多。他字義上都是些精要名目，且他凡說道理便先說個所以然，下面才說當然。要之，到他這裏也是莫有病痛了。」

早飯食粥，因論作粥之法。先生曰：「人事也須講嘉穀之味。本平淡甘美，只因不會做，味便不美。如道理本平正，只因不會說，說來便不好。言之無文，行之不遠化。」因問：「道本平易，只因不會行，行來便多滯礙否？」曰：「然。」

後人畫聖賢者，皆是髣髴像貌而已。若朱子小學，一則曰「則天明遵聖法」，再則曰「稽聖經訂賢傳」，三則曰「仰聖模景聖範」。這一部書直是畫出一個眞聖賢模樣來，這是朱子的手段，他人如何畫得來？

（以下小學）

小學敬身篇小引云：「仰聖模景賢範。」可見要敬身只有學聖賢一條路，不學聖賢便不成個敬身。能敬身方能做明倫底事，不能敬身更安能明倫？所以小學先立教，次明倫，而終以敬身，事事皆須從身上起。

觀小學「舅沒則姑老」一條，可見家中諸婦不和，皆是爲子者孝道不盡處。更觀下一條「宗族不睦」，亦是爲子者孝道不盡處。

觀稽古、立教四章，便見教小兒是人家第一緊要事。爲母便當學太任、學孟母，爲父便當學孔子，而今卻都不曾做這件事。如孟母這裏不好便遷去，那裏不好又遷去，是他把教小兒做件大事看，看得十分重，不肯苟且將就。即下面買豬肉事，便見他平日教小兒直是一毫不放過。今人到這些去處卻全不當事。且看孟子是何等人，幼小時尚不能不誘於習俗，而今只聽習俗染將去，如何會得好？更看孔子教子是如何？下面說爲周南、召南是教兒子從至切至要處做工夫，不是只令泛然去讀而已。而今只把詞章功名當一件正經事，其他都不管，可勝歎哉！

文王、武王事親有多少事，卻只載他問安視膳，固是對小子說，亦是要見得這是事親最要緊底事。文王、武王都是如此，況他人乎？古詩云：「古人一日養，不以三公換。」若這裏都不肯用心，做一件莫要緊底事看了，更說甚孝？

老萊子詐跌仆臥地，這詐卻是仁術，非詐僞也。人子在父母前，若能裝點得許多和顏悅色，可笑的事情也是好。雖然是假，卻實是眞。蓋無實心眞愛自是裝點不來，只爲他時時欲親之喜，所以能做出這等事情。可見而今人子在父母前，往往令父母有可惱底意思，有可憂底意思，有心淡底意思，皆是不孝。

豫讓、王孫賈二條是說復仇之義。當朱子時，徽、欽北狩，主后宫妾一切悉爲所虜，恥莫大焉。宋之君臣若無事然，是以朱子特發此義。如豫讓所爲，雖未必盡當，然此一節卻實是好仇，雖終不能報而此心已明於天下。如王孫賈大義所激，而仇卽能報，蓋復仇之義果明。人人有復仇之心，則仇便能復，卽不幸而終不能復，此心已明於天下也。算復仇若安然無事，成何道理？某初讀此看他有這意思，後來見得果然這是君臣之變也，是世間儘有底事。漢家風氣猶近古尚有幾人，六朝至唐末以至五代，全看不得這道理。經朱子後，遂大明於天下。至宋末崖山猶有許多人出來，文文山、張世傑、陸秀夫諸人都是恁地堅强，未必不是聞此風興起，可見講學眞有益於人國。至有明一代，此風愈盛，靖難時有許多人諫大禮。也有許多人。〔一〕這時陽明之說尚未起，都是朱子學明之。故雖張璁、桂萼釐正祀典，也都據禮議論，亦多正當。後來講陽明者，學術雖有差，到底倫紀之閒也都是一毫不肯苟且，所以東林諸君子都是恁地，固未免於激烈，然也算一代講學之效。要之皆由明太祖尊崇朱子上來，本朝躋朱子於哲位也，極是尊崇，卻是在下者無人講究。所以此義而今都不見得，不知以後又將何如耶？可慮！可慮！

食時，因說事親賓客之奉必極力營辨。云：「往會見師友家子弟儘有不省事處，其尊人甚喜客來，無賢愚無貧富皆是欵接不倦，到老彌殷。其子弟便有不喜歡處，富貴客來便愛應酬，窮朋友窮學生來便不喜。這便是他不善養志處，這也是他福薄處，所以如今都衰微了，甚是可惜。」

程子說「人有三不幸，乃世俗之三大幸」，朱子卻將此編入心術甲裏，又是何意？須要思量他害心術處何在。橫渠說「學者捨理義」云云，也須要思量他害心術處何在，不可輕放過。

〔一〕 也有許多人：　此五字疑爲衍文。

薛包他只知愛父母而已，不怕父母待他恁地不好，他卻始終只是一個不忍離，所以能感動得他父母。如今人做小兒時，不怕父母怎樣呵喊打罵，他卻總要依靠父母來。及至長大卻不然，父母一事不如他意，一語責他稍重，便煩惱不肯面前來。這固是天性漸漓，也是物欲蔽，不讀書窮理，不知克除己私耳。

看薛包處弟子，何難盡以家業與他，更分甚麼？這些去處卻是要說底。中分其財正是爲他且留得一半，以爲異日保全計。只是分之中卻又有一番讓法，若顯然以讓自處，這便是憤激，便是爭，弟子心中便不能安。他卻又善爲說辭，不惟自己心安，也教弟子心安。是他天性過人，又善處事，全不從財物起見，所以做得如此好。這便是個不得已而分家底法程。

霍光惟是小心謹慎，所以能辨許大底事。如廢昌邑立宣帝這是大，小大事卻全不曾作難。可見古今斷未有不小心謹慎而能辨大事者。

觀繆彤掩戶自撾事，須見他平日著實是修身謹行，所以臨時方能如此動人。若平日全無工夫，這個效驗豈倉猝之閒所能取辨耶？天下惟婦人最難化，蓋陰滯之性兼不聞許多道理。倘非積誠有素，豈易感動得他？

近思録七卷說出處，是爲學者分截一個大界限，見得這裏最不可含糊。十二卷說警戒，這卻是密密察察底工夫。無論甚地位，無論甚時候都離他不得。大抵學者日閒只無警戒意思，便與聖賢不相似，更說甚學？以下近思録

這道理無形像也無名目，聖人欲指以示人，姑名爲太極。周子作圖，也是於無可名狀之中姑畫一大圈，狀太極體段，令人見得這個道理直是圓滿充足無所不包，所謂語大天下莫能載。今人畫太極圖，裏面半陰半陽，便是陰陽圖，非太極圖也。太極自是無些子迹象，第二個大圈才是陰陽，圖中閒小圈便是太極，這便是陰陽底主宰，所以爲陰陽者，這是他作圖只得如此。其實不是太極截然在內，陰陽截然在外，也不是半面截然是陰，半面截然是陽，是他作圖只得如此。至水火木金土，個個都有個小圈，便是這一個分成五個，他個個都是圓滿充足無些子欠缺。性理精義本卻將這五個小圈都作方底，不知何意？想是當時校勘粗疏，偶然之誤，如今須得一御史奏請改板，免教天下後世學者妄生穿鑿附會。此雖是個閒事，卻也殺有關係。宋史載太極圖說首句作「自無極而爲太極」，多「自」、「爲」兩字。朱子奏請刊削，以爲遺誤後學不淺，看他是甚麼

心事。至下妙合圈，便是將五個歸到一個，見他個個都是這太極所爲，所謂「語小，天下莫能破」。至下男女圈也是個大圈，萬物圈也是個大圈，這便是一物一太極，都無些子欠缺。其實下面九個圈都是太極一個圈子裏面事，更無別底，只是作圖時只得如此。

明道先生云：「一命之士苟存心於愛物，於人必有所濟。」其實人人皆當如此，苟存得一分愛物之心，自能濟得一分人。這便是天地之心，這便是人人合該底道理，所以人生斯世不可只作自了漢，世上事更不關心。

小人無終絕之理，待小人只是個不惡而嚴。嚴是嚴於己，不惡是不絕他。惟不絕他，所以他便有可化不善之理，故程子云：「若棄絕之，又安能化不善而使之合？」

程子云：「自守以正，亦使小人得不陷於非義。」可見自守便是愛人處。

張天祺論新法，便是訐直强勁率多取忤。明道先生便是溫厚明辨，所以荆公爲之媿屈。故聖人既說忠告，又說善道。

張天祺是極嚴切底人，觀在司竹一條，德量卻是如此，便見古人爲學得力處。這正是我輩今日最切要底格言。

程子云：「責善之道，要使誠有餘而言不足。」又云：「要使誠意之交通，在於未言之前。」而今處朋友先教這意思在胸中方好。

程子云：「學者不可不通世務，天下事譬如一家，非我爲則彼爲。」觀此言，便見世務也是學中事，分內當爲底。官雖可以不做，世務不可不講。不可說我不欲作官，便可終身不通世務也。若只如此，讀書何用？而今卻全不曾講究世務，何日方是用時？且人豈能終身更無一事，只管在僻靜處讀書耶？雖不作官不可不與斯世相關切，若只從一身一家起見，便是個自了漢，甚不是也。

程子云：「聖人之責人也常緩，便見只欲事正，無顯人過惡之意。」又云：「居是邦，不非其大夫。」此理最好。又伊川每見人論前輩之短，則曰「汝輩且取他長處」。這三條意思極好，須常念之。

民只是個臨之而已，吏便要下個御字，須得有些作用來。此等人姦猾嗜利，非可以民比，正己則不惟有以感其心，而彼自不忍舞文弄法也。是無隙可乘，彼即不敢作弊。使民各得輸其情，便如家人父子一般，一氣流通，更有何事不可行？

而今作州縣官且莫說他十分不好，只一個急公奉法，民便受無窮底害。晚村先生云：「急公奉法四字，殺斯民而有餘。」眞是！眞是！且如徵糧一事，固是終少不下，獨不可以少緩乎？又況國家原自有定限，而今卻都要限前清楚。使百姓於青黃不接之時大發急迫，賤糶穀貴稱貸，一般底事教百姓便有許多耗墊，受累無窮。若朱子在南康，不到限時，便禁屬縣催徵，只此便寬民力無窮。

橫渠說二程從十四五時便脫然欲學聖人，看這是何等氣象！我輩不可不知此意，而今只爲無有這個志，所以工夫不長進。近思録以此條終之，望後人之意深矣。

朱子於大學、中庸則曰章句序，於論、孟則曰序說，何也？大學、中庸原來各自是一篇文字，朱子從而章句之，故亦作一篇文字以序之。若論、孟所說非一事，所記非一人，故朱子亦集前人之說以序之。文體之稱如此，然雖裒集前人言語，自己不著一句一字，欲無一句一字不是自己的意思。隨手拈來，安置便自妥帖，這便是删述手段。

（以下大學）

朱子大學註「明德者，人之所得乎天，而虛靈不昧，以具衆理而應萬事者也」，與孟子盡心章註「心者，人之神明所以具衆理而應萬事者也」，幷大學或問云「若夫知則心之神明，妙衆理而宰萬物者也」，合三處觀之，朱子直是解得恁地精透分明。

「不可徒苟且以徇外而爲人也」，此一句是朱子特地補出自欺之根。凡人自欺皆起於一念苟且，既苟且則不能不徇外而爲人。苟且最害事，世間甚人不因苟且一念做壞。

大學正心工夫皆是從已發以後，說到子思方推出未發之前來。論語亦是如此，使學者做工夫有個據依下手處。

「治平」傳只朱子「務在與民同好惡而不專其利」一語盡之。說者以理財用人兩端平分，非也。蓋不專利是同好惡中事，而用人又是不專利中事，一串下來。

或問說明德處有云：「其所以異於禽獸者正在於此，而其可以爲堯舜者亦不外焉」。下面又云：「雖曰有人之形，而實何遠於禽獸？雖曰可以爲堯舜，而亦不能有以自充矣。」可見人才不明德不爲堯舜，便入禽獸裏面去，中閒更無立脚之地。

（以下大學或問）

或問格致傳便是朱子一生造道底工夫。朱子惟於格致上做得工夫精，所以造得高，諸儒皆不能及。

伊川論「魯祀周公以天子禮樂」一段，直破數千載之惑，更無人敢如此說也，是更無人見得到此。

（以下論語）

自古未有聰明而不好學者，亦未有不好學而可謂聰明者。生知者，生而自知好學者也，非謂無所不知而便不復學也。「子貢問政」章說「去食」、「去兵」，不必卽有此事，卻是實有此理。聖門之學都是要窮理，所以每每設疑致難。子貢豈不知信不可去，只是與食相較便有些難決處。聖人才說「去食」，似乎駭人，及說出「自古皆有死」、「民無信不立」兩句，又卻是個極平常底道理。可見人寧爲有信之死，不爲無信之生。又可見天下極難事，聖人處置只是一個理，更無別法。

子貢善問直窮到底，樊遲旣問於師復辨於友，此便見聖門學者皆是務實，不肯一點含糊過去。而今學者有不知處，只聽他不知，卻不問人。卽閒有問時，也只粗略問得幾句，便又放下，義理何由得明？可惜可惜。

忠告而善道之，不可則止，有多少不止底深意在。不是嗔他不聽便絕了他，是見他蔽著不要强他從，便是全交之道。若是有大關係底事不聽只得絕交，若是無大關係且緩一步，待他心中稍開，卻好復說。若絮聒不已，强以必從，致他疏慢，是自去取辱，且令以後永無說話處，此卻不是勸規之道。

胡氏論衞國正名事，道理極正大，未敢必夫子做時果如此否？只是夫子必自有做法。人謂聖人無不能做底事，卻不知聖人實有不能做底事。順理底事聖人能做，非理底事聖人不能做。若說事求可，功求成，區區取必於智計之末，聖人決不爲也。

樊遲請學稼圃，今人只見聖人以小人責他，便都鄙薄他。要知他也是自食其力，不肯求人之意。今人動不動便求人，廉恥都靠不住，更說甚學。只是大人之事不如此，成己成物自新新民都是分内事，不合將天下國家都不管了，只要自家一人討清閒，所以聖人說他是小人。許魯齋說：「學者也須治生。」此言未可厚非。三代以後士都無養，若不能做官，下稍便爲飢寒所迫，至於失守喪節立腳不住。所以要治生只是治生，與謀食不同。人既有此身，便自有個生底道理。治生是合道理底事方做，不合道理底事便不做。謀食則是不顧是非浸淫，至於求富也。

「苟有用我者」一句，這語氣須要細玩。要見得聖人惻惻斯世之民，至十分無可奈何處才如此說，聖人別處無這樣聲口。

聖人答定公興邦喪邦之問，這一章最好看，聖人底氣象恁底雍容寬大。若是別人答他這問，定要與他尋出幾個證據來，非不確切，只是氣象迫狹了。「知爲君難」只是一個敬，「言莫予違」只是一個肆，「敬」、「肆」二字便是興喪底源頭。

樊遲問仁，仁是極深遠底道理。子曰：「居處恭，執事敬，與人忠。」三者是極淺近底事，那極深遠底道理卽在這極淺近底事裏面。就在這極淺近底事上做，便是那極深遠底道理。這個事人人離不得，處處離不得，時時離不得。初學是這個事，聖人也只是這個事，所以程子說「徹上徹下，更無二語也」。

中行是那天資粹美學力眞正底人，不是專說他天資好狂狷也。是就他天資學力說，都是有載道之器，非謂他便能載道。只是一切富貴名利纏縛他不住，再加激勵裁抑，將來便可至中行。這章書教人學中行，不是教人學狂狷。就是狂狷，也是教他學中行，不是如此便止。學者立志須是不到中行不止，若起腳就要學狂狷便差了。鄉原卻又是一個假中行，似是而非，所以亂德。

楊丈問：「『鄉人之善者好，不善者惡，其人已大段好了』，又云『必須察者』，何也？」曰：「只爲他這善者只是鄉人中之善者爾，他所到者未必便到十分是處，所以還要察。」

聖人不輕疑人，亦不輕信人，觀「子問公叔文子」便可見。

范氏曰：「要君者無上，凡與人交，才有要底意思便不是。」楊丈問：「武仲當日若在邾國，使請立後，便非要乎？」曰：「然，要之立後，在君自己去請便不是。」楊丈問：「如今請誥封是否？」曰：「這也是國家有此例，只爲猶是尊榮祖考尚無害，如蔭襲則決不可請。國朝有一宰相告老歸家，因先帝有許配享太廟之說，欲自去請，皇上大怒反削其官。」

朱註云：「大言不慙則無必爲之志，亦有人絕不大言亦無必爲之志。」蓋自甘卑下，更怕人來責他，所以爲此緘默，這豈是好？須是有必爲之志，又不肯大言方是。

陳恆弒君便是夫子作春秋底來由。觀夫子沐浴而朝，幷下兩不敢不告見。夫子把這事看得極鄭重，極是放不過。惜乎哀公以削弱，不能致討三家，又以黨惡不肯致討。夫子曰「以吾從大夫之後，不敢不告也」，便見辭義凜然，足寒三家之膽。其後三家不敢妄爲，則此一舉之力也。其實有此一舉，則陳恆之罪亦已討矣。楊丈問：「湯誓云『予畏上帝不敢不正』，便是這不敢不告之意否？」曰：「然。」卽此便見理之所在，聖人直是一毫不敢違。

須是平日先有無自欺底工夫，到得事君方能勿欺。若初不肯以道自治，徒欲以道責君，便是欺也。

上達下達，所達由於所習路頭一差，聰明才智盡以佐其浮沉邪僻之術，豈不惜哉！

蘧伯玉日閒只是自去寡過，不計人知他。左右之人眼裏見得他心事熟，所以一問便說出來。

人都是不肯下學，所以終不能上達。若下學得一分，便能上達得一分。下學得十分，便能上達得十分。蓋天理卽在人事上，下學而不上達，決無此理。若是著實下學到底不曾上達，便是所學錯了。如徒殫精竭力於記誦詞章考據名物之類，更達個甚麼，要之這也叫不得個下學了。

子服景伯便欲誅寮，這是旁觀者打不平，未免太過。然此等人畢竟不可無，無則羣邪醜正而公道不明，尚賴此等人敢說此等話，使天地閒公道不至泯滅。只是聖人不如此，他卻不動一點氣，恬底和平。要之，自被讒毀，須是學聖人在旁觀，亦不可無景伯這個心。景伯之言便是發於悲天憫人之至情，聖人之言卻是率其樂天安命之本心。

晨門這人儘高，與儀封人俱是知聖人底細，玩他語氣無譏聖人意，不知胡氏從何處見得。大抵不知其不可而爲之者愚人也，智者知其不可故不爲，惟聖人雖知其不可而猶爲之。此卽世人所謂愛做閒事者也，要知不是做閒事，這便是聖人之仁不能自已處。

「果哉，末之難矣」，可見聖人只管爲其難，「荷蕢」便是不做犯手底事。邵康節也是這個意思多，所以謂之打乖，只是要討便宜去。

上好禮則民易使，不是爲使民方去好禮也。不是獨自好禮於上，民便易使於下。禮自是天定底，人人皆當由。好禮便是以禮自治，以禮教人等，威辨而分定，所以易使。

「闕黨童子將命」，便見聖人教人之法也。不只管與他說，只教他習這事，他自會知他底不是處。

「子路慍見」，子路之慍也，是從公起見，非是因一人之困迫而然。他口中把君子說得十分重，見得君子是負荷斯道之人，竟亦有窮，這便是他解不下來處。夫子卻說「君子固窮」，見得窮是君子個極平常底事，不必怪異，但不若小人窮斯濫耳。濫亦不必放溢太甚，只不能安然固守便是。子路便有怨天尤人底意思，夫子便是樂天安命底氣象。

隨事精察而力行之，便是曾子平日底工夫。多學而識之，便是子貢平日底工夫。雖所入處不同，然觀註一則曰「眞積力久」，再則曰「積學功至」也，都是殺用工夫。所以夫子呼而告之。楊丈問：「夫子發之則同，二子應之各異，這便是知不如行否？」曰：「是如此。然子貢也非全不行，只是知上工夫多。曾子固是行上工夫多，知上也是殺講究。觀禮記曾子問篇，直是恁底一一窮究到底。又須知二子既聞一貫後，曾子依舊是隨事精察而力行之，子貢依舊是多學而識之，不是從此不復做工夫。若說一悟便了，就入釋氏路上去。」

侍於君子有三愆，三愆雖見於臨時，工夫仍在平日。平日能存心，臨時乃察得來，然也須是侍於君子方見得此三愆出，這便是侍君子底得益處。大抵太放散底人固容易有此愆，太矜持底人亦容易有此愆。緣平日放散慣了，猝乍矜持太甚，自是不得中節。

三戒便是三個藥方，到那個年限上便服，不須待病發。戒色不必是瀆倫亂法，卽夫婦居室亦自有節，如胡子所謂「交而知有道焉，接而知有禮焉」，朱子所謂「雖衽席之上一或苟焉，則天命有所不行矣」。戒鬬不必是鬨鬧纔有爭勝底意思，或語言不相下便當戒。戒得亦要說得細。

「九思」須平日有居敬窮理底工夫，臨時再逐一檢點方是。

「色思溫」，「溫」字最好。子貢說聖人先說個「溫」，曾子說聖人亦先說個「溫」。人胸中有一番溫熱底意思，外面便有一番溫和底顔色。接人固要溫，卽獨處亦須思量教溫方好。這一番溫熱底意思，便是天地生物之心。如春月時節天氣溫煖，所以萬物一齊發生。若只冷冰冰底，萬物如何生得來？胸中若有忿怒不平底意思，外面便有許多暴戾底氣色。這個氣色便處處害事，便不是道理，所以說「色思溫」。

凡聖人說未見某等人，皆是勉進學者語。今學者常自檢點，看自己是聖人欲見底人否？

子游〔一〕不是專以絃歌教武城，絃歌自是樂中一事，禮樂又自是道中一事。子游只是以道治武城，其化有如此耳。

「鄙夫」，註云「庸惡陋劣」，這四字曲盡古今小人模樣。「庸」是無才識一毫不能辦事，「惡」則有許多機智只管生事，「陋」只是貪貨賄，「劣」則會諂佞又能下毒手，卑污苟賤，殘忍酷烈，無所不至。庸陋是柔惡，惡劣是剛惡。此等人尚何足責？只是戒事君者要認得他，不可與共事耳。

「古者民有三疾」這一章，不是聖人要攻發人之陰私，只是警學者要著實省察，勿誤認了自己病痛。古者有那一般病，便有那一般好處，尚可調濟，以成其美。今則無方救治，純是惡了，蓋傷風氣之益薄也。

學者且須痛自點檢，能不犯夫子、子貢所惡，其爲人已大可觀矣。

「微子去之，箕子爲之奴，比干諫而死」，這是論難易，看來微子先去，比干繼死，而後箕子爲奴耳。微子也是屢諫不從，見紂必亡，故避禍以存宗祀，初非先有歸周之意，如左氏所謂「面縛銜璧」者，及後武庚既誅，周天子訪求乃肯出耳。比

〔一〕「子游」：原闕，據文意補。

干也非是必於要死，只是他若諫不休，不卹其死耳。箕子只是不肯再死，以重君殺諫臣之罪，故甘心囚奴，初非爲傳洪範計，及後武王訪道，他欲也無仇之之意，然亦終不肯臣也。

程子云：「聖人之心不敢一日忘。」天下須看此「不敢」二字，便見「民胞物與」是人人分内合當如此，亦是天理。聖人只是不敢違天，所以憂勤惕厲，栖栖皇皇不肯少休，沮溺輩只是少此不敢之心耳。

觀「周公謂魯公」數語，可見周公所以造魯與造周無異，皆是如此忠厚。此魯所以後亡於列國，而與周並久也。

人有過須是改，改了便無過，故有過不害爲君子，文過則必入於小人。小人有過，惟恐人見，一副精神全向文上去，以爲如此便足泯過之迹，遂終不肯改。不知文愈巧過愈深，文愈密過愈顯。過則只是這個過，改則猶可。至於無文，則便成兩個過，且直流於惡。子夏曰：「小人之過也必文。」正要學者各自點檢，莫向那裏去。

「大德不踰閑，小德出入可也」，子夏是個謹小慎微底人，爲此語者不是教人略其小，正是教人謹其大。若先有個小德出入可也底心，卻恐大德已早踰閑了。

學者多年用工不見長進，總緣不能實心好學，擔擱日月，而今且看論語説聖賢都是甚麼樣好學法。夫子説「好古敏求，終日不食，終夜不寢，發憤忘食，樂以忘憂，不怨天，不尤人」，這是夫子底好學處。「不遷怒，不貳過」，是顏子底好學處。「食無求飽，居無求安，敏事慎言就正有道」，這是夫子又説個好學底樣子。「日知其所亡，月無忘其所能」，這是子夏又説個好學底樣子。今且將這幾段話説放在胸中思來思去，看他所學都是甚麼學，所好都是怎樣好，痛自檢括，直要樣樣與他一般，方算好學。不然只是悠悠度日，下稍濟得甚事，以此望進不亦難乎？

人才好高，便有近名之意。如「吾友張也爲難能也」，便是他有意矯時立異。要於衆人中事事見得有我在，這便是意見用事，心已外馳了。凡其所爲，皆不是從道理上至誠懇惻而不容己處做出來，所以説未仁。

曾子説話多説「吾聞諸夫子」，這便是他篤信聖人而不敢自以爲得處。此等處意思極好，氣象極好。和靖在講筵每説「聞之師頤曰」，也是如此。

獻子固賢，然所用之人所行之政，未必皆盡善而毫無可改。只是莊子心下不忍死其親，故不改耳。即間有未合宜處，想他也是漸漸改了，只是人不見其改，這便是他孝處。大抵後生少年喜新進厭老成，矜才能好更張，乃其通病，豈易似他這樣好？

聖門學者顏曾而外，惟子貢後來所造儘高。看他答子服景伯與叔孫武叔諸章，便見他氣象直是恁底好。他人遇此，難免莫有幾句不平底話爲夫子吐氣。子貢卻是恁底和平從容，閔冉以下誰能及此？子貢說聖人處，處處精當。固是識見高，亦由親炙久，所以古人貴親炙也。也是他篤信聖人，愛在聖人身上用心，所以看得聖人如此好。此所以三年之外，惟他築室獨居而不忍去。

舜大聖也，堯固知之，及授天下，乃戒之曰：「四海困窮，天祿永終。」舜亦何至如此？此便見聖人戰兢惕厲之心無時而息。雖必知其決不至此，而猶恐其一或至。此後人所以不及聖人者，正少此心耳。

鼎革之際，新主欲民歸心最是難事，看秦漢以來都是恁底安排布置，民終未肯信乎也。興滅國也，繼絕世也，舉逸民，民皆曰「此非實心也，爲收時望也，爲結民心也」。惟聖人至誠懇惻，事事皆從救民上起見，依天理而行，初無一毫利天下之心，而民心自無不歸，此亦感應之理然也。雖殷頑民殺費調理，然不害乎武王、周公之治。蓋多年故主之情一朝頓改，自是不能不戀戀，苟非至誠感得他心，豈易得他信乎？

「堯曰」章下，卽繼以「子張問政」，見孔子之爲政。蓋如此亦猶孟子末，歷敘堯、舜、禹、湯、文王而以孔子終焉之意，見孔子之道，卽二帝三王之道特未得位而見之於行耳。三代以前上下無二道，治術卽學術，故二帝三王之治皆本於精一執中之心。學術卽治術，故孔子之學亦自能治國平天下。秦漢以下始歧而二之，言治者不本於學，言學者無關乎治，都不是底。

論語末敍羣聖之統，孟子亦然，這便是二書底歸著處，可見聖賢之書只是爲傳斯道計。一部論語說了許多道理，何所不有，卻以三「不知」殺尾，便是爲初學說個入門處。孟子歷敍道統之傳，也只歸到「見知」、「聞知」上。蓋學始於知，及造到極處也只完得個知而已。雖則是行爲重，畢竟知底工夫多，容有知而不能行者，斷未有不知而能行者。所以大學八條目，教人先從致知格物起，若是眞個知得，豈能自已？這便是第一步工夫。孟子説「智譬則巧」，孔子所以集大成而爲生民未有之聖也，只是這裏先不可及。

論語開卷便説「人不知而不愠」，首篇終又説「不患人之不己知，患不知人也」，到卷終又説「不知言，無以知人也」，皆是聖人教學者反己自修之深意，這便是爲己爲人分界處，記者於此再三著意，其旨切矣。

前人都説孟子書不止是道理好，文法亦是極好。如論語非無文法，但簡淡人不易識耳。論語之文天地自然之文也，孟子之文便著些人力了，要之皆是天地閒必不可少之文。予嘗謂：「有天地決不可無孔孟之文，有孔孟之文決不可無朱子之註。無孔孟之文，則天地閒許多道理不可見。無朱子之註，則孔孟之心不可識。」一向便説，差了爲害不細。

（以下孟子）

韓子只爲愛讀孟子文字，直見得孟子功不在禹下，遂成千古定論。自秦漢以至宋初，知孟子者一人而已。他後來闢佛原道，以仁義禮智信説性，獨創一説，皆是得力於孟子處。可見讀前人書，須是著實下苦功，用心思，自有見效處。而今讀書不見效，只是不下苦，不用心，所以少自得處。

周末亡也，天下尚在。而孟子勸齊梁行王政，不害理乎？不知周至戰國，有天子之名，無王者之實。天以愛民爲心，生民日在湯火之中，苟能起而救之，卽天心之所與也，以王天下，固理之宜，初何僭越之有？孟子豈避此嫌，遂亦不敢勸人行王政。又況當時列國紛紛，各自稱王，久成不返之勢，周天子已無如何。孟子特不貶其名，但使勉行其實，以拯民於水火之中耳，何嫌乎哉？

孟子最善用醫家倒倉法，反復詰難，使人將自己一切病痛破綻皆從他自己口裏説出，然後下藥，所以一點便醒。又善用周易納約自牖法，無論他是何等人，他説何等話，一兩句便要引他到這道理上，所以合下便能開發得人心明目快。這便是他過人處。要之只是道理充足熟爛，別無奇妙方法。朱子於孟子每章後輒有數語，發其大義，精透無遺。想朱子到此註書，手熟直是箍得定，一絲不走，最宜細玩。

戰國氣習，到處都是一個好利之病。孟子開口便說仁義，只是要破他這個病。

聖賢待人以誠，所以人每到他面前，將不肯對人說底隱情都一齊與他說，如梁惠王說「東敗」、「西喪」、「南辱」云云。這是孟子以誠待他，所以不知不覺將心中極羞愧底事都說出來。齊王說「好貨好色」、「將以求大慾」，亦是如此。孔子「至是邦，必聞其政」，便是聖人之誠，致人如此。

孟子說「仲尼之徒無道桓文之事者，臣未之聞也」，與孔子「軍旅之事，未之學也」同一意旨。便見賤霸之意，聖賢有決不徇人說話處。

不忍之心便是不嗜殺之心，不嗜殺之心便是好生之心。天地以好生爲心，且看天地除生養外更有甚事。天生君師本爲養民，殘忍嗜殺便逆天地之心，民豈歸他？天豈容他？程子說：「心生道也，有是心斯具是形以生。」可見人心之道，也只是一個生而□[一]。世俗罵不良之人曰心死，人既活，心豈死耶？謂心之生，道亡耳。聖門教人求仁，保養此心而已。孟子勸齊梁之君發政施仁，推行此心而已。學者須先有此心，方好言學。若無此心，更學甚麽？

無論甚事只看能與民同不能與民同，能與民同便是仁，不能與民同便是私。如齊王好樂問囿之類，孟子但將他說底話頭只管發揮去，這便是他最易動人處。

孟子勸齊王行王政，卻只舉文王治岐底事來說。固是以年近易知，亦緣文王當日是諸侯，因行仁政遂有天下，恰與齊王此時事體相合，便是有歆動他的意思。

公劉遷豳，太王遷岐，看他是恁樣底安排，豫備恁樣底整暇。後世到忙迫時纔遷，草草圖存，直與民間逃賊一般，百姓誰肯從他，安得不亡？可見凡事總要圖之於早，只到忙迫時便遲了。

齊王答朋友負託之問，則曰「棄之」。答士師廢職，則曰「已之」。如許明白斬截，何以說到四境不治卻又糊塗？其實

[一] 「□」：疑作「已」。

不糊塗，孟子不曾明言誰底四境，他卻知的是說他。心裏也覺羞愧，卽便請教有何不可，卻要裝個不羞愧底樣子出來，若不聞孟子之語者，然這便是不足有爲底氣象。昔人有萬鍾則不辨禮義而受之底，時文說得痛快，說他能辨嘷蹴豈有不能辨萬鍾底，只是自不肯辨耳。辨則受不成，只得不辨，方自以爲善處之法。可謂曲盡人情，這皆是明明白白自欺底。

「左右諸大夫皆曰賢，則曰未可也」，便是容緩後再看。「左右諸大夫皆曰不可，則曰勿聽」，便是直拒絕之。這便是喜聞人賢，惡聞人非，卽善善長惡惡短之意，聖賢之心都是如此。

「聞誅一夫紂矣，未聞弒君也」，二語極森嚴。一則使人君不敢自恃其勢位之尊，如果殘賊便是一夫，自應得放伐之誅。一則使人臣不敢生窺伺之心，苟非湯武卽爲簒賊，豈能免弒君之罪？後世此義不明，揖讓征誅，俱難深論。

「上慢而殘下」，後世多多。只一「慢」字殺了無限百姓，可見在上者只不殘酷，未可便說我不殺人。

龜山先生幾處發揮得極有關係，如論語器小章，孟子陳代章。及此「效死勿去」之義，秦漢以下此義不明於天下。所以人君到不測處便只草草偷生，不成舉動。惟前明莊烈皇帝他一生雖亦無甚可觀，然此一節自足震耀千古。非但爲有明一代生色，直使這道理昭著天壤，人人共見。所以本朝皇帝親臨痛哭，備禮以葬，是他感人者深，致人如此。這便是一代儒者講正學重氣節底效驗。「餓死事極小，失節事極大」，自程子發出此義，而今雖鄉村婦女亦多習聞其說，其有裨於世道人心，豈少也哉？

遷國圖存，這最難說。後世一遷便不復振，馴至於亡。若太王則因遷而開王業，與後世不同，何也？太王之遷爲保民也，所謂「不以其所以養人者害人」是也。後世之遷，舍民以自保而已，所以一遷便失民心。大事因之以去，故惟守死一策，猶爲正法。

聖賢只是以道義自處，言天言命都是對旁人說話。如孔子曰：「道之將行也與，命也。道之將廢也與，命也。公伯寮其如命何？」孟子曰：「行止，非人所能爲也。吾之不遇魯侯，天也。臧氏之子焉能使予不遇哉？」看聖賢胸中都是恁底廣大寬平，雍容自得。此等處言語最好，氣象最好，君子聞之足以自安，不必存尤人之意。小人聞之足以自警，不必爲讒敗之事。蓋小人讒敗君子用盡機智，以爲君子用舍存亡全是由他，卻不知實不由他，只是枉做小人耳，豈不可惜？伊川貶涪陵，人或告曰：「此邢恕與程某所爲也。」伊川答曰：「族子至愚不足責，故人情厚不敢疑。」孟子既知天，焉用尤臧氏？」看他氣象也是這樣好，這便是他學孔孟處。

看來告子只是個守心而已，所謂始於陽明終於介甫者也。不得於言勿求於心，不得於心勿求於氣，這便是他不動心底本領。語類有云「告子只是看得心與言氣不相關，故但守其心更不管言與氣了」，稼書卻云「他正是看得心與言氣是一個，故只守其心，以爲言與氣自是不能外」，說得更精密，所以晚邨也服。

告子說「不得於言，勿求於心」，便是不知言。孟子說「我知言」，便是不得於言，要求其理於心。但「不得於言」之「言」主己言而人言在其中，「知言」之「言」主人言而己言在其中。告子說「不得於心，勿求於氣」，便是不養氣。孟子說「我善養吾浩然之氣」，便是不得於心，要求其助於氣，卽上面持其志無暴其氣底意思。這個話頭只是因告子說言說氣，故孟子也只就言氣上說。其實他工夫全是從大學、中庸得來，格致誠正也是這個，明善誠身也是這個。他自己得力處是這個，對人說也只是這個。雖不必面貌一樣，說來卻無不是這個。是他工夫十分熟，所以如此。卽博文約禮敬直義方，都是一個道理。這裏便見他是著實要學孔子底，只他說個養氣更精警切實。

孟子說浩然之氣是集義所生，便是知言工夫亦在裏面了。蓋集義必先精義，若無精義工夫，集個甚麼？這便是把知言已從養氣上說了，故下面只說知言底效驗而已。

孔子集羣聖之大成，無孔子則羣聖之道無人收落，必至散失，所以孔子之功賢於堯舜。自是以來，顏、曾、思、孟至於周、程、張子，無朱子則亦復無收落，斯道又將散失。故孔子而後，朱子之功一人而已。所以人生朱子後，欲學道須是遵朱子，不遵朱子更學甚道？

「惻隱」、「羞惡」、「辭讓」、「是非」這八字，前人無此說。自孟子撰出來，體狀「仁義禮智」四個字，千古遂無以易。這便是他有功於聖道處不少，有功於萬世處不少。

孟子以不忍人之心說仁，已自親切。卻又說個惻隱之心，益發醒透。又爲「惻隱」二字說不盡，更著「怵惕」二字，便是指得十分的確，更無些子不盡。凡人心須有驚動底意思，方是眞心。若無驚動底意，只是安排而已，便不眞。如謝上蔡汗流浹背面發赤，這本是羞惡之心，程子卻說「此便是惻隱之心」，只爲他這心眞個動了，便是仁之懇惻不容已處。人須是有個眞心方好，爲學若無眞心，更學甚麽？

子路聞過則喜，便是他誠心惟恐自己有纖毫不善。他胸中全無一點私吝，所以如此。禹聞善言則拜，便是他誠心要得人之善。要之，皆是不免猶有人己之見存。若舜則善與人同，便是他誠心只見有善而已，並不見其在人在己。善之在人，必盡取之於己善之。在己，必盡公之於人。看他這心，眞欲使天下人人皆入於善而後已。

一日食時，因論處財事，曰：「凡人不見財儘能脫洒，忽然見財便不知不覺心動，遂將多少嫌疑也。」看不著，所以說臨財無苟得，須是臨財方好看，只空說底靠不住。要之也是平日講說底不切實，所以臨時使不上。這也是人心惟危，只管痛切講說著方有益。

聖賢之心樂天安命其常也，悲天憫人有所感觸而然耳。

孟子以賓師自處，故不受常祿，若饋送則受之。蓋養賢者當如此。至孟子所以不仕，以爲爲賓師尚不能從其言，豈爲臣而乃能行其道耶？所以雖久居齊，終不欲變其去志。

孟子不多說禮，即間有說處也粗疏，便見他平日不好在節文細碎處只管說。其實他到臨時卻自能撰得一番禮來，一一合宜無不中理，這便是他本領過人處。

伊尹雖是以天下自任，然卻畎畝自樂，無有出來底意思。及湯三使往聘，而後幡然改之。此等處須要子細看，可以見聖賢之心。

孟子每說仁義未嘗不利，此不過對世俗人言之耳。要之，即仁義的實不利也，只有爲仁義而已，更無別說。

只不能盡其道，便是桎梏而死者。且如而今富貴人，自少至老飽煖安逸蓋亦不少，何嘗受一毫桎梏，然不能盡道。沒溺於聲色逸欲煙酒之中，往而不返，其爲桎梏孰甚焉？ 至如比干見殺，湯文見囚，都是身受桎梏，卻不可謂之不盡其道。可見只不盡道便是桎梏，苟能盡道便是正命順受，其正者只是要盡道，便是所以立命也。

學者須是無一點勢利之累，方能做得個豪傑之士。 孟子說：「附之以韓魏之家，如其自視欿然，則過人遠矣。」學者須先打得透這一個關頭方好進步，若這裏打不破，便無話可說。（先生聲色俱壯）

凡人到一處作一事，便要有許多赫赫之名，這裏面定有違道干譽處，便是驩虞之類，不是王者氣象。

林氏說孟子三樂，一係於天，一係於人，其可以自致者，惟不愧不怍而已。 看來惟此一節最是要緊，若不是仰不愧俯不怍，卽父母俱存兄弟無故，樂個甚麼？ 卽得天下英才而教育之，教育個甚麼？ 且如明季講學動輒千人，然學術一差，害遂無窮，天下後世安能被澤？ 雖當時自以爲樂也，算不得君子之樂。

伯夷、太公只是聞西伯善養老，來就養於西伯耳。 初無仕之意，當年也只是就養於西伯所治之境內，非直見西伯也。只是太公居渭濱，去西伯都下不遠，文王後來知他，便要請他出來，不得不仕。 伯夷居首陽，去文王都下稍遠，文王想是不曾知他。 及武王伐紂渡河，他方出來扣馬一諫，後又隱去，故終不仕。

子莫與鄉原不同，子莫是執得個死中，不過是識見上有不到處，尚是實心學好底人。 鄉原則一味徇人，卻是心術上有病，不止識見之差而已。

「權」字最難識，人須是只管一意守經，到萬分不行處再商量，那時節自有一個變通底妙法出來方是權。 朱子所謂「恰好」底道理。 蓋「權」只是經中恰好底道理，變而不失其宗。 正所以濟經之不及處，不是經之外別有一個權可以便人之私欲。 若初未能守經便欲達權，正如人不能立便要走，安得不顛仆？ 稼書先生說：「處處樹立一界限，事事斟酌一分寸。」樹立界限便是守經，斟酌分寸便有權在。 須是先立得個界限，然後好去斟酌分寸。 若初全無界限，便從何處斟酌分寸？只是這分寸也不易斟酌，纔有些子不合便差了，這便是朱子「恰好」二字之意。 看來還是守經最穩當，莫要輕易去說權，權須十分精義工夫到，方可。

孟子說「德慧」二字最好。人若著實有德，自有一番智慧。若只死礙礙底，便是其德尚淺。這章書最能啓發人，可見人之不達，只是不肯操心耳。

泉之及不及，只看人之掘與不掘耳。

學者須是心心念念，專以入孝出弟守先待後爲事，方不空喫人間飯。若無這個心，區區只從自己一身一家溫飽上起見，縱喫自己飯也不免於素餐。須將這意思常自警惕，不可只做一場好話說了。

桃應章朱注云：「爲士者但知有法，而不知天子之父之爲尊。爲子者但知有父，而不知天下之爲大。」這是何等直截！何等暢快！此等處須要眞實見得，不可容易放過。如柴守禮殺人，周世宗不問歐陽公，以爲是恐尚未得爲定論，這裏須是更下思索。

孔孟在當時絕不言戰，只此便見聖賢之仁。

「春秋無義戰」，這便是孟子精於春秋處，一語斷定彼善，於此則有之。雖是寬一步，實則密一步，正以見其絕無義戰耳。

「吾於武城取二三策而已」，這便是孟子精於讀書處。血流漂杵，當時蓋有籍爲口實者，故孟子特發此義以警之耳。

巧卽從規矩中出，捨規矩卻無得巧之理。

「飯糗茹草」，便是個貧賤底舜。「袗衣，鼓瑟，二女果」，又是個富貴底舜。「若將終身」「若固有之」，這纔是眞舜出來。

孟子每愛說舜，卻處處說得都是恁底好。

周於德者，邪世不能亂。且如春秋時，邪說暴行大作，臣弑君，子弑父，舉世是何等景況？而聖人獨生其閒，卻自安定。又如戰國時，舉世紛紛都說功利，孟子卻獨說仁義。又有楊氏、墨氏、告子、許行各種論說，孟子都能辭而闢之，一毫不爲所動。卽如而今舉世人心或溺於科舉之習，或陷於天主教居士教，更向何處說起？若不實從周於德上做功夫，安得不爲所亂也？聖人自不消說，如孟子工夫只是知言養氣。而今也須是居敬窮理上做工夫，方是修德。待積德厚，邪說自是不能亂。

「好名之人能讓千乘之國，苟非其人，簞食豆羹見於色」與「嘑蹴不屑」、「萬鍾不辨」合看最好。此是能於大而不能於小，彼是能於小而不能於大。此能於大非眞能也，名在是耳，不能於小便是本色出來。彼能於小是良心發見，不能於大是利欲昏之耳。

不信人賢則國空虛，南宋只有一個朱子便不空虛，便覺勝似漢唐遠甚，惜當時不能信而用之耳。如司馬溫公爲相，金人戒邊，卻說「中國相司馬矣」，仁賢豈眞無益於國耶？

「聖人，百世之師」，前人說「有興起之師」，「有成德之師」。如夷惠便是興起之師，孔孟便是成德之師。又如程朱便是成德之師，陸象山、王陽明、李二曲這都是興起之師。雖不是中道，然以之振發初學，拔人於末俗横流之中甚得力。他也是用許多工力，方造得這境地，豈是尋常底人？但有偏耳，如薑桂大黄雖不足於中和，然大寒大熱之證卻是離他不得。參朮猝難見效，卻不如他，只是不可常用，常用必至廢命。所以說興起之師不可少，纔興起便就要向中正路上去，方能成德。

人於一端獨造其極，便自有一番風，足以動人。若是道德純備，便自無風可言。如孟子說「伯夷之風」，「柳下惠之風」，於伊尹便不說風。便是伊尹較純全，但只是任底意思多，所以不及聖人。朱子也是任底意思多。

「君子之戹於陳蔡之閒，無上下之交也」，這是孟子責他上下之人，使賢人君子困戹於其地，守土者不得辭其責，況聖如孔子，而彼不知耶？昔陳了翁以同時有明道先生而不知，作責沈文，遂爲終身之恥，看這是甚意思。

「有命焉，君子不謂性也」，這一邊君子便是要安命不任性。「有性焉，君子不謂命也」，那一邊君子便是要盡性不諉命。兩不謂中，著實有工夫在，不是但空空不説而已。

樂正子只好善便優於天下，盆成括只小有才便足以殺軀，此兩章參看最好。

大學、中庸、小學三書，體裁文法相似而各自不同。大學每章雜引經傳，而必以一二語明己意。中庸則專引夫子之言，更不多引他經傳語。或數章純是夫子之言，或數章純是自己底說，或先引夫子之言而後自說數語以發其義，或自說數段而復引夫子之言以證明之，或旋引旋解無有定則。若小學則只分門目，中間純引經傳子史，自己更不下一語，皆是絕妙文字。

（以下中庸）

問：「『不偏不倚』似無甚分別，得一以訓在『中』之，似亦無有欠缺，而朱子兼用之，何也？」曰：「固是無甚分別，但『偏』字病痛大，『倚』字病痛小，『不偏』是大段不差，『不倚』則愈密矣。」

「戒慎不睹，恐懼不聞」，已將日間涵養工夫說得十分完密，無纖毫空隙。下面「慎獨」，只是就其中特抽出發動之端人所易忽處更說一番。見得這裏，不倍加謹慎，便易差錯。不是上面專說靜，下面專說動。

「喜怒哀樂之未發」，這是專說靜。「發而皆中節」，這是專說動。而今日間講學大概只是說得動底一邊工夫，更無靜底工夫。須先實見得人日間確有喜怒哀樂未發底時候，方好說致中底語。凡人日間開眼醒來便都是思慮云爲底事，到無思慮云爲處卻只昏睡去了。將這時候都蹉過，全莫未發底時候，更有甚麽未發底工夫？子思特拈出這個時候以爲大本，可見這處最關緊要，不得輕易放過。但這處工夫簡，已發後工夫繁，只爲那頭緒甚多，一處不中節便是不和，所以稼書先生嘗說「致和倍難於致中」。然致中上無工夫，卻終做致和不成。前人每說動靜交養，便是要兩下齊做工夫方好。但已發後有把捉好下手，未發時無蹤跡難捉摸，所以人到這裏都放下，其實只是主敬而已，更無別事。程子云：「敬非所謂中，只敬而無失便是中。」這便是大本工夫。若致和則須是窮理，令事事物物知明處當，方完得他底分量。

中庸一書便是爲發明仲尼而作，所以開首便說仲尼，而三支俱以仲尼終之。這是前引其言以明其道，後發其實以證之耳。第一支言智仁勇爲入德之門，而終之以「君子依乎中庸，遯世不見知而不悔，惟聖者能之」，這聖者即是仲尼。第二支歷舉舜、文、武、周公，而終之以仲尼對哀公問政之語。可見繼舜、文、武、周公者，惟有仲尼。第三支發明天道人道而終之以「仲尼祖述堯舜，憲章文武」。「惟天下至聖」，「惟天下至誠」，至聖至誠非仲尼孰能當之？可見仲尼之道，即天下公共之道，仲尼即天下公共之人。所以以孫字祖而不嫌，若但言其祖云何，反成一人一家之私而已。

開首便說「君子中庸」，見得能體中庸之道者惟君子耳，故以中庸歸君子。後面累說君子之道也是如此。其實道是人人公共底，非君子所能私，只人都不肯體而存之，遂獨歸之君子，他人不與焉。

舜之隱惡揚善，不是他有意要去隱之揚之，只是他心中純是善，更無一點惡。所以言之惡者，一入他耳便都消化去了。善者一入他耳，便不知不覺揚出來。因問：「這便是『聞一善言，若決江河』之意否？」曰：「『若決江河』正謂舜心中全是善，善與善相投自然無停滯，便一直流去。」

朱註云：「舜之所以爲大知者，以其不自用而取諸人也。」凡人纔自用便是不知觀此章，可見舜之善都是人底善。孟子所謂「無非取於人者」，他更別無一善，只是個善擇善用而已。

「遯世不見知而不悔」與「人不知而不愠」之義微不同，不愠是不尤人，不悔是自信得過。

凡讀書也須知文法，不知文法則無由見故人之意，如中庸文法極是好。如他方說「夫婦與知與能」，忽然昂頭卻說「鳶飛戾天，魚躍於淵」。又如他方說「庸言庸行，素位居易妻孥父母」，忽然卻又說起鬼神。如後面方說「誠」，卻忽然又說「天地之道」。此等處便是極好處，便是極生動處。是他胸中道理飽滿爛熟，方說這樣忽觸起那樣，見得都是一個道理。隨手拈來便說將去，所以如此痛快。初非預先安排要作何說，下面乃節節而爲之。先儒解經多不理會文法，往往至失聖賢本意。朱子或問所駁精義諸家之失，蓋多此類。可見朱子於此等處，煞是用心，所以講得獨精，人皆不能及。

呂與叔「學者爲能變化氣質」一段，極能激發人，朱子自少便愛讀此。大凡人有身便不能無氣質，有氣質便不得不學，但氣質有好底有不好底。陳了翁說：「氣質之用小，學問之功大。」這是就好一面說。見得氣質之好有限，學問之功無窮。氣質得之天，雖好不過爲善人。學問由諸己，能造其極便可至聖人。某嘗謂：「物慾之累多，習俗之染深，氣質之害大。」這是就不好一面說。氣質不好，物慾習俗便易得纏繞，氣質便是物慾習俗底根子。所以說，學者先要變化氣質。

二十二章朱子註云「察之由之」，便見生知也有做底工夫，只是甚容易。所謂生知，是生而就知察，生而就知由，不是但安然靜坐更無一事也。

「尊德性而道問學」，這五句是中庸一書最精要處。朱註云「大小相資」是各就本句對說，「首尾相應」是合五句串說。

又從中分兩項說，各自爲首尾，如註云云。

學者先要尊德性，問學方有安頓處。若這裏無基址，問學放在何處？大本不是聰明學問，盡以佐其浮沉之具耳。

前六七章章章說誠，此三章卻無一語及誠。然其所言皆修德凝道之事也，卽前所謂「誠之者，成己之道也」。「尊德性」五句修凝之工夫，下節及下二章修凝之效驗，卽所謂「時措之宜也」。「爲下不倍」已分明說出一個仲尼，下章遂言「仲尼祖述堯舜，憲章文武」而極其至，則所謂「學問之極功，聖人天道之無以復加者也」。然其所以致此之由，則「自下學爲己謹獨」始故又折轉回來，復從此說以終其意。文法忽斷忽續，直是極好。

「經綸天下之大經」，「經」便是正倫理，「綸」便是篤恩誼。

「贊化育」是輔助化育之不及，尚是以至誠與化育相對而言，「知化育」以至誠與化育合一而言也。「盡性」章就行言而知在其中，「經綸」章就知言而行在其中，尤以知爲至觀。末節自見上章以「聰明睿智」爲首，亦此意。

「苟不固聰明聖智達天德者，其孰能知之」，與「君子依乎中庸，遯世不見知而不悔，惟聖者能之」語意正相似。那是夫子不敢自以爲能，其實惟夫子能之。這是子思不敢自以爲知，其實子思這就是他知。此等處最可觀，意味氣象極好。

中庸「君子」、「小人」對舉有三處。起首說「君子中庸，小人反中庸」，是指成就歸宿處說。中間說「君子居易以俟命，小人行險以徼幸」，是就日閒所爲處說。末言「君子之道闇然而日章，小人之道的然而日亡」，方就下學立心之始處說。君子惟立心爲己，所以日閒戒懼謹獨都只是做居易底事，到臨了便自成就得一個中庸。小人惟慕外循名，他心只是個情慾利害之私，所以日閒所爲都是行險徼幸底事，下稍直至無所忌憚而反中庸。小人當初也不是便要如此，只因不肯切實做爲己工夫遂至如此。故子思再三丁寍，末章直將根源發出，其爲學者之意深矣。

問：「易繫辭傳『吉凶與民同患』，既曰『吉凶』，何以專言『同患』？」曰：「『同患』只是關切之意，『同樂』一面自在裏面包括。學者須有這番意思，不然便與世不相干，便非仁之道。」

清麓遺語卷第二終

# 清麓遺語卷第三

賀復齋先生口訓

門人朝邑楊玉清溫如參閱
郃陽謝化南季誠編輯
三原張普澤寰　校梓

## 經說二　百三十六條　雷柱記

聖賢所遺書冊至今數千年，雖是個冰冷底物，須要知元從聖賢那一片熱心發出來，自能動得人。只爲而今學者以冷心讀之，便與聖人意思不相接。若自己眞能熱心讀之，自與聖賢熱氣相接。久久見得聖賢道理卽自家心中的物事，聖賢言語卽自家口中的話說。

學問思辨雖皆爲學之目，問卻是交關處，最要緊。先生縱欲有言，學者問不到亦無由說起。須是問，便感發得出來，這是兩相感通處。「思」字亦要緊，是這幾項徹頭徹尾不能離的，所以昔人云「善學者善思，善思者善疑，善疑者善問」。

疑問冊須常寫，此是吾學切要工夫，與作文字不同。彼則心放於外，要人道好，此只講究自家道理。常寫，則胸中未明之理漸漸發揮出來。不寫，縱有好意思亦不免汩沒。人固有天資高的，見到卽能寫到，然寫不出底終是見未徹。從此深思則學自進，豈是分外工夫？莫說吾學自有所在不重文字，若無此項工夫，日閒卻是都無事也，所學亦無由見得。

小學書輯得最精密，每一門或只取數條。乍看似太略，細讀之卻自包括許多，有令人欲增減一條也不得。雖是採取眾說，卻自血脈貫注，融成一片。編書一事極不容易，用前人意尚易，以前人話作自己話卻甚難。惟朱子具此手段，眞是巧奪天工。

（以下小學）

小學書是從溫公家範、東萊少儀外傳二書輯來。家範稍寬，採亦不多，大半是採東萊書。此書初名辨志録，搜羅甚富。但兩家無朱子本領，安頓得不甚當，看來便莫緊要。朱子道理熟，一轉移閒便成千古不朽之書。其實全用前人話，未曾出一語，眞是述而不作。

朱子所輯書小學外，如近思録、伊洛淵源録、名臣言行録，都是取前人現成底。因他會安頓，便覺分外親切。近思録記諸先生之言，是爲學工夫。淵源録載諸先生行事，是立標的。言行録並載當代名公經濟功業遺事，雖不免夾雜，然亦不可不看。

稽古篇言夫婦只四條，人或以爲太簡。不知只此已是包括得盡：一是貧而能敬，能敬即可治國，一是老而能敬，一是不忘死，一是不背生。

言兄弟只二條：一是兄弟欲殺而不宿怨，則凡小忿之齟齬者不必言矣；一是兄弟讓國而逃避，則凡微物之相爭者不必言矣。李子潛弟子規有云「財物輕，怨何生？言語忍，忿自泯」，卽是此意，這便是絶大底道理。

諸葛武侯云「學須靜也」，學不外知行。知以靜而明，如水靜則能照物；行以靜而篤，如山靜則敦厚不移。故學須靜。近思録中太極圖說、西銘、定性書、好學論，此四篇文字最緊要。太極由天說到人，西銘由人說到天，言孝子之事親以明仁人之事天，以天地比父母更親切，然要有西銘底規模非定性不可。性定則能擴然大公，物來順應，然要如此又離不了好學。學只是知行，故又要知所往，然後力行以求，至此是順說下來。太極是說道體，西銘是立志的事，好學、定性是爲學的事。論工夫則當先好學，能好學性才能定，才是事天的工夫。西銘是盡人以合天，方全得乾坤的道理，方能完得一個太極，此又是逆說上去。

（以下近思録）

此四篇文字，猝乍看如太極、西銘似涉高遠，若不甚關切，不知人要爲學先不可不有此間架，此是周、張、二程四先生各發平生所藴而成，直是掇取五經四書之精華。無此四篇時，當求之四書五經，有此四篇且先熟讀此四篇，自當胸有把握。此四篇極有功於天下，後世人要著實爲學，須是胸中常有此四篇文字，當時只是各作各的文字，全不相蒙，各有各的道理，各有各的工夫，各自完備不須假借。但就一篇工夫做到好處，諸篇道理莫不相通。如今輯在一處，前二篇言道理，後二篇言工夫，原是一段事。何等親切？何等完密？直與大學、中庸一般，眞是天地間不朽文字。

伊川改訂頑曰西銘，砭愚曰東銘，即此便見張子氣象嚴厲，伊川氣象溫純。西銘工夫只是克己，西銘言仁之道，克己方可爲仁。今學者要有西銘規模，須是克己。每日留心點檢自己私心所在，去得一分私欲，便長得一分見識，久久便識西銘底氣象。

好學論開口卽云「學以至聖人之道」，可見顏子只是好學聖人耳，必學聖人之道方可謂學，則一切記誦辭章卽不得謂之學矣。其云：「聖人可學而至與？」曰：「然。」答得果斷直截，可見聖人不是學不到底，特患人不學耳，故曰「仁義不假外求，聖人可學而至」。此語有功後學不少，直開千古爲學大路。此篇工夫只在「明誠」二字，末段「後人不達」等語是題後餘意，實是程子著意處，見世人動謂聖本生知非學可至，遂莫肯爲學，故發此論。

定性書「定」字卽太極圖說中「聖人定之以中正仁義而主靜」的「定」字，亦卽大學「知止而后有定」的「定」字，非若釋氏要如枯木死灰之「定」性，如何定？黃勉齋以「定心」解之最好。此篇共分四等，「天地之常」節是說天地、聖人、君子，「人之情」節是說衆人。天地間人亦有四等，衆人、聖人、君子、小人。太極圖說中是如此分，惟人也是衆人。「聖人定之以中正仁義」，是聖人。「君子修之吉」，是君子。「小人悖之凶」，是小人。只此道理能學則爲君子，學之至則爲聖人，不學則爲常人，流於惡則爲小人。君子不可恃爲君子，才不學卽是常人，不學而漸趨於下卽不免爲小人。衆人亦不必自限爲衆人，能學卽爲君子，學之至亦可爲聖人。可見這學是萬不可少的。此篇共分七段，首段泛言性不能定之，故次段說出君子之學示人求定之方，三段四段言不定之實，一是有將迎而累於物，一是有内外而蔽於物。五段言定之實無内外，將迎則定，定則明而不爲物累。六段言聖人之定由其在物而不在心。末段又示人以入手切近的工夫。此篇言定性只是不累於物，不絕於物。「擴然大公」是不累於物，「物來順應」是不絕於物。「無將迎」是不絕於物，「無內外」是不累於物。自私者累於物而不能絕於物，用智者求絕於物而不免累於物。聖人能不累由不絕，衆人由欲絕故多累。忘怒觀理已是極有斟酌，稼書先生又有一語是極好的，云「當遽忘其怒而觀怒之氣象」。蓋人儘有怒得是，但不審分寸，往往發之暴厲，卽此氣象已令旁觀驚異，此語眞是更覺細密。學者須依此著力，自當倍有盡益。

「正其誼不謀其利，明其道不計其功」，「膽欲大而心欲小，智欲圓而行欲方」。兩節合看，上節是規模，下節是工夫。有此胸襟器量，方好做下面工夫。膽大心小、智圓行方，卽是立志、居敬、窮理、反身之意。

「涵養須用敬，進學則在致知」，程子一生做的全是這工夫，朱子一生做的亦全是這工夫。但程子敬的工夫較多，朱子早年知的工夫多，晚年方覺得二語最平，故教學者多是並言，如車兩輪、如鳥雙翼，缺一不可，偏重亦不可，亦不可分先後，二者亦互相資。涵養深則知益明，致知精則養益定。

「愼思」之「愼」有二義，勿過思，勿遠思。不可泛而不切，不可穿鑿太深。

要爲眞實學問，須是心上有工夫，日間隨時隨地要知所以用心處。心無間斷，則當讀書時讀書便是學，當應事時應事便是學。縱一日有人事擾攪未得讀書，然卽事卽學亦不害爲學問。所謂「道不遠人，理不外事」，莫非道也，卽莫非學也。心若有間，則讀書自讀書，應事自應事，兩不相干，故曰「終身由之，只是俗事」。

朱子云：「格物一日一件者，致知工夫次第也。脫然貫通者，知至效驗極致也。不循其序而遽責其全，則爲自罔；但求粗曉而不期貫通，則爲自畫。」

「近思」有二義，明道云「學要鞭辟近裏，故『切問而近思，則仁在其中』」，是以思之不遠乎己爲近」，伊川云「近思以類而推」，是以思之有序爲近。「不遠」之意固得本旨，若專務收斂將有遺棄事物之弊；「類推」之意能充拓得開，若不思反約，亦恐有從事高遠之失。二說相待如體用本末，不可偏廢，故必並用爲得。

謝顯道說明道善說詩。程子解詩之法本之孔子，如「天生蒸民」四句，孔子說「故有物必有則，民之秉彝也，故好是懿德」，只添三兩字意思自明。後來朱子也是如此，凡解書皆是這法，如大學「富潤屋」節，註言「富則能潤屋矣，德則能潤身矣」，看他全不費辭說。

伊川易傳、春秋傳序二篇文字甚好，朱子諸書序大概法程得力於此。如大學、中庸兩序前後安排次第全似此二篇，可見是從這裏來。舊時說宋四大篇文字，謂太極圖說、西銘并此二篇，後以定性書、好學論切於爲學工夫，故易之。若以文字論，卻當先此二序。

讀史須見聖賢所存治亂之機，賢人君子出處進退便是格物。如每朝一君子進，雖未必卽治便可知其將治。一小人進，雖未必卽亂亦可知其將亂。讀史須要於此等處留心。

范氏唐鑑好處多是程子之意，程子卻云：「近方見此書，三代以後無此議論。」蓋以意雖出於自己，書實成於范氏，故如此說，便見古人不掩人善處。朱子詩云：「侃侃范太史，受說伊川翁，春秋二三策，萬古開羣蒙。」某舊時書唐鑑卷面亦用他語云：「三代此議論，萬古開羣蒙。」

周官一書極闊大、極細密，當時雖未必盡行，卻是爲萬世立一治天下的法程。如太宰之職，天下事無大小，他都統理，不但朝廷之上，卽後宮皇后妃嬪以下各色人等，并一切所需零碎物件都一一照管，悉在意計之內。古之政治自本及末，由內達外都是一貫。卽此可見後世皆不能如此，有左右僕射，有儀同三司至有二相三相之稱，宰相權漸輕了。近來分設六部，各有所掌，權無專在。重大事件都從吏部兵部過。近又設軍機處統理機務，亦不是宰相之職。至後宮自爲一局，綱紀所不到，臣下不敢言。不但後宮，卽君身亦少有直言其非者。惟朱子章奏則不然，每從君心說起，或直說宮闈或推之朝廷，無所不說，可見朱子的心胸卽是周公的心胸。國朝雖設宗人府，不過供給宮中□□，綜其出納而已，所費多少尚不得節制，況其他乎？

天地間萬物自是一片春意，只爲人不能敬則心躁擾，開眼便見萬物都是散亂，不成條理。若能敬則心自靜，靜後自見得滿眼生意洋溢流行。

南軒云：「心在焉之謂敬，若太著意便死殺不自得。」朱子云：「敬是略綽提撕，只常令心中有覺處，不糊塗即是敬。」

體信是致中的工夫，是吾之心正，則天地之心無不正。達順是致和的工夫，是吾之氣順，則天地之氣無不順。聰明睿知皆由此出，須知不敬則不聰明。

程子云：「科舉事業不患妨功，惟患奪志。」今人專務舉業，多云「我雖作文，志卻不在此」，便是欺人語。須是就他妨功處說破，且莫說他志果何在。只這妨功便不是程子所言，猶是爲高一等人說。若對今人，直消謂「莫說奪志，只患妨功」。

程子謂「孔明庶幾禮樂」，人見孔明未興禮樂，遂疑此語不知禮之意，只是事得其序樂之意，只是物得其和。看他治蜀大事小事無不處得整整齊齊，便可見他庶幾。且他甚謙抑，如不設史官一事，是他謙抑處。蓋以自己政無可紀，故不設紀事官。此只爲不見有己，天下惟此等人方能幹大事。

明道先生和樂似顏子，伊川卻似孟子。但孟子雖是泰山巖巖，氣象卻極活脫，不甚細密。伊川只是精密嚴毅，孟子是粗拳大膊，其活脫處伊川未必能。亦因他道理極熟，隨在都看得通，就眼前譬喻因事酬答雖涉粗淺，如「好貨、好色、好勇」都不妨，伊川於此恐必要分別明白。朱子無大無小考究得極細密不放過，其英明活脫與孟子全相似。伊川方嚴令人生畏，孟子、朱子卻能使人近。

周子多說「幾」字，張子每說「豫」字。「豫」是素定在事前，「幾」是事理之先見者，在事初。但「幾」最微妙難知，知「幾」非素有工夫者不能。「豫」字工夫卻易，故張子只言「豫」。此「豫」字即從中庸「豫」字來，知「幾」即大學「誠」意，「豫」在「意」前，即是致知。

大學曾子所傳。曾子之學只是「忠恕」，大學亦只「忠恕」盡之。「明德」是「忠」，「新民」是「恕」。「脩身」以上是「忠」，「齊家」以下是「恕」。「誠意」、「正心」即「忠」的意思，「絜矩」即「恕」的意思。但「恕」即就「忠」推出，與「忠」不是兩截。

（以下大學）

問：「七章脩身，首言心不得正，次言心有不存。工夫在註中兩『察』字否？」曰：「不但七章，六章註云『故必謹之，於此以審其幾』。『審』字，八章註云『惟其所向而不加察』。『察』字，九章註云『在識其端而推廣之耳』。『識』字、『推』字與格物章『因其已知之理而益求』『因』字、『求』字，末章傳文『絜矩』字及註中數『推』字，都是著工夫處。但『齊家』以上重『審』與『察』，以下則重乎『推』。」

「格物致知」是大學下手第一工夫，此處無傳，則誠正、修齊、治平俱空虛靠不實，故朱子特地補之，這是朱子苦心所在。朱子有大功於萬世，正在此處。後人猶有推崇古本大學，附會强解，已是別具肺腸。甚有直以此傳詆毀朱子，眞可謂無所忌憚矣。

大學是曾子之書，「誠意」章何以獨標曾子之言，想是曾子平時常說非專解大學者。可見曾子生平得力處，在此喫緊，爲人處亦在此。

心地工夫不外存察二項，誠意以省察爲主，離不了存養。章內兩「慎」字便含「敬」字在，故註只言「審幾」，更不說「敬」。正心以存養爲主，離不了省察，故註補出「敬」字，又補出二「察」字。此正是朱子喫緊爲人處，學者須當於此著力。

大抵七章以後皆言好惡，即本「誠意」章來，可見首尾是一脈貫穿。但七章以前之好惡在內在心，八章以後之好惡在外在人。

溺愛者不明，貪得者無厭，二語說盡家不齊之弊。余嘗謂「正倫理，篤恩誼」，二者家之所由以齊也。溺愛者不明，貪得者無厭，二者家之所由以敗也。

大學四引康誥，皆切要語，可見康誥一篇亦是周家致治至要之書。

九章「如保赤子」，註云「識其端而推廣之」。朱子補此一句最有關係，此處若看差了，便似格致誠正修工夫都不用了，故特著「識」字、「推廣」字見有許多工夫在。「識」是察識，「推廣」卽中庸之「致曲」，孟子之「擴充」。註中於此等去處必明辨。「誠意」章「審其幾」是致審於念之初萌。「修身」章「一有之而不能察」，是察其理之是非，以用情言是察之於心。「齊家」章「惟其所向而不加察」，以接物言是察之於身，此章「識其端」是識事理之端倪。於此等處能一一明辨，卽是格物窮理工夫。

齊家治國之道分之爲三，曰孝、弟、慈。合之爲二，曰仁、讓。再合爲一，曰仁。行仁之方曰恕，至「恕」字是通章一結穴，上文許多條件都包括在裏。

「絜矩」、「慎德」、「忠信」都用「君子」字特提，是「平天下」章的大關鍵，亦大學一書底大關鍵。「絜矩」是新民之極功，若無德爲本，恐亦不會絜矩，故又言「慎德」以立本，是由新民而推明德。「慎」亦非汎然空說，必有把握處，故又言「忠信」，是就「明」、「新」中指出至要的把握，只此二字直貫徹八條目，是此章的結穴，卽是大學全書的結穴，與前章「恕」字皆學者所宜著意。忠信卽是忠恕，驕泰便是忠恕之反。註云「至此而天理存亡之幾決」，「幾」字甚微，與「誠意」章註云「審其幾」相應。彼處是審其誠僞，此是決其存亡，皆是朱子喫緊爲人處。

小人爲害一切事，固屬可惡。猶其小者，惟蔽賢之罪爲甚大。蓋宰相事業惟用人爲第一義，能用人則百職俱修，一有妨賢之心則其餘相業舉無可言，故孟子云「不祥之實，蔽賢者當之」。若王介甫，後人論宋事者皆歸咎之，其實介甫沒時猶是北宋，距宋亡尚遠，以其嫉忌賢人使不在朝。又用呂惠卿、章子厚輩，流毒無窮，直至傾覆宗社，所以仁人不能不深惡之。

章末云「未有上好仁而下不好義者」，「仁」、「義」二字并提，正是孟子言仁義之所本。孟子開章卽云「未有仁而遺其親者也，未有義而後其君者也」，與此辭義句法亦相類，至如此章要旨在與民同好惡。孟子云：「今王與百姓同樂，則王矣」，「王如好貨，與百姓同之」，「王如好色，與百姓同之，於王何有」。豈不是從這裏來？可見孟子直是大學工夫熟。

問：「朱子或問引程門言敬數說，如何分？」曰：「主一無適，就心上說是內面敬。整齊嚴肅，就事上說是外面敬。常惺惺法，是常常敬。其心收斂不容一物，又說到敬之極處。此雖數說，若從一說而入數說都貫通，但整齊嚴肅是入手處有把握，其實皆是用力之方。」

（以下大學或問）

學者窮理工夫，小處要分明，大處方融洽，愈分明愈融洽。小處不能細密而欲合之，極其大終是脫略粗疏不濟事。聖賢之學人見其成就之大，而不知其工夫之密。學者果能一事一物，處處工夫全不放鬆，將來自有不覺其會通的時候。

四書一部大概成於子思，中庸是子思親筆，固不待說。朱子謂「大學傳文則曾子之意，而門人記之」，曾子門人最著，誰如子思？且大學一書完備周密，非子思更誰有此手段？是大學成於子思無疑。程子謂「論語多成於有子、曾子之門人」，有子門人無可紀，曾子門下還是子思。且當時諸賢各記所聞彙輯成書，子思豈有不爲整頓之理？是論語亦成於子思也。至孟子乃出子思門下，微辭奧義大半有所傳授，是七篇之說亦出於子思也。故余謂四書一部，子思之功最大，亦卽子思大有功於萬世處。

巨細相涵，動靜交養。巨是心，細是理。巨是德性，細是學問。一心具乎衆理，萬理存乎一心，故曰巨細相涵。靜而存心以爲窮理之本，動而窮理以致盡心之用，故曰動靜交養。

朱子平生文字格局多是先說正意，後引諸家而辨論之。不先正論其理不明，不辨諸家又恐爲異說搖奪，皆不得不然。這是朱子所獨得處，當時張南軒諸公皆不能及。

或疑曾子「三省」未足盡。爲學之事，曰忠信，所以進德講學，所以修業。爲學之道，只此而已。

（以下論語）

昔人云孟子要熟讀，論語要冷讀。論語多短章零句，須是平心易氣細細玩味，方是讀法。要識聖人心事，須玩聖人語氣，然後能得聖賢氣象，久久漸見聖賢性情。如「八佾」章是責備意思，聲氣嚴厲。「雍徹」章是冷誚語氣，意雖嚴而以冷語出之，詞婉而旨切。「夷狄」章又是痛惜的語氣。要知聖人這些話說非是閒論時事，欲人聞之懍然知懼，或能少有補救耳。這卽是作春秋之意，亦是聖人以清議維持世道處。

「君子無所爭」，「爭」字有三意，有趨利逐勢而爭者，有矜己傲物而爭者，有黨同伐異而爭者。小人有爭，君子則有讓。

讀論語與孟子不同，孟子須趁文氣使血脈貫通，緩讀不得；論語卻要靜吟密咏，不可急讀，須就聖人氣象性情辭氣上用心，方有進。氣象如「老安」、「少懷」，數語何等廣大！性情如「子於是日哭，則不歌」，「子食於有喪者之側，未嘗飽」，何等眞切！辭氣如「不亦說乎」，「不亦樂乎」，「不亦君子乎」，何等渾厚從容！

「人之生也直，罔之生也幸而免」與「朝聞道，夕死可矣」相發明，聞道者雖死亦榮，罔生者縱生實辱。罔生而生則爲枉生，聞道而死卽非枉死。

讀「知之者不如好之者，好之者不如樂之者」二語，須先知三「之」字所指何事，又須知「知之」、「好之」、「樂之」的意味如何，又須玩三「者」字。要知其所以然，看其歸宿如何。

觀聖人答宰我從井救人數語，可見智以成仁處，雖不可以覺訓仁，然未有仁而不覺者。

鄉黨篇末「時哉、時哉」二「時」字，堯曰篇「允執厥中」一「中」字，這兩字最宜著眼，是一篇的總要，卽是論語一書的總要。見孔子是聖之時者，是「時」、「中」的聖人。

「侍坐」章與「顔淵季路侍」章相似。彼是各言其心事，故二子言畢，子路更問夫子之志。此是各言其本領，故四子言畢，不復更問夫子本領如何。待三子出而曾點獨問三子之志，卽此可見聖門諸子好學，不肯放過處。

夫子答仲弓問仁一章，只以「敬恕」二字爲主，「敬」是全體，「恕」是推行處。「敬」是收此心入來，「恕」是推此心出去。必至邦家無怨，方是「敬恕」做到至處。程子曰「質美者明得盡，渣滓便渾化，卻與天地同體」，卽顔子之「克復」。「其次惟莊敬持養，及其至一也」，卽仲弓之「敬恕」。

辭命亦不可少者，苟善於言辭，辭氣閒自有一番雍容揖讓氣象，卽可當鐘鼓玉帛，令人接之，暴怒之氣自消。四子之才各有所長，若用之不得其當，或彼此猜忌，未能相濟，鮮不敗事。是時子產秉政，用才者子產也。草創者使之草創，討論者使之討論，不先參以己見，使人各得盡其才，又能調劑其閒而毫不居功用能，上下親睦和衷共濟，爲得相臣之體，所以爲善也。

公叔文子引僎事，此見聖人表微以風人薦賢之意。爲國薦賢人臣之分，而同官相猜自古爲然，況家臣乎？前明三原李濟識任姓於門役之中，取而教之，使之入仕。後任方面又培植寒士賈某，卒以入相，其知人忘己皆人所難能。大抵人之妨賢其病有二：一是傲心，自尊而卑人，不屑與若等爲伍；一是忌心，忌後進之賢能，恐異日名位加於己上。

哀公十四年西狩獲麟，五月卽有陳恆弒君事。人以春秋絕筆獲麟，不知實託始於陳恆弒君，感獲麟而止耳。聖人之心乃天理人倫之主，弒逆大變眞有不能須臾忍者，觀兩「不敢不告」，可見聖人胸中只是戰戰兢兢，常存一不敢之心耳，亂臣賊子只是心下有一「敢」字。聖人既不得誅戮之權，又不能使人誅，若更無以處之，則惡人公然脫網矣。不得已乃筆之簡冊，使後世人人得以指摘，賊臣逆子庶幾知所畏懼。是雖不能誅之當時，而實誅之於萬世，乃聖人救世之苦心也。

問：「春秋託始陳恆，前人有此說否？」曰：「前人論此多矣。大凡聖賢著述，其始其終皆非無因。如周易演於羑里，洪範出於殷亡，書終秦誓，小學終於咬菜根，謂非有意則不可，但不可太執著耳。如秦誓，聖人只是見穆公能悔過，得人君之體，故終於此。後人便要穿鑿到繼周者秦上去，成甚話說？」

問：「當聖人時，天下糜爛，權臣脅君，諸國皆然。卽無陳恆事，春秋能不作否？」曰：「聖賢著書都是不得已，未有無因而作者。如孔子得位行道，六經或未必作。特目睹此事，恐天下後世人心從此而壞。如孟子好辯，韓子闢佛，皆出於不得已。若朱子著書卻似不同，與周公制禮相近，自早年卽一面用功一面著書，至如大學、中庸之註，諸緊要書都是成於晚年。」

「志士仁人，無求生以害仁，有殺身以成仁。」仁爲心德，害仁成仁只爭心之安不安，心之安不安又只爭理之是不是。理有不是，則心便不安，德便有不全，仁便害而不成矣。注云「只是成就一個是而已」，亦只是求一心之安而已。聖人只睹一個是，學者莫若先求一心安。

要不爲巧言亂德，莫如知言。要不爲不忍亂謀，莫如養氣。亂德是爲人所亂，亂謀是爲己所亂。亂德是說聽言以識言，亂謀是說處事以量言。

觀「君子謀道不謀食」，與「三年學不至於穀」，及「子張學干祿」三章，見君子只是純心於學，無謀食之理。君子之所謀者道也，於食則不謀。「君子憂道不憂貧」，「憂」字就心上說是思量，「謀」字是就事上說是營爲。君子於道惟其憂之，是以謀之；於貧惟其不憂，是以不謀。

「知及之」一章卽是大學一書底節目。「知及之」，知至也。「仁能守之」，意誠心正也。「莊以涖之」，身修也。「動之以禮」，則齊治平皆在其中矣。人須是聰明睿智高出乎衆人之上，然後百事可爲。知不足則所見不澈，卽無望其能仁，故智最在先。若無誠正工夫，天理之公不能勝其人欲之私，必至有始無終。二者旣具，不「莊以涖之」，便是修身底工夫未至。威儀寬□無人君度，民便狎而玩之，此三者是□□□□□事。然動之不以禮，則亦無以服人□□□□□天下國家矣，「動」字兼人己說有我之□□□□□感而動二意，此「禮」字與他處作天理之□□□□□之儀，則不同。此註云理義之節文，理是當爲之事，義是處置此事，如條教號令當然而然是理，□□制裁割處是義，因時勢順人情能得其寬猛緩急之宜，方是義理之節文也。這便是「齊之以禮」的意思。

古者，始也「三年學不至於穀」，繼也「謀道不謀食」，迨至事君，自能敬其事而後其食，天下安得不治？今也自束髮受書，問其所事，則曰將以求祿也。稍長則急於科舉，惟恐爵祿之不得。及至事君，則全妻子保祿位之不暇，又安能敬其事哉？人心如此，天下幾何而不至於亂？所以人之爲學，先要識得路頭，要識得讀書何爲，異日得祿固要讀書，不得祿也要讀書。到事君時，受祿多固要敬事，卽有時祿不能繼，亦只是個敬其事，如此方可以爲人臣。

「辭達」二字須要善會，粗看只是辭取達意而止。論其極，非聖人不能。如馬遷、班固、韓柳八家儘有極好文字，只可謂之達辭，不可謂之辭達。以他只知修其言詞，卻少根本工夫，見道理不甚分明，往往於道有大相悖者。必如六經四書，下至周、程、張、朱之書，方是辭達。

「師冕」一章最可觀聖人氣象，見得聖人雖小小去處莫不恰當。聖人之心與天爲一，天於此等人矜恤，聖人亦矜恤之。

天於此等人必安排一相佐之人，聖人卽隨所至而詔告之。看聖人此等去處，眞實无妄，何等周密！何等自然！上蔡所謂一部論語的道理都在這裏。

觀「夫子憮然」一段，便見聖人一片熱腸，眞有思天下溺由己溺，思天下飢由己飢的光景。辟世辟人之事聖人豈爲之？彼沮溺一輩人宜其不能識得。程子謂「聖人不敢有忘天下之心」，當知聖人之心卽是以天地之心爲心。古人云：「以天地之心爲心〔二〕，則天下無不愛之民物；以祖宗之心爲心，則天下無不睦之宗族；以父母之心爲心，則天下無不友之兄弟。」此語甚好。

子張說：「焉能爲有？焉能爲亡？」註云：「猶言不足爲輕重。」昔人云「在一家當爲一家不可無之人，在一國當爲一國不可無之人，在天下當爲天下不可無之人」，能如是方不虛此生。若無足輕重之人，生不加多，死不加少，豈不可哀？吾人所當猛省。

論語每篇結尾皆似有意，如六篇末結出中庸之德，七篇「子溫而厲」結出聖人中和之氣象，八篇結出至德無間，九篇結出「權」字，十篇結出「時」字。豈得無意便能如此？又多歸到聖人身上，如十五篇「師冕見」章，見聖人接物之誠。十六篇「陳亢」章，見聖人教子之公。十七篇「有惡」章，見聖人之能惡人。至微子篇夫子之無可無不可，子張篇夫子之不可及，尤其顯然者。

孟子告時君，深得納約自牖之意，多是因其機而開導之。孟子是最善撥轉人的，亦是他學力到，天下道理爛熟於胸中，故隨時發見，有如許議論，說得明快透徹到極處。

（以下孟子）

孟子見梁襄王所言不合，何以出而復言於人？蓋因「不嗜殺人」一語，襄王雖不能用，然這段道理卻不可不發揮出

〔二〕「心」：原闕，據文意補。

來。有這一段議論，天下後世深受其惠矣。

孟子譬喻多雜詼諧，使人驚喜歡欣，不能不言下動心，眞是四通八達自在流行，縱横顛倒都成妙用，不但文字有紀律而已也。

交鄰之道，仁智盡之。因齊王說出「好勇」，又從勇上開導他，鼓舞他，眞是點金手段，亦可見勇所以成仁智處。

公孫丑、萬章亦是善問，學者切不可輕看他。須知當日因他能問孟子，便發揮出如許議論來，他在孟子門下功亦不細。

「知言」二字，論語雖言之，而無如孟子說得條暢。至若養氣，卻是從他創說，故曰「擴前聖所未發」。

舍己從人，樂取於人以爲善，堯舜皆是如此。然書言堯舍己從人，而此獨言舜，何也？蓋堯氣象大，渾淪難見。至舜則其迹著，如中庸言「舜好問好察邇言」。虞書言舜闢門明目達聰，及咨岳咨禹命作納言，皆是取諸人以爲善處。但舜所以如此者不假勉强，是他開眼見天地閒渾是善，不見有不善，隨在取人之善於己，是人之善都成己之善，豈不是最樂事？自耕稼陶漁以至爲帝，無非取於人者。是孟子知舜最詳悉，實見得是如此，故後篇云「明於庶物，察於人倫」，又云「聞善言，見善行，沛然若決江河」，非知得詳悉豈能如此說？陸龜蒙云：「昔人謂舜以象耕，以鳥耘，殆非是。竊意象其行直其履深，舜之耕深直取之；鳥之飛輕而疾，舜之耘輕疾取之。果爾是，舜不但取善於人，又能取善於物也，是否？」雖不可知，然亦足備一說。

聖賢書中每論古人是非，不是與古人較得失，只是爲後世定趨向。如孔子稱伯夷曰「古之賢人」，孟子稱伯夷、柳下惠曰「皆古聖人」，總見他推尊之至。至論學則曰「願學孔子」，曰「君子不由」，又見所學以道爲宗。若孔子亦非無清與和時，但時而清非伯夷之清，時而和非柳下惠之和，故曰「君子不由也」。

「天時不如地利，地利不如人和」，此兩句便是一部大兵書。天時卽是後世奇門太乙之類，講得雖甚精，遇敵人占得地勢好便無用處。地利是據好形勢或險阻山谷可戰可守，卻總不如人和。人和卽是修其孝弟忠信，人人知親上死長，天下孰能禦之？

滕文公上篇五章皆一書要旨。首章「道性善，言必稱堯舜」二語，擴前聖所未發，是教世子盡性以希聖。次章復喪禮，明立身之大本。三章行助法正經界，明治世之大法。次章卽是復性善之要。三章卽是法堯舜之治，四章闢楊氏爲我，五章闢墨氏兼愛。二章三章所行者，父子之仁，君臣之義。四章五章所闢者，無父無君之教也。

「仲尼不爲已甚者」，是孟子實見得如此，亦由他就在這上學聖人。孟子氣象雖嚴厲，卻自是不爲已甚者。如不見諸侯有似過嚴，其言曰「不敢見，不爲臣不見」，又曰「段干木、泄柳，是皆已甚；迫，斯可以見」，陽貨先豈得不見？此皆是不爲已甚，故於當時諸侯交接，始終未見有決絕處。如伯夷之清是清之已甚，柳下惠之和是和之已甚，皆不學他，但曰「願學孔子」。孔子則可仕而仕，仕不爲已甚；可止而止，止不爲已甚。久速亦然。孟子出處進退，全是學仲尼。

人禽之界甚微，才出乎人，卽入乎禽獸，中閒更無立腳處。「庶民去之」，則人混於禽獸矣。「君子存之」，亦只是求免於禽獸耳。人道所以至今不墜者，正賴君子以一人之所存，存天下之所去也。孟子多言禽獸，如云「則其違禽獸不遠」，「於禽獸又何難焉」。不是罵人，是他實見得如此，惟恐人一失足，便墮入禽獸坑塹也。

論[一]道統相傳，堯舜多是並言，論工夫親切，其實莫如舜[二]。蓋舜起自側陋，更歷事變多，故中庸、孟子每言舜[三]事。桐閣先生云：「舜有道學氣，如『人心惟危，道心惟微，惟精惟一』數語自舜發端，直開千古道學之始。」此章「幾希」二字亦似從人心道心危微來，故下緊接舜，說舜便是「存之」者，以下歷舉羣聖，皆是繼此「存之」之統者。舜是不待存而自存者，羣聖則有性之反之之異。要之，舜與羣聖都是爲一時存「幾希」，到孔子作春秋直是爲天下萬世存「幾希」，故曰「賢於堯舜遠矣」。

〔一〕「論」：原闕，據文意補。
〔二〕「舜」：原闕，據文意補。
〔三〕「舜」：原闕，據文意補。

「明物察倫」是舜之生知處，正是聖之異於人處。他自有知覺以來，心便在中，明白洞徹無絲毫走作。若世俗稱博物洽聞、無所不知方謂之聖，則非矣。

「怨慕」二字是孟子深知舜心，故能如此形容。「怨慕」是怨己而慕親始焉。由於慕親遂怨己之不得於親，是因慕生怨，既而怨之甚，又不覺慕之深，卻是因怨生慕，慕而怨，怨而慕，此舜之所以爲純孝也。未得於親時，先是怨慕，既得於親後，只是慕，故下文只言慕，曰「大孝終身慕父母」，曰「五十而慕」。

「孝子之心，爲不若是恝」解「怨慕」二字極透，下面連用三「我」字，正是不能恝然處。今人事親不知怨慕，動曰親難奉事，只是其心能恝。

舜始終只是一誠，故後來頑父、嚚母、傲弟都被他化了。惟誠則到底能感物，如小人遇老成人每多用詐，久則自覺無味便不用詐，豈不是化了他？舜之於象，不獨待之誠，而且安頓得十分好，所謂「仁之至，義之盡」也。

萬章在孟子門下識見最高，好評論古來人物。如論堯、舜、禹、湯、伊尹、伯夷、柳下惠、孔子，大概是讀書工夫多。孟子卻恐其明於考古，而知人或不足，故教之曰「誦其詩，讀其書，不知其人可乎」？論古尤須知人，不能知人則論古無益也。四子書中論友，惟這數章說得最開闊。一是以天子而下友匹夫，不以勢分懸殊而拘於形迹；一是以今日而尚友古人，不以時世遐遠而阻於聞見。

老氏多言無，吾儒只言有。如公都子說：「告子曰『性無善無不善』。」孟子卽答曰：「惻隱之心，人皆有之；羞惡之心，人皆有之。」連下四「有」字。下又云：「仁義禮智，非由外鑠我也，我固有之矣。」又云「天生蒸民，有物有則」，正是對他「無」字立言。又如「易有太極，父子有親」五「有」字，張子「言有教，動有法」六「有」字皆是。

心〔二〕未發是性，性之已動是情，性之作用是才，而性、情、才總之皆統於心。性不可見，因情以見，情善卽可知性之善。

〔二〕「心」：原闕，據文意補。

性可爲善，卽是才無不善。心之不善，以其爲外物所陷溺耳。其實人心同是善，不是有善有不善，推而至於聖人，與我同類，卽與我同心。「聖人先得我心之所同然」，豈有不善？可見人只當就心上著工夫。

孟子不是教人存夜氣，是教人審動，言旦晝所爲，惟平旦之氣可以驗之。晝之所爲善，則平旦之氣自清。晝之所爲不善，則夜氣不足以存。平旦時最易見耳。若誤認教人存夜氣，便入清静一路去，豈是存養良心之道？眞西山夜氣箴固是好，但以爲動根於静是教人主静，與此處本意不合。惟周子「定之以中正仁義而主静」方無弊。

中庸言仁者，人也，貼人身說。孟子言仁，人心也，貼人心說。貼人身說固好，但不似貼人心說更切。見得人一動念才不仁，便是無人心，無人心卽不得謂之人，言之令人凛然。

「學問之道無他，求其放心而已」，此二句異學每每藉口，惟程朱解得最無空闕。其云「學問之事非一端，其道在求其放心」，如格致誠正修齊治平，事固非一，而其道件件皆要求放心。蓋心不放，事才能做得好。求放心非他，卽是主敬。能主敬則智明理得，可以窮理，可以處事。以上儘有事在，不是空守一個心，更不去理會事物也。如陸王輩則云「學問之道無他法，只是求放心而已」，他只守一個心便謂卽是學問，豈有是理？至若務博覽、務詞章正是註中所謂「昏昧放逸」，豈得謂之求放心？豈得謂之學問？

「心之官則思」，「思」字最要。周子云：「思者，聖功之本，而吉凶之幾。」人能愼思方是先立其大要，立心若舍「思」字，不爲告子之强制，卽是釋氏之頑空。陸王之學都是就此認錯。

告子上篇極有意思，分看一章是一意，合看通篇是一意，前半論性，後半論心。性本善，人則不能擴充以盡之，性善則心亦善，人則蔽於利欲而亡之。所謂利欲亦不一端，就「仁人心」章以下說，言知求雞犬而不知求放心，則凡荒於禽獸、玩弄狗馬者皆在其中。言惡指之不若人，則凡修飾儀容、巧言令色、務以悦人者皆在其中。養桐梓是言愛好，狼疾〔二〕之人，飲

〔二〕「狼疾」：原闕，據孟子告子上補。

食之人，則一切貪美味者皆是，□□□□[一]則看劇聽樂、縱聲色之欲者皆是。鈞是人、天爵人[二]爵二章，又是言汲汲於功名之場、奔競於仕宦之門者，如今科舉捐納一流，此皆是陷溺人心之端。人能於此數者一一檢點，不使害其本心，又能力於爲仁日新不已，則何古人之不可及哉？

「任人」章總註最精，有大舜隱惡揚善、執兩用中之意。「固不肯枉尺而直尋，亦未嘗膠柱而鼓[三]瑟」二語須加意，人須要心胸闊大，方能見得遠，切不可太拘滯只見一面。若心地過於迫狹，便是自處於牆角，一物無所見，一步不能行。蓋斯道本是一個高大壇場，一登其上便能俯見萬里，指揮號招罔不皆應。若求之太小，必至事事束縛，不能相通。孟子是極開爽人，如千門萬戶皆在掌握，故其所引喻皆最現成。眼前莫甚緊要事物，經他說來都成至理，因他胸中道理爛熟，開眼見事事物物都是道理，故能如此。

（以下中庸）

「執中」二字自堯發之。學不至於中，卽異端之過不及。「時中」二字，由孔子始之。中不合乎時，卽鄉愿之兩可。

朱子註甚細密，同一「道」字各處解法不同，非朱子誰能如此？朱子註書之法是因文解義，他人則□文强解，就本字非不的當，以上下文勢論之，□□大謬者。

「戒慎不睹，恐懼不聞」，工夫已自說完。「愼獨」是從中提出，又說「戒慎」、「恐懼」是常用的工夫。「愼獨」是示人關要處，既言「戒慎」、「恐懼」，卻怕人散漫做去，故特指出「獨」字示人把握。如行山路者，步步都要留心，到危險處又要加倍警覺，卽湯盤銘「又日新」的意思。不可以動靜存察分貼戒懼愼獨。其實「戒慎」、「恐懼」內動靜兼該存察悉備，「愼獨」卽

[一] □□□□：原闕，據孟子告子上「耳目之官不思，而蔽於物」，因疑此四字爲「耳目不思」。
[二] 「鈞是人天爵人」：原闕，據孟子告子上補。
[三] 「鼓」：朱熹孟子集注告子章句下下作「調」，兩通。

從上面抽出言之，只是就動靜之閒幾之動處，示人以著力處耳。上節註云「不使離於須臾之頃」，下節註云「既常戒懼，而於此尤加謹焉」。細玩二語，便自見得。

「致中和」是兩下用工，缺一不可。中要致和，亦要致不能。致中固不能致和，致了中又須要致和。致中是整頓工夫，較致和易爲力。致和則件件事都要留心，才照顧不到便差卻，稼書云「致和倍難於致中」。蓋「中」是主腦處，「中」上工夫重，「和」上工夫多。致中是存心，致和是處事，如曰立心不偏，若五官逐物而移，心中豈有是的？然既能致和，則中亦易致。所謂制於外，所以養其中也。至章句云「然必體立而後用有以行」，卻是與此相發明處。

「天地萬物本吾一體」，朱子此語從西銘來，西銘大概本之中庸。故朱子章句又本西銘，緣中庸、西銘只是一個道理。如「天地之塞吾其體，天地之帥吾其性」，此二句是西銘緊要處。此云「致中和，天地位，萬物育」，後面云「能盡其性，則參天地贊化育」，豈不是一個道理？

中庸言仲尼凡兩見，學者並要留心。中庸是取法仲尼而作，指出仲尼正是爲天下後世立一樣子。以下十章述仲尼之言，至「祖述堯舜」以下表仲尼之行。蓋仲尼之道卽天地之道，仲尼之德卽天地之德，徹穹壤貫古今。仲尼是有軀殼的天地，天地是無軀殼的仲尼。中閒所說道理都是說仲尼，所引君子聖人大舜、文、武、周公至誠至聖，卽是仲尼的換身。

中庸第一支是言這道無時不然，如「不可須臾離」「須臾」字，「君子時中」「時」字，「民鮮能久」「久」字，「而不能朞月〔一〕守」「朞月」字，與「國有道無」「道」字，「後世有述焉」、「半途而廢」等句皆可見。第二支是言這道無物不有費而〔二〕隱，大小、夫婦、聖人、鳶魚，子臣弟友、富貴貧賤、夷狄患難、卑邇高遠、鬼神達孝、達道達德，九經皆可見。但第一支是以人言，第二支前半以事言，後半以人言。前半有說道體意，後半有說道統意。「哀公」章又是總結前兩支。第三支是言體道

〔一〕「月」：原闕，據下文「朞月」及中庸「不能朞月守」補。
〔二〕「有費而」：原闕。有，朱熹中庸章句「道也者」註云「無物不有」，據補。費而，中庸「君子之道費而隱」，據補。

工夫，「自誠明謂之性，自明誠謂之教」是個總冒。此「性」、「教」字與首章「性」、「教」字不同，彼是就道理本然處說，此是就人身氣稟上說。「爲能盡性」以下五章頂第一支「知、仁、勇」來，「大哉聖人之道」以下六章頂第二支「費隱」來，至末章是再敘人德成德之序，以終全書之意。

「中庸其至矣乎，民鮮能久矣。」特著一「能」字，下面便云「鮮能知味」、「不能朞月守」、「中庸不可能」、「惟聖者能之」，果能「此道」、「爲能盡其性，能盡人之性，能盡物之性」、「爲能化」，至末後又云「其孰能知之」。前後照應，直是一線穿成。章句云「論語無『能』字」，正是朱子特地令人著眼處。

程子謂「鳶飛魚躍，與必有事焉而勿正之意同」。「鳶飛魚躍」是就道理上說初無一毫之空闕，「必有事焉」是就工夫上說不可有一息之閒斷。雖不必便相同，大致卻如此。

「造端乎夫婦，察乎天地」，「造」字、「端」字只當作□□□□解，不可作用工夫看。

子思又恐人單指有形者以爲道，不足盡道之全□。說此無形中無非是道，無處無鬼神即無處無道，此與前「費隱」章「鳶魚」節相應。「鳶魚」是即形見道，「鬼神」是即氣見道，兩處文章極變化。然這「鬼神」雖無形聲，初非恍惚杳冥的，須知不見不聞中無非實理充塞流行，故末節緊逼出「誠」字來。此「誠」字是中庸初見處，是全書的主腦，以下皆只是發揮這一字，不但爲中庸主腦，實是聖學的主腦。如大學以「誠意」爲主腦，通書以「誠上誠下」爲主腦，都是如此。

「大孝」三章皆是就「孝」以明「費」之大，「大孝」章就「德」之動天說，見人必到舜的地位，方完得「孝」的分量。舜之孝直是上通天命，然猶是舜一身盡道。「無憂」章則言周家父子兄弟皆能盡道，愈見道之用廣。「達孝」章則言武周之孝直是下通人心，以至制禮作樂，事天享帝，而治天下國家皆在其中。舜之境遇雖不佳，但在家庭之閒亦不至有大害，故云「必得其名」。武王處君臣之變，苟非順天應人，且將有不令之名加乎其身，故云「不失天下之顯名」。然不曰「不失」而曰「身不失」者，見武王自祖宗來積德累仁，本有天下之顯名，至其身躬親征伐，猶能不失耳，非其德之聖能如是乎？「周公成文武之德，上祀先公」，是成文武以孝祀先人之德；「斯禮也，達乎諸侯大夫及士庶人」，是成文武以孝治天下之德。葬用死者之爵是安其心，祭用生者之祿是盡其情。周公之孝直合天下生者死者而兼盡之。

中庸文字最有線索，看他前章初言孝處，不即從父子入手，卻云「妻子好合，如鼓瑟琴」，是本之「費隱」章「君子之道，造端乎夫婦」來，直至此章「郊社之禮，所以事上帝」便是「及其至也，察乎天地」。但夫婦天地之閒須有許多等級次第，不容遽至，故云「道不遠人」。云「君子之道四」，云「宜爾室家，樂爾妻孥」，則父母其順，方才說到孝上。以下遂由孝推之以至其極。不惟一身孝其親，且以一家孝其親，又以天下孝其親，又使天下之人皆孝其親。不惟自己孝其親，且孝祀親之祖考，又推到祖考之祖考，又推之極於天地，將孝一直說得通神明光四海，豈不是「及〔一〕其至也，察乎天地。」可見盈天地閒事皆是吾□□事，必到此境界方才做得「孝」字圓滿。可見□□□是一部孝經，將這道理說得如許廣大正□□□恐懼的工夫不可不密，所以下支專說體道工夫。

「修身以道，修道以仁」二節，看聖人告君語言何等周徧，後來人告君都無如此說。若孟子告齊宣王是心足以王，以下反來覆去只說得個心至。程子告君便親切，然猶有未盡。惟朱子諸封事直從人君性情心術說起，推之宮闈朝廷無不備至，方有此意。人能說到「修身以道」已是甚好，聖人卻又說「修道以仁」，連義禮智都說了。

「修道以仁」「仁」字、「不可以不知天」「天」字、「誠身」「誠」字、「明善」「善」字皆是一意貫穿。

達道五，達德三，「所以行之者一」，「九經所以行之者一」，此兩處當著意。前是修身之「一」，後是治人之「一」。行之者雖不同，其實「一」只是一，聖人重疊言之，正是示人緊要處。下面言「誠」處皆是根本，此一來「凡事豫」是豫此「一」，「明善」是明此「一」，「擇善固執」皆所以「一」的工夫。這兩個「一」字即是前面的收結，後面的開端。

「凡事豫則立」，「豫」即是誠的工夫。此節極力言「豫」，凡「豫」是最要處。程子云「學之道必先明諸心，知所往豫

〔一〕「及」：原闕，上文云「便是『及其至也，察乎天地』」，此處復應之曰「豈不是」云云；中庸費隱章末句：「及其至也，察乎天地。」據補。

也」，又云「大學之法以豫爲先」。張子云「精義入神，豫而已矣」，張子得力於中庸，故言「豫」字倍切。「豫」在事前卽大學之致知，故下文緊接「不明乎善，不誠其身」。

「博學之」三節是中庸最切要處，學與問是人己對言，辨則求諸己的意。多思是窮其所以然，辨是剖其所不然。學問皆取之於外，思辨皆求之於心。學而又問則取諸人者，詳思而又辨則求諸心者，精如是而後可行。「愼思」之「愼」有二義，勿遠思不可泛濫而不切，勿過思不可穿鑿而太深。「篤行」「篤」字卽含上「固」字、「誠」字意，五者有緩急無先後，就一事論固層遞而下，就衆事紛至時論亦不妨工夫齊進，要之缺一不可。

中庸多用疊字法，意極精密。如言「至聖」之德，先以「聰明睿知」四字總說一層，又以仁義禮知分說四層，連用二十疊字，無一不精密。「聰明」、「寬裕」、「發强」、「齊莊」、「文理」，俱就外面說；「睿知」、「溫柔」、「剛毅」、「中正」、「密察」，俱就内面說。大抵每四字皆由淺而深，由粗而精，必如此而後足以有「臨」、「容」、「執」、「敬」、「別」，剖析如許細密，所謂「如川之流，脈絡分明而往不息也」。眞是道理爛熟說不盡的光景，下面「溥博淵泉，而時出之」，爲一二字說不盡，更著四字形容五德之情狀，言既充積而自然發見也。「而時出」，卽前面「君子而時中」、「故時措之宜」二「時」字，到此倍覺充滿耳，「時出」兼隨時出之時。「時出」之二義，就五者言，當仁而仁，當義而義，是隨時而見。就一端言，如仁之親親、仁民、愛物，義之敬長、尊賢、忠君，亦是隨時而見。此段卽有「大德敦化」的意。下面一段又緊承此而發揮之，「如天」、「如淵」卽是「溥博淵泉」，「莫不敬、信、說」卽是「時出」，非別有積累工夫也。「是以聲名」以下又是承「莫不敬、信、說」而極言之。由「中國」、「蠻貊」推到「凡有血氣者」，由「敬」、「信」、「說」推到「莫不尊親」，由「如天」、「如淵」推到「配天」，直說得極天極地無非聖德感通之妙。必如此才滿得至聖的分量，必如此才到「小德川流」的至處，故下章方言「大德敦化」。

「至聖」之德以發見處言，自外人觀之，但見其「如天」、「如淵」，推其極，「莫不敬、信、說」，「莫不尊親」。「至誠」之道以存主處言，自家裏面眞個是「其淵」、「其天」，故必「達天德者」，然後「能知之」。

「經綸大經」，「經」者，正倫理，君君臣臣父父子子，所謂理之知，知之最上者也。要到此個境地，須從知幾、知修身入手，切不可僅僅知味、知避而已也。

末章以爲己爲主。首節言學者要有爲己之心，又要知幾。二節三節言爲己的工夫，四節五節言爲己的效驗，末節言不顯之妙與天爲一，又爲己之極功也。

「知遠之近」三句最要，正示人以下手處，言雖有爲己之心，尤不可不知此三者。若不知此，卽不可與入德，又安望其成德？三者卽愼獨意，故下面卽言愼獨之事。「潛伏孔昭」，微之顯也。不言動而敬信，風之自也。不賞怒而勸威，篤恭而天下平，遠之近也。三「知」字非「知行」之知，卽大學「知所先後」之知，勿看得太深。

「潛伏孔昭」，卽申首章謹獨之事。「不愧屋漏」，卽申首章戒懼之事。「潛伏」卽隱微之意，「孔昭」卽莫見、莫顯之意。上言入德之門，此正入德之事，言人之所不見，見獨之不可不謹也。下一節言己之所不見，見不但獨之當謹，人自有不動不言時，此處便合存養。故註云「功益加密」。首章從「天命之性，道不可須臾離」順説下來，故先存養次謹獨。此章從「下學立心」其緒而分之。「綸」者，篤恩誼，君仁臣忠父慈子孝，所謂「比其類而合之」。「經綸大經」是致和，「立大本」是致中，化者自有而無，育者自無而有。知化育，則天地自位，萬物自育，經綸大經以其仁也。至誠，則懇切而無不徹，極至而無不到，所謂「肫肫其仁也，立大本以其淵也」。至誠，則靜而無變動之迹，深而有不可測之象，所謂「淵淵其淵也，知化育極於天也」。至誠，則體無不包、用無不周，所謂「浩浩其天，極廣博而甚高大也」。至誠之德如此是，卽「固聰明聖知達天德者」，苟非其人孰能知之？這是子思極口贊歎至誠，言至誠非惟人不能及，卽知亦不易，正是接引後人處，故下章復自下學言。

中庸數「知」字，亦當合看。「鮮能知味」，「而莫之知避」，二「知」字是衆人之知，知之最下者。「知斯三者，則知所以修身，知所以治人，知所以治天下國家」三「知」字，與末章「知遠之近，知風之自，知微之顯」三「知」字，一是知進修之方，一是知幾，皆學者之知，知之次者也。此章「知天地之化育」、「苟不固聰明聖知，其孰能知之」二「知」字，與二十九章「質諸鬼神而無疑，知天也；百世以俟聖人而不惑，知人也」二「知」字，方是聖人説上去，故先謹獨後存養。先存養後謹獨是由靜說到動，先謹獨後存養是由疏說到密。至下面不賞怒而民勸威，篤恭而天下平，亦只是此工夫用到極處，無少間斷，充積之盛自然及物，有無窮效驗，並非別有工夫。

「潛雖伏矣」二節是天德工夫，不言動而敬信是工夫到極處，「奏假無言」二節是王道功效，「篤恭而天下平」是功效到極處，天德王道自是一統的事。

中庸開章一「天」字是原其始，見道之在我者無不本諸天。結尾又一「天」字，是要其終。中間工夫是以人合天，及至德之成，爲能不失所本之天，故以「天命之性」起，以「上天之載」結。中庸以前工夫是一步闊開一步，所謂「放之則彌六合」。此章功效是一層收斂一層，所謂「卷之則退藏於密」。

問：「屈原、淵明優劣如何？」曰：「朱子云『淵明人品較高』，要之，三閭大夫自是三代人物。」問：「屈原當時若用，能爲王佐否？」曰：「他局量太狹，恐未必能。然當時人物孟子而下，卻當推屈原。」

（以下雜論）

問：「郭汾陽單騎見回紇，當時亦有備否？」曰：「是。決知回紇不敢如何，故往。若貿然輕身以當寇，則不可。」

問：「謝安圍棋是胸中有成算否？」曰：「觀其折屐亦見喜出望外，則初時未免矯情，至此不覺露出。」

問：「盜發汾陽父冢，汾陽不究，如何？」曰：「天下大人物處事自當不同。」問：「程朱若不幸而遇此，將如之何？」曰：「朝廷若不爲理，恐程朱惟有棄官一法。親骸果爲人暴，何忍復仕？」

問：「程門諸子楊尹如何？」曰：「楊龜山見程子時已有造就，到底不免舊意在。尹氏規模雖小，卻能遵守伊川一毫不走，如在經筵講書動引『師程某曰』。可見惟呂與叔言語豐腴甚細密少過，其他皆不免枯寂。」

問：「楊龜山四傳而得朱子，便是愈傳愈盛。明道先生當年『吾道南矣』之語不爲無應。」曰：「亦是有所感，龜山淵源是從明道得來。」

程門諸子多有力量，但議論間皆不能無意見完全者少。朱子門人如黃勉齋、陳北溪諸人，眞是一句錯話也不說，緣朱子講論多聽之熟，故能如此，但較程門諸子恐骨力少遜耳。

孫夏峰論學多調停，如云「建安以後天下多實證，當以姚江瀉之。姚江以後天下多虛病，當以建安補之」。稼書論之極好，云「有虛病者當以建安補之，有實病者亦當以建安瀉之」。蓋建安之學，居敬窮理兩下工夫，何嘗有偏虛偏實處？但自心學者視之，不免以爲太實耳。

桐閣先生之於關中，猶朱子之於宋，陸稼書之於國朝。宋以前諸賢之文章事跡至朱子是一結局，國朝以前之文章道脈至稼書是一結局。在關中，前明時馮少墟是一結局，本朝至桐閣先生又是一結局。其聞見之博、著述之富眞是不易得，先生少時卽有一以貫之之意，後來所就道德經濟文章無所不通，就古文論，先生在本朝也足當一家。至所作經義文字，恐國朝亦不多見。其他長篇大作，洋洋纚纚，辨論考據，縱橫淹博，眞是識力過人。

朱子著述未有不關緊要者，雖詩文類亦須是極有關係方落筆，如晚年所定楚辭集註、韓文考異之類。可見楚辭文章固是好，其實是因趙汝愚被譴有感而作。又見後世古文之學日新月盛，自是不能已的，因著韓文考異。見人不學古文則已，若要學文須是學韓子方可至。若歐陽文忠公亦因素服其人，故敘其事跡，皆是有關係。

清麓遺語卷三終

# 清麓遺語卷第四

賀復齋先生口訓

門人 郃陽謝化南季誠編輯
朝邑楊玉清溫如參閱
三原張普澤寰 校梓

## 經說三　百六十條　孫迺琨記

學者第一要窮理，窮理第一要讀書，凡一處必有一處的理。但於此窮得於彼或不能通，如吾輩現在書院中，凡院中大小事務逐一研究，豈不是窮理？但於別處道理，恐有遺漏。惟書中舉古今上下四方八面的道理，無不包會，故曰「讀書得之最多」。

張子謂：「讀書少則無由考校得義精。」如書以道事，詩以道志，易以道化，各有個局面，即各有一段義理。博則參伍錯綜，足以證斯理之變化；少則義理孤單動多窒礙，不能使前後互相發明。

自堯、舜、禹、湯、文、武、周公、孔子以來，祇這君臣父子夫婦兄弟朋友，即祇此親義序別信，亙古亙今此理不能磨滅。中國之所以愈於夷狄，以中國能講此道理。聖賢之所以異於庸愚，以聖賢能盡此道理。學者學此也，問者問此也，思者思此也，辨者辨此也，行者行此也。須是一一反之於身，講學乃不空談也。

（以下小學）

小學一書全本論語。「弟子入則孝」章，孝弟是明倫中事，謹信、愛眾、親仁是敬身中事。立教不在明倫敬身外，至學文一層，按之小學似無著落。然稽古之嘉言善行，無非示人以學文之意，嘉言篇備載明倫敬身之語，是這道理不但古人說過，後世亦曾說過。善行篇備載明倫敬身之事，見這道理不但古人行過，即後世亦從這裏行，此非即學文之事乎？蔡文勤公云：「小學內篇是十三經之精華，外篇是廿一史之事實。」李安溪譏朱子小學忽載一段古雅底經文，忽載一段鄙俚底俗話，未免不倫。不知道無古今經文，只是講道理，若那段俗話深合道理足垂法戒，安可不載？

明倫一篇規模廣大，敬身一篇工夫親切。

問：「明倫父子之親一篇，大旨如何？」曰：「只是教爲子者盡愛敬而不敢自專，中間頭緒頗多。約略舉之，言爲子者不但當以身孝親，尤貴以心孝親；不但當孝親之身，尤貴孝親之心；不但常時盡孝，尤貴變時盡孝；不但孝親於生存之前，尤貴孝親於既沒之後。通篇意蓋如此。」

敬身一篇凡四章，緊要是「心術」一章。如次章言威儀之則或動或靜，或居鄉或在朝，其容體顔色辭令，何者不一一具於心術。三章言衣服之制，四章言飲食之節，亦無不一一自心術來也。

古者不拘貴賤，昏姻皆告於君，這關風化不淺。如今或年紀不配，或競財物，每年昏姻詞訟有多少。若行告君之禮，便不至此。然所謂君不必定是天子諸侯，即今之守令，亦是一邑之君也。

「餓死事極小，失節事極大」，此個道理自程朱出始講明了。朱子編豫讓事入小學者，以仇雖未報而此義不可不明於天下，況此義既明而仇終能報，故下以王孫賈事繼之。

（以下近思録）

周子學貫天人，其時道學風氣初開，又不與人講説，不露光耀，知之者少，故忌之者亦少。

問：「王豐川謂『周子無極太極之說不是』，如何？」曰：「『無極』二字不自周子始，老氏說無極，邵子亦曰『無極之前，陰含陽也』，然往往墮於空虛。故周子因說道體無聲、無臭，雖是無極而實有極至之理在，故曰『無極而太極』。」

太極圖說前半是說天地之太極陰陽五行，後半是說人身之太極陰陽五行。「聖人定之以仁義中正而主靜」一段，是教人將這理反之於身。

橫渠說「混混天下之事，當如捕龍蛇搏虎豹，用心力看方可」，又言「大其心則能體天下之物」。凡窮理要大著心胸，萃其精神，使心之大包乎理之外，而心之細又入乎理之中。古人謂獅子搏象用全力，搏兔亦用全力。窮理者能恁地，方能窮得透。

張子教人大其心，學者且先細其心，遂一研窮方好。邢和叔教人愛養精力，愛養之法只是個敬人之精神氣力皆統於心。敬則心不外散而日益充長，不敬則物欲蔽之，雜事擾之，精力如何會得足？

明道亦說「生之謂性」，與告子自不同。告子是專以氣言性，明道是以不離乎氣言性。孔子說「性相近也」，是兼氣質說。孟子說「性善」，是就不雜乎氣質說。程子說「善固性也」，以本原之性言。「然惡亦不可不謂之性也」，以氣質之性言。善卽性之恰好處，惡亦不定是大惡，只是剛柔過與不及之閒。

程子謂「解經不同無害，但緊要處不可不同耳」，如經書中所言心性處，係千聖傳心之微。伊川謂「性卽理也」，便不可不同。陽明卻欲別立一說，謂「心卽理也」，便差了。

全部易經只是發明一個「時」字。不獨易經，論語曰「時哉時哉」，孟子曰「孔子，聖之時者也」。孔子所以超乎羣聖處，只是個「時」。孟子願學孔子處，亦是要爲時中之聖。至子思作中庸說「中」字，道理發前聖所未發，然必著個「時」字，「中」字方有捉挐。故曰「君子而時中」，與「時措之宜」云云，原其本又從「溥博淵泉，而時出之」來。

易經最重時勢，剛健固是好，然乘衰時弱勢則不足有爲。陰柔固是不好，然值極盛之時極强之勢亦足逞志。故程子曰：「時之盛衰，勢之强弱，學易者所宜深識也。」

問：「程子云『有理而後有象，有象而後有數』，云云。」曰：「卽以此樹喻之，當樹未生時已有樹之理，樹既生方有樹之象，有了這象而後枝幹花葉果實有次第先後，便成個數。故理居先，象次之，數又次之，程子之言確不可易。」

問：「觀會通以行其典禮。」曰：「會是理之萃聚不可遺處，通是理之貫徹無所礙處。卽一卦言之，舉理之常處、變處、難處、易處，無所不該便是會。能就這會處得其要領，可以行之無礙便是通。大凡不觀其會，則理無由通，不觀其通，則亦不能行其典禮。」

因說試把道理横豎看，云「横豎二字，横卽綱紀造化之謂，豎卽流行古今之謂」。横是道理無一毫之空闕，豎是道理無一息之間斷。陸象山謂：「上下四方曰宇，往古來今曰宙」，意正如此。

羲和歷象之術，堯未必能之。但堯用羲和能當其職，此其所以爲聖人處。卽舜在璿璣玉衡，亦不過憑玉衡以察之耳。造此璿璣玉衡者，實未必舜也。

觀雲漢之詩，屢稱昊天、上帝、父母、先祖，正太史公所謂「人窮則反本，故勞苦倦極，未嘗不呼天也；疾痛慘怛，未嘗不呼父母也」。卽此便見得天人一氣，有相通之理。

程子謂：「五經之有春秋，猶法律之有斷例。」春秋一書全在斷例上見，故精於春秋者事來則自有斷例。蓋胸中有個義理，然後斷例不差。同此一事，按之法是一樣斷法，按之情是一樣斷法。

（以下大學）

大學條目皆本修身。格致不本於修身，便是記誦詞章；誠正不本於修身，便是虛無寂滅；齊治平不本於修身，便是權謀術數功利雜霸。序中已分明說透。

大學格致本爲誠正修齊治平而設，近來考據訓詁之學雖似格致一面工夫，究非聖門格致，成甚學問？

誠意是就發用處說，正心是兼體用說。

天下事物之理，卽吾一心之理。欲全吾心之理，須於事事物物上處得合理。能於事物上處得合理，便是全吾一心之理。

問：「七章『忿懥』等，與八章『親愛』等皆情也，當微有別否？」曰：「『忿懥』等是心與物接不得其正，是發於心處失其天則。『親愛』等是身與物接辟，是發於身處失其天則，其弊皆原於不察。故朱註一則曰「有之而不能察」，一則曰「惟其所向而不加察」。是正心修身皆離不得省察，而存養即在其中。

「不出家而成教於國」一句，九章大意已盡。要知教家乃教國之本，而修身又是教家之本，故註云「身修則家可教矣」。要知朱子爲何提出「身」字，本上章末言「此謂身不修不可以齊其家」來，「其家不可教」二句是不能修身以教家，「不出家而成教」一句是能修身以教家。「孝者」三句是不出家而成教底道理，「康誥」一段是不出家而成教底工夫，「一家仁」一段是不出家而成教的效驗，「堯舜」一段是不出家而成教的實證。

所以教家處不外孝、弟、慈，仁與讓也是孝、弟、慈。其藹然有恩以相愛處，便是仁。其秩然有禮以相接處，便是讓。「帥天下以仁」，仁也是孝、弟、慈。蓋他所以能孝、弟、慈處，皆本於懇惻之心也。貪戾是仁讓之反，暴是仁之反。

此章雖到末後始說出「身」字，實則孝、弟、慈處即是身，致國家仁讓處也是身，帥天下以仁、以暴處也是身，「有諸己」、「無諸己」兩「己」字還是身。至說到「恕」上，方把「身」字託出，眞有畫龍點睛之妙。

（以下論語）

孔門三千子，聰明才辨之士不爲不多，然傳道統者獨推顏子、曾子。只緣他時習之功愈於他人，故其所造之深亦非他人所及。

謝氏謂「坐如尸，坐時習也；立如齋，立時習也」，言無往不是時習，無事不是時習。如顏子非禮勿視、聽、言、動，便是就視、聽、言、動上時習。仲弓「出門如見大賓，使民如承大祭」，便是就出門使民上時習。又如「居處恭」，是於居處上時習。「執事敬」，是於執事上時習。「與人忠」，是於與人上時習。時習則所學者熟，知熟則識見愈精，行熟則踐履愈固。「愛衆」所以養吾仁，「親仁」則有切磋觀感之益，所以成吾仁。

學者志不立，雖讀書終是隔膜。夫子自言十五志學。是聖人當十五歲時，便有希天底志向，到得從心不踰矩，與天合德，不過是遂其志耳。可見學者先要立志。

田丈問：「『以禮讓爲國乎，何有？』云云。」先生曰：「國之所以不治，由於相爭，朱註云『讓者禮之實』。就一家言之，父子兄弟夫婦皆秩然有禮以相接，便是讓。一家讓，一國興讓。文王徽柔懿恭，便能使士讓大夫，大夫讓卿，耕者讓畔，行者讓路，厥後二南向化，六州歸心，豈非禮讓爲國底效驗？」

陸稼書謂：「子路、求、赤皆能從天理上行，故夫子不斥其不仁，而許其可使治賦、爲宰、對賓客。」張蘿谷謂：「由、求同仕季氏，伐顓臾，而求又爲之聚斂，皆不合天理，故夫子不許其仁。」看來稼書之説的當。三子於天理尚未渾全，緣此心才有放失，天理便有出入。三子於仁皆是日月至焉者，所以學者工夫要綿密，戒慎恐懼之心不可頃刻不存。

問：「顏子三月不違，諸子日月至焉，是氣稟不齊否？」曰：「顏子天資固美，又肯好學。諸子天資既不逮顏子，即他好學處亦不及顏子，果能下顏子工夫，未必終不及顏子。蓋氣質之用狹，道學之功大。」

井渫甫問：「顏子也有父母妻子，貧困至此，何以便能不改其樂？」曰：「顏子樂處即在人倫日用間。若顏子只管自樂，家中貧困他都不管，則是一愚人耳，有何足貴？周子説顏子『見大則心泰，心泰則無不足』，學既如此，想也感得他一家之中父母妻子皆別有一番意趣，所以能不改其樂。」

子夏篤信謹守固是好，然規模狹隘，不向大本大源處用心，漸流於曲謹小廉見小欲速顧惜體面一流人。故夫子教之曰「無爲小人儒」，這正是對針處。

宋禁僞學，有詔殺朱子，朱子謂門人曰：「我這頭暫戴在這裏。」少頃又曰：「自古無天殺底聖賢。」亦是以天自信底意思，與夫子遭桓魋匡人之嘆同。

問：「伊川謂『逝者如斯夫』，這裏須是自見得，其説如何？」曰：「須知如何便能見得，只是要慎獨。慎獨則本體虛活無物欲之累，與道體相似，故能見道。不慎獨則憧憧往來，只是個雜擾的心，只是個僞妄的心，與道體不相似，如何會能見道？」

克己復禮，天德在是，王道在是，心法治法一以貫之。聖門工夫雖多端，無非教人先存得此心。如答「樊遲問仁」一章，「恭」便是教人居處上存心，「敬」便是教人執事上存心，「忠」便是教人與人上存心，心存則理得，性命可復全於我。初學入手，教他就這裏做工夫，即聖人盡性至命亦不過是將這「恭」、「敬」、「忠」做到極處，所以程子說「徹上徹下，只是如此」。

「道不同，不相爲謀」，此是教人守正底意思，吾儒之於異端，我以彼爲非，彼以我爲非。若力量不敵而遽與之謀，豈不反爲彼所轉乎？觀這一章聖人亦教人辨别門户。今學者大言籠罩，動曰不分門户，只是自欺欺人，非真心向聖賢路上來。

公山、佛肸之召，子皆欲往。要知這兩「欲」字，是自那欲立欲達之心來。

色厲内荏之人，亦知嚴正一流爲可貴，只是他心中見理不明，守理不定，不免爲利害所動耳。

道聽塗説固是德之棄，即多識前言往行而不能一一反之於身，仍是德之棄。

微子一篇即近思録「辨異端」底意思，三仁無可議，柳下惠三黜不去，雖與悻悻者有閒，然使聖人處之便不如此。故下二章連説「孔子行」、「孔子行」，至楚狂、沮溺、丈人，潔身亂倫與聖人悲憫之心更不侔矣。「逸民」章歷載夷齊諸賢，而終以夫子之「無可無不可」。以見諸賢雖好，揆之以聖人大中至正之道，未免皆倚於一偏，而不可爲萬世之法也。孟子於鄉原、陳仲子之流亦皆力辨其失，非聖賢於古人故爲刻覈，誠恐諸賢有害道處，爲後世慮至深遠也。

微子篇歷數古今人物，而折中於夫子之「無可無不可」。見得惟孔子爲天理之至極，以孔子爲主，即以「中」爲主也。子張篇歷述門弟子之言，而歸本於夫子之「不可階而升」。見得惟孔子爲不可及，以孔子爲主亦即以「中」爲主也。堯曰篇歷載帝王訓誥之言，而「允執厥中」一語尤其點睛處，見得二帝三王相傳不過一「中」。下載「子張問政」一章，見吾夫子亦一「中」而已，但比前聖分外精密耳。結尾一章示學者以求道入手處，須先「知命」，以定其趨，便是打開義利關。次「知禮」，以檢其身。次「知言」，以窮其理，則致知力行之事也。

朱子雜學辨有微子篇底意思，淵源録有子張篇底意思，近思録有堯曰篇底意思。

論語二十篇結尾連下三「知」字，孟子七篇結尾連下六「知」字。論語歷敘道統而以孔子終，孟子亦歷敘道統而以孔子終，然皆歸重於「知」，可知爲學始終皆在於「知」。

夫子謂「不知言，無以知人也」，可見知言最爲緊要。然知言亦豈容易？非素有窮理精義之學，理極明義極精，則亦不能。聖人之所以聖，亦是知言工夫透，千古學術靠此作主。

（以下孟子）

孟子一生心事，只是願學孔子。

孔孟氣象高遠亦非易學，所以教人必以孔孟爲的者，取法乎上僅得其中。

「當路」章說王道，然曰「德之流行」，曰「行仁政而王」便有天德在。「動心」章說天德，然曰「皆能以朝諸侯，有天下」，便有王道在。天德、王道本離不開。

浩然之氣不必深求，卽如常人。氣質好的做得事合乎道義，人人都稱道他，便是浩然之氣塞乎天地。顏子「一日克己復禮，天下歸仁」，便是浩然之氣塞乎天地。

浩然之氣卽義理之氣，只是聖賢養得好，故能塞乎天地。常人不會養，便餒了。大聖大賢師表萬世，是這氣不但塞乎當時天地之閒，並能塞乎萬世天地之閒。卽如岳忠武、楊忠愍去孔孟尚遠，然至今凜凜有生氣，緣他當時做得那事合義，後世人人稱之，豈不是浩然之氣塞乎天地？

若論源頭，則道義與氣皆是一滾出來，更不分精粗。畢竟氣是粗底，道義是精底。蓋氣有迹，道義則無迹，道義如骨子，氣卽所以輔此骨子者。若氣弱而不足以輔，則道義亦不顯矣。

道義無爲，有此氣則能把道義都張皇運用出來。然這氣卻又根道義來。

問：「自古無動心底聖賢，許文正公醕正大儒，何以爲雷驚死？」曰：「此何足信？若謂聖賢敬天之怒，則有之。若謂聖賢便驚皇失措，則決不然，況死乎？想是終時適與雷會耳。仰不愧，俯不怍，素行固已合於神明，何驚之有？」

「仁則榮」章是爲當時小國說法，國無大小只爭仁與不仁耳。榮辱之來，其機在此仁不仁之端，在於敬[一]肆貴德。「尊士」節只是一個敬，「般樂怠敖」節只是一個肆。敬者，所以仁也；肆者，所以不仁也。仁則大國必畏，何榮如之？不仁則是自求禍，何辱如之？

尊賢使能俊傑在位，此章只是發明前章「仁則榮」之意。須知孟子所謂賢能俊傑是何等人，非朝秦暮楚縱横捭闔，如蘇秦、儀、衍之流。

「怵惕惻隱」，謝氏謂是眞心，眞心卽本心也。

子路聞過則喜者，是他素以改過爲急。禹聞善言則拜者，是他素以納善爲心。舜則祇知有善無間人己，其氣象更大。子路是修己，禹是屈己，大舜是以善公之天下而忘乎人己。

溝壑喪元不是常有底事，志士勇士只是看得那義理重，故常以此存心。不但平時不忘，卽處富貴安樂之時，亦未嘗忘也。所以卽不幸而遇著溝壑喪元之事，他便能不動心。

「彭更」章言「入則孝，出則弟，守先王之道，以待後之學者」，是就傳道處見士君子之功大。「不素餐」章言「其君用之則安富尊榮，其子弟從之則孝弟忠信」，是就行道處見士君子之功大。

舜受堯之天下，是爲彭更高一層說法，教他開眼。通功易事，是爲彭更低一層說法，教他深思。

孟子一生閑邪距詖，人稱好辯，亦是爲門戶起見。緣當時楊子「爲我」是一門戶，墨氏「兼愛」是一門戶，子莫是一門戶，告子是一門戶。若非孟子極力爭辯，先聖眞正門戶何由得明？

程朱一派逼眞孔孟家法，程朱門戶便是孔孟底門戶。稼書云：「學者但患其不明，不患其不行。但當求入其堂奧，不當另自闢門戶。」說底最好。後來若張子韶、陸象山、陳白沙、王陽明、湛甘泉、李見羅便分出許多門戶，卽陽明一派又生出

[一]「敬」：原闕，下文云「『尊士』節只是一個敬」，「敬者，所以仁也」，據補。

許多門戶，然皆是旁門邪徑，非聖賢眞正門戶。學者不先辯得眞正門戶，何由升堂入室，見宗廟之美、百官之富？

人須是自知極其明，則不爲毁譽所動。「若一凡人譽之，便自以爲有餘；一凡人毁之，便自以爲不足」，舉足動念以凡人爲輕重，則亦凡人而已，況不虞之譽求全之毁乎？兩「有」字宜著眼，有者所時有也。

孟子責樂正子：「我不意子學古之道而以餔啜也。」學者常把這意思放在胸中，則雖一飲一食，自不□〔二〕輕受於人。

舜不告而娶稱爲大孝，吾人且從出告反面做起，事事稟命，不敢自專，方是善學舜處。舜明庶物察人倫，凡百所爲皆可法，獨此一事後人學不來。

「先聖後聖，其揆一也」，是言往古來今、四方上下同是一個道理，學者不可自諉。通都大邑之地是這道理，可以爲聖爲賢；窮鄉僻壤之地，也是這道理，可以爲聖爲賢。皇、農、堯、舜之時，是這道理，可以爲聖爲賢；叔季衰亂之世也是這道理，可以爲聖爲賢。陸子靜謂「東海有聖人出焉，此心同，此理同也。西海有聖人出焉，此心同，此理同也。千百世之上，千百世之下有聖人出焉，此心同，此理同也」，也是這意思，但他說得太直捷。

「中也養不中，才也養不才，故人樂有賢父兄」，觀一「樂」字，此等雖是不中不才，猶算好子弟。可見古之子弟只怕父兄拒絶己，今子弟多是直以不中不才拒絶父兄。噫！風氣日下，乃至此乎！

若只守個純一無僞之心，而不能通達萬變，到老還是個赤子，算不得大人。能通達萬變，卻失了純一無僞之本，亦只是權謀雜霸一流，當不起大人二□。

「天下之言性也」，這「性」字是天命之性。「則故而已」，這「故」字便是率性之道。性者何？仁義禮智之謂。性之發爲情，是故惻隱、羞惡、辭讓、是非之類，至於孩提則知愛敬，見孺子入井則怵惕啍嘁，爾汝則弗受，以及「民之秉彝，好是懿德」。凡發於自然，不假勉强處便是利。

〔二〕 □：疑作「敢」。

問：「舜以前尚有許多聖人，何以數存之之君子只斷自舜？」曰：「羲、農、帝堯皆渾淪無迹，使人無可學步。舜雖是生安之聖，卻有做工夫處，有軌轍可尋。其一生耕稼陶漁，與木石居，與鹿豕遊，受了多少困苦。父頑母嚚弟傲，遭了多少變故。一番經歷一番進益，一番折磨一番光明。故於人倫之理察得精，於庶物之理明得盡，此其所以能存幾希處。」周公兼施，其志頗大，但數聖皆是君，周公是臣。勢異時殊必有許多不合處，公則必求其合，故仰而思，思而得，得而待，其工夫較難。蓋周公漸有垂世立教之意，故其著述最多。至孔子以匹夫生於衰周，終身不遇，更與周公不同，而道理則一，其一生刪定贊修，直是要存萬世底人心。孟子閑邪距詖，直接道統，其功亞於孔子。孔子之事莫大於春秋。朱子綱目亦然，若小學一書則更親切。朱子一生大功盡在小學，一生學問亦盡自小學來。

「性善」章言「舜何人也？予何人也」，有勇猛奮發底意思，是教人立志。「存心」章言「舜人也，我亦人也」，舜爲法於天下，我由未免爲鄉人，有驚省愧恥底意思，是教人涵養。學者須是常存此心，直前學舜，真是一大排遣。若只與今人較量短長，便是鄉人。

「禹稷」、「武城」兩章文法都是先案後斷。案道體是現成底，斷如做工夫處須有議論，皆是孟子爲自己寫照。孟子不見諸侯，不援天下，似與禹稷不同，當時有議之者，故曰「禹、稷、顔回同道」，說顔子正是說自己。孟子乘車傳食，與諸侯分庭抗禮，當時有議之者，故曰「曾子、子思同道」，說曾子正是說自己。

凡天下之理，非一枝一葉所能盡，故聖門教人博文爲先。而今經史以及諸儒講學等書皆須窮究一番，胸中積蓄底義理多了，自能處斷天下之事。

孟子說「心之官則思，思則得之」，思是思甚麼，得是得甚麼。只是這道理具之於心，凡事能用心思索，久之便心與理會。

聖賢非是薄富貴不求，亦謂儒者事有大於富貴者耳，非謂富貴眞可鄙也。時文有云「凡厭視富貴之人，皆豔視富貴之人也」，說得甚是。

時時刻刻守此心而不放，便是存心。事事物物求合本然之理，便是養性。存心卽是養性底工夫。自古及今無無事之人，惟儒者事最少，亦惟儒者事最多、最重。蓋宇宙內事，皆儒者性分內事。孟子曰：「居仁由義，大人之事備矣。」是何等樣事！

（以下中庸）

中庸文字都是枝枝相對，葉葉相當，前後互相發明。熟讀之久，自能見得。

中庸自「天命之謂性」說起，中閒言智愚賢不肖，與夫子臣弟友，以及富貴貧賤、夷狄患難、鬼神天地之類，是一本散爲萬殊。又從五達道、三達德、九經三重之屬，而極於不顯之德，無聲無臭，是萬殊歸於一本。

「哀公問政」章，從政說到人，從人說到身，中閒言仁、言道、言義禮，與夫達道、達德、九經之類，便是萬殊而皆歸於行之者一，便是一本。

中庸首三句，「道」字最重，性是道之原，教是道之委。「天命之謂性」是對佛氏說，「率性之謂道」是對老氏說，「修道之謂教」是對權謀術數記誦詞章之習說。性、道、教是說本然底本體，戒懼愼獨以及致中致和是說當然底工夫。

「性」、「道」、「教」三字，前人所已言者，只是聖遠言湮，又不免說差了。故子思子從源頭直說下來，特明其議以示人，曰：「天命之謂性，率性之謂道，修道之謂教。」「中」、「和」二字前人所未言者，子思子特點出來以明性情之德，曰：「喜怒哀樂之未發謂之中，發而皆中節謂之和。」二「之謂」，二「謂之」，故有不同。「中」、「和」二字是中庸底根本，「中」是此心本然之體，「和」是此心自然之用。「中」是性之德，「和」是情之德，「中」、「和」之義要認得清楚。

已發未發處，尤是日用閒本領工夫所在。聖人有未發已發，常人亦有未發已發。但聖人之未發只是寂然不動，湛然純一，故靜則爲中爲大本，動則爲和爲達道。衆人於未發則昏昏昧昧，無所謂中，無所謂大本。已發則膠擾急迫，無所謂和，無所謂達道。所以然者，只是不知戒愼恐懼，不能愼獨，故未發已發都不是。

已發未發都離不得敬，能敬則有未發之中，能敬則有已發之和，存養工夫只是個敬。

「天命之謂性」，注「氣以成形，而理亦賦焉」。涇野嫌朱子下「亦」字不當，近於先氣後理。豈知成形者氣，所以成形處是理。「天以陰陽五行化生萬物」，這「天」字卽天然之理，理不可見而陰陽五行則確有形迹可見。無陰陽五行，萬物固不能生。然若先無這理，又何從得那陰陽五行來？明儒多混理氣爲一，但知有不離乎陰陽底太極，卻不知有不雜乎陰陽底太極。

近看得四書註，眞是顛撲不破。如「率性之謂道」，註云：「道猶路也，是對率性而言道也者。」「不可須臾離也」，註云：「道者日用事物當然之理，皆性之德而具於心，無物不有無時不然，是言不可須臾離也之意。」「道之不明」章，註云：「道者天理之當然，中而已矣，是對過不及而言。」「道不遠人」章，註云：「道者率性而已，是對不遠人而言。」學者試細心體認，一部朱註都如此精詳完密，確不可易。

中庸第二支大旨，只是發明道不可離之意。鳶魚是這道，鬼神也是這道。聖如舜、文、武、周是這道，卽不得位之孔子也是這道。說得離奇變化，總是明那道不可離。至「哀公問政」章，又是將這道理撒布開說。

「無憂」、「達孝」二章，「無憂」章是說盡倫，「達孝」章是說盡制。聖人以天下爲心者也，追王上祀是自盡其倫。達乎諸侯大夫及士庶人，是使天下人皆有以盡其倫。聖人又以天地萬物爲心者也，「春秋」二節是盡制以享祖考，而精神與祖考無閒。「郊社」一節是盡制以享天地，而精神與天地萬物無閒。此方是孝之盡頭處。

「尊德性」是以本體言，「道問學」是以工夫言。要知「道問學」原爲「尊德性」，非「尊德性」之外又別有「道問學」工夫也。

中庸最重個智，智則四德俱有，不智則四德俱無。孟子說「智譬則巧也，聖譬則力也」，聖人所以異於人處，只是個智。孔子所以爲時中之聖處，亦只是個智。

「上天之載，無聲無臭」，道體是如此，聖賢立志亦是如此。若心中少有一點夾雜，便與道體不相似，故孔子言「先事後得，先難後獲」，董子謂「正其誼不謀其利，明其道不計其功」。學者求道，須先把這功利底心腸洗滌乾淨。

汝欲有志正學，須是先立個大規模，如四書六經諸子百家及儒先講學之書，雖一遽難理會，總要循序漸進，期於都理會得。不以一得自喜一能自足，將來成就方有可觀。若安陋就簡只讀一部，小學、近思録便以爲足用，成甚學問？道理平鋪在天地間，本無窮盡，學者須是立個久遠底心、寬大底心。工夫緊要還是學而時習之，勿忘勿助長。俗語有云「搭坦丟緩莫放鬆」，要緊是莫放鬆。

# 經說四　二十六條　馬鑒源記

朱子後得道統之傳者，未有不本於尊信小學、四書者。

小學之書將古人言語來說自己的意思，如自在流出，略無一點作爲痕跡，非學幾於聖者不能。

既是個人，須盡人底道理，小學是個人樣子，不依小學做去，如何得成一個人？

「非先王之法服不敢服，非先王之法言不敢道，非先王之德行不敢行。」聖賢每說個「不敢」字，如孟子亦說「不敢見於諸侯」，大凡惡事都從敢做成。學者須常存一不敢之心，便有多少好事來，不敢便是敬心。

舜之過人只在處頑嚚傲之閒，而能克諧以孝。在人見爲頑嚚傲，在舜則只見爲父母弟，更不知有他。

林宗洛謂老萊子之詐，是從事親之誠心生來，其所以詐乃其所以誠也，先生深然之。

近思録前引乃朱子與東萊商議做得。朱子卽伊川類推之意，是不可安於小成而不求造道之極致。東萊卽明道近裏之意，是不可騖於高遠而不知切己之實功。二意實相須而成也。

伊川不對溫公給事之問，此可見伊川不自欺處，又是語默之節。

「克己復禮」是西銘下手底工夫，人之所以頑而不仁者，以其私也，去其私則仁矣，故「克己」是西銘最要切處。

「惟仁人爲能享帝，惟孝子爲能享親」，西銘之謂也。

中庸之書盡人合天之道也，西銘亦然。

西銘卽事親以明事天，中庸大孝諸章以至「郊社」、「禘嘗」，便是此意。

范文正公勸横渠讀中庸，後來横渠作西銘，全是中庸之理想。其讀之久、入之深，故形之筆墨不□□盤托出來。

「美玉」章范氏註甚好，學者須常玩此意，自古聖□□處，只有待之理，更無求之理，今人科舉皆是求人。蓋心有所慕於人之爵禄，所以出來不敢説著□噫風俗，弄得如此可怕。學者須於此處著力，總不可有求之之心，將來方做得事業。

「四十五十無聞」，此只是鞭策後生語。若實至四十五十，卻又不可謂我已無聞便了。「朝聞道，夕死可矣」，卽終無聞而死，不猶愈於醉生夢死不自覺者乎？

鄉黨一篇分明活畫出一個聖人來。鄉黨篇是聖人行狀，「志學」章是聖人年譜。前人已有成説，惟中庸「祖述」章某謂是聖人贊語，節節有韻，又簡括稱題，眞非子思不能作，非聖人不能當。

「天下歸仁」不必事實，此以理言也。此卽「性者，萬物之一原」處，天下只是一個仁，故一日克復，天下便歸仁。克復自是在我底事。初不計天下歸與不歸，然天下稍未歸，便是自家克復未至。此與「仲弓」章「在邦無怨，在家無怨」同一自考意。

「必也正名乎」，聖人開口一語中的，多少直截了當。衛輒之立名最不正，只是苟。子路以爲迂，子路亦是苟底見識。

才苟便百事不立。

正名便是聖人做處，不正名非所以爲聖人。名自當正，名不正自有許多害，非爲有許多害始正名也。

聖人做事全是據天理做去，天理所在自不苟，後世全是一「苟」字壞了。

夷齊相讓，求仁得仁，便是不苟，所以父子兄弟之名皆正。

不但爲政當正名，凡事無論大小皆當正名。朱子謂程子論西監事，尤可驗聖言於日用之間。蓋凡事皆不可苟，須是正名方是。

古者弟子爲臣僕，如冉有僕是也。後世弟子年稍長便恥廝役於先生，皆爲驕惰壞了。於先生如此，於父兄能不驕惰乎？出門接人又何往而能不驕惰乎？驕惰最害事，驕惰便只見人不是，不肯責己。聖人爲學者說法，皆是要修其在己而已，無一毫責人意。

觀「子適衛」與「子貢問政」兩章，見聖門學者篤實一處常一處變，處常則遞究其所不可不知，處變則直窮其所不得不去，皆極於至盡而後已，便見聖門眞經濟、眞王道。

諸生閒有不相得，因講「子路問士」章引或問云「切切者，教告懇惻而不揚其過。偲偲者，勸勉詳盡而不必其從。二者皆有忠愛之誠而無勁訐之過」，最說得好，又諄諄說朋友相處之道。

# 經說五　二十二條　王照離記

讀書須要熟，熟則生巧。陶靖節終身未見孟子，惟讀得論語熟，故見於文便似論語。老蘇讀得孟子熟，故見於文便似孟子。爲文且然，況用心於聖人之學者乎？

聖賢之學，「性」、「理」二字盡之。要知性又要盡性，要明理又要循理。而今此學不講，人多滅性昧理，故於異端紛紛全看不破，學術安得不衰？治術安得不壞？

學者不從小學、近思録入手，雖窮高極遠，終是無根底。

朱子小學之作，孔孟後第一手段也。

尹和靖謂：「伊川踐履盡易，其作易傳，只是因而寫成。」某謂朱子小學亦然，朱子惟踐履盡小學，所以隨手寫出，毫不費力。

朱子訓子貼曲盡父母愛子之心，句句親切，句句是吾父母心上事，吾父母之所欲言者，朱子已代言之。學者當以尊吾父母者尊朱子，卽當以朱子之言爲吾父母之言可也。

「天下無不是的父母」，此言須善會。非謂因此而絕不幾諫，謂孝子之心只知愛親，卽父母有過，亦曰此吾父母偶然之差耳。諫之而聽，復無過矣，何不是之有？

大學十章總旨提出，第五章乃明善之要，第六章乃誠身之本。此二語已將大學、中庸打成一片，中庸上半部是明誠之本，下半部乃明誠之工夫。

論語序說全用史記世家語，朱子略爲增減便覺意味深長。如云：「實哀公之十一年而孔子年六十八矣。蓋此時雖用孔子，亦不能大有所爲，況又不能用乎？」朱子此言，蓋傷之也。又如大學序中有云「以及五季之衰，而壞亂極矣」，便是此老聲淚俱下處。

問：「知者利仁，是以仁爲有利否？」曰：「非也。以爲有利而爲之，則所利者非仁矣，又何足以爲知者乎？」問：「語類明云，知者不能無私意。」曰：「雖知者不能無私意，然其利仁處卻非私意。註云『深知篤好而必欲得之』，只那必欲得之便是利仁了，不可以私意求之。」

程子論孟子云「未敢便道他是聖人，然其學已到至處」，某謂程朱亦然。

或疑孟子忘周。曰：「非也。孟子不過勸齊梁之君行王政以救民耳，豈勸其滅周取天下也？王政者天下之公，非一人之所得私，如聖賢人人可學，非一人之所能專也。至於王天下亦理勢之自至耳，豈孟子之忘周耶？」

權然後知輕重，不可因心爲輕重；度然後知長短，不可因心爲長短。可知陽明「心卽理也」一語，便是無星之稱，無寸之尺。

鰥寡孤獨，在上者固當憐憫，在己總當自守，不可以不憐憫而生怨望之心。

「持其志，無暴其氣」，「敬」字是其中一個紐子。

孟子不動心是不爲物欲所動，動心忍性是動其義理之心。惟實能動其義理之心，而後能不爲物欲所動。

滕文公上篇是孟子一生底本領，下篇是孟子出處之大節。

問：「近議屈原從祀文廟，如何？」曰：「這也是見朱子說他好，便議從祀。屈原既從祀，則淵明亦必接踵而從祀矣。二子氣節自足千古，然皆未爲知道，豈可濫文廟之祀？若陳良，則庶幾惜無事迹可考耳。」問：「子產、蘧伯玉從祀如何？」曰：「張蘿谷文廟私議說得甚平，不可不看。」

問：「子產逐子南一事似未盡善，子南終是理直，先聘一也，女自擇二也，所失者執戈耳。若謂子南干國紀，則子皙欲殺人而奪其人之妻，獨非干國紀乎？今乃以幼賤而逐之，則長者貴者固當如是乎？子皙他日作亂，未必非子產之驕之也。」先生未答。馬養之云：「子產所處自是未可輕議。貴賤長幼國之大體，以幼賤而用戈，罪亦可逐，使人知貴賤長幼之分不可犯。然而子皙之誅，已兆於此矣。蓋子皙之惡，子產豈不知？然終不可以幼賤之故而傷國體，故欲他日因事以誅之也。」先生笑曰：「此說甚是。」

問：「明之齊黄與漢晁錯同乎？」曰：「然，齊黄之才尚有不及晁錯處。」

問：「明鑑於建文出亡之日，書曰『大内火，帝遜國去』。竊疑書法似未盡善，當書『京師陷，帝奔』，則成祖之惡自著，如何？」曰：「不然。明鑑極含渾，觀他一個『遜』字，便隱隱愧著他一個『爭』字。況遜必有故，非有逼也，豈遂去乎？汝所言太露，反失之矣。」

問：「明鑑於成祖即位之後，每月書建文帝在某處。竊疑成祖不當立統，只用建文正朔，每歲書帝在某處，則篡賊無容身之地，可乎？」曰：「永樂之治卻好，得國總屬不正。故戮忠良、滅十族，極力掩飾，欲免一個『篡』字，不得至於正統，卻不可去。總是明家後裔，國號未改，與他人不同，只每歲書建文帝在某處，足矣！」問：「不存建文正朔，雖書帝在某處，何益？」曰：「帝因何在外，非以篡乎？一書一愧，其心何謂無益？」

## 經說六　一條　丁樹銘記

六經如今午所食菜，已得全備，衹是生的，經聖賢手做成熟的，最益於人。四書是六經内頂要緊之書，六經比如饅頭，論語比如饅頭上個尖子，是人終身不可離之書。

清麓遺語卷第四終

# 清麓遺事一卷

賀復齋先生儀刑

郃陽謝化南季誠編輯
門人朝邑楊玉清溫如參閲
三原張普澤寰　校梓

## 連春魁記　十二條

先生同損齋先生暨宜堂諸友遊終南，至樓觀說經臺，攜酒飲之，講大學。魁聞先生說「因其已知之理而益窮之，是格物致知下手處，謹獨持敬是誠意正心下手處」，因問：「此地即終南之下手處否？」先生笑曰：「然梅軒遊山而志在於學矣，孝弟忠信即是求仁下手處，居敬窮理即是學道下手處，都有下手處。」

柳道士言其小徒皆讀二曲先生四書反身録，此間陸象山、王陽明之書無所不備，但數百年來道家亦汨董壞了，及此也要整頓一番。先生笑曰：「儒失儒之傳，道亦失道之傳乎？」損齋先生因言：「道家說全眞歸眞，猶儒家說『誠者』、『誠之者』。道家入則虛無，出則功利，但入則虛無是過於中，出則功利是不及乎中。」

至終南鎮西門外，魁曰：「吾鄉太得缺水，此間太得多水，何相懸殊之甚也？」先生曰：「地雖不一，而性無不同。此間有李二曲先生。須知豪傑之士不爲地限，不爲俗囿，不爲境累。」損齋先生曰：「還有不爲勢迫在。」

晚至白雲寺，無好宿處。衆學生爭求自適，魁草略假寐。先生曰：「梅軒退讓出於自然。」因言明道曾遊此地，而雍和揖遜之容，清爽瀟洒之氣，只可神會難以口傳。

望圭峰過高觀峪路中，魁常先先生而行，同學友人有不以爲然者。先生曰：「有疏附焉，有先後焉，有奔奏焉，有禦侮焉。」

至省垣遊關中書院，魁在講堂看貼堂文字。先生同損齋先生及諸友皆過少墟祠，魁不知，坐大門外候多時不見，遂先歸館舍作二詩。至晚兩先生諸友始來，損齋責魁先歸。先生笑曰：「既作二詩，也算得不荒功。」魁請先生講近思録。蘇季明問「喜怒哀樂未發」條。先生曰：「汝意在何處？」對曰：「此條長而難讀。」先生一一指示，略無倦色。

先生與魁在峪口山清涼寺山門對坐，問曰：「汝昔從損齋先生遊韓城象山，此地風景較彼如何？」對曰：「象山大河在前，雄渾有氣勢，可以鄙夫寬薄夫敦；此間風景韶秀朗潤，藹然宜人，君子樂得而爲君子，仁人樂得而爲仁人。」先生曰：「形容固善，但得損齋先生一遊而象山增色矣。」

先生問：「損齋先生教人如何？」魁對曰：「眞誠懇至似過於嚴，然工夫進者日益親，工夫退者日益疎，或親或疎有莫知其所以然而然者。」先生曰：「教人如是而持己之清，德不可及也。」

魁常憂無兄弟，先生曰：「四海之内皆兄弟也，須要有民胞物與氣象始得。但憂無兄弟者，皆爲有藉於兄弟也。假如有不可藉的一個兄弟，今將一個可藉的人來換，此心終覺不願也。處兄弟總要常有此心耳。」

先生爲張公育生書對聯：「大烹豆腐瓜茄菜，高會夫妻兒女孫。」又一聯：「霽月光風歸大雅，鳶飛魚躍盡中庸。」

魁鈔曾子書成本，因問：「曾子問一篇果是曾子語否？」先生曰：「是也。此卽曾子隨事精察而力行之處。」

早起開門稍遲，先生進門且行且語曰：「吳康齋云：『天下有做秀才而尚懶者乎？』」

# 段舒錦記　四條

劉東初昇之聘瞿敬菴良斌之妹，嫁前一日東初祖母沒，衆議奔喪，敬菴不能決。問先生，先生曰：「不可，未成禮也。」議遂寢，後東初除服乃親迎成昏，一遵朱子家禮，不用樂，皆先生之教也。

學生有將器物毀壞者，先生曰：「此卽不忠信也。」有洒掃與隱僻處不到者，先生曰：「此卽不仁也。」

先生有病在家多日，舒錦往省。先生曰：「近日服藥不效，問醫視脈果如何，若不好不必諱，予卽可與家人交消明白，勿留糊塗事。」舒錦卽慰之曰：「先生病決不至此。」先生從容言曰：「死亦常耳。」

先生嘗言：「予受學桐閣先生，未得久依門下，不過往來請教而已，其得觀感於風韻多矣。」又嘗言：「桐閣家法，賓客來只置便蔬四器，酒一壺，無許多諸樣佐酒小碟。予家尚不能也。」

## 任文源記 一條

壬午七月，諸生有因癲墜井者，先生命平井。文源云云，先生曰：「此處須大著心胸，不可橫起私意，反成滯礙。然防患不可不密，亦所當知。卽前日之事諸君皆是好意，只人見識難得如一。若因此頓生嫌隙，師友之閒又何有可講之道？願皆開擴此心，須尋一個是處，勿致紛紛也。」

## 馬鑒源記 三條

先生將打一學生，舉扑謂之曰：「我非是必欲要責汝，汝亦非捱不得幾下。但當用而不用，與不當用而用，均爲不是。汝且自思道理，還當責汝與否。汝若實心肯受教，我方肯責汝，不然我亦不能責汝。」其人跪泣乞責，先生責畢又謂之曰：「人須是自改過，改過須內自訟，此又非他人所能與，亦非今日戒飭所能禁止。過而能改則復於無過，不改過又要文過，則大不是。」

一日侍飲，酗酒外散，先生曰：「此亦經濟也。日講經濟而酒不會斟，經濟何在？」或曰：「以爲小事，故不留心。」先生曰：「此亦分不得大小。經者，常也。於常事有濟，方能有所濟也。」

有好佛學者求書字。先生曰：「『聖人說『有教無類』，卻又說『道不同不相爲謀』。某於人求字未有不書者，如爾所學某卻不便爲書。爾果誠心向這裏來，日後若能說道一處，書之未晚。不然，爾亦何用某書也？」

# 潘善信記 一條

先生每日坐講堂與門人講書。一日先生四兄來，走進大門，先生望見卽起，下堂到面前作揖問候，親自扶上堂來坐於室中，友愛恭敬眞是動人。

# 謝化南記 六條

同治戊辰，秦大饑，而三原尤甚，斗粟四千餘錢。時撫憲劉公名典，字克菴，湖南人，以兵駐原城外，爲粥以招餓者，男女就食，日至二千餘人。人餓甚，每不及粥廠，輒仆地不起而死。先生傷之而苦無力，乃與通好數人糴麥米若干，使劉時濬先生磑麥蒸餅，日夜巡行街巷，伺甚餓者擲旁而去，人竟莫知，如此者六七旬。題其出納之冊曰「小惠」，并綴數語云：「凡天下疲癃殘疾、煢獨鰥寡皆吾兄弟之顛連而無告者也，而況鵠面鳩形之接於吾目乎？於我心有戚戚焉。飢時一口聊少延旦夕之命，深愧其未徧，但冀繼我者之有人，誰無惻隱，忍令日填溝壑而不救也耶？」

先生主講學古書院，爲餓者散餅，亦有一二人興起則效之者，誰無惻隱，不信然乎？

夏六月將歸郃陽，請教先生，曰：「汝寬緩有餘，而剛斷不足，他日恐受此累。吾誠爲汝憂之，不知汝自以爲如何耶？」對曰：「是。」久之，再拜辭行。先生送至院門外，曰：「汝後須常來。否，亦當常寄信也。朱子謂李果齋曰：『開闊中又須縝密，寬緩中又須敬謹。』二語當深念也。」

壬午秋，同學友人以憂成疾，自投院井而死。先生深自罪責，遂欲散遣同學諸友，謝絕一切應酬，專意修省以答天變。諸友畏懼，相率謝罪。先生曰：「某非怒汝諸生也。今日之事誠是大變，皆由某不善開發，使彼無所得，以至於此。即云汝諸生之錯，亦皆某之錯也。某實不堪爲師，姑欲閉門自修耳。化南前日之言誠是以程朱望我，我豈不喜？即汝『六丈』云云，亦深合我意，特我尚未啓口耳。至反之說『二人之言分寸尚有未是』，亦說得好。總之師生相處，須是理義切劘，能如此纔是眞愛。先生不必事事勝於弟子，弟子也不必事事不如先生。如子路於聖人心有不安處，便只管說，未必子路即勝於孔子，只是他深愛先生，所以肯如此。若以路人視之，自然見得不必說。今汝諸生既能各自罪責，某亦豈不知某底不是？但散遣一事亦不必看得過重，如伊川先生晚年散遣諸生曰：『尊所聞、行所知可矣。』蓋不欲以黨禍累諸生。至朱子晚年黨禍益急，人亦多勸散遣，朱子卻又不肯，曰：『渠既遠來，如何卻令他歸？』如今也不是有甚黨禍，也不是汝諸生誰得罪我，只是自愧不德，無益於人耳。汝等既能益自奮發，這意思甚好，我亦不是定要散遣，原來這個學是公共底事，要大家共相勉勵。」諸友遂皆再拜而退。

先生一日講書至「曾子不忍食羊棗」，曰：「這也是個小事，然足見孝子之心。曾子所以不忍食者，只是纔見這物，便想起親，便難爲情耳。如楚屈到嗜芰，其子爲之薦芰，亦是此意。徐仲車以父名石，遂終身不履石，雖是他未免過於凝滯，畢竟他心上履不下，他見這石便想起親了。」先生忽泣下，因言：「先母每愛食葱，某卻不能不食葱，然每食葱時，卻不能不念吾母。」

一日早食，仲榮兄說舉場將挂榜，先生說就在這三兩日，因嘆曰：「這個雖是小事，卻甚有關係，能爲國家盡忠者，未敢定他有幾個。壞事誤國者，亦未敢定他有幾個。」

## 郭道襄記　二條

客有欲修娘娘廟者，求先生作募啓并書。先生曰：「子不知娘娘爲何神，不敢妄作。」

先生接貴顯未嘗有矜張氣，見微賤未嘗有輕忽氣。一以從容懇誠，待之無不各盡其情。

## 孫迺琨記　二十一條

嘗問先生當年，云云。先生曰：「姚某者知予貧，年終來見，探懷中二十金，再三辭不肯攜。次早幷一書還之，凡求文者閒酬以金，絕不受。先兄昔年有鋪夥，被賊劫殺靈州，幾一年屍贓不獲。先兄昔先到靈州，憂鬱成疾。麟聞命卽親到靈視兄疾，誠不忍兄以財賄故病死異地。幸得同兄遠道復歸，往反四千餘里。麟絕八股時，先君已歿，諸兄皆以先君望麟科第，麟與諸兄書云：『有大人地下未必不願得爲聖爲賢之兒，豈止願得能富能貴之兒？』此其實也。他人傳說有未的處，然至今學問無成，有負初心，每一思之不勝愧懼。願賢立定此心，直以古聖賢爲期，麟不足效也。」

吾志學之初，復家兄書，有云：「同在天地閒，幸生而爲人，便與鳥獸草木不同。又幸生而爲男人，便與婦人女子不同。又幸生而爲讀書人，更與農工商賈不同。若不發憤誓必爲聖賢，不但不能增光父母，正恐玷辱父母。」當此時，志向堅定，持一甘受窮困之心，任是許多艱難，許多困苦，總不能搖奪這個志。

某之學凡三變，十七八歲時頗受詩，二十二三時又愛古文，尤好陽明一派，涉獵博覽。四五年到二十八時始識仁齋，某問先生何故不科舉，仁齋曰：「科舉總是求人。」某始悟程子云「賢者在下，豈可自進以求於君？苟自求之，必無能信用之理」，遂自此絕意進取，一心正學。

先生成童後，館一富家，入學甫數日，主人有慢意。適值燈節，先生卽日棄館歸家，其去留不苟如此。

先生在南村鍵戶讀書，衆疑其魔也。有二友訪之，復以科舉相勸。先生告以爲聖爲賢無忝所生之意，辭意懇惻，二友大感悟，遂棄科舉。其誠能動物如此。

問：「馮中丞被劾削官後，與先生會面否？」先生曰：「我曾率諸子餞於省城東門外，此時馮公失意，可無扳援之嫌，故往去慰勞以謝知己。」問：「馮公學術如何？」曰：「似是漢學也，知有程朱一派，但無工夫耳。渠來招我講學，我再三謝不往，特遣趙孚民來聘，趙公辭行，渠親向予清麓三揖，情意慇懃，令人可感。」

先生十一月閒省兄靈州，路上墜駝傷腰，備極艱苦而處之怡然。

先生凡赴朋友喪，多先一日躬親致奠，不曾一食酒肉，不得已卽託故辭去。

先生年高無子，側室劉竟連生三女，衆皆鬱鬱不樂。先生曰：「天亦試人往往加一拂逆事，再加一拂逆事，以驗如何。此時正要動心忍性。」

長安柏孝龍震蕃持馮少墟先生畫像，來求先生題跋。先生著衣冠，拜畢，然後開卷看像。

先生嘗問某生云：「爾省斗稱校陜如何？」某對以不知。先生曰：「程子說學者不可不通世務，此亦世務也，何爲不知？若市井機械之事可不必知，此等事亦宜留心。」

學憲柯遜菴欲保薦先生，張愚生在省聞知，來清麓啓稟先生。適有客，毫無喜色。徐曰：「某年衰老，保舉做甚？」及詔下，賞給五品銜。先生設香案向闕謝恩，則又優然戚然，若不勝者然。既而曰：「吾少時頗欲有爲，今年已老也，不曾爲皇上家辦一點事，也不曾爲鄉黨辦一點事。」言之慨然，悱惻動人。

先生在富平禮賢館與客方話，某生請先生用點心，先生曰：「不遲。」客去後，先生責之曰：「今晨有客，張淵請我換衣，今適有客，汝又請我用點心，汝二人事我可謂慇懃，然皆足以招人之忌。」

焦雨田署富平縣，命琨以胙肉數斤呈先生，先生曰：「此聖惠也。」置胙肉堂中案上，拜畢，然後移去。

劉中丞霞仙撫陝時與先生爲道義交，嘗與友人書云：「三原賀角生乃秦中魁傑士」。

牛方伯雪樵善行紀聞録有云：「三原賀角生實踐躬行，力紹關學，吾仰其人，殆有如玉之慕焉。」

楊損齋先生嘗曰：「賀三原寛大博厚，異日必爲一代偉人。」

慕學使子和躬謁先生於清麓，贈堂聯云：「隱不違親，貞不絶俗，惟有道無愧色；經爲人師，行爲儀表，知伏湛乃名儒。」

學使嘗稱之曰：「先生如璞玉，渾金欽其寶，莫名其器；又如汪汪千傾波濤，澄之不清，淆之不濁。」

柯學使逊菴稱先生天性誠實，向道之心老而彌篤。湖南王秉粹陽晞書云：「近日道德之盛，横覽九州，如先生者不能有二。」

## 石確記　十四條

確嘗請先生自作年譜，先生曰：「年譜非可自作，桐閣先生年老作檢身冊，此卻可法。」

暢子翔從學數月退，謂人曰：「先生不知易。」門人皆愠，以告先生。先生曰：「某於易上欠工夫，實不知易，何愠也？」

先生一日命確訂書，曰：「能使紙齊線端，便是持敬工夫。」

楊梅友先生居母喪年近七十，其夫人請宿臥室，梅友曰：「何以見賀五哥耶？」其純正見畏於朋友類如此。

漢中王流芳，名書馨，年逾七十，長於先生十歲。不遠千里來執贄求爲弟子，先生固辭曰：「老友也，何敢以弟子處？」流芳淚下，請曰：「先生不容我作弟子，我無面目歸見諸兒矣。」流芳五子，長子金鑑年已五十，以廪貢做甯羌廣文。有疾，金鑑來請歸，不聽，確亦勸之。流芳曰：「吾以就木之年得事名師，豈非天幸？若歸漢南，恐今生再無見期，縱萬一不諱，先生肯以清麓一席之地葬我骨骸，吾願足矣，無憾也。」

長安柏子俊先生主講關中，嘗曰：「吾每見毀謗復齋者，輒痛斥之。道學天地之正脈也，當力爲護之，復齋是好仁者，吾卻是惡不仁者。」

三原清丈地畝，人有以帳目不明上控藩臬，詞連先生。委員宮農山查問，農山見子俊先生曰：「有人控復齋，當如何？」子俊先生答曰：「復齋清白廉潔，吾所素知，敢保無他。」農山曰：「願公早達復齋勿恐，吾決不牽累也。」

咸陽劉煥堂先生見先生於學古書院，問：「不教人習舉業，何也？」先生曰：「程子說『不患妨功，惟患奪志』，某今正恐妨功耳。」

四川東鄉令劉斗垣遺子書云：「我在家時，每聞人謗復齋先生，便緘口不復言。或問其故，答曰：『自愧負讀書之名，不能盡讀書之實，已是罪無可道。自己不能爲聖賢，而又毀人之爲聖賢乎？』」

王舜臣謂其門人汪利潤曰：「流俗滔滔，誰知正學？賀復齋先生中流砥柱也，子其往師之。」

嘗問：「呂晚村、王復齋二先生當從祀否？」先生曰：「二先生從祀廟庭，此無可疑，他日必有請之者。」

先生接人雖多未有倦容，客去卽讀書。人問：「如許應酬，客去若無事，然何也？」先生曰：「程子說『擴然而大公，物來而順應』，吾雖不能，不敢不勉。」

癸巳三月二十八日，黃霧四塞，先生兩次出院眺望，惻然憂形於色。

癸巳五月，先生在鳳翔宗銘書院。武敬亭一日來見，忽然淚下，張深如在旁亦淚下，先生因亦淚下。後歸清麓，先生述其事云：「喜極悲生有以也。」先生竟以是年九月卒，豈其先幾耶？

# 閻維翰記　十條

先生嘗言，少時肄業宏道書院，與一友素善。一日書賈持辭文清公全書求售，急欲得之，因借此友青矜質典庫得錢二千，遂買此書，喜極，窮日夜讀之。後贈此友詩，有云：「每喜牙籤標我手，爲償書債典君衣。」

問：「聞先生壯歲屢夢朱文公，如何？」先生笑曰：「夢由心起，某看朱子文集時曾夢見朱子，後看孫西峰集亦然。西峰像不知如何？卻似書上所畫明道、魯齋像。孔子夢周公亦是欲行周公之道耳。吴康齋屢夢孔子、子路來訪教以進學，想康齋不會説誑。」

王遜卿同一友來謁先生，日夕，先生命諸學友依次坐歌。薛仁齋養正俚吟七種歌闋，先生嘆曰：「此眞養蒙善本也，辭俗而最易醒人。彼世之講善書者，果能奉此以勸人，未必無補也。」又歌關雎三章畢，先生嘆曰：「詩以理性情，惟細玩，方覺得意味無窮，古人教童子歌詩即此意也。」

先生每言欲輯關中純儒語録、箴銘精切者爲一卷，以便學者觀覽。

癸巳秋，大水入宫，先生聞之愀然不豫，謂諸生曰：「此非佳兆。」

眉縣王仙洲主事，欲蒐輯陝西省同治初殉難紳民，編忠義録。三原梁君司馬以公啓事，商之先生。先生曰：「此舉風化所關，意思最好，今詢鄉耆，尚有知者，總須查實，庶足激勵後人忠義之心，只在同事諸人認眞與否耳。」

先生早年居鄉時，鄉俗每遇旱，輒爲壇龍王廟禱雨，往往有潮馬角者奉之如神。既雨，演戲酬功，求先生書對聯，先生固辭不允，乃書云：「妖由人興，何物馬子，只是邪鬼；雨從天降，此閒龍王，不識戲文。」自此以後，絕不爲仙觀佛寺撰文作書。

先生中年有志復古，欲彷橫渠井田之意，約友人興[一]平李甜堂買三原一舊砦四險，堡內田八十畝，每人十畝，各自封納糧差佃與人畊。每畝歲取租一斗，每歲得租麥八石，積十餘年可設學校，亦可避寇。後以回亂田荒，遂廢。

鄉間多奉浮屠諸神，先生家往日亦然。先生一日去之不復奉，適有蛇墜於庭，家人悚惶，悉咎先生。先生曰：「夏日炎熱，此物時見，亦常也。若謂去諸神，故有禍當加於我，與家人何與？」卒無恙。可見妖由人興，見怪不怪其怪自敗。世之信妖怪者，只是理不明耳。

癸巳秋，數月不雨，禾苗盡枯槁，官民祈禱，皆弗應。先生憂形於色，每日躬率諸生歌雲漢詩數十徧，歌訖謂諸生曰：「天雖高遠，與人心通，特患人心不誠，無由動天耳！此詩辭意懇切，發於眞情，多誦幾徧，天意庶可回耳。」三日後乃大雨，遂得種麥。

## 王照離記 四條

先生遊鳳郡城西柳林鋪，在寺中講弟子規，聽者甚衆。先生講「朝起早」，大聲言曰：「天已明矣，而人猶不起乎？」講「長者先，幼者後」，曰：「長幼先後，全是自然之理，年幼之人便是天已將你生在後了，而反要在長者之前，如何而可？」聽者稱嘆。

先生書字，照離展紙不正，先生曰：「此亦是學，如何草草了事？」

先生每日夕乘涼門首，坐處置小竹棹，偶不正卽命正之，曰：「亦棹也，何可不正？」

先生年近七十無子，又生一女，衆皆嗟嘆。先生曰：「順理行將去，憑天分付來，兒女自有命，不可强也。」

〔一〕「興」：原闕，意補。

# 張淵鳳翔侍行記　三十三條

癸巳，鳳翔王香亭錫桂捐銀千五百兩，特立書院以崇正學。岐山武敬亭文炳捐房四十間，即書院也，田二百畝。時邑令張侯育生爲政愛民，以良吏稱。春三月，肅禮致函敦請先生專司鐸，文炳奉迓。文炳，先生舊門生也。十四日文炳至原拜，呈書贄。書云：「英初不知學，其所學者，不過尋常文字之末耳。即教人亦祇以所學者示之而已。孟子曰『人皆可以爲堯舜』，又曰『堯舜與人同耳』，非不謂聖賢可學而至，但讀書稽古，未得一見其人。蘇子由謂『古人之陳迹，不足以激發其志氣』，此在無書不讀者且慮汩沒，況未嘗學問如英者乎！英自出山，竊聞紹洙泗之眞傳，大開關學，而繼涇野、少墟後者有先生。每思立雪中庭，借滌沉疴，乃牽於俗務，卒未得果。鳳邑乃横渠張子故里，其土俗人情率多質實，殆猶有鄉先哲之遺風焉。英忝膺兹土，慨其學校弛廢，僭思培植，已勸邑中富紳捐出數千金以厚膏火之需，又有王明經錫桂欲崇實學，倡捐銀千五百兩，於鳳起、正誼兩書院而外，特設講學之所。貴高足武司鐸文炳自岐奉書辱以願，英亦願捐其田舍，與邑士劉副貢源森諸人，共襄是事，囑英敦邀先生，一願以堅眾志。英亦維人心向善，風化所關，欲成其美，非大有德望者不可。昔王陽明良知之説，令愚夫愚婦咸知聖學。今先生統承濂洛，道備關閩，乘此機會俾吾道從此而西，其甄陶涵育所及，安知不又有達人應運而出哉！日昨會肅白五齋山長一函，祈代勸駕，計已早達聰聽。雖明知未能久居於此，然以孔孟周遊之意揆之，知先生必不見拒也。夫卑禮聘賢守土急務，本應躬親奉迎，奈職守羈靮不克自主，專差謹奉拱璧一圓，束帛兩端，倘蒙旌下賁，俾士民得資親炙，則是鸑鷟再見於岐陽也。英幸甚！鳳郡士民亦皆感甚。」先生答書云：「辱讀賜函，悃款之至。重以拱璧束帛，在古聘賢之禮施之鄙人，甚不敢當。然竊窺大君子德政及人者深，故部民多知向義，且鄰封士子亦聞風而起。書院之設，將欲倡明聖學，以振横渠張子之風，非知當務之急能如此哉？某鄙人也，道德文章於古人萬萬無能爲役。然生平祈嚮，頗願講磨古人修己治人之術，不甘沒溺流俗。方今士子顛迷頹習久矣，然志氣英偉，卓然特立，世豈無人？夙昔輒思得之同學，則挽回世道人心，不無少補。人性皆善，特無以倡之，則感發少耳。然則賢侯作興之功，豈非曠世之舉？庸愚如某，當此興學造士、修復古道之時，而不樂觀其成，則亦負賢侯與諸君子之美意矣，非某志也。但殘年衰病，以敬亭久候，稍欲安置學事，以赴賢侯之聘。當在四月初起程，月終或反原耳。拱璧謹還，束帛拜登矣。辭之不獲，愧不足答，雅貺悚謝而已。」

四月初一日朔，禮行畢起程，晚次柏子餘森家。子餘素好義，常刻先賢儒書，早邀先生過其家。

初二日，次醴泉學署，明日丑刻遊文廟。不至大成殿，曰：「不可以褻衣見聖人。」至西廡見有高允位，異之。

初三日寅刻起行，晚次扶風關道。

初四日寅刻起行，扶風道中口占七言絕句：「紆迴幽澗曉風涼，纔上平原野趣長；莫道路旁花樹小，折來猶得一枝香。」未刻抵岐邑，紳馮新伯拱辰、段綱伯維、武慎初文蔚等迎至敬亭書舍居焉，曹小峰國昭、宋藹人世慶來拜謁。

初五日，宋藹人照先生像，是日劉蓮浦源森自鳳來接。

初六日未刻抵鳳。郃陽王反之照暨邑人王香亭、周耕堂豐、京制外委，書院之設，多賴贊襄。劉源泗高超等接東關玉皇廟。此處距城五里。張公以探馬誤時，未得遠接。先生至院未坐定，即來拜謁，自是接談無虛日。

初七日清晨，謁橫渠祠。告文云：「昔在己卯，特修展謁。越十五載，復拜廟宮。老學益荒，莫對明神。賢宰義紳，建學仙鄉。禮聘殷勤，潞公遺教。謂闡關學，大暢宗風。維某譾陋，敢忝皋比。父母胞與，豈不夙懷？誰能相率，入堯舜域。聊述舊聞，何裨斯道。所冀默牖，使世有知。」

初八日，書神牌、對聯，對文云：「書院建鳳翔盛地，學規遵鹿洞遺風。」「舊治仰周京，每誦儀型懷敬止；遺風溯郿伯，共尋名教讀中庸。」書院顏以「宗銘」。

初九日，行釋菜禮，告文云：「惟天生人，惟人有性，性無不善，是曰天命。物欲蔽之，遂亡其正，誰憫斯人？建學惟聖。修道立教，途轍以定，以明倫常，以端德行。末流學歧，俗異紛競，功利權謀，心學考證。是皆榛蕪，尤吾道病，白黑混淆，此負彼勝。卓哉賢宰，力振學政，捐建書院，士紳義盛。將茲曠舉，斯道之慶，樗材自媿，獨蒙禮聘。關中禮教，薄劣豈稱？中夜慙惶，敢不加儆？硜硜自守，紫陽律令，千秋宗主，窮理居敬。所貴立志，勿誤陷穽，老馬疲駑，烏云識徑。共勉純修，氣求聲應，入學之始，敢冀神聽。」以先賢明公張子、文公朱子配。

初十日，講白鹿洞學規、敬齋箴、西銘。

十一日，講大學序。

十二日，先生講呂氏鄉約畢，張公又就德業、過失、禮俗、患難之易知者，爲衆人發明之。聽者多感激，有稽首拜者。先生曰：「王道自在人心，未有感之而不動者。」

十三日，講論語、孟子序，說中庸序。

十四日，周耕堂、董滋園延先生詣西關玉皇閣義塾，講書章華台。在閣中登覽畢，講程董學則，香亭又請至柳林鋪義塾。午刻至塾，爲童子講弟子規，言人才之壞，皆由弟子無規，從幼便驕惰壞了。依此做去，規模當有可觀。又爲衆人講「存好心、行好事」之句。

十五日寅刻，行月望禮。

十六日，講小學、近思録序，云：「近思録前序是不可安於小成，而不求造道之極致，後序是不可騖於虛遠，而不察切己之實病。」

或問「主静」。先生曰：「静只是克去物欲，戒慎恐懼以守之。不是要空其心，使心如枯木死灰。」

十七日，會鳳起書院山長嚴玉森，有云：「士子專用心於詞章，不究聖賢切實事業。他日做官，如何能爲良吏？」

十八日，張公迎先生至公堂，講行鄉飲酒禮。張公周旋從容，中規中矩，觀者數百人，皆肅然起敬，先生嘆美之。

十九日早辰遊西湖，午刻講朱子五書。

或問「陽明之偏」。先生曰：「此非一言能盡，且非初學所能辨。須謹守孔孟途轍，久之是非自明。若於聖賢道理尚未細心窮究，猝然問陽明之偏，縱苦口說來，汝亦茫然。非惟不能辨其是非，且將爲陽明所惑。」

或問：「居士戒葷酒，有此理乎？」先生曰：「自古有戒葷酒之聖賢乎？欲知異端之非，須將小學熟讀，就書中所有之事，一一行之，外此皆異端。且就仙佛儒字義論之，仙是山人，佛無人事，儒爲人需，人生世閒能外人事乎？何舍儒而趨仙佛也？即使學成仙佛，亦爲無用之人。舉世皆如此，則三綱淪而九法斁，害可勝言哉！」

是日題書院鄉約序，序云：「光緒癸巳季春，鳳翔令張侯以余及門岐山武敬亭文炳與邑王錫桂香亭捐建宗銘書院，專使具書幣，延予講學，而予因至鳳。既與諸生說書外，張公復特於公堂講行古鄉飲酒禮，一時觀者數百人，蓋數百年曠典也。余以暇日又與諸生修呂氏鄉約，亦以朱子增損之法習焉，卽以刻本留之書院。時義塾亦香亭所設，其師郃陽王照反之、齋長牛受謙益菴皆余門下士。而書院義塾始終其事者，爲郡劉源森蓮浦、周豐耕堂。源森舊及門，耕堂、香亭今又執贄，余之學亦求讀書明理修身制行，闇然爲己，免爲小人之歸而已，諸君其知之矣。然半月日，余將東歸，諸君願以鄉約與同志行之，或每月或每季勸善規過如其法，甚盛意也。美哉，諸君之好學也！願入約者亦聽之，幸勿濫！曾記余舊題聯云：『化行於鄉，須自脩身齊家處做；人守此約，更加讀書窮理之功。』諸君勉之。異時如橫渠興學校，成禮俗文考，成人有德小子有造，安知不復見於今日哉？屬書簿首，匆匆爲記數語。張侯名世英，秦州人，由庶常出宰數邑，其爲政有循吏風，附及之。」

二十日，張公與衆紳因先生將歸，留之不得，是日肅觴奉餞，又送脩金，固辭不受。先生曰：「吾豈飽載而歸乎？」

二十一日卯刻起行，張公送橋東，先生曰：「父台保養身體，張公過勞，故先生言此。爲我關中造福。」劉蓮浦、周耕堂、高星垣、董樹德、高映奎、惠志道、王蔚等送至玉皇廟。距城五里。依依相戀，若悲先生去者。巳刻抵香亭村中義塾，講弟子章。義塾亦香亭所設，故請先生過此。酉刻抵岐，岐馮新伯、曹小峰等接西關外，遂次敬亭書舍。

二十二日，鳳鳴書院山長馮新伯會諸紳請先生講書，午刻至院，講中庸「天命」章，發明性道淵源，曰：「四書首篇各有意味。大學『明明德』三句是立爲學規模。論語『時習』言做工夫不可閒斷，『學』字卽大學『學』字，既學矣，必要做事。

孟子所以辨明義利，到中庸則歸本於『天』。言所以爲學，所以時習，所以辨明義利者，皆全吾固有之『天』而已。」又云：「『其所不睹，其所不聞』，其『所』字須重讀，註中『雖不見聞，亦不敢忽』，『雖』字、『亦』字俱有意味。」又云：「『慎獨』節是從戒懼中揭出緊要以示人。」

是日，諸紳固留先生，先生以歸心亟，堅辭之。

二十三日，宋藹人因不能留，遂早奉餞。藹人善照像，其家有今上幼時小像，衆皆傳觀無知敬者。先生書字畢，具衣冠拜而後觀，即此可知先生敬慎之心，無一毫之空缺，無一息之間斷。

二十四日，抵武功。

二十五日，抵興平，夜宿槐里書院，徐奉伯、張曉山、張廷珍、趙玉璽等來拜謁。

曉山問靜坐。先生曰：「靜坐知是靜坐，方是不要空其心、死其心。只打截心下無事便思義理，不可常常靜坐，亦不可限定時節坐。昔二曲一日靜坐三次，試問靜坐時親召之，往乎？靜坐乎？人心不是死物，就事存心不暇，豈可常靜坐？且靜坐功深久，必厭事。」

奉伯問漢學。先生曰：「終日只解訓詁，於身心何益？且考据家亦有自相矛盾處，不如研究義理之爲愈也。」

二十六日歸原。

此冊過後始記，遺忘者不少。先生自敝縣歸原，淵以父病家居，偶思此行不易。不有張公無以招延先生，不有先生無以倡道於西，此行豈徒然哉？異日人才之興，風俗之厚，即於此行卜之然。尤可見先生之一言一動接物處事，無非妙道精義之所發也。顧安得不有所記哉？然講書發明道理處，十存其一，餘多忽忘，此實昏愚者之咎耳。此行從之者，山東王星垣翊辰、蒲城丁伯新樹銘。始終接送者，岐山武孚先文炳。光緒癸巳仲夏，興平門人張淵謹記。

# 楊玉清譔先生行略

維光緒十有九年癸巳九月初五日甲申，復齋先生卒於家。訃至朝邑，其門人楊玉清奔哭之。先生從子伯鐵以納幽之文見屬玉清，惶恐固謝，弗能，而同門友咸敦勸之，乃辭墓文而謹約述其生平梗概，以備作者或采擇焉。先生諱瑞麟，派名均。字角生，號復齋。父貞堂君，母蓋孺人，以道光四年甲申正月十八日辛巳，先生生於三原縣之北隴里嚮流堡。其先爲渭南長壽原賀氏，國初始遷於茲。昆弟五人，先生其季也。氣貌異常，幼時貞堂君偶命對云「半耕半讀」，卽應曰「全受全歸」。年十七入邑庠，二十食餼，頗負文譽，尋丁外内艱。二十四聞朝邑桐閣李先生講聖賢學，執贄從之遊。後交芮城辥仁齋先生，遂欲脫去場屋，恐失中道，反復思七晝夜，筮於易，得大過，象曰「獨立不懼，遯世无悶」，志始決，時年二十八矣。先生屢赴秋闈，不售，蓋天生轉移世教之人，故不欲以區區科第限之也。構麻廬於先隴之旁，初名有懷草堂，後題定性書堂，潛修授徒，專以朱子小學、近思録爲標的。年三十六，貢成均。同治初元，邑之士大夫遵制科舉先生孝廉方正，力辭之。避亂絳陽，與先君損齋同館教學。乙丑，邑宰葵階余侯延歸主講學古書院，先生預約不設帖括八比之課，立學約、學要各六條，皆嚴爲己爲人。陽儒陰釋之辨，大開風氣，力挽頹波。撫軍霞仙劉公敦請講學，又疏舉孝廉方正，先生俱未應。庚午買山清涼之原，署曰清麓精舍，門下劉昇之特供歲幣如書院例，以致多士。先生遂命開傳經堂，徧刊朱子及諸正學書，而邑人張怡繩實力贊襄，於是聞風效之者繼起。癸酉，督學清卿吴公疏舉賢才，蒙恩賜國子監學正銜。前制軍文襄左公禮聘主講蘭山書院，辭不赴。先生三兄同事貿遷者被劫，斃命於靈州。先生跋涉數千里省兄，爲雪其寃，其於諸兄及從子婦等類，皆委曲盡愛。光緒辛巳，邑宰雨田焦侯卽清麓創建書院，而昇之又捐巨貲以立久遠，中丞雲觀譚公顔曰「正誼」，展雲馮公書之。又延講學省垣，亦不就，作共學私說六篇答之。嗣方伯菊圃李公造訪，先生之省垣報禮，諸大吏咸就見，因會講學、庸、西銘，行鄉飲酒禮，一時稱盛焉。庚寅，募建朱子祠於北郭，督學巽菴柯公又以經明行修上奏，欽加五品銜。數十年中，邑令累請籌辦城防、賑饑、墾荒、儲倉、修志、均田等，及各督學諸名公造見者接踵不絕。今夏鳳翔令育生張侯建宗銘書院，延講學，應之，浹月而歸。至秋末，孰意偶中風痰，一日夜竟不起耶，抑亦或所謂無疾而卒者歟？春秋七十。嗚呼痛哉！

先生之稟，光明俊偉，剛大篤實。先生之學，直溯孔孟，恪守程朱，淹貫儒先，括綜粹美，主敬嚴而不拘，窮理博而能約，義利必即事而明辨，出處則隨遇而恆安。先生之道，日月麗天，江河行地，如布帛菽粟，莫非身家切近，曰太極性命不外日用平常，有自然之中正，無造作之偏曲。彼恍惚希夷者既失之遠，而滯固局促者豈見其眞？先生之德，璞玉渾金，和風甘雨，宏量則汪洋千頃，貞操更壁立萬仞。積之久而益厚，養之深而愈醇。先生之行，自身而家而鄉而學，無非從小學、大學做起，視聽言動悉應乎則，冠婚喪祭一準於禮。貌豐偉而睟盎，望儼然而卽溫。喜怒不形，物我無閒，渾消城府，融化畛域。其於君國之休戚，生民之利弊，隱然不忘於懷，而每動於感觸焉。先生之事業，則道不行矣，身有待也。桑梓之設施，學校之發揮，詳審精密正大宏遠，固欲舉一世而甄陶之。其他隨事立言，因人答問，無非體道救時，息邪距詖，深切著明者。其文章字畫，亦皆暢達精彩，可徵所養，洵斯道之干城，正學之宗主也。而尤注意於子朱子，創祠崇奉，刊書數千卷，悉序闡其大義，直欲使其書充塞宇宙，與四子六經同一溥徧，將爲千萬世立太平焉。先儒謂朱子集羣賢之大成，玉亦私竊妄謂先生又彙朱子之大全者，則紫陽固尼山之良佐，而先生或亦徽國之功臣歟！迹其生平樹立，嗚呼偉矣！先生嘗自謂不肯另闢門戶，別起爐竈，安心朱子足下盤旋，故不輕著書，所編次僅有養蒙書、朱子五書、信好録、誨兒編，所修有三原縣志，已刊行。又有三水志，其詩古文及答書問語録等若干卷，傳經堂亦將付梓。配楊、張、林孺人，林出子男二，銘照、肖陸，俱殤。女一，適邑諸生王映墀，亦夭。側室劉氏，女二，尚幼。兄四人，皆先卒。兄子三人亦早世，惟三兄一子生員伯鏞在，邑宰乙觀劉侯親視含斂，命鋮兼承先生之嗣，筮兆得正誼書院後岡北首尚右，將以明年甲午二月二十七日，奉先生之柩而藏之。一切舉事盡革弊俗，恪遵禮制云。門人楊玉清謹譔。

清麓遺事一卷終

# 清麓日記

# 清麓日記卷第一

自同治壬戌至丁卯

三原賀瑞麟角生著
同里劉嗣曾孝堂校刊

## 壬戌

語類云：「大宗法既立不得，亦當立小宗法，祭自高祖以下，親盡則[一]請出高祖就叔伯位，服未盡者祭之。」又一條云：「問：『嫡孫主祭，則便須祧六世、七世廟主。自嫡孫言之，則當祧。若叔祖尚在，則乃是祧其高曾祖，於心安乎？』曰：『也只得如此。聖人立法，一定而不可易。兼當時人習慣，亦不以爲異也。』」又文集胡伯量問：「先兄乃先人長子，既娶而死，念欲爲之立後，但説立後則必當使之主祭，則某之高祖亦當祧去否？」曰：「既更立主祭者，卽祠版亦當改題無疑。高祖祧去，雖覺人情不安，然别未有以處也。」據後二説則前一説未爲穩當，按前説爲包揚録，雖係癸卯甲辰乙巳所聞，朱子時年五十四五，宜爲定論。而語類目録「饒後録」三四五六下云「閒有疑誤」，或如此類亦未可知。後見朱文端公軾儀禮節略辨此條云：「親盡，則祧禮也。若請就伯叔位，則又與宗法謬戾矣。」愚謂且與「支子不祭」之義未協。

神者，合理氣言之，理之妙而氣之靈也。

呂東萊宋文鑑載陳忠肅公責沈文貽知默姪，文中作「兄孫漸」，與伊洛淵源録卷三作「送其姪孫淵幾叟」不同。後考淵

[一] 「則」：原作「當」，據朱子家禮龜山先生墓志銘改。

本名漸，後乃改淵耳。按：文鑑「姪」下或遺「孫」字、「知默」或「漸」字。

昔年曾見明郎瑛七修類藁言胡文定作楊龜山誌銘，不載高麗王問龜山先生在何處之言。黄勉齋作朱子行狀，不載金人問朱先生安否之語，爲不備不知。文定已自言云，昔西南夷人嘗以梅聖俞雪詩織布，而永叔只於野録載之其事，不入誌銘。然則姓名爲蠻夷君長所知，豈足道哉？龜山行狀中載高麗國王事，所以不得書也。而勉齋於文公行狀已云「夷虜亦知慕其道，竊問其起居」，卽金人事但渾融說在，或亦文定之意。要之，龜山、文公又豈以此等爲重哉？

郎又云，伊川作明道行狀，不言受學於濂溪。按狀云，先生年十五六，聞汝南周茂叔論道，慨然有求道之志，亦自不輕。況明道嘗自言「昔受學於周茂叔，每令尋仲尼、顏子樂處」，豈伊川反諱之耶？亦非聖賢之心矣！若論「稱」字，則朱子亦嘗論之，子思稱仲尼，伊川亦稱明道，此等皆不足辨，但恐無識者因此妄生別議，亦不可不正也。上蔡云，昔伯淳教誨，是亦稱師字也。

大學、中庸連編，以作書之人論其先後耳。四子書自以論語、大學、中庸、孟子爲次序，蓋孔、曾、思、孟，人之先後固如此。若讀書之序，斷宜一依朱子之言，先大學，次論孟，後中庸，乃爲不差。時齋先生見學、庸連編，遂謂宜接讀，恐未然也。

中庸「戒慎」、「恐懼」自是兼動靜，不專屬靜，斷斷如是，後人猶認此爲靜，謂與下節截分動靜，可謂大誤。

天理不明，人心不正，天下事斷不可爲。

今所據以定先儒之深淺得失純駁邪正者，皆不出乎其言。然則修辭可不立誠乎？朱子謂：「事尚可欺人，辭不可掩。

故曰『言顧行，行顧言』。」眞是如此，立誠在忠誠。

辥文清、胡文敬是眞做工夫，故其言自別。後人有所見極是，而意味卻淺浮，涵養工夫少耳。

柳子厚塗山銘曰：「德配於二聖而唐虞讓功焉，功冠於三代而商周讓德焉。」此可謂知禹矣。予謂當從尼山「無閒」之旨出之耳。西漢賈捐之云「禹入聖域而不優」，似未然。至程子謂「禹之德則似湯武，文之德則似堯舜」，亦不可不知，然要之皆是聖人。

攜家東行，甫過洛河，團衆集數百人皆執器械護送。永豐團以予貌似回，盤查甚嚴。適渭南李進士名應選，當年宏道同舍生。至，又舊書舍廚人王姓，即永豐人來候余。團人遂不疑，且謂予勿怪者。余謂時事至此，正宜嚴查，夫子貌似陽虎，匡人圍之，古人正有此事，何怪之有？

逆回之凶毒固可惡，而流民之飢餓尤可慮。今日之機會正當多集大兵，速破賊之巢穴，則麥銀不可勝用。有銀則兵餉足，有麥則令被災各縣分運四鄉，招集逃亡而賑食之，庶乎陜境可保，不至別生他患，不然吾未見太平之有日也。因與人言，遂記數語如此。

回匪起手至今整整兩月，全未聞官兵動靜，數百萬生靈一任塗炭，君門萬里，言之不勝於邑。

大學、中庸皆是一篇文字。讀大學須見到「文理接續，血脈貫通，深淺始終，至爲精密」處。讀中庸須見到「支分節解，脈絡貫通，詳略相因，巨細畢舉」處。然必熟讀詳味，久自得之，非偶然也。

大學聖經與中庸首章是一個規模，太極圖說與西銘是一個規模，然此四篇又止是一個規模。

大學言學，故聖經就發用處說。中庸言道，故首章就全體上說。

太極因理以明氣，西銘由氣以推理。

道固無不在，然非居敬窮理則無以爲存養之本，而無星之稱、無寸之尺，且將認賊作子，認人欲作天理，又何以有於我哉？

學以知道爲本。

讀文清文集得二語：「乘虛以擣其巢，分擊以弱其勢。」以爲可以爲今日破回之法。文清公曰「覺人之詐而不形於言」，最有味。近因一事，愈知此意思甚好。

胡敬齋有言：「見得道理分明，利祿自不敢取。養得此心純熟，利祿自不肯取。」

## 甲子

文王之政，必先鰥寡孤獨之人。

凡天下之疲癃殘疾、煢獨鰥寡，皆吾兄弟之顛連而無告者也。

同此性同此氣。

設使四海之内皆爲己之子，則講治之術必不爲秦漢之少恩，必不爲五霸之假名。

## 乙丑

陸稼書讀禮志疑，皆與及門同志辨難往復之語，取漢唐諸說考其異同得失大要，一衷朱子。

「矜」字最害事，不用心點檢亦不覺，謝顯道眞是做多少工夫，所以有進。

心粗者，敬不至也。

易於言，必怠於行。

王復齋稱王山史爲溫恭君子，生平不曾一語冰人。近見朋友有面詰人者，覺山史可愛。

氣質之害大，物欲之累多，習俗之蔽深。然物欲習俗亦多由氣質偏重處入，故變化氣質尤爲要切。

天下無無理之物，自無不當窮之理，但本末緩急之分不可不明，故曰「知所先後，則近道矣」。

今人開口便是計功謀利見識，所以事事皆低。

寧學聖人而未至，不欲以一善成名。甯以一物不被澤爲己病，不欲以一時之利爲己功。學者立志須有此規模。

凡事只順理去，有一毫作弄，便不妥貼。

不變科舉時文之陋，則此道決無由明，人心決無由正。

未聞以道殉乎人者也，只要認得道是。

易傳曰：「大人於否之時，守其正節，不雜亂於小人之羣類，身雖否而道之亨也，故曰『大人否亨』。不以道而身亨，乃道否也。」

陸稼書有二語最好：「人生處處樹立一界限，事事斟酌一分寸。」

人須是明白道理。

今日更無庸別著述，只講明程朱之學而力行之，使知此學者衆，則人心庶乎可正。學術不明，目前雖不大破壞，終無可救處。

自科舉之習盛，驅一世人入功利，如在膠漆盆中。

士大夫皆從科舉入，所以到底不悟時文之害。

世少人材，只是平日不曾作養得。

科舉如何作養人，雖有豪傑，卻從小便教壞。然果是豪傑，科舉亦誘他不得。若誘得，非眞豪傑也。

## 丙寅

聖賢之學，一「復性」盡之。小學題辭之「人性之綱，乃復其初」，大學序之「知其性之所有而全之」，經之「明明德」，論語首章注之「明善而復初」，孟子首章之「仁義」，中庸序之「道心」，至「天命」、「率性」又不待言，詩傳序之「性之欲」，書傳序之「心」字，皆是一個道理。推之易、禮、春秋，無不皆然。本體如此，工夫卽當如此，外此而學，皆非學也。

小學立教小序「則天明，遵聖法」，明倫小序「稽聖經，訂賢傳」，敬身小序「仰聖模，景賢範」，分明從道體、道統上說。

稽古小序「孟子道性善，言必稱堯舜」，又合說了。嘉言、善行小序又說物則好德見，人人皆可入小學。

大學一書無非欲人知其性之所有而全之，中庸一書無非欲人知其道之所在而求必得之。凡聖賢之書皆如此。

天地之運，只是有恒有漸。聖賢之學，亦只是有恒有漸。

惟其有漸，所以有恒。

進鋭者退速。

曰理氣曰理數，畢竟要説理在先。

請看風急天寒夜，誰是當門定脚人。

周子之「無欲故静」，朱子之「無欲故樂」二語，須實體之，乃知。

易傳曰：「人之所以不能安其止者，動於欲也。」又曰：「無欲以亂其心，而止乃安。」小人徇欲，故多戚戚。人能克己，則心廣體胖，仰不愧，俯不怍，其樂可知。

張簣山云：「學問廢於自足，人品壞於不知足。」又曰：「莫貧於不聞道，莫賤於不修德。」

甯與騏驥抗軛乎，將隨駑馬之迹乎？甯與黄鵠比翼乎，將與鷄鶩爭食乎？丙寅四月五日有感書。

韓昌黎平淮西碑曰：「凡此蔡功，惟斷乃成。」天下事未有不斷而能有成者也，故曰因循誤事。

庸嵬瑣屑之人，不足以共事。

明理在平日，決幾在臨時。平日不曾明理，則臨時必不能決幾，則平日所謂明理者，亦無所用之矣。

天下事多壞於不識大體之人。

處大事者，不可顧浮議，然須認得理是。

處事但覺凝定，便是涵養。

辨別學術要直截，要精細，不可假借含胡。若欲存長厚心，便自做工夫處亦不得力，且貽誤不少矣。前輩固不可輕議，但關學術正當明辨，若謂自家工夫未到，不敢議人，則孟子何云「能言距楊墨者，聖人之徒〔二〕」哉？只要議得是。

錯綜交羅，惟其所當而莫不各有其條理焉。看道理要得如此，不可執此疑彼。

朱子曰：「論萬物之一原，則理同而氣異。萬物之異體，則氣猶相近而理絕不同。」此數語最精。

明海忠介公氣節政事亦甚可取，然學術亦差。其備忘録中辨朱陸反取陸而擯朱，其不知朱子，可知共大事而介小嫌，難乎有成矣。

有容，德乃大；無容，德之賊也。

凡事渾涵最好。

私意偏見，皆足以害大事。

「幹母之蠱，不可貞」，程子傳曰：「當以柔巽輔導之，使得於義不順而致敗蠱，則子之罪也。從容將順，豈無道乎？若伸己陽剛之道，遽然矯拂則傷恩，所害大矣，亦安能入乎？在乎屈己下意，巽順相承，使之身正事治而已。剛陽之臣事柔弱之君，義亦相近。」地方有事，而邑紳必須與官商辨者，亦不可不知此意也。

朱子與當時諸公書，眞得孟子「說大人，則藐之，勿視其巍巍」之意。

處事要有識量。

褊淺不足以成大事。

「積蓄未深而發用太遽，涵泳不足而談說有餘」，此東萊先生之言，眞子對症之藥，録以自警。

---

〔二〕「徒」，原作「徙」，據文意改。

朱子與南軒書曰：「求之太迫而得之若驚，資之不深而發之太露。」此與東萊之言同一意味，可見古人最重從容涵養之功，躁急浮薄所當深戒。

知及之，仁不能守之，雖得之，必失之。

陸桴亭論治道處多確實可行。

桴亭心精力果，可謂恪守朱子，而論學閒亦未能純細。

有一毫恃才之心，卒不免自敗。

近來一種事求可、功求成之論，余不喜聞。又有講學者不能做事之說，此則所當深懼，尤宜亟勉。

陳龍川一生全是爲才所使，使其做時恐亦未必恰好。

道體亘古亘今如是，不以治亂興衰爲存亡。

「因循」二字誤己誤人。

浮躁淺露，最是大病。

讀書直入裏去理會，勿只外面略綽過。

與小兒言敬，他如何知得？只說凡事小心，他更了然。小心慣了，卻甚有益。

小心便是敬。

做大事，不可徇人情。

「覺人之詐而不形於言」，最妙。薛文清公此語，余近深體之，眞有味也。

楊誠齋云「有敗詐無敗誠」，予謂詐未有不敗者，若誠則始終內外如一，安得有敗？

朱子嘗譏韓昌黎、蘇子由皆無頭學問。今人有博學能文，而學問卻無頭腦，故於大本大原殊不了徹，做事焉得不從第三四層著腳？此學所以不可不講也。

四子書誰不讀來？中庸開口便說「率性之謂道」，大學開口便說「大學之道」，論語首言「學」，孟子言「仁義」。今人聞道學二字便欲掩耳，且謂道學爲世所忌，然則又何必讀四子書乎？

## 丁卯

讀小學立教，便合稽古、嘉言、善行中立教隨時參玩，卽知古人所以立教之意，後世教法全壞，人才未能如古，雖欲治，得乎？

讀小學內篇立教，便合稽古、嘉言、善行中立教隨時參玩，明倫、敬身亦然。如此方可盡其曲折。

無大學三綱領，做八條目工夫必不詳盡。無條目工夫，則綱領亦只是空腔子。

大學聖經、中庸首章及太極圖說、西銘都是爲人說個規模了，卽說個工夫塡補他，所謂本體、工夫都到。

事當爲則爲之，不可全計利害。

以意氣勝人，以言語勝人，其小也可知矣。

今之仕者，巧於奪民財以圖自肥，而又不自諱，眞所謂「充然無復廉恥之」。

色有利便有害，只有義無不利。

做大事須要識量裏得來。今人多不能做事，只因小見私意錮蔽了，如何舉事？

「宏毅」二字最要。

「治人不治，反其智。」中庸言「成物，智也」，有智便有所以處置之方，方能成物，方能治人而治。

霞仙中丞謂今州縣多說百姓刁頑，此言甚不是。如人有幾個兒子，若是不孝，不知曾對人憎惡否，亦只有以身教之而已。知如今州縣，全不知百姓是自家兒子。

誰不知州縣是民之父母，不知有一分父母意思於民否？

人知責己，則學進矣。

呂新吾書說情事甚透，亦儘能有爲，只是學術亦不純。

陳龍川一生爲才使，議論亦鮮能從本原義理說起者。

「國朝三禮之學張蒿菴爾岐、方望溪苞爲最深」，霞仙云，又云「李安溪不免學究氣，二曲則禪矣」。

當今之時，全是科舉壞了人才。

霞仙謂：「處事當看活，不可執一，易有『巽以行權』之語。」余云：「只要睹個是不能『義以爲質』而但說『孫以出之』，則不免爲曲阿者藉口。」

終身只被俗念頭、俗眼睛昏瞞著，更有甚好事做得，欲救拔也難矣。

才事事要求個是，便自不能隨俗。

胸中無個道理做事，雖要認眞卻成私意。

大學或問格致傳首引程子之説，兩條、九條、五條，所謂博學也。「吾聞」一段，慎思也。辨象山、溫公及程子門人諸說，明辨也。末段「此以反身窮理爲主」則篤行之意。通篇設爲問答，非審問之謂乎？五者廢其一非學，而今做工夫須依此做，方有實效。

小學敬身心術之要理最精密，非朱子無此手筆。薛仁齋以首章敬義爲綱，自來講者少見及此。二章居敬、三章行敬、四章致敬、五章持敬、六章則敬吉而怠滅也。七章審義、八章九章由義、十章集義、十一章精義、十二章則義從而欲凶也。

薛文清公云「覺人之詐而不形於言」，此意思最好。余甚愛之，屢述之而不厭也。

厚德載物，不可不學。

當今須學大易「獨立不懼，遯世無悶」一個人。

士人多乞墦登壟之見，心術已壞，安得有人品事功？胡敬齋曰：「今人日置身卑污苟賤之中，如何要外面求貴？」

靳浩不受書院廩，以稍能自給，推與貧者，可謂能思義矣。

許思慎聞予講學，卽取所作時文焚之，亦勇於向道者，但進鋭退速，未知終能不變否。

今無河圖、洛書而其理自在天地閒。蓋陰陽奇偶古今一也，只是聖人能畫出來。

梅五瓣、竹三葉都是易。

造化道理，一陰陽盡之。

生意盎然，天地之閒。

生理無窮。

觀天地生物氣象，莫只作玩賞花草便了，其理蓋莫不在己。

只今人淺薄心胸，便難以好事期待。

「己肆物忤，出悖來違」，可不畏哉！可不戒哉！

揚人之短者，小人之心也。

太極圖說「五行一陰陽」數句，天下無性外之物，五行各一其性，性無不在也。

西銘明理一而分殊。理一，天下無性外之物；分殊，性無不在。

爲學一「復性」盡之，四書五經無非說「復性」事。

沉潛反復，優柔厭飫，讀書最要之法。沉潛，靜也。反復，久也。優柔，漸也。厭飫，熟也。不做這工夫，如何有得？

後人不如古人，只是規模小。

有小學根基，更有大學規模，方是學。

太極圖末二圈與首一圈，一般圓滿無絲毫異，可見天地人物只是一個太極。陰陽圈中小圈，則太極卽在陰陽之中。五行雖屬陰陽，而仍與太極一般，則五行又無非太極也。

日用閒無物不當格，但有本末輕重先後緩急之分。 余記孫西峰云「嘗以目赤誤服黃連，病益甚。 遂謂黃連非不當格，只要先格此目如何受病」，此亦可爲格物之法。

王陽明格竹子，竹子豈得無理？ 只不合舍卻身心，兀然只格一竹子。 此是陽明不知朱子格物之法，反謂爲朱子之説所誤，誣之甚矣。

竹子亦有太極陰陽五行，格之而又能反其理於身心。 如虛心直節，歷四時而不改柯易葉之類，何嘗不得實用？

太極圖第一圈極於至大而無外，妙合圈入於至小而無閒。

太極圈，大德敦化也；陰陽五行圈，小德川流也。 太極由理以及氣，而氣仍在於理之中；西銘由氣以推理，而理卽行乎氣之内。

「孟子道性善，言必稱堯舜」，學不學聖賢，更學何人？

學不識性，任做工夫，皆不免爲人。

孔門求仁，程子主敬。 仁則心之道，而敬則心之貞也。 才有私意，做出事來便差，可不省哉！

人只是己不立志，他人也勉强不得。

某一日夢爲賊得，見其渠魁，正色勸其救民水火，豈可如水益深，如火益熱？ 忽一人來欲殺某，雖抗言殺我何益，然不免心動。 醒猶有汗，以此自愧。 程子云「夜夢亦可以卜自家所學之淺深」，可知某平日所養全欠，古人刀鋸鼎鑊視如無物者，只是他心中全是義理。

愼動便漸至於靜，若要求靜，反不靜矣。

誠而明者聖人也，下此則由明而誠，不明而誠，鮮有不入於私者。

禪學要心中無一事，才要如此便是惹事，安能行所無事？

讀書覺得聖賢言語恰如事理，此是吾胸中自有此理，故覺得如此。所謂「先得我心之同然者也」。若原無此理，則自不相干。

聖賢所說義理，是皆我心中自有。只爲有氣拘物蔽，故猝看聖賢義理不出，非是我心中原無此義理也。

中庸首以戒懼慎獨，終之以誠，此便是由敬入誠工夫。

日用之閒，無非此理，只要心存方識得。

吾見今之爲民上者，全未有父母之意，其不魚肉斯民也，鮮矣。

周子曰：「果而確，無難焉。」「果」有乾底意，「確」有坤底意，「果」有必至於是底意，「確」有不遷底意。

思者聖功之本，人多不肯思，一任顛倒錯謬，故孟子每說「思」字，如云「弗思甚也」、「弗思耳」之類，蓋「心之官則思，思則得之，不思則不得也」。不思便是失其官，卽思而用於不當思之事，亦是心失其官，故曰「君子思不出其位」。

平天下傳說到「雖有善者，亦無如之何」，此是極意警平天下者不可不絜矩，無使至此之意。其實到得無可如何，亦不可不亟爲補救之策。天命人心轉迴，萬一不成，坐以待亡，然要補救亦非別有方法，仍斷從聖賢大道理做方可。今人謂聖賢道理迂闊，到底不守聖賢道理，而卒不亡身敗家者，何人哉！聖賢道理，順之則治，悖之則亂，萬不可易。

聖賢道理如火之必熱，水之必寒，要人信得及。

敬以直內，便能擴然大公。義以方外，便能物來順應。

道理源頭，則仁在智先。學問功夫，則智又在仁先。

致中是敬，致和是義。

程伊川年十八便上書仁宗，欲以王道爲心，生靈爲念，且云「臣所學者，大中至正之道也」，是何等志氣，何等識量！

程子曰「學須學處貧賤」，今人才遇憂患便腳忙手亂，全不耐得撲跌，不知讀聖賢書何處使。

口耳之學全靠不得。

日讀聖賢之書，而氣質不能變化，其所得者可知矣。

一語不實便覺不能出口，即此便知作僞者之勞而拙也。

浮躁淺露之人，斷不可與共大事。

無眞見識，無眞力量，如何做得大事？

莫大之禍常起於不自責。

器小則易盈，急宜戒之。程子所謂「欲當大任，須是篤實」。

予每於庸俗人議論多不能耐，不免據義理痛折之，又似有過激處，此少涵養之咎。

「不讓今人是無量，讓得古人是無志」，此言深有味也。

今人說時亦能說許多道理，及至言動便露出不好氣象，與說時全別，可畏哉！敢不深自警耶？

多言而失者常八九。

急躁之性不可當大事。

道理亘古今而無不在，只知而體之者爲難。

不極力去學聖賢，只好與今人爭閒氣，只是不立志。

愼言是涵養性情之最要。

不矜人以所能，不病人以所不能，是之謂君子。

凡事須求合理，要在認得理眞。

「仲尼之門，五尺童子羞稱五霸」。闢異端，如何不敎嚴？

聖人量如天地，學者固不可不以聖人爲法。然無聖人個本領而强學之，未有不失守者也，故曰聖達節賢守節。

凡事識最先，守最要。若不能守，雖識何益？

知道則識量自別。

大事、難事、急事，才徵識量。

大丈夫須有百折不回之概，然後可以當大任，一撞百碎何足言？

卧思一日愆尤，惶然愧悔，展轉不成寐。

明道蠍子頌云：「殺之則傷仁，放之則害義，然則將如何？亦惟有周公『驅虎豹犀象而遠之』之法。」或曰：「螫人將如何？」曰：「殺人者死，王法也。螫人則殺之，可也。」「叔敖之埋蛇，周處之斬蛟，何也？」曰：「此其傷人已多，除害之勇，又當别論。」

周公之驅猛獸，亦是盡物之性。

程子曰：「君子之自守以正，非欲自完其己而已，亦使小人得不陷於非義。是以順道相保，禦止其惡也。」此意處小人者不可不知。

道理本直然，做時卻不可徑情，徑情未有不招尤者。

變氣質，養性情，學之要也。若於此處全無工夫，雖讀萬卷何益？

九月初六夜夢中得數語：天德以孝弟爲本，王道以愛民爲本，要皆以誠爲貫注而學以充之。

怨天尤人，只是不責己，責己自無怨尤。

物各付物，只是順理而已。

不誠未有能動者也，只積我誠而已。家人之未信，何慍之有？

不可與婦人較是非。

家之中惟婦人難齊，故巽上離下爲家人。朱子曰：「巽，長女；離，中女。陰柔之性，外和悦而内猜嫌，故同居而異志。」易曰「反身」，周子曰：「誠心皆爲齊家者，言其本，不踰乎此。」

雖聖賢亦無如貧何，但聖賢自有處貧之法。非是要不貧，只是一個安之而已，此外更無奇策也。

賊擾不已，不能歸鄉，將及一年，未至先隴，每思之，不禁淚下。

今日之賊正當「殲厥渠魁，脅從罔治」。

看聖賢道理須細心、虚心、公心。陸王皆無此意思，故只執己見，不免强書就我。

王陽明執「新民」作「親民」，引「百姓不親」爲證，不知此只就百姓言，非我去親百姓也，獨忘孟子「於民也，仁之而弗親」之語乎？朱子曰「世固有心知非是，而故爲穿鑿附會，以求其説之必通者，侮聖言而誤後學」，陽明之謂也。

讀明道論王霸君道諸劄子，直與伊訓、説命相表裏，令人恍然想三代之盛。

每見朋友間偶值困乏，便不免妄求，益自警懼。

「人心惟危」，驗之人己間，眞是多少可畏。

只此心不正當，便百事不可爲。

謝上蔡云：「邇來學者何足道？能言眞如鸚鵡也。富貴利達，今人少見出脱得者，所以全看不得。難以好事相期待也。」讀此令人悚然。

上蔡謂：「信得命及，便養得氣不折挫。」然須更處以義。

中庸「素位而行」，須味注中「爲其所當爲」句，此亦煞有工夫，工夫不外知仁勇。

致中致和，皆以敬爲主。

慎獨致和自屬義邊事，然義仍以敬爲骨子，未有致知而不在敬者。程子又云：「若只守個敬，不知集義，卻是都無事也。」敬義是互相發，眞做工夫，自是一事。

得天下以得民心爲本，正天下以正人心爲本。

「知人，惟帝其難」，然亦可學。「君子大居敬而貴窮理」，爲此也。

亂後，鄉村室廬殘燬，偶見破屋中安榴一株，花開鮮美，依然太平景象。因悟道體無所不在，不以治亂爲存亡也。

中庸說道理極該備，工夫亦極詳盡。

大學言學而明新至善，便是要盡這道。中庸言道而戒慎爲己，便是實力此學。

中庸固是言上達處多，而末章爲己之意極其親切，故曰皆實學也。讀中庸須於此入手，中閒論道以孝以誠，皆是實學處。

天心自是仁愛，只人事做壞了，天亦無如何。然仁愛之意，亦未嘗不行乎其閒。

人者天地之心，故「天視自我民視，天聽自我民聽」。

朱子曰「復古禮，然後可以變今樂」，若不變今樂，雖行古禮，亦無意思了。

人只被識見低，更不可與論道理。

曲謹小廉不濟事。

今人爲士，試自思是子貢所問何等士，抑斗筲之人不足算者耶？

「仁」底道理本是寬廣，所以四德居首，緣許多道理都靠他作主。故中庸言至聖先「有容」，然後「有執」、「有敬」、「有別」。孟子言大丈夫先居廣居，然后立正，行達道。

十月雖以剝言之，然生意實未閒斷。每見果樹冬至之前，便有蓓蕾萌動，故曰「剝於上卽生於下，無閒可容息也」。

復其見天地之心，天地之心只是一個生物之心。因冬來百物凋謝，便似天地生物之心有時而息。至冬至生意復動，則有以見天地之心矣。

太極圖上一圈是太極，其實下九圈個個有太極。

知天命之性，則知明新不可不止於至善。

至善是事理當然之極，事理當然之極卽從天命之性來，吾儒所以本天亦此理也。

大臣事君，職分所當言當行，便須言便須行。若思前算後，有吾君不能之意，是謂不忠。

登大位得行其志，固可幸，然正當敬慎益勉盡職。若有一毫自得自矜之意，亦恐非純臣之心。

不知聖賢道理，總極力做得事，亦只是後世手段。

常有收斂底意思，使心不放便好。

「君子反經工夫，亦只是是非明白，無所回互。」朱子此語直是説得明透，自古學術之差，都是於是非上顛倒。然此亦一是非，彼亦一是非，是非又何定之有？然亦折衷於聖人之言之理而已。

清麓日記卷第一終

# 清麓日記卷第二　自同治戊辰至癸酉

三原賀瑞麟角生著
同里劉嗣曾孝堂校刊

## 戊辰

是夜五鼓，初有星自西北奔南，忽散如小星數十，若墜狀，光氣燭天，昌黎詩「天狗墮地聲如雷」。俗云天鼓鳴，非是。正月二十三日。

湯武之順天應人，皆窮神知化之事，孔子之律襲亦然。

顔子「三月不違仁」，而不免有違於三月之後全體之仁也。管仲之「如其仁」，但有仁之功耳。程子說最是。若以管仲爲仁，則仲不必賢於顔子。

凡做大事，義可爲，直須做去，依違計較便不是。

計較之私勝，不可做事。

因循苟且最害事。

天下道理皆一「性」字貫之。

天下無論甚事，惟以理便處得，順理而行，無難處之事矣。

事各有合當底理，只是人心不明不正，便處置不下。

孟子欲正人心。某亦謂今日人心壞極，人心不正，天下事決無可爲之理。

明學術是正人心第一著。

今日學術得孟子必振作一番，今日國威得諸葛武侯必振作一番。

「仁義」二字不明於世久矣。

當大事須是誠實，有一毫智術，鮮有不敗。

四端時於日用間驗取，非由外鑠我者也。心不在焉，安知何爲仁，何爲義，何爲禮智？

知其非仁非義，則知仁義矣，在反之而已。

試自思心之所以不樂，非私欲縛之耶？故程子曰：「人能克己，則心廣體胖，仰不愧，俯不怍，其樂可知。」

合當做事，有一分過當處，便不是正理。

私意最害事。

人常以夫子及子貢所惡者自警省而不犯焉，斯德進矣。

無眞識量人，如何處大事？要認得一個「理」字方好處事，然理卻是活底，不是死硬，若執定一個死底理又會差。所以聖人隨時處中，此非窮理精安可？

易一部便只是變易以從道，然卻要知得道方是。

若無民信，總兵食足，亦不可恃，且亦不能足兵食也。

論語「兵食」章夫子答子貢兩「不得已」之問，孟子答桃應「舜、皋陶」之問，可以知聖人處變之道，無論甚事都處得。然只是認得理定，如造化在手，無一毫滲漏。

存心處事上實用工夫，便會日進，不然只是說也。

極難處之事，聖人只以理斷置了，便都無事。

院中竹木滋長一番新意，坐明窗淨几閒讀聖賢書，覺心中無一事，有多少樂意。

義精自會應變，背義而語變，則權變矣。

今之爲政者，全不理會事，固不是。肯理會事者，又只是欲速見小。

人者天地之心，而人又得天地之心以爲心者也。「天地之帥吾其性」，是人之性，即天地之性也。

日用切實，學問只從言忠信、行篤敬、居處恭、執事敬、與人忠上做去。又時以「毋自欺」三字自警，則其至於道也不遠矣。

誠能感人，此實理也。不能感人，反其誠而已。

所守雖是，亦要參之人情而合，揆之時勢而宜。

人貴安貧，卻是貧時反安富，便有多少勞攘。古人謂之清貧安貧便清高。

雖小事亦必有理，只是人心不正當，便都錯過了。

中庸凝道，若輕浮淺陋，如何凝得道？

道義由存性而出，氣足以配道義，這是內外交修之功。

學全要從性情上用功方是實。大學「誠意」至「平天下」皆不離好惡，中庸「未發之中」、「中節之和」亦只就喜怒哀樂上說。古人只是養性情。

魏莊渠問李獻吉：「有所得便寫到冊子上，不知寫後意味如何？」此語可以警余。

道理自在天地閒，只在人詳察默識。若一向奔奔忙忙，如何領取？故知上工夫從靜中做出便透切，行上工夫從靜中做出便篤實。

主敬則靜。

白鹿洞規千古聖賢教人之定法，不以此爲學便入俗學異端去，此與大學聖經相表裏。

顏子之樂與曾點之樂，一從行上得來，一從知上得來，如曾子、子貢之一貫。

朱子教陳北溪凡道理須從根源處尋究，此最眞至之言。聖賢之所以爲聖賢，只是道理根源上洞徹，故能居安資深，左右逢原。

後世人君爲治，不能直法三代，臣下不能辭其責，以聖賢之學不明也，程朱諸大儒卻又不見用。

只「學而時習之」一句，便見聖人希天之功，希賢希聖亦只如此。

「忿疾於頑」，非所以養德。

未有多言，而心存者也。

持敬覺昏困便是持敬不得力，亦是太以敬來做事得重。朱子嘗說「提醒」，又說「略綽提撕」，如昏困便走階前略散步，更打起精神。

天地以春溫生物，聖人之盛德亦以溫爲首。人須先有溫和氣象，方可接人，而無迫狹急切之病。

仁爲四德之首，不仁則下面義、禮、智都做不出。人之所以爲人，全只在仁，故曰「仁者，人也」。

無宏毅之志，不能做博約之功。

此心常教清整無膠擾之意，便好。

謂誠意工夫較格物工夫爲易，是並未嘗用功也。不但未曾格物，亦未嘗誠意。做工夫便不說此話，直是要格要誠。

雨後階前觀花木生意油然，心中多少悅懌，即此便見「物吾與也」之意。

大臣當以訪求人才爲急務，而盡其尊禮之道，此以人事君之義。朱子嘗與劉共父書云：「平居暇日，所以自任者雖重，而所以待天下之士者不過如此。是以勤勞惻怛，雖盡於鰥寡孤獨之情，而未及乎本根長久之計。恩威功譽雖播於兒童走卒之口，而未諭乎賢士大夫之心。此蓋未及乎有爲，而天下之士先以訑訑之聲音顏色待之矣。」此說最中共父之病，今之大臣亦有如此者，謂之彼善於此則可，謂之知道則未也。

朱子曰：「未嘗行之，不可逆料今日之不可行，且事亦顧理之所在如何耳。理在當行，不以行之難易爲作輟也。盡心竭力而爲之，不幸而至於眞不可行，然後已焉，則亦無所憾於吾心矣。」可見行藏聖賢亦無固必，如孟子去齊，豈若是悻悻然哉？荷蕢之果宜夫子責之也。

朱子答何叔京書云：「竊觀平日容貌之閒，從容和易之意有餘，而於莊整齊肅之意若有所不足，豈其所存不主於敬，是以不免若存若亡而不自覺其舍而失之乎？」此數語正説著某病痛，録以自警。

朱子令何叔京會集二先生言敬處，子細尋繹，此可爲法。某舊嘗集朱子言敬數十條，後見薛仁齋必有事編，正同某意而更精密。若依此做工夫，便自不同了。

時閲日録，固有未嘗讀之，不覺愧赧，亦有一時心開而後來意味漸衰，反不如前者。因此亦知自警。

近日好聽人談拳勇，豈吾夫子不語力之意耶？自愧深矣。

某未發也，敬爲之主，而義已具其已發也，必主於義而敬行焉。

未發已發，皆有太極存焉。

自一身以至於處事接物，常恐有一毫不是，此心便不敢放。

許魯齋云：「世閒巧拙俱相伴，不許區區智力爭。」吾見以智力相爭，而卒至於敗者多矣。

逞一時巧詐之術而禍卒流於子孫，可畏哉！

用術者原欲欺人，但只欺得愚人耳。識者直見其肺肝，不可恥哉！

張子西銘道理與墨氏「兼愛」絕不同。惟明辨深察而本乎天理之公，無一毫人欲之私，則天德王道全矣。

此學不振，不是人不肯信從，只是在我者道理不足感發，只自愧自責自勉而已。

今須是收斂退藏，與時消息。

人只爲己作祟，害了多少好事。故克己便覺心中無阻滯累贅，多少通快。

西銘以仁爲主，而義行乎其間。

仁道至大，仁中自有義、禮、智在。仁非煦煦之謂，然義、禮、智若無仁以貫之，亦不可。

墨子「兼愛」似仁，然自不識仁。楊子「爲我」似義，然自不識義。

理未易明，須條分縷析，勿有毫釐之差。

太極圖説「立人之道，曰仁與義」，西銘一篇盡爲人底道理。

只是一個心，有未發時，有已發時，然卻皆要操存。

仁、義、禮、智四者，當知其界限而不可紊，又當知其統會而無不貫。

爲學莫要於求仁，求仁莫先於主敬。

第曰存心，則異端猶或假借，而正之以主敬，虚無頓悟之弊絶矣。第曰致知，則俗學不無僞託，而實之以窮理，記覽詞章之習除矣。

不敬則一切緩散，知也不得力，行也不得力。

吾人爲學先守定程朱軌轍，久之自得，則所見所行亦自不踰矩。若恐人道我無自得自立一説，吾恐其終與程朱異矣。

靜思日用言行不得力，只是主敬不密。

近覺尋常人一言一事亦有不可及處，甚愧平日讀書全無可靠，不覺汗下也。

觀「曾子三省」章，即一生得力「忠恕」處。故因門人之問，便開口説出「忠恕」，亦是眞積有得，所以卒聞一貫。

聽訟，中正、明達、果斷，缺一不可，故周子曰：「中正，本也。明斷，用也。」不中正而恃明斷，則私而刻；徒中正而不明斷，則迂而蔽。

天地生物之心無時而已，聖人救世之念無時而忘。殺人以圖敵人之德我，仁者不爲也。

天下事處置不當，便生許多變故。有封疆之責者，豈可不慎貽誤公家耶？

凡治罪須準情度理，不可用一己意見。

古人戮人於市與衆共之，國人皆曰可殺，然後殺之。凡治罪不即乎人心之安，終不免於冤。

才有私心，即人得而見之。

理明則處事有斷制，而無阻礙濡滯之弊矣。

有自謂已知已能之心，不足以進道矣。

朱子與王子合書云：「小仁者，大仁之賊。無面目者，乃長久人情也。」以此知凡來學者，若不痛切教導，亦未免誤人，故教不倦則謂之仁。

道理本不是孤單，所貴讀書窮理，積久自通。

剛愎自用，未有不敗事者也。

王荊公只自用，不肯聽人說好話，而卒爲天下之罪人，可不戒哉！

强不知以爲知，終無進步，終與聖學不相似。

學不知道，自以爲有所知有所能，皆是私意。

不認過，是學者之大病。

若好道則人道，自己不是眞以聞過爲幸。

惡聞過，非自愛之道也。

以聞過爲可恥，而不以其終陷於惡爲可恥之甚，則亦不仁之人而已矣。

聖人諸弟子亦有仕非其地者，如子路之仕孔悝，冉求之仕季氏，此亦是見理不明。後人如何藉口，但聖人不曾止之於始，又不知何故，未可臆斷他。

揚子雲有「四重」、「四輕」之說，辥敬軒取之。「四重」謂「言重則有法，行重則有德，貌重則有威，好重則有觀」，「四輕」謂「言輕則招憂，行輕則招辜，貌輕則招辱，好輕則招淫」。

天下未有無其理而有其事者，世每言理之所無事之所有，殊不知理之所無便是非理，才知非理便又是理也。

呂新吾呻吟語説理閒有不合程朱處，然於人情物理亦頗有體認，終是實學，未可輕議也。

新吾其學，亦不謂之純。

程朱從孔孟一脈下來，辥胡從程朱一脈下來。漢唐諸儒則諸族之有遠近者，陸王則異姓之盛者，要不可以亂宗。程朱後諸講學之純者，或比再從三從，亦不遠乎宗者也。

小學題辭、大學章句序，皆從天命源頭説下來，此見吾儒之學本天處。

中庸序從堯舜説起，此是孟子「言必稱堯舜」意。

中庸言道統，故斷自堯舜，亦爲「中」字始於堯舜，以上聖人更不可考。

許魯齋可接朱子之傳，然謂其可比朱子，恐未然。

學只是爲己，論語首章便説「人不知而不愠」，如何人自小讀書都全忘了？

有大學規模，然後讀語、孟、六經自有味。不能涵養，雖窮理終不有諸己。

須令自己意思整，整時多方好。

不求聖賢本意所在，惟好穿鑿强自立説，是學者大病。

須求精約，不在泛觀博覽。

凡禮文不常習，亦不知中節與否，常習有不通處乃見，便思如何方是。如周旋進退揖讓，皆是所謂「節文，日謹其所未謹」也。

行鄉飲酒禮，因想聖人裁成，眞是天理人情之至習，其數須明，其義方有益。

孔孟氣象不同，程子以玉與冰水精比之最妙。如論語兩「難矣哉」，孟子便説兩「哀哉」。論語兩「吾末如之何」，孟子便說「違禽獸」。不遠於禽獸又何難？有多少光耀。

天人眞是一氣一理，人事才乖於天下，便示變於上。詩云「畏天之威」，又云「敬天之渝」，眞是詩人知得此理。

陸稼書先生有云：「處處樹立一界限，事事斟酌一分寸。」此語最好，然非窮理，精義如何得？

學不爲理會身心，終無用處。

看今後生輩，知實信小學者，甚難其人。

此學不明，小小事亦難得其人，況天下大事？此亦自來，不曾養得，卻怎責他？當此大亂之後，學者多不能自立，只求衣食去，以此愈思豪傑之士。

要把持得此心住。

學不從程朱塗轍，以程朱所定讀書之序爲不易之則漸次做去，遽欲從事於經，且欲從事於三禮，即有所得亦未必合聖人之意。

風無微不入，氣無微不通。

河圖對待之易，洛書流行之易。河圖天道，洛書人道。河圖陰陽並重，洛書陽以統陰。然皆自然之數，而非心思智慮之所爲也。

「禮，時爲大」，此不可不知，不然則駭俗。

細讀八佾一篇，則知聖人所以行禮之意。

不知義理，行個甚禮？

小學一書便是最切最要之禮，人人當知，人人當行。近有欲行儀禮者，不知於此實體否？

「道問學」正爲「尊德性」。不「道問學」而自以爲「尊德性」，吾恐有不識眞德性者矣！

因近事益知夫子「危行言孫」之意，南容「有道，不廢；無道，免於刑戮」〔一〕。朱子注曰，以其謹於言行，故如此。蓋容嘗三復白圭，謹言者也。謹言，故必謹行。

人不謹於言行，只是心不存耳。

魯固多賢，子賤能取以成德，此爲難耳。

木訥近仁，不佞亦所以爲仁。

知得自己有未信處，便是長進。今人多自信了，便終於自畫。

朱子曰：「性自是理，情是流出運用處，心則具此理而行此情者也。以智言之，所以知是非之理則智也，性也；所以知是非而是非之者，情也；具此理而覺其爲是非者，心也。」此數句甚分明，益覺横渠「心統性情」之説爲至。

理氣不相離，理是實理，氣亦是實氣。

人物都在這理氣中。

朱子行狀言德一段，「明足以察其微」四句，資稟、學力俱有其存之也。「虚而静」四句是説效驗。

明剛是顔子本領，弘毅是曾子本領。屏山作朱子祝辭，惟顔曾是畏。朱子一生，眞是做得顔曾工夫上。

兄弟之閒斷不可較量是非，凡親屬皆然。只自盡其道而已，一有較量便是骨肉而路人矣。吾見人於路人多不較量，而反不能自克於骨肉之閒者，何也？

讀論語果深思而實體之，意味自别。

氣自是實氣，天地閒自無假底氣。然氣卻有虚實聚散，又不可説有一毫無氣處。

〔一〕「有道，不廢；無道，免於刑戮」：本句「有道」、「無道」之上據論語公冶長，各省一「邦」字。

## 己巳

忽忽歲月，年已四六。百無一成，内省多疚。生我之恩，未酬萬一。靦然自愧，何以爲人？

圖書集成大綱：　歷象、坤輿、明倫、博物、理學、經濟。

「觀秦中氣豔衰，邊事所困，累歲不稔。昨來餽邊喪亡，今日事未可知，大有可憂者，以至士人相繼淪喪，爲足粧點關中者，則遂化去。吁可怪也！　凡言王氣者，實有此理。生一物須有此氣，不論美惡，須有許大氣豔，故生是人。至如闕里，有許多氣豔，故此道之流，以至於今日。昔横渠説出此道理，至此幾乎衰矣。只介父一個，氣豔大小大。」程子語。

## 庚午

醴泉無源，芝草無根，人貴自立。戶樞不蠹，流水不腐，民生在勤。

竊維移風易俗，教化爲先，顧官之於民條告，或視爲具文刑章，亦倖圖苟免，不若鄉之士大夫，朝夕與處，情易通而言易入者，亦勢使然也。特以側陋寒微，不求聞達當道者，又不搜羅引汲，任其淪沒巖阿。無怪乎滔滔，皆是提倡無人，而浮僞之士且以爲積學立品，如某某者卒亦無所表見，甚至窮餓終老，人亦何樂爲君子，而恥不爲君子哉？　此世風之所以日下，而人才之所宜亟舉也。舉興國州布衣萬斛泉及其弟子宋鼎鄒金粟請賞給京銜疏節。

凡官自督撫司道至於牧令，均應歲奉千餘金或數百金，敦請道德忠鯁之儒以爲師友，匡正其心術，增益其耳目，知慮之所不及，必如是而後德可修名可保也。

嘗笑世無不用錢之豪傑，亦決無自貪自污自私自肥之豪傑。

兵事無萬全，求萬全者無全。處處謹慎，處處不能謹慎。

兵事，成，天也；敗，人也。

穩紮猛打，合力分枝，足以括用兵之要矣。

兵猶火也，不戢則焚；兵猶水也，不流則腐。

一綱舉，衆目張；一本立，萬事理。以上八條皆胡文忠公語。

楊園云：「讀書可以養德，可以養身，可以禦外侮，可以長子孫。」

修己和族，承家保世，皆本於讀書明大義。

夢師講「惟精惟一」二句，謂知行皆要人實做工夫。六月十二日夜夢時齋師。

薛文清公卻贈詩云：「有人情重贈尤多，柰我中心義理何？縱使盡添齊楚富，一身之外總爲他。」有人以兄之官，資斧之難，以書代余干人者，卽以原銀還人，且致恨於代干者之不情也。先輩云：「人必自忘其廉恥，而後謂他人之廉恥不足惜。」繼又一笑置之，復自愧焉。昔傅堯俞欲識陳師道無已，以問秦觀，觀曰：「是非持刺、伺候公卿之門者，殆難致也。」堯俞曰：「將往見之，懼不吾見，願子爲介耳。」知其貧，懷金欲餽，比至，聽其議論，益敬畏，不敢出。蓋吾不爲人信，以至於此，益知平日所學行全不可靠。自修而已，人又何尤？

老至不衰，由好學。理求自得，總虚心。

## 辛未

凡事只徇情面，乃人己兩失之道，朱子所謂「小仁者，大仁之賊，而無面目者，乃長久人情也」。

才覺昏困，便整頓起。

合做事，雖沓來紛至，只斟酌一先後，須處置了，不可生厭煩之心。知得本然道理，便合用當然工夫。仁則心之道，而敬則心之貞，故爲學莫要求仁，而求仁只在主敬。楊仁甫云：「君子求諸己，不尤人，不患人心之不服，而患吾身之不修。遠方朋來，君子樂之，然所性不存。若時習而悦，不可頃刻不勉。」此數語甚好，然張子云「惟聖人知朋友之取益爲多，故樂得朋友之來」，此意亦不可少。辥文清公生平得力全在一「性」字，故讀書録中多言道體，而末一條云「自孟子沒，道失其傳，只是性不明」，此先生所以得與斯道之傳者也。先生臨沒，口占云「七十六年無一事，此心惟覺性天通」，亦可見矣。

## 壬申

漢學商兑此書極闢漢學尊朱子，亦學者不可不看之書。

國朝尊尚漢學遠過前代，此亦懲陽明不重讀書之弊。然欲以此議程朱義理，則大不可。漢學雖於訓詁詳盡，而義理殊多未通。近世講漢學者，卽以訓詁當義理，此其所以蔽也。

存養、省察二者不可偏廢，存養固屬靜，省察固屬動。須又知靜時也要省察，動時也當存養，此卽朱子所謂「無時不存養，無時不省察也」。

朱子行狀説爲學規模工夫無不全備。學者便當守此以終身，熟讀精思而體之於身，如此方是聖門傳授的派。

大學或問首段論敬及格致傳，尤當精思熟講，皆是朱子婆心爲人處。

李朗川文炤曰：「自古皆有死，民無信不立，而君臣之義定矣。餓死事極小，失節事極大，而夫婦之義定矣。處變而不失其常，非可與權者，安能爲此言？」愚以此推之，泰伯、伯夷之讓，舜之竊負而逃，孔子之正名，皆聖人之處變而不失其正，所謂權也。若後世便不免權謀權變，非天理之正，烏足知此義哉？

岳武穆奉詔班師，正所謂「處變而不失其常」，合乎聖人之權。而後人且以未可與權譏之，豈所謂知權者哉？

涇野先生因問一書閒與朱注不合。然其切實有味，眞有益於學者。

曾子一生做宏毅工夫，大學便是宏毅規模。

大學三綱領，所謂「仁以爲己任」也。

四書五經無非説大學三綱領道理，卽二十一史亦多反此者耳。

直捷要學聖賢，方是立志。

立志不定，東撞西撞，無個著落，終會墮落坑塹，況無志乎？

予自十七八讀涇野先生書，卽愛其論「季氏舞八佾、歌雍詩，都自恥惡衣惡食來」，季氏亦是「好體面」三個字，故陷於僭竊之罪。先生生平以安貧改過教人，眞是切實爲人，今人亦只爲好體面，便無所不至，人若於此處看得破，方可共學，「不忮不求，何用不臧」。

## 癸酉

凡事自有一個當然道理，才任意見便錯過。

私意最害事，又以聖賢遷就自己，尤不好。

「順理則頭頭合自然，逆理則處處皆顛倒。」此胡敬齋録中語，大凡做事顛倒，皆是不合理。程子亦謂「順理則裕，然理卻難認，彼顛倒者且自以爲理」，又謂「人之皆不知理也，可嘆哉」。

容貌、辭氣、顔色，要時時檢點，曾子臨終以此三者告孟敬子，可知不是小事。

此心須要常存，存得此心，方好讀書，方好做事。

人只一個護己之見，便封閉了，且是己而非人。

慈溪日鈔記王介甫與陳和叔内翰書，謂其「以券致饋，喻令來取」，非交際之道。人於某有類此者，卽以書辭之。後聞近世官場凡有餽遺多用契券，風俗如此，更有甚義理？與人而使之來取已不是，況餽於人？所以致敬也而曰取，是何義理？

當靜而靜，所謂艮其止，止其所也，自不類於禪家之靜。

答張敬夫書「敬」字工夫通貫動靜，而必以靜爲本，蓋敬之所施宜有先後。今好靜者，又見朱子說靜，遂亦頗言學以靜爲要，此恐便有病，不如只著敬，則動靜皆有工夫。

清麓日記卷第二終

# 清麓日記卷第三

自同治甲戌至光緒丙子

三原賀瑞麟角生著
同里劉嗣曾孝堂校刊

## 甲戌

天地間無一物無氣，卽無一物無理；無一物無陰陽，卽無一物無太極。

好責人，便是不肯克己。

明商文毅輅有聯云：「孝若曾子參，方能當一字可。才如周公旦，容不得半點私。」

古之欲明明德於天下者，只是知得這道理是性分之固有，職分之當爲，不然如何有這欲來？

一篇西銘，道理無非說性，無非要人盡性。

己立立人，已達達人，亦只是此一個性而已。

張蘿谷先生知重小學矣，而以論語次之，卻謂大學、中庸俱宜。後讀此與朱子讀書次第不合，然亦是他自得力處，究竟當依朱子爲是。

朱子小學綱領條目與大學脈絡相通，卽讀小學卽便讀論語，亦自有把握。

朱子讀四書次序是萬世不易之法，然善讀者卽隨取一書讀之，亦自有得力處。

張蘿谷得力四書最多，不曾甚說近思録，何也？

蘿谷論治多論及治體，以此知學從本原來。

蘿谷謂王復齋：「當王學正盛之時，獨能恪守程、朱、薛、胡，排斥異說，亦可謂振古之豪傑矣。」余謂蘿谷當關中二曲、豐川之後挺然特立，略不入其圈樻，力尊洛閩；朱子後，獨取薛、胡、呂、陸、復齋，而又深契呂氏，其識力殆亦不愧復齋也。

蘿谷識見獨高，評學蔀通辨論陸王處，卻又和平不過激。

未發時若說「塊然無知」，便入禪定之學。

衆人自有未發時，只爲不曾存養，便昏塞如磕睡漢。聖人此心洞然，自然是中。學者須令常存主宰，所謂敬而無失，此時不可謂之無知覺，只是無所知所覺。若並無知覺，是不敬也。

未發之時，只要心有主宰。有主宰，便是知覺不昧。

常體驗自己無喜怒哀樂時，心中是空寂，是昏塞。昏塞非敬，空寂亦非敬，便不是未發之中，故朱子曰「只敬而無失便是未發之中也」。

動靜固有兩時，然亦非截而爲二。

益陽胡達源著弟子箴言一書，内集一聯云「觀萬物有生意，奉一心爲嚴師」。達源，文忠公林翼父也，官侍御。

汪氏曰：「朱子舊說謂『幾微之際，一有覺焉，便爲已發，而非寂然之謂』，故曰『人自嬰兒以至老死，雖語默動靜不同，而其大體莫非已發，則是以已發之名侵過未發之境也』。至其定論，乃因靜中有物之說，而以知覺不昧爲未發云。」麟按：中庸或問謂，至靜之中但有能知覺者而未有所知覺，又以「才思即是已發」爲比則未可，以「復之一陽已動」爲比則未可，皆是不欲以已發之名侵過未發之境。所以答張敬夫書以「思慮未萌而知覺不昧」爲靜中之動，復之所以見「天地之心」。記論性答藁後謂「擇之疑思慮未萌者，是坤卦事，不應以復當之」。予謂此乃易傳無閒可容息處。夫思慮未萌者固坤也，而曰「知覺不昧」則復矣。故答呂子約書有「心之有知，與耳之有聞、目之有見爲一等時節，雖未發而未嘗無。心之有思，與耳之有聽、目之有視爲一等時節，一有此則不得爲未發」。故程子以有思爲已發則可，而記者以無見無聞爲未發則不可。合是數說觀之，亦可見未發地位時節。

靜中有物，程子謂這裏便是難處，學者莫若先理會得敬，能敬則知此矣。周子曰「無欲故靜」，此自是聖人事。學者須是主敬，敬是做寡欲工夫，敬之至則由寡而無，故程子曰「敬則無己可克」。

時常操持此心，使不放逸方好。

無事時靜坐少頃，略教意思清清整整亦好。但不可將靜坐作一件工夫，如此便流爲異端，要坐禪也。

窮理不精，做敬上工夫亦易差。

才說窮理，便離敬不得。

陸桴亭謂「道心爲不雜陰陽之太極，人心爲不離陰陽之太極」，說道心猶可，說人心則不可。既云人心亦太極，而可以危言耶？此等不免辭不達意。

桴亭謂「爲善只是尋常做去，不可分外尋討」，此言最是，朱子亦曰「凡事至於過當便是僞」，即此意。

閲桴亭日記，見明季諸先生亦有姚會之風。

桴亭常有紀事録，欲又訂一相觀録，紀同時諸友嘉言善行。

明季及國初諸講學家多取朱子語類「半日靜坐，半日讀書」之説，近亦有人尊信，以爲工夫必須如此。此蓋陰染於禪家之說而不自知，不知陸稼書松陽鈔存已辨之，蓋非朱子語也。

桴亭以事見州尊，謂遍覓靴不得，曳履而見州尊，非禮也。此意亦是。此予所以每不喜見當事也。

古人有四揖禮，又有三叩五揖禮。

桴亭率其子拜陸希宣，以國朝紀要爲贄見之儀。

桴亭有省兵增糧、省官增俸之説，與予素論甚合。

王仲復先生曰：「心下熱閙即看道理不出，且須静坐，這也只是個『主一無適』。」又曰：「静坐時收拾得這個心湛然，在此不散亂不困頓，窮理應事便有力。」如此説静坐方不是禪和子樣。

不主敬總能静坐，不是昏了天性，便是空了天性，無主宰故也。

敬便做得此心主宰。

陸王大要只是認心爲性，認氣爲理，此所謂本領不是也。

太極，理而已，有太極便有陰陽，理不離氣也。

依小學、近思録做得工夫眞，陸王、佛老之説自惑不得。

小學、近思録、四書，此六書者，須臾不可離，當死而後已。

常切操存此心，勿令放逸走作。

時習便是敬，不時習便有閒斷，非敬也。

「心具理」謂「心卽理」則不可。理非氣亦無承載處，認氣爲理則不是。

儒釋之辨只本天、本心是扼要處，識得此，陸王一派便不能惑。

存心謂存其本然之心。能存得本然之心，則性自在此，亦養而無害，非存心外更有養性事也。

朱子云「自古聖賢皆以心地爲本」，蓋皆能全其本然之心，所謂「道心爲主，而人心退聽」也。然人同此心，而聖賢所以能全之者，亦得所以爲心之法耳，故中庸云「孔門傳授心法」。孔子「從心所欲不踰矩」，「矩」，法度之器。孔子之心便是法，學者要不失心法，亦只於「精一」上用工夫。後世師心自用只爲無這法，遂猖狂自是，卒成無忌憚之小人，可不畏哉！

學者立志是入手事，亦是終身事，工夫才放鬆便是此志倒了。直須時時抖擻此志，方做得工夫不閒斷，所謂「一息尚存，此志不容少懈」也。

橫渠先生云：「從此學者苟非將大有爲，必有所甚不得已也。」學者當思大有爲處何在？甚不得已處，又何爲也？

橫渠教小童「四益」之説，今日爲師者不可不取以爲法。

橫渠先生行狀云「先生多教人以德，從容語學者曰：『孰能少置意科舉，相從於堯舜之域？』先生又曰：『後生可畏，有意於古則雖科舉不能害其志。然不如絕利一源，絕利一源最是要法。才事科舉未有不害志者，若不害志，非豪傑之士不能，然眞正豪傑又恐不肯爲也。』」

好惡不偏，便見涵養工夫。

雜學者，欲事事無不知也。然卻緊要處不知，故曰「不雜學，故明」。

心爲一身之主宰，亦即萬事萬物之主宰。然所以爲之主宰者，以其具是理而已，所謂本然之心是也。則卽以理爲心之主宰亦可，故曰有主則實理自是實。不然，以悠悠蕩蕩之心而謂爲身與事物之主宰，豈可哉？

爲學數十年而主敬窮理不密不精，無一可自信者，謂學程朱之學，寗不自愧！

溫厚洪粹，所當自勉。

朋友相見，只可講學，不可閒雜議論。

異端橫行，邪説害正，在今日只有反經之一法。

孟子反經是內修，好辨是外攘。此工夫皆要不可偏廢。後人以夫子小管仲之器而忘其仁管仲之功，固不可。然以其功而並沒其器小，其識亦可知矣。

「凡與朋友處，須使誠有餘而言不足，則言出而人信」，程子此言不可不體。聖人謂「忠告而善道之，不可則止，毋自辱焉」，試思當初忠告善道者何心？一旦不可則止，豈眞懼辱哉？蓋忠告善道者，仁也；不可則止者，義也。義所以成仁。若至於辱，則雖復欲致其忠告善道而不可得矣，仁於何有？所以不可則止者，蓋其至誠懇切，冀其在彼，或一旦有悟而聽吾之言，非悻悻然遽有棄人之心也。子游「事君數，斯疏矣」[一]云云，皆同此意。

吾心之主宰只有一個義理，所謂「道心爲主」也。

知理一而不知分殊，則所謂理一者，亦只見得籠統含混，非眞知也。朱子所謂「必析之極其精而不亂，然後合之盡其大而無餘」。曾子所以隨事精察而力行，然後聞「一貫」之傳也。

自覺日用不得力，一言一動便有多少病痛。

每見人自道所長，不覺赧顔。

雜學害道，而人多以此自矜，何也？

須臾不可不敬，敬只是操心而已。

近世有好編録理學之書以求名者。不知學無實得，擇不精而語不詳，適足以誤世。識者已斥之，名於何有？

稼書謂「中有中之體用，和有和之體用」，此理析之自不可易。即以中庸言之，朱子謂「大德是中，小德是和」。「至誠」言大德之敦化而立大本，知化育卽中之體，經綸大經卽中之用；「至聖」言小德之川流，而聰明睿知卽和之體，寬裕溫柔等卽和之用。雖然經綸大經皆以存心統言之，故仍謂之大德，謂之中；聰明睿知皆以發用分言之，故仍謂之小德，謂之和。

朱子謂「不當以中爲隱，以和爲費」，蓋中和各有隱費，須細參之。

中庸一書雖説上達處多，然末章又自下學立心之始言之，無非切實爲己之意。此最中庸一篇喫緊爲人處，不可不時時體察也。

中庸一書三言君子小人，曰中庸，曰反中庸；曰居易俟命，曰行險徼幸；曰闇然日章，曰的然日亡。惟以闇然爲心，

[一] 「事君數，斯疏矣」：此二句爲子游曰之首、末句，論語里仁子游曰：「事君數，斯辱矣；朋友數，斯疏矣。」

故能居易俟命而體乎中庸。惟以的然爲心，故卒行險徼幸而反乎中庸。然則立心之始可不慎哉！此可以知末篇之旨矣。

中庸首尾只是一戒懼慎獨，聖學之要可知矣。

游定夫謂西銘爲中庸之理。愚謂太極、通書亦中庸之理。太極卽天命之性，通書首言誠，而誠者中庸之樞紐，豈有二哉？

西銘有欲明明德於天下底意思，亦是大學之理。明明德、新民，分殊也；止至善，理一也。

仁是理一，義是分殊；忠是理一，恕是分殊。中，理一也；和，分殊也。

曾子做得「忠恕」熟，故作大學十傳亦只以此二字便發揮得盡。

大學雖就發處說，而誠意正心以前亦自有致中工夫。至於脩身而齊家、治國、平天下，便是致和工夫。

陸桴亭議論開發，才思卓越，學力亦勇決，但多有可疑，恐未可以程朱一脈許之也。

桴亭入手不免夾雜於陸王，亦不能盡撤其蔀。

自信工夫未能嚴密，多無得力。方思晚歲補救，遑敢言衰？

井田廢而游民多，學校廢而異端起。

唐虞司徒只是教以人倫，三代之學亦曰明倫。然倫莫大於孝弟。當孟子時，楊墨横行，無父無君，故其告齊梁之君皆曰「謹庠序之教，申之以孝弟之義」。後世教學不明，而老、佛之說遍天下，甚至改頭换面愈出愈怪。如今之天主教之類。非孝者無親，要君者無上，非聖人者無法，于斯極矣，幾何不胥中國而爲夷狄也？正本清原，亦惟有講明聖學而實行之，所謂「經正則庶民興，庶民興斯無邪慝也」。

本天、本心二語便是判斷吾儒異端之要領。陸王一派亦只以「心卽理也」一句爲崇，故種種謬妄皆由於此。學者斷不可爲其所惑。

才有自是底心，便隔斷多少好事，如何更有進益？

不於小學、近思録、四書上做工夫，而遽欲談易，是不下學而妄希上達。猶築牆而不堅其基，鮮不仆矣。

當時聖門教人亦是有個定本，如大學、中庸、孟子所引詩書爲多，是夫子所「雅言」者，故數世相傳只是一脈，而大學、中庸、孟子三書義理亦多貫通，此所謂淵源者也。

心非理而爲理之總會，心亦氣而爲氣之精英。

性是心之理，而情是性之用。

心體本自廣大，然亦爲性具於中。非性則心亦氣耳，如何會廣大？故曰「盡其心者，知其性也」。釋氏不知性，自要大其心，以爲識心見性，吾以爲仍不識心。

工夫最要敬而無失。

中庸費隱都是就理説，故不可以中和分配。大德敦化，根本盛大而出無窮也；小德川流，脈絡分明而往不息也。

性不可見，由情以知性。由其惻隱知其有仁，由其羞惡知其有義。惻隱卽仁之發，羞惡卽義之發，特因其發而名之曰惻隱羞惡，其實卽性之仁、性之義。若説已發之後中未嘗不在裏面，則是發而有未發者在，不知發者又何物也？豈非性與情各自爲一物而不相管哉？

邵子數學雖若與程子不同，而朱子取以明易，且似憾程子當日不曾講於邵子，則易中正不可少。張蘿谷以爲邵子於易功之首、罪之魁，且以邵子之數易之麼〔一〕障也。此豈朱子取之之意乎？亦未免斥之太過矣。

孔孟之論管仲，一是堯舜之爲民也大，一是禹之慮民也深。蘿谷獨推尊管仲，且以孟子之言爲不然，而並追咎於曾、西以爲腐儒。豈竟忘器小之云乎？似非所以嚴王霸之防也。

〔一〕「麼」：疑作「魔」，以下不再出校。

義所當爲則爲之，不以患難而避。避患難是以利害言也，義於何有？

義理之性與氣質之性要實見得不離不雜，方是眞知。

## 乙亥

爲學只居敬窮理盡之，大學或問首段發明「敬」字，格致傳發明「格致」工夫，俱極親切詳盡。而「格致」尤朱子獨詣之境，故其本末原委反覆論辨，無非懇懇爲人之意。而後來王陽明猶於此致疑，另出一解，此其所以卒得罪於聖人也。

「格致」講不清白，「誠正」以下便會節節做錯。

四書朱子注，字字宜玩味。而大學注尤精切之至。一部大學，朱子直解到死，臨歿猶改。誠意傳注是其喫緊爲人處，學者所當性命以之也。

聖人論學首在時習，才不時習便有間斷，非仁也。聖門教人求仁，工夫亦只是時習而已。

就有道而正，先須識得有道。不然，愈正愈差。

苟志於仁矣，無惡也。若不志仁，則日在爲惡之中，可不畏哉！

千古學術只是「明善復初」，論語首章便言學，朱子便以此四字注之，眞是傳心之要。尤要在提出「人性皆善」一句，便知學原性上事，後世講學愈雜，卻不知害了這性。

今讀論語，即做時習工夫，但覺親切浹合方是說意生也。

不知性善，學個甚麼？

爲明己之善，爲復己之初，人不知干己甚事？

眞做時習工夫，人方信得說，不然只是說話。

時習而說，眞有不可對人言者，但自覺有不忍舍處。不知而慍便是不學，便不時習，不說也。

君子亦不知自己不慍，只是一個「學而時習之」而已，故注曰「學之正，習之熟，說之深而不已焉耳」。

人性本善，故惟學之正方能習熟說深而不已。人做不好底事，到底心中不安，亦終有厭時，性本無也。

「明善復初」，方是學之正。

善明初復，而後德可成也。

人皆有性善，故曰「以善及人而信從者衆」。

朋來而樂，便是大學欲明明德於天下底心，便是一篇西銘道理。

孝弟是爲仁之本，孝弟卽是爲學之本。

孝弟卽性善也。

性中無孝弟名目，孝弟實從性中發出。

巧令鮮仁，木訥近仁，卽此可以知仁。

夫子四教，以忠信爲本。而曾子三省，卽以忠信爲先。夫子之所傳以此，曾子之所習亦以此，故曰「忠信爲傳習之本」。然曾子生平得力實只此二字，大學「平天下」傳亦不過曰忠信，以得絜矩而已。

「十室之邑必有忠信」，此「忠信」止以質言。四教之「忠信」，與「不重」章之主「忠信」又兼學在內。

天地生物之心只是一個陽氣，故萬物當春發生。論語記夫子「溫而厲」、「溫良恭儉讓」，「溫」皆在先，聖人亦是生物底心，卽天地之心也。凡人孤冷底，便不能接人，如冬日嚴寒；能生物，人須常有這溫底意思方好。

虞書「教胄子，直而溫」，亦是「溫」在先。

鳶飛魚躍，是就形言理。所謂無物不有鬼神，是就氣言理，所謂「無時不然」。

自「道不遠人」三章以至「鬼神」章言道體，自「大孝」三章以至「問政」章言道統。

如今學者多是「非不悅子之道」底意思。試思平日自謂儒矣，君子儒乎？小人儒乎？須隱微中自家推勘一過，能不悚然？

桐城方植之先生東樹著漢學商兑，辨漢學甚有功，愚聞之師云「陸王之偏坐不知學，考據之僻坐不明理」。余謂陸王皆謂卽心卽理，故不肯學；考據家自矜其學博雜已甚，如何見得實理？

考據家亦謂實事求是，只是是其所是。

今漢學家不喜程朱，皆是惡其害己者。如象山自幼讀伊川語，謂其傷心。不從身心性命上做工夫，儘教説王談霸，都是脱空。居敬窮理工夫密，言動便不同，自於人情物理不悖，如何不會處置？

有人謂粵寇之亂，漢學家爲之。固有此理，亦是「充類至義之盡」底説法。學術之壞漸浸淫於人心，士習民風焉得不惡？此其兆亂蓋亦理勢之必然，然便謂漢學家爲之，亦恐非其事實。自道光末以至今日，禍端非一。究其源，多起於官吏不能思患豫防，且激之成變，豈盡爲漢學者？抑以孔孟、程朱之學不明於世，人心之壞至今已極，漢學亦因此而盛。歸其咎，不得謂不得罪於學術，而必謂粵寇由此而致，則彼且有辭矣。

凡論事，貴得其平。

一部大學自「誠意」章便言好惡，以至「平天下」無非此二字。蓋用情一偏，則已失其本性，大本不立，達道如何能行？所以八條目皆離不得敬，敬則性存而情亦不偏矣。

聖統王猷本一原，皆一敬做成。

程子「性卽理也」之訓，朱子謂千萬世言性者顛撲不破。余謂朱子「仁者，心之德、愛之理；義者，心之制、事之宜；禮者，天理之節文，人事之儀則」，如此之類，亦千萬世顛撲不破。

朱子解書如化工造物，曲體聖人語氣，順文解意。如中庸「道」字節節不同，日用事物當行之理，皆性之德，而具於心中而已矣。「率性而已」之類，一則首解「道」字之理依「不可離」説，「中」依智愚賢不肖之「過不及」説，「率性」依「不遠人」説，妙盡其致。考據家便執一解，處處穿鑿。

且常操持此心，不要走作。

陸稼書先生請停捐納，保舉九卿。議以阻誤軍機，擬革職，發奉天安插。同僚勸先生挽回衆怒，先生笑曰：「奉天亦可讀書也。」此是「素患難，行乎患難」底意思。張楊園先生館甑山，重午節歸家，貧不能設飲，先生怡然曰：「讀朱子集半本，可當午醉。」此是「素貧賤，行乎貧賤」，俱有無入而不自得氣象。

辥文清公辭官，中途餱糧俱乏，日終猶未食。先生方賦詩吟嘯不輟，子惇愠見出怨言，先生以杖擊之，曰：「我身雖困，而道則亨也。」此是安貧樂道之志。胡敬齋先生主講白鹿洞，因當事不知擇人，多奔競勢利之徒，又小人任事，方司訓支租事。辭疾而歸，沙港舟中有詩云：「臥病歸舟越水潯，誰將風教振當今？幼兒只解歸家好，那識若翁憂世心？」此又是悲天憫人之意。

先師桐閣先生胸中道理爛熟，偶爾之言亦關至理。有人述某公之言，謂毛西河著述，如秦楚之君雖以無道行之，亦足以霸。先生曰：「無道安能行？」有謂禮記多漢儒附會，中庸舊在禮記，是漢儒中秦人作，非子思之書，引「載華嶽而不重」爲證。先生曰：「衛詩『涇以渭濁』，亦秦女乎？」一野老問先生山上何以有水，先生曰：「爾頭頂不出汗乎？」野老大悟。

人與天地只是一個氣、一個理，故曰「天地之塞，吾其體；天地之帥，吾其性」。

修身、處事、接物，三者固爲學之要。然規模不出五教，工夫不外學、問、思、辨、行五者。不然亦不知所以修身、處事、接物之道，而又何以實致其力哉？此洞規必以五教及爲學之序先之，其完密如此。

不意老來又值家變，咎在自己不能積誠以感，生平學問全是脱空，愧莫甚焉！

悍婦詭譎播弄是非，而丈夫徒爲愚惑，雖至離恩失義，亦不覺悟。彼方旁觀得意，或反佯爲嘆息，轉咎丈夫，而丈夫亦自愧其不如遠甚。此小人之尤者，其爲家患甯有極乎？

聖賢遇家變，能挽回之，上也；不能，則亦處置得當而已。自家仍是不藏怒宿怨，積誠以動之，或冀將來一悟，不失天性之親，斯可矣。

心氣清明，義理昭著，此是眞實道理。夜中靜坐，思索義理，輒有悅心之趣。蓋加水無渣滓，易於照物，若擾動則昏濁，何能照物？

知其善而爲之不力，知其惡而去之不決，皆牽於欲耳，故克己工夫最要。

聖賢以心爲根本工夫，心一不敬則昏雜，何以致知？放慢，何以力行？故敬貫乎知行之中。若謂一敬便了，更不用致知力行，則又是死敬，近於異氏之寂守矣。

大學「知所先後，則近道矣」，讀書亦然。雖皆當讀之書，而先後倒置無循序漸進之功，亦長其好高騖遠之心，義理必不平實，工夫必不眞切，其去道益遠矣。

朱子自十五六歲在病翁所會一僧，云云，自是出入釋老。至二十四歲始見延平。又年歲間始覺其非，則二十四五矣。故答江元適自謂「出入於老釋者十餘年」。蓋自二十四五癸酉甲戌以後，已不爲異學所惑。而後人乃謂癸未、甲申之閒猶未決然於異學之辨，殆未然也。

朱子乙亥始見呂東萊，二十六歲。癸未始見張南軒，三十四歲。中和舊說序在乙酉、丙戌之閒，答張欽夫三書同。三十六七歲。

## 丙子

辥文清謂「讀朱子語録、雜書，斷不若讀其手筆之書」，稼書曰：「手筆之書亦有得語録而益明者，文清特恐人不知採擇而爲此言耳。」陳剩夫謂，伊川因門人以語録奉質，則曰：「某在，何必觀此？」蓋不得某之心，所記者徒彼意耳。今語類既皆門人所録，豈盡得朱子之心？讀語類正當有所折衷，未可以爲無毫釐之差謬也。又曰：「規模間架在吾胸中，然後讀語類以填補之，使道理益充周浹洽，甚宜也。若其未然，恐當循序。」此皆文清之意。而章楓山乃云：「朱子語類一書，雖出門人所記，不敢謂其字字句句皆無差誤，而其中所載大而天地鬼神之奥，小而一事一物之宜，凡所以窮理、修身、應事、接物與夫治國、平天下之道靡所不備，大有功於後學。」蓋文集尚有少壯未定之論，而語類中純者居多，宜稼書謂其「得語類而益明」，而楓山之言爲不可易也。至國朝熊愚齋直以語類爲駁雜汗漫之書，則過激之論有爲而發，而竊恐其亦未嘗潛心遜志於是也。

王復齋先生曰：「處兄弟者，無論賢愚順逆，只是要盡敬盡愛，自我施之而已。」此語當三復不忘。

陳茂烈曰：「儒有向上工夫，詩文土苴耳。」錢雲耜曰：「詩文狂藥，少年不可令作。」按：此卽程子「子弟之輕俊者不得令作文字」，朱子「當如淫聲美色以遠之」之意。然土苴則無用而已，狂藥直迷心害性。此數言者，今之學者曷弗深思而痛戒之哉？

周子太極圖說「主靜」下註「無欲故靜」，此語最精。上文又言「定之以中正仁義」，則謂周子卽從大學「定而後能靜」出來亦可。故程子定性篇亦曰「動亦定，靜亦定」，而朱子圖解所謂「苟非此心寂，然『無欲而靜』則又何以酬酢事物之變，而一天下之動哉」。以此見靜爲動本，而要非止以靜爲靜而已。稼書謂「主靜卽主敬」，朱子已有是語而學者猶疑之，何也？

張蘿谷疑胡敬齋、王復齋偏主涵養，稍輕窮理，是矣。而卻云「於發皆中節，之後而驗未發之中，其無所偏倚可知矣」，教人只於已發用功，此又未免稍偏於動，且引「致中」注「自戒懼而約之，以至於至靜之中無少偏倚，則極其中矣」，竟遺「其守不失」四字，故以未發無工夫。試思「其守不失」，非未發時工夫乎？不然，又何以謂之「致中」也？程子「敬而無失，卽所以中也」。敬非工夫而何？抑未發時一向若存若亡是卽常人之昏愚，將已發又如何而能中節哉？

未發涵養，已發省察，一皆以敬爲主，而不可有一時之間。

未發之時性爲之主，而敬則所以養其性。已發之際情有所施，而敬則所以正其情。

克己須從難處去克，爲善勿以小而不爲。集句

清麓日記卷第三終

# 清麓日記卷第四

自光緒己卯至庚寅

三原賀瑞麟角生著
同里劉嗣曾孝堂校刊

## 己卯

誠則心無愧怍。

才有一事不實，心便不安，以此知不自欺方能自慊。

敬則心在，亦自光明四達不滯於一隅一物，此謂活敬。有一學者宿館，主人屬其勿致爐火滅，次早主人來，火竟滅。問之，學者曰：「彼時正做主敬工夫。」吾謂安得如此死敬？

論語開章「學」字，朱子注以「明善復初」，精確之至。後世誰不讀這章書，曾思終身爲學是否「明善復初」，可不猛省？

爲學不從小學書入手，做工夫則學無基本。不熟究近思録，則異說有時而惑之，學術必不精純。

物各有理，理又未嘗不在人人心中。如置冠於地，加履於首，人人知其不可。以此推之，何事何處可以任意？須是求一個是，方是當如此，不用窮理審處，如何了得？

佛老認氣爲理，陸王亦不免此。即有窺見理處，亦只見理之一，而不知分之殊，故都是籠罩儱侗底說話，觀其書自見。

先有不甘流俗之念，而後有必爲聖賢之志。

西遊過馬嵬，不至楊妃墓，蓋可以爲好女色之戒。「赫赫宗周，褒姒滅之」，聖人著之於經以明禍本，所以深戒後人。

而世之文人遊宦往往豔稱其人，歌詠褒題修墓起屋。至若忠臣義士高人賢儒，其身後寂寥，一邱埋沒於荒烟野草之中，無復過而問焉，非所謂「好德不如好色者」歟？故於此甯嚴其防，非矯也。

至武功見孫西峰先生曾孫，其貧殊甚，欲拜謁先生之祠，云「遭荒已拆毁矣」。西門外西麓山房亦壞，令人嘆息不已。其文集講義版亦以債質人，舊年所見愼言録一冊，及所藏性理解、詩易解鈔本皆在其戚某家，屬其搜寄，不知能得否。

謁武功后稷廟，廟在西城山上，上有姜源廟，蓋武功即古有邰。

岐山山勢雄偉，風土渟厚，宜太王遷居於此，肇興王業也。

朱子初年見延平時，亦務爲儱侗宏闊之學。延平不以爲然，曰：「理不患其不一，所難者分殊耳。」所以朱子後來做工夫，直是精密周徧。大學或問有曰「必析之有以極其精而不亂，然後合之有以盡其大而無餘」，又嘗謂「不是一本處難認，乃是萬殊處難認」，而陸稼書亦謂「致和倍難於致中」。愚謂此即「一貫」章義，不是曾子隨事精察而力行，亦何以聞夫子一貫之言而無疑哉？蓋和即中之所在，分即理之所寓，固是體立而後用行，而用之行乃所以爲體之立。後儒往往以一貫爲入手工夫，可知其差矣。

金仁山謂：「『曾子』『傳不習乎』之『傳』，爲曾子傳之於人非受於師者，與上二句皆一例，及人事以集註未及修改。」此亦有理，程子亦有是說，然似不如註說精確有味。

集註「孝弟」章「仁」字，註「愛之理，心之德」，而孟子首章又曰「仁者，心之德，愛之理；義者，心之制，事之宜」。蓋論語是偏言之仁，孟子是專言者，故訓解雖同，而賓主先後之閒有異，是其精密確切，讀者不可以不細察也。

伊川先生因張思叔保生之問而曰：「吾以忘生徇欲爲深恥。」南軒謂：「若他人養生要康强只是利，伊川說出來純是天理。」愚謂伊川所養純熟，事事都是天理做出，嘗曰：「衣不欲異，欲其潔；食不欲異，欲其精。」

讀書須玩味聖人氣象，如伊川說「夫子事君盡禮，人以爲諂，若他人須著一個小人字」，此等處須細體會，便養得不狹隘褊淺。

居敬窮理齊頭用功，若說何者在先，何者在後，只是說也。實欲做工夫，人便不如此，但朱子說窮理力行有時，敬則無時而可已。

周子謂「無欲故静」，朱子謂「無欲故樂」。何以無欲？只在克己。

無欲故静，有主則虚，此所謂「敬則自虚静」也。

治道書當以眞西山大學衍義爲主，綱領條目亦極精密，此外書無如唐鑑、陸宣公奏議。蓋言治亦皆本道德仁義而出，無管商功利之習。

王仲復復齋録温粹深純，精嚴切實，讀其書可以知其所養矣。

既知學須有一個「苟日新」底工夫，又要有一個「死而後已」底志向。

做實地工夫爲要。辨先儒異同，須自有所見，方可須實有必爲聖賢之志。實做聖賢切己工夫，方知異端俗學不可不辨。

異端俗學害道害世，聖賢正有不忍天下後世載胥及溺底心，所謂不得已，非故有惡於異端俗學也。

小學、近思録二書便是四書五經眞血脈，便是帝王聖賢正路途。學者舍此而他學，血脈亂，路途差矣。不能感家人，只是自家誠有未至，克己爲要。

張子謂：「人未之信，反躬自治，不以語人。」若不自治而專咎人之不信，則益其怨，而人心離矣。

家之難齊莫甚於婦人，固要修身以端本，則亦須常與講明古人女學之書，如女誡等篇。朱子謂孝經、論語亦可取面前明白者教之。愚就小學中言婦女者，分女道、妻道、婦道、母道、姑道五類編爲一書，名女小學。朔望或夜坐，略爲解說，久當有益。

性發而爲情，然認情爲性則不可，如不可以博愛爲仁是也。理不離乎氣，然認氣爲理則不可，如不可以知覺言性是也。

性是我所自有，不是人能强與底；性是我所自足，不是人能外加底。

古禮自始死至葬，尸皆南首。惟朝祖北首，不以足向祖也。儀禮「卽牀而奠，當腢」，「腢」，肩頭也，謂尸南首，則設奠在牀東，當尸肩頭也。吾鄉俗，停尸皆以足向前，是北首也；將葬，載喪車亦然，且謂足向前象生人行，殊非禮。吾友張宜堂死，遺命必延予以禮葬。時諸生亦來相禮，特爲正之，其家人大譁，勉强行事，一時鄉人猶訾毁不已，士夫尤甚。此只坐不讀書，古禮之難行，愚夫之難曉，可勝嘆哉！

## 辛巳

朱子答沈莊仲書曰：「今公掀然有飛揚之心，以爲治國平天下如指諸掌。不知自家一個身〔一〕心都安頓未有下落，如何說功名事業？怎生治人？古時英雄豪傑不如此。張子房不問著他不說，諸葛孔明甚麽樣端嚴？公浙中一般學，是學爲英雄之學，務爲跅弛豪縱，全不點檢身心。某這裏須是事事從心上理會起，舉止〔二〕動步，事事有個道理。一毫不然，便是欠闕了他。道理固是，天下事無不當理會，只是有先後緩急之序，須先立其本，方以次推及其餘。今公們學都倒了，緩其所急，先其所後，少間使得這身心飛揚悠遠，全〔三〕無收拾處。而今人不知學底，他心雖放，然猶放得近。今公雖曰知爲學，然却放得遠，少間會失心去，不可不覺！」

張南軒答呂伯恭曰：「聞兄去年從學者甚衆，某殊謂未然。若是爲舉業而來，先懷利心，豈有就利上誘得就義之理？今已謝遣，甚幸！但舊已嘗謝遣，後來何爲復集？今次須是執得定，斷得分明。不然猶有絲毫牽滯，恐復因循於他日也。

〔一〕「身」：原闕，據朱子語類（清光緒劉氏傳經堂刻本，下同）卷一百一十六補。
〔二〕「止」：原作「足」，據朱子語類卷一百一十六改。
〔三〕「全」：原作「會」，據朱子語類卷一百一十六改。

大抵覺得老兄平日似於剛斷有所未足，時有流於牽滯姑息之弊。雖是過於厚傷於慈，爲君子之過，然在他人視我，則觀過可以知仁。在我自檢點，則終是偏處。仁義之道常相須要知，義不足則所謂仁者亦失其正矣。」

朱子曰：「敬不是閉眼默坐便爲敬，須是隨事致敬，要有行程去處。如今且未論齊家、治國、平天下，只截自格物、致知、誠意、正心〔一〕、修身爲說，此行程也。方其當格物時，便敬以格之；當誠意時，便敬以誠之；以至正心、修身以後，節節常要惺覺執持，令此心常在，方是能持敬。今之言持敬者，只是說敬，非是持敬。若此心常在軀殼中爲主，便常〔二〕須如烈火在身，有可〔三〕不犯之色。事物之來，便成兩畔〔四〕去，又何至如此〔五〕纏繞？」

朱子曰：「延平先生云：『人之念慮，若是於顯然過惡萌動，此卻易見易除。卻怕於匹〔六〕似閒底事爆起來，纏繞思念將去，不能除，此尤害事。』某向來亦是如此。」

答南軒曰：「近日一種向外走作〔七〕，心悅之而不能已者，皆準止酒例戒而絕之，似覺省事。」

南軒答朱子曰：「某近來務欲收斂，在本原處用功，覺得應事接物時差帖帖地，但氣習露見處未免有之。一向鞭辟不敢少放過，久之庶幾得力耳。」

又答呂伯恭曰：「某自覺向來於沉潛處少工夫，故本領尚未定。一二年來，頗專於敬上勉力，愈覺周子主靜之意爲有

〔一〕「心」：「心」之下原衍「以」，據朱子語類卷十三當刪正。
〔二〕「常」：原闕，據朱子語類卷十三補。
〔三〕「可」：原闕，據朱子語類卷十三補。
〔四〕「畔」：原作「片」，原闕，據朱子語類卷十三改。
〔五〕「此」：朱子語類卷十三作「是」。
〔六〕「匹」：朱子語類卷十三作「相」。
〔七〕「走作」：原闕，據四庫全書文淵閣本王陽明全集卷三朱子晚年定論補。

味。程子謂『於喜怒哀樂未發，更怎生求？只平日涵養便是』，此意須深體之也。」

「主一無適」，此等語須力行之，方見得眞實意味。

居無越思，事靡他及，乃是實下手處。南軒

朱子曰：「未説道有甚底事分自家志慮，只是[一]觀山玩水，也煞引出了心，那得似教他常在裏面好？如世上許多閒物事，一切都絶意，雖似不近人情，要之，如此方好。」

眞西山解書「文王惟克厥[二]宅心」節云：「心猶水，然撓而濁之，不見山嶽淵澄，弗動毛髮燭焉。惟至公可以見天下之私，惟至正可以見天下之邪，惟至靜可以見天下之動。文王之用人所以皆適其當者，由其能宅心之故也。文王生知之聖，若無事於學，而其所謂克宅心者，是乃文王之學也。」

王復齋曰：「心才敬，便在這裏；常常敬，便常常在這裏。」

持敬之功，只在日用閒。才覺物欲來，便把緊，不要隨他去；才覺妄念動，便打滅，不要接續他；才覺怠慢衰颯，便提起，不要放過他。

敬齋曰：「心才私，便是放心，一放便是私。」

涵養雖非行，亦屬乎行，此乃未行之行，用力於未形者也。

涵養之道，須深潛沉密，方能制其飛揚之心，消其粗厲之氣，主一工夫易施，心易純也。

朱子答呂子約曰：「大抵學問工夫，看得規模定後，只一向著力挨向前去，莫問如何如何，便是先難後獲之意。若方討得一個頭緒，不曾做得半月十日，又卻計較以爲未有效驗，則恐一生只得如此移東換西，終不成家計也。」

[一]「是」：原闕，據朱子語類卷十二補。
[二]「厥」：原闕，據尚書周書立政補。

朱子語類云：「看今世學者病痛，皆是志不立。嘗見學者不遠千里來此講學，將謂眞以此爲事〔一〕。後來觀之，往往只要做三二分人，識些道理便是。不是看他不破，不曾以此語之〔二〕夫人與天地並立爲三，自家當思量，天如此高，地如此厚，自家一個七尺血氣之軀，如何會並立爲三？只爲自家此性元善，同是一處出來。一出一入，若存若亡，元來固有之性不曾見得，則雖其人衣冠，其實與庶物不爭多。」

立志如人在戰陣，雷鼓一鳴，不殺賊則爲賊所殺，又安得不向前？

吳竹如曰：「不言而躬行，久將人共信之。若翹然以道義自命，非徒來人訾議，其氣象已與篤實自修者不侔。故下學立心之始，深有取於闇然也。」

張南軒曰：「周濂溪在當時無人知，惟程大中知之。」可見無分毫矜誇處，此方是朴實頭做工夫底人。

南軒曰：「詹體仁慤實肯講學，不易得，但未免弱，蓋膽薄而少決。今日善類中多有此病，在此每力扶之，終似覺難，以此思剛明之資誠不易得，相與任重道遠要須得若人輩耳。」

朱子曰：「看這道理，須是剛硬，立得腳住，方能有所成。」曾子、子思、孟子都是如此，剛果決烈，方能傳這道理，若慈善柔弱底，終不濟事。

胡敬齋曰：「看來朱子只恁勇猛做向前去，更不退縮，朱子直是豪氣。」

朱子曰：「某舊時亦要無所不學，禪、道、文章、楚辭、詩、兵法，事事要學，出入時無數文字，事事有兩冊〔三〕。一日忽思之曰：『且慢，我只一個渾身，如何兼得許多？』自此逐時去了。大凡人知個用心處，自無緣及得外事。」

〔一〕「事」：原作「學」，據朱子語類卷一百一十八改。
〔二〕「看他不破，不曾以此語之」：原闕，據朱子語類卷一百一十八補。
〔三〕「事事有兩冊」：據朱子語類卷一百四補。

某嘗喜那鈍底人，他若是做得工夫透徹時極好。卻煩惱那敏底，只是略綽看過，不曾深去思量，當下說也理會得，只是無滋味，工夫不耐久，如莊仲便是如此，某嘗煩惱這樣底。少間不濟事，敏底人又卻要做那鈍的工夫，方得。

## 丙戌

賈誼新書容經言跪「揄右而下，進左而起」。左陽右陰，跪由動而靜，所以先陰；起由靜而動，所以先陽。此亦自然之理，今人多有不然，亦安於習耳。

## 丁亥

爲學存門戶之見，固易起攻擊之風。然門戶正不可不分，不但程、朱、陸、王顯然各有門戶，不可相混，即近世漢學、宋學亦自分門別派。後人乃欲以不存門戶爲寬大，是適見其所守不正，而爲調停之說也。

孟子論伯夷、柳下惠、伊尹、孔子數章可玩，「不動心」章只云不同道而願學孔子。至論「清任和時」章，又指出孔子與羣聖不同之實，而「聖智」二字又不同之所以然。「百世之師」章又獨取夷、惠因時立言，蓋夷、惠可以風言，孔子又不可以風言。「不由」章卻言隘與不恭，則清和之弊也。孟子前後之言，豈自相矛盾哉？各有當也。陸稼書嘗有言云：「有成德之師，有興起之師。」此二句判斷最明，知此可以知孟子諸章之意矣。

李菊圃言：「昔爲學亦不欲分門戶。」崇文山綺云：「如自己出去拜客，必先識某人門而去拜乎？抑見門輒入而拜乎？」得此語不覺悚然，遂自此有定見矣。

又言如人走路，有走至地頭者，有走數百里數十里者，此可就其人所至，遠近不同。然路途斷不可差，若路途不是，更不論遠近，愈遠愈差。

黃小魯觀詧云：「人之意見或不能無偏斷，不可有私。」余謂偏亦有病，所貴朋友講論正以去其偏耳，且既偏亦恐不能無私。

小學書便是教以聖賢之學，觀立教之「則天明，遵聖法」，明倫之「稽聖經，訂賢傳」，敬身之「仰聖模，景賢範」，可見，人柰何輕之？

許魯齋先生云：「由我底有義在，不由我底有命在。」又古人云：「學問要看勝過我者，境遇要看不如我者。」

陳文恭公一聯云：「爲之在我當如是，樂夫天命復奚疑？」

文恭又云：「處善循理之工夫，卽爲安身立命之學問。」

閱稼書日記有尤西川語：「凡人有向善之心，而又使人怪者，多是自己勝心浮氣有以致之。且如講說事理，或論文說書少有所見，卽思壓人。或是挾知故問，人言未畢卽伸己意，此等處雖善亦惡也。又或被人規警，不肯認過改悔，委曲輾轉尋路出脫，則是彼有愛我之心，我反拒之。以此交人，人誰容乎？必須虛心平氣，謙己下人，求益不求勝，可也。」又云：「未悉人言而輒伸己意，此學者通病。此病卻在未悉輒伸之閒，不在講論是非處。」又云：「後生於前賢及前輩語言有與我不合者，尤須下氣抑心，反復詳味，必不可從然後斷之，尤須克去勝心。勿以一言得失輕議前人，苟同之與立異，皆私心也，更學何事？」又云：「正大光明之士，未免有以善服人之病。」稼書云：「西川亦良知家。」而此數段甚精當，此吾人不可不知。

西川又有一段云：「風水家壞人心術，斷以大義禁而絶之，可也。六經四書不言風水，苟於禮義有關，孔孟當詳說之矣。」此一段亦好。

自孔孟後，如漢董子「正其誼不謀其利，明其道不計其功」；諸葛武侯「成敗利鈍，非所逆覩」，「鞠躬盡瘁，死而後已」。張南軒曰：「義者，無所爲而爲者也，一有所爲而爲，則人欲之私，而非天理之公矣。」呂東萊曰：「王道之外無坦途，舉皆荊棘；仁義之外無功利，舉皆禍殃。」文文山曰：「父母疾，雖不救不可不用藥。」此等說眞是截斷衆流，去人心中多少渣滓，斬人心中多少葛藤。

## 庚寅

朱子通鑑綱目起周威烈王二十三年戊寅，盡五季己未，凡千三百六十二年。春秋二百四十二年。

朱子卒於宋甯宗慶元六年庚申，距今光緒十六年庚寅，凡六百九十年。

繼之者，善命之，所以流行而不已；成之者，性分之，所以一定而不移。

理一，大德敦化也；分殊，小德川流也。

大德中亦有理一分殊，小德中亦有理一分殊。

稼書先生謂「夷、尹、惠是中道上之偏，楊、墨中道外之偏」，此語甚是，不然不謂之聖。孫西峰謂「陸王偏在正學之中，非偏在正學之外」，余謂既偏便是不正，如何云「正學之中」？陸王之學全異，又不止偏而已也。此語余尚不敢謂，然若說陸王與程朱同是堯舜，同非桀紂，則楊墨何嘗不學仁義？

胡濟菴集中有與羅生尚志一帖，論地理云：「某啓。秋熱，想與尊幼吉健。向張成來，收書知傳老嫂、大儒甚竭力，六舅母喪事良荷留意，須吾甥自往水北一帶三二十里閒，尋土厚水深，如溫公說足矣。如得地，卻同詠弟卜之，已戒張成準備鞍馬，此書到，便下手尋地。世閒人未有不死者，死未有不葬者，何患無地？禮記云『擇不食之地而葬我焉』，不云擇陰陽向背也。九經十七史，老舅卻曾涉獵，並不說壽夭富貴由葬地。呂子云『長平四十萬人死非葬時，俱犯三刑。南陽多近親，非葬時俱當六合』，此說甚善。俗儒不讀書，不見古人議論，溺於陰陽之書，背孔孟之道，戒之慎之。若不從吾言，勿踐吾門，勿受吾教，切切不一。」此濟菴葬妻劉氏，隨謫嶺海，死者可嚀，乃甥爲擇地，只是聖賢家法。詠，濟菴子也。此一段惑地理者不可不知，此下年無考。

元曹弘齋涇每歸休甯，其族人爭相留款，公曰：「喫無錢之酒食，害有益之光陰。」遂亟去。

呂東萊爲潘好古墓志云：「公有妾治衣櫛垂三十年，挾寵微驕娼，一旦資遣之，人咨其斷。」公，景憲叔度父也。按：此一事，亦今人所難。

楊仁甫讀禮簡記有云：「古人刑家最重，故出妻爲常事。今人則宜權而行之，亦須先求諸身，果能德如古人，然後可爲古人之事。若己身不修，偏於出妻一事要學古人，恐亦行不去。若修身果如古人，則出妻雖駭俗，亦無妨。」此一段議論最平允，後來卻爲其子出妻，又做不妥帖。

王白田疑家禮非朱子作，其說甚堅，引據亦多，謂文集中說祭禮處皆非今家禮之祭禮。余按：答林擇之書說南軒理會祭儀，但舊儀亦甚草草，近再修削，頗可觀。其書首有「某奉養粗安」句，則是時朱子尚未修儀禮經傳通解，必不是儀禮中祭禮，卽集中所跋古今家祭禮，乃朱子所集諸家，亦係淯熙元年，而朱子母已亡矣。黄子耕謂家禮已成，爲一行童竊逃，先生易簀始出。則所云舊儀非今家禮中之祭禮而何？而尚以爲非朱子作乎？

朱子答人書云：「要須把此事來做一平常事看，朴實頭做將去，久之自然見效，不必如大驚小怪，起模畫樣也。且朋友相聚，逐日相见，晤語目擊，爲益已多，何必如此忉忉，動形紙筆，然後爲講學也？如此非惟勞攘無益，且是氣象不好，其流之弊將有不可勝言者，非小故也。」此一段，講學者亦不可不知。

「日用之閒，常切檢點氣習偏處、意欲萌處，與平日所講相似與不相似，就此痛著工夫，庶幾有益」，此數語最可警省。

高陵諸生張一書，字心田，一生訓蒙爲業。嘗曰：「今人易言訓蒙，不知蒙泉育德，聖功所在，須寬嚴並用，方爲養正。蒙初爻言『利用刑人』，所以示嚴。」卽繼曰：「『用說桎梏』，所以示寬，今之教者非擊蒙卽困蒙，背聖旨矣。」此說亦訓蒙者不可不知。

張楊園先生曰：「妻亡續娶，及娶妾生子，俱不幸之事。若中年喪偶，有子卽不宜娶，不得已則買一妾可也。若近四十無子，方娶妾，前後嫡庶之閒非能立身行道，鮮有不至乖離釀成家禍。」又曰：「再醮之婦取以配身，古人以爲己之失節，自好者宜所不爲。若中年以往，或子女幼小父母待養，或未有子嗣，家貧不能買妾置婢，不得已，收一人執井臼薪水之役，終不可假之名分，上以卑其親，下以辱其子。死不得祔葬塋兆，祭不得從先妣。有子則聽其所生，別祀比有子妾而已。至如門內寡婦，有不安其室以去者，不許復返。雖其子成立，不得蒙面招養以敗家聲。如女子適人更二夫者，絕之。」按：諸所處置，最是守禮之君子，當知此意。

宋黃瑀，字德藻，自少刻苦自厲，家貧鬻麯於市，而挾書隨之。苟非其義，雖寒且飢，不可得而衣食也。按：瑀，勉齋之父也，在御史臺時與殿中侍御史杜莘老雅相好，每以節義相勸勉。一日杜以公疾來問訊，連呼不應，乃大呼曰：「吾今日擊去王繼先矣。」公矍然起坐曰：「君能任職，吾不病矣。」探枕中片紙示之，乃疏繼先罪狀，公意蓋亦有待也。繼先以醫得幸，罪惡盈溢故也。按：此亦見公之爲人矣。

潘景憲叔度與呂東萊爲同年而齒長，聞其論說行身探道之意，慨然感悟，遂棄所學而學焉，躬執弟子之禮。此亦人所難。

清麓日記卷四終

# 清麓日記卷第五

三原賀瑞麟角生著
同里劉嗣曾孝堂校刊

## 讀餘偶記

李安溪云：「大抵聖賢辨論，意不在伸吾說，欲以開其人之蔽而拯其溺耳。」按：此方是孟子不得已心事。

某氏說「天一生水」亦可取，人之一身卽可證，如：「貪心動則津生，哀心動則淚生，愧心動則汗生，欲心動則精生，方人心寂然不動之時則太極也。此心之動，則太極動而生陽也，心一動而水生，則天一生水也。蓋神爲氣主，神動則氣隨，氣爲水母，氣聚則水生，故呵氣而成潤也。」

又云：「五行之相尅也，所以相成，五常之德亦然。德莫大於仁。仁，木德也，仁或失於弱，故以義斷之；義，金德也，義或失於剛，故以禮節之；禮，火德也，禮或失於拘，故以智通之；智，水德也，智或失於詐，故以信正之。此五常之第，而五行相尅之體。」或謂此老泉蘇氏之說。按：五常之德，各有所主，亦是一到俱到，非一德猶有不足，而必俟一德以補其缺也，不可泥看。

朱子好說「恰好」字，此便是一個中底道理；陸稼書好講「分寸」，便是一個求中底方法。

呂涇野先生云：「父母之心欲子爲善人君子未已也，尤欲子爲賢人聖人而後快於心。人子體親此意，父母在九泉之下心亦未嘗不安。」麟當初立志讀書，力屏科舉，兄弟親戚皆不謂然。某只謂吾父母本心，未必不望其子爲聖爲賢，但某生質甚陋，父母不敢遽責以聖賢耳。若果有志聖賢，父母豈不甚喜？今觀涇野之言，亦自信所見不差。

涇野又云：「舜之大孝，惟在德爲聖人。禹爲至孝，亦只在無閒然處，而萬世之下稱瞽、鯀爲聖人之父也。又如簡狄、姜嫄，他只是一個婦女，使他的至今不泯没者，亦只是有個教民之契、養民之稷。」按：孝經「立身行道，揚名於〔二〕後世，以顯父母」，謂之爲孝，正是此意。

伊川先生在經筵講「顏子不改其樂」章曰：「陋巷之士，仁義在躬，忘其貧賤。人主崇高，奉養極備，苟不知學，安能不爲富貴所移？且顏子，王佐之才也，而簞食瓢飲；季氏，魯國之蠹也，而富於周公。魯君用舍如此，非後世之鑒乎？」此一段最得爲人主進言之法，亦是伊川看得道理通暢，故能發明周到，正是盡心開導處。

陸稼書先生困學齋記云：「一心之微，日用之閒，利害得喪，愛憎毁譽，困之者常四面而至，乘閒伺隙，受其束縛而不知。能開杜下、天竺之雲霧，而或不能不徘徊於一官一爵之得失；能破姚江、金谿之籓籬，而或不能不猶豫於一錙一銖之有無；能掃顏、謝、徐、庾之綺麗，而或不能不動色於閭巷匹夫之喜怒。」按：此數語皆是居敬窮理工夫未至，不能實得於己，正當時時省察，反上身來做切己工夫，所謂學也。

坤六二「敬以直内，義以方外」二語，足盡爲學之要。論語「博文約禮」，中庸之「尊德性道問學」，皆是此意。此程朱「居敬窮理」所以爲聖學眞切工夫，實一淵源。然必兩極其至，不可偏重，又知交養互發，朱子所謂「車兩輪，鳥雙翼」也。

顧涇陽先生云：「或問朱子云：『心者，人之神明，所以具衆理而應萬事者也；知者，心之神明，所以妙衆理而宰萬物者也。何以不屬宰物於心，屬應事於知？』曰：『此自有説。在心與知，一而二，二而一者也。心統性情。具衆理，性也，心之體也，知則在體中爲用，故以妙衆理言之。應萬事，情也，心之用也，知則在用中爲體，故以宰萬物言之。』如此體認，可見此老下語十分精密，眞是一字不可移動。」按：此涇陽體認，亦可謂精密之至矣。

〔二〕「於」：原闕，據孝經補。

涇陽既信朱子之格物，而又信陽明之致良知，所謂不能出其籓籬者也。

胡文定言：「朱子發雖修謹，皆是僞爲」。范濟美應云：「如公輩卻是至誠。」文定遜謝云：「某何敢當『至誠』二字？」濟美戲曰：「子發是僞爲善，公是至誠爲惡，戲則戲矣，卻自有可思也。文中子曰『惡衣薄食，少思寡欲，今人以爲詐，我則好詐焉』，又曰『吾願見僞靜詐儉者』，其意正與此同。」此段見涇陽劄記，最爲警發，故録之。

呂涇野平居，嘗衣冠，人曰：「衣冠與不衣冠同，一死也。」涇野曰：「我以衣冠而死，人不以衣冠而死耳。」

涇陽曰：「『人不知而不慍』，『遯世不見，知而不悔』。『慍』字、『悔』字當有辨。『慍』者是己而非人，『悔』者徇人而忘己。『不慍』，自反之至也；『不悔』，自信之至也。」按：此體會甚好。

又曰：「無可無不可，是孔子小心處。」又曰：「鄉黨一篇，是孔子小心圖。」

湯潛菴答耿逸菴書云：「方自以爲剛毅也，而中藏客氣；自以爲密察也，而實多黏纏。與人似恭敬也，而陪奉世情之意常多；論事似持平也，而依阿不斷之意時有。利心卽不動矣，而名心未必全消；邀福之念不生矣，而妖壽未能不貳。」此數句不可不時加警省。

羅近溪見張江陵，曰：「公入對經筵時，自信果有個堯舜其君念頭否？」江陵沉吟曰：「是亦大難。」有坐客爲江陵寬解，近溪艴然曰：「公爲大臣，不辦得此副眞念頭，而徒以講讀虛文對君父，天下將何倚賴？言至此可爲痛哭流涕，而旁觀者又附會寬解，是豈復有人心也哉？」江陵改容謝之。此一段爲大臣者不可不知。

孟子「泄泄沓沓」，說盡今日仕途情態。

事君無義，進退無禮，言則非先王之道，那裏有堯舜其君底意思？

典、謨、訓、誥、誓、命，書之六體。原篇名有有者，有無者。太甲、咸有一德、旅獒、無逸、立政五篇，皆訓體；盤庚、戡黎、微子、多士、多方、君奭、周官七篇，皆誥體；胤征，誓體；君陳、君牙、呂刑三篇，皆命體。童蒙，陳定宇作，侗蒙亦一異也。

宋仁宗天聖五年丁卯，王堯臣及第，賜以中庸。寶元元年戊寅，吕溱及第，賜以大學。則程子未從戴記提出此二篇之前已開其端。宋朝理學之盛，謂非始於當時人君不可，宜其時生二程也。明道生於仁宗明道元年，伊川生於仁宗明道二年。

陸放翁嘗與人詩曰：「有方爲子換凡骨，來讀晦翁新著書。」薛文清又有元人詩曰：「不宗朱氏元非學。」可見讀朱子之書方眞可以入聖學，此處切勿誤入歧途。此亦見放翁能知朱子。

孟子附以韓魏，自視欿然。此是不以富貴動心，無以飢渴之害爲心害，是不以貧賤累心。一過人遠，一不及人不爲憂，最足激發學者。然欿然處已是煞有學識修養，故曰：「過人遠，不以飢渴爲心害，能有志守便可益做工夫，故不憂其不及人也。」

朱子答何叔京云：「未發之前太極之靜而陰也，已發之後太極之動而陽也。其未發也，敬爲之主而義已具；其已發也，必主於義而敬行焉。則何閒斷之有哉？」此數句語意精密，依此用功，工夫方無滲漏處。「苟欲聞過，但當一一容受，不當復計其虛實，則事無大小，人皆樂告而無隱情矣。若切切計較，必與辨爭，恐非告以有過則喜之意也。」此朱子答人一段，近見朋友中有不喜人規過，即正中其病，而猶必力護，烏能知此意思？可見五峰所云實攻難，能受人實攻尤難。

王伯安一派好詆朱子，力復古本大學，亦有自來，稼書一段最說得是：「彼見朱子於諸經不憚改作，於詩書斥小序，於易復古本，取先天後天圖，大學補傳，孝經刊誤，儀禮定經傳。謂朱子可以改先儒，後人何不可改朱子？不知有朱子之學則可，無朱子之學則妄也。紛紛攻駁，是猶處錫圭。告成之後，更欲爲隨山刊木之舉，當放牛歸馬之日，更欲學麾旄仗鉞之事也，豈不謬哉？」此等處眞搜得明季諸家病根，先生生平於吴草廬諸書不敢輕信，謂非信目不信心，實防微杜漸之意。以爲諸經在朱子時誠不容不更定，至朱子後不得復紛，更如南巢、牧野，只可許湯武一行，亦此意也。

吾人居鄉，一邑公事非當事有問不可輕言，況一人一家雖明知屈枉，亦不可挺身伸辨。薛文清公所云「士大夫爲人伸冤解難，干謁當事亦爲失身」，此即「不在其位，不謀其政」之義，不可不知。

章楓山先生懋致仕，家居甚清貧，自處三間小房，前待客後自居。子弟甚率教，有漢儒躬行之風。何粹夫瑭在翰林，一布袍六七年。此二事呂涇野甚稱之。

胡敬齋曰：「見得道理明白，利祿便不敢苟取；養得此心純熟，利祿自不肯苟取。」顧麟士講「篤信好學」章云：「惟有學則邪見不能惑，而自知出處去就之義；有守則利欲不能牽，而自得出處去就之正。」此皆說得最是。

胡敬齋謂吳草廬言「三十年前好用功阻學者進路」，自云三十後工夫方親切。且謂橫渠三十後才遇二程，王復齋亦年三十才遯迹爲學，楊斛山三十後始問業於韓苑洛，稱其力行可畏。人只肯爲學，但就所知時便竭力做去，不可以過時自諉。

誰是今日俗學橫流中作一中流底柱？

天下人才全被俗學汩沒誘壞，可嘆！可嘆！

中庸或問曰：「此書非一時之言也，章之先後又安得有次序乎？」曰：「言之固無序矣，子思取之而著於此，則其次第行列決有意，謂不應雜置而錯陳之也。故凡此書之例皆文斷而意屬，讀者先因其文之所斷以求本章之說，徐次其意之所屬以考相承之序，則有以各盡其一章之意，而不失夫全篇之旨矣。」按：此說不獨讀中庸之法，兼可爲讀小學之法。

聖祖仁皇帝有言曰：「學貴初有決定不移之志，中有勇猛精進之心，末有堅貞永固之力。」愚按：此三言者卽中庸「智、仁、勇」之意。學者造道入德，非此眞莫能濟。

羅羅山少貧力學，嘗以歲饑不能具食，其王父典衣市米節家餉塾。十年中遭期功之戚十一，妻以連哭三子喪明，乃益自刻厲。曾文正公謂其「不憂家門多故，而憂所學不能拔俗而入聖；不恥生事之艱，而恥無術以濟天下」。

羅山有姚江學辨一卷，吳竹如最稱之，卽載其說於集中。

竹如先生名廷棟，霍山人。咸豐中蔣少園在蜀，曾寄書云：「近京朝講學之人，及觀其所箸拙修集精嚴的確，純守朱子家法。」國朝自稼書後如先生者，眞不多得。頃閲邸報，有人稱其「清德冠時」。年逾七十告歸之後，上無一瓦之覆，下無一壠之殖，清操飲冰，安貧樂道。刑部侍郎，曾任山東方伯。

彭雪琴玉麟以諸生從戎，薦升兵部侍郎，爲巡閲江海水師，簡授兵部尚書，不肯就，最爲清廉正直。奉命查明某督，有云：「臣深知其居官爲人，辦事勤慎，治躬清儉，居心正大，與人誠樸。廉於取財，亦未能惠以濟衆；嚴以守己，亦未免苛以繩人。愛民敬賢，而惡惡不無稍過；隨才任使，而知人未能盡。明於吏治是其所長，於兵事是其所短。如往者曾國藩、胡林翼，體用具備文武兼資，而又能尊賢養才知人善任，識量閎遠不計身家。加之軍務雖繁，而學問進德日勤不懈，敷求哲人，博訪周諮，以爲輔翼，虚衷納善，毫不自矜。以某局量，規模不能及此。」云云。按：此可知曾胡之賢，而某之所以得咎，亦可取以自省。此爲涂朗軒宗瀛，兩湖督，亦近時賢者，而「廉於取財」數語，實中其病。

魏鶴山云：「向來多看先儒解説，不如一一從聖經看來。蓋不到地頭親自涉歷一番，終是見得不實。又非一一精體實踐，則徒爲談辯文乘之資耳。來書乃謂只須祖述朱文公諸書，文公諸書讀之已久，正緣不欲於賣花擔上看桃李，須樹頭枝底方見活精神也。」此數句最佳。然既讀了文公諸書，又尋上去讀聖經，不但愈見文公諸書之精益，愈見聖經道理之大，麟近來愈覺讀四書正文有味也。

今之回護陸王者，正如朱子説陳龍川「追點功利之鐵，以成道義之金。不惟費卻閒心，力無補於既往，正恐礙卻正知見，有害於方來也」，稼書先生亦謂「若不辨明路途，使後人陷入荊棘中，於心安乎」。如此方是聖賢不得已苦心。

稼書先生謂：「伯夷之隘非刻薄，亦是萬物一體之懷。惟恐開人爲不善之門，而欲以正直之道轉移之。但時或失之，過則謂之隘。惠之不恭非輕薄，亦是萬物一體之懷。惟恐絶人爲善之路，而欲以忠厚之道漸化之。」「但時或失之，過則謂之不恭」，此最説得夷惠心事出，然君子猶不由之，況世俗之所謂隘與不恭乎？稼書又謂：「『百世之師』章取其偏以救世，『不由』章指其偏以明道，此見孟子論人最爲平和處。」

朱子晚年頗爲學者指示孟子「道性善」及「求放心」兩章，一是立志意，一是主敬意。

孟子一生明聖學、陳王道、闢異端，朱子亦是如此。

湯潛菴云：「爲學於舉世講學之日，學之途或慮其雜；爲學於舉世不知爲學之日，學之事猶存其真。」

講學原是人人有分底事，然不依聖賢成法，各以自己意見講去，反成不清不楚，壞卻「學」字，其誤後學不淺。

司馬溫公遊嵩山，不喜肩輿，路險亦不乘馬，策杖以行，其題字云：「登山有道，徐行則不困。措足於平穩之地，則不跌。慎之哉！」此言甚有味，豈獨登山云哉？

言天者多不明三百六十五度四分度之一，一度爲若干分。陸桴亭謂：「歷家以九百四十分爲日法，則一度爲九百四十分。四分度之一，以九百四十分而四分之，則一分爲二百三十五分，所謂三百六十五度二百三十五分也。」

陳文恭公宏謀云：「莫作心上過不去之事，莫萌事上行不去之心，斯爲无咎。必爲世上不可少之人，必爲世上不能做之事，庶非虛生。」公嘗銘於座右以自勵。

文恭公又云：「學問須看勝似我者，境遇須看不如我者。」因憶魯齋有「由得我者，有義在；由不得我者，有命在」之語。

「是非審之於己，毀譽聽之於人，得失安之於數」，此亦文恭公語，要緊在首一句。

# 讀孟子偶記

孟子以義破戰國言利之風，亦是從性善中來，不然如何破得？故性善爲七篇宗旨，言義是其作用處。

「義」之一字，學術治術皆有。

言利不知有義，實不知有仁，仍是不知性善。

孟子告惠王，先說「何必曰利」，後說「亦有仁義而已矣」。蓋先抹倒「利」字，然後做仁義方純。末言「亦有仁義而已矣」，後又言「何必曰利」，上已說明仁義，只有仁義可爲，仁義之外更無利可說。直是截斷眾流，所謂拔本塞源。

賢者而後樂，此賢者便是行仁義底，仁義如何不樂？不賢者卽是好利底，好利以至國危，如何能樂？

偕樂獨樂，即是義利之分。

文王實是仁義，「子來」即是不遺不後底樣子；桀實是不仁不義，「民欲偕亡」即是遺後之極。孟子胸中道理極熟，直是說來千變萬化，不離其宗。

孟子說「王好戰」，當時梁王定是好戰，好戰仍是好利，心所發與齊王興兵構怨以求大欲同一機括。孟子從不言兵，無不痛陳好戰之害，而當時惜無能聽之者，豈非戰國人君錮蔽之深也哉？

雞豚狗彘之畜，毋失其時，爲老者食肉。至於魚鼈生息更蕃，天地自然之利，黎民亦無不食之者。然數罟不入洿池，亦有個限制，此便是王道。

後世治天下者，亦未嘗無學校。試問庠序之教曾謹否？孝悌之義曾申否？此一事眞是王道作用。後世王道不行，只此處便錯。

今之庠序都不成教，更說甚謹？即有科舉文字，只爲求富貴利達，與修道之教何干？孝弟之義何干？又申個甚？可歎！可歎！

平日不知檢，臨時不知發，所謂盡心者安在？「率獸食人」，說得當時諸侯驚魂動魄。然他卻辭不得這罪名，惡在其爲民父母也，能不愧死？

使民飢而死，便是不仁處。發政施仁，不嗜殺人、保民皆仁也。孟子雖仁義並說，其實仁自能義，「義」字是要破戰國「利」字。好樂、好貨、好色、好勇，齊王病痛與梁惠一般，亦只是一「利」字。不與民同，便是不義，亦便是不仁。仁義都是天理之公，齊王所好都是人欲之私。

孟子「幼學壯行」亦是仁義，仁義是孟子一生本領。

孟子最善比喻，使人人可曉，正是道理爛熟。然卻入情理，不比策士往往强辯奪理，但亦不免戰國習氣。若論語則明白直截，無不簡當。

「王速出令」，是爲齊王止諸侯急著。然實是至理，誰謂聖賢迂闊？但行仁政尚有實事，在此便是行仁政之始。孟子「幾千人矣」對穆公「三十三人」，「莫以告」對「莫之死」，「君之民」對「吾有司」。穆公只知「有司」，孟子只說「民」。「夫民今而後得反之也」，說得穆公冰冷。

孟子每對當時之君，皆曰「行仁政」，直見聖賢以仁救天下之心。

孟子「策滕」三章，以滕時勢言之，守爲正，遷次之，勉以太王之事，緊要在「强爲善」三字。有此一段方不是策士之謀。

齊梁諸君皆是不遇，不獨魯侯，此豈盡臧倉爲之哉？然孟子言天亦是安樂正，而警臧倉與夫子「公伯寮其如命何」同一意思。但夫子語意和婉，孟子語意直切。

卷第五終

# 附録

# 賀復齋先生行狀

同里劉嗣曾孝堂校刊

先生氏賀，諱瑞麟，字角生，號復齋，其先陜西渭南縣坳底村人也。康熙十九年，遷三原響留堡，今居北關西潭巷。曾祖應祥，字長發，號梅菴，乾隆時應畫試詔，指筆騰聲王侯，妣氏秦。祖瀛，字海峰，早卒，妣氏王，旌表節孝。父含章，字貞堂，賈而精醫，妣氏蓋。有子五人，㪷、圻、域、堤、均。均，先生原譜派名也。以道光甲申正月十八日子時生響留堡里第。

先生生而貌岐嶷，舌能至準，口可容拳，父器之，甫能言即教之識字。十一歲就外傅塾歸，父以「半耕半讀」屬對，對曰「全受全歸」。年十七，補博士弟子，能别學術、辨異同。愛四書因問，手録之閒爲父講：「其舞八佾、歌雍徹，都從恥惡衣食云，季氏只『好體面』三字陷僭竊，今人爲『好體面』無所不至多矣。若於此處看得破，方可爲學。」父喜曰：「涇野此説教人安貧樂道，兒他日其庶乎！」

年二十，癸卯科試第一，食餼。乙巳，丁父憂。丙午，丁母憂。丁未，聞朝邑李時齋元春講程朱學，越數百里執弟子禮。時齋聞能嚴守父母喪，又述狀丐表，恆蹊迴脱，見之果不凡。嘆天生偉人，績正學矣！己酉，應拔萃科，時無出其右，竟報罷，秋闈又報罷。

庚戌春，復謁李時齋，遂登太華，題宋陳希夷洞曰：「人愛先生醒，我愛先生睡。世上多少人，醒時不如寐。」芮城薛仁齋于瑛遊山見詩，奇之。咸豐壬子正月，其弟來謁，三月，之山右見仁齋。秋試，又見朝邑楊損齋樹椿於長安。二子者，輔仁友也，於時二十有九歲矣。以癸卯至是三科俱報罷，當知止，深念微論窮通得失，如涉偏僻害道，奈何？即無所害人，人皆應舉，我獨異之乎？痛思七日夜，每汗浹背，不能決，筮之得大過以大象「獨立不懼，遯世無悶」，心始涣然。又得薛仁齋「應舉終不免於求人，反害義」，益堅定，於是決然一志於道。生徒務舉業者悉謝去。或以不應舉非父母意言，先生曰：「凡父母以科第望其子者，正爲其子不能爲聖賢，止可科第焉耳？若能棄科舉而學聖賢，父母豈有不願爲之者？世之爲是言也，皆推過於父母，實自便其私心，恐父母不甘任其咎，父母即甘之，忍推之乎？某之初志氣不激昂，故父母就其淺近者期望之耳。若某欲學爲賢聖，決是吾父母之心也。」或又以學固宜講，然宜不廢科舉，先求進身以爲用世之地。先生乃言曰：「進身處曷可下一求字？」引美玉章范氏註、「御者且羞」節註「或曰」以下云云，輒曰：「每誦此語便覺心旺。」

癸丑春，築麻廬於父墓側近，名曰有懷草堂，讀書其中以授生徒。甲寅三月，居繼妻張孺人喪，孺人爲立志初倡隨造端者。每祭祀，孺人躬佐饌饋，必再拜。其逢忌日，先生素服蔬食，不接賓客，孺人亦愀然不樂。先生遠出遠歸，必令相拜揖，孺人初難之，先生曰：「此禮也，古人相敬如賓，果何謂哉？若蓋恐人笑耳，一笑之，再笑之，三笑之而止矣。夫始笑者溺於俗也，終不笑者禮所當然，久而不怪也。假而吾與若相戲侮，不且貽人終身笑耶？」孺人大悟，漸不爲難，人亦久無笑者。

自麻廬之築，有館之者堅謝不往，戚友謂誤生計必致窮困，雖孺人母家亦不自安。孺人方出雙釧買機學織，甘窮約，助讀以終身。先生喜購書而苦無資，嘗遇元許魯齋集，直僅千錢，歸謀諸孺人，孺人則慨然脫簪珥而獲。及卒，以禮制服，頗駭時俗。蓋是時，期功之喪久不講，先生因爲妻服答問，曰：「某有妻之喪，不敢以非禮處。或人疑之，乃問曰：『世不重妻喪久，子曷爲乎違俗？其爲服，何也？』曰：『齊衰之服也，期也。』『何爲乎期也？』曰：『禮「妻以父服服我，我以母服報之」，故期也。』『杖何也？』曰：『父母在則不杖，無父母，則稽顙可矣，況杖乎？』『是不亦竟同於母乎？』曰：『非然也，父母則稽顙而后拜，妻則拜而后稽顙也。』『曷杖乎爾？』曰：『父竹也，苴也。母桐也，削也。禮「齊衰皆削杖」，妻亦桐可也。昔者呂新吾之弟之妻之喪也，新吾令其制槐杖，半分其下，死也分形，槐，以懷之也。桐不可得，故槐也，槐又不可得，則新吾氏謂之土宜可也。故吾以柏亦削其半，謂期以百年者，今其約替矣，亦附棺之餘也。』『然則期終喪不御乎內，喪既終可以御內矣。遲之又久，亦可以娶矣，必待三年乎？』曰：『此亦視其時與事耳，然不可不勉也，徇私焉則悖。』『不食肉飲酒，亦終喪乎？』曰：『終喪也。』『客亦無酒肉，何也？』曰：『不敢也。曷爲乎其不敢也？「子食於有喪者之側，未嘗飽也」，酒肉之是陷客於非也。』『又酒僕役，何也？且客亦既見之矣。』曰：『僕役末也，客於是亦可以知禮矣。』『不用樂，何也？』曰：『非禮之甚也。居喪不言樂，況聞之而作之乎？妻有服，不舉樂於其側，況有妻服乎？』『不掛紙幡，何也？』曰：『佛氏之教也，是以有罪待亡者也。雖然，猶有未甚害理，而究屬無謂者。或失於疏而不之檢，或格於勢而不能禁，則某之過也。不以是教某，而疑其尚合於禮者，將古禮終不可復乎哉？』」先生元配爲楊孺人，卒於甲辰，在丁父憂之前。父母憂滿，戊申十二月八日，娶張孺人，至是卒。丙辰二月，娶林孺人，原俗昏無貧富莫不用樂，先生獨否，倡親迎古禮，議者譁然笑，卒不改。

戊午六月，諸兄析爨。蓋是時，先生淡然利名，家又負債纍纍，故不能止，然與三四兩兄仍同爨也。後家兄艱窶，往往以財物資給，不令其嫂知。比嫂與家兄殉回紇之難，二兄夫婦相繼歿，猶子伯鎔、伯鑫死於外，遺有寡媳及其二女，復與合爨，視之加愛。嘗有三兄業賈之同事某者，被刼斃命於靈州，兄至靈鳴冤不雪，旋病，耗至，先生淚下不已，遂冒邊寒，履數千里險阻省視，得無恙，尋臟盜亦俱獲，兄弟同歸。素事諸兄，命無不承，坐立惟謹，三四兩兄既老，皆以先生獲安歲。

己未，逢恩貢成均。辛酉，劉映菁等八十一人合辭，舉先生孝廉方正，邑令余明府賡陽將上其事，先生辭曰：「昨邑人來，謂諸紳士舉某孝廉方正，惶恐罔知所措，伏念此蓋朝廷重典，必得眞能副其名者，方可當之無愧。某年逾弱冠，連遭大故，除服後以雙親屬望，尚事科舉，既思不可必得，即得，亦祿不逮養，遂絶意進取，但欲讀書修身以無貽親羞而已。今年幾四十，依然無聞。追維往事，既少承歡膝下，復省當躬又將遺玷先人，每一循憶涕下交頤，蓋有不可爲人不可爲子者，不能孝，即餘不可問。果上其事，是愈重不孝之罪，而且以累朝廷選賢勵俗之明。平生以虚名爲戒，豈得不思過情之恥，不可欺心，可欺人乎？可欺吾親並欺吾君乎？抑又嘗聞某朝邑李師之言曰『孝廉方正自漢以來皆自投文券，又有使費，有志之士必不爲也』，今諸紳士固出於相愛，而老父母又誤信不肖是亦所以玉成之意。然某之私實有不安，謹敢披肝瀝腑於老父母之前，幸願遂已此事，則某之感激更有甚於保舉者。」邑令不允，先生再上書堅辭，邑令嗣以回變止。

壬戌回紇之亂，挈家避絳陽。道出蒲城永豐鎮，團勇以其貌似回人，百餘人圍之，幾蹈不測。進士某爲言，衆仍未釋，先生時雖驚惕，終不作乞憐態。鎮有王欛兒者，舊齋僕也，忽前長揖，候狀衆乃解。團長因慰之，先生曰：「孔子以貌且見圍於匡，況吾儕乎？」亦略無芥蒂意。

冬，仁齋、損齋來訪於絳，仁齋歸，先生與損齋北遊平陽，過洪洞見范彪西先生故里碑，因論理學備考書，先生曰：「范氏此書，搜羅表章之功不可沒。然醕雜不分，非所以嚴吾道之防，雖其用意調停，俾學者破門戶之見，不可謂非厚。然學術非可以調停者，講之不明，學者茫然莫知趨向，其得罪於聖賢天下實甚，如孫夏峰理學宗傳、黃梨洲宋元學案，每不喜此等書以混眞是眞非於無別，和金銀銅鐵爲一器也。熊氏學統則正矣，然分門別類亦不甚愜心。大抵學未至程朱，而遽欲折衷百氏，宜其安頓不著，一生怱忙都是鈔録排纂了卻事業，遂謂講學工夫不過如此。試看辥胡，何嘗有此等著述耶？」損齋曰：「辥胡工夫身心上多，口耳上少，又實從小學、大學入手，此所以異於諸儒。」先生然之。

癸亥，李生彬延損齋教其子，亦有從先生遊者，先生乃與損齋同館，居名曰麗澤學舍，講論琢磨甚相樂也。先生與仁齋書曰：「某羈棲無恙，西歸無期，亦且安之。所恨讀書全少精進，每展卷輒覺破綻百出，固是自做工夫不力，亦少朋友講論夾持之益，易於放倒。某自信無他長，只於朋友規切頗知領受。秋涼決然南來，面受鑪錘。」又曰：「平日看道理雖覺不大費力，但未能入裏，往往句讀文義多有未合，得仁甫兄是正，頗有省，以此知粗心浮氣爲病不少，居敬工夫易間斷，窮理不得力也。」

同治甲子，邑令余明府以回亂之初，城防團練深倚先生，專函延商善後事宜，先生歸，言宜散民牛種。義士劉映菁感其盛德，約於令曰：「若復齋經理其事，映菁任費。」故先生總之，凡散二萬四千金，皆映菁獨任焉。繼脩邑志，繼散賑，及後清丈地畝，一皆不受薪水俸。於時家中乏食，大小十餘口至終日量豆一升煮食，寂然安之。乙丑，主講學古書院，預約不開帖括八比之課，立學約、學要各六條。學要略曰：「審途以嚴義利之辨，立志以大明新之規，居敬以密存察之功，窮理以究是非之極，反身以致克復之實，明統以正道學之宗。」往時掌院束脩二百四十金，薪水六十金，先生裁取束脩百二十金，薪水三十金，餘以爲士子膏火書院買書之用。嘗訓及門曰：「爲學亦無他法，第一要路脈眞，第二要工夫密，然又得宏著心，心不宏便不肯虛，未免自是自足，或得半而失半，亦未能擔荷此事，且要心實。中庸『誠』即實，不實，縱識得路脈，做工夫亦仍是脱空。然卻有個總會處，則曰敬而已，敬則不迫狹、不滿假、不間斷、不虛僞，自然節節都到。」

其教人先以所編養蒙書，次小學、近思録，方及四子，而後漸次以至六經。謂小學、近思録當與四子並而尤加親切，學者誠能篤信而謹守之，則一生受用必多。晚歲又教以所嘗輯朱子五書、信好録，其訓迪諸生懇懇不知倦，每日晨昏、會食、會講皆有儀矩訓詞。諸生自齋長、糾儀、糾業、直日、直食、直廁悉有籤，輪流交代。左右門簾寢閣俱有銘，一六日衣冠講書。朔望儀畢，肄古飲酒禮，且與同輩有志仿行朱子增損呂氏鄉約法，爲記善記過籍，每會恆數十人，極一時之盛。識者以爲關中自横渠以來未之有。

撫軍湘鄉劉中丞蓉者久欲見先生，每致意鄉紳，先生義不往見。既以事至省，中丞聞之即先來見，先生往報。中丞病制科徒循故事，至是特疏行辛酉之舉，先生復請邑令轉辭，其略曰：「同治初元，已具稟辭，今復再竭愚誠，漆雕開『吾斯未信』，夫子説之。程伊川自信學未足，不願仕。某何人斯？敢貪冒以速戾於厥躬。果上其事，上憲驗看，迹已同於衒鬻。朝廷準取到京，不受則爲非禮，受之則爲非義，進退維谷，何以即安？愛人以德，君子之心；匹夫有志，自審已定。此某所以不避嚴譴之及而必盡其辭也。」與諸紳士書，大略：「以孝廉方正自漢以來皆自投牒，以此進省入都，豈非自衒自媒？乃謂之孝廉方正，是直不知人間有羞恥事，鄉黨自好者不爲，而謂某爲之乎？況又有使費，邑侯即不令書吏需索，下而本縣教官，上而各憲衙門，其書吏之需索有不得而免者。無論某寒苦無可以供此輩之耽逐，亦不肯後世苟且之爲，即諸君代某籌度，則某之進身先已不能潔白，且諸君既謂之廉而舉之矣，是又豈非使某不廉乎？某平居私竊憂歎謂何無人焉一爲朝廷上書陳言，使選賢取士力復古道，破千古之陋習，如投牒使費尤害義理，便當禁革。今乃自冒爲之，諸君以爲合於義乎？不合於義乎？不合於義則見責於朋友，取笑於四方，將愛之實害之，而識者又以爲當時舉之者之過也。即於諸君亦豈謂無損？某『吾斯未信』，無復仕宦之志，但知讀書而已。揠苗則害稼，代斲則傷手，萬祈力白邑侯速已此事，俾某得遂素願。竊以暇日誦詩讀書，詠歌先王之風，與二三友朋講明正學，使程朱之道復明於世，是諸君愛某孰有大於此者乎？」於是中丞知不肯應諭受職銜。復辭於令，概謂「某自揣分捫心覺，既無實以報效國家，又竊名以震誇閭里，儒者辭受之節將自我而壞，有靦面目，莫此爲甚。伏望鈞慈始終保全，轉詳以遂素守」云云。

是役也，中丞雅欲提倡關學，仿胡安定經義、治事齋而以先生與楊損齋分掌之，並爲招延其朋游生徒。時以某太史主講不就，於是中丞幕友蔣少園若寀，長安人，有學行，官蜀調歸，屢來函道中丞意，及問以時務並曾文正公文若干篇。答曰：「中丞欲復安定學規，甚盛！甚盛！但某非能主掌齋事，且已忝就敝邑書院一席，恐未可遂去。曾侯當代偉人，所撰聖哲畫像三十三人，豈章句末學所敢妄議？然竊謂學術、治道皆未可一毫夾雜，周、程、張、朱固無愧於德行之科，希文、君實政事亦甚卓然。而左、莊、班、馬、李、杜、蘇、黄輩不知於聖門，言語、文學果若是其班乎？否也！執是説也，將不免陳同甫之王霸並用、義利雙行，而攪金銀銅鐵爲一器，下梢只做得後世德行、言語、政事、文學，與聖門恐不相似也。子路之『有勇』、『知方』，想大賢自有一番措施。孟子『省刑罰，薄税斂』一段，及子朱子「善人」章註『教之以孝弟忠信，務農講武之法』，卽可作『有勇』、『知方』註腳。聖賢道理，無論常變皆廢他不得。爲今之計正當以收拾人心、振作士氣爲第一著。而被災地方則直蠲二三年徵，令州縣自行招懇，更不收租，餘則力裁浮費，以除横征巧取之弊。如是流亡可集，土地可闢，公上之賦亦當漸次登足，民力舒、民氣蘇、民心歸矣。其視地荒不種，賦税無出，坐失大利而民生日蹙，孰爲得也？所謂『百姓足，君孰與不足』，不策目前者乃所以爲長久之策也。至於軍政，則不盡在餉之不足，而冗兵之太多甚可憂。不選將簡兵，徒爲老師糜費，餉稍絀則兵或轉而從賊，將帥刻剝士卒因以爲利，是以不能爲極力討賊之計，又何怪乎不得兵力迄少成功而餉日不支也？竊憶渭河南北，叛產東西不下數千頃，果行古人屯田之法，似可省國家供軍之數，賊亦不敢窺陜，此亦今日軍政之一端也。然非得人爲之，均未見其有益也。得人之實，則在於講明學術，崇獎廉節，紀綱立則風俗變。吕叔簡有言：『變民風易，變士風難；變士風易，變仕風難。』此亦當留意也。」

上劉中丞書，略曰：「某年二十四，登桐閣李先生之門，聞聖學大略，取小學、近思録讀之，微窺門庭戶牖所在，乃厭科舉之業以恐涉偏僻，痛思此理，經七晝夜乃知斷當爲己。十餘年來，謹守程朱主敬窮理之訓，而性質愚魯往往失之寬緩而不謹嚴、闊疎而不縝密，方將求能洞見臟腑者箴砭之。乃者大人振興文教，降屈威重，下顧寓邸，兼召酒食，荷德之厚，不勝愧悚。竊欲有所陳請，敬受誨益，學問之道内外出處一致而已。横渠以父母天下爲王道，方今陜西大難初平，哀鴻滿野，凋殘窮困之狀勞來安集，正須亟爲之所，而正額外官吏向有無名巧取曰『耗羨』，相沿爲累未能裁減，是以剝膚椎髓之餘爲持禄保位之術也。果爲之整頓約束，激發其天良，講明其事理，申飭國憲，則此風亦當稍變。寬一分，則民受一分之賜，況近有奏請裁節浮費者。至於營田，輯要一書可謂詳盡，要以得人爲本。若夫因時因地在變通化裁，朱子所謂『兵民兩便』，可仿行也。」又見中丞與少園書所論及疏藁，復與少園書曰：「中丞疏藁及手書，讀之愧悚，迂陋之見爲之一開。又竊獲聞大君子之名言偉論，復以爲幸也。某竊自愧其做小學、近思録工夫正全未有得力，雖不敢以爲取足於此，亦未敢遽舍故步而闊行疾趨也。天下事事物物莫不有理，豈可取舍其間？然緩急本末之分亦不可不明。朱子曰：『大抵此學以尊德性、收放心爲本，而講於聖賢親切之訓以開明之，此爲切要之務。若通古今、考世變，則亦隨力所至，推廣增益以爲補助耳。不當以彼爲重而反輕凝定收斂之實，少聖賢親切之訓也。』至謂聖人大管仲之功，今人便譏其器小、不儉、不知禮，而不之許。夫聖人之心胸眼力固不可及，然又不可以功大而遂没其器小。孟子，學孔子者也，孟子引曾西之言以爲管仲之功如此其卑，豈孔孟有異道乎？如謂今人未至孟子而不敢卑仲之功，豈今人未至孔子而遽敢大仲之功？更不當知其器小乎。立言不可有偏，抑揚之間尤當嚴謹。其防一仲也，孔子於功則大之，於器則小之，正是平心論理，使學者有所決擇以爲輕重之衡。今第震驚其功而並不敢議其器小，以爲器小無害於大功，胸中常有此一段意思，則是主於獲禽之多，事求可，功求成，取必於智謀之末。楊龜山所謂『堯舜事業如太虚浮雲一點』者，竊恐必不如此。而所謂『超卓之識』，卻有時已落第二義矣。且令後生聞之，亦不肯以懲忿窒慾、遷善改過爲事，而但要做得驚天動地事業，務爲跅弛豪縱以爲英雄之學。即其所謂窮理終亦不免湊成私意，而王霸之辨有在毫釐間者，世亦不復知也。」

原太守峰峻來書辨陸、王、程、朱，先生答曰：「程朱之學眞得孔孟以來相傳之心法，其所以致力則必以居敬窮理爲綱要。某於是屏去世俗之陋，而一惟程朱是守，不敢有他途之趨。然察之性情隱微之地，驗之言行事物之間，每覺泛濫而少深純，昏緩而欠精確。未嘗不居敬而敬有時而忘，未嘗不窮理而理未見其熟，則亦居敬窮理之功未至。至謂石公菲薄陸王，則誠長者之用心，雖然學莫先於辨别路途，程、朱、陸、王其不可混而一之也亦明矣！若謂同一孔孟之徒，程朱可法，陸王亦可師，此亦恐失之包羅和會。將來陸王之意多而程朱之意少，匪惟不見程朱眞淵源，亦自未識陸王的宗派矣。學術一毫假借不得，毫釐之差，千里之謬，苟不辨明，則工夫入手一差，終身莫救。蓋非爲古人躭閑憂，實爲一己正知見。且使後之人亦莫知適從，誤入荊棘，仁人之心必有不能恝，此孟子好辨所以不得已者。而朱子曰『江西頓悟、永嘉事功，若不極力爭辨，則道無由得明』，此是從上聖賢懇懇爲道公心，正人心，扶世教，非有纖毫私意雜於其間。『能言距楊墨者，聖人之徒也』，孟子豈挾勝心啓人以非薄前人之端哉？若以陸王非楊墨比，則楊墨亦學仁義者，惟其有差，故孟子推其禍至於無父無君。陸王學孔孟而差，才差便有害，又豈可學？亦豈以吾學未至遂不敢攻，且倡爲不必攻之説，以至爲邪詖之徒而後已哉？」

己巳，之同州訪楊損齋講學，既與楊損齋訪芮城辥仁齋講學。仁齋謂陸王皆因做靜差了，君子只是愼動。損齋謂不可求靜，不可無靜，既要愼動，又要愼靜。先生爲解數語曰：「某謂不如直截做敬工夫，遇著靜便靜而敬，遇著動便動而敬，始不偏。」同治庚午春，有蜚語謂先生不課時文，云云。因卽日去書院，攜書至湻化清川。三月歸，買山清涼原之麓，六月興工築清麓山齋。辛未，門下劉昇之願任脩脯，如學古來四方之士。初，昇之之父映菁舉先生制科及以二萬餘金副其意，散牛種，其實猶未面也，嗣以昇之執贄門下爲弟子，因問先生所當爲，先生具道「世道人心端由學術，世之非毁正學者未見其書也，風氣轉移必刻正學書，以程朱爲宗」。於是映菁始有意刻正學書，甫刻養蒙書、居業録而映菁卒，至是昇之欲繼其志。先生爲言曰：「國朝大儒清獻陸公有云：『今之論學無他，宗朱子而已。宗朱者爲正學，不宗朱者卽非正學。不宗朱者亦當絶其道，勿使並進。』宗朱子之學，然後孔子之道尊。蓋自聖學失傳千有餘年，至宋周、程、張子克承其統，而朱子尤集大成，數百年來無異説也。聖祖仁皇帝特躋子朱子於哲位，所以示萬世學者趨向之準爲此也。而近世學術淆亂，金谿、姚江以及漢學家之説興，遂以攻詆朱子爲能。雜學愈勝，雜書愈多，周、程、張、朱子之書學士往往老死不見其全，北方流布又加少焉。吾獨自愧不能體行斯道以倡學者，竊思有所藉手雕本鏤板廣傳其書，俾讀者耳目爲之一擴，潛心逐志而有得焉。

庶淺見粗識邪說詖辭，一切似是而非之論舉不足惑，則道之明也有日矣」。昇之慨然以刊刻濂、洛、關、閩遺書爲己任，且不使有一之未備，遂刻朱子語類、文集、遺書、儀禮經傳通解、名臣言行録、小學、近思録、四書，周、程、張子全書，以及先儒絕學孤本，不下四十餘種。昇之族子質慧刻朱子綱目、復齋録、四忠集，岐山武文炳刻朱子家禮、朱子行狀總論簡注、箴銘輯要，乾州王夢棠刻朱子大學或問，涇陽柏森刻大學衍義、松陽講義、三魚堂文集、翰苑集、唐鑑、損齋文集、讀書録，富平强濟川刻先生所輯誨兒編，鳳翔周宗釗刻朱許年譜，雖及門校正，要皆先生鑒定而爲之序云。先生門人北省皆有，自此來者益衆。

癸酉，年五十歲，制軍左文襄公以甘省經亂離，延主講蘭山書院，培道脈，以年久不閱時文，辭。甲戌，吳督學大澂來見，嗣舉賢才，以先生與楊樹椿列疏，而山西督學亦以辟于瑛入舉，皆得旨，賜國子監學正銜。

乙亥春，勸劉昇之、劉質慧輸麥千石，立推惠倉於東里堡，昇之又捐麥響留堡，並先生爲斂散事目，身自經綜，衆皆賴之。先是邑令平糶倉麥價按部章收銀，先生承糶厥里，麥石收錢易銀，易時銀價頓減，乃以餘錢爲其社立倉經綜，悉照朱子遺法，回亂被燬，故復有勸輸之舉。二月，吳督學累延講書，習禮宏道、學古兩書院，以振作士風氣，聽者均如堵。三月，往朝邑哭損齋，葬焉。是年，邑令趙明府清田均賦事延先生主之，時先生協友經理已有端緒，趙去中止，人皆惜之。嗣續辦，至累有年所，始竟其事。丁丑，歲大祲，邑令延先生設局籌賑，先生審户特精，故全活甚衆。丁卯、戊辰大飢，時在學古主講，亦嘗襄官籌賑，又自節縮聯友爲小惠冊，而以忠信可倚之臨潼劉廷選者，昏夜籠燭尋餓甚者，暗投以食而去之。時則富室某某饋先生多金，輒卻之，或問，先生曰：「義無可受，若憐某貧，則某不受憐。」己卯，謁張子祠鳳翔。辛巳，邑令焦明府雲龍倡捐，卽清麓建正誼書院，劉昇之又捐白金二千兩，發商生息以爲永久資。焦重其道，言聽計從，與前令余同，而重修邑志，延之編次，亦與余終始相承。每延行古飲酒禮，時以服從衆多，故拓其屋宇。

夏撫軍高要、馮中丞譽驥委前原邑令孚民趙公以關聘兼用印帖，躬北向三揖聘先生主講省垣，維世道、持風化，先生辭。旋有慈安太后國忌，後一月，復令焦侯屢申前意，又以女服辭。中丞令焦屢申前意不已，壬午正月，往報中丞，預爲特設館，先生至卽來見，往答問道爲陳共學私說六篇：一曰天命本原，二曰聖學標的，三曰涵養要法，四曰格致實功，五曰身倫交修，六曰出處合道歸。中丞建張子祠，省垣立志學齋，延先生主講，且欲以矜式官常書函往返，先生以兼課時文卒不肯就。

癸未，年六十歲，味經書院院長柏景偉來訂講書，提倡人心，八月往講。甲申春初，爲兄子伯鐵加冠。先是爲伯鎰冠於絳州，時避難也。三月，率伯鐵至渭南省先祖墓。乙酉，慕督學榮幹〔二〕來見。丙戌春正月，李方伯用清來見，之省報禮，會葬寇廣文守信，其家延先生行古禮，葬禮久不講，觀者莫不竦動。黄觀察嗣東欲變移士習，延講書魯齋書院，葉中丞伯英來見於書院，李方伯用清、黄廉訪彭年、曾觀察鉌、江觀察匯川並來聽講，讓先生上坐講西銘、大學，方伯又講中庸，既習古鄉飲酒禮。

戊子二月，四兄巡檢公堤卒。先是壬申之春，先生率家人山居，癸酉又至，時子銘照七歲，女肅年未及笄。元宵，先生方讀書，林孺人抱女醕坐聽，銘照、女肅且以醕相戲，先生顧而樂之，賦詩曰：「厭觀燈火聽笙簫，獨向山中坐寂寥。内子聽書兒女笑，人間無此好元宵。」其年六月銘照殤，次年乙亥子肖陸生襁褓而殤，女醕五歲而殤，女肅嫁年三年而歿。楊孺人、張孺人各舉一女，俱早殤。昆仲五人冢，兄增高君翃殉回難，二兄維甸君圻乙丑卒，三兄仲方君域己卯卒。冢兄翃無子。二兄圻三子：長伯鎔，嗣兄翃；次伯鑫，三伯鉦皆死。四兄堤二子：伯鉒，殤；次伯鎰，年四十先其父十餘日而歿。至此，兩世所存惟先生及其三兄一子伯鐵而已。先生生平緦功之喪亦必如禮，四兄之喪，先生年六十五矣，哀傷尤至，一切禮節不以衰老而稍竦也。九月，林督學啓來見。己丑四月，期喪已滿，爲伯鐵娶婦馮氏，行親迎禮。庚寅二月，爲生平祈嚮，募建朱文公祠於邑北關，其秋九月落成，是年柯督學逢時來見。辛卯，督學以先生經明行修疏奏，得旨賜五品銜。謝督學啓有「豈張僕射之待昌黎，感恩有之，知己未也？學陸稼書之於敏果止論交道，不署門生」之句。先生陋世俗師生薦

〔二〕「榦」：原作「幹」。本集附録之賀清麓先生年譜「慕公名榮榦，山東人」，清朝進士題名録（中華書局二〇〇七年版）同治七年「慕榮榦，山東登州府蓬萊縣人」，據改。

舉之習，當吳督學疏奏時蓋已有此說也。壬辰三月，納妾何氏。先是自肖陸殤，納妾楊氏，無出死，因買安氏女，年十四，未及納，其女思父母，日夜欲歸，先生卽召其父領去，亦不責償價金。或問之，先生曰：「當此奇荒，妻妾子女或欲售人而不得，甚至甘心奔從冀得一飽，亦無顧者。而此女全身，猶得吾金以救其父母，此其中殆有天焉。余雖貧困，尚可因此全活一家，亦大佳事。」又買文氏女，入門拜稱先生「五爺」，先生曰：「名教，人之大經也。是稱我『五爺』矣，而可納之爲妾乎？」於是又爲覓壻嫁之。既納妾劉氏，生閏、從、桐華三女。門下劉澔爲買蜀女，卽何氏也，納未逾歲而死。是年，劉昇之歿已數歲，朱子書刻告竣，遂辭劉氏歲奉脩脯。

光緒癸巳，年七十歲。正月生日，親友欲稱觴作賀，先生爲說阻之，略曰：「古無生日之說，程子曰：『人無父母，生日當倍悲痛，更安忍置酒張樂以爲樂？』近世奢靡，往往於是日宴會雜沓，賓客滿座，殊失禮意。吾邑尤甚，十餘歲之童子輒云做生日，吾深不以爲然。以故數十年來卽家人卑幼之拜亦多不受，一若常日。吾生以正月十八日，次日卽先君生日之祭，此兩日吾但蔬食而已。近年親友晚輩知此意，或以二十日來拜。間餽酒肉，止之不可，亦略聽之。今歲吾年七十，聞諸壻又欲爲吾稱觴，且云卽以二十日拜祝，此甚非吾夙心，大不可也，慎勿徒勞，觸吾惡緒。」

二月，焦明府爲富平令，延先生行古鄉飲酒禮。三月，鳳翔令張明府世英以武文炳、王錫桂捐建宗銘書院，延先生如鳳講學，又行古鄉飲酒禮，歸過岐山，講書鳳鳴書院。時有用西洋法爲今上藩邸時小照者出示先生，先生必具衣冠展拜而後瞻之。雖居草野，君國之念未嘗一日去諸懷，每京中人來，輒咨詢深宮興居狀及經筵進講何人何書，得則喜，否則不快。逢國忌日，禮必如制。毅廟賓天，微有聞者，是日方具酒殽，卽止。或曰：「詔未至，無妨也。」先生曰：「某心已知，不可欺也。」然出處之義，守之必嚴，雖朋友亦極規切。富平王子培者嘗因顯廟北狩，欲上書闕廷，先生爲書止之，概謂：「春秋大一統，嚴內外之防，今敵人侵凌中夏，污我京師，逼驚祖宗之寢廟，亂先聖之大經，此神人所共憤，覆載所不容，人人得而誅之。蓋理之所在，有非利害禍福所得而奪者。然孔子當日未嘗一爲魯君直言季氏之奸，而墮三都，收甲兵。乃在爲宰之時，陳恆弑君，沐浴而朝，猶曰：『以吾從大夫之後，不敢不告。』女樂之受，不聞上章爭論，而託以膰俎不至，不脫冕而行。

朱子於趙汝愚之貶作書數萬言，將上之，後以筮遯卦而止。然則聖賢之心果眞恝然，視理之當爲者反逡巡畏縮而不敢前哉？抑以量乎分、審乎時一權於義而無容心耳？朱子曰：『前世固有草茅韋布之士獻言者，然皆有所因，皆有次第，未有無故忽然犯分而言者。縱言之，亦不見聽，徒取辱耳。』且吾所以告君者皆聖賢之道，而不以聖賢之道自處，可乎？聖賢之道，不枉己以徇人者也，義所當爲不敢避也，雖湯鑊在前視如無物。義不當爲不敢冀也，雖千駟萬鐘有去而不顧耳。不臨難而苟安，豈輕身以犯患？『君子懷刑』，遠恥辱也。」

又嘗於科目一事爲害，出處之正尤嚴辨不遺餘力。其答朝邑孝廉王會昌曰：「出處關乎時義，學之偏正不以科舉與否，尊兄思之終有不合，乃以某不爲八比、不以八比教人爲非中正之学，博喻旁證亦既夥矣。且曰：『不以八比教人，爲巢、由、沮、溺高尚之流，使人從其學而空有匏瓜不食之懼，教一省，一省無仕者，教天下，天下無仕者。』噫！尊兄利濟之心可謂切矣，但不知尊兄之所謂學者何也？夫學所以修己治人，明理制事，窮達一致，何謂匏瓜不食哉？學者，其道可以仕，而非學仕也；教者，教其學，非教其仕也。如尊兄言，則是必仕而後可以爲學，凡不仕者皆不足以言學也。必以八比教人而後爲中正之學，則凡古之聖賢初未自爲八比亦未嘗以八比教人者，皆其學之不中不正者也，甚哉其不然也！吾儒之學爲己，爲己之學以聖賢爲師而已。古之聖賢不求人者也，不教人以求人者也。今之科舉何如乎？特功令以之取士，謂難繩天下以盡廢舉業則可，而士子所以用功亦不必拘拘於此而不求聖賢爲己之學也。士蔽於八比久矣，果其一變至道，人知自重而不肯挾文以求售，則國家所以求賢自輔者亦必有道，豈其定循斯規而得眞才於文字之間、拔脩士於衒鬻之場乎？第恐吾之所以爲學者非聖賢明體達用之實，不中不正，而不能隱居以求其志、行義以達其道，有處士純盜虛聲之誚耳。夫士固有不敢自尊大，而亦有不得不自貴重者，誠懼害道也。孟子願學孔子而不屑夷惠，尊兄以爲法乎中正，中正在學不在仕也。夷惠何嘗不仕哉？且『言寡尤，行寡悔，祿在其中』，『謀道不謀食』，『三年學，不至於穀』，『天爵』『良貴』之辨，獨非孔孟之言乎？學莫先於辨義利，吾理未窮，吾身未修，吾德未崇，吾業未廣，八比雖工，一無益焉。切己之事敢不自勉？則以理所當然而吾不得不然耳。至不以之教人，則又有說。朱子答呂東萊書曰：『科舉之教無益，誠如所喻。然謂欲以此致學者而告語之，是乃釋氏所謂先以欲勾牽，後令入佛智者，無乃枉尋直尺之甚。』薛敬軒曰：『以聖賢爲己之學教人，人猶有爲人者，况以科舉爲人之學教人乎？』此皆先儒名言，不容尊兄都無所見。即先儒亦有言科舉者，或因人因事言非一端，中正之道不如是也。某早歲汩沒中間，幸聞師友之論，讀朱子之書乃粗知俗學之陋。竊願與尊兄共尋聖賢爲己之實學，其於八比非惟不屑，亦所不暇矣。不謂尊兄乃以某少年之名，因八比起使之，終溺其中而不悟，似亦淺之乎相視矣！要之，高尚之流學非其學也，中正之學仕可也，不仕亦可也。八比者今之從仕之階，而非所以仕之道也，不實求學與教之中且正而直，以八比當之不可也。」

癸巳九月四日，爲某書墓志，忽頭暈，欲升寢榻而腿足已不得自便，遂不能一語，後事至五日辰時，竟以不起。立伯鑛爲兼祧子，其明年二月甲戌葬於清麓山岡北方北首。嗚呼！先生賦質渾然天成，心意皎潔如秋水霽月，度量恢弘如大河長江，其暨志則壁立萬仞，振俗則砥柱中流，光明正大剛方嚴毅。嘗言：「寗學聖人而不成，不欲以一善成名。寗以一物不被其澤爲己病，不欲以一時之利爲己功。學者立志須有此規模，不讓今人是無量，讓得古人是無志。」此言深有味，今人開口便是計功謀利的見識，所以事事皆底。又曰：「自科舉之習盛，驅一世人入功利，如在膠漆盆中。不變科舉時文之陋，則此道決無由明，人心決無由正。」又云：「程子曰：『學須是學處貧賤。』今人纔遇憂患，便腳忙手亂，全不賴得撲跌，不知讀聖賢書何處使。大丈夫須有百折不回之概，然後可以當大任，一撞百碎何足言？」又曰：「致中是敬，致和是義。第曰存心，則異端猶或假借，而正之以主敬，虛無頓悟之弊絕矣。第曰致知，則俗學不無僞託，而實之以窮理，記誦詞章之習除矣。」又曰：「知上工夫從靜中做出便透切，行上工夫從靜中做出便篤實。主敬則靜，未發之時性爲之主，而敬則所以養其性；已發之際情有所施，而敬則所以正其情。」又曰：「存養、省察二者不可偏廢，存養固屬靜，省察固屬動，須又知靜時也要省察，動時也當存養，此卽朱子所謂『無時不存養，無時不省察也』，方始完密。」其居敬也，取程子「萬馬軍中知有我在」，張南軒「心在焉是謂之敬」，朱子「敬只是心毋妄思，行毋妄動」，略綽提撕，於是矜持過甚者或詆其寬疎，然暴慢不作，驕吝不生，物來則應，預無營擾之私，事過則休，終無留滯之意，實存心之正規。其窮理也，取朱子「寗卑毋高，寗淺毋深」之論，於是穿鑿附會者或病其平易，然疑難所在，苟有明辨則心領神悟，間出所得則淵粹渾括，至其不自信而恪守儒先，反覺小慧者之狹隘。其反身也，體安布素，飲食務極淡泊，非賓祭不沽酒割牲肉，間有美味之遺，輒分人令公平，家與學一也。

主講學古時，束脩火食廉取半焉，家仍内子躬親磑。己巳芮城之役，年已漸衰，仍步走，學子策蹇負行李而已。劉昇之稔其徒四壁，立囑家人爲具五百金，取子錢資之俯畜，不獲辭受焉。迨修朱子祠，虧款數適符，輒取而償之不少恡，卽嘗不無負債，而揮贈金直累千百，故卒時家境蕭然如初。像貌雄偉，望之者輒憚其威嚴，及交接，藹然可親。於貧賤固容無惰氣，卽富貴亦不色矜持。識淺者見之不測其涯涘，或至數十年問底蘊有所不悉；學深者卒服其淵涵，而溫厚和平之德覿焉皆醉。雖不爲察察之明、刻刻之行，苟大義所在，灼見眞知，沛然莫之能禦。獨惜經綸未展布，顧好惡最分明可見聞者。孔、孟、程、朱之籍徧滿座室，裝訂極完好，間破敗補綴必務整齊。蜀黨攻洛，陳王陰釋，漢學擯朱，其書不一列藏庋，且於刻朱子大全後，必特刊辨學七種以行世。卽於呂涇野有講學最切實之慕，亦疵其牴牾朱子。李榕村甚爲有功於程朱，因大學刻古本，輒訾之。湯文正之篤摯、孫夏峯之節概俱聲振寰宇，殊病不脱姚江藩。二曲高風奮百世爲流，於禪特詘。書法秀潤出入顏柳，來求者接踵，屢戒不能止，故筆不停揮。然獨不爲佛寺書字，黜異端也。至其關學續編多以恪守程朱傳，蓋生平惟祖述孔孟，憲章程朱，故不覺性情流露，時見一斑者如是。且嘗曰：「論古人宜嚴，取今人宜寬，何也？今人之學未定，不寬無以宏作成；古人之跡已明，不嚴無以正知見。」堯舜之利民也大，禹之慮民也深，學術何不然？故序道統之傳自堯、舜、禹、湯、文、武、周公、孔子、孟子，及有宋周子、程子、張子、朱子，朱子而後，元許魯齋，明薛文清、胡敬齋，國朝陸稼書，數先生而已，他不與焉。

姑狀大略如此，至若闡道之言，則有清麓文集及日記若干卷，有非淺陋能窺其高深者，一俟海内有道君子論定可也。

光緒二十三年夏四月日，興平門人歲貢生馬鑒源謹述。

（光緒二十三年劉氏傳經堂刻本）

# 清麓年譜

清張元勳編

## 小贊[一]

委委佗佗，獨立不懼。
穆穆皇皇，尊德樂義。
充實光輝，修身見袁。
夫何爲哉？不言而喻。

玉清敬題

## 清麓年譜序

年譜之作，所以著其人之生平道德學問，致力先後之所在，與其造詣之所成就，而世系源流、師友傳授因並著焉。論語「吾十有五」一章，説者以爲聖人自敘之年譜，至今讀者猶想見夫子之盛德大業與年俱進，而後生小子藉得循其節次以踐

[一] 底本小贊前有畫像，今移至書影。

其實而爲進德修業之資。此程朱諸賢年譜之作，學者所由圭臬奉之也。吾友果齋爲清麓先生年譜，自庚戌至今積十有三年，始克成編，其肆方可謂勤矣！師門親炙，惟馬楊村先生爲最久。楊村既有行狀、年譜之輯，復有志未逮，果齋踵而成之，需以歲月，詳加詢訪，及參以聞見，故於其工夫切要之處，與凡學術心術異同，疑似有所辨析折中，必備録之。下至友朋學子書問往來，有片善微長，亦必詳著本末以見教澤之。所及兼以寓勉望之意，其用意之厚尤爲從來年譜所未有，洵足貴也。

先師道德在天壤，流風所被歷三十餘年，且久而彌光。覽此譜者亦可以得其大凡矣！時同人方請以先師從祀孔廟，而此譜之成卽會逢其適，未始非天幸也。時在壬戌冬至後十日，門人牛兆濂謹識。

# 清麓年譜序

清室至咸、同之間，科舉盛行，漢學方熾，或習帖括以取力資，或尚考據以矜淵博，無非爲爭名競利之地，甚則斥宋儒言理爲非，詆毀攻擊不遺餘力，天下靡然從風，而聖學之門牆遂不可復覩。斯時而有人焉崛起關中，挺然特立，丕振絶學，嚴義利之辨，致克復之實，大明新之規，實致力於明善誠身，力臻於知言養氣之地。若是者，其惟我先師復齋夫子乎！

夫子資稟明睿，剛正篤實，幼時讀涇野内篇，卽慨然發憤，弱冠後問道桐閣，能見大意，歸取小學、近思録讀之，喜得入聖階梯。小學内篇至讀過萬遍，「心術」條讀之加備。患宋、元、明以來門戶紛歧，明代尤甚，學者易誤趨向，乃泛覽近代講學家文集，爲之分派别，又究極異同。益知程朱一派爲孔孟眞脉，是程朱卽是孔孟，非程朱卽非孔孟。嘗曰：「爲學必由小學、近思録入手，以達於四書、六經，則塗徑不差。必恪遵居敬窮理之教而實致其力，乃有實得。虞廷之精一、孔門之博約，與程朱之居敬窮理一脉相傳，異世同符。學者果能於敬字認得眞做得實，則百病皆去。遇事能窮究其是非不輕放過，卽曾子之隨事精察力行。」凡此皆先師微言與其得力要法，可知先師之學卽程朱之學，亦卽孔孟之學。

至其生平向道之勇、辨道之精、體道之實、衛道之嚴，眞不愧關中之學統，海内之儒宗，開西北之風氣，紹前聖之心源。張子謂「爲天地立心，爲生民立道，爲千聖繼絶學，爲萬世開太平」，惟先師足以當之。名以沒世而定，善以公論而彰。先師之道德學行，不特列在門牆者足資觀感，卽千里以外百代之下亦能聞風興起，則其生平之歷履行實又烏可以不傳？然則鴻山之撰年譜，眞師門之功臣也。琨雖自顧淺陋不足發明師道，然忝荷陶鎔恩同覆載，不可無一言。承鴻山之囑，因僭綴數語以誌簡端，以略申孺慕之誠云爾。民國十一年壬戌十二月朔，受業門人山東孫迺琨拜撰。

# 凡例

一先生生平言學必以道爲宗，言人必宗朱子，以上企孔子。故此編於先生初年轉關學道，中年精舍告成，座銘有「自昔設學，匪道曷由」語。晚年增建朱祠，祠啓有「惟孔子實爲生民所未有，惟朱子亦集諸儒之大成」語。必致詳焉。

一先生概北省朱子之書刻板絕少，學者迄無定志，故刻朱子書無一不備。使學者知紫陽爲尼山大宗，故編中於此特詳，且采先生發明各書之旨，以一學者之趨。

一先生講學，嚴二氏陸王之辨，既宗朱子以定一尊，又恐學者或誤於歧途，故於辨學各書札采取，不厭其複。

一先生既不能得位行道於當時，其裁抑後進亦聖人歸與之意，故於前後問學受學各人，必詳著其本末及其所長，以見先生教思之溥。

一先生博通羣籍，而所注重者尤在四書、小學、近思録。慎於擇師取友，而所馨契者厥惟桐閣、仁齋、損齋三先生，故此編前後凡及於此者，採録尤詳。

一是書基於同治末年，爲先生尚在，其事易詳也。纂於光緒中年，時先生甫沒。而成於宣統之初，所歷各君只有年號，不能盡有廟號，故悉稱年號以歸統一。

一元勳愛慕先生，恨未及門，故於先生七十年立心制行之詳多不及知，且識陋學微，凡先生學問道德之崇隆亦未能仰窺萬一，掛漏之譏知必不免，望當代君子匡所不逮而補正焉。

# 清麓年譜上

興平張元勳果齋輯

長安王銘鼎愼齋
潼關任忠恕貫卿同校
郃陽楊澂清廉泉

甲申道光四年正月十八日亥時，先生生。先生姓賀氏，名均，改名瑞麟，字角生，號曰復齋，行五，三原響流堡人。同治初元避賊遷居縣内北城迄今，遂爲北城人。其原籍係渭南長壽原賀氏，七世祖光輝始遷三原，先生歲時嘗往渭南省遠祖墓。先生之生隆準豐頤，口可容拳，貌魁梧不類常兒。始求道葦麻廬讀書，名有懷草堂，後更其讀書之舍曰定性書堂，晚移講清麓，別號清麓洞主，又號中阿山人。中丞[一]馮公譽驥題其堂曰「敬義」，制軍譚公鐘麟扁其門曰「正誼」。

曾祖諱應祥，字長發，號梅菴，善畫，工指筆，乾隆中曾應畫試詔，所交多當時名士，雅愛詩書，教孫含章讀。含章，先生父，嘗誨先生曰：「吾弗終儒業，負吾祖多矣。然吾祖厚德，必無不報，其在子乎？勉繼之！」見長壽譜。妣氏秦。

祖諱瀛，字海峯，賈歿於外，妣氏王矢志守貞，性明敏而嚴整，雖老非衣裾不出。

父諱含章，字貞堂，妣氏蓋，行事俱見李桐閣先生所撰墓表。先生生時貞堂公賈漢口，越數月歸，見先生貌偉，喜曰：「吾諸子皆失學，讀書承先人志者惟此子是望。」於是決計不復外出。

戊子八年，五歲。貞堂公賈荊楚，自是辭歸曰：「吾事親教子足矣。」不復遠遊。時祖母王孺人猶在堂，先生甫能言，貞堂公事母之暇，即教之識字。

[一]「丞」：原作「承」，據本文集附録之賀復齋先生行狀改。

庚寅十年，七歲。貞堂公命先生入鄉塾，從王先生受讀論語。先生自述：「瑞麟自小祖母篤愛，七八歲時猶抱之眠。先君體其意，每就祖母燈下教麟讀，又或説古今故事以爲笑樂。」見貞堂公行畧。

辛卯十一年，八歲。讀四書，卒業。

壬辰十二年，九歲。讀詩經，終小雅。旌祖母王孺人。先生述曰：「孺人高陵生員世霖女，歸吾祖諱瀛，年二十四而寡。時吾父僅六齡，祖姑及翁姑皆篤老。日勤十指，卒葬三喪，撫叔姑遺子無異所出，教吾父極有法度。曾祖爲吾授書，祖母輒從機上暗記，督令覆誦，麟兒時嘗抱置膝上，猶口授所記書也。年七十而卒，督學宋扁其門，見三原新志貞烈傳。方祖母節孝，旌下，先君色喜，已復悲曰：『吾母苦矣。』」見貞堂公行畧。

癸巳十三年，十歲。讀尚書。

甲午十四年，十一歲。貞堂公遣先生詣瓦張村從雷先生受讀。忙歸，貞堂公以「半耕半讀」屬對，先生答曰「全受全歸」。貞堂公喜其有志，時爲道小學大意，先生頗欣嚮之。

乙未十五年，十二歲。延雷先生震於村，先生讀於村塾，前後凡四年。

戊戌十八年，十五歲。卒讀五經，始學文。

己亥十九年，十六歲。賈先生銘盤館於東賈村，先生往學焉。

庚子二十年，十七歲。王店鎮馮氏延臨潼張先生，先生往讀於馮氏家塾，是歲入邑庠。與姪伯鎰書曰：「吾年十七時只畧曉文義，做文字亦不能過人，試於有司，適見收取。時大父嘗教以聖賢爲學道理，而奪於時好全未屬心，追憶曩時每用自悔。」又嘗曰：「某年十七入邑庠，旋食稟餼，人賀之。先君曰：『但稍酬吾祖，供吾心，爲學當志遠大，即科名於身心何有哉！於天下國家何有哉！』因戒麟毋自足。」見貞堂公行畧。按：食稟餼與人賀，及貞堂公告誡語當厠二十歲，以原文連類及之不裂也。科名於身心何有？於天下國家何有？胡世人爭騖於此不休也？貞堂公可謂善教，先生可謂善學矣！

辛丑二十一年，十八歲。取楊孺人，孺人臨潼楊西亭孫女，西亭博學有品。見長壽譜。

從孝廉王次伯先生讀，王先生諱萬适，字次伯，道光辛卯舉人，性情敦樸，博學篤行，嘗輯諸史孝友傳爲篤倫書數十册，欲付先生訂以傳世，未及而沒。見三原新志文學傳。先生自述曰：「次伯先生博學敦品，先君遺麟往稟學焉。先生教士先器識，本經外每日講小學，及道學辨一二條，先君亟是之。」見貞堂公行略。又曰：「某年十八讀書王先生所，手鈔呂涇野書，至『季氏舞佾歌雍，都從恥惡衣惡食來』語，甚愛之。歸而述諸先君，先君教以不此之恥當思其可恥者。」購薛文清公讀書録，先君見之乃曰：「恨吾不早見此書，此汝終身業也。」見三原新志質行傳。按：行狀此段誤厠於十七歲，先生自記當較實更焉。

壬寅二十二年，十九歲。肄業宏道書院，時掌院者爲路潤生太史，太史博學能文，以制藝鳴關中，先生制藝外時取閱先賢儒文集語録各書。

癸卯二十三年，二十歲。科試取一等一名，補廩膳生，試秋闈不售。

甲辰二十四年，二十一歲。肄業宏道書院。二月初二日楊孺人舉一女殤，七月五日孺人卒，時年十九，爲賀氏婦凡三年。

乙巳二十五年，二十二歲。三月初四日丁父貞堂公艱，貞堂公有子五：𤔡、圻、域、堤、均，均卽先生，女五。先生所爲行畧曰：「先君穎異過人，暇輒手一編，自麟所見則四書、唐宋大家，古文爲多。處艱苦困阨能自守，居心坦直、忠厚待人而不爲骫骳。居常教麟兄弟皆以謹樸敦孝友，不爲妄求濫取，而每諄諄於愼交遊。壯年賈楚非志也，常作詩寄懷云：『總因衣食拋書史，豈爲飢寒變性情？』又思親云：『省身每愧曾參學，負米常懷子路賢。』晚善醫，活人甚衆，貧者施藥餌，不取值。故先君歿，甚有泣下失聲者。又寄諸子詩云：『千言萬語吴江外，切勿因循入下流。』」見貞堂公墓表。

丙午二十六年，二十三歲。授徒邑城北關李氏祠。七月二十五日丁母蓋孺人憂，孺人秉仁公女，其母氏李，高陵世族也。見長壽譜。桐閣表墓有曰：「孺人歸賀，事祖及孀姑無少怠，以簪珥佐歉歲，傭女紅以易粟米，或訶責子輩，見其姑不喜卽止。嘗戒諸婦閨門不可有嘻嘻狀，生平不好議人短，不與人爭是非，不忘艱苦境，飲食不尚美好，親串往來禮謹而簡，其仁孝在家與在母家一也。」

丁未二十七年，二十四歲。春，介楊梅友赴朝邑受業李桐閣先生之門。桐閣名元春，字仲仁，號桐閣。先生述桐閣行畧曰：「朝邑李先生自少講學卽主程朱，於心學『良知』闢之甚力，而闡明經學一主於理。見世之怪論邪說直痛斥之，其行己誠敬爲本而要於有恒，其爲學本末兼該內外交養，終始一意未嘗少衰。麟年二十四始登先生之門，於先生之深誠未能窺，既歿之二年，崇祀鄉賢。」序桐閣集曰：「麟年二十四始登先生之門，從遊幾十年，先生年八十六而歿。」後上劉霞仙中丞書曰：「麟鄙儒也，年二十四，始登桐閣先生之門，得聞聖學之大畧。竊有意焉，而未知所入既泛濫於有明以來諸講學之書，書愈多講愈煩而心愈無主。乃取小學、近思録稍稍讀之，始微窺其門庭戶牖所在，諸家之說遂屏不事。」按：此爲先生轉關學道之始，聖人所謂「志於道」是也。人生志於功名則壹意在功名，志於詩文則壹意在詩文。先生壹志於道，朱子所謂「志乎此，則念念在此」，而人世功名詩文之業舉不足以奪其志矣！

冬十月二十五日合葬貞堂公暨蓋孺人於雁陂阡。葬之先持狀請桐閣表公及孺人墓銘，曰：「居心之良，制行之方。型立家庭，名孚鄉邦。雖遭屯艱，衍慶流芳。有子承訓，其後永昌。道追賢聖，乃克用光。」

戊申二十八年，二十五歲。授徒於北鄉李氏。十二月八日續娶張孺人。孺人祖元熗，庠生。父懋曾，母氏王，高陵香王村人。

己酉二十九年，二十六歲。讀書麥劉村。四月試拔萃科，八月赴秋闈試，均報罷。未拔萃之先，人咸擬先生必得，及不售，人咸不解。先生曰：「拔萃科所重文與字耳，久不習文而禿其筆，以此往試，其不得當也。何疑焉？」

庚戌三十年，二十七歲。省城有三原會館，爲秋試設。時不逢試，先生讀書其中。三月，赴朝邑謁桐閣先生，遂登太華。太華下有宋陳希夷石洞，好事者爲石像睡洞中。先生題詩洞壁云：「人愛先生醒，我愛先生睡。世上多少人，醒時不如寐。」九月，山西永濟縣石公楊廷棟來會館，日與講論道義，年終去。

辛亥咸豐元年，二十八歲。授徒龍泉精舍。有以禮聘者，先生曰：「禮聞來學，不聞往教。」自是遂不復就人館。八月赴秋闈，報罷，見楊損齋先生於長安。此蓋其相見之始也，其歷年講學語節著於後。損齋諱樹椿，字仁甫，損齋其號也。生而穎異，事親至孝，雅志山林，不求聞達。前後讀書太華幾十年，其爲學堅實刻苦，默契精思，養之深以醕，守之嚴以固，雖在草野，無一念不在天下國家。關中之學，國朝自王仲復後百餘年來恪守程朱而光大之，斷推先生與損齋。其與先生相砥礪，恒以朱子、南軒、東萊三先生往還規戒語相勸勉。後損齋既歿，先生表其墓曰：「咸豐初元遇君長安，如舊相識，心甚契。」繼又採其學行續入關學編。

楊石公來，先生由石公聞芮城薛仁齋先生名。十月，仁齋至三原，欲訪先生，以希夷洞詩知先生。因事未果，屬某見先生且致意。先生聞訊急欲一見，而仁齋已西去至咸陽矣。年終石公東旋，先生寄函仁齋，極道欲見之誠。

與原坦齋書曰：「某之始學亦嘗不廢舉業，而心輒厭之。」上劉霞仙中丞書曰：「某始學此，兄弟親戚大不謂然，朋友來書又多見攻。心竊疑前輩講學亦有應舉者，此或未害，爲學終身窮餓都不計，祗恐稍涉偏僻。痛思此理，經七晝夜知學斷當爲己無他計較，聞朋友中如此者輒往正之。又反覆程朱說科舉處，而志乃毅然不可易，然年且二十有八矣。」按：先生自十八從王次伯先生學，卽知制舉以外別有聖賢之學，自二十四遊桐閣之門，遂有意於聖賢，然猶不廢科舉。後更越數年，其所見益精、所守遂定，自是遂屏棄科舉之事，不復以帖括教人，時年已二十八矣！噫！先生爲絶學於舉世不爲之日，匪能拔俗，奚以入聖甚矣！俗之難拔，先生三變焉始至此也。其始變所謂知之其可與共學矣，變之再卽能好之則可與適道也，迨三變已樂之矣！聖人所謂「可與立」非耶？蠡測高深非謂似也，其階級或稍類焉。

壬子二年，二十九歲。居龍泉。春正月仁齋先生命族弟于璜來，璜，字兆晚。三月同楊梅友秀芝謁桐閣於朝邑。約損齋東行，過梅友永濟書館，並偕石公遂至芮城漢渡求仁精舍見仁齋先生，相思逾年，至是始得見也。仁齋沒，先生爲仁齋傳畧曰：「先生姓薛氏，名于瑛，字貴之，號仁齋，學者稱仁齋先生，山西芮城人。少聰慧異常，後既孤，厲志爲己，讀小學限萬遍，故所得尤深。讀一書必俟通透而後易，爲學不由師傳，獨探聖奥，俗儒異端功利駁雜之習一無所染，其於陽儒陰釋之書不一寓目。然見於言論文字獨無一語近似，蓋精熟孔朱之書，學有基本，所見自不差也。」其傳贊曰：「某初向學得其一言，遂與一二知友毅然脱去場屋之累」。蓋仁齋來訪，與先生論出處。仁齋曰：「應舉終不免一求字。」先生有悟，遂一意爲己，謝去生徒之務舉業者。秋八月，張孺人舉一女孩，名小蘭。

癸丑三年，三十歲。春，築麻盧於南李村南。麻盧者，取麻桿櫛比而爲盧，用此物可省榱箔。先生學道之始資用維艱，且此地去先壟不遠，地去雁陂新阡數十武。因草署爲此，室成，名有懷草堂，取小宛「明發」、「有懷」之義。

與仁齋論學書曰：「吾恐吾志不立，將不得望孔、孟、程、朱之門，豈徒爲大言？吾恐吾敬不居，將有負於天地父母之身，豈敢不小心？吾恐吾理未窮，則無以格物致知而有盡心知性知天之樂，又安可不勤學？吾恐吾身未反，則無以爲誠正修齊治平，而德、功、言皆有不立之憂，又安可不慎修？」

甲寅四年，三十一歲。讀書有懷草堂。三月二十四日張孺人卒，先生述其行畧曰：「吾與孺人豈獨世俗夫婦之情而已哉！孺人歸吾，不逮事舅姑，每祭，躬饋獻，必再拜，遇忌日，輒愀然不樂，是孺人不忘仁孝，有以助吾思親之誠心也。吾好習古禮，與孺人揖拜，人笑之，孺人不顧也，是孺人不恤非議有以發吾好古之志也。自吾一意爲己，有館吾者謝不往，人驚笑，且謂必致困窮。孺人出己錢買機學織以佐吾，是孺人不戚悴不歆榮，使吾以古之安貧樂道自勉也。其他崇樸素、絀華靡，不惑佛説，不食煙草，有士大夫之所甚難而孺人能之。孰謂生僅二十四年，而爲吾妻者尚不踰七載，奈之何！不能相與有成，而遽至於斯也。」

孺人卒，先生遵行古禮，人疑而非之，作妻服答問，畧曰：「某有妻之喪，不敢以非禮處。或人疑之，乃問曰：『世不重妻喪久矣，子曷爲乎違俗也？然則其爲服，何也？』曰：『齊衰之服也，期也。』『曷爲乎期也？』曰：『禮「妻以父服我，我以母服報之」，故期也。』『杖何也？』曰：『父母在則不杖，以尊厭也。無父母，責稽顙可矣，況杖乎？』『是不亦竟同于母乎？』曰：『非然也。父母則稽顙而後拜，妻則拜而後稽顙也。』『曷杖乎爾？』曰：『柏也，謂期以百年者，今其約替矣。』『亦禫乎？』曰：『十一月而練，十三月而祥，十五月而禫。』『不酒肉，終喪乎？』曰：『終喪也。』『不用樂，何也？』

曰：『非禮之甚也，居喪不言樂，況聞之而作之乎？ 妻有服，不舉樂于其側，況有妻服乎？』『不掛紙幡，何也？』曰：『佛氏之教也，是以有罪待亡者也。 世之人於父母之喪，其違禮多矣，況妻乎！ 則子之疑也又何怪？ 噫！ 是可歎也！』因述其語作答問。 問者既退，門人曰：『人倫之倫，夫婦尤甚，妻死隨娶，故夫死隨嫁者比比也。 世如先生，則爲人妻者得不感於故夫之義，而再嫁之風庶少息哉！』曰：『如子之言，則吾所謂盡禮者，姑以是爲羈縻之私。 而夫守義、妻守節特出於報施計較，非天理之自然而不可易，與夫當然而不容已者也。 道造端乎夫婦，此而不誠，則其君臣、父子、兄弟、朋友之間其不以市心相接者幾希矣！』」

答王熾侯論科舉畧曰：「某不幸喪偶，辱書慰問，拜誦之餘，益深痛傷。 三復書言規戒諄至，但吾儒之學爲己而已，爲己之學以聖賢爲師而已，古之聖賢不求人者也，不教人以求人者也，今之科舉如何乎？ 功令以之取士，謂難繩天下，以盡廢舉業則可，而士子所以用功，亦不必拘拘於此而不實求聖賢爲己之學也。 士蔽於八比久矣，果其一變至道，人知自重而不肯挾文以求售，則國家所以求賢自輔者亦必有道。 豈其定循末世之規，而得眞才於文字之間，拔修士於炫鬻之塲乎？第恐吾之所以爲學者非聖賢明體達用之實，不中不正，而不能隱居以求其志、行義以達其道，有處士純盜虛聲之誚耳。」

冬十有一月，桐閣先生卒，先生偕梅友哭於其家，葬之日爲文以祭之。 畧曰：「先生負剛毅之資，稟敦篤之性，既得天之最優，復所學之甚正。 其存主也以誠，其致力也以敬。 德不愧於天人，道必法乎賢聖。 是以不徙託之空言，而自有以見諸實行。 蓋其操守之嚴也，先生之義；倫常之篤也，先生之仁；宏者，先生之接物；儉者，先生之持身；先生之勇，當爲則利害不計；先生之忠，可謀則人己不分。 欲斯道無不明者，先生講學之念；欲斯民各得所者，又先生濟世之心。 是豈不足接武乎諸儒而楷模乎多士？ 麟等或從遊昔日，或問道晚年，光風霽月，北斗泰山，所愧闖域未躡門牆，無顔固尊，聞行知之是矣，欲考德問業而何緣？」

乙卯五年，三十二歲。 居麻盧，臨潼林宗洛五中、劉時濳廷選來，二人皆先生同學舊友。 聞先生講聖學，特來重商舊學，惜爲日無幾，又各別去。

答損齋論靜畧曰：「氣質誠未易變，每自循省，卻是敬上少力。敬之要，朱子所謂提醒此心動靜皆有，無事時或且靜坐，或煩擾時畧靜坐少頃，自當不以靜坐作一件事，如此恐近禪矣。蓋人心是活的物，心統性情，性眞而靜，情感而動，靜處是心，動處亦是心。然心既載性，則性亦不是死的靜。禪家要死守此心，便是死靜，便是死性，如何是得？」按：損齋之學得力於靜，恒以多動規先生，故先生有此書。動靜不失時，其道光明，壹於靜與偏於動皆未見其是也。無事時與煩擾時宜靜，先生豈偏於動者哉？

丙辰六年，三十三歲。居麻廬。二月娶林孺人時，先生行親迎禮，猝不用樂。一時議者譁然，先生毅然行之，卒不改，自是冠、昏、喪、祭，悉依古禮。

答損齋論助忘畧曰：「來教似加意源頭工夫，此自吾輩緊要所在，程子所謂『根本須先培壅』是也。程子又曰：『涵養吾一』亦是此意，只爲不一，〔一〕日間工夫不是助長便是忘了，某邇來自覺學不得力，病正坐此。蓋勇猛直前，則不免急迫之患。纔說優游涵泳，又似怠忽間斷而無以爲進德之基，故主敬之功程子只以『主一無適』釋之，而『主一無適』亦是『徹頭徹尾』。然朱子又恐人看得『主一』無下手處，頻頻說個提醒字。蓋一提醒則心便在此，心存自不至昏惑紛擾而敬可言矣。不紛擾則不急迫，不昏惑則不怠忽間斷，又何助長與忘之可慮？但提醒之法有二：一是喚起，一是截斷。覺得此心頹廢懶惰，即便喚起；覺得此心閑思雜慮，即便截斷。此四字亦是朱子之意，而宋儒有書於座右以自警惕者。某深愛其簡要可守，循此行之，畧有效驗，而不能持久，如朱子所謂悠悠歲月，眞是可懼。」

丁巳七年，三十四歲。居麻廬，宋徠松養楨來受學。答損齋書曰：「張葆初可畏，幸道意。此間亦有宋養楨者，年未及壯卻肯來就，其志頗可嘉尚。日夕講論，大破孤寂。」春，桐閣入祠鄉賢，之朝邑與祭，損齋延先生爲其子玉清加冠。夏，仁齋來會，時從行者二十餘人。

〔一〕「不一」：原闕，據文集卷六答楊仁甫書補。

答林宗洛闢陸王，畧曰：「某嘗怪前輩立身行己卓有可觀，其學亦自謂守程朱正脈，而往往於陸王猶爲恕辭，不能峻絕力闢，樹吾道之干城。是或虚懷謙衷務爲反經以自勝，而眞是眞非又豈容一毫之假借？在我雖有不足，亦必實致其力於身心日用之間，如孟子知言養氣益進而交益，庶幾眞見彼之邪說足以貽誤於天下後世，而吾爲天下後世而明辨之者，亦不徒爲空言而不見信於斯人也。」

戊午八年，三十五歲。夏，表桐閣墓，極闢陸王、考據與科舉之失。其略曰：「陸王之偏坐不知學，考據之僻坐不明理，古之學者爲己，爲青紫而明經，爲科舉而業文，去聖人之道遠矣。」六月，先生家析爨，先生諸兄以債多求分異，懇止不可，仍與三四兩兄同居。

己未九年，三十六歲。逢恩貢成均。損齋先生遣其子玉清來受學，於其歸也，先生書贈言十二條，悉論夫和妻柔之理。其末略曰：「孝衰於妻子，凡所當爲無非孝也，故守身爲大。」又引程子曰：「『吾以忘生狥欲爲深恥』，此言宜常念也。」與損齋書云：「答玉問據一時所見，深恐未當，道理未易研究，辭字未易穩貼，如有不是卽望提出別論。此理本無形迹，千萬勿以常態相拘，庶彼此有益也」。爾時先生答温如問十餘條中一條，温如問：「居業録言致知力行雖切，然有時惟存養工夫不可須臾間斷，竊疑存養亦力行事。」先生答云：「存養貫乎知行，此分言之也。若專言之，非特存養屬行，卽致知亦可謂行，須看他意思如何。」與損齋書云：「知行不足以盡存養，以皆在動處着力也。惟存養則静中尤要，故胡氏云『然看他意思如何』，此看書之要，須記。疑問中屢犯此病。」按：兩先生説存養甚好，如此方發得敬齋先生之意盡。

九月，東行見損齋，極論功利佛老之失。去後損齋次其語略曰：「功利佛老二者，吾心每日一念之間卽有之，因思日用間偶有厭煩擾喜簡静之意，或愛說高妙道理，卽佛老也；偶有欲速助長之念，或用智自私，或務外好名，卽功利也。吾輩可不深自省察乎！」按：此又見兩先生求己之切、論學之密，近世友朋從事於此者無幾人焉，尚望其切密以至斯極乎！學者觀此與上條，可以知入德之門、用功之方矣。

取呂近溪小兒語略爲改削，以去襍入異端之言，並次其前後，以授女小蘭。擬響流堡社倉事目十四條。

所學。

庚申十年，三十七歲。是歲與仁齋先生共學，昕夕講論，甚得麗澤之益，時仁齋館南李村，去先生草堂甚近，故得以暢論所學。

答林宗洛論水氣無循環之理，博引程朱之説以證之。

辛酉十一年，三十八歲。五月二十四日，顯皇帝咸豐崩，先生守禮甚嚴。與劉致齋書曰：「輕議前輩固當戒，然學術一差將誤終身，須與明白分辨方可致力。昔朱子於當時講學諸公一一梳剔，而僞學之禁，且曰：『得某壁立萬仞，亦足爲吾道增光。』況今嗣主冲齡，保傅需人，而大臣臺諫以一二講學鉅公列薦牘，則清時必無朱子之憂。」

冬十一月之省見蔣少園，少園名若宷，長安人，宦成都，晉職太守。聞先生講學，企慕甚殷，至是以憂歸，故先生之省見之。其人德性温粹，學問深醇，後劉霞仙中丞知先生，皆公宦蜀時有以啓之。

壬戌同治元年，三十九歲。毅皇帝同治御極，詔省都州縣各舉孝廉方正，時原宰余公擬首舉先生，先生上書力辭。略曰：「朝廷重典，必得眞能副其名者，方可當之無愧。某之愚劣無論其他，即孝之一字已難。自問年逾弱冠，連遭大故，除服後以雙親屬望，尚事科舉，既思不可必得，即得亦禄不逮養，遂絶意進取，但欲讀書修身以無貽親羞而已。今年幾四十，依然無聞，追維往時，既少承歡，復省當躬，又將遺玷先人，每一循憶，涕下交頤。蓋有不可爲人不可爲子者，不能孝即餘不可問。果上其事，是愈重不孝之罪，而且以累朝廷選賢勵俗之明。幸願速已此事，則某之感激更有甚於保舉者。」書三四上，長官知先生志不在功名，始寢其事。

五月，先生以家人避亂，之晉之絳州，時髮逆入關，回變起華、渭間，先生盡室東行，過蒲之永豐鎮，鄉團百餘衆圍先生，以先生貌類回人，阻不得行，幾蹈不測。正喧譁間，鎮人王姓名欞兒者見爲先生，直前敬揖，侯狀其人乃學中舊齋僕也，衆遽散。團首馬某好言慰先生，先生笑曰：「貌似陽虎，孔聖且見圍焉，況吾輩乎？」

六月末，渡河。癸亥與李鏡湖書略曰：「去歲五月，挈家逃韓城，六月末渡河，現居絳，異鄉不易，亦無可如何。今歲但有學子數人相從講讀，得以溫習故書，粗此遺日。西歸無期，思之輒痛也。」

冬，仁齋、損齋來絳視先生，居五六日，同北遊至太平北柴村，仁齋歸芮。先生與損齋、李勉之生彬走太平襄陵，過平陽，至洪洞見范彪西先生碑。因與損齋論彪西廣理學備考與黄梨洲明儒學案、孫夏峯理學宗傳皆不滿人意，以其不能純宗朱子，故多不當於人心。歸由太平入山，從馬鼻峪而出，損齋歸，先生屬過猗氏楊莊見楊起之師震及其徒孫應文鳳德，時損齋亦避地蒲州。八月，仲方公先生三兄之絳。先是仲方公從越東歸解州，不得家耗，聞先生在絳，至是乃之絳，亂離之際，骨肉團聚，舉家慶幸。

癸亥二年，四十歲。居絳，李勉之延損齋教其子，時從先生學者亦數人，先生乃與損齋同舍，朝夕聚講，因名其所居之舍曰麗澤精舍。規約見文録。與損齋校正小學、近思録，且句讀焉。又集讀二書說，孫應文刻其書於猗氏。秋八月，先生之臨晉省仲兄，先生逃難時與仲兄同行。其年冬，兄以訪友之臨晉，住藥肆行醫，客居遠方逾歲未見，至是之臨晉省之。

劉季昭來見，季昭名質慧，亦三原人，性情敦謹，無世俗態，富而好義者也。時避難亦在晉，聞先生至，急來見之，因求刻先生所輯養蒙書，嗣又刻復齋録、四忠集、朱子綱目等書，惜不永年，丙子卒。

訪仁齋至霧崖精舍。是行也，由解過中條山，適遇仁齋於曹莊，因同渡河至靈寶霧崖，阻雨，宿閻孝先家五六日，仁齋請講西銘、太極，各賦詩倡和。去時，孝先、任寶三、閻克己等送數十里。

冬，任道泰刻養蒙書於解州，先生言也。

甲子三年，四十一歲。二月十八日，西歸過損齋寓所，時損齋寓楊莊，先生到家與損齋書曰：「楊莊別後，三日行風雪中，五日行泥水中，二十二日抵耀，又二日抵原，凡此苦況某終無所怨，尤以吾陝百萬流民有更甚焉者，途中誦西銘至欲淚下。」

謁邑宰。先生居東時，邑宰余公屢函請歸，故到家去謁。余公問善後策，先生對以「急宜散給牛種，以復逃亡」。余公是其言而慮款項之難籌也，時富室劉香洲毓英雅重先生，聞邑侯是舉，慨任費二萬四千金，且謂必先生經紀乃可，於是余公禮延先生分鄉查散。西北鄉山谷崎嶇，衆憚其難，先生單騎馳，凡有人居，騎必至焉！卒事，費溢原數四五千，同事難之，香洲曰：「此惟先生，雖再多樂任也。」

與蔣少園書曰：「敝邑葵階余公散給牛種，奉諭下鄉，逐戶句稽，事尚未竣，家累又寄絳陽，不免復過河汾，搬回故鄉，容圖專晤，一商舊學慰夙懷，是所願耳。」

五月，先生四兄以家歸自絳。六月，邑宰延先生修邑志。時家無升斗之儲，大小十餘，日日僅買豆一升，水煮分食。答損齋書曰：「承誨修志，大意正是，是役某屢辭不允，承此正欲諸兄教我。不逮前欲敦請仁齋及老兄，邑尊以費小因有難色，待某草創後可專就正也。」

邑侯再欲以孝廉方正舉，諸紳亦聯名具保，先生終辭之。其辭書懇切周摯，見文集。邑侯延先生明歲主講學古，先生力辭之不得，作書極言現時八股之弊，懇請力復古學，邑侯允之。

乙丑四年，四十二歲。主講學古書院，先生預約不開帖括八比課，招宋徠松爲齋長，徠松有志向學，先生方欲講所未聞以振學規，數月病卒，先生惜之，許思慎等從立學規十二則。

學約六條：一、凡學於此者一以聖賢之學爲宗。世俗記誦詞章、功名利祿之說務使掃除淨盡，不以干碍其胸中，然後趨向專一，功夫純篤，方有可冀。

一、學規一依拙輯養蒙書前七種，弟子規、教子齋規、程董學則、童蒙須知、訓子帖、白鹿洞揭示、敬齋箴。講明遵守，日用無違，尤以白鹿洞揭示及敬齋箴爲綱要。

一、無論大小悉以小學書爲入門，然後漸次讀近思録、大學、論語、孟子、中庸、六經，以及周、程、張、朱、許、薛、胡、陸之全書，非聖之書、無益之文皆絶勿觀。

一、書須熟讀精思，切己體察，每人須置一日冊以記所讀之書、所行之事，嘗自觀省，每日讀講呈師勘閲，善宜加勉，過則亟改。日間思索有疑，用冊子隨手劄記，呈請批誨。堂課一改舊例，或出策問論辨，以徵讀書所得，有未至則面告之。遵程子學制，更不考定高下。

一、每日隨所讀講解外，每逢一六日，俟板三擊，升堂講書，諸生各如其服會集，悉宜細心領略，任便令覆，如有全無理會，量加罰責。或有外來聽講者，亦並分坐堂側，毋致喧譁。每月初一、十六兩日講書後，率諸生堂上習禮，院外願觀者聽。

一、晨昏及會講、會食各訓詞並一切規約務要勤謹習行，不可苟且怠玩徒循故事，如有不受約束則誨之，誨之而終不悛則遣之。

學要六條：一曰審途以嚴義利之辨。凡爲學先要分別路途，同一儒也而有君子小人之異，同一學也而有爲己爲人之殊。君子儒，義也；小人儒，利也。爲己，義也；爲人，利也。路途一差，便恐墮坑落塹終身莫出。且如今人讀書，只欲纂輯文字逐時好，取世資，義理不明、德行不修則不知也，無論悠忽因循枉卻一生，若只在利一邊，致力愈深則受害愈甚。惜哉！哀哉！故審途爲學者第一要着。

二曰立志以大明新之規。途既正矣，譬如適京師者已識得路程，然却主意不定，或欲往或不欲往，縱識得何益？此志之所以不可不立也。立得此志，後面功夫可以次第做去。若不立此志，便似做不做，或半途輒止，或見異思遷，或搖於衆口，或狃於近規，所必至也。大學「明新」、「止至善」，吾儒合下便須有這規模。顔淵曰：「舜，何人也？予，何人也？有爲者亦若是。」孟子曰：「乃所願，則學孔子也。」程子曰：「言學便以道爲志，言人便以聖爲志。」

三曰居敬以審存察之功夫。立志所以定本，而居敬又所以持志，儘有志向遠大，久之卻漸漸淡了，則居敬不密耳。敬者，一身之主宰、萬事之綱領，静而存養，動而省察，無一時一事之可離乎敬。窮理不以敬，則昏惑紛擾無以究義理之歸；反身不以敬，則怠惰放肆無以致義理之實。蓋聖學所以成始成終而爲傳心之要者，此也可不務與？

四曰窮理以究是非之極。天下之理只有一個是非，或讀書，或論古今人物，或接物應事，凡身心、性情、人倫、日用以及天地、鬼神、鳥獸、草木莫不有理，莫不當窮。是是非非直須剖判到底，到得知性知天，方算窮理。知之明而後處之當，不然無星之稱、無寸之尺，時有認賊作子、誤人欲作天理者，豈不誤甚矣哉？

五曰反身以致克復之實。行之不力固屬知之不眞，而知之眞尤須行之力。若反身不誠，任做功夫仍是一塲話說。果人欲也，必克之不使其不盡；果天理也，必復之不使其不純。故大學格致而後必以誠正修齊治平爲重，中庸博學審問慎思明辨而後必以篤行爲歸也。

六曰明統以正道學之宗。道統之傳自堯、舜、禹、湯、文、武、周公、孔子遞相授受，孟子殁不得其傳，歷千五百餘年而周、程、張、朱數子者出，斯道大明如日中天，與唐、虞、洙、泗並。朱子而後，元有許魯齋，明有薛文清、胡敬齋，國朝有陸稼書，皆與於斯道之傳，同爲學者所當宗主。學者不欲學聖人則已，如欲學聖人而考聖賢相傳之淵源，必以此爲標準，爲歸宿，庶幾始有趨向終有成就。苟或舍是而他務，不爲俗儒記誦詞章卽爲異端虚無寂滅，卽不然而陽儒陰釋，如陸象山之頓悟，王陽明之致良知、無善無惡，高顧之惡動求静，潛神默坐，呈露面目，此皆以聖賢自命。而學術一差卽道統莫屬，雖殫精竭思，窮年矻矻，欲有以續夫千古聖傳之統，必不能矣。

訓詞五。晨興訓詞：每日鷄鳴，既寤而興，斂形端坐，志肅氣清，或温舊書，心無雜營，昧爽盥櫛，晨儀乃行，整整嚴嚴，謹爾課程。

夜寢訓詞：告爾小子，尚其敬聽，日暮人倦，昏氣易乘，一番振拔，心愈惺惺，惟日不足，繼之以燈，對越聖賢，朗誦高聲，夜久斯寢，怠肆是懲，齊手斂足，慮息神凝。

會食訓詞：毋恥惡毋思好，毋貪味毋求飽，節飲食以養身，勿飢渴之害心。

會講訓詞：序定齊揖，垂手正立，温恭自虚，請業請益，不辨無用，無察不急，有疑則問，毋同毋襲，退各就案，朋友講習。

每日訓詞：長幼咸萃，誨爾諄諄，小學一書，所以做人，每日讀之，是守是遵，以明吾倫，以敬吾身，不明不敬，不讀何分，爾容温温，爾貌彬彬，爾言恂恂，爾行馴馴，爾志純純，爾功勤勤，朝講暮貫，行思坐吟，豈徒博文，無忝爾親，豈徒誦箴，收爾放心，小學之教，爾胡不聞。

諸生執事箴凡七：一曰齋長，率勵諸生以肅學規。二曰糾儀，直日直月，糾儀並糾之。凡諸生每日言貌粗率，動止荒疎，衣履不嚴，如不櫛髮，不結紐，露袴趿鞋之類。飲食不節，如私貪飲食，自買果物之類。及房室牀几、篋笥冊帙穢雜散亂，不肯掃拭整頓皆爲非儀。糾儀並糾之，令其改而後已。三曰糾業，堂以内之業，凡諸生每日讀書講義、寫字問疑皆謂之業，或有昏昧怠緩不肯勤謹從事，糾業並糾之，不從者以告於師長而詰之。四曰直月，每月朔望，師長帥諸生謁先聖位前行禮，諸生拜師長及自相拜，或時講行冠禮、鄉飲酒禮，一切安置陳設直月主之，執事隨時酌泒，並隨齋長督察諸務。五曰直日，每日晨昏會揖、會食、會講，擊板唱禮，督齋僕灑掃師長房室及庭堂，師長出入或有客集衆會揖皆直日主之，夜統於日，凡齋僕扃門呼旦亦責焉。六曰直食，每日每席各直食一人，凡安席饋食皆主之。七曰直厠，每人五日，凡入厠者務各掩蓋，勿致汙穢，直厠亦宜時切照管，每日掃除潔淨，領籤昇土，交籤出糞，不可有違。

立鄉約法。取朱子增損呂氏書「德業相勸，過失相規，禮俗相交，患難相恤」，一時在約者有仇壽軒維祺、楊梅友秀芝、白温如兆玉、張宜堂怡縄、李午亭煒、林宗洛五中、劉時濳廷選等數十人，皆先生舊友識者，謂有書院來未見有此盛也。鄉約楹聯：「自王端毅、馬忠憲以來尚有遺風訓俗型方，猶是前朝興學地；生呂藍田、朱紫陽而後欲修古道軸仁責善，莫忘鄒聖反經詞。」

中丞劉霞仙名蓉，湖南湘鄉人。復欲以孝廉方正舉先生，飭邑令躬致咨文，先生對還原咨，終不應中丞諭。邑令備車馬迎先生至省，先生以「義不往見」辭。又飭蔣少園太守函，道大吏不便出城之故，先生還書終辭之。既先生以事至省寓某舖，中丞就寓見之，且道欲復胡安定經義、治事齋規，已延黄觀察子壽彭年主講關中，延先生暨損齋分掌齋事，先生面辭之。中丞並問陝西大祲之後應興應革事宜，兼備酒食禮先生。先生旋里後，蔣少園來書，屢申前請，且道中丞懇懇之意。先生復書曰：「中丞欲復安定學規，甚盛！甚盛！但某非能主掌齋事，且已忝就敝邑書院一席，義未可遂去。」

冬十月，先生仲兄維甸公卒，公諱圻，字維甸，號遐軒，年五十六。與仁齋書曰：「某不幸適遭仲兄之喪，更不能與外事見中丞。論次亦不妨詳究底蘊，以盡彼此之情，前接見時正以不能暢論，殊爲憾也。」

駁曾文正所撰聖哲書像略曰：「曾侯當代偉人，所撰聖哲書像三十三人，豈章句末學所敢妄議？然竊謂學術治道皆未可一毫夾雜，周、程、張、朱固無愧於德行之科，希文、君實政事亦甚卓然，而左、莊、班、馬、李、杜、蘇、黄輩不知於聖門，言語、文學果若是其班乎？否也！執是説也，將不免陳同甫之王霸並用、義利雙行，而攬金銀銅鐵爲一器，下稍只做得後世德行、言語、政事、文學，與聖門恐不相似也。」

延掌齋事凡二年。

丙寅五年，四十三歲。主講學古書院，裁去修金之半，立膏火以資貧寒，時王新齋爲齋長。新齋名先甲，舊友也。以其志同，

邑侯蔡階余公升任乾州，先生爲序送之。諄諄以保西土取賢士爲言，美其治原之智勇勤慎，亦欲以治原者治乾也。先生善書，索書者絡繹不絶。友朋函規，先生答云：「固當嚴戒，然藉此書先儒幾句格言，俾置座右日警觸焉，亦與人爲善之一助也。惟嚴絶包苴，無論爲人書屏書碑，絶不受絲毫謝金。」其與姚玉如書曰：「昨蒙枉顧，兼惠多金，盛德重貺，感謝之至。但某年事粗可支吾，不敢虚辱厚意，謹以歸納。至於拙書不幸不能嚴拒，偶一爲之，然亦例不受人分文，豈可以兄故而破戒乎？愛人以德，君子之心，尊兄乃以孟子受宋、辥之餽爲辭，然聞戒遠行，是有處也，無處而餽是貨取也。昔韓持國與伊川交最厚，韓偶以黄金藥楪贈伊川，不敢明言，使其子啓之。伊川乃曰：『某與乃翁道義交，奚以此爲？』詰朝遂歸。朱子乏絶，趙子高直割俸周之，不受乃答曰：『窮巷書生，蔬食菜羹，自其常分，倏萬一窘急之甚，卒承嘉惠耳！』某之不才，竊愧於尊兄無分寸之益，既辱相知，詎宜叨此，願深諒其硜硜！倘他日校刊先儒諸書，或有可以求助者，當不妨别請也。」

丁卯六年，四十四歲。主講學古書院，有書院講義一首，最足以警迷俗而起頑懦。其文略曰：「聖賢之學，大中至正，人人可爲，初非幽深難知、高遠難行之事。孔子曰：『人莫不飲食也，鮮能知味也。』又曰：『誰能出不由戶？何莫由斯道也？』孟子曰：『人皆可以爲堯舜。』又曰：『有是四端而自謂不能者，自賊者也。謂其君不能者，賊其君者也。』蓋道者率性而已，有手足便有手足之道，有耳目便有耳目之道，有五倫便有五倫之道，無一人可外乎道，卽無一人可離乎學。聖賢所學已全乎道，學聖賢之學無非欲全聖賢之道而已，非全聖賢之道全吾之道而已。自聖賢之學不明於世，有志之士欲學

聖賢之學以求全乎道者，羣起而疑笑之，詆毀之，輒曰『道學先生』。於是未能自信者率不免退懦畏怯，改絃易轍。夫其疑笑詆毀之者是皆自暴自棄者也，因疑笑詆毀而遂不學聖賢之學，亦自暴自棄而已矣。是豈聖賢之學果幽深而難知、高遠而難行哉？聖賢亦人耳，人而學人則無不可及之理。但聖賢有手足而能恭重，我不能恭重；聖賢有耳目而能聰明，我不能聰明；聖賢有五倫而能親義序別信，我不能親義序別信。是聖賢爲人而我不得爲人也，恥孰甚焉？人卽不欲學聖賢，人孰不欲爲人乎？人欲爲人，爲君子人乎？爲小人人乎？必曰爲君子人。爲君子人，非聖賢之學而何學哉？顧或者謂君子難爲，徐節孝訓學者曰，諸君欲爲君子而使勞己之力，費己之財，如此而不爲君子猶可也。不勞己之力，不費己之財，諸君何不爲君子？鄉人賤之，父母惡之，如此而不爲君子猶可也。父母欲之，鄉人榮之，諸君何不爲君子？然則君子豈眞難爲哉！且麟更有一說，縱使勞己之力，費己之財，鄉人賤之，父母惡之，亦惟有君子可爲。蓋是道則爲君子，非道則爲小人。人非道不立，道非學不成。苟不學道則爲俗學、爲異學、爲外道、爲苟道，如此何由爲君子？又何由爲聖賢？故必居敬窮理以求知道之本，反躬力行以務蹈道之實。麟無似，於道雖未有聞，於學則不敢不勉。竊嘗自省，恐流爲小人之歸，而願與諸君共趨於君子之域，則於聖賢之學惟期堅心定志，毋爲疑笑詆毀所怵，而安於暴棄，斯可矣。」

春正月，中丞劉公去官南還，先生入省送之，中丞贈詩文留別。與損齋書曰：「中丞不甘以流俗自待，然不知與韓范何如？放歸田里雖忌者排擠，灞橋兵敗卻難辭咎。春初聞其褫職，渠意亦欲再見，遂進省一別，留談數日，略見置意得失自責，亦切拳拳秦民不已，可感也。贈文說近日仕宦之病頗痛切，徐爲鈔寄詩數首，才氣發越。不易！不易！」

冬十二月十八日，子銘照生，先生名子取朱子四十四寫銘自照之義。戊辰，與損齋書曰：「昨歲新生一豚犬兒，遲五六歲便要教之識字。」

戊辰七年，四十五歲。主講學古，措建藏書樓，爲文以記其事。記文見文集。春，郃陽謝化南來受業，化南字季誠，號景山，先從損齋學，在兩先生門居高第，學者稱景山先生，茲卽世已數年矣！和平樂易，湛深犧易，於程朱各書熟讀而身踐之，教人懇摯痛切，同郡之士薰其德而善良者，雖歿世猶服行其德教不少衰。所著有景山亂稿，已鈔校成帙，將梓行矣。

邑宰延先生籌辨城防事宜，先生遴舉公正士紳卽書院且教且事。凡上關公家下益民生之事，無不爲邑宰剴切言之，而令其速逮於民。上書劉副帥克菴極言兵屯之不利於民，且謂兵屯民屯宜劃清界限，標立旗幟。

秋九月，損齋來，先生與遊終南樓觀臺、草堂、太平峪諸名勝，往來凡半月，覽風土人情之異，傷流離凋苦之形，慨名區古蹟之湮，觀林木泉石之勝。與損齋論教學則自治爲先，論出處則求爲可知，論進修則卓然以求其極。損齋東歸，先生有文以送之。時同行者有張宜堂、楊温如、連梅軒、扈仲榮等十餘人。十月，復北遊清川，有記遊詩載文集。其詩序略曰：「戊辰九月，張君宜堂邀同楊仁甫遊終南，偶有所作，宜堂輒録冊。十月，復北遊清川，又得詩若干，歸來屢屬書之別紙。甚矣，宜堂之好事也！然亦留他日雪泥鴻爪之跡。」

冬，興平馬鑒源來受業，字養之，時爲三禮學，思相見必以摯，在禮士執雉，非所執不敢進也。於是往返數百里，必得雉，行相見禮，始受業。厥後養之開爲勳道，其事勳問，故引士相見義厲聲以告曰：「君子弗苟合也。苟而合，惟小人無恥者能之。君子可親也，不可褻也，况弟子求學於先生之門哉！」

十一月，朝邑趙宏齋來。宏齋諱鳳昌，字仲丹，與損齋同學，交最篤，講最切，先後二十餘年。自先生與損齋交，宏齋亦爲契友，西來講學，並與先生演行鄉飲酒各禮。

己巳八年，四十六歲。主講學古。春，修立雪亭，招善丹青者畫立雪故事於亭壁。爲書院購書千餘卷，録目於冊序，置院中。與邑宰書曰：「書院舊無書籍，某始建閣藏皮，已購經史子集共約一千四五百卷，然皆正學之編，無一偏駁猥俗之籍，此尤拳拳以冀來者講於其間，以爲吾道之光揚。宏齋館宜堂家時來講論，會文輔仁兩有益焉。」答温如書曰：「宜堂今正又以師席相屬，意似屬宏齋而未敢必其來。上元前曾專人去問，今已上館，良友在邇，亦某之厚幸也。」

九月初，同梅友至同州，約楊損齋、趙宏齋往謁余太守蔡階。重九登豐登閣觀圖書集成，太守卽書院備設酒饌，當席分韻賦詩。酒後太守請先生書宋孝子朱壽昌尋母處碑。遊宋鄭威愍公祠，先生告太守祠中宜刻朱子、南軒兩跋，太守欣然請先生書而鐫諸石。遊劉奇烈長庚祠，先生舉王山史所論欲發死傷勇之義而不敢，損齋極言道好，謂卽此便見其仁厚。

約損齋東渡謁仁齋，過桐閣故里，拜瞻桐閣小像，渡河見仁齋於其家，講論數日。仁齋、損齋論動靜不合，至夜分未休，先生爲數語以解和之。至猗氏見孫應文於方麓書院，十月中過郃陽謝化南家，化南之父行相見禮，飯時獻酒，先生欣其家風彬彬，有古人意。再至同舍郗氏家，厚菴請先生講中庸「天命」章，先生爲暢發喜怒哀樂之旨，再講十四章。損齋曰：「此即敬身明倫之道也。」當會講時衣冠楚楚，環而聽者且百人，識者以爲自二曲後講社之盛無逾於此。先生還家，與厚菴書曰：「叨主貴府前後幾十日，而接待勤懇，曷勝感愧！又辱誤愛具柬備車，堅留講學，某雖無知，豈敢自安鄙陋，不求諸君子之教益哉！然實無所發明，祇以自攖而已。」

與邑侯辭書院書洋洋千餘言，必得請而後已。略曰：「竊以成就人才者，賢侯之盛心，而審度去就者，士人之大節。某之主講今數年矣，略無興起，實深愧悚！昨歲已堅去志，嗣蒙不允，故今歲早喻諸紳，別舉明歲山長，善爲我辭，亦冀必依公議，得遂愚衷。雖罪以達慢，斥爲矯激，不敢避也。」

庚午九年，四十七歲。書院講席去冬函致面懇已再三辭矣，春正邑宰堅挽不已，並邀邑紳及先生舊友委曲致意，至是有以蜚語聞者，大概以不課時文，不容吸食洋煙之故。先生即日攜書遠去。北遊清川，二月末始歸。三月，復遊太華。與宏齋書曰：「嗣以書院竟致人言，遂力辭之，因邑侯懇留，避居清川，二月下旬歸來。」與余葵階書曰：「書院義不可就，二月初旬避居朱坊河。」

三月，聞趙宏齋歿，之大荔，哭於其家。祭文略曰：「居家孝友，行己温恭，立志篤實，好學深醕，吾黨之士，敬畏心傾。君病我性之多疎，我憂君量之未宏。我告君以工夫之宜節，君箴我以應酬之勿輕。疑必考之審而義必析之精，善必責之切而過必誨之諄。庶相觀以共勉，各增益其不能。」

由大荔南遊西嶽，與仁齋、損齋會講嶽廟，同會聽講者數十人。時監修嶽廟官寧朔瞿敬菴良斌刻石以誌其盛。

夏，買山清涼原之麓。答原垣齋書曰：「春暮遊華下，首夏始歸，嗣又買山魯橋北，以爲讀書之所。」

六月，興工修築清麓山齋，八月初旬工竣，日三十二，率諸生爲文以告於至聖先師。文載文集中。答原已山書曰：「某春初以事辭書院，二月間遊涫化清川谷中。居旬日，歸來聞趙仲丹一病不起，復至同州哭弔。旋至太華，踐仁齋、仁甫昨歲之約。及到下山，兩君偕至，相聚嶽廟，談論數日。又西遊靈峽，往來幾一月。嗣買山魯橋之北，復有事於所謂清麓精舍，悤悤不能以暇，而尊甫志銘則不敢忘也。伏日山中視工，無生徒相從，夜間乃得檢行狀爲之。」

清麓精舍既成，原邑富紳劉東初名昇之，受業先生之門，並設傳經堂，專刻先生所校諸儒先各書。具歲幣，禮延先生就精舍栽誨四方來學之士。先生還書答曰：「近買山清涼之麓，不過讀書補過以求己志。世方爭事科舉之業，誰復過而問者？而某亦嚴守初心，不肯少貶以徇時好，生乃欲具書幣致禮意，請某即新成之精舍而主講焉，以來邑中及四方有志之士專講於爲己之學者，甚義舉也。」東初延先生外，並籌校書費以資來學之士，每人歲致二十金。仁齋先生有精舍落成頌，凡四章，以正學及治心、治身、治人爲勗。

辨陽明大學古本與晚年定論之失，略曰：「陽明信古本大學以致知爲致良知，因輯朱子晚年定論以見其與己說合，而不察書中多有『奉親遺日』之云。是則朱子之母祝孺人尚無恙，其時朱子蓋四十耳，何得爲晚年？何得爲定論哉？大抵陽明但欲遷就己意，於朱子一生學問甘苦實未嘗深究，又信古本大學所謂緊要處已不同耳，則其誣朱子也又何怪乎？」

辨陸王，略曰：「學莫先於辨別路途，程、朱、陸、王先儒論之詳矣，其不可混而一之也亦明矣！若謂先儒論之已詳，今只當以程朱爲法，不必重述斥駁陸王之言以陷於有意輕議古人之失則可。若謂程、朱、陸、王同一孔孟之徒，程朱可師，陸王亦可師，此亦恐失之包羅和會。將來陸王之意多而程朱之意少，匪惟不見程朱眞淵源，亦自未識陸王的宗派矣。學術一毫假借不得，毫釐之差，千里之謬。苟不辨明，則工夫入手一差，終身莫救。蓋非爲古人耽閑憂，實爲一己正知見，且使後之人亦莫知適從誤入荊棘，仁人之心必有不能恝然於是者。此孟子好辨所以不得已，而朱子亦曰：『江西頓悟、永嘉事功，若不極力爭辨，則此道無由明。』此是上古聖賢懇懇爲道公心，正人心、扶世教，非有纖毫私意雜於其間。『能言距楊墨者，聖人之徒也』，孟子豈挾勝心啓人以菲薄前人之端哉！若以陸王非楊墨比，則楊墨亦學仁義者，惟其有差，故孟子推其禍至於無父無君。陸王學孔孟而差，才差便有害，又豈可學？亦豈可以吾學未至遂不敢攻，且倡爲不必攻之說，以自爲邪誠之徒而後已哉！」

按：清麓精舍之成而關中文獻之傳寄於是矣。年譜分上下卷，雖曰簡帙繁重，抑先生生平講學一大轉關也。數十年來清麓之名傳播遠邇，不惟斯文之統有係，亦世道人心之攸關也。高山景行，心嚮往焉。關中人士，天下英才，其宜永永，弗忘於此地也。兹卷書興，下卷書成，其幸也深矣！

# 清麓年譜下

辛未十年，四十八歲。精舍成，生徒陸續偕來，以書招李匪莪爲齋長。匪莪，名蔚坤，華陰人，二子亦相從受學。其略曰：「遜卿來，詢知動止，良慰。兹清麓生徒現十餘人，殊多不知趨向，以足下氣質敦篤、學問純正，欲屈一來，表勵倡率，實所甚願。」

十月，哭李勉之於其家。勉之甚有才識，先生講學南李，世多竊笑訾毀，君獨不疑，且命其諸子從學。生平喜販鬻古書，先生每得見所未見，君亦知，卒尚程朱。先生舉孝廉方正，委曲促其一行，雖不知先生，志情則公矣。嘗刻正學書十餘種，有未竣者，殁後皆先生校讐，以終其事。

壬申十一年，四十九歲。扈仲榮爲齋長。仲榮，名森，大荔人，舊嘗受學損齋先生。秋，先生病，蔓延兩月。與仲榮書曰：「僕病仍未脱，然服藥不效，欲停藥静俟而已。稍不困頓，亦自讀書思索義理，餘不足掛懷也。蘇先生在館中，秋須備酒果，久雨後新月想復大佳，惜僕不來山間同玩也。」與仁齋書曰：「初意秋晚東行，今恐未能，爲學不力，一疾兩月，甚仰道履爲不可及也。」

學憲許公創建味經書院，延先生主講，辭之。答謝季誠書曰：「學憲創建書院，當時未暇細談，初謂或可與言。及章程出，已甚不滿人意，某已早自決，不肯應聘矣。」

冬，刊朱子五書成。五書者，太極圖說、通書、西銘、定性書、好學論五篇。書皆經朱子注說，在宋五子尤爲特出之作，堪以上繼四書者，故先生輯刊而手序焉。

癸酉十二年，五十歲。春正月，先生率家人子女山居。是歲，興平馬養之爲齋長。夏，乾州王夢棠來受業。

六月，子銘照殤，銘照生七歲矣，能讀書，繼先生志，甚愛之，至是一病而殤。先生爲文以哭之，略曰：「吾居清麓，恐汝未能離母，偶歸爲汝授古人詩，三四過略能上口，再過卽永記不忘。蓋初授許魯齋『但願吾兒會讀書』一篇，汝亦似粗曉，每爲家人誦之。至今歲初春，吾攜汝及汝母、汝姊、汝小妹小住山間，暇又爲汝授晦翁、魯齋諸樂府，汝誦母前，以爲笑樂。猶記上元夜吾讀書燈下，汝母抱小妹聽書，汝與姊嬉語，吾有詩云『內子聽書兒女笑，人間無此好元宵』。此昨日事，而今已不復見汝，能不悲哉！」

冬，甘督左公季高延主皋蘭書院，飭原宰代送關聘，先生以書辭曰：「昨蒙降屈台從，辱臨山間，因出關聘並藩憲大人信函，內稱左爵帥大人來函，延麟明歲主講蘭山書院。爵帥大賢之德，麟仰之久矣，但麟迂愚淺陋，本不足以倡率斯道，自信未能，何以教人？兼之不事科舉二十餘年，書院例以文章課士，豈可冒進以自速咎？況家兄年老，不欲遠離，有幸盛心。惶恐！惶恐！所有關聘不敢祗受。」

十二月，督學吳公來見，公名大澂，吳縣人，嘗問學於萬斛泉先生之門。論學談心甚相契合。去後贈以聯曰：「以身教從，以言教訟；得經師易，得人師難。」又書林少穆「海納百川，有容乃大；壁立千仞，無欲則剛」聯語以贈，並爲篆書大學經文及張子西銘兩橫幅，以懸堂壁。序刻四忠集成。

甲戌十三年，五十一歲。党允秀來受業。字穎實，朝邑人。秋，學憲吳公以訪舉賢才疏奏，略曰：「賀瑞麟隱居教授，實踐躬行，臣屏驅從，輕騎造廬。所居峪口距城十里，陶室數間，擁書自樂，學以近思録、小學爲宗，輯宋元諸儒養蒙書九種教授生徒，循循善誘，恬於榮利，確守程朱。」疏上，奉旨欽加國子監學正銜。先生向闕行禮謝訖，具柬學使吳公，略曰：「昨蒙奏請，奉旨欽加國子監學正銜，皇恐悚息不知所爲，謹望闕謝恩訖。竊惟世俗之禮，凡被薦引輒用師生稱呼，國朝清獻陸公稼書先生曾爲説巖陳公疏薦，相見獨不用師生禮，陳公嘆服。且謂馮益都昔薦魏環極亦如此，而環極嘗薦稼書，稼書又以待陳公者待魏公，魏公益重其爲人，當時士論咸兩高之。麟萬不敢以稼書先生自擬，然竊願以稼書先生之事陳、魏二公者事大人，而不敢以世俗之禮溷焉。」吴公見書，益高先生之學行。厥後以手鈔志學録請正，先生書其後，痛論桴亭擇術不精之弊。

九月，損齋先生没，先生於精舍爲位而哭之。

十月，之靈州省兄長，途風雪匹馬，北行往返凡六十餘日，有北行日記數千言。

十二月，聞毅皇帝崩，是日方致酒殽，即命徹〔二〕肉酒具。先生隨學憲、邑宰哭臨。芮城李栗軒來。

乙亥光緒元年，五十二歲。春正月十三日，子肖陸生。

二月，行鄉約禮於宏道書院，學憲吴公、邑令趙公偕至。禮畢，先生講書，一時環而聽者，堂舍幾不能容。

三月，之朝邑，會葬損齋先生。其祭文略曰：「辱兄與交，志同心契。求友芮城，益脱世累。矯首名場，相勗共勵。我實淺粗，而兄深邃。我實疏寬，而兄嚴毅。自治不力，苦無孤詣。諄諄主敬，益勸同儕。遭家多故，獨援古義。送兄之葬，西野致祭。匪曰交私，斯文攸繫。」先生生平，加意關學。自損齋殁，恒歎吾道之孤。其與王竹舫書曰：「自損齋没後，絶少切磋之益，此道日孤，後生眞以聖學爲事者，甚難其人。」

厥後請學憲吴公爲損齋遺文製序，並求隸書墓碣。先生與損齋神明之交，眞非世俗所能及矣！然其闡揚關學之大，則又稟請爲桐閣史館立傳。略曰：「至以先師桐閣先生學行奏請宣付史館，纂入儒林傳，此麟私心祝禱而不敢發諸口者，不謂大人先得我心，亦關中人士所共以爲允當而大幸者也。」其稟請王復齋從祀聖廟，略曰：「先生學品在明薛、胡而外蓋不多見，其從祀亦應無媿於薛、胡。李二曲有言：『舉一事而朝野之風教明，崇一人而古今之學術正。』此亦大有關係

〔二〕「徹」：原闕。本集附録賀清麓先生年譜「聞毅皇帝崩，是日方致酒肴，即命徹去」，據補。

也。」其請爲復齋、蘿谷立碑，略曰：「王復齋、張蘿谷二先生墓碑紙裁就呈上，昔雷翠亭先生鋐督學浙右特題鉅碑，表張楊園墓曰『理學眞儒楊園張先生之墓』。竊謂復齋先生遯跡高蹈，力守程朱，深醕精密不亞楊園，而闡明經學似又過之。蘿谷生復齋之後，聞風興起，奮然特立，眞知實踐，識力高卓，議論精純，復齋儔也，亦可謂振古之豪傑矣！故敢援楊園先生之例，而以是請。」以上數者，雖曰吴公振勵風教，樂於趨從，然非先生搜著表章之功，亦難必諸先哲之不湮沒也。党信濤宰潮來。穎實之父。

七月，澄城連春魁來受業。字梅軒。序刊信好録，是書以立志、居敬、窮理、反身爲綱，凡五十一篇。皆先生平日所熟讀者。茲刻焉，以公諸當世，亦欲達達人之懷。眞西山心政經、序辨經傳之分，又爲補遺四篇列說，以發其趣。大學或問、先生謂朱子所以得千古之聖傳者，居敬窮理而已。此書首段引程、謝、尹氏之說，以明敬之始終。五章言窮理之事，反覆詳備而諸說之無當於是者，又爲推究其所以不然之故，使聖學之傳昭然若揭。周易本義。本義訖無善本，此刊依實應劉氏本，去舛剔訛，參考諸家以折其中，並附刻啓蒙五贊爲之序，以傳焉。

丙子二年，五十三歲。楊鳳詔來爲齋長，字仁甫，損齋弟。城固許興讓來受業。春，刊復齋録成。關學自横渠、與叔而後，先生所服膺厥惟仲復，故嘗推其詣以爲當在二曲上。夏，刻開知録、治平大略成。二書，澄城張蘿谷著。蘿谷確守程朱，排斥異說，先生校刊其書，匪徒彰往，亦所以開來也。時朱子語類暨綱目亦開雕矣。仁甫、養之校語類，信濤校綱目。秋七月，督學吴公試舉，偕遊清川，東初、季昭及諸生二十餘人從，講論數日，吴公爲東初畫清川圖並記。歸又題先生曾祖梅菴公畫二軸，先生因請爲貞堂公作傳。冬十月，之靈寶，靳浩從。十二月，納妾楊氏，河南人。

丁丑三年，五十四歲。蒲城趙毅、郃陽雷柱，字立夫，諸大憲請屢至省垣高等存古襄校學務。閿鄉韓止敬來受業，華陰王守恭字遜卿，號篤齋，仁齋高弟，後主講省垣魯齋書院，多所成就，生平學行見黃小魯所輯道統淵源録。暨其弟守貞來學。春，刻擊壤集。邵康節著，先生謂朱子注易，義理本程子，象數本邵子，以邵與程並稱矣。夏，重刻小學、近思録成。用呂氏本，時劉季昭刻朱子通鑑綱目，劉東初刻朱子文集、語類，周士甫刻朱許年譜。北省刻正學書莫盛於斯，所惜入秋歲旱民飢，刻工暫停，校書諸人亦節次旋里矣。

秋，邑侯庾仙舫名文濱，湖北人。請先生設局籌賑，分路清查戶口，次貧、極貧分別按次賑給。先生以眞西山「本是同胞一體親」句分七廠。其與王子方書曰：「某濫竽賑局，實無可以爲力，不能行吾心之所安，眞愧極矣！所有敝邑章程一紙寄閲，惟邑侯庚仙舫頗有眞心，爲民尚〔一〕大有賴耳！」此外，先生又聯同志各出錢文以待嗷嗷之衆，並爲小惠冊以記其事。略曰：「凡天下之疲癃殘疾煢獨鰥寡，皆吾兄弟之顛連而無告者也，而況鵠面鳩形之接於吾目乎？於我心有戚戚焉！飢時一口，聊少延旦夕之命，深愧其未徧，但冀繼我者之有人，誰無惻隱，忍今日填溝壑而不救也耶？是眞程子所謂『一命之士，苟存心於愛物，於人必有所濟』。世之人或以小惠未徧而不爲，其去先生遠矣。」

戊寅四年，五十五歲。春，凾山右李菊圃論動靜。略曰：「動靜各止其所，即動靜各得其養也，而靜中自有動，動中自有靜。所謂靜不入於枯寂，動不流於紛擾，若靜處養動，動處養靜，恐似多一層用心而反非動靜本然之理。」

夏四月，仁齋病歿，訃至，先生在賑局，聞之下淚，即欲東哭几筵，以賑務未果，恒歉於懷。其答王子方書曰：「辥仁齋先生四月二十日已作古人，恐九月中送葬。又思一去數十年，相契之厚，道義切劘，情兼師友，時一念之不能去懷。」答王遜卿書曰：「今夏接足下書，得知仁齋先生謝世，不勝悲痛！平生風義，直兼師友，一旦至此，吾道益孤，急欲一至芮城，哭奠几筵，而爾時賑務未解，八九月間又患熱痢數十日。」以及答辥克夫、楊石公諸書，皆以歿不能哭、葬不能臨爲憾。前損齋歿，先生已傷吾道之孤，玆又弱一人焉！故先生每與人言，不覺輒痛於心而形於口爾。

秋，賑務既畢，先生攜家山居，患熱痢數十日。庚公卸任，公以蜚語受誣，忿激病歿。上憲捕奸黨至省，年餘卒未治罪，先生以公寃終不白，每深惜之。祭文有曰：「公誠動天，黙感善人，慨出三萬，乃助賑銀。善人曾孫，死而無後，公爲立石，以彰德厚。保護善人，天理之公，災黎復蘇，伊誰之功？乃有群小，黨惡害正，圖財謀利，借事生釁，公心正直，公守清廉，賄賂污公，公實不甘。」又曰：「公悔失人，乃遭反噬。公恨不斷，猶留狂猘。干將、莫邪，寧折其鋒。清白死直，屈子之風。」

〔一〕「尚」：原闕，據文集卷九答王子方書補。

岐山武文炳執贄，字敬亭。請志祖墓。

冬，新任邑侯焦公來見，公名雲龍，字雨田，山東人，與先生一見相契，此後公事之暇即來山講學[一]。王思明來山受業。

己卯五年，五十六歲。春正月，哭張宜堂，宜堂，名怡繩。明達廉謹，雖居闤闠而能禮敬先生。傳經堂刊朱子諸書，君規畫贊助之力居多。又令諸子從先生遊，晚歲手不釋卷，而尤以小學、近思爲要云。下旬至岐山，時文炳請爲其祖藹堂公行喪禮。梅軒、養之從，先生爲書喪聯「不敢食肉飲酒，作樂宴賓，悉遵國制。縱教呼天搶地，捶胸頓足，難酬祖恩」，又「喪致乎哀，是誠在我。死葬以禮，然後盡心，虞祔禮訖」。

至鳳翔謁張子祠，代牛省齋方伯題「示我廣居」四字扁於祠，並書聯語以揭堂楹。其一：「地近岐封，二千歲餘繼文、武、姬公而興，遙衍心傳，廟貌至今隆故郡；星占奎聚，百十年內並周、程、朱子爲侶，獨闢關學，宗盟共此溯橫渠。」其二：「遺像凜剛嚴儼，對先生猶想見精思力踐，妙契疾書，當年一室危坐；專祠窺美富窺，玆小子願立志父乾母坤，胞民與物，西銘吾道廣居。」啓賢祠聯：「有子爲大儒，能傳往聖明誠學；先公共崇祠，不負西銘仁孝心。」

訪寇允臣廣文於學署。廣文先生，舊友也，晤時出冶亭所著朱許年譜，先生即屬其郡人刻之，有序載文集。先生在鳳聞梅友歿，心痛如割，由鳳歸來往哭於其家。祭文有曰：「我遊於西，曾不數宿。一病沉昏，遂至莫贖。屢問我歸，將託衷曲。我聞兄歿，刺胸如毒。急奔兄家，撫柩一哭。婦嫠於室，子幼誰育？」又曰：「一世清高，念胡能俗。獨富吟詩，千篇盈軸。」又曰：「交我卅年，知心則夙。平生師生，兄實推轂。」蓋梅友家本寒苦，子幼妻寡，又其弟妻子亦孤寡，皆無所依。先生倡助友人得四百餘金，歲取其息以爲生。

夏四月，納妾朝邑劉氏。

秋七月，三兄仲方卒於終南，柩歸，八月初葬於南李村西南新阡，有壙記，載文集。冬，邑侯焦公欲即清麓之地再加擴

---

[一]「學」之下原衍一「講」字，據本集附録之賀清麓先生年譜删正。

充，構建書院以廣來學之士，並於歲終爲先生禮送織金花衣。先生還書答之曰：「前欲就清麓設立書院之籌，屢辭不允，心常悚惶，然猶日倡興正學爲公起見。今者厚賜獨爲身私，雖卻爲不恭，而受實非義，謹用納還。」先生於辭受之際一毫不苟如是。

序刻朱子家禮原本，是書世皆謂非朱子所手爲，王白田確守朱子，於是書尤痛斥之。先生排斥諸説，以爲是書決非朱子不能爲，而證以果齋年譜、勉齋行狀並朱子所爲序文，校刻其書序而傳焉。女小學。是書爲先生所輯，後附女教八綱，爲教女切要之書。

庚辰六年，五十七歲。春，邑侯焦公延先生續修邑志，體例悉依舊志，惟於崇正學、闢佛寺、黜異端三致意焉。書成，名曰三原新志。不載藝文，以另有原獻文録、原獻詩録，故志以雜記。終且謂：「遺文瑣義有足以移風易俗者並録之，以附於後，其無關體要者弗濫贅也。」

夏，稟懇左督爲李善人奏立專祠，稟辭洋洋數千言，載在文集。大抵謂：「善人五世好行其德，捐銀數萬兩，施麥數千石，鬼神無知，竟抱若敖之痛。律以捍大災、禦大患則祀之，例請奏於縣城内北關建立專祠，以昭公道而慰幽魂。」

秋，興平張曉山來見。名元際，號仁齋，勳伯兄也。輯譜時屢有所請正，問兄何年見先生。告曰：「予自幼企慕正學，繼聞先生名，羨焉。當時父親即以此爲吾兄弟勗，是歲予年已三十矣。秋，從馬養之先生謁見先生，談次，先生美其篤實，勉曰必力於學。又復以學兼體用爲言，繼此每歲必數次謁見。曾記某次欲見先生，適原友葬父，貼約相禮，予弔訖，往見先生，留數日，講大學。予問：『經中皆以修身爲本，可該新民乎？』先生曰：『亦身所有事也，修身即修此體用兼備之身。』及還而葬事畢矣，友不懌，弗恤也。臨別求言，先生爲書『爲學大益，在自求變化氣質』一段，今數十年矣，不獲仰副疇昔期望之懷，每一尋省不勝悵悵。」

序刻原獻文、詩録。是書本先生手著，蓋取三原如端毅、姓王，名恕，字宗貫，號介庵。康僖、端毅子，名承裕，字天宇。忠憲，姓馬，名理，字伯循，號谿田，續修省志。及來、名復，字陽伯。焦、名源溥，字湛一。温，名純，字景文，謚恭毅。並豹人、姓孫，名枝蔚。九畹姓劉，名紹攽，字繼貢。諸賢之文詩彙録而合刻焉。噫！莫爲之後，雖盛弗傳，表微闡幽，非先生，誰與發清峩之光哉？

冬，郃陽王反之來受業。反之名照，精勤有爲，兼善六書，爲精舍諸生之冠。秦州張公育生宰鳳翔時，創立宗銘書院，禮延主講，殷勤教授，不料病歿於書院。其子聞訃奔喪，亦並歿於西鳳。邑人士知與不知同爲隨淚，厥後合詞懇張公撰文樹碣墓阡，今其甥楊子直收存遺稿，欲謀付梓，反之可不死矣。

辛巳七年，五十八歲。春，中丞馮公譽驥延先生講學省垣，中丞，文章之士耳！撫秦時設立内課，選高才生，月爲文課，雖曰勤於教士，於古聖賢所以成德達材之方蓋未聞也。先生以目疾、女病辭，謹還關聘。答書略曰：「昨邑侯焦慈以憲函諭某講學省垣，適以目疾，函懇代辭。玆復奉使辱臨山齋再三敦促，且蒙大人親賜瑶箋、關聘、儀物，具卑禮厚幣，眞古人尊德樂道之誠，而大人行之，甚盛舉也。惟年來校刊朱子諸書，雖諸生讐勘，而某必一一訂正，已集多工，時傳經堂集工數十人。未便中止。昨歲又允三水縣志之役，尚未能兼顧。重以小女染病牀褥已歷半載，不時醫病，舐犢之愛豈忍遽離？」書辭數千言，論學論教，略録其概，以見先生出處不苟之意。

夏六月，女肅卒。肅性不喜華靡，不染陋習，知大義，善解人意，先生稍有不可於心卽從容寬慰；家人間或不謂然，勗以宜從大處着想。

秋，焦公建正誼書院落成。此舉焦公倡首，捐白金五十兩，諸富紳慕義繼輪者千數百兩，由去歲買地置基，訖今歲九月工竣，門庭堂舍惟備。一切建置規模後存清麓志備載顛末。先生與雪樵書曰：「敝邑焦侯猥卽[一]精舍，建立書院，屢辭益堅，九月告竣。焦侯此舉自屬振勵正學，惜某非其人耳。」堂成，銘其座曰：「自昔設學，匪道何由？教衰習陋，逐末尋流。不誼之正，而利是謀。榮華其言，放心靡收。力扶墜緒，卓哉焦侯！建此堂壇，朋輩優游。學之不講，大聖所憂。臯比我媿，曷應其求？明誠敬義，交進互修。志伊學顔，青紫勿咻。先聖先賢，尚鑒以幽。斯文不絕，中巖千秋。」

冬，修三水縣志，是役也，辭者屢矣！馮公暨愚生張君懇請益堅，自是始動筆纂修。志成，代馮公爲之序，略曰：「竊謂是書取材舊志，而卷帙加少，文雖簡而事已賅。先後次第，條理秩然，不苟爲異，亦不苟爲同。至其議論嚴密，尤多裁以

[一]「卽」：原闕，據文集卷九答牛雪樵先生書補。

義理之正，明是非寓勸戒。胥關政要，凡官斯土與生斯土者，皆得有所考鏡觀感。」張君，名紹元，安徽人，執贄先生之門，厥後益遊大幕，爲甘督陶制軍、川督岑制軍所欽信。

序刊涇野内篇、涇野姓呂，名柟，高陵人。吾學録、代焦公雲龍撰序，豫養編、是書以立志、居敬、窮理、反身爲綱，一綱之中又有四目，而於居敬一門，徵采尤詳。薛仁齋年譜、門下王守恭遜卿輯。跋七先生象贊。七先生者，周子、二程子、邵子、張子、司馬公及朱子而七也，象贊本朱子爲之，先生跋於後，以申景仰之懷。

壬午八年，五十九歲。春，築室邑北城西潭巷，建祠堂於寢東。依家禮制平爲四龕高曾祖考以西爲上，懇何維樸爲書「愛存慤著」四字鐫於龕額。先生避亂移居縣城，以指繁家窘，二十年僦屋而居，至是稍有積儲，即竭力爲之，然已稱貸不支矣。其告祠堂文有曰：「遭亂避地，寄居邑城，二十年所，莫歸故鄉。相宅北關，溫來是鄰，屋僅容膝，院基宏潤。創立祠堂，以俟後人，當兹遷徙，敢伸虔告。」

二月，之省謁報馮中丞，過興平令王心如先生寓。王公作宰，政事文章兩擅其能，兹卸篆省居，先生久與相知，因晉謁中丞之便，特就寓舍，晤談甚懽，後與先生有往還論學書。時中丞設館多公祠，觀察漢陽黃小魯、州牧石門黃壁川皆來見館舍。談次索先生著述。先生爲共學私説六篇以進，一曰天性本原，二曰聖學標的，三曰涵養要法，四曰格致實功，五曰身倫交修，六曰出處合道。每篇皆數百言，詳載文集。先生去後中丞飭首縣建立張子祠於省垣撫署之東，欲請先生講學其中，書函往反數次，卒不就。蓋先生已絶科舉之學數十年，中丞猶欲不廢時文課，故益不肯就也。是歲國史館纂輯儒林各傳，通飭直省訪查賢德以奏，先生以吾秦十四人呈諸中丞馮公，懇以類晉奏。所呈儒林凡四人：朝邑王建常、澄城張秉直、武功孫景烈、朝邑楊樹椿。文苑六人：華陰王宏撰、三原劉紹攽、洋縣岳震川、安康董詔、郃陽康乃心暨其子康無疾。循良二人：臨潼王巡泰、郃陽張松。續呈文苑凡二人：郿縣李柏、蒲城屈復。先生以此爲使節分内之爲，況煌煌諭旨不時催促，即懇札飭各處，俾牧令查造諸賢事實，清冊呈送憲核，然後奏繳史館，庶純德不至終湮。嗟乎！數百年湮沒不彰之舉，至先生而一發其幽。集關學之大成，非先生，其誰與歸？

夏四月，長安石確來受業。確，字子堅，人之品行如其姓字，苦學不輟，於關學編致力尤多，每讀一傳卽爲編□言韻語以贊之，享年不永，士類惜之。

秋，門下崔祺死於書院，先生爲辭以哀之。略曰：「崔生祺學於予二載矣，學不加進，而予媿無以發生也。然生每言父遭賊害，欲復讐，淚輒下，吾但勉慰而已。去歲具事略求爲其父表墓，又時退有從戎之言。今夏來苦讀不已，次早忽不見，七月六日使人下井，視在焉。嗚乎！生竟死於井耶！」先生因崔祺事返躬内疚，責己之不善教也，爲書以遺散諸生，有曰：「已非模範，何以鑄金？己少琢磨，何以攻玉？非不收斂身心，而涵養不熟，主宰究未分明；非不涵泳義理，而玩索未深，精微時形扞格。」書成將出，諸生羣集院庭，婉辭懇謝，引咎自責乃已。

立雁陂阡表告文，略曰：「昔嘗謁文桐閣，本以道德文章爲足徵信後世，歲月侵尋，三十餘年竟未鐫碣，卽麟初心亦欲有待以報地下，而因循怠緩，實難辭咎。玆用繕刻勉豎封塋，而我曾大父及我大母墓碑亦並建焉，先君夙志亦可以稍慰矣。」按：先生修家廟以慰先靈，立阡表以發世德，國史立傳之請，所以表彰前賢；原獻文詩之録，所以闡揚耆舊。凡玆所爲，皆朱子所謂不爲一身之謀而有天下之慮，不爲一時之計而立長久之規也。

序刊尹和靖集、先生甚愛和靖之魯，而謂學必由誠敬而入，故於是編之刻尤汲汲焉。豫敎三書。三書者，女誡、弟子識、溫公居家雜儀也。先生慨鄉塾少規矩，閨門失訓誨，故刊是編以正男女而教家人，亦朱子之意也。

癸未九年，六十歲。春，同州郗緒侯、李寅堂躬齎關幣，請先生講學同州，先生以疾辭。後答郗、成字愷侯。二人書有曰「緒侯、寅堂來書，欲某移講同城，已函辭矣。新春復來，親致關聘，重以手諭，諄切相促，盛舉雅意，感何可言。但某年來學業益荒，無可告語，兼校刊諸書未竣，此事牽絆難以離身」云云。蓋先生終持禮不往教之意，其刊書與疾雖有其事，亦託言也。

夏，函前邑侯趙孚民，時宰鄜縣。請修橫渠鎮張子祠。書辭略曰：「橫渠鎮舊有張子祠，年久頹圮，其鎮族人觸目傷懷莫可如何！仁台下車，仁政治民，僉謂此事非公莫屬，苟得一言登高而呼，從者必衆。況鄜邑紳亦久有意於此，惜無人焉倡之。仁台身爲長吏，倡之尤易。竊以張子爲有宋以來關中理學之宗，仁台幸宰其誕生之鄉，得以展謁祠墓，訪里居而讀遺書，慨然想見其爲人，誠生平一大快事也。」臨潼宰汪靈衢名鳳樗。摹印張子全書，校刻四書劄記。王零川先生著。書成，郵致先生多部，先生不知也，啓函視之，乃知疇昔言諸門下張愚生，因以聞於汪公，公遂慨成二舉，斯固汪公之慕義若渴，亦先生一言有以啓之也。

秋，前邑宰焦公丁外艱，先生之省弔之。中丞馮公褫職，先生之省送之。二人於先生知遇之隆，久而難忘，且以此時歸里，亦無勢位攀援之嫌，不然甯裹足不前也。

訪柏子俊先生於味經書院，書院在涇陽，子俊先生名景偉，號澧西，長安人。嚴毅俊偉，前後主講味經、關中幾十年，關中譽髦之士登甲科掇顯宦者多出其門下，文章經濟，巍煥一時，今歿二十餘年矣！門下士卽先生晚年講學之學稼園爲之立祠而歲祀焉。聚談累日。子俊先生請講書，並懇撰書堂楹聯語。先生爲題長聯：「講肄鄰周京，棫樸作人，看今日多士羣居，可否不愧譽髦，涇之水峩之山，直與全秦振風氣；橫渠啓關學，洙泗相傳，願諸生奮心獨往，斷當力崇禮教，愚求砭頑求訂，好爲吾道溯淵源。」去後復致書子俊先生，欲共講聖賢義理之學，所惜卒難併合，蓋兩先生一道德一經濟也。澧西先生歿，先生輓語云：「味經會猶新，酒後縱心談時事；關學編未竟，病中囑我訂遺編。」

女潤生，妾劉氏出，後適四川候補知縣張漢甫。

甲申十年，六十一歲。春，先生爲兄子伯鐵加冠。先生兄弟五人，繼嗣祇有伯鐵一人，故先生飲食教誨倍爲懃懇，訓子語、誨兒編之刻，以爲他日亢賀氏宗不能概望諸他人，故弗敢以世俗愛子者愛之也。伯鐵，字箴甫，現在省城師範學堂司理庶務監學等事。

三月，先生率伯鐵之渭南省墓，先生本渭南長壽原拗底村人，以世遠不能詳考支派。據長壽譜，爲逢光里七甲，相傳爲三門威祖後。康熙十九年遷居三原，始祖爲光輝公。告文略曰：「不祖梁公，武襄所謹。冒認汾陽，崇韜之恥。譜牒無傳，罔識族姓。區區之心，屢或踟躕。逮茲衰暮，始克展掃。榛蕪荆荒，封塋如故。」

夏，刊朱子綱目成。序文略曰：「春秋作，而二百四十二年之世教明人心正；綱目作，而千三百六十二年之世教明人心正。春秋遏人欲於橫流，存天理於既滅，綱目亦然。」先生常以朱子爲孔子之大宗嫡嗣，玆觀續綱目於春秋之後，益見先生之序朱子之心也，朱子之書孔子之心也。

秋，刊朱子文集成。其序有曰：「朱子者，體道之全，踐道之實。其所編著各書則又刪定，贊修之功，眞天地之至文，醕乎其醕，開後學於無窮，質先聖而一揆。蓋文之所在，即道之所在。朱子之道，前聖之道；朱子之文，前聖之文也。」

冬，爲劉東初謀立嗣，東初無子。並籌清麓善後事。東初來函及此，先生自顧亦衰且老矣，恐身後書院廢壞，故常耿懷於此。其與東初書曰：「令二兄歿，遺二子，楷居長，庶出也。某雖小，嫡出也。嫡出者不可後人，惟楷則足下取以繼長房，於理爲宜，於事爲順，況此孼子也操心危慮患深，他日再加之學問，其能繼述足下心事必矣！異日足下有子，亦當能友愛，即祖考未必不喜，此僕所以爲足下計，恐無不當。此爲東初□也。至於傳經刻書之事，一時而已，正誼則[一]傳學之事期之永久。僕老無子，姪輩亦無可繼者，讀書種子正恐難望，一身之外別無長物，惟有數千卷書欲以傳之後人，公之斯世。而環顧吾黨尚難其託，只爲此事無可處置，未免耿耿。足下此意實得吾心，俟大痊後可細商之。此爲正誼謀也。」

孟冬，涇陽柏堃來受業。字厚甫，先從灃西柏先生學，後又從古愚劉先生學，篤厚循謹，爲清麓繼起之冠。其學明體足以致用，本末兼賅，表裏無二。多年經紀清麓事，始終不懈者，惟厚甫爲最。當年從先生時有復齋語録一篇，載清麓遺語，有問答若干條載清麓答問。

乙酉十一年，六十二歲。春，序刻朱子五書。五書者，太極圖說、通書、西銘、好學論、定性書五篇之書也。先生嘗鈔輯以自課門下，讀而愛之，取以付梓，先生再序焉以公諸當世，並謂「繼四書者莫五書若也，竊願服膺弗失，死而後已」。先生於是書可謂信之篤而體之至矣！

夏四月之省，會舊友寇允臣先生，先生舊交也，去官後得骽疾，不良於行，養深學粹，學者稱潛溪先生，著有潛溪詩文集。並見黃觀察小魯，名嗣東，湖北人，規復魯齋學舍，晚著道統淵源録一百卷，歿後學者謚靖道先生，附祀省東關魯齋祠中。去後以書論功靜。小魯

[一]「誼則」：原闕，據文集卷十與劉東初書補。

舉郭元德所記「半日靜坐」爲言。先生曰：「此語稼書已辨之。言靜不如言敬，後世大儒或有靜坐得力者，雖其人卓絕今古，而學術究屬微偏。某嘗謂取善宜廣，造德貴純。」先生溫厚和平，見之者如坐春風，惟論及學術則一毫不假借也。

督學子荷慕公來見。慕公名榮榦，山東人，敬禮先生懇惻之至，贈聯云：「隱不遠親，貞不絕俗，惟有道無愧色；經爲人師，行爲儀表，知伏湛乃名儒。」書院自辛巳築竣，數年以來久欲得蓄道德能文章者爲文以記其事，而未能也。茲慕公敬禮先生，雅向斯道，焦雨田明府以誼屬同鄉，懇爲文以記之。畧曰：「正誼書院，三原賀復齋先生講學之所也。余與先生初不相識，同年吳清卿視學關中，特疏薦之，朝廷崇尚儒修，予國子監學正銜，始耳其名。壬午來陝，聞中丞馮公敬禮先生，曾假介紹，迎至會城，一再造請，心竊與其爲人。洎駐三原，吾鄉焦雨田明府適宰斯土，乃告余曰：『先生反躬爲己，不求聞達，昔以孝廉方正舉，辭不赴。結廬於涇陽清涼原之麓，日與生徒講貫其中，毅然以鄒、魯、洛、閩是希，老而彌篤。三原之學自王端毅父子、馬谿田諸公後，流風閴寂久矣。士子幼攻帖括，汩沒於利祿之說，沈溺於進取之文，孜孜矻矻，惟恐弗工。有以儒林道學相切劘者，則羣焉疑忌或非笑之，此士風所以日敝也。不自揣量，思挽其習，幸遇先生，足資模範。以所居清麓精舍積屋無多，四方來學者眾，棲止爲難，於是牒於天府，自輸俸錢，庀材鳩工，拓其館宇，富紳慕義，醵金相助，堂廡門序、齋祭之室、庖湢之區皆具。又置水田果林若干，以供歲需。制府譚公名之曰「正誼」，中丞馮公手爲署額「欲多士處此燕閒清曠之地，得先生優游而教育之，讀書求道不爲聲利所奪，英材豪儁或有興起，亦有司之責也。請書其事，以示來茲。』余以時方校士，未遑命筆，久之聞先生事益詳。今年春，按試既畢，始修謁於清麓，窺其言論風采，如璞玉渾金，欽其實，莫名其器。又如汪汪千頃波，澄之不清，淆之不濁，蓋粹然古君子也。今夫世之賴乎儒者，爲其致知力行，成已成物，非以空言襲取也。曾子曰：『夫子之道，忠恕而已矣。』孟子曰：『堯舜之道，孝弟而已矣。』先生直諒篤實，稟於性生，內行純備，尤非尋常所能及。邑有公事，長吏咨訪，知無不言，襄助經畫，必公必允，一鄉之人無賢不肖莫不仰其德望。其訓廸及門也，則以躬行爲本，以文學輔之，大而冠昏喪祭，小而言動造次，一準於禮法。雖經術湛深，而不治章句，不矜博奧，務求理義之所歸，如是者數十年，然後歎先生無求於世，而人之景仰卒不能已，豈阿好哉？亦道在則然耳！彼夫擷撦陳編，標榜前哲，高談性命，自詡精微，至薄事功爲末務，視庸行爲粗跡，不知其所言者能加於六經之旨耶？能進於五子之書耶？而一驗其行，不滿人意十常居八九。嗚乎！是率天下而出於無用者也，聞先生之風亦可以少息矣！惟願遊其門者，知經師易得，人師難逢，相與觀摩淬厲以底於有成，處爲完人，出爲名臣，不徒接武端毅諸公，將使橫渠一綫復振於茲，則雨田營構書院之意與先生誘掖後進之心，庶可稍慰也已。夫雨田固有志者，余既嘉其爲政，能識體要，又重先生之道德文章無愧於通儒也，乃爲之書。」

丙戌十二年，六十三歲。秋九月，重刻小學、近思録成，先生於二書尊信之至，自課教人皆必先此二書，而後漸及四書、六經。故其序有曰：「六經，古無有也，而成於孔子；四書，古無有也，而成於朱子。六經、四書而後求其可繼此二者，莫切於小學，莫精於近思録，而亦皆成於朱子。蓋所謂傳授聖賢心法以適於六經、四書者也。」其答原已山有曰：「讀禮之餘，即取小學、近思録等書，專其一冊，循序熟讀，平心靜慮，以俟其浹洽而不期其效，久之理明心清，將有悦懌之意。」至謂「小學、近思、四書專一熟讀，非聖之書勿讀，非聖之文勿觀」，則答郭治堂也。「小學、近思、四書終身不可一日離，經次之，史又次之」，則答或人也。阿立亭，滿人也，其致函告曰：「小學、近思録，不知足下讀之如何？此二書皆足增人志氣，堅人骨力。」李菊圃，達官也，其致函且曰：「某所與諸生日夕從事者，亦於小學、近思録、四書爲多，近來益覺學術宜定一宗，旁支異派最足誤人。」以上數者，先生非實見諸書可以益身世、訓來裔，亦不能如是諄諄也。

答黄小魯書有云：「春明學舍不知係明代何人，得大人今日别闢精舍，更有一番發揮，登高提倡，應者必衆，士子得聞此學，將來造就必有可觀。舉業一途，不開亦非缺點，一以講明正學爲事，如萬不得已而不欲或廢，但使知爲趨時之末技而非爲己之實功。本末緩急、輕重取舍正當有辨，所望大啓聖學門庭作後來種子，必求精純正大，勿爲包羅和會。庶幾關學一脈賴大人而後續，又不獨秦士幸也。」又：「世病講學其來已久，要之亦在人耳。但問所學之正與不正，所講之眞與不眞，論語開口言『學』，有朋友即不能不講，終之以『人不知而不愠』，講學固自性分中事，病者自不知耳。學之不講是吾憂也，以爲學不必講、不在講，無此憂故也。程朱當日講學，直是壁立千仞，禍患且有不避，況非笑乎？大人謂他非所恤，眞卓識卓力，欽佩之至。」按：先生講學山林，不課時文，不恤非議，士林之中咸知聖賢大學之道，兹又欲變仕風，俾在官者一歸於正。觀與觀察諸書知先生障川廻瀾，手段眞非他人所及。今日關中士大夫之知有洛閩，不能謂非先生力也。

丁亥十三年，六十四歲。春正月，藩憲李公菊圃來見。公名用清，山西人，慕先生德久矣。時有王遜卿客署中，屢問來三原路。遜卿以告於先生，先生力止之曰：「若來此，恐駭耳目，反使鄙跡不安，萬冀留止。」然方伯願見之誠積久益摯，茲因新春政事之暇，遂屏騶從專誠來謁。蓋公之居官於清、慎、勤三字無一不盡，而其究皆以學爲本，故所至尊禮賢儒，刊布小學等書，與俗吏自不同也。

先生率諸生之省會葬寇允臣先生。以三十年舊交，其殁也，先生率諸生相知者爲位而哭於清麓。葬有日矣，其姪名永祥，字履端。又來請誌墓，茲復請先生題主，門下諸人爲之經紀其事，凡祖奠、朝祖遣引、虞祔各節，悉依禮制。柩行時肅然嚴整，觀者咸感歎焉。

二月初，報禮藩憲李公，黄觀察小魯嗣東。延先生講書魯齋書院。時藩憲李公菊圃、用清。臬憲黄公子壽、彭年。糧憲曾公、鉌。鹽憲汪公皆來會講。門下楊信甫、鳳詔。王遜卿、守恭。王反之、照。馬養之、鑒源。連梅軒、春魁。張愚生、紹元。張曉山、元際。牟子懷瑾。及書院學子數十人環聽。黄觀察有講學記。午習鄉飲酒禮，彈琴歌詩，觀者如堵，亦極一時之盛云。次日，中丞葉貫卿來見，越日報之。

夏四月，興平張元勳來見。夏初，元勳到原應試，敝邑馬養之先生介勳以見，於先生德容道貌，瞻拜肅然。試竣幸厠名黌宫，先生贈聯：「學術須宗張子厚，秀才要做范希文。」養之先生以程子「作文害道」一篇爲贈，亦請先生書焉。追憶往事，迄今三十有餘年矣。先生期望之懷，弗獲少副萬一，輯譜至此，不自知其意之恧也。

序刻許文正公遺書、依祠堂本增其所遺而削其不可信者，並發明文正進禮退義仕元本無可疑之義。訓蒙千字文、丹谿何桂珍著。丹谿謂古人立教首端蒙養，後世不此之務，成德奚由？是書雖云養蒙，而道統淵源於是乎在矣。周子全書、刻訖，先生序云：「孔孟而後千有餘年，聖人之道不傳，漢四百年得一董子，唐三百年得一韓子，皆不足與傳斯道。至宋周子出而紹續其統，所謂『不由師傳，再闢渾淪』，上承洙泗，下啓洛閩，綿聖傳於不墜，振道統於中興。是書之刻，其功豈淺尠哉！」大學衍義、眞西山德秀著，先生謂是書聚古今之精華，實治亂之龜鑑，純儒之學，純王之治，皆有實效，可徵。小學集解、儀封張伯行著。小學淺解。芮城薛仁齋著。前此刻書惟劉傳經堂、述荊堂兩家，茲小學諸書李藩憲菊圃刻，大學衍義柏中翰子餘刻，訓蒙千文丁樹銘伯新集資刻。雖諸君子之好義，抑先生之德與學有以感之使然也。

戊子十四年，六十五歲。春正月，蒲城丁樹銘來受業。字伯新，由賈而儒，先生晚年一切經紀學事家事悉賴焉。先生四兄輯臣。子伯鎰正月二十七日。卒，年四十有二。七歲從先生讀書麻廬，後業商。

蒲城劉葆中、葆謙兄弟來受業。葆中，字時軒；葆謙，字吉六。一時同來受學，難兄弟也。先生歿後，朱文公祠歷年修理保護，吉六之力爲多，近又欲立嗣碑，他人不能及也。二月，十五日。先生四兄卒，享年六十有八。三月，二十二日。葬於北關外三里店清涼寺東新阡。先生兄弟五人，獨與輯臣先生白首相聚，病革時謂先生曰：「弟鬚髮如此白矣，吾不忍舍吾弟。」歿後先生哀毁踰禮，俾門下生徒酌家禮、儀禮經傳通解行之，並絶習俗、一切浮屠之爲。先生爲壙記，略曰：「兄嘗遊吳越、巴蜀，晚試用山西潞村鹽巡檢，居家孝友篤摯，處事接人和厚謹慎。先伯鎰卒，不匝月而兄至於斯。嗚乎！何其酷也！」

秋九月，學憲福建林公廸臣啓來見。林公按臨所至，頒給諸生小學、近思録凡千餘部，亦聞先生之風而興起者，先生甚稱之。

黄觀察小魯設義塾於省東關，函先生欲聘品學兼優之人以爲師，先生以王遜卿對，又恐其不出也。爲書戒之曰：「昔朱子謂陳北溪『自古無關門獨坐的聖賢』，願足下大擴識量，勿僅僻守一隅。」

與張愚生書曰：「藩憲籌五千金，運售南方各書。薛子曰：『雜樂亂正聲，雜書亂聖經。』此舉尤當嚴戒，勿以駁雜不經之書混淆其間，不然數年之間秦中又成一横議世界，於學術大有夾雜〔一〕，世道人心因之日壞。孟子『息邪説，距詖行』，當時必有幾種書行於戰國，故不得已而好辨，欲以正之也。」先生此言甚有關繫，今日較先生在時書更雜矣！世道人心益不可言，使先生在今日不知又如何慨歎也。録此以告吾秦今日之主持政教者。

序刻宋名臣言行録、先生序文訂其是而辨其非，且謂伊洛淵源録論學之書也，不可夾雜。名臣言行録論治之書也，無妨博取。松陽講義、先生極愛是書，謂「孔孟而後，解四書者無如程朱，程朱以來，宗程朱以解四書者無如松陽講義」，故亟刻之，以餉士林，以正學統。辥仁齋文集。先生愛仁齋先生學無師承，挺然特立，自少勵志爲己，專力小學，爲聖學於舉世不爲之日。當時東西往還，兩先生相契之深相講之

---

〔一〕「夾雜」：原作「關繫」，據文集卷十一與張愚生書改，以下不再説明。

切，有非常人所能窺者。故是書之刻，其爲力也多，其表彰亦至。

己丑十五年，六十六歲。夏，爲兄子伯鐵娶婦馮氏，行親迎禮。

答張愚生書：「人生出處，貧富何常之有？若有得焉，亦足以樂而忘老矣。憂[一]此學日孤，惟望二三同志豎起脊梁，擔荷此事，不涉夾雜，維持一綫之脈，後或有聞而興起者。」又：「洋夷犯闕，亦當據實言之，吾輩今在草野，此等語亦不敢出口，果立朝廷之上，事涉中外，尚敢指目洋夷二字耶？」時愚生居陶制憲幕。

冬，志劉昇之東初墓。先生買山清涼之麓，闔修灊詣，東初執贄受學，尋復立傳經堂，刻濂、洛、關、閩遺書，不使有一之不備，凡先儒絕學孤本，亦多錄以行世。前後數十年，出白金巨萬，及焦公倡建書院，東初又捐銀二千兩以爲經費，故先生志東初墓於聖道興廢盛衰之由，有慨乎其言之，念繼此者之難其人也。

書繫劍篇贈劉東初，東初在日以冊請先生書教語，茲歿矣，冊猶在也。先生本季札繫劍之義，爲書格言若干條如右：「學必如聖人而後已，始學便不可無此志。今人爲學，自問所志者果何？等清夜自思，便當惶然汗下。時時要打起精神，不可頹塌放廢。心是極懶底物事，常用著便常有生意，一向不用則孟子所謂『茅塞』，譬如井水，常汲則常有，不汲久之亦枯。君子作事，甯可見笑於今人，不可見笑於古人；寧可見笑於千百之庸眾，不可見笑於一二知道之士。只是爭一個理之是與不是而已。心纔走作，便要自家知得趕緊收回。天不生孔子，萬古如長夜；天不生朱子，萬古如長夜。此前人之言也，然則有孔子不可無朱子。熊勿軒曰：『周東遷而孔子生。宋南渡而朱子出。古今一大聖一大賢，眞不可謂天之無意於斯文也。』李安溪謂：『諸葛武侯爲三代下之「小周公」，朱子爲三代下之「小孔子」。』呂某、陸稼書謂：『朱子是後世之聖人。』皆卓見也。後人猶菲薄之，其亦甘自居於無忌憚之小人也。噫！學不知性知天，皆是無本。朱子云：『讀書，起家之本；和順，齊家之本；勤儉，治家之本；循理，保家之本。』四語眞有家者箴也，必力守之。王陽明曰：『朱

[一]「憂」：原作「又」，據文集卷十一答張愚生書改，以下不再說明。

子於我亦有罔極之恩。』陳白沙曰：『吾道有宗主，千秋朱紫陽，說敬不離口，示我入德方。』此非不知朱子，而自做工夫卻別是一樣，何也？以此知薛胡眞是信之篤、守之定，一毫不走，卻當得嫡派，方不誤人。這眞氣最易感人。人雖僞，遇眞者亦使不著，所謂狡僞者獻誠。讀讀書録有從容廣大氣象，讀居業録有嚴肅整齊氣象，讀陽園集有溫醇敦厚氣象，讀三魚堂集有精密純粹氣象。以上各條非徒可以教東初，凡有志斯道者，皆宜書一通以置座右。」

序刻三魚堂文集。先生謂：「自孔子以來，亂道者不知凡幾，孟子闢楊墨是一治也，程朱闢佛老是再治也。」先生闢陽明，其功遠可比孟子，近亦可比程朱，此是書之不能已於刻也。文廟通考。先生慨古今學術之雜，而傷從祀聖廡之不能折衷一是也，於序文極力辨之。小學韻語。先生謂小學内篇採十三經之要義，外篇摘十七史之精華，眞可傳之萬世，是書提要鈎元，較朱子原本十之一耳，尤便鄉童諷誦。

庚寅十六年，六十七歲。春正月，提督學政遜菴柯公逢時來見。公湖北武昌人，講經世有用之學，與味經書院掌院劉古愚先生最相契。按臨所至，拔取上舍生送書院肄業，日記課程必調取親閲。關中士林之知有實學，公與古愚先生之力也。其向慕先生，蓋知經濟必本於道德也。二月，募建朱子祠，啓文略曰：「自堯、舜、禹、湯、文、武以來，惟孔子實爲生民所未有，歷秦、漢、蜀、晉、隋、唐而下，惟朱子亦集諸儒之大成。九洲四海無地不讀其書，萬古千秋何人靡尊其道？是直溯淵源於鄒魯，固宜隆俎豆於廟庭。昭代崇文，又躋哲位，晦翁正學，獨定儒宗。乃異説之爭鳴，使微言之幾絶。良知興而別立旗幟，漢學盛而益墮榛蕪，欲人人知有考亭，必處處重其祀典。比拜經於榮緒，思遙接千載之心源；擬築室於雲臺，願益開三秦之風氣。茲於三原北城購地建祠，以祀文公朱子，且藉以爲鄉塾之所，俾來者興起焉。憫斯文之如綫，可坐視乎？愧吾力之甚綿，竊有請也。異端外教之宫猶多解橐，先覺大賢之宇豈惜集裘？學士大夫皆與有責，仁人君子所宜共襄。惟望同心，自應量力，將見正人心以息邪說。庶幾發吾道之光，行且道德一而風俗同，或有裨聖王之化。」

九月，朱子祠落成。先生爲梁銘云：「惟天生民，惟聖立教，遵孔紹程，紫陽有耀。俎豆千秋，宜遍鄉校，道統有歸，敎忠教孝。清谷之陽，巍然廟貌，學定一宗，後儒則傚。」與祭者凡百餘人，祭訖講書，環聽者數百人。

邑宰涂公爲先生建明復精舍於祠西，後卽以爲先生祠。

冬十月，山東濟南淄川縣孫廼琨來受業，字仲玉，純篤敦謹，力學實踐，侍先生時有清麓答問、清麓語録、清麓劄記、清麓經説，其篤志於學可知矣。他人有從先生數十年者，其紀載亦不能如是之多。仲玉長人處只是實行，非從鈔録之可貴也。代其兄廼瑤執贄。秦、魯相距三千餘里，兄弟欲並至，窘於資，乃以廼琨附焦雨田眷屬來。廼瑤，字伯琴，受業於浙江夏靈峰，晚歲造詣益精，病歿於靈峰精舍，所著有孫伯琴文集。

序刻張子全書、橫渠繼興關學，此書尤先生拳拳不忘者，故序文中懇懇以四爲六有自勵，且與天下之志士共勉焉。信好録、所録皆朱子之文。先生取生平所最企嚮者若干篇，分立志、居敬、窮理、反身四目，序而刻之，既以自勵，兼勗有志斯道者。范太史唐鑑、自秦漢以來，千數百年諸史雜蕪，無可折衷。是書於分輯通鑑之時，採取唐代之事，而折衷以詩、書孔、孟之至理。伊川謂三代以後無此議論，知優於通鑑遠矣。朱子行狀總論簡注、四書字類釋義、徐餘齋恥言三書，皆所以教幼童，故並刻焉。

辛卯十七年，六十八歲。學憲柯公以經明行修疏奏，略曰：「賀某學有淵源，務求心得，其純篤一，以朱子爲宗，而於異説不稍假借。當回匪煽亂時，襄辦城守，事定後墾荒賑饑，清均地畝，縣令資其臂助。先後經督撫臣延主關中、蘭山書院講席，俱辭不赴。無事不入城市，與生徒校刊朱子遺書略備，其餘所刊數十種皆扶世教，有關風俗，年近七旬，孜孜不倦。嘗造廬諮訪，見其堂階肅然，弟子環侍，和易以接物，莊敬以持躬。所著古文詞湛然瑩然，有韓歐風格。天性誠篤，造詣日深，非竊取虛名高談性命者可比。」疏上，奉旨欽加五品銜，先生接奉上諭，後其答柯公謝啓，略曰：「伏以星軺薦士，尺書叨華衮之榮；天陛錫恩，一札荷綸音之寵。名譽豈純德之慕，揄揚關斯道之興。先辱造廬，公下白屋之士；忽登奏牘，人歌緇衣之詩。頓異頭銜，猥蒙首選如某者，學慙爲己，老不如人。恐玷清朝，對昊蒼而身心勤檢；期明正學，遵紫陽而著述公傳。豈張僕射之待昌黎，感恩有之，知己未也？學陸稼書之於敏果，只語交道，不署門生」。

柯憲答啓有曰：「薦舉賢能，本人臣職分之事；褒嘉哲彦，乃聖朝激勵之方。敬維復齋先生，河華鍾靈，斗山著望。文推吏部，能扶八代之衰；學本考亭，足息百家之喙。豈獨關中冠冕，允爲海内儀型。」又曰：「惟是驪唱旋賡，莫奏笙簧之雅。尚冀駒維有自，毋遲金玉之音。載跂德旌，彌縈私轂。」柯公去任時又贈聯語云：「海内儒宗，人倫矜式；關中學統，天語褒崇。」

答王遜卿書論朝儀曰：「所云『朝議醇王之喪，皇帝不制服』，此言非也。恐未見邸報耳，邸報數條正用降服例，至爲允當，足見國朝議禮遠過前代，可以傳之萬世而無弊矣。在朝言禮與禮經不同，不知果如何，俟再考之。」

序刻閑闢録、學蔀通辨、王學質疑、明辨録。先生與李方伯菊圃書：「今日無好學術，他日必無好治道。據常所見，如學蔀通辨、閑闢録、王學質疑、明辨録、朱子爲學考、姚江學辨、理學宗傳辨正、漢學商兑都爲一函刻而傳之，以公士林，使世知正學所在，不可一毫夾雜，天假之年，二三年間漸次可及，未知將來得遂此願否？」本年已刻此四種，餘數種先生歿後悉刻之。扶風胡潤松來受業。

壬辰十八年，六十九歲。春正月，湖南湘陰王陽晞、姚欽灝來執贄。先生答張愚生書曰：「湖南王陽晞、姚欽灝兩人相訪，留止旬日，王留心正學，姚頗有孝行，皆有志之士，又肯虛心，眞不易得也。」鄠縣閻維翰、字幹卿，明敏能事，有問語載清麓答問。興平張淵字深如，性聰敏，先生往鳳時，深如隨之，有鳳翔侍行記。來受業。山東濟南林廷傑來執贄。蒲城郝熙來受業。扶風郭士英、王照離、字伯明，樸厚篤誠，依先生授學時輯問語爲一冊，名曰侍側紀聞。康莊來受業。耀州張寶森來受業。字木生，耀州人。

提督學院廣東黎公榮翰來見。續關學編，是編創自明馮少墟，清王豐川初續，李桐閣再續，至是又數十年矣。柏灃西先生欲再續而疾作不果，因請先生爲之，先生取生平所企向者七人續入焉。劉伯容、名鳴珂，蒲城人。王遜功、名承烈，涇陽人。張蘿谷、名秉直，澄城人。史復齋、名調，華陰人。李桐閣、名元春，朝邑人。鄭治亭、名士範，鳳翔人。楊損齋。名樹椿，朝邑人。

輯長壽賀氏譜。先生本渭南長壽原人，茲譜以由渭遷原之祖爲始祖，譜名「長壽」示不忘本也。時先生病痰，執筆維艱，口授大略，命門下馬養之手録焉。自始祖至先生居原已七世矣，系圖一世表、二列傳、三家書附焉。

先生自入春來老病侵尋，輒廑老至之憂。其與張愚生書云：「某九月間手足沈重無力，亦衰年常態。幸無遠念，惟老懷易感，輒念故人，不知何日聚首，一話離悰也。」時愚生在新疆陶撫幕。答王反之書云：「僕年來多病，老態之常，惟常念故人多不在側，有話無說處，輒起孤寂之憂。」答劉小垣書曰：「僕老病支離，杖而後行，但精神似未大減，然亦恐非久於人世者。」答山東孫瑤琨書論科舉文章之弊，引程子語謂「不患妨功，但患奪志」，引朱子語謂「伎倆愈精，心術愈壞，後世有此一途，多少英才坐困其中，要之，只視人立志何如耳」。

序刻翰苑集、先生以宣公奏議，經濟文章兩臻其極，而又能以道德爲本，故刻焉，以法當時而示後世。二程遺書、是書皆朱子手訂，又爲朱子一生學術淵源之所，自孔孟以來莫之加焉。關學續編、先生續焉，灃西先生刻焉，古愚先生序而傳之，關中之粹聚於斯。楚詞集註、韓文考異、二書皆經朱子考訂，故並刻焉。儀禮經傳通解。是雖朱子手輯未成之書，而大綱宏目皆由朱子定好。喪、祭二門，門人黄榦於朱子殁後補成之，兼綜條貫。千古之言禮者，皆當奉是編爲主臬。先生刻朱子書不使有遺，不得以未備而略也。

癸巳十九年，七十歲。春二月，富平令雨田焦先生延請先生講行鄉飲酒禮，先生率生徒往會，甚盛。三月望，藍田牛兆濂來見，字夢周，號藍川。輯譜時輒以函與夢周相商。此條俾其自記，取肖當年情事也。來語備録如下：「光緒癸巳春三月之望，謁復齋先生於朱文公祠。是日習鄉飲酒禮，畢，先生坐講謂鄉約法最關風化，務加力行，講訖會飲歌詩爲先生壽。日暮濂請出，明日謁先生於家，問學。先生曰：『程朱是孔孟嫡派，合於程朱即合於孔孟，不合於程朱即不合於孔孟。能熟讀近思録，則自見得。』又問：『居常動念，非全無所知，往往明知明昧，不能自克，若何？』曰：『既知是自欺，便不要自欺。』蓋即朱子『知得如此是病，不如此便是藥』之意。少頃，先生問濂何以不赴公車。濂曰：『慈親之志祗望濂學爲好人，他非所望也。』先生喟然曰：『賢哉母也！』因舉濂名字訓曰：『大莫大於太極一圖，精莫精於通書四十章，子其勗諸。』濂再拜，受教以歸。因撮要語銘座右，曰『欺慊須問自心』，記取『誠意』章第六『純疵祇爭』，入手教讀近思録者三，學不得力，僅五閲月而先生已謝諸生，不及再見矣！嗚乎惜哉！厥後十有二年乃得一瞻拜祠墓，今又四年而再展謁宮牆，感念音容，爲之泣下，學之無成，何以上告先生，小子濂知之乎？」此宣統元年九月語也，時夢周與勲共學愛日堂，重九與養之同來會祭，此别後所寄也。

鳳翔令育生張侯建立宗銘書院，由岐山武敬亭文炳與鳳翔王香亭錫桂二人捐成之，稟張侯必先生生徒講學，不開科目之習。專伻賫函偕敬亭以白璧、幣帛、聘書請先生移講，兼行鄉飲酒禮。先生四月初至鳳，會講時聽者甚衆，先是門下王反之照就王香亭義塾授徒，至是敬亭、香亭又有是舉，岐、鳳之士響應，極一時之盛。行鄉飲酒禮時觀者如堵，感歎以爲數百年未有之盛事也。先生東还時薦反之主講書院。歸至興平，講書於槐里書院。越日至馬養之家，講行士相見禮，五月初旬還書院。

秋九月初四日，爲東里劉某書墓誌，猝中風痰，不能一語，時門人柏堃、楊泉清侍疾在側，百方醫治罔效。五日辰時卒。原宰劉公名照藜，字乙觀。視殮，富平令焦雨田聞訃越境往哭，人告以有官守不宜遠出。焦公曰：「以此被重譴，所不恤也。」焦公與先生交最深且久，手爲誌銘，門下白遇道悟齋書之。

越三月，卜葬於清涼山之高原，北首南址，距書院約數十武而在其北。遠近會葬者數百人。門下楊信甫主禮，參取儀禮、家禮酌以行焉。

先生歿後，門下士即以書院中洞爲先生立祠，派經理值年，定每歲九月九日爲會祭之期。祠門楹聯：「自濂、洛、關、閩以來斯文代有宗主，由許、薛、胡、陸而後吾儒再見先生。」獻室門聯：「太華黄河瞻氣象，青天白日溯心源。」門下馬鑒源撰。

禫祭時四方士友雲集，有來自他省。祭獻時顔色之慼、哭泣之哀，移時經多人慰解而不能止者，可以知先生之教澤矣。祭後會議以昔年明復精舍再加擴充爲先生建立專祠，每歲三月十六日爲闔邑暨外來賓友公祭之期，當時七省門人念德容之益，遠思瞻望而無由感不能已，以「孚惠我德」四字製爲綽楔，懸於大廳。至今過先生宅第者，猶爲企慕感羨不置焉。

厥後省城東關魯齋書院以先生配享魯齋，當年先生曾講於其地也。鳳翔宗銘書院以先生配享横渠。宣統二年，勳至鳳謁拜於書院之禮堂，觀牆壁先生手澤暨左右石刻以頌先生之德者，輒流連不忍去云。其他門下士友私祀於學舍書齋者，如藍田之芸閣、興平之愛日堂、渭南之象峰書院、山東之孫仲玉、湖南之王陽晞、朝邑之楊温如、長安之張愚生、岐山之武敬亭、郃陽之謝季誠、興平之馬養之，尤不能一二數也。其生也榮，其死也哀，如先生者。嗚呼至矣！

年譜下卷終

（民國十一年刻本）

## 賀復齋先生

先生諱瑞麟，號角生，字復齋，三原人。父含章，字貞堂，生五子，先生最少，年十七爲諸生，旋食廩餼，以父命受學於邑孝廉王次伯先生之門，潛心道學，不專事舉業。既又得薛文清公讀書録讀之。年二十四，從桐閣游於周、程、張、朱書，無不悉心究極，益憤志聖賢之學。與楊省齋、王鐵峰諸人互相切劘，絕意仕進，學詣深純，先後主正誼、學古兩書院講習，修己教人，一以程朱爲法，絲毫不容假借，一時躬行實踐之士多出其門。撫軍劉霞仙以孝廉方正舉於朝，吳清卿督學復以賢才列荐，詔加國子學正銜。光緒辛卯，督學柯逢時舉經明行修之士，先生哀然居首，奉旨賞加五品銜。著有清麓文集二十三卷，清麓日記五卷。

語録

中庸「戒愼」、「恐懼」自是兼動靜，不專屬靜，斷斷如是，後人猶謂此爲靜，謂與下截分動靜，可謂大誤。

天理不明，人心不正，天下事斷不可爲。

薛文清、胡文敬是眞做功夫，故其言自別，後人有所見極是，而意味却淺浮，涵養工夫少耳。

大學聖經與中庸首章是一個規模，太極圖說與西銘是一個規模，然此四篇又止是一個規模。

太極因理以明氣，西銘由氣以推理。

道固無不在，然非居敬窮理則無以爲存養之本，而無星之稱、無寸之尺，且將認賊作子，認人欲作天理，又何以有於我哉？

學以知道知本。

「矜」字最害事，不用心檢點亦不覺，謝顯道眞是做多少工夫，所以有進。

心粗者，敬不至也。

易於言，必怠於行。

寧學聖人而未至，不欲以一善成名；寧以一物不被澤爲己病，不欲以一時之利爲己功。學者立志須有此規模。

凡事只順理去，有一毫作弄便不妥帖。

今日更無庸别著述，只講明程朱之學而力行之，使知此學者衆，則人心庶乎可正。學術不明，目前雖不大破壞，終無可救處。

大學一書，無非欲人知其性之所有而全之；中庸一書，無非欲人知其道之所在而求必得之。凡聖賢之書皆如此。

周子之「無欲故静」、朱子之「無欲故樂」二語須實體之乃知。

處事但覺凝定便是涵養。

辨别學術要直截、要精細，不可假借含胡，若欲有長厚心，便自做工夫處亦不得力，且貽誤不少矣。

處事要有識量。

褊淺不足以成大事。

有一毫恃才之心便不免自敗。

天地之運只是有恒有漸，聖賢之學亦只是有恒有漸。

惟其有漸，所以有恒。

「因循」二字誤己誤人。

浮躁淺露是大病。

讀書須直入裏去理會，勿只外面略綽過。

「宏毅」二字最要。

人知責己，則學進矣。

才事事要求個是，便是不能免俗。

當今須學大易「獨立不懼，遯世無悶」一個人。

觀天地生物氣象，莫且玩賞花草便了，其理莫不在己。

太極圖說「五行一陰陽」數句，天下無性外之物，五行各一其性，性無不在也。

爲學一「復性」盡之，四書、五經無非說「復性」事。

後人不如古人，只是規模小。

孟子道性善，言必稱堯舜，學不學聖賢，更學何人？

學不識性，任做工夫皆不免爲鄉人。

孔門求仁，程子主敬。仁則心之道，而敬則心之貞也。

慎動便漸至於靜，若要求靜，反不靜矣。

誠而明者，聖人也。下此則由明而誠，不明而誠，鮮有不入於私者。

讀書覺得聖賢言語恰如事理，此是吾胸中自有此理，故覺得如此，所謂「先得我心之同然者也」。若原無此理，則自不相干。

聖賢所說理義皆是我胸中自有，只爲有氣拘物蔽，故猝看聖賢義理不出，非是我心中原無此義理也。

中庸首以「戒懼」、「慎獨」，終之以「誠」，便是由敬入誠的工夫。

程子曰：「學須學處貧賤。」今人才遇憂患便腳忙手亂，全不耐得撲跌，不知讀聖賢書何處使？

口耳之學全靠不得。

日讀聖賢之書而氣質不能變化，其所得者可知矣。

不極力去學聖賢，只好與今人爭閒氣，只是不立志。

慎言是涵養性情之最要。

凡事須求合理，要在認得理眞。

怨天尤人只是不責己，責己自無怨尤。

物各付物，只是順理而已。

雖聖賢亦無如貧何，但聖賢自有處貧之法，非是要不貧，只是一個安之而已，此外更無奇策也。

「人心惟危」驗之人己間，眞是多少可畏。

只此心不正當，便百事不可爲。

天心自是仁愛，只人事做壞了，天亦無如何，然仁愛之意亦未嘗不行乎其間。

人者天地之心，故天視自我民視，天聽自我民聽。

太極圖上一圈是太極，其實下九圈個個有太極。

事各有合當底理，只是人心不明不正，便處置不下。

孟子欲正人心，某亦謂今日人心壞極，人心不正，天下事決無可爲之理。

知其非仁非義則知仁義矣，在反之而已。

存心處事上實用工夫便會日進，不然只是說也。

人者天地之心，而人又得天地之心以爲心者也，「天地之帥吾其性」是人之性，卽天地之性也。

中庸凝道，若輕浮淺陋，如何凝得道？

持敬覺昏困便是持敬不得力，亦是太以敬來做事得重。朱子嘗說「提醒」，又說「略綽提撕」，如昏困便走階前略散步，更打起精神。

其未發也，敬爲之主，而義已具；其已發也，必主於義而敬行焉。

未發已發皆有太極存焉。

只是一個心，有未發時有已發時，然却皆要操存。

靜思日用言行不得力，只是主敬不密。

强不知以爲知，終無進步，終與聖賢學不相似。

學不知道，自以爲有所知、有所能，皆是私意。

要把持得此心住。

人不謹於言行，只是心不存耳。

人物都在這理氣中。

知得本然道理便合用當然工夫，仁則心之道而敬則心之貞，故爲學莫要求仁，而求仁只在主敬。

存養、省察二者不可偏廢，存養固屬靜，省察固屬動，須又知靜時也要省察、動時也當存養，此即朱子所謂「無時不存養，無時〔二〕不省察」也。

存得此心方好讀書，方好做事。

人只一個護己之見便封閉了，且是己而非人。

好責人便是不肯克己。

未發之時只要心有主宰，有主宰便是知覺不昧。

靜中有物，程子謂這裏便是難處，學者莫若先理會得敬，能敬則知此矣。

〔二〕「時」：朱子語類卷第六十二作「事」。

時習便是敬，不時習便有間斷，非敬也。

吾心之主宰只有一個義理，所謂道心爲主也。

須臾不可不敬，敬只是操心而已。

仁是理一，義是分殊；忠是理一，恕是分殊。

不知性善，學個甚麽？

不從身心性命上做工夫，儘教説王談霸都是脱空。

人與天地只是一個氣、一個理，故曰「天地之塞吾其體，天地之帥吾其性」。

知其善而爲之不力，知其惡而去之不決，皆牽於欲耳，故克己工夫最要。

未發，涵養；已發，省察。一皆以敬爲主，而不可以有一時之間。

未發之時，性爲之主，而敬則所以養其性；已發之際，情有所施，而敬則所以正其情。

克己須從難處去克，爲善勿以小而不爲。

周子謂「無欲故靜」，朱子謂「無欲故樂」，何以無欲？只在克己。

「無欲故靜」有主則虚此，所謂「敬則自虚靜」也。

性是我所自有，不是人能强與底；性是我所自足，不是人能外加底。

「主一無適」此等語須力行之，方見得眞實意味。

持敬之功只在日用間。才覺得物欲來便把緊，不要隨他去；才覺妄念動便打滅，不要接續他；才覺怠慢衰颯便提起，不要放過他。

（録自關學宗傳卷五十四）

（民國十年陝西教育圖書社鉛印本）

# 賀清麓先生年譜

民國孫迺琨編

## 賀清麓先生年譜序

自古大儒名賢，百歲以後莫不各有年譜，副著述以行，蓋其及門弟子惟恐其嘉言善行淹没弗彰，故特考其干支年月，依次編輯，表而出之，昭示來茲，以備後人之則傚也。夫實大者聲自宏，德盛者名自著，道之積於中者，深厚達之於倫常百行，自然可法可傳，足以廉頑敦薄而爲後學之模範，而非譜則莫能詳也。然則年譜之作烏可少哉？

熙祚性質愚魯，又僻處鄉域，汩於俗學，不知天壤間有此正大之一途，然自幼卽聞陝西賀夫子之名而景慕之，惜未見其書。去歲與孫君孝孺共學潛修，授以清麓文集約鈔七册。熙祚肅讀一過，仰見賀夫子自少厲志聖學，私淑考亭，實踐躬行，確有心得。竊謂守先待後，扶世教、正人心，端賴此等著作。遂慨然任剞劂之役，欲廣其傳，因求仲玉先生再作年譜，叙其生平歷履行實，用作矜式。仲玉因就原譜及行狀斟酌增減，重加編訂，熙祚手録一過。竊歎賀夫子立心制行自綱常名教之大，以及出處進退取予之細，莫不揆之於道、比之於義，足爲斯世之準繩。所謂言與行符、名與實稱，賀夫子有焉，眞不愧大儒名賢之目也。後生小子得讀斯譜，眞厚幸矣！熙祚味道懵學，何敢妄言以取罪戾？茲承仲玉先生之囑，因不揣固陋，姑綴數語列之簡端，聊誌景仰之意云爾。丁卯春二月，於陵後學石熙祚盥手敬書於潛修精舍。

# 賀清麓先生年譜

般陽門人孫廼琨重編
於陵後學石熙祚校刊

清道光四年甲申正月十八日子時，先生生，諱瑞麟，字角生，號復齋，其先陝西渭南坳底村人也。康熙十九年，七世祖輝光始遷三原響流堡，同治初元避賊，居縣内北城西潭巷。曾祖應祥，字長發，號梅菴，乾隆時應畫試詔，指筆騰聲王侯間，妣氏秦。祖瀛，字海峰，早卒，妣氏王，矢志守貞，性明敏嚴整，雖老非衣裾不出，旌表節孝。父含章，字貞堂，賈而精醫，妣氏蓋，有子五人，犮、圻、域、堤、均。均，先生原譜派名也。先生生而隆準豐頤，口可容拳，舌能至準，聲音洪亮，貌岐嶷不類常兒。貞堂公賈漢口，越數日歸，見先生象非凡，喜曰：「吾諸兒皆失學，承先人志者惟此子是望。」

謹按：先生自少厲志聖學，始則葺麻廬讀書，名有懷草堂，後易名曰定性書堂。晚歲道高德崇，築清麓精舍，別號「清麓洞主」，又號「中阿山人」，致公卿交薦，名聞九重。馮中丞譽驥題其堂曰「敬義」，譚制軍鍾麟扁其門曰「正誼」。先生可謂能承先志，不負先人之望矣。

十年庚寅，先生年七歲。貞堂公命先生入塾，從王先生受讀論語。先生自述：「瑞麟自小祖母篤愛，七八歲時猶抱之眠，先君體其意，每就祖母燈下教麟讀，或說古今故事以爲笑樂。」

十一年辛卯，先生年八歲。讀學、庸、語、孟，卒業。

十二年壬辰，先生年九歲。讀詩經，終小雅。祖母王孺人節孝旌。旨下，先生述曰：「孺人高陵生員世霖女，歸吾祖諱瀛，年二十四而寡，時吾父僅六齡。祖姑及翁姑皆篤老，日勤十指，卒葬三喪。撫叔姑遺子，無異所出，教吾父極有法度。曾祖爲吾授書，祖母輒從機上暗記，督令覆誦。麟兒時嘗抱置膝上，猶口授所記書也。年七十而卒，督學宋扁其門。」見三原新志貞烈傳。

十四年甲午，先生年十一歲。詩、書讀畢。貞堂公遣先生詣瓦張村，從雷先生受讀。農忙歸家，貞堂公以「半耕半讀」命對，先生答曰「全受全歸」。貞堂公喜其有志，特爲道小學大意，先生頗欣嚮之。

十五年乙未，先生年十二歲。延雷先生震於村，先生讀於村塾，前後凡四年。

十八年戊戌，先生年十五歲。讀五經畢，始學文。

十九年己亥，先生年十六歲。買先生銘盤館於東賈村，先生往受業焉。

二十年庚子，先生年十七歲。臨潼張先生館於王店鎮馮氏家塾，先生往受學，入邑庠。與姪伯鎰書曰：「吾年十七時，只略曉文義，做文字亦不能過人，試於有司，適見收取。時大父嘗教以聖賢爲學道理，而奪於時好，全未屬心。追憶曩時，每用自悔。」

二十一年辛丑，先生年十八歲。取楊孺人。孺人，臨潼楊西亭孫女，西亭博學有品。見長壽譜。從王次伯先生受學，王先生諱萬适，字次伯，道光辛卯舉人，性情敦樸，博學篤行，嘗輯諸史孝友傳爲篤倫書數十册，欲付先生訂以傳世，未及而沒。見三原新志文學傳。先生嘗曰：「余曩從王先生讀，正月燈節，同學子咸散去，余獨鈔涇野子内篇，先君適入塾，偶睨之。一日歸，先君問曰：『汝鈔涇野書着意那一句？』麟謹答曰：『涇野說「季氏舞八佾，三家僭雍徹，皆從耻惡衣惡食一念來，只爲好體面三字，故陷僭竊」。』先君喜曰：『涇野此說教人安貧樂道，兒見及此，他日其庶乎。』一日購得薛文清公讀書録，先君見之乃曰：『惜吾不早見此書，此汝終身事業也。』」

二十二年壬寅，先生年十九歲。肄業宏道書院。時掌院者爲盩厔路鷺洲太史。鷺洲博學能文，以制藝鳴一時，先生獨不投刺往謁，又於制藝外時取先儒文集語録閱之，以故與鷺洲不合。謹按：先生嘗曰，朝邑李桐閣先生以事至三原，宏道肄業諸生多從之問學，路鷺洲聞之滋不悦，鷺洲於桐閣先生殆臭味之差池乎！蓋鷺洲乃文詞知士，既與桐閣不合，其不合於先生亦勢所必至矣。

二十三年癸卯，先生年二十歲。科試取一等一名，補廩膳生，試秋闈不售。先生嘗曰：「某年十七入邑庠，旋食廩餼，人賀之，先君曰：『但稍酬吾祖，供吾心，爲學當志遠大，卽科名於身心何有哉？於天下國家何有哉？』因戒麟毋自足。」

二十四年甲辰，先生年二十一歲。肄業宏道書院。二月初二日，楊孺人舉一女，殤。七月五日，孺人卒，時年十九歲，爲賀氏婦凡三年。

二十五年乙巳，先生年二十二歲。三月初四日，丁父貞堂公艱。貞堂公有子五，女五。先生所爲行畧曰：「先君顥異過人，暇輒手一編。自麟所見則四書、唐宋大家，古文爲多。處艱苦困阨，能自守居心，坦直忠厚，待人而不爲骩骳。居常教麟兄弟皆以謹樸敦孝友，不爲妄求濫取，而每諄諄於愼交遊。壯年賈楚，非志也，常作詩寄懷云：『總因衣食抛書史，豈爲飢寒變性情？』又思親云：『省身每愧曾參學，負米常懷子路賢。』晚善醫，活人甚衆，貧者施藥餌不取值，故先君歿，甚有泣下失聲者。又寄諸子詩云：『千言萬語吴江外，切勿因循入下流。』」見貞堂公墓表。

二十六年丙子，先生年二十三歲。授徒邑城北關李氏祠。七月二十五日，丁母蓋孺人憂。孺人，秉仁公女，其母氏李，高陵世族也。見長壽譜。桐閣表墓有曰：「孺人歸賀氏，事祖及孀姑無少怠，以簪珥佐歉歲，傭女紅以易粟米。或訶責子輩，見其姑不喜卽止。嘗戒諸婦閨門不可有嘻嘻狀。生平不好議人短，不與人爭是非，不忘艱苦境，飲食不尚美好，親串往來禮謹而簡。其仁孝在家與在母家一也。」

二十七年丁未，先生年二十四歲。聞朝邑李時齋先生講程朱之學，介楊梅友越數百里執弟子禮。時齋聞先生能嚴守父母喪，又述狀〔一〕丐表迴脱恒蹊，卽知先生將來克荷正學，深器重之。時齋名元春，字仲仁，號桐閣。冬十月二十五日，合葬貞堂公暨蓋孺人於雁陂阡，桐閣表公及孺人墓銘曰：「居心之良，制行之方。型立家庭，名孚鄉邦。雖遭屯艱，衍慶流芳。有子承訓，其後永昌。道追先聖，乃克用光。」

〔一〕「狀」：原作「肰」，誤，據本集附録之賀復齋先生行狀改正。

二十八年戊申，先生年二十五歲。授徒於北鄉李氏。十二月八日，續娶張孺人。孺人祖元熣，庠生。父茂曾，母氏王，高陵香王村人。謹按：先生嘗言：「吾年二十四五歲時，雖得聞聖賢大略，而未知所入，乃泛覽宋元以來講學之書，見有明一代門戶紛歧，故於其文集、語録必爲之分派別支，究極異同，返致此心煩亂，愈無主宰。既而得小學、近思録讀之，始知程朱一脈乃是孔孟眞正門戶，遂於諸家之說棄而不治。」

二十九年己酉，先生年二十六歲。讀書麥劉村。四月，試拔萃科，一時無出先生之右者，然竟報罷，秋闈又報罷，人咸不解，先生曰：「拔萃科所重文與字耳，久不習文而秃其筆，以此往試，其不售何疑焉？」謹按：先生淡於名利，即此可見先儒謂「志於道德者，功名不足以累其心」。先生既志在道德，功名尚且不顧，況富貴乎？

三十年庚戌，先生年二十七歲。三月，復赴朝邑謁李時齋，遂登太華，遊宋陳希夷洞，題詩於壁曰：「人願先生醒，我愛先生睡。世上多少人，醒時不如寐。」後芮城薛仁齋遊山見詩，奇之，即知先生爲非常人。

咸豐元年辛亥，先生年二十八歲。八月，赴秋闈，報罷，見楊仁甫於長安，如舊相識。仁甫諱樹椿，號損齋，仁甫其字也，生而潁異，事親至孝，雅志山林，不求聞達，前後讀書太華幾十年，爲學堅實刻苦，默契精思。與先生相切磋，恒以朱子、南軒、東萊三先生規戒語相勗。仁甫初見先生，即稱其異日必爲一代偉人，嘗對人言曰：「高明脱灑，吾不如芮城之薛；寬厚和平，吾不如三原之賀。」又覆書於先生曰：「置兄書於案，置兄氣象於心，恐樹椿抵死不能造此地位也。」其欽佩先生可謂至矣。永濟縣楊石公來，石公名廷棟，先生由石公聞薛仁齋名。年終石公東旋，先生寄函仁齋，極道欲見之誠。先生爲此學雖不廢舉業，而心輒厭之，至是頗欲棄去，有「絶利一源」之意。顧諸兄雅不欲，移書責之曰：「先嚴在日望汝早達，不得輕棄科舉。」先生覆書云：「大人在地下，未必不願得爲聖爲賢之兒，豈止願得能富能貴之兒？」又奉書諸兄云：「同在天地間，幸生而爲人，便與鳥獸草木不同。又幸生而爲男人，便與婦人女子不同。幸生而爲讀書人，更與農工商賈不同。若不發憤誓必爲聖賢，不但不能增光父母，正恐有坫父母。」

二年壬子，先生年二十九歲。讀書龍泉。春正月，仁齋命其族弟于璜來謁。三月，同楊梅友謁桐閣於朝邑，約仁甫東行，過梅友永濟書館，並偕石公遂至芮城漢渡求仁精舍見仁齋，相思逾年，至是始得晤面。先生嘗曰：「初以仁齋不應科舉，心頗疑之，以爲必有所以然之理。思之經七晝夜，証以前贤之說，多不得其解。一日，仁齋過我，飯後遊行田間，微問之，仁齋謂：『科舉總是求人。』仁齋拙於言辭，余遂悟程子『賢者在下，豈可自進以求於君？苟自求之，必無能信用之理』。一段說話，主意始定，筮之得大過，以大象『獨立不懼，遯世无悶』有契於心，志益堅定，自是決意一志於道，不敢有一毫外慕，生徒務舉業者悉謝去。」秋八月，張孺人生一女，名小蘭。

三年癸丑，先生年三十歲。築麻廬於南李村，此地去雁陂新阡數十武。目擊先壟，學道之志愈篤，室成，名有懷草堂，取詩小宛〔一〕篇「明發不寐，有懷二人」之義。麻廬之築有以關書聘者，堅謝不往，蓋守禮「聞來學，不聞往教」之義。戚友謂誤生計必致困窮，雖孺人母家亦不自安，先生不顧也。嘗曰：「吾爲此學時，先拚受窮餓，張孺人入門，吾教他出雙釧買機學織，甘窮約，吾則以授蒙爲生業。」斯時謗言肆起，嘲爲妖魔，有稱其閉門鍊丹者，有稱其學顏子簞瓢陋巷者。先生在此下帷九年，一切弗恤，然學業自是大成。

四年甲寅，先生年三十一歲。讀書麻廬。三月二十四日，張孺人卒。孺人賦性賢淑，先生喜購書而苦無資，嘗遇元許魯齋集，直千錢，歸謀諸孺人，孺人則慨然脫簪珥換錢購之。及卒，先生以禮制服，頗駭時俗。蓋是時期功之喪久不講，先生因爲妻服答問以釋羣疑，載文集。又述其行略曰：「吾與孺人，豈獨世俗夫婦之情而已哉！儒人歸吾，不逮事舅姑，每祭，躬獻必再拜，遇忌日，輒愀然不樂，是孺人不忘仁孝，有以助吾思親之誠也。吾好習古禮，與孺人揖拜，人笑之，孺人不顧也，是孺人不恤非議，有以發吾好古之志也。自吾一意爲己，有館吾者謝不往，人驚笑且謂必致困窮，孺人出己錢買機学織以佐吾，是孺人不戚悴、不欣榮，使吾以古之安貧樂道者自勉也。其他崇樸素、絀華靡、不惑佛說、不食煙草，有士大夫之所甚難而孺人能之。孰謂生僅二十四年而爲吾妻者尚不踰七載，奈之何不能相與有成而遽至於斯也？」

〔一〕「宛」：原作「苑」，據本集附録之清麓年譜上及詩經改。

冬十有一月，李時齋先生卒，先生偕梅友哭於其家，又述其行略曰：「朝邑李先生自少講學卽主程朱，於心學良知闢之甚力，而闡明經學一主於理，見世之怪論邪說直痛斥之。其行已誠敬爲本而要於有恒，其爲學本末兼賅，内外交養，始終一意，未嘗少衰。」其祭文略曰：「先生負剛毅之姿，稟敦篤之性，既得天之獨優，復所學之甚正，其存主也以誠，其致力也以敬，德不愧於天人，道必法乎賢聖，是不徒託之空言而自有以見諸實行。某等或從遊昔日，或問道晚年，光風霽月，北斗泰山，所愧閫域未躡門牆，無顏固尊，聞行知之是矢，欲考德問業而何緣？」

五年乙卯，先生年三十二歲。讀書麻廬，臨潼林宗洛五中、劉時潛廷選來謁。二人皆先生舊交，聞先生講明聖學，特來商量爲學工夫，藉以砥礪。惜爲日無幾，又各別去。與楊仁甫書略曰：「治禮畢，便當專從事於小學、大學，以實盡下學之功。吾輩工夫必先做個根基，然後循序漸進，庶乎有得於己。仁齋篤實爲己，確是吾輩益友，大家各自努力，如敬軒所謂不負先人遺體之重、上天降衷之全而已。」又答書略曰：「爲學莫先於求仁，而求仁莫要於居敬，敬貫動靜，靜又動之根，不可逐動而忘靜，亦不可惡動而貪靜。」謹按：程子謂「敬則自虚靜，不可把虚靜喚做敬」，先生爲學，卽照此做工夫，動靜皆主於敬，仁甫得力於靜工夫，有偏於靜處，先生恐滋流弊，故以「惡動貪靜」箴之。

六年丙辰，先生年三十三歲。讀書麻廬。二月，娶林孺人，倡行親迎古禮，絕去音樂，一時議者譁然笑，不爲動，自是冠昏喪祭悉依古制。答楊仁甫書曰：「來教似加意源頭工夫，此自吾輩緊要所在，程子所謂『根本須先培壅』是也。程子又曰『涵養吾一』，亦是此意，只爲不一，日間工夫不是助長便是忘了。邇來自覺學不得力，病正坐此。蓋勇猛直前，則不免急迫之患。纔說優遊涵泳，又似怠忽間斷而無以爲進德之基，故主敬之功程子只以『主一無適』釋之。而『主一無適』，亦是徹頭徹尾。然朱子又恐人看得『主一』無下手處，頻頻說個提醒字。蓋一提醒則心便在此，心存自不至昏惑紛擾而敬可言矣。不紛擾則不急迫，不昏惑則不怠忽間斷，又何助長與忘之可慮？但提醒之法有二：一是喚起，一是截斷。覺得此心頹廢懶惰，卽便喚起；覺得此心閑思雜慮，卽便截斷。此四字亦是朱子之意，而宋儒有書於座右以自警惕者。某深愛其簡要可守，循此行之，略有效驗，而不能持久，如朱子所謂悠悠歲月，真是可懼。」

七年丁巳，先生年三十四歲。居麻廬。宋徠松養楨來受學。答仁甫書曰：「張葆初可畏，幸道意。此間亦有宋養楨者，年未及壯卻肯來就學，其志頗可嘉尚，日夕講論，大破孤寂。」春，李時齋先生入祠鄉賢，往朝邑會祭，仁甫延先生爲其子玉清加冠。夏，仁齋來會，時從行者二十餘人。答林宗洛書略曰：「某嘗怪前輩立身行己卓有可觀，其學亦自謂守程朱之正脈，而往往於陸王之徒猶爲恕辭，不能峻拒力闢，樹吾道之干城。是或虛懷謙衷，務爲反經以自勝，而眞是眞非又豈容一毫之假借？孟子曰：『吾爲此懼，閑先聖之道。』一『懼』字是何等心腸！一『閑』字是何等力量！今卽不敢以孟子自況，而能言距楊墨者，聖人之徒，亦豈不爲孟子之所許哉？」又答書曰：「果爲斯道辨明是非，則上不得罪聖賢，中不誤一己，下不貽害將來。三者又只是一事，無先後緩急之可言。」

八年戊午，先生年三十五歲。夏，表時齋先生墓，極闢陸王心學、漢學考據與科舉功利之失。其略曰：「陸王之偏坐不知學，考據之僻坐不明理。古之學者爲己。爲青紫而明經，爲科舉而業文，去聖人之道遠矣。」六月，先生家析爨，蓋是時先生淡於名利，絕意進取，又負債纍纍，故不能止，然與三四兩兄仍同爨也。後家兄艱窶，先生屢以財物資給，不令其嫂知。既而回匪亂，家兄與嫂氏殉難，二兄夫婦相繼歿，猶子伯鎔、伯鑫死於外，遺有寡媳及其二女，復與合爨，視之加愛。

九年己未，先生年三十六歲。逢恩貢成均。仁甫先生遣其子玉清來受學。於其歸也，先生書贈言十二條，其末略曰：「孝衰於妻子，凡所當爲，無非孝也，故守身爲大。」又引程子曰：「『吾以忘生狥欲爲深恥』，此言宜常念也。」九月，東行見仁甫，極論功利、佛老之失。歸後仁甫次其語，略曰：「功利、佛老二者，吾心每日一念之間卽有之，因思日用間偶有厭煩擾、喜簡靜之意，或愛說高妙道理，卽佛老也。偶有欲速助長之意，或用智自私，或務外好名，卽功利也。吾輩可不深自省察乎？」取呂近溪小兒語略爲改削，次其先後，以授女小蘭。擬響流堡社倉事目十四條。

十年庚申，先生年三十七歲。仁齋先生館於南李村李生彬家，去有懷草堂近，與先生朝夕切磋，暢論所學，甚得麗澤之益。仁齋又作杏園答問以勉勵先生。答林宗洛論水氣無循環之理，證以程朱諸說，蓋欲破釋氏輪迴之妄。

十一年辛酉，先生年三十八歲。五月二十四日，顯皇帝咸豐崩，先生守禮甚嚴。與冦允臣書略曰：「某謂當先辨一爲己之志，知得此個道理皆性分自有，外面一切富貴功名分毫增加不得。若於吾性有虧，要他何用？如此則其輕重是非之間，自不足以惑之矣。」與劉致齋書略曰：「輕議前輩固當戒，然學術一差，將誤終身，須與明白分辨，方可致力。昔朱子於當時講學諸公一一梳剔，而僞學之禁，且曰：『得某壁立萬仞，亦足爲吾道之光。』况今嗣主冲齡，保傅需人，而大臣臺諫以一二講學鉅公已列薦牘，則清時必無朱子之憂。」

同治元年壬戌，先生年三十九歲。毅皇帝御極，三原邑紳劉映菁等八十一人合辭舉先生孝廉方正，邑令余賡陽將上其事，先生力辭，略曰：「朝廷重典，必得眞能副其名者，方可當之無愧。某之愚劣，無論其他，卽孝之一字已難。自問今年幾四十，依然無聞，追維往事，既少承歡膝下，復省當躬，又將遺坫先人，每一循憶，涕下交頤。蓋有不可爲人不可爲子者，不能孝卽餘不可問。果上其事，是愈重不孝之罪，而且以累朝廷選賢勵俗之明。願速已此事，則某之感激更有甚於保舉者。」邑令不允，先生再三上書堅辭，邑令嗣以回變[一]止。

五月，先生以家人避亂之絳州，路過蒲城永豐鎮，鄉團百餘衆誤認先生爲回，列戟環之，邀至團局，幾蹈不測。正喧嘩間，鎮人王姓名檑兒者，舊齋僕也，猝來向先生前長揖恭候，衆愕然，知非回，團長復以好語慰之，先生曰：「孔子以貌似陽貨且見圍於匡，况吾儕乎？」先生入店中，飯甫畢，鎮人仍蓄前疑，迫先生入城，蓋恐夜逸去也。是夜，回復與鎮人鬬殺，傷無算。先生以在城中得無恙，論者謂先生關係斯文，此際若有天助云。六月末，渡河，居絳。冬，仁齋、仁甫來絳視先生，居五六日，同北遊至太平北柴村，仁齋歸芮城。先生與仁甫北遊平陽，過洪洞見范彪西先生故里碑，因論理學備考書，先生謂：「此書搜羅表章之功不可没，然醕雜不分，非所以嚴吾道之防，雖其用意調停，俾學者破門戶之見，不可謂非厚。然學術非可調停者，講之不明，學者茫然莫知趨向，其得罪於聖賢實甚。孫夏峰理學宗傳、黄黎洲宋元學案，每不喜此等書，以其混眞是眞非於無別，攬金銀銅鐵爲一器也。大抵學未至程朱而遽欲折衷百氏，宜其安頓不着。」八月，仲方公先生三兄。

[一]「變」：原作「欒」，據本集附錄之賀復齋先生行狀改。

之絳。先是仲方公從越東歸解州，不得家書，聞先生在絳，至是乃之絳。

二年癸亥，先生年四十歲。居絳州。李生彬延仁甫教其子，從先生遊者亦有數人，先生乃與仁甫同館舍，名其所居之舍曰麗澤學舍，講論琢磨甚相樂也。與仁甫校正小學、近思録，且明句讀。又集諸儒論讀二書之説，孫應文刻其書於猗氏。與仁齋書曰：「某羈棲無恙，西歸無期，亦且安之，所恨讀書全少精進，每展卷，輒覺破綻百出，固是自做工夫不力，亦少朋友講論夾持之益，易於放倒。某自信無他長，只於朋友規切頗知領受。秋涼決然南來，面受鑪錘。」秋八月，先生之臨晉省仲兄。劉季昭來謁，季昭名質慧，亦三原人，富而好義，時避難在晉，聞先生至，急來見之。訪仁齋至霧崖精舍，仁齋請講西銘、太極。

三年甲子，先生年四十一歲。二月十八日，自絳州西歸，過楊莊仁甫寓所，下旬抵家，謁邑宰余公。先生居絳時，余公屢函請歸，至是入署謁見余公。問善後事宜，對以「急宜散給牛種，以復逃亡」。義士劉映菁雅重先生，約於令曰：「若舉復齋董其事，一切費用映菁任之。」凡散二萬四千金，皆映菁獨任焉。繼修邑志，繼散賑及後清丈地畝，一皆不受薪水俸。於時家中乏食，大小十餘口至終日量豆一升以爲食，寂然安之。邑侯再欲以孝廉方正舉先生，諸紳亦聯名具保，先生書三四上，終辭之，辭書懇切周摯，見文集。邑侯延先生明歲主講學古書院，先生力辭不得，乃作書極言八股錮聰明、害心志，其病伏於隱微念慮之深，其禍中於天下國家之大，不變此頽風陋習，決不能得眞才。懇請力復古學，邑侯允之。

四年乙丑，先生年四十二歲。主講學古書院，預約不開時文課。招宋徠松爲齋長，徠松有志向學，先生方欲講明此學以肅學規，不幸數月病卒，先生惜之。其祭文略曰：「吾講聖賢之學，久不爲世俗所喜，方冀君助興學校，君亦有意推明斯道。獨怪人心之乖邪、世道之險側，而聖賢之學未易振也。君之卒，吾安得而不悲？又安得不失聲而哭耶？」

立學約六條：

一、凡學於此者一以聖賢之學爲宗，世俗記誦詞章、功名利禄之説務使掃除淨盡，不以干碍其胸中，然後趨向專一，功夫純篤，方有可冀。

一、學規一依拙輯養蒙書前七種，弟子規、教子齋規、程董學則、童蒙須知、訓子帖、白鹿洞揭示、敬齋箴。講明遵守，日用無違，又以白鹿洞揭示及敬齋箴爲綱要。

一、無論大小悉以小學書爲入門，然後漸次讀近思録、大學、論語、孟子、中庸、六經，以及周、程、張、朱、許、薛、胡、陸之全書，非聖之書、無益之文皆絶勿觀。

一、書須熟讀精思，切己體察，每人須置一日册以記所讀之書、所行之事，嘗自觀省，每日讀講呈師勘閱，善宜加勉，過則亟改，日間思索有疑，用册子隨手劄記，呈請批誨；　堂課一改舊例，或出策問論辨，以徵讀書所得，有未至則面告之；遵程子學制，更不考定高下。

一、每日隨所讀講解外，每逢一六日，俟板三擊，升堂講書，諸生各如其服會集，悉宜細心領略，任便令覆，如有全無領會，量加罰責；　或有外來聽講者，亦並分坐堂側，毋致喧嘩；　每月初一、十六兩日講書後，率諸生堂上習禮，院外願觀者聽。

一、晨昏及會講、會食各訓詞並一切規約務要勤謹習行，不可苟且怠玩徒循故事，如有不受約束則誨之，誨之而終不悛則遣之。

學要六條：

一曰審途以嚴義利之辨。凡爲學先要分别路途，同一儒也而有君子小人之異，同一學也而有爲己爲人之殊。君子儒，義也；　小人儒，利也。爲己，義也；　爲人，利也。路途一差，便恐墮坑落塹終身莫出。且如今人讀書，只欲纂輯文字逐時好、取世資，義理不明、德行不修則不知也，無論悠忽因循枉卻一生，若只在利一邊，致力愈深則爲害愈甚。惜哉！　哀哉！　故審途爲學者第一要着。

二曰立志以大明新之規。途既正矣，譬如適京師者已識得路程，然却主意不定，或欲往或不欲往，縱識得何益？　此志之所以不可不立也。立得此志，後面功夫可以次第做去。若不立此志，便似做不做或半途輒止，或見異思遷，或搖於衆口，或狃於近規，所必至也。大學「明新」、「止至善」，吾儒合下便須有這規模。顔淵曰：「舜，何人也？予，何人也？有爲者亦若是。」孟子曰：「乃所願，則學孔子也。」程子曰：「言學便以道爲志，言人便以聖爲志。」

三曰居敬以密存察之功。立志所以定本，而居敬又所以持志，儘有志向遠大，久之卻漸漸淡了，則居敬不密耳。敬者，一身之主宰、萬事之綱要，靜而存養，動而省察，無一時一事之可離乎敬。窮理不以敬，則昏惑紛擾無以究義理之歸；反身不以敬，則怠惰放肆無以致義理之實。蓋聖學所以成始成終而爲傳心之要者，此也可不務與？

四曰窮理以究是非之極。天下之理只有一個是非，或讀書，或論古今人物，或接物應事，凡身心、性情、人倫、日用以及天地、鬼神、鳥獸、草木莫不有理，莫不當窮。是是非非直須剖判到底，到得知性知天，方算窮理。知之明而後處之當，不然無星之稱、無寸之尺，時有認賊作子、誤人欲作天理者，豈不誤甚矣哉？

五曰反身以致克復之實。行之不力固屬知之不眞，而知之眞尤須行之力。若反身不誠，任做工夫仍是一塲話說。果人欲也，必克之不使其不盡；果天理也，必復之不使其不純。故大學格致而後必以誠正修齊治平爲重，中庸博學、審問、愼思、明辨而後必以篤行爲歸也。

六曰明統以正道學之宗。道統之傳自堯、舜、禹、湯、文、武、周公、孔子遞相授受，孟子歿不得其傳，歷千五百餘年而周、程、張、朱數子者出，斯道大明如日中天，與唐、虞、洙、泗並。朱子而後，元有許魯齋，明有薛文清、胡敬齋，國朝有陸稼書，皆與於斯道之傳，同爲學者所當宗主。學者不欲學聖人則已，如欲學聖人而考聖賢相傳之淵源，必以此爲標準、爲歸宿，庶幾始有趨向終有成就。苟或舍是而他務，不爲俗儒記誦辭章卽爲異端虚無寂滅，卽不然而陽儒陰釋，如陸象山之頓悟，王陽明之致良知、無善無惡，高顧之惡動求靜、潛神默坐、呈露面目，此皆以聖賢自命。而學術一差卽道統莫屬，雖殫精竭思，窮年矻矻，欲有以續夫千古聖傳之統，必不能矣。

立鄉約法，撰鄉約楹聯：「自王端毅、馬忠憲以來尚有遺風訓俗型方，猶是前朝興學地；生呂藍田、朱紫陽而後欲修古道輔仁責善，莫忘鄒聖反經詞。」

中丞劉霞仙名蓉，湖南湘鄉人。復欲以孝廉方正舉先生，飭邑令躬致咨文，先生封還原咨，終不應。中丞諭邑令備車馬迎先生至省，先生以「義不往見」辭。又飭蔣少園太守函，道大吏不便出城之故，先生還書終辭之。既而先生以事至省，寓某舖戶，中丞就寓所見之，且道欲復胡安定經義、治事齋規，延先生暨仁甫分掌齋事，先生面辭之。歸後蔣少園來書屢申前請，先生移書堅辭之。

冬十月，先生仲兄維甸公卒，公諱圻，字維甸，號遐軒，年五十六。

駁曾文正所撰聖哲畫像。謹按：曾撰畫像自周、程、張、朱以至於李、杜、蘇、黄共三十二人，漫無區别，正如攙金銀銅鐵爲一器，夾雜甚矣。先生著論駁之，蓋恐貽誤後學，非好辨也。先生論學術治道皆欲純乎其純，即此可見。

五年丙寅，先生年四十三歲。主講學古書院，往時掌院束脩二百四十金、薪水六十金，先生裁取束脩百二十金、薪水俸三十金，餘以爲士子膏火、書院買書之用。嘗訓及門曰：「爲學第一要路脈眞，第二要工夫密。然又得宏著心，心不宏便不肯虚，未免自是自足或得半而失半，亦未能擔荷此事。且要心實，中庸『誠』即實，不實縱識得路脈做得工夫，亦仍是脱空。然卻有個總會處，則曰敬而已。敬則不迫狹、不滿假、不間斷、不虚僞，自然節節都到。」

邑侯余葵階升任乾州，先生作序送之。

與姚玉如書云：「昨蒙枉顧，兼惠多金，盛德重貺，感謝之至。但某年事粗可支吾，不敢虚辱厚意，謹以歸納。至於拙書不幸不能嚴拒，偶一爲之，然亦例不受人分文，豈可以兄故而破戒乎？愛人以德，君子之心，無處而餽是貨取也。某之不才，竊愧於尊兄無分寸之益，既辱相知，詎宜叨此，願深諒其硜硜。倘他日校刊先儒諸書，或有可以求助者，當不妨别請也。」

六年丁卯，先生年四十四歲。主講學古書院，作書院講義一篇，亦警羣弟子。其文略曰：「道者，率性而已，有手足便有手足之道，有耳目便有耳目之道，有五倫便有五倫之道，無一人可外乎道，即無一人可離乎學。聖賢所學已全乎道，學聖賢之學無非欲全聖賢之道而已。」又曰：「是道則爲君子，非道則爲小人。人非道不立，道非學不成。苟不學道則爲俗學、爲異學、爲外道、爲苟道，如此何由爲君子？又何由爲聖賢？故必居敬窮理以求知道之本，反躬力行以務蹈道之實。某無似，於道雖未有聞，於學則不敢不勉。竊嘗自省，恐流爲小人之歸，而願與諸君共趨於君子之域，則於聖賢之學惟期堅心定志，毋爲疑笑詆毀所怵，而安於暴棄，斯可矣。」

春正月，中丞劉公去官南還，先生入省送之，中丞贈詩文留別。

冬十二月十八日，子銘照生，取朱子四十四寫銘自照之義。

七年戊辰，先生年四十五歲。主講學古，建藏書樓，爲文以記之。其略曰：「吾邑學古書院舊無書。同治乙丑，余忝主講事，既爲院中諸生議設學廩，復以其贏漸次購書千餘卷。自國朝欽定諸經，以及周、程、張、朱之書，歷代之史，大略已具。若夫一切雜氏之籍，與近世陽儒陰釋之說，下至科舉之業，一不得與於其間，俾學者專講乎此，務以求道爲心，而不至迷於所向。」

春，郃陽謝化南來受業，化南字季誠，號景山，先受學於仁甫，在兩先生門下皆稱高第，喜讀周易，所著有景山亂稿。

邑宰延先生籌辦城防事宜，先生遴舉公正士紳郎書院且教且事。凡上關公家下益民生之事，無不爲邑宰剴切言之。

上書劉副帥克菴極言兵屯之不利於民，且謂兵屯民屯宜劃清界限，標立旗幟。

秋九月，仁甫來，先生與遊終南樓觀台、草堂、太平峪諸名勝，往來凡半月。仁甫東歸，先生作文送之。

十月，復北遊清川，有記遊詩載文集。

冬，興平馬鑒源來受業，字養之，時爲三禮學，先生稱其性情直樸、胸無城府。

十一月，朝邑趙宏齋來。宏齋諱鳳昌，字仲丹，與仁甫同學，交最篤，講最切，立志欲鈔朱子文集全部，先生稱其勇邁。

八年己巳，先生年四十六歲。主講學古。春，修立雪亭，招善丹青者繪游、楊故事於亭壁。

復石曼卿觀察書曰：「時齋先生其德其學固非後學所能知，然其生平實切切以振興關學爲心，亦不爲於關學無功，雖其著述不免少有繁雜之處，而正大篤實一本程朱，不爲詖遁之詞躋之。西峰、零川亦豈遠遜？況立身制行人所共信，特嘗究心邑里利害，不爲當事所喜。年世未遠，流言浮議或尚傳誦於輕薄者之口而有惑高明之聽聞，未可知也。程朱在當時其爲誣謗更有甚焉，然若輩徒留後世唾駡，姓名爲所誣謗者反昭若日月，是眞難滅，是假易除。尊書所謂『積久彌光』者，眞不易之論矣。」

九月初，同梅友至同州，約楊仁甫、趙宏齋往謁余太守葵階。重九登豐登閣觀圖書集成，太守卽書院備設酒饌，當席分韻賦詩，酒後太守請先生書宋孝子朱壽昌尋母處碑。遊宋鄭威愍公祠，先生告太守祠中宜刻朱子、南軒兩跋，太守欣然請先生書而鐫諸石。約仁甫東渡河，見仁齋於其家，講論數日。仁齋謂：「陸王皆因靜做差了，君子只是愼動。」仁甫謂：「不可求靜，不可無靜，既要愼動，又要愼靜。」先生爲解數語曰：「某爲不如直截做敬工夫，遇著靜便靜而敬，遇著動便動而敬，始不偏。」

與邑侯書辭書院略曰：「某之主講今數年矣，略無興起，實深愧悚。君子之去就惟其義而已，義宜去而苟焉以就，則名分何在？廉恥奚存？見責友朋，貽笑鄉國。又豈賢侯所以擇師訓士之心？故敢終辭書幣，俾得全硜硜，雖罪以違慢、斥以矯激，亦不敢避也。」

九年庚午，先生年四十七歲。春正月，邑宰因先生力辭講席事再三挽留，並邀邑紳及先生舊友委曲致意。至是有以蜚語聞者，大概以不課時文、不容吸食洋烟之故。先生卽日攜書遠去，北遊清川，二月末始歸。三月，復遊太華。與宏齋書曰：「嗣以書院竟致人言，遂力辭之。因邑侯懇留，避居清川，二月下旬歸來。」與余葵階書曰：「書院義不可就，二月初旬避居朱坊河。」聞趙宏齋歿，往大荔哭於其家。祭文略曰：「居家孝友，行己溫恭，立志篤實，好學深醕，吾黨之士，敬畏心傾。君病我性之多疎，我憂君量之未宏。我告君以工夫之宜節，君箴我以應酬之勿輕。疑必考之審而義必析之精，善必責之切而過必誨之諄。庶相觀以共勉，各增益其不能。」

由大荔南遊西嶽，與仁齋、仁甫會講嶽廟，同會聽講者數十人，時監修嶽廟官寧朔瞿敬菴刻石以誌其盛。

夏，買山清涼原之麓。六月，興工修築清麓山齋，八月初旬工竣日，率諸生爲文以告於至聖先師。文載文集中。清麓精舍既成，原邑富紳劉東初昇之，先生弟子也，具歲幣，禮延先生就精舍栽誨四方來學之士。先生還書答曰：「近買山清涼之麓，不過讀書補過以求己志，生乃欲具書幣致禮意，請某即新成之精舍而主講焉，以來邑中及四方有志之士專講於爲己之學者，甚義舉也。」東初延先生外，並籌校費以資來學之士，每人歲致三十金。

答余葵階書辨陽明大學古本與晚年定論之失，略曰：「陽明但欲遷就己意，於朱子一生學問甘苦實未嘗深究。又信古本大學所謂緊要處已不同耳，則其誣朱子也又何怪乎？」

答原垣齋書辨陸王，略曰：「今只當以程朱爲法，不必重述斥駁陸王之言以陷於有意輕議古人之失則可。若謂程、朱、陸、王同一孔孟之徒，程朱可師，陸王亦可師，此亦恐失之包羅和會。將來陸王之意多，程朱之意少，則毫釐之差，千里之謬。且使後之人工夫入手一差，終身莫救，仁人之心必有不能恝然者。此孟子好辨所以不得已，故曰『能言距楊墨者，聖人之徒也』。若以陸王非楊墨比，則楊墨亦學仁義者，惟其有差，故孟子推其禍至於無父無君。陸王學孔孟而差，才差便有害，又豈可學？又豈可以吾學未至遂不敢攻，且倡爲不必攻之説，以自爲邪詖之徒而後已哉？」

十年辛未，先生年四十八歲。精舍安置妥貼，生徒陸續而來，以李匪莪爲齋長，匪莪名蔚坤，華陰人。先生以其氣質敦篤、學問純正，故招之來以表勵倡率。

十月，李勉之卒，先生哭於其家。勉之有才識，先生脱棄科舉讀書講道，世多呰毁竊笑，君獨不疑，且命其諸子從學。生平喜販鬻古書，先生每得見所未見，且知崇尚程朱，亦有志之士也。

歲終匪莪歸，索警勵之語，先生書以送之。略曰：「心之本體亦自廣大，人多狹隘，要去狹隘仍是讀書，見得聖賢道理多，自漸漸開濶，又有師友講論問辨，久自識得本原所在，不滯於一隅一處。所謂『執德弘』者，以此至於讀書且於緊要處朝夕玩味，朱子終身未嘗一日離四書，今當以爲法。小學、近思並守爲常課，如漢儒本經，其餘諸經史則量力以次及之。朱子所謂『熟看過心裏思量過總不如讀』，蓋熟讀則意味浹洽，庶幾自得，學能自得便是己物，到得臨事不至腳忙手亂，有得力處也。」

十一年壬申，先生四十九歲。扈仲榮爲齋長，仲榮名森，大荔人，亦仁甫弟子，今又受業於先生。秋，先生病，蔓延兩月。與仲榮書曰：「僕病仍未脱，然服藥不效，欲停藥静俟而已。稍不困頓，亦自讀書思索義理，餘不足掛懷也。」與仁齋書曰：「初意秋晚東行，今恐未能，爲學不力，一病兩月，甚仰道履爲不可及也。」

學憲許公創建味經書院，延先生講，先生見所出章程甚不滿人意，力辭不肯應聘。

冬，刊朱子五書。

十二年癸酉，先生年五十歲。春正月，帥家人子女山居。馬養之爲齋長。夏，乾州王夢棠來受業。

六月，子銘照殤。銘照生七歲即能讀書，先生甚愛之，至是一病而殤，先生爲文以哭之，略曰：「吾居清麓，恐汝未能離母，偶歸爲汝授古人詩，三四過略能上口，再過即永記不忘。蓋初授許魯齋『但願吾兒會讀書』一首，汝亦似粗曉，每爲家人誦之。至今歲初春，吾攜汝及汝母、汝姊、汝小妹小住山間，暇又爲汝授晦翁、魯齋諸樂府，汝誦母前以爲笑樂。猶記上元夜吾讀書燈下，汝母抱小妹聽書，汝與妹嬉語，吾有詩云『内子讀書兒女笑，人間無此好元宵』。此昨日事，而今已不復見汝，能不悲哉！」

冬，陝甘總督左季高延主蘭山書院講席，飭三原縣令朱公代送關聘。先生以書辭曰：「昨蒙降屈台從，辱臨山間，因出關聘並藩憲大人信函，内稱左爵帥大人來函，延麟明歲主講蘭山書院。爵帥大賢之德，麟仰之久矣，但麟迂愚淺陋，本不足以倡率斯道，自信未能，何以教人？兼之不事科舉二十餘年，書院例以文章課士，豈可冒進以自速咎？況家兄年老，不欲遠離，有幸盛意。惶恐！惶恐！所有關聘不敢祇受。」

十二月，督學吴公清卿來見，公名大澂，江蘇吴縣人。與先生論學踰時，心甚佩服，去後贈以聯云：「以身教從，以言教訟；得經師易，得人師難。」又書林少穆「海納百川，有容乃大；壁立千仞，無欲則剛」聯語以贈，并爲篆書大學經文及張子西銘兩横幅以懸堂壁。

序刻四忠集成。

十三年甲戌，先生年五十一歲。三月初四日，偶過書肆，見馬谿田先生書小條云「聖賢非是外求仁，萬物從來在一身。進道若云休問學，韋編絶者是何人」，記而録之，亦可以警任心之弊。

學憲吴公以訪舉賢才疏奏，略曰：「賀瑞麟隱居教授，實踐躬行，臣屏騶從，輕騎造廬。所居峪口距城十里，陶室數間，擁書自樂，學以近思録、小學爲宗，輯宋元諸儒養蒙書九種教授生徒，循循善誘，恬於榮利，確守程朱。」疏上，奉旨欽加國子監學正銜。先生向闕行禮謝訖，具柬學使吴公，略曰：「昨蒙奏請，奉旨欽加國子監學正銜，皇恐悚息不知所爲，謹望闕謝恩訖。竊惟世俗之禮，凡被薦引輒用師生稱呼。國朝清獻陸公稼書先生曾被説巖陳公疏薦，相見獨不用師生禮，陳公嘆服。且謂馮益都昔薦魏環極亦如此，而環極嘗薦稼書，稼書又以待陳公者待魏公，魏公益重其爲人，當時士論咸兩高之。瑞麟萬不敢以稼書先生自擬，然竊願以稼書先生之事陳、魏二公者事大人，而不敢以世俗之禮溷焉。」吴公見書，益高先生之學行。厥後以手鈔志學録請正，先生書其後，痛論桴亭擇術不精之弊。

九月，仁甫先生歿，先生爲位哭之。

十月，先生接三兄信，刻日辦裝之靈州。先是三兄舖夥楊興忠被刼斃命於靈，兄至靈鳴冤不雪，憂鬱成疾。書至，先生覽之，非兄親筆，知其必有不測，甚驚懼，遂冒邊寒跋涉數千里省視。十一月初七至吴忠堡，見兄無恙，初十至靈，見州牧王協亭，名振墉。尋贓盜俱獲。協亭，羅羅山之婿、曾侯之甥也，夙重先生名，因此事得見先生，甚敬禮，至親往寓所謁見，且贈以詩。先生用原韻和之，略曰：「自古聖學傳一中，不肩斯道非豪雄。洙泗已渺奎聚宋，濂溪太極兼易通。西銘一篇中庸理，關學曾開張明公。二程發明主敬旨，譬如壯士挽强弓。博約工夫直兩至，千秋獨有紫陽翁。慨自學術日紛雜，卑者近利高虚空。十年嗜朱竊私淑，瓣香何異祝南豐。但願由此正人心，斯世一覩三代隆。所愧幽獨隱微地，自治不力懷歉衷。每聞當時賢傑士，不勝雀喜輒心攻。冰霜鹽州義急難，刺史刮目寬愚蒙。文正之甥羅山壻，淵源不淺望擴充。夜來坐談發狂語，謙懷樂善頻研窮。作詩愛我期出山，轉祝君侯早立功。雪冤澤物爲己任，庸耳俗目任盲聾。」從王牧處得讀羅山遺集，咏詩二首：「瓣香曾祝晦翁傳，墜緒茫茫感昔賢。直溯楊園清獻後，羅山又見有遺編。」「精純廣大吏淵深，家學文莊有嗣音。最是姚江明辨處，願書萬本正人心。」先生於十月下旬歸吳忠，王牧送馬一匹，費銀四十兩，命營兵獲送，先生堅辭之。十二月初，先生始與兄遠道同歸，路間僱駝行，過橋墮駝傷腰。是役也，往反四千餘里，計六十日，事詳北行記中。

聞毅皇帝崩，是日方致酒肴，即命徹去，隨學憲、邑宰哭臨。

是歲朝邑黨潁實來受業。

芮城李栗軒來。

光緒元年乙亥，先生年五十二歲。春正月十三日，子肖陸生。

成劉毓英祀孝義稟稿。

成余葵階祀名宦稟稿。

二月，行鄉約禮於宏道書院，學憲吳公、邑令趙公偕至，禮畢，先生講書，環而聽者堂舍幾不能容。

三月，往朝邑會葬楊仁甫先生。祭文略曰：「辱兄與交，志同心契。求友芮城，益脫世累。嬌首名場，相勗共勵。我實粗淺，而兄深邃。我實疏寬，而兄嚴毅。自治不力，苦無孤詣。諄諄主敬，益勸同儕。遭家多故，獨援古義。送兄之葬，西野致祭。匪曰私交，斯文攸繫。」先生與王竹舫書曰：「自仁齋、〔一〕損齋歿後，絕少切磋之益，此道日孤，後生眞以聖學爲事者，甚難其人。」

九月，見學憲吳公，遂上書於吳公，略曰：「至欲以先師桐閣先生學行奏請宣付史館，纂入儒林傳，此某所私心禱祝而不敢發諸口者，不謂大人先得我心，亦關中人士所共以爲允當而大幸者也。王復齋、張蘿谷墓碑紙裁就呈上。昔雷翠亭先生鋐督學浙右，特題鉅碑表張楊園墓曰『理學眞儒楊園張先生之墓』。竊謂復齋先生遯迹高蹈，力守程朱，深醇精密不亞

〔一〕「仁齋」：原闕，據文集卷十答王竹舫書補。

楊園，而闡明經學似更過之。蘿谷生復齋之後，聞風興起，奮然特立，真知實踐，力高卓議，議論精純，復齋儔也，亦可謂振古之豪傑矣，故敢援楊園先生之例而以是爲請。」

爲稟請王復齋從祀，上書於吴公，略曰：「先生在明薛胡而外蓋不多見，其從祀亦無媿於薛胡。李二曲有言：『舉一事而朝野之風教明，崇一人而古今之學術正。』此亦大有關係也。」

党信濤宰潮來。

七月，澄城連春魁來受業。

序刻信好録、眞西山心政經、大學或問、周易本義。

二年丙子，先生年五十三歲。與梁希初侍御書略曰：「宗法久矣不講，所謂宗祠，仍欲并祀合族之先。若一一立主，則勢必不容，此於古禮亦無所考。以意測之，或立始祖牌子，不必如主式陷中粉面。餘如家譜五世一排刻石嵌壁，則祭時亦無遺漏。至於各房之家均只祀其高祖以下四代，祧則續刻宗祀之石，將來且可摹印，以便各房收藏，更足防意外之變也。似乎亡於禮者之禮，所謂古未之有可以義起者，此類是也。」

春，刻復齋録成。

夏，刻開知録、治平大略成。

秋七月，督學吴公試畢，偕遊清川，東初季昭及諸生二十餘人從。講論數日，吴公爲東初畫清川圖，又題先生曾祖梅菴公畫二軸。

冬十月，之靈寶，靳浩從。

三年丁丑，先生五十四歲。郃陽雷柱，字立夫，諸大憲屢請至省垣襄校高等存古學務。閿鄉韓止敬、蒲城趙毅來受業。華陰王守恭字遜卿，薛仁齋高弟，主講魯齋書院，多所成就。暨其弟守貞來學。

春，刻擊壤集成。夏，重刻小學、近思録成。

復邑侯庚仙舫書略曰：「承賜隆儀，兼惠多金，厚誼高情，實出意外。但麟硜硜之守未敢稍渝，況冰署清苦素所稔知，乃復以此累使君耶？來使諄諄致意無已，謹登白米，餘敬璧謝，是亦子思居貧受粟而辭粱肉之意也。」

秋，邑侯庚公設局籌賑，分路清查戶口，次貧、極貧分別按次賑給，全活甚眾。與王子方書略曰：「大抵辦賑總以得人爲要，然此大荒，雖以敝邑尚有捐借各款，而終不足全活待哺之民。某濫竽賑局，實無可以爲力，不能行吾心之所安，眞愧死矣。惟邑侯庚仙舫頗肯眞心爲民，尚大有賴耳。」

先是丁卯、戊辰大饑，先生時在學古主講，亦嘗襄官籌賑，又自節縮，聯友爲小惠冊，以臨潼劉廷選忠信可託，俾其昏夜籠燭尋餓甚者，暗投以食而去之。時則富室某某饋先生多金，輒卻之。或問卻之故，先生曰：「義無可受，若憐某貧則某不受憐。」嗚呼！育物之仁，持身之義，先生可謂兩得之矣。

四年戊寅，先生年五十五歲。答李菊圃太史書略曰：「道本無窮，學貴日新，居敬窮理二者并進，此固吾朱子指示後世學者親切之訓。惟先生素所服膺，而精益求精，密益求密，自身心性情、議論政事、正君及物，無不由是以出。是亦先生之所宜愈進不已者，某竊爲吾道幸，爲天下幸。」

夏四月，仁齋先生病歿，先生在賑局聞訃下淚，即欲東哭几筵，以賑務未果，恒歉於懷。其答王遜卿書曰：「仁齋先生謝世，不勝悲痛。平生風義，直兼師友，一旦至此，吾道益孤。急欲一至芮城，哭奠几筵，而爾時賑務未解，八九月間又患熱痢數十日。」以及答王子方、薛克夫、楊石公諸書皆以歿不能哭、葬不能臨爲憾。謹按：先生雖以阻於賑務，不得親往哭奠爲憾，至小祥曾之芮城，作文祭之。略曰：「早聞先生，豪傑之資，獨謝場屋，程朱是追。漢渡南窑，龍泉野祠，識面伊始，此東彼西。一言啓我，大破夙疑，嗚呼先生，實邁等夷。弱冠立志，百折不移，潛心小學，自得階梯。誦習萬遍，疏節分支，一洗俗解，紫陽發揮。登高而呼，挽彼澆漓，鳳翔千仞，一世羽儀。清明純粹，敬軒庶幾，胡天不弔，而訖於斯。道路聞之，莫不傷悲，矧在吾黨，能無涕洟？」

秋，賑務既畢，先生攜家山居，患熱痢數十日。

庚公仙舫卸任，以蜚語受誣，忿激病歿。上憲捕奸黨至省，年餘卒未治罪。先生以公冤終不白，每深惜之。祭文有曰：「公誠動天，默感善人。慨出三萬，乃助賑銀。善人曾孫，死而無後。公爲立石，以彰德厚。保護善人，天理之公。災黎復蘇，伊誰之功？乃有羣小，黨惡害正。圖財謀利，借事生孽。公心正直，公守清廉。賄賂污公，公實不甘。」又曰：「公悔失人，乃遭反噬。公恨不斷，猶留狂猘。干將莫邪，寧折其鋒。清白死直，屈子之風。」

岐山武文炳執贄，請志祖墓。

冬，新任邑侯焦來見。公名雲龍，字雨田，山東長山人，爲人質直豪爽，潔己愛民，與先生一見相契，此後公事之暇即來山講學。

王思明來山受業。

五年己卯，先生年五十六歲。春正月，張宜堂歿，先生哭於其家，復作文祭之。略曰：「君眞摯之懷，謹廉之操，明達之識，敏練之規，雖或事當甚難，經君區處而乃多中其機宜。然亦莫非君晚年讀書之力，熟體乎小學與近思。」宜堂名怡繩，明達廉謹，能禮敬先生，又令諸子從先生遊，晚歲手不釋卷，故祭文云然。

下旬至岐山，文炳請爲其祖行喪禮，梅軒、養之從。先生爲書喪聯「不敢食肉飲酒，作樂宴賓，悉遵國制。縱教呼天搶地，捶胸頓足，難酬祖恩」，又「喪致乎哀，是誠在我。死葬以禮，然後盡心，虞祔禮訖」。至鳳翔謁張子祠，代牛省齋方伯題「示我廣居」四字扁於祠，並書聯語以揭堂楹，其一：「地近岐封，二千歲餘繼文、武、姬公而興，遙衍心傳，廟貌至今隆故郡；星占奎聚，百十年內並周、程、朱子爲侶，獨闢關學，宗盟共此溯橫渠。」其二：「遺像懍剛嚴儼，對先生猶想見精思力踐，妙契疾書，當年一室危坐；專祠窺美富巍，茲小子願立志父乾母坤，胞民與物，西銘吾道廣居。」啓聖祠聯：「有子爲大儒，能傳往聖明誠學；先公共崇祠，不負西銘仁孝心。」

訪寇允臣廣文於學署，晤時出鄭治亭所著朱許年譜，先生即屬其郡人刻之，有序載文集。先生聞梅友歿，心痛如割，由鳳歸，往哭於其家。祭文略曰：「我遊於西，曾不數宿。一病沉昏，遂至莫贖。屢問我歸，將託衷曲。我聞兄殁，刺胸如毒。急奔兄家，撫柩一哭。婦嫠於室，子幼誰育？」梅友家本寒苦，子幼妻寡，又其弟妻子亦孤寡，皆無所依。先生倡助友人得四百金，歲取其息以爲生。

夏四月，納妾朝邑劉氏。先是自肖陸殤，納妾楊氏，無出，死，因以四十金買安氏女，年十四，未及納，其女思父母，日夜欲歸，先生卽召其父領去，亦不責償價金。或問之，先生曰：「當此奇荒，妻妾子女或欲售人而不得，甚至甘心奔從冀得一飽亦無顧者。而此女全身，猶得吾金以救父母，此其中殆有天焉。余雖貧困，尚可因此全活一家，亦大佳事。」又買文氏女，入門拜稱先生「五爺」，先生曰：「名教，人之大經也，是稱我五爺矣，而可納之爲妾乎？」又爲覓壻嫁之。

秋七月，三兄仲方卒於終南，柩歸，八月葬於南李村新阡，有壙記，載文集。

歲終，邑侯焦公爲先生禮送織金花衣，先生還書答之曰：「前欲卽清麓設立書院之籌，屢辭不允，心常悚惶，然猶曰倡興正學爲公起見。今者厚貺獨爲身私，雖卻爲不恭，而受實非義，謹用納還。」

序刻朱子家禮原本、女小學。

六年庚辰，先生年五十七歲。春，邑侯焦公延先生續修邑志，體例悉依舊志，惟於崇正學、闢佛寺、黜異端三致意焉。書成，名曰三原新志。

夏，稟懇左督爲李善人奏立專祠，大抵謂：「善人五世好行其德，捐銀數萬兩，施麥數千石，鬼神無知，竟抱若敖之痛，律以捍大災、禦大患則祀之，例請奏於縣城北關建立專祠，以昭公道而慰幽魂。」

答韓惺臣書略曰：「河南之教『涵養須用敬，進學則在致知』，此是一定塗轍。秦漢以來，無人說得如此分明確的。朱子一生功夫全是就此做到極處，兩邊俱到，卽大易『敬義』、論語『博約』、子思『尊道』一脈相傳。今亦別無他說，日間時時提撥此心，勿令昏昧雜擾，養之於廣大寬平之域，讀書處事虛心觀理，不雜以意見之私，漸積久之當自不同。」

序刻原獻文、詩録。是書本先生手著，蓋取三原諸賢之文詩彙録而成，亦表微闡幽之意。

秋，興平張元際來謁。字曉山，號仁齋。臨別求言，先生書「爲學大益，在自求變化氣質」一段。

冬，郃陽王照來受業。字反之，曾從楊仁甫受學。精勤有爲，兼善六書，主講鳳翔宗銘書院，教授勤懇，歿後人多稱之。

七年辛巳，先生五十八歲。春，邑侯焦公卽清麓創建正誼書院，捐白金五十兩倡首，富紳慕義繼輸者千數百兩。工竣後，門下劉昇之又捐白金二千兩發商生息以爲永久資。

馮中丞譽驥延先生講學省垣，先生荅書略曰：「昨邑侯焦慈以憲函諭某講學省垣，適以目疾，函懇代辭。茲復奉使辱臨山齋再三敦促，且蒙大人親賜瑤箋、關聘、儀物，具見卑禮厚幣，有古人尊德樂道之誠，而大人行之，甚盛舉也。惟年來校刊朱子諸書，雖諸生讐校，而某必一一訂正，已集多工，未便中止。昨歲又允三水縣志之役，尚未能兼顧。重以小女染病牀褥已歷半載，不時醫療，舐犢之愛豈忍遽離？」書辭數千言，論學論教，略録其概以見先生出處不苟之意。

夏六月，女肅卒，肅適增生王彤庭映墀。肅性不喜華靡，不染陋習，善解人意，故其卒也，先生惜之。

秋九月，築講堂，成，銘其座曰：「自昔設教，匪道何由？教衰習陋，逐末尋流。不誼之正，而利是謀。榮華其言，放心靡收。力扶墜緒，卓哉焦侯。建此堂壇，朋輩優游。學之不講，大聖所憂。皋比我媿，曷應其求？明誠敬義，交進互修。志伊學顔，青紫勿咻。先聖先賢，尚鑒以幽。斯文不絕，中巖千秋。」

撰大門聯：「學貴日新，水碧山青柳綠桃紅，春來省識東風面；道隨天運，一理二氣五行萬物，靜處曾窺太極圖。」

堂楹聯：其一「學問宜正不宜偏，下手入門宜踏定此處根脚；聖賢言義不言利，立心制行要打開這個關頭」，其二「實從根本用功，涵養性情，研窮義理；莫謂山林無事，講明學術，挽回人心」。

仰止樓門聯：其一「不得其門，漫道升堂入室；譬如平地，須信登高自卑」，其二「登東山而小魯，倚北斗以觀天」。

序刻涇野内篇、吾學録、豫養編、薛仁齋年譜、跋七先生象贊。

八年壬午，先生年五十九歲。春，築室邑北城西潭巷，建祠堂於寢東。先生爲避亂移居縣城，以指繁家窘，二十年僦屋而居，至是稍有積儲，卽竭力爲之，然已稱貸不支矣。其告祠堂有曰：「遭亂避地，寄居邑城，二十年所，莫歸故鄉。相宅北關，溫來是隣，屋僅容膝，院基宏濶。別立祠堂，以俟後人，當茲遷徙，敢伸虔告。」

二月，之省謁報馮中丞，過興平王心如先生寓。時中丞設館多公祠，談次索先生著述，先生爲共學私說六篇以進，一曰天性本原，二曰聖學標的，三曰涵養要法，四曰格致實功，五曰身倫交修，六曰出處合道。每篇皆數百言，詳載文集。先生去後，中丞飭長安令創建張子祠，立志學齋延先生主講，且欲以矜式。官紳書函往返數次，先生以兼課時文，卒不就。謹按：先生與馮公論學論教書凡四篇，皆篤實正大，足救末俗之弊，而末一篇尤警切。略曰：「來書謂存門戶長浮薄，誠如尊慮。然人之爲學，只爭切己與不切己耳。不切己，則好高自大，虛憍勝而驕吝生，門戶浮薄固有不能免者。切己，則聖賢雖高，亦是分所當爲勤勵不息，深懼流於不肖之歸。察之精、體之密，日用之間、隱微之地，眞覺理未易窮，道未易盡。己未克、過未寡，惟恐堂室之莫入，敢務門戶？惟恐篤實之不至，敢事浮薄？況此道日孤，內有枯寂冷淡之味，外無華藻顯赫之炫，踽踽涼涼，方且匿跡銷聲，以獨善其身於山林僻寂之地，而不敢與世有毫釐之競，尚何門戶浮薄之可言？聞有一二不知自重，苟且徇外，無眞實爲己之心，依托標榜，所謂是眞難滅，是假易除，是亦不足言矣。」細玩此一段，先生實自道爲學甘苦，拔出心肝與人說，眞足以立懦廉頑，讀之未有不興起者也。

是歲國史館纂輯儒林各傳，通飭直省訪查賢德以奏，先生以三秦十四人呈中丞馮公，懇以類晉奏儒林四人、文苑六人、循良二人、續呈文苑二人，姓名俱載文集。鴻山謂：「數百年湮沒不彰之舉，至先生而一發幽光，集關學之大成，非先生其誰與歸？」此說是矣。

夏四月，長安石確來受業。確，字子堅，人之品行如其姓字，苦學不輟，享年不永，士類惜之。

秋，門下崔祺死於書院，先生爲辭以哀之。略曰：「崔生祺學於予二載矣。學不加進，而予媿無以發生也。然生每言父遭賊害，欲復讎，淚輒下，吾但勉慰而已。去歲具事略求爲其父表墓，又時退有從戎之言。今復來苦讀不已，次早忽不見，七月六日使人下井，視在焉。嗚呼！生竟死於井耶！」先生因崔祺事反己內疚，責己之不善教也，爲書以散遺諸生，有曰：「己非模範，何以鑄金？己少琢磨，何以攻玉？非不收斂身心，而涵養不熟，主宰究未分明；非不涵泳義理，而玩索未深，精微時形扞格。」書成將出，諸生羣集院庭，婉辭懇謝，引咎自責乃已。

立雁陂阡表告文，略曰：「昔嘗求文桐閣，本以道德文章爲足徵信後世，歲月侵尋，三十餘年竟未鐫碣。卽麟初心亦欲有待以報地下，而因循怠緩，實難辭咎。茲用繕刻勉豎封塋，而我曾大父及我大母墓碑亦並建焉，先君夙志亦可以稍慰矣。」

序刻尹和靖集、豫教三書。

九年癸未，先生年六十歲。春，同州郗緒侯、李寅堂躬齎關幣，請先生講學同州，先生以疾辭。後答郗、成字糙侯。二人書有曰「某年來學業益荒，無可告語，兼校刊諸書未竣，此事牽絆，難以離身」云云。蓋先生終持禮不往教之意，其刊書與疾雖有其事，亦託言也。與馬養之書略曰：「文章一小技耳，於道未爲尊，朱子嘗戒學者當如淫聲美色以遠之，非徒爲尊而已，又有害焉。前輩講學皆不以此爲事，蓋義理所得既多，發爲議論，自然卓越不凡。恐足下終有求合世俗念頭，不能禁遏，當力戒之。」此是壬午歲書，以有關係，故録於此。

與前邑侯趙孚民時宰鄖縣。書，請修横渠鎮張子祠。辭略曰：「竊以張子爲有宋以來關中理學之宗，仁台幸宰其誕生之鄉，得以展謁祠墓，訪里居而讀遺書，慨然想見其爲人，誠生平一大快事也。昔朱子知南康軍，始至卽立濂溪、二程祠，建五賢堂，劉屯田、熊孝子墓或修或祭。許四山督學三秦，李二曲屬以所至表章先哲，修葺祠宇。蓋興起後學，振厲風俗，爲政之先務要務。矧關學所係，尤爲至鉅，一經尊崇，士習嚮風，此亦不朽業也。」

臨潼辛汪雲衢摹印張子全書，校刊王零川四書劄記。書成，郵致先生多部。啓函視之，乃知疇昔言諸門下張愚生，因以聞於汪公，公遂慨然成此二舉。

答柴聚五問喪禮書略曰：「親喪固所自盡也，國制不得用樂，鄉社鑼鼓敢於犯法，斷宜力辭。雖得罪於鄉人，不可得罪於王章，且得罪於經典與吾心之天理也。居喪重戒飲酒、食肉、御内三者，方望溪喪禮或問論此甚詳，足下當自嚴守。若酒肉待客，是宴會也，亦法所不許，不可不知也。」

訪柏子俊先生於味經書院，聚談累日，子俊先生請講書，並懇撰書堂楹聯語。先生爲題長聯：「講肄鄰周京，棫樸作人，看今日多士羣居，可否不愧譽髦，涇之水莪之山，直與全秦振風氣；横渠啓關學，洙泗相傳，願諸生奮心獨往，斷當力崇禮教，愚求砭頑求訂，好爲吾道溯淵源。」去後復致書子俊先生，略曰：「聖賢書册具在小學、近思録，尤先儒所尊信服膺，入德之門造道之方。而朱子文集、語類近且刊行，知吾子俊兄已從事者精益求精，未從事者玩之又玩，則朱子所謂『謀讀程張兩家之文，至今四十餘年，但覺其義之深、旨之遠，而近世紛紛所謂議論文章，殆不足復過眼』，薛文清所謂『學者舍周、程、張、朱之書不讀而先讀他書，是惡覩泰山而喜邱垤也』。藐乎，吾知其小矣！眞不是誑言也。」謹按：此信可謂忠告善道，而子俊志在事功，宜其聞先生之言不能入也。

女潤生，側室劉氏出，後適四川候補知縣張漢甫。

十年甲申，先生年六十一歲。春，爲兄子伯鐵加冠，先生昆季五人，繼嗣祇有伯鐵一人，故先生飲食教誨倍爲勤懇。訓子語、誨兒編之刻以爲他日亢宗之計，固與尋常愛子者不同。

三月，先生率伯鐵之渭南省墓，先生本渭南長壽原坳底村人，世遠不能詳考支派。據長壽譜，爲逢光里七甲，爲三門威祖後。康熙十九年遷居三原，始祖爲光輝公。告文略曰：「不祖梁公，武襄所謹。冒認汾陽，崇韜之恥。譜牒無傳，罔識族姓。區區之心，屢或踟躕。逮此衰暮，始克展掃。榛蕪荆荒，封塋如故。」

夏，序刻朱子綱目成。

秋，序刻朱子文集成。

答扈仲榮問易，略曰：「近爲諸生每日説一卦，只依本義兼看爻徵，稍見聖人無非欲人存理遏欲，爲寡過之書，而寡過之實亦只恐懼修省盡之。下繫所謂『其出入以廣外，内使知懼，無有師保，如臨父母』，蓋明言之矣。今日讀易似當反上身來，時時提掇此心，有『乾乾夕惕』意思，無論占筮與不占筮，或與易道不相遠也。」

冬，爲劉東初謀立嗣，並籌清麓善後事。

涇陽柏堃來受業，字厚甫，篤厚循謹，爲清麓繼起之冠。先生稱其穎異，同門稱其光明。

十一年乙酉，先生年六十二歲。夏四月，之省會寇允臣先生，並見黄觀察小魯，去後以書論動静。小魯舉郭德元所記「半日静坐」爲言，先生曰：「此語稼書已辨之，言静不如言敬，後世大儒或有静坐得力者，雖其人卓絶今古，而學術究屬微偏。」

督學慕公子和來見。慕公名榮幹，山東蓬萊人，敬禮先生懇惻之至，贈聯云：「隱不違親，貞不絶俗，惟有道無愧色；經爲人師，行爲儀表，知伏湛乃名儒。」書院自辛巳築竣，久欲得蓄道德、能文章者爲文以記其事，茲因慕公敬禮先生，雅尚斯道，焦雨田明府以誼屬同鄉，遂懇爲文以記之。略曰：「正誼書院，三原賀復齋先生講學之所也。余與先生初不相識，同年吴清卿視學關中，特疏薦之，朝廷崇尚儒修，予國子監學正銜，始耳其名。壬午來陜，聞中丞馮公敬禮先生，曾假介紹，迎至會城，一再造請，心竊與其爲人。洎駐三原，吾鄉焦雨田明府適宰斯土，乃告余曰：『先生反躬爲己，不求聞達，昔以孝廉方正舉，辭不赴。結廬於涇陽清涼原之麓，日與生徒講貫其中，毅然以鄒、魯、洛、閩是希，老而彌篤。三原之學自王端毅父子、馬谿田諸公後，流風闃寂久矣。士子幼攻帖括，汩没於利禄之説，沈溺於進取之文，孜孜矻矻，惟恐弗工。有以儒林道學相切劘者，則羣焉疑忌之，或非笑之，此士風所以日敝也。不自揣量，思挽其習，幸遇先生，足資模範。茲因清麓精舍築成，請書其事，以示來茲。』余以時方校士，未遑命筆，久之聞先生事益詳。今年春，按試既畢，始修謁於清麓，窺其言論風采，如璞玉渾金，欽其實，莫名其器。又如汪汪千頃波，澄之不清，淆之不濁，蓋粹然古君子也。今夫世之賴乎儒者，爲其致知力行，成己成物，非以空言襲取也。先生直諒篤實，稟於性生，内行純備，尤非尋常所能及。邑有公事，長吏咨訪，知無不言，襄助經畫，必公必允，一鄉之人無賢不肖莫不仰其德望。其訓迪及門也，則以躬行爲本，以文學輔之，大而冠昏喪祭，小而言動造次，一準於禮法。雖經術湛深，而不治章句，不矜博奥，務求理義之所歸，如是者數十年，然後嘆先生之無求於世，而人之景仰卒不能已，豈阿好哉？亦道在則然耳！惟願遊其門者，知經師易得，人師難逢，相與觀摩淬厲以底於有成，處爲完人，出爲名臣，不徒接武端毅諸公，將使横渠一綫復振於此，則雨田營構書院之意與先生誘掖後進之心，庶可稍慰也已。乃爲之書。」節録十二年丙戌，先生年六十三歲。秋九月，重刊小學、近思録成，先生序之，略曰：「四書、五經而後，莫切於小學，莫精於近思録。自朱子以來，前哲尊信此書，其效灼然可覩。或疑信相半，或疑而不信，且訾議者其所得淺深得失、偏正純駁，豈待問而知哉？」答郭治堂書有曰：「小學、近思録、四書專一熟讀，非聖之書勿讀，非聖之文勿觀。」答或人書曰：「小學、近思録、四書終身不可一日離，經次之，史又次之。」致函滿人阿立亭書曰：「小學、近思録，不知足下讀之如何？此二書皆足增人志氣，堅人骨力。」先生日記有曰：「小學、近思録、四書，此三書者須臾不可離，當死而後已。」答黄小魯書有曰：「世病講學其來已久，要之亦在人耳。但問所學之正與不正，所講之眞與不眞，論語開口言『學』，有朋友即不能不講，終之以『人不知而不愠』。講學固自性分中事，病者自不知耳。學不講，是吾憂也。以爲學不必講、不在講，無此憂故也。程朱當日講學，直是壁立萬仞，禍患且有不避，況非笑乎？」

十三年丁亥，先生年六十四歲。春正月，藩憲李公菊圃來見。公名用清，山西平定州人，夙慕先生之德。時王遜卿客署中，屢問來三原路。遜卿以告，先生力止之，曰：「若來此，恐駭聽聞，使鄙迹不安，萬冀留止。」然方伯願見之誠積久不懈，兹因新春政事之暇，遂屏騶從專誠來謁。諸生行晨儀，李公退居弟子之列，欲隨班行禮，先生固辭乃已。其崇儒重道可謂篤矣，宜其以清、愼、勤居官而爲世所艷稱也歟！

長安寇允臣廣文係先生多年舊友，一旦訃至，先生率諸生相知者爲位哭之。葬前數日，其姪永祥來請墓志，并請先生題主，門下諸人從往爲之經紀其事，凡祖奠、朝祖遣引、虞祔各節，悉遵古制。柩行時肅然嚴整，觀者莫不感歎。

二月初，報禮藩憲李公，黄觀察小魯延先生講書魯齋書院。時藩憲李公菊圃、臬憲黄公子壽、糧憲曾公、鹽憲汪公皆來會講，門下從者數十人，及書院中學子多人，莫不環聽。午習鄉飲酒禮，彈琴歌詩，觀者如堵。次日，中丞葉貫卿來見，越日報之。

答劉子登監院書曰：「辭受取予，士君子所當自謹。貴宗素無一面，輒以佳硯見惠，受之無名，卽時屢辭，而雅意不聽其卻。然私心已擬還璧也。所屬云云，實某所不能爲轉，祈歸内爲幸。」

夏四月，興平張元勳來謁，元際弟也。字鴻山，號果齋。馬養之介之以來，試竣得列黌宮，先生贈聯云：「學術須宗張子厚，秀才要做范希文。」鴻山中歲謝絶利名，轉關學道，與其兄曉山名聞三輔，可謂不負先生之栽培矣。

序刻許文正公遺書、訓蒙千文、周子全書、大學衍義、小學集解，小學淺解。

十四年戊子，先生年六十五歲。山西萬泉縣田岱訓來受業，字孟行。先生稱其天資樸實，庚寅、辛卯皆與校書之役。

蒲城丁樹銘來受業。

先生四兄子伯鎰卒，年四十有二。

蒲城劉葆中、葆謙來受業。葆中，字時軒，好學篤行；葆謙，字吉六。先生歿後，朱文公祠歷年修理保護，吉六之功爲多。

二月，先生四兄輯臣卒，享年六十有八，三月二十二日葬於北關外三里店清涼寺東新阡。先生爲壙記，略曰：「兄居家孝友篤摯，處事接人和厚謹慎。先伯鎰卒，不匝月而兄至於斯，何其酷也！」

秋九月，學憲福建林公迪臣啓來見。林公按臨所至，頒給諸生小學、近思録凡千餘部，蓋聞先生之風而興起者，先生甚稱之。

與張愚生書曰：「藩審籌五千金，運售南方各書。薛子曰：『雜樂亂正聲，雜書亂聖經。』此舉尤當嚴戎，勿以駁雜不經之書混淆其間，不然數年之間秦中又成一横議世界，於學術大有夾雜，世道人心因之日壞。孟子『息邪説，距詖行』，當時必有幾種書行於戰國，故不得已而好辨，欲以正之也。」

序刻宋名臣言行録、松陽講義、薛仁齋文集。

十五年己丑，先生年六十六歲。夏，爲兄子伯鐵娶婦馮氏，行親迎禮。

答張愚生書曰：「人生出處，何常之有？若有得焉，亦足以樂而忘老矣。憂此學日孤，惟望二三同志竪起脊梁，擔荷此事，不涉夾雜，維持一綫之脈，後或有聞而興起者，未始非斯世之幸也。」

秋九月，山東長山焦振滄來謁。振滄，字東溟，雨田明府之長子，素景慕先生，故奉父命來謁。拜見時先呈所作五古詩，先生覽之獎許。坐談少頃，先生問：「東省講學者爲誰？」東溟對以「無有，惟敝師袁萌濱先生好看陸王書」。先生曰：「愛看陸王書，亦是有良心底人。」東溟又言：「現淄川孫氏兄弟頗愛正學，聞先生大名，甚嚮慕。長名迺瑤，次名迺琨，兄及弟均有意來拜先生。」先生曰：「既有意，盍不輪環而來？」東溟言：「兩生家窘迫，又路遠。」先生慨然曰：「兩生若來，全仗雨田父台，成就人才是世間第一美事。」東溟頷之，遂以先生之言歸稟於其父。

冬，撰劉東初墓志銘。東初自承父命，執贄受學，敬師之隆遠近罕有。先生築清麓精舍成，每歲具修脯二百金請先生講學。又具五百金爲先生壽，歲得息爲師家貲費。開設傳經書局，費巨萬金，刊布周、程、張、朱、許、薛、胡、陸及一切純正儒書，凡孤行單本無一不備。焦明府倡建正誼書院，既捐貲若干，院成，復捐金二千兩以爲院中經費。故先生志東初墓，於聖道興廢盛衰之由，有慨乎言之，念繼此者之難其人也。葬時書繫劍篇贈劉東初，東初在日以冊請先生特書誨語，茲歿矣，冊猶在也。先生本季札繫劍之義，爲書格言若干條，謹約録如右：「學必如聖人而後已，始學便不可無此志。今人爲學，自問所志者果何？等清夜自思，便當惶然汗下。時時要打起精神，不可頽塌放廢。心是極懶底物事，常用著便常有生意，一向不用則孟子所謂『茅塞』，譬如井水，常汲則常有，不汲久之亦枯。君子作事，寧可見笑於今人，不可見笑於古人；寧可見笑於千百之庸衆，不可見笑於一二知道之士。只是爭一個理之是與不是而已。心纔走作，便要自家知得趕緊收回。天不生孔子，萬古如長夜；天不生朱子，萬古如長夜。此前人之言也，然則有孔子不可無朱子。熊勿軒曰：『周東遷而孔子生，宋南渡而朱子出。古今一大聖一大賢，眞不可謂天之無意於斯文也。』李安溪謂：『諸葛武侯爲三代下之「小周公」，朱子爲三代下之「小孔子」。』呂晚村、陸稼書謂：『朱子是後世之聖人。』皆卓見也。後人猶菲薄之，其亦甘自居於無忌憚之小人也。噫！學不知性知天，皆是無本。朱子云：『讀書，起家之本；和順，齊家之本；勤儉，治家之本；循理，保家之本。』四語眞有家者之箴也，必力守之。這眞氣最易感人。人雖僞，遇眞者亦使不著，所謂狡僞者獻誠。養、學、修，缺一不可，而養爲重，若無養，則學不成學，修不成修。寡欲是主靜入手處。寡欲自能慎動，妄動自不能靜，故朱子大學註『静，謂心不妄動』，妄動皆欲也。周子曰『無欲故静』與『静故無欲』，使有儒釋之別。讀讀書録有從容廣大氣象，讀居業録有嚴肅整齊氣象，讀楊園集有溫醇敦厚氣象，讀三魚堂集有精密純粹氣象。」

十六年庚寅，先生年六十七歲。春正月，學憲柯遜菴逢時來見。公湖北武昌人。

二月，募建朱子祠，啓文略曰：「自堯、舜、禹、湯、文、武以來，惟孔子實爲生民所未有，歷秦、漢、蜀、晉、隋、唐而下，惟朱子亦集諸儒之大成。九州四海無地不讀其書，萬古千秋何人靡尊其道？是直溯淵源於鄒魯，固宜隆俎豆於廟庭。昭代崇文，又躋哲位，晦翁正學，獨定儒宗。乃異學之爭鳴，使微言之幾絶。良知興而別立旗幟，漢學盛而益墮榛蕪，欲人人知有考亭，必處處重其祀典。比拜經於滎緒，遥接千載之心源；擬築室於雲臺，願益開三秦之風氣。兹於三原北城購地建祠，以祀文公朱子，且藉以爲鄉塾之所，俾學者興起焉。憫斯文之如綫，可坐視乎？愧吾力之甚綿，竊有請也。異端鬼教之宫猶多解橐，先覺大賢之宇豈惜集裘？學士大夫皆與有責，仁人君子所宜共襄。惟望同心，自應量力，將見正人心以息邪説，庶幾發吾道之光，行且道德一而風俗同，或有裨聖王之化。」

九月，創建朱子祠竣工，先生爲梁銘云：「惟天生民，惟聖立教，遵孔紹程，紫陽有耀。俎豆千秋，宜遍鄉校，道統有歸，教忠教孝。清谷之陽，巍然廟貌，學定一宗，後儒則傚。」正殿楹聯：「鹿洞有遺規，西北省獨開風氣；龍橋崇特祀，七百年遥溯心源。」大門楹聯：「五子獨集大成，權衡百氏；三原特創專祠，俎豆千秋。」落成日，與祭者凡百餘人，祭訖講書，環聽者數百人。

冬十月，山東淄川孫迺琨來受業。字仲玉，與雨田焦公有世誼，故焦公具書遣人介之以來。迺琨納摯畢，謹將入關尋師原因一一敘述。先生批之曰：「觀賢叙雨翁父子欲賢讀書爲人，意極眞切可感，直於古人中求之，今人無有也。今人有借人力資成就科名，至感之終身不忘者，以此較彼其輕重大小何如琨乎？自今以往，不挺特奮發，全天地之賦予、報父母之鞠育，遵聖賢之訓誨，副師友之期望，以報知己之恩者，非夫也。琨乎，勉旃！勉旃！」

西鄉縣李友杜爲其父文敏求墓志，介馮少白以請，先生力辭不作。其後門下士朱純一來納贄代爲懇求，先生得見文敏實録，始允其請。嗚乎！先生每事慎重類如此矣。

十七年辛卯，先生年六十八歲。春正月十五日，孫迺琨代其兄迺瑤納贄。先是迺瑤由焦公處聞先生名，景慕之切，卽欲執贄，束裝西走，已到曹州，念母心切，中路而返。逮庚寅秋，其弟赴陜，方其行時迺瑤屬其到清麓代爲納贄請益，至是琨如兄言，並將其兄疑問録呈。先生一一答之，末總批云：「觀賢兄弟皆不可謂無志者，舉世力鬭科舉而獨欲從事於寂寞枯淡之中，自非俗情所及。某雖無知，敢不竭愚以期成就，以少效切劘之益。然賢等先須有自成之功，乃不負數千里相聚一場也。」迺瑤，字琴舫，至是先生易之曰伯琴。

學憲柯公以經明行修疏奏，略曰：「賀某學有淵源，務求心得，其純篤一，以朱子爲宗，而於異説不少假借。當回匪煽亂時，襄辦城守，事定後壓荒賑饑，清丈地畝，縣令資其臂助。先後經撫臣延主關中、蘭山書院講席，俱辭不赴。無事不入城市，與生徒校刊朱子書略備，其餘所刊數十種皆扶世教，有關風俗，年近七旬，孜孜不倦。嘗造廬諮訪，見其堂階肅然，弟子環侍，和易以接物，莊敬以持躬。所著古文辭湛然瑩然，有韓歐風格。天性誠篤，造詣日深，非竊取虚名高談性命者可比。」疏上，奉旨欽加五品銜，先生接奉上諭，後答柯公謝啓，略曰：「伏以星軺薦士，尺書叨華衮之榮。天陛錫恩，一札荷綸音之寵。名譽豈純修之慕，揄揚關斯道之興。先辱造廬，公下白屋之士；忽登奏牘，人歌緇衣之詩。頓異頭銜，猥蒙首選如某者，學慙爲己，老不如人。恐坫清朝，對昊蒼而身心勤檢；期明正學，遵紫陽而著述公傳。豈張僕射之待昌黎，感恩有之，知己未也？學稼書之於敏果，只論交道，不稱門生。」柯憲答啓略曰：「薦舉賢能，本人臣職分之事；褒嘉哲彦，乃聖朝激厲之方。敬維復齋先生，河華鍾靈，斗山著望。文推吏部，能扶八代之衰；學宗考亭，足息百家之説。豈獨關中冠冕，允爲海内儀型。惟是驪唱旋賡，莫奏笙簧之雅。尚冀駒維有自，毋遲金玉之音。載跂德旌，彌殷私轂。」柯公去任時又贈聯云：「海内儒宗，人倫矜式；關中學統，天語褒崇。」

四月十四日，女桐花生。先是側室劉孺人有娠，親友先冀生男，以慰先生遲暮，至是竟生一女。親友聞之，皆鬱鬱不樂，先生言笑自若，無幾微熬惱意。嘗告諸生曰：「子孫形氣之私，故雖大聖大賢，亦難免無後。義理天下之公，能全得這義理，終古無磨滅之理。」

三原歲考，有渭南賀生試畢來山，求書對聯，書畢先生赴後窑。賀生在堂間歎曰：「看先生滿面紅光，與尋常人迥然不同，非眞有道者，安能有此氣象？」謹按：先生根心生色，睟〔一〕面盎背，有識者自能見之。蓋石藴玉川懷珠，自然明媚生輝，終無閟藏之理。學者觀先生之氣象，亦可以進德矣。

藩司陶子方升新疆巡撫，延張愚生爲幕賓，九月間將赴任，特以人範多部贈先生，先生則取所刻誨兒編、訓子語多部報之。

序刻閑闢録、學蔀通辨、王學質疑、明辨録。

扶風胡潤松來受業。

十八年壬辰，先生年六十九歲。春正月，前邑侯焦雨田明府自咸甯謝篆，迂道來三原謁先生。湖南湘陰王陽晞、姚欽灝來執贄。陽晞之父時在新疆爲阜康縣令，陽晞欲赴新尋父，欽灝欲赴蘭州尋友，因結伴同行，沿路訪問名儒賢士，不獲。一日筮之得小畜，旋路過潼關，其姻黨有宦於潼者詢之，得聞先生名，遂取道三原謁先生於朱子祠，始悟小畜卦辭「自我西郊」之義。焦公留朱子祠三日，遂赴富平任。夜間陽晞稱欽灝有孝行，先生揖之再三，獎許陽晞。一日問院中規矩本於何人，先生曰：「吾全本芮城辞仁齋。某嘗與朝邑楊五先生言，譬如房屋，仁齋之房屋是自創的，規模無所師承，吾兩人房屋雖修的高大，却是摹倣仁齋爲之。」既而曰：「仁齋先生是絶頂聰明，損齋先生只是篤實。」

厚甫將歸求言，先生贈之曰：「讀書之法自當循序，不可躐等。讀四書不讀諸經固不可，然不先於四書熟讀深體，則於諸經亦不能得其旨趣。蓋四書皆融會諸經而出諸經，譬如厨竈中山珍海錯無所不有，而四書則烹調精熟，食之可以長精

---

〔一〕「睟」：原作「粹」，誤。孟子盡心上「君子所性，仁義禮智根於心，其生色也，睟然見於面，盎於背」，宋陳亮朱晦菴畫像贊「睟面盎背」，據改。

神、充肌膚。若不先讀乎此，則並不知山珍之何者最美，海錯之何者最嘉。」又曰：「果有精力，更能讀諸經，則義理所積益深益厚，又豈不可？亦視乎志力如何耳。至於小學、近思録，又朱子辛苦爲大學之先立一腳跟，四書之前摘其精華。未有眞好小學、近思録而不讀四書，亦未有眞好四書而不求諸經者也。」

五月，鄠縣閻維翰來受業。字幹卿，先生稱其篤實，同門稱其明敏能事。邑中如修文廟，或練兵籌賑之類，邑宰必延幹卿總理，有問語載清麓答問。

六月，興平張淵來受業。字深如，性聰敏，先生稱其穩實。事師慇懃，先生上榻下榻必親爲之脱履納履。先生感曰：「賢之誠切可比張子房，愧我不是黄石公。」先生赴鳳翔時深如隨行，有鳳翔侍行記。

扶風郭士英、王照離、康莊來受業。

耀州張實森來受業。字木生，耀州人，有才，能幹事。

提督學院廣東黎公榮翰來見。

續關學編，柏灃西欲再續而疾作，因請先生爲之。先生取所企向者七人續入焉，蒲城劉伯容、涇陽王逐功、澄城張蘿谷、華陰史復齋、鳳翔鄭治亭、朝邑李桐閣、楊損齋。

輯長壽賀氏譜，時先生病痪，執筆維艱，口授大略，命門下馬養之手録焉。

序刻翰苑集、二程遺書、關學續編、楚詞集註、韓文考異、儀禮經傳通解、楊忠介公集。

十九年癸巳，先生年七十歲。春正月，親友擬爲先生稱觴。先生聞之，作生日阻親友説，略曰：「生日稱觴，非古也。唐太宗以爲此乃父母劬勞之日，非人子宴樂之日。程子亦曰：『人無父母，生日當倍悲痛，更安忍置酒張樂以爲樂？若具慶者可矣。』人到六七十歲時，具慶之日亦不多得，生日常在悲痛之中，忍宴樂乎？吾二十二歲而喪父，二十三歲而喪母，吾尚不得爲吾父母常稱觴，吾今乃受親友稱觴，於心安乎？」固辭不准，故正月十八日誕辰，遠近學生無敢以禮物拜獻者，卽此可見先生之孝思。

二月，焦雨田明府適宰富平，延先生講行鄉飲酒禮，先生率生徒往會，觀者如堵。

三月望，藍田牛兆濂来執贄。是日先生適在朱子祠習鄉飲酒禮，畢，先生坐講謂鄉約法最關風化，務加力行，講訖會飲歌詩爲先生壽。日暮兆濂出，明日謁先生於家，問學。先生曰：「程朱是孔孟嫡派，合於程朱即合於孔孟，不合於程朱即不合於孔孟。能熟讀近思録，則自見得。」又問：「居常動念，非全無所知，往往明知明昧，不能自克，若何？」曰：「既知是自欺，便不要自欺。」少頃，先生問濂何以不赴公車？濂曰：「慈親之志祇望濂學爲好人，他非所望也。」先生喟然曰：「賢哉母也！」因舉濂名字訓曰：「大莫大於太極一圖，精莫精於通書四十章，子其勗諸。」濂再拜，受教以歸。謹按：先生奬勵夢周甲於儕輩，夢周果能實踐躬行，擔荷斯道。升中丞延爲師範教習，堅辭不應，待毓觀察奉中丞命敦請於家，乃應命。及入學謹遵師訓，止講小學、近思録、四書，與藩憲不合，即見幾辭去。國變後，先生所刻書版俱散佚，夢周念此乃師門命脈所在，且斯文所關，乃擬設法募金贖回。誠意所感，不半歲籌畫二千金，俾各處版俱輯清釐，此一節有功師門甚大。自劉東初以後，當首屈一指也。

鳳翔令張育生建立宗銘書院，專伻賫函偕武敬亭以白璧、幣帛、聘書請先生移講，兼行鄉飲酒禮。先生四月初至鳳，歸過興平，講書於槐里書院。越日至馬養之家，講行士相見禮，五月初旬還書院。

六月下旬，焦雨田明府來謁，留一日，復回富平。

七月下旬，高陵白遇道太史來謁，字悟齋。先生主講學古書院時，悟齋執贄，壬辰歲爲山東副考官。是歲自京師歸，特來山候先生起居。庚寅冬悟齋來謁時，先生送至養一洞門外。此番來謁，先生送至大門外且告諸生曰：「悟齋學識長進，可爲吾道之助。」

八月大旱，麥價騰湧，先生愁嘆曰：「坐講堂，帥諸生歌雲漢之詩，以當祈禱。」越五日，大雨透地，魯橋人聞之驚異，有來山問者，先生曰：「天人一理，天人一氣，誠至則有感通之理，又何怪焉？」

中秋，辭劉氏修脯。先是東初請先生講學，限定九月送關書，每歲如是，未嘗少變。自東初歿，家人意怠，壬辰十一月猶不送關書，齋長楊信甫與院中學生商曰：「劉氏送關書過期，是慢先生也。當就經費中提出百金作明歲修脯，吾同門卽送關書。」衆應曰諾，遂如信甫言。至癸巳端五節，劉氏仍使賬房具五十金拜送，名曰節禮，先生力卻之，賬房伏地跪請，先生不得已受之。至八月中秋，復使賬房具百金拜送，先生曰：「去歲學生送關書，此金無可受之義。」賬房言：「端五節先生收禮已爲小人貸罪，此禮仍懇先生受之。」遂欲伏地跪請，先生固止不准，命賬房持金復還劉氏，卽此見先生操守之嚴，雖至老固一毫不苟也。

九月初四日，爲東里劉某書墓志，猝中風痰，不能一語，五日辰時卒。原宰劉令親視含殮，焦明府聞訃，越境往哭之，人告以有官守不宜遠出。公曰：「以此被重譴，所不恤也。」越歲甲午二月，卜葬於清涼山之高原，北首南址，遠近會葬者數百人。門下楊信甫主禮，長安岑君盛之題主，白悟齋志墓有云：「先生晚歲，造詣精深，淵然睟然，德充之符。」可謂知先生矣。

先生歿後，門下士卽以書院養一洞爲先生立祠，派經理直年，定每歲九月九日爲會祭之期。祠門楹聯：「自濂、洛、關、閩以來，斯文代有宗主；由許、薛、胡、陸而後，吾儒再見先生。」獻室門聯：「太華黄河瞻氣象，青天白日溯心源。」門下馬鑒源撰。

北城朱子祠西，前邑宰凃公伯音曾爲先生建明復精舍，先生既歿，亦以爲先生祠。張澤寰籌欵修墻垣、建門屏，俾廟貌一新。厥後東關魯齋書院以先生配享魯齋，以先生曾講於其地也。鳳翔宗銘書院以先生配享横渠，以此院本爲先生設立，又地近張子之居也。

黎學憲曾具摺保舉先生入鄉賢祠，以舊例非過三十年不得奏請，事遂寢。

謹録先生遺事於後：

左文襄季高稱先生「學術純粹，眞朱子的派」。

甘肅牛方伯雪橋善行紀聞稱先生「實踐躬行，力紹關學，吾仰其人，殆有如玉之慕焉」。雪橋，通渭縣人，名樹梅，曾任四川臬司。

李文敏中丞嘗曰：「關中名儒，當代碩望，近世以來，惟復齋先生獨推巨擘。」文敏，西鄉縣人，嘗任江西巡撫。

劉霞仙中丞贈先生序稱先生「學宗程朱，乃三秦魁傑之士」，見養晦堂集。

三原舊邑宰趙孚民稱先生「有王佐之才，非尋常講學者比」。孚民，名加肇，山東蘭山人。

焦雨田明府嘗稱先生「道德高深，橫覽十八省不能有二，薛仁齋、楊損齋今之名儒，賀復齋今之大賢，後有聖帝明王，復齋先生定然從祀」。

張愚生稱先生「無一毫之駁雜，無一息之間斷，已造到聖賢地位」。愚生名紹元，先生弟子，安徽懷寧人。

侍讀學士高錫廷撰先生祠聯云：「先生衍關學傳，力抵橫流，獨以潛夫擔聖道；並世有宋儒出，未遑親炙，謹從高弟淑前修。」

屠公梅君至清麓，作文祭先生。嘗曰：「吾與先生有隔世之緣，先生若在，吾定執弟子禮。」

梅君主講關中學堂，一遵先生規矩，止講小學、近思録、四書，無一語及西學。梅君名仁守，前清御史，劾太監李連英落職。

# 賀清麓先生年譜書後

清麓年譜者，吾師仲玉先生爲賀太夫子所重編也。太夫子天資潁異，自少卽以倡明絶學爲心，祖述鄒魯，憲章洛閩，力紹横渠之統緒，眞不愧一代之純儒也。永言自束髮受書，聞其大名，仰若山斗。癸亥秋，隨師赴陜會祭，留正誼書院一歲，與于執事之列，得以讀其遺書，觀其緒論，覽其誌銘，聆其鄉評，竊嘆其學術之純、涵養之粹、造道之深、蓄德之厚已臻聖賢地位，爲有識所共信。此永言祈嚮則傚之心所以益篤也。顧念太夫子往矣，而有不與俱往者，以其生平嘉言懿行俱見于文集、年譜是也。茲讀書於陵灊修精舍，遇石君仲皥，性質好善，欲任刊布之責，行見太夫子之學遍於齊魯，而孔、孟、程、朱之道因以大著於世，則仲皥此舉所關爲不小矣。永言學識譾陋，不應妄有論議，茲謹承師命姑抒所見，聊誌私淑之意云爾。

丁卯春二月，般陽小門人孫永言盥手謹識。

（民國十六年刻本）

清麓年譜終

# 賀復齋先生傳

先生姓賀氏，諱瑞麟，字角生，號復齋，世稱復齋先生。先世渭南長壽原人，清初遷居三原響流堡，先生再遷邑北城西潭里，今爲西潭人。以上敘姓氏里居。曾祖應祥，善畫工指筆，高宗朝應畫試詔，有聲一時。祖瀛，妣王氏，守節蒙旌，行載邑志。父含章，教先生詩云「千言萬語吳江外，切莫因循入下流」，懿行見桐閣所爲墓表。以上敘世系。

先生昆仲五人，序居季。生而岐嶷，十餘歲讀於鄉塾，麥秋假歸，父以「半耕半讀」屬對，先生應曰「全受全歸」。少小偶爾應對，便立作聖之基。以上敘幼時資質。弱冠肄業宏道書院，同輩率以文鳴，先生便不喜炫鬻獲禽之爲。年二十四，赴朝邑，受業李桐閣先生之門，得聞聖學之大畧，轉闕學道而未知所入。汎濫於有明以來諸儒講學書，書愈多講愈煩，而心愈無主。取小學、近思録專意讀之，始微窺其門庭戶牖之所在，諸家之說遂屏不事。以上敘弱冠轉闕學道。先生既謝舉業，不事帖括，朝邑王熾侯孝廉以違功令非之，先生之言曰：「士蔽於八比久矣，果其一變至道，人知自重而不肯挾文字以求售，則國家所以求賢自輔者亦必有道，豈其定循末世之規而得真才於文字之間，拔修士於炫鬻之埸乎？」以上敘與王熾侯辨論。先生所爲，不諧於俗，自是讀書先壟，葺麻爲廬，室成，名有懷草堂，取小宛「明發」、「有懷」之義。先後八年，專心爲己，於人世富貴功名泊如也。又恐涉偏害道，筮易遇大過之象曰「獨立不懼，遯世無悶」，其志遂決。以上敘麻廬讀書淡懷科第。

與河東薛仁齋于瑛、朝邑楊損齋樹椿相友善。仁齋來訪，與論出處，仁齋曰：「應舉終不免一求字。」先生有悟，謝去生徒之爲舉業者。與仁齋論學書有曰：「吾恐吾志不立，將不得望孔、孟、程、朱之門；吾恐吾敬不居，將有負於天地父母之身；吾恐吾理未窮，則無以格物致知而有盡心知性知天之樂；吾恐吾身未反，則無以爲誠正修齊治平，而功、德、言皆有不立之憂。」四者乃朱子一生爲學之要旨，而先生一身肩之。與損齋書札往來論動靜、論涵養、論助忘、論變化氣質、論未發已發，語多，不及備載。大抵皆身心性命之理、躬行實踐之事，世稱「三學正」，蓋指薛、楊及先生言也。以上敘與薛、楊文好。

三十六，逢恩貢成均。顯皇帝崩，先生守禮甚嚴。毅皇帝御極，詔省郡州縣舉孝廉方正。邑宰余公擬首舉先生，先生上書力辭，自愧孝廉方正四字無一可以自問。書三四上，長官知先生志不在功名，始寢其事。以上敘第一次辭孝廉方正。是歲髮逆入關，回變起華州。先生以家人東行，將逾河避亂絳州，過蒲之永豐鎮，鎮團百餘人圍先生，以先生貌類回人，幾蹈不測。有童子王姓，直前揖候，衆異之，其人乃學中舊齋僕也，衆散。團首馬某好言慰先生，先生笑曰：「大聖且圍於匡，況我輩乎？」以上敘避亂途中遇險。四十歲，居絳，與損齋同舍，朝夕聚講。名所居曰麗澤精舍，同校小學、近思録且句讀焉，屬孫應文刻之。時東里劉季昭避難亦在晉，謁先生，請刻所輯養蒙書，而復齋録、四忠集、朱子綱目以次付刻。以上敘居絳講學。

亂平，邑宰屢函請歸商善後各策，先生對以「急宜散牛種以復逃亡」。邑侯善其言而難於欵，邑富紳聞先生董其事，慨捐數萬金。先生單騎詣山谷親查，卒事費倍溢，紳曰：「此惟先生，雖再多亦樂任。」其人東里劉香洲毓英也。以上敘亂平賑濟。事竣，邑宰延先生修縣志，又欲以孝廉方正舉，諸紳皆樂聯名具保，先生終辭之。辭書見文集。以上敘第二次辭孝廉方正。

明年，邑宰延先生主講學古書院，辭之不得，先生預約不開帖括八比課，束脩薪水均減往歲之半。在書院演行鄉約、飲酒各禮，人非議之，不恤也。立學約、學要各六條。學要一曰審途，以嚴義利之辨；二曰立志，以大明新之規；三曰居敬，以密存察之功；四曰窮理，以究是非之極；五曰反身，以致克復之實；六曰明統，以正道學之宗。又有每日訓詞五，諸生執事箴六，其詳皆載文集。以上敘主講學古。

中丞劉霞仙再欲以孝廉方正舉，又辭之。時黄觀察彭年主講關中書院，中丞約先生暨損齋分掌齋事，堅辭之。黄，漢學也。以上敘第三次辭孝廉方正。見曾文正聖哲畫像，書其後曰「曾侯當代偉人。畫像三十三人，或不免陳同甫之王霸並用、義利雙行，而攬金銀銅鐵爲一器，恐與聖門德行、言語、政事、文學不類也。」以上敘論曾文正駁雜不純。

先生在學古有書院講義一首，最足警迷俗而起頑懦。其文畧曰：「道者，率性而已。有手足便有手足之道，有耳目便有耳目之道，有五倫便有五倫之道，無一人可外乎道，即無一人可離乎學。聖賢所學已全乎道，學聖賢之學，無非欲全聖賢之道，非全聖賢之道，全吾之道而已。聖賢亦人耳，人而學人，則無不可及之理。但聖賢有手足而能恭重，我不能恭重；聖賢有耳目而能聰明，我不能聰明；聖賢有五倫而能親義序別信，我不能親義序別信。是聖賢爲人，而我不得爲人也，恥孰甚焉？」以上敘在學古所作講義。

先生在書院，極欲上復三代之規。而亂後百廢待舉，邑宰延先生籌辦城防事宜。先生遴舉公正士紳，即書院且教且事，凡上關公家下益民生之事，無不爲邑宰剴切言之，而令其速逮於民。上書劉克菴副帥，極言兵屯之不利於民，且謂兵屯、民屯宜劃清界限。以上敘在書院兼辦地方事務。爲書院修立雪亭，招善丹青者畫立雪故事於亭壁。購書數千卷，爲閣以藏之，然皆正學之編，無一偏駁猥俗之籍，冀來者講於其間，以爲吾道之光，有記載文集。以上敘在書院藏書。先生在書院前後五年，其教也，講鄉約、講飲禮、立學要、立學約，俾君子得聞大道之要；其事也，散牛種、復逃亡、辦城防、議屯墾，俾小人皆蒙至治之休。書院一席每歲必辭，至是有以蜚語聞者，大概以不課時文、不容吸煙之故，先生遊太華，堅辭之。以上總結在書院五年善教善政及最後辭退。

庚午，買山清涼之麓，初雖三五土室，先生即其地爲清麓精舍。學使吳清卿隸屬其額，石刻焉。以上敘買山清麓。壬申，許學憲創建味經書院，延先生主講，癸酉，制軍左公延主皋蘭書院，均辭不就。先生不事科舉二十餘年，書院例以文章課士，故却之。以上敘辭味經、皋蘭講席。甲戌，學憲吳公以訪舉賢才疏奏，畧曰：「三原賀某隱居教授，實踐躬行，所居峪口陶室數間，擁書自樂。其學以小學、近思録爲宗，輯宋元諸儒養蒙書九種，教授生徒，循循善誘，恬於榮利，確守程朱。」疏上，奉旨欽加國子監學正銜。吳公甚慕先生，篆書「以身教從，以言教訟，得經師易，得人師難」以贈。先生請爲桐閣史館立傳，請王復齋從祀聖廡。以上敘吳學使疏薦加國子監學正銜。清麓門人劉昇之立傳經堂刻朱子書，先生招集舊門下楊鳳詔、扈森、王照、雷柱、馬鑒源參校。以上敘傳經堂刻書。丁丑，歲大荒，邑侯請先生籌賑，先生取眞西山「本是同胞一體親」句，分七廠，按次貧、極貧以帳給。又聯同志，各出錢文以待嗷嗷之衆。以上敘荒年辦賑。

己卯，邑侯焦公即清麓之地構建書院，以廣來學之士，增築房室數十間。前撫軍譚公題曰「正誼」，中丞馮公並爲書「敬義堂」扁，學憲慕公爲撰書院記，先生自爲座銘。以上敘焦公續修書院。庚辰，焦公延先生續修縣志，體例依舊，惟崇正學、黜異端、闢佛寺，三致意焉。書成，名曰三原新志。以上敘續修縣志。辛巳，中丞馮公延先生講學省垣，書函聘幣，三至三辭。中丞有尊德好善之誠，先生有樂道忘勢之美，禮無虚辱，最後報以共學私說六篇。一天性本元，二聖學標的，三涵養要法，四格致實功，五身倫交修，六出處合道。每篇皆數百言，見文集。以上敘馮中丞函聘講學。壬午，筑室邑北城，建祠堂於寢東，平爲四龕，高、曾、祖、考，以西爲上，朱子法也。以上敘修祠堂遵朱子法。國史館纂輯儒林，飭直省訪查賢德，先生以吾秦王建常、張秉直十四人上呈。癸未，函鄜宰趙孚民請修張子祠，臨宰汪雲衢印送張子全書，並刻寄四書札記，先生啓之也。以上敘舉關中名儒入儒林傳，請修張子祠，印張子書。乙酉，督學慕公贈聯云：「隱不違親，貞不絕俗，惟有道無愧色；經爲人師，行爲儀表，知伏湛乃名儒。」丁亥，蕃憲李公菊圃來見，先生以會葬舊好寇允臣先生入省報禮，並會講魯齋書院。以上敘慕學憲贈聯，李蕃憲謁見及先生報禮。庚寅，在北城募建朱子祠，祠成，湖北閻鎮珩記之，立石祠中。先生節白鹿洞賦書於門壁。祠中各文載文集。以上敘修朱子祠。

辛卯，學憲柯公逢時以經明行修疏奏。畧曰：「賀某學有淵源，務求心得，其純篤一以朱子爲宗，而於異說不稍假借。當回匪煽亂時，襄辦城守。事定後墾荒賑饑，清均地畝，縣令資其臂助。先後經督撫臣延主關中、蘭山書院講席，俱辭不赴。無事不入城市，與生徒校刊朱子遺書畧備，其餘所刊數十種皆扶世教，有關風俗，年近七旬，孜孜不倦。嘗造廬諮訪，見其堂堦肅然，弟子環侍，和易以接物，莊敬以持躬。所著古文詞湛然瑩然，有韓歐風格。天性誠篤，造詣日深，非竊取虚名高談性命者比。」疏上，欽加五品銜。柯公贈聯云：「海內儒宗，人倫矜式；關中學統，天語褒崇。」以上敘柯學憲疏薦加五品銜。長安柏澧西先生刻關學編，請先生續之，先生以劉伯容六人續入，爲序以傳焉。以上敘續關學編。癸巳九月五日先生歿，年七十。以上敘先生去世。

先生爲學清麓，仰止樓成，上祀孔子配以朱子，門人題其楹曰：「集羣儒之大成，統承洙泗；挽狂瀾於既倒，道繼紫陽。」邑北城朱文公祠成，中奉朱子，東西以黄文肅榦、陳迪功湻、許文正衡、薛文清瑄、胡文敬居仁、陸清獻隴其諸先生配。觀所崇祀與所宗仰，而先生學之醕、德之粹，視宋、元、明、清諸儒學案之紛紛，不啻其霄壤矣。以上叙先生所崇祀宗仰，以見其學之純、德之粹。其辨學也，與方伯李菊圃書云：「今日無好學術，他日必無好治道。」據常所見，如學蔀通辨、閑闢録、王學質疑、明辨録、朱子爲學考、姚江學辨、漢學商兑，都爲一函刻而傳之，以公士林，使世知正學所在不可一毫夾雜。書成，名曰辨學七種。而釋、老、陸、王、漢、晉異説之紛歧，不足亂聖道而惑人心。以上叙辨學。

清麓叢刻，周易必刻本義，而漢晉諸儒裂傳附經之弊除。詩經必刻朱傳，而大序小序之辨明。書傳必本蔡氏，而今文古文書序之疑釋。春秋不刻三傳，懼失尼山之旨。三禮必刻經傳通解，列目惟五：一曰家禮，二曰鄉禮，三曰學禮，四曰邦國禮，五曰王朝禮。中邦五千年言禮，更無如此之詳備而精密也。至小學六卷、近思録十四卷、四書十九卷，均依朱子所訂，句讀詳明，乃日用布帛菽粟之不可一日離者，人人可家誦而戶蹈也。史鑑刻朱子綱目，不惟可訂通鑑之失，而前編後編皆得援例以補續矣。以上叙清麓叢書經史兩門所採各書之意義，此與前叙崇祀宗仰一段恐非他人所能見到。

生平著述，有清麓文集二十三卷、清麓日記五卷、清麓遺語四卷、清麓答問四卷、養蒙書十種、朱子五書、信好録四卷、教子有誨兒編，教女有女小學。有三原新志、三水新志，有原獻文、詩録、原故文、詩録，各若干卷。以上叙著述。

贊曰：人之生也，有一鄉一邑之人，有一國一世之人，先生上爲往聖繼絶學，下爲千秋開太平，巍乎百世之師，一國一世，不得而囿也。以故清麓叢書刻板，而堯舜以來相傳之統正；序印文廟通考，而孔、孟、程、朱一脈之傳真；續刻關學編，而文、周、横渠數千年之道醕。自上世以來，國各有史，邑各有乘，若先生者，上增日月之光，下壯河嶽之色，在池陽十世數十世一人而已。嗚乎至矣！

此傳特舉其犖犖大者，而欲細觀其詳，則清麓年譜二卷行世已久，可取而觀也。編者段注并識。

（民國三十三年敬義堂石印本）

# 賀復齋先生墓表

先師復齋先生之歿垂四十年，學者之嚮仰且久而彌光也。其學行載在國史及私家著述，與夫志、狀、年譜，凡諸門人之所記録不啻詳矣。獨表阡之文爲甯河高太常公所撰。雖極意推崇，而於先生之爲，先生則有似未深悉者，一則素非相識，二則學派各別。高公蓋不分門戶者，故先生極力嚴辨之處皆高公所以爲未足之處，懼後之覽者不惟不足以知先生，且或因以隘先生。非細故也，是不可以不辯。同人謀取及門所記得之聞見之實者，續刻諸石，以存先生之眞。而拙稿謬備采擇，極知管蠡之見無當高深，然一得之愚，論世者或有考焉。

先生姓賀氏，諱瑞麟，號復齋，三原人。當科舉盛行之日，從李桐閣先生聞程朱之學，屏棄榮利，鋭志聖賢，以立志、居敬、窮理、反身爲綱要，與朝邑楊損齋、芮城薛仁齋往來講切，有「三先生」之稱。信小學、四書如神明，遵横渠熟讀成誦之説，嚴爲己爲人之辨，於心術隱微之際反躬克己，學如不及。其日用倫常，自灑掃應對以至冠昏喪祭，造次必以禮法，俾先王遺教彬彬見諸實行。平居惓惓，無一念不在天下後世。於古聖賢爲學爲治之要，靡不究極原委，務可措之事業，傳之無窮。而出處之義，守之綦嚴，不肯輕身干進。其論學也，於陽儒陰釋之辨剖析微芒，不少假借，嘗謂：「論人宜寬，論學宜嚴。三代以上折中於孔子，三代以下折中於朱子。」又言：「程朱是孔孟嫡派，合於程朱即合於孔孟，不合於程朱即不合於孔孟。朱子之學明，然後孔子之道尊。」慮程朱以來講學精要之書北方學者多所未見，乃旁搜善本，手自校訂，各爲序説，發明要義，俾讀者知所向往，兼致勉進之意。於是傳經堂所刻宋五子以下許、薛、胡、陸之書風行海内，四方學者藉知讀書之將以何爲與正學程途之所在，且不難家有其書而讀之。其沾丐後學，干城斯道，厥功顧不偉歟！兵荒之際，凡城防、籌賑、均田、清徭善後各役，靡不身任勞怨。民間疾苦所在每爲上書當事，所全甚衆，鄉人賴之。教人不尚詞華，聖賢經訓必使實體諸身，不徒爲章句之習。出其門者，率通經修行，循循雅飭，稽古愛民，有安定之風。大吏先後敦請主講關中、蘭山各書院，均謝不往，然倡行鄉約及古鄉飲酒禮，到處講學，俾横渠遺教暢然行乎三輔。海内有志之士聞其風者，不遠數千里來稟學焉。先生晚歲特建朱子祠於三原北城，大其規模，使學者知所宗主，其不得已之苦心昭然若揭矣。惜乎未竟厥施，僅以講學終老，庸非命耶？明道行狀有曰：「胸懷洞然，澈視無間，測其藴，則浩乎若滄溟之無際，極其德，美言蓋不足以形容。」先生有焉。先生篤信朱子，性命以之，於朱子之學，用力既深，故其所得有非他人所及，知其德業所就，亦非末學所敢妄議。生平著述，一言一字無不與朱子相發明。有志朱子之學者，於先生考之可也。方今異學爭鳴，綱常掃地，遊其門者猶能守其師説，歷三十餘年不少變。方議以先生學行上之當事，公請從祀先聖廟庭，則盛德之入人者深也。先生從子伯鐵實奉祀事，以公議書來徵文，謹述其所及知者如此。知德君子當無疑於阿好云。

（録自牛兆濂藍川文鈔續卷四）
（民國十三年共閣學舍排印本）

**圖書在版編目(CIP)數據**

賀瑞麟集：全2冊/［清］賀瑞麟著；王長坤，劉峰點校整理．—西安：西北大學出版社，2014.12

（關學文庫/劉學智，方光華主編）

ISBN 978-7-5604-3559-6

Ⅰ.①賀… Ⅱ.①賀…②王…③劉… Ⅲ.①賀瑞麟（1824～1893）—關學—文集 Ⅳ.①B249.9－53

中國版本圖書館CIP數據核字(2014)第313463號

**出品人** 徐曄 馬來

**篆　刻** 路毓賢

**出版統籌** 張萍 何惠昂

**賀瑞麟集** ［清］賀瑞麟 著 王長坤 劉峰 點校整理

**審定專家** 郭文鎬 **責任編輯** 朱亮

**裝幀設計** 澤海 **版式統籌** 劉爭

**出版發行** 西北大學出版社

**地　址** 西安市太白北路229號 **郵　編** 710069

**網　址** http://nwupress.nwu.edu.cn **E－mail** xdpress@nwu.edu.cn

**電　話** 029-88303593 88302590

**經　銷** 全國新華書店

**印　裝** 西安華新彩印有限責任公司

**開　本** 720毫米×1020毫米 1/16

**印　張** 78.25

**字　數** 1207千字

**版　次** 2015年1月第1版 2015年1月第1次印刷

**書　號** ISBN 978-7-5604-3559-6

**定　價** 278.00圓